国家出版基金项目

中国国际经济交流中心
China Center for International Economic Exchanges

CCIEE

智库丛书

全7册

重塑金砖国家合作发展新优势

中国国际经济交流中心课题组 著

中国方案 中国智慧

中国经济出版社
CHINA ECONOMIC PUBLISHING HOUSE
·北京·

图书在版编目（CIP）数据

中国国际经济交流中心智库丛书：全7册／中国国际经济交流中心课题组著.
—北京：中国经济出版社，2020.3
ISBN 978-7-5136-5850-8

Ⅰ.①中… Ⅱ.①中… Ⅲ.①对外贸易政策—咨询机构—研究—中国 Ⅳ.①F752.0

中国版本图书馆 CIP 数据核字（2019）第 215488 号

责任编辑 闫明明
责任印制 巢新强

出版发行 中国经济出版社
印 刷 者 北京力信诚印刷有限公司
经 销 者 各地新华书店
开　　本 710mm×1000mm 1/16
印　　张 18.5
字　　数 238 千字
版　　次 2020 年 3 月第 1 版
印　　次 2020 年 3 月第 1 次
定　　价 628.00 元（全 7 册）
广告经营许可证 京西工商广字第 8179 号

中国经济出版社 **网址** www.economyph.com **社址** 北京市东城区安定门外大街 58 号 **邮编** 100011
本版图书如存在印装质量问题，请与本社销售中心联系调换（联系电话：010-57512564）

课题组成员

课题负责人

陈文玲　中国国际经济交流中心总经济师 执行局副主任

组　　长

李　锋　中国国际经济交流中心产业规划部处长 副研究员

成　　员

窦　勇　中国国际经济交流中心副研究员

徐长春　中国国际经济交流中心副研究员

李金波　中国国际经济交流中心高级经济师

赵春哲　中国国际经济交流中心博士

梅冠群　中国国际经济交流中心博士

摘 要

十年历程，金砖合作结下了累累硕果。金砖国家的经济增长速度超过世界的平均增长速度，对世界经济增长的贡献率已超过50%。目前，金砖国家领导人已经举行了八次峰会，为金砖国家提供了许多有效、包容、共赢的解决方案，金砖国家新开发银行和应急储备安排投入运行，为促进全球经济发展和加强国际金融架构做出了重要贡献，《金砖国家经济伙伴战略》取得积极进展。

近年来，金砖国家发展经历了许多新情况和新问题，遭遇了完全不同于以往的挫折，经受了来自西方舆论连绵不绝的“唱衰”之声。因此需要对金砖国家进行再认识。金砖成员经济增长虽然出现分化，但对全球经济增长的贡献率继续提高，仍是全球经济增长的重要引擎。金砖国家对外贸易出现负增长，占全球贸易份额略有下降，但金砖国家间的贸易增长较快。金砖国家利用外资规模有升有降，对外投资呈现出加速增长态势，金砖国家间的投资合作日益增多。金砖国家探索建立长效合作机制，设立金砖国家新开发银行，推动机制化发展迈出关键性步伐。金砖国家成为新兴市场和发展中国家利益的代言人，不断提升新兴市场和发展中国家的代表性，成为全球治理变革进程的推动者。

金砖国家也面临着一系列重大挑战和深层次矛盾。金砖国家面临国内改革掣肘和世界经济深度调整的双重影响；面临货币持续贬值和发生系统性金融风险的严峻挑战；面临经济发展方式转变和结构调整的双重压力；面临发达国家和发展中国家的双向竞争；相互之间存在着其固有的结构性差异和矛盾。

金砖国家应重塑合作发展新优势。秉持“开放、包容、合作、共赢”的金砖精神，坚持政治、经济、文化“三轮”驱动，采取“扩容、做实、增色、共振”四项举措。推动金砖国家扩容，提升代表性和影响力；探索建立常设机构，推动金砖国家机制化发展；启动金砖国家自贸区谈判，释放金砖国家的合作潜力；促进投资贸易便利化，扩大金砖国家的利益汇合点；促进成员国战略对接，增强金砖国家的包容性；加强全方位合作，提升金砖国家的认同感。

中国应在金砖国家合作发展中发挥更大的作用。抓住2017年金砖国家轮值主席国的机遇，把金砖国家这个重要平台建设好、维护好、发展好。与其他金砖国家共享发展机遇，促进金砖国家经济加快发展。推动金砖国家建立更紧密的经济伙伴关系，培育金砖国家一体化大市场。倡导建立新型发展伙伴关系，成为国际新秩序中的一支新兴政治力量。

前　言

十年历程，金砖合作结下了累累硕果；放眼未来，发展前景更加光明。“金砖国家”最初是指巴西、俄罗斯、印度和中国四国，源于美国高盛公司首席经济师吉姆·奥尼尔于2001年首次提出的“金砖四国”的概念（BRIC）。2003年，高盛公司发布的《与“金砖四国”一起梦想》研究报告预测，到2050年，全球新的六大经济体将变成中国、美国、印度、日本、巴西、俄罗斯。高盛公司的报告发布后，“金砖四国”作为新兴市场国家的“领头羊”，备受世界关注。2009年，“金砖四国”领导人举行首次正式会晤，正式启动了金砖国家之间的合作机制。2010年，南非正式加入金砖国家合作机制，其英文单词变为“BRICS”，“金砖四国”也改称为“金砖国家”。金砖国家总国土面积约占世界各国总国土面积的30%，总人口占世界总人口的2/5，经济总量占全球经济总量的1/5。目前，金砖国家领导人已经举行了八次峰会，为金砖国家提供了许多有效、包容、共同的解决方案，金砖国家新开发银行和应急储备安排投入运行，为促进全球经济发展和加强国际金融架构做出了重要贡献，《金砖国家经济伙伴战略》取得积极进展，金砖国家网络大学和大学联盟相继成立，金砖国家智库理事会和学术论坛已成为各国专家交流观点的重要平台。金砖国家建立了一系列合作机制，既给金砖国家经济发展提供了有力支持，又为金砖国家防范金融风险多加了一道屏障，标志着金砖国家合作从概念向实体迈进。

金砖国家在共谋发展中不断前行，在拓展合作中互利共赢，在敢于担当中有所作为，不但提升了在国际上的地位和作用，开辟了“南南合作”的新路径，也提升了新兴市场国家和发展中国家的代表性和发言权。中国、俄罗斯、印度、巴西、南非五国作为新兴大国和发展中大国，正成为国际关系中的重要力量和国际体系的积极建设者，改变了200年来世界经济依靠发达国家驱动的历史，成为推动国际秩序朝着更加公正合理方向发展的重要力量。

当前，世界经济仍然处于国际金融危机后的深度调整期，不稳定、不确定因素增多，地缘政治问题突出，全球性挑战不时涌现。在这个大背景下，金砖国家经济发展也面临一些新情况。一是外部环境中复杂和困难因素增多，全球总需求不足，各国宏观经济政策分化加剧，世界经济增长不确定性加大。二是受内外因素的影响，金砖国家经济增长出现分化，发展进入调整期。巴西跌入了自20世纪30年代以来最严重的经济衰退；严重依赖石油收入的俄罗斯经济剧烈萎缩；南非勉强避免了经济的彻底衰退；中国经济由高速增长转为中高速增长；印度是唯一一个增长并未放缓的“金砖国家”。三是国际上唱衰金砖国家的声音持续不断。西方一些媒体无视全球经济整体复苏乏力、经济发展周期性和金砖国家努力进行经济结构调整转型的客观规律与事实，不时抛出所谓的金砖国家“崩溃论”“散伙论”等言论。

金砖国家走到一起是国际关系发展的客观要求，是互利共赢的选择，符合国际社会的共同利益。金砖国家具有强大的发展韧性，其整体崛起趋势依然未变。金砖国家合作机制自启动以来，表现出强大的创新力和生命力，在资源、市场、劳动力、科技等方面各有优势，经济互补性很强，“金砖”的金质犹在，整体国际地位不断提升，仍然是推动世界经济增长的重要引擎。金砖国家既能成为世界经济稳定之锚，也能成为国际和平之盾，还能把自身发展同世界和平稳定结合起来。

2017年中国接任金砖国家轮值主席国，主办金砖国家领导人第九次峰会。从果阿到厦门，迈向充满希望的新十年，只要金砖国家秉持开放、包容、合作、共赢的金砖精神，坚定信心，携手努力，金砖国家必将实现更大的发展，金砖合作必将闪耀出更夺目的光芒。

研究金砖国家有利于在世界政治经济加速变革的大格局下，充分认识金砖国家的历史性地位和作用，全面分析面临的问题与挑战，寻找金砖国家合作发展的新路径，重塑金砖国家合作发展的新优势，焕发金砖国家的生命力和创造力，与包括金砖国家在内的新兴经济体和发展中国家一道探索实践双赢、多赢、共赢的新理念，建设开放型世界经济，推动完善全球治理，提高金砖国家在国际舞台上的话语权和影响力，提高发展中国家的代表性和发言权，开创和平、和谐、合作的新未来。

本书结合对金砖国家的调研，分析了金砖国家的发展现状、整体优势、战略意义，剖析了金砖国家面临的困难、问题、挑战和风险，研究了重塑金砖国家合作发展新优势的总体思路、发展目标、路径选择和合作举措，提出了中国在促进金砖国家合作发展中的战略选择。

CONTENTS 目 录

总报告

GENERAL REPORT

过去10年，金砖国家的经济增长速度超过发达国家的平均增长速度，也超过了世界的平均增长速度，对世界经济增长的贡献率越来越大，已经超过50%。近年来，金砖国家发展经历了许多新情况和新问题，也遭遇了完全不同于以往的挫折。处于调整期的金砖国家，不仅面临应对增长乏力和结构转型的巨大压力，同时也要经受来自西方舆论连绵不绝的“唱衰”之声。尽管金砖国家各自经济发展面临种种挑战，但“金砖”并没有褪色，金砖国家经济增长仍然具有巨大的潜力，仍是世界经济增长的重要引擎。金砖国家合作机制的意义和价值，不仅在于顺境中共襄盛举，更在于逆境时携手前行，金砖国家完全有能力化挑战为机遇，化压力为动力，同舟共济，共克时艰。只要金砖国家秉持开放、包容、合作、共赢的金砖精神，不为风雨所动，不为杂音所扰，不为困难所阻，不断强化伙伴关系，金砖国家必将实现更大的发展。

一、对金砖国家的再认识

近些年，发达国家度过国际金融危机的困难期后经济开始好转，而金砖国家的经济增速有所放缓，被美欧分析家解读为“金砖国家的金色已经褪去”，金砖国家还被某些人讥讽为“板砖”和“空心砖”。如果单看短期增速，所谓“金砖褪色”的论调似乎能够自圆其说。但是，如果结合金砖国家增长趋势和金砖国家合作机制特点来看，则可以通过全新的角度来认识“金砖”成色。

（一）金砖成员经济增长虽然出现分化，但对全球经济增长的贡献率继续提高，仍是全球经济增长的重要引擎

经济增长是检验“金砖”成色的首要标准。“金砖国家”概念之所以在全球声名鹊起，首先在于其经济增长速度快、发展潜力大的特性。近几年，金砖国家经济面临不同程度的挑战，经济增速普遍放缓，部分国家甚至出现了衰退。但是，不能由此否定“金砖”的增长特性。金砖国家面临的现状只是复苏乏力、持续深度调整的世界经济大图景的一部分。

在外需萎缩和内需低迷的双重压力下，金砖国家经济增速出现分化。得益于较好的人口条件以及较为合理的宏观经济政策，印度经济已进入中高速增长的通道，2015 年经济增长率达到 7.6%。中国作为金砖国家中体量最大的经济体，通过全面深化改革和转型升级，产业升级和结构调整步伐加快，正步入更可持续、更健康的发展轨道，2015 年经济实现了 6.9% 的中高增速，2016 年经济增长 6.7%，第三产业增加值占国内生产总值的比重达 51.6%，消费支出对国内生产总值增长的贡献率达 64.6%。在美欧制裁、油价下跌、卢布贬值和地缘政治等多重因素的共同作用下，2015 年俄罗斯经济出现了较大幅度的萎缩，经济增长率为 -3.7%，衰退程度创国际金融危机以来的新高。受政局动荡、外需不振以及国内需求严重萎缩等负面因素的影响，2015 年巴西经济陷入大幅衰退，经济增长率为 -3.8%。近几年，南非的经济增长速度也不断下降，2016 年经济增速仅为 0.3%。

表 1　2008—2018 年金砖国家 GDP 增长率　（%）

年份	巴西	俄罗斯	印度	中国	南非	世界
2008	5.0	5.2	3.9	9.6	3.2	3.04
2009	-0.2	-7.8	8.5	9.2	-1.5	0.01
2010	7.6	4.5	10.3	10.6	3.0	5.43
2011	3.9	4.3	6.6	9.5	3.2	4.22

续表

年份	巴西	俄罗斯	印度	中国	南非	世界
2012	1.8	3.4	5.1	7.7	2.2	3.49
2013	2.7	1.3	6.9	7.7	2.2	3.34
2014	0.1	0.6	7.3	7.3	1.5	3.42
2015	-3.8	-3.7	7.6	6.9	1.3	3.2
2016	-3.5	-0.6	6.6	6.7	0.3	3.1
2017	0.2	1.1	7.2	6.5	0.8	3.4
2018	1.5	1.2	7.7	6.0	1.6	3.6

资料来源：国际货币基金组织历年发布的《世界经济展望》，其中，2017 年和 2018 年为预测数。

金砖国家的增长特性使其成为世界经济增长的重要引擎。从世界范围来看，“金砖”表现仍不乏亮点，中国和印度增速仍名列前茅，远高于世界经济 3.2% 的平均增速。中国依然是全球经济增长最快、对世界经济贡献最大的经济体之一。IMF 报告指出，过去 10 年，金砖国家对世界经济增长的贡献率超过 50%。自 2006 年 9 月金砖国家外长在联合国大会期间首次会晤，金砖国家合作起航。10 年来，五国经济总量在世界经济中的比重从 12% 上升到 23%，贸易总额比重从 11% 上升到 16%，对外投资比重从 7% 上升到 12%，30 亿人民的生活质量日益改善，金砖国家在国际上的地位和作用不断提升。① 2016 年 7 月，IMF 预计 2016 年全球经济增长 3.1%，而中国将贡献 1.2% 的经济增长，经济增长贡献率接近 40%。总之，由于中国、印度的经济增长，金砖国家对全球经济增长贡献率达到 50%，显示了金砖国家的经济活力，依然是世界经济增长的主要贡献者。

① 资料来源：习近平主席在金砖国家领导人第八次会晤大范围会议上的讲话，2016 年 10 月 16 日。

表 2　2006—2016 年金砖国家 GDP 及中国占比

年份	中国 GDP/万亿美元	印度 GDP/万亿美元	俄罗斯 GDP/万亿美元	巴西 GDP/万亿美元	南非 GDP/万亿美元	金砖国家 GDP/万亿美元	世界 GDP/万亿美元	金砖国家占世界/%	中国占金砖国家/%
2006	2.73	0.95	0.99	1.11	0.27	6.05	51.05	11.85	45.12
2007	3.49	1.24	1.30	1.37	0.29	7.68	56.84	13.51	45.44
2008	4.56	1.22	1.66	1.65	0.27	9.37	62.31	15.04	48.66
2009	5.06	1.37	1.22	1.62	0.29	9.55	59.06	16.17	52.98
2010	6.04	1.71	1.52	2.21	0.38	11.86	65.34	18.15	50.93
2011	7.49	1.82	1.90	2.61	0.42	14.25	72.68	19.61	52.56
2012	8.46	1.83	2.02	2.46	0.40	15.16	74.19	20.43	55.80
2013	9.49	1.86	2.08	2.46	0.37	16.26	75.91	21.42	58.36
2014	10.35	2.04	1.86	2.42	0.35	17.02	77.83	21.87	60.81
2015	10.87	2.07	1.33	1.77	0.31	16.35	73.43	22.27	66.48
2016	11.22	2.26	1.28	1.80	0.29	16.85	75.28	22.38	66.59

资料来源：国际货币基金组织历年发布的《世界经济展望》。

任何一个国家的经济发展都不可能直线上升，都会有曲折反复。从趋势和潜力来看，金砖国家拥有丰富的自然资源和人力资源、广阔的国内市场、巨大的发展潜力、充裕的政策空间，上升趋势不会改变。经济合作与发展组织（OECD）2016 年 5 月 11 日发布的最新月度领先经济指标显示，新兴市场国家经济放缓显现好转迹象，巴西和俄罗斯经济前景在改善，中国前景有所企稳。从具体指标来看，俄罗斯、巴西领先指标分别由 2 月的 98.4、98.0 升至 98.6、98.3；中国维持在 98.3。金砖国家综合领先指数的上升表明其经济放缓迹象有望于 2016 年下半年有所改善。巴西和俄罗斯领先指数升幅较大，预示经济增速有企稳向好迹象。[①] 国际货币基金组织（IMF）总裁拉加德 2016 年 10 月在美国西北大学发表讲话时指出，尽管世界经济增长缓慢，但发展中经济体前景乐

① OECD 的综合领先指数是反映一个国家宏观经济未来走势的重要参考指标。从历史数据来看，该指数往往领先实际经济运行 6～9 个月，具有一定的前瞻性。

观，中国和印度经济增长相对较好，巴西和俄罗斯开始显露复苏迹象，在全球经济复苏脆弱且不均衡的大背景下，作为发展中经济体的“领头羊”，金砖国家前景光明、后势可期。“褪色论”矛头直指的俄罗斯、巴西和南非经济也出现明显回暖迹象。虽然俄罗斯宏观经济形势仍然复杂，增长势头不稳，但正在逐渐克服下滑态势。根据巴西国家地理研究所公布的一项数据，2016 年第二季度巴西工业增加值上涨 0.3%，结束了连续 5 个季度的衰退，这被认为是巴西工业生产在 2016 年逐渐恢复的一个表现。从南非 GDP 的年化季率变化情况来看，2016 年第 1 季度为 -0.2%，2016 年第 2 季度为 0.6%，略有回升。同时，中国作为全球第二大经济体，正在采取供给侧结构性改革等重大长期举措以提振经济。过去两年来，印度莫迪政府在经济发展上采取了一系列重大经济改革举措，取得了较大成效，2016 年经济增长保持了较高的速度。普华永道南非咨询公司亚洲事务主管利恩·林表示，2016 年，金砖国家成员国在全球竞争力排行方面取得了积极进展，让投资者看到了希望。加之大宗商品价格出现回暖迹象，金砖国家未来的发展前景将更为乐观。

（二）金砖国家对外贸易出现负增长，占全球贸易份额略有下降，但金砖国家间的贸易额增长较快

2001—2013 年，金砖国家货物进出口总额占全球货物贸易总额的比重呈快速上升态势，从 2001 年的 7.4%，升至 2004 年的 10%、2010 年的 15.8%，再到 2013 年的 19.3%。但是，在国际金融危机后续影响和国际大宗商品价格暴跌的冲击下，金砖国家的对外贸易增速放缓，并出现负增长。2014 年，金砖国家对外贸易增速放缓，五国货物贸易进出口总额为 65065 亿美元，同比仅增长 0.3%，明显低于全球货物贸易的增速（2.8%），占全球货物贸易总额的比重为 17.1%，下降了 2.2 个百分点。2015 年，金砖国家对外贸易出现负增长，五国货物贸易进出口总额为 56571 亿美元，同比下降 13.1%，下降幅度大于全球货物贸易的降幅（12.7%），占全球货物贸易总额的比重降为 17.0%，进一步

降低；金砖国家各成员的对外贸易全部出现下降，俄罗斯降幅最大，同比下降32.9%，南非次之，下降21.7%，巴西下降20.2%，印度下降15.7%，中国降幅最低，下降7.8%。据巴西外贸秘书处统计，2016年巴西货物进出口额为3227.9亿美元，比上年同期下降11.0%；其中，出口1852.4亿美元，下降3.1%；进口1375.5亿美元，下降19.8%，贸易顺差476.9亿美元，增长142.2%。据南非国税局统计，2016年南非货物进出口额为1518亿美元，比上年下降9.3%。其中，出口766.9亿美元，比上年下降6.1%；进口751.1亿美元，比上年下降12.4%。贸易顺差15.8亿美元。据中国海关数据，2016年，中国货物贸易进出口、出口和进口仍同比下降，进出口总值36849.25亿美元，比上年同期下降6.8%，出口总值20974.44亿美元，比上年同期下降7.7%，进口总值15874.81亿美元，比上年同期下降5.5%。

表3　2005—2015年金砖国家货物进出口总额

年份	巴西进出口总额/亿美元	中国进出口总额/亿美元	印度进出口总额/亿美元	俄罗斯进出口总额/亿美元	南非进出口总额/亿美元	金砖国家进出口总额/亿美元	金砖国家占世界/%	中国占金砖国家/%	中国占世界/%
2005	1921	14219	2412	3402	1020	22974	11.1	61.9	6.9
2006	2291	17604	2994	4394	1211	28494	11.9	61.8	7.4
2007	2813	21762	3645	5520	1439	35179	12.8	61.9	7.9
2008	3711	25633	4976	7350	1616	43286	13.7	59.2	8.1
2009	2806	22072	4432	4726	1176	35213	14.4	62.7	9.0
2010	3778	29738	5704	6260	1656	47136	15.8	63.1	10.0
2011	4823	36418	7639	8231	2107	59217	16.6	61.5	10.2
2012	4657	38670	7785	8410	2034	61556	17.7	62.8	11.1
2013	4818	41590	8027	8422	1987	64844	19.3	64.1	12.4
2014	4542	43004	7769	7845	1905	65065	17.1	66.1	11.3
2015	3626	39635	6551	5267	1492	56571	17	70.1	11.9

资料来源：UN Comtrade Database.

2001—2015年，中国在金砖国家货物进出口总额中的比重呈现出持续上升之势。2001 年中货物进出口额占金砖国家贸易总额的比重为 55.9%，2006 年上升到 61.8%，2015 年升至 70.1%，创近 15 年来的最高水平。

澳大利亚东亚论坛网站发表印度观察家研究基金会吉坦贾利·纳塔拉杰的一篇文章称，高速的经济增长和人口红利表明，与世界其他地区相比，金砖国家拥有一种“结构性优势”，2015 年金砖国家出口占全球出口的 19.1%；同时金砖国家之间的贸易额也从 2006 年的 930 亿美元增长到 2015 年的 2440 亿美元，增长 163%。

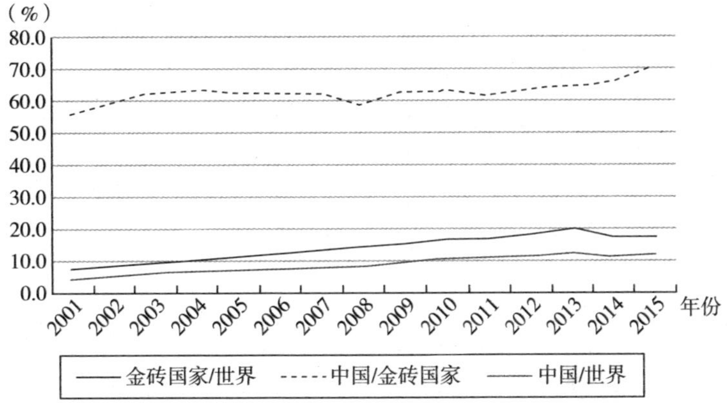

图 1　2001—2015 年金砖国家货物进出口总额占世界的比重

资料来源：UN Comtrade Database.

（三）金砖国家利用外资规模有升有降，对外投资呈现加速增长态势，金砖国家间的投资合作日益增多

金砖国家各国利用外资规模出现分化趋势。据联合国贸易和发展会议数据，2015 年印度吸引的外国直接投资增加 72%，总额达到 590 亿美元。中国仍是最具投资吸引力的国家，商务部数据显示，2015 年中国实际使用外资金额 7813.5 亿元，同比增长 6.4%，截至 2015 年 12 月底，中国非金融领域累计设立外商投资企业 836404 家，实际使用外资金额 16423 亿美元。2016 年 6 月，联合国贸易和发展会议公布的世界投资报告显示，受经济不景气、大宗商品价格低迷等因素的影响，2015 年南非获得的外商直接投资猛跌 69%，降至 18 亿美元，达到 10 年以来

最低水平。据俄罗斯央行的数据，2015 年俄罗斯的外国直接投资额下降 12%。据瑞士信贷银行公布的数据，2015 年俄罗斯获得的外国直接投资为 646 亿美元，低于 2014 年的水平（731 亿美元），在新兴国家直接投资中的占比由 2014 年的 6.7% 降至 2015 年的 5.7%。

表 4 2006—2015 年金砖国家实际利用 FDI 单位：亿美元

年份	巴西	中国	印度	俄罗斯	南非
2006	188	630	203	375	3
2007	345	748	253	558	65
2008	450	924	471	747	92
2009	259	900	356	365	75
2010	485	1057	274	431	36
2011	666	1160	361	550	42
2012	652	1117	241	505	45
2013	639	1176	281	692	83
2014	624	1195	344	731	57
2015	560	1263	590	646	18

资料来源：中国数据来自国家统计局网站，其他数据来自联合国贸发会议网站。

近几年，金砖国家特别是中国对外投资呈加速发展的态势。据商务部、国家统计局、国家外汇管理局 2016 年 9 月 22 日联合发布的《2015 年度中国对外直接投资统计公报》显示，中国对外直接投资实现连续 13 年快速增长，2015 年创下了 1456.7 亿美元的历史新高，占到全球对外投资流量份额的 9.9%，同比增长 18.3%，金额仅次于美国（2999.6 亿美元），首次位列世界第二。从增速来看，2002—2015 年，中国对外直接投资年均增速高达 35.9%，“十二五”期间对外直接投资 5390.8 亿美元，是“十一五”期间的 2.4 倍。从存量来看，截至 2015 年底，中国 2.02 万家境内投资者在国（境）外设立 3.08 万家对外直接投资企业，分布在全球 188 个国家（地区）；中国对外直接投资存量 10978.6 亿美元，占全球外国直接投资流出存量的份额由 2002 年的 0.4% 提升至

4.4%，排名由第25位上升至第8位。2015年末，中国境外企业资产总额达4.37万亿美元。值得关注的是，2015年，中国对外投资超过了同期实际使用外资，首次实现了资本项下的净输出。目前，中国已经是国际投资大国，在国际投资格局中的地位已经从单向引资大国演变为双向投资大国。随着“一带一路”、国际产能合作的深入推进，中国企业海外并购的热潮仍将持续。《2015年度中国对外直接投资统计公报》显示，2015年，中国对“一带一路”相关国家投资达189.3亿美元，同比增长38.6%，是全球投资增速的2倍，占全年流量总额的13%，2015年末，中国对外直接投资存量的八成以上（83.9%）分布在发展中经济体，在发达经济体的存量占比为14%，另有2.1%存量在转型经济体。据中国商务部统计，2016年，我国境内投资者全年共对全球164个国家和地区的7961家境外企业进行了非金融类直接投资，累计实现投资1701.1亿美元，同比增长44.1%。据统计，2016年全年，我国企业共实施对外投资并购项目742起，实际交易金额1072亿美元，涉及73个国家和地区的18个行业大类。

随着合作机制的不断完善，金砖国家投资合作日益增多。中国商务部、国家统计局、国家外汇管理局2016年9月22日发布的《2015年度中国对外直接投资统计公报》显示，2015年，中国对俄罗斯的直接投资额为29.61亿美元，创历史最高值，同比增速高达367.3%，占对欧洲投资流量的41.6%。从行业的分布来看，中国对俄罗斯的投资主要集中在采矿业（47.6%）、金融业（25.9%）、农林牧渔业（11.7%）和制造业（9.3%）等行业。中国外交部网站数据显示，截至2015年底，我国累计对印直接投资35.5亿美元，印对华实际投资6.44亿美元；其中，2015年，我国对印非金融类直接投资流量1.43亿美元；印对华直接投资0.8亿美元。

（四）金砖国家探索建立长效合作机制，设立金砖国家新开发银行，推动机制化发展迈出关键性步伐

从合作的角度来看，“金砖”非但没有褪色，“成色”反而进一步

提升。在合作的“浇铸”下，“金砖”已经从一个代表相似发展阶段、增长速度和发展潜力的“现象共同体”，日益发展成为息息相关的利益共同体、携手前行的行动共同体。从首次金砖国家外长会议至今，金砖国家合作已经走过了10个年头。10年来，金砖国家秉持开放、包容、合作、共赢的金砖精神，努力构建全方位、多层次的合作的新架构，合作领域不断拓展，合作机制不断完善，合作成果不断涌现。金砖国家设立新开发银行和建立应急储备安排，推动节能和提高能效合作，加强气候变化立场协调，彰显了金砖国家合作的行动力和有效性，开辟了“南南合作”的新路径。2015年，金砖国家领导人第七次峰会通过了《金砖国家经济伙伴战略》，极大地提振了金砖国家的信心，也使金砖国家在国际上具有了更大的影响力。2016年，金砖国家领导人第八次峰会通过了《果阿宣言》，强调基于共同利益和关键优先领域，进一步加强金砖国家团结合作，以及秉持开放、团结、平等、相互理解、包容、合作、共赢精神，进一步增强金砖国家战略伙伴关系的重要性，同意进一步推动保险和再保险市场合作、税收体系改革、海关部门互动等，并探讨设立一个金砖国家评级机构的可能性，签署了农业研究、海关合作等方面的谅解备忘录和文件，提振了金砖国家的信心，为金砖国家今后合作提供了新动力。

表5　历届金砖国家领导人峰会取得的主要成果

时间	主办国地点	主要共识	标志性成果
第一次 2009年6月	俄罗斯 叶卡捷琳堡	发表了《金砖四国领导人俄罗斯叶卡捷琳堡会晤联合声明》，呼吁建立一个更加多元化的货币体系，提高新兴市场和发展中国家在国际金融机构中的发言权和代表性，并承诺推动国际金融机构改革，使其体现世界经济形势的变化。核准了《金砖国家关于全球粮食安全的联合声明》	金砖国家合作机制正式成形

续表

时间	主办国地点	主要共识	标志性成果
第二次 2010 年 4 月	巴西 巴西利亚	发表了《金砖国家领导人第二次正式会晤联合声明》，四国商定推动“金砖四国”合作与协调的具体措施，金砖国家愿为推动全球经济治理格局朝着更为公平、公正和有效的方向改革做出积极努力	金砖国家领导人会晤常态化机制正式确立
第三次 2011 年 4 月	中国 三亚	发表《三亚宣言》，对金砖国家的未来合作进行了详细的规划，决定深化在金融、智库、工商界、科技、能源等领域的交流合作，重申国际经济金融机构治理结构应该反映世界经济格局的变化，增加新兴经济体和发展中国家的发言权和代表性	2010 年 12 月，吸纳南非作为正式成员加入，“金砖四国”变成“金砖五国”，并更名为“金砖国家”（BRICS）；签署《金砖国家银行合作机制金融合作框架协议》
第四次 2012 年 3 月	印度 德里	发表了《德里宣言》，呼吁建立更具代表性的国际金融架构，提高发展中国家的发言权和代表性，提出在 2012 年国际货币基金组织、世界银行年会前如期落实 2010 年治理和份额改革方案的要求	制订“德里行动计划”（共 17 条）
第五次 2013 年 3 月	南非 德班	发表了《德班宣言》，会议决定设立金砖国家开发银行、外汇储备库，会议推动构建金砖国家与非洲国家的伙伴关系，举行了金砖国家与非洲领导人首次对话会	成立金砖国家工商理事会和智库理事会；建立金砖国家元首与非洲国家元首的对话机制
第六次 2014 年 7 月	巴西 福塔莱萨	发表了《福塔莱萨宣言》，承诺深化伙伴关系，实现基于开放、包容、合作、共赢的新愿景，将探索开展全面合作的新领域，建设更紧密的经济伙伴关系，推动实现一体化大市场、金融大流通、互联互通以及人文大交流	成立金砖国家新开发银行；建立金砖国家应急储备安排；建立金砖国家与南美洲国家对话机制
第七次 2015 年 7 月	俄罗斯 乌法	发表了《乌法宣言》，强调加强金砖国家团结与合作的必要性，并决定在开放、团结、平等、相互理解、包容、合作、共赢的基础上，增强金砖国家战略伙伴关系，同意为了我们人民和国际社会的福祉，协调应对新挑战，维护和平与安全，推动可持续发展，消除贫困、不平等和失业。重申愿进一步增强金砖国家在国际事务中的整体作用	通过《金砖国家经济伙伴战略》《金砖国家电子商务合作框架》

续表

时间	主办国地点	主要共识	标志性成果
第八次 2016 年 10 月	印度 果阿	发表了《果阿宣言》，强调基于共同利益和关键优先领域，进一步加强金砖国家团结合作，以及秉持开放、团结、平等、相互理解、包容、合作、共赢精神，进一步增强金砖国家战略伙伴关系的重要性，全球和平和安全以及实现可持续发展面临的挑战日益凸显，需要进一步加强共同努力，同意通过开展让我们人民直接受益的务实合作，金砖国家在全球舞台上发出具有影响力的声音；强调制定《2020 年前金砖国家贸易、经济、投资合作路线图》的重要性	批准《果阿行动计划》；举办首届金砖商品展

金砖国家合作的基础和生命力在于金砖国家之间的共同利益和目标。金砖国家之间的经贸联系不断加强，经济依存度上升。在金融危机以来全球贸易持续低迷的大背景下，金砖国家间贸易逆势强劲增长。据中国商务部统计，截至 2014 年，7 年间金砖国家间贸易额年均增长 17%，远超过同期全球贸易的年均增速。随着 2014 年《福塔莱萨宣言》的发布，嘲讽金砖国家“只会高谈阔论”的美欧媒体开始惊呼：金砖国家领导人峰会成立金砖国家开发银行和建立金砖国家应急储备安排的决定，是要与美欧主导的世界银行和国际货币基金组织“分庭抗礼”。布鲁金斯学会拉美项目主管特林库纳斯称，“金砖国家正在寻找‘既有世界秩序的替代品’”。目前，金砖国家新开发银行批准了首批贷款项目，用于支持金砖国家多个绿色能源项目，并发行了第一只绿色金融债券，充分展现了其强大的行动力。到 2016 年，金砖国家合作机制已经相当广泛，除原有的经贸部长会议、农业部长会议、财长和央行行长会议、安全事务高级代表会议、国家统计局长会议、地方政府论坛、工商论坛、智库论坛等专门对话机制以外，金砖国家将合作交流领域进一步推广到科技、教育、海关、税务以及禁毒等领域，不断把“金砖”扩大、做实。

金砖国家间新的利益交汇点正在不断涌现。中国提出的“一带一路”倡议在推动金砖国家基础设施互联互通，提高金砖国家贸易和投资合作水平，推动国际产能和装备制造合作等方面将发挥重要的积极作用，受到金砖国家的普遍欢迎。金砖国家经济发展的模式是多元化的，成员国之间通过政策协调、创新发展、互联互通可以实现经济的可持续发展。特别是金砖国家新开发银行的成立，为成员国在未来经济发展中提供了新的投融资选择。金砖国家能够继续保持稳定发展，通过成员国间的沟通与合作促进内部调整，实现整体经济的发展。此外，在务实合作方面，金砖国家面临着广阔的前景，5 个国家都有各自的强项与特长，中国在中低端制造业是世界上首屈一指的大国，也被看作“世界工厂”。俄罗斯资源丰富，是“世界的加油站”。印度在计算机软件方面处于世界前列；巴西和南非在自然资源和农业方面领先于其他国家。

（五）金砖国家成为新兴市场和发展中国家利益的代言人，不断提升新兴市场和发展中国家的代表性，成为全球治理变革进程的推动者

金砖国家是新兴市场和发展中国家的“领头羊”，五国自身经历和发展特点使其成为新兴市场和发展中国家利益的代言人。多年来，金砖国家秉持国际公平正义，在重大国际和地区问题上，站在新兴市场和发展中国家的立场上共同发声、仗义执言，大大提升了新兴市场国家和发展中国家的代表性和发言权。在二十国集团领导人会议、国际货币基金组织和世界银行年会等重要国际会议期间，金砖国家通常都会单独召开会议协调立场，寻求在世界舞台上发出代表新兴市场和发展中国家的统一声音，正在有力改变着西方主导的世界经济秩序。近年来，以金砖国家为代表的新兴市场和发展中国家在全球治理体系中的代表性和话语权尽管有所提升，但与其快速增长的经济实力仍不匹配。寻求完善全球治理体系，增加新兴市场和发展中国家在国际事务中的发言权，成为这些国家的共同目标。尽管五国之间在社会制度、意识形态、文化传统等方

面存在这样、那样的差异，并且还有些边境领土的争端以及其他的历史遗留问题，但是五国之间的共同利益远远大于分歧。五国在维护发展中国家的共同利益，坚持共同而又有区别的原则，尤其是在扩大最不发达国家的发展空间方面有着共同的立场。同时，金砖国家的合作也强调包容性，重视与发达国家之间的协调沟通，以实现互利共赢，建立和谐世界的目标。总之，金砖国家合作机制有力提升了金砖国家乃至发展中国家在全球的经济地位，是对现有国际金融和经济体系的有益补充和完善。

金砖国家在世界的政治和经济舞台上正扮演着越来越重要的角色。金砖国家人口数量众多、经济体量巨大，在其各自所属地区都拥有巨大的影响力。它的主要潜力在于它有可能改变逐渐不适应当前世界形势的国际秩序。金砖国家在参与全球经济治理和维护发展中国家利益方面发挥着不可替代的作用，有力地推动着国际秩序朝着更加公平、更加公正、更加合理的方向发展。金砖国家是全球治理变革进程的参与者、推动者、引领者。在为世界创造财富的同时，金砖国家也在为完善全球治理贡献智慧和力量。发出统一的“金砖声音”，形成明确的“金砖方案”，是金砖国家对全球治理的首要贡献。正如印度观察家研究基金会资深研究员吉坦贾利·纳塔拉杰所言，金砖国家不仅是一支不容忽视的经济力量，也是国际舞台上重要的政治力量。金砖国家在推动实现更快经济增长的同时，也在为完善全球治理作出努力。作为历史上首个由新兴市场国家自主成立并主导的国际多边开发银行，金砖国家新开发银行成为新兴市场和发展中国家推动完善全球经济治理的重要手段。金砖国家新开发银行的建立反映了新兴市场和发展中国家的共同愿望，将促进现有多边开发机构加快改革步伐，进一步提高发展中国家的代表性和发言权。在全球经济治理层面，金砖国家在一系列的重大国际问题上有着许多共同的立场，无论是在国际的金融体制改革、气候变化、多边和区域贸易谈判、千年发展目标，还是在应对流行性疾病、反恐和其他非传统方面，金砖国家在联合国、G20、WTO、IMF、世界银行等国际舞台上都发挥着令人瞩目的作用。

二、金砖国家面临的重大挑战和深层次矛盾

在经过长期快速增长后，金砖国家面临的重大挑战不断增多，发展中的深层次矛盾日益显现，发生系统性风险的概率增大。

（一）金砖国家经济发展面临国内改革掣肘和世界经济深度调整的双重影响

金砖国家为应对经济发展困境，正在采取各种措施推进改革以为经济发展注入新的动力。但是，金砖国家的国内改革面临诸多掣肘。2016年8月31日，受一系列政治失误和丑闻的影响，巴西首位女总统罗塞夫被参议院罢免职务。数天内连续更换三位财政部长也让人们质疑南非总统祖马的领导能力，并对其重振经济的能力产生了怀疑。印度各邦对于各自区域发展有较大的话语权，总理莫迪实际影响力并不大，只有发展落后的邦才愿意执行中央政府的政策，莫迪宏大的“十五年发展计划”，不仅受到国大党等反对党的质疑，还遭遇议会政治的羁绊，因此莫迪提出的很多战略和政策还停留在口号上，落实得并不好。印度精英阶层与2.5亿贫困人口之间的人才断层、高端服务业与落后的农业和制造业之间的产业断层、发达城市与广大偏远农村之间的地域断层、世界领先的高等教育和高端医疗服务与落后的基础教育和基础医疗之间的服务断层，将成为政府宏大计划实施的巨大障碍。中国的改革已经进入攻坚期和深水区，经过30多年的改革，容易改的问题都已经改了，留下来的都是比较难啃的硬骨头，而这些硬骨头又不是来自某一方面，而是来自经济、政治、文化、社会、生态、军队以及党的建设等各个方面，继续深化各项改革必然要涉及一些重大利益关系的调整，必然要涉及牵动全局的敏感问题和重大问题。金砖国家需要坚定的改革对短期和长期的经济活动给予支持，通过结构性改革来促进潜在的增长，化解消极的

政经因素对经济的不利影响。

当前，世界经济仍处于深度调整期，低增长、低通胀、低需求同高失业、高债务、高泡沫等风险交织，主要经济体走势和政策取向继续分化，经济环境的不确定性依然突出，恐怖主义、网络安全、能源安全、粮食安全、气候变化、重大传染性疾病等非传统安全和全球性挑战不断增多。这些不利因素导致金砖国家的外部需求急剧萎缩，出口下降，进而影响经济发展。中国经济在很大程度上依赖制造产品出口，南非经济主要依赖于大宗商品出口，俄罗斯经济主要依靠石油和天然气出口，巴西主要依靠钢铁和农产品出口。世界经济深度调整不仅降低了对金砖国家的产品需求，还降低了出口产品的价格，导致金砖国家经济增长动力减缓。IMF 发布的 2016 年《世界经济展望报告》强调，全球金融危机 8 年后仍面临复苏的不稳定性，并担心发达经济体的贸易投资保护主义可能会进一步抬头，进而抑制经济增长。同时，英国“脱欧”、部分富裕国家试图以某种方式阻挡经济全球化的发展趋势，都增加了世界经济发展的不确定性。

（二）金砖国家面临货币持续贬值和发生系统性金融风险的严峻挑战

近几年，金砖国家各国的货币都出现了不同程度的贬值，俄罗斯、巴西、南非等国贬值幅度较大。俄罗斯卢布在美元升值、国际油价下跌以及美欧对其实施经济制裁等因素的影响下出现大幅贬值，由 2013 年平均 1 美元兑 31.84 卢布贬至 2014 年平均 1 美元兑 38.38 卢布，再到 2015 年 1 美元兑 60.94 卢布，两年间贬值近 50%，跌幅之剧烈引人注目。巴西雷亚尔也是一路下跌，由 2011 年的平均 1 美元兑 1.67 雷亚尔贬值到 2015 年平均 1 美元兑 3.33 雷亚尔，5 年间贬值了 50%。除俄罗斯、巴西以外，南非也是货币贬值幅度较大的金砖国家。南非兰特自 2006 年开始贬值，2006 年南非兰特兑美元平均汇率为 6.7715∶1，比上年贬值 6.1%；2012 年南非兰特兑美元平均汇率为 8.2166∶1，比上年贬值11.6%；2015年南非兰特兑美元平均汇率为12.7645∶1，比上年贬值15.0%。进入2016年南非兰特兑美元汇率进一步下跌，2016年1月11日，南非兰特兑美元汇率一度跌破17∶1大关，创下历史新低。2016年1月20日之后南非兰特开始走强，7月16日，兰特兑美元汇率升至13.2748∶1，达到当年最高水平，但仍低于2015年平均水平，也低于2015年7月6日的汇率（12.4056∶1）。中国人民币和印度卢比近两年兑美元的汇率也出现了10%以上的贬值。

金砖国家货币大幅贬值，全球原油、铁矿石、煤炭等资源型产品需求疲软，国际大宗商品价格大幅下降，在这些不利因素的综合影响下，国际资本大量流出金砖国家，俄罗斯和南非的资本流出最为严重，加剧了这些国家金融市场的动荡，发生系统性金融风险的可能性加大。金砖国家货币大幅贬值还导致通货膨胀率上升，根据世界银行的数据，巴西按消费者价格指数计算的通货膨胀率在2012年后呈现加速上涨的趋势，由2012年的5.08%升到2015年的15.53%；市场利率自2011年后也开始上升，平均贷款利率2015年已达15.72%。南非的通货膨胀率也不断上升，2015年1月为4.43%，2015年12月上升到5.23%，2016年2月上升到7.0%，2016年12月为6.8%，高于此前市场预期的6.6%。

（三）金砖国家经济发展面临方式转变和结构调整的双重压力

整体上看，金砖国家的经济结构出现不同程度的失衡，这些国家过于依赖出口，提振内需的效果并不显著；市场成熟度不高，偏重于要素投入，企业竞争能力和创新能力与发达经济体相比仍有较大的差距；政府对经济活动的干预程度较高，国有经济的改革迟滞最终殃及私营经济，其生产率和创新力都受到负面影响。同时，金砖国家社会贫富差距较大、区域发展不平衡、社会保障不完善等问题依然突出，金砖国家的基尼系数位于0.37～0.57这一较高区间。巴西在工业化不足条件下的快速城市化，造成了包括贫民窟、失业、收入分配两极分化、环境破坏等在内的一系列社会问题，后遗症迄今仍然严重。此外，随着大宗商品超级周期的结束，以及美国开始逐步退出“量化宽松”政策，金砖国家还面临稳定金融体系、防止资本大规模外流、保持汇率稳定、防范输入型通胀和本地通胀合流等挑战。确保公共财政的可持续性也是一大难题，印度的政府债务接近警戒线，巴西、俄罗斯、南非的财政状况则因能源和矿产价格下跌、出口减少可能会进一步恶化。金砖国家的增长主要源自要素投入而非技术进步，劳动力和物质资本投入在金砖国家经济增长中都处于重要的地位，随着国际要素价格的结构性变化，金砖国家原有的优势将进一步缩小，增长的可持续性或将难以维持。中国劳动人口增长率开始呈现下行特征，新增劳动力数量低于劳动力需求数量的情况越来越明显，劳动力价格将呈上行趋势。俄罗斯除高度依赖能源出口之外，还由于出生率偏低、死亡率偏高，面临严重的人口危机，未来俄罗斯将经历加倍的人口老龄化以及总人口的萎缩，预计到 2020 年，俄罗斯 60 岁以上的人口占全国人口的比重将超过 20%。

金砖国家的增长得益于其开放性，但开放带来的对外依赖也增加了金砖国家的经济风险，迫切需要推进结构性改革以降低经济的脆弱性。巴西的增长相当程度上是通过外国投资和农产品等大宗商品出口获得的。前者可能受制于国际评级机构的评级，后者则受制于国际市场波动。南非的支柱产业矿业也与发达工业国的需求高度相关。与巴西和南非类似，俄罗斯经济相当程度上依靠出口石油、天然气等能源产品来支撑，其政府财政收入、官方外汇储备与国际石油市场价格存在高度相关性。据投行摩根士丹利预计，原油价格每下跌 10 美元，就意味着俄罗斯出口将受到 324 亿美元的影响，大约占到该国 GDP 的 1.6%。[①] 虽然俄罗斯是主要的石油出口国，但俄罗斯并不掌握石油定价权。[②] 实际上，随着美国页岩油产量的增加，石油输出国组织欧佩克（OPEC）的

① 谭丽娅．摩根士丹利：若油价降至 50 美元俄将陷入大衰退[EB/OL]．http://finance.huanqiu.com/view/2014-10/5181509.html.

② 林跃勤．新兴经济体经济增长方式评价——基于金砖国家的分析[J]．经济社会体制比较，2011(5):126-133.

定价权正在逐渐向美国转移。[①] 无论事实是否如此，俄罗斯高度依赖于能源出口的经济结构，都是其长期经济增长蕴含高风险的重要原因，也揭示了资源出口国外部脆弱性的通病之所在。中国和印度对外部世界的依赖主要体现为对市场的依赖。中国生产的大量制造品需要外部市场消化，印度支撑其经济增长的服务业中相当部分也是来自英美的软件外包业务。尽管从发展趋势来看，中国对外部经济体的市场依赖近年有下降的趋势，以货物和服务进出口为统计口径的外需对中国经济增长的贡献也有所减弱，近些年甚至为负，但不能忽视外部市场的重要作用。金砖国家虽然是世界上大宗商品进出口大国，但是基本上没有定价权，面对欧美地区越发明显的贸易保护主义，金砖国家也难以保持较高的出口增量。

（四）金砖国家经济发展面临发达国家和发展中国家的双向竞争

在世界经济复杂多变、不确定性因素增加的形势下，发达国家纷纷促进制造业回流。国际金融危机使欧美发达经济体重新认识到了制造业在推动技术进步、拉动就业方面的巨大作用，将再造制造业视作推动经济复苏、提升经济活力的关键，出台了一系列政策吸引制造企业回归，进而实现本国的“再工业化”。美国推出了《美国制造业促进法案》《重振美国制造业政策框架》《先进制造业伙伴计划》等一系列措施，将制造业放在核心地位，积极实施制造创新国家网络计划，引领新一轮技术革命，鼓励企业在美国建厂，为制造业回流本土创造更好的条件，使美国成为新的就业和制造业的增长极，以重新确立美国制造业在全球的领先地位。德国政府提出了“工业 4.0”战略，日本和韩国等国家也重新规划了相应的产业发展战略。

国际金融危机后，以美国为代表的发达国家正积极谋求制定新一轮国际投资规则。目前，全球尚未建立统一、系统的多边投资规则体系，

① Goldman Slashes 2015 Oil Price Forecast as Glut Grows. Reuters, 2014. http://www.reuters.com/article/2014/10/27/oil-forecast-goldman-idUSL4N0SM08A20141027.

美国为了在新一轮经济全球化中占有主导权，积极推动建立高标准的国际投资规则。一方面，积极推动相关国家建立高标准的投资协议，推动区域投资自由化，引领后金融危机时代经济全球化的秩序安排。另一方面，积极推动签署高水平的双边投资协定，促进投资自由化，引领全球投资规则。面对美国在金融危机后全球经济战略的调整，金砖国家存在被边缘化的风险。美国主导的高标准投资规则将给金砖国家带来一系列负面效应。第一，在国际投资规则体系中，排他性的双边和多边投资协定快速发展。国际金融危机爆发后，美国、欧洲等传统的投资输出大国纷纷着手建立排他性的双边和多边投资协定，降低相互间的准入门槛和投资限制，拓宽投资领域，进一步推动相互间的投资自由化。第二，在国际投资规则的内容上，加大对国外直接投资的安全审查。国际金融危机后，许多国家在制定国际投资规则中，引入多种措施扩大东道国对国际直接投资的监管权力，扩大东道国政府对国际直接投资事务的管辖范围，特别是通过引入国家安全、金融安全、环境保护等一般性例外措施，扩大东道国的监管范围。第三，在国际投资主体上，更加强调投资公司的社会责任。为了使投资公司更好地服务于本国经济发展的目标，许多国家开始在其签订的国际投资协定中加入投资企业的社会责任条款，要求投资公司在环境保护、人权发展、遵守劳工标准及反腐败等方面发挥作用。

越来越多的发展中国认识到了外资流入对东道国的积极作用，如弥补投资缺口、促进出口增长、带来先进技术、引入竞争机制等。为了吸引到更多的 FDI，发展中国家采取了提供投资激励、实行投资自由化、改善投资环境、签订国际投资协议等不同的方式和手段。一些发展中国家为加大吸引外资力度还竞相出台一些税收优惠措施，推动发展中国家不断提高对外资的优惠程度，很多发展中国家对外资企业征收的所得税率比发达国家低 1/3 左右。此外，很多发展中国家为外商投资企业提供免税期，一般为 5 年。泰国规定，“奖励”产业可免征 5 年所得税或 1

年消费税。印度尼西亚、加纳等国家都出台了类似的法律规定。除以上措施外，许多发展中国家还通过提供公有土地租赁费用减免等优惠措施，全方位吸引 FDI。同时，发展中国家近些年纷纷放宽对外国直接投资的限制。联合国贸发会议指出，最积极吸引外国直接投资的是东南亚和南亚国家，这些国家出台的吸引外国直接投资的政策占发展中国家全部政策的 1/3 以上。许多亚非拉发展中国家借鉴中国发展模式并结合自身的发展需要，设立经济特区、经济技术开发区，给予外商更多的优惠投资政策和投资便利。

（五）金砖国家之间存在着其固有的结构性差异和矛盾

尽管金砖国家从四国发展成了五国，但并没有形成一种组织性、高度制度化的合作机制。松散的合作机制使各国之间本身存在的问题与矛盾没有得到沟通与化解。长期以来，金砖各国之间在政治立场上大多从本国利益考量，存在不同的偏向；在政治制度上，金砖国家选择也不一样；在对外战略选择上，也存在着不同的战略定位与战略诉求。尽管金砖国家领导人实现了多次会晤，但只是强化了共同的立场，并没有形成约束力，仍是立场大于行动。同时，金砖国家之间存在着诸多短期内难以消除的矛盾。首先，中国与俄罗斯虽然建立了战略协作关系，反映了中俄在政治关系中处于较高的发展水平，但是两国的经济合作发展水平远远落后于政治关系的发展，存在着一些因素阻碍双边经济合作的发展。近年来，随着中俄两国经济的发展，双边摩擦和冲突时有发生，但双方尚未建立相应的应急预警与交涉机制，中俄实现真正意义上的战略合作关系尚待时日。而且，随着“一带一路”的推进，俄罗斯对中国的防范心理不断加深，将严重影响中俄双边关系的深入发展。其次，中印战争伤痕难以愈合，边界领土争端悬而未决，导致中印之间战略互疑大于战略互信；中印巴三角关系的不平衡发展，西藏达赖喇嘛流亡政府的长期存在，导致中印双方把潜在的“朋友”当成“敌人”；印度贸易投资壁垒重重，导致中印经贸往来规模不大，贸易不平衡问题日益突出；互相缺乏对对方善意的理解，没有形成整体的合作蓝图，制约了两国关系的良性发展。因此，中印关系呈现出两面性的特征：一方面，作为亚洲崛起中的两个新兴大国，中印在国际体系改革、全球气候变化等问题上的合作需求日趋强烈；另一方面，受巴基斯坦、美国、边界等因素的影响，中印也不可能达到盟友的程度。

三、促进金砖国家合作发展的总体思路和战略举措

秉持"开放、包容、合作、共赢"的金砖精神，坚持政治、经济、文化"三轮"驱动，采取"扩容、做实、增色、共振"四项举措，全面落实《金砖国家经济伙伴战略》，加快制定《2020年前金砖国家贸易、经济、投资合作路线图》，基于共同利益和优先领域开展让成员国人民直接受益的务实合作，增强金砖国家战略伙伴关系，实现"机制化、规模化、多元化、便利化、共享化"的目标，为合作发展注入新动力、开辟新空间，在全球舞台上发出更具影响力的声音，推动世界均衡发展。

（一）推动金砖国家扩容，提升代表性和影响力

2010年，南非作为新成员国正式加入金砖国家，这是金砖国家第一次扩容，标志着这一新兴国家的代表性机制已经涵盖了来自美洲、欧洲、亚洲和非洲的主要大国。尽管金砖国家目前面临种种困难和挑战，但是不应停止适度扩容的步伐。G20的形成本身就说明以G7为代表的发达国家在处理全球性金融危机时已经感到力不从心。随着新兴经济体总体实力的不断上升，世界政治经济格局出现重大变化，全球治理需要新动力、新思路、新模式，以适应形势的重大变化。金砖国家扩容有利于增加发展中国家和新兴经济体的话语权和决策权，更大地发挥这些国家的优势和作用，为全球治理注入新的血液、新的思想、新的理念，使之更加公正、公平、合理，并为世界经济增长提供新动力。金砖国家从

一开始就拒绝封闭的俱乐部模式，对其他国家和国际、区域性组织的联系与合作持开放态度。金砖国家扩容正是践行开放合作理念的最好体现，能够让金砖国家合作机制惠及更多的国家。

博鳌亚洲论坛2010年会发布的《新兴经济体发展2009年度报告》首次提出“E11”（新兴经济体11国）概念，将G20国中的阿根廷、巴西、中国、印度、印度尼西亚、韩国、墨西哥、俄罗斯、沙特阿拉伯、南非和土耳其等11个国家作为一个新兴经济体进行整体研究。除了金砖国家成员，阿根廷、印度尼西亚、韩国、墨西哥、沙特阿拉伯和土耳其6国，近5年的经济表现明显好于巴西、俄罗斯和南非。2015年，印度尼西亚、土耳其、沙特阿拉伯、韩国、墨西哥、阿根廷的经济增长率分别为4.8%、3.8%、3.4%、2.6%、2.5%、1.2%。除印度尼西亚之外，其他5国的人均GDP都在9000美元以上，远高于金砖国家的平均水平。考虑到沙特阿拉伯和韩国人均GDP均超过了2万美元，相对发达，明显高于金砖国家的平均水平，而阿根廷的经济体量较小，可选取人口最多的3个国家作为金砖国家扩容首选成员：印度尼西亚（2.58亿人）、墨西哥（1.27亿人）、土耳其（0.79亿人），其经济水平与金砖国家接近，发展诉求与金砖国家相似。印度尼西亚作为东盟地区的“领头羊”，具有独特优势和巨大的发展潜力，当前和今后一个时期，必将成为世界经济发展中一颗耀眼的新星。土耳其是继中国、俄罗斯、印度、巴西和南非等“金砖国家”之后又一蓬勃发展的新兴经济体，在国际社会享有“新钻国家”的美誉。墨西哥成功发挥自身优势，实现了经济领域的部分现代化，建成了拉美地区规模最大、最完整的工业体系。金砖国家未来更可采取“金砖+N”的模式，在条件成熟时适度吸收新成员。

（二）探索建立常设机构，推动金砖国家机制化发展

目前，金砖国家之间的合作机制基本上处于初级阶段，一些国家对金砖国家领导人峰会等多边合作机制尚存疑虑，特别是对金砖国家能不

能代表其他发展中国家以及不同成员国在重大国际问题的协调一致上存在担心。所以，金砖国家的机制化建设将是目前迫切需要解决的问题。只有加强机制化合作，才能把经济力量转化为政治影响力，在二十国集团、联合国和国际货币基金组织等国际机制中取得更为平等的地位，推动国际秩序更加多极化、公正化和民主化。2015 年乌法峰会是金砖国家合作机制发展史上的里程碑。在会议召开前夕，金砖国家新开发银行召开了首次理事会会议，任命印度人卡马特为首任行长，总部设在上海，金砖国家未来的金融合作将步入实际操作阶段。金砖国家新开发银行成立不仅标志着新兴经济体在全球金融架构中将发挥越来越重要的影响，也标志着金砖合作开始从“概念”走向“实体”，从“论坛化”走向“机构化”。金砖国家在取得巨大成就的同时，也存在一些问题。目前，金砖国家正面临经济放缓的局面，除了中国和印度，俄罗斯、巴西和南非的经济增长率都低于世界平均水平，以至于人们开始产生“金砖褪色”的质疑。金砖国家在市场准入、关税减让等方面还没有取得实质性进展；各国的经济结构也不平衡，金砖国家其他 4 个成员都对中国经济有了越来越大的依赖，而反过来中国经济对它们的依赖却没有那么强。解决上述问题，需要金砖国家巩固和推进实体化进程，逐渐确定合作宗旨、目标、任务、成员资格等基本要素，加快设立秘书处。

从乌法峰会取得的丰硕成果可以看出，金砖国家的合作在不断深化，合作领域日益拓宽，合作水平不断提升，合作越来越务实。金砖国家新开发银行和金砖国家应急储备安排的同时设立，反映了发展中国家“抱团取暖”的一种愿望，能够为成员国及发展中国家基础设施建设等提供资金，应对短期流动性紧缺的压力，同时也能增强信心效应。金砖国家新开发银行成为金砖国家机制化建设的关键一步。旧的国际金融秩序始终向欧美发达国家倾斜，新兴国家和发展中国家的诉求受到遏制、得不到充分表达。金砖国家新开发银行及金砖国家应急储备安排旨在改变这种被动局面，减少新兴国家和发展中国家对旧有国际金融体系的单向依赖，是对世界银行和国际货币基金组织的重要补充。结合金砖国家今后面临的国际环境，总结金砖国家走过的道路，就金砖国家的机制建设来说，未来的工作重点应该是机制化，推动建立金砖国家合作长效机制，加强内部协调与外部合作，增强金砖国家的稳定性。

首先，要选择硬机制，尽快解决金砖国家机制化问题。金砖国家间合作可以采取硬机制（机制化）或者软机制（非机制化）两种方式，软机制的治理具有非正式性和低制度化的特色，更多强调的是国家间的协商、互动，不成立正式的组织，只是召开一些会议，有时是首脑会，也包括财长和外长会等。金砖国家合作机制目前来说，采用的是软机制的方式，具有非正式性，分为领导人峰会、外长会议和财长会议等几个层次定期或非定期会议，仅具有松散的论坛性质，至今还没有秘书处。在不同的治理情境下，各国对机制化的偏好具有差异。在环境变动大、对政策灵活性要求高、国家不愿意承担成本的情况下，软机制由于其约束力低，为国家行为体所青睐。但软机制也意味着执行力低下、治理成效低。从目前的形势来看，金砖国家之间的合作将走向何种程度的机制化仍未可知。经济合作是推动金砖国家发展的持久动力，金砖国家应继续致力于建设一体化大市场，制定经济合作长期规划，建立更紧密的经济伙伴关系。同时，要加快建立金砖国家的长效机制。金砖国家可以探索建立宏观经济政策沟通协调机制，危机应对机制，争端解决机制。这些长效机制形成之后，会使金砖国家的共振频率更大。

其次，要有效处理内部差异性与机制的稳定性问题。如何实现金砖国家合作机制的内部稳定，是从根本上对“金砖褪色论”进行驳斥的最有效手段。之所以会有对金砖国家合作机制稳定性的担忧，主要是因为金砖国家之间存在着较大的差异性，具体表现在：发展阶段不同、经济结构不同、国情不同、地缘政治状况不同。如何在差异性的基础上开展合作，融合各成员国不同的利益诉求是最大的难题。同时，金砖国家各成员在贸易结构、产业结构及全球价值链上的位置存在着重合现象，难以避免彼此之间发生贸易竞争。但是，总体来看，金砖国家各成员之间的互补性大于竞争性，合作潜力巨大，积极探索共同利益是在内部实现金砖国家合作机制稳定的重要保障。在处理国际事务的时候，各成员国谋求更多的政策协调，寻找共同利益，也有助于建立稳定的合作机制。例如，在金砖国家新开发银行的筹建过程中，金砖国家成员围绕先期资本投入额度、行长人员、组织架构、股东权责以及总部地址等实质性问题进行了有效沟通。特别是中国从合作大局出发，作为金砖发展银行的主要发起国及出资国，在制度设计与安排上做出了牺牲和让步，为金砖国家合作机制的长期稳定性做出了重大贡献，推动金砖国家合作机制在政策落地方面迈出了重大一步。

（三）启动金砖国家自贸区谈判，释放金砖国家的合作潜力

建立金砖国家自贸区有利于巩固和扩大金砖国家领导人峰会取得的成果，为金砖国家间扩大贸易、投资、制造业、矿业、能源、农业、科技创新、金融、互联互通和信息技术合作提供制度保障。发达国家主导的高标准贸易投资协定谈判都明显地将中国、俄罗斯、印度、巴西和南非这些"金砖国家"排除在外。基于欧美巨大的经济总量和市场容量，新一轮贸易投资协定谈判在"边境"和"边境后"议题上达成的高标准和新规则，将会对全球经贸规则产生示范效应，引发其他发达国家和一些中等收入国家的效仿，从而推高全球经贸规则和标准。如果按照高标准的贸易规则建立金砖国家自贸区，则各方利益更加难以协调，建立的难度将明显增加。中国作为金砖国家中经济体量最大的国家，应该积极倡导建立金砖国家自由贸易区，扩大彼此的经贸合作，夯实"金砖国家"的共同利益基础，促进整体经济增长，优化经济结构，实现共同发展。考虑到金砖国家之间战略利益的复杂性，高标准的自由贸易区建设很难立即启动，可以采取逐步推进的方式，前期重点达成金砖国家自贸区早期收获计划。

（四）促进投资贸易便利化，扩大金砖国家的利益汇合点

尽管金砖国家做出了巨大的努力，但从国际投资和贸易便利化发展的总体水平来看，金砖国家的投资贸易便利化仍处于中等偏下水平。从金砖国家单个国家的贸易环境来看，根据世界经济论坛的《全球竞争力报告》，在125个国家中，金砖国家贸易便利化发展程度最好的是中国，但是在全球排名中也仅为第45名，俄罗斯更是排在了100名之后。在投资贸易便利化合作方面，金砖国家仍处于起步阶段，合作的程度有待深化。2011年，金砖国家银行合作机制成员签署《金砖国家银行合作机制金融合作框架协议》，研究在成员国之间扩大本币结算，并进行本币融资，金砖国家金融合作机制向前迈进一大步，有助于金砖国家间贸易和投资的便利化。2012年，金砖五国开发银行共同签署了《金砖国家银行合作机制多边本币授信总协议》和《多边信用证保兑服务协议》。2013年，金砖国家通过《金砖国家贸易投资合作框架》。2014年，金砖国家提出《贸易投资便利化行动计划》。在这些合作机制和规划的推动下，2014年金砖5国间贸易额近3500亿美元，较7年前增长了2.5倍。目前，中国已成为巴西、俄罗斯、南非和印度最大的贸易伙伴，与4国双边贸易额达3000多亿美元，累计直接投资额达到350多亿美元。事实证明，金砖国家之间投资贸易合作潜力巨大，需要促进金砖国家投资开放和贸易便利，开展双边和多边务实合作，增强互补性，为金砖国家的共同发展注入强劲的动力。中国作为金砖国家贸易便利化发展较为领先的国家，应发挥更加积极的作用。一方面，可结合“一带一路”倡议推进与投资贸易便利相关的基础设施建设，为相互之间的贸易发展创造良好条件。另一方面，可推动建立金砖国家“大通关”机制，推动海关信息共享、互认，促进贸易便利化。

（五）促进成员国战略对接，增强金砖国家的包容性

推进结构性改革，创新增长方式，构建开放型经济，加强宏观经济

政策协调，已经成为金砖国家抓住机遇、在国际舞台上发挥引领作用的当务之急。金砖国家存在基础设施投入不足、结构性改革滞后、对外部依赖度过高等风险因素，应结合落实2030年可持续发展议程和二十国集团领导人杭州峰会的成果，加强战略对接，拓展金砖国家的潜在增长空间，为合作发展注入新动力、开辟新空间。中国倡议的“一带一路”是开放的、包容的、和平的、平等的，倡导“共商共建、共创共享”，不搞封闭机制，有意愿的国家和经济体都可以参与，成为“一带一路”的支持者、建设者和受益者。美国战略家帕拉格·康纳撰写的《超级版图》认为，中国提出的“一带一路”将改变全球版图，把世界连成一个整体，形成全球的超级版图。“一带一路”的重大倡议站在了人类道义的制高点上，体现了人类命运共同体的理念，通过软联通和硬联通，可以实现世界的互联互通。“一带一路”可以与金砖国家其他成员的发展战略更好地结合起来，包括不接壤的巴西、南非这两个金砖国家成员。重点可与俄罗斯提出的“欧亚经济联盟”、印度提出的“季风计划”等战略进行合作对接，在增信释疑的基础上，推进金砖国家形成宽领域、深层次、高水平、全方位的合作格局，使各成员在合作中实现共赢，使广大民众获得实实在在的好处，有力改善金砖国家民众的生活水准，给金砖国家带来共同的发展机遇和福祉，形成更具亲和力、感召力的互利共赢金砖国家发展格局。同时，中印两国可以链接“中国制造2025”“创新驱动”与“印度制造”“技能印度”“清洁印度”等战略，形成互补、互动、互助的良性发展。

（六）加强全方位合作，提升金砖国家的认同感

金砖国家加强合作，共同应对全球性挑战，符合五国及国际社会的共同利益，为促进世界经济增长、推动世界和平与发展发挥积极性与建设性的作用。俄罗斯虽然GDP在下降，但是军事力量不容小觑，仍然在世界上发挥着重要作用。印度作为新兴大国，提出了“印度制造”“技能印度”“清洁印度”等一系列计划，正步入经济发展的快车道。

巴西和南非也具有巨大的发展潜力。金融国家在增色，而不是减色或褪色。金砖国家的合作可以为世界带来机遇，为发达国家与发展中国家之间的沟通与交流发挥桥梁作用。金砖国家应本着开放、包容、合作、共赢的精神，努力建设一体化大市场、金融大流通、基础设施互联互通、人文大交流，实现政治、经济、文化领域全方位合作，增强认同感。金砖国家合作要做到政治、经济、文化“三轮”驱动，既做世界经济动力引擎，又做国际和平之盾，还做人类文明使者，深化在国际政治、经济、文化和安全等领域的协调与合作，捍卫国际公平正义，促进人类文明交流互鉴。金砖国家加强全方位合作有利于密切沟通和协调，维护共同利益。金砖国家应积极参与国际多边合作，提高在全球经济治理中的话语权，在二十国集团峰会上加强协调合作，致力于建设开放型世界经济，落实国际货币基金组织改革方案，推动解决全球发展问题，建设面向未来的金砖国家伙伴关系，构建发展创新、增长联动、利益融合的开放型经济格局，对金砖国家的长远发展繁荣具有重要意义。

四、中国应在金砖国家合作发展中发挥更大作用

当前，国际形势发生新变化，在世界经济复苏缓慢等大背景下，金砖国家面临的复杂和困难因素增多，经济增长普遍放缓，发展进入调整期。在金砖国家中，中国的经济总量最大，在全球经济中影响力也最大，是金砖国家合作机制形成的首要推动者，中国的议案、中国的理念、中国的方案、中国的声音不断放大。中国应该起到“压舱石、定盘星”的作用，推动金砖国家“抱团取暖”、加强团结合作，在重大问题上凝聚共识，共同应对各种风险和挑战。

（一）抓住 2017 年金砖国家轮值主席国的机遇，把金砖国家这个重要平台建设好、维护好、发展好

大合作中携手前行，需要真诚相待、互利共赢的伙伴关系。作为相

伴十年的好朋友、好兄弟、好伙伴，金砖国家就像5根手指，握指成拳才有力量。金砖国家是新兴市场国家和发展中国家的“领头羊”，也是二十国集团重要成员，中国应推动金砖国家顺应历史潮流，把握国际大势，加强协调和配合，共同把金砖国家这个重要平台建设好、维护好、发展好，推动新兴市场国家和发展中国家在国际事务中发挥更大的作用。尽管金砖国家已建立了多个合作机制，但是仍然需要提升机制设计能力，不断提高合作机制的质量。作为2017年金砖国家轮值主席国，中国应抓住机遇，加强谋划，设计符合各方利益的合作方案，形成“厦门行动”，争取成为金砖国家合作发展的新里程碑。中国应推动金砖国家推进金砖框架内务实合作，携手落实可持续发展议程，努力形成各利益攸关方携手共建、各领域平衡共进、各阶层繁荣共享的发展新格局。中国应推动金砖国家以落实《金砖国家经济伙伴战略》为契机，建设好、维护好、发展好金砖国家新开发银行和应急储备安排这两块“金字招牌”，对内搭建畅通合作的“民心桥”，对外扩大金砖的“朋友圈”，金砖国家的竞争力和凝聚力就会越来越强，发展的含金量必将越来越足。中国应推动金砖国家同广大发展中国家一道，促进发达国家兑现承诺、履行义务，为建立更加多元开放、务实有效的新型全球发展伙伴关系而努力。中国应推动金砖国家各方对金砖国家发展形成正确合理的预期，促进各方加大宏观经济政策协调力度，着力提升金砖国家在国际治理体系中的代表性和发言权。中国应推动金砖国家各方加强协调，相互支持，落实金砖国家经济伙伴战略，携手推进经济优化升级，共同打造利益共享的价值链和大市场，实现长远发展。中国应推动金砖国家继续在二十国集团框架内加强沟通和协调，共同推动落实国际货币基金组织份额改革决定，制定反映各国经济总量在世界经济中权重的新份额公式，改革特别提款权货币组成篮子，增加新兴市场国家和发展中国家的代表性和发言权。中国应推动金砖国家坚定维护多边贸易体制主渠道地位，共同建设开放型世界经济，反对一切形式的保护主义和排他主义，确保各国发展权利平等、机会平等、规则平等，共同应对各种全球性挑战，推动互利共赢的国际发展合作。

表 6　金砖国家领导人峰会上的中国声音

时间	主办国地点	中国声音
第一次 2009 年 6 月	俄罗斯 叶卡捷琳堡	时任国家主席胡锦涛发表重要讲话，强调四国既面临新的发展机遇，也面临前所未有的挑战，应把握历史机遇，加强团结合作，共同维护发展中国家的整体利益。第一，增强政治互信。第二，深化经济合作。第三，推进人文交流。第四，提倡经验互鉴。
第二次 2010 年 4 月	巴西 巴西利亚	时任国家主席胡锦涛在会上发表了《合作 开放 互利 共赢》的重要讲话，强调要从战略高度明确四国合作方向、推动四国合作进程；以政治互信为基石，坦诚相待，相互尊重，相互理解，相互支持；以务实合作为抓手，重在行动，为合作注入新动力；以机制建设为保障，加大合作力度，拓宽合作领域；以互利共赢为目标，优势互补，最大程度分享合作成果；以开放透明为前提，增进同各方沟通和交流，体现合作的开放性。
第三次 2011 年 4 月	中国 三亚	时任国家主席胡锦涛主持会议，并发表题为《展望未来 共享繁荣》的重要讲话，为如何使人类拥有一个和平安宁、共享繁荣的 21 世纪这一重要问题提出四几点建议：第一，大力维护世界和平稳定；第二，大力推动各国共同发展；第三，大力促进国际交流合作；第四，大力加强金砖国家共同发展的伙伴关系。
第四次 2012 年 3 月	印度 德里	时任国家主席胡锦涛发表题为《加强互利合作 共创美好未来》的重要讲话，就加强金砖国家合作提出四点建议：第一，坚持共同发展，促进共同繁荣；第二，坚持平等协商，深化政治互信；第三，坚持务实合作，夯实合作基础；第四，坚持国际合作，促进世界发展。
第五次 2013 年 3 月	南非 德班	国家主席习近平发表了题为《携手合作 共同发展》的主旨讲话，指出：求和平、谋发展、促合作、图共赢，是金砖国家共同的愿望和责任，金砖国家要坚定维护国际公平正义，维护世界和平稳定，始终坚持平等民主、兼容并蓄，不管全球治理体系如何变革都要积极参与，发挥建设性作用，大力推动建设全球发展伙伴关系，促进各国共同繁荣。
第六次 2014 年 7 月	巴西 福塔莱萨	国家主席习近平发表了题为《新起点 新愿景 新动力》的主旨讲话，强调要在总结经验的基础上，规划发展金砖国家更紧密、更全面、更牢固的伙伴关系的新的合作蓝图，金砖国家应该在四个方面作出努力：第一，坚定不移推动经济可持续增长；第二，坚定不移开展全方位经济合作；第三，坚定不移塑造有利的外部发展环境；第四，坚定不移提高道义感召力。

续表

时间	主办国地点	中国声音
第七次 2015 年 7 月	俄罗斯 乌法	国家主席习近平发表题为《共建伙伴关系 共创美好未来》的主旨讲话，强调国际形势错综复杂，金砖国家机遇和挑战并存，为了加强金砖国家伙伴关系，提出四点建议：第一，构建维护世界和平的伙伴关系；第二，构建促进共同发展的伙伴关系；第三，构建弘扬多元文明的伙伴关系；第四，构建加强全球经济治理的伙伴关系。
第八次 2016 年 10 月	印度 果阿	国家主席习近平发表题为《坚定信心 共谋发展》的重要讲话，强调当前金砖国家发展面临着复杂、严峻的外部环境，必须坚定信心，共同面对挑战，要贡献金砖国家的智慧和力量，携手寻找应对之道。第一，共同建设开放世界。第二，共同勾画发展愿景。第三，共同应对全球性挑战。第四，共同维护公平正义。第五，共同深化伙伴关系。

（二）与其他金砖国家共享发展机遇，促进金砖国家经济加快发展

当前，世界经济正在经历新旧动能转换，复苏缓慢乏力，金砖国家所处的国际大环境总体保持稳定，但也是波澜频起。面对新形势，中国应与其他金砖国家共享发展机遇，欢迎其他金砖国家搭乘中国发展的快车和便车，促进金砖国家经济加快发展。中国应加强与金砖国家的交流，加强团结，深化彼此信任和合作，共同挖掘金砖国家的潜力和活力，固本强基，解决好当前面临的问题和挑战，创造金砖合作的新局面。推动金砖国家共同创新增长方式，深化结构性改革，改造提升传统比较优势，提升中长期增长潜力。推动金砖国家认真落实乌法会晤通过的《金砖国家经济伙伴战略》，开创贸易投资大融合、货币金融大流通、基础设施大联通、人员文化大交流的新局面，形成优势互补、增长联动的强大合力。推动“一带一路”与金砖国家各自优势对接，通过“一带一路”所倡导的“五通”建设夯实合作基础，为金砖国家赶上新一轮全球化浪潮奠定坚实的基础。

（三）推动金砖国家建立更紧密的经济伙伴关系，培育金砖国家一体化大市场

经济合作是推动金砖国家发展的持久动力。从首次金砖国家外长会议至今，金砖国家合作已经走过了10个年头。共同的发展使命是金砖国家合作的原动力，推动金砖国家开展双、多边务实合作有利于增强发展内生动力。从发展的内生动力来看，金砖国家之间开展的双边和多边务实合作，为金砖国家的共同发展注入了强劲动力。在双边方面，中俄在基础设施、装备制造、石油化工、建材、矿业、汽车、农业等领域的合作不断取得新进展，双方还努力扩大双边贸易，开展本币互换、扩大本币结算、本币投融资等合作；中印充分发挥互补优势，对接发展战略，加快基础设施、产能合作，加紧推进孟中印缅经济走廊建设，推动区域经济发展，做好铁路、产业园区等重点领域合作，打造旗舰项目；中巴以产能投资合作为重点，制定两国产业投资合作规划，重点开展铁路、矿业、电力、装备制造等领域产业投资合作；中南合作已延伸至科技、农业、矿业、可再生能源、金融和旅游业等多个领域。目前中国已成为巴西、俄罗斯、南非和印度最大的贸易伙伴，可以预期，《金砖国家经济伙伴战略》的深入实施，将会推动金砖国家之间的合作朝着“一体化大市场、多层次大流通、陆海空大联通、文化大交流”的利益共同体方向迈进，为构建更加紧密的金砖国家发展伙伴关系打下新的坚实基础。中国应积极推动金砖国家发扬开放、包容、合作、共赢的金砖国家精神，促进金砖国家制定经济合作长期规划，尽早启动自贸区谈判，建立更紧密的经济伙伴关系，建设一体化大市场。推动金砖国家各方制定和落实《金砖国家经济伙伴战略》，着眼于一体化大市场建设，全面推进贸易便利化、电子商务、知识产权、中小企业、贸易促进等各领域合作，加强机制化建设，不断推动合作出成果、见实效，进一步密切金砖国家间的利益纽带，实现共同发展与繁荣。推动金砖国家新开发银行尽快落实项目，不断提高管理水平和融资能力，增强应急储备安排

的宏观研究能力，为金砖国家筑牢金融安全网。推动金砖国家共同维护和发展开放型世界经济，反对贸易保护主义，维护好多边贸易体系。

（四）倡导建立新型发展伙伴关系，成为国际新秩序中的一支新兴政治力量

中国应推动金砖国家在参与全球治理方面发挥更大的作用。在金砖国家合作机制下，吸纳一些新的经济体加入，形成“金砖国家＋N”的新构架，将会重写全球的南北格局，推动发展中国家和新兴经济体成为推动世界经济增长和改变世界格局的重要力量。由于金砖国家在方向性、制度性与统一性等方面仍有诸多缺陷，影响了金砖国家的“软实力”。中国应推动金砖国家进一步明确今后合作发展的方向、目标与重点，尽快在方向、目标等核心利益上达成共识，从而促进金砖国家合作机制实现可持续发展，最终形成国际新秩序中的一支新兴政治力量。中国应推动金砖国家在尊重彼此关切、照顾彼此利益的基础上，深化在国际政治和安全领域协调与合作，捍卫联合国宪章宗旨和原则，维护国际关系基本准则，推动建设合作共赢的新型国际关系，营造和平稳定、公正合理的国际秩序，共同维护国际公平正义。中国应推动金砖国家加强金砖框架内反恐、能源安全、网络安全等领域务实合作，推动制定平衡反映各方利益和关切的国际规则。中国应推动金砖国家结合《二十国集团落实 2030 年可持续发展议程行动计划》，积极构建新型全球发展伙伴关系，推动发达国家履行承诺，为发展中国家实现发展目标提供有力支持，加强南南合作。中国应推动金砖国家在深化和完善内设机构的基础上，加强同其他地区组织的合作，进一步增强金砖国家的全球影响力，具体来说可以分别从发达国家、发展中国家以及中等强国三大群体切入。第一，推动金砖国家与发达国家的合作。以金砖国家作为一个主体同美国和欧盟进行平等协商、对话，探索建立年度定期对话机制，促进金砖国家与发达国家更全面的协调、合作，通过交流对话加强相互间的认知和了解，从而降低发达国家对金砖国家合作机制的疑虑和误解。

第二，推动金砖国家与发展中国家的合作。金砖国家除了俄罗斯，其他四国都是发展中国家，未来较长一段时间内广大发展中国家应是金砖国家作为一个整体开展对外合作的重点，应推动金砖国家通过以其所属地区性多边组织（东盟、南盟、非盟、阿盟）为合作基点，按照由点及片、以点带面的方式推动金砖国家与遍布全球的发展中国家合作，把金砖经验推广到东南亚、非洲、拉美等区域。第三，推动金砖国家加强与新兴经济体的合作，重点加强与韩国、墨西哥、土耳其、印度尼西亚、阿根廷、沙特阿拉伯等国家的合作，在条件成熟时吸纳其加入。总之，中国应推动金砖国家合作实现政治、经济和文化“三轮”驱动，既做世界经济动力引擎，又做国际和平之盾。

（总报告执笔人：李锋）

第一章

CHAPTER ONE

重新认识金砖国家的战略价值

中国、俄罗斯、印度、巴西、南非金砖五国作为新兴大国和发展中大国，是国际关系中的重要力量和国际体系的积极建设者。当前，世界经济仍然处于国际金融危机后的深度调整期，不确定因素增多。新兴市场国家和发展中国家风险和挑战不断积聚，经济增速普遍放缓，金砖国家各国发展也面临不少困难和挑战。但金砖国家拥有丰富的自然和人力资源、广阔的国内市场、巨大的发展潜力、充裕的政策空间，上升趋势不会改变。应该看到，经济增速放缓不是金砖国家独有的问题，而是全球存在的普遍现象。金砖国家增长潜力没有改变，发展前景没有改变，增长动力没有改变，以金砖国家为代表的新兴市场国家在国际政治经济事务中的作用将不断提升。国际形势发生新变化，世界经济复苏缓慢，地缘政治问题较前突出，全球性挑战不时涌现。在这个大背景下，金砖国家发展也面临一些新情况。一是外部环境中复杂和困难因素增多，全球总需求不足，各国宏观经济政策分化加剧，世界经济增长不确定性加大。二是受内外因素的影响，金砖国家经济增长普遍放缓，发展进入调整期。三是国际上唱衰金砖国家的声音并未停止。应该引导各方对金砖国家发展形成合理预期。要看到金砖国家经济增速虽然有所放缓，但新兴市场国家对世界经济增长的贡献超过 50%，仍然是世界经济增长的重要引擎。展望未来，全球经济复苏仍然需要新兴市场国家提供后劲和动力。应该在二十国集团框架内加强合作，推动各方加大宏观经济政策协调力度，重点防范短期金融风险，避免货币战、贸易战，实现共同发展。

一、推动世界格局朝着有利于发展中国家的方向发展，形成南北均衡发展之势

近代以来，全球经济社会发展主要由少数西方发达国家所引领，亚非拉大部分发展中国家处于长期落后和依附的地位，形成了“北强南弱”、极度不均衡的全球发展格局。欧美发达国家作为全球发展的重心和高地，占据着产业链和价值链的高端，掌握着主要的科技成果，享有最高的收入水平和生活水准，消耗了全球的大部分资源，并左右着全球经济、政治规则的制定。与此同时，大量的发展中国家和不发达国家主要依靠出卖资源与廉价劳动力维持生存，附加值低、收入水平增长缓慢，在关键技术和产业上长期受制于发达国家，一些国家还长期处于殖民地、半殖民地的地位，在全球经济和政治关系中都缺少话语权。

第二次世界大战以后，随着全球社会主义运动和殖民地解放运动的蓬勃兴起，一大批发展中国家获得政治独立，并开始寻求经济自主和国家富强之道。七十七国集团等组织在提升南方国家地位和经济发展水平方面，曾做出过很多努力。但南方国家长期积贫积弱的状态，并非通过短期努力就可以改变，而是要经历长期曲折的探索和实践。20 世纪 90 年代东欧剧变导致的全球社会主义低潮，对南方国家的发展一度造成巨大影响，新自由主义的回潮使一些国家重新回到依附发达国家的老路，南北差距重新拉大，“北强南弱”的发展格局进一步固化。

进入 21 世纪后，在新一轮经济全球化带动下，具有劳动力、资源和产业基础优势的中国、俄罗斯、印度、巴西和南非快速崛起，形成所谓的“金砖国家”，占全球经济的比重快速上升，极大地改变了全球发展格局，发达国家和发展中国家集团之间的发展差距出现缩小趋势。

表 1-1　2007—2015 年金砖国家及世界 GDP 增长率　（%）

年份	中国	印度	俄罗斯	巴西	南非	世界
2007	14.2	9.8	8.54	6.1	5.55	3.98
2008	9.6	3.89	5.25	5.09	3.19	1.46
2009	9.2	8.48	-7.82	-0.13	-1.54	-2.04
2010	10.6	10.26	4.5	7.53	3.04	4.09
2011	9.5	6.64	4.26	3.91	3.21	2.86
2012	7.7	5.08	3.41	1.92	2.22	2.22
2013	7.7	6.9	1.34	3.02	2.21	2.15
2014	7.3	7.29	0.64	0.1	1.55	2.54
2015	6.9	7.6	-3.7	-3.8	1.3	2.47

表 1-2　2007—2015 年金砖国家 GDP 及占世界 GDP 总量比重

年份	中国 GDP/10 亿美元	印度 GDP/10 亿美元	俄罗斯 GDP/10 亿美元	巴西 GDP/10 亿美元	南非 GDP/10 亿美元	世界 GDP/10 亿美元	金砖国家占比/%
2007	3494	1238	1299	1366	285	56838	13.5
2008	4558	1223	1660	1653	273	62308	15
2009	5059	1365	1222	1622	285	59063	16.1
2010	6039	1708	1524	2209	375	65338	18.1
2011	7492	1822	1904	2612	417	72681	19.
2012	8461	1828	2016	2459	397	74185	20.4
2013	9490	1863	2079	2464	366	75905	21.4
2014	10354	2042	1860	2417	350	77825	21.4
2015	10866	2073	1326	1774	312	73434	22.2

从以上几个基本经济指标中可以看出，金砖国家确实已经在全球经济运行中产生了相当大的影响。近几年，金砖国家的对外直接投资（OFDI）和对世界经济增长的贡献率呈上升趋势，体现了金砖国家实力的增强和对世界经济的影响力日益加深。尤其是在金融危机背景下，部分发达国家增长颓靡的情况下，金砖国家 GDP 占世界 GDP 总量持续攀升，其经济发展显示出一种出乎意料的活力。金砖国家的经济增长对全

球经济的恢复和发展起到了积极作用，也由此证明了自己的发展潜力。但同时也要看到，巴西和俄罗斯 2015 年 GDP 增长率分别为 -3.8% 和 -3.7%，这显示出金砖国家国民经济增速放缓和结构性问题的存在。

传统南南合作之所以成效不佳，一个重要原因是发展中国家缺少成功发展的典范，没有找到适合自己特点的发展模式，且没有形成真正有效的合作机制。5 个金砖国家在 21 世纪取得的发展成就，特别是中国的巨大进步，给发展南南合作、提升发展中国家总体水平带来了新的机遇。5 个国家分处四大洲、地跨南北半球，总人口占世界总人口的 40%，领土面积占世界总面积的 30%，经济总量占全球经济总量的 20%，相互间存在着很大的互补性。这 5 个国家作为发展中国家和新兴市场国家的“领头羊”，如能形成有效的合作机制，就可以在促进自身发展的基础上，有效带动其他发展中国家提升发展水平，减少对发达国家的依赖，形成新的南北关系，促进全球发展格局的均衡化。

二、打造代表新兴经济体和发展中国家的战略平台，形成合作共赢的新模式

经济基础决定上层建筑，近代以来西方发达国家在经济上的优势地位，也造就了其在全球政治和文化关系中的主导地位。当前国际政治、经济秩序和基础性制度均由发达国家确立并主导，控制着全球经济社会发展方向和战略格局，并力求向发展中国家输出制度和价值观。发达国家间存在 G7、经合组织、IMF、世界银行、国际清算银行、北约等经济政治合作机制，在各类重大战略问题上能够进行有效的相互协作，调解其内部矛盾和利益冲突，一致对外维护其在全球体系中的共同利益。

相比之下，发展中国家和新兴市场国家则明显缺少自己的战略合作平台，缺少内部协调机制和共同立场、共同声音，而是只能依附于现有的国际政治经济秩序，在发达国家主导的联合国、G20 等机制内与其进行对话，难以协调一致、摆脱附属和被动的地位。同时，发达国家往往还

有意识地延续其殖民统治手段，对发展中国家采取“分而治之”的策略，甚至刻意利用历史、民族、宗教等因素制造矛盾和对立，使其难以团结起来维护自身权益。

金砖五国都是有区域性甚至全球性影响的大国。其中，中国和印度是全球人口最多的两个国家，也是在各自地理空间内有着巨大历史影响的文明古国；俄罗斯是横跨欧亚大陆的全球领土最大的国家，也是近代以来发挥过全球影响的历史强国，有着丰富的外交和军事斗争经验；巴西和南非都在拉美和非洲有着举足轻重的国际地位。这五个国家作为发展中国家和新兴市场国家的“领头羊”，如果能够率先形成战略合作机制，在一些全球性问题上团结协作并代表发展中国家利益，将有利于形成国际政治舞台上代表新型经济体和发展中国家的重要战略平台和载体，有效打破发达国家在现代国际体系中垄断性的主导地位，引领新兴经济体和发展中国家在与发达国家的战略博弈中维护和争取自身权益。

在全球化背景下，国际重大问题需要国际范围内的合作共同解决。新兴经济体在应对全球问题过程中加强交流和合作的现实需要催生了“金砖国家”合作机制的诞生，协调重大国际政治经济问题是其基本功能和重要目标。在全球多边贸易谈判陷入僵局、国际货币基金组织和世界银行改革进程缓慢、G7 集团代表发达国家利益的背景下，“金砖国家”合作机制的出现和完善将为成员国协调立场、解决分支提供重要平台，并有利于增加成员国在国际多边谈判中的话语权、维护新兴经济体的整体利益。在我国和平崛起的过程中，面临发达国家的多方面制衡甚至遏制。发挥好金砖五国合作的作用，也有利于我国争取和平稳定的发展环境，增强我国与发达国家的战略博弈能力。

三、重塑全球治理体系，形成新型全球发展伙伴关系

全球治理体系是经济全球化的产物，也必然随着全球化的发展而不断演变。从历史上看，近代以来，随着商品、资金、信息和人员在全球

范围内流动，社会分工日益成为一个国际化的体系，跨国经济关系在全部经济社会活动中的比例越来越高，各个国家间的经济联系和相互依赖不断加深，客观上需要相应的治理机制对跨国经济活动进行协调和管理。但当前国际政治体系本质上仍是所谓的威斯特伐利亚体系，即以主权民族国家为主体的国际关系体系。虽然经济全球化在过去200年间已经对这个体系施加了大量的限制和修正，但政治和文化传统的稳定性、保守性，使得主权民族国家的主导作用难以撼动。

第二次世界大战以来的全球治理体系主要由三个层次构成，第一个层次是联合国这样的综合性、全球性治理机构，第二个层次是国际货币基金组织、世界银行和国际贸易组织等专业性全球经济治理机构，第三个层次是G7、APEC、海合会等区域性经济治理机构。2008年爆发的国际金融危机，严重冲击了全球经济特别是发达国家的经济，暴露出传统国际治理体系已不能适应经济全球化的最新发展形势，必须进行全面而深刻的改革。在国际金融危机爆发后，以美国为首的发达国家迅速组织了二十国集团（G20），试图借助经济情况相对较好的新兴市场国家共同应对危机，并采取了扩大新兴市场国家在IMF中份额等措施。但从本质上看，这些做法并没有对现有全球治理体系进行根本变革，新兴市场国家对发达国家来说更多是被利用的工具。发达国家经济形势一旦稳定，其治理模式和重心就又回到G7、OECD等传统发达国家俱乐部方式上，二十国集团的作用在近几年有所弱化。

但全球经济的长期健康发展，仅靠发达国家带动是不可能实现的。这些国家已经处于物质较为丰裕、各方面发展较为成熟的阶段，难以再为全球经济发展提供必要的市场需求和增长动力。发达国家实行的大规模货币宽松政策无法使其经济摆脱停滞，就是这种发展困局的反映。相反，只有构建新型全球经济治理伙伴关系，适应全球增长格局新变化，赋予发展中国家特别是新兴市场国家更多的话语权，使责任和能力相匹配，对国际经济规则不断革故鼎新，才能推动全球治理体系全面深入改革，为全球经济增长带来新的动力和空间。

金砖国家通过加强合作，积极参与现有国际治理机制并尝试构建自己主导的新治理机制，提高自身在全球治理体系中的地位和作用，有利于推动国际经济秩序顺应新兴市场国家和发展中国家力量上升的历史趋势，推动国际治理体系朝更公平、更有效率的方向发展。金砖国家应进一步推动国际货币基金组织治理结构改革，增强新兴市场国家和发展中国家的代表性和发言权；倡导建设开放型世界经济，支持多边贸易体制，反对部分发达国家的保护主义倾向和构建排他性局部自贸体系的企图，推动多哈回合谈判维护新兴市场国家和发展中国家的正当权益，确保各国在国际经贸活动中机会平等、规则平等、权利平等。除此之外，金砖国家还可利用其人口规模优势，加强在网络空间、移民、反恐、公共卫生等领域的交流合作，为完善全球治理体系贡献新的思路、机制和方法。

四、加强优势互补，形成解决阶段性问题的合作机制

2013 年以来，随着全球主要经济体刺激政策的逐步退出，金砖国家的经济增长出现放缓，俄罗斯、巴西的发展还遇到了较大困难，面临较大的阶段性问题。这一现象的出现，有全球经济波动的周期性因素影响，也有金砖国家内部的深层次结构性因素作用。从周期性因素来看，金融危机后全球普遍采取扩张性宏观政策对抗经济下滑，尤其是美、欧、日三大发达经济体采取了规模庞大的量化宽松政策。在发达经济体经济衰退、新兴经济体需求尚有空间的情况下，资金大量涌入石油、铁矿石等基础能源原材料市场，使金砖国家中主要依靠资源出口的俄罗斯、巴西等国在金融危机后的最初几年保持了快速增长。但由于发达国家复苏乏力，中国等主要新兴市场国家面临人口等结构性因素制约，在美国启动退出 QE 程序和中国宏观政策由扩张转向稳健后，全球大宗商品价格出现崩塌，资源型国家发展遇到巨大的困难。从结构性因素来

看，金砖五国各自存在较为明显的经济结构缺陷，制约其强劲可持续增长。中国面临人口红利减退、增长方式粗放等问题，印度面临基础设施不足、政府效率低下的问题，俄罗斯、巴西面临经济结构过度单一、财政支出特别是福利支出超出发展水平等问题，南非则面临种族、社会治安和区域市场有限等不利因素的制约。

单独来看，金砖五国各有其根深蒂固的结构性问题，但从整体上看，各国之间在结构上有很大的互补性，一国之弱点，往往正是另一国之优势。通过加强合作，互通有无，互学所长，互补短板，完全可以克服当前遇到的阶段性困难，共同实现经济长期可持续发展。例如，中国面临人口红利减退问题和国内资源不足、成本上升的问题，印度则人口红利正在释放，俄罗斯、印度具有石油、铁矿石、土地、淡水等资源优势；印度、南非等在基础设施、政府治理上的弱点，正是中国的强项。

金砖国家形成合作机制优势互补，可以通过机制的构建使金砖国家解决阶段性问题、走出阶段性困难。金砖五国以建设利益共享的价值链和利益融合的大市场为目标，共同构建更紧密的经济伙伴关系，可以发挥各成员国在资源禀赋、产业结构上的互补优势，携手推进经济优化升级，共同实现长远发展。

金砖国家正在相继进入中等收入国家行列，面临着相同或相似的任务，在发展方式和政策上可以相互学习和借鉴。我们的发展模式要从依靠要素投入向依靠劳动生产率提高转变，发展理念要从侧重速度向注重质量和效益转变，经济结构要从相对单一向均衡合理转变，经济增长要从主要依靠出口向扩大内需转变。在这个过程中，俄罗斯良好的教育和科技基础、印度充满活力的民营经济和多元文化、巴西的自然环境保护等，都可以成为中国学习的对象；而中国强大的基础设施建设能力、完备的产业体系和有效的政府规划引导，可以为其他金砖国家提供学习榜样。通过加强发展合作，金砖五国可以互通有无，相互学习和帮助，共享发展经验，协作解决当前共同面临的阶段性问题，合力拓展更大的发展空间。

五、成为中国发挥独特作用的重要平台，助力中国提升国际影响力

金砖国家从来都不是一个单纯的个别国家的概念，它本身就是一个区域的概念，巴西和拉美，南非和南部非洲，俄罗斯作为战略大国，历史上它与中亚和东欧之间的关系密不可分。中国和印度都是亚洲大国，对亚洲的经济、政治发展具有举足轻重的影响。可以说每一块金砖都代表着一个区域，都是一个区域板块的政治经济发展的典型或者“领头羊”。

中国是金砖合作机制中的重要成员，无论是从经济规模、增速、GDP 的世界占比还是从全球竞争力等方面，中国都在金砖国家中占据领先地位。2015 年，中国的经济总量约为其他金砖四国总和的 2 倍。世界经济论坛发布的《2015—2016 年全球竞争力报告》显示，中国的全球竞争力排名为第 28 位，继续领跑金砖国家，保持最具竞争力新兴市场的地位。可以说金砖国家的整体增长情况如何，在很大程度上取决于中国。中国应借此发挥自身优势利用好金砖合作这个平台，加深与金砖国家所在区域的深入合作，体现我方战略意图。

习近平主席在金砖国家领导人第五次会晤时指出：“我们要用伙伴关系把金砖各国紧密联系起来，下大力气推进经贸、金融、基础设施建设、人员往来等领域合作，朝着一体化大市场、多层次大流通、陆海空大联通、文化大交流的目标前进。”① 这指明了我国参与金砖合作的战略定位和未来的发展方向。还应该注意的是，金砖国家要在国际舞台上

---

① 习近平．携手合作　共同发展——在金砖国家领导人第五次会晤时的主旨讲话(2013 年 3 月 27 日)[N]．人民日报,2013－03－28.

发挥更大的作用必须依托发展中国家这个群体，在金砖国家合作中，中国要始终强调金砖国家是发展中国家的代表，而不仅仅是新兴发展中大国的代表，这样才能依托金砖国家更好地在国际事务中发挥作用。中国融入当代全球治理体系已经有30多年的时间，一方面中国得到了极好的发展机遇，另一方面少数西方发达国家始终掌控着话语权。目前中国经济本身以及中国与世界经济的关系已经发生了重大变化，全球治理进入体现发达国家、发展中国家共建共享新阶段的窗口期。不论是当下还是未来，金砖国家在全球治理新秩序中的地位都将得到不断提升，我国应引领趋势并推动全球治理体系朝着更加公正、合理、有效的方向发展，这符合世界各国的普遍需求。

（本章执笔人：赵春哲）

第二章

CHAPTER TWO

金砖国家的阶段性特征与发展趋势

一、金砖国家的阶段性特征

（一）金砖国家成为世界经济增长的重要引擎

1. 经济实力不断提升

根据世界银行的数据（WDI），金砖国家总的经济产出（GDP），按现价美元计算已由2000年的2.73万亿美元增长到2015年的16.35万亿美元，年均增长率达5.32%，高于世界经济同期平均增长率2.32%。在世界经济总量的比重也由2000年的8.2%提高到2015年的22.25%（见表2-1）。考虑到2008年全球金融危机以来，各主要经济体实施了量化宽松政策，非美元国家GDP的现价统计因美元贬值而可能存在高估。若调整为按2010年不变美元计，金砖国家的GDP也已由2000年的5.81万亿美元增长至2015年的15.52万亿美元（见表2-2），15年间增长了167%，高于同期世界经济增长的50.4%，在世界经济总量中的比重也由2000年的11.7%提高到2015年的20.8%。而若以购买力平价计算，金砖国家的GDP已由2000年的8.71万亿国际元增长至2015年的35.00万亿国际元，15年间增长了301.9%，同样高于同期世界经济增长的135.7%，在世界经济总量中的比重也由2000年的18.10%提高到了2015年的30.80%。可以说，金砖国家的GDP总量在世界经济中已经举足轻重。其中，中国的GDP已于2010年跃居世界第二位，巴西成为世界第七大经济体。从GDP增速来看，多数金砖国家在多数年份里跑赢了世界经济增速，尤其是中国和印度保持着持续稳定的高速增长，令金砖国家整体对世界经济增长的贡献率保持在20%~40%，个别年份甚至达到55%。2008年全球金融危机以来，金砖国家顶住了全球经济衰退的冲击，经济增长快速回升，对世界经济增长的贡献率超过了30%，个别年份甚至接近40%。有鉴于此，美国国家情报委员会在《全球趋势2025：转型的世界》一书中指出：中国与印度将成为“崛起的重量级拳手”，“中国和印度从18世纪衰落以来，首次注定要成为世界经济增长的贡献者”，“2040—2050年间，预计巴西、俄罗斯、印度和中国加在一起，将可能增长到与西方七国先前在全球GDP中相当的份额”。①

表2-1 2000—2015年金砖国家GDP（现价） 单位：10亿美元

年份	巴西	俄罗斯	印度	中国	南非	金砖国家	世界
2000	655.42	259.71	476.61	1205.26	136.36	2733.36	33321.29
2001	559.37	306.60	493.95	1332.23	121.52	2813.68	33134.20
2002	507.96	345.11	523.97	1461.91	115.48	2954.43	34418.04
2003	558.32	430.35	618.36	1649.93	175.26	3432.21	38656.29
2004	669.32	591.02	721.58	1941.75	228.59	4152.26	43534.85
2005	891.63	764.02	834.21	2268.60	257.77	5016.23	47121.20
2006	1107.64	989.93	949.12	2729.78	271.64	6048.11	51045.34
2007	1397.08	1299.71	1238.70	3523.09	299.42	7758.00	57542.83
2008	1695.82	1660.85	1224.10	4558.43	286.77	9425.97	63087.80
2009	1667.02	1222.64	1365.37	5059.42	295.94	9610.39	59793.28
2010	2208.87	1524.92	1708.46	6039.66	375.35	11857.26	65612.00
2011	2614.57	2031.77	1815.87	7492.43	416.60	14371.24	72818.11
2012	2460.66	2170.15	1824.96	8461.62	397.39	15314.77	74373.33
2013	2465.77	2230.63	1863.21	9490.60	366.06	16416.27	76362.59
2014	2417.05	2030.97	2042.44	10351.11	349.87	17191.44	78088.52
2015	1774.72	1326.02	2073.54	10866.44	312.80	16353.52	73502.34

资料来源：根据世界银行“世界发展指数”数据库（WDI），http：//databank.worldbank.org/data/.

① 美国国家情报委员会．全球趋势2025：转型的世界[M]．北京：时事出版社，2009：19-20.

表 2－2 2000—2015 年金砖国家 GDP（2010 年美元不变价）

单位：10 亿美元

年份	巴西	俄罗斯	印度	中国	南非	金砖国家	世界
2000	1534.64	951.56	836.97	2223.70	267.05	5813.92	49617.60
2001	1560.08	1000.01	877.35	2408.23	274.26	6119.93	50593.87
2002	1607.71	1047.45	910.72	2627.16	284.41	6477.45	51699.18
2003	1626.05	1123.87	982.31	2890.40	292.80	6915.42	53195.81
2004	1719.72	1204.52	1060.13	3181.62	306.13	7472.13	55568.18
2005	1774.79	1281.32	1158.57	3542.81	322.29	8079.77	57691.30
2006	1845.08	1385.79	1265.89	3992.33	340.29	8829.38	60218.38
2007	1957.12	1504.07	1374.87	4559.04	358.53	9753.62	62814.13
2008	2056.81	1583.00	1428.36	4997.78	369.97	10435.92	63975.98
2009	2054.21	1459.20	1549.48	5459.25	364.28	10886.42	62876.80
2010	2208.87	1524.92	1708.46	6039.66	375.35	11857.26	65612.00
2011	2295.24	1589.94	1821.87	6612.49	387.41	12706.96	67653.91
2012	2339.21	1645.88	1924.24	7124.98	396.01	13430.31	69321.70
2013	2409.74	1666.93	2051.98	7672.45	404.77	14205.87	70980.53
2014	2412.23	1678.71	2200.62	8230.12	411.04	14932.71	72834.64
2015	2319.42	1616.15	2367.21	8798.00	416.31	15517.09	74631.03

资料来源：根据世界银行“世界发展指数”数据库（WDI），http：//databank.worldbank.org/data/.

2. 投资贸易规模不断扩大

金砖国家的货物和服务出口总额（BOP，现价美元）已由2000年的4612亿美元增长至2014年的3.946万亿美元，占全世界货物和服务出口总额的比例由2000年的5.8%上升至2014年的16.44%。[①] 货物和服务的进口则由2000年的3973.6亿美元增加至2014年的3.678万亿美元，占全世界货物和服务进口总额的比例由2000年的5.03%上升至2014年的15.86%。在对外直接投资方面，金砖国家已由2000年的

① 目前，世界银行WDI数据库关于进出口的数据中，尚缺2015年印度的数据。故本文这里暂不用2015年的数据。

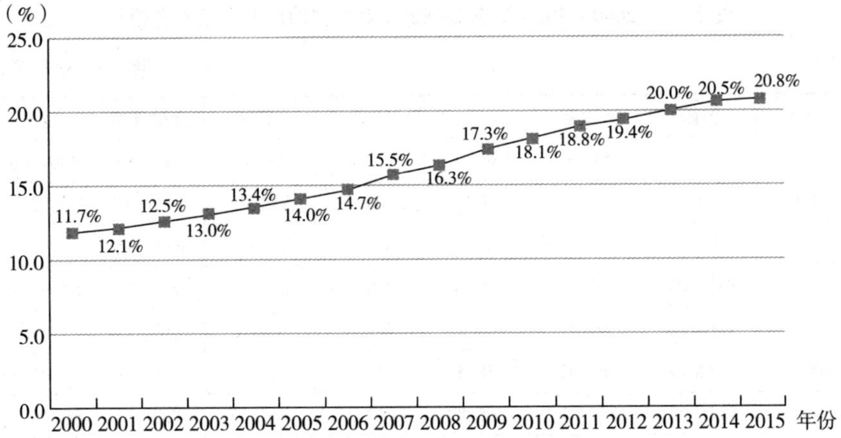

图 2－1　金砖国家在世界经济总量中的比重

资料来源：根据世界银行“世界发展指数”数据库（WDI）整理，以 2010 年美元不变价计算，http：//databank. worldbank. org/data/.

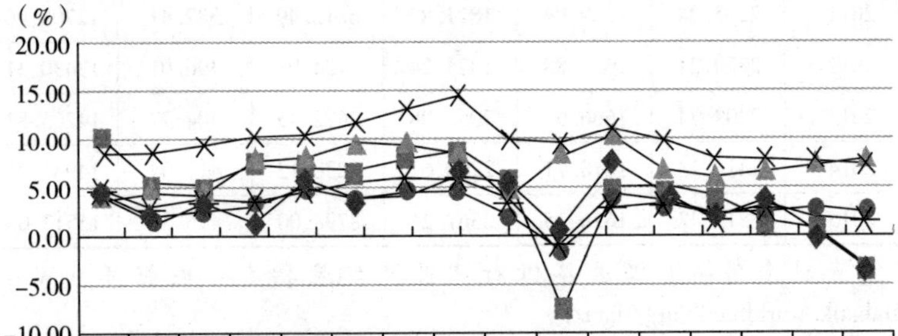

	2000	2001	2002	2003	2004	2005	2006	2007	2008	2009	2010	2011	2012	2013	2014	2015
巴西	4.11	1.66	3.05	1.14	5.76	3.20	3.96	6.07	5.09	–0.13	7.53	3.91	1.92	3.02	0.10	–3.85
俄罗斯	10.0	5.09	4.74	7.30	7.18	6.38	8.15	8.54	5.25	–782	4.50	4.26	3.52	1.28	0.71	–3.73
印度	3.84	4.82	3.80	7.86	7.92	9.28	9.26	8.61	3.89	8.48	10.2	6.64	5.62	6.64	7.24	7.57
中国	8.43	8.30	9.09	10.0	10.0	11.3	12.6	14.0	9.62	9.23	10.6	9.48	7.75	7.68	7.27	6.90
南非	4.20	2.70	3.70	2.95	4.55	5.28	5.59	5.36	3.19	–1.54	3.04	3.21	2.22	2.21	1.55	1.28
世界	4.34	1.97	2.18	2.89	4.46	3.82	4.38	4.51	1.85	–1.75	4.35	3.11	2.47	2.39	2.61	2.47

图 2－2　金砖国家历年 GDP 增速

资料来源：根据世界银行“世界发展指数”数据库（WDI）整理，以 2010 年美元不变价计算，http：//databank. worldbank. org/data/.

823. 2 亿美元增长至 2015 年的 3772 亿美元，占全世界对外直接投资总额的比例由 2000 年的 5. 64% 提高到了 2015 年的 17. 86%；在吸收外国直接投资方面，金砖国家已由110.7亿美元增长至2015年的2361.2亿美元，占全世界FDI总额的比例由2000年的0.785%提高到2015年的13.51%。

表2-3　金砖国家货物和服务出口总额（BOP，现价美元）

单位：10亿美元

年份	巴西	俄罗斯	印度	中国	南非	金砖国家	世界
2000	63.72	110.52	59.93	190.04	37.00	461.20	7944.77
2001	66.52	109.27	62.13	208.57	35.91	482.40	7664.93
2002	68.94	117.19	70.62	247.63	36.88	541.26	7992.45
2003	82.57	147.49	84.80	445.98	47.36	808.19	9376.08
2004	107.98	200.83	116.02	604.77	58.44	1088.05	11431.82
2005	133.01	268.87	154.58	773.34	68.09	1397.89	12966.89
2006	156.30	333.20	193.32	991.73	79.22	1753.77	14914.29
2007	184.60	390.39	240.08	1257.05	93.53	2165.66	17372.60
2008	228.39	523.43	305.12	1495.32	103.03	2655.29	19931.24
2009	180.72	342.95	260.85	1249.72	83.76	2118.00	15924.35
2010	232.06	441.83	348.04	1603.94	107.74	2733.61	18901.77
2011	292.55	573.45	446.38	2008.85	126.87	3448.09	22450.91
2012	281.26	589.77	443.85	2175.09	117.85	3607.82	22811.08
2013	279.64	591.96	467.76	2355.59	113.13	3808.08	23527.51
2014	264.06	562.55	485.89	2524.24	109.52	3946.26	24003.36
2015	223.87	393.21	N	2429.29	96.90	N	21447.20

资料来源：根据世界银行“世界发展指数”数据库（WDI）整理，http：//databank.worldbank.org/data/.

表2-4　金砖国家货物和服务进口总额（BOP，现价美元）

单位：10亿美元

年份	巴西	俄罗斯	印度	中国	南非	金砖国家	世界
2000	71.58	58.47	73.08	161.17	33.07	397.36	7892.79
2001	71.63	72.11	71.31	180.49	31.04	426.58	7629.96
2002	60.78	82.38	75.74	210.24	32.52	461.66	7886.62

续表

年份	巴西	俄罗斯	印度	中国	南非	金砖国家	世界
2003	62.71	100.80	92.96	410.16	43.31	709.94	9216.82
2004	79.00	128.50	130.98	553.60	58.85	950.92	11203.47
2005	96.61	164.31	181.86	648.71	68.72	1160.21	12713.55
2006	119.50	209.46	225.09	782.81	83.77	1420.63	14544.93
2007	157.79	283.66	278.79	949.02	97.51	1766.76	16826.74
2008	220.25	366.23	379.48	1146.48	107.98	2220.41	19438.42
2009	174.70	247.32	328.26	1029.59	82.28	1862.15	15393.41
2010	243.66	320.96	439.06	1380.92	102.95	2487.55	18320.51
2011	302.03	410.05	553.06	1826.95	123.42	3215.51	21825.41
2012	303.85	444.70	579.91	1943.25	123.56	3395.27	22129.32
2013	325.57	469.65	560.02	2120.22	121.96	3597.41	22707.06
2014	318.80	428.90	553.13	2261.55	115.64	3678.01	23183.74
2015	243.12	281.57	N	2044.65	100.10	N	20643.67

资料来源：根据世界银行“世界发展指数”数据库（WDI）整理，http://databank.worldbank.org/data/.

表2-5 金砖国家对外投资总额（BOP，现价美元） 单位：10亿美元

年份	巴西	俄罗斯	印度	中国	南非	金砖国家	世界
2000	32.99	2.68	3.58	42.10	0.97	82.32	1460.63
2001	23.23	2.85	5.13	47.05	7.27	85.52	796.08
2002	16.59	3.47	5.21	53.07	1.48	79.82	741.53
2003	10.12	7.93	3.68	57.90	0.78	80.42	709.83
2004	18.18	15.40	5.43	68.12	0.70	107.83	1004.24
2005	15.46	15.51	7.27	104.11	6.52	148.87	1521.57
2006	19.38	37.59	20.03	133.27	0.62	210.90	2136.73
2007	44.58	55.87	25.23	156.25	6.59	288.52	3063.59
2008	50.72	74.78	43.41	171.53	9.89	350.33	2443.48
2009	31.48	36.58	35.58	131.06	7.62	242.33	1360.71
2010	88.45	43.17	27.40	243.70	3.69	406.41	1882.87
2011	101.16	55.08	36.50	280.07	4.14	476.95	2275.69
2012	86.61	50.59	24.00	241.21	4.63	407.03	2077.91

续表

年份	巴西	俄罗斯	印度	中国	南非	金砖国家	世界
2013	69.18	69.22	28.15	290.93	8.23	465.71	2103.29
2014	96.89	22.03	33.87	268.10	5.79	426.69	1780.05
2015	75.07	6.48	44.21	249.86	1.58	377.20	2111.08

资料来源：根据世界银行"世界发展指数"数据库（WDI）整理，http：//databank.worldbank.org/data/.

表 2－6　金砖国家吸收的 FDI 净流入　　单位：10 亿美元

年份	巴西	俄罗斯	印度	中国	南非	金砖国家	世界
2000	2.50	3.18	0.51	4.61	0.28	11.07	1410.68
2001	－1.49	2.54	1.05	9.70	－3.51	8.29	745.41
2002	2.48	3.53	1.26	6.28	－0.40	13.15	664.31
2003	0.23	9.72	1.24	8.46	0.55	20.20	735.18
2004	9.49	13.78	1.84	7.97	1.31	34.38	1201.73
2005	2.91	17.88	2.64	13.73	0.91	38.07	1389.53
2006	28.80	29.99	14.04	23.93	5.93	102.69	2149.10
2007	17.06	44.80	17.03	17.15	2.98	99.03	3172.86
2008	26.12	55.66	19.26	56.74	－2.12	155.66	2601.44
2009	－4.55	43.28	16.10	43.89	1.31	100.03	1280.57
2010	26.76	52.62	15.97	57.95	－0.16	153.14	1775.62
2011	16.07	66.85	12.61	48.42	－0.15	143.79	2134.13
2012	5.21	48.82	8.55	64.96	2.90	130.45	1739.56
2013	14.94	86.51	1.76	72.97	6.52	182.70	1902.58
2014	26.04	57.08	9.95	123.13	7.69	223.89	1557.12
2015	13.50	22.19	7.50	187.80	5.13	236.12	1748.31

资料来源：根据世界银行"世界发展指数"数据库（WDI）整理，http：//databank.worldbank.org/data/.

3. 国民收入不断提高

金砖国家近十几年来国民收入水平不断提高。首先，从总体规模来看，如果把金砖国家视为一个经济体，则其总和的 GNI 在全世界的比重正在稳步提升。图 2－3 列示了金砖国家的 GNI 与世界水平的比较。

可以看到，金砖国家总和的 GNI 与中等收入国家相比，已由 2000 年的 47% 提升至 2015 年的 62.62%；与世界水平相比，则由 2000 年的 8.02% 提升至 2015 年的 22.02%。这意味着随着金砖国家的崛起，世界分配格局正在朝着有利于金砖国家的方向转变。其次，从 GNI 增速来看，多数金砖国家高于世界平均增速，特别是印度和中国，十几年来以远高于世界平均增速的速度在增长。俄罗斯和巴西的 GNI 增速虽围绕世界平均增速有所波动，但在多数年份中增速均高于世界平均增速。最后，从人均 GNI 来看，根据世界银行的分类，按 2014 年的标准，金砖国家全部属于中等收入国家，其中除了印度仍属于中等偏低收入国家，其他国家都属于中等偏上收入国家。俄罗斯的人均 GNI 最高，为 13220 美元；巴西次之，为 11790 美元；中国第三，为 7400 美元；南非第四，为 6790 美元；印度第五，为 1560 美元。从走势来看，俄罗斯、巴西、南非和中国正在向上偏离中等收入国家的平均水平，有跳出中等收入组的趋势。

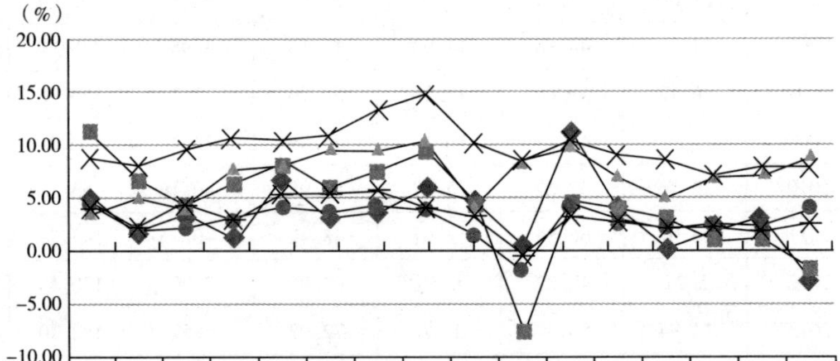

	2000	2001	2002	2003	2004	2005	2006	2007	2008	2009	2010	2011	2012	2013	2014	2015
巴西	5.09	1.53	3.31	1.10	6.22	3.12	3.74	5.96	4.36	-0.14	11.0	3.85	0.19	1.68	2.80	-3.05
俄罗斯	11.1	6.47	4.25	6.07	8.02	5.94	7.43	9.28	4.27	-7.74	4.38	3.77	3.02	0.81	1.08	-1.76
印度	3.55	5.03	4.02	7.78	7.98	9.27	9.19	10.2	3.71	8.48	9.74	6.84	4.77	6.84	7.28	8.67
中国	8.56	8.05	9.55	10.4	10.4	10.8	13.2	14.6	10.0	8.39	10.3	8.95	8.48	7.07	7.84	7.70
南非	4.24	1.96	4.32	2.72	5.29	5.24	5.59	3.93	3.33	-0.73	3.12	2.73	2.07	2.35	1.51	2.47
世界	4.34	1.86	2.01	2.95	4.25	3.57	4.11	3.95	1.21	-2.08	4.32	2.69	2.17	2.26	2.08	3.91

图 2-3　金砖国家 GNI 增速

资料来源：根据世界银行“世界发展指数”数据库（WDI）整理，其中 2015 年的增速数据是根据按购买力平价 PPP 衡量 GNI 数据计算而得到。http://databank.worldbank.org/data/.

表 2－7 金砖国家人均 GNI（Atlas 方法） 单位：美元

年份	巴西	俄罗斯	印度	中国	南非	世界
2000	3840	1710	450	930	3140	5441.352
2001	3290	1780	460	1010	2900	5416.862
2002	3040	2100	470	1100	2710	5377.45
2003	2920	2580	530	1270	2970	5780.116
2004	3280	3410	620	1500	3780	6592.395
2005	3910	4450	730	1750	5050	7306.169
2006	4710	5800	810	2050	5690	7793.504
2007	5980	7560	940	2490	5980	8311.818
2008	7330	9590	1020	3070	6040	8905.283
2009	7990	9230	1150	3650	5910	8929.455
2010	9650	9980	1260	4300	6250	9355.106
2011	11010	11040	1400	5000	7050	9826.475
2012	12020	13330	1500	5870	7640	10408.75
2013	12180	14840	1520	6710	7400	10750.22
2014	11790	14330	1560	7400	6790	10791.5
2015	9850	11400	1590	7820	6050	10432.95

资料来源：根据世界银行“世界发展指数”数据库（WDI）整理，http：//databank.worldbank.org/data/.

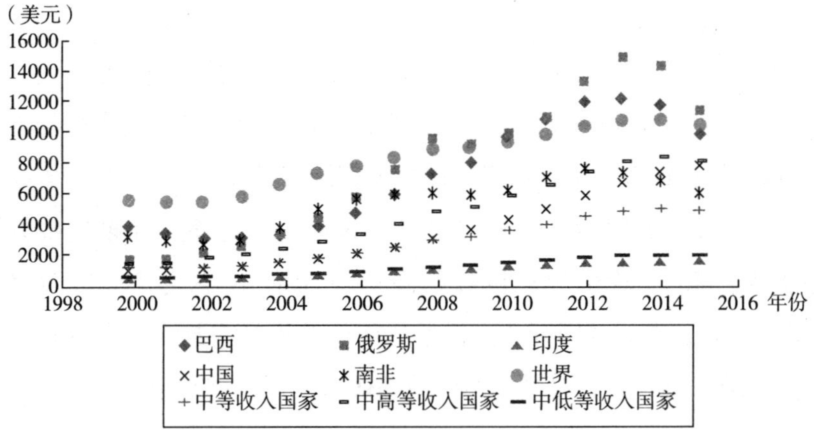

图 2－4 金砖国家人均 GNI（Atlas 方法）的世界比较

资料来源：根据世界银行“世界发展指数”数据库（WDI）整理，http：//databank.worldbank.org/data/.

（二）金砖国家成为全球治理体系的重要力量

随着经济实力的逐步提升，金砖国家在国际舞台上的影响力也越来越大，日益在全球治理体系的变革中发挥着重要作用。

1. 合力推进国际金融体系改革

金砖国家在合作精神的指引下，团结应对挑战，取得了重要共识和进展。早在金融危机期间，当时的“金砖四国”就形成了机制化的峰会，并达成了应对金融危机和改革国际经济秩序的共识。2010 年，金砖国家和其他国家推动二十国集团（G20）成为国际经济协调与合作的主要平台，并在韩国釜山召开的 G20 集团财长与央行行长会议上，成功否决了一项由美国和欧洲国家提出的对银行征税的计划；同年，金砖国家共同推动了 IMF 和世界银行的改革。金砖四国运用其较为充裕的外汇储备为 IMF 提供贷款和购买债券，充实其资金，帮助支持新兴市场的可利用信贷；并且通过努力，将发展中国家在 IMF 的份额提高了 5%，将发展中国家在世界银行的份额提高到了 47%，从而使发展中国家在世界重要机构中“拥有更大的话语权和更高的代表比例”变为现实。2015 年 7 月 9 日，金砖国家领导人第七次会晤在俄罗斯乌法举行，会议发表了《乌法宣言》，提出要“缩小由全球金融监管改革的跨国影响造成的国别差距，适应由税基侵蚀和利润转移行动计划、金融账户涉税信息自动报告标准引入的新规则”；宣言对美国迟迟未能批准国际货币基金组织 2010 年改革方案深表失望，并明确指出要“准备好采取过渡方案，如果这些方案能够能达到第 14 轮份额总检查所同意的水平”。总之，金砖国家自“组团”以来，在改革国际金融体系方面的共识越来越多，声音越来越大，步调越来越一致，对国际经济治理体系的影响越来越深刻。

2. 协力推进全球贸易投资自由化

金砖国家紧密合作、共同发声，推动建立更加公平合理、稳定有序的国际经济秩序。具体表现在：一是坚定维护以 WTO 为代表的多边贸易体制。在金砖国家中，巴西、印度和南非是WTO的原始会员国，中国于2001年加入，俄罗斯于2011年加入，应该说金砖国家既是现行多边贸易体制的获益者，也是相关投资贸易规则的制定者。当前，新一轮多边贸易谈判正处于胶着状态，以金砖国家为代表的新兴发展中经济体与以美国、欧盟为代表的发达经济体之间的贸易分歧依然十分巨大。金砖国家一直以建设性的姿态参与谈判，达成的市场准入措施体现了发展中国家在多边贸易体制历史上做出的前所未有的贡献。二是针对20世纪90年代初以来世界各经济体缔结的自由贸易协议或优惠贸易安排迅速增加、以美国为代表的发达经济体热衷于签署自由贸易协议尤其是与发展中国家签署区域经贸合作协议的现状，金砖国家根据自身实际情况，也制定了相应的自由贸易区发展战略，把发展自由贸易区作为增强自身经济实力、提升国际影响力的重要途径，并注重将发展自由贸易区与推进区域一体化结合起来。如巴西签署的4个区域贸易协定无一例外都是地区性协定。中国签署2个地区性协定，包括ASEAN－中国和亚太贸易协定。印度签署4个，俄罗斯签署3个。从各国签署的双边区域贸易协定来看，中国共6个，其中有4个是货物与服务协定，2个为货物协定。印度签署了4个协定，全部为货物协定。俄罗斯签署了4个协定，也全部为货物协定。总的来看，金砖国家签署的多数为货物贸易协定，中国签署的货物与服务贸易协定数量较多。三是积极推进金砖国家之间的贸易投资合作。从金砖国家间的贸易情况来看，除中巴、中俄、中印和中南以外，目前其他金砖国家间的贸易量不大，彼此还不完全是重要贸易伙伴。[①] 但从长期来看，随着金砖国家合作机制的有效推进，彼此之间的经贸关系将会越来越紧密，彼此之间尤其是中国将成为其他金砖国家自由贸易区的重要争取对象，通过自由贸易区建设加深彼此之

① 例如，印度在俄罗斯贸易伙伴中仅排第17位，巴西、南非排位更靠后。中国是其他四国最大的贸易伙伴，中国是巴西第1大出口市场，第2大进口来源地；是俄罗斯第6大出口市场，第1大进口来源地；是印度第3大出口市场，第1大进口来源地；是南非的第1大出口市场，第1大进口来源地（蔡春林、刘畅，2013）。

间的经贸联系将成为共识（蔡春林、刘畅，2013）。① 为此，2013 年金砖国家领导人第五次会晤决定成立“金砖国家工商理事会”，旨在加强和促进 5 个金砖国家工商界间经济、贸易、商务和投资联系，确保金砖国家工商界与政府间的定期对话，厘清阻碍金砖国家加强经济、贸易和投资联系的问题和瓶颈，并提出解决方案。

3. 共同应对气候变化

金砖国家作为发展中国家阵营的中坚力量在全球气候变化谈判中发挥着领导作用。例如，早在 2009 年联合国气候变化大会上，中国、印度、南非和巴西就采取共同立场，认为保护环境和减少温室气体排放必须坚持《京都议定书》规定的“共同但有区别的责任”原则，与以美国为首的发达国家阵营进行了激烈较量，最终达成的《哥本哈根协议》虽然不具约束力，但依然有效维护了《联合国气候变化框架公约》及其《京都议定书》确立的“共同但有区别的责任”原则。例如，在 2011 年的联合国气候变化大会德班会议上，由中国、印度、巴西和南非组成的“基础四国”团结一致，在非洲集团等谈判方的支持下，在发展中国家最关切的问题上用一个声音说话，为德班取得“里程碑式”的成功做出了驱动性贡献。此后，金砖国家关于气候变化的立场越来越趋同，也越来越倾向于集体行动。例如，在 2012 年的多哈谈判中，“基础四国”共同亮出谈判底线，体现了团结一致参与气候博弈的基本立场；在 2013 年的华沙谈判中，“基础四国”联合召开新闻发布会，就谈判中的争议问题做出回应；在 2014 年的利马谈判中，金砖国家的密切合作促使会议再次强调了国际社会对气候变化问题的统一认识，以防止多哈气候大会上出现的退出谈判和“另起炉灶”现象，从而为 2015 年达成《巴黎协定》奠定了基础。可以说，金砖国家作为主要的温室

① 蔡春林，刘畅．金砖国家发展自由贸易区的战略冲突与利益协调[J]．国际经贸探索，2013，29(2)：12－20.

气体排放国，具有争取未来国际气候秩序和实现经济转型的外生与内生动力，而经济发展积累的技术和资金优势，以及金砖国家领导人峰会机制又为其提供了现实能力和机制保障（康晓，2015）。[①] 金砖国家作为一个整体，在联合国气候变化谈判中展现出的团结、务实和领导力正在逐步改变着全球气候治理的格局。

4. 携手维护世界和平和地区安全

金砖国家日益展现出了团结一致反对单边主义、合力加强多边主义、积极推动国际关系民主化和法治化的共同努力。特别是在 2015 年的乌法峰会上，习近平主席提出要"构建维护世界和平的伙伴关系，推动国际关系民主化。金砖国家倡导共同、综合、合作、可持续的安全观，共同应对恐怖主义、毒品威胁、重大疫情、自然灾害等非传统安全挑战，共同维护第二次世界大战胜利成果和国际公平正义，共同维护地区和世界和平稳定，以和平和政治方式解决分歧"。这一主张得到了其他金砖国家的一致认同。事实上，从金砖国家领导人第一次会晤开始，金砖国家迄今已经进行了 5 次金砖国家安全事务高级代表会议，就共同关心的如伊拉克问题、阿富汗问题、利比亚问题、叙利亚和伊朗问题等广泛交换意见，协调立场。例如，金砖国家曾对美国和欧洲解决叙利亚问题和伊朗问题的方式划出红线，明确拒绝将这些冲突进一步军事化，提倡通过外交努力政治解决，反对任何单边制裁，并对危害这些国家主权及领土完整的干涉行为提出警告。[②] 在非传统领域如网络安全，2014 年 3 月 24 日参加海牙核安全峰会的金砖国家外长举行会议并发表联合声明，明确提及"共同面临的网络威胁"，并认为需要在国内法和国际法的框架下来加以应对。这是金砖国家外长有关共同应对网络威胁的表

---

① 康晓．金砖国家气候合作：动力与机制［J］．国际论坛，2015（2）：33 - 38.

② 参见 Sharmine Narwani. BRICS Challenges Unipolar World and US Dollar Hegemony：BRICS Summit Draws Clear Red Lines on Syria，Iran. 2013 - 04 - 03. http：//thebricspost. com/brics - summit - draws - clear - red - lines - on - syria - iran/#. V5DuHeyEDqa.

态，展现了金砖国家就网络安全及更加广义的网络空间治理进行合作的态势，这一态势的逐渐清晰必将对全球网络空间治理产生深刻影响，也将使得研究金砖国家合作框架下的相关议题成为新的研究热点。[①] 在反恐问题上，金砖国家之间也正在加强合作，在全球层面支持联合国及安理会在反恐问题上发挥中心作用，推动各方尽快完成全面反恐公约谈判；在区域层面，共同支持上海合作组织、非盟等机构在反恐问题上发挥更大的作用；在国家层面，加强信息交流与执法合作，就 2014 年索契冬奥会、巴西世界杯等大型活动的安保工作分享经验，相互支持。

（三）金砖国家面临着一系列的深层次问题和矛盾

1. 经济结构存在一定程度的失衡

从整体上看，金砖国家的经济结构出现不同程度的失衡，这些国家普遍过于依赖出口，提振内需的效果并不显著。金砖五国虽然是世界上的大宗商品进出口大国，但它们基本没有定价权。面对欧美地区越发明显的贸易保护主义，金砖国家也难以保持较高的出口增量。同时，金砖国家的资本形成增速在放缓，制约了长期增长。如图 2 -5 所示。

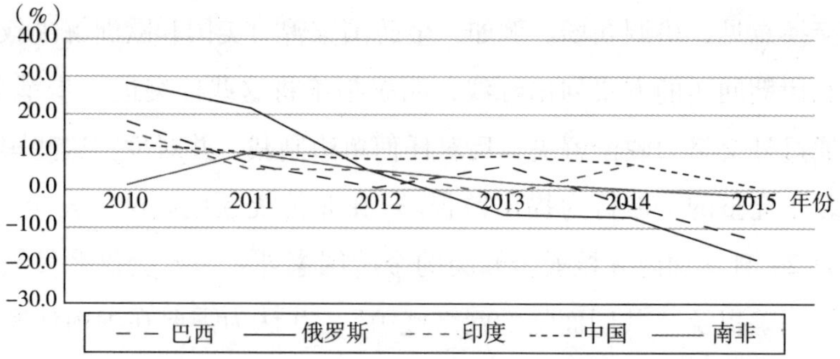

图 2 -5　金砖国家资本形成增速

资料来源：根据世界银行“世界发展指数”数据库（WDI），http：//databank.worldbank.org/data/.

① 沈逸. 安全与发展:全球网络空间新秩序与金砖国家合作[J]. 国际观察,2014(4):145 -157.

2. 市场成熟度不高，偏重于要素投入，企业竞争能力和创新能力与发达经济体相比仍有较大差距

从就业人口的人均 GDP 比较来看，在纵向上，金砖国家虽然有所长进，但与发达国家相比，还有不小的差距。例如，印度，2014 年其就业人口的人均 GDP 仅为经合组织的 18%，世界平均水平的 46%；而中国的这一数字分别是 26.6% 和 67.7%。

表 2-8 就业人口人均 GDP（2011 年不变价购买力平价美元）

年份	巴西	俄罗斯	印度	中国	南非	经合组织	世界
2010	29243.9	43400.6	12419.9	16368.0	42416.2	79120.0	29547.7
2011	29232.8	44733.1	13160.9	17723.0	43485.6	80000.5	30266.9
2012	28951.7	45941.3	13715.9	18927.8	43924.0	80379.6	30856.0
2013	29374.0	46710.4	14139.5	20246.6	43791.9	80862.0	31377.3
2014	29169.8	46902.9	14681.1	21630.1	44046.7	81390.8	31934.2

3. 部分国家老龄化趋势明显，劳动力成本上升

世界卫生组织定义，65 岁及以上人口占总人口的比例达到 7% 时，为“老龄化社会”（Ageing Society），达到 14% 为“老龄社会”（Aged Society），达到 20% 时为“超老龄社会”（Hyper - aged Society）。根据这个标准，巴西和中国都已经进入老龄化社会，俄罗斯则接近老龄社会。人口的老龄化不仅给社会养老体系带来了严峻的挑战，还降低了经济的劳动参与率。同时，随着多数金砖国家进入中等收入阶段，劳动力成本也开始逐步上升，同时职业教育落后等因素造成劳动人口技能与知识经济、创新经济的要求存在差距。

表 2-9 金砖国家 65 岁及以上人口占总人口的比例 （%）

年份	巴西	俄罗斯	印度	中国	南非	经合组织	世界
2010	6.68	13.09	5.11	8.25	5.05	14.67	7.63
2011	6.89	13.10	5.20	8.45	5.04	14.93	7.73

续表

年份	巴西	俄罗斯	印度	中国	南非	经合组织	世界
2012	7.10	13.13	5.29	8.65	5.03	15.23	7.84
2013	7.33	13.16	5.38	8.89	5.03	15.57	7.96
2014	7.58	13.23	5.49	9.18	5.03	15.91	8.10
2015	7.84	13.37	5.62	9.55	5.03	16.25	8.27

4. 腐败问题严重，营商环境有待改进

金砖国家政府普遍对经济活动的干预程度较高，国有经济的改革迟滞，公共权力寻租现象突出，腐败问题较为严重，甚至引发政治动荡。例如，巴西近两年闻名世界的国有石油公司腐败丑闻一案，不仅把众多执政党（联盟）的高官卷入，还牵涉到参议院、众议院甚至原总统，而巴西原总统罗塞夫因强力反腐反而遭到弹劾。中国虽在中国共产党的领导下进行了一系列卓有成效的反腐败运动，但查处的案件同样令人触目惊心。俄罗斯、印度、南非等国面临的腐败问题同样严峻。与此相伴随的是，营商环境均有待进一步改善。从表 2-10 中可以看到，与经合组织成员相比，巴西、印度、中国和南非的营商便利指数高达 121、131、80 和 72，营商环境与经合组织成员相比差距较大。

表 2-10　2015 年金砖国家营商便利指数（1 = 最有利于营商的法规）

国家	营商便利指数
巴西	121.0
俄罗斯	36.0
印度	131.0
中国	80.0
南非	72.0
经合组织	25.9
世界	95.5

5. 社会贫富差距较大，仍存在大量绝对贫困人口

金砖国家的基尼系数位于 0.37 ~ 0.57 这一较高区间，位列全球前

10。其中，2015 年巴西的基尼系数为 0.515，最富 10% 人口的收入是最穷人口收入的 40 倍，高于美国，大大超过国际公认的 10 倍的安全警戒线。中国的基尼系数为 0.462，也已超过安全警戒线，收入不平等程度处于较高水平。最高的为南非，达 0.578，当前南非平均每 100 户家庭中就有 45 户生活在贫困线下。

表 2－11 金砖国家基尼系数

国家	基尼系数
巴西	0.515
俄罗斯	0.420
印度	0.368
中国	0.462
南非	0.578

6. 发展方式粗放，资源利用率不高，生态污染问题长期得不到根本解决

城镇化进程中面临着资源束缚，自然资源租金占 GDP 的比例居高不下。

表 2－12 自然资源租金占 GDP 的比例 （%）

年份	巴西	俄罗斯	印度	中国	南非	经合组织成员	世界
2010	6.0	22.6	7.1	8.7	10.6	1.5	4.7
2011	6.2	23.7	7.9	10.7	12.8	1.8	5.6
2012	5.8	20.4	6.1	7.1	10.1	1.6	5.1
2013	5.3	18.7	5.5	5.8	9.4	1.6	4.8
2014	5.0	16.2	4.9	4.0	7.6	1.3	3.9

资料来源：根据世界银行“世界发展指数”数据库（WDI），http：//databank.worldbank.org/data/.

7. 公共财政的可持续性成为一大难题

巴西、印度和南非近年来财政赤字规模维持在高位运行。其中，印

度的政府债务接近警戒线，巴西、俄罗斯、南非的财政状况则因能源和矿产价格下跌、出口减少而可能进一步恶化。

表 2－13　近年来金砖国家财政赤字或盈余占 GDP 的比例　（%）

年份	巴西	俄罗斯	印度	中国	南非
2010	－1.6	－1.9	－3.4	—	－4.0
2011	－2.4	3.1	－3.0	—	－4.6
2012	－1.8	2.4	－3.8	—	－5.1
2013	—	0.9	—	—	－5.8
2014	—	0.8	—	—	－3.3

8. 金砖国家面临稳定金融体系、防止资本大规模外流、保持汇率稳定、防范输入型通胀和本地通胀合流等挑战

金砖国家货币出现不同程度的贬值。美国实施的退出“量化宽松”政策改变了全球流动性，进而对金砖国家等新兴经济体宏观经济产生影响。其中，影响比较明显的变量是货币汇率。金砖国家货币都有贬值迹象，俄罗斯、南非、巴西等国货币贬值幅度比起多数新兴经济体更大。尤其是俄罗斯因国际油价的下跌以及美国和欧盟国家对其实施的经济制裁等国际政治因素导致卢布的大幅贬值。仅 2014 年一年俄罗斯货币卢布就贬值约 50%，跌幅之剧烈引人注目。2014—2015 年，巴西货币雷亚尔两年贬值近半。除俄罗斯、巴西以外，南非也是货币贬值幅度较大的金砖国家。全球资本大量流出金砖国家，对金砖国家金融市场产生较大供求变化是金砖国家货币大幅贬值的外部原因。可以说，美国“量化宽松”政策的变化对金砖国家的汇率产生了最直接的影响。除此之外，全球市场对原油、铁矿石、黄金等资源型产品的需求疲软、大宗商品价格出现重大变化等因素，对资源出口型国家，如俄罗斯、南非、巴西等国家的出口和生产都产生了巨大的冲击。货币的贬值虽然有利于改善金砖国家的经常项目逆差，但由于金砖国家采取的加息政策，进一步抑制了投资和消费需求，加剧了金融市场的动荡，加重了资本的外逃。

二、金砖国家的发展趋势

应当看到，金砖国家面临的挑战是事实，但成员国正加紧采取应对措施，增强各自国家长期发展的韧性以及加快金砖国家组织的机制化建设，也是不容否认的事实。除了中国正在推进全面深化改革，着力完善互利共赢、多元平衡、安全高效的开放型经济体系，巴西、俄罗斯、印度、南非也在制定和实施新一轮促进经济转型、提振国家发展能力的变革计划。例如，巴西在最近的政治动荡告一段落后，新任总统特梅尔已经开始采取一系列措施来稳定经济、压缩赤字，通过私有化、发展 PPP 等手段破解基础设施建设融资难题，试图加快填补制约巴西经济增长的短板。俄罗斯针对其对能源出口高度依赖的现状，加快调整和优化自身经济结构，提出了发展新经济的改革思路：综合利用税收和关税等措施，鼓励企业创新和技术进步，加快制药、高科技化工、复合和非金属材料、航空工业、通信信息技术、纳米技术等重要领域发展步伐；应用竞争机制，迫使企业在竞争中寻找更好的技术解决方案，更新产品。印度则提出了“国家制造业政策”，并设立了“国家投资和制造业特区”，旨在放宽中央和各邦政府的管制措施，鼓励制造业更快增长。为了破解印度私营企业在参与基础设施建设和服务方面受到的诸多阻碍（即所谓的“基础设施困境”），印度在 2013 年 9 月设立“基础设施基金”，进一步促进公私部门伙伴关系。南非为了改变当前主要依靠传统大宗矿产品和非贸易型服务的经济结构，制定了长期工业化和产业多样化的目标，并把绿色就业作为新重点。南非发布了《国家发展计划 2030 愿景》，提出从 2014 年开始实施经济发展五年计划，目标是分阶段实现消除贫困、扩大就业、提高低收入群体占国民收入的比例；制定全国和各地区总体发展框架和基础设施发展项目，以改造种族隔离制度对南非社会发展造成的结构性破坏，使南非经济社会均衡发展。[①] 应该说，金砖国家采取的这些措施和对策都在不同程度上兼顾了解决近期增长与长远发展后劲的问题，取得了一定成效。

（一）金砖国家经济发展潜力将持续释放

虽然金砖国家的 GDP 增长从 2010 年开始放缓，但其总产值的增幅仍达到了大约 3 万亿美元。因此，尽管吉姆·奥尼尔一直反对将南非纳入金砖俱乐部，但仍坚持认为 2035 年金砖四国的 GDP 总额将超过七国集团，2050 年前后将占世界总额的 40%。目前，金砖五国的 GDP 总量占世界的 25.7%，贸易量占全球贸易额的 17%，吸引外资占 18%，外汇储备占全球外汇储备总额的 40%，虽然金砖各国都面临着突出的发展挑战，但从总体实力来看，其对全球政治经济格局的影响依然不容低估，其经济发展仍有巨大的潜力，有待进一步释放。

1. 市场规模庞大

目前，金砖国家人口占全球人口的 42%。庞大的人口规模意味着庞大的市场规模。据测算，金砖国家消费市场超过 4 万亿美元，相当于欧元区的水平。而且随着中产收入群体的崛起和壮大，消费升级将成为引领金砖国家产业和经济转型升级的重要驱动。这一点已在中国表现得特别突出。另外，金砖国家中 15 ~ 64 岁的人口占总人口的比例均高于世界平均水平（见表 2 - 14），这为这些国家的工业化提供了丰富的劳动力资源，有利于发达国家进行产业转移和金砖国家实行进出口替代。

2. 城镇化蕴藏的潜力巨大

从金砖国家 2015 年的城镇化率来看，巴西、俄罗斯、印度、中国和南非的城镇化率分别为 85.69%、74.01%、32.75%、55.61% 和 64.8%。作为人口大国，中国和印度的城镇化率尚有大幅提升空间。若于未来 10 年内，中国的城镇化率提升到 70%，印度的城镇化率提升到

---

① 赵旭. 南非非国大在经济困境中艰难前行[J]. 政党世界,2015(2):66 - 68.

50%，按现有的人口规模，中印两国将会有4.4亿人口进城，这个规模比巴西、俄罗斯和南非现有人口的总和还多，必将对道路交通、建材、化工、住房、家电等产业产生持续不断的强劲拉动，将会出现一大批人口超过百万、千万的城市群。

表2－14 金砖国家2015年人口与城镇化率

国家	人口总数/人	城镇化率/%	15～64岁的人口占总人口的百分比/%	人口超过100万的城市群中的人口占总人口的比例/%
巴西	207847528	85.687	69.12768	39.54508
俄罗斯	144096812	74.008	69.88224	20.88192
印度	1311050527	32.747	65.59576	14.66164
中国	1371220000	55.614	73.21719	24.5742
南非	54956920	64.801	65.72741	37.03397
世界	7346633037	53.857	65.6204	22.88385

资料来源：根据世界银行“世界发展指数”数据库（WDI）整理。

3. 资源和体制优势明显[①]

巴西是世界原料的重要基地。巴西有发达的农牧业，是蔗糖、咖啡、柑橘、玉米、鸡肉、牛肉、烟草和大豆等产品的主要生产出口国。巴西在原材料资源方面占据天然优势，拥有世界上最高的铁、铜、镍、锰、铝土矿蕴藏量。中国则是“世界工厂”，是世界重要的制造业基地。全世界27.5%的汽车、42.4%的造船、49.5%的粗钢、59.2%的水泥、49.1%的猪肉、90.7%的个人电脑、38.8%的智能手机、79.3%的空调、39.6%的鞋子、30.5%的太阳能电池是由中国生产和制造的。[②]“中国制造”成为当今世界的重要现象。印度则是“世界办公室”。印度是全球最大的软件和后端服务外包大国，美国最大的1000家公司中，

① 吕有志．论“金砖国家”的国际影响力及其制约因素[J]．国际展望，2011(3)．

② 中国这家“世界工厂”到底有多大？[EB/OL]．观察者网，http://www.guancha.cn/GuanChaZheWang/2015_05_23_320617.shtml.

1/4 的企业使用在印度开发的软件。世界 500 强中来自印度裔的高管是所有外籍高管中最多的。俄罗斯则是“世界的加油站”。俄罗斯的自然资源总量占世界首位，资源总价值达到惊人的 300 万亿美元，是美国的 3 倍。其中，俄罗斯已经探明的资源储量价值为 30 万亿美元，居世界首位。俄罗斯石油探明储量 65 亿吨，占世界探明储量的 12% ~13%；天然气潜在储量 212 万亿立方米，已探明储量为 48 万亿立方米，占世界探明储量的 1/3，居世界第一位。南非矿产资源非常丰富，是世界五大矿产资源国之一。其矿产素以种类多、储量大、产量高闻名于世，拥有号称世界第二富含矿产的地质构造。南非的黄金、铂族金属、锰矿石、铬矿石、铝硅酸盐等多种矿产的储量、产量和出口量均居世界前列。

4. 创新驱动增长的潜力巨大

经济增长的长久驱动力是技术创新。这些年来，各国普遍重视以互联网为代表的信息技术在知识扩散、技术创新、产业重组和促进竞争等方面的积极作用，纷纷加大对信息基础设施的投入。从每 100 人所拥有的电话线路数量来看，除了印度、南非尚有巨大的改善空间，其余国家均有了较大的进步：巴西、俄罗斯和中国的每 100 人电话线路数量分别为 21.45 条、25.70 条和 16.48 条，均高于世界平均水平。从每 100 人互联网用户数来看，2015 年除印度外，巴西为 59.08 人、俄罗斯为 73.41 人、中国为 50.3 人，南非为 51.92 人，均大幅高于 43.99 人的世界平均水平。这说明金砖国家普遍重视互联网的应用和普及，这为金砖国家赶超发达国家、加快推进信息化和技术创新提供了良好的基础条件。统计数据显示，2014 年，金砖国家来自居民的专利申请量占全世界的 49%。这从一个层面反映出金砖国家的创新潜力不可小视。

表 2－15　2015 年金砖国家的信息化水平

国家	每 100 人所拥有的电话线路数量/条	每 100 人中互联网用户数量/人
巴西	21.446401	59.07948
俄罗斯	25.704051	73.41

续表

国家	每 100 人所拥有的电话线路数量/条	每 100 人中互联网用户数量/人
印度	1. 9898778	26
中国	16. 481036	50. 3
南非	7. 7228492	51. 91912
世界	14. 339773	43. 99831

资料来源：根据世界银行“世界发展指数”数据库（WDI）整理。

（二）金砖国家面临的问题将进一步凸显

尽管金砖国家长期以来经济增长和国际影响表现不俗，但自 2010 年以来，金砖国家在不同程度上出现了经济增长放缓、对外贸易额下降、国内社会矛盾进一步凸显等问题。这种趋势仍将持续。

1. 增速普遍放缓，趋势出现分化

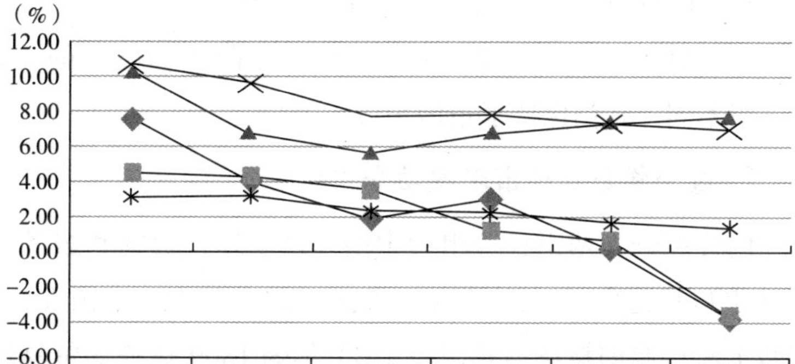

	2010年	2011年	2012年	2013年	2014年	2015年
巴西	7.53	3.91	1.92	3.02	0.10	-3.85
俄罗斯	4.50	4.26	3.52	1.28	0.71	-3.73
印度	10.26	6.64	5.62	6.64	7.24	7.57
中国	10.63	9.48	7.75	7.68	7.27	6.90
南非	3.04	3.21	2.22	2.21	1.55	1.28

图 2-6 金砖国家 2010—2015 年 GDP 增速

资料来源：根据世界银行“世界发展指数”数据库（WDI）整理。

金砖国家根据 GDP 增速的表现，可以简单分为两组：巴西和俄罗斯为一组；中国、印度和南非为另一组。在第一组中，巴西自 2010 年以来，经济增速出现大幅波动，先由2010年的7.53%下降到2012年的1.92%，之后在2013年小幅回升至3.02%，但旋即在2014年跌至0.1%，2015年甚至为-3.85%，出现负增长。世界银行预测巴西2016年的GDP增速为-4.044%。俄罗斯则在2010年后GDP增速一路下滑，由2010年的4.5%一路跌至2015年的-3.75%，同样是负增长。世界银行预测俄罗斯2016年的GDP增速为-1.2%。在第二组中，中国和印度表现十分抢眼，年度增速维持在5%以上。其中中国经济自2010年以来主动推进结构性改革，增速放缓，进入了L形的增长形态，但仍以超过6.5%的速度高速增长。世界银行预计2016年的经济增长率为6.719%。印度经济由于基数小但人口多，随着改革计划的推进，经济增长在经历了2010—2012年放缓后，自2013年起开始加速，2013年为6.64%，2014年为7.24%，到2015年则超过中国，达到7.57%。世界银行预测印度2016年的经济增长率为7.55%。还有一个就是南非，其经济增速也在放缓，由2010年的3.04%下降到2015年的1.28%，但与第一组不同，其仍保持了正增长。

2. 对外贸易规模出现波动分化

同样可分为两组：一组为中国和俄罗斯，货物和服务对外贸易差额（出口减进口，现价美元）保持正的。其中，中国在2011年经历短暂下滑后旋即持续增长，由2011年的1809亿美元贸易项下顺差持续扩大到2015年的3855亿美元，5年间增长了1倍多。这为中国经济保持平稳增长提供了重要保障。俄罗斯则在2011年有小幅回升，其后受石油天然气价格持续下降拖累，贸易项下顺差总体呈下降趋势，由2011年的1652亿美元缩小到2015年的1104亿美元，降幅达33%。另一组为巴西、印度和南非。其中巴西和印度的货物和服务对外贸易差额一直为负，南非则在0附近徘徊，反映出这些国家的出口形势和条件持续恶化。

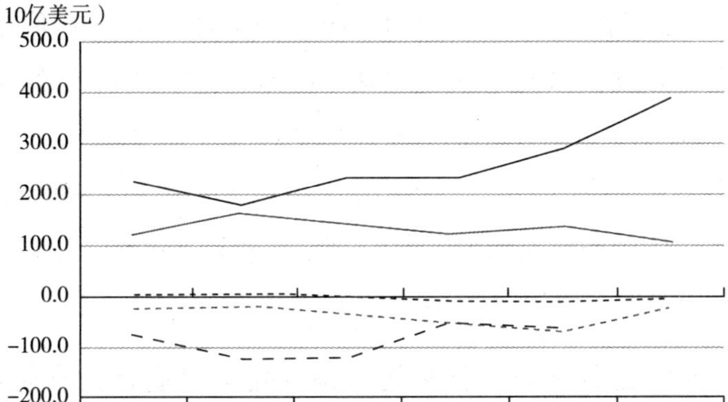

	2010年	2011年	2012年	2013年	2014年	2015年
---- 巴西	−23.0	−20.1	−33.5	−56.9	−66.1	−22.8
—— 俄罗斯	123.1	165.2	147.1	125.3	134.7	110.4
– – 印度	−74.5	−118.8	−122.6	−55.5	−60.8	—
—— 中国	222.4	180.9	231.9	234.9	284.3	385.5
---- 南非	4.7	3.6	−5.1	−8.3	−6.5	−3.2

图2－7　金砖国家货物和服务贸易差额

资料来源：根据世界银行“世界发展指数”数据库（WDI）整理，其中缺印度2015年的数据。

3. 通货膨胀程度有所不同

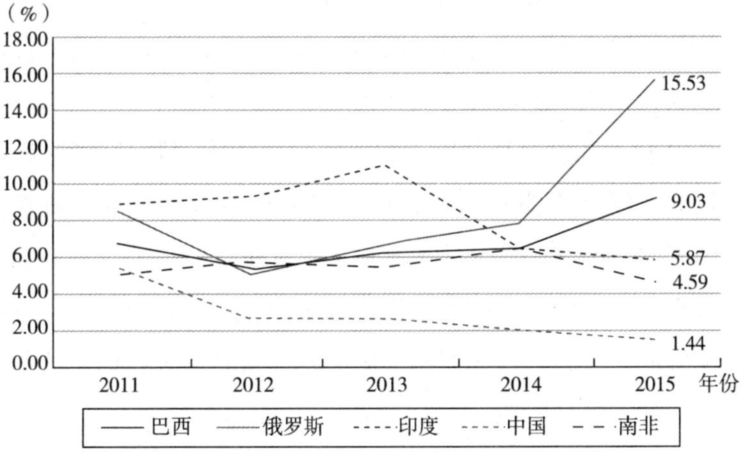

图2 8　金砖国家通货膨胀率

资料来源：根据世界银行“世界发展指数”数据库（WDI）整理。

首先，除中国外，其他四国均自2010年后出现了不同程度的通货膨胀，如印度在2013年通胀率达10.91%，而中国的通胀率为2.63%。其次，2014年以后，金砖国家通胀情况发生明显分化：中国、南非和印度的通胀率持续回落，中国2015年的通胀率为1.44%，甚至有通货紧缩的危险；而巴西和俄罗斯的通胀率则显著上升，巴西2015年的通胀率为9.03%，而俄罗斯则高达15.53%。

（三）金砖国家合作将进入体系化和机制化的新阶段

总的来说，金砖国家合作经历了4个主要阶段：

1. 萌芽和确立阶段（2009—2010年）

2009年之前，金砖国家合作机制处于萌发阶段，四个成员国之间出现了合作意愿，但一直没有提升到峰会的级别。受全球金融危机的影响，最初的四国强烈意识到作为新兴市场国家有必要联合发声。2009年，中国、巴西、俄罗斯和印度“金砖四国”领导人在俄罗斯叶卡捷琳堡举行首次正式会晤，会后发表《联合声明》呼吁，落实G20伦敦峰会上在各成员国中通过的共识、提高新兴经济体国家在传统国际金融机构（IMF、WB）里的发言权和代表权，这标志着金砖国家合作机制的正式形成，金砖国家从此开始作为全球经济治理的重要组织平台发挥作用。2010年，在巴西首都巴西利亚举行金砖国家第二次领导人峰会，会议通过的《联合声明》指出，拓展四国对话与合作符合新兴市场和发展中国家的共同利益，金砖国家愿为推动全球经济治理格局朝着更为公平、公正和有效的方向改革做出积极努力。这一阶段的主要特点是针对全球金融危机下新兴市场国家的脆弱性，就共同关注的全球议题集体发声，合作处于磨合阶段。

2. 扩容发展阶段（2011—2012年）

2011年4月，金砖国家在中国三亚举行领导人会晤，发表了《三亚宣言》并吸收南非加入，“金砖四国”变成了“金砖国家”。三亚会晤并签署了《金砖国家银行合作机制金融合作框架协议》，明确提出稳步扩大本币结算和贷款业务规模，加强重要项目投融资合作，开展资本市场合作和信息交流。2012 年 3 月 28—29 日，金砖国家领导人第四次会晤在印度首都新德里举行，会后发表了《新德里宣言》和行动计划。在与会各国领导人的见证下，中国、巴西、俄罗斯、印度和南非五国开发银行共同签署了《金砖国家银行合作机制多边本币授信总协议》和《多边信用证保兑服务协议》。会议批评了美联储的“量化宽松”政策引起世界经济失衡，呼吁加强金砖各国的金融协调并建立新的国际金融体系。与会领导人还探讨了成立金砖国家开发银行的可能性。这一阶段的主要特点是：一方面完成了金砖扩容，另一方面，“内外兼顾”，在对外共同发声的同时，开始酝酿内部协同合作，组建实体平台，以解决共同关心的优化储备体系和维护宏观金融稳定的问题。

3. 拓展深化阶段（2013—2015 年）

2013 年 3 月 26—27 日，金砖国家领导人第五次会晤在南非德班举行，会议建立了金砖国家元首与非洲 12 国元首的对话机制；制定了建立开发银行的路线图并提出建立金砖国家稳定基金，让其在避免短期资金流动压力和加强全球金融稳定方面起到预先防范作用。会议要求金砖国家财长和央行行长在二十国集团会议、世界银行和国际货币基金组织会议期间或根据需要单独举行会议。2014 年 7 月 15 日，金砖国家领导人第六次会晤在巴西的福塔莱萨举行，会议发表《福塔莱萨宣言》，决定设立金砖国家新开发银行，初始资本为 1000 亿美元，由 5 个创始成员平均出资，总部设在中国上海；同时，金砖国家签署《关于建立金砖国家应急储备安排的条约》，目标是通过流动性工具和预防性工具提供支持的一个框架，以应对实际或潜在的短期国际收支压力。该安排是新兴市场经济体为应对共同的全球挑战、突破地域限制创建集体金融安全网的重大尝试，其中中国投票权为 39.95%，巴西、俄罗斯、印度各为 18.10%，南非为 5.75%。2015 年，金砖国家领导人第七次会晤在俄罗斯乌法举行，会议发表了《乌法宣言》，决定在开放、团结、平等、相互理解、包容、合作、共赢的基础上，增强金砖国家战略伙伴关系，乌法会晤标志着金砖国家新开发银行和应急储备安排生效。这一阶段的主要特点是五国协力推进前期酝酿的成果落地的同时，开始将合作领域向全方位宏观政策协调对接拓展。同时，还开启了金砖国家与其他经济体和经济组织对话的机制。

4. 体系化和机制化阶段（2016 年至今）

2016 年 9 月 4 日，金砖国家领导人在二十国集团杭州峰会期间举行了非正式会晤，就共同关心的全球政治、安全、经济及全球治理等重要问题广泛交换意见，同意在二十国集团框架下就金砖国家共同关心的全球问题加强协调。2016 年 10 月 16 日，金砖国家领导人第八次会晤在印度南部城市果阿举行，会议通过了《果阿宣言》并签署了农业研究、海关合作等方面的谅解备忘录和文件。《果阿宣言》对金砖国家机制明确定位为“金砖国家战略伙伴关系”，强调要共同推动联合国改革，打击恐怖主义，改善全球治理。五国同意进一步推动保险和再保险市场合作、税收体系改革、海关部门互动等，并探讨设立一个金砖国家评级机构的可能性。此外，五国就在农业、信息技术、灾害管理、环境保护、妇女儿童权利保护、旅游、教育、科技、文化等领域加强合作也进行了沟通协调。可以看到，金砖国家合作经历了从单一领域向多方位拓展、对外共同发声向对内协同合作、定期会晤向组建实体平台演变的历程。金砖国家的这种定期会晤和合作机制正逐渐成长为新兴国家和发展中国家参与全球经济治理最重要的平台之一。

表 2－16　历届金砖国家领导人峰会简介

召开时间	主办国及地点	主要内容及议题	成果
2009 年 6 月 16 日	俄罗斯 叶卡捷琳堡	宣布成立金砖国家合作机制；各国就全球金融危机，粮食、能源安全，气候变化及金砖国家未来发展等问题交换意见	发表了《金砖四国领导人俄罗斯叶卡捷琳堡会晤联合声明》和关于全球粮食安全的联合声明

续表

召开时间	主办国及地点	主要内容及议题	成果
2010 年 4 月 15 日	巴西 巴西利亚	与会领导人就世界经济与金融形势、二十国集团事务、国际金融改革、气候变化、金砖四国对话与合作等问题交换看法；胡锦涛主席发表题为《合作、开放、互利、共赢》的重要讲话	发表第二次会晤联合声明；领导人会晤常态化机制正式确立
2011 年 4 月 14 日	中国 三亚	吸收南非为新的成员国；各国就重大国际热点问题阐述共同主张、显示共同立场，开列若干"行动计划"，明确金砖国家今后的合作方向；胡锦涛主席发表《展望未来、共享繁荣》的重要讲话	南非成为金砖国家的一员；五国领导人发表《三亚宣言》；金砖国家银行合作机制成员共同签署《金砖国家银行合作机制金融合作框架协议》
2012 年 3 月 28 日	印度 新德里	会议主题为"金砖国家致力于稳定、安全和繁荣的伙伴关系"；各国继续就重大国际热点问题表明立场、提出建议；印度推出设立"金砖银行"的构想	金砖国家发表《德里宣言》；通过了德里行动计划
2013 年 3 月 27 日	南非 德班	会议主题为"致力于发展、一体化和工业化的伙伴关系"；习近平主席发表题为《携手合作　共同发展》的主旨演讲；各国就共同关心的国际政治经济问题表达一致立场	金砖国家发表《金砖国家领导人第五次会晤德班宣言》；建立了金砖国家元首与非洲 12 国元首的对话机制；金砖国家就联合成立"新开发银行"和筹建"应急储备库"达成协议
2014 年 7 月 15 日	巴西 福塔莱萨	会议主题为"包容性增长的可持续解决方案"；习近平主席发表题为《新起点・新愿景・新动力》的主旨讲话；各国继续就共同关心的国际问题表达一致立场	金砖国家发表《福塔莱萨宣言》；成立金砖国家开发银行；建立金砖国家应急储备安排；建立金砖国家与南美洲国家对话机制
2015 年 7 月 8 日	俄罗斯 巴什科尔托斯坦共和国首府乌法	会议主题为"共同构建伙伴关系"；习近平主席发表题为《共建伙伴关系　共创美好未来》的主旨讲话；继续就共同关心的国际问题表达一致立场	通过了《乌法宣言》及其行动计划、《金砖国家经济伙伴战略》等纲领性文件，为金砖国家中长期合作指明了方向

续表

召开时间	主办国及地点	主要内容及议题	成果
2016 年 9 月 4 日	中国杭州	围绕杭州峰会议程进行了广泛讨论，就共同关心的全球政治、安全、经济及全球治理等重要问题广泛交换意见	同意在二十国集团框架下就金砖国家共同关心的全球问题加强协调。强调构建创新、活力、联动、包容的世界经济，开创全球经济增长和可持续发展的新时代
2016 年 10 月 16 日	印度果阿	聚焦经济与安全两大主题。经济上，继续强化金砖国家长效合作机制，以提升金砖国家整体影响力。安全上，重点讨论反恐等国际热点议题	会议通过了《果阿宣言》，强调要共同推动联合国改革，打击恐怖主义，改善全球治理。金砖五国还签署了农业研究、海关合作等方面的谅解备忘录和文件

（本章执笔人：李金波）

第三章

CHAPTER THREE

国别研究

一、印度

作为金砖国家和新兴经济体的重要成员，印度经济长期保持较快增长，目前已成为世界第八大经济体，近期经济增速更是排在全球主要经济体之首。但与此同时，印度经济也面临着基础设施薄弱、管理体制僵化低效等瓶颈制约，潜在生产能力不能完全释放。2014 年莫迪就任印度总理以来，积极推动印度经济体制改革，直面印度长期存在的制度性痼疾，围绕“印度制造”“数字印度”“季风计划”“向东行动”以及环印工业走廊等重大战略重构印度经济格局，以发掘新的经济增长点，降低长期居高不下的潜在失业率，缓解不断拉大的贫富差距，同时培育新的国际竞争力，使印度能够更加紧密地融入全球产业链，助力印度走出贫困。当前中印两国关系正处于新的历史时期，莫迪执政下的印度发展战略选择为中印两国经贸合作创造了新条件、提供了新机遇、开启了新篇章。我国应积极看待印度的发展与崛起，要以开放的心态增强两国战略互信，以务实的精神把握好两国合作的主方向，以灵活的策略处理好涉及两国关系的多方面问题，力争推动中印全面合作迈上一个新台阶。

（一）莫迪制定印度经济发展战略的主要背景

1. 印度已成为最为耀眼的新兴经济体之一，但经济体量总体仍然不大

20 世纪 90 年代初实行经济改革后，印度经济逐渐实现较快发展，90 年代中后期经济增长率达到 7% ~8%，在 2000—2002 年短暂下滑至

4% ~5% 后又进一步回升，2008 年前经济增速一度达到 9% ~10%。全球金融危机对印度产生了较大冲击，2008 年经济增速跌至 3.9%，但恢复速度很快，2009 年反弹至 8.5%，2010 年甚至达到了 10.3%。近年来，受全球经济复苏缓慢的影响，印度经济增长势头有所放缓，增长率稳定在 7% 左右。据世界银行统计，2015 年印度 GDP 达到 2.07 万亿美元，排在世界第 8 位，不变价经济增速达到 7.57%，成为目前全球经济增速最快的大型经济体。据国际货币基金组织（IMF）2016 年 10 月《经济展望报告》预测，2016 年和 2017 年印度经济增速均可达到 7.6%。印度具有显著的市场规模优势和劳动力优势。印度目前是世界第二人口大国，据联合国预计，到 2022 年印度人口很有可能超越中国，人口规模意味着庞大的内需市场，内需将成为拉动印度经济持续增长的重要动力。同时印度人口结构十分年轻，目前平均年龄仅有 26 岁，适龄劳动力占总人口比重较高，且劳动力价格低廉，适合承接来自全球的劳动密集型产业转移，可以预计未来一定时期印度经济仍将继续保持较高的增长速度。

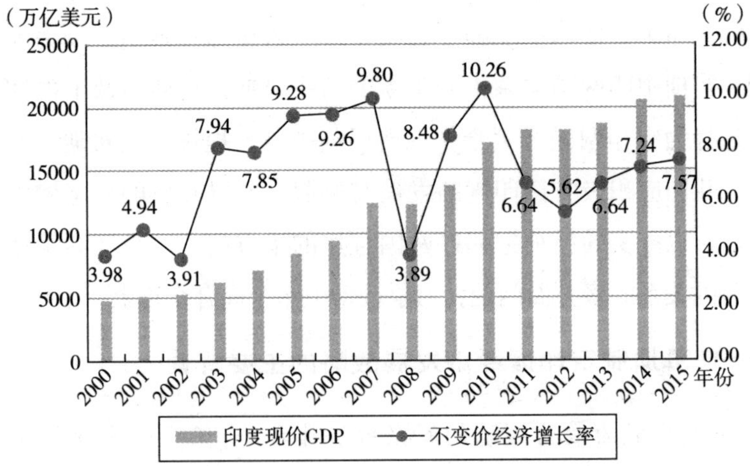

图 3－1　近年印度经济发展情况

资料来源：世界银行。

根据新古典经济增长理论，在一国经济规模较小的时候，比较容易实现高速增长，当前印度能够持续保持高增长的一个重要因素是经济体量仍然不大。目前印度 GDP 总量是中国的 1/5，财政收入与税收收入是中国的 1/4，外汇储备是中国的 1/10，金融业规模是中国的 1/3.5，经济体量决定印度在全球经济的影响力仍然有限。同时印度还面临较为严重的贫困问题，目前印度人均国内生产总值为 1581 美元，仅位于世界第 129 位，根据世界银行的最新报告，印度贫困人口占全世界的 33%。按联合国人均每天消费 1.25 美元的赤贫标准，2015 年印度超过 1/4 的人口处于赤贫状态。也就是说，印度有 3 亿多人无法获得足够的社会保障和粮食供给，更不用说接受教育了，目前印度农村的文盲率为70%～80%，每三个女人里有一个人是文盲，每五个男人里有一人是文盲。正是基于这一背景，为了实现印度人民发展经济、改善民生的强烈诉求，莫迪在竞选总理时打出“经济发展”这张牌，凭借其在古吉拉特邦任首席部长 10 年间该邦经济一直保持高速增长的突出政绩而赢得竞选，因此莫迪上台后必须兑现承诺，把发展经济、改善民生放在首位。

2. 印度走出了一条服务业驱动的经济发展道路，但制造业较为薄弱

根据克拉克定律，随着一国经济发展水平的提高，资本、劳动力等各类生产要素将会逐渐从第一产业向第二产业、再向第三产业转移，表现出经济结构由第一产业为主向第二产业为主，再向第三产业主导的产业升级现象，但印度经济发展过程不符合这一规律。印度兼有廉价劳动力及英语人口众多的独特禀赋，约有 1 亿人能够熟练掌握英语，2.5 亿人较熟练应用英语，因此印度充分利用这一优势，重点发展服务外包等第三产业，从而跳过工业化、直接步入服务化的经济发展阶段。目前印度第三产业已占到 GDP 的近 60%，成为世界第二大软件出口国和世界服务外包第一大国，被誉为“世界办公室”。与此同时，印度制造业发

展十分薄弱。独立之初，印度领导人决心把印度从落后的农业国建设成为现代化的工业强国，逐渐建立起以纺织业、钢铁业、食品加工业、机械装备业为主的工业体系，但由于计划经济和进口替代的发展模式，印度制造业生产效率不高，也不具有国际竞争力。尽管经济改革后印度制造业快速发展，在制药、钢铁等领域培育了一些世界级企业，但与欧、美、日及中国的制造能力相比仍有很大的差距，目前印度全部工业增加值占 GDP 的比例为 30% 左右，其中制造业增加值占 GDP 的比例仅为 10% ~12%。

印度制造业薄弱带来了一系列经济社会问题。制造业是吸纳低技能劳动力就业的重要渠道，由于印度服务外包业对劳动力的英语技能和教育要求较高，因此大量农民难以通过就业转移到城镇，经济发展成果只能使一部分劳动者受益，而不能为广大劳动者所共享，这导致今天印度一半以上的劳动力还滞留在生产效率较低的农业中，一些失地农民由于不能找到合适的工作而在城市形成大规模的贫民窟，制约了印度经济的进一步发展，从根本上导致了印度精英白领阶层与贫困人口之间的收入断层、高端服务业与落后的农业和制造业之间的产业断层、个别发达城市与众多落后的大中小城市及广大农村的地域断层、世界领先的高等教育和高端医疗服务与落后的基础教育和基础医疗之间的社会服务断层。可以说，制造业发展远落后于服务业是印度当今贫富差距、区域差距等众多社会问题的重要经济根源。莫迪上台执政后，必须要对已经形成的不协调的产业关系进行重新调整，需要引导劳动力、资本等生产要素向更具发展潜力、成长性更好的制造业汇集，以制造业发展来深化工业化，以工业化来带动城镇化，从而使广大群众从落后低效的农业生产中解脱出来，缓解因行业生产率不同而带来的贫富差距问题，培育形成印度经济增长的长期动力。

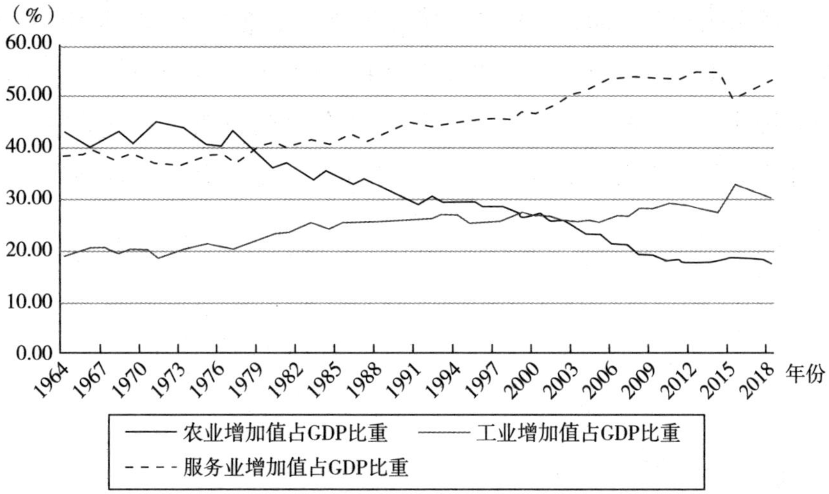

图3－2　印度三次产业占GDP比重的变化情况

资料来源：世界银行。

3. 长期以来印度经济开放水平不高，仍处于全球产业链的低端

目前全球大致经历了四次产业转移浪潮：第一次是从18世纪末到“二战”前的较长时期里，产业由最早实现工业化的英、法、德等欧洲国家向北美地区转移，“世界工厂”实现了从英国向美国的转变；第二次是“二战”后的20世纪50—60年代，钢铁、纺织、机械制造、电子器件制造等产业由欧美地区向日本转移，日本成为全球制造大国；第三次是紧接其后的20世纪70—80年代，钢铁、化工、机械等产业由欧、美、日等发达国家和地区向东亚“四小龙”“四小虎”转移，“四小龙”“四小虎”实现了经济腾飞；第四次是全球制造业向中国大陆地区转移，中国成为世界第一制造大国和新的“世界工厂”。这四轮全球产业转移浪潮印度都没有深入参与其中，除服务业以外包和贸易形式与全球化衔接较为紧密外，其他产业均普遍处于较为封闭低效的状态。印度在全球产业转移中被边缘化主要是由于印度经济的开放度、自由度水平不高。印度独立以来一直奉行计划经济的管理模式，与改革开放前的中国一样，也强调建设门类齐全、自给自足的经济体系，这一模式决定了

印度经济系统相对封闭，与全球经济分工体系基本割裂。20 世纪 90 年代初印度开始实行改革开放，此时全球第三轮产业转移行将结束，第四轮产业转移正在蓬勃兴起，早于印度 10 多年就进行改革开放的中国成为全球化进程中最大的受益方之一，印度错过了这一历史机遇期。

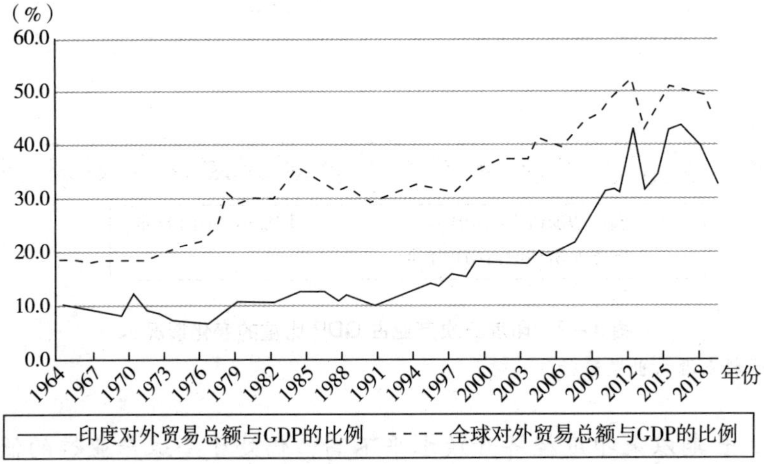

图 3－3 印度对外贸易总额和 GDP 比例与全球对比情况

资料来源：根据世界银行数据绘制。

近年来，印度开放水平不断提升，但由于经济管理的惯性思维、全社会弥漫的贸易保护主义思潮以及各幼稚产业利益集团对印度参与全球化的阻碍作用，印度经济的开放水平仍然十分有限。从贸易来看，2015 年印度对外贸易总额为 6613 亿美元，占 GDP 的比例仅为 31.9%，而同期全球平均水平为 45.2%，如图 3－3 所示。从投资来看，根据联合国贸易和发展会议《2016 年世界投资报告》的数据，印度吸引外资排在世界第 10 位，2014 年仅 350 亿美元，2015 年仅 440 亿美元，而同期中国吸引 FDI 分别达到 1290 亿美元和 1360 亿美元，印度仅约相当于中国的 1/3。经济没有融入世界就意味着与发展机遇失之交臂，就意味着只能长期处于全球产业分工的低端水平而难以站在世界经济的顶峰。近年来全球化加速发展，TPP、TTIP、RCEP 等新的大型区域经济组织开始出现并逐渐形成规模，高标准的经济贸易协定正在推出，未来很有可能将付诸实践，若印度继续保持这一封闭保守的状态，就很有可能被历史的潮流淘汰，被更加边缘化于世界经济格局中，因此推动印度加速开放，吸引全球资源要素汇聚，通过竞争效应、溢出效应和学习效应带动本国产业发展水平提升也就成为莫迪政府制定经济战略的一项重要考虑。

（二）莫迪制定的印度主要经济发展战略

莫迪在执政印度前，曾担任10多年的古吉拉特邦首席部长。在古邦期间，莫迪大力发展工业、推进基础设施建设、推动行政审批制度改革，从2002年到2012年，古邦年均经济增速高达10%，创各邦之最，被誉为“印度的广东”。全球金融危机后，印度经济增速大幅放缓，民意对经济发展表现出强烈诉求，莫迪在大选时打出口号“印度将和古吉拉特邦一样”，得到了民众的高度认同。莫迪担任总理后，延续执掌古邦时形成的改革开放思路，推出了“季风计划”“印度制造”“数字印度”、环印经济走廊、大力兴建基础设施、推进经济体制改革等战略构想和具体行动，印度经济发展面貌和发展前景焕然一新，总体上取得了较为积极明显的效果。

1. 推出“季风计划”，开创印度发展新格局

莫迪上台执政后推出“季风计划”，这是一项包括政治、经济、外交、军事、文化等多方面内涵的宏大的战略构想。“季风计划”全名“海上航线与文化景观”，这原是印度文化部于2014年推出的对外文化合作项目，意图加强印度与东南亚国家的文化和宗教交流，2015年3月莫迪出访塞舌尔、毛里求斯和斯里兰卡时将该计划升级，加入了与古印度洋航线国家政治、经济和军事合作的内容。尽管莫迪政府尚未提出关于“季风计划”的具体规划和设计方案，遭到印度国内各方的质疑和批评，认为该计划较为空洞模糊，没有实际内涵，但从战略布局上，“季风计划”为印度未来对外发展谋划了新方向，为印度

对外经济合作打开了新空间。目前“季风计划”主要形成了以下两大方向：

一条是西线。2014年印度政府拨出8600万美元，与伊朗合作共建伊朗恰巴哈尔港，对该港的航道和港口进行加深以接纳大型船舶。印度参与该港口建设有多方面意图：一是希望与伊朗加强能源方面的合作，印度石油高度依赖进口，石油对外依存度高达80%，伊朗地理上与印度很近，且石油资源丰富，可以成为印度石油的重要供应国，且恰巴哈尔港在霍尔木兹海峡外围，一旦发生突发事件，霍尔木兹海峡被封锁，也不会影响恰巴哈尔港的原油运输。二是抗衡巴基斯坦的瓜达尔港，恰巴哈尔港和瓜达尔港相距仅200多千米，且两个港口都定位为中亚国家的主要贸易出海口。印度对中国援建巴基斯坦瓜达尔港抱有警惕心理，通过与伊朗共建恰巴哈尔港，可从经济上与瓜达尔港争夺广大中亚地区的腹地资源，从战略上起到与瓜达尔港抗衡和平衡的作用，从而削弱瓜达尔港乃至中巴在中亚和中东地区的影响力。近期，印度进一步推动与伊朗、阿塞拜疆、俄罗斯共同提出“第二苏伊士运河计划”，希望建立从南亚、中亚、高加索至俄罗斯和欧洲的海陆联运走廊，打通绕过巴基斯坦联通中亚和欧洲的战略新通道。

另一条是东线。20世纪90年代苏联解体后，印度提出“向东看（Look East）”政策，认为印度要向东通过印度洋连通中南半岛地区。经过20多年发展，莫迪上台后，将“向东看”进一步升级成“向东行动”（Act East），即“向东看2.0版”，推动印度与东盟进一步加强经济合作。甚至提出，印度要经过马六甲海峡，进入西太平洋，与美国、中国、日本、韩国等国开展合作。相比西线，东线成为莫迪对外战略布局中的更主要方向，美国、日本、中国等环太平洋经济体将成为印度重要的投资来源地，东盟、中国以及美日将成为印度制造品的重要消费市场。“向东行动”意图将印度洋经济圈和太平洋经济圈连通起来，形成一个充分整合的“印太”经济圈，并使印度成为“印太经济圈”经济增长的主要发动机。

2. 大力推动基础设施建设，突破印度经济发展的最大硬约束

印度基础设施十分薄弱，这是其经济发展的最大约束条件，如印度公路等级普遍不高，铁路运力严重不足，机场建设远远不能满足需求，港口阻塞十分严重，电信通信条件也较为落后等。据世界经济论坛（WEF）对全球 138 个经济体的基础设施水平排名，印度排名第 68 位。良好的基础设施环境是促进一国经济发展和吸引外来投资的基本条件之一，莫迪政府提出，未来要大力新建铁路、公路、机场及港口码头等，改善印度基础设施水平，为此莫迪政府设计了一系列行动计划。

1998 年，时任印度总理瓦杰帕伊提出“黄金四边形公路发展计划”，希望将印度人口最多的四大城市新德里、孟买、钦奈、加尔各答连成一体，形成印度国家高速网的骨干架构，“黄金四边形”总长度 3633 英里。在“黄金四边形公路网”的基础上，莫迪政府进一步提出了“钻石四边形高速铁路网”，打造连接新德里、孟买、金奈、加尔各答四大城市的高速铁路网络体系，总长度将达到 4600 千米，预计高铁时速在每小时 300 千米左右，这将大幅改变印度铁路客运服务不足、客运效率低下的问题，据初步估算，“钻石四边形高速铁路网”造价在 2 万亿卢比（折合近 2000 亿元人民币）以上。

针对印度港口设施和港口与腹地联通的集疏运设施不完善的问题，莫迪政府提出要重振“萨迦尔玛拉计划”。该计划最早由瓦杰帕伊政府于 2003 年公布，希望实现印度海洋部门的快速现代化和扩张。莫迪政府重新拾起这一计划，但对该计划的重点建设方向进行了调整。莫迪版的“萨迦尔玛拉计划”强调“港口导向型发展”，提出要重点加强各大港口与腹地地区相联通的铁路、公路及内河航道建设，增强港口对于腹地地区的经济辐射能力，把港口作为印度对外开放和拉动腹地经济的双向窗口。同时，“萨迦尔玛拉计划”还提出要振兴印度的航运业、造船业、港口业等，这将大幅增强印度港口的经济影响力，使其成为“季

风计划”的重要支撑。

为提升印度的信息服务业水平，莫迪政府提出了“数字印度”发展战略。该战略计划投入180亿美元，力争到2019年实现全印度25万座村庄通网络，在21个邦打造100多个智慧城市和30～40个基于智能城市原理开发的关键点，每个点的范围都将超过200千米，并将围绕网络通信设施建设、相关通信设备进口替代等产业创造1亿个就业岗位。“数字印度”有三大目标：公民共享的基础设施、需求导向的管理和服务、人人享有的数字权，其核心是让每一个印度人特别是穷人也能享受到网络服务，能实现与全球的低成本信息联通，截至2015年，印度13亿人口中仅有1亿多人享受过宽带服务，可以预计伴随着该战略的实施推进，这一数字将会实现大幅增长。

3. 推行“印度制造”战略，打造制造业与基建相结合的五大工业走廊

莫迪在2014年上台时，曾承诺要打造“印度的世纪”，实现这一目标的核心是“印度制造（Made In India）”。2014年9月，莫迪向全世界宣布“印度制造”战略，该战略计划将重点发展汽车制造、生物技术、纺织服装、医药保健、机械装备、化工、铁路、航空、信息技术、港口、可再生能源、国防军工等25个产业，力争到2022年，使印度制造业占GDP的比重从目前的15%提高到25%，同时每年创造1200万人的就业，2015—2022年的8年间将共计创造近1亿人就业。莫迪政府提出的“印度制造”是一项系统工程，它不仅包括振兴制造业本身，也包括如“新创印度”“技能印度”“清洁印度”“数字印度”“品牌印度”等关联性行动计划，以打造更好的投资营商环境，增强为制造业的配套服务水平。

为了进一步落实“印度制造”战略，莫迪政府进一步提出要打造德里－孟买、清奈－班加罗尔、印度东海岸、阿姆利则－加尔各答、班加罗尔－孟买五大工业走廊，五大走廊立足于不断完善和加速建设的基

础设施体系，培育形成一批有竞争力的工业城市、产业园区、产业集群，从而形成一个环绕印度的工业带和工业网络体系，成为“印度制造”未来发展的主阵地。其中建设进展较快的是日本主导推进的德里－孟买工业走廊，该工业走廊被誉为“全球最大的基础设施建设项目之一”，预计将投入900亿美元，包含24个产业园区、8座智慧城市、2个机场、5个发电项目、2条高速运输线路及2个物流仓储中心，此外还将在走廊上倾力打造横跨7个省邦的高新产业园区。英国主导推进的班加罗尔－孟买走廊也正在推进中，该走廊预计投资200亿～250亿美元，投资规模仅次于德里－孟买工业走廊。

4. 改革不适宜生产力发展的税收、劳工、土地、外资等管理制度

印度经济发展除面临基础设施薄弱等硬约束外，还受一些社会制度和管理制度方面软约束的制约，其中最典型的软约束体现在税收、劳动、土地、外资等领域，这些领域的一些制度死板僵化，严重不适应生产力发展的要求。

税收方面，印度的税务体系极为复杂，印度是联邦制国家，除了中央税（CST），各邦还有形式各异的地方税（LST），企业在运营过程中经常会遇到重复计税的问题，这就导致印度企业的综合税负较高，本地注册的私营公司总体税率平均达30%，分公司甚至高达43%。2016年8月，印度议会上院通过了商品服务税（GST）法案，现有的邦内和邦际消费税将被统一的商品服务税替代，印度从2017年始将进入全国统一税制时代，这将有效避免重复征税，并大幅降低印度境内企业的税负负担。

劳工方面，印度法律规定，企业员工超过90人就必须组建工会，员工超过100人，企业主就不能解聘员工，而只能由地方政府解聘。这一制度导致大中型企业员工丧失了工作压力，无论工作表现如何不好均不能被解聘，如果企业主强行解聘，工会就会组织罢工等进行抗议，甚至会不惜与资方发生流血冲突，印度的一些企业为避免出现这一情况而

主动控制企业雇工规模，严重限制了企业发展。莫迪上台后，主张对印度在英国殖民时期形成的一整套劳工法进行改革，包括允许企业以更简单的方式解雇工人和因经济不景气宣布倒闭等，这一计划遭到一些工会的强烈反对，特别是公共服务部门，他们认为这将有损工人权益，使工人面临失业，并组织了多次大规模罢工，莫迪的劳工改革计划受挫。

土地方面，印度土地是私有化的，依据现行的印度《土地法》，企业征地需获得80%受牵涉家庭的同意，这一苛刻条件导致企业征地十分困难，严重限制了企业投资。韩国浦项制铁（POSCO）曾计划在卡纳塔克邦投资53亿美元建设600万吨粗钢生产基地，终因征地困难撤销了投资计划。印度本土钢铁巨头安赛乐·米塔尔公司想在奥里沙邦投建1200万吨钢铁项目，从2006年起历时8年才完成第一阶段征地。为了彻底解决征地难问题，莫迪政府积极推动土地制度改革。2015年4月印度下院通过了《土地法》修改草案，规定印度工业走廊建设以及高速公路、铁路网建设等“公共用地”，政府可不经农户许可以市场价收购，同时补偿给农户每家一个工厂工作名额，但由于该方案难以得到反对党认可，农民也普遍对该法案持反对态度，同年9月，该修改草案被宣布失效，莫迪政府的土地改革目前已基本停滞。土地制度是印度的一项根本性制度，莫迪的“工业友好型”土地改革方案不能得到“农业依赖性”社会的广泛认可也在情理之中，但这项改革的停滞会对莫迪的基础设施建设战略和“印度制造”战略产生一定的冲击，基建和企业投资建厂速度会因征地难而继续受到影响。

外资方面，印度对外商投资的管理复杂低效，很多外资对此望而却步，这也是多年来印度外资规模不大的重要原因之一。如长期以来印度对外商投资实行“逐案审批制”，由于缺少统一、明确和具体的审批规则，审批机关有极大的自由裁量权，且审批流程不透明，审批结果、审批时限都具有极大的不确定性，这其中不可避免地产生了大量腐败。又如政府更迭会导致外资政策缺乏连续性，印度国内政治关系反复曲折，每遇选举和政府更迭，新政府都会重新审查上一届政府的政策，已出台的政策可能会被调整或废止，已批准的项目可能会被暂停或取消，这给外商投资带来极大的不确定性。此外，外商投资还面临着行政效率低下、法律程序复杂等各种困扰。莫迪政府上台后，大力推进投资审批制度改革，提出“在外商投资上要使印度成为全球最开放的国家”。一方面实行外商投资的负面清单制度，除部分“战略性”部门外，其他行业都废除外商投资许可，实行“自动路线”审批。2016 年 6 月，莫迪政府再一次扩大开放范围，包括航空、国防、医药、零售、食品生产、有线电视网络和卫星通信等众多关键行业也实行对外资开放。另一方面，在外商允许投资领域，外商直接投资的比例根据不同行业可逐步提高到 50%、74% 甚至 100%，同时也允许外资在股票市场和债券市场上投资。与此同时，莫迪积极推动投资主管部门的行政制度改革，撤销了有着 65 年历史的印度计划委员会，并将其改为“全国改革印度学会”，新机构将以“亲民、积极、参与性强的发展规划”来取代之前计划委员会的做法。

税收、劳动、土地、外资这四方面管理制度的僵化落后是印度经济社会管理的痼疾，尽管目前印度改革已推行了 20 多年，但这些关键问题很难撼动，未来印度的发展速度、发展水平取决于这些薄弱环节的建设和改革程度，若改革能够有效推进，印度的生产力能够充分释放，未来印度的发展潜力将会是十分巨大的。莫迪敢于挑战这些沉疴，尽管在劳工和土地改革上遭遇了极大阻力，但在其他领域都取得了重大突破，这在印度保守主义充斥和反对党掣肘的政治生态环境里已属十分不易。

（三）中印经济合作的主要障碍

自 20 世纪 90 年代印度经济改革启动以来，中印经贸联系日益紧密，目前中印双边贸易额已经超过 700 亿美元，中国已经取代阿拉伯联合酋长国成为印度第一大贸易伙伴，占印度对外贸易总额的近 1/10。与此同时，中、印双边投资也在逐渐增加，目前已达到 3.7 亿美元，万达、华夏幸福、新疆特变电工、华为、小米、OPPO 等中国企业已在印度开展投资。2014 年 9 月，习近平主席访印时提出“中印两国要做更加紧密的发展伙伴、引领增长的合作伙伴、战略协作的全球伙伴”，为中印关系发展找到了新的定位。中、印两国同为世界上最大的两个发展中国家和当前全球增长速度最快的两个大型经济体，在应对全球经济不景气、推动减贫、产业合作以及全球治理方式创新等方面有着广泛的共同利益，需要共同合作。在双边经贸合作取得积极进展的同时，两国经济合作也存在一些限制因素，既有长期形成的中印战略互信不足，也有传统政治议题上双方立场观点不同，还有双方在投资贸易等经济问题上的摩擦，这些阻碍了中印经济合作的进一步深化。

1. 中印战略互信不足是制约两国关系深入发展的最核心问题

由于历史因素，印度一直将中国视为战略对手。近年来，随着中国经济实力增长和海洋活动能力的增强，中国影响力开始进入印度洋地区，印度一直视印度洋为自己的“内海”，十分担心中国经略印度洋，“中国威胁论”在印度政界、学界、媒体均有广阔的市场。印度国内一些机构和学者提出，中国正在对印度实行“珍珠链”战略，即将围绕印度的巴基斯坦瓜达尔港、斯里兰卡汉班托塔港、缅甸皎漂和实兑港等“珍珠”串成一条“链”，对印度实施围堵。印度将中国提出的“一带一路”倡议看成“珍珠链”的升级版，北侧通过中巴经济走廊、东侧通过孟中印缅经济走廊、南侧通过“21 世纪海上丝绸之路”从三个方面对印度进行封锁，认为“一带一路”是与“季风计划”针锋相对的战略选择。印度对中国与南亚国家合作也抱有警惕心理，印度自认为是南亚地区的大国，担负南亚地区的领导责任，近年来中国与南亚国家合作日益紧密，使印度十分敏感。中巴经济走廊成为“一带一路”的旗舰项目，中国对巴基斯坦不附加政治条件的超过 460 亿美元的投资令印度十分震惊，印度认为中、巴这两个地缘政治对手的紧密合作会对印度国家利益造成重大威胁。2015 年，印度与尼泊尔关系紧张，中尼关系走近，尼泊尔大地震后，中国提供大量援助，特别是中国提出未来会将青藏铁路从拉萨和日喀则延伸到加德满都以后，印度十分警惕。中国与斯里兰卡在科伦坡港口城、汉班托塔港项目的合作也被印度高度关注，印度认为斯里兰卡的战略地位十分重要，相当于台湾之于中国大陆的重要性，坚决不能让中国进入。印度对这些问题的立场和看法本质上还是传统的地缘政治思维，与当前全球化的飞速发展和日益深化是格格不入的。尽管当前印度开放水平不断提高、中印关系日益紧密，但传统地缘思维存在的深厚土壤依然存在，未来只能通过不断加强的中印战略互信来加以消除。

2. 中印边界领土争端、联合国“入常”、加入核供应国集团等政治议题是影响两国深入合作的直接问题

关于中印领土争端。目前中印有争议领土面积达 12.5 万平方千米，印度也是中国陆地上目前唯一没有解决领土问题的邻国，特别是中印曾就领土问题发生过战争，从实际利益和民族心理上印度对边界争议问题都十分介怀。近年来中印多次发生双方边防军队对峙事件，印度一直认为，中方在争议地区的军事基础设施和战斗能力强于印度，为此印度在边界地区特别是藏南地区经常采取各种小动作。如印度在所谓的“阿鲁纳恰尔邦”（即藏南地区）不断加大军力部署、积极开发藏南地区水资源、吸引国际组织如亚洲开发银行等来藏南地区投资、鼓励印度国内向藏南地区移民等，一方面希望提高对藏南地区的实际控制能力，另一方面希望鱼目混珠，得到国际社会的承认。印度媒体经常在两国边界问题上煽风点火，每当两国边界上产生纠纷时，印度媒体往往进行夸大化的报道，发布对中国不利的言论，激发国内民粹主义，对印度领导人施加压力，从而使印度领导人在中印边界问题上更加强硬，这不但不利于两国搁置争议、解决问题，反而会使矛盾加剧化、复杂化。

关于联合国“入常”问题。印度认为，一个拥有 13 亿人口的大国印度不能成为联合国常任理事国是不公平的，印度也为联合国事业做出

了重大贡献，有权享有与其人口规模和大国地位相称的国际政治地位，为此印度一直积极寻求联合国“入常”。印度与日本、德国、巴西捆绑在一起，组成“四国集团”，希望借推动联合国安理会改革之机争取共同“入常”，但遭到意大利、韩国、印度尼西亚、巴基斯坦、墨西哥、阿根廷等“团结谋共识”运动的强烈反对。尽管如此，印度却认为中国是阻碍印度“入常”的最大障碍，特别是2015年奥巴马访问新德里时，表态美国支持印度成为联合国常任理事国，而中国对印度“入常”一直采取不表态的态度，印度更是认为中国是印度“入常”道路上最大的拦路石。

关于加入核供应国集团（NSG）问题。印度加入NSG被拒是困扰当前中印关系的一个重大问题。印度一直高度重视加入NSG，认为这是保证其大国地位和国家安全不可或缺的路径和手段。中国认为，印度若想加入NSG，应先签订核不扩散条约（NPT），NPT是NSG的法律基石，目前NSG全部48个成员国均签署了NPT，印度没有权利成为例外。印度认为，由于NPT规定仅联合国五大常任理事国才可拥有核武器，印度作为事实上的有核国家，难以接受NPT条款。在美国已同意印度加入NSG的情况下，印度认为中国是阻碍其加入NSG的主要力量。中国提出解决印度加入NSG问题的“两步走”方案，即必须先由全部NSG成员国内部讨论确定非NPT成员加入NSG的统一标准后，印度满足该标准后方能加入，但印度认为中国的这一做法是给巴基斯坦撑腰。印度各界因此事向中国表现出强烈的民族主义情绪，NSG事件也影响了近期中印两国的政治氛围。

3. 印度高度重视对华贸易逆差问题，担心“中国制造”的竞争力会对本国产业造成冲击

近10多年来，中印两国贸易规模快速增长，2015年中印双边贸易额已经达到716.2亿美元，其中中国对印度出口582.4亿美元，中国自印度进口133.8亿美元。但中印两国贸易规模总体还相对偏小，2015

年中美贸易总额达到5584亿美元，中欧贸易额达到4672亿欧元，而中印贸易与之相比还不在一个数量级上。特别是印度对华贸易存在较大的逆差，对华逆差占到印度对外逆差总额的1/3左右，印度高度关注这一现象。这一现象的产生主要有两方面原因：一是“中国制造”比“印度制造”更具市场竞争力、附加值也更高，从贸易结构上看，我国对印度出口主要是机电、船舶、车辆等附加值较高的贸易制成品，从印度进口的主要是贵金属、珠宝首饰、木材及木制品、橡胶等初级原材料产品。二是印度长期奉行“贸易保护”原则，虽然近年来印度关税税率整体下降明显，但仍相对偏高。根据WTO公布的数据，印度最惠国平均关税税率达12.6%，高于中国的9.6%，其中农产品和汽车等部分工业制成品的关税水平更高，蔬菜、谷物等农产品均超过30%，轿车高达60%。推行“印度制造”战略后，为吸引国外企业赴印投资设厂，印度进一步提高进口关税，如2015年2月将手机进口关税从6%提升至12.5%，我国手机企业华为、小米、酷派等被迫扩大在印生产规模。印度还经常针对中国产品开展反倾销调查，是对中国采取反倾销调查最多的国家之一，这主要是由于印度担心“中国制造”可能会对印度本土工业产生冲击，频繁发生的贸易摩擦会经常性地对两国关系产生不利影响。

（四）进一步深化中印经济合作的有关建议

莫迪上台执政后，印度经济发展战略发生了重大变化，总体来看，这些变化是积极且进展显著的，未来印度的发展潜力将会持续迸发，发展前景总体看好。当前我们必须正确认识印度经济的发展趋势，从战略高度把握中、印两国经济合作发展的大方向，进一步加强沟通对话，不断增进战略互信，为双方经济合作打下稳固基础，同时积极创新议题，不断为两国经济合作加入新动能，推动从“龙象之争”迈向“龙象共舞”。

1. 从三个方面推动两国“战略群”对接

近年来，中印两国分别提出了一系列重大对内、对外战略，如我国的“一带一路”“中国制造 2025”“互联网 +”、国际产能合作、新型城镇化等，印度的“季风计划”“向东行动”“印度制造”、五大“工业走廊”“萨珈尔玛拉计划”“钻石四边形”计划、“黄金四边形”计划、“清洁印度”等。两国的这些战略相互关联、相互倚重，完全可以实现从顶层设计到具体项目的有效对接。

一是中印两国在基础设施建设领域的合作。印度的基础设施建设十分落后，而基础设施是我国的优势领域，参与印度基础设施建设，是化解我国过剩产能的重要途径。印度财政资金不足，我国若参与其基建可能要更多使用自有资金，因此投资前务必要先算好成本收益账，可考虑以工程总承包、PPP 或合资开发方式参与印度具有一定盈利能力的港口、高铁、高速公路、机场等项目，同时带动中国装备、中国设计、中国标准走向印度。对于一些重大战略性基建项目，也可考虑协调亚投行、金砖银行、丝路基金以及国开行、进出口银行参与其中。

二是与印开展国际产能合作。莫迪提出“印度制造”战略，未来要重点发展汽车制造、生物技术、纺织服装、医药保健、机械装备等 25 个产业，其中部分产业如机械装备等我国具有比较优势，部分产业如医疗保健等印度具有比较优势，部分产业如纺织皮革等印度可作为我国产业转移的重要承接地，双方优势互补，合作潜力巨大，此外在大量工业区、产业园区和城镇建设项目中我国都可参与其中。

三是参与“数字印度”建设。我国电子信息和通信设备产业均具优势，互联网、物联网、云计算、大数据等也走在世界前列，可与“数字印度”进行对接。此外，印度电子商务潜在市场巨大，目前正呈高速发展势头，我国企业应尽早进入，抓紧抢占市场。

2. 提议开展两条中印互联互通大动脉的可行性研究

我国提出“一带一路”倡议后，印方表态并不积极，甚至表现出疑虑的情绪。针对这一情况，我国应一方面继续向印度解释“一带一路”互利共赢的真实内涵，而非制衡封锁印度，打消印度的顾虑，另一方面与印度务实性推进有关重大项目，不与之纠缠地缘战略问题，就项目谈项目，实质性推进“一带一路”建设。建议可向印方提出共建两条中印陆上大通道：

一是跨喜马拉雅山大通道。目前我国青藏铁路计划从拉萨经日喀则修至尼泊尔的加德满都，未来既可进一步向南延伸进入印度，也可由印方修建从其国内至加德满都的铁路，从而实现中印两国铁路网的对接联通。印度北部恒河流域是其人口最密集，同时也是经济较为落后的地区，打通这一通道对方便我国西部地区与印贸易、带动印北部地区经济发展具有重要意义。尼泊尔对此方案态度积极，但关键在于印度，建议可由我方提供可研规划费用、由中印两国共组专家队伍对该项目进行前期研究。若未来该项目印方能够接受，再由中印两国共同出资开发建设。

二是孟中印缅大通道。该通道主要包括四条线路：北线从昆明经腾冲至缅北的密支那，经印雷多口岸进入印度东北部，再向南至孟加拉国的达卡和印度的加尔各答；中线从昆明经瑞丽口岸至缅甸曼德勒，再向西经印度东北部的英帕尔至达卡和加尔各答；南一线由昆明经曼德勒至皎漂港，再北上至吉大港、达卡和加尔各答；南二线由昆明至曼德勒后，向南至缅甸仰光。如果该通道打通，将会显著增强四国经贸联系，并将加快该地区融入全球经济大循环的步伐。目前缅孟对该通道都较为积极，关键也取决于印度，印东北部长期存在分离主义势力，且又与我存在领土争端，心有疑虑。可向印度提出建议四国共同制定孟中印缅发展规划，或由我方先行制定规划并征求三方特别是印方的意见，同步开展四条线路的可行性研究，将四国战略对接和规划对接落到实处。

3. 提议中印共同开展自贸区建设

瓦杰帕伊时代，印度人民党政府曾向我国提出建设中印 FTA，国大党辛格上台后，对这一方案避而不谈，莫迪上台后，人民党再度执政，我国可重新拾起这一议题。目前莫迪正积极推进开放型经济政策，大力招商引资，对开展自贸区建设也有一定的诉求。目前中印经贸领域的若干问题都可装至自贸区这一篮子中予以统筹解决。

一是贸易关税与壁垒问题。印度贸易保护主义思想十分强烈，进口关税较高。印度高度关注对华贸易逆差问题，也是对我发起反倾销最多的国家之一。我国应与印度在自贸区框架下就关税、非关税贸易壁垒、反倾销等问题进行谈判，不能任其单方面随意更改贸易规则。

二是投资安全审查问题。目前印度大力吸引外商直接投资，并对外商投资管理体制进行大规模改革，但对我赴印投资仍存在一些限制条件。印对外商赴印投资有自动获准和政府审批两种方式，大部分国家和行业的投资项目都可通过自动获准的绿色通道，对来自中国、巴基斯坦、阿富汗、伊朗、斯里兰卡、孟加拉国等6个“存在安全风险的国家”的投资还主要采取政府审批的方式，且审批方式流程不透明、审批时间没有限制，常以影响国家安全为由拒绝我投资申请，华为、中兴、海尔等均遭到过拒绝。我国应与印度在自贸区框架下就投资审批和审查问题进行谈判，促使印度对我国投资采取自动获准的方式。

三是签证便利化问题。双边自贸区建设还包括人员、货物、资金无障碍流通的大通关问题，目前最首要的是解决我国企业赴印工作签证问题。工作签证申请难、办理时间长、有效期短、延期再申请烦琐等问题已成为我国赴印投资企业的最大难题，需要国家层面与印方协调解决。

印度保护主义思想严重、决策程序烦琐复杂、行政效率较低，中印自贸区的谈判进度可能较慢，难以一蹴而就，对此我国应有心理准备。当前我国应借印度本届政府推进对外开放的窗口期，效仿中国－东盟自贸区的谈判经验，争取和印度达成自贸区谈判的早期收获，尽快启动中印自贸区 1.0 版，后续随着更多共识的达成，逐步形成更高标准的 2.0 版乃至 3.0 版。印度是 RCEP 的重要成员国，又被 TPP 排除在外，中印自贸区协议的达成将会是 RCEP 的重大突破。

4. 进一步凝聚两国在若干重要多边机制合作中的共识

推动中印两国合作不仅要注重双边层面，更要发挥好多边机制的重要作用，在多边平台和组织中更广泛地凝聚中印双方利益契合点，用多边机制拉拢印度、拆分美日印三角关系。

一是推动印度尽快加入上海合作组织。2001 年上海合作组织成立时，印度是上合组织的观察员国，与正式成员国相比，观察员国权利相差较大，既无发言权也无表决权，难以加入上合组织的实质性合作。印度对加入上合组织十分积极，目前已经启动加入上合程序，但距离加入还需一定的时间，当前我国应积极推动印度加入上合组织的司法程序。这既有助于通过上合组织的军事合作机制拉住印度，避免印度成为美日的军事同盟而对我国构成安全威胁，又能将印巴矛盾和问题置于上合组织框架内由大家共同沟通协调。未来随着上合组织经济合作的深化，更有助于推动印融入地区经济格局中，为我国进一步与印深化经济合作创造条件。

二是加强两国在金砖国家框架下的深入合作。金砖国家是凝聚中印及广大发展中国家共同利益的重要平台，应推动中印两国在金砖国家制度化建设、功能性拓展方面达成共识。目前金砖国家已形成了以领导人会晤为引领，以安全事务高级代表会议、外长会晤等部长级会议为支撑，在广泛领域开展务实合作的多层次架构。但总的来看，金砖合作仍以协商和沟通式的务虚合作为主，尚未形成具有纲领性和程序性的制度文件，也未形成常设的办事机构，组织结构较为松散。中印两国应共同推动金砖合作的建章立制工作，要将金砖国家合作的原则和规范形成纲领性文件，要将金砖合作的规则和决策程序制度化，要建立常设秘书处，处理日常事务，形成较为固定的组织架构。中印两国还应共同推进金砖国家在更广泛的议题上加强合作，推动两国在资源能源、基础设施、高技术、农业、服务业等领域建立更为密切的合作关系，共同促进金砖银行发挥更大的作用，建立两国货币互换、本币结算、本币融资机制，共同推进 IMF 和世界银行等国际金融机构改革进程，共同通过金砖机制增加在 G20 平台的共同声音，由两国作为表率，为金砖国家做好示范。

三是两国携手推进 RCEP 进程。印度与中国一样，均被美国 TPP 排除在外，印度一方面也担心国际多边贸易体制 WTO 规则破裂，未来基于 TPP 形成的新的经贸格局没有印度的位置，不利于印度对外开放的战略取向，但另一方面 TPP 的投资者—国家争端解决机制、原产地规则、知识产权、劳工环保等高标准也确实令印度难以接受。当前我国正在积极推进 RCEP 战略，印度是其中关键的一方，目前相较于 TPP，印度更认可 RCEP。当前我国应拉住印度积极参加 RCEP 建设，并将中印自贸区建设与共建 RCEP 同步起来，形成互促互进之势，携手推进 RCEP 进程。

5. 提议与印度启动多层次“二轨”对话机制

中印合作最大的制约条件是双方战略互信不足，增进互信仅通过两国中央政府层面的对话是远远不够的，必须推动两国地方间、企业间、智库间的“二轨”对话，搭建多层次的“二轨”对话平台，调动各方力量对印宣介，以达到“润物细无声”的效果。

一是要扩大中印地方政府间的“二轨”交流与合作。印度为联邦制国家，各邦具有较大的决策权，对印中央政府也有极强的影响力。不同于印度中央政府对我国战略信任不足，印度的一些邦政府对我国态度友好，对与我国经贸往来特别是吸引中国企业投资态度十分积极，我国应加强各省市与印度各邦、各城市的友好往来。目前中印两国已建成了 K2K（昆明—加尔各答）、G2G（广东—古吉拉特邦）的合作机制，效果良好，下一步可考虑进一步推进对口合作，如可考虑上海与印度最大的港口城市、金融中心孟买对接，青岛、大连、天津等与印度重要港口商贸工业城市金奈对接，我国电子商务中心杭州与印度班加罗尔对接等。

二是建立企业间的“二轨”对话对接平台。目前我国企业对印国情大多不了解，对印度招商政策、发展机遇、风险状况也不掌握，可提议建立两国工商企业间的“二轨”对话机制，如组织两国企业沟通交流会、项目洽谈会、产品展示会等，为两国企业投资贸易往来搭建平台。由于印度政治制度的特点，印企业对其政府决策具有较大的影响力，通过我国企业向印反映的政策诉求对印政策制定也会具有较大的影响力。

三是建立两国智库间“二轨”对话机制。印度对我国战略互信不足源于对我国提出的一些发展倡议认识不清，如对“一带一路”倡议印方很多官员学者表示不了解我国的战略意图，媒体往往根据误解误判进行宣传，造成上至决策层下至普通民众的普遍疑虑。当务之急是必须要建立两国智库间的“二轨”对话机制，通过智库沟通交流增进两国政府间的互信合作。

二、俄罗斯

（一）俄罗斯经济发展的现状

1. 基本情况

（1）经济发展

世界银行的数据显示，1992 年 1 月 2 日推行“休克疗法”激进式经济体制改革并没有遏制俄罗斯经济下滑的态势，从 1989 年到 1999 年的 10 年中，除了 1997 年增长 0.9%，其他年份都是负增长。

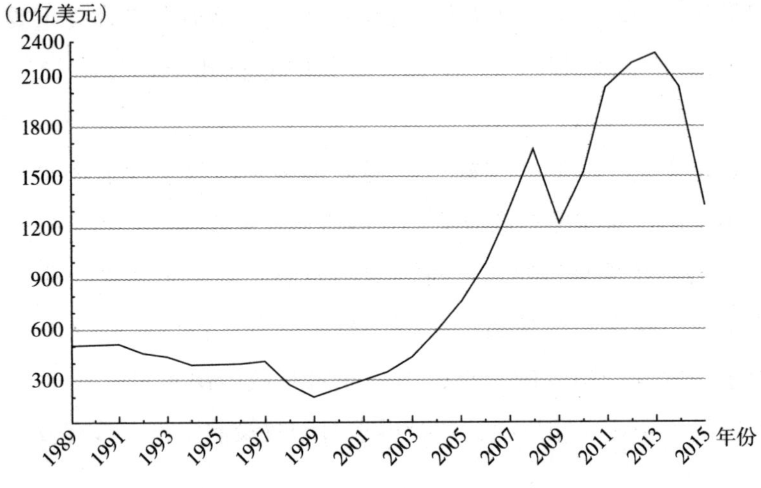

图3－4　1989—2015年俄罗斯GDP走势

资料来源：Wind资讯。

2000年后俄罗斯经济进入上升轨道，2008年美国“次贷危机”引发全球金融危机以及石油价格暴跌，给俄罗斯经济带来了巨大的冲击。俄罗斯经济由7%～8%的增速陡然陷入低迷状态，2009年的经济增速骤降为－7.9%。2014年后，由于乌克兰危机、西方经济制裁、国际油价大跌、世界经济低迷等原因，俄罗斯经济陷入深度萎缩与衰退。2015年俄罗斯国内生产总值大幅下跌，国内生产总值比2014年下降了3.7%。2016年4月6日，世界银行发布的《俄罗斯经济报告》指出，受全球油价低迷和国际制裁双重外部不利因素的影响，俄罗斯迟迟未能实现经济复苏。

（2）产业发展

从一、二、三产业GDP占比来看，如图3－5所示，1988—2015年，俄罗斯农业、工业和服务业的比重由16.81∶32.97∶50.22变为4.63∶32.6∶62.77。总体来看，农业比重大幅下降，工业比重基本保持稳定，服务业比重大幅上升。从具体产业产值来看，如图3－6所示，2015年各行业产值分别为31582亿卢布、1923亿卢布、70661亿卢布、

102446 亿卢布、20194 亿卢布、42642 亿卢布、114300 亿卢布、6526 亿卢布、53048 亿卢布、30884 亿卢布、125557 亿卢布、58696 亿卢布、18781 亿卢布、29627 亿卢布、11811 亿卢布。

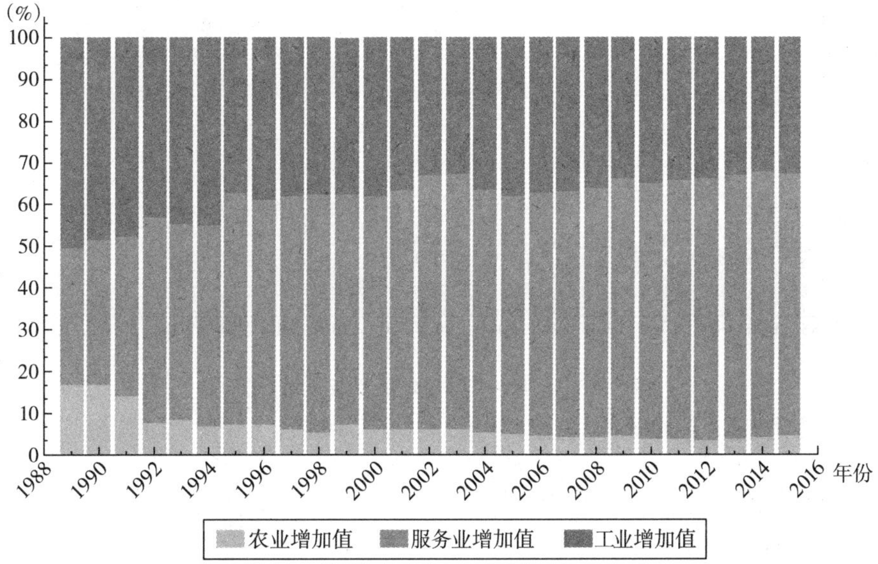

图 3-5 1988—2015 年俄罗斯农业、工业和服务业的 GDP 占比

(3) 居民收入

人均 GDP 走势与经济走势相符，俄罗斯人均 GDP 在 2013 年达到 15544 美元后，近两年来大幅下降。实际收入减少导致贫困问题恶化，2015 年俄罗斯新增贫困人口 310 万人，总贫困人口达 1920 万。

(4) 对外贸易

俄罗斯对外贸易在 2013 年达到顶峰后进入一个下降通道。据俄罗斯海关署统计，2015 年外贸总额为 5258 亿美元，同比下降 33%，其中出口 3434 亿美元，同比下降 31%；进口 1824 亿美元，同比下降 36.4%；顺差 1610 亿美元，同比下降 24%。俄与非独联体国家外贸总额 4603 亿美元，同比下降 33.1%；与独联体国家外贸总额 656 亿美元，同比下降 32.3%。

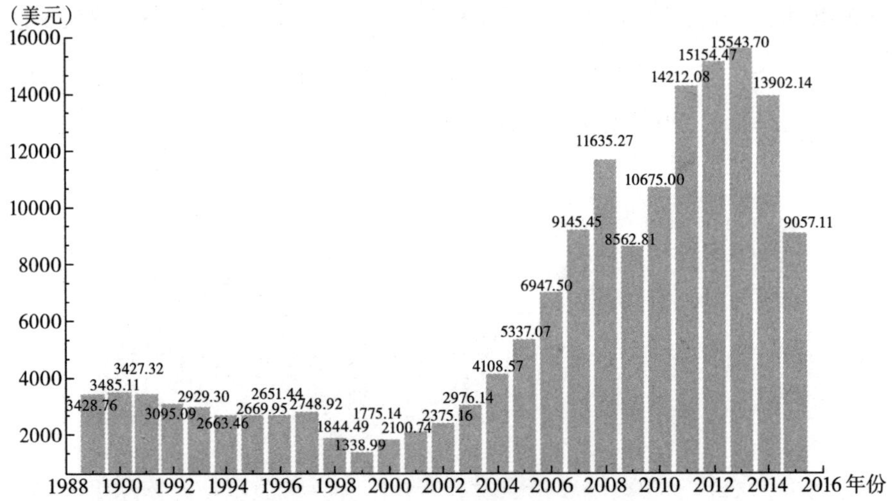

图 3－6　1988—2015 年俄罗斯人均 GDP

资料来源：Wind 资讯。

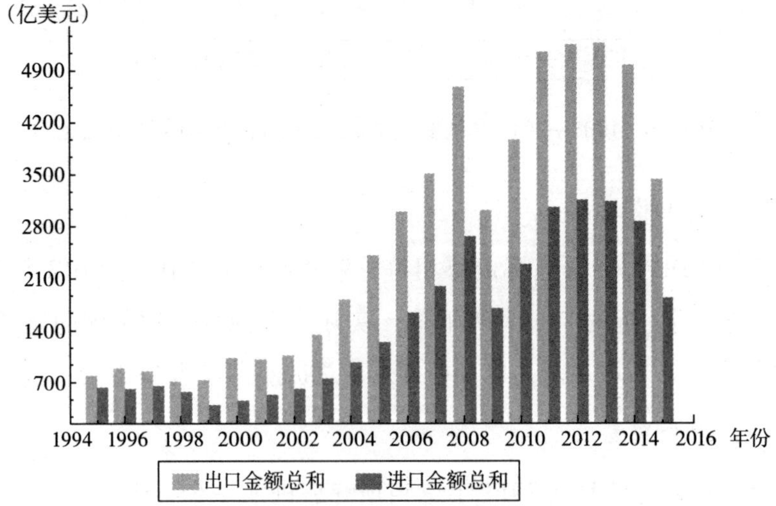

图 3－7　1994—2015 年俄罗斯进出口情况

（5）资源禀赋

俄罗斯自然资源丰富，要素禀赋优势非常突出，是全球最大的能源出口国、世界能源的稳定供给者，已经探明的资源储量约占世界资源总量的21%，高居世界首位。从类别来看，俄罗斯各种资源储量几乎都位于世界前列，特别是在矿物、森林、土地、水资源等方面，其优势非常明显。俄罗斯国土面积为1707.54万平方千米，居世界第一位。森林覆盖面积8.67亿公顷，占国土面积的50.7%，居世界第一位。农业用地2.1亿公顷，其中耕地1.25亿公顷，人均耕地为0.85公顷；而全世界耕地面积不过14.57亿公顷，人均只有0.32公顷。藏量丰富、品种齐全的矿产资源为俄罗斯发展多部门的基础工业，以及形成完整的工业体系奠定了重要的物质基础。据俄罗斯科学院经济研究所测算，从探明储量来看，俄罗斯各类矿产资源的保障程度都相当高，石油为35年，天然气为81年，煤为60~180年，铁矿石为42年，铜、镍、钼为40年，钨为37年，锌为18年，铅为15年，黄金为37年，磷酸盐为52年，钾盐为112年。

2. 存在的问题

(1) 对外贸易结构有待优化

对外贸易结构能够反映一国真实的国内经济发展状况以及以何种“身份”参与国际市场竞争。经过多年发展，俄罗斯出口产品中，中高端技术密集型制造品比重有了一定程度的提升，但劳动和资源密集型制造品和中低端制造品仍是俄罗斯制造品的主力。

2015年，俄主要出口商品金额前5位依次为：矿产品，金属、宝石及其制品，机械设备和交通工具，化工产品、橡胶，食品和农业原料（纺织原料除外）（见表3-1）。俄罗斯对外出口以能源、矿产品等为主的特点依然明显。能源产品大约占出口商品总额的40%以上，尤其是石油产品，受国际市场价格波动的影响很大。

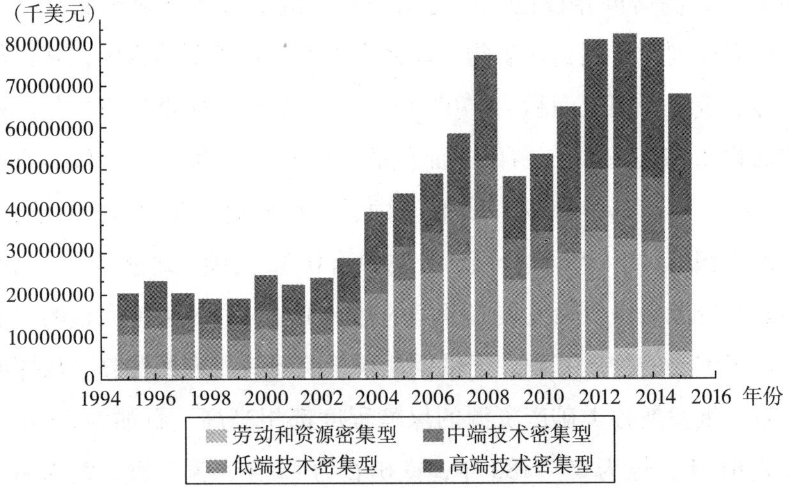

图3－8　1994—2015年俄罗斯按投入划分制造品的出口结构

表3－1　2015年俄罗斯出口商品结构

排序	商品名称	出口额/亿美元	同比/%	在俄出口总额中占比/%
1	矿产品	2192	↓37.5	63.8
2	金属、宝石及其制品	409	↓21.8	11.9
3	机械设备和交通工具	254	↓3.9	7.4
4	化工产品、橡胶	253	↓13.3	7.4
5	食品和农业原料（纺织原料除外）	162	↓14.5	4.7

进口方面（见图3－9），俄罗斯还是以中高端技术密集型产品为主。2015年，俄主要进口商品金额前5位依次为：机械设备和交通工具；化工产品、橡胶；食品和农业原料（纺织品原料除外）；金属、宝石及其制品；纺织原料、纺织品和鞋（见表3－2）。总体来看，多年来俄罗斯工业进步有限，农业产品依然短缺，不得不大量进口食品。

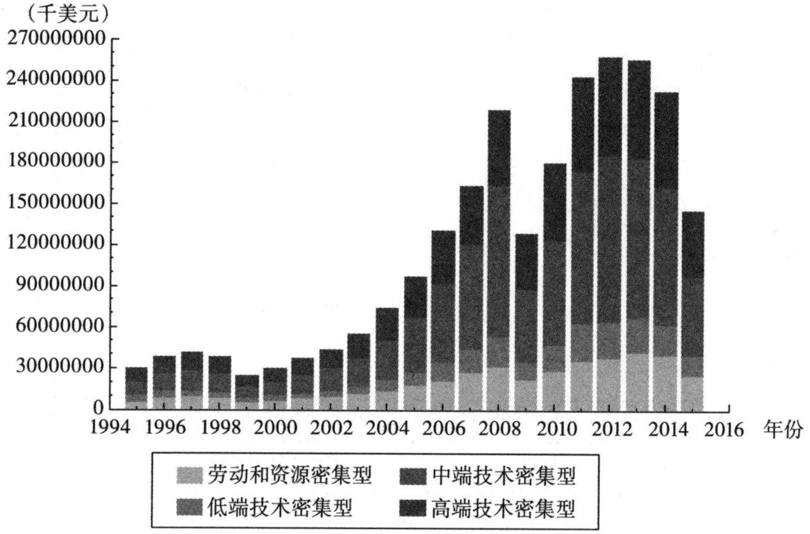

图 3－9　1994—2015 年俄罗斯按投入划分制造品的进口结构

表 3－2　2015 年俄罗斯进口商品结构

排序	商品名称	进口额/亿美元	同比/%	在俄进口总额中占比/%
1	机械设备和交通工具	818	↓40.0	44.8
2	化工产品、橡胶	339	↓26.9	18.6
3	食品和农业原料（纺织原料除外）	265	↓33.7	14.5
4	金属、宝石及其制品	123	↓39.8	6.7
5	纺织原料、纺织品和鞋	108	↓33.7	5.9

（2）国民经济严重依赖石油等能源产品

俄罗斯经济发展自经济体制转轨以来，国家的财政一直处于入不敷出的状况，逐渐形成了整个国民经济对石油、天然气等能源产品的依赖。图 3－10 至图 3－15 的分析表明，俄罗斯的经济增长、财政收入、对外贸易、工业生产、外汇储备、固定资产投资等都与原油价格具有高度相关性，这表明俄罗斯经济已经被石油生产“绑架”。

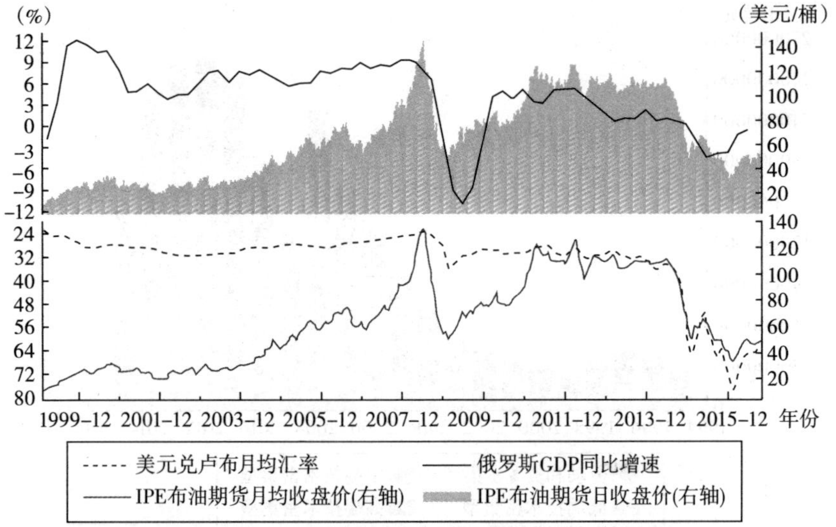

图3-10　俄罗斯经济增长与原油价格相关性

资料来源：Wind资讯。

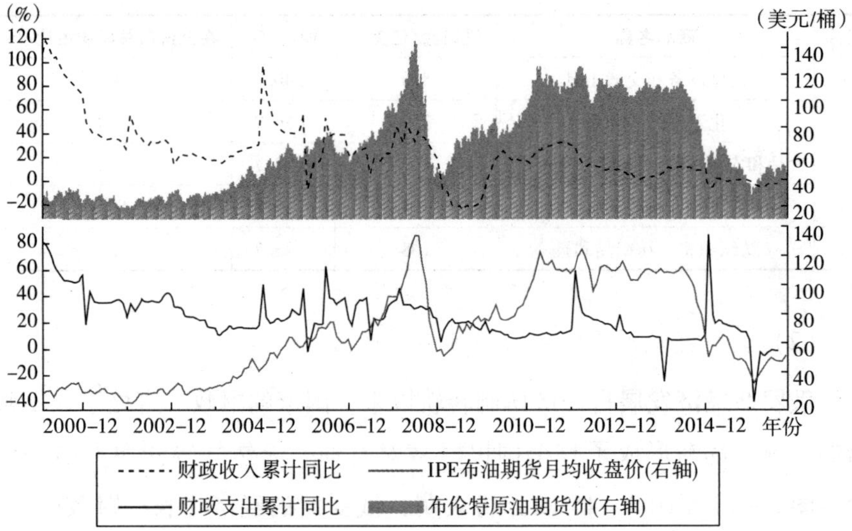

图3-11　俄罗斯财政收入与原油价格相关性

资料来源：Wind资讯。

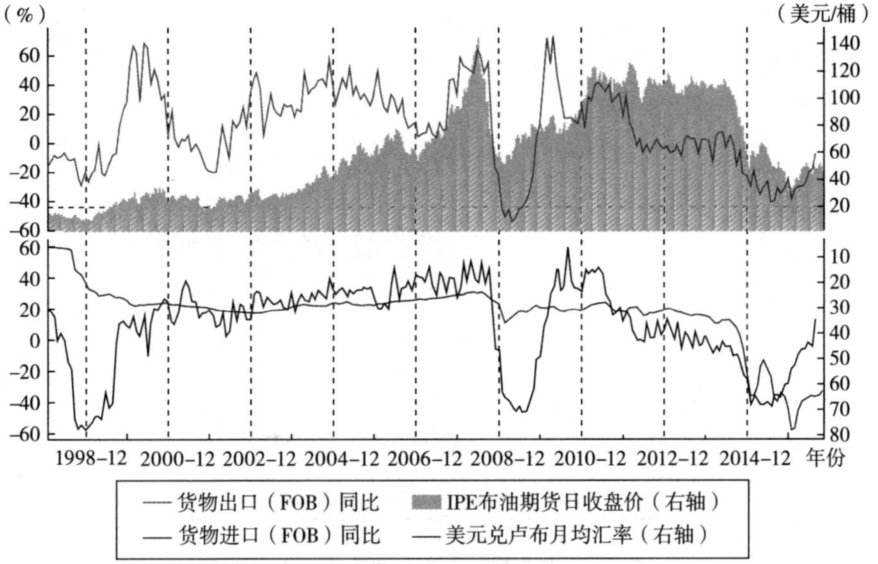

图3－12　俄罗斯外贸与原油价格相关性

资料来源：Wind 资讯。

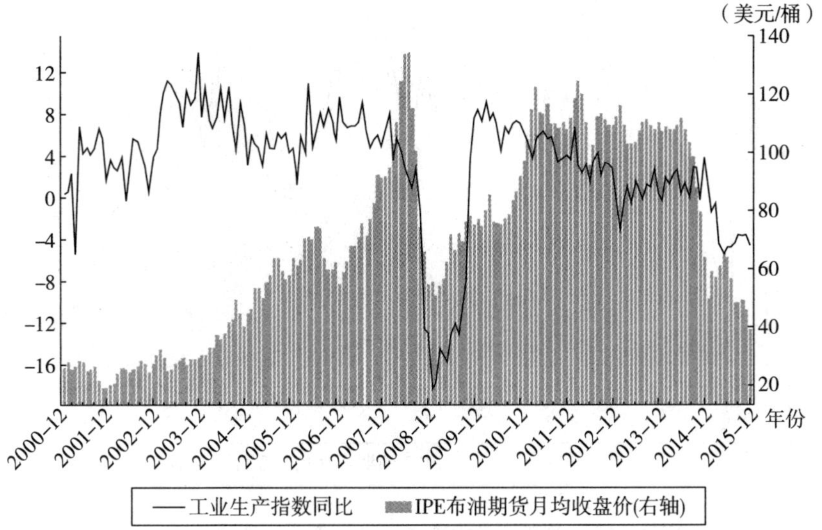

图3－13　俄罗斯工业生产与原油价格相关性

资料来源：Wind 资讯。

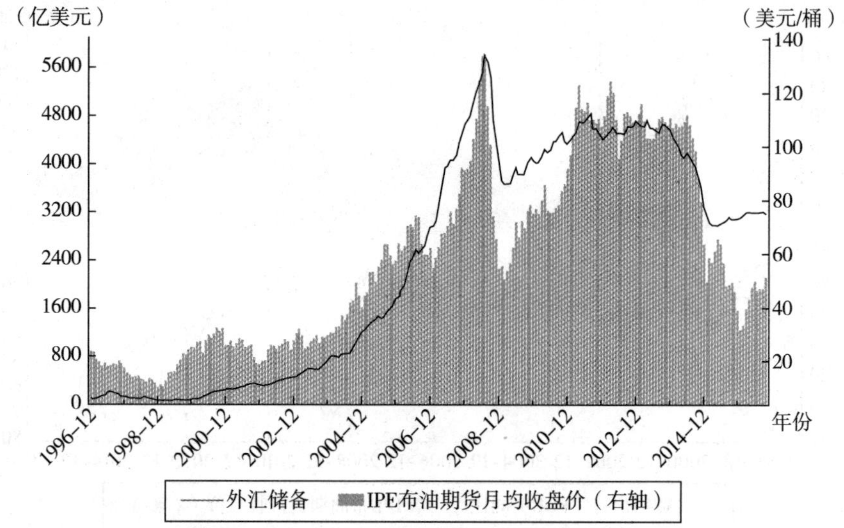

图 3－14　俄罗斯外汇储备与原油价格相关性

资料来源：Wind 资讯。

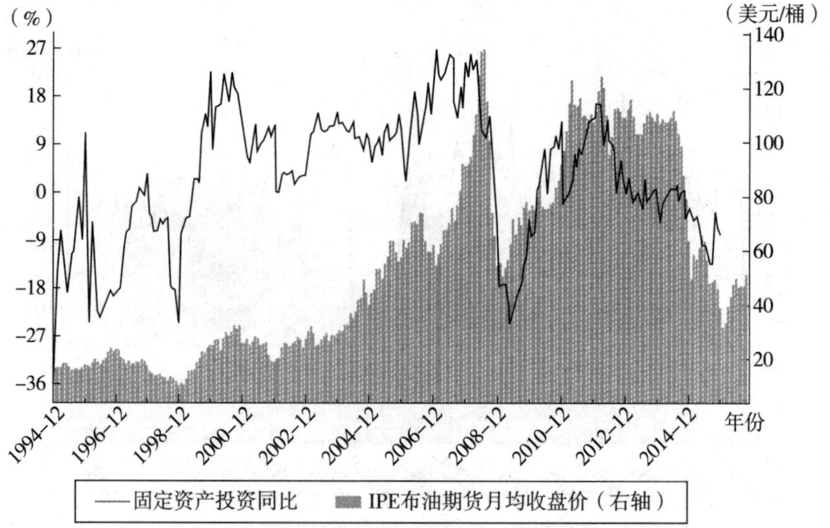

图 3－15　俄罗斯固定资产投资与原油价格相关性

资料来源：Wind 资讯。

普京执政后，尽管出台了多项措施推动国民经济“去能源化”，但成效不大，经济增长主要还是依靠资源型产品生产。2015 年俄罗斯能源产品（原油、石油产品、天然气、烟煤、焦炭和半焦炭、电力）出口总额为2095亿美元，尽管比2014年的67.8%有所下降，但仍然占到俄罗斯出口额的61%。近年来国际大宗商品价格下跌，给俄罗斯经济发展带来了巨大的负面影响。

（3）创新严重不足

2011年，经济合作与发展组织在《创新政策报告：俄联邦(2011)》中指出："总的来看，在国家投入用以创造知识的资源与创新领域的可见成果间出现了失衡。"[①] 当前俄罗斯在推动创新方面面临着诸多问题。一是中小企业作为创新主体，发展缓慢。当前俄罗斯社会中寡头资本把控着经济发展命脉，中小企业发展的空间受到限制，中小企业在国民经济中所占分量有限。二是企业和高校的自主创新作用没有得到充分发挥，当前大多数创新还是依靠政府主导投资创办的研究机构。三是以市场为导向的创新体制机制还没有形成。目前在俄罗斯社会，政府的权力过大，范围过宽，涉及的领域过多，市场在创新资源配置中发挥主导作用的体制机制还没有形成。

（4）产业结构失衡

在苏联时期，制造业发展就存在着"重重工业，轻轻工业"的现象。当前，俄罗斯依然存在着产业结构失衡的问题。航天、军工、钢铁等重工业发达，而与民众生活紧密相关的食品、纺织、家电以及服务业等发展严重滞后。此外，在俄罗斯转轨经济发展过程中，为了稳定获得经济发展急需的外汇收入，俄罗斯逐渐形成了依赖石油等能源产品的，出口导向型的畸形产业结构。轻工业、重工业之间的失衡，以及内外之间的失衡，使得俄罗斯国民经济难以形成良性产业循环，一旦国际能源市场出现风吹草动，就会对国民经济造成严重影响。

---

① OECD Reviews of Innovation Policy: Russian Federation 2011. http://www.oecd-ilibrary.org.

（5）外汇市场动荡

2014 年 6 月以来，俄罗斯卢布出现贬值的趋势，12 月甚至出现断崖式贬值。当前与 2014 年初相比，俄罗斯卢布的贬值幅度已超过 70%。

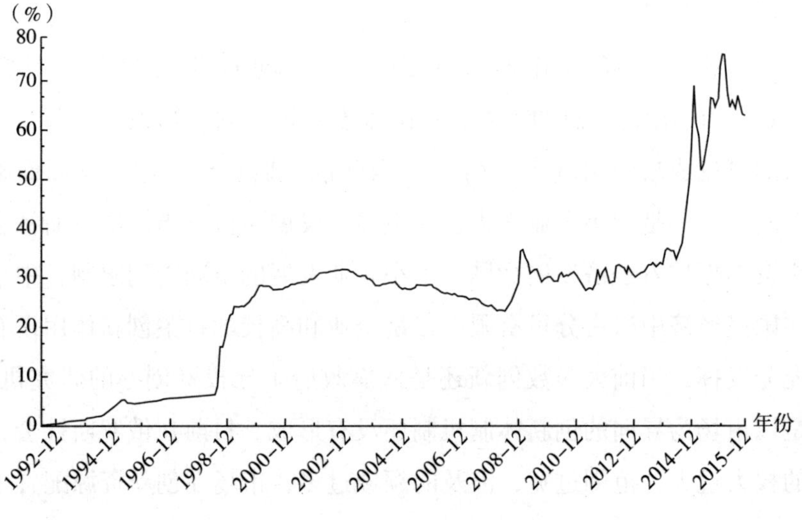

图 3－16　1992—2015 年美元兑卢布汇率走势

资料来源：Wind 资讯。

（6）劳动力匮乏

2015 年俄罗斯的人口为 1.44 亿，与其广袤的国土相比，人口过于稀少一直是俄罗斯的一大难题。相当长一段时间内，尽管采取了很多措施以及奖励政策，但是人口的增长率仍然非常低，并不能达到满足正常的经济发展所需的人口水平。劳动力减少、老龄化严重，对俄罗斯经济发展带来了很大的负面影响。如图 3－17 所示，俄罗斯从 20 世纪 80 年代末开始遭遇人口危机，90 年代加深，死亡率升高，人口减少，但近年俄罗斯实现了人口自然增长。

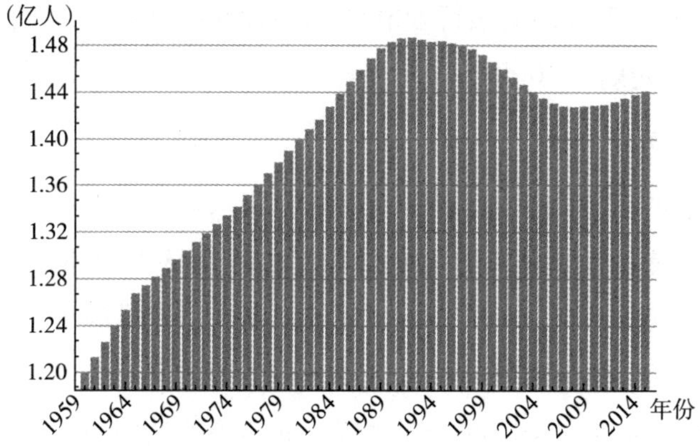

图 3－17　俄罗斯人口发展趋势

（二）俄罗斯未来经济发展趋势分析

1. 总体走势稳定

近年来，针对西方国家制裁和石油价格暴跌，俄罗斯加大政策调整力度，经济对外部环境的适应力逐步加强，目前宏观经济也呈现出企稳迹象。截至 2016 年 8 月，俄罗斯已出现连续 6 个季度的经济衰退，但 2016 年 1—8 月的统计数字表明，俄罗斯经济下降已有所放缓。第 2 季度 GDP 同比下降 0.6%，8 月已停止在 0，下降速度为 2015 年来最慢的一次。同时，工业生产同比增长 0.4%，农业同比增长 3.4%。俄罗斯大力推动的进口替代战略取得了进展。主要表现在：石油在出口构成中占比下跌至 50% 以下，面向国内市场的部门和行业成为经济趋稳的主要支撑力和发展的新动力。2016 年 4 月，世界银行发布的《俄罗斯经济报告》指出，俄罗斯离经济复苏仍有很长的一段距离，但导致俄罗斯经济不振的外部因素将随时间减弱。卢布汇率也在逐步回升。按照俄央行公布的官方汇率，自 2016 年初以来，卢布兑美元汇率已上涨超过 1%。俄罗斯央行的数据表明，2016 年 1—7 月，俄罗斯资本净流出额为 109 亿美元，远低于 2015 年同期的 53 亿美元。对国民经济具有重要指向标意义的银行业也开始复苏。俄罗斯中央银行 8 月公布的报告显示，2016 年 1—7 月，俄银行业利润约为 45990 亿卢布（约合 70 亿美元），是上年同期的 10 余倍。

2. 西方制裁加大了不确定性

乌克兰冲突引发的以美国为首的西方国家对俄罗斯的经济制裁对俄罗斯经济发展带来了很大的负面影响。2014 年 3 月，俄罗斯派兵进驻乌克兰领土克里米亚，美国开始制裁俄罗斯，主要措施有：冻结破坏乌克兰政府主权与领土完整的相关责任人在美国的资产，禁止俄罗斯银行和石油天然气企业在美国的长期融资，冻结俄罗斯国防企业在美国的资产，限制俄罗斯武器出口，限制对俄罗斯武器公司和高科技石油项目的投资等。随后，欧盟、日本等也纷纷跟进。西方制裁的重点是切断俄罗斯的油气出口与合作发展的途径，对俄罗斯影响巨大。例如，美国埃克森美孚公司冻结与俄罗斯石油公司 90% 的合作项目。严厉的经济制裁使俄罗斯难以再从西方市场获得资金，国内外汇资金紧张使卢布不断贬值，股市下跌，经济增长停滞。2016 年 7 月底，欧盟决定对俄罗斯在金融、石油和国防合作领域的经济制裁延长半年。近期，为了迫使俄罗斯在叙利亚问题上做出改变，美国和英国对俄罗斯发出制裁及采取其他措施的威胁，这进一步增大了俄罗斯经济发展的不确定性。

3. 去能源化

俄罗斯经济过度依赖能源部门，突出表现为“三化”：一是经济发展能源化，经济增长依赖能源等原材料部门；二是出口能源化，出口产品主要是石油等能源产品；三是投资能源化，新增投资相当大部分用于能源产业。“三化”使得俄罗斯经济对石油等能源产业的依赖日益加深，形成了一个恶性循环。2009 年 9 月梅德韦杰夫在《前进，俄罗斯》一文中指出：“20 年激烈的改革也没有让我们的国家从熟悉的原料依赖中摆脱出来”，“简单地依靠原料出口来换取成品的习惯导致了经济长期的落后”。为了保持国民经济的健康可持续发展，俄罗斯已经有针对性地进行了政策调整，降低对能源出口以及能源产业投资的依赖。石油是俄罗斯要素禀赋的优势所在，很难实现完全去能源化，但可以预计石油等能源生产在未来俄罗斯经济发展中的重要性将逐步下降。

4. 经济现代化

2008年总统普京在《俄罗斯2020年前的发展战略》中明确指出，经济实行创新型发展，这是俄罗斯“唯一的选择”。2009年11月，俄罗斯总统梅德韦杰夫在“国情咨文”报告中正式提出，俄将以实现现代化作为国家未来10年的任务与目标，经济现代化是其中重要的内容。2011年12月《俄罗斯联邦2020年前创新发展战略》（以下简称《战略》）提出，要不断加大对科技的投入，不断完善创新体系，大力提高创新能力。《战略》还详细规定了到2020年前推行创新发展战略的具体措施、实施方案和所要达到的目标。在相当长一段时期内，俄罗斯通过出口油气获得外汇收入，用来增加投资和提高居民收入水平，从而扩大内需，为此不得不支持能源部门发展，客观上弱化调整经济结构的力度。目前，面对国际能源市场低迷的形势，预计俄罗斯将加快实施创新发展战略，推动经济现代化建设。

（三）俄罗斯与金砖国家的经贸合作

俄罗斯与其他金砖国家地理距离相隔遥远（中国除外），并且面对不同、分散的地缘政治环境，难以形成具体、统一的合作目标。但俄罗斯与金砖国家相互接近的社会发展阶段、经济发展水平等，以及国际竞争中发展中国家的共同身份和利益诉求，为彼此开展经贸合作奠定了基础。

1. 贸易

从出口来看，按照规模大小依次是中国、印度、巴西和南非。从进口来看，按照规模大小依次是中国、巴西、印度和南非。俄罗斯对与金砖国家的贸易合作高度重视。2015年7月，俄罗斯与其他金砖国家签署了《金砖国家经济伙伴战略》，成为指导俄罗斯与其他金砖国家在贸易等领域扩大合作的关键指南。此外，俄罗斯还与其他金砖国家就制定2020年前金砖国家贸易、经济和投资合作路线图的可行性进行了深入探讨。

俄罗斯与中国的贸易规模在金砖国家中排在首位，2005年俄罗斯与中国的贸易额达到291亿美元，其中俄罗斯出口132亿美元，进口159亿美元。2014年两国贸易额达到高峰953亿美元。2015年贸易总额达到680亿美元，其中出口349亿美元，进口332亿美元。俄罗斯对金砖国家的贸易存在不平衡。其中，对中国的贸易额占其对金砖国家贸易总额的85%以上。目前，中国已成为俄罗斯第二大出口市场和第一大进口来源地。

2. 金融

在金融领域，近年的卢布危机显示（见图3－18），俄罗斯对于外部环境具有高度的敏感性和脆弱性。在汇率市场，自1999年以来，俄罗斯与巴西雷亚尔、南非兰特的汇率波动不大。2013年以来，对中国人民币、印度卢比大幅贬值。

在旧的世界金融格局中，俄罗斯的话语权较小，完善与金砖国家的金融合作机制成为俄罗斯寻求改善自身发展的契机。2015年，俄罗斯作为金砖国家机制轮值主席国，把促进金砖国家间金融合作作为主要方向，目前重点是协助筹建金砖国家开发银行和外汇储备库。2015年7月，金砖国家新开发银行在莫斯科举行了首次理事会会议，来自印度的瓦曼·卡马特被任命为首任行长，会议还产生了成员国驻银行董事会的代表名单，完成了正式运营前的组织准备工作。俄罗斯财政部部长西卢阿诺夫表示，金砖开发银行在启动后将优先考虑为成员国的基础设施项目提供资金，新银行的启动不仅符合俄罗斯的利益，也符合其他成员国的利益。2014年7月，俄罗斯与其他金砖国家在巴西福塔莱萨签署了《关于建立金砖国家应急储备安排的条约》，该应急储备安排初始承诺互换规模为1000亿美元。其中，中国的互换金额最大，为410亿美元；

巴西、印度和俄罗斯各 180 亿美元，南非为 50 亿美元。2015 年 7 月，金砖国家完成了成立应急储备安排协议的批约程序。金砖国家应急储备安排通过货币互换提供流动性，可以帮助俄罗斯或其他金砖国家应对实际及潜在的短期收支失衡压力，有助于提升俄罗斯与其他金砖国家间的金融合作水平。此外，俄罗斯还推动签署了多项金融合作协议。2012 年 3 月，俄罗斯与其他金砖国家签署了《金砖国家银行合作机制多边本币授信总协议》和《多边信用证保兑服务协议》；2013 年 3 月，金砖国家进出口银行和开发银行达成《可持续发展合作和联合融资多边协议》和《非洲基础设施联合融资多边协议》；2014 年 7 月，俄罗斯与其他金砖国家均支持完成《金砖国家银行合作机制创新合作协议》，并加强在保险和再保险市场的合作等。

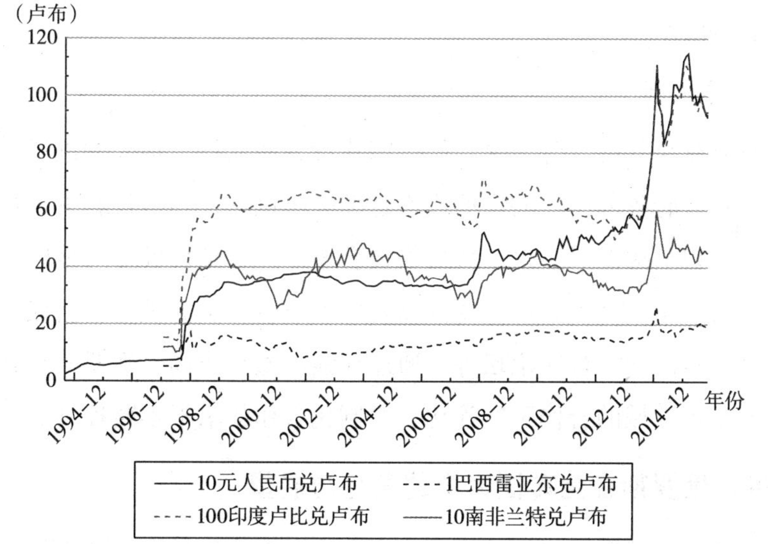

图 3－18　1995—2015 年俄罗斯卢布与金砖国家货币的汇率变化

资料来源：Wind 资讯。

3. 能源

能源合作也是俄罗斯与金砖国家合作的重点领域。早在 2010 年，俄罗斯就提出建立金砖国家能源合作机制，2014 年金砖国家领导人会晤中，俄罗斯细化了“能源联盟”的内容，提出了在这一组织框架下成立金砖国家能源政策研究所和燃料储备银行，加强在矿产资源开采和加工方面的相互协作，以及组建能源领域的专家培训中心等具体建议。以中国为例，自 2008 年俄罗斯与中国成立副总理级能源谈判机制（后更名为中俄能源合作委员会）以来，双方在石油、天然气、煤炭、电力等领域的合作取得了很大的进展。2014 年 5 月，俄罗斯和中国结束了持续 10 余年的天然气供应谈判，签署了《中俄东线供气购销合同》，实现了中俄能源合作里程碑式的突破。合同为期 30 年、涉及金额 4000 亿美元，俄罗斯将从 2018 年起通过中俄天然气管道东线向中国供气，且输气量将逐年增长，最终达到每年 380 亿立方米。目前俄罗斯对金砖国家的原油出口严重失衡，俄罗斯对金砖国家的原油出口基本上表现为对中国的出口。

4. 合作机制

俄罗斯在与其他金砖国家合作机制建设方面取得了很大的进展。一是推动建立政府各部门间的定期或不定期会晤机制，如财长和央行行长会议、财政和金融部门会议、贸易部长会议等。二是积极参与金砖国家内部各层级的交流互动，如金砖国家智库理事会和工商理事会会议、金融论坛、工商论坛、智库论坛等。通过加强沟通与协调，俄罗斯与其他金砖国家在各领域的合作不断深化，机制化合作的水平不断提升。

（四）俄罗斯在金砖国家中的角色与展望

显而易见，俄罗斯对推动金砖国家合作乃至在世界上发挥更大的作用是积极而热切的。在俄罗斯看来，金砖国家是俄罗斯推行多边外交、实现多极世界构想的重要途径和工具。不同于传统的一些国际组织，金砖国家顺应当前世界多极化的发展趋势，既不是南南合作，也不是南北合作，而是超脱了意识形态羁绊的、具有自己鲜明特色的一个新型国际组织。特别是在面临当前西方国家经济制裁的情况下，俄罗斯更是把推动金砖国家合作作为改善外部环境，促进国内经济发展的一个重要手段。未来，俄罗斯将在能源、“一带一路”、国际治理、金融合作等方面进一步推动合作。

1. 以交通基础设施为重点推动欧亚经济联盟与“一带一路”倡议的对接与合作

俄罗斯、白俄罗斯和哈萨克斯坦三国于2014年5月29日签署《欧亚经济联盟条约》，计划在2025年前实现商品、资本、服务和劳动力的自由流动，并在能源、工业、农业、交通运输等重点领域推行协调一致的政策。2015年1月1日，欧亚经济联盟正式启动。2015年，中国已是欧亚经济联盟的第一大贸易伙伴国，贸易总额达788.5亿美元，占比13.61%。欧亚经济联盟与丝绸之路经济带对接合作领域十分广泛，在亚欧大陆之间建立一条“利益共享之路”是双方共同的愿景，双方当前应以交通基础设施建设为重点推动两大战略的对接。俄罗斯远东地区同中国接壤有3040千米边境线和23个开放口岸，恶劣的气候条件和落后的交通基础设施严重制约了双方的合作。无论是俄罗斯还是中亚国家，交通运输设施都不是很发达。新的“丝绸之路”将是一条特殊的连接欧亚的经济走廊，不仅是便利商品和服务的流通，还可以依托产业园区推动产能合作，带动区域经济发展。

2. 以石油、天然气为重点加强能源合作

未来俄罗斯的能源生产和出口战略将发生很大的变化，以欧洲等西方国家为主的石油、天然气等能源生产、销售格局将更多地向金砖国家倾斜。在能源的生产和销售市场，包括常规、非常规资源及可再生能源开发等方面，俄罗斯与金砖国家之间有着很强的互补性。俄罗斯属于能源充裕的国家，能源出口是重要的经济支柱，中国、印度是制造业大国，人口众多，能源供需缺口较大，属于严重依赖能源进口的国家。巴西是南美能源消费大国，且在深水油气和生物质能源领域走在了世界前列。南非是非洲能源消费大国，清洁煤炭技术世界领先。预计未来，在保持石油、天然气等传统能源贸易稳定的基础上，金砖国家对绿色能源的投资也将加大。中国当前积极自主研发新能源技术，在开发风能、太阳能等新能源和提高能效方面取得了很大的进展。俄罗斯长期能源发展战略《2035 能源战略》中提出，要对能源生产结构做出调整，降低石油产量，提高天然气、煤炭、电能产量，优化热能供应。巴西《2030 年国家能源发展规划》也提出，要大力开发核能、水力、热力、风能以及生物能源发电。总的来看，在能源领域，金砖国家兼具市场和技术优势，未来强化多边能源合作，可以为全球能源贸易和经济增长带来新的动力。

3. 以金砖国家组织为依托积极参与国际经济治理与合作

俄罗斯同其他金砖国家在应对全球事务方面具有共同的利益基础。面临世界经济复苏缓慢曲折、贸易增长缓慢、金融危机频发等诸多挑战，金砖国家作为新兴经济体，需要提升自身在全球经济治理中的话语权，更好地维护自身利益。金砖国家不仅代表了广大发展中国家的利益，还是世界经济中欧洲、亚洲、拉丁美洲以及非洲等不同区域重要的经济增长极，因此是当前推动世界多极化进程和全球治理体系完善的重要力量。对于俄罗斯来说，金砖国家是当前形势下俄罗斯开展大国外交的一个重要战略平台。特别是在乌克兰危机之后，面对国际油价下跌等一系列不利因素，为了应对西方国家的制裁，优化俄罗斯经济发展的外部发展环境，俄罗斯将继续利用金砖国家这一平台，提升俄罗斯在全球经济治理体系中的地位和作用。

4. 以经济结构优化为重点推进经济现代化

2008 年 11 月俄罗斯通过的《2020 年前俄罗斯联邦长期经济社会发展构想》首次提出了“经济现代化”这一概念。2009 年 5 月，成立了由总统直接领导的经济现代化和技术发展委员会。俄罗斯上下已经形成了共识，那就是要加快推进经济转型，发展一种由优势强劲的工业、完善的基础设施、先进的服务业和高效农业等构成的新型经济。俄罗斯经济现代化的核心任务是转变现有经济发展模式，不再一味地依赖石油、天然气和矿产资源的开发和出口，而是以俄罗斯巨大的人力资本和科技优势等为依托发展创新型经济。当前为了应对各方面的危机，俄罗斯出台了“2016 年反危机计划”，重点在于使俄罗斯摆脱原有的增长方式，实现经济多元化。未来俄罗斯将采取改善商业环境、支持中小企业发展、进口替代、扩大非能源产品出口等一系列措施加快推动经济结构调整。

5. 以金砖国家银行为抓手提升金砖国家合作的实体化水平

金砖国家已经从高盛集团提出的一个概念逐步演变成对世界经济格局产生重大影响的经济力量，当前重要的是提升金砖国家合作的机制化、常态化水平。未来将充分发挥 2015 年开始营业的金砖国家银行的重要作用，不断提升金砖国家合作的实体化水平。一是为金砖国家提供急需的发展资金。2016 年 10 月金砖银行首个项目白石滩水电站已经在俄罗斯启动。金砖银行通过金融服务对成员国的基础设施建设和产业发展提供支持，有助于提振实体经济，促进金砖国家之间的贸易互通、产业互补、资源共享。二是在金砖银行的框架下开展货币互换等金融合作，增强本币和经济的抗冲击能力。在本币资金跨境，推进债券市场、股票市场及多双边金融监管的合作等方面加强合作，不断提升金砖国家金融合作水平，有助于积极应对日益频发的金融危机。三是推动现有的国际金融体系改革，完善全球经济治理。金砖银行反映了新兴市场和发展中国家的共同愿望，将不断推动现有多边开发机构改革的步伐，进一步提高发展中国家的发言权和代表性。

三、巴西

巴西是拉美头号大国，面积 851.49 万平方千米，人口 2.061 亿，均居拉美第一，世界第五。巴西是二十国集团和金砖国家的成员国。

巴西于1822年宣布独立，建立巴西帝国。1889年帝制被推翻，巴西合众国成立。1964年，军人政变上台，实行独裁统治。1967年，改国名为巴西联邦共和国。1985年，结束军人执政。1989年，首次以全民直选的方式举行大选。2002年10月，左翼劳工党主席卢拉（Luiz Inacio Lula da Silva）赢得大选，并于2003年1月就任总统。2006年10月，卢拉赢得连任。2010年10月，迪尔玛·罗塞夫（Dilma Rousseff）作为劳工党候选人赢得大选，成为巴西历史上首位女总统；2014年10月，罗塞夫再次当选。2016年5月12日，罗塞夫被弹劾停职；8月31日被正式罢免；当日，副总统特梅尔被巴西国会委任为正式总统，其执政期至2018年12月31日。上述是巴西自独立以来主要的政治事件。在这些政治事件的背后是巴西经济社会发展所经历的独特路径。自2003年执政以来，巴西劳工党采取了一系列改革措施，经济社会发展取得了长足的进步。但近年来，在内外部因素的共同影响下，巴西经济社会一些深层次矛盾和问题也日益凸显，经济下滑、贫富分化、社会腐败和政治乱象等已成为影响巴西经济社会可持续发展的重要羁绊。巴西面临着“中等收入陷阱”的重大挑战。对巴西的改革历程、发展成效、存在问题以及未来趋势做出系统分析，有助于我们深入把握金砖国家转型发展的内在机理，有助于为中国的改革发展提供重要借鉴。

（一）2003年以来劳工党政府的改革措施

从2003年初卢拉执政开始，巴西劳工党连续执政了近13年，其中卢拉执政了8年，罗塞夫执政了5年多。尽管现在劳工党已经丧失了执政地位，但其执政13年来尤其是卢拉政府期间对巴西经济社会的进步发展做出了重要贡献，功不可没。其主要采取的措施有：

1. 宏观经济政策

20世纪80年代以来，巴西经济长期受到高通胀、高债务和外部金融危机冲击的困扰，宏观经济环境动荡波折。早在卢拉的前任卡多佐时期，就把初级财政盈余制、维护通货膨胀目标制和浮动汇率制作为巴西宏观经济政策的三大支柱。2003 年卢拉上台后更加坚定有效地实现了上述目标，并在后来的罗塞夫任内得到继续坚持。

（1）增收节支，基本实现初级财政盈余目标

卢拉政府之前，巴西财政长期赤字，主要有三方面原因①：一是巴西从联邦到地方财政纪律涣散，有内在扩张财政支出的惯性和倾向；二是社会保障落后，长期亏损；三是公务员队伍庞大，相关支出高企。卢拉政府上台后实行稳健的财政政策，强化财政责任和纪律，注重增收节支，全力扭转财政赤字。一方面，卢拉政府顶住各种压力，坚决贯彻实施《财政责任法》，全面加强地方政府债务管理，通过调整联邦与地方政府的税收分配机制，加大打击偷漏税力度，巩固和深化了始于卡多佐政府时期的财政稳定计划；另一方面，在卢拉政府的推动下，巴西国会通过了公务员养老金改革计划，减轻财政负担。② 根据测算，按照上述公务员养老金改革方案，到 2032 年巴西联邦政府职员的养老金收支赤字占 GDP 的比重将降至 1.4% 左右。改革后较改革前，仅联邦政府公务员的养老金支出占 GDP 的比重就会下降 1 个百分点左右（房连泉，

---

① 聂泉．卢拉政府时期(2003—2010)的巴西经济和社会政策初析[J]．拉丁美洲研究，2013，35(2)：24－30.

② 在巴西，公共部门和私营部门在退休金待遇方面的差距历来很大。2003 年公务员社保体制改革方案的焦点集中在联邦、州和地方政府公务员的退休金计划上。改革方案的要点在于：第一，将普通保障计划的缴费上限从 1869.34 雷亚尔提高到 2400 雷亚尔（约合 800 美元），对公务员实行与普通保障计划相同的缴费上限政策。第二，改变退休金待遇计算公式，将公务员退休待遇与工作生涯中的平均工资挂钩，而不再采用原来的最终工资标准；退休金按通胀指数进行调整，取消按工资指数调整的方式。第三，鼓励退休后继续工作，对延迟退休者，免除 11% 的社保费。第四，把最低退休年龄从男 53 岁、女 48 岁提高到男 60 岁、女 55 岁，提前退休要扣除约 5% 的退休金；削减遗属养老金等项待遇；改革前已退休公务员的养老金待遇保持不变。第五，在公共部门中引入职业补充养老金计划，计划采取缴费确定型方式，各级政府自行决定是否建立补充养老金计划。参见：房连泉．20 世纪 90 年代以来巴西社会保障制度改革探析[J]．拉丁美洲研究，2009，31(2)：31－36.

2009)①。卢拉政府执政 8 年间，除了 2010 年，其他年份均实现了初级财政盈余的目标。罗塞夫第一任内（2011—2014 年），实现初级财政盈余目标的原则同样得到了遵守和贯彻。公共债务占 GDP 的比重从 2003 年 1 月的 59.91% 下降到 2014 年 1 月的 30.11%（见图 3－19）。但在其第二任上不久，罗塞夫就遭到弹劾，理由是他在执行 2014 年和 2015 年财政预算中，未经国会批准，通过政府控制的金融机构违规贷款，破坏了巴西财政平衡，因此违反了《预算法》和《行政诚实法》。而罗塞夫则始终否认这一指控，认为政府通过金融机构调节预算使用，并没有影响全年财政目标，过去几届总统也是这么做的，这最多是错误，但不是犯罪。②

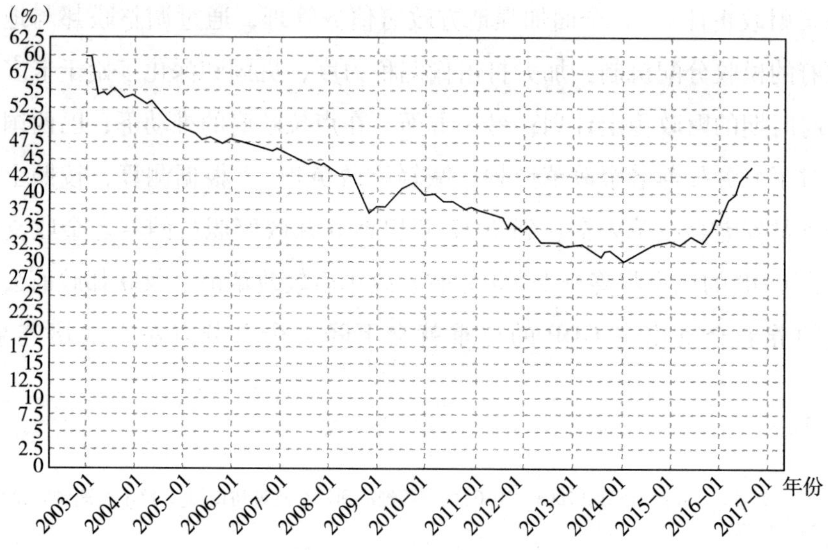

图 3－19 巴西净公共债务占 GDP 的比重

资料来源：巴西中央银行网站。

① 房连泉. 20 世纪 90 年代以来巴西社会保障制度改革探析[J]. 拉丁美洲研究,2009,31(2):31－36.

② 徐世澄. 巴西总统罗塞夫被国会弹劾的过程和前因后果[N]. 中国人大,2016－07－20.

（2）综合施策，有效控制通货膨胀

卢拉政府上台后坚决兑现了其保持价格稳定的承诺，还通过灵活运用利率工具、增强央行的独立性、注重引导通胀预期等手段，成功将通胀率由 2002 年的 12.53% 降至 2010 年的 5.91%，并且除个别年度外，均实现了控制通胀的目标。值得一提的是，卢拉政府在控制通胀的同时，还通过灵活调整基准利率，促进市场利率持续下降，以减轻企业融资成本，促进投资和消费。在卢拉任期内，巴西基准利率由 2003 年初的 24.9% 大幅降至 2010 年底的 10.67%。2010 年罗塞夫上台后，继续把控制通货膨胀作为主要政策目标，除了 2015 年通胀率未实现既定目标，其他年份均实现了预定的通胀率目标。

表 3-3　2003 年以来巴西通胀目标执行情况

年份	目标/%	容忍区间（p. p）	上下限/%	实际通胀率（IPCA, %p. a.）
2003	3.25 4	2 2.5	1.25～5.25 1.5～6.5	9.3
2004	3.75 5.5	2.5 2.5	1.25～6.25 3～8	7.6
2005	4.5	2.5	2～7	5.69
2006	4.5	2	2.5～6.5	3.14
2007	4.5	2	2.5～6.5	4.46
2008	4.5	2	2.5～6.5	5.90
2009	4.5	2	2.5～6.5	4.31
2010	4.5	2	2.5～6.5	5.91
2011	4.5	2	2.5～6.5	6.50
2012	4.5	2	2.5～6.5	5.84
2013	4.5	2	2.5～6.5	5.91
2014	4.5	2	2.5～6.5	6.41
2015	4.5	2	2.5～6.5	10.67

资料来源：http：//www.bcb.gov.br/pec/metas/InflationTargetingTable.pdf.

（3）坚持浮动汇率制，改善资本流入结构

巴西自1999年开始汇率机制改革，逐步实行浮动汇率制，直到2005年才算真正完成。2005年，伴随着初级财政盈余目标的实现和通胀压力的逐步缓解，巴西在资本项目可兑换方面进行了几项关键改革，①推动吸引外资由过去以外债为主向以外商直接投资和证券投资为主转变，有效促进了资本流入结构逐步均衡，在抑制国际资本投机冲动的同时，逐步降低外部脆弱性。劳工党政府较好地发挥了巴西经济尤其是农产品、矿产等初级产品的优势，成功拓展了中国、南美和中东市场，出口大幅增长，由2003年的731亿美元最高增至2011年的2555亿美元（见图3－20）。同时，2003—2010年，随着宏观经济形势趋于好转，巴西雷亚尔进入了升值通道，除中间因2008年全球金融危机有所波动外，美元兑雷亚尔汇率已由2003年末的3.08升值到2010年末的1.76，升

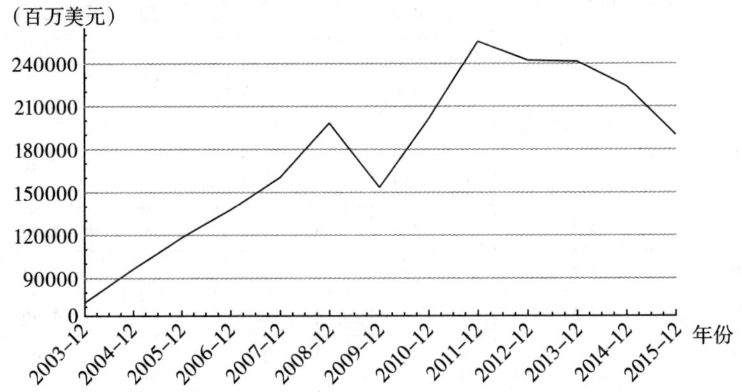

图3－20　2003—2015年巴西商品出口平均规模

资料来源：Wind资讯。

① 主要内容：一是取消外国资本在央行登记须预审并颁发纸质证书的规定，实行电子化申报登记，由央行事后监测，以统计为目的的自由化和简单化管理。二是资本流出无须央行事前授权，无限制。三是统一浮动汇率外汇市场（主要用于外国证券投资转移），进一步使外汇市场自由化。参见：国家外汇管理局四川省分局资本项目管理处课题组．巴西资本项目可兑换路径及启示[J]．西南金融，2013（9）：30－33.

值幅度达42.9%（见图3-21）。而随着雷亚尔的升值，大量国际资本进入巴西，资本账户余额持续增长，由2002年平均82.84亿美元增长至2015年的440.21亿美元（见图3-22）。官方储备资产由2003年的492亿美元大幅增长到2015年末的3564.64亿美元（见图3-23）。在此期间，有两件具有里程碑意义的事件值得一提：一是2005年巴西提前偿还了所欠IMF的154亿美元债务；二是2009年国际金融危机期间巴西向IMF提供了140亿美元的贷款。这为巴西提升在国际金融体系中的影响力和话语权赢得了空间。

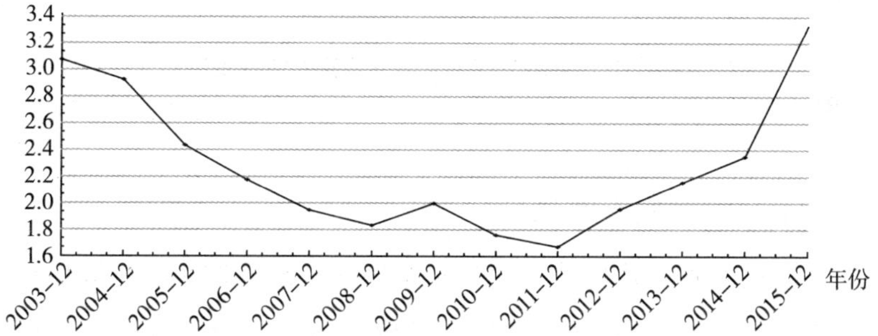

图3-21　美元兑巴西雷亚尔年度平均汇率

资料来源：Wind资讯。

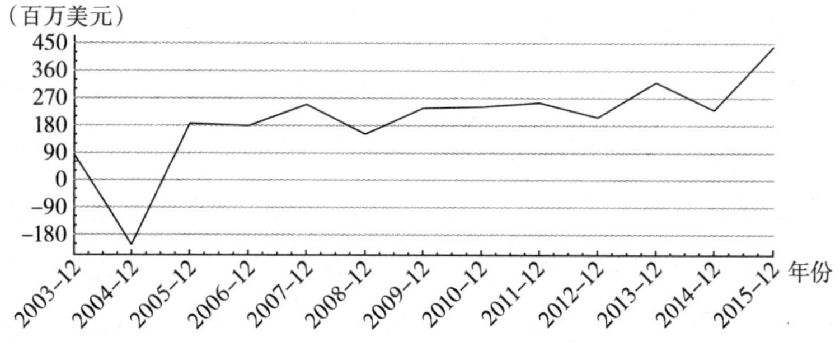

图3-22　2003—2015年巴西资本账户差额历年平均数

资料来源：Wind资讯。

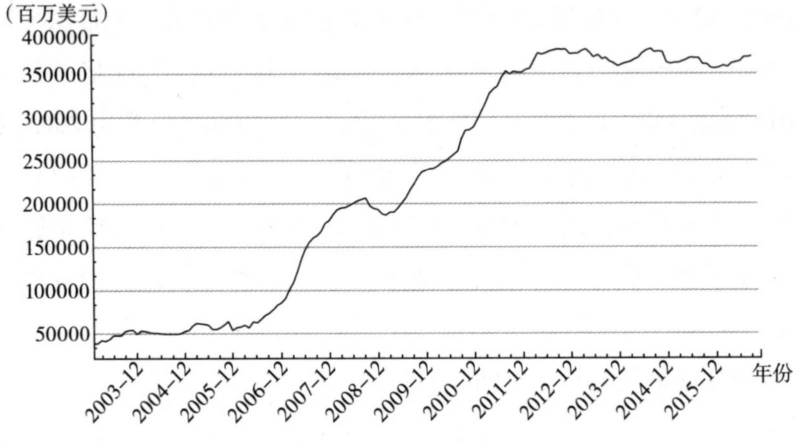

图 3 -23　2003—2015 年巴西官方储备资产

资料来源：Wind 资讯。

2. 积极进取的社会政策

从卢拉到罗塞夫几任劳工党政府始终如一地采取积极进取的社会政策，通过上调最低工资、实行以“零饥饿计划”“家庭补助金计划”为代表的反贫困计划以及普及基本公共卫生服务、加强教育等措施，促进社会公平。[①]

卢拉政府时期的主要政策有：一是持续上调最低工资标准。[②] 卢拉政府期间，自 2003 年 4 月至 2010 年 1 月，共 8 次提高最低工资标准，将最低工资标准由卡多佐政府 2002 年 4 月的 200 雷亚尔提高至 2010 年 1 月的 510 雷亚尔，名义增长 155%，实际增长 53.67%，最低工资标准的实际购买力大大增强。根据国际劳工组织 2009 年底的统计，2008—2009 年，尽管遭受了全球金融危机的冲击，但巴西仍是 G20 国家中工人工资损失最少的。二是推行“零饥饿计划”，为此，政府大量削减行

① 聂泉．卢拉政府时期(2003—2010)的巴西经济和社会政策初析[J]．拉丁美洲研究,2013,35(2):24 -30.

② 在巴西,最低工资标准是劳动者的工资收入水平以及退休金、养老金、救济金发放的重要参考标准,与 4000 多万名基层劳动者和退休人员收入水平密切相关。

政开支，并专门成立了社会发展与反饥饿部。该计划包括食品供给、家庭农业、土地分配、卫生、教育、社会发展、就业等7个方面，项目繁多，其中“家庭补助金计划”是其中最具代表性、最成功的计划之一。此计划自2004年付诸实施，经过多次补充完善，①目标是通过对低收入家庭的直接转移支付，打破贫困从一代传递到下一代的循环，以此减少未来的贫困。2003—2009年，受到“家庭补助金计划”资助的家庭数目由360万增加到1240万，覆盖全国所有的州。这种“有条件的现金转移支付计划”曾被作为一条反贫困的成功经验由联合国相关机构推广到其他国家。②三是普及基本公共卫生服务。卢拉政府充实了全国统一医疗体系，通过“微笑巴西”“移动急诊服务”“大众药房”“24小时救护中心”等扩大了“家庭健康计划”的覆盖范围。四是加强教育投入。在卢拉任内，巴西基础教育由八年制改为九年制，实施“更多教育”计划，在1万所公立学校强化脱盲和普及初级数学进程。

罗塞夫政府时期，基本延续了卢拉政府的社会政策，并根据形势需要进行了补充完善。例如，在罗塞夫政府的努力下，2011年2月巴西国会通过法律，规定在未来4年里每年调整一次最低工资标准，调整幅度参考通胀水平以及上一年的经济增长速度。2010—2016年，政府先后5次上调最低工资标准，由2010年的510雷亚尔上调至2016年的880雷亚尔（约204美元），名义增长率达72.5%。再如，作为对卢拉政府时期消除贫困计划的延续和提升，罗塞夫政府自2011年6月开始，启动了“巴西无贫困”的计划。该计划在保证粮食安全、寻求社会公平和消除饥饿的基础上，集中力量努力帮助赤贫人口脱贫。在继续执行

---

① 该计划主要补助对象为月人均收入不足70雷亚尔的低收入家庭、月人均收入在70~140雷亚尔之间且家庭中有0~15岁的适龄儿童和孕妇的低收入家庭。2008年，卢拉将年龄限制覆盖范围扩大到17岁以下。但这些低收入家庭要想获得“家庭补助金”，需符合有关要求，如儿童上学的出勤率、定期接种疫苗情况以及婚育妇女围产保健参与情况等需达到政府规定的要求。参见：苏振兴．反贫困斗争与政府治理能力——巴西案例研究[J]．拉丁美洲研究，2015，37(1)：9-15.

② 汪三贵，曾小溪．巴西的有条件现金转移支付计划[N]．学习时报，2016-03-17(002).

“家庭补助金计划”的同时，还增加了对孕妇和哺乳期儿童的保障安排，对那些有孕家庭或有 0 ~ 6 岁幼儿的家庭，在享受“家庭补助金计划”后人均收入仍达不到极端贫困线收入水平的，政府额外提供补助。此外，罗塞夫政府通过对贫困地区提供应有的电力、排水、医院、学校等公共服务设施，对赤贫居民进行基本生产技能培训，为贫困家庭提供技术以及农产品销售渠道等内容进行帮扶。截至目前，该项目已覆盖了 1200 万家庭，大约 4800 万人，涵盖了 5500 个大中小城市，总花费不到巴西 GDP 的 1%，大约占政府总支出的 2.5%。就受益人的数量而言，巴西的“家庭补助金计划”是目前发展中国家最大的现金转移计划。

3. 经济社会发展成效

在这一系列经济社会政策的作用下，巴西的发展成效显著，尤其是在 2003—2010 年卢拉执政期间，巴西的 GDP 以 5.2% 的年均增速持续增长，由 2003 年的 1.71 万亿雷亚尔增长到 2010 年的 3.89 万亿雷亚尔；换成以现价美元，年均增速达 8.9%，由 2003 年的 0.56 万亿美元增长到 2010 年的 2.21 万亿美元（见图 3 - 24），超过意大利成为世界第七大经济体。2008 年全球金融危机期间，在一系列综合措施的作用下，巴西的表现十分抢眼：巴西经济自 2009 年年中即出现复苏，2010 年经济增长更是出现了 7.5% 的历史新高。

同时，在劳工党社会政策的作用下，巴西有 2000 多万人摆脱了贫穷进入中产阶层，而且中产阶层的收入仍在不断上升。中产阶级的比例从 2004 年的 42% 升至 2010 年的 52%；庞大的中产阶层带来了巨大的消费能力，从厨具、汽车到房产，巴西国内市场出现了前所未有的活跃和繁荣景象。

2009 年 9 月，国际奥委会宣布巴西里约热内卢赢得 2016 年夏季奥运会举办权，总统卢拉在哥本哈根会场喜极而泣。“我们不是美国，但我们正在无限地接近美国，我们终将实现我们的目标。”这是总统卢拉留下的豪言。从经济的角度来说，2010 年是巴西有史以来最好的时刻。

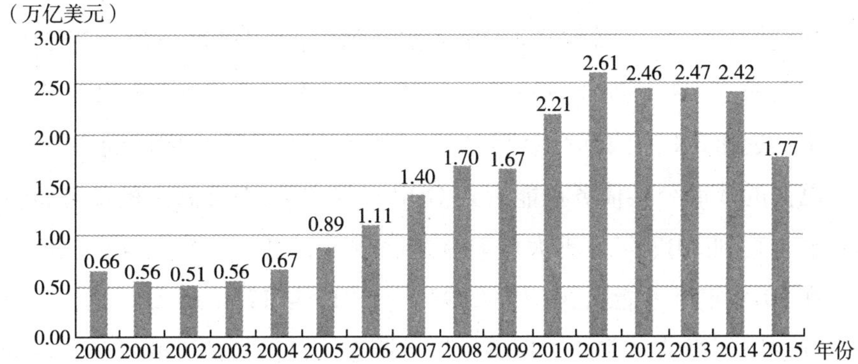

图 3－24 2000—2015 年巴西 GDP 规模

资料来源：根据世界银行“世界发展指数”数据库（WDI）整理。

然而，好景不长，2011 年以来，巴西经济开始“逆转”：先是 GDP 增速出现大幅回落，2011 年为 3.91%，2012 年为 1.92%，中间虽有 2013 年的轻微反弹（为 3.02%），但 2014 年急剧跌至 0.1%，2015 年甚至跌至－3.85%（见图 3－25），2016 年预计将继续衰退 3% 以上；GDP 总量自 2011 年起也开始回落，由 2011 年的 2.61 万亿美元跌至 2015 年的 1.77 万亿美元，世界第七大国的宝座得而复失，被意大利重新超过。

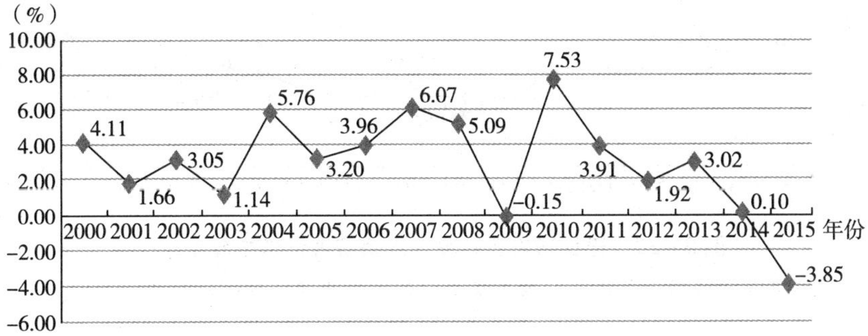

图 3－25 2000—2015 年巴西 GDP 增速

资料来源：根据世界银行“世界发展指数”数据库（WDI）整理。

与之相伴随的是，巴西的财政赤字在2011年大幅上升，由2010年的629亿雷亚尔急剧增加到1070亿雷亚尔，占GDP的比重接近3%。此后，财政赤字一直居高不下，2015年财政赤字占GDP的比重达10.3%，远超3%的国际公认警戒线。债务方面，惠誉预计到2016年底，巴西的政府公共债务可能占到GDP的70%，而且高企的债务将持续发酵，直到2017年也不太可能有显著改善，巴克莱甚至预计巴西的债务在2019年将可能达到GDP的93%。2015年12月16日，惠誉将巴西主权信用评级从之前的“BBB－”下调至了垃圾级的“BB＋”，成为继标普之后的第二个将巴西主权信用评级下调至垃圾级的评级机构。①国内通货膨胀率也是居高不下，自2010年始维持在5%～6%，2015年12月甚至高达10.7%（见图3－26）。为了稳定经济、抑制通胀，巴西政府不得不连续加息，导致名义贷款平均利率一直在高位运行，2015年底达到惊人的43.96%；实际利率居高不下，到2015年已达33.33%（见图3－27）。汇率也是一路下跌，由2011年的平均1美元兑1.6728雷亚尔贬值到2015年平均1美元兑3.3283雷亚尔，短短5年间贬值了50%。巴西经济陷入了“坏平衡”的困局。

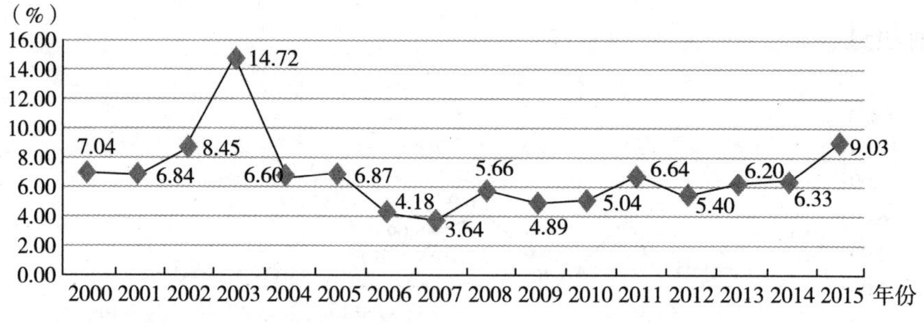

图3－26 巴西通货膨胀率（以消费者价格指数计算）

资料来源：根据世界银行“世界发展指数”数据库（WDI）整理。

从昔日的“黄金十年”到今天崩溃的边缘，巴西社会矛盾日益突

① 梁婷婷．巴西的坏平衡[N]．华夏时报，2016－01－11(007)．

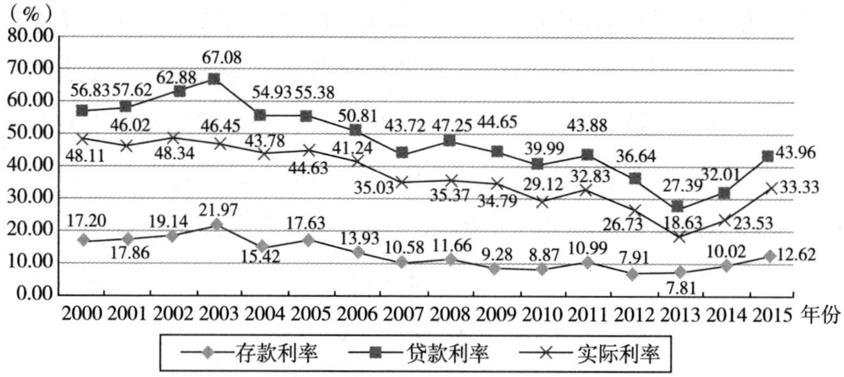

图 3－27　巴西的市场利率

资料来源：根据世界银行"世界发展指数"数据库（WDI）整理。

出。巴西的失业率自 2012 年之后大幅攀升，到 2015 年巴西全国失业率为 8.5%（见图 3－28），总失业人数达 860 万人，比 2014 年增加约 28.4%。人均国民收入由最高时（2013 年）的 12180 美元（现价）下跌到 2015 年的 9850 美元（现价），两年降幅达 20%。

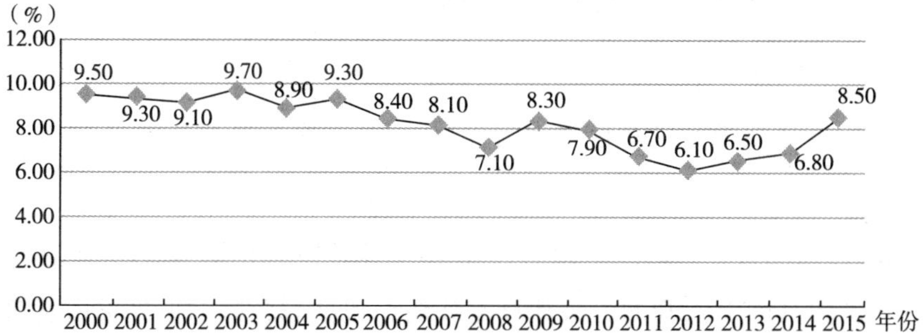

图 3－28　2000—2015 年巴西失业率

资料来源：2000—2014 年数据根据世界银行"世界发展指数"数据库（WDI）整理，2015 年的数据来自于中国商务部网站，http://www.mofcom.gov.cn/article/i/dxfw/nbgz/201603/20160301277655.shtml.

由于经济的衰退，政府用于社会开支的减少、通货膨胀的加剧、物价和服务价格的上涨，致使民众对政府和执政联盟政党的一些官员严重腐败深感不满，抗议浪潮此起彼伏，引发政治危机。2015 年，巴西爆发了四次大规模反政府游行。2016 年 3 月，巴西又爆发了遍及 337 个城市、360 万人参加的“巴西历史上最大规模的反政府游行”，要求罗塞夫下台的呼声越来越强烈。2015 年 10 月 21 日，反对派启动了对总统罗塞夫的弹劾。巴西参议院当地时间 2016 年 8 月 31 日通过最终表决，罢免罗塞夫的总统职务，代总统米歇尔·特梅尔就任总统，巴西历史上首位女总统至此正式下台。由反对派发起的对总统罗塞夫的弹劾案告一段落，而巴西的社会政治危机却仍在发酵中。

（二）巴西当前经济社会发展困境的原因分析

分析巴西当前经济社会发展困境的根源，无外乎两个方面：外部原因和内部原因。从外部原因来看，全球金融危机后经济复苏乏力、世界贸易格局和形势显著变化、美联储加息预期诱发资本外流，等等。从内部看，主要原因有：经济结构不合理，导致增长的内生动力不足；福利赶超加重经济“停滞”；宏观政策框架存在内在缺陷；社会分化、政治动荡导致巴西改革难以取得共识；等等。

1. 外部原因

（1）全球金融危机后经济复苏乏力，增长的不确定性和不平衡性日益加剧

2007—2009 年金融危机以来，虽然全球范围内的经济形势正在逐步好转，但其向上攀升的势头却日益疲弱，包括联合国、世界货币基金组织（IMF）、世界银行、经合组织（OECD）、世界贸易组织（WTO）等几乎所有国际组织每年都要多次下调全球增长预期。IMF 在 2015 年先后四次下调了未来经济增长预期，其在 1 月发布的《世界经济展望》更新报告预计，世界经济 2016 年将增长 3.4%，虽较 2015 年的 3.1% 有所提高，但仍然相当缓慢。[①] 与此同时，增长的不平衡性和不确定性

---

① 陈季冰．全球经济：缓慢和乏力的复苏［N］．经济观察报，2016－02－04. http://finance.sina.com.cn/roll/2016－02－04/doc－ifxpfhzn5634689.shtml.

日益凸显。欧债危机、美联储加息、以中国为代表的新兴市场经济增长放缓、石油等大宗商品价格暴跌、生产率下降、颠覆性技术创新，以及恐怖主义抬头、利比亚战乱、乌克兰危机、叙利亚危机、土耳其政变、英国“脱欧”等地缘政治风险等都是造成这种不确定性的因素。事实上，自全球金融危机以来，先后经历了三个主要阶段：第一阶段自2007年始于美国，第二阶段从2010年起转移至欧元区，现在则进入第三阶段，新兴市场经济体。这个过程如同地震引发的海啸冲击波一样，正在破坏危机前一度形成的繁荣和增长成果。在这样的大环境下，尽管巴西在2008年全球金融危机期间表现不俗，但自2011年开始，其国际经济环境日益恶化。IMF定期发布的对主要地区“衰退风险”评估的《世界经济展望》（*World Economic Outlook*）则认为，虽说当前发生“严重”全球衰退的风险似乎相当低，但在某些地区——最典型是拉美——这一风险甚至超过了50%。因此，随着巴西经济增长的下滑甚至倒退，无论是国际社会还是巴西国内，投资者对经济增长前景的信心都越发动摇，这反过来又加速了巴西经济的衰退，巴西经济陷入“坏均衡”也就在情理之中。

（2）世界贸易格局发生深刻变化，贸易增长持续低迷

国际金融危机之前的30年是经济全球化发展最为迅猛的时期，WTO主导下的全球贸易自由化为通过对外开放寻求经济起飞的发展中国家提供了重要机遇和制度保障，促进了发展中国家外向型经济的发展。[①] 全球金融危机以来，与全球经济增速下降相伴随，全球贸易尤其是货物贸易增速下滑幅度更大。根据全球贸易增长报告，1990—2007年全球国际贸易年均增长6.9%，2008—2015年仅平均增长约3.1%。尤其是2009年危机期间，全球货物贸易实际增速下滑的幅度是GDP的29.97倍，被经济学界称为“贸易大崩溃”（The Great Trade Collapse）。

① 赵晋平．发达国家与发展中国家发展不平衡[N]．人民日报，2015-07-12(05)．

在全球贸易下滑的同时，世界贸易格局也在悄然发生变化。一方面，反全球化思潮正在抬头，贸易保护主义趋势增强。根据 Global Trade Alert 统计数据显示：2015 年由 G20 国家发起的贸易保护措施数量为 599 项，占到总量的 81%。其中，2015 年美国采取了 90 项贸易歧视措施，位居各国之首，成为限制贸易自由化的头号国家。① 另一方面，危机后全球价值链发生重构，原有的以“消费国—生产国—资源国”为核心链条的全球贸易大循环变得越发不可持续。美欧等发达国家高负债导致的杠杆收缩，工业部门的“重返制造业”以及 TPP、TTIP、EJEPA 等发达国家主导的跨区域大型经济一体化谈判加快推进，导致国际贸易格局发生了重要变化：发达国家与发展中国家之间的贸易增速下降程度要高于发达国家之间的贸易增速。这对巴西等新兴发展中经济体的对外贸易产生了巨大冲击。巴西对高收入经济体的出口占整个出口的比重大幅下降，由 2009 年前平均 70% 左右下降至 2014 年的 59.3%（见图 3 - 29）。

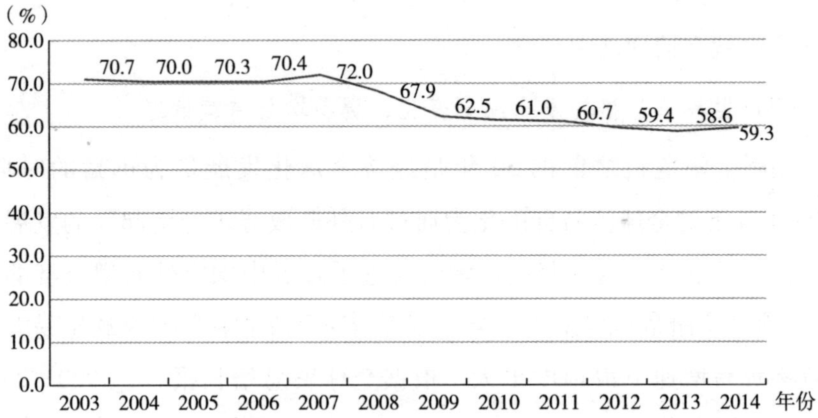

图 3 - 29　巴西高收入经济体的商品出口占全部商品出口的比例

资料来源：根据世界银行“世界发展指数”数据库（WDI）整理。

---

① 张茉楠. 全球贸易增长面临格局之变[N]. 南方都市报,2016 - 11 - 08.

事实上，自金融危机以来，随着石油、铁矿石等大宗商品价格暴跌，巴西面临的国际贸易环境日益恶化，自2008年开始，商品和服务的净出口额由正转负，带动了经常账户余额也由2007年的15.5亿美元下降到2008年的－281.9亿美元，并且呈扩大趋势，2014年达到创纪录的－1041.8亿美元。2015年巴西外贸出口同比下降15.09%。

（3）美联储加息预期引发资本外流、汇率贬值，限制了宏观政策的选择空间

为了摆脱金融危机的影响，美联储从2008年开始实施量化宽松政策。随后，欧盟、日本等世界主要经济体纷纷实施宽松的货币政策。全球流动性充裕，大量国际资本流入新兴市场国家的同时，也带来了全球风险资产价格的高估。巴西也不例外：尽管从2011—2015年经常项下逆差持续扩大，但资本项下却十分充盈。为此，为了避免过多的热钱流入，巴西政府不得不逐步上调各类资本流入金融交易税税率到6%，成为世界上金融交易税率最高的国家。而随着美国逐步退出量化宽松政策，并自2013年开始加息预期逐步成形，巴西资本流出激增。以巴西雷亚尔计价的金融资产遭到抛售，大量趋利性资金从新兴市场回流至美国，从而引发巴西等新兴市场资本流出、本币贬值、资产价格进一步下跌等动荡。为此巴西又不得不取消部分金融交易税，同时在全球普遍降息刺激经济的大背景下，上调基准利率，抑制资本外流。但此举的直接后果却是抬高了企业资金成本、加剧了通货膨胀和货币贬值预期，导致国内经济进一步萎缩。

2. 内部原因

（1）结构性矛盾突出，导致增长的内生动力不足

首先，巴西是一个内需驱动为主的大型经济体，但又过于依赖内需。最终消费在GDP的比重一直在80%左右（见图3－30）。其中来自居民的最终消费占GDP的比重高达60%左右。历史经验表明，一个国

家仅仅依靠消费驱动，无法在长期内维持经济的可持续增长。其次，巴西的投资率长期在20%左右，近两年甚至有所下跌（见图3－31），这导致资本积累不足，基础设施薄弱，制约了经济的增长潜力。而且从2003年开始，巴西开始出现“去制造业化”现象，制造业增加值占GDP的比重由2004年17.8%持续下降到2015年度的11.4%（见图3－32），这导致经济内生能力严重不足。最后，货物和服务出口占GDP的比重波动较大，由2004年的最高16.5%下降至2009年的10.9%，2015年又回升至13%（见图3－33）。这意味着外需也是引发经济波动的重要因素。进一步，在出口结构中，初级产品（农业原材料、食品、燃料、矿石和金属）出口占商品出口的比重自2009年以来大幅攀升，由危机前的平均47%左右提高到了2014年的最高点63%（见图3－34）。而危机后恰恰是这些初级产品价格大幅暴跌，使得巴西经济雪上加霜。

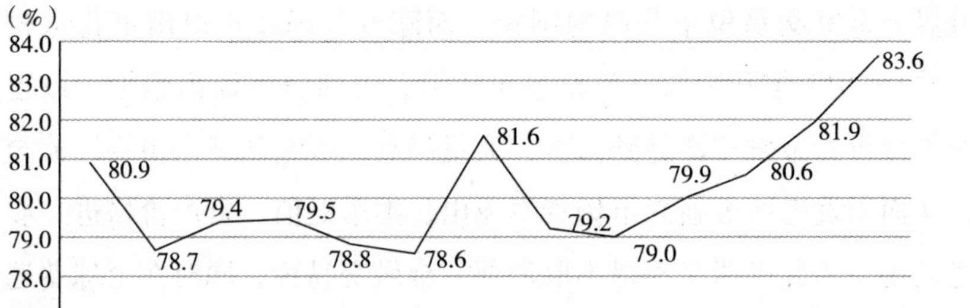

图3－30　巴西最终消费占GDP的比重

资料来源：根据世界银行“世界发展指数”数据库（WDI）整理。

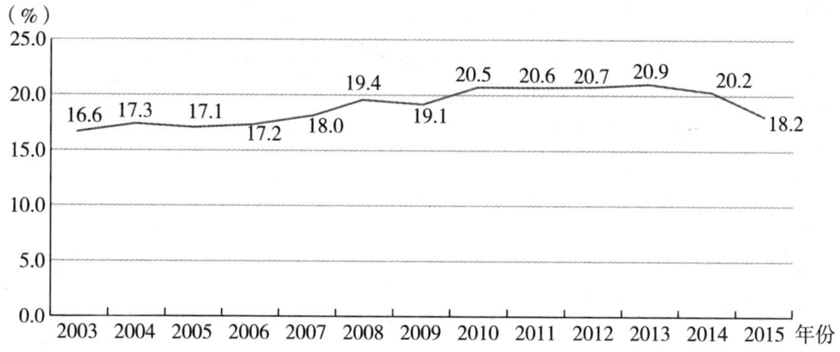

图 3－31　巴西固定资本形成占 GDP 的比重

资料来源：根据世界银行"世界发展指数"数据库（WDI）整理。

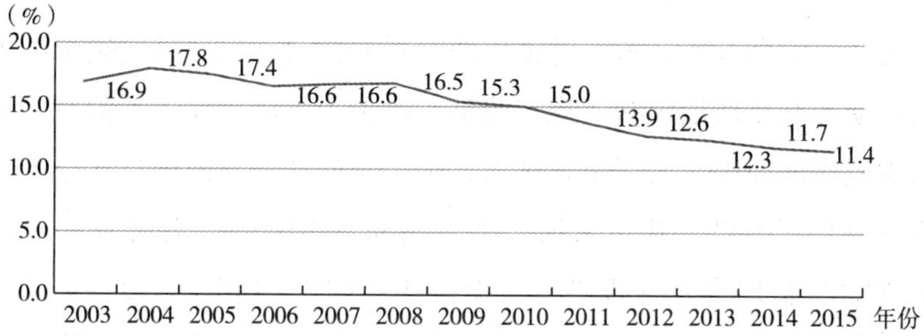

图 3－32　巴西制造业增加值占 GDP 的比重

资料来源：根据世界银行"世界发展指数"数据库（WDI）整理。

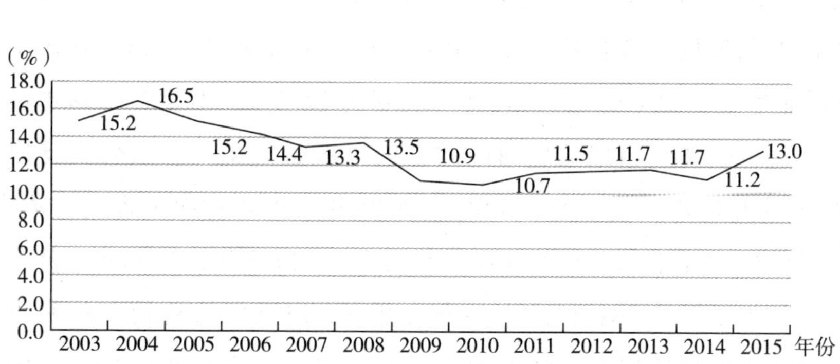

图 3－33　巴西货物和服务出口占 GDP 的比重

资料来源：根据世界银行"世界发展指数"数据库（WDI）整理。

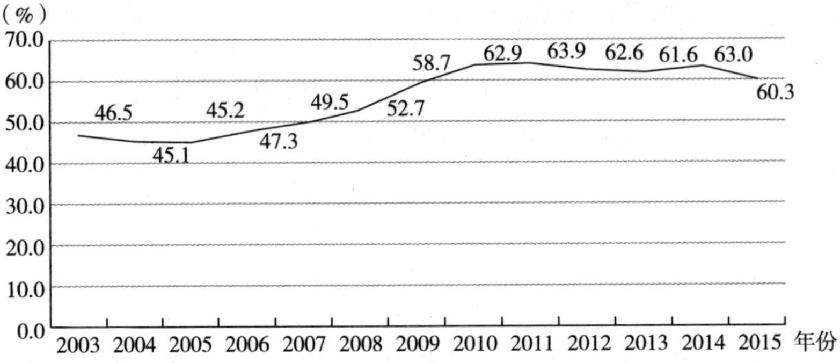

图3-34　巴西初级产品的出口占商品出口的比例

资料来源：根据世界银行“世界发展指数”数据库（WDI）整理。

（2）福利赶超加重经济“停滞”

自卢拉时期开始，劳工党推出的一系列社会支出项目的确帮助不少巴西民众尤其是底层民众实现了脱贫、改善了生活、促进了消费，但由于政党政治的原因，为了争取选票，劳工党的社会支出项目在总统罗塞夫任内得到了延续，甚至有所扩大。例如，2014 年，总统罗塞夫签署法案规定未来 10 年的年度教育支出提升至 GDP 的 10%，以提高学前和初级教育的投入，这一比重甚至远远超过多数发达国家对教育投入的标准。而2012 年巴西对教育的投入才刚刚超过 GDP 的6%。[①] 再如，从卢拉开始，巴西的最低工资标准经过多次调整。2010—2016 年，政府先后五次上调最低工资标准，由 2010 年的 510 雷亚尔上调至 2016 年的 880 雷亚尔（约 204 美元），名义增长率达 72.5%，但生产率基本没有提高。这种福利赶超现象也对财政造成了沉重负担。巴西公共支出在 2010 年时占 GDP 的比重已达 40%。2014 年，巴西首次出现财政赤字，为 -325.36 亿雷亚尔（约合 137.6 亿美元）。2015 年也是如此，甚至有所扩大。为了维持高福利产生的庞大开支，巴西保持着较高的税收水平，近年来的税负相当于国内生产总值的 38%，在新兴市场国家中最

① 牛海彬．当前巴西经济困境的政治经济学视角[J]．拉丁美洲研究，2015，37(5)：48-54.

高，接近挪威、德国等欧洲发达福利国家。[①] 高额的税负加重了企业负担，导致投资激励不足，经济陷入停滞。

（3）宏观政策框架存在内在缺陷

自卡多佐时期，由于成功地治理了货币危机，巴西确立了宏观经济政策的三大支柱，即通货膨胀目标制、初级财政盈余制度和浮动汇率制。正如前文所介绍的，这三大政策得到了自卢拉开始的劳工党政府的沿袭和遵循。但一成不变的政策框架难以应对复杂的国际国内经济形势的变化。早在卢拉时期，巴西经济的结构性问题就被通货膨胀治理这一焦点和社会福利支出这一“亮点”所掩盖；金融危机后，随着一度繁荣的潮水退去，发现结构性问题远不是宏观政策框架所能解决的。例如，巴西的营商环境就饱受投资者诟病。所谓的“巴西成本”就包括严格的劳工保护规则以及名目繁多而复杂的税收体系。[②] 而这方面的改革进展缓慢。此外，上述宏观政策框架本身也限制了政策腾挪的空间。例如，罗塞夫时期为了应对庞大的社会福利支出，同时又要保证实现初级财政盈余的目标，政府不得不降低其他方面的投入，如科技和创新的投入，2014 年巴西科技部的预算削减了 25%，而这损害的是巴西的长远竞争力。再如，为了抑制通货膨胀，在浮动汇率制下，巴西只能选择提高利率，以致名义贷款平均利率一直在高位运行，2015 年底达到惊人的 43.96%；实际利率居高不下，到 2015 年已达 33.33%。如此高的利率不仅加重了财政负担，还重创了民间投资，导致巴西很多家庭失去了偿债能力，这对依赖国内市场的巴西来说打击严重。不断攀升的利率和紧缩性财政政策叠加进一步加剧了经济复苏的困难。

（4）社会分化、政治碎片化导致巴西改革难以取得共识

巴西是世界上收入最不均等的国家之一。尽管 2003 年以来，巴西

① 于冰，余荣华，杨光．从中长期因素分析巴西雷亚尔走势[J]．国际金融，2016(1):70－75.

② 牛海彬．当前巴西经济困境的政治经济学视角[J]．拉丁美洲研究，2015，37(5):48－54.

的基尼系数有所下降，但收入最高10%的人口获得的收入份额是收入最低的10%人口的倍数却由2009年的41倍上升为43倍。这说明巴西社会在中产阶层大量增加的同时，最顶端的人群与最底层人群的收入差距在扩大。这两类人群在政治态度上的对抗也就越发激烈。再加上新兴的中产阶层对政治参与的热情较高，社会分化越发凸显。这样的背景，与一个基于政党分肥的政治体制相互发酵，遇到全球金融危机、经济衰退以及腐败丑闻，发生政治动荡也就在所难免。巴西政治决策体制较为分散，许多政党频繁分化组合，新党或新党联盟不断涌现。这种基于多党联合执政的总统制存在着内在的缺陷：① 在经济增长较好的时期，党派联盟可以共享权力，但在经济不景气的条件下，政党合作的动能下降。事实上，罗塞夫获得连任后，削减开支的努力打破了执政联盟的团结，将劳工组织、国会势力推到了对立面，罗塞夫的支持率也跟着暴跌。随着巴西民主运动党与罗塞夫的决裂，执政联盟瓦解。罗塞夫最终被以违背《财政支出责任法》为由遭到弹劾下台。令人吊诡的是，涉嫌腐败的国会势力可以通过弹劾手段剥夺经由民主选举产生的、没有证据显示涉嫌腐败的总统的权力。在这种政治格局下，执政当局很难就改革措施的实行获得足够的支持。特别是在危急关头，要实行结构性改革，更是难上加难。

（三）未来五年巴西经济社会发展展望

2016年5月12日，巴西参议院首轮投票通过了对总统罗塞夫的弹劾。罗塞夫被暂时停职180天，副总统米歇尔·特梅尔（Michel Temer）任代总统。2016年8月31日，巴西参议院以61∶20的绝对多数最终通过了弹劾案，罗塞夫被解除总统职务，代总统特梅尔接任总统直至

① 与美国基于两党制的总统制不同，巴西的总统制运行环境是多党制，多党在议会的政治组合变动不居，导致巴西总统权力稳固程度远逊于美国总统。虽然巴西总统是经由人民选举产生的最高行政领导人，但赢得国会支持常常需要仰赖多党组成执政联盟。参见：牛海彬. 巴西当前政治困局的根源及影响[J]. 当代世界，2016(5).

2018 年。巴西的政治乱象告一段落，但经济社会深层次的结构性问题依然存在，解决这些矛盾面临的障碍和阻力并没有相应减少。特梅尔在其就职演说中强调，面对 1200 万失业人口和 1700 亿雷亚尔（约合人民币 3484 亿元）的财政赤字，新政府将以提振巴西经济、将巴西带回正轨为首要目标。据此分析，结构性改革必不可免，但面临的体制约束不容忽视。综合这两方面可以对未来 5 年巴西经济社会发展走向得出一个大致的判断。

1. 可能的改革动向

在上述针对巴西困境的原因分析中，我们实际上已经阐述了巴西面临的结构性问题，如经济结构不合理、基础设施投入不足、营商环境不佳、去制造业化、福利赶超等。为此解决这些问题就成为可能的政策选项。

（1）加大基础设施建设

在巴西的经济结构中，消费占了很大的比重，但在经济低迷的情况下，短期内挖掘国内消费的潜力不大；而外贸尽管受益于汇率贬值，但不足以带动巴西经济的整体增长。因此，未来一段时期，投资应该成为拉动巴西经济增长的主要动力。其中，关键性的基础设施领域长期以来投入不足：根据世界银行的数据，2014 年巴西的物流绩效指数为 2.9（最差为 1，最好为 10）；2015 年巴西港口基础设施的质量得分仅为 2.7（最差为 1，最好为 10），在全世界排名第 102 位。这说明，基础设施瓶颈已经成为影响巴西生产力和市场效率的重要负面因素。事实上，巴西曾于 2015 年 6 月公布了 2015—2018 年的基础设施投资计划，总投资额预计达到 1984 亿雷亚尔。[①] 但这些项目的融资是一个问题。为此，特梅尔政府推出了一项全面私有化计划，包括拍卖油气、电力、铁路、公路、机场等基础设施项目的运营许可，改善公私合作伙伴关系，希望借

① 牛海彬．当前巴西经济困境的政治经济学视角[J]．拉丁美洲研究，2015，37(5)：48－54.

以提振投资。

(2) 削减社会支出，扭转福利赶超

福利赶超造成的后果是福利支出只能上，不能下，对财政的负担是永续的，但改革是最难的。目前，特梅尔已向国会递交宪法修正案，以设置公共开支上限，“征税多少花多少”会是新政府的开支原则，同时精简部委，以进一步削减政府开支。对于民众担心的社会福利问题，特梅尔指出，改革势在必行：“我们必须进行社会保障制度的改革。如不改革，短短几年内，政府就没钱支付退休金了。我们的目标是确保退休金按时按数发放，但保护老年人的同时，也不能损害年轻人的利益。”[①]同时，特梅尔承诺将会继续推动前任政府留下的其他社会福利项目。这说明在扭转福利赶超方面绝非一朝一夕就可以完成，而是需要时间，一步步来。

(3) 改善营商环境，着力提升劳动生产率

巴西需要尽快扭转“去制造业”的倾向。制造业是创造就业的主要产业，也是实现技术赶超、进出口替代的重要载体，还是科技创新的重要基础。若没有强大制造业的支撑，巴西新兴中产阶级的就业前景将不容乐观，未来增长的内生动力依然不足。事实上，福利赶超之所以难以持续，关键在于人们收入的增长速度超过了劳动生产率的提高。在福利支出一时难以削减的情况下，想办法让劳动生产率增长得更快些不失为一种选择。其中，最为重要的就是要改善营商环境，降低成本，恢复人们从事投资尤其是制造业投资的信心。主要的措施有：改革劳工保护规则，让劳动力市场恢复弹性；[②] 进行结构性减税；完善公共服务，提

---

① 巴西总统弹劾案尘埃落定区 特梅尔上台以提振经济为首任[EB/OL]. 环球网, http://world.huanqiu.com/hot/2016-09/9392104.html.

② 在巴西，企业解雇一名员工大约需要向其支付此前一年的薪水，企业只有获得特殊执照才能获准允许工人在周日工作。参见：牛海彬. 当前巴西经济困境的政治经济学视角[J]. 拉丁美洲研究, 2015, 37(5): 48-54.

高服务企业的效率等。但目前特梅尔政府似乎还没有对此采取措施。

(4) 调整对外关系，促进对外贸易

尽管巴西的对外贸易对整体经济拉动效应不大，但也正因为如此，其潜力才十分巨大。而且由于事涉国际收支和汇率形成，改善贸易结构、积极参与全球和地区竞争应当成为一个重要选项。在罗塞夫第二任时期，由于南方共同市场贸易潜力空间有限、中国经济进入新常态，巴西加强了与美欧的合作。而自特梅尔就职以来，一直重视扭转对外关系尤其是经贸关系，其刚刚“转正”就迅速赶到杭州参加 G20 峰会，就是希望能吸引更多的中国资本进入巴西。其新任外长若泽·塞拉在就职仪式上就曾表示，新政府的外交政策中将把与亚洲国家的新伙伴关系置于优先地位，尤其是同中国的关系。由此可以判断，中巴已有的全面战略合作伙伴关系、金砖国家合作机制以及亚投行、“一带一路”倡议等都将得到巴西政府更多的关注和参与。

2. 面临的体制约束

尽管结构性矛盾很清楚、很具体，解决问题的思路也很明确，但迈向问题解决本身还面临着诸多体制限制和约束，主要有：

(1) 存在大面积腐败，政治生态不容乐观

巴西石油公司腐败案的持续发酵，不仅原总统卢拉也受到牵连，原执政联盟的很多高官也被查出存在不同程度的腐败问题。特梅尔本人、民运党众议院议长库尼亚和参议长卡列罗斯以及特梅尔任命的部长中有 7 位遭到贪污罪的控告。就在特梅尔就任临时总统一周后，巴西联邦最高法院法官马尔科·奥雷里奥·梅洛就向最高法院提出特梅尔弹劾案。2016 年 7 月 3 日巴西主要民调机构公布的调查结果显示，只有 13% 的巴西人支持特梅尔。如果特梅尔也遭到弹劾，将由参议院议长卡列罗斯接任临时总统，但卡列罗斯本人也遭到腐败指控。[1] 而据报道，巴西有

---

① 徐世澄．巴西总统罗塞夫被国会弹劾的过程和前因后果[N]．中国人大，2016-07-20.

1/5 的联邦众议员在最高法院面临被指控贪污腐败的刑事案件。在这种情况下，政局将持续动荡，必将对经济改革产生不利影响。

（2）三位一体的宏观政策何去何从

前文已经分析，三位一体的宏观政策本身是出于对巴西长期以来深受通货膨胀之苦的深刻记忆而形成的，但随着形势的变化，其限制逆周期调控的缺陷也日趋明显。在巴西当下，针对存在的结构性矛盾，恪守三位一体的宏观政策显得有点不合时宜。例如，要加大基础设施的投入，必不可少地需要政府加大投入。而在社会支出一时难以削减的前提下，适度赤字是必要的，也是与基础设施项目本身的收益周期相匹配的。过于固守紧缩的财政政策，不仅无法增加投入，还将对社会消费、投资者信心产生不利影响。因此，这种三位一体的宏观政策需要结合新的形势加以创新发展，但目前尚看不出巴西社会有对此问题的反思，最终何去何从尚有待进一步观察。

（3）缺乏关注长期发展的政治领导力量

发展中国家实现赶超发展，构筑政治共识和维系政治领导能力至关重要。这也是其能否成功跨越“中等收入陷阱”的关键要件。只有在相对稳定的政治格局下，那些相对集中的政治领导力量才有精力关注长期发展问题，也才能促进全社会形成发展的共识、改革的共识。而巴西恰恰相反，不仅政党林立导致政治力量分散，政治过程碎片化，难以形成改革共识，而且较短的周期、过度迎合选民的选举令社会长远发展的议题得不到重视和关注。巴西的长远发展尚存在体制性制约。

综合上述两方面，我们简单地对巴西的发展做一个初步总结和展望。巴西作为全球重要的新兴市场经济体和拉美地区最大的国家，在过去 10 多年的发展中取得了显著的成绩。现阶段由于体量较大、外汇储备充足、已经形成了一定规模的中产阶级等因素，巴西的市场潜力依旧巨大。2016 年的夏季奥运会也为其创造了局部利好。但其多年累积的深层次矛盾和问题仍不容忽视。应该从加大基础设施投入、削减社会支出、扭转福利赶超、改善营商环境和调整对外关系等方面推动结构性改革。但受制于政治生态、宏观政策限制以及缺乏坚强的政治领导力量的缘故，上述改革共识恐难以达成。因此，我们认为，未来巴西的政治经济形势在短期内难以根本好转，甚至存在堕入萧条的可能性。初步估计，要等到2018年大选后，随着政局的相对稳定，经济形势才会略有好转。

四、南非

2010年，南非总统祖马在多个场合提出了加入“金砖国家”的要求，在2010年11月举行的G20首尔峰会期间，南非正式申请加入“金砖集团”，2010年12月，中国外交部部长杨洁篪在与南非国际关系与合作部长马沙巴内的电话中表示，中国作为“金砖国家”合作机制轮值主席国，与俄罗斯、印度、巴西一致商定，吸收南非作为正式成员加入该合作机制。自此，国际社会开始将“金砖四国”的说法变为“金砖国家”。2013年3月26—27日，金砖国家领导人第五次会晤在南非德班举行，这是南非自2010年加入金砖国家以来首次主办金砖国家领导人峰会。南非的加入促进了“金砖国家”合作机制的发展，推动了新兴市场国家之间的合作。

（一）南非经济发展现状

1. 经济增速放缓

据南非统计局的数据，2015年南非GDP初值39909.53亿兰特，折合3128亿美元，同比实际增长1.3%，为2009年以来最低，较2014年下降0.2个百分点，其中金融、采矿、贸易和住宿行业是拉动国民经济的主要力量，受干旱重创的农业拖累了经济增长；人均GDP为5689美元，同比下降12.2%。南非统计局2015年2月26日公布的数据显示，2014年，南非名义GDP初值37964.62亿兰特，同比名义增长7.4%，剔除价格因素后，实际增长1.5%，较2013年下降0.7个百分点；人均名义GDP为70302兰特，同比名义增长5.4%，扣除价格因素后，实际下降0.4%；按年均汇率测算，2014年南非名义GDP折合3499.85亿美元，同比下降4.5%，人均名义GDP折合6481美元，同比减少433美元，同比下降6.3%。

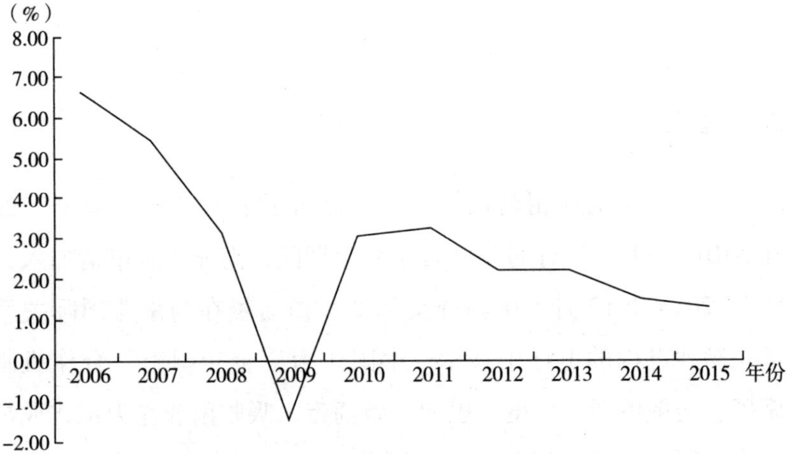

图3-35　2006—2016年南非GDP的实际增长率

资料来源：南非统计局网站。

2009年特别是2011年以来，南非经济增速开始放缓。从南非GDP实际增长率来看，近10年总体呈下降趋势，2006年GDP实际增长率为5.6%，2009年由于受国际金融危机的冲击，GDP实际增长率降至-1.5%，2011年回升到3.2%，之后开始逐年下降，2015年GDP实际增长率为1.3%。

如果从南非GDP的年化季率变化情况来看，南非经济增速放缓的趋势更为明显。2011年第1季度南非GDP的年化季率为3.7%，2016年第1季度为-0.2%，2016年第2季度为0.6%，略有回升，但5年来整体呈下降趋势。

如果从以美元计价的南非GDP年增长速度来看，南非经济基本上进入衰退期。2010年南非GDP为3753.34亿美元，同比增长26.8%，

2012 年为 3970.67 亿美元，同比增长 -4.7%。2015 年为 3126.61 亿美元，同比增长 -10.7%。

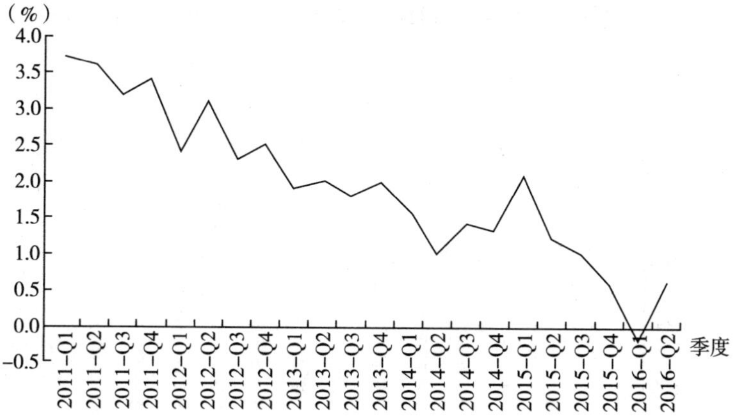

图 3-36 2011—2016 年上半年南非 GDP 的年化季率

资料来源：南非统计局网站。

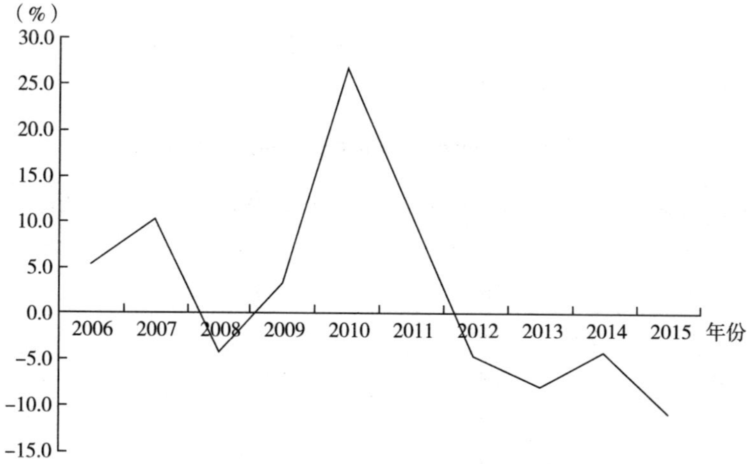

图 3-37 2006—2015 年以美元计价的南非 GDP 年增长速度

资料来源：南非统计局网站。

2. 对外贸易规模连续下降

自 2012 年开始，南非货物进出口额连续下降。2012 年南非货物进出口额为 2034 亿美元，同比下降 3.5%，2013 年为 1987 亿美元，同比下降2.3%，2014年为1905亿美元，同比下降4.1%，2015年为1492亿美元，同比下降21.7%。其中，2015年出口696亿美元，同比下降23.2%，进口796亿美元，同比下降20.3%，贸易逆差100亿美元，下降42.9%。

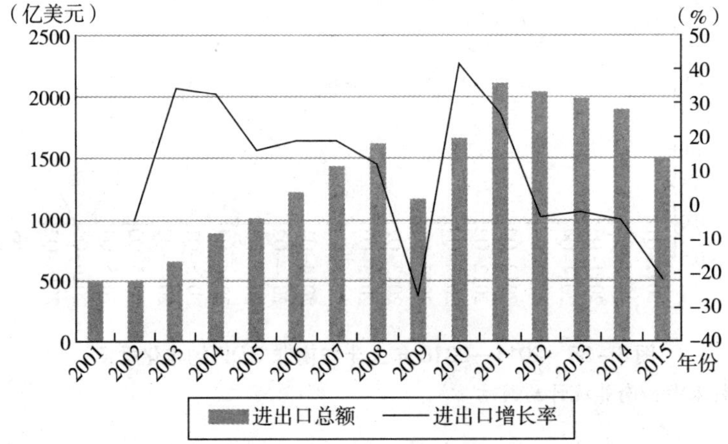

图3-38　2001—2015年南非货物进出口总额

资料来源：UN Comtrade Database.

表3-4　2016年1—6月南非货物出口额

国家和地区	出口金额/百万美元	同比增长/%	占比/%
全部	36354	-12.8	100
中国	3104	-22	8.5
德国	2817	3.8	7.8
美国	2683	-14.7	7.4
博茨瓦纳	1796	-19.4	4.9
英国	1663	-8.3	4.6
纳米比亚	1599	-23.9	4.4
日本	1567	-24.9	4.3
印度	1551	-14.2	4.3
比利时	1097	-10	3.0
赞比亚	965	-18.3	2.7
莫桑比克	935	-25.7	2.6

续表

国家和地区	出口金额/百万美元	同比增长/%	占比/%
津巴布韦	916	-6.4	2.5
其他国家和地区	3113	28	8.6

资料来源：南非国税局。

据南非国税局统计，2016 年 1—6 月，南非货物进出口额为 717.2 亿美元，比上年同期（下同）下降 16.1%。其中，出口 363.5 亿美元，下降 12.8%；进口 353.7 亿美元，下降 19.3%。贸易顺差 9.8 亿美元，下降 145.4%。分国别（地区）看，2016 年 1—6 月南非对中国、德国、美国的出口额分别为 31.0 亿美元、28.2 亿美元和 26.8 亿美元，对中国和美国出口下降 22.0% 和 14.7%，对德国出口增长 3.8%，分别占南非出口总额的 8.5%、7.8% 和 7.4%。

3. 南非兰特的汇率大幅贬值

南非兰特自 2006 年开始贬值。2006 年南非兰特兑美元平均汇率为 6.7715:1，同比贬值 6.1%，2008 年南非兰特兑美元平均汇率为 8.2612:1，贬值 14.7%，贬值幅度明显增大。在经历了短暂的回升之后，南非兰特开始进入持续贬值的过程中，2012 年南非兰特兑美元平均汇率为 8.2166:1，贬值 11.6%；2013 年南非兰特兑美元平均汇率为 9.6479:1，贬值 14.8%；2014 年南非兰特兑美元平均汇率为 10.8475:1，贬值 11.1%；2015 年南非兰特兑美元平均汇率为 12.7645:1，贬值 15.0%。

进入 2016 年，南非兰特兑美元汇率进一步下跌。2016 年 1 月 11 日，南非兰特兑美元汇率一度跌破 17:1 大关，盘中跌幅一度超过 10%，创下历史新低。对于南非货币汇率连创新低，部分人士将其归咎于南非总统祖马一周之内两换财政部长。对此，祖马认为外界对更换财政部长"反应过度"。不过，国际评级机构警告，南非的主权信用评级可能会步巴西的后尘，被列为垃圾级。2016 年 1 月 20 日之后南非兰特开始走强，7 月 16 日，兰特兑美元汇率升至 13.2748:1，达到 2016 年最高水平，但仍低于2015年的平均水平，也低于2015年7月6日的汇率(12.4056:1)。

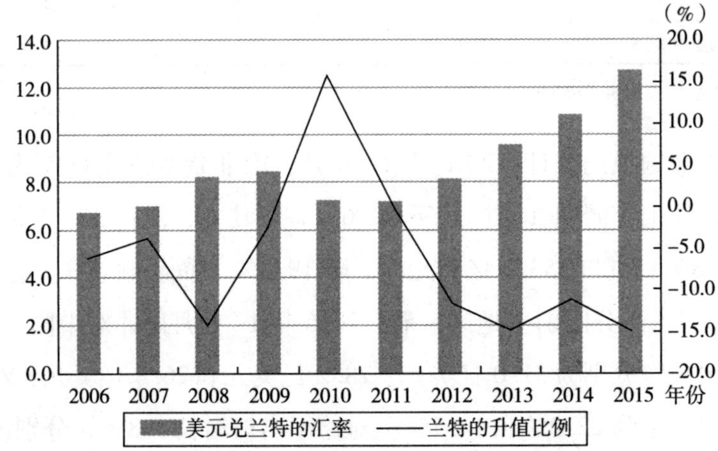

图3-39　2006—2015年南非货币兰特汇率的变化情况

资料来源：南非统计局网站。

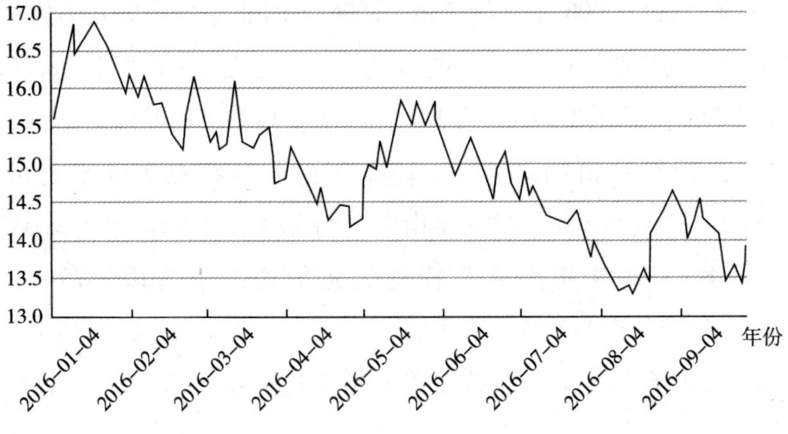

图3-40　2016年1—9月南非货币兰特兑美元汇率的变化情况

资料来源：南非统计局网站。

4. 南非通货膨胀率不断走高

进入2015年，南非的通货膨胀率不断上升。2015年1月为4.43%，7月为4.70%，12月上升到5.23%；其中食品和非酒精类饮料、家居用品及服务价格同比分别上涨 5.9% 和 3.5%，较 11 月提高 1.1 个和 0.4 个百分点。进入 2016 年，南非的通货膨胀率始终在 6% 以上，2 月上升到 7.00%，8 月为 6.30%。通货膨胀率走高主要是受兰特走弱、能源和食品价格高企等因素的影响。

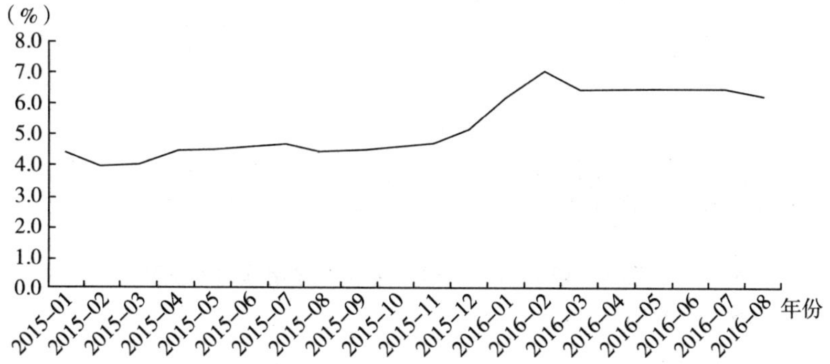

图 3-41　2015—2016 年 8 月南非的通货膨胀率走势

资料来源：Wind 资讯。

5. 就业状况不容乐观

近几年，南非的失业率居高不下。2011 年第 4 季度为 23.9%，2012 年 4 季度为 24.5%，2013 年 4 季度为 24.5%，2014 年 4 季度为 25. 4%。2016 年 2 月 25 日，南非统计局发布了最新的《劳动力市场调查》显示，2015 年 4 季度南非失业率下降 1 个百分点至 24.5%。劳动年龄人口共计 3630 万人，其中，未就业人数达 520 万人。66% 的未就业人口年龄在 15 ~ 34 岁，57.6% 还没有完成学业。2016 年上半年，南非的失业率进一步上升，1 季度为 26.7%，2 季度为 26.76%。据南非每日商报网站 2016 年 3 月 8 日报道，南非的农业、矿业以及零售业仍很难扩大就业，因为雇主们希望控制成本以免破产。新增就业困难的前景对南非停滞不前的经济来说相当不利。

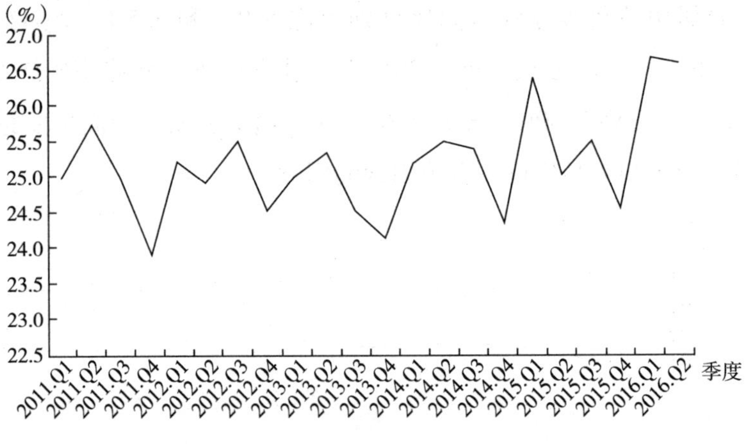

图 3－42　2011—2016 年上半年南非的失业率

资料来源：Wind 数据。

（二）南非经济发展趋势

1. 经济发展前景不确定性强，面临衰退风险

世界银行 2016 年 2 月 17 日表示，南非经济存在衰退的风险，史上最为严重的干旱、电力短缺和政策不确定性上升都是影响南非经济前景的不利因素，估计干旱已造成约 5 万南非民众生活水平跌至贫困线以下。国际货币基金组织（IMF）2016 年 4 月 12 日下调南非的经济预期，认为其将面临不利的经济形势，货币可能继续贬值，将其对南非 2016 年的经济增长预期从 0. 7% 下调至 0. 6%，将 2017 年的预期从 1. 8% 下调至 1. 2%，理由是下行风险仍将增加，包括财政货币政策可能收紧，大宗商品价格将继续走低。标普与惠誉 2015 年 12 月对南非的信用评级均为“BBB－”，仅比垃圾级别高出一档，穆迪对南非的评级为“Baa2”，相当于“BBB”，较垃圾级别仅高出两档。标普 2016 年 4 月 6 日表示，南非极其乏力的经济增长仍是可能导致其信用评级下调的最大风险。野村证券经济分析师 Montalto 认为南非经济前景不确定性强，多种因素制约南非经济增长潜力，包括政治环境错综复杂、生产力局限、缺乏紧迫性以及错误的决断等，为南非经济形势增加了不确定性。据南

非《每日商报》2016 年 2 月 15 日报道，南非商业伙伴公司（Business Partners）总经理纳兹姆·马丁（Nazeem Martin）表示，该公司基于 300 余个样本编制的中小企业信心指数在 2015 年 4 季度跌至 51%，较 3 季度下降 6 个百分点，表明企业对经济和商业前景信心低迷。

2. 政府积极作为，支撑经济发展的硬件基础将得到明显改善

2011 年，南非公布了《2030 年国家发展规划》，提出增加政府支出，加大在公路、铁路、港口、电力等基础设施领域投资，支持经济快速发展。《2030 年国家发展规划》是南非经济的基石，政府正在坚定不移地推进落实。南非经济发展部部长帕特尔在 2016 年的“国情咨文”议会辩论会上表示，南非 2015 年新增 71.2 万个就业岗位，集中在农业、建筑业和商业领域。2015 年，南非政府累计投资 2900 亿兰特用于基础设施建设，修建了 3 所技术学院和 2 所大学，帮助 30 万户家庭顺利通电，完成了 2.4 万千米公路的整修工作。2015 年，非洲首次超过亚洲成为南非第一大区域贸易伙伴，南非对非出口总额达 3030 亿兰特。同时，帕特尔表示在失业保险基金（UIF）的支持下，经济发展部计划将设立资金总额 50 亿兰特的基金，并与劳工部开展合作，帮助企业渡过难关。

3. 特别经济区快速发展，将为经济发展注入新动力

近几年，为鼓励工业发展、改善外商投资环境，“特别经济区”（SEZ）在南非的数量明显增加，已建成和正处在可行性研究阶段中的特别经济区包括：东开普省的 Wild Coast 特别经济区、自由省的Maluti - a - Phofung 特别经济区、豪登省的信息通信技术基地、夸祖鲁纳塔尔省的 Dube 贸易港、林波波省的 Musina 特别经济区和 Tubatse 铂金基地、普马兰加省的 Nkomati 特别经济区、北开普省的太阳能基地、西北省的铂金谷、西开普省的亚特兰蒂斯特别经济区。这 10 个项目可以分成自由港、自由贸易区、工业园和行业基地等 4 大类。在“特别经济区”内，企业所得税仅为 15%，还有建设税税务补贴和优惠的就业税政策，以

及免出口关税、增值税的双免政策。南非贸工部2016年4月12日表示，由其创立的4个特别经济区发展势头良好，据估计，目前吸引了95亿兰特来自私有部门的投资，直接创造了9976个工作岗位，以及6.5万个临时或者间接岗位。贸工部还表示，目前经济特区面临的挑战包括产能不足，缺乏资源以发展吸引投资的必要基础设施，要想让经济特区获得成功，需要三级政府密切合作。国家政府负责提供总体发展政策框架并为基础设施拨款，省级政府负责运营费用，市级政府提供土地。

4. 南非页岩气储量巨大，有潜力成为新兴生产国

世界能源理事会2016年2月发布报告称，南非有潜力成为新兴页岩气生产国。未来南非新增电力需求约为500万千瓦，卡鲁盆地附近的页岩气资源能够满足约4%的新增电力需求。为此，南非应着力加强基础设施建设，确保水资源供应，培育本土技术型人才，并为相关企业提供金融支持。近年来，电力短缺、减排压力，使得南非不得不考虑摆脱对煤炭的严重依赖。在全球页岩气技术可采总量中，非洲页岩气的技术可开采量占到15%以上。与此同时，在包揽了全球技术可开采页岩气储量85%的10个国家中，非洲国家就有3个，南非正是其中之一。南非可能拥有约390万亿立方英尺的技术上可开采页岩气，在全球技术可开采页岩气储量排名中位列第8。南非的页岩气储量主要集中在南非卡鲁盆地区域，其中Whitehill区块有大约211万亿立方英尺、Prince Albert区块拥有96万亿立方英尺左右，而Collingham区块则拥有大约82万亿立方英尺。如此海量的页岩气资源正是南非目前所需要的。南非海洋石油协会指出，一旦页岩气产业兴起，将为南非带来新的投资，还将增加就业机会，这些对拉动南非经济发展都大有裨益。据了解，壳牌于2011年获得勘探许可证，成为第一个进入南非页岩气领域的国际公司。随后，澳大利亚Bundu油气公司、美国切萨皮克能源公司和雪佛龙公司、英国Falcon油气公司相继与南非政府签订了技术合作合同。目前，整个卡鲁盆地区域已经成为非洲面积最大的页岩气开发区。

5. 不确定因素增多，资金外流呈加速态势

南非经济减速和货币大幅贬值，加上美联储加息预期的影响，以及国际大宗商品价格持续低迷，导致投资者对南非投资的热情减退。总统祖马因“装修门”被南非高院判违宪后，反对党对其发动弹劾，虽然弹劾失败，但国内政局仍然有不稳定因素。全球创业观察（GEM）2016 年报告显示，南非创业活动比较低迷，73% 的南非成年人认为从商是不错的职业选择，45% 的劳动年龄人口认为自己有能力创业，但仅有 9.2% 付诸实践，政府官僚习气严重、缺乏融资渠道和高创业成本是主要制约因素。目前，南非正经历 1999 年以来历时最长的资金外流，南非投资者纷纷将目光转向海外。据联合国贸发会议（UNCTAD）《2015 世界投资报告》，2014 年南非吸引外商直接投资为 58 亿美元，同比下降 31.2%。据联合国贸发会议数据显示，2015 年南非吸引外商直接投资（FDI）15 亿美元，大幅下降 74%。据南非《邮卫报》报道，2015 年第 4 季度对外直接投资较上季度相比几乎翻了一番，标志南非资金外流已持续了 16 个季度。

（三）南非与金砖国家的经贸关系

南非自 2010 年加入金砖国家以来，与其他金砖成员国在工业化、经济特区建设、海上合作、基础设施建设、人力资源和金融投资等领域加强合作，取得了显著进展。

1. 中国成为南非最大贸易伙伴，南非对中国货物贸易保持较大的顺差

自 2009 年开始，中国就成为南非最大的贸易伙伴、最大的出口市场和最大的进口来源地。2014 年双边贸易额 603 亿美元，同比下降 7.6%，其中，中方出口 157 亿美元，进口 446 亿美元。南非连续第 5 年成为中国在非洲最大的贸易伙伴，中国连续第 6 年成为南非最大的贸易伙伴。2015 年双边贸易额 460 亿美元，同比下降 23.66%，其中，中

方出口 158 亿美元，进口 302 亿美元。中国对南非主要出口电器和电子产品、纺织产品和金属制品等，从南非主要进口矿产品。

据南非国税局统计，2016 年 1—6 月，南非对中国出口货物 31.0 亿美元，是第一大出口目的地，占其全部出口额的 8.5%；对印度出口货物 15.51 亿美元，是第八大出口目的地，占全部出口额的 4.3%。

2. 来自金砖国家的投资不断增加，中国对非投资增长最快

根据中国驻南非使馆经商处 2015 年底的统计，南非大中型中资企业约有 140 家，累计对南投资额超过 130 亿美元，涉及矿业、金融、制造业、基础设施、媒体等领域，中方员工近 1300 人，雇佣当地员工 2 万多人，为促进南非经济发展和就业发挥了积极作用。2015 年 12 月，中国与南非签署了 26 项协议，总价值 65 亿美元，两国关系得到进一步巩固。南非的正规实际投资约 6.6 亿美元，集中在啤酒、冶金等行业。

3. 合作领域不断扩展，南非与中国的交往日益深化

2002 年，南非成为中国公民出境旅游目的地国，2010 年，南非旅游局在华设立常驻代表机构，目前已是接待中国游客最多的非洲国家之一。2015 年，中国公民赴南旅游 8.49 万人次，南非有 6.55 万多人次来华。中南多层次、多渠道文化交流与合作发展顺利。近年来，“中国文化非洲行”“感知中国·南非行”等大型活动在南非举行，反响热烈。南非多个艺术团组来华参加“国际民间艺术节”“相约北京－非洲主宾洲”等活动。目前，中国已有 10 余所大学与南非的大学建立了合作关系。湖南大学和南非斯泰伦布什大学、东北师范大学和南非比勒陀利亚大学入选中非合作论坛框架内的“中非高校 20＋20 合作计划”，分别结成了合作伙伴。截至 2015 年底，我国共有约 7100 人赴南非留学，共接收南非奖学金留学生 199 名。南非 9 所院校分别设有孔子学院或孔子课堂。新华社、人民日报、经济日报、科技日报和中央电视台在南非设有记者站，《中国与非洲》杂志在南非设有代表处，《北京周报》在南非成立了“中国与非洲传媒出版有限公司”。双方已有 30 对省市结好

建立了友省（市）关系，主要有北京市与豪登省、上海市与夸祖鲁/纳塔尔省、山东省与西开普省、浙江省与东开普省、江苏省与自由州省、杭州市与开普敦市等。根据习近平主席2013年访南同祖马总统达成的共识，中南两国将互办“国家年”。中国“南非年”于2014年在华成功举办。南非“中国年”于2015年在南非成功举办。

（四）南非在金砖国家中的角色与展望

1. 代表非洲国家，与其他金砖成员存在一定差异

“金砖四国之父”吉姆·奥尼尔（Jim O'Neil）表示，南非加入金砖国家的主要意义在于它代表了整个非洲大陆。南非贸易部部长罗伯·戴维斯表示，虽然南非并不是一个人口大国，但在一定程度上代表了整个撒哈拉以南的非洲。南非是非洲地区最重要的黄金、铂和铜生产国，其市场规模是非常可观的。因此，无论从经济规模还是从影响力上看，南非无疑都是非洲大陆最重要的国家。在论及南非在金砖国家中的政策立场时，许多学者认为不能像分析印度、巴西、俄罗斯那样，将它看作一个单一的国家，而应从非洲的角度来思考，原因是南非要保证与大多数非洲国家保持一致，特别是要与非洲联盟保持一致。

从国际认可的角度来看，1994年以后，南非外交日益活跃，而非洲大陆作为一个整体从独立以来就长期存在着以“一个声音”说话的困难，这导致南非经常被外界挑选出来作为非洲的“代言人”出席各种重要的国际会议，以非洲代表（有时几乎是唯一的代表）加入具有“全球大国俱乐部”性质的重要国际组织或机制。南非在国际舞台上发挥影响的渠道是多种多样的。有南非智库的学者就认为：南非能够成为其他非洲国家和国际社会联系和沟通的桥梁。以八国集团（G8）峰会为例，可以更清楚地看出南非代表非洲大陆的独特地位。2000—2013年的14次G8会议，在所有受邀参会的非洲国家中，南非和阿尔及利亚被邀次数最多，同为12次；尼日利亚次之，为11次。

虽然，近年来非洲大陆出现了大国之间综合实力此消彼长的局面，南非“非洲老大”的地位受到了挑战，这使其身为金砖国家唯一非洲代表的身份遭遇质疑。2014 年 4 月，尼日利亚发布更新后的统计数据，数据显示尼日利亚的 GDP 超过了南非，由此尼日利亚成为撒哈拉以南非洲的第一经济大国。虽然 21 世纪初以来，尼日利亚开始进入政治稳定期和经济高速成长期，但其综合影响和实力同南非相比仍依然有一定的距离。所以南非在某种程度上就成为诸多重大国际场合上非洲最为常见和得到较为普遍认可的对外代表。

专栏

按现价计算 2015 年南非重夺非洲第一大经济体地位

据《彭博社》2016 年 8 月 11 日报道，国际货币基金组织（IMF）发布数据，2015 年，尼日利亚国内生产总值（GDP）按现价计算为 951777 亿奈拉，折合 4902 亿美元，南非为 3129 亿美元，尼日利亚连续两年超越南非，为非洲第一大经济体。但自 2016 年以来，南非货币升值 16%，而尼日利亚自 6 月实行浮动汇率以来，奈拉兑美元汇率由 197∶1 降至 320∶1 左右的水平，贬值幅度超过 1/3。如果按照当前的汇率计算 2015 年两国 GDP 总值，尼日利亚为 2960 亿美元，南非为 3010 亿美元，即 2015 年南非 GDP 已超过尼日利亚，重夺非洲老大的地位，尼日利亚则退居第二。

2. 经济体量小，更关注经济利益

除地缘政治上的考虑外，南非的政府官员和学者更看重的是加入金砖国家对本国经济发展的推动作用，并未将金砖国家视作一个政治上可能“很有用”的平台。2015 年南非 GDP 为 3128 亿美元，在金砖国家中规模最小。很多人都质疑南非在金砖国家中的作用，南非只占世界

GDP 的 0.5%，从经济规模来看，墨西哥、沙特阿拉伯等国家都更有资格加入金砖国家阵营。

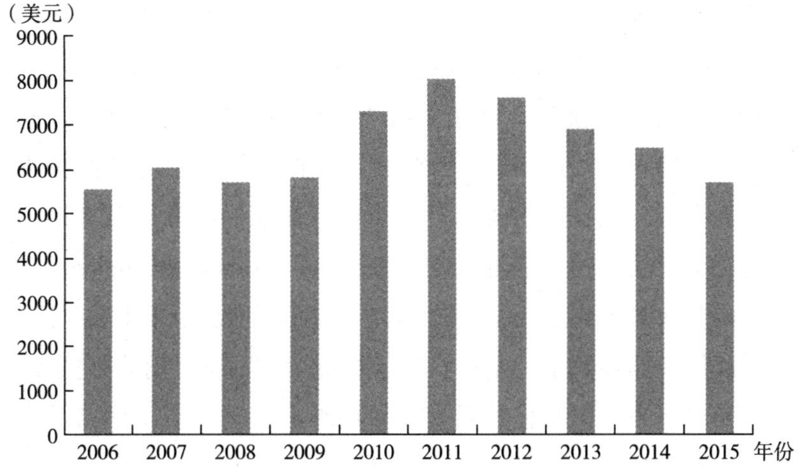

图 3-43　2006—2015 年南非人均 GDP

资料来源：南非统计局网站。

近 10 年，南非人均 GDP 超过 5000 美元，2006 年为 5553 美元，2011 年达到最高水平 8020 美元，之后由于南非汇率大幅贬值，2015 年降为 5689 美元。在南非官员和学者看来，南非加入金砖国家的经济利益至少有三个方面：一是促进南非自身经济加速发展，加入金砖国家将提升与其他几个成员国的贸易和投资关系，促进出口和投资增长，进而拉动本国经济发展。二是促进非洲经济发展，南非加入金砖国家能够间接推动非洲国家与中国、俄罗斯、印度和巴西的经贸往来，促进经济发展。三是促进南非企业“走出去”。南非官员和学者认为，南非在非洲的投资和贸易远超过中国和印度，南非与其他非洲国家的经济关系潜力已经不大，因此南非企业“走出去”到中国、印度等是大势所趋。

3. 坚持循序渐进，希望在金砖国家中发挥独特的作用

南非官员和学者普遍强调，金砖国家是个新生事物，各自适应过程可能还需要相当长的时间，目前尚无法将金砖国家视为一个能促进国际

体系改革的平台，更谈不上联盟。因此，对于金砖国家间在国际事务中的协调与配合，特别是国际货币体系改革、大宗商品价格波动、气候变化、可持续发展等问题上的协调与配合，南非官方和学者并不看好。近年来非洲大陆出现了大国之间综合实力此消彼长的局面，南非“非洲老大”的地位受到了挑战，这使其身为金砖国家唯一非洲代表的身份遭到质疑。2013 年，具有国际声誉和影响的南非原总统曼德拉去世，更使南非失去了一笔巨大的无形外交资产。按照一些西方学者的说法，曼德拉是一个事实上的“非洲大陆的外交家”(Continent Diplomat)。他的存在为南非在非洲大陆乃至国际舞台上的作用增加了不少分量，而他的故去无疑使南非损失了一笔可贵的外交资产和财富。南非虽然经济实力出现了相对下滑，但其依然具有雄厚的综合实力、丰富的自然资源、发达的教育和科技水平等优势，从而成为就综合实力而言的非洲头等强国。正如 2014 年 12 月中国国家主席习近平同南非总统祖马会谈时所指出的：“非洲雄狮已经奔跑，南非是领跑的狮子。”

南非在金砖国家中能够发挥独特的作用。近年来大部分西方舆论中一直充斥着对金砖国家集团的担忧和戒备心理，担心金砖成为挑战乃至颠覆西方主导的现有国际秩序的一股巨大力量。而南非同所有西方国家保持着良好的外交和合作关系，它既不像俄罗斯那样同西方有直接的地缘利益冲突，也不像其他金砖国家面临着同西方国家在维持领土统一与完整、民族政策、人权政策等问题上的诸多矛盾。因此，南非近年来实际上发挥着金砖国家同西方世界增信释疑的纽带作用。南非一直主张金砖国家集团不应是个封闭的集团，而应是开放、透明的。因此，南非在每次参加金砖会议后都会主动召开针对西方外交人士的通气会，向他们介绍相关情况以减少误解和疑虑。此外，南非地理位置特殊、交通基础设施较好，是进入南部非洲地区的重要门户和枢纽。南非的最大城市约翰内斯堡不仅是南非也是非洲最重要的金融中心。

4. 重视与中国的双边关系，积极发展为全面战略伙伴关系

中国与南非自 1998 年建交以来，双边关系全面、快速发展。2000

年，两国元首签署了《中华人民共和国与南非共和国关于伙伴关系的比勒陀利亚宣言》，成立高级别国家双边委员会。2004 年，双方确立了平等互利、共同发展的战略伙伴关系。2006 年，两国签署《中南关于深化战略伙伴关系的合作纲要》。2008 年 1 月，两国建立战略对话机制，并先后于 2008 年 4 月、2009 年 9 月、2010 年 11 月、2011 年 9 月、2012 年 11 月、2013 年 10 月和 2014 年 12 月举行了 7 次战略对话。2010 年两国元首共同签署《中华人民共和国和南非共和国关于建立全面战略伙伴关系的北京宣言》，将双边关系提升为全面战略伙伴关系。2014 年，双方签署《中华人民共和国和南非共和国 5－10 年合作战略规划 2015—2024》，为中南关系进一步深入发展注入了新的强劲动力。尽管西方国家批评中国在对非洲开展贸易和援助时无视那里的冲突和糟糕的人权情况，但许多非洲人还是认为中国的影响积极正面，是抗衡西方影响的健康力量。据拉美社 2015 年 12 月 2 日报道，南非总统府部长杰夫·拉德贝表示，中非关系的基础已经超越了贸易关系，而是以促进非洲大陆发展为目标的伙伴关系。在 2016 年二十国集团（G20）峰会第四次会议期间，南非 G20 事务协调人阿尼尔·苏克拉尔（Anil Sooklal）表示，金砖国家将支持中国对 G20 峰会成果的一系列关切，并将把这种支持传递给 G20 峰会；金砖国家之间需要加强协调一致，来促进增长和发展。

五、中国

（一）中国在金砖国家中的地位和作用持续提升

1. 中国经济增速明显高于金砖国家的平均水平，经济总量占金砖国家比重上升到 2/3

近几年，受全球有效需求普遍不足、大宗商品价格大幅下滑、国际贸易持续低迷、金融市场频繁震荡等不利因素叠加的影响，部分金砖国家经济增速放缓，出现资本外流、货币贬值、外储下降、汇市动荡相互作用的共振现象。但是，中国仍然保持中高速增长，经济增速明显高于金砖国家的平均水平。

表 3－5　2014—2017 年世界经济增长趋势　（%）

年份	世界经济	发达国家	新兴、发展中国家	俄罗斯	中国	印度	巴西	南非
2014	3.4	1.8	4.6	0.6	7.3	7.3	0.1	1.5
2015	3.1	1.9	4	－3.7	6.9	7.3	－3.8	1.3
2016	3.2	1.9	4.1	－1.8	6.5	7.5	－3.8	0.6
2017	3.5	2	4.6	0.8	6.2	7.5	0	1

资料来源：IMF《世界经济展望》，2016 年 4 月；2016 年和 2017 年的数据为预测值。

中国是金砖合作机制中的最重要成员，在经济规模、经济增速以及全球竞争力等方面，在金砖国家中均占据领先地位。2010 年，中国 GDP 为 57451 亿美元，占金砖国家 GDP 总和的 52.1%；而 2015 年，中国 GDP 迅速增长到 109828 亿美元，占金砖国家 GDP 总和的比重进一步上升为 66.6%。据世界经济论坛 2016 年 9 月发布的《2016—2017 年全球竞争力报告》显示，全球竞争力排名中国为第 28 位，印度第 39 位，俄罗斯联邦第 43 位，南非第 47 位，巴西第 81 位。中国继续领跑金砖国家，保持最具竞争力的新兴市场地位，对稳定金砖国家的合作发展起到了重要作用。总体上看，目前中国宏观经济运行平稳，经济保持中高速发展，各项深化改革措施正平稳有序推进，新经济快速发展，经济结构进一步转型升级，“后劲”十足，中国将在金砖国家合作发展中发挥更大的引领作用。

表 3－6　2010 年、2015 年金砖各国 GDP　单位：亿美元

序号	国家	2010 年 GDP	2015 年 GDP	2015/2010
1	巴西	20235.28	17725.89	0.88
2	中国	57451.33	109828.29	1.91
3	印度	14300.2	20907.06	1.46
4	俄罗斯	14769.12	13247.34	0.90

续表

序号	国家	2010 年 GDP	2015 年 GDP	2015/2010
5	南非	3544.14	3129.57	0.88
6	金砖国家	110300.07	164838.15	1.49
7	中国/金砖国家	52.1%	66.6%	1.28

2. 中国第三产业增加值占国内生产总值的比重超过 50%，最终消费支出对国内生产总值增长的贡献率超过 70%

近年来，中国产业结构不断优化，第三产业在 2015 年对 GDP 的增长贡献率超过 50%（见图 3－44）。截至 2016 年上半年，我国第三产业增加值占国内生产总值的比重为 54.1%，比上年同期提高 1.8 个百分点，高于第二产业 14.7 个百分点。从需求结构来看，2016 年上半年，最终消费支出对国内生产总值增长的贡献率为 73.4%，比上年同期提高 13.2 个百分点，需求结构进一步改善。从地区结构来看，中西部地区后发优势继续发挥，2016 年上半年，中、西部地区规模以上工业增加值同比分别增长 7.3% 和 7.2%，快于东部地区 0.9 个和 0.8 个百分点；中、西部地区固定资产投资（不含农户）同比分别增长 12.8% 和 13.5%，快于东部地区 1.8 个和 2.5 个百分点；节能降耗继续取得新进展，上半年单位国内生产总值能耗同比下降 5.2%。

3. 中国人民币贬值幅度较小，积极推动金砖国家加强金融合作

近两年中国人民币兑美元的汇率也出现了 10% 以上的贬值，但贬值幅度明显小于俄罗斯、巴西、南非。俄罗斯卢布在美元升值、国际油价下跌以及美欧对其实施经济制裁等因素的影响下出现大幅贬值，由 2013 年平均 1 美元兑 31.84 卢布贬至 2014 年平均 1 美元兑 38.38 卢布，再到 2015 年 1 美元兑 60.94 卢布，两年间贬值近 50%。巴西汇率也是一路下跌，由 2011 年的平均 1 美元兑 1.67 雷亚尔贬值到 2015 年平均 1 美元兑 3.33 雷亚尔，5 年间贬值了 50%。中国经济发展拥有巨大的回旋余地，呈现出稳定向好态势，人民币不存在持续贬值的基础，人民币

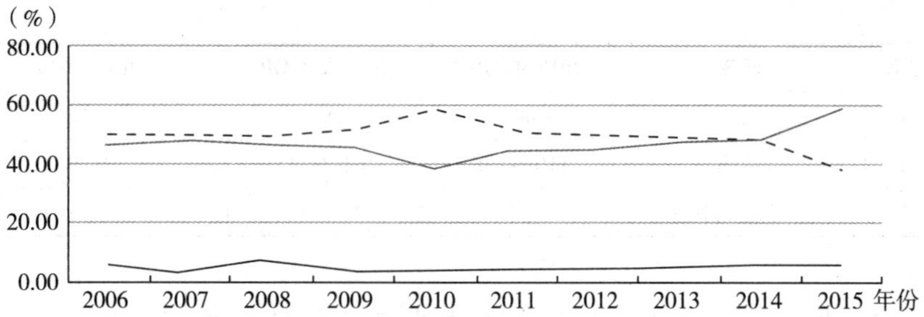

	2006年	2007年	2008年	2009年	2010年	2011年	2012年	2013年	2014年	2015年
第一产业	4.40	2.70	5.20	4.00	3.60	4.20	5.20	4.30	4.70	5.10
第二产业	49.70	50.10	48.60	52.30	57.40	52.00	49.90	48.50	47.80	37.50
第三产业	45.90	47.30	46.20	43.70	39.00	43.80	44.90	47.20	47.50	57.40

—— 第一产业　- - - 第二产业　—— 第三产业

图 3-44　2006—2015 年中国三次产业对 GDP 的增长贡献率

资料来源：国家统计局网站。

汇率将在合理均衡的水平上保持基本稳定。在人民币正式纳入 SDR 货币篮子后，人民币有望成为国际货币，汇率稳定仍是主旋律。

在中国的积极推动下，2014 年金砖国家新开发银行成立，总部设在中国上海。在同时成立的新储备基金——应急储备安排协议中，中国占了最大的股权。各国最大互换金额为：中国 410 亿美元，巴西、俄罗斯和印度各 180 亿美元，南非 50 亿美元。这两大机制的成立，为金砖国家合作注入了实质性内容，为提升中国在金砖国家中的影响力提供了平台。作为"金砖国家"中经济实力最强、贸易和投资比重最大、外汇储备最多的国家，中国将在推动"金砖国家"务实合作方面发挥更加积极的作用。

（二）中国与金砖国家的关系日益密切

自金砖国家合作机制建立以来，中国与金砖国家的经贸往来日益密切。

1. 贸易往来日益深化

（1）中俄货物贸易总体呈上升趋势，近两年降幅较大

从 2006—2015 年的数据来看（见图 3-45），中俄贸易总额在我国

进出口总值中占比较小，在 1% ~2% 浮动。2015 年，中俄双边贸易额为 680.6 亿美元，同比下降 28.6%，这主要归因于石油价格下跌较多。据海关数据显示，2016 年 1—5 月，俄罗斯与中国双边货物进出口额为 226.9 亿美元，下降 9.6%。其中，俄罗斯对中国出口 105.9 亿美元，下降 10.2%，占俄罗斯出口总额的 10.0%，上升 2.3 个百分点；俄罗斯自中国进口 121.0 亿美元，下降 9.1%，占俄罗斯进口总额的 18.9%，上升 0.3 个百分点。2016 年 1—5 月，俄罗斯与中国的贸易逆差 15.1 亿美元，基本与上年同期持平，中国是俄罗斯第一大逆差来源国。截至 2016 年 5 月，中国是俄罗斯排名第二位的出口目的地和第一大进口来源地。自 2014 年开始，美国和欧盟对俄罗斯介入乌克兰危机实施制裁，导致俄罗斯与西方之间的贸易和投资大幅减少。

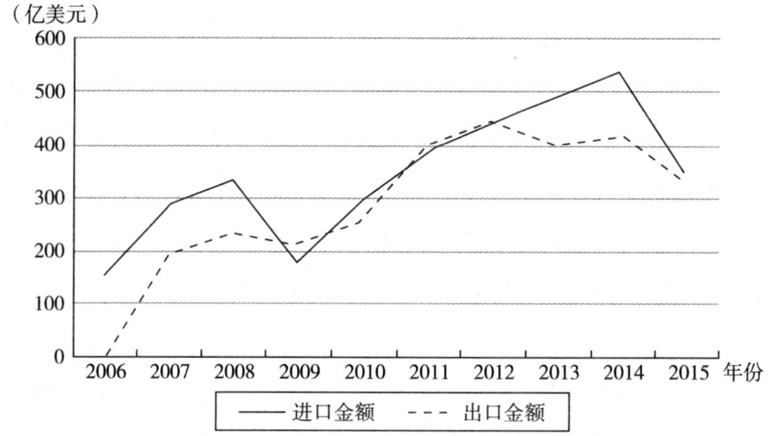

图 3－45　2006—2015 年中俄进出口贸易情况

资料来源：Wind 资讯。

（2）中印贸易规模持续扩大，中国保持较大顺差

图 3－46 显示，2006—2009 年中印贸易总额在我国进出口贸易总值的占比呈上升趋势，2009 年约为 14%，达到最高点，之后几年稳定在 10% 左右。截至 2016 年 6 月，中国是印度第五大出口目的地和第一大进口来源地。中国对印度主要出口商品有机电产品、化工产品、纺织

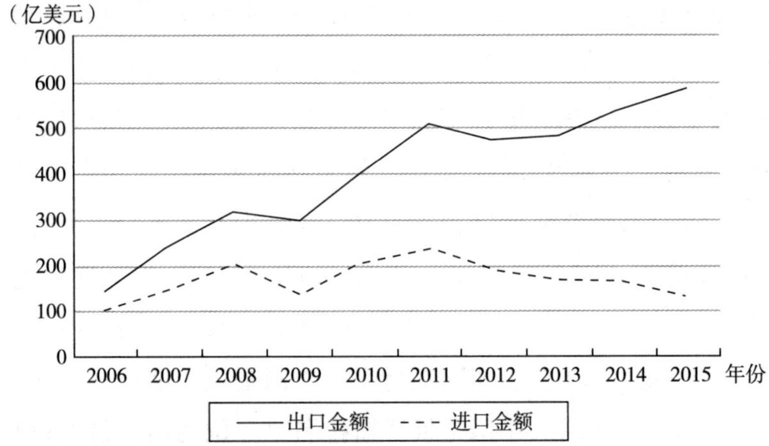

图3-46　2006—2015年中印进出口贸易情况

资料来源：Wind资讯。

品、塑料及橡胶、陶瓷及玻璃制品等。中国自印度主要进口商品有铁矿砂、铬矿石、宝石及贵金属、植物油、纺织品等。中印双边贸易健康发展，双方已完成中印区域贸易安排联合可行性研究，经济合作领域不断拓展。2015年中印双边贸易额716.2亿美元，同比增长1.5%，其中我国对印出口582.4亿美元，同比增长7.4%；我国自印进口133.8亿美元，同比下降18.2%。2016年1—6月，印度与中国双边货物进出口额为326.3亿美元，下降4.8%。其中，印度对中国出口41.2亿美元，下降19.8%，占印度出口总额的3.2%，下降0.5个百分点；自中国进口285.0亿美元，下降2.2%，占印度进口总额的17.0%，增长2.2个百分点。印度与中国的贸易逆差为243.8亿美元，同比增长1.6%。

(3) 中国成为巴西第一大出口市场，巴西是我国在拉美地区最大的贸易伙伴

从总量上看，中巴双边贸易总额10年来呈攀升之势，但在我国贸易进出口总额上占比并不大，在1%~2%的区间波动，中巴贸易互补性强，未来潜力巨大。截至2016年8月，中国成为巴西第一大出口市场和第二大进口来源地。巴西是我国在拉美地区最大的贸易伙伴。我方

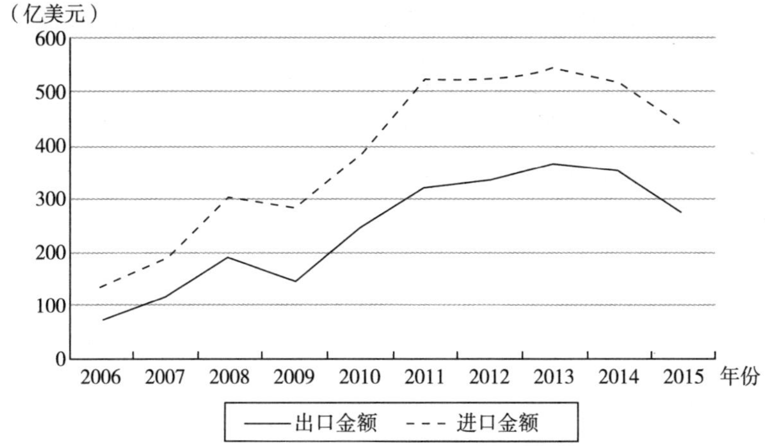

图3-47 2006—2015年中巴进出口贸易情况

资料来源：Wind资讯。

主要出口机械设备、计算机与通信技术设备、仪器仪表、纺织品、钢材、运输工具等，主要进口铁矿砂及其精矿、大豆、原油、纸浆、豆油、飞机等。2015年中巴双边贸易额为715.97亿美元，其中我方出口额274.30亿美元，进口额441.67亿美元。2016年1—8月，中巴双边货物进出口额为411.0亿美元，下降14.1%。其中，巴西对中国出口259.6亿美元，增长1.8%，占巴西出口总额的21.0%，提高1.1个百分点；巴西自中国进口151.4亿美元，下降32.3%，占巴西进口总额的16.6%，降低了1.9个百分点，巴西对中国贸易顺差108.1亿美元，增长246.5%。

（4）中国成为南非最大的贸易伙伴，近两年贸易规模有所下降

中南双边贸易总额在我国进出口贸易总值中占比也较小，近5年大致与中俄贸易规模相当。截至2016年7月，中国为南非第一大贸易伙伴，同时是南非第二大出口市场和第一大进口来源地。南非是中国在非洲最大的贸易伙伴。中国对南主要出口电器和电子产品、纺织产品和金属制品等，从南主要进口矿产品。2015年双边贸易额460亿美元，同比下降23.66%，其中中方出口158亿美元，进口302亿美元。2016年1—7月，南非与中国双边货物贸易额为110.6亿美元，下降19.7%。

其中，南非对中国出口36.4亿美元，下降23.1%，占南非出口总额的8.5%，减少1.1个百分点；自中国进口74.1亿美元，下降18.0%，占南非进口总额的17.8%，增长0.2个百分点。南非对中国贸易逆差37.7亿美元，下降12.3%。

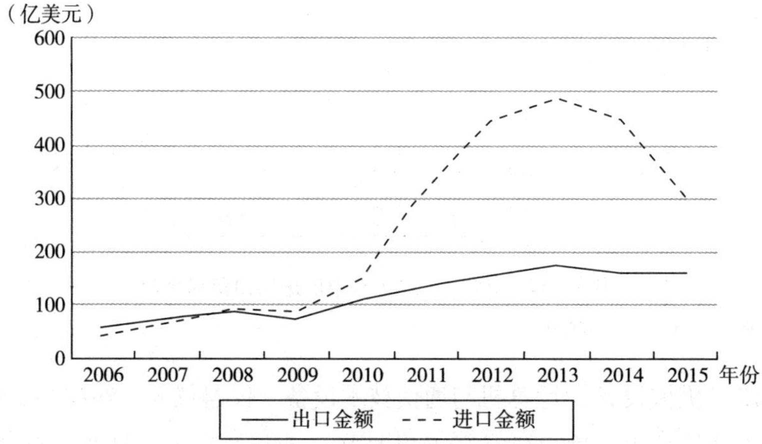

图3-48　2006—2015年中南进出口贸易情况

资料来源：Wind资讯。

2. 相互投资处于起步阶段

(1) 中国对俄罗斯投资规模较大，俄罗斯对中国投资较少

从2006—2014年中国对外投资流量数据来看，中俄双方相互投资总额只占各自对外投资额的3%左右。近年来，中俄两国从国家层面上提出了投资合作战略。2015年，中国对俄罗斯直接投资快速增长，当年流量29.61亿美元，创历史最高值，同比增速更是高达367.3%，占对欧洲投资流量的41.6%。但俄罗斯对华投资仅2900万美元，基本可以忽略不计。总体来看，中俄两国投资合作关系无论是与同处东北亚的发达经济体日本相比，还是与同为金砖国家的新兴经济体巴西、印度相比，都是落后的。考虑到中俄两国政治交往的密切程度，双方投资合作未来还有很大的拓展空间。

表 3-7 2006—2014 年中国对俄罗斯 FDI 及其占中国对外直接投资（流量）比重

年份	中国对俄罗斯 FDI/亿美元	中国 FDI/亿美元	占比/%
2006	4.52	211.6	0.021
2007	4.77	265.1	0.018
2008	3.95	559.1	0.007
2009	3.48	565.3	0.006
2010	5.67	688.1	0.008
2011	7.15	746.5	0.009
2012	7.84	878.0	0.008
2013	10.22	1078	0.009
2014	6.33	1231	0.005

资料来源：Wind 资讯。

（2）中国对印度投资不多，印度对中国投资更少

中国对印度的直接投资还处于初始阶段，呈现出投资数额小、波动大、领域窄的特点。国际金融危机以前，最高也就在 1 亿美元左右。2010 年后，中国对印度的投资开始回暖，2014 年超过 3 亿美元。中国在印度投资的领域较窄，主要集中在 IT、家电、基础设施建设。印度对中国的实际投资额也很小，但占印度对外投资总额的比重大于中国对印度投资在中国对外投资总额中所占的比重。根据联合国贸发会议公布的数据，2009 年、2010 年印度对中国的直接投资额分别为 0.55 亿美元、0.49 亿美元，而同期对外投资总额为 137.1 亿美元、168.4 亿美元。可见，目前中印间相互投资都处于初始探索阶段，相对于两国经济总量和跨境投资总量，双向投资的发展潜力十分巨大。

表 3-8 2006—2014 年中国对印度 FDI 及其占中国对外直接投资（流量）比重

年份	中国对印度 FDI/亿美元	中国 FDI/亿美元	占比/%
2006	0.05	211.6	0.0002
2007	0.22	265.1	0.0008
2008	1.01	559.1	0.0018

续表

年份	中国对印度 FDI/亿美元	中国 FDI/亿美元	占比/%
2009	-0.24	565.3	-0.000
2010	0.47	688.1	0.0006
2011	1.80	746.5	0.0024
2012	2.76	878.0	0.0031
2013	1.48	1078	0.0013
2014	3.17	1231	0.0025

资料来源：Wind 资讯。

(3) 中国对巴西投资不断增加，巴西在中国投资较少

自 1993 年建立战略伙伴关系以来，中巴两国在投资领域的合作与交往日益活跃，但仍有较大的增长空间。巴西是西半球最大的发展中国家，据联合国贸发会议发布的 2015 年《世界投资报告》显示，2014 年，巴西吸收外资流量为 625.01 亿美元。截至 2014 年底，巴西吸收外资存量为 7547.7 亿美元。如表 3-9 所示，2006—2014 年，我国对巴西直接投资流量在我对外直接投资总额占比逐年上扬，但绝对比例较低。2014 年当年中国对巴西直接投资流量 8.4 亿美元，而我国同期对外投资总额为 1231.2 亿美元。截至 2014 年末，中国对巴西直接投资存量为 28.33 亿美元。投资主要涉及采矿、木材加工和家电组装等项目。2014 年，巴西对华投资 6500 万美元，在我国吸引外商直接投资总额中占比较小。巴西在华投资领域主要涉及支线飞机制造、压缩机生产、煤炭、房地产、汽车零部件生产、水力发电和纺织服装等。从投资领域来看，巴西在基础设施投资方面存在资金缺口，为中国有实力的企业投资巴西提供了广阔的空间，可以为中巴双方创造合作双赢的未来。

表 3-9　2006—2014 年中国对巴西 FDI 及其占中国对外直接投资（流量）比重

年份	中国对巴西 FDI/亿美元	中国 FDI/亿美元	占比/%
2006	0.07	211.6	0.0003
2007	0.24	265.1	0.0009

续表

年份	中国对巴西 FDI/亿美元	中国 FDI/亿美元	占比/%
2008	0.38	559.1	0.0006
2009	0.83	565.3	0.0014
2010	3.95	688.1	0.0057
2011	1.79	746.5	0.0023
2012	1.85	878.0	0.0021
2013	1.10	1078	0.0010
2014	8.4	1231	0.0068

资料来源：Wind 资讯。

（4）近几年中国对南非投资有所下降，但投资存量依然不小

南非作为非洲大陆最大的经济体，是通往非洲其他新兴市场的重要窗口，也是世界第 27 大经济体，南非 GDP 占整个非洲大陆的 25% 左右。但受 2008 年金融危机的影响，我国在南非的投资于 2009 年陡然下降，2011 年以来，南非出现了货币贬值和资本外流等现象，从表 3－10 可以看出，2011 年、2012 年和 2013 年中国在南非直接投资是净流出状态。央行数据显示，南非 2015 年第 4 季度资金流入停滞，直接外资投资净流出 237 亿兰特。撤资影响了资金的稳定性，反映了南非在全球资金流出新兴市场的大背景下投资的脆弱性。总体来看，两国在投资方面逐渐起步，两国双向投资规模趋势性扩大。截至 2015 年底，我对南投资存量约 130 亿美元，涉及矿业、金融、制造业、基础设施、媒体等领域。南在华实际投资约 6.6 亿美元，集中在啤酒、冶金等行业。

表 3－10　2007—2014 年中国对南非 FDI 及其占中国对外直接投资（流量）比重

年份	中国对南非 FDI/亿美元	中国 FDI/亿美元	占比/%
2007	4.54	265.1	0.017
2008	48.07	559.1	0.085
2009	0.41	565.3	0.0007
2010	4.11	688.1	0.05
2011	－0.14	746.5	—

续表

年份	中国对南 FDI/亿美元	中国 FDI/亿美元	占比/%
2012	-8.14	878.0	—
2013	-0.89	1078	—
2014	0.42	1231	0.0003

资料来源：Wind 资讯。

3. 构建更加紧密的伙伴关系

（1）中俄建立全面战略协作伙伴关系

中俄 1996 年建立战略协作伙伴关系，2001 年签署中俄睦邻友好合作条约，2011 年建立平等信任、相互支持、共同繁荣、世代友好的全面战略协作伙伴关系，2014 年中俄全面战略协作伙伴关系进入新阶段。2015 年 5 月 8 日，中俄两国在莫斯科发表《中华人民共和国和俄罗斯联邦关于深化全面战略协作伙伴关系、倡导合作共赢的联合声明》。当前，两国正积极开展发展战略对接和“一带一路”同欧亚经济联盟建设对接合作，务实合作取得了新的重要成果。在双方的共同努力下，中俄全面战略协作伙伴关系处于历史最好时期，已成为促进两国发展、确保国家安全、提升国际地位的重要因素。中俄在国际和地区事务中保持密切战略协作，有力地维护了地区及世界的和平稳定。

（2）中印构建更加紧密的发展伙伴关系

1950 年 4 月 1 日中印建交。1959 年西藏叛乱后，中印关系恶化。1976 年双方恢复互派大使后，两国关系逐步改善。2003 年 6 月，印度总理瓦杰帕伊对中国进行正式访问，双方签署《中印关系原则和全面合作的宣言》。2005 年 4 月，温家宝总理访印，双方签署《联合声明》，宣布建立面向和平与繁荣的战略合作伙伴关系。2014 年 9 月 19 日，习近平主席对印度进行国事访问，中印两国在新德里发表《中华人民共和国和印度共和国关于构建更加紧密的发展伙伴关系的联合声明》。声明重申将遵守共同确定的原则与共识，愿在和平共处五项原则、相互尊重和照顾彼此关切和愿望的基础上，进一步夯实面向和平与繁荣的战略合作伙伴关系。中印两国作为两大发展中国家和新兴经济体，发展目标相通契合，两国各自的发展进程相互促进，可以实现优势互补。这一发展伙伴关系不仅符合中印的共同利益，而且有利于本地区乃至世界的稳定与繁荣。

（3）中巴建立全面战略伙伴关系

1974 年 8 月 15 日，中国与巴西建立外交关系。1993 年，两国建立战略伙伴关系。2012 年，两国关系提升为全面战略伙伴关系。2014 年 7 月 17 日，两国在巴西利亚发表《中华人民共和国和巴西联邦共和国关于进一步深化中巴全面战略伙伴关系的联合声明》。中巴关系提升为全面战略伙伴关系并建立全面战略对话机制，反映出两国关系在双边和多边领域的重要性日益提高。当前，中巴两国都在建设更加公平、繁荣的社会，在此背景下，双方继续致力于加强全面战略伙伴关系，将有助于两国国内发展和在国际事务中发挥更大的作用。

（4）中南建立全面战略伙伴关系

中国与南非于 1998 年 1 月 1 日建交。建交以来，双边关系全面、快速地发展。2000 年 4 月两国元首签署了《中华人民共和国与南非共和国关于伙伴关系的比勒陀利亚宣言》。2006 年温家宝总理访南期间，两国签署《中南关于深化战略伙伴关系的合作纲要》。2007 年胡锦涛主席对南非进行国事访问，将中南战略伙伴关系推向新的高度。2008 年 1 月，两国建立战略对话机制，并于 2008 年 4 月至 2014 年 12 月举行 7 次战略对话。2010 年 8 月，总统祖马访华期间，两国元首共同签署《中华人民共和国和南非共和国关于建立全面战略伙伴关系的北京宣言》，将双边关系提升为全面战略伙伴关系。2013 年 3 月，习近平主席对南非进行国事访问，双方发表联合公报，中南全面战略伙伴关系迈上新台阶。2014 年 12 月，总统祖马对华进行国事访问，双方签署《中华人民共和国和南非共和国 5－10 年合作战略规划 2015—2024》，为中南关系进一步深入发展注入了新的强劲动力。

（三）中国与金砖国家经贸关系面临的主要挑战

金砖国家由于各自的资源禀赋不同，发展阶段及发展战略不同，出口商品在结构上呈现出很大的异质性，本来具有一定的互补性。但金融危机后，世界经济整体增长趋缓，金砖国家内部原有贸易关系和经济循环受到冲击，加上贸易保护主义重新抬头，金砖五国间也发生了一些贸易摩擦。在这些不利因素的影响下，我国与金砖国家的多边贸易也面临着各种问题和挑战。

1. 中俄贸易结构相对单一，不利于两国贸易关系的长期稳定发展

中俄地理相近并且都是处于转型期的大国。近年来，中国和俄罗斯两国的贸易总额不断增长，但两国的贸易结构仍有诸多待完善的地方。中国自俄罗斯进口的产品中，矿产品及化工类产品所占的比例逐年提高。1993 年两者的比例只有 16%，到 2005 年其所占份额增长为 54. 19%，而在 2012 年更是达到 75. 23%。当然这也和俄罗斯面积广阔、资源丰富，中国又拥有着巨大的需求，同时两国之间的物资运输便捷有关。但是在两国的双边贸易中，产品仍比较低端，还是以原材料和能源类产品为主，其附加值较低，对资源和环境的负担较大，而且受市场波动影响较大，不利于两国经济与贸易的长期稳定发展。根据《俄罗斯联邦 2020 年前国家安全战略》，俄罗斯将“改善俄经济发展上的原料出口模式状况”，“通过平衡消费、发展先进技术及国家自然资源潜力的合理再生产，维护生态体系及自然资源的合理利用”。中国对俄罗斯自然资源和能源的庞大需求常常面临俄罗斯对相关产品出口不断调整的政策限制，出现所谓“管道线路选择”“合同续签”甚至“价格谈判”等由俄罗斯国家对外战略干预产生的问题。这也从侧面说明，随着我国科技水平的不断升级和综合国力的增强，俄罗斯对中国的技术优势正在逐渐减弱。因此，必然面临着俄罗斯对原材料和能源类产品加以“关税高峰”、非关税壁垒以及贸易救济措施等贸易保护行为。

2. 中印贸易不平衡问题突出，不利于贸易规模的持续扩大

中国与印度的经贸关系近年来发展迅猛，成为双边关系中的突出亮点，但贸易的不平衡性却随着贸易总额的扩大变得日益严重。在印度对我国出口方面，尽管在总量上持续上升，但其比重却未得到进一步的提高，2008 年甚至出现明显下降；相比之下，印度自我国进口方面，却在进口总额和进口比重上都呈持续显著的上升状态。特别是 2003 年以来，中印贸易不平衡问题日益凸显。从 2005—2015 年的数据来看，印度对我国贸易逆差持续扩大，2015 年当年贸易逆差已达 2005 年的 10 倍以上。2016 年 1—6 月，印度与中国双边货物贸易额为 326.3 亿美元，下降 4.8%。其中，印度对中国出口 41.2 亿美元，下降 19.8%，占印度出口总额的 3.2%，下降 0.5 个百分点；自中国进口 285.0 亿美元，下降 2.2%，占印度进口总额的 17.0%，增长 2.2 个百分点。印度对中国的贸易逆差为 243.8 亿美元，增长 1.6%。这种进口与出口的结构性不均衡，尤其是发生在中国和印度两个发展中国家之间，势必将会引起印度对于中国汇率政策或者出口扶持政策等因素的担忧。即使出于保护本国制造业发展的角度考虑，印度也会想方设法避免中国进口份额的进一步扩大，因此必然会给中印双边贸易前景蒙上阴影。此外，中印贸易 90% 以上的商品货物往来都是依靠穿越马六甲海峡的海上运输，运输距离长，时间长，成本高。在国际贸易中，过长的运输距离将会大大增加交易成本。中印间遥远的运输路程在一定程度上制约着两国经贸合作的发展。

3. 中巴贸易摩擦日益增多，给双边贸易带来了负面影响

巴西是与中国建立战略伙伴关系的第一个发展中国家，中巴两国加强合作有很好的政治基础，在双边贸易方面两国各有优势。但中巴双边经贸关系在快速发展的同时，客观上也常受到经贸摩擦、贸易壁垒等问题的干扰。例如，2016 年 7 月 11 日到 7 月 21 日，巴西 10 天内发起 5 起针对中国钢铁产品的反倾销调查，如此密集的反倾销调查，实属罕见。由于文化差异巨大以及地理上相隔遥远等因素的影响，加之巴西正

经历严重的经济衰退，2016 年 1 季度实际 GDP 同比增长下滑 8.1%，为 1981 年以来最低增速，中巴经贸关系中存在一些问题也是正常的。但是，中巴两国的经贸摩擦在一定程度上也是两国经贸关系快速发展的结果，用保护主义措施来限制与中国的贸易是不明智的。尽管仅巴西一国对中国产品设限对中国相关产业的影响不是很大，但其潜在影响远大于现实影响，巴西属综合实力较强的发展中大国，其国内弥漫的对“中国制造”的恐惧会对其他发展中国家产生一定的影响。

4. 中南贸易面临部分挑战，双边贸易结构有待优化

我国与南非双边贸易也存在不平衡。据中方统计，中南双边贸易中，中方一直保持少量顺差状态。然而按照南非政府的统计，南非对中国贸易存在较大的逆差。伴随着中南贸易的快速发展，中国产品大量进入南非市场，对其相关产业造成了一定冲击，两国贸易摩擦频繁发生。中国是南非提起反倾销最多的国家，大部分案件以中方败诉告终，中方被征收高额反倾销税，对中国与南非的贸易合作造成了一定的影响。同时，南非迫切希望从出口低级矿产品向出口高附加值的工业品转变，不断要求对中南双方的贸易进行商品结构优化。在进出口贸易方面，南非制造业国际竞争力较弱，出口结构以铂族金属和钻石等矿产资源原材料以及初级产品为主，受国际经济形势的影响，多数国家对铂族金属等矿产品的需求剧减，主要矿产品的价格也纷纷大幅下降，导致其出口收入减少，经常账户赤字不断增大。

（四）中国在金砖国家中的角色定位与策略选择

1. 角色定位

（1）巩固和提升中国在金砖国家的核心地位

党的十八大报告把金砖国家合作与联合国、G20、上海合作组织并列，作为我国参与全球治理的重要战略平台。习近平总书记就任国家主席后参与的首场重大多边外交活动，就是在南非德班举行的金砖国家领

导人峰会，这显示出中国新一代领导人对金砖国家合作的重视。中国是金砖国家的核心力量，金砖国家合作是中国国际战略布局的重要载体。中国战略影响力的上升，也直接体现为金砖国家战略影响力的上升。对中国而言，金砖国家合作绝不是某种战术性、策略性工具，而是一种战略性支点。金砖国家的重要性不仅要体现在经济实力的日益增长上，也要表现为全球影响力的上升，它应成为全球治理战略平台，以及全球权力结构中的重要力量。中国在金砖国家中经济总量最大，在全球经济中影响力也最大，也是金砖国家合作机制形成的首要推动者，完全有能力、有资格成为金砖国家的核心。我国应积极巩固和提高在金砖国家中的事实核心地位，主动设置合作议题，构建实体性合作机构，推动合作机制内国家以我国为中介相互合作，促进中国企业、中国人才和中国文化在合作机制内发挥主导作用。在扮演核心参与者角色的同时，也要注意考虑其他金砖国家的感受，平等互惠对待其他四国，以免过于高调和“包打一切”影响平台内的团结。

（2）成为金砖国家合作机制的设计国和引领国

金砖国家是全球化背景下国家战略合作的产物，是新兴经济体积极参与全球治理、完善国际体系的有益补充。中国从金砖国家合作机制的成立、扩容到金砖国家新开发银行的组建，一直以引领者的姿态积极推动金砖国家各领域多层次合作，为金砖国家合作注入了强劲的发展动力。目前，金砖国家已成为五国扩大沟通与合作，加强战略信任与协调的重要平台，这是中国近代历史上第一个完全自主建设的国际合作机制，是中国实现民族复兴道路上从区域大国走向全球大国的初次尝试，将为我国未来构建自己主导的国际关系体系提供宝贵经验。国际金融危机以来，国际体系处于加速调整期，为推进金砖国家合作和提升中国在国际体系调整中的影响力提供了宝贵机遇。中国要继续推进机制建设和制度创新，在金砖合作机制上努力提出“中国方案”，引领金砖国家合作下一步的发展。并以此为基础，加快积累国际规则和制度制定方面的经验，结合“一带一路”建设，在更大范围内推动国际体系朝着公正合理的方向改革。这将使中国在国际经济、政治和安全领域中享有更大的决定权，有利于维护中国自身战略利益，也有利于促进全球战略平衡和稳定。

(3) 成为金砖国家参与国际协调合作的领导者

金砖国家精神是“开放、包容、合作、共赢”。这与英国对前殖民地和附属国之间的统治型国际机制、以美国为权力中心通过制度方式进行约束的管理型国际机制，以及欧盟通过让渡主权进行治理的联盟型国际机制不同。金砖国家倡导治理型国际机制，即通过协调方式进行合作的国际机制。这种机制具有历史和现实的合理性，治理不是支配和约束，而是协调和合作，是各成员国的良性互动；治理不是领导，而是一种深化合作、共谋发展的伙伴关系，它的内涵更丰富，更符合现代国际社会的特征。G20的崛起就是一个例子，新兴大国日益成为大国协调中的重要角色。合作治理成为新的国际治理原则，预示着发展中国家的国际协调将越来越重要，将在全球事务中扮演更加重要的角色。我国应积极利用金砖国家协调机制推动完善国际治理体系，推动国际政经体制更多地按照新兴经济体的需求去改革，积极推动扩大发展中国家在国际事务中的代表性和话语权，这符合包括中国在内的所有金砖国家的长期战略利益。

2. 策略选择

(1) 扩大共同利益汇合点，增强金砖国家合作机制的吸引力

在和平与发展的时代背景下，金砖国家成员国主要致力于经济社会发展，提升国民福利，这是它们最重要的共同的利益。经济的互补有利于继续增强各国经济实力，利益的协调有利于对外发出一致的声音。因此，应该通过加强互补与协调来强化共同的利益。金砖国家在内部合作方面，政治互信度还比较低，经贸合作存在一定的不确定性和不稳定因素，新兴大国容易因自身崛起而产生利益争夺，但这都是成长中的烦恼，是可以在合作发展中解决的。应当看到，金砖国家加强团结合作，发挥互补优势，相互提供更多的贸易和投融资机会，有利于深挖合作潜力，共同应对各种风险和挑战，努力保持各自经济包容性增长，同时有

助于世界经济平衡发展，推动新兴市场国家和发展中国家在全球经济发展中发挥更大的作用。这不仅是巩固和加强中国与金砖国家共同利益的重要途径，也是我国延长和扩大战略机遇期的需要。

（2）倡导合作共赢的理念，形成金砖国家合作的长效机制

协调是金砖国家治理型国际机制的核心方式。虽然金砖国家之间存在共同的发展愿望和广泛的合作基础，但由于地缘政治地位、政治制度环境、经济发展水平和文化文明传统不尽相同，成员国之间的政治经济利益诉求存在一定的分歧和潜在冲突的可能，这与经济合作与发展组织和 G7 的高度整合不同。但金砖各国同属新兴国家的代表，都在现有的国际体系中处于相对不利地位，金砖国家之间的合作协调大于矛盾冲突。能否以一种明确的“金砖精神”有效协调各国立场，在国际舞台上抵消西方的压力，维护和巩固共同的权益，这种战略合作能力是决定金砖国家战略影响力的关键。金砖国家合作机制构建过程中，坚持协调方式进行合作是一种必然的选择，中国应该坚持这种协调治理机制，凡是涉及与金砖国家议程相关的内容，都要力争在金砖国家机制内形成统一意见并建立长效机制。

（3）促进金砖国家“抱团取暖”，共同推动全球治理变革

实力是主导性国际力量对自身定位的依据之一。因为实力的增强，金砖国家要求改变不合理的国际体系；因为相对于西方的实力劣势，金砖国家“抱团取暖”，共同要求全球治理变革。但是又因为实力发展的需要，金砖国家仍将是现行国际体系的遵循者。然而，一旦金砖国家合作能够及时磋商和有效协调，在 G20、联合国、WTO、IMF 和世界银行等国际政治经济体系框架内统一立场，在经济发展、贸易规则、环保标准等各专业领域保持一个步调，就会动摇西方发达经济体目前的支配地位，有利于为发展中国家争取更多的权益，进而有力推动全球治理变革。在当今国际政治经济环境下，发展中国家要求全球治理变革必将是一个渐进反复的过程，金砖各国要团结一致，共同应对挑战，为自身发

展创造更多的有利条件。

（4）加强文化交流，促进金砖国家民心相通

金砖国家合作机制是不同文化的集合体，追求一致统一的认识是困难的。而加强文化交流，打破文化的隔阂，有助于减少彼此间的疑虑。中国战略文化中的一个重要取向是向内求取而非对外索要，这在一定程度上决定了中国对外战略重视周边，目的不是为向外扩张提供战略跳板，更不是为谋求“统治世界”提供战略支撑，而是为中国自身的稳定健康发展营造一个良好的环境，这是中国能够在国际合作中倡导平等文化交流的战略基础。以美国为主导的西方不会轻易放弃其目前具有的文化优势地位，而且不断试图以自己的文化改造发展中国家。在新兴大国短期内没有足够能力改变这种格局的情况下，我国可以在金砖国家机制层面推动不同文化交流与合作，重点推进中国党和政府与各国政府、政党和政治组织的交流，加大地方、民间交流力度，使金砖国家机制最终塑造成一种不同于西方模式的文化合作典范。

（5）推动金砖国家设立常设机构，深入开展务实合作

金砖国家自成立伊始便奉行不结盟政策，与八国集团等发达国家合作机制不同，“金砖国家合作”不是新的大国集团，不是政治同盟，而是发展伙伴。但是不设常设机构也没有解决争议的仲裁机构的松散架构却在“务实”上大打折扣，影响了战略沟通渠道的畅通，也弱化了战略沟通的效果。组织是金砖国家治理型国际机制的载体，组织建设是制度建设的深入，将会增强金砖国家机制的执行力。金砖国家应该从两个层面推动组织建设：一是机制层面，如设立秘书处，它独立于现有的机制，是运作和执行的中心。二是专业领域，可以利用金砖国家间在金融、贸易、能源领域的互补性开展专业组织建设。如目前已成立的金砖国家新开放银行和应急储备安排，就属于金融领域的组织化建设。

（本章第一部分执笔人：梅冠群；第二部分执笔人：李金波；第三部分执笔人：窦勇；第四部分执笔人：李锋；第五部分执笔人：赵春哲）

第四章

CHAPTER FOUR

金砖国家扩容的重要意义与潜在成员分析

2010年，南非作为新成员国正式加入金砖国家，这是金砖国家第一次扩容，标志着这一新兴国家的代表性机制已经涵盖了来自美洲、欧洲、亚洲和非洲的主要大国。尽管金砖国家目前面临种种困难和挑战，但是金砖国家不会停止适度扩容的步伐。2013年以来，一股关于“金砖褪色”和“金砖失色”的论调逐渐萌生。美国著名国际关系学者约瑟夫·奈于2013年4月在新加坡《联合早报》上发表《没有粘结在一起的金砖》一文，质疑金砖国家的未来发展前景，认为：尽管金砖国家这个组织或许有助于协调某些外交策略，但是无论在经济上还是在战略上都“没有办法团结起来”，没有必要把金砖国家当作“必须认真看待的政治组织”。2013年8月26日《金融时报》刊登美国彼得森国际经济研究所高级研究员安德斯·奥斯伦德撰写的题为《金砖四国错失改革良机》的文章，断言：金砖四国的盛筵已经散场，它们能否恢复活力，取决于它们能否在严峻时期开展改革；因为缺乏勇气，它们已经错失了在繁荣时期改革的机会。欧美一些知名智库和学者对金砖合作的转型前景进一步提出质疑。唱衰金砖的登峰之作则是“脆弱五国”概念的提出——巴西、印度和南非三个金砖国家同土耳其、印度尼西亚一起，被视作新兴经济体荣光不再的标志。为应对“金砖衰退论”和“金砖褪色论”，金砖国家目前一方面加强国内改革与结构调整，另一方面逐步推进金砖国家合作机制的转型。回顾金砖国家合作的历史可以清楚地看出，在渴望自强和发展的推动下，金砖国家正迅速完成从资本市场投资概念到国际政治战略力量的历史性转变，实现从侧重经济治理、务虚为主的对话论坛向政治经济并重、务虚和务实相结合的全方位协调机制的转型。到 2016 年，金砖国家合作机制已经相当广泛，除原有的经贸部长会议、农业部长会议、财长和央行行长会议、安全事务高级代表会议、国家统计局长会议、地方政府论坛、工商论坛、智库论坛等专门对话机制以外，金砖国家还将合作交流领域进一步推广到科技、教育、海关、税务以及禁毒等领域，不断把“金砖”扩大、做实。目前，印度尼西亚、土耳其、墨西哥等国家被认为是未来的热门“金砖”候选国。金砖国家在当前的主要任务还是加深与夯实内部合作及落实已经达成的共识，未来更可能采取“金砖 + N”的模式，条件成熟时适度吸收新成员。

一、金砖国家扩容的重要意义

（一）增强金砖国家的代表性，提升整体话语权

2010 年，南非加入金砖国家合作机制，使金砖国家有了非洲的声音，从而更具代表性。如果阿根廷、印度尼西亚、韩国、墨西哥、沙特阿拉伯和土耳其 6 国加入金砖国家，则代表了整个新兴经济体，将成为新兴经济体实现合作共赢的重要平台。G20 的形成本身就说明以 G8 为代表的发达国家在处理全球性金融危机时已经感到力不从心。随着新兴经济体总体实力的不断上升，世界政治经济格局出现重大变化，全球治理需要新动力、新思路、新模式，以适应形势的重大变化。世界需要一个包容发达国家、新兴经济体和发展中国家，灵活高效的“新多边主义”。新兴经济体集体崛起也标志着全球治理出现了从“西方治理”向“东西方共同治理”的历史性转折。金砖国家扩容顺应了时代要求，符合新兴经济体的整体利益，有利于创新经济增长方式、更高效地开展全球经济金融治理、推动强劲的国际贸易和投资、实现包容和联动式发展。金砖国家扩容有利于增加发展中国家和新兴经济体的话语权和决策权，更大地发挥这些国家的优势和作用，为全球治理注入新的血液、新

的思想、新的理念，使之更加公正、公平、合理，并为世界经济增长提供新动力。

（二）增强金砖国家的包容性，惠及更多发展中国家

从三亚峰会开始，每次金砖峰会领导人通过的宣言都会制订金砖国家行动计划，为“金砖”务实合作规划了明确的路线图。“金砖”最重要的意义在于突破了传统国际关系理论对于国家间合作关系的解读，特别是现实主义视角下的国家结盟模式。参加金砖合作的国家都是全球或地区性大国，但是金砖国家从一开始就拒绝封闭的“俱乐部模式”，对其他国家和国际、区域性组织的联系与合作持开放态度。金砖国家从德班峰会开始，在峰会期间召开金砖国家与东道国所在地区领导人的会谈，当年就召开了金砖国家和非洲领导人的会议。2014 年，在金砖国家领导人峰会期间在福塔莱萨召开了金砖国家和拉美及加勒比国家领导人对话会。因此，金砖国家的发展将是开放并惠及其他发展中国家的。金砖国家扩容正是践行开发合作理念的最好体现，能够让金砖国家合作机制惠及更多的国家。

（三）增强金砖国家的可持续性，推动实体性合作

金砖国家的合作还应从增进发展中国家整体力量和实现共同繁荣的角度进行谋划。金砖国家扩容有利于寻求金砖国家成员的最大公约数，有利于制定促进金砖国家持续发展的制度性安排。2014—2015 年 E11 经济体签署并生效的贸易协定共有 11 个，如何在金砖国家的框架下整合 E11 各经济体签订的自由贸易协定谈判，则可能建立金砖国家自贸区，为金砖国家发展提供最强大的制度支持。以中国为例，近两年生效的自由贸易协定包括：中国 - 冰岛自由贸易区协定、中国 - 瑞士自由贸易区协定、中国 - 澳大利亚自由贸易区协定、中国 - 韩国自由贸易区协定，目前正在谈判的自贸区包括中日韩自贸区、区域全面经济合作伙伴关系协定（RCEP）；正在研究的自贸区包括中国 - 印度自贸区等。同

时，2015 年土耳其与新加坡、韩国与越南签署了双边自由贸易协定。金砖国家扩容有利于推动实体性合作，共同应对各种经济下行的风险和挑战，加强对外经贸合作，并在世界经济中发挥重要的作用。

表 4-1　2014—2015 年 E11 经济体签署并生效的贸易协定

序号	协定名称	覆盖范围	协定类型	生效日期
1	中国－冰岛自由贸易区协定	货物与服务	自由贸易协定、经济一体化协定	2014 年 7 月 1 日
2	中国－瑞士自由贸易区协定	货物与服务	自由贸易协定、经济一体化协定	2014 年 7 月 1 日
3	澳大利亚－韩国自由贸易区协定	货物与服务	自由贸易协定、经济一体化协定	2014 年 12 月 12 日
4	加拿大－韩国自由贸易区协定	货物与服务	自由贸易协定、经济一体化协定	2014 年 12 月 12 日
5	欧亚经济联盟协定	货物与服务	关税同盟、经济一体化协定	2015 年 1 月 1 日
6	亚美尼亚加入欧亚经济联盟协定	货物与服务	关税同盟、经济一体化协定	2015 年 1 月 2 日
7	塞舌尔加入南部非洲发展共同体协定	货物	自由贸易协定	2015 年 5 月 25 日
8	吉尔吉斯斯坦加入欧亚经济联盟协定	货物与服务	关税同盟、经济一体化协定	2015 年 8 月 12 日
9	中国－澳大利亚自由贸易区协定	货物与服务	自由贸易协定、经济一体化协定	2015 年 12 月 20 日
10	中国－韩国自由贸易区协定	货物与服务	自由贸易协定、经济一体化协定	2015 年 12 月 20 日
11	韩国－新西兰自由贸易区协定	货物与服务	自由贸易协定、经济一体化协定	2015 年 12 月 20 日

二、金砖国家扩容潜在成员的总体情况

新兴经济体是最有可能成为金砖国家的潜在成员。博鳌亚洲论坛 2010 年会发布的《新兴经济体发展 2009 年度报告》首次提出“E11”（新兴经济体 11 国）的概念，将 G20 国当中的阿根廷、巴西、中国、

印度、印度尼西亚、韩国、墨西哥、俄罗斯、沙特阿拉伯、南非和土耳其等 11 个国家作为一个新兴经济体进行整体研究。除了金砖国家成员，阿根廷、印度尼西亚、韩国、墨西哥、沙特阿拉伯和土耳其 6 国近 10 年经济表现突出。2015 年，E11 的国内生产总值占全球比重达到 28%。

（一）新兴经济体经济总量不断扩大，占世界经济四分之一强

《新兴经济体发展 2016 年度报告》显示，2015 年，在外需萎缩和内需低迷的双重压力下，E11 的经济总量占全球的份额仍在提升，由 2010 年的 24.58% 上升到 2015 年的 28.25%，上升了 3.6 个百分点。阿根廷、印度尼西亚、韩国、墨西哥、沙特阿拉伯和土耳其 6 国近 5 年的经济规模都在增长，其中，阿根廷增长了 67%，沙特阿拉伯增长了 50%，韩国增长 40%，印度尼西亚增长了 24%，墨西哥增长了 14%，土耳其增长了 1%，经济表现明显好于巴西、俄罗斯和南非。

表 4-2　2010 年和 2015 年 E11 各经济体的 GDP　　单位：亿美元

序号	国家	2010 年 GDP	2015 年 GDP	2015/2010
1	阿根廷	3510.15	5856.23	1.67
2	巴西	20235.28	17725.89	0.88
3	中国	57451.33	109828.29	1.91
4	印度	14300.2	20907.06	1.46
5	印度尼西亚	6950.59	8589.53	1.24
6	韩国	9862.56	13768.68	1.40
7	墨西哥	10040.42	11443.34	1.14
8	俄罗斯	14769.12	13247.34	0.90
9	沙特阿拉伯	4344.4	6532.19	1.50
10	南非	3544.14	3129.57	0.88
11	土耳其	7290.51	7336.42	1.01
12	E11	152298.7	218364.54	1.43
13	世界	619634.29	773000	1.25
14	E11/世界	24.58%	28.25%	1.15

资料来源：国际货币基金组织 2016 年 4 月发布的《世界经济展望》。

阿根廷、印度尼西亚、韩国、墨西哥、沙特阿拉伯和土耳其6国的人均GDP除印度尼西亚之外，都在9000美元以上，远高于金砖国家的平均水平。2015年，阿根廷人均GDP为13589美元，沙特阿拉伯人均GDP为20813美元，韩国人均GDP为27195美元，墨西哥人均GDP为9009美元，土耳其人均GDP为9437美元。同时，印度尼西亚和墨西哥的人口均超过1亿人，2015年，印度尼西亚人口为2.58亿人，墨西哥人口为1.27亿人，市场潜力较大。

表4-3　2015年E11各经济体人均GDP和人口数量

序号	国家	人均GDP/美元	人数/万人	所属洲
1	阿根廷	13589	4340	南美洲
2	巴西	8670	20800	南美洲
3	中国	7990	136700	亚洲
4	印度	1617	13300	亚洲
5	印度尼西亚	3362	25800	亚洲
6	韩国	27195	5060	亚洲
7	墨西哥	9009	12700	北美洲
8	俄罗斯	9055	14400	欧洲/亚洲
9	沙特阿拉伯	20813	3150	亚洲
10	南非	5695	5500	非洲
11	土耳其	9437	7866	亚洲/欧洲

资料来源：国际货币基金组织2016年4月发布的《世界经济展望》。

（二）新兴经济体经济增长出现分化，但仍高于世界平均水平

在外需萎缩和内需低迷的双重压力下，E11经济增速分化不断扩大。得益于较好的人口条件以及较为合理的宏观经济政策，印度经济已进入中高速增长的通道，2015年经济增长率达到7.6%。中国通过全面深化改革，2015年经济实现了6.9%的中高增速。在美欧制裁、油价下跌、卢布贬值和地缘政治等多重因素的共同作用下，2015年俄罗斯经济出现了较大幅度的萎缩，经济增长率为-3.7%，衰退程度创金融

危机以来新高。受政局动荡、外需不振以及国内需求严重萎缩等负面因素的影响，2015 年巴西经济陷入大幅衰退，经济增长率为 -3.8%。在金砖国家备选的6 国中，2015 年，印度尼西亚、土耳其、沙特阿拉伯、韩国、墨西哥、阿根廷的经济增长率分别为 4.8%、3.8%、3.4%，2.6%、2.5%、1.2%，印度尼西亚、土耳其、沙特阿拉伯 3 国的经济增速高于世界平均水平。虽然 2015 年 E11 经济走势趋缓，但仍高于发达经济体和世界经济的平均增长率。

表 4-4　2005—2015 年 E11 各经济体 GDP 增长率　（%）

年份	阿根廷	巴西	中国	印度	印度尼西亚	韩国	墨西哥	俄罗斯	沙特阿拉伯	南非	土耳其	E11	世界
2005	9.2	3.1	11.3	9.3	5.7	3.9	3.0	6.4	7.3	5.3	8.4	7.8	4.88
2006	8.4	4.0	12.7	9.3	5.5	5.2	5.0	8.2	5.6	5.6	6.9	8.7	5.56
2007	8.0	6.0	14.2	9.8	6.3	5.5	3.1	8.5	6.0	5.4	4.7	9.5	5.67
2008	3.1	5.0	9.6	3.9	7.4	2.8	1.4	5.2	8.4	3.2	0.7	6.2	3.04
2009	0.1	-0.2	9.2	8.5	4.7	0.7	-4.7	-7.8	1.8	-1.5	-4.8	3.9	0.01
2010	9.5	7.6	10.6	10.3	6.4	6.5	5.1	4.5	4.8	3.0	9.2	8.5	5.43
2011	8.4	3.9	9.5	6.6	6.2	3.7	4.0	4.3	10.0	3.2	8.8	7.2	4.22
2012	0.8	1.8	7.7	5.1	6.0	2.3	4.0	3.4	5.4	2.2	2.1	5.4	3.49
2013	2.9	2.7	7.7	6.9	5.6	2.9	1.4	1.3	2.7	2.2	4.2	5.5	3.34
2014	0.5	0.1	7.3	7.3	5.0	3.3	2.1	0.6	3.5	1.5	2.9	5.1	3.42
2015	1.2	-3.8	6.9	7.6	4.8	2.6	2.5	-3.7	3.4	1.3	3.8	4.5	3.2

资料来源：国际货币基金组织历年发布的《世界经济展望》，E11 各国经济增长率来自博鳌亚洲论坛授权发布的《新兴经济体发展 2016 年度报告》。

（三）国际大宗商品价格显著下跌影响巨大，新兴经济体贸易金融形势更加严峻

由于石油、钢铁、煤炭等国际大宗商品价格大幅下跌，新兴经济体多数受到冲击，特别是依赖大宗商品出口的国家。对不同国家来说，大宗商品价格下跌提振或抑制经济的结果及其程度并不相同，大宗商品价格下跌会造成贸易福利由生产国转向消费国。2015 年国际原油价格下跌

约47%，这意味着大约1.6万亿美元的福利由石油生产国转移给了全球消费者和石油进口国。多数发达国家从中受益，而新兴市场和发展中经济体中的产油国却蒙受了较大损失。油价下跌对E11各国的影响亦不相同。因油价下跌而获得的收入转移相当于其2014年GDP 2%～4%的国家有印度、南非和韩国；因油价下跌而获得的收入转移相当于其2014年GDP的0～2%的国家有中国、印度尼西亚和土耳其；而阿根廷、墨西哥和俄罗斯因油价下跌导致的损失占各自2014年GDP比重分别为0.03%、1.6%和4.2%，最严重的沙特阿拉伯损失了其2014年GDP规模的16.8%。①

受全球贸易保护主义抬头，外需低迷、石油等大宗商品价格下降以及全球汇率市场大幅波动等因素的影响，E11对外贸易面临的环境更加复杂，贸易增速总体大幅下滑，占全球贸易的份额总体呈下降趋势。

表4-5　2005—2015年E11货物进出口总额

年份	巴西进出口总额/亿美元	中国进出口总额/亿美元	印度进出口总额/亿美元	俄罗斯进出口总额/亿美元	南非进出口总额/亿美元	金砖国家进出口总额/亿美元	金砖国家占世界/%	中国占金砖国家/%	中国占世界/%
2005	1921	14219	2412	3402	1020	22974	11.1	61.9	6.9
2006	2291	17604	2994	4394	1211	28494	11.9	61.8	7.4
2007	2813	21762	3645	5520	1439	35179	12.8	61.9	7.9
2008	3711	25633	4976	7350	1616	43286	13.7	59.2	8.1
2009	2806	22072	4432	4726	1176	35213	14.4	62.7	9.0
2010	3778	29738	5704	6260	1656	47136	15.8	63.1	10.0
2011	4823	36418	7639	8231	2107	59217	16.6	61.5	10.2
2012	4657	38670	7785	8410	2034	61556	17.7	62.8	11.1
2013	4818	41590	8027	8422	1987	64844	19.3	64.1	12.4
2014	4542	43004	7769	7845	1905	65065	17.1	66.1	11.3
2015	3626	39635	6551	5267	1492	56571	17	70.1	11.9

资料来源：UN Comtrade Database.

① 资料来源于博鳌亚洲论坛发布的《新兴经济体发展2016年度报告》。

全球贸易保护主义措施成为 E11 国家对外贸易艰难复苏的主要掣肘因素之一。2015 年，全球新的贸易保护主义措施仍然层出不穷，贸易保护主义的抬头趋势仍未得以扭转。英国经济政策研究中心发布的《全球贸易预警》报告显示，2014 年 10 月至 2015 年 10 月全球新增贸易保护措施 324 项，其中 E11 国家新增贸易保护主义措施总计达 278 项。尽管全球主要经济体在促进贸易自由化方面取得了一些新的进展，但进展较为缓慢。

近些年，E11 各国货币相对美元汇率均出现不同幅度的贬值。2015 年 E11 国家中，年度汇率均值贬值幅度最大的是俄罗斯卢布，其相对美元贬值了 54.5%；其次是巴西雷亚尔和土耳其里拉，分别相对美元贬值了 34.3% 和 21.4%。造成 E11 国家汇率贬值的原因是多方面的，它既受美国经济的基本面表现以及美国货币政策的影响，也与投资者对 E11 国家的经济形势和货币政策变化趋势的预期以及各国政府稳定外汇市场的工具和能力有关。部分国家还受到经济制裁、主权评级调整甚至地缘政治环境变化等其他因素的影响。2015 年，标准普尔对巴西、俄罗斯和土耳其的主权投资评级做了下调处理。在股票市场上，2015 年 E11 各国的股票市场波动加剧，并且与外部市场的联动性更加显著。2015 年第 3 季度，E11 各国的股票市场出现了集体性暴跌，其中俄罗斯、中国、印度尼西亚、阿根廷和巴西的综合股指分别较第 2 季度下跌了 18.6%、16.1%、12%、11.6% 和 11.4%。

（四）新兴经济体人口规模大，年龄结构相对较轻

金砖国家潜在成员国不仅具有经济优势，还具有人口优势。E11 人口规模大，年龄结构相对较轻。根据世界银行的统计数据，2014 年 E11 总人口达 36.4 亿人，占全球人口总量的 50.2%。除中国、印度两大人口国之外，印度尼西亚、巴西、俄罗斯和墨西哥都是人口超过 1 亿的大国。根据 IMF 的估算，2016 年 E11 国家人口的年均增长率均值为 1.02%，远高于 G7 国家的 0.44%；其中，沙特阿拉伯、南非、印度、

印度尼西亚、墨西哥、土耳其和阿根廷人口增长率均超过 1%。与 G7 国家相比，E11 国家相对也更加年轻，65 岁以上老龄人口比重 2014 年均值为 7.78%，而 G7 国家平均高达 19.29%。不过，分国别而言，俄罗斯、韩国、中国和阿根廷国内 60 岁以上人口比重分别达到 20.8%、18.5%、15.2% 和 15.1%，超过了 12.3% 的世界平均水平，巴西和土耳其的这一比例也超过了 10%，按联合国标准均已经进入老龄化社会。仅有南非、印度和沙特阿拉伯等国 0～14 岁人口占比均超过 28%，仍将继续享受人口红利。

三、金砖国家扩容首选成员的基本情况

近 5 年，阿根廷、印度尼西亚、韩国、墨西哥、沙特阿拉伯和土耳其 6 国的经济表现明显好于巴西、俄罗斯和南非，除印度尼西亚之外 5 国的人均 GDP 都在 9000 美元以上，远高于金砖国家的平均水平。考虑到沙特阿拉伯和韩国人均 GDP 均超过了 2 万美元，相对发达，明显高于金砖国家的平均水平，而阿根廷的经济体量较小，选取人口最多的 3 个国家作为金砖国家扩容的首选成员：印度尼西亚（2.58 亿人）、墨西哥（1.27 亿人）、土耳其（0.79 亿人），经济水平与金砖国家接近，发展诉求与金砖国家相似。

（一）印度尼西亚：具有极大后发优势，是金砖国家扩容的首选

印度尼西亚是世界上最大的群岛国家，由太平洋和印度洋之间约 17508 个大小岛屿组成，陆地面积约 190.4 万平方千米，海洋面积约 316.6 万平方千米（不包括专属经济区）。印度尼西亚人口超过 2.48 亿人（2013 年），仅次于中国、印度、美国，居世界第 4 位。印度尼西亚是东南亚国家联盟创立国之一，也是东南亚最大经济体及二十国集团成员国。2016 年 7 月，受印度尼西亚科学院经济研究中心、印度尼西亚

中华总商会等机构邀请，中国国际经济交流中心课题组由陈文玲总经济师带队赴雅加达，对印度尼西亚政治、经济、社会等各方面问题进行深入调研。调研组深切地感到，印度尼西亚作为东盟地区的“领头羊”和具有极大后发优势的国家，是金砖国家扩容的首选。

1. 印度尼西亚具有独特优势和巨大发展潜力，当前和今后一个时期，必将成为世界经济发展中一颗耀眼的新星

印度尼西亚曾是“亚洲四小虎”之一，从 20 世纪 60 年代末至今，除 1997 年东南亚金融危机造成经济衰退外，印度尼西亚经济总体保持高速增长，近 20 年增长率一直保持在 5% ~6%。我们判断，尽管印度尼西亚经济高速增长已持续 40 多年，但仍具有巨大的发展潜力。据世界银行预测，未来 10 年印度尼西亚实际 GDP 增长将会继续保持在 5.5% 左右。这主要得益于印度尼西亚以下几方面的独特优势：

(1) 印度尼西亚作为全球海上交通“十字路口”，具有独特的区位优势

印度尼西亚地处太平洋和印度洋的连接区，东侧是世界经济中规模最大、最为繁荣的亚太经济圈，西侧是发展潜力巨大、将会成为世界经济新增长极的环印度洋经济圈，北侧是经济长期高速增长的东亚地区，南侧是经济发达的大洋洲地区，可以说印度尼西亚是承东启西、联通南北的世界经济“十字路口”，正逐渐成为全球商流物流汇聚之地。得天独厚的区位条件赋予了印度尼西亚十分重要的地缘优势。

(2) 印度尼西亚具有巨大的人口红利，劳动力优势使之成为承接全球新一轮制造业转移的要地

印度尼西亚人口 2.58 亿，是世界第四人口大国，占东盟总人口的 41%，其中工作年龄人口（15 ~64 岁）1.73 亿，约占总人口的 67%，劳动力资源十分丰富。且印度尼西亚仍在鼓励人口生育，当地人说，目前雅加达对每个新生儿每月会补助 300 元人民币，每家每户两三胎乃至

更多胎十分普遍。印度尼西亚劳动力成本十分低廉，据了解，雅加达及西爪哇地区劳动力成本为每月 250 ~ 280 美元，其他地区每月 100 ~ 150 美元，仅相当于我国一般非技术劳动力成本的 1/5 ~ 1/4。受益于“人口红利”，印度尼西亚劳动密集型产业极具竞争力。

（3）随着经济发展和居民收入水平提高，印度尼西亚将成为最具活力的市场大国之一

2015 年印度尼西亚经济总量为 8589 亿美元，排世界第 16 位，已成为市场规模较大的国家。伴随着人口增长和居民收入水平提高，其市场规模还将进一步扩大。目前印度尼西亚拥有中产阶级 1730 万户，位居世界第四，据 Euromonitor 预测，到 2030 年将会增加到约 2000 万户，将构成一个庞大稳定的中产阶级消费群体。高速推进的城镇化进程也将成为印度尼西亚市场扩张的重要驱动力，目前印度尼西亚城镇化率仅约为 50%，预计到 2025 年很有可能提高 15 个百分点，这就意味着还有近 4000 万人将要从农村迁移到城镇，这必然导致印度尼西亚内需的爆发式增长。

（4）印度尼西亚资源能源储量丰富，可以长期支撑其经济的高速增长

印度尼西亚能矿资源十分丰富，煤炭资源储量约为 580 亿吨，石油储量约 1200 亿桶，天然气储量 123589 兆亿立方米，铜、锡、铝土矿等储量也很高，是全球重要的能源矿产富集区。与此同时，森林资源、渔业资源、耕地资源以及旅游资源均十分丰富。随着印度尼西亚开始承接全球制造业转移，这些能矿资源将成为其经济增长的重要支撑。

印度尼西亚政治稳定，人民生活祥和，经济社会发展呈现出勃勃生机、欣欣向荣的局面，印度尼西亚社会各界对于未来发展均抱有强烈信心和乐观态度。尽管印度尼西亚经济发展水平总体仍较为滞后，也存在城乡和区域发展差距过大等问题，但发展潜力巨大、后发优势明显，未来印度尼西亚必将会成为全球经济的新亮点。

2. 印度尼西亚积极调整发展战略，可与金砖国家找到更多利益交汇点

（1）打造中等强国，实现由区域性大国向全球性大国的转变

印度尼西亚长期被殖民的历史赋予了该国十分强烈的发展诉求，一直希望获取更加独立自主的大国强国地位。近年来印度尼西亚进一步提出了“中等强国”战略：一方面致力于发展经济，2015 年印度尼西亚人均 GDP 仅 3370 美元，仍是一个中低收入国家，但印度尼西亚希望未来进一步加速经济发展，提高居民生活水平，从经济规模上跻身世界十大强国之列，真正成为东南亚地区的“领头羊”和区域性大国；另一方面希望能成为和美、中、日等平起平坐的全球性大国，并以东盟“代言人”的身份与各大国开展平等外交。与印度尼西亚学者和企业家交流中，笔者一行感到，“中等强国”战略在印度尼西亚具有深厚的民意基础，各界对于谋求经济发展和国际政治地位的渴求也是十分迫切的。

（2）致力于打造“全球海洋支点”，重写古印度尼西亚海洋大国之辉煌

佐科上台后，提出了“全球海洋支点”战略，希望将印度尼西亚打造成为世界海洋强国。这一战略包括发展海洋文化、维护管理海洋资源、构建“海上高速公路”、发展海上外交、加强海上防卫五方面内涵。该战略融贯印度尼西亚历史文化、区位优势、现实需求和发展方向，已成为佐科政府的执政核心。正如佐科在竞选时所言：“大洋大海、海峡海湾是印度尼西亚文明的未来，现在我们要恢复‘海洋强国’的称号，像祖辈那样雄心壮志、称雄四海。”从调研情况来看，“全球海洋支点”战略也得到了印度尼西亚社会各界的一致认同，目前该战略推进顺利，大规模的基础设施建设已形成规划并部分开始启动，与各国的海上经贸联系也更趋紧密。

（3）希望快速提升基础设施建设水平，形成东西互动、海陆相通的印度尼西亚经济大通道

佐科政府提出，要打通苏门答腊至东爪哇的东西向经济大动脉，真正形成海上“高速公路”，而基础设施薄弱是这一计划的瓶颈。根据印度尼西亚《2015—2019年“海上高速公路”建设规划》，未来印度尼西亚将建设24个大型海港、83个中型商业港口、1481个非商业港口以及约7000千米公路、3000千米铁路、15个机场。印度尼西亚科学院经济研究中心主任Nugroho提出，“海上高速公路”的关键是苏门答腊Sei-Mengke港和苏拉威西BiTung港两大港口，目前印度尼西亚国际贸易主要在新加坡港中转、在雅加达港进出，未来随着这两大港口功能的完善，将形成SeiMengke港、BiTung港及雅加达港的三角形港口体系，从而形成绕过马六甲海峡的新运输通道，可与新加坡港相抗衡。未来这一港口体系也将与贯穿爪哇岛的铁路相联通，形成通畅全国的物流体系。

（4）借新一轮全球产业转移机遇，加快形成具有竞争力的产业体系

佐科政府提出，要大力实施以开发和利用海洋资源为重点的“印尼经济建设总计划”（MP3EI），提出要打造爪哇、苏门答腊、加里曼丹、苏拉威西、巴厘与努沙登加拉、巴布亚与马鲁古六大经济走廊，发展纺织、钢铁、汽车、天然气、矿业、海产品、棕榈油、石油化工、轻工服务、烟草十大产业。印度尼西亚科学院Nugroho主任指出，目前印度尼西亚铁矿石等资源主要分布在加里曼丹和苏门答腊岛上，而加工业则主要集中在爪哇岛上从雅加达到泗水的工业走廊，存在物流上的大进大出，成本很高，因此，印度尼西亚特别希望要提升加里曼丹、苏门答腊等岛屿的自然资源加工业和制造业发展水平，希望与中国合作发展这些落后岛屿的经济。目前印度尼西亚经济主要集中于面积约占全国7%的爪哇岛上，60%人口也集中在爪哇岛上，其他几个大岛开发程度还比较低，希望通过产业带动人口向其他大岛转移，促进这些地区的进一步

开发。同时，印度尼西亚科学院专家提出，不希望只出口原材料，更希望发展具有一定技术水平的产业，希望中国能够理解印度尼西亚对原材料出口的限制政策，特别希望中国能更多地向印度尼西亚转移生产技术，帮助印度尼西亚实现产业结构的转型升级。

(5) 相比 TPP，印度尼西亚更加认可 RCEP

关于 TPP 和 RCEP，印度尼西亚表示对二者都认同，但要看哪个对印度尼西亚的国家利益更加有利。目前尽管印度尼西亚已公开表态愿意加入 TPP，但一方面担心 TPP 的高标准协议可能会冲击本国的弱势产业，另一方面认为 TPP 可能会冲击印度尼西亚在东盟的领导者地位，因此总体仍持谨慎态度。印度尼西亚科学院合作关系部部长 Lestari 指出，TPP 越来越走向政治化，相比 TPP，印度尼西亚更加偏向 RCRP，并希望中国能够带头推进 RCRP 进程。同时，印度尼西亚科学院也坦言，之所以对 TPP 等各类多边机制表达积极的态度，很重要的一个原因是“希望能够让国际社会认为印尼越来越开放，这会影响到对印尼的信用评级，而目前印尼在国际金融市场上的融资利息是非常高的”。

(二) 土耳其：享有“新钻国家”的美誉，是金砖国家扩容的重点国家

土耳其是继中国、俄罗斯、印度、巴西和南非等“金砖国家”之后又一蓬勃发展的新兴经济体，在国际社会上享有“新钻国家”的美誉。

1. 经济平均增速高于世界水平，人均 GDP 超过 9000 美元，经济增速开始触底回升

2015 年，土耳其国内生产总值（GDP）为 7290 亿美元，人均 GDP 折合美元现值为 94371 美元。如果按 1998 年固定价格核算，2015 年土耳其 GDP 为 1312.9 亿里拉，同比增长 4%，高于此前的市场预期，符合政府经济增长目标。4 个季度经济增速分别为 2.5%、3.7%、3.9%

和5.7%，呈逐季递增的良好态势。2010—2015年，经济平均增速高于世界水平。从2009年全球经济危机爆发至今，土耳其表现得非常优秀，在全球经济不景气的大环境下，依然能够保持经济快速增长的态势。

表4-6 2010—2015年土耳其宏观经济状况

年份	GDP/亿里拉	经济增长率/%	人均GDP/美元现值
2010	1059	9.2	10079
2011	1152	8.8	10444
2012	1176	2.1	10504
2013	1226	4.2	10782
2014	1263	2.9	10395
2015	1313	4.0	9261

资料来源：土耳其统计局。支出法核算的国内生产总值，按照1998年固定价格。

土耳其统计局2016年6月10日发布的最新数据显示，2016年第1季度国内生产总值（GDP）同比增长4.8%，是全球增长最快的前5大经济体之一，这一增速超过市场普遍预期的4.4%，主要原因是第1季度国内消费开支同比增长6.9%，政府开支也增长10.9%，居民消费和政府开支增长成为主要驱动力。土耳其主管经济事务的副总理希姆谢克表示，第1季度经济数据表明土耳其经济依然强劲，在未来一段时期，政府将继续推动经济改革。土耳其经济部部长纳杰·阿格巴尔也表示，未来将持续推进必要改革措施，促进经济增长，扩大投资。

2. 服务业占主体地位的经济结构日趋明显，财政收入增长较快，政府债务占GDP的比重持续下降

2015年，土耳其服务业增加值占全部经济增量的比重达到59%，工业和农业增加值分别占全部经济增量的32%和9%，继续呈现出服务业占主体地位的发达国家式经济结构。2015年，土耳其中央财政收入为4834亿里拉（约合1587亿美元），同比增长13.6%；财政支出5060亿里拉（1661亿美元），同比增长12.8%；财政赤字226亿里拉（约合

74亿美元)，与2014年基本持平。2015年，土耳其政府债务占GDP的比重为32.9%，该比重自2009年以来一直保持下降趋势。截至2016年2月，土耳其中央政府债务存量为6849亿里拉，其中外币债务价值2408亿里拉，本币债务价值4441亿里拉。截至2015年第3季度末，土耳其外债总额为4059.85亿美元。其中，长期外债为2851.55亿美元，短期债务为1208.30亿美元。截至2016年4月8日，国际评级机构穆迪对土耳其主权信用评级为“Baa3”，展望为“负面”；标普对土耳其主权信用评级为“BB+”，展望为“负面”；惠誉对土耳其主权信用评级为“BBB-”，展望为“稳定”。从债务指标来看，欧洲国家的债务比土耳其的还要高。土耳其的债务占国民生产总值的30%~33%。而在欧盟，这个比例平均为116%，经济合作与发展组织成员国（OECD）则平均为93%。

3. 大举进行基础设施建设，将为经济持续增长奠定坚实的基础

近些年，土耳其大举投资基础设施，2016年将有3项重大项目竣工投入运营，伊兹密尔湾大桥、世界上最宽悬索式大桥和最长铁路悬索式大桥博斯普鲁斯海峡第三座大桥，以及连接伊斯坦布尔欧洲部分和亚洲部分的欧亚海底隧道，这些只是土耳其推进基础设施建设投资的一个缩影。根据世界银行最新公布的数据，土耳其在2015年达成的7项政府和社会资本合作（PPP）项目协议总额达447亿美元，吸引了40%的全球社会资本基础设施投资额，成为新兴经济体中吸引外资最具潜力的市场之一。这7个项目中包括2个巨型交通建设项目，即规模为356亿美元的伊斯坦布尔第三国际机场和规模为64亿美元的盖布泽-伊兹密尔高速公路。伊斯坦布尔第三国际机场项目成为有史以来金额最大的单笔投资协议项目，将于2018年完工并投入运营，计划年均客流量2亿人次。此外，土耳其还积极扩大政府开支，推动私人投资，计划在2023年前建成总长为2.5万千米的铁路网络。除了上述在建项目，还包括阿塞拜疆巴库-格鲁吉亚第比利斯-土耳其卡尔斯铁路项目，同时

计划修建全长2000千米的卡尔斯省－埃迪尔内省“东西线高铁”、首都安卡拉至第三大城市伊兹密尔高铁项目等。土耳其政府大举投资基础设施工程已成为经济增长的重要驱动力。从2016年1季度的表现来看，土耳其经济增长好于预期，复苏势头良好。在未来一段时期，政府将继续推动经济改革，以实现稳健、包容和可持续的增长。

（三）墨西哥：拥有完整先进的工业体系，是金砖国家扩容最具吸引力的国家

墨西哥国土面积达近200万平方千米，是世界国土面积第十四大国家，总人口超过1.2亿，为世界第十一人口大国。墨西哥是得益于全球自由贸易实现快速增长的经济大国，与其他新兴经济体不同，墨西哥的经济增长并不依赖大宗商品输出，而是与北美产业链紧密结合的结果。目前墨西哥是美国和加拿大的第三大贸易伙伴，其对美一周的出口额，超过对华一年的出口额。在全球经济一体化的浪潮中，墨西哥成功发挥自身优势，实现了经济领域的部分现代化，建成了整个拉美地区规模最大也是最完整先进的工业体系，全球各大汽车品牌均在墨西哥投资设厂，墨西哥已成为全球第四大汽车出口国，仅次于德国、日本和韩国。20多年来，墨西哥执行严肃负责的宏观经济政策，政治体制也基本稳定。目前正在着手进行市场改革，在多个行业打破垄断、引入竞争。从美墨边境直到首都墨西哥城，形成了一个充满活力的工业走廊，中产阶级群体也在其中扩大崛起。

1. 经济保持增长，财政收入增长更快

据墨西哥国家统计局数据，2015年墨西哥经济增长2.5%，符合墨财政部GDP预测，比2014年高出0.2个百分点。墨财政部经济计划局局长马德拉索（Luis Madrazo）表示，尽管2015年国际金融市场不稳定，国际复杂环境多变，但墨仍实现了缓和增长，高于2014年的2.3%，这主要基于墨农业、工业和服务业的良好表现，尤其是服务业

2015年增长了3.5%。2016年第1季度墨西哥经济增速为2.8%，与上个季度相比，墨国内生产总值增长0.82%，是近7个季度以来的最高值，增长的主要原因来自内需增长富有活力，特别是在服务业方面。

据墨西哥财政部统计数据，2015年墨税收收入总额达23611.9亿比索（约合1350亿美元），同比增长27.1%，占GDP的13%，同比增长2.5个百分点，超过11.6%的目标预期。2015年墨公共部门赤字总额达6376.29亿比索（约合365亿美元），同比增长14.3%，占GDP的3.5%，该数据创下30年来新高。

2. 出口出现2009年以来首次负增长，但对外资吸引力依然较强

据墨西哥国家统计局数据，2015年墨西哥进出口总额为7760亿美元，同比下降2.6%，其中出口3807.7亿美元，同比下降4.1%，成为2009年以来首次负增长；进口3952.3亿美元，同比下降1.2%。2015年墨对外贸易逆差144.6亿美元，同比增长408%，成为2008年以来最高。2015年墨制造业产品出口3573.4亿美元，同比增长0.8%。不包括汽车产品，制造业出口2254.83亿美元，同比下降1.1%。石油产品出口234.3亿美元，同比下降45%，同期进口332.88亿美元，贸易逆差98.55亿美元，这是自1992年以来墨西哥石油产品贸易首次出现逆差。

墨西哥《经济学家报》2016年5月11日报道，根据普华（PwC）发布的对全球CEO的19份调查，墨西哥在缺失2年后，重新回到全球对外资最有吸引力的10个国家行列，排名第9位。排名前5位的分别是美国、中国、德国、英国、印度，之后分别为巴西、日本、俄罗斯、墨西哥和沙特阿拉伯。墨西哥吸引外资的优势主要体现在以下几个方面：一是劳动力素质高，二是生产成本较低，三是地理位置优越，拥有太平洋和大西洋两侧的出海口，邻近北美和南美市场。

3. 重点产业快速发展，国际竞争力不断增强

墨西哥是全球第七大汽车生产国。2009—2011年，墨西哥汽车产量超过了法国和西班牙。2014年，墨西哥汽车产量超过巴西20万辆，

成为全球第七大汽车生产国，拉美地区第一大汽车生产国。2014 年墨西哥汽车产业产值占国内生产总值的 3%，占制造业产值的 17%。在墨 14 个州有 24 家汽车组装生产企业，主要品牌包括通用、福特、克莱斯勒、大众、尼桑、本田、宝马、丰田、沃尔沃、奔驰等，生产的车型超过 40 种。墨西哥能够为汽车组装生产企业提供高标准、高水平的制造、设计配套。北美最大的 5 家汽车生产企业有 2 家在墨西哥，一个是在普埃布拉的大众，另一个是在阿瓜斯卡车斯特的尼桑，两家生产厂总产量超过 100 万辆。墨西哥不仅拥有汽车生产，而且有 30 多个汽车设计中心。奥迪、奔驰、宝马、英菲尼迪均宣布在墨投资，墨成为重要的豪华汽车生产国。2015 年沃德十佳发动机中，有 2 个在墨西哥组装生产，一个是大众的 1.8 升 TSI 涡轮增压发动机，用于捷达、甲壳虫和帕萨特汽车；另一个是 6.2 升增压 HEMI V8 发动机，主要用于道奇 Charger SRT Hellcat。在 2015 年沃德十佳内装中，有 3 款车型在墨西哥组装生产，分别为排名第三的 Sierra Denali，排名第七的马自达3，排名第十的高尔夫 GTI 2015。2013 年墨西哥汽车组装及配件生产行业吸引外资占总额的 19.5%，据墨西哥经济部统计，2014 年吸引外资总额 22.08 亿美元。2006—2014 年该行业累计吸引外资 234.89 亿美元，占同期墨西哥吸引外商直接投资总额的 10%。

墨西哥已成为航空业全球领先的国家之一。2004—2014 年，墨西哥航空产业出口年均增长 17%，2014 年出口额达到 63.63 亿美元，进口 54.16 亿美元。2014 年，在墨航空领域有 302 家企业，创造高质量就业 4.5 万个。主要企业包括庞巴迪（2006 年在墨设厂，在克雷塔罗的生产厂总投资超过 5 亿美元）、欧洲直升机公司（EUROCOPTER）、赛峰集团（SAFRAN GROUP）。

墨西哥是世界上重要的家电生产国，2014 年家电产业总产值 71.99 亿美元，出口额 69.71 亿美元，在全球居第 5 位。根据全球贸易图集（全球贸易信息服务有限公司，Global Trade Atlas）的数据，2014 年，墨西哥家电最重要的出口市场是美国，占总出口的86%，其他出口到加拿大和哥伦比亚。据墨西哥经济部数据，2005—2014年，墨西哥家电行业吸引外资14.99亿美元。据墨西哥国家统计局数据，墨西哥家电行业共有企业261家，就业人员6.3万人。代表性企业有伊莱克斯、通用电气、LG、三星、惠而浦等。

墨西哥电子产品组装和出口在世界上占有重要地位。全球重要的电子制造业企业90%在墨设厂，包括三星、LG、东芝、富士康和英特尔等。墨西哥最重要的出口电子产品是计算机，其次为平板电脑和手机，计算机和平板电脑出口量居世界前列。2014年出口额797.2亿美元，美国是最主要的出口市场，占总出口的85.4%，其次为加拿大、哥伦比亚、荷兰。

（本章执笔人：李锋）

第五章

CHAPTER FIVE

金砖国家合作发展面临的机遇与挑战

自2009年金砖四国领导人首次会晤以来，金砖国家成为新兴经济体倡导新型合作机制的典型代表。尽管后来又涌现出“新钻11国”（Next－11）、“展望五国”（VISTA）、“灵猫六国"（CIVETS）等新概念和新提法，但真正具有持续影响力的还是“金砖国家”。当前，金砖国家合作发展面临着重大机遇，但由于合作机制仍处于初级阶段，并且当前深度调整的全球经济充满各种不确定性，金砖国家也面临着问题和挑战。

一、金砖国家合作发展面临的机遇

（一）世界经济格局朝着有利于新兴经济体和发展中国家的总方向迈进

首先，20世纪90年代以来，随着冷战的结束，世界经济格局经历了深度调整和转型，呈现出多元化和复杂化的特征，其中一个重要因素是新兴经济体的快速发展。以代表新兴经济体的金砖五国与代表发达国家的G7相比，可以看到，新兴经济体的主要经济发展指标在这一阶段明显优于发达国家。从GDP规模来看，按照购买力平价衡量，G7的GDP总额从1992年的14.29万亿美元增长到2015年的34.04万亿美元，增长了1.4倍，而金砖五国的GDP总额从4.23万亿美元上升至16.48万亿美元，增长了2.9倍。从贸易规模来看，金砖五国贸易扩张速度明显超过G7，2015年，金砖国家货物贸易进出口总额为5.66万亿美元，占全球货物贸易总额的比重从2001年的7.4%上升到17.0%。

以上分析中，金砖五国和 G7 实际代表发展中国家和发达国家的普遍情况，综上所述，如果说世界经济格局仍处于深度调整的进程中，那么新兴经济体和发展中国家的崛起就是这一进程的显著特征，新兴经济体和广大发展中国家已成为当今世界经济发展的主要动力。

其次，发达国家与新兴经济体和发展中国家的相互依赖程度正在发生逆转，发达国家越来越依赖发展中国家，而发展中国家则正在逐渐摆脱对发达国家的依附。依然以金砖国家与 G7 的对比为例。1998 年金砖五国从 G7 进口 138.6 亿美元，进口依存度为 43.6%，而 G7 从金砖五国进口 231.4 亿美元，进口依存度为 8.5%，到 2013 年，金砖五国从 G7 进口 778.8 亿美元，进口依存度下降为 25%，而 G7 从金砖五国进口 1178.4 亿美元，进口依存度上升到 18.2%。从出口方面来看，1998 年，G7 对金砖五国出口 125.9 亿美元，出口依存度为 4.8%，金砖五国对 G7 出口 151.9 亿美元，出口依存度为 41.4%，到 2013 年，G7 对金砖五国出口 649 亿美元，出口依存度升至 11.4%，而金砖五国虽然对 G7 出口额升至 1004.6 亿美元，但出口依存度下降至 29.7%。从进出口依存度的升降反差可以明显看出，新兴经济体和发展中国家正在摆脱对发达国家的依赖，走上非发达国家主导的经济发展道路，这另一方面也表明，发达国家的发展更加依赖于新兴经济体和发展中国家，因此必须寻求与发展中国家的合作，在全球经济治理规则的设定上必须充分考虑发展中国家的利益。[①]

最后，后金融危机时代的全球经济发展重心的转移已成为明显趋势。早在危机发生前，新兴经济体的经济增速就已超过发达国家。2001—2007 年，金砖五国经济增速从 4.53% 上升至 8.83%，而 G7 仅从 1.49% 升至 2.38%。从全球来看，2004—2008 年，发展中国家贡献了全球经济增长的 56%，而发达国家仅占 44%。危机后的趋势更加明显，

① 邓若冰，吴福象．全球经济治理制度变迁与演进路径[J]．河北学刊，2016(1).

2009 年 G7 经济大幅下滑，出现了负增长（-4.29%），而金砖五国经济增速达到 1.6%。到 2013 年，G7 仍然仅有 0.86% 的小幅增长，而金砖五国达到了 3.66%。同时期的经济贡献比更加悬殊，2008—2012 年，发达国家对全球经济增长的贡献率仅占 13%，而发展中国家则占到 87%。虽然在经济总量上，发展中国家目前仅仅是发达国家的一半，但这个差距正在逐渐缩小。2015 年以来，受发达国家的拖累，发展中国家经济出现了一定程度的下滑，但全球经济增长中心转移的趋势并未改变，世界经济格局仍然朝着有利于新兴经济体和发展中国家的总方向迈进。[①]

（二）一批闪耀登场的新兴经济体为金砖国家合作发展创造了平台和载体

金砖国家是新兴经济体的较典型代表，除金砖五国之外，世界上还有众多新兴经济体国家。按照一些学者的界定，新兴经济体是指“二战后经济相对快速增长、具有较大经济规模和人口总量、目前人均收入相对较低、经济开放程度较高、具有广泛代表性的发展中经济体”[②]。以此为标准，G20 中的 11 个发展中国家，即阿根廷、巴西、中国、印度、印度尼西亚、韩国、墨西哥、俄罗斯、沙特阿拉伯、南非和土耳其较为典型，其发展特征可以作为新兴经济体的特征表现。博鳌亚洲论坛 2010 年新闻发布会上，新兴经济体 11 国“E11”的概念首次提出，新兴经济体也成为金融危机后世界经济格局演变的热点。新兴经济体的崛起带来了全球经济增长引擎的多点驱动局面，为金砖国家合作创造了条件。从 2002 年开始，新兴经济体对世界经济增长的贡献度超过发达国家，金融危机以后，更是几乎主导了全球经济增长。

---

① 刘世锦，余斌，陈昌盛．金融危机后世界经济格局调整与变化趋势[J]．中国发展观察，2014(2)．

② 张宇燕，田丰．新兴经济体的界定及其在世界经济格局中的地位[J]．国际经济评论，2010(4)．

博鳌亚洲论坛发布的《新兴经济体发展2016年度报告》显示，新兴经济体国家（E11）在全球的经济比重由2014年的29.3%上升为2015年的30.3%，对全球经济增长的贡献度为52.9%，远大于G7国家的22.9%和欧盟的12.2%。这种增长并不是一两个超级大国凭借自身实力完成的，而是呈现出分散状态，形成多点驱动的局面。经济增长引擎具有巨大的辐射作用，能够对一个地区或多个产业带来持续增长的动力。例如，中国经济的高速增长产生了巨大的溢出效应，提升了发展中国家的整体经济发展水平。在金融危机中，之所以发达国家受到重创难以恢复，而新兴经济体不但恢复迅速而且作用越来越显著，一个重要原因就是南南合作机制正在形成并开始发挥作用。作为新兴经济体重要合作关系代表的金砖国家，在多元引擎驱动下的世界经济格局中更容易形成新的合作机制。

新兴经济体的崛起带来了全球经济治理制度变迁，有利于金砖国家建立稳定的合作机制。冷战以后，以美国为首的发达国家主导了全球经济秩序，从而形成了以大国为中心、发展中国家处在边缘的“中心—外围”格局。随着近年来新兴经济体崛起，虽然到目前为止还没有从根本上改变发达国家居于治理中心的位置，但国际权力结构向均质化发展的趋势已越来越明显。新兴经济体在全球经济中的地位上升必然要求在全球治理格局中的地位与话语权的匹配，由于新兴经济体中每个单独国家都没有实力主导经济格局，因此必须通过合作完成经济合作机制的重建。金砖国家正是在这一进程中顺应时代需要而形成了新型国家合作模式，在未来的国际经济治理中必将进一步发挥作用。

（三）部分脱颖而出的发展中国家成为推动世界发展的重要力量

目前世界上除公认的发达国家和地区以外，其他都可以认定为发展中国家。按照世贸组织的定义主要有三类：第一类是最不发达国家，第二类是人均国民生产总值低于1000美元的国家，第三类是其他发展中国家。按照这一标准，世界上绝大部分国家和地区都属于发展中国家。而且大多数发展中国家都有类似的历史遭遇，即曾经长期处于殖民半殖民地状态，经过艰苦斗争取得民族独立后，又长期处于国际不平等的政治、经济秩序的压抑下，国内、国际的各种因素导致大部分发展中国家和地区无法得到快速、可持续的发展。但即使在这种环境下，也仍有一些发展中国家脱颖而出，在国际政治、经济舞台上发挥着越来越重要的作用，成为推动世界发展的重要力量。尤其是2008年全球金融危机以来，包括金砖五国在内的“E11”不但迅速克服危机带来的不利影响，而且实现经济逆势崛起，大有超越发达国家的势头。虽然从总体实力上看，发展中国家与发达国家差距悬殊，但面对世界多极化的格局，国际政治经济旧秩序已在发生动摇，面临深刻调整。一些发展中国家的国际竞争力显著提高，显示出发展中国家已由国际舞台上的从属角色向自主角色转变。根据世界经济论坛发布的《2014—2015年全球竞争力报告》，中国竞争力排名第28，金砖国家的俄罗斯、巴西、南非均排在50多位，印度排第71位，其他“E11”国家也有较高的排名。更重要的是，这些国家根据某些共识在某些领域的联合，在国际上用一个声音说话，能够起到提升发展中国家国际地位，赢得话语权的作用。2010年4月25日，世界银行发展委员会通过了投票权改革方案，将发展中国家整体投票权从44.06%提高到47.19%，其中中国在世界银行的投票权由原来的2.77%提高到4.42%，成为世界银行第三大股东国。2010年10月23日，二十国集团财长和央行行长会议在韩国闭幕。通过艰苦卓绝的谈判，会议最终就国际货币基金组织份额与治理改革达成“历史性协议”，确认向新兴经济体转移超过6%的投票权。份额改革完成后，中国、印度、俄罗斯和巴西“金砖四国”将进入成员国份额前10名，分别位居第3、第8、第9和第10。中国持有份额将从不足4%升至6.19%，“金砖四国”总共持有份额升至14.18%。这种改变的直接原因是基于危机后发展中国家经济迅速恢复对全球经济增长的贡献，而更根本的则要看到发展中国家在为赢得国际地位提升而做出的努力。[①]

（四）金砖国家达成的系列协议为建立长效机制奠定了基础

全球经济治理的制度、框架、规则等是国际利益分配的决定性因素，因此规则的制定权是国际地位与实力的重要表现。“二战”结束以后，主要国际规则基本上都是由发达国家主导制定的，最大受益者自然也是发达国家。在这种背景下，大部分发展中国家长期处于缓慢发展、停滞或动荡的状态。一些发展中国家依靠资源优势，对内深化改革，对外按照比较优势参与国际分工，实现了经济跨越式发展，成为新兴经济体，金砖五国就是其中较为典型的代表。随着世界经济格局的多极化，发达国家强权主义的游戏规则已难以维持，追求平等参与和互利共赢的治理模式成为时代的要求，金融危机以后，新兴经济体的经济迅速恢复充分表明新兴经济体对发达国家的依赖性减弱和自身实力的增强，因此建立摆脱发达国家参与的，由新兴经济体自己主导的合作机制已到了成熟时机，金砖国家合作平台的建立本身就是这种诉求的体现，决定了金砖国家合作平台的新型与长效特征。

金砖国家领导人在 2009 年首次会晤以来，每年举办一次峰会，签订和实施了一系列促进长期合作与发展的协议。2011 年 4 月签署的《金砖国家银行合作机制金融合作框架协议》及之后的《金砖国家银行合作机制多边本币授信总协议》《多边信用证保兑服务协议》等在促进资本市场合作方面起到了重要作用。2013 年签署的《金砖国家多边可持续发展合作和联合融资协议》以及《金砖国家非洲多边基础设施联合融资协议》为金砖国家开发银行的成立奠定了基础。金砖国家开发银行作为第 1 个金砖国家合作的实体性机构，标志着金砖国家的实质性建设合作迈出了坚实的步伐。2014 年签署了《关于建立金砖国家应急储

---

① 刘海霞．世界格局重构下发展中国家的角色转变、历史定位与模式调整[J]．当代世界与社会主义，2013(2)．

备安排的条约》，建立初始资金规模为1000亿美元的应急外汇储备库。在有关金砖国家出现国际收支困难时，其他成员国向其提供流动性支持、帮助纾困的集体承诺，补充和强化由国际货币基金组织、区域金融安排、中央银行间双边货币互换协议及各国自有的国际储备构成的全球金融安全网。除此之外，金砖国家还在对外合作方面致力于协调合作，共同提高新兴经济体在国际经济治理中的地位与话语权。①

（五）金砖国家的优势互补为经济转型与长期合作发展创造了条件

金砖国家同为新兴经济体的代表，在相同时期，相同的全球经济治理规则框架下取得了令人瞩目的发展，这一方面是由于这些国家存在自身资源禀赋优势，另一方面也要归功于这些国家找到了一套发展经济的思路与途径。金砖五国能够走到一起并非偶然，五国均是某种意义上的大国，在不同程度上影响着区域、行业甚至全球某些产业的形势。五国的资源禀赋互补，贸易互补性也占到主导地位，所处的发展阶段相似，有共同的发展诉求，因而具备深化合作的基础，在资本、资源、技术、市场、金融等领域具有深远的合作空间和广阔前景。首先，金砖国家在资源结构和产业结构方面具有较强的互补性。金砖五国均是资源大国，但资源禀赋各有侧重，从而形成明显互补。中国、巴西、印度是能源进口大国，而俄罗斯、南非正好作为能源出口大国。在矿产资源方面，五国都拥有丰富的矿产，具有一定的互补性，可满足各国工业发展需要。此外，金砖国家在产业结构上也存在着较大的互补性。中国有“世界工厂”之称，在制造业方面具有巨大优势，但制造业相对集中于产业链中低端，第三产业发展速度很快，仍有很大的空间。巴西和俄罗斯工业化水平较高，在军工、航天、石化等产业方面具有较大优势。印度号称“世界办公室”，在软件、制药、金融业方面具有领先优势，南非是

① 黄薇．金砖国家合作：基础、动力与进展[J]．国际经贸探索，2014(12)．

非洲门户，辐射南部非洲，沟通整个非洲大陆。金砖五国的组合，提供了整合三大产业全部产业链的资源，具有坚实的合作基础。从经贸合作进程来看，金砖国家间的贸易增长非常迅速，据统计，2014 年五国间贸易额近 3500 亿美元，比金砖国家合作前增长了 2.5 倍，年均增长 17%，远远超过了全球贸易的平均增长速度。但是这仅仅约是五国对外贸易的 1/10，因此进一步合作的潜力仍十分巨大。因此，金砖国家进一步构建多边合作机制，优化开放型的贸易环境，能够释放巨量的经贸合作发展空间。其次，金砖国家在金融领域的合作成为推动和重塑国际金融秩序的新生力量。随着整体实力的加强，金砖国家越来越成为国际政治经济格局的重要支柱，这一地位有利于金砖国家进一步夯实合作基础和拓展合作空间。从外部来看，金砖国家作为整体，在国际金融领域已经产生了一定的影响力，在国际货币基金组织和世界银行的地位上升明显体现了这一点。作为整体力量，金砖国家已经开始积极参与全球金融治理体系，谋求对现有国际金融体系的重构，提升自身的话语权。由于发展水平与发展诉求的相似性，金砖国家的金融治理思路大多能够得到其他发展中国家的拥护，从而进一步加强自身的力量，也促使金砖国家进一步加强自身合作。从内部来看，金砖国家不断强化自身的金融合作机制，由于金砖五国的资源互补优势和完整的产业链条，能够部分摆脱发达国家的控制，形成符合自身发展要求的金融治理体系，从而进一步强化合作发展的纽带，并为发展中国家重塑国际金融秩序打下基础。①

二、金砖国家合作发展面临的挑战

（一）世界经济进入深度调整期导致国际市场萎缩

2008 年国际金融危机以后，全球经济进入深度调整期。近年来尽

① 王浩．全球金融治理与金砖国家合作研究［J］．金融监管研究，2014(2).

管世界经济形势有所复苏，但缺乏活力和动力，市场萎缩严重，对金砖国家的合作发展形成了较大阻力。首先，全球经济总体低速增长，区域经济呈现出复杂局面。金融危机导致全球经济衰退，到 2010 年才基本止住下滑势头，但从 2010 年开始，经济增速总体持续下滑，从 2010 年的 5.2% 降至 2015 年的 3.2% 。新兴经济体增长尤为乏力，发达国家大举救市时曾经放开流动性，引发新兴市场繁荣，但 2014 年以后，随着美国预期流动性紧缩，中国增速放缓，新兴经济体发展遇到困境，货币大幅贬值，国际资本流出，债务规模增大，市场迅速萎缩，到 2015 年俄罗斯、巴西、南非经济基本陷于停滞，阿根廷、印度尼西亚、土耳其等国经济形势严峻。美国经济出现缓慢复苏，但基础仍不稳固；欧元区 2013 年摆脱衰退，但主权债务危机仍未根本解决，一些国家失业率居高不下；日本仍未摆脱长期衰退。各国刺激政策动用了大量宏观调控资源，进一步调控空间已较狭窄，财政赤字增长迅速，带来了更多风险。总体来看，全球经济仍处于后危机时代的深度调整期，较长一段时间内都难有根本性扭转。其次，总需求不足导致的大宗商品供过于求的局面难以得到根本扭转，金融市场动荡加剧。全球经济整体下滑的趋势，导致投资需求不足，以石油为代表的大宗商品面临持续市场萎缩，但大宗商品生产国在财政恶化条件下无法决心降低产量，导致市场供给过剩局面持续，大宗商品价格下跌。与此同时，美元加息预期加强，从而形成美元升值压力，进一步打压以美元计价的大宗商品价格。虽然短期因素有可能导致大宗商品价格的暂时上涨，但长期向下的趋势难以得到扭转。金砖国家总体上属于能源和大宗商品的输出国，在市场萎缩的背景下经济下行压力将持续增大。对于商品进口国而言，虽然降低了成本，但也会引入通缩压力，给低迷的经济带来持续下行预期。①

① 孙伯银. 近年国际经济形势及未来展望[J]. 农村金融研究,2016(3).

（二）国际贸易和投资规则进入高标准化的重塑期

贸易模式的改变及传统贸易规则的滞后导致以美国为首的发达国家发起贸易规则重塑的新战略。进入21世纪以来，经济全球化进程加速，基于全球价值链和产业链整合的贸易模式与传统贸易模式存在越来越多的差异，电子商务、服务贸易、技术贸易、物流与信息服务等新领域不断创新，传统贸易形态正在发生转变，关税保护对贸易的阻碍作用越来越小，非关税壁垒、边境内监管等新的贸易保护措施成为贸易的主要障碍。但是基于传统贸易模式构建国际贸易规则的WTO未能及时完善对于贸易新形态的规则升级，从而形成了对新贸易规则的客观需要。另外，WTO作为涉及全球的庞大贸易自由化组织，成员多、分歧大、利益冲突尖锐，达成共识难度很大，多哈回合谈判多年，涉及农业、非农产品市场准入、服务、知识产权、贸易与环境、关税、贸易和发展等诸多领域，但迟迟无法达成各方满意的协议。不断发展的新贸易形势对新贸易规则的要求越来越迫切，一些国家开始思考绕过WTO建立区域性多边贸易规则体系。其中最重要的是以美国等发达国家主导构建的跨太平洋伙伴关系协议（TPP）、跨大西洋贸易与投资伙伴关系协议（TTIP）、国际服务贸易协定（TISA）等贸易投资协定谈判，这些协议从发达国家利益的角度出发，试图重塑新一代高标准的国际贸易投资新规则。

国际贸易和投资新规则的高标准门槛对金砖国家融入全球贸易投资体系形成阻碍。新规则具有一些无法普遍化和一般化的特征，抬高了准入门槛。一是管制一致性。TPP谈判的一项重要内容就是要求成员国实现管制一致性，尽可能消除各种非必需的监管壁垒，使各成员国的内部贸易监管尽量透明和一致。管制一致性原则决定了成员国必须具有发展程度的相似性，具备协同一致的条件，因此无法在全球范围内实施。事实上，对于发达国家成员国而言，这也是较高的要求，对于金砖国家这样的新兴经济体而言更是难以满足的苛刻要求。二是“国企中立”原则。这是发达国家为了排除发展中国家而制定的一条规则，即限制国有企业的权利，保证发达国家大型企业的利益不受威胁。三是服务业高度开放标准。在 TTIP 谈判中，服务业高标准开放被重点强调，涉及电信、金融等高度的服务自由化。对于金砖国家而言，这种程度的开放可能会带来各种潜在的风险。四是高标准的环境和劳工规则。发达国家从本国标准出发，旨在削弱和限制发展中国家的产业发展和产品竞争力。不能否认，包括 TPP、TTIP 等在内的规则创新必然会产生一定的贸易创造，但其贸易转移效应更不容忽视，很可能把包括金砖国家在内的发展中国家排除在外。①

（三）国际金融市场进入动荡期导致汇率大幅波动

国际金融危机虽然已经过去多年，但全球经济仍在艰难的复苏过程中，调整和震荡不会在短期内结束。从近几年的情况看，全球经济分化走势明显，出现了明显的周期不同步和政策不同步，从而加剧了国际金融市场的动荡。从主要经济体的情况来看，发达经济体中，美国恢复情况较好，失业率下降、通胀率不高，市场升温，企业利润增加，总体经济形势回暖，因此美国启动了加息，并存在进一步加息预期；欧元区在 2013 年摆脱了衰退，2015 年启动量化宽松政策，总需求有所增加，但欧盟国家经济发展分化严重，一些国家仍存在政府债务严重，金融系统风险加大的趋势；日本 2013 年启动量化宽松政策，日元贬值 50%，投资有所增长，但政府债务负担加大，金融风险升高。新兴经济体处境艰难，大宗商品市场萎缩，资本外流，货币贬值，许多国家面临通胀、赤字升高的风险。主要经济体货币政策分化导致汇率波动风险加剧。美国开始启动加息，但欧元区和日本仍在采用量化宽松政策支持总需求和投资增长。因此美元资产必然产生较高的收益率，从而推高美元汇率，国际资本流向美国和美元资产不可避免地导致全球金融市场的持续调整和

① 陆燕．国际贸易新规则：重构的关键期[J]．国际经济合作，2014(8)．

频繁波动。新兴经济体尤其是大宗商品出口国受到的冲击尤为明显，本来全球总需求低迷和国际市场萎缩已导致大宗商品价格大幅下跌，而美元回流和美元升值导致以美元计价的大宗商品价格进一步下滑，巴西、俄罗斯等金砖国家资源出口收益明显减少，加之本币贬值，以美元计价的国内生产总值已连续几年负增长。为了刺激经济走出危机，很多国家扩大财政支出，产生了较大规模的政府债务，在本币贬值和资本外流的条件下可能诱发债务危机，从而进一步加大国际金融市场风险。总之，稳定的金融环境作为经济发展恢复的必要条件，在当前和今后一段时期可能还无法实现，这必然会在一定程度上削弱和阻碍金砖国家合作与发展的进程。

（四）全球性挑战进入多发期

未来，全球气候变化将给人类带来重大损失，疾病传播全球化也将给人类带来巨大灾难；军备竞赛、恐怖主义、网络安全等传统安全威胁和非传统安全威胁相互交织；一些民族宗教问题引发的矛盾错综复杂，一些历史遗留问题和领土、领海之争激烈。同时，经济问题必然引发各种政治、社会、文化等诸多问题，这是历史上反复出现的事实。当前全球经济问题非但未得到有效解决，还有愈演愈烈的趋势，各种问题交织出现，导致全球挑战进入多发期。首先，美国与中国、俄罗斯、欧元区国家的矛盾可能加剧。由于金融危机，各个国家自顾不暇，因而导致很多原来大国主导或国际协同的治理领域成为“真空区”，新兴势力已在这一段时间初步建立起了自己的治理体系。一则这些新势力本身可能存在矛盾和竞争，二则大国试图重返这些领域带来对抗，三则治理机制或协调机制不成熟会带来各种问题，凡此种种，都有可能引发新一轮冲突和危机。金融危机以前，国际经济运行基本上是基于美国主导的国际经济秩序协调下，并形成了相对稳定的产业结构布局和国际分工格局。金融危机以来，美欧国家经济实力大不如前，货币地位大幅削弱。从前美国依靠美元作为世界货币的地位，通过放松和收紧美元，制造局部危机，进而坐收渔利，但金融危机后，这种做法效果已不明显。中国作为世界第二大经济体，对全球经济增长的贡献率超过30%，并且通过筹建亚投行等金融机构抵御美元的影响。2015 年美元加息收紧流动性，的确造成了一些区域性、行业性危机，但总体上效果并不十分显著。由于各国已有一定的预期并有一定量的外汇储备做支撑，因此货币贬值和美元回流都不像预期那样显著。相反，美元资产自身却陷入了价格可能暴跌失控的风险中。此外，美元升值的做法加剧了美国与俄罗斯大宗能源出口国的矛盾，由于大宗商品价格的下跌使俄罗斯等国损失惨重，一些国家产生了政治动荡，给区域安全带来了不利影响。由于经济周期差异和政策不同步，美国与盟友的关系也出现一定程度的紧张。其次，非经济因素的不确定性加大。与危机前相比，国际政治格局也发生了较大的变化，世界多极化的趋势越来越明显，一批新兴大国的崛起改变了世界力量的对比 ，但以美国为首的传统强国不甘心轻易丧失原有的地位，因此从各个方面、采用各种手段试图恢复和维护原来以发达国家为主导的世界政治经济秩序。与此同时，新兴国家也在多方尝试，努力构建自己的国际政治经济新秩序。金砖国家的合作正是基于这一背景。但是两种思维、两套系统难免会产生矛盾和摩擦，有时甚至会带来激烈的利益冲突。现今的美俄冲突、中东问题、朝核问题等都可能演化成为区域性甚至全球性的激烈冲突，国际经济发展与合作因而面临更多的不确定性。①

（五）金砖国家合作基础及机制存在较多不稳定因素

后金融危机时代，虽然全球经济的各种不确定因素制约了金砖国家合作与发展的进程，但也不能忽视金砖国家合作机制本身存在的问题，这些问题构成了阻碍金砖国家进一步合作与共同发展的重要内因。一是合作机制不够稳定和牢固。金砖国家的合作机制仍是较松散的对话机

① 毕吉耀．2016 年国际经济形势及对我国的影响[J]．中国投资，2016(2)．

制，至今还没有成立功能性机构，也没有制定关于合作机制方面的纲领性、制度性文件，因此合作机制基本没有约束力，合作各方对于议题的关心与投入程度仅与本国形势有关，较少探讨共同面对的问题和前瞻性问题。虽然这种合作机制具有灵活性，易于为各方所接受，但各国也因此难以预见未来长期合作走向，对于合作前景不确定性的损害可能更甚。另外，由于这种松散的合作机制难以具备强制力与执行力，无法对合作方做出明确承诺，因而成员国可能会转向根据约束力与强制力的实体性国际合作组织，从而损害金砖国家合作机制的稳定性。二是发展阶段的相似性与发展利益冲突导致金砖国家间的竞争。首先，尽管金砖国家概念的形成强调的是其资源禀赋和产业结构的互补性，但国家间的竞争性也不容忽视，在很多情形下竞争甚至会主导国际关系。金砖五国发展阶段相似，都处于全球价值链的中低端，产业结构也具有很大的相似性，在全球市场中竞争关系明显。金砖国家间贸易发展虽然迅速，但贸易流向与结构并不均衡。中国在五国经贸合作中处于中心地位，其他国家与中国的贸易量增长迅速，其他双边贸易却进展缓慢，因此金砖国家间还远远没有形成健康稳定的经贸合作关系。而且以中国为中心的经贸关系也并非其他金砖国家理想的合作状态，但对于双边贸易关系改善的努力并无太多实质性进展。其次，金砖国家的利益诉求并不一致，在存在利益冲突时，从本国利益出发的相互博弈一直未曾中断。如中俄天然气谈判长期没有进展，中国与巴西和南非等国关于矿产的谈判也备受阻挠。在对外经贸利益方面，争夺市场份额、争取 FDI 的竞争长期存在。最后，金砖国家地域分隔，种族、文化、历史传统和民族心理差异明显，政治互信难以增进和巩固，在区域政治压力增大的情况下，金砖国家间的政治冷淡不足为奇，从长远来看必然会制约经贸合作与发展。①

（本章执笔人：窦勇）

---

① 司文，陈晴宜．金砖国家合作机制发展历程与前景［J］．国际研究参考，2015（7）．

第六章

CHAPTER SIX

重塑金砖国家合作发展的新优势

一、总体思路

秉持“开放、包容、合作、共赢”的金砖精神，坚持政治、经济、文化“三轮”驱动，采取“扩容、做实、增色、共振”四项举措，全面落实《金砖国家经济伙伴战略》，加快制定《2020 年前金砖国家贸易、经济、投资合作路线图》，基于共同利益和优先领域开展让成员国人民直接受益的务实合作，增强金砖国家战略伙伴关系，实现“机制化、规模化、多元化、便利化、共享化”的目标，为合作发展注入新动力、开辟新空间，在全球舞台上发出更具影响力的声音，推动世界均衡发展。

二、主要目标

（一）机制化：建立金砖国家合作长效机制，增强稳定性

目前，金砖国家之间的合作机制基本上处于初级阶段，一些国家对金砖国家峰会等多边合作机制尚存疑虑，特别是金砖国家集团能不能代表其他发展中国家的问题，以及不同成员国在重大国际问题上的分歧。所以，金砖国家的机制化建设将是目前迫切需要解决的问题。只有加强机制化合作，才能加快把自身的经济力量转化为政治影响力，在二十国集团、联合国和国际货币基金组织等国际机制中取得更为平等的影响力，推动国际秩序更加多极化、公正化和民主化。2015 年乌法峰会是金砖国家合作机制发展史上的里程碑。在会议召开前夕，金砖国家新开

发银行召开了首次理事会会议，任命印度人卡马特为首任行长，总部设在中国上海，金砖国家未来的金融合作将步入实际操作阶段。金砖国家新开发银行成立不仅标志着新兴经济体在全球金融架构中将发挥越来越重要的影响，也标志着金砖合作开始从“概念”走向“实体”，从“论坛化”走向“机构化”。金砖国家在取得巨大成就的同时，也存在一些问题，金砖五国的总体经济增长放缓，特别是其中一些国家不太理想；在市场准入、关税减让等方面还没有取得实质性进展；各国的经济结构不平衡，金砖国家其他四个国家都对中国经济有了越来越大的依赖，而反过来中国经济对它们的依赖却没有那么强。目前，金砖五国正面临经济放缓的局面，除了中国和印度，目前金砖五国中的俄罗斯、巴西和南非的经济增长率都低于美国。近些年人们开始产生“金砖褪色”的质疑。要解决上述问题，需要金砖国家巩固和推进实体化进程，逐渐确定合作宗旨、目标、任务、成员资格等基本要素，考虑加快设立秘书处。

从乌法峰会取得的丰硕成果可以看出，金砖国家的合作在不断深化，合作领域日益拓宽，合作水平不断提升，合作越来越务实。金砖国家新开发银行和金砖国家应急储备安排的同时设立，反映了发展中国家“抱团取暖”的一种愿望，能够为成员国及发展中国家基础设施建设等提供资金，应对短期流动性紧缺的压力，同时也能增强信心效应。金砖国家新开发银行成为金砖国家机制化建设的关键一步。旧的国际金融秩序始终向欧美发达国家倾斜，新兴国家和发展中国家的诉求受到遏制、得不到充分表达。金砖国家新开发银行及金砖国家应急储备安排旨在改变这种被动局面，减少新兴国家和发展中国家对旧有国际金融体系的单向依赖，是世界银行和国际货币基金组织的重要补充。结合金砖国家今后面临的国际环境，总结金砖国家走过的道路，就金砖国家的机制建设来说，未来的工作重点应该是机制化，推动建立金砖国家合作长效机制，加强内部协调与外部合作，增强金砖国家的稳定性。

首先，要选择硬机制，尽快解决金砖国家机制化问题。国家间合作可以采取硬机制（机制化）或者软机制（非机制化）两种方式，软机制的治理具有非正式性和低制度化的特色，更多强调的是国家间的协商、互动，不成立正式的组织，只是召开一些会议，有时是首脑会，也包括财长和外长会等。金砖国家合作机制目前采用的是软机制方式，具有非正式性，分为峰会、外长会议和财长会议等几个层次定期或非定期会议，仅具有松散的论坛性质，至今还没有秘书处。在不同的治理情境下，各国对机制化的偏好具有差异。在环境变动大、对政策灵活性要求高、国家不愿意承担成本的情况下，但低机制化由于其约束力低，为国家行为体所青睐。低机制化也意味着执行力低下、治理成效低。从目前的形势来看，金砖国家之间的合作将走向何种程度的机制化仍未可知。经济合作是推动金砖国家发展的持久动力，金砖国家应继续致力于建设一体化大市场，制定经济合作长期规划，适时启动金砖国家自贸区谈判，建立更紧密的经济伙伴关系。

其次，要有效处理内部差异性与机制的稳定性问题。如何实现金砖合作机制的内部稳定，是从根本上对“金砖褪色论”进行驳斥的最有效手段。之所以会有对金砖合作机制稳定性的担忧，主要是因为金砖国家之间存在着较大的差异性，具体表现在：发展阶段不同、经济结构不同、国情不同、地缘政治状况不同。如何在差异性的基础上开展合作，融合各成员国不同的利益诉求是最大的难题。同时，金砖国家间在贸易领域也存在着一定的竞争，在贸易结构、产业结构及全球价值链上的位置都存在着重合现象，难以避免彼此之间发生贸易竞争。但是，总体来看，各金砖成员国之间的互补性大于竞争性，合作潜力巨大，积极探索共同利益是在内部实现金砖机制稳定的重要保障。在处理国际事务时，各成员国谋求更多的政策协调，寻找共同利益，也有助于建立稳定的合作机制。例如，在金砖国家新开发银行的筹建过程中，金砖国家成员围绕先期资本投入额度、行长人员、组织架构、股东权责以及总部地址等实质性问题进行了有效沟通。特别是中国从合作大局出发，作为金砖发展银行的主要发起国及出资国，在制度设计与安排上做出了牺牲和让步，为金砖合作机制的长期稳定性做出了重大贡献，推动金砖合作机制在政策落地方面迈出了重大一步。

最后，加快启动金砖国家自贸区谈判，建立金砖国家合作的长效机制。建立金砖国家自贸区有利于巩固和扩大金砖国家领导人峰会取得的成果，为金砖国家间扩大贸易、投资、制造业、矿业、能源、农业、科技创新、金融、互联互通和信息技术合作提供制度保障。发达国家主导的 TPP、TISA、TTIP 都明显地将中国、俄罗斯、印度、巴西和南非这些“金砖国家”排除在外。基于欧美巨大的经济总量和市场容量，TPP、TTIP 和 TISA 在“边境”和“边境后”议题上达成的高标准和新规则，将会对全球经贸规则产生示范效应，引发其他发达国家和一些中等收入国家效仿，从而推高全球经贸规则和标准。如果按照高标准的贸易规则建立金砖国家自贸区，则各方利益更加难以协调，建立的难度将会明显增加。中国作为金砖国家中经济体量最大的国家，应该积极倡导建立金砖国家自由贸易区，扩大彼此的经贸合作，夯实“金砖国家”的共同利益基础，促进整体经济增长，优化经济结构，实现共同发展。考虑到金砖国家之间战略利益的复杂性，高标准的自由贸易区建设很难立即启动，可以采取逐步推进的方式，前期重点达成金砖国家自贸区早期收获计划。

（二）规模化：推动金砖国家扩容，增强代表性

2010 年，南非作为新成员国正式加入金砖国家，这是金砖国家第一次扩容，标志着这一新兴国家的代表性机制已经涵盖了来自美洲、欧洲、亚洲和非洲的主要大国。尽管金砖国家目前面临种种困难和挑战，但是金砖国家并不会停止适度扩容的步伐。G20 的形成本身就说明以 G8 为代表的发达国家在处理全球性金融危机时已经感到力不从心。随着新兴经济体总体实力的不断上升，世界政治经济格局出现重大变化，全球治理需要新动力、新思路、新模式，以适应形势的重大变化。金砖

国家扩容有利于增加发展中国家和新兴经济体的话语权和决策权，更大地发挥这些国家的优势和作用，为全球治理注入新的血液、新的思想、新的理念，使之更加公正、公平、合理，并为世界经济增长提供新动力。金砖国家从一开始就拒绝封闭的"俱乐部模式"，对其他国家和国际、区域性组织的联系与合作持开放态度。金砖国家扩容正是践行开发合作理念的最好体现，能够让金砖机制惠及更多的国家。

博鳌亚洲论坛 2010 年年会发布的《新兴经济体发展 2009 年度报告》首次提出"E11"（新兴经济体 11 国）的概念，将 G20 国当中的阿根廷、巴西、中国、印度、印度尼西亚、韩国、墨西哥、俄罗斯、沙特阿拉伯、南非和土耳其等 11 个国家作为一个新兴经济体进行整体研究。除了金砖国家成员，阿根廷、印度尼西亚、韩国、墨西哥、沙特阿拉伯和土耳其 6 国近 5 年的经济表现明显好于巴西、俄罗斯和南非。2015 年，印度尼西亚、土耳其、沙特阿拉伯、韩国、墨西哥、阿根廷的经济增长率分别为 4.8%、3.8%、3.4%，2.6%、2.5%、1.2%。除印度尼西亚之外，其他 5 国的人均 GDP 都在 9000 美元以上，远高于金砖国家的平均水平。考虑到沙特阿拉伯和韩国人均 GDP 均超过了 2 万美元，相对发达，明显高于金砖国家的平均水平，而阿根廷的经济体量较小，可选取人口最多的 3 个国家作为金砖国家扩容首选成员：印度尼西亚（2.58 亿人）、墨西哥（1.27 亿人）、土耳其（0.79 亿人），其经济水平与金砖国家接近，发展诉求与金砖国家相似。印度尼西亚作为东盟地区的"领头羊"，具有独特优势和巨大发展潜力，当前和今后一个时期，必将成为世界经济发展中一颗耀眼的新星。土耳其是继中国、俄罗斯、印度、巴西和南非等"金砖国家"之后又一蓬勃发展的新兴经济体，在国际社会享有"新钻国家"的美誉。墨西哥成功发挥自身优势，实现了经济领域的部分现代化，建成了整个拉美地区规模最大也是最完整先进的工业体系。金砖国家未来更可采取"金砖 + N"的模式，在条件成熟时适度吸收新成员。

（三）多元化：实现政治、经济、文化领域全方位合作，增强认同感

金砖国家加强合作，共同应对全球性挑战，符合五国及国际社会的共同利益，为促进世界经济增长、推动世界的和平与发展发挥积极性与建设性作用，金砖国家的合作可以为世界带来机遇，为发达国家与发展中国家之间的沟通与交流发挥桥梁作用。要本着开放、包容、合作、共赢的金砖国家精神，努力建设一体化大市场、金融大流通、基础设施互联互通、人文大交流，实现政治、经济、文化领域的全方位合作，增强认同感。金砖国家合作要做到政治、经济、文化“三轮”驱动，既做世界经济动力引擎，又做国际和平之盾，还做人类文明使者，深化在国际政治、经济、文化和安全领域的协调和合作，捍卫国际公平正义，促进人类文明交流互鉴。金砖国家要积极参与国际多边合作，提高在全球经济治理中的话语权，在二十国集团峰会上加强协调合作，致力于建设开放型世界经济，落实国际货币基金组织改革方案，推动解决全球发展问题，建设面向未来的金砖国家伙伴关系，构建发展创新、增长联动、利益融合的开放型经济格局，对金砖国家长远发展繁荣具有重要意义。金砖国家要加强全方位合作，密切沟通和协调，继续加强国际合作，维护共同利益。

（四）便利化：促进金砖国家投资开放和贸易便利，增强互补性

尽管金砖国家做出了巨大的努力，但从国际投资和贸易便利化发展的总体水平来看，金砖国家投资贸易便利化仍处于中等偏下水平。从金砖国家单个国家的贸易环境来看，根据世界经济论坛的《全球竞争力报告》，在 125 个国家中，金砖国家贸易便利化发展程度最好的是中国，但是在全球排名中也仅处于第 45 名，俄罗斯更是排在了 100 名之后。世界银行 2016 年 10 月 25 日发布的年度报告《2017 年营商环境报告：

人人机会平等》显示，在营商效率全球排名中，俄罗斯排名第 40 位，南非排名第 74 位，中国排名第 78 位，巴西排名第 123 位，印度排名第 130 位。在投资贸易便利化合作方面，金砖国家仍处于起步阶段，合作程度有待深化。2011 年，金砖国家银行合作机制成员签署《金砖国家银行合作机制金融合作框架协议》，研究在成员国之间扩大本币结算，并进行本币融资，金砖国家金融合作机制向前迈进了一大步，有助于金砖国家间贸易和投资的便利化。2012 年，金砖五国开发银行共同签署了《金砖国家银行合作机制多边本币授信总协议》和《多边信用证保兑服务协议》。2013 年，金砖国家通过《金砖国家贸易投资合作框架》。2014 年，金砖国家提出《贸易投资便利化行动计划》。在这些合作机制和规划的推动下，2014 年金砖五国间贸易额近 3500 亿美元，较 7 年前增长了 2.5 倍。目前，中国已成为巴西、俄罗斯、南非和印度最大的贸易伙伴，与四国双边贸易额达 3000 多亿美元，累计直接投资额达到 350 多亿美元。事实证明，金砖国家之间的投资贸易合作潜力巨大，需要促进金砖国家投资开放和贸易便利，开展双边和多边务实合作，增强互补性，为金砖国家的共同发展注入强劲动力。中国作为金砖国家贸易便利化发展较为领先的国家，应发挥更加积极的作用。一方面，可结合“一带一路”倡议推进与投资贸易便利相关的基础设施建设，为相互之间的贸易发展创造良好条件。另一方面，可推动建立金砖国家大通关机制，推动海关信息的共享、互认，促进贸易便利化。

（五）共享化：推动“一带一路”与金砖国家成员战略对接，增强包容性

推进结构性改革，创新增长方式，构建开放型经济，加强宏观经济政策协调，已经成为金砖国家抓住机遇、在国际舞台上发挥引领作用的当务之急。金砖国家存在基础设施投入不足、结构性改革滞后、对外部依赖度过高等风险因素，应结合落实 2030 年可持续发展议程和二十国集团领导人杭州峰会成果，加强战略对接，拓展金砖国家的潜在增长空

间，为发展合作注入新动力、开辟新空间。中国倡议的“一带一路”是开放的、包容的、和平的、平等的，倡导“共商共建、共创共享”，不搞封闭机制，有意愿的国家和经济体都可以参与，成为“一带一路”的支持者、建设者和受益者。“一带一路”可以与金砖国家成员发展战略更好地结合起来，包括不接壤的巴西、南非这两个金砖国家成员。重点与俄罗斯等国家的“欧亚经济联盟”、印度的“季风计划”等战略进行合作对接，在增信释疑的基础上，推进金砖国家形成宽领域、深层次、高水平、全方位的合作格局，使各成员在合作中实现共赢，使广大民众获得实实在在的好处，有力改善金砖国家民众的生活水准，给金砖国家带来共同的发展机遇和福祉，形成更具亲和力、感召力的互利共赢金砖国家发展格局。链接“中国制造 2025”“创新驱动”与“印度制造”“技能印度”“清洁印度”等战略，形成互补、互动、互助发展新格局。

三、路径选择

近年来，随着金砖国家合作机制的启动、升级与深化，金砖国家的合作领域与内容渐趋扩大与务实，在国际社会的影响力和话语权日趋增大，成为新兴经济体和发展中国家在国际社会上的“代言人”，以及实现全球治理模式创新和结构改革的“助推器”。但与此同时，作为一项刚形成不久的多边合作机制，在制度设计上还有待进一步完善，在合作领域上还需更加务实。2013 年，习近平主席在金砖国家德班峰会上提出金砖国家务实合作的“四大倡议”，即推动金砖国家建立贸易领域的一体化大市场、金融领域的多层次大流通、基础设施领域的陆海空大联通、人文领域的大交流。在 2015 年的金砖国家果阿峰会上，习近平主席继续强调了“经贸大市场、金融大流通、基础设施大联通、人文大交流”的抓手作用。这为金砖国家进一步深化合作制定了大方向、谋划了大思路，下一步要按这一方向和目标，充实内容、细化设计、规划步骤，使金砖国家合作从广度和深度上都能迈上一个新台阶，塑造金砖国家的共同优势，逐渐形成利益共同体、责任共同体和命运共同体。

路径一：建设金砖国家自贸区，形成统一的投资贸易大市场，打造互利同赢的利益共同体

WTO多哈回合谈判受阻后，全球经济格局日益从全球化向区域化、次区域化演变，各类多边、双边FTA层出不穷，其中规模最大的要数欧盟和北美自由贸易区，这两大组织均是由发达国家主导的。奥巴马政府力推的TTIP希望把欧洲和北美两大市场统一起来，力推的TPP希望把北美和东亚的日本、韩国、新加坡以及大洋洲的澳大利亚、新西兰等统一起来，从而形成全球范围的发达国家统一大市场，而这一体系是不包括广大新兴经济体和发展中国家特别是金砖国家在内的。这说明，无论是在当前的世界经济格局中，还是未来被发达国家规划设计好的经济前景中，发达国家都处于“核心”位置，而金砖国家是被“边缘”化的。被边缘化的关键原因是金砖国家缺乏一个统一的经济组织，一个人口占全球40%以上、经济总量占全球1/4左右的国家集团并没有形成一个统一的大市场。金砖国家必须联合起来，在推动建设更加公平合理的国际经济格局中发挥更加积极而重要的作用，要维护金砖国家自身以及广大新兴经济体和发展中国家的重要利益。一方面，金砖国家应继续倡导建设开放型世界经济，支持多边贸易体制，反对部分发达国家的保护主义倾向和构建排他性局部自贸体系的企图，推动多哈回合谈判进程，维护新兴市场国家和发展中国家的正当权益，确保各国在国际经贸活动中机会平等、规则平等、权利平等。另一方面，必须加速推进金砖国家自贸区建设，明确自贸区建设的时间表和路线图，建立统一的自由贸易大市场。

金砖自贸区建设应坚持“两条腿”走路：一方面，要加快启动中印、中俄、中巴、中南等各双边自贸区谈判，通过双边自贸区的达成来促进多边自贸谈判的对接，中国在其中应发挥重要的领导和示范作用；

另一方面，金砖自贸区谈判可从低标准做起，逐渐向高标准过渡，考虑到金砖国家总体发展水平和发达国家还有一定的差距，初期谈判重点应放在贸易、投资和便利化机制建设，如要大幅降低区内贸易关税水平，减少各种形式的贸易壁垒，允许区内资本自由流动，推动投资审批和人员往来便利化等，而不适宜在初期采取类似于TPP和TTIP在知识产权、劳动、环保、仲裁等方面的高标准，这些标准对金砖国家而言普遍偏高而难以接受，未来随着金砖自贸区初期1.0版的启动和建设，可以再进一步研究提高标准，形成2.0版。推动金砖国家自贸区建设要坚持循序渐进的原则，金砖国家发展水平接近，部分国家存在产业同质竞争的担心，自贸区建设又夹杂和关联着一些政治和安全议题，要注意回应各国关切，使各国都能认识到自贸区建设对其利远大于弊。我们也必须要做好谈判过程艰难复杂的心理准备，应在与各金砖国家充分沟通的基础上，形成金砖自贸区建设的路线图和时间表，来倒逼谈判进程，保证谈判进度。

路径二：加强金砖国家互联互通能力建设，打造多层次、高维度、立体化的通道体系

一是推动“一带一路”向巴西、南非等国家拓展。在目前已公布的“一带一路”倡议中，俄罗斯、印度是沿线重要国家，而巴西、南非是不包括在内的，“一带一路”是开放性、全球性的合作平台，随着“一带一路”建设的推进和深化，未来应该将巴西和南非纳入“一带一路”的覆盖范围，并使其成为“一带一路”沿线重要的战略支点国，推进“一带一路”与其自身发展战略结合和对接，这对于增进金砖国家合作、深化完善“一带一路”具有重要意义。

二是打造中、印、俄陆上互联互通大动脉。从地理分布上来看，金砖国家距离较远，因此密切各方联系更需通畅便利的交通通道。陆上交通主要是中、俄、印三国。目前中俄之间已有两条亚欧大陆桥连接，特别是随着中国“丝绸之路经济带”建设的推进，各类“X新欧”不断推出，中国东部沿海、东北、华北、西北乃至西南地区可通过满洲里、二连浩特、霍尔果斯等口岸直接连通莫斯科乃至欧洲地区，形成了从太平洋到波罗的海和大西洋的大通道。中印之间陆上交通十分不畅，这是制约中印经贸往来的一个重要瓶颈，未来可在两个方向上推动中印陆路联通设施建设：第一，推动青藏铁路延伸线建设，未来使青藏铁路从拉萨、日喀则进一步延伸到尼泊尔加德满都，再向南延伸至印度并与印度铁路网接轨；第二，打通从我国云南经缅甸、印度东北部、孟加拉国至印度广大内陆地区的孟中印缅大通道，具体而言，这一通道又由四条线路构成：北线从昆明经腾冲至缅北的密支那、经印度雷多口岸进入印东北部、再向南至孟加拉国的达卡和印度的加尔各答；中线从昆明经瑞丽口岸至缅甸曼德勒、再向西经印度东北部的英帕尔至达卡和加尔各答；南一线由昆明经曼德勒至皎漂港、再北上至吉大港、达卡和加尔各答；南二线由昆明至曼德勒后、向南至缅甸仰光。如果该通道打通，将会显著增强中印经贸联系，对于两国合作有重大意义。俄印之间目前也尚未形成通畅的交通通道，由于印度和巴基斯坦的传统矛盾、阿富汗地区的复杂局势，印度直接向北经巴基斯坦、阿富汗、中亚至俄罗斯的陆上通道很难打通。近期，俄、印、伊朗、阿塞拜疆联合提出“第二苏伊士运河计划”，即从孟买经海路至伊朗阿巴斯港，再从伊朗换铁路经阿塞拜疆至俄罗斯。总体上看，中、俄、印三国的互联互通除中、俄两国通道建设具有较好基础外，中印、俄印通道建设仍处于设想阶段，如果这两大通道也能建成，未来将在欧亚大陆上形成一个以中亚为核心，连接东亚、南亚和俄罗斯的大三角形交通网络，这将彻底改变整个欧亚大陆乃至全球的地缘格局。

三是重点加强中、印、南、巴四国海上通道建设。目前中印之间主要海上航线是从中国沿海港口至印度西部孟买港和东部金奈港，但印度其他一些重要港口如加尔各答港等与我国的联系并不十分紧密，我国可积极参与加尔各答港等港口基础设施建设，加强我国港口与加尔各答港等港口的对接合作。中国和巴西之间海上航线主要通过巴拿马运河，近期巴拿马运河将完成扩建，新一代大型船舶可通过该海峡，海峡吞吐能力也将翻倍，这对于中巴海上互联互通将会发挥积极作用。与此同时，我国应积极推进“两洋铁路”建设进程，为巴西打造西部出海口，这对于深化我国与巴西内陆地区经济合作具有十分重要的作用。中国与南非之间的海上通道是较为畅通的，作为发展中国家，南非的港口等基础设施也有扩建的需求，这也是中国可以积极与之合作的领域。

四是打造金砖国家空中航线网络体系。目前金砖国家之间已有一些连接干线机场的航线网络，但总体来看，航线仍然比较稀疏、航班密度也不高，特别是支线机场间空中联系较少，空中往来仍需通过干线机场转机，旅客十分不便。相比客运来说，金砖国家间的货运能力更是不足，金砖国家间的地理距离遥远，陆上、海上交通均较为不便，空中货运能力对于各国经贸联系十分重要。随着各国经济合作的逐渐深化，未来支线机场之间的航线网络建设以及空中货运能力建设将会成为金砖国家空中互联互通的两大建设重点。

五是加强金砖国家间信息畅通能力建设。互联互通不仅包括道路、航线等有形的联通，更包括信息等无形要素的联通。随着互联网技术的发展，依托信息技术的跨境电子商务 B2B、B2C、C2C 等新的经济形态不断涌现并在全球经济中占据着越来越重要的位置。金砖国家具有消费市场规模大的优势，新经济发展潜力巨大，应该成为金砖国家合作的重要契合点。当前应尽快提升金砖国家间的信息互联互通能力，加强 eWTP（电子世界贸易平台）的信息通信硬件建设，推动各国监管信息共享互认、跨境电子商务等新型贸易规则对接，真正实现金砖国家间信息的无缝连接。

路径三：在资源能源、基础设施建设、高技术产业、农业等重点领域开展国际产能合作，打造利益共享的金砖国家产业价值链

金砖国家要素禀赋各具优势，产业结构互补性强。俄罗斯被称为

“世界加油站”，拥有丰富的石油和天然气资源。巴西是“世界原料基地”，农牧业十分发达，特别是铁矿石、铜、铝土矿等矿产资源十分丰富。印度是“世界办公室”，是软件业和服务外包业的大国。南非被称为“矿产波斯湾”，矿产资源占非洲的50%。中国是“世界工厂”，在制造业领域具有很强的国际竞争力。互补的产业结构意味着金砖国家集团内部开展国际产能合作前景十分广阔。

一是要在能源资源，特别是石油、天然气、铁矿石等领域开展深入合作。在金砖国家中，俄罗斯、巴西、南非是重要的能源矿产品供给国，中国和印度是全球最重要的能源资源需求国，金砖国家内部的能源矿产品交易占全球市场较大的比例，但无论是供方还是需方，金砖国家都不掌握国际能源资源产品的定价权，能源资源价格的大幅波动对供需双方的经济平稳运行都会产生重大不利影响。前些年能源资源价格高涨时，中、印等主要需求市场的经济运行成本较高。近年能源资源价格下跌，俄罗斯、巴西由于能源资源产业在国民经济中占比过高，经济结构过于单一，造成其经济大幅衰退。金砖国家应在石油、天然气、铁矿石等大宗产品的国际交易方面展开合作，可由供求双方协议根据供需情况确定基本价格，在此基础上建立金砖国家能矿产品现货、期货交易市场，通过市场调节形成实际价格，形成能与芝加哥期货交易所抗衡的定价体系，由于金砖国家内部的巨大供需量，这一价格将会对全球价格发挥决定性影响。

二是在基础设施建设领域开展合作。相比于发达国家，金砖国家基础设施建设水平相对滞后，特别是印度、巴西等国，基础设施需求十分巨大，但现有基础设施服务供给水平还远远不能满足需求。中国基础设施建设能力和技术水平在全世界居于前列，可为其他金砖国家提供工程承包、建设、运营、设备供应等方面的服务，这也是中国优势产业“走出去”的重要机遇。当前，金砖国家基础设施建设还面临着资金不足的难题，一些重大工程项目建设心有余而力不足，由中国主导或参与的亚洲基础设施投资银行、金砖开发银行、丝路基金就是为了弥补现有国际多边金融机构在基础设施建设等方面能力的不足，这些机构可以向金砖国家基础设施建设投资进行倾斜。

三是金砖国家可以在高技术领域开展合作。金砖国家在工业化的进程中，各自形成了某些优势的部门和产业，如印度的无线电传输、软件技术，南非的运输设备技术和矿业开采技术，巴西的农业技术、支线飞机技术，俄罗斯的军工技术以及中国制造业、互联网技术等都具有一定的优势，可以互相合作，取长补短，合作也有助于放大各自的产业优势，形成优势互补的产业体系。同时，金砖国家也可在新能源、新材料、生物医药、信息技术、智能制造等前沿领域开展合作，突破发达国家在高技术领域的封锁，推动产业结构向高端迈进。

四是在农业领域开展合作。中、印两国是世界上人口最多的国家，对农产品有巨大的需求，而俄罗斯、巴西是农产品大国，有巨大的农产品供应能力和生产潜力，金砖国家在农产品领域合作空间巨大。要打破金砖国家农产品投资贸易壁垒，允许企业到其他国家从事农产品种植、贸易、物流，鼓励各国企业开展农业技术合作。

路径四：加强金砖国家金融合作，推动国际金融体制渐进式改革和补位式改革

金砖国家合作机制建立以来，五国在金融领域的合作已取得了显著进展，已形成了金砖合作银行和应急储备机制两大合作金融机构，这是对现有国际金融制度框架和治理结构的变革和补充，这是在不改变当前国际金融格局的情况下，更好地反映世界经济格局变化的一种尝试。展望未来，金砖国家在金融合作方面还有巨大的空间，要坚持渐进式改革和补位式改革的总体思路，不另起炉灶，逐步推进国际金融治理朝公正、合理、有效的方向发展。

一是要优化现有金融合作存量，更好地发挥金砖合作银行和应急储备机制两大金融机构的作用。战后形成的发达国家主导的布雷顿森林体

系迄今没有得到合理变革，尤其难以体现新兴经济体和发展中国家不断壮大的趋势，包括 IMF、世界银行、亚行、SDR 等在内的国际金融体系改革推进缓慢，只有新兴经济体和发展中国家联合起来，才能改变根深蒂固的旧的金融机制。金砖国家联合成立的金砖国家开发银行和应急储备机制就是对原有体制的重要突破，这两大机制是金砖国家合作走向实体化的重要载体，在推动“南南合作”、加速国际金融格局多极化方面具有重要意义，未来要进一步发挥好这两大机制的重要作用。金砖国家银行要进一步发挥好“为金砖国家以及其他新兴市场和发展中国家的基础设施建设、可持续发展项目筹措资金”的功能，制定更适合发展中国家的优惠贷款政策，以金砖国家经济发展和改善民生为原则制定贷款标准，不设置强制性政治附加条件，使新兴经济体和发展中国家可以通过新的金融平台和机制、享有更多平等民主的获取资金的权利，从而减少新兴国家和发展中国家对旧有国际金融体系的单向依赖。应急储备机制不仅是金砖国家联合应对国际金融风险、构建共同的金融安全阀的需要，也是对现有全球金融安全网的补充和强化，未来要进一步发挥好金砖国家“金融稳定器”的功能，增强金砖国家共同抵御风险的能力，同时加强与欧洲稳定机制、清迈倡议多边化机制等全球重要稳定机制的合作，共同预防和缓冲可能发生的金融风险。

二是加强货币互换、本币结算和本币融资，削弱美元霸权。全球金融危机起源于美国，根本原因是流动性泛滥和监管制度漏洞。全球金融危机后，美国量化宽松导致国际金融市场大幅波动，近期围绕美元加息全球市场也经历了多次大起大落，美元“绑架了”全球资金的供给和流向，在这种情况下，身处国际金融边缘地位的金砖国家必然会受到冲击，不利于经济的平稳发展。金砖国家必须携起手来，共同应对国际金融市场动荡的不利影响。金砖国家应加强各国本币互换，增强各国货币在金砖国家集团内的流动性，鼓励各国使用金砖国家货币结算，互相将对方的货币纳入储备篮子，降低对美元的依赖度和借用美元换算的成本和汇率风险。同时金砖国家应积极开展证券市场合作，如应允许到其他金砖国家市场上发行本币债券，允许其他金砖国家到本国发行外币债券，培育双边本币债券市场，如要加强股票市场的互联互通，推动股票市场互相开放，探索建设股票共同交易平台，如组建大宗商品共同交易平台，形成大宗商品的定价能力等。远期可视金砖国家内部多种货币流动互换程度，可研究指定以五种货币中国际化水平最高的货币为结算货币，或推出与五种货币为篮子相挂钩的共同货币为结算货币。

三是共同推进 IMF 和世界银行等国际金融机构改革进程。国际货币基金组织（IMF）和世界银行（WB）是全球金融治理体系的两大支柱。随着新兴经济体特别是金砖国家经济力量的增强，这两大机构被迫要做出反应和调整，实现朝更加公平合理的方向改革。2010 年，IMF 曾提出要将超过 6% 的份额转移给新兴市场国家和发展中国家，但受到美国阻拦至今仍未实现，这反映出新兴市场国家和发达经济体在 IMF 的话语权仍严重不对等。在世界银行中，新兴经济体也面临相似的问题，发达国家掌握着世界银行的多数投票权，人事安排上也偏袒发达国家，压制着发展中国家的合理诉求。因此，金砖国家必须在 IMF 和世界银行中加强合作，共同发声，积极推动两大机构投票权和人事权改革，增加新兴市场国家和发展中国家的话语权和发言权，努力维护共同利益。

四是金砖国家应在加强金融监管上进一步加强合作。当前国际金融监管领域的制度缺失较为严重，金砖国家必须在金融监管领域加强合作，共同提高金融监管水平。要努力推动金砖国家金融监管体系对接，推进各国金融监管机构的合作，共同应对可能出现的不良风险。在巴塞尔委员会，金砖国家也应以一个声音说话，提高金砖国家在国际规则制定领域的话语权。金砖国家应共同合作建设信用评级机制，目前国际信用评级话语权基本掌握在发达国家手中，评级机构通过不透明的评级过程和简单结论就能控制其他国家的融资成本和资金流向，这实际上反映着发达国家在金融领域的霸权。由于金砖国家整体的市场规模和国际影响力，可考虑共同研究建设能够与发达国家相抗衡的国际评级体系，保证金砖国家自身的利益。

路径五：加强政策沟通，形成较为固定的组织架构和常态化合作机制

一是在组织建设上要由松散型向紧密型发展。目前金砖国家已形成了以领导人会晤为引领，以安全事务高级代表会议、外长会晤等部长级会议为支撑，在广泛领域开展务实合作的多层次架构。但总的来看，金砖合作仍以协商和沟通式的务虚合作为主，尚未形成具有纲领性和程序性的制度文件，也未形成常设的办事机构，组织结构较为松散。未来应进一步推动金砖合作的建章立制工作，要将金砖国家合作的原则和规范形成纲领性文件，要将金砖合作的规则和决策程序制度化，要建立常设秘书处，处理日常事务，并在秘书处下组建国际安全事务委员会、金融合作委员会、贸易委员会、文化委员会等若干委员会，处理相关实际问题，推动金砖合作从“概念”走向“实体”，从“论坛化”走向“机构化”。

二是建立常态化的协调合作机制。要加强金砖国家在地区安全、国际反恐、气候变化、网络安全、国际政治经济体系改革等国际重大问题的沟通协调，形成统一立场，各成员国应在金砖国家秘书处常驻代表，结合定期或不定期的领导人会晤和部长级会议及各事务委员会，充分对接关于国际重大问题的思路和想法，凝聚共识，使金砖国家能够对外统一成一个声音，共同改变国际政治经济不合理秩序。同时要允许其他国家在金砖国家派驻观察员或代表，使金砖国家合作机制成为凝聚世界上广大发展中国家，体现发展中国家声音的平台和载体。

三是建立争端对话解决机制。在金砖国家内部，也存在诸如地缘政治、边界领土、贸易摩擦等争端，有争端并不可怕，关键是要建立一套使各国能够就争端问题充分对话解决的制度体系，使局部的争端问题不至于扩大化，影响到金砖国家的整体合作。争端对话解决机制可以分为

常设和非常设两种，如对于贸易摩擦、反倾销与贸易制裁等常态化问题，可授权秘书处下的贸易委员会予以及时解决，而对于地区安全、国际关系等重大问题可开展不定期会议，以临时性圆桌会议形式予以解决。

四是建立新成员加入机制。金砖国家不应只成为 5 个国家的封闭机构，而应建成一个面向广大新兴经济体和发展中国家的开放平台。在国际社会上，在金砖国家的概念提出后，又出现了“新钻 11 国”“展望 5 国”“灵猫 6 国”“新兴经济体 11 国”等概念，包括了目前全球经济增长速度较快、具有较大后发优势的国家，这其中有不少国家和金砖国家具有相似的利益诉求，都希望加入最具影响力的金砖国家合作机制。金砖国家必须建立允许其他经济体特别是新兴经济体和发展中国家加入的体制机制，妥善处理好金砖国家与其他后加入经济体的关系，使其不会被新加入成员国带来的众多议题内耗而功能停滞，同时又能最广泛地凝聚所有成员国的诉求。

五是建立金砖国家“二轨”对话机制。金砖国家合作机制自诞生之日起，就面临西方舆论渲染的“金砖威胁论”“金砖破裂论”“金砖褪色论”等批评，其根本目的是希望拆散金砖国家合作机制，降低金砖国家的国际影响力。这些舆论之所以有广泛的市场，一个重要原因是金砖国家对外舆论输出能力总体不足，需要通过智库、媒体等加强共同对外发声。另外，金砖国家内部在一些政治、经济、安全问题上也认识不一，影响了合作效果，需要智库等机构进一步加强对话，形成在国家领导人、部长会议及政府相关部门合作“一轨”外的“二轨”合作机制，强化沟通交流与对外宣传的双重职能，既能真正形成全方位、多层次的互通有无，又能抗衡西方国家对金砖国家的不利宣传。

（本章第一、二部分执笔人：李锋；第三部分执笔人：梅冠群）

第七章

CHAPTER SEVEN

促进金砖国家合作发展的相关建议

随着综合国力的不断增强，金砖国家已经成为国际体系中一支举足轻重的力量，对国际经济发展和治理体系的影响力日益增强，已经能够通过加强彼此合作促进共赢发展。在过去的几十年里，资本、技术和市场从西方发达中心向更加广泛的边缘地区扩散和转移，较不发达国家渐次实现经济腾飞。伴随这个趋势，世界权力也在分散化。在西方主导的秩序呈现出弱化态势，甚至无法应对所有挑战的同时，新兴国家被期待更多地参与世界事务和分担责任。在新的历史时期，金砖国家可以在以下五方面通过合作促进彼此共赢发展。

一、制定长期合作规划，推动互利共赢的国际发展合作

当前，虽然国际金融危机的阴霾还未散去，国际秩序转型缓慢演进，但发展还是当今世界的主题。在“千年计划”之后，联合国又推出《2030 年可持续发展议程》。金砖国家要以发展为核心，立足长远，制定长期合作规划，建立发展伙伴关系，按部就班地推进联合国新千年计划的实质性落实，致力于推动互利共赢的国际发展合作，实现共赢型发展。

联合国“千年计划”有力地促进了人类发展，是有史以来最成功的全球性消除贫困行动，是致力于全球合作发展的规划。该计划于 2015 年结束，虽然少数目标没有完全实现，但有力地推进了人类在消灭极端贫穷和饥饿、普及小学教育、促进两性平等并赋予妇女权利、降低儿童死亡率、改善产妇保健、对抗艾滋病病毒、确保环境的可持续能力、全球合作促进发展等八大领域的进步。这个计划的最大贡献不仅在

于推进了人类贫困问题的解决，而且更主要的是致力于提升各国人民福祉的发展计划，是联合世界各国共同发展的计划，是以包容性经济、包容性社会为建设目标的计划，是实际聚焦人类最大主题——发展的计划，代表了人类社会发展的根本方向。

《2030 年可持续发展议程》是在总结联合国“千年计划”成功经验的基础上制定的世界发展新行动纲领。2015 年9 月，联合国193 个会员国首脑会议上，就17 项可持续发展目标达成一致。这个于2016 年在联合国大会第70 届会议上通过的可持续发展目标称为联合国《2030 年可持续发展议程》（A/RES/70/1），是联合国“千年计划”精神的延续。该议程涉及可持续发展的三个层面：社会、经济和环境，以及与和平、正义和高效机构相关的重要方面，于2016 年1 月1 日正式启动，呼吁各国现在就采取行动，为今后15 年内实现这17 项可持续发展目标和169 个具体目标。《2030 年可持续发展议程》是世界各国领导人与各国人民之间达成的社会契约，既是一份造福人类和地球的行动清单，也是世界各经济体首脑对世界各国人民的一项庄严承诺。

《2030 年可持续发展议程》有利于推进发展中经济体聚焦发展的战略诉求。在巩固实施千年发展目标成果的基础上，《2030 年可持续发展议程》致力于消除世界的最大挑战——一切形式的贫困，实现可持续发展必不可少；致力于从经济、社会和环境三个方面实现可持续发展，代表了人类社会的发展方向，也有利于包括金砖国家在内的广大发展中经济体的发展，顺应了广大发展中经济体的根本诉求。该计划本着加强全球团结的精神，在所有国家、所有利益攸关方和全体人民参与的情况下，通过动用必要的手段来执行这一议程，致力于恢复全球可持续发展伙伴关系的活力，尤其注重满足最贫困、最脆弱群体的需求。

借助聚焦发展的国际大环境，作为广大发展中经济体的“领头羊”，金砖国家要制定中长期发展规划，实现发展规划对接，率先垂范，投身到《2030 年可持续发展议程》落实行动之中，推动互利共赢的国际发展合作，共同倡导新型全球发展伙伴关系，把全球主要关注点定格在发展问题上，团结一切可以团结的力量，在世界各地消除贫困与饥饿；消除各个国家内和各个国家之间的不平等；建立和平、公正和包容的社会；保护人权和促进性别平等，增强妇女和女童的权能；永久保护地球及其自然资源；创造条件，实现可持续、包容和持久的经济增长，让所有人分享繁荣并拥有体面的工作，同时顾及各国不同的发展程度和能力，有效推进人类社会进步。

二、塑造有利的外部发展环境，共同完善全球经济治理

国际金融危机之后，以互联网为核心的信息技术革命正在加速推进传统产业业态的变革和国际经济的整合，国际市场提供者由欧美等发达经济体向国际产业链下游经济体转化。在世界经济发展模式的转型期，世界经济每况愈下，各经济体外部发展环境不断恶化，各经济体发展态势进入“比惨”模式。金砖国家要努力塑造有利的外部环境，共同完善全球治理，加速世界经济发展模式转型，推进自身和全球经济复苏和进一步发展。

（一）共同塑造有利的外部发展环境

首先，国际金融危机之后，世界经济发展模式加速转型，世界各经济体的外部发展环境都恶化了。一是发达经济体的外部发展环境恶化。国际金融危机之前，世界经济运作的模式是欧美消费、以中国为核心的东亚生产、第三世界配置能源资源的大三角运作模式。国际金融危机的发生深刻地改变着这种大三角运作模式。国际金融危机爆发后不久，国际市场争夺问题就实质性提上美国历史议事日程。金融危机重创了美国经济，失业率不断走高。虽然近期出现向好苗头，但美元也仅勉强加了一次息，但随后就爆出令人沮丧的经济数据。美国比任何时候都更希望通过出口翻番创造更多的就业机会。为了达到这个目标，美国提出了

“再工业化战略”，并启动和推进“国家出口倡议”（National Export Initiatives），要求用5年时间使其出口规模翻一番。为了尽快使反危机措施见到效果，美国不仅大力推进面向大西洋的跨大西洋贸易与投资伙伴关系协定（TTIP），还在“亚太再平衡”的旗号下大力推进面向太平洋的跨太平洋伙伴关系协议（TPP），对国际市场“跑马圈地”。出于同样的理由，日本、欧洲等发达经济体也相继出台拓展海外市场的政策，加大出口力度，解决国内就业问题，恢复经济增长。总之，国际金融危机之后，发达经济体因科技革命带来的创新性发展受到抑制，生产环境恶化，改变了以往作为全球消费市场角色的发展策略，被迫转向生产领域寻求出路，都致力于再工业化，致力于抢占国际市场，缓解国内压力。二是发展中经济体的外部发展环境更加恶化。发达经济体外部发展环境恶化的同时，发展中经济体的角色定位也在被动地恶化。发达经济体内部消费市场萎缩以及加快进军海外市场的反危机政策使得发展中经济体不仅国际市场萎缩，还要让出部分内部市场。发达经济体的反危机措施不仅减小了对发展中国家产品的吸纳能力，反过来还要向发展中国家市场销售自己的产品，挤压其传统市场的空间。在市场空间的挤压下，发展中经济体发展环境日趋恶化。一方面，由于发达经济体对国际市场的争夺，发展中国家不仅出口受到压制，国内市场也被抢占，产能过剩明显，生产链条被打破，环境更加恶化，经济增长压力越来越大。另一方面，由于生产技术落后，发展中经济体产业升级受到基础设施、技术和资金的限制越发明显；国内市场难以产生增量，越发增加了发展中经济体市场竞争的激烈程度。在出口难度加大，进口大幅增大的背景下，发展中经济体独立自强的倾向更加明显，纷纷制定适合自己的新时期发展战略。总之，经历了国际金融危机的冲击，包括金砖国家在内的广大发展中经济体的外部发展环境也在不断地恶化。

其次，当前世界经济环境恶化的原因是国际市场增量的形成难度加大，进入了国际市场存量再分配的境地。在能够带来大规模产业化的科技革命难以爆发的情况下，欧美发达经济体也难以继续通过金融加杠杆的方式推进经济增长，难以发挥世界经济引擎的作用，纷纷执行再工业化基础上的国际市场扩张战略，不仅对外尽可能地封闭自身市场，而且竭尽全力抢夺其他经济体的市场。表现最明显的就是美国，其利用“二战”以来继承的庞大同盟体系优势，左右开弓，一方面通过跨大西洋贸易与投资伙伴关系协定圈占欧洲市场，另一方面通过跨太平洋伙伴关系协议拆解其认定的所谓“挑战者”中国的自由贸易区体系，圈占亚洲市场。面对国际市场的再分配，广大发展中经济体产业链不得不进入回缩状态，一方面国际市场萎缩，另一方面也不得不面向强权开放国内市场，本经济体企业开工不足，失业率上升，经济增长率下降，社会矛盾集聚。总之，全球原来以欧美经济体金融加杠杆，东亚生产，广大发展中经济体提供能源资源为特点的增长模式被破坏，新的多极经济增长点竞争的模式尚未形成，世界进入了经济增长模式的转型期。立足当前国际体系的现实，如何找到国际市场增量是破解当前世界经济发展困局的关键。

最后，面对国际市场不断萎缩的世界经济形势，作为广大发展中经济体的“领头羊”，金砖国家要立足实际，从战略的高度，通力合作开拓国际市场增量，改善自身和全球经济发展环境，推动世界经济发展态势向好发展。一是通过加强彼此市场合作，开拓国际市场增量，共同塑造有利的外部环境。金砖国家是广大发展中经济体的“领头羊”，是以往全球经济发展中的耀眼明星，在经济发展速度和质量方面取得了举世瞩目的成绩。但随着世界经济形势的根本性改变，金砖国家庞大的人口总量决定的消费市场、基础设施改造和升级决定的基础设施市场都没有缩小，而是面临着不断扩大的压力。与此同时，金砖国家经济结构的巨大差异性决定了互补性也十分巨大。所以，通过经济一体化方向的经济融合，扩大彼此贸易，金砖国家还有巨大的市场潜力可挖。通过加强彼此市场合作，扩大彼此之间的国际贸易，不仅可以提升彼此国民的福利，还可以扩大国际市场，推进自身和世界经济发展。因此，金砖国家要率先垂范，加大市场合作力度，改善外部发展环境，抵制贸易保护主义对世界市场增量开拓带来的负面影响，在造福自己的同时造福全世界。二是加强科技和创新领域的合作，拓展国际产业链上端市场。当前虽然还难以看到能够带来大规模产业化的科技革命成果，但是各国在科技和创新领域都有自己的“拳头产品”，通过加强金砖国家的科技与创新合作可以发挥集成和互补作用，加快科技与创新力度，推动新的科技和创新成果出现，推进国际产业链上端市场的开发，为满足人类需求层次的升级奠定基础。所以，金砖国家要加强科技与创新领域的合作，利用集体的力量推进国际产业链上端市场的开拓，为国际市场增量的开发做出更大的贡献，优化外部发展环境。三是大力倡导国际合作，带动世界各个经济体参与国际合作，而不是闭关锁国，形成开拓国际市场增量的国际集体行动。生产要素的跨境流动和组合能够提高市场效率，造福参与国际合作的各方，这是被国际贸易史证明了的规律。但是，由于历史惯性作怪，在国际经济危机爆发后，各国多倾向于保护自己的市场，尽最大可能侵占其他经济体的市场，结果陷入市场增多陷阱，直至最终爆发世界战争。这是个体理性与集体理性悖论的最明显例证。只可惜，世界各国都没有意识到。金砖国家要通过率先垂范大力倡导国际经济合作，抵制贸易保护主义的侵蚀，推动各国形成国际经济合作的集体行动，最大限度地开拓国际市场增量，优化外部发展环境。

（二）共同完善全球经济治理结构

由于前面所提到的世界经济运作模式的转型，在国际经济的转型期，从客观上讲，经济基础的变化必然要求上层建筑也要做出相应的调整。也就是说，随着世界经济运作模式的转型，国际治理结构也要做出相应的调整。作为上连发达经济体下接广大发展中经济体的经济体集团，金砖国家要加强合作，致力于国际智力体系的帕累托改进而不是帕累托改革，循序渐进，推进国际治理结构的渐进调整和完善。

具体来讲，金砖国家在国际智力体系完善方面要做的工作主要有以下三个方面：一是金砖国家要大力倡导以“合作共赢”为核心的国际治理理念。就综合国力来讲，金砖国家是介于发达经济体和发展中经济体之间的经济体，金砖国家不可能通过强力推进国际治理体系的调整。而且，作为既往国际治理体系的最大受益者，发达经济体推进国际治理体系改革面临的阻力十分巨大。所以，金砖国家要大力倡导以“合作共赢”为核心的国际智力理念，在开拓国际产业链下端市场成为当前国际社会最现实选择的情况下，通过金砖国家的合作让习惯于“赢者通吃”的世界各经济体逐步意识到新理念带来的巨大好处，逐步接受新的治理理念，使新的国际治理理念由外部道德约束变为世界各国的自觉行动，减少新理念实施的阻力，更要避免因新理念的出现而导致的大规模冲突。二是金砖国家要率先垂范，有效推进以开发国际产业链下游市场为目标的国际治理体系建设。金砖国家要加强国际贸易领域的合作，抵制贸易保护主义，推进国际经济一体化建设；要加强世界经济新形势下国际金融领域的合作，加大货币合作力度，扫除现有国际金融体系给国际贸易增加带来的阻力；要加强国际能源资源等大宗商品价格领域的合作，维护国际价格体系的稳定过渡；加强国际安全领域的合作，防范传统和非传统安全威胁，维护全球安全，通过金砖国家的合作实践为世界各经济体提供可以评估相应国际合作措施给其带来影响的范例，使以“互利共赢”为核心的国际治理新理念深入人心，引导越来越多的国家加入互利共赢的集体行动中。三是金砖国家要加强合作，以国际治理体系帕累托改进为原则，推进国际治理体系完善，但要以集体的力量防范可能的危机。世界经济运行模式的转型是渐进的，旧的运行模式逐渐解体，新的模式逐步建立，不能一蹴而就。因此，国际治理体系的完善也要问题引导式推进，遇到一个问题，寻求使国际治理体系完善的一个优质方案，逐步推进国际治理体系的完善和改进，遵循帕累托改进原则。因为国际治理体系的完善过程也是一个各经济体利益再调整的过程，内部隐含着冲突的巨大风险，金砖国家在推进国际治理体系完善的过程中要加强合作，利用集体的力量抵御可能的风险。

总之，随着世界经济运行模式的转型，国际治理体系的完善势在必行，但这是个比较漫长的过程。金砖国家要以互利共赢为基本原则，遵循帕累托改进的方法，依靠集体的力量逐步推进国际治理体系的完善。

三、携手推进经济优化升级，共同实现经济持续发展

作为充满活力的新兴经济体，金砖国家要有效参与国际治理，就要首先把自己的事情办好，提升国际竞争力。因此，金砖国家第一要务就是携手推进经济优化升级，共同实现经济的持续发展。

当前，金砖国家的科技与创新能力还不容乐观，给经济结构优化带来了挑战。2014 年 7 月，美国康奈尔大学、欧洲工商管理学院和世界知识产权组织联合发布了《2014 全球创新指数报告》。根据这份指数报告，瑞士、英国、瑞典、芬兰、荷兰依次位居“最具创新力经济体”的前 5 位，其中瑞士已连续 4 年高居榜首。美国曾于 2009 年占据榜单首位，2016 年的排名为第 6 位，部分原因在于美国经济受到金融危机的拖累。中国香港排在第 10 位，中国内地排在第 29 位。从整体来看，创新能力排名与收入有直接的正相关性，收入高的国家在榜单中的排名一般比较靠前。高收入经济体创新能力更强，占据了排行榜的前 25 位，特别是欧洲国家，在“最具创新力经济体”排行中更是位居前列。中等收入经济体和低收入经济体的创新能力则依次降低。可见，金砖国家的创新能力不容乐观。与此同时，金砖国家创新环境及企业创新能力也不容乐观。2014 年 3 月，中国科学技术发展战略研究院发布了《国家创新指数报告 2013》。根据这份研究报告，在 2012 年国家创新环境前 30 名中，亚洲（包括澳大利亚）仅占 8 席。而欧美经济体凭借雄厚的创新资源和悠久历史的创新体制机制，在创新环境排名中占据绝对优势。包括澳大利亚在内的广义亚洲仅有 4 个经济体入选企业创新能力排行榜的前 30 名，依然保持了高收入经济体企业创新能力占据绝对优势

的基本格局，广大发展中国家，包括亚洲，企业创新能力明显落后。从企业创新能力来看，广大发展中经济体总体表现为，金砖国家领跑发展中国家，中国领跑金砖国家。所有这一切意味着，金砖国家创新能力无论是国家整体层面还是经济细胞——企业层面，虽在广大发展中经济体中处于领先位置，但在全球来看则面临巨大的压力和挑战，排名落后很多。这种局面，严重制约金砖国家企业灵活适应经济危机带来的严酷竞争环境的能力，严重制约和压制了金砖国家的竞争力。从历史经验来看，在世界经济历史转折的关键期，创新能力是决定竞争胜负的关键因素，世界经济发展的最终动力还是科技与创新。如何规避由历史形成的科技与创新能力落后局面是金砖国家必须解决的课题。

面对这个局面，金砖国家并不是无能为力，可以通过加强彼此科技与创新领域的合作打破发展瓶颈，携手推进经济优化升级，共同实现经济的持续发展。就单个经济体的科技与创新实力来讲，金砖国家确实存在巨大的限制因素，不占竞争优势。但是，如果金砖国家联手，发挥各自的优势，就可以取得竞争优势。巴西在生物乙醇领域、循环经济领域具有世界级的竞争优势；俄罗斯在武器装备、化石能源开采冶炼及相关装备制造领域具有竞争优势；中国在第二产业领域全球第一，生物技术和装备制造领域也在世界处于领先地位；印度在软件开发、资本市场等第三产业领域有着不俗的表现；南非则在深井采矿等技术方面领先世界；如此等等。金砖国家只要立足天然分工加强合作，充分发挥各自的优势，共享科技与创新资源，就会形成全面的竞争优势。因此，面向未来，金砖国家要加强同科技与创新领域的合作，为推进经济结构优化升级，共同实现经济持续发展奠定基础。

四、加强产能合作，共同提高在全球价值链中的竞争力

随着世界经济运行模式的转型，欧美消费市场动力越来越不足，世界经济进入了产品挤压、产能过剩的状态。其中，处于制造中心和能源

资源供给中心的广大发展中经济体在国际、国内市场都萎缩的压力下，产品无法卖出，积压严重，不得不不计成本地低价处理，更能感受到“严冬”的味道。

产能过剩是金砖国家共同面对的巨大挑战。从全球的视野来看，金砖国家都是实行追赶战略的发展中经济体，金融危机之前，实行着大致相似的发展措施。由于创新动力、能力严重不足，金砖国家多习惯性地进行简单模仿产品生产，以廉价的劳动力为本钱争着为外商贴牌生产、配套生产。一些金砖国家出于政绩和“唯 GDP”的考虑，采取税收减免、土地优惠、财政补贴、降低能源资源价格，甚至不惜采取放宽环境、社保标准等手段进行招商引资，展开了不顾一切的招商引资国际大比拼。这些也是金砖国家创造经济快速增长奇迹的重要原因，也是国际金融危机之后普遍面临产能过剩的一个重要原因。与此同时，在没有外部条件约束的条件下，金砖国家市场经济体体制相对落后，企业决策市场信息不充分，企业逐利行为加剧行业拥挤和企业业务同质化竞争问题，相当多的行业存在盲目扩大投资、重复上马项目等情况。这加剧了产能过剩的程度。国际金融危机爆发，市场份额急剧萎缩，金砖国家企业普遍面临因产品销售不出去而减产甚至停产的困境，受到很大的冲击。为了尽快去库存，金砖国家产品竞相压价、低价竞争等问题随之而出，企业“有销量无盈利”也随之而来。以中国为例，“吃不了兜着走”也许是2014 年许多产能过剩产业现状的最好写照，中小型钢铁、平板玻璃等企业关停的消息不绝于耳。以钢铁为例，根据行业机构数据统计，2014 年，中国钢铁产业链品种价格全线超跌，现货钢材市场价格创 20 年新低，期钢屡次刷新上市以来最低点，进口矿石更是暴跌至 70 美元关口，创下 5 年来低点。由于国际市场的萎缩和产能过剩，钢铁行业度过了一个严酷的“冬天”，成为相关企业难掩的痛。这不仅导致了环境破坏和资源浪费，还进一步加重了产能严重过剩，反过来压制了企业的生产，激化了国际市场竞争矛盾，恶化了企业经营环境，侵蚀了企业的盈利能力。2015 年 7 月，美国《财富》杂志发布了 2014 年财富世界 500 强企业最新排名。中国上榜公司数量一举达到了创纪录的 100 家，中石化也取代埃克森美孚位列排行榜第三，也打破了该公司与沃尔玛和壳牌“三足鼎立”的格局。但这张 500 强榜单中，共有 50 家公司在 2013 年处于亏损状态，其中中国就独占 16 席。通过分析发现，这 16 家公司密集分布在中国经济产能过剩严重的行业，如钢铁、能源、水泥等行业。产能过剩是多年累积的行业顽疾的大爆发，已经成为金砖国家企业竞争力提升的巨大羁绊。在难以通过创新跟上世界经济进入科技革命带动的复苏步伐的背景下，产能过剩对企业竞争力提升的制约更加明显。

破解阶段性产能过剩，金砖国家要加强彼此合作，致力于共同提高在全球价值链中的竞争力，破解“有销量无盈利”的魔咒。金砖国家企业创新能力较差，产品多为传统商品，产能过剩也主要表现为传统产品的产能过剩。所以，化解产能过剩也是金砖国家面临的主要问题。化解金砖国家产能过剩所需的市场多为传统商品市场，化解传统产业的产能过剩问题就需要开拓传统市场规模，挖掘传统市场潜力，需要金砖国家依托相互产业结构的互补性加强产能合作，通过改善需求结构来消化各自过剩的产能。消化过剩产能的具体路径有两条：一是增大市场对金砖国家自身产能的需求，增加消费量，提高在全球价值链中的竞争力，破解“有销量无盈利”的魔咒。实际上，当前金砖国家面临的过剩的产能多是基础设施领域相关产品的产能。因此，金砖国家要携手推进有利于消化此类过剩产能的市场开发。这个国际战略载体就是类似“一带一路”的倡议等。为了应对国际金融危机给本国经济带来的下行压力，立足本国国情，“一带一路”沿线国家纷纷提出自己的国家发展战略。哈萨克斯坦提出了“光明之路”计划，俄罗斯提出了“欧亚联盟”计划，蒙古国提出了“草原之路”计划，印度提出了“季风行动”计划，欧盟提出了“莱茵河计划”，法、德提出了“法德联合投资计划”，韩国提出了“欧亚倡议”，等等。这些欧亚国家提出的计划都与中国的“一带一路”倡议高度契合，都致力于通过互连互通建设扩大本国生产要素组合的范围，提高生产效率，促进国家发展。其中，“一带一路”倡议、“欧亚联盟”计划、“欧亚倡议”更是站在欧亚全局的角度提出“欧亚大市场”的构想，旨在通过促进交流与合作，建立一个新的繁荣的欧亚大陆。这类战略旨在沟通国际产业链下游市场，通过建设一方面拉动基础设施建设市场，增加对金砖国家过剩产能的消化，另一方面推进生产要素向国际产业链下游市场的转移，启动这些经济体的市场，增加对金砖国家相关产能的消化。所以，金砖国家要采取措施通过自己的努力大力支持类似的联通欧亚的战略。主要的措施有，大力筹措资金大力支持亚洲基础设施银行对欧亚基础设施的投资；跨越政治障碍，消除“零和游戏”的冷战思维，代之以互利多赢的利益共同体思维。例如，中印合作具有造福双方的巨大潜力，印度需要中国物美价廉的商品节省跨越式发展成本，实现跨越式发展，但中印边界问题却使双方经济合作面临障碍，需要双方政治家拿出超凡的政治智慧保证更大利益的实现；金砖国家加强国际合作，加强彼此之间经济合作体制机制建设，解决诸如通关问题、运输通道问题、货币结算等问题。这样就能够为过剩产能消化奠定坚实基础，并通过求大于供提升金砖国家在全球价值链中的竞争力，破除“有销量无盈利”的困境。二是金砖国家充分挖掘彼此经济结构的互补性潜力，推进经济一体化建设，消化结构性过剩产能。中国第二产业发达，俄罗斯能源资源丰富，印度信息产业特别是软件产业发达，巴西农业发达，南非采掘业出色，各自面临的细分过剩产能问题不同，金砖国家要通过长短结合，相互消化对方过剩产能，相互补充对方的不足，实现互利共赢。

总之，金砖国家要通过加强合作，通过开拓国际产业链下游市场，通过推进“一带一路”等有利于基础设施建设的市场建设，通过挖掘彼此之间经济结构的互补性潜力，消化过剩产能，共同提高在全球价值链中的竞争力。

五、就重大国际和地区问题发声，共同应对全球性挑战

当前，国际体系正处于以世界经济运行模式转型为基础的大幅调整之中。未来秩序应当最大限度地容纳全球治理、大国协调、多边合作、南北对话等，把这个时代所需要的各种支柱和环节都包容进来，关注所有国家和地区的利益，提供一个大家都能舒适地居于其中的秩序屋顶。在这个转型过程中，金砖国家要就重大国际和地区问题集体发声，共同应对各种全球性挑战。

国际秩序的转型为金砖国家集体发声提供了条件。在英国和西方，一般都认为当今的世界秩序是由美国建立和主导的"美国治下的和平"。这个秩序的形成有其历史原因，也发挥了许多作用，美国作为主导者从中获益匪浅。但是美国主导的世界秩序从未完全接纳中国。因为与西方体制的差异，中国尽管已经取得了巨大进步，但在政治上却被西方世界排斥。美国主导的军事联盟也绝少考虑中国的安全诉求。而"美国治下的和平"在今天又能为世界提供多少解决方案呢？有时候它制造的问题远远多过解决的问题。数十年来，在全球范围内推广西方价值观已被证明并非有效，尤其是在一些旧政府管理体制被破坏、替代体制尚未成型的国家，西方强行推广自己的价值观引发了更多的混乱、动荡甚至外溢，其后果不是秩序，而是失序。其实，西方主导的国际秩序不仅没有考虑中国的需求，也没有考虑包括金砖国家在内的广大发展中经济体的需求，是体现西方利益诉求的国际秩序。因此，在国际秩序转型的关键时期，金砖国家要代表广大发展中经济体就重大国际和地区问题集体发声，共同应对各种全球性挑战，把广大发展中经济体的需求纳入其中。

具体来讲，金砖国家要在以下几个方面集体发声：一是在国际金融秩序领域集体发声，推进国际金融秩序朝公平公正的方向发展，推进国

际货币朝多元化方向发展，避免美元“剪羊毛”等明目张胆的抢劫事件发生。二是在国际贸易秩序领域集体发声，维护以世界贸易组织为核心的国际贸易秩序，维护国际市场公平、效率，反对各种形式的贸易保护主义，推进全球化和全球经济融合持续发展。三是在国际安全秩序领域集体发声，尊重各国主权安全，尊重国际法，反对以大欺小，恃强凌弱，反对军事集团化，防范世界大战重演，提倡国家间互利双赢合作，推进世界各经济体共同应对各种安全挑战。四是在广大发展中经济体团结合作的领域集体发声，反对外来干涉，提倡通过双边合作解决面临的问题，严防其他经济体以制衡手段损害广大发展中经济体的利益。五是就涉及彼此核心利益的重大问题集体发声，主持国际正义，防范霸权主义的威胁。

总之，在国际秩序转型期，金砖国家要发挥好广大发展中经济体“领头羊”的作用，通过就重大国际和地区问题集体发声的方式，维护广大发展中经济体的利益，推进国际秩序朝公平正义的方向发展，把广大发展中经济体的诉求纳入其中。

（本章执笔人：徐长春）

第八章

CHAPTER EIGHT

中国促进金砖国家发展的策略选择

当前，国际形势发生了新变化，在世界经济复苏缓慢的大背景下，金砖国家面临的复杂和困难因素增多，经济增长普遍放缓，发展进入调整期。中国在金砖国家中经济总量最大，在全球经济中影响力也最大，是金砖国家合作机制形成的首要推动者。中国应该起到“压舱石、定盘星”的作用，推动金砖国家“抱团取暖”、加强团结合作，在重大问题上凝聚共识，共同应对各种风险和挑战。

一、抓住中国作为 2017 年金砖国家轮值主席国的机遇，把金砖国家这个平台建设好、维护好、发展好

大合作中携手前行，需要真诚相待、互利共赢的伙伴关系。作为相伴十年的好朋友、好兄弟、好伙伴，金砖国家就像 5 根手指，握指成拳才有力量。金砖国家是新兴市场国家和发展中国家的“领头羊”，也是二十国集团的重要成员，中国要推动金砖国家顺应历史潮流，把握国际大势，加强协调和配合，共同把金砖国家这个平台建设好、维护好、发展好，推动新兴市场国家和发展中国家在国际事务中发挥更大的作用。尽管金砖国家已建立了多个合作机制，但是仍然需要提升机制设计能力，不断提高合作机制的质量。中国应推动金砖国家推进金砖框架内务实合作，携手落实可持续发展议程，努力形成各利益攸关方携手共建、各领域平衡共进、各阶层繁荣共享的发展新格局。中国应推动金砖国家以落实《金砖国家经济伙伴战略》为契机，建设好、维护好、发展好金砖国家新开发银行和应急储备安排这两块“金字招牌”，于内建设畅通合作的“民心桥”，对外扩大巩固金砖的“朋友圈”，这样金砖国家的竞争力和凝

聚力就会越来越强，发展的含金量就会越来越足。中国应推动金砖国家同广大发展中国家一道，促进发达国家兑现承诺、履行义务，为建立更加多元开放、务实有效的新型全球发展伙伴关系而努力。中国应推动金砖国家各方对金砖国家发展形成正确合理的预期，促进各方加大宏观经济政策协调力度，着力提升金砖国家在国际治理体系中的代表性和发言权。中国应推动金砖国家各方加强协调，相互支持，落实金砖国家经济伙伴战略，携手推进经济优化升级，共同打造利益共享的价值链和大市场，实现长远发展。中国应推动金砖国家继续在二十国集团框架内加强沟通和协调，共同推动落实国际货币基金组织份额改革决定，制定反映各国经济总量在世界经济中权重的新份额公式，改革特别提款权货币组成篮子，增加新兴市场国家和发展中国家的代表性和发言权。中国应推动金砖国家坚定维护多边贸易体制主渠道地位，共同建设开放型世界经济，反对一切形式的保护主义和排他主义，确保各国发展权利平等、机会平等、规则平等，共同应对各种全球性挑战，推动互利共赢的国际发展合作。

尽管金砖国家之间存在着很多差异性，但也具有很多共同的优势，人口庞大、自然资源丰富、国内市场广阔，金砖国家之间的合作潜力巨大。金砖国家的合作不能光靠领导人峰会来推动、部长会议来解决，而需要一个常设性的机构来落实，要设立一个秘书处。在所有的国际机构中，都有一个日常运作机构，但是负责金砖国家正常运作的机构到现在还没有设立。中国应在金砖国家领导人第九次峰会上提出设立金砖国家秘书处的议题，共同商讨用什么样的方式设立、采用什么样的级别和办事处设立的地点等内容。

二、积极倡导和践行金砖国家精神，不断提升中国在金砖国家中的核心地位

10 年来，中国在金砖国家合作机制中贡献突出，既提高了中国在金砖国家合作机制中的地位，又提升了中国在国际事务中的作用，中国

应进一步推动金砖国家合作机制向前发展，并不断提升在其中的核心地位。随着中国经济的日益壮大，中国也越来越重视金砖国家合作机制的作用，把金砖国家合作机制当作一个在很多场合可以发挥更大作用的国际平台，通过金砖国家合作机制提升中国的国际影响力。金砖国家离不开中国，中国更需要诸如金砖国家这样的多边合作机制，与更多的国家一起推动世界和平发展、共同发展、持续发展、包容发展。

2014 年 7 月 15 日，习近平主席在出席金砖国家领导人第六次会晤时提出，要发扬金砖国家独特的“开放、包容、合作、共赢”的合作伙伴精神，要坚定不移地推动经济可持续增长，坚定不移地形成全方位经济合作，坚定不移地塑造有利的外部发展环境，坚定不移地提高道义感召力。习近平主席这次首提金砖国家合作“八字精神”，是对金砖国家合作经验的总结提炼，只有坚持“八字精神”才能发挥各自优势，不断推进金砖国家合作，完善全球经济治理。因此，今后应积极倡导和践行金砖国家精神，推动不同社会制度互容、不同文化文明互鉴、不同发展模式互惠，推动金砖成员同声相应、同气相求，继续加强团结，深化务实合作，在追求本国利益的同时兼顾别国利益，共同走出一条大国合作共赢、良性互动的道路。中国应积极推动金砖成员照顾彼此关切，相互尊重、相互理解、相互包容，不冲突、不对抗，重情谊、讲道义、谋公正，共同走和平发展之路，携手为各国经济谋求增长，为完善全球治理提供动力，真正做好朋友、好兄弟、好伙伴。

金砖国家合作机制的不断完善与成熟，表明中国在金砖国家合作机制中的作用日趋凸显，中国应在金砖国家合作中发挥更大的作用，在与其他成员国合作中求同存异，站在合理的立场上为该机制的发展完善做出更大的贡献，进一步提升中国在金砖国家合作机制中的核心作用，并将合作利益扩大到金砖国家以外的区域。党的十八大报告把金砖国家合作机制与联合国、G20、上海合作组织并列，作为我国参与全球治理的重要战略平台。中国是金砖国家的核心力量，金砖国家合作机制是中国国际战略布局的重要载体。对中国而言，金砖国家合作机制绝不是某种战术性、策略性工具，而是一种战略性支点，中国应推动金砖国家成为全球治理的重要平台和全球权力结构中的重要力量。在金砖国家中，中国的经济总量最大，在全球经济中的影响力也最大，是金砖国家合作机制形成的首要推动者，应积极巩固和提高在金砖国家中的核心地位，主动设置合作议题，构建实体性合作机构，促进中国企业、中国人才和中国文化在合作机制内发挥主导作用。

中国从金砖国家合作机制的成立、扩容到金砖国家新开发银行的组建，一直以引领者的姿态积极推动金砖国家各领域多层次合作，为金砖国家合作注入了强劲的发展动力。目前，金砖国家，特别是俄罗斯、巴西和南非三国的经济发展遇到了巨大的挑战，为中国推进金砖国家合作和提升自身影响力提供了宝贵机遇，中国应积极在金砖合作机制改革中提出“中国方案”，引领金砖国家合作发展。

三、与其他金砖国家共享发展机遇，深化中国与其他金砖国家的经贸关系

当前，世界经济仍未完全摆脱国际金融危机的影响，正在经历新旧动能转换，复苏缓慢乏力，金砖国家所处的国际大环境波澜频起。

金砖国家应坚定不移地开展全方位经济合作，建立更紧密的经济伙伴关系，在贸易和投资领域探索建立一体化大市场，在货币金融方面构建多层次大流通，在基础设施建设领域形成陆海空大联通，争取各领域合作取得更多早期收获成果，给各国人民带来实实在在的好处，带动全球范围内的强劲、可持续、平衡增长。

面对新形势，中国要与其他金砖国家共享发展机遇，欢迎其他金砖国家搭乘中国发展的快车和便车，促进金砖国家经济加快发展。中国应加强与金砖国家的交流，加强团结，深化彼此信任和合作，共同挖掘金砖国家的潜力和活力，固本强基，解决好当前面临的问题和挑战，创造

金砖合作的新局面。推动金砖国家加快实施“创新驱动”发展战略，保持总需求扩大力度，共同创新增长方式，深化结构性改革，改造提升传统比较优势，提升中长期增长潜力。推动金砖国家认真落实 2015 年乌法会晤通过的《金砖国家经济伙伴战略》，开创贸易投资大融合、货币金融大流通、基础设施大联通、人员文化大交流的新局面，形成优势互补、增长联动的强大合力。

推动“一带一路”与金砖国家各自优势对接，通过“一带一路”所倡导的“五通”建设夯实合作基础，为金砖国家深化经贸合作奠定坚实基础。“一带一路”倡议与金砖国家合作机制理念契合，“一带一路”倡议传承“丝路精神”，坚持“共商、共建、共享”原则，以“五通”建设作为合作重点，金砖国家合作机制坚持“开放、包容、合作、共赢”的“金砖精神”，遵循“开放透明、团结互助、深化合作、共谋发展”原则，着力构建更紧密的伙伴关系。“一带一路”倡议与金砖国家合作机制以共同发展为目标，致力于构建以合作共赢为核心的新型国际关系，打造利益共同体和命运共同体。应充分发挥亚投行、丝路基金和金砖国家新开发银行的作用，为金砖国家基础设施建设和可持续发展提供资金支持，特别是长期资金支持。

四、推动金砖国家建立更紧密的经济伙伴关系，培育金砖国家一体化大市场

经济合作是推动金砖国家发展的持久动力。从首次金砖国家外长会议至今，金砖国家合作已经走过了 10 个年头。共同的发展使命是金砖国家合作的原动力，推动金砖国家开展双、多边务实合作有利于增强发展内生动力。从发展的内生动力来看，金砖国家之间开展的双边和多边务实合作，为金砖国家的共同发展注入了强劲动力。在双边方面，中俄在基础设施、装备制造、石油化工、建材、矿业、汽车、农业等领域的合作不断取得新进展，双方还努力扩大双边贸易，开展本币互换、扩大

本币结算、本币投融资等合作；中印充分发挥互补优势，对接发展战略，加快基础设施、产能合作，加紧推进孟中印缅经济走廊建设，推动区域经济发展，加强铁路、产业园区等重点领域合作，打造旗舰项目；中巴务实合作以产能投资合作为重点，制定两国产业投资合作规划，重点开展铁路、矿业、电力、装备制造等领域产业投资合作；中南合作已延伸至科技、农业、矿业、可再生能源、金融和旅游业等多个领域。目前中国已成为巴西、俄罗斯、南非和印度最大的贸易伙伴，可以预期，《金砖国家经济伙伴战略》的通过与实施，将会推动金砖国家之间的合作朝着“一体化大市场、多层次大流通、陆海空大联通、文化大交流”的利益共同体方向迈进，为构建更加紧密的金砖国家发展伙伴关系打下新的坚实基础。中国应积极推动金砖国家发扬开放、包容、合作、共赢的金砖国家精神，促进金砖国家制定经济合作长期规划，尽早启动自贸区谈判，建立更紧密的经济伙伴关系，建设一体化大市场。推动金砖国家各方制定和落实《金砖国家经济伙伴战略》，着眼于一体化大市场建设，全面推进贸易便利化、电子商务、知识产权、中小企业、贸易促进等各领域合作，加强机制化建设，不断推动合作出成果、见实效，进一步密切金砖国家间的利益纽带，实现共同发展与繁荣。推动金砖国家新开发银行尽快落实首批项目，不断提高管理水平和融资能力，增强应急储备安排的宏观研究能力，为金砖国家筑牢金融安全网。推动金砖国家共同维护和发展开放型世界经济，反对贸易保护主义，维护好多边贸易体系。

五、倡导建立新型发展伙伴关系，成为国际新秩序中的一支新兴政治力量

由于金砖国家在方向性、制度性与统一性等方面仍有诸多缺陷，影响了金砖国家的“软实力”。中国应推动金砖国家应进一步明确今后合作的发展方向、发展定位与发展重点，尽快在方向定位等核心方面达成

共识，从而促进金砖国家合作机制实现可持续发展，最终形成国际新秩序中的一支新兴政治力量。中国应推动金砖国家合作实现政治、经济和文化“三轮”驱动，既做世界经济动力引擎，又做国际和平之盾，还做人类文明使者。中国应推动金砖国家在尊重彼此关切、照顾彼此利益的基础上，深化在国际政治和安全领域的协调和合作，捍卫《联合国宪章》宗旨和原则，维护国际关系基本准则，推动建设合作共赢的新型国际关系，营造和平稳定、公正合理的国际秩序，共同维护国际公平正义。中国应推动金砖国家加强金砖框架内反恐、外空、能源安全、网络安全等领域务实合作，推动制定平衡反映各方利益和关切的国际规则。中国应推动金砖国家结合《二十国集团落实2030年可持续发展议程行动计划》，积极构建新型全球发展伙伴关系，推动发达国家履行承诺，为发展中国家实现发展目标提供有力的支持，加强南南合作，尽力帮助其他发展中国家增强发展能力，让它们搭上金砖国家发展的快车。同时，中国应推动金砖国家在深化和完善内设机构的基础上，加强同其他地区组织的合作，进一步增强金砖国家的全球影响力，具体来说可以分别从发达国家、发展中国家以及中等强国三大群体切入。第一，推动金砖国家与发达国家的合作。以金砖国家作为一个主体同美国和欧盟进行平等协商、对话，探索建立年度定期对话机制，促进金砖国家与发达国家更全面的协调、合作，通过交流对话加强相互间的认知和了解，从而降低发达国家对金砖国家合作机制的疑虑和误解。第二，推动金砖国家与发展中国家的合作。金砖国家除俄罗斯外，其他四国都是发展中国家，未来较长一段时间内广大发展中国家应是金砖国家作为一个整体开展对外合作的重点，应推动金砖国家通过以其所属地区性多边组织（东盟、南盟、非盟、阿盟）为合作基点，按照由点及片、以点带面的方式推动金砖国家与遍布全球的发展中国家合作，把金砖经验推广到东南亚、非洲、拉美等其他区域。第三，推动金砖国家加强与新兴经济体的合作，重点加强与韩国、墨西哥、土耳其、印度尼西亚、阿根廷、沙特阿拉伯等国家的合作，在条件成熟时吸纳其加入金砖国家。

六、推动金砖国家加强文化交流，培育多样、平等、包容的“金砖文化”

金砖国家各成员都是底蕴深厚的文化大国。中华文明、斯拉夫文明、印度文明、拉美和非洲文化，无一不是人类文明的瑰宝，在人类文明史上写下过浓墨重彩的一页。推动不同文明交流互鉴是解决金砖国家发展面临的共同难题、让各国人民生活更加美好的必由之路。文明是多彩的、平等的，没有优劣之分，只有特色之别，不同文明需要在平等的对话中增进理解，在竞相展现中取长补短，在交流互鉴中共同发展。金砖国家在历史上创造出了形态不同、风格各异的文明形态，是人类文明宝库的重要组成部分。在全球化深入发展的今天，中国应推动金砖国家以文明互鉴取代文明对抗、文明冲突，充分发掘各国深厚的文化底蕴，积极发挥文化交流与合作的作用，推动不同文明交流交融、互学互鉴，把文化的多样性和各国的差异性转化为促进各国共同发展的活力和动力。金砖国家合作机制契合了各国共同的利益需求和共赢、共建、共享的发展潮流，承载了各国的发展梦，得到了普遍响应，但如何让民众从心里产生认同，还有很长的路要走。“民心相通”是金砖国家合作的重要内容，也是实现共同发展的基础。中国应推动金砖国家架起合作友好的桥梁，以文化交流带动民心相通，促进开放合作，实现互利共赢，夯实民意基础。民心相通是一个全方位系统，需要推动金砖国家各成员共同建立人文交流网、旅游互通网、媒体传播网、大学联盟网、城市伙伴网、民生合作网，使各国人民相知相交、和平友好。

金砖国家国情不同、文化各异，对一些问题的看法也不尽相同。这种多样性和差异性不应该成为合作的阻力，而应该也能够成为金砖国家优势互补、实现包容性合作的重要动力。中国应推动金砖国家坚持包容精神，推动不同社会制度互容、不同文化文明互鉴、不同发展模式互惠，做国际关系民主化的实践者。中国应推动金砖各国建立更多元、更多层次的对话交流机制，引领不同文明间互通有无、和谐共处的时代潮流，为不同文明间的对话合作树立典范。中国应推动金砖国家在艺术、教育培训、展览展示等领域开展文化交流，培育多样、平等、包容的“金砖文化”，打造属于发展中国家自己的强力声音。通过打造“金砖文化”，倡导不同文明对话交流，为世界舆论注入新鲜血液，推动国际舆论朝着更为公正、均衡、包容的方向发展，增强金砖国家合作机制本身的辐射力、感召力和影响力。

推动金砖国家开展多渠道文化交流。智库和民间社会组织在深化国家间合作方面发挥着独特作用。应推动金砖国家智库和民间社会组织发挥自身优势，积极主动作为，引领合作方向，围绕打造开放型合作平台，积极建言献策，共同推动建设开放、包容、普惠、平衡、共赢的经济全球化；创新合作思路，以新理念、新思路、新举措拓展合作空间、筑牢联结纽带；厚植合作根基，了解民生需求，传递民众诉求，推动更多具有经济和社会效益的合作项目顺利落地，夯实合作的民意和社会基础；积极倡导人类命运共同体意识，自觉从整体上思考和谋划金砖国家合作，共商合作大计、共建合作平台、共享合作成果，推动开创合作共赢的新模式、建设和谐共存的大家庭。推动金砖国家深化人文交流和文明互鉴，丰富文明对话的途径和载体，打造人文交流新亮点，促进民心相通，推动金砖国家务实合作取得更大的成效。

（本章执笔人：李锋）

参考文献

[1]毕吉耀.2016 年国际经济形势及对我国的影响[J].中国投资,2016(2).

[2]蔡春林,丁畅.经济增速放缓背景下强化金砖国家合作机制的对策[J].国际商务研究,2014(9).

[3]蔡春林,刘畅.金砖国家发展自由贸易区的战略冲突与利益协调[J].国际经贸探索,2013(2).

[4]陈季冰.全球经济:缓慢和乏力的复苏[N].经济观察报,2016-02-04.

[5]陈文玲.透视中国:中国相关国家战略报告[M].北京:中国经济出版社,2016.

[6]房连泉.20 世纪 90 年代以来巴西社会保障制度改革探析[J].拉丁美洲研究,2009(4).

[7]高美,韩旭阳.金砖五国建千亿美元应急储备基金[N].新京报,2013-03-28.

[8]国家外汇管理局四川省分局资本项目管理处课题组.巴西资本项目可兑换路径及启示[J].西南金融,2013(9).

[9]黄仁伟.金砖国家崛起与全球治理体系[J].当代世界,2011(5).

[10]黄薇.金砖国家合作:基础、动力与进展[J].国际经贸探索,2014(12).

[11]何立峰."一带一路"倡议给各国媒体提出一道考题[J].中国产经,2016(8).

[12]姜晶晶．金砖四国金融体系比较分析[J]．中国金融，2011(5)．

[13]李向阳．金砖国家发展之路如何延伸[J]．当代经济，2011(5)．

[14]焦传凯，郝海青．论金砖国家合作的潜力及限制——基于结构现实主义视角[J]．湖南社会科学，2015(2)．

[15]康晓．金砖国家气候合作：动力与机制[J]．国际论坛，2015(2)．

[16]梁婷婷．巴西的坏平衡[N]．华夏时报，2016-01-11.

[17]林跃勤．新兴经济体经济增长方式评价——基于金砖国家的分析[J]．经济社会体制比较，2011(5)．

[18]刘海霞．世界格局重构下发展中国家的角色转变、历史定位与模式调整[J]．当代世界与社会主义，2013(2)．

[19]刘世锦，余斌，陈昌盛．金融危机后世界经济格局调整与变化趋势[J]．中国发展观察，2014(2)．

[20]龙永图．"一带一路"倡议与中国对外开放战略的新特点[J]．区域经济评论，2016(5)．

[21]陆燕．国际贸易新规则：重构的关键期[J]．国际经济合作，2014(2)．

[22]吕有志．论"金砖国家"的国际影响力及其制约因素[J]．国际展望，2011(3)．

[23]牛海彬．当前巴西经济困境的政治经济学视角[J]．拉丁美洲研究，2015(10)．

[24]牛海彬．巴西当前政治困局的根源及影响[J]．当代世界，2016(5)．

[25]沈逸．安全与发展：全球网络空间新秩序与金砖国家合作[J]．国际观察，2014(2)．

[26]司文，陈晴宜．金砖国家合作机制发展历程与前景[J]．国际研究参考，2015(7)．

[27]苏振兴．反贫困斗争与政府治理能力——巴西案例研究[J]．拉丁美洲研究，2015(2)．

[28]孙伯银．近年国际经济形势及未来展望[J]．农村金融研究，2016(3)．

[29]汪三贵，曾小溪．巴西的有条件现金转移支付计划[N]．学习时报，2016-03-17.

[30]王浩．全球金融治理与金砖国家合作研究[J]．金融监管研究,2014(2).

[31]王建丰．俄罗斯资本市场发展新特点[J]．商场现代化,2009(14).

[32]王红霖．“金砖国家”托起希望[J]．现代工业经济和信息化,2011(6).

[33]王玉华,赵平．金砖国家合作机制的特点、问题及我国的对策[J]．当代经济管理,2011(11).

[34]王永中．金砖国家经济利益的交汇与分歧[J]．亚非纵横,2011(3).

[35]吴心韬,汪珺,张枕河．中企巴西资产就地上市已在运作中[N]．中国证券报,2012-11-29.

[36]习近平在金砖国家领导人第八次会晤大范围会议上的讲话[OL]．新华网,2016-10-16.

[37]杨洁勉．金砖国家合作的宗旨、精神和机制建设[J]．当代世界,2011(5).

[38]杨立华．南非的经济金融制度[J]．中国金融,2011(9).

[39]于冰,余荣华,杨光．从中长期因素分析巴西雷亚尔走势[J]．国际金融,2016(1).

[40]于培伟,丁维顺．从数字看金砖国家的分量[J]．中国远洋航务,2011(10).

[41]臧秀玲．后危机时代金砖国家合作机制的发展困境及其突破[J]．理论视野,2015(8).

[42]赵晋平．发达国家与发展中国家发展不平衡[N]．人民日报,2015-07-12.

[43]赵旭．南非非国大在经济困境中艰难前行[J]．当代世界,2015(2).

[44]张茉楠．金砖国家全面金融合作空间巨大[J]．瞭望,2013(13).

[45]张茉楠．全球贸易增长面临格局之变[N]．南方都市报,2016-11-08.

[46]张燕生．金砖国家在均衡全球经济发展中的责任[J]．经济,2011(5).

[47]张宇燕,田丰．新兴经济体的界定及其在世界经济格局中的地位[J]．国际经济评论,2010(4).

[48]邓若冰,吴福象．全球经济治理制度变迁与演进路径[J]．河北学刊,

2016(1).

[49]郑新立. 加强金砖国家的经济合作[J]. 经济研究参考,2011(49).

[50]郑永年. 丝绸之路与全球经济再平衡[N]. 联合早报,2015-01-06.

国家出版基金项目

中国国际经济交流中心

China Center for International Economic Exchanges

CCIEE

智库丛书

全⑦册

全面建成小康社会进程评估

中国国际经济交流中心课题组 著

中国方案　中国智慧

中国经济出版社
CHINA ECONOMIC PUBLISHING HOUSE
·北京·

图书在版编目（CIP）数据

中国国际经济交流中心智库丛书：全7册／中国国际经济交流中心课题组著.
—北京：中国经济出版社，2020.3
ISBN 978-7-5136-5850-8

Ⅰ.①中… Ⅱ.①中… Ⅲ.①对外贸易政策—咨询机构—研究—中国 Ⅳ.①F752.0

中国版本图书馆 CIP 数据核字（2019）第215488号

责任编辑 闫明明
责任印制 巢新强

出版发行 中国经济出版社
印 刷 者 北京力信诚印刷有限公司
经 销 者 各地新华书店
开　　本 710mm×1000mm 1/16
印　　张 12.5
字　　数 160千字
版　　次 2020年3月第1版
印　　次 2020年3月第1次
定　　价 628.00元（全7册）
广告经营许可证 京西工商广字第8179号

中国经济出版社 **网址** www.economyph.com **社址** 北京市东城区安定门外大街58号 **邮编** 100011
本版图书如存在印装质量问题，请与本社销售中心联系调换（联系电话：010-57512564）

CONTENTS 目 录

第一章

CHAPTER ONE

开展全面建成小康社会进程评估的重要意义

到2020年我国全面建成小康社会，承载着中华民族数千年的期盼，也是我们党对人民、对历史做出的庄严承诺和光荣使命。目前距2020年这个重大历史节点还有3年，届时如何向全国人民和全世界宣告我国全面建成的小康社会，小康社会建成后我国社会向何处去，已成为广大干部群众以及国际社会高度关注的问题，应预为之谋。为确保全面建成小康社会目标的如期实现，科学、客观、准确地反映我国在这一重大历史节点的社会发展景象，有必要开展全面建成小康社会进程的评估，这有助于统一各方面思想认识，凝聚力量，圆满实现既定任务，确立新阶段发展战略目标与路径。

一、评估是正确认识和引导如期全面建成小康社会内涵和目标工作的需要

全面建成小康社会是党对人民、对历史提出的庄严承诺，是中国特色社会主义的重要组成部分，是实现社会主义现代化和中华民族伟大复兴的关键环节。中国共产党自成立以来，紧紧依靠人民，带领人民为了更美好的生活进行艰苦卓绝的奋斗，为了人民的梦想付出巨大牺牲，书写了感天动地的壮丽史诗，彻底结束了近代中国内忧外患、积弱积贫的悲惨命运，开启了中华民族不断发展壮大、走向伟大复兴的光辉旅程。30多年的改革开放进程使我国综合国力显著增强，国际地位大幅提升，但同时面临的挑战也日益增多，压力不断增大。全面建成小康社会任务的提出正是我们党根据经济社会发展实际，在十六大、十七大确立的建设小康社会目标基础上努力实现的新要求，是经济、社会、生活、文化

和资源环境等全面发展的社会理想。

党的十八大以来，以习近平同志为核心的党中央毫不动摇地坚持和发展中国特色社会主义，勇于实践、善于创新，深化对共产党执政规律、社会主义建设规律、人类社会发展规律的认识，形成一系列治国理政的新理念、新思想、新战略，为在新的历史条件下深化改革开放、加快推进社会主义现代化提供了科学理论指导和行动指南。习近平总书记多次强调全面建设小康社会的重大意义，指出为实现中华民族百年振兴的梦想，确保经济持续健康发展，在发展平衡性、协调性明显增强的基础上，实现国内生产总值和城乡居民人均收入大幅提升；人民民主不断扩大；文化软实力显著增强；人民生活水平全面提高；资源节约型、环境友好型社会建设取得重大进展。全面建成小康社会，必须以更大的政治勇气和智慧，不失时机地深化重要领域改革，坚决破除一切妨碍科学发展的思想观念和体制机制弊端，构建系统完备、科学规范、运行有效的制度体系，使各方面制度更加成熟、更加定型。

开展全面建成小康社会评估，是做好正确宣告如期实现既定目标的需要。到 2020 年向全社会宣告如期全面建成小康社会的宏伟目标，将进一步巩固党的执政地位，增强党的凝聚力和向心力，彰显社会主义制度的优越性和比较优势，坚定中国特色社会主义道路自信、理论自信、制度自信，显著提高我国的国际地位和影响力。改革开放以来，从中央到各级地方都相继多次提出过不同的小康目标要求，中央国务院各部门各系统也都制定过各种不同的目标及指标体系。由于各地方发展基础不同、工作进展不同，有的地方认为本地区早已提前实现了小康目标，对于全面建成小康社会的全面新要求认识不足；有的地方感到有些方面的差距和压力还很大，对如期实现小康社会目标信心不足；有的地方在建设小康社会进程中注重数量指标，忽视质量与结构指标；有的干部群众认为全面建成小康社会就应该达到同样的发展水平和生活水准。而全国各地区差异大，发展不平衡，对全面实现小康社会目标必然存有不同视角、体验和认识，届时以什么样的内容与指标，如何向社会宣告实际进展，是需要尽早研究的紧迫问题。

二、评估是确保全面建成小康社会目标任务如期实现的需要

未来三年是迈向全面建成小康社会的关键时期，体制机制问题能不能解决好，风险因素能不能控制好，决定了中国能否跨越“中等收入陷阱”，真正建成全面小康社会。而对全面建设小康社会进程进行合理科学的评估，对未来三年及今后的工作具有重要的战略意义。评估结果可以指导政策的有效制定，确立稳定化政策和改革体制机制的联动路径，从而既能有效地稳定增长，又能防范金融风险；可以指导如何建设更加成熟的社会主义市场经济体制，如何通过要素价格改革和国企改革激活微观经济，如何通过反垄断法实施和知识产权保护来激励创新；如何改善收入分配机制，通过税收体制改革提高劳动报酬比重；如何通过规模削减制度成本和交易费用，减轻经济主体的显性税收和隐性负担，更加公平地参与到经济发展过程中来；如何通过推动现代服务业发展，使供给和需求机制进一步协调；如何全面加强政府准入制度和政府公共服务体系建设，让天空更蓝，食品、水和土壤更安全；如何通过提升教育、健康和社保水平，让人们得到更全面的发展，从而有利于克服短板，控制风险，全面实现小康社会目标。

目前，“十二五”规划的实施已收官，“十三五”规划已经出炉。利用公开的数据资料，总结分析宏观经济、产业经济、区域经济、科技创新、民生发展和绿色发展等方面的“十二五”规划实施效果，对照实际效果与规划目标的差异，进一步探究各项经济社会发展规划实施的成败得失，提出相应解决方案，可以为科学合理地全面建设小康社会提供参考。

根据评估结果，可以参照 2011—2013 年《中华人民共和国国民经

济和社会发展第十二个五年规划纲要》(以下简称《纲要》)中设定的大多数预期性指标和约束性指标的变化看其是否都符合或好于《纲要》的预期，节能减排等方面的约束性指标是否都得到很好落实。另外，城镇登记失业率、第三产业增加值比重、人口总量等指标设定是否合理，在全面建设小康社会进程的评估中，可以考虑对就业、产业结构、创新、人口结构等方面的定量指标进行重新考量和设计，从而构建更加科学合理的指标体系。在宏观经济运行方面，GDP 增速、就业和物价的变化趋势显示经济波动总体是否平稳，经济是否在合理区间内运行，总需求结构是否呈现不断优化的演变趋势。在产业结构方面，服务业增加值占比和研发支出占比的目标值等指标是否实现预期值，可以指导目前的产业结构调整政策，优化经济升级路径。在区域结构方面，近年来中西部地区的经济发展速度一直高于东部地区，但地区间发展差距是否出现收敛迹象，区域结构调整的目标也不能仅仅定位于各区域经济发展水平的均等化。在科技创新方面，评估结果可以从定量角度看，“十二五”规划实施以来我国的科技创新能力提升与创新型国家建设是否都取得明显进步,《纲要》设定目标的完成情况是否总体良好。一些制约科技创新能力提升、阻碍创新驱动发展的深层次问题与障碍是否依然存在等。

另外，可以评估“十二五”规划实施在就业、社保、收入分配和人口等方面的主要指标变化总体是否符合《纲要》的要求，就业的两个预期性指标和人口总量的约束性指标的设定是否合理。社保和收入分配方面的制度建设的设定是否合理，怎样进一步进行优化设计等。“十二五”规划实施的绿色发展状况如何，土地、水资源以及化学需氧量和二氧化硫等污染物排放指标的完成进度可好，此外，非化石能源发展、节能、二氧化碳减排的进度是否达到要求。“十三五”期间在节能减排方面的制度需要更加有效的监督约束机制。评估采取目标管理式的评估考核方式，即首先考察设定的各项预期目标是否能够如期实现，如果不能实现，则找到背后的制约因素，并提出改进措施；如果可以实现，也要分析原因，找到潜在风险点。

跨入21世纪，2002年党的十六大《关于中国共产党章程（修正案）的决议》首次提出了三大历史任务，即“实现推进现代化建设、完成祖国统一、维护世界和平与促进共同发展，在中国特色社会主义道路上实现中华民族的伟大复兴”。其中，党的十八届五中全会《建议》，充分体现了以习近平同志为核心的党中央治国理政的大战略、大布局、大手笔（一是“五位一体”总体布局，二是“四个全面”战略布局，三是“五大发展”新理念），清晰地描绘了全面建成小康社会的宏伟蓝图。

基于十八大报告提出的新目标，如2020年实现国内生产总值和城乡居民人均收入比2010年翻一番等目标，结合《可再生能源发展“十二五”规划》《国家中长期科学和技术发展规划纲要（2006—2020年）》《2006—2020年国家信息化发展战略》《国家新型城镇化规划（2014—2020年）》《卫生部贯彻2011—2020年中国妇女儿童发展纲要实施方案》《国家中长期教育改革和发展规划纲要（2010—2020年）》《全国城镇体系规划纲要（2005—2020年）》《文化产业振兴规划》《中共中央关于深化文化体制改革推动文化大发展大繁荣的决定》《全国林地保护利用规划纲要（2010—2020年）》《国家环境保护“十二五”规划》《大气污染防治条例》等相关规划目标，考虑目前我国的实际情况，科学合理确定2020年全面建成小康社会评价指标体系各指标的目标值。

全面建成小康社会期望目标中，经济发展方面多数指标实现难度不大，十八大提出的“实现发展成果由人民共享，必须深化收入分配制度改革”的要求，使收入差距扩大的趋势逐步得到扭转，但是缩小收入分配差距难度很大，需要付出艰辛的努力；在经济发展水平提高、分配体制变化的情况下，人民生活指标有望完成目标，需要重点关注农村人口、外来务工人员、城镇未就业居民等弱势边缘群体的保障问题，加快实现社会保障的城乡一体化和全国一体化，使尽可能多的人口真正享受到社会保障带来的好处；文化指标方面，需要与城市产业转型、旧城区改造有机结合，同时，因地制宜，对历史文化资源开发再利用，促进文化与科技的有机融合，成为经济增长的重要着力点；民主法制指标的实现对构建依法治国社会具有重要的现实意义；生态文明方面的目标对于实现绿色发展，建设美丽中国有巨大的指导意义。

实现全面建成小康社会的难点在于一些可持续发展指标和公平、平等指标上。因此，为了顺利完成目标，未来需切实全面落实科学发展观，继续进行发展模式创新和制度创新，加快结构调整步伐，适当平衡各种利益关系，重视改革中出现的外部性问题，最大限度地创造就业机会，增加对可持续发展方面的投入，降低经济增长对自然资源的依赖程度，促进经济、资源、生态环境在发展中保持动态协调，建设和谐稳定的社会。

从实现“总体小康”到“全面小康”建设，是中国人民在党的领导下全面建设小康社会的伟大历程。小康社会的来临极大地改善了人们的生活水平与生活质量，表明中国人关于“小康”的古老梦想正在成为活生生的现实。小康社会的主要目标与内涵，是可以量化与测定的。引导与评估各地全面小康社会建设的进程，建立科学的小康社会指标体系，正确选择小康社会的指标与目标值，对于促进各地科学发展具有十分重要的导向意义。

三、评估是衔接好“两个百年”重大战略的需要

党的十八大提出“两个百年目标”：第一个百年目标是，到中国共产党成立 100 年时全面建成小康社会；第二个一百年目标是，到新中国成立 100 年时（2049 年）建成富强、民主、文明、和谐的社会主义现代化国家。全面建成小康社会具有“收官”和“新布局”等承前启后

的双重历史意义，既是我国现代化建设第二步走战略目标全面实现之时，又是第三步走战略起始之际，在很大程度上决定着未来二三十年中国发展的后劲足不足，决定着第二个百年奋斗目标实现得顺利不顺利。

开展全面建成小康社会的评估，不是单纯用GDP总规模来衡量，也不是仅仅用平均数来表示，而是全体人民都能切身感受到的全面的小康社会。只有在五大发展理念的指导下，通过一系列重大战略、政策和举措的实施，着眼于把五大发展理念实际转化为人民群众看得见、摸得着、有获得感和幸福感的发展成果，才能实现我们的目标。因此，正确选择小康社会的指标与目标值，对于促进各地科学发展具有十分重要的导向意义。小康社会的主要目标与内涵，是可以量化与测定的，而引导与评估各地全面小康社会建设的进程，需要建立科学的小康社会指标体系。

对小康社会整体进程的评估可以更好地阐明国家战略意图，明确政府在2016—2020年的工作重点，引导以后的市场主体行为。根据未来四年阶段性条件和国家发展的长期愿景，提出全局性的发展战略，明确国家整体发展的战略任务。因此，对小康社会整体进程的评估结果是未来四年中央和各级政府履行经济调节、市场监督、社会管理和公共服务职责的重要依据。利用公开的数据资料，总结分析“十二五”规划实施的效果，对照实际效果与规划目标的差异，进一步探究各项经济社会发展规划实施成败得失的原因，提出相应解决方案，对科学合理制定“十三五”规划、推动我国经济持续健康发展具有极为重要的借鉴意义。这也是评估力图达到的主要目标。

测评“十二五”全面实现小康目标情况，考察其中的机制和风险问题，可以未雨绸缪寻找对策以按预定进程实现国家小康社会的伟大战略。科学测评“十二五”期间全面实现小康目标的进展情况，可以为“十三五”经济增长打下很好的物质基础。从国家统计局和《小康》杂志社公布的“十二五”各类综合指标，可以窥见经济社会的发展状态，例如，污染问题、收入分配差距拉大问题是否有所改善？经济增速趋势怎样？从金融债务压力来看，风险是否仍较高？从中能够更加明晰“十三五”工作的核心，了解体制机制建设转型的着力点，有利于2020年全面建成小康社会目标的实现，为党的十九大提供理论和决策参考依据，适时提出未来新发展阶段的战略思想、战略目标、战略任务、战略步骤和战略举措。

四、评估是强化中央决策和国家法制权威的需要

为确保顺利实现全面小康社会，中央近些年适应国际国内新的形势变化，提出了一系列新的理念、新的任务、新的政策，制定了不少决议、规划和法律法规，各级地方党委和政府也出台了许多决策、规划和法规。通过进程评估，可以进一步推动新理念、新规划、新决策的有效贯彻执行，真正把党中央新的治党治国决策落到实处。评估工作也是人民对党和政府工作的监督执行。通过评估，有利于促进转变工作作风，提高贯彻落实党的方针政策的严肃性。

从国际经验来看，发达国家多年来实行重大政策评估对经济社会的发展起到了重要作用。例如，欧盟自成立以来一直非常重视各项重大政策规划实施过程中的评估工作，走过了从欧盟对其规划进行评估到成员国承担对各自规划评估的责任，以及从前期和后期评估，到前期、中期、后期都进行评估的发展过程，形成了较为体系化的评估机制。我国至今尚未形成重大政策与规划的成熟的评估机制，通过这次进程评估，将会有力推动我国政策与规划评估机制的全面建立与逐步完善。

第二章

CHAPTER TWO

全面建成小康社会的科学内涵与主要标志

全面建成小康社会是我国现代化建设道路上承上启下的关键发展阶段。在“四个全面”战略布局中，全面建成小康社会是处于引领地位的战略目标。实现这个战略目标，关键是深刻领会全面建成小康社会的科学内涵，明确全面建成小康社会的主要标志和重点任务。全面建成小康社会，核心在“全面”，是多领域的协同发展，是经济、政治、文化、社会、生态文明建设五位一体的全面小康，要着力实现创新、协调、绿色、开放、共享发展。正确理解全面建成小康社会，也要厘清相关认识，消除不正确的认识。

一、中央关于小康社会重大论述的演变

“小康”蕴含了几千年来中国人民对殷实生活的美好向往，是中国式宽裕社会的象征。“小康”一词最早见于《诗经·大雅·民劳》中“民亦劳止，汔可小康”。意思是说，老百姓终日劳作不止，最大的愿望就是过上安康的生活。这里“小康”是指介于温饱和富裕之间的生活水平，是一种社会生活稳定、丰衣足食、国泰民安的状态。把“小康”作为一种社会模式，最早始于西汉时期的《礼记·礼运》，作者借孔子把人们经历过的社会模式分为两种，一种是夏代以前那种“大道之行，天下为公”的“大同”社会，另一种是夏、商、西周时期那种“大道既隐，天下为家”的“小康”社会。“小康”社会是比“大同”社会低一层次的社会模式，在这种以“天下为家”为特征的小康社会中，人们“各亲其亲，各子其子，货力为己，大人世及以为礼，城郭沟池以为固”。可见，古人眼中的“小康社会”是一种财产私有、生活

宽裕、家庭和睦、上下有序、讲究礼仪的社会状态。

（一）把小康作为国家现代化建设的目标

党的第一代中央领导核心毛泽东同志在 1949 年 6 月 30 日为纪念中国共产党成立二十八周年而撰写的《论人民民主专政》一文中，曾经多次谈到中国人世代追求的“大同”境界，并论证了“到达大同的路”即实现“大同”的具体途径。他明确指出，当年“康有为写了《大同书》，他没有也不可能找到一条到达大同的路”，只有“经过人民共和国到达社会主义和共产主义”才能“到达阶级的消灭和世界的大同”。新中国成立后，毛泽东在领导中国社会主义建设过程中，明确提出了“四个现代化”的发展目标和“两步走”战略步骤，强调第一步首先建立一个独立的、比较完整的工业体系和国民经济体系，第二步全面实现农业、工业、国防和科学技术的现代化。

首次把小康引入作为中国社会主义现代化建设目标的是邓小平同志。邓小平在 1979 年 12 月会见日本首相大平正芳时说：“我们要实现的四个现代化，是中国式的四个现代化。我们的四个现代化的概念，不是像你们那样的现代化的概念，而是‘小康之家’。到本世纪末，中国的四个现代化即使达到了某种目标，我们的国民生产总值人均水平也还是很低的。要达到第三世界中比较富裕一点的国家的水平，比如国民生产总值人均一千美元，也还得付出很大的努力。就算达到那样的水平，同西方来比，也还是落后的。所以，我只能说，中国到那时也还是一个小康的状态。”

1982 年党的十二大首次正式提出了“小康”的概念，并将其确定为经济建设目标。十二大报告中指出，“从 1981 年到本世纪末的 20 年，我国经济建设总的奋斗目标是，在不断提高经济效益的前提下，力争使全国工农业的年总产值翻两番，即由 1980 年的 7100 亿元增加到 2000 年的 28000 亿元左右。实现了这个目标，整个国民经济的现代化过程将取得重大进展，城乡人民的收入将成倍增长，人民的物质文化生活可以达到小康水平。到那个时候，我国按人口平均的国民收入还比较低，但同现在相比，经济实力和国防实力将大为增强。只要我们积极奋斗，扎扎实实地做好工作，进一步发挥社会主义制度的优越性，这个宏伟的战略目标是能够达到的。”并提出，“通观全局，为实现上述经济发展目标，最重要的是要解决好农业问题，能源、交通问题和教育、科学问题。”从此，建设小康社会正式成为中国共产党带领人民建设社会主义的一个阶段性目标。

1985 年，邓小平在会见外宾时说：“我们有个雄心壮志，从 80 年代起，到本世纪末，用 20 年的时间初见成效，把中国建设成为一个小康社会。”邓小平同志用“小康”一词来定义中国社会化进程中的一个特殊阶段，把建设小康社会作为一个阶段性的任务。从此，“小康之家”“小康社会”的概念开始被广泛运用。在提出“小康社会”概念之后，邓小平还围绕小康社会构想，提出了实现我国社会主义现代化的“三步走”发展战略。1987 年 4 月，他在会见外国客人时指出：“我们原定的目标是，第一步在 80 年代翻一番。以 1980 年为基数，当时国民生产总值人均只有 250 美元。翻一番，达到 500 美元。第二步是到本世纪末，再翻一番，人均达到 1000 美元。实现这个目标意味着我们进入小康社会，……我们制定的目标更重要的还是第三步，在下世纪用 30 年到 50 年再翻两番，大体上达到人均 4000 美元。做到这一步，中国就达到中等发达国家的水平。”

（二）提出向小康目标迈进的战略任务

根据邓小平的上述设想，1987 年中国共产党的十三大正式确立了我国社会主义现代化建设的“三步走”发展战略，即第一步从 1981 年到 1990 年，国民生产总值翻一番，解决人民的温饱问题；第二步从 1991 年到 20 世纪末，国民生产总值再翻一番，人民生活达到小康水平；第三步到 21 世纪中叶，人均国民生产总值达到中等发达国家水平，人民生活比较富裕，基本实现现代化。十三大报告提出，“最重要的是走好第二步。实现了第二步任务，我国现代化建设将取得新的巨大进展：社会经济效益、劳动生产率和产品质量明显提高，国民生产总值和主要工农业产品产量大幅度增长，人均国民生产总值在世界上所占位次明显上升。工业主要领域在技术方面大体接近经济发达国家七十年代或八十年代初的水平，农业和其他产业部门的技术水平也将有较大提高。城镇和绝大部分农村普及初中教育，大城市基本普及高中和相当于高中的职业技术教育。人民群众将能过上比较殷实的小康生活。”在分析实现第二步奋斗目标的有利条件和困难矛盾的基础上，报告提出，必须着重解决好三个重要问题。一是把发展科学技术和教育事业放在首要位置，使经济建设转到依靠科技进步和提高劳动者素质的轨道上来。二是保持社会总需求和总供给基本平衡，合理调整和改造产业结构。三是进一步扩大对外开放的广度和深度，不断发展对外经济技术交流与合作。应该说，“三步走”的战略部署使小康社会成为看得见、摸得着的社会计划，给了广大人民实现小康社会的希望，为在党的领导下，广大人民团结一致地建设小康社会指明了方向。

1992 年党的十四大召开，提出向小康目标迈进的战略任务。江泽民同志在报告中指出，“十一届三中全会以来，在邓小平同志建设有中国特色社会主义理论的指导下，我们党和人民锐意改革，努力奋斗，整个国家焕发出了勃勃生机，中华大地发生了历史性的伟大变化。社会生产力获得新的解放。安定团结的政治局面不断巩固。十一亿人民的温饱问题基本解决，正在向小康迈进。”在 90 年代改革和建设的主要任务中，十四大提出，“要在九十年代把有中国特色社会主义的伟大事业推向前进，最根本的是坚持党的基本路线，加快改革开放，集中精力把经济建设搞上去。同时，要围绕经济建设这个中心，加强社会主义民主法制和精神文明建设，促进社会全面进步。”在发展速度上，十四大报告提出，“九十年代我国经济的发展速度，原定为国民生产总值平均每年增长百分之六，现在从国际国内形势的发展情况来看，可以更快一些。

根据初步测算，增长百分之八到九是可能的，我们应该向这个目标前进。在提高质量、优化结构、增进效益的基础上努力实现这样的发展速度，到本世纪末我国国民经济整体素质和综合国力将迈上一个新的台阶。国民生产总值将超过原定比 1980 年翻两番的要求。主要工农业产品产量显著增加。产业结构和地区经济布局比较合理。科学技术和管理水平有较大提高，一批骨干企业接近或达到国际先进水平。人民生活由温饱进入小康。建议国务院对‘八五’计划做出必要的调整，并着手研究制订‘九五’计划。”

1997 年党的十五大在世纪之交召开，对小康目标进行了具体化。在经济体制改革和经济发展战略上，提出“从现在起到下世纪的前十年，是我国实现第二步战略目标、向第三步战略目标迈进的关键时期。我们要积极推进经济体制和经济增长方式的根本转变，努力实现“九五”计划和二零一零年远景目标，为下世纪中叶基本实现现代化打下坚实基础。在这个时期，建立比较完善的社会主义市场经济体制，保持国民经济持续快速健康发展，是必须解决好的两大课题。要坚持社会主义市场经济的改革方向，使改革在一些重大方面取得新的突破，并在优化经济结构、发展科学技术和提高对外开放水平等方面取得重大进展，真正走出一条速度较快、效益较好、整体素质不断提高的经济协调发展的路子。”在确定奋斗目标上，党的十五大将第三步目标进行了具体化。即到 21 世纪的第一个十年，实现国民生产总值比 2000 年翻一番，使人民的小康生活更加富裕，形成比较完善的社会主义市场经济体制；再经过十年的努力，到建党 100 周年时，使国民经济更加发展，各项制度更加完善；到新中国成立 100 周年时，基本上实现现代化，建成富强、民主、文明的社会主义国家。至此，邓小平提出的“三步走”战略在实践中不断发展和完善，更加具体化，也更具有操作性。

（三）提出建设更高水平的小康社会

2002 年党的十六大召开，提出了建设更高水平的小康社会目标。

改革开放已经二十年有余，取得了举世瞩目的成就。在十六大上，江泽民作《全面建设小康社会，开创中国特色社会主义事业新局面》的报告，这是第一次将“小康社会”写入党代会的报告主题。党的十六大的主题是，高举邓小平理论伟大旗帜，全面贯彻“三个代表”重要思想，继往开来，与时俱进，全面建设小康社会，加快推进社会主义现代化，为开创中国特色社会主义事业新局面而奋斗。报告指出：“经过全党和全国各族人民的共同努力，我们胜利实现了现代化建设‘三步走’战略的第一步、第二步目标，人民生活总体上达到小康水平。城乡居民收入稳步增长。城乡市场繁荣，商品供应充裕，居民生活质量提高，衣食住用行都有较大改善。社会保障体系建设成效明显。‘八七’扶贫攻坚计划基本完成。”这既是对改革开放成绩的肯定，也是对“三步走”战略完成情况的报告。但报告也指出，“必须看到，我国正处于并将长期处于社会主义初级阶段，现在达到的小康还是低水平的、不全面的、发展很不平衡的小康，人民日益增长的物质文化需要同落后的社会生产之间的矛盾仍然是我国社会的主要矛盾。我国生产力和科技、教育还比较落后，实现工业化和现代化还有很长的路要走；城乡二元经济结构还没有改变，地区差距扩大的趋势尚未扭转，贫困人口还为数不少；人口总量继续增加，老龄人口比重上升，就业和社会保障压力增大；生态环境、自然资源和经济社会发展的矛盾日益突出；我们仍然面临发达国家在经济科技等方面占优势的压力；经济体制和其他方面的管理体制还不完善；民主法制建设和思想道德建设等方面还存在一些不容忽视的问题。巩固和提高目前达到的小康水平，还需要进行长时期的艰苦奋斗。”在此基础上，报告提出，“综观全局，二十一世纪头二十年，对我国来说，是一个必须紧紧抓住并且可以大有作为的重要战略机遇期。根据十五大提出的到2010年、建党一百年和新中国成立一百年的发展目标，我们要在本世纪头二十年，集中力量，全面建设惠及十几亿人口的更高水平的小康社会，使经济更加发展、民主更加健全、科教更加进步、文化更加繁荣、社会更加和谐、人民生活更加殷实。这是实现现代化建设第三步战略目标必经的承上启下的发展阶段，也是完善社会主义市场经济体制和扩大对外开放的关键阶段。经过这个阶段的建设，再继续奋斗几十年，到本世纪中叶基本实现现代化，把我国建成富强、民主、文明的社会主义国家。”

对“更高水平的小康社会”目标，报告进行了详细说明：一是在优化结构和提高效益的基础上，国内生产总值到2020年力争比2000年翻两番，综合国力和国际竞争力明显增强。基本实现工业化，建成完善的社会主义市场经济体制和更具活力、更加开放的经济体系。城镇人口的比重较大幅度提高，工农差别、城乡差别和地区差别扩大的趋势逐步扭转。社会保障体系比较健全，社会就业比较充分，家庭财产普遍增加，人民过上更加富足的生活。二是社会主义民主更加完善，社会主义法制更加完备，依法治国基本方略得到全面落实，人民的政治、经济和文化权益得到切实尊重和保障。基层民主更加健全，社会秩序良好，人民安居乐业。三是全民族的思想道德素质、科学文化素质和健康素质明显提高，形成比较完善的现代国民教育体系、科技和文化创新体系、全民健身和医疗卫生体系。人民享有接受良好教育的机会，基本普及高中阶段教育，消除文盲。形成全民学习、终身学习的学习型社会，促进人的全面发展。四是可持续发展能力不断增强，生态环境得到改善，资源利用效率显著提高，促进人与自然的和谐，推动整个社会走上生产发展、生活富裕、生态良好的文明发展道路。报告对全面建设小康社会的经济建设和经济体制改革，政治建设和政治体制改革，文化建设和文化体制改革，国防和军队建设等都进行了具体部署。

2007年召开的党的十七大依旧以建设小康社会为奋斗目标。会上，胡锦涛作了《高举中国特色社会主义伟大旗帜为夺取全面建设小康社会新胜利而奋斗》的报告。大会的主题是：高举中国特色社会主义伟大旗帜，以邓小平理论和“三个代表”重要思想为指导，深入贯彻落实科学发展观，继续解放思想，坚持改革开放，推动科学发展，促进社会和谐，为夺取全面建设小康社会新胜利而奋斗。报告提出，“全面建设小康社会是党和国家到2020年的奋斗目标，是全国各族人民的根本利益所在。全党必须坚定不移地高举中国特色社会主义伟大旗帜，带领人民从新的历史起点出发，抓住和用好重要战略机遇期，求真务实，锐意进取，继续全面建设小康社会、加快推进社会主义现代化，完成时代赋予的崇高使命。在新的发展阶段继续全面建设小康社会、发展中国特色社会主义，必须坚持以邓小平理论和‘三个代表’重要思想为指导，深入贯彻落实科学发展观。”报告提出，要继续努力奋斗，确保到2020年实现全面建成小康社会的奋斗目标，并提出了实现全面建设小康社会奋斗目标的新要求。一是增强发展协调性，努力实现经济又好又快发展。转变发展方式取得重大进展，在优化结构、提高效益、降低消耗、保护环境的基础上，实现人均国内生产总值到2020年比2000年翻两番。社会主义市场经济体制更加完善。自主创新能力显著提高，科技进步对经济增长的贡献率大幅上升，进入创新型国家行列。居民消费率稳步提高，形成消费、投资、出口协调拉动的增长格局。城乡、区域协调互动发展机制和主体功能区布局基本形成。社会主义新农村建设取得重大进展。城镇人口比重明显增加。二是扩大社会主义民主，更好保障人民权益和社会公平正义。公民政治参与有序扩大。依法治国基本方略深入落实，全社会法制观念进一步增强，法治政府建设取得新成效。基层民主制度更加完善。政府提供基本公共服务能力显著增强。三是加强文化建设，明显提高全民族文明素质。社会主义核心价值体系深入人心，良好思想道德风尚进一步弘扬。覆盖全社会的公共文化服务体系基本建立，文化产业占国民经济比重明显提高、国际竞争力显著增强，适应人民需要的文化产品更加丰富。四是加快发展社会事业，全面改善人民生活。现代国民教育体系更加完善，终身教育体系基本形成，全民受教育程度和创新人才培养水平明显提高。社会就业更加充分。覆盖城乡居民的社会保障体系基本建立，人人享有基本生活保障。合理有序的收入分配格局基本形成，中等收入者占多数，绝对贫困现象基本消除。人人享有基本医疗卫生服务。社会管理体系更加健全。五是建设生态文明，基本形成节约能源资源和保护生态环境的产业结构、增长方式、消费模式。循环经济形成较大规模，可再生能源比重显著上升。主要污染物排放得到有效控制，生态环境质量明显改善。生态文明观念在全社会牢固树立。

（四）首次提出全面建成小康社会

2012 年党的十八大首次提出全面建成小康社会。报告提出，“综观国际国内大势，我国发展仍处于可以大有作为的重要战略机遇期。我们要准确判断重要战略机遇期内涵和条件的变化，全面把握机遇，沉着应对挑战，赢得主动，赢得优势，赢得未来，确保到 2020 年实现全面建成小康社会宏伟目标。”十八大为全面建成小康社会绘制了蓝图，并提出了更加具体的要求。“根据我国经济社会发展实际，要在十六大、十七大确立的全面建设小康社会目标的基础上努力实现新的要求。一是经济持续健康发展。转变经济发展方式取得重大进展，在发展平衡性、协调性、可持续性明显增强的基础上，实现国内生产总值和城乡居民人均收入比 2010 年翻一番。科技进步对经济增长的贡献率大幅上升，进入创新型国家行列。工业化基本实现，信息化水平大幅提升，城镇化质量明显提高，农业现代化和社会主义新农村建设成效显著，区域协调发展机制基本形成。对外开放水平进一步提高，国际竞争力明显增强。二是人民民主不断扩大。民主制度更加完善，民主形式更加丰富，人民积极性、主动性、创造性进一步发挥。依法治国基本方略全面落实，法治政府基本建成，司法公信力不断提高，人权得到切实尊重和保障。三是文化软实力显著增强。社会主义核心价值体系深入人心，公民文明素质和社会文明程度明显提高。文化产品更加丰富，公共文化服务体系基本建成，文化产业成为国民经济支柱性产业，中华文化走出去迈出更大步伐，社会主义文化强国建设基础更加坚实。四是人民生活水平全面提高。基本公共服务均等化总体实现。全民受教育程度和创新人才培养水平明显提高，进入人才强国和人力资源强国行列，教育现代化基本实现。就业更加充分。收入分配差距缩小，中等收入群体持续扩大，扶贫对象大幅减少。社会保障全民覆盖，人人享有基本医疗卫生服务，住房保障体系基本形成，社会和谐稳定。五是资源节约型、环境友好型社会建设取得重大进展。主体功能区布局基本形成，资源循环利用体系初步建立。单位国内生产总值能源消耗和二氧化碳排放大幅下降，主要污染物排放总量显著减少。森林覆盖率提高，生态系统稳定性增强，人居环境明显改善。”这一系列目标的提出，解决了人民群众最关心的问题，构建出全面建成小康社会的美好愿景。

2012 年 11 月 15 日，刚刚当选中共中央总书记的习近平说：“我们的人民热爱生活，期盼有更好的教育、更稳定的工作、更满意的收入、更可靠的社会保障、更高水平的医疗卫生服务、更舒适的居住条件、更优美的环境，”“孩子们能成长得更好、工作得更好、生活得更好”。他用朴实的语言，道出了人民心中的梦想，拨动了海内外中华儿女的心弦。这个梦想，是人民对民族复兴的美好憧憬，是对全面小康的群众表达，是党的十八大描绘的全面小康蓝图的生动呈现。

至此，中国共产党对建设小康社会的认识又进入了一个新的阶段。从“建立小康社会”到“全面建设小康社会”，再到“全面建成小康社会”，一个个战略目标的提出，体现了中国共产党对小康社会孜孜不倦的追求，也体现了中国共产党实事求是、与时俱进的优良品质。形成了全面、系统、完善的小康社会建设理论，而“全面建成小康社会”的新要求成为我国国家战略的新部署。“全面建成小康社会”的提出，解决了“三步走”战略中如何圆满完成第二步这一重要问题，将建设小康社会的发展目标进一步细化，而将“建设”转变为“建成”，更加体现了建设小康社会的阶段性，即在全国人民的共同努力下，我国建设小康社会已经进入收官阶段，但仍需要朝着目标不断努力。“建成”二字有着强大的凝聚力，带给广大人民以无限的信心和动力，实现中华民族伟大复兴的中国梦。

中国人民必须紧密团结在以习近平同志为核心的党中央周围，必须以更大的信心和勇气，以更多的智慧和努力，投入到全面建成小康社会的伟大事业之中，早日实现中华民族伟大复兴的中国梦。

二、全面建成小康社会的主要标志和重点任务

党的十八大对全面建成小康社会目标任务进行了具体论述。报告指出，不失时机深化重要领域改革，坚决破除一切妨碍科学发展的思想观念和体制机制弊端，构建系统完备、科学规范、运行有效的制度体系，使各方面制度更加成熟更加定型。加快完善社会主义市场经济体制，完善公有制为主体、多种所有制经济共同发展的基本经济制度，完善按劳分配为主体、多种分配方式并存的分配制度，更大程度更广范围发挥市场在资源配置中的基础性作用，完善宏观调控体系，完善开放型经济体系，推动经济更有效率、更加公平、更可持续发展。加快推进社会主义民主政治制度化、规范化、程序化，从各层次各领域扩大公民有序政治参与，实现国家各项工作法治化。加快完善文化管理体制和文化生产经营机制，基本建立现代文化市场体系，健全国有文化资产管理体制，形成有利于创新创造的文化发展环境。加快形成科学有效的社会管理体制，完善社会保障体系，健全基层公共服务和社会管理网络，建立确保社会既充满活力又和谐有序的体制机制。加快建立生态文明制度，健全国土空间开发、资源节约、生态环境保护的体制机制，推动形成人与自然和谐发展现代化建设新格局。

（一）全面建成小康社会的主要标志

全面建成小康社会的主要标志是完成全面建成小康社会的目标要

求，是经济、政治、文化、社会、生态五位一体的全面小康。

在经济方面，主要是加快完善社会主义市场经济体制和加快转变经济发展方式。适应国内外经济形势新变化，加快形成新的经济发展方式，把推动发展的立足点转到提高质量和效益上来，着力激发各类市场主体发展新活力，着力增强创新驱动发展新动力，着力构建现代产业发展新体系，着力培育开放型经济发展新优势，使经济发展更多依靠内需特别是消费需求拉动，更多依靠现代服务业和战略性新兴产业带动，更多依靠科技进步、劳动者素质提高、管理创新驱动，更多依靠节约资源和循环经济推动，更多依靠城乡区域发展协调互动，不断增强长期发展后劲。坚持走中国特色新型工业化、信息化、城镇化、农业现代化道路，推动信息化和工业化深度融合、工业化和城镇化良性互动、城镇化和农业现代化相互协调，促进工业化、信息化、城镇化、农业现代化同步发展。一是全面深化经济体制改革。核心问题是处理好政府和市场的关系，更加尊重市场规律，更好发挥政府作用。二是实施创新驱动发展战略。科技创新是提高社会生产力和综合国力的战略支撑，必须摆在国家发展全局的核心位置。要坚持走中国特色自主创新道路，以全球视野谋划和推动创新，提高原始创新、集成创新和引进消化吸收再创新能力，更加注重协同创新。深化科技体制改革，推动科技和经济紧密结合，加快建设国家创新体系，着力构建以企业为主体、市场为导向、产学研相结合的技术创新体系。三是推进经济结构战略性调整。以改善需求结构、优化产业结构、促进区域协调发展、推进城镇化为重点，着力解决制约经济持续健康发展的重大结构性问题。四是推动城乡发展一体化。加大统筹城乡发展力度，增强农村发展活力，逐步缩小城乡差距，促进城乡共同繁荣。坚持工业反哺农业、城市支持农村和多予少取放活方针，加大强农惠农富农政策力度，让广大农民平等参与现代化进程、共同分享现代化成果。五是全面提高开放型经济水平。加快转变对外经济发展方式，推动开放朝着优化结构、拓展深度、提高效益方向转变。

创新开放模式，促进沿海内陆沿边开放优势互补，形成引领国际经济合作和竞争的开放区域，培育带动区域发展的开放高地。坚持出口和进口并重，强化贸易政策和产业政策协调，形成以技术、品牌、质量、服务为核心的出口竞争新优势，促进加工贸易转型升级，发展服务贸易，推动对外贸易平衡发展。提高利用外资综合优势和总体效益，推动引资、引技、引智有机结合。加快走出去步伐，增强企业国际化经营能力，培育一批世界水平的跨国公司。统筹双边、多边、区域次区域开放合作，加快实施自由贸易区战略，推动同周边国家互联互通。提高抵御国际经济风险能力。

在政治方面，走中国特色社会主义政治发展道路和推进政治体制改革。坚持党的领导、人民当家做主、依法治国有机统一，以保证人民当家做主为根本，以增强党和国家活力、调动人民积极性为目标，扩大社会主义民主，加快建设社会主义法治国家，发展社会主义政治文明。更加注重改进党的领导方式和执政方式，保证党领导人民有效治理国家；更加注重健全民主制度、丰富民主形式，保证人民依法实行民主选举、民主决策、民主管理、民主监督；更加注重发挥法治在国家治理和社会管理中的重要作用，维护国家法制统一、尊严、权威，保证人民依法享有广泛权利和自由。把制度建设摆在突出位置，充分发挥我国社会主义政治制度优越性，积极借鉴人类政治文明有益成果，绝不照搬西方政治制度模式。一是支持和保证人民通过人民代表大会行使国家权力。善于使党的主张通过法定程序成为国家意志，支持人大及其常委会充分发挥国家权力机关作用，依法行使立法、监督、决定、任免等职权，加强立法工作组织协调，加强对“一府两院”的监督，加强对政府全口径预算决算的审查和监督。二是健全社会主义协商民主制度。完善协商民主制度和工作机制，推进协商民主广泛、多层、制度化发展。通过国家政权机关、政协组织、党派团体等渠道，就经济社会发展重大问题和涉及群众切身利益的实际问题广泛协商，广纳群言、广集民智，增进共识、增强合力。三是完善基层民主制度。健全基层党组织领导的充满活力的基层群众自治机制，以扩大有序参与、推进信息公开、加强议事协商、强化权力监督为重点，拓宽范围和途径，丰富内容和形式，保障人民享有更多更切实的民主权利。四是全面推进依法治国。推进科学立法、严格执法、公正司法、全民守法，坚持法律面前人人平等，保证有法必依、执法必严、违法必究。完善中国特色社会主义法律体系，加强重点领域立法，拓展人民有序参与立法途径。推进依法行政，切实做到严格规范公正文明执法。进一步深化司法体制改革，坚持和完善中国特色社会主义司法制度，确保审判机关、检察机关依法独立公正行使审判权、检察权。深入开展法制宣传教育，弘扬社会主义法治精神，树立社会主义法治理念。五是深化行政体制改革。继续简政放权，推动政府职能向创造良好发展环境、提供优质公共服务、维护社会公平正义转变。六是健全权力运行制约和监督体系。确保决策权、执行权、监督权既相互制约又相互协调，确保国家机关按照法定权限和程序行使权力。坚持科学决策、民主决策、依法决策，健全决策机制和程序，发挥思想库作用，建立健全决策问责和纠错制度。凡是涉及群众切身利益的决策都要充分听取群众意见，凡是损害群众利益的做法都要坚决防止和纠正。推进权力运行公开化、规范化，完善党务公开、政务公开、司法公开和各领域办事公开制度，健全质询、问责、经济责任审计、引咎辞职、罢免等制度，加强党内监督、民主监督、法律监督、舆论监督，让人民监督权力，让权力在阳光下运行。七是巩固和发展最广泛的爱国统一战线。高举爱国主义、社会主义旗帜，巩固统一战线的思想政治基础，正确处理一致性和多样性的关系。坚持长期共存、互相监督、肝胆相照、荣辱与共的方针，加强同民主党派和无党派人士团结合作，促进思想上同心同德、目标上同心同向、行动上同心同行，加强党外代表人士队伍建设，选拔和推荐更多优秀党外人士担任各级国家机关领导职务。

在文化方面，扎实推进社会主义文化强国建设。全面建成小康社会，实现中华民族伟大复兴，必须推动社会主义文化大发展大繁荣，兴起社会主义文化建设新高潮，提高国家文化软实力，发挥文化引领风尚、教育人民、服务社会、推动发展的作用。一是加强社会主义核心价值体系建设。深入开展社会主义核心价值体系学习教育，用社会主义核心价值体系引领社会思潮、凝聚社会共识。广泛开展理想信念教育，把广大人民团结凝聚在中国特色社会主义伟大旗帜之下。大力弘扬民族精神和时代精神，深入开展爱国主义、集体主义、社会主义教育，丰富人民精神世界，增强人民精神力量。倡导富强、民主、文明、和谐，倡导自由、平等、公正、法治，倡导爱国、敬业、诚信、友善，积极培育和践行社会主义核心价值观。二是全面提高公民道德素质。坚持依法治国和以德治国相结合，加强社会公德、职业道德、家庭美德、个人品德教育，弘扬中华传统美德，弘扬时代新风。推进公民道德建设工程，弘扬真善美、贬斥假恶丑，引导人们自觉履行法定义务、社会责任、家庭责任，营造劳动光荣、创造伟大的社会氛围，培育知荣辱、讲正气、作奉献、促和谐的良好风尚。深入开展道德领域突出问题专项教育和治理，加强政务诚信、商务诚信、社会诚信和司法公信建设。加强和改进思想政治工作，注重人文关怀和心理疏导，培育自尊自信、理性平和、积极向上的社会心态。深化群众性精神文明创建活动，广泛开展志愿服务，推动学雷锋活动、学习宣传道德模范常态化。三是丰富人民精神文化生活。坚持以人民为中心的创作导向，提高文化产品质量，为人民提供更好更多精神食粮。四是增强文化整体实力和竞争力。坚持把社会效益放在首位、社会效益和经济效益相统一，推动文化事业全面繁荣、文化产业快速发展。

在社会方面，在改善民生和创新管理中加强社会建设。以保障和改善民生为重点。在学有所教、劳有所得、病有所医、老有所养、住有所居上持续取得新进展，努力让人民过上更好生活。加快推进社会体制改革。一是努力办好人民满意的教育。坚持教育优先发展，全面贯彻党的教育方针，坚持教育为社会主义现代化建设服务、为人民服务，把立德树人作为教育的根本任务，培养德智体美全面发展的社会主义建设者和接班人。全面实施素质教育，深化教育领域综合改革，着力提高教育质量，培养学生社会责任感、创新精神、实践能力。办好学前教育，均衡发展九年义务教育，基本普及高中阶段教育，加快发展现代职业教育，推动高等教育内涵式发展，积极发展继续教育，完善终身教育体系，建设学习型社会。二是推动实现更高质量的就业。贯彻劳动者自主就业、市场调节就业、政府促进就业和鼓励创业的方针，实施就业优先战略和更加积极的就业政策。加强职业技能培训，提升劳动者就业创业能力，增强就业稳定性。健全人力资源市场，完善就业服务体系，增强失业保险对促进就业的作用。三是千方百计增加居民收入。深化收入分配制度改革，努力实现居民收入增长和经济发展同步、劳动报酬增长和劳动生产率提高同步，提高居民收入在国民收入分配中的比重，提高劳动报酬在初次分配中的比重。四是统筹推进城乡社会保障体系建设。坚持全覆盖、保基本、多层次、可持续方针，以增强公平性、适应流动性、保证可持续性为重点，全面建成覆盖城乡居民的社会保障体系。五是提高人民健康水平。坚持为人民健康服务的方向，坚持预防为主、以农村为重点、中西医并重，按照保基本、强基层、建机制要求，重点推进医疗保障、医疗服务、公共卫生、药品供应、监管体制综合改革，完善国民健康政策，为群众提供安全有效、方便价廉的公共卫生和基本医疗服务。六是加强和创新社会管理。改进政府提供公共服务方式，加强基层社会管理和服务体系建设，增强城乡社区服务功能，强化企事业单位、人民团体在社会管理和服务中的职责，引导社会组织健康有序发展，充分发挥群众参与社会管理的基础作用。

在生态建设方面，大力推进生态文明建设。树立尊重自然、顺应自然、保护自然的生态文明理念，把生态文明建设放在突出地位，融入经济建设、政治建设、文化建设、社会建设各方面和全过程，努力建设美丽中国，实现中华民族永续发展。坚持节约资源和保护环境的基本国策，坚持节约优先、保护优先、自然恢复为主的方针，着力推进绿色发展、循环发展、低碳发展，形成节约资源和保护环境的空间格局、产业结构、生产方式、生活方式，从源头上扭转生态环境恶化趋势，为人民创造良好的生产生活环境，为全球生态安全做出贡献。一是优化国土空间开发格局。按照人口资源环境相均衡、经济社会生态效益相统一的原则，控制开发强度，调整空间结构，促进生产空间集约高效、生活空间宜居适度、生态空间山清水秀，给自然留下更多修复空间，给农业留下更多良田，给子孙后代留下天蓝、地绿、水净的美好家园。二是全面促进资源节约。节约集约利用资源，推动资源利用方式根本转变，加强全过程节约管理，大幅降低能源、水、土地消耗强度，提高利用效率和效益。三是加大自然生态系统和环境保护力度。实施重大生态修复工程，增强生态产品生产能力，推进荒漠化、石漠化、水土流失综合治理，扩大森林、湖泊、湿地面积，保护生物多样性。加快水利建设，增强城乡防洪抗旱排涝能力。四是加强生态文明制度建设。把资源消耗、环境损害、生态效益纳入经济社会发展评价体系，建立体现生态文明要求的目标体系、考核办法、奖惩机制。

（二）全面建成小康社会的主要任务

党的十八届五中全会通过的《中共中央关于制定国民经济和社会发展第十三个五年规划的建议》（以下简称《建议》），提出了全面建成小康社会决胜阶段的指导思想、主要目标、重点任务、重大举措，描绘了未来五年发展的宏伟蓝图，是实现“两个一百年”奋斗目标第一个百年目标、全面建成小康社会的纲领性文件。《建议》强调，实现“十三五”时期发展目标，破解发展难题，厚植发展优势，必须牢固树立创新、协调、绿色、开放、共享的发展理念。五大发展理念是“十三五”乃至更长时期我国发展思路、发展方向、发展重点的集中体现，也是改革开放30多年来我国发展经验的深刻总结，集中反映了我们党对我国经济社会发展规律认识的深化。五大发展理念，进一步明确了全面建成小康社会的目标和任务。

第一，实现创新发展。推动经济保持中高速增长、迈向中高端水平。实现到2020年国内生产总值和城乡居民人均收入比2010年翻一番，必须保持一定的经济增长速度。初步测算，“十三五”时期，国内生产总值每年平均增长速度需保持在6.5%以上，主要经济指标平衡协调，才能实现翻一番目标。即使实现全面建成小康社会目标之后，相当长时间仍需保持一定的增长速度，才能实现第二个百年奋斗目标。实现“双中高”，要实施创新驱动发展战略，深入推进大众创业、万众创新，打造增长新引擎。必须把创新摆在国家发展全局的核心位置，不断推进理论创新、制度创新、科技创新、文化创新等各方面创新，让创新贯穿党和国家一切工作，让创新在全社会蔚然成风。一是紧紧抓住科技创新这个“牛鼻子”，发挥科技创新在全面创新中的引领作用。实施创新驱动发展战略，最根本的是要增强自主创新能力，最紧迫的是要破除体制机制障碍，最大限度解放和激发科技作为第一生产力所蕴藏的巨大潜能。要坚持战略和前沿导向，加强基础研究，强化原始创新、集成创新和引进消化吸收再创新，重视颠覆性技术创新，加快突破新一代信息通信、新能源、新材料、航空航天、生物医药、智能制造等领域核心技术。强化企业创新主体地位和主导作用，形成一批有国际竞争力的创新型领军企业。二是推动大众创业、万众创新，加快实现发展动力转换。优化劳动力、资本、土地、技术、管理等要素配置，激发创新创业活力。推动基础设施、网络经济、蓝色经济等领域创新发展，释放新需求，创造新供给，拓展发展新空间，增强经济发展新动能。三是推动新技术、新产业、新业态蓬勃发展，建设现代产业新体系。四是深化科技等相关领域改革，强化创新发展的体制机制保障。加快形成有利于创新发展的市场环境、产权制度、投融资体制、分配制度、人才培养引进使用机制，造就一批又一批领军人物和创新人才。坚持和完善基本经济制度，毫不动摇巩固和发展公有制经济，毫不动摇鼓励、支持、引导非公有制经济发展。持续推进简政放权、放管结合、优化服务，激发市场活力和社会创造力。五要创新和完善宏观调控方式，保持经济运行在合理区间。按照总量调节和定向施策并举、短期和中长期结合、国内和国际统筹、改革和发展协调的要求，创新调控思路和政策工具，进一步完善以财政政策、货币政策为主的政策体系，在区间调控基础上加大定向调控力度，更加注重扩大就业、稳定物价、调整结构、提高效益、防控风险、保护环境，提高综合国力和竞争力。

第二，实现协调发展。注重解决发展不平衡问题，着力增强发展的整体性。把握中国特色社会主义事业总体布局，正确处理发展中的重大关系，重点促进城乡区域协调发展，促进经济社会协调发展，促进新型工业化、信息化、城镇化、农业现代化同步发展，在增强国家硬实力的同时注重提升国家软实力，不断增强发展整体性。一是统筹东中西、协调南北方，推动区域协调发展。继续实施西部开发、东北振兴、中部崛起、东部率先的区域发展总体战略。重点实施"一带一路"建设、京津冀协同发展、长江经济带建设三大战略，加强顶层设计，制定路线图和时间表，争取获得早期收获。加快构建要素有序自由流动、主体功能约束有效、基本公共服务均等、资源环境可承载的区域协调发展新格局。二是健全城乡发展一体化体制机制，推动城乡协调发展。坚持工业反哺农业、城市支持农村，推进城乡要素平等交换、合理配置和基本公共服务均等化，促进农业发展、农民增收，提高社会主义新农村建设水平。推进以人为核心的新型城镇化，深化户籍制度改革，着力提高户籍人口城镇化率，努力实现基本公共服务常住人口全覆盖。三是坚持深度融合、良性互动、相互协调，推动新型工业化、信息化、城镇化、农业现代化同步发展。以信息化牵引产业结构升级，通过信息技术和产业深度融合，推动技术创新、产品创新、商业模式创新和管理创新。以新型工业化、城镇化带动农业现代化，以农业现代化保障国家粮食安全，夯实工业化、城镇化基础。四是坚持“两手抓、两手都要硬”，推动物质文明和精神文明协调发展。坚持社会主义先进文化前进方向，加快文化改革发展，加强社会主义精神文明建设，建设社会主义文化强国。五是坚持军民结合、寓军于民，推动经济建设和国防建设融合发展。加快形成全要素、多领域、高效益的军民深度融合发展格局，增强先进技术、产业产品、基础设施等军民共用的协调性。加强全民国防教育和后备力量建设，密切军政军民团结。

第三，实现绿色发展。注重解决人与自然和谐问题，建设天蓝、地绿、水清的美丽中国。良好生态环境，是提升人民生活质量的重要内容，也是全面建成小康社会的应有之义。坚持节约资源和保护环境的基本国策，坚持绿水青山就是金山银山的理念，坚持走生产发展、生活富裕、生态良好的文明发展道路，加快建设资源节约型、环境友好型社会，形成人与自然和谐发展现代化建设新格局，积极推进美丽中国建设，开创社会主义生态文明新时代。一是有度有序利用自然，促进人与自然和谐共生。按照人口资源环境相均衡、经济社会生态效益相统一的原则，控制开发强度，调整优化空间结构，划定农业空间和生态空间保护红线，构建科学合理的城市化格局、农业发展格局、生态安全格局和自然岸线格局。落实主体功能区规划，推动各地区依据主体功能定位发展。二是全面节约和高效利用资源，推动低碳循环发展。强化约束性指标管理，对能源和水资源消耗、建设用地等实行总量和强度双控，加强高能耗行业能耗管控，实施全民节能行动，促进节能、节水、节地、节材、节矿，全面提高资源利用效率。推进能源革命，加快能源技术创新，建设清洁低碳、安全高效的现代能源体系。按照“减量化、再利用、资源化、减量化优先”的原则，推进生产、流通、消费各环节的循环经济发展。三是加大环境治理力度，实现生态环境质量总体改善。推进多污染物综合防治和环境治理，实行联防联控和流域共治，打好大气、水、土壤污染防治“三大战役”。坚持城乡环境治理并重，工业污染源必须全面达标排放，加大农业面源污染防治力度，千方百计确保食品安全，加快解决人民群众反映强烈的环境问题。四是加强生态保护和修复，筑牢生态安全屏障。坚持保护优先、自然恢复为主，实施山水林田湖生态保护和修复工程，构建生态廊道和生物多样性保护网络。对重要生态区、脆弱区，要合理退出人口和产业，降低经济活动强度。开展大规模国土绿化行动，完善天然林保护制度，扩大退耕还林还草，系统整治江河流域，推进荒漠化、石漠化、水土流失综合治理。五是健全生态文明制度体系，用制度保护生态环境。健全法律法规，完善标准体系，建立自然资源资产产权制度和用途管制制度，推行生态保护补偿机制，严格生态环境监管制度和政绩考核制度，加快建立系统完整的生态文明制度体系，引导、规范和约束各类开发、利用、保护自然资源的行为。

第四，实现开放发展。注重解决发展内外联动问题，进一步提升开放型经济水平。顺应我国经济深度融入世界经济的趋势，坚定不移奉行互利共赢的开放战略，充分考虑国内国际经济联动效应，积极应对外部环境变化，更好利用两个市场、两种资源，努力把我国开放型经济提升到新水平。一是完善对外开放战略布局，加快培育国际经济合作竞争新优势。创新开放模式，促进沿海内陆沿边开放优势互补，形成各有侧重的对外开放基地。坚持进出口平衡，推动外贸向优质优价、优进优出转变。发展服务贸易，建设贸易强国。坚持引进来和走出去并重、引资和引技引智并举，放宽外商投资准入限制，支持企业走出去，推进国际产能合作，深度融入全球产业链、价值链、物流链。二是形成对外开放新体制，完善法治化、国际化、便利化的营商环境。保持外资政策稳定、透明、可预期，健全有利于合作共赢并同国际贸易投资规则相适应的体制机制。全面实行准入前国民待遇加负面清单管理制度，促进内外资企业一视同仁、公平竞争。提高自由贸易试验区建设质量，在更大范围推广复制。三是坚持共商共建共享原则，推进“一带一路”建设。“一带一路”建设是扩大对外开放的重大战略举措。要秉持亲诚惠容，以“五通”即政策沟通、设施联通、贸易畅通、资金融通、民心相通为主要内容，以企业为主体，实行市场化运作，推进同有关国家和地区多领域互利共赢的务实合作，打造陆海内外联动、东西双向开放的全面开放新格局。四是深化内地和港澳、大陆和台湾地区合作，促进共同繁荣发展。提升港澳在国家经济发展和对外开放中的地位和功能，深化两岸农业、文化、教育、科技、社会等领域交流合作。五是积极参与全球经济治理，积极承担国际责任和义务。推动国际经济治理体系改革完善，促进国际经济秩序朝着平等公正、合作共赢的方向发展。加快实施自由贸易区战略，致力于形成面向全球的高标准自由贸易区网络。坚持共同但有区别的责任原则、公平原则、各自能力原则，积极参与应对全球气候变化谈判，落实减排承诺。主动参与2030年可持续发展议程，为发展中国家的发展和世界的共同繁荣创造更好的国际环境。

第五，实现共享发展。解决社会公平正义问题，不断增进人民福祉。人民生活水平和质量普遍提高。发展的目的是为了让人民过上好日子，全面建成小康社会也主要以人民生活水平和质量是否普遍提高为衡量标准。要坚持共享发展，在经济平稳增长的基础上，促进居民收入持续提高，健全公共服务体系，着力解决群众最关心、最直接、最现实的利益问题，不断增进人民福祉。一是增加公共服务供给，提高公共服务共建能力和共享水平。坚持普惠性、保基本、均等化、可持续方向，从解决人民最关心、最直接、最现实的利益问题入手，完善基本公共服务体系，努力实现基本公共服务全覆盖。加快社会事业改革发展，坚持教育优先发展，促进起点公平和机会公平。增加财政转移支付，重点向中西部、农村和贫困地区倾斜。完善社会保障制度，兜住兜牢人民群众生活底线。坚持计划生育的基本国策，全面实施一对夫妇可生育两个孩子政策，促进人口均衡发展，积极应对人口老龄化。二是实施精准扶贫、精准脱贫，坚决打赢脱贫攻坚战。全面建成小康社会，最艰巨的任务是农村贫困人口脱贫。根据各地区的不同情况，因人因地施策，提高扶贫实效。扩大贫困地区基础设施覆盖面，因地制宜解决通路、通水、通电、通网络等问题。实行低保政策和扶贫政策衔接，对贫困人口应保尽保。三是持续增加城乡居民收入，形成合理的收入分配格局。坚持居民收入增长和经济增长同步、劳动报酬提高和劳动生产率提高同步，完善市场评价要素贡献并按贡献分配的机制。实施更加积极的就业政策，鼓励以创业带就业，推动实现更加充分、更高质量的就业。健全再分配调节机制，实行有利于缩小收入差距的政策，明显增加低收入劳动者收入，扩大中等收入者比重，形成两头小、中间大的橄榄型收入分配结构。

（三）全面建成小康社会要着力补短板

从我国发展实际来看，全面建成小康社会要着力补短板。主要有以下几个方面：

第一，实现更有质量效益的发展。发展仍然是解决当代中国所有问题的钥匙。当前，我国经济总量居世界第二，已经进入中等收入国家行列。同时，我们也要看到，我国仍处于并将长期处于社会主义初级阶段的基本国情没有变，仍是世界上最大的发展中国家，人均国内生产总值排在世界80位左右，经济技术水平与发达国家相比还有较大差距。按照年收入2300元的中国扶贫标准，2014年底还有7017万农村贫困人口。以经济建设为中心是兴国之要，发展仍然是解决一切问题的基础和关键，必须坚持发展这个硬道理，努力把中国自己的事情办好。但发展必须讲求质量和效益。这是全面建成小康社会的内在要求。要更加注重科技创新，强化创新驱动，加快形成经济发展的新动力，以提高科技进步贡献率、劳动生产率、资源配置效率来支撑发展。

第二，要打赢脱贫攻坚战。脱贫攻坚事关全面建成小康社会，事关巩固党的执政基础，是促进全体人民共享改革发展成果、实现共同富裕的重大举措，是体现中国特色社会主义制度优越性的重要标志。打赢脱贫攻坚战意味着我国全面建成小康社会底线目标的实现，我国农村贫困人口与全国人民一道迈入全面小康社会，这是全面建成小康社会的基本标志。要把习近平总书记的“六个精准”理念落到实处。通过贫困识别建档立卡，把贫困人口是谁、在哪里、什么原因致贫等搞清楚，解决“扶持谁”的问题；强化一线扶贫力量，解决“谁来扶”的问题；通过引导贫困群众参与脱贫规划制定，做到项目跟着规划走，资金跟着项目走，项目资金跟着贫困人口走，因村因户因人分类施策，开展教育、健康、金融、劳务协作等行业精准扶贫十大行动，实施易地扶贫搬迁、整村推进、扶贫小额信贷、职业教育培训等精准扶贫十项工程，解决“怎么扶”的问题。还要通过明确贫困退出标准、程序和核查办法，严格规范贫困退出，确保贫困人口、贫困村、贫困县稳定脱贫、有序退出，解决“如何退”的问题。

第三，要补齐社会治理和公共服务的短板。在我国的现代化建设中，经济建设取得了长足进步，但社会建设相对滞后。全面建成小康社会，是社会进步和公共服务更加完善的社会。特别是随着我国经济发展进入新常态，社会意识日趋多元，社会利益深刻调整，社会矛盾交织复杂，阶层固化、环境治理等社会问题日益突出，对社会治理带来新挑战。以互联网为代表的信息技术快速发展，社会互动及舆论传播方式发生巨大变化，政府主导下的传统治理模式难以适应社会转型的需求，正确处理和化解日益复杂的社会矛盾，维护安全稳定的社会秩序任务更加突出。同时，公共服务供给总量不足、渠道单一、资源配置不均衡等结构性矛盾问题日益显现。一方面，公共服务供给需求不断增长。特别是在人口老龄化加剧、全面二孩政策实施等新的形势下，城乡居民对教育、医疗、养老、社保、文化、体育等领域的公共服务刚性需求显著增加，对公共服务供给总量提出了更高要求。另一方面，公共服务供给标准亟待提高。特别是个体需求多样化、个性化的差别更为明显，对公共服务结构优化提升提出了更高要求。

第四，要补齐重点群体服务的短板。没有重点群体的小康就没有全面小康。随着社会加速转型和社会结构变迁，围绕老年人、残疾人、外来人口、低收入群体、就业创业群体等重点群体的民生问题日益凸显。与之相对应的是，我们的社会养老服务体系还存在总量不足、结构失衡、质量不高、要素保障不完善、管理制度不够健全等问题，需要花大力气做好相关工作。

三、全面建成小康社会的愿景

如期全面建成小康社会，是我们党向人民作出的庄严承诺。到2020年全面建设小康社会目标实现之时，我们这个历史悠久的文明古国和发展中社会主义大国，将成为工业化基本实现、综合国力显著增强、国内市场总体规模位居世界前列的国家，成为人民富裕程度普遍提高、生活质量明显改善、生态环境良好的国家，成为人民享有更加充分民主权利、具有更高文明素质和精神追求的国家，成为各方面制度更加完善、社会更加充满活力而又安定团结的国家，成为对外更加开放、更加具有亲和力、为人类文明做出更大贡献的国家。

（一）全面建成小康社会愿景

习近平总书记指出，全面建成小康社会是“绝不能让一个少数民族、一个地区掉队，要让13亿中国人民共享全面小康的成果”；我们要建成的全面小康，就是要有“更好的教育、更稳定的工作、更满意的收入、更可靠的社会保障、更高水平的医疗卫生服务、更舒适的居住条件、更优美的环境”，是“国家物质力量和精神力量都增强，全国各族人民物质生活和精神生活都改善”的全面小康，是“干部清正、政府清廉、政治清明”的全面小康，是“望得见山、看得见水、记得住乡愁”的全面小康。具体来说，到2020年全面建成的小康社会，将具有以下鲜明特点。

第一，是多领域协同发展的全面小康。习近平总书记在强调以经济建设为中心、进一步解放和发展社会生产力的同时，强调中国特色社会主义制度建设、国家治理体系的完善和治理能力的提高；强调我们不仅要在物质上强大丰富起来，也要在精神上强大丰富起来；强调全面推进经济、政治、文化建设，“促进现代化建设各个方面、各个环节相协调”。因此，全面建成的小康社会是经济建设、政治建设、文化建设、社会建设、生态文明建设“五位一体”协调发展的社会。既坚持以经济建设为中心，又全面推进政治、文化、社会、生态文明及其他各方面建设；既不断解放和发展社会生产力，又逐步实现全体人民共同富裕、促进人的全面发展。全面建成的小康社会，是一个让广大人民群众共享改革发展成果的社会，其所覆盖的人群、涉及的地域是全面的，是包括老少边穷地区在内的所有地区，不让任何一个人、一个阶层、一个民族掉队的全面小康。

第二，经济发展质量和效益得到全面提高。全面建成的小康社会经济持续健康发展，包括转变经济发展方式取得重大进展，工业化基本实现，信息化水平大幅度提升，城镇化质量明显提高，农业现代化和社会主义新农村建设成效显著，区域协调发展机制基本形成。党的十八大提出到2020年实现全面建成小康社会的奋斗目标，其中经济方面的重要指标是实现国内生产总值和城乡居民人均收入比2010年翻一番。目前我国保持7%以上的经济增长率，完全可以提前实现全面建成小康社会的目标。需要指出的是，经济发展进入新常态，并不是经济增长速度不重要了。要清醒地看到，我国人口众多，人均国内生产总值比较低，经济增长质量不高，高投入、高消耗、高浪费、低效率的问题依然突出，经济结构不合理，城镇化率比较低，城镇化质量有待进一步提高，发展方式粗放，环境恶化问题没有得到有效遏制。必须通过科学的宏观调控把增长速度保持在合理区间，同时更加注重经济增长的质量，这是全面建成小康社会的客观要求。随着改革的深化，必将进一步解放思想，解放和发展社会生产力，激发劳动、资本、技术、管理等生产要素的活力，让一切创造社会财富的源泉充分涌流。到2020年全面建成小康社会意味着全国各个地区都要迈入小康社会，而不是一部分地区进入小康社会，其他地区还处在贫困状态。在整个社会经济持续健康发展的情况下，通过产业接替、结构转型升级，缩小区域间的发展差距。全面建成小康社会，不但要有实体经济的发展，还要有服务业的发展；不但要有城市建设的提质发展，还要有农村和中小城镇的提质发展；不但要拉动城乡居民的生活消费，还要拉动城乡居民的文化消费；不但要有民生投入和公共服务投入，还要有社会建设与治理的投入；不但要有资源开发性投入，还要有环境保护性投入；等等。

第三，社会基本结构形式更加完善。全面建成小康社会，是我国在社会主义初级阶段经济社会发展达到一定高度、发展发育到一定历史阶段时的产物，是一个包含内容极为丰富的社会系统。全面建成小康社会是在生产力进一步解放和发展的基础上，社会内部经济、政治、文化结构发育更为成熟，各方面制度更加完善定型的社会，是把一个低水平的、不全面的、发展不平衡的小康社会转变为水平更高，发展平衡性、协调性、可持续性更强的小康社会。实现全面建成小康社会，就是要实现"国家富强、民族振兴、人民幸福"，是"实现中华民族伟大复兴中国梦的关键一步"。全面建成小康社会，既是我国社会主义经济、政治、文化社会基本结构形式发展发育所达到的一个历史新高度，也是这个社会结构形式不断向前历史性推进的一个新过程。

第四，人与自然的关系更加和谐。人与自然的关系是人类社会最基本且有着特殊因果的关系。全面建成小康社会，内含着正确处理好人与自然的关系。党的十八大把生态文明建设作为国家战略，纳入全面建成小康社会的总体布局，明确提出建设"美丽中国"的宏伟目标。习近平总书记站在人类生态文明发展的战略高度，强调生态环境建设关系国家形象和人民生命生活切身利益，强调既要金山银山，又要绿水青山，绿水青山也是金山银山。要像保护眼睛一样保护生态环境，像对待生命一样对待生态环境。这一系列重要论述，丰富了马克思主义生态观，在实践中也必将推进我国全面建成小康社会健康顺利发展。

第五，人的发展更加全面。习近平总书记关于“全面建成小康社会”重要思想以及系列讲话始终贯彻着一个基本观点，就是重视人民群众的社会历史地位和作用，坚持人民利益至上，坚持以人为本、为核心。全面建成的小康社会，将实现社会全面进步和人的全面发展，包括提高人的健康素质、科学知识技能素质、精神文化素质以及对真善美追求的心灵审美素养等。全面建成的小康社会是一个见物又见人、见人见精神、有崇高灵魂和追求的社会，它既是人民群众自身创造的结果，也是人的自我完善提高的过程。

第六，民族精神得到极大弘扬。核心价值观承载着一个民族、一个国家的精神追求，体现着一个社会评判是非曲直的价值标准，是一个民族、一个国家最持久、最深层的力量。全面建成的小康社会，是以爱国主义为核心的民族精神和以改革创新为核心的时代精神得到弘扬的社会，特别是培育和造就了一代又一代社会主义新人的社会，实现了以文化人、以文育人的精神“高峰”。

（二）廓清对全面建成小康社会的认识

第一，全面建成小康社会并不意味着没有贫困人口和处于温饱状态的人口。按照党的十八大要求，扶贫对象大幅度减少，中等收入群体持续扩大。如果大量人口处于贫困状态，显然不能说全面进入了小康社会。但是，任何一个社会，都存在着低收入群体，不可能全社会都是中等收入群体和高收入群体，因为收入高低是相对而言的，没有低收入群体，就不会有高收入群体。因此，我们要大力发展社会生产力，加大扶贫力度，让更多贫困人口尽快脱贫，让更多温饱人口进入小康，即使少量的贫困人口，生活水平也需要大幅度提高。

第二，全面建成小康社会不会改变我国处于社会主义初级阶段的基

本国情。我国的生产力发展水平，特别是在科学技术领域与发达国家仍存在较大差距，人均国内生产总值仍低于世界平均水平。各个地区之间、城乡之间发展依然不平衡，我国作为世界上最大的发展中国家的地位尚未改变。习近平总书记强调指出，社会主义初级阶段是当代中国的最大国情、最大实际。我们在任何情况下都要牢牢把握这个最大国情，推进任何方面的改革发展都要牢牢立足这个最大实际。不仅在经济建设中要始终立足初级阶段，而且在政治建设、文化建设、社会建设、生态文明建设中也要始终牢记初级阶段；不仅在经济总量低时要立足初级阶段，而且在经济总量提高后仍然要牢记初级阶段；不仅在谋划长远发展时要立足初级阶段，而且在日常工作中也要牢记初级阶段。这就决定了我们的根本任务是集中力量发展社会生产力，始终坚持以经济建设为中心不动摇，牢牢把握发展是解决中国所有问题的关键。

第三，全面建成小康社会不会改变我国社会主义阶段的主要矛盾。就生产力发展而言，纵向看，我国生产力发展水平已经发生了翻天覆地的变化，技术进步日新月异，但横向看，与发达国家仍然有不小差距。就人民群众的生活需求而言，在低层次的需求满足之后必然会产生更高层次的需求。人民日益增长的物质文化需求同落后的社会生产这一矛盾将长期存在，只有牢牢抓住这个主要矛盾，才能有效地促进各种社会矛盾的解决。

第四，我国经济保持中高速增长能实现全面建成小康社会目标。我国经济发展进入新常态，既是国民经济运行的客观规律，也是对先前过高经济增长速度带来的负面影响的主动应对。党的十八大提出到2020年实现全面建成小康社会的奋斗目标，其中经济方面的重要指标是实现国内生产总值和城乡居民人均收入比2010年翻一番。目前我国保持7%左右的经济增长率，完全可以实现全面建成小康社会的目标。但也要清醒地看到，我国人口众多，人均国内生产总值比较低，经济增长质量不高，高投入、高消耗、高浪费、低效率的问题依然突出，经济结构不合理，城镇化率比较低，城镇化质量有待进一步提高，发展方式粗放，环境恶化问题没有得到有效遏制。我们必须通过科学的宏观调控把增长速度保持在合理区间，同时更加注重经济增长质量，这是全面建成小康社会的客观要求。

第三章

CHAPTER THREE

全面建成小康社会进程评估

一、全面建成小康社会评估的主要内容

改革开放以来，从中央到地方都先后提出过小康社会的目标及相适应的指标体系。为了全面、客观、科学地评估全面建成小康社会进程，需要统一思想，明确内容，提出可供遵照的依据。从全国发展目标来看，主要要围绕党的历次代表大会提出的明确要求，以及几个国民经济发展五年规划的要求，但最主要的，应是党的十六大、十七大，特别是党的十八大正式提出的全面建成小康社会的目标要求，以及党的十八大以来历次党的中央全会提出的新目标、新任务和十二届全国人大通过的“十三五”规划作出的各项部署。

党的十八大根据我国经济社会发展实际，在十六大、十七大确立的全面建设小康社会目标基础上，提出了建设惠及十几亿人口，经济、政治、文化、社会、生态文明全面发展的小康社会，充实和完善了全面建成小康社会的目标。党的十八届五中全会又与时俱进地制定了“十三五”规划的建议，十二届全国人大审议通过“十三五”规划，进一步系统、具体地提出了决胜全面小康的新目标和新部署。

（一）经济发展状况与趋势

围绕实现经济持续健康发展，国内生产总值和城乡居民人均收入比2010年翻一番的目标，对经济发展的速度、总量、结构、质量进行全面评估。注重评估转变经济发展方式，提高发展的平衡性、协调性、可持续性，重点评估发展质量和效益是否在明显提高。重点评估能否进入

创新型国家行列，科技进步对经济增长的贡献率，创新驱动的成效和创新型社会的发展程度，自主创新能力的增强及重点领域和关键环节核心技术取得突破的状况，工业化、信息化、城镇化的水平与质量，产业迈向中高端的水平。

（二）人民民主扩大的状况与趋势

在党的领导下，发展更加广泛、更加充分、更加健全的人民民主，民主制度完善程度、民主形式丰富程度，人民积极性、主动性、创造性不断发挥的状况；法治在国家治理和社会管理中的作用，国家法制统一、尊严、权威的状况，依法治国基本方略全面落实情况，法治政府建设情况，司法公信力水平，尊重和保障人权、有效保护产权的状况。政府提供基本公共服务能力。

（三）文化软实力增强的状况与趋势

建设社会主义文化强国的进展，社会主义核心价值体系建设成效，公民文明素质和社会文明程度的提高情况；文化产品丰富，公共文化服务体系建设以及中华文化走出去的情况。文化管理体制和文化生产经营机制、现代文化市场体系的状况。

（四）社会发展和人民生活水平提高的状况与趋势

和谐、平安、诚信、法制、健康、幸福社会建设的进展，人民生活水平和质量全面提高，公共服务体系是否更加健全，基本公共服务均等化水平是否稳步提高。教育现代化是否取得重要进展，全民受教育程度和创新人才培育水平是否明显提高。收入分配制度改革进展及收入分配差距缩小状况，居民收入增长和经济发展同步、中等收入人口比重上升、扶贫对象大幅减少的状况。特别是要评估现行标准下农村贫困人口实现脱贫，贫困县全部摘帽，区域性整体贫困得到解决的程度。全面建成覆盖城乡居民的社会保障体系的程度。人人享有基本医疗卫生服务的状况，住房保障体系基本形成。

（五）资源节约型、环境友好型社会建设的状况与趋势

更加注重生态文明建设，作为约束性目标，并且加大其权重。重点评估国土空间开发格局，主体功能区布局，资源循环利用体系。单位国内生产总值能源消耗和二氧化碳排放，主要污染物排放总量；森林覆盖率，生态系统稳定性，人居环境。评估生产方式和生活方式绿色、低碳水平，能源资源开发利用效率，能源和水资源消耗、建设用地、碳排放总量的控制。生态文明制度建设，国土空间开发、资源节约、生态环境保护体制机制的状况。

（六）全面建成小康社会进程中的薄弱环节与突出短板

全面建成小康社会的核心是“全面建成”，是全面发展、没有明显短板的小康。当前阶段，“补短”成为决胜全面小康的关键，全面建成要在薄弱环节和短板上重点下功夫。重点评估民生短板，从而有针对性地下大力气予以解决。从惠及全体人民、稳步实现共同富裕目标出发，低收入群体是个短板，农村贫困人口和民族地区脱贫，是最突出的短板。重点评估农村建设和环境整治情况，提出加强薄弱环节和突出短板的要求。

（七）全面深化体制改革的状况与趋势

到 2020 年，构建系统完备、科学规范、运行有效的制度体系，使各方面制度更加成熟更加定型，这是党的十四大以来历次党代表大会都重申的改革目标。党的十八大和十八大以后加大了改革的力度。应重点评估完善社会主义市场经济体制目标体系的建设状况以及政治、文化、社会、生态建设体制改革的进展状况。

二、全面建成小康社会评估的原则与方法

（一）评估原则

1. 坚持全面建成小康社会的基本要求

党的十八大根据我国经济社会发展实际，在十六大、十七大确立的全面建设小康社会目标的基础上提出了全面建成小康社会的新要求。

——**经济持续健康发展**。转变经济发展方式取得重大进展，在发展平衡性、协调性、可持续性明显增强的基础上，实现国内生产总值和城乡居民人均收入比2010年翻一番。科技进步对经济增长的贡献率大幅上升，进入创新型国家行列。工业化基本实现，信息化水平大幅提升，城镇化质量明显提高，农业现代化和社会主义新农村建设成效显著，区域协调发展机制基本形成。对外开放水平进一步提高，国际竞争力明显增强。

——**人民民主不断扩大**。民主制度更加完善，民主形式更加丰富，人民积极性、主动性、创造性进一步发挥。依法治国基本方略全面落实，法治政府基本建成，司法公信力不断提高，人权得到切实尊重和保障。

——**文化软实力显著增强**。社会主义核心价值体系深入人心，公民文明素质和社会文明程度明显提高。文化产品更加丰富，公共文化服务体系基本建成，文化产业成为国民经济支柱性产业，中华文化走出去迈出更大步伐，社会主义文化强国建设基础更加坚实。

——**人民生活水平全面提高**。基本公共服务均等化总体实现，全民受教育程度和创新人才培养水平明显提高，进入人才强国和人力资源强国行列，教育现代化基本实现。就业更加充分。收入分配差距缩小，中等收入群体持续扩大，扶贫对象大幅减少。社会保障全民覆盖，人人享有基本医疗卫生服务，住房保障体系基本形成，社会和谐稳定。

——资源节约型、环境友好型社会建设取得重大进展。主体功能区布局基本形成，资源循环利用体系初步建立。单位国内生产总值能源消耗和二氧化碳排放大幅下降，主要污染物排放总量显著减少。森林覆盖率提高，生态系统稳定性增强，人居环境明显改善。

党的十八大以来，习近平总书记围绕“全面建成小康社会”提出了一系列新思想、新论断、新要求，科学回答了全面建成小康社会面临的诸多重大问题。习近平总书记一再强调，最艰巨最繁重的任务在农村，特别是在贫困地区，小康不小康，关键看老乡，一个民族都不能少，决不能让一个苏区老区掉队。李克强总理强调，全面建成小康社是指，经济保持中高速增长、产业迈向中高端水平，人民生活水平和质量普遍提高，国民素质和社会文明程度显著提高，生态环境质量总体改善。

2. 坚持“五大发展理念”

以往我国过于看重经济发展速度，GDP 增速在中国经济发展的考量指标中一直占据着重要地位，一定程度上忽视了环境、资源以及民生等领域的协调发展，以至于积累了越来越多的矛盾。今后应牢固树立并切实贯彻创新、协调、绿色、开放、共享的发展理念，破解发展难题，厚植发展优势。一是坚持创新发展，注重解决发展动力问题，推动经济保持中高速增长、迈向中高端水平。以往我国经济高速增长在相当程度上依赖要素数量的投入，人口红利、低廉的土地、资源、能源成本在中国经济发展中发挥了重要作用。然而随着要素价格的上升、发达国家充分制造业等情况的出现，中国经济面临着下行压力加大，经济增长动能不足等问题。今后应把发展基点放在创新上，形成促进创新的体制机制架构，塑造更多依靠创新驱动、更多发挥先发优势的引领型发展。努力拓展发展新空间，构建发展新体制，深入实施创新驱动战略，培育发展新动力。二是坚持协调发展，注重解决发展不平衡问题，从推动区域协调发展、推动城乡协调发展、推动物质文明和精神文明协调发展、推动经济建设和国防建设融合发展四个方面进行评价，着力增强发展的整体性。三是坚持绿色发展，注重解决人与自然和谐问题，建设天蓝、地绿、水清的美丽中国。我国三十多年的经济高速增长，在相当程度上是依靠能源资源的高投入、高消耗来实现的，有的甚至是以牺牲环境为代价的。今后应坚持绿色富国、绿色惠民，有度有序利用自然，实现人与自然的和谐发展。根据资源环境承载力调整发展规模、发展速度，推动建立绿色低碳循环发展产业体系。加大环境治理力度，为人民提供更多优质生态产品。推动形成绿色发展方式和生活方式，协同推进人民富裕、国家富强、中国美丽。四是坚持开放发展，注重解决发展内外联动问题，进一步提升开放型经济水平，推进小康社会的进程。五是坚持共享发展，注重解决社会公平正义问题，进一步突出人民群众普遍关心的就业、教育、医疗等民生指标，不断增进人民福祉。

3. 体现供给侧结构性改革

近年来，我国主要是通过刺激出口、加大投资、鼓励消费等方式来扩大总需求，满足人民群众不断扩大的物质需求。今后应更加关注中长期发展，从产业、企业着手加强供给侧管理，通过鼓励企业创新、促进淘汰落后、降低税费负担等方式，增加有效供给，满足人民的有效需求。在适度扩大总需求的同时，着力加强供给侧结构性改革，着力提高供给体系质量和效率，增强经济持续增长动力，推动我国社会生产力水平实现整体跃升。

4. 坚持全面性和可操作性

做到覆盖经济发展、人民生活和生态文明各个方面，不片面强调经济发展水平的高低，从提高经济发展质量、提高人民生活水平、加强生态文明建设、实现可持续发展等方面进行评价。同时从实际出发，充分考虑数据的可获得性，指标在不同区域和不同时点具有可比性。数据主要来源于权威的统计年鉴以及政府部门和行业协会，对于定性的指标应尽量对其进行量化，保证全面建成小康社会评价易于操作。

5. 坚持实事求是和方法科学

坚持从实际出发，全国和各地既要坚持既定目标水准，又不要一个尺度。特别要因地制宜，根据不同区域设定不同的发展目标，充分考虑各地的实际情况，考虑全局与局部，东中西部以及民族地区、贫困地区，大中小城市的区别和差异性，不能把相关指标简单地套用到各级地方与各方面，如实反映各方面、各地方实际进程。当前，对于东部沿海的经济发达地区和“北上广”这样的中心城市而言，全面建成小康社会的一些基本指标已提前完成。但对于中西部地区尤其是这些地区的农村来说，“达标”的任务还很重、时间很紧迫。坚持定性评估与定量评估相结合。评估指标体系要全面简洁，在力求全面的基础上尽可能简化指标，以便为大众所熟知。评估标准要科学统一，对同一指标的名词解释、口径范围、计算方法的理解和执行要明确一致。评估过程要公开透明，内容、方法、流程都要向社会和媒体开放，特别是要广泛听取群众意见。评估程序要严谨规范，从数据采集汇总、整理分析、现场检查、审核复核到认定等建立规范流程，严格按程序按标准开展评估。

（二）评估方法

1. 国内现有的评估方法

十八大之后，国家统计局于 2013 年修订了全面建成小康社会统计监测指标体系，制定了全国统一标准方案和东中西部地区差异化评价方案（东中西部不同目标值），包括 5 个一级指标（经济发展、民主法制、文化建设、人民生活、资源环境）和 39 个二级指标，基本上能够比较全面地评价全面建成小康社会的进程。但是，随着人们对全面建成小康社会内涵认识的深化，需要进一步完善全面建成小康社会统计监测指标体系。国家统计局局长宁吉喆在 2016 年多次提出，进一步完善全面建成小康社会统计监测指标体系，做好全面建成小康社会进程监测。

表 3-1 国家统计局关于全面建成小康社会统计监测指标体系

（2013 年修订）

监测指标			单位	权重	目标值
经济发展	1. 人均 GDP（2010 年不变价）		元	4.0	≥57000
	2. 第三产业增加值占 GDP 比重		%	2.0	≥47
	3. 居民消费支出占 GDP 比重		%	2.5	≥36
	4. R&D 经费支出占 GDP 比重		%	1.5	≥2.5
	5. 每万人口发明专利拥有量		件	1.5	≥3.5
	6. 工业劳动生产率		万元/人	2.5	≥12
	7. 互联网普及率		%	2.5	≥50
	8. 城镇人口比重		%	3.0	≥60
	9. 农业劳动生产率		万元/人	2.5	≥2
民主法制	10. 基层民主参选率		%	3.5	≥95
	11. 每万名公务人员检察机关立案人数		人/万人	3.5	≤8
	12. 社会安全指数	每万人口刑事犯罪人数	%	4.0	=100
		每万人口交通事故死亡人数			
		每万人口火灾事故死亡人数			
		每万人口工伤事故死亡人数			
	13. 每万人口拥有律师数		人	3.0	≥2.3
文化建设	14. 文化及相关产业增加值占 GDP 比重		%	3.0	≥5
	15. 人均公共文化财政支出		元	2.5	≥200
	16. 有线广播电视入户率		%	3.0	≥60
	17. 每万人口拥有“三馆一站”公用房屋建筑面积		平方米	2.5	≥450
	18. 城乡居民文化娱乐服务支出占家庭消费支出比重		%	3.0	≥6
人民生活	19. 城乡居民人均收入（2010 年不变价）		元	4.0	≥25000
	20. 地区人均基本公共服务支出差异系数		%	1.5	≤40
	21. 失业率		%	2.0	≤6
	22. 恩格尔系数		%	2.0	≤40
	23. 基尼系数		—	1.5	≤0.4
	24. 城乡居民收入比		以农为 1	1.5	≤2.8
	25. 城乡居民家庭住房面积达标率		%	2.0	≥60

续表

<table>
<tr><th colspan="3">监测指标</th><th>单位</th><th>权重</th><th>目标值</th></tr>
<tr><td rowspan="8">人民生活</td><td rowspan="2">26. 公共交通服务指数</td><td>每万人拥有公共交通车辆</td><td>标车</td><td rowspan="2">2.0</td><td rowspan="2">=100</td></tr>
<tr><td>行政村客运班线通达率</td><td>%</td></tr>
<tr><td colspan="2">27. 平均预期寿命</td><td>岁</td><td>2.0</td><td>≥76</td></tr>
<tr><td colspan="2">28. 平均受教育年限</td><td>年</td><td>2.0</td><td>≥10.5</td></tr>
<tr><td colspan="2">29. 每千人口拥有执业医师数</td><td>人</td><td>1.5</td><td>≥1.95</td></tr>
<tr><td colspan="2">30. 基本社会保险覆盖率</td><td>%</td><td>3.0</td><td>≥95</td></tr>
<tr><td colspan="2">31. 农村自来水普及率</td><td>%</td><td>1.5</td><td>≥80</td></tr>
<tr><td colspan="2">32. 农村卫生厕所普及率</td><td>%</td><td>1.5</td><td>≥75</td></tr>
<tr><td rowspan="13">资源环境</td><td colspan="2">33. 单位 GDP 能耗（2010 年不变价）</td><td>吨标准煤/万元</td><td>3.0</td><td>≤0.6</td></tr>
<tr><td colspan="2">34. 单位 GDP 水耗（2010 年不变价）</td><td>立方米/万元</td><td>3.0</td><td>≤110</td></tr>
<tr><td colspan="2">35. 单位 GDP 建设用地占用面积（2010 年不变价）</td><td>公顷/亿元</td><td>3.0</td><td>≤60</td></tr>
<tr><td colspan="2">36. 单位 GDP 二氧化碳排放量（2010 年不变价）</td><td>吨/万元</td><td>2.0</td><td>≤2.5</td></tr>
<tr><td rowspan="4">37. 环境质量指数</td><td>PM2.5 达标天数比例</td><td rowspan="4">%</td><td rowspan="4">4.0</td><td rowspan="4">=100</td></tr>
<tr><td>地表水达标率</td></tr>
<tr><td>森林覆盖率</td></tr>
<tr><td>城市建成区绿化覆盖率</td></tr>
<tr><td rowspan="4">38. 主要污染物排放强度指数</td><td>单位 GDP 化学需氧量排放强度</td><td rowspan="4">%</td><td rowspan="4">4.0</td><td rowspan="4">=100</td></tr>
<tr><td>单位 GDP 二氧化硫排放强度</td></tr>
<tr><td>单位 GDP 氨氮排放强度</td></tr>
<tr><td>单位 GDP 氮氧化物排放强度</td></tr>
<tr><td colspan="2">39. 城市生活垃圾无害化处理率</td><td>%</td><td>3.0</td><td>≥85</td></tr>
</table>

注：（1）全国单位 GDP 二氧化碳排放暂无数据，待有关部门公布时再纳入计算。（2）复合指标环境质量指数中的 PM2.5 达标天数比例暂无数据，用城市空气质量达到二级以上天数占全年比重代替。（3）各地区单位 GDP 二氧化碳排放量、基尼系数、每万名公务人员检察机关立案人数、人均基本公共服务支出差异系数数据无法取得，未纳入计算。

表 3－2 东中西部地区差异化评价方案（东中西部不同目标值）（2013 年修订）

<table>
<tr><th colspan="3">监测指标</th><th>单位</th><th>权重</th><th>东部地区目标值</th><th>中部地区目标值</th><th>西部地区目标值</th></tr>
<tr><td rowspan="9">经济发展</td><td colspan="2">1. GDP（2010 年不变价）</td><td>亿元</td><td>4.0</td><td colspan="3">比 2010 年翻一番</td></tr>
<tr><td colspan="2">2. 第三产业增加值占 GDP 比重</td><td>%</td><td>2.0</td><td>≥50</td><td>≥47</td><td>≥45</td></tr>
<tr><td colspan="2">3. 居民消费支出占 GDP 比重</td><td>%</td><td>2.5</td><td colspan="3">≥36</td></tr>
<tr><td colspan="2">4. R&D 经费支出占 GDP 比重</td><td>%</td><td>1.5</td><td>≥2.7</td><td>≥2.3</td><td>≥2.2</td></tr>
<tr><td colspan="2">5. 每万人口发明专利拥有量</td><td>件</td><td>1.5</td><td>≥4</td><td>≥3.2</td><td>≥3.0</td></tr>
<tr><td colspan="2">6. 工业劳动生产率</td><td>万元/人</td><td>2.5</td><td colspan="3">≥12</td></tr>
<tr><td colspan="2">7. 互联网普及率</td><td>%</td><td>2.5</td><td>≥55</td><td>≥50</td><td>≥45</td></tr>
<tr><td colspan="2">8. 城镇人口比重</td><td>%</td><td>3.0</td><td>≥65</td><td>≥60</td><td>≥55</td></tr>
<tr><td colspan="2">9. 农业劳动生产率</td><td>万元/人</td><td>2.5</td><td colspan="3">≥2</td></tr>
<tr><td rowspan="7">民主法制</td><td colspan="2">10. 基层民主参选率</td><td>%</td><td>3.5</td><td colspan="3">≥95</td></tr>
<tr><td colspan="2">11. 每万名公务人员检察机关立案人数</td><td>人/万人</td><td>3.5</td><td colspan="3">≤8</td></tr>
<tr><td rowspan="4">12. 社会安全指数</td><td>每万人口刑事犯罪人数</td><td rowspan="4">%</td><td rowspan="4">4.0</td><td rowspan="4" colspan="3">=100</td></tr>
<tr><td>每万人口交通事故死亡人数</td></tr>
<tr><td>每万人口火灾事故死亡人数</td></tr>
<tr><td>每万人口工伤事故死亡人数</td></tr>
<tr><td colspan="2">13. 每万人口拥有律师数</td><td>人</td><td>3.0</td><td colspan="3">≥2.3</td></tr>
<tr><td rowspan="5">文化建设</td><td colspan="2">14. 文化及相关产业增加值占 GDP 比重</td><td>%</td><td>3.0</td><td colspan="3">≥5</td></tr>
<tr><td colspan="2">15. 人均公共文化财政支出</td><td>元</td><td>2.5</td><td colspan="3">≥200</td></tr>
<tr><td colspan="2">16. 有线广播电视入户率</td><td>%</td><td>3.0</td><td colspan="3">≥60</td></tr>
<tr><td colspan="2">17. 每万人口拥有“三馆一站”公用房屋建筑面积</td><td>平方米</td><td>2.5</td><td colspan="3">≥450</td></tr>
<tr><td colspan="2">18. 城乡居民文化娱乐服务支出占家庭消费支出比重</td><td>%</td><td>3.0</td><td colspan="3">≥6</td></tr>
<tr><td rowspan="6">人民生活</td><td colspan="2">19. 城乡居民人均收入（2010 年不变价）</td><td>元</td><td>4.0</td><td colspan="3">比 2010 年翻一番</td></tr>
<tr><td colspan="2">20. 地区人均基本公共服务支出差异系数</td><td>%</td><td>1.5</td><td colspan="3">≤40</td></tr>
<tr><td colspan="2">21. 失业率</td><td>%</td><td>2.0</td><td colspan="3">≤6</td></tr>
<tr><td colspan="2">22. 恩格尔系数</td><td>%</td><td>2.0</td><td colspan="3">≤40</td></tr>
<tr><td colspan="2">23. 基尼系数</td><td>—</td><td>1.5</td><td colspan="3">≤0.4</td></tr>
<tr><td colspan="2">24. 城乡居民收入比</td><td>以农为 1</td><td>1.5</td><td>≤2.6</td><td>≤2.8</td><td>≤3.0</td></tr>
</table>

续表

监测指标			单位	权重	东部地区目标值	中部地区目标值	西部地区目标值
人民生活	25. 城乡居民家庭人均住房面积达标率		%	2.0	≥60		
	26. 公共交通服务指数	每万人拥有公共交通车辆	标车	2.0	=100		
		行政村客运班线通达率	%				
	27. 平均预期寿命		岁	2.0	≥76		
	28. 平均受教育年限		年	2.0	≥10.5		
	29. 每千人口拥有执业医师数		人	1.5	≥1.95		
	30. 基本社会保险覆盖率		%	3.0	≥97	≥95	≥93
	31. 农村自来水普及率		%	1.5	≥85	≥80	≥75
	32. 农村卫生厕所普及率		%	1.5	≥80	≥75	≥70
资源环境	33. 单位 GDP 能耗（2010 年不变价）		吨标准煤/万元	3.0	≤0.55	≤0.62	≤0.65
	34. 单位 GDP 水耗（2010 年不变价）		立方米/万元	3.0	≤105	≤110	≤115
	35. 单位 GDP 建设用地占用面积（2010 年不变价）		公顷/亿元	3.0	≤55	≤62	≤65
	36. 单位 GDP 二氧化碳排放量（2010 年不变价）		吨/万元	2.0	—		
	37. 环境质量指数	PM2.5 达标天数比例	%	4.0	=100		
		地表水达标率					
		森林覆盖率					
		城市建成区绿化覆盖率					
	38. 主要污染物排放强度指数	单位 GDP 化学需氧量排放强度	%	4.0	=100		
		单位 GDP 二氧化硫排放强度					
		单位 GDP 氨氮排放强度					
		单位 GDP 氮氧化物排放强度					
	39. 城市生活垃圾无害化处理率		%	3.0	≥90	≥85	≥80

注：（1）东部地区包括：北京、天津、河北、辽宁、上海、江苏、浙江、福建、山东、广东、海南等 11 个省（市）；中部地区包括：山西、吉林、黑龙江、安徽、江西、河南、湖北、湖南等 8 个省；西部地区包括：内蒙古、广西、重庆、四川、贵州、云南、西藏、陕西、甘肃、青海、宁夏、新疆等 12 个省（区、市）。（2）复合指标环境质量指数中的 PM2.5 达标天数比例暂无数据，用城市空气质量达到二级以上天数占全年比重代替。（3）各地区单位 GDP 二氧化碳排放量、基尼系数、每万名公务人员检

察机关立案人数、人均基本公共服务支出差异系数数据无法取得，未纳入计算。

国内各省市也有单独制定全面建成小康社会统计指标体系的，但与国家统计局制定的指标体系大同小异。

2. 国外相关的评估方法

由联合国开发计划署（UNDP）编制的人类发展指数与国家统计局编制的小康社会评价指标体系有一定的相似之处。人类发展指数（Human Development Index，HDI）是联合国开发计划署在《1990 年人文发展报告》中提出的，用以衡量联合国各成员国经济社会发展水平的指标，是对传统的 GNP 指标完善的结果。1990 年以来，人类发展指标已在指导发展中国家制定相应发展战略方面发挥了重要的作用。之后，联合国开发计划署每年都发布世界各国的人类发展指数（HDI），并在《人类发展报告》中使用它来衡量各个国家人类发展水平。根据近二十多年的数据，挪威和澳大利亚一直稳居人类发展指数前两位，第三位及以下的排名经常变化，但北欧国家、美国、加拿大、新西兰、德国、瑞士、荷兰、韩国及日本都是近年来排名大致长期属于前列的国家。

人类发展指数的编制原则主要有六项。一是能测量人类发展的基本内涵；二是只包括有限的变量以便于计算并易于管理；三是是一个综合指数而不是过多的独立指标；四是既包括经济又包括社会选择；五是保持指数范围和理论的灵活性；六是有充分可信的数据来源保证。

人类发展指数包括出生时预期寿命、平均受教育年限、预期受教育年限、人均国民收入（GNI）四类指标，按照一定的计算方法，得出的综合指标，并在当年的《人类发展报告》中发布。

人类发展指数 2010 年后新的计算方式：

预期寿命指数（LEI）＝（LE－20）／（83.2－20）

教育指数（EI）＝［√（MYS×EYS）－0］／（0.951－0）

①平均学校教育年数指数（MYS）＝（MYS－0）／（13.2－0）×2.2

②预期学校教育年数指数（EYSI）＝（EYS－0）／（20.6－0）

收入指数（II）$=[\ln(GNIpc)-\ln(163)]/[\ln(108211)-\ln(163)]$

其中，HDI 值为三个基本指数的几何平均数；

LE——预期寿命；

MYS——平均学校教育年数（一个大于或等于 25 岁的人在学校接受教育的年数）；

EYS——预期学校教育年数（一个 5 岁的儿童一生将要接受教育的年数）；

GNIpc——人均国民收入。

人类发展指数从动态上对人类发展状况进行了反映，揭示了一个国家的优先发展项，为世界各国尤其是发展中国家制定发展政策提供了一定依据，从而有助于挖掘一国经济发展的潜力。通过分解人类发展指数，可以发现社会发展中的薄弱环节，为经济与社会发展提供预警。

人类发展指数优点主要体现在两个方面。一方面，人类发展指数用较易获得的数据，认为对一个国家福利的全面评价应着眼于人类发展而不仅仅是经济状况，计算较容易，方法比较简单。另一方面，人类发展指数适用于不同的群体，可通过调整反映收入分配、性别差异、地域分布、少数民族之间的差异。HDI 从测度人文发展水平入手，反映一个社会的进步程度，为人们评价社会发展提供了一种新的思路。

人类发展指数也存在一定的局限性。首先，人类发展指数只选择预期寿命、成人识字率和实际人均 GDP 三个指标来评价一国的发展水平，而这三个指标只与健康、教育和生活水平有关，无法全面反映一国人文发展水平。其次是在计算方法上，存在一些技术问题。如将 9 个国家的官方贫困线收入 4861 美元作为实际人均 GDP 的理想值，而对实际人均 GDP 水平超过 4861 美元的那些国家，按照公式计算，这些国家人均 GDP 的比值将小于 0。这样，按 HDI 的公式计算，这些国家的 HDI 值将大于联合国开发计划署计算的 HDI 的最大值。为此，开发计划署将这些国家的人均 GDP 设为 0，这种处理方式无疑低估了人均 GDP 高于理想值的那些国家。再次，HDI 值的大小易受极大值和极小值的影响。因为 HDI 是采用将实际值与理想值和最小值联系起来的方式，来评价相对发展水平的。所以，当理想值或最小值发生变化时，即使一国的三个指标值不变，其 HDI 值也可能发生变化。鉴于存在以上局限性，有专家建议，为确保 HDI 值准确全面地反映现实，计算 HDI 时应增加更多的变量，并建立非综合指数。因为综合指数难以确定权重。建议对不同国家制定不同的人类发展指数参照值。世界银行和国际货币基金组织常以该指标为参照，确定对发展中国家的分配和援助标准。许多发展中国家则担心人类发展指数对它们获得援助和国际资金有影响。

表 3－3　2013 年人类发展指数（部分国家）

国家	人类发展指数（HDI）		出生时预期寿命	平均受教育年限	预期受教育年限	人均国民总收入（GI）
	值		（岁）	（年）	（年）	（2011 年购买力平价美元）
	2013 年	2012 年	2013 年	2012 年	2012 年	2013 年
极高人类发展水平						
1. 挪威	0.944	0.943	81.5	12.6	17.6	63909
2. 澳大利亚	0.933	0.931	82.5	12.8	19.9	41524
3. 瑞士	0.971	0.916	82.6	12.2	15.7	53762
4. 荷兰	0.915	0.915	81.0	11.9	17.9	42397
5. 美利坚合众国	0.914	0.912	78.9	12.9	16.5	52308
6. 德国	0.911	0.911	80.7	12.9	16.3	43049
7. 新西兰	0.910	0.908	81.1	12.5	19.4	32569
8. 加拿大	0.902	0.901	81.5	12.3	15.9	41887
9. 新加坡	0.901	0.899	82.3	10.2[b]	15.4[c]	72371
10. 丹麦	0.900	0.900	79.4	12.1	16.9	42880

续表

国家	人类发展指数（HDI）		出生时预期寿命	平均受教育年限	预期受教育年限	人均国民总收入（GI）
	值		（岁）	（年）	（年）	（2011年购买力平价美元）
	2013年	2012年	2013年	2012年	2012年	2013年
11. 爱尔兰	0.899	0.901	80.7	11.6	18.6	33414
12. 瑞典	0.898	0.897	81.8	11.7	15.8	43201
13. 冰岛	0.895	0.893	82.1	10.4	18.7	35116
14. 大不列颠及北爱尔兰联合王国	0.892	0.890	80.5	12.3	16.2	35002
15. 中国香港特别行政区	0.891	0.889	83.4	10.0	15.6	52383
15. 大韩民国	0.891	0.888	81.5	11.8	17.0	30345
17. 日本	0.890	0.888	83.6	11.5	15.3	36747
18. 列支敦士登	0.889	0.888	79.9	10.3	15.1	87085
19. 以色列	0.888	0.886	81.8	12.5	15.7	29966
20. 法国	0.884	0.884	81.8	11.1	16.0	36629
21. 奥地利	0.881	0.880	81.1	10.8	15.6	42930
21. 比利时	0.881	0.880	80.5	10.9	16.2	39471
21. 卢森堡	0.881	0.880	80.5	11.3	13.9	58695
24. 芬兰	0.879	0.879	80.5	10.3	17.0	37366
25. 斯洛文尼亚	0.874	0.874	79.6	11.9	16.8	26809
26. 意大利	0.872	0.872	82.4	10.1	16.3	32669
27. 西班牙	0.869	0.869	82.1	9.6	17.1	30561
28. 捷克共和国	0.861	0.861	77.7	12.3	16.4	24535
29. 希腊	0.853	0.854	80.8	10.2	16.5	24658
30. 文莱达鲁萨兰国	0.852	0.852	78.5	8.7	14.5	70883
31. 卡塔尔	0.851	0.850	78.4	9.1	13.8	119029
32. 塞浦路斯	0.845	0.848	79.8	11.6	14.0	26771
33. 爱沙尼亚	0.840	0.839	74.4	12.0	16.5	23387
34. 沙特阿拉伯	0.836	0.833	75.5	8.7	15.6	52109

续表

国家	人类发展指数（HDI） 值		出生时预期寿命（岁）	平均受教育年限（年）	预期受教育年限（年）	人均国民总收入（GI）（2011年购买力平价美元）
	2013年	2012年	2013年	2012年	2012年	2013年
35. 立陶宛	0.834	0.831	72.1	12.4	16.7	23740
35. 波兰	0.834	0.833	76.4	11.8	15.5	21487
37. 安道尔	0.830	0.830	81.2	10.4	11.7	40597
37. 斯洛伐克	0.830	0.829	75.4	11.6	15.0	25336
39. 马耳他	0.829	0.827	79.8	9.9	14.5	27022
40. 阿拉伯联合酋长国	0.827	0.825	76.8	9.1	13.3	58068
41. 智利	0.822	0.819	80.0	9.8	15.1	20804
41. 葡萄牙	0.822	0.822	79.9	8.2	16.3	24130
43. 匈牙利	0.818	0.817	74.6	11.3	15.4	21239
44. 巴林	0.815	0.813	76.6	9.4	14.4	32072
44. 古巴	0.815	0.010	79.3	10.2	14.5	19844

3. 本课题的评估方法

评估全面建成小康社会的进展主要依据全面建成小康社会的基本内涵和主要目标，以及数据的可得性、可比性、可持续性和普遍性等特点，设计5类一级指标：经济发展、社会公正、文化建设、生活质量、生态文明。经济发展指标主要评价经济发展水平，重点是经济总量、人均水平、创新能力、创新活力和创新效果。社会公正指标主要评价民主法治和社会公平进展程度，重点是民主制度的完善程度、民主形式的丰富程度、依法治国基本方略落实程度。文化建设指标主要评价公民文明素质和社会文明的提高程度，重点是文化软实力、文化产品的丰富程度、公共文化服务体系完备程度、文化产业发展状况。生活质量指标主要评价人民生活水平，重点是基本公共服务均等化的总体实现程度、全民受教育程度、收入分配差距缩小程度。生态文明指标主要评价资源节约型、环境友好型社会建设进展，重点是单位国内生产总值能源消耗和二氧化碳排放水平、主要污染物排放总量减少幅度、森林覆盖率提高幅度。

在编制方法的选取上采用的是国际上通用的综合指数法，在确定一套合理的全面建成小康社会进程指标体系的基础上，对各项指标加权平均，计算出综合值，以此综合评价全面建成小康社会进程的一种方法。即将一组相同或不同数值通过统计学处理，使不同计量单位、性质的指标值标准化，最后转化成一个综合指数，以准确地评价全面建成小康社会进程的综合水平。综合指数值越大，全面建成小康社会进程的成效越好。

三、全面建成小康社会评估指标及分析

（一）评估指标

全面建成小康社会进程评价指标在 5 类一级指标的基础上，设计了 38 个二级指标。全面建成小康社会进程评价指标测算过程包括各项指标数值、权重及指标实现程度的确定三个方面。单一指标的数值根据指标定义所推导出的公式直接计算得出。各项单一指标的权重结合指标的重要程度和各项指标的历史值综合确定，力求充分体现各项指标在全面建成小康社会进程中的贡献。指标实现程度根据指标自身的特性、数值及目标值计算得出。

二级指标按照权重合成一级指标，一级指标再按照各自的权重合成全面建成小康社会进程综合评价指标。其中，经济发展类指标的权重为 23%、社会公正类指标的权重为 18%、文化建设类指标的权重为 19%、生活质量类指标的权重为 20%、生态文明类指标的权重为 20%，权重合

计为 100%。

表 3－4　全面建成小康社会进程评价指标

一级指标	二级指标		单位	权重	目标值	备注
经济发展（23%）	1	人均 GDP（2010 年不变价）	元	4.0	≥57000	国家统计局
	2	中西部地区人均 GDP 与全国人均 GDP 之比	%	2.0	≥85	课题组设计
	3	第三产业增加值占 GDP 比重	%	2.0	≥55	国家统计局
	4	研发经费支出占 GDP 比重	%	2.0	≥2.5	国家统计局
	5	每万人口发明专利拥有量	件	2.0	≥3.5	国家统计局
	6	规模以上制造业研发经费内部支出占主营业务收入比重	%	2.0	≥1.26	《中国制造 2025》
	7	数字化研发设计工具普及率	%	1.5	≥72	《中国制造 2025》
	8	关键工序制造装备数控化率	%	1.5	≥50	《中国制造 2025》
	9	中国拥有全球品牌 500 强比重	%	3.0	≥10	课题组设计
	10	城镇人口比重	%	3.0	≥60	国家统计局
社会公正（18%）	11	基层民主参选率	%	2.5	≥95	国家统计局
	12	每万名公务人员检察机关立案人数	人/万人	2.5	≤8	国家统计局
	13	社会安全指数	%	4.0	=100	国家统计局
	14	每万人口拥有律师数	人	3.0	≥2.3	国家统计局
	15	居民收入在国民收入分配中的比重	%	3.0	≥60	课题组设计
	16	劳动报酬在初次分配中的比重	%	3.0	≥50	课题组设计
文化建设（19%）	17	文化及相关产业增加值占 GDP 比重	%	3.0	≥5	国家统计局
	18	城乡居民文化娱乐服务支出占家庭消费支出比重	%	3.0	≥6	国家统计局
	19	人类发展指数	%	3.0	≥80	人类发展指数
	20	有线广播电视入户率	%	1.5	≥60	国家统计局
	21	互联网普及率	%	2.5	≥50	课题组设计
	22	高等教育粗入学率	%	3.0	≥20	课题组设计
	23	平均受教育年限	年	3.0	≥10.5	国家统计局

续表

一级指标	二级指标		单位	权重	目标值	备注
生活质量（20%）	24	城镇居民家庭人均可支配收入	元	3.0	≥25000	课题组设计
	25	农村居民家庭平均每人纯收入	元	3.0	≥10000	课题组设计
	26	农村居民人均纯收入与城镇居民人均可支配收入之比	%	2.0	≥40	课题组设计
	27	基尼系数	—	2.0	≤0.4	国家统计局
	28	贫困人口数量	人	3.0	≤0	课题组设计
	29	调查失业率	%	2.0	≤6	课题组设计
	30	恩格尔系数	%	2.0	≤40	国家统计局
	31	平均预期寿命	岁	1.5	≥76	国家统计局
	32	每千人口拥有执业医师数	人	1.5	≥1.95	国家统计局
生态文明（20%）	33	单位 GDP 能耗（2010 年不变价）	吨标准煤/万元	4.0	≤0.6	国家统计局
	34	单位 GDP 水耗（2010 年不变价）	立方米/万元	4.0	≤110	国家统计局
	35	非化石能源占一次能源的比重	%	3.0	≥15	课题组设计
	36	森林覆盖率	%	2.0	≥25	课题组设计
	37	城市空气质量优良天数比例	%	4.0	≥75	课题组设计
	38	城市生活垃圾无害化处理率	%	3.0	≥85	国家统计局

（二）评估分析

1. 全面建成小康社会进程总体顺利

从全面建成小康社会进程评价指标的综合得分来看，经过“十二五”时期的努力，我们已经离全面建成小康社会越来越近了。2015 年，全面建成小康社会进程评价指标的总体实现程度为 87%。如果“十三五”时期继续保持“十二五”时期的速度，到 2020 年中国将全面建成小康社会。

2. 全面建成小康社会进程存在部分短板

从 2015 年全面建成小康社会进程一级评价指标来看，生活质量类指标的实现程度最高，为 88.0%，生态文明类评价指标的实现程度最低，为 85.9%，是全面建成小康社会的短板，是“十三五”时期需要下大力气解决的，否则会影响全面建成小康社会进程。经济发展、文化建设两类评价指标的实现程度均低于总体实现程度，也需要集中力量提升。

生态文明类评价指标的实现程度最低的主要原因是绿色发展存在短板。2015 年，单位 GDP 能耗为 0.869 吨标准煤/万元，实现程度仅为 55%；非化石能源占一次能源的比重为 12%，实现程度为 80%。

经济发展类评价指标的实现程度最低的主要原因是创新发展水平不高。2015 年，研发经费支出占 GDP 比重为 2.1%，实现程度为 84%；规模以上制造业研发经费内部支出占主营业务收入比重为 0.95%，实现程度为 75%；数字化研发设计工具普及率为 58%，实现程度仅为 81%；关键工序制造装备数控化率为 33%，实现程度仅为 66%。

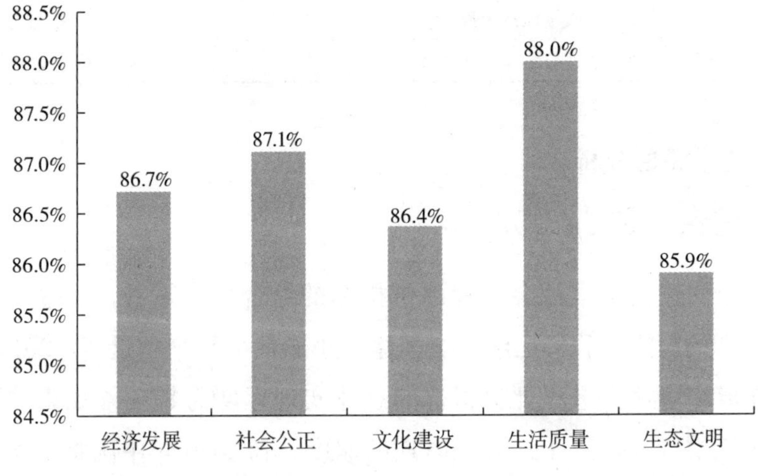

图 3－1　全面建成小康社会进程一级评价指标的实现程度

在社会公正类评价指标中，居民收入在国民收入分配中的比重这一指标的实现程度最低，仅为 75%。2007 年以来，我国居民收入在国民收入分配中的比重呈逐年下降趋势，而政府收入和企业收入却呈上升趋势。十八大报告指出，要提高居民收入在国民收入分配中的比重。2014 年，中国居民收入增速同比实际增长 8.0%，超过了 GDP（7.4%）的增速。

在文化建设类评价指标中，有三个指标实现程度较低，分别是文化及相关产业增加值占 GDP 比重这一指标的实现程度为 79%，城乡居民文化娱乐服务支出占家庭消费支出比重这一指标的实现程度为 77%，互联网普及率这一指标的实现程度为 72%。

在生活质量类评价指标中，贫困人口数量这一指标的实现程度最低，仅为 66%。习近平总书记一再强调，全面建成小康社会最艰巨最繁重的任务在农村，特别是在贫困地区。国务院新闻办发表《中国的减贫行动与人权进步》白皮书显示，改革开放 30 多年来，7 亿多贫困人口摆脱贫困；中国极端贫困人口比例从 1990 年的 61%，下降到 2014 年的 4.2%；2011—2015 年，农村贫困人口累计减少就超过了 1 亿人（10992 万人）。同时，白皮书也指出中国当下扶贫的主要问题是贫困人口数量仍然多，截至 2015 年年底，全国还有 832 个贫困县、贫困人口达 5575 万人。而未脱贫人口大多贫困程度更深、自身发展能力较弱，脱贫攻坚成本更高、难度更大。同时，不少贫困户稳定脱贫能力差，因灾、因病、因学、因婚、因房返贫情况时有发生，新的贫困人口还会出现。

表 3－5　全面建成小康社会进程评价指标实现程度

一级指标	二级指标		单位	权重	2015 年	目标值	实现程度
经济发展（23%）	1	人均 GDP	元	4.0	49351	≥61752	80%
	2	中西部地区人均 GDP 与全国人均 GDP 之比	%	2.0	80	≥85	94%
	3	第三产业增加值占 GDP 比重	%	2.0	50.5	≥55	92%
	4	研发经费支出占 GDP 比重	%	2.0	2.1	≥2.5	84%
	5	每万人口发明专利拥有量	件	2.0	6.3	≥3.5	100%

续表

一级指标	二级指标		单位	权重	2015 年	目标值	实现程度
	6	规模以上制造业研发经费内部支出占主营业务收入比重	%	2.0	0.95	≥1.26	75%
	7	数字化研发设计工具普及率	%	1.5	58	≥72	81%
	8	关键工序制造装备数控化率	%	1.5	33	≥50	66%
	9	中国拥有世界 500 强比重	%	3.0	9.4	≥10	94%
	10	城镇人口比重	%	3.0	56.1	≥60	94%
社会公正（18%）	11	基层民主参选率	%	2.5	95	≥95	100%
	12	每万名公务人员检察机关立案人数	人/万人	2.5	16	≤8	50%
	13	社会安全指数	%	4.0	95	=100	95%
	14	每万人口拥有律师数	人	3.0	2.2	≥2.3	96%
	15	居民收入在国民收入分配中的比重	%	3.0	44.9	≥60	75%
	16	劳动报酬在初次分配中的比重	%	3.0	50.8	≥50	100%
文化建设（19%）	17	文化及相关产业增加值占 GDP 比重	%	3.0	3.97	≥5	79%
	18	城乡居民文化娱乐服务支出占家庭消费支出比重	%	3.0	4.6	≥6	77%
	19	人类发展指数	%	3.0	77.2	≥80	97%
	20	有线广播电视入户率	%	1.5	54.1	≥60	90%
	21	互联网普及率	%	2.5	50.3	≥70	72%
	22	高等教育粗入学率	%	3.0	37.5	≥40	94%
	23	平均受教育年限	年	3.0	10	≥10.5	95%
生活质量（20%）	24	城镇居民家庭人均可支配收入	元	3.0	31790	≥38218	83%
	25	农村居民家庭平均每人纯收入	元	3.0	10772	≥11838	91%
	26	农村居民家庭人均纯收入与城镇居民家庭人均可支配收入之比	%	2.0	33.88	≥40	85%
	27	基尼系数	—	2.0	0.462	≤0.4	85%
	28	贫困人口数量	人	3.0	5575	≤0	66%
	29	调查失业率	%	2.0	5.1	≤6	100%
	30	恩格尔系数	%	2.0	30.6	≤40	100%
	31	平均预期寿命	岁	1.5	76.34	≥76	100%
	32	每千人口拥有执业医师数	人	1.5	2.19	≥1.95	100%

续表

一级指标	二级指标		单位	权重	2015 年	目标值	实现程度
生态文明（20%）	33	单位 GDP 能耗（2010 年不变价）	吨标准煤/万元	4.0	0.869	≤0.6	55%
	34	单位 GDP 水耗（2010 年不变价）	立方米/万元	4.0	104	≤110	100%
	35	非化石能源占一次能源消费的比重	%	3.0	12	≥15	80%
	36	森林覆盖率	%	2.0	21.66	≥25	87%
	37	城市空气质量优良天数比例	%	4.0	76.7	≥80	96%
	38	城市生活垃圾无害化处理率	%	3.0	92.5	≥85	100%
总体实现程度			1	—	87	100	87%

注：城乡居民文化娱乐服务支出占家庭消费支出比重为 2014 年数据，劳动报酬在初次分配中的比重为 2013 年数据，社会安全指数为 2011 年数据。每万名公务人员检察机关立案人数根据 2015 年一季度数据估算得出。

附件：全面建成小康社会评估指标解释

1. 人均 GDP

国内生产总值（GDP）是指一个国家（或地区）所有常住单位在一定时期内生产活动的最终成果。人均 GDP 是指一定时期内按常住人口平均计算的 GDP。

2. 中西部地区人均 GDP 与全国人均 GDP 之比

指中西部地区人均 GDP 除以全国人均 GDP 所得的比例，是衡量地区经济协调发展的重要指标。

3. 第三产业增加值占 GDP 比重

指第三产业增加值占国内生产总值（GDP）的比重。

我国的三次产业划分是：

第一产业：农业（即农林牧渔业）。

第二产业：工业（包括采矿业、制造业、电力燃气及水的生产和供应业）、建筑业。

第三产业：服务业（除第一、第二产业以外的其他各业）。

4. 研发经费支出占 GDP 比重

指一定时期（通常为一年）科学研究与试验发展（简称 R&D）经费支出占同期 GDP 的比重。

研究与试验发展指在科学技术领域，为增加知识总量以及运用这些知识去创造新的应用进行的系统的创造性的活动，包括基础研究、应用研究、试验发展三类活动。

5. 每万人口发明专利拥有量

指每万人拥有经国内外知识产权行政部门授权且在有效期内的发明专利件数，是衡量一个国家或地区科研产出质量和市场应用水平的综合指标。

6. 规模以上制造业研发经费内部支出占主营业务收入比重

指规模以上制造业研发经费内部支出与主营业务收入的比值，是衡量制造业企业内部研发投入的重要指标。

7. 数字化研发设计工具普及率

指应用数字化研发设计工具的规模以上企业数量/规模以上企业数量，反映研发设计工具的数字化程度。

8. 关键工序制造装备数控化率

指规模以上企业关键工序制造装备数控化率平均值，反映关键工序制造装备的数控化程度。

9. 中国拥有世界 500 强企业的比重

指《财富》杂志世界 500 强企业中我国企业的比重。

10. 城镇人口比重

指城镇人口数量占总体人口数量的比重。城镇人口有几种口径的统计数据，本指标使用的是人口普查中按城乡划分标准统计的城镇人口数。

11. 基层民主参选率

指基层组织参加投票的选民与选民总数的比例。

12. 每万名公务人员检察机关立案人数

指平均每万名公务人员中被检察机关立案的贪污贿赂、渎职案件人数。

13. 社会安全指数

是一个合成指数，表示社会安全的状态。指一定时期内，社会安全的几个主要方面（社会治安、交通安全、生活安全、生产安全等）的总体变化情况。其中，社会治安采用万人刑事犯罪率指标；交通安全采用万人交通事故（含道路交通、水上交通、铁路、民航等）死亡率指标；生活安全采用万人火灾事故死亡率指标；生产安全采用万人工伤事故死亡率指标。

14. 每万人口拥有律师数

指平均每万人口中拥有律师工作人员的数量，包括全职律师和兼职律师。

15. 居民收入在国民收入分配中的比重

指居民收入总额占国民收入分配总额的比例。

16. 劳动报酬在初次分配中的比重

指劳动报酬占初次分配的比重。

17. 文化及相关产业增加值占 GDP 比重

指文化及相关产业增加值占国内生产总值的比重。文化及相关产业指为社会公众提供文化产品和文化相关产品的生产活动的集合。我国文化及相关产业的范围包括：以文化为核心内容，为直接满足人们的精神需要而进行的创作、制造、传播、展示等文化产品（包括货物和服务）的生产活动；为实现文化产品生产所必需的辅助生产活动；作为文化产品实物载体或制作（使用、传播、展示）工具的文化用品的生产活动（包括制造和销售）；以及为实现文化产品生产所需专用设备的生产活动（包括制造和销售）。根据各类文化活动的特点，兼顾相关标准，将全部文化产业活动划分为 10 大类别：①新闻出版发行服务；②广播电视电影服务；③文化艺术服务；④文化信息传输服务；⑤文化创意和设计服务；⑥文化休闲娱乐服务；⑦工艺美术品的生产；⑧文化产品生产的辅助生产；⑨文化用品的生产；⑩文化专用设备的生产。

18. 城乡居民文化娱乐服务支出占家庭消费支出比重

指一定时期内城乡居民文化娱乐消费支出占家庭消费支出的比重。文化娱乐消费支出是指居民家庭用于文化娱乐用品和服务方面的日常消费支出。家庭消费支出指居民用于家庭日常生活的全部支出，包括食品、衣着、家庭设备用品及服务、医疗保健、交通和通信、娱乐教育文化服务、居住、杂项商品和服务等八大类。根据目前的统计口径，城镇居民文化娱乐服务支出包括文化娱乐服务和文化娱乐消费品支出；农村居民文化娱乐服务支出包括文化娱乐服务和文教娱乐消费品支出。

19. 人类发展指数

为了对世界各国经济社会发展水平进行全面综合度量，联合国开发计划署（UNDP）在 1990 年首次发布的《人文发展报告》中，提出了人类发展指数（HDI）的概念。2010 年后，联合国对 HDI 的指标体系做了进一步改进：用“25 岁以上人口平均受教育年限”和“学龄儿童预期受教育年限”取代了之前的“成人识字率”和“毛入学率”来测算教育指数；用“人均 GNI”代替了“人均 GDP”来测算收入指数。与此同时，为综合衡量不平等状况对社会进步产生的负面影响，UNDP 还计算了“不平等调整后的人类发展指数”。

20. 有线广播电视入户率

指年末有线广播电视用户数占家庭总户数的比重。有线广播电视用户数是通过广播电视有线传输网收看电视节目的家庭用户数，包括接收模拟信号和数字信号的有线电视用户数。

21. 互联网普及率

指一段时期内互联网使用人口占全部人口的比重。

22. 高等教育粗入学率

指高等教育入学总人数与适龄入学人数之比。

23. 平均受教育年限

指一定时期全国 15 岁及以上人口人均接受学历教育（包括成人学历教育，不包括各种非学历培训）的年数。

24. 城镇居民家庭人均可支配收入

指城镇居民家庭总收入扣除交纳的所得税、个人交纳的社会保障费以及调查户的记账补贴后的收入，是衡量城市居民收入水平和生活水平的最重要和最常用的指标。

25. 农村居民家庭平均每人纯收入

指农村居民家庭全年总收入扣除从事生产和非生产经营费用支出、缴纳税款和上交承包集体任务金额以后剩余的，可直接用于进行生产性、非生产性建设投资、生活消费和积蓄的那部分收入。

26. 农村居民家庭平均每人纯收入与城镇居民家庭人均可支配收入之比

指农村居民家庭平均每人纯收入除以城镇居民家庭人均可支配收入。该指标反映农村居民家庭平均每人纯收入与城镇居民家庭人均可支配收入的均衡情况。

27. 基尼系数

是反映居民收入分配差异程度的指标。它的经济含义是：在全部居民收入中，用于进行不平均分配的那部分收入占总收入的比重。因此，基尼系数最大为“1”，最小等于“0”。前者表示居民之间的收入分配绝对不平均，即100%的收入被一个人占有了；而后者则表示居民之间的收入分配绝对平均，即每个人的收入完全相同。一般情况下，基尼系数处于0和1之间。

28. 贫困人口数量

指某个时点贫困人口的绝对数量。

29. 调查失业率

指某时点（期）失业人口与同时点（期）经济活动人口（即劳动力）之比。失业是指16岁以上的城镇常住人口中，有劳动能力、调查期间未参加社会劳动、当前有就业的可能并正在以某种方式寻找工作的人员。这是国际通行的失业统计定义，也是国家统计局与原劳动部于1995年联合确定的统计定义。

30. 恩格尔系数

指居民用于食品消费的支出占消费性支出（城镇）或生活消费支出（农村）的比重。食品支出是指居民用于主食、副食、其他食品以及在外饮食的支出总和。

31. 平均预期寿命

指一个人口群体从出生起平均能存活的年龄（岁）。平均预期寿命是根据分年龄死亡率，通过编制生命表得到的。由于需要分年龄死亡数据，为了保证分年龄死亡数据的代表性，必须从规模较大的调查中获得死亡数据。可以利用10年一次的人口普查和5年一次的1%人口抽样调查获得的死亡数据计算平均预期寿命。其余年份的数据采取根据联合国推荐的平均预期寿命在各阶段提高幅度，参考年度1‰人口变动情况抽样调查数据进行推算，以此对指标执行情况进行监测和评价。

32. 每千人口拥有执业医师数

指平均每千人口中拥有执业（助理）医师人员的数量，包括执业医师和执业助理医师。执业医师指具有医师执业资格证及其“级别”为“执业医师”且实际从事医疗、预防保健工作的人员，不包括实际从事管理工作的执业医师。执业助理医师指医师执业资格证“级别”为“执业助理医师”且实际从事医疗、预防保健工作的人员，不包括实际从事管理工作的执业助理医师。

33. 单位 GDP 能耗

指在一定时期内（通常为一年），每生产万元国内生产总值（GDP）所消耗的能源总量。

34. 单位 GDP 水耗

指在一定时期内（通常为一年），每生产万元国内生产总值（GDP）的用水总量。

35. 非化石能源占一次能源消费的比重

指非化石能源消耗量占一次能源总的消耗量（化石能源 + 非化石能源消耗量）的比重。化石能源主要包括核能和可再生能源，该指标主要反映一个国家和地区使用非化石能源的程度。

36. 森林覆盖率

指一个国家或地区森林面积占土地面积的百分比，是反映一个国家或地区森林面积占有情况或森林资源丰富程度及实现绿化程度的指标。

37. 城市空气质量优良天数比例

指城市空气质量级别为一级（空气质量状况属于优）和二级（空气质量状况属于良）天数占全年天数的比例。

38. 城市生活垃圾无害化处理率

指在一定时期内（通常为一年），生活垃圾无害化处理量与生活垃圾产生量比率。在统计上，由于生活垃圾产生量不易取得，可用清运量代替。生活垃圾无害化处理量指用卫生填埋、堆肥、焚烧等工艺方法处理生活垃圾的总量，即生活垃圾在无害化处理厂（场）处理的垃圾总量。

第四章

CHAPTER FOUR

全面建成小康社会面临的机遇、问题与挑战

未来五年，从国际国内发展大势来看，我国经济社会发展仍处于可以大有作为的重要战略机遇期。客观分析我国全面建设小康社会取得的成就和进程，清醒认识我国进入全面建成小康社会决定性阶段经济社会发展面临的新机遇和新挑战，对于确保如期全面建成小康社会的宏伟目标，具有重要意义。

一、全面建成小康社会具备的基础与面临的机遇

近些年我国经济社会发展的国内环境和条件出现了许多新趋势和新变化，其中既有许多有利于发展的因素和条件，也有一些阻碍发展的困难和挑战，但总体上看，有利因素多于不利因素，机遇大于挑战。

从目前的基础看，自改革开放以来，我们有效应对国内外环境的复杂变化和风险挑战，战胜了前进道路上的重重困难，取得了经济社会发展的巨大成就，积累了建设中国特色社会主义新的丰富经验，这些都为全面建成小康社会奠定了坚实良好的基础。

综合国力迈上新台阶。近些年我国经济平稳较快发展，国内生产总值年均增长居世界前列，是同期世界经济平均增速的 3 倍多。2011 年，我国经济总量达到 47. 3 万亿元，跃居世界第二位；人均国内生产总值超过 5400 美元，进入中等偏上收入国家行列；成为世界上最大的制造大国、商品出口国和外汇储备国以及对世界经济增长份额贡献最大的国家之一。我国国际地位和影响力显著提高。

结构调整取得新成效。我国社会主义新农村建设稳步推进，农业综合生产能力持续提升，粮食综合生产能力历史性地稳定跃上了 1 万亿斤

新台阶。战略性新兴产业发展壮大，传统产业不断实现技术和产品升级，现代服务业加快发展，基础设施进一步完善。区域发展总体战略和主体功能区战略深入实施，区域发展的协调性增强。城镇化步伐加快，城镇化率已提高到50%以上。

社会发展取得新成绩。我国覆盖城乡居民的社会保障体系初步形成，公共卫生服务体系和基本医疗保障服务体系不断健全；城乡免费义务教育全面实现，教育均等化水平持续提高，普通本专科和研究生在校生分别达到2300多万人和160多万人；保障性住房建设大规模推进。研发投入持续增加，科技创新能力不断提高，航空航天、超级计算机、高速铁路、载人深潜等一些重大或关键技术领域取得突破。文化事业和文化产业快速发展。社会管理不断得到加强。

生态文明建设取得新进展。全国深入贯彻节约资源和保护环境的基本国策，充分运用经济、法律和必要的行政手段，着力推进节能减排和生态环境保护，促进资源节约型、环境友好型社会建设不断深入。能源利用效率提高，可再生能源使用比重不断增加。主要污染物排放得到控制，江河湖泊污染治理力度加大，全面推进江河湖泊休养生息。森林覆盖率持续提高。扎实推进生态示范区创建，全国已有52个地区开展生态文明建设试点，有1000多个县（市）开展生态县（市）建设，一些重点生态功能区的生态功能得到修复。

人民生活获得新改善。近年来全国城镇就业持续扩大，居民收入较快增长，城镇居民人均可支配收入和农民人均纯收入年均增长接近10%，是改革开放以来增长最快的时期之一，城乡居民收入差距也明显下降。城乡居民家庭财产稳定增加，居民家庭恩格尔系数有所下降，消费结构加快升级，衣食住行用条件明显改善，人民群众精神文化生活更加丰富多彩。

总的看，经过新中国成立60多年特别是改革开放30多年以来的建设和发展，我国经济实力和综合国力大为提升，保障可持续发展的物质技术基础和内生动力不断增强。目前，我国产业体系比较完整，培育和发展战略性新兴产业取得积极成效；基础设施日益完善，能源保障和交通运输能力显著提高；财政金融体系运行稳健，社会资金相对充裕；劳动力资源丰富，人力资本积累水平快速提高；等等。简言之，对经济发展具有重要基础作用的我国生产要素组合仍然具有比较优势，经济发展的物质技术基础更加强固。

我国经济社会发展取得的巨大成就表明，全面建设小康社会已经取得重大进展，我们朝着既定目标迈出了坚实步伐。到 2020 年，我国多数地区可以如期实现小康社会目标，但有些地区实现的难度较大。因此，为确保到 2020 年各地区都能如期实现全面建成小康社会的奋斗目标，需要对未来几年我国经济社会发展面临的国际国内环境进行全面、辩证分析，以科学判断我国发展的重要战略机遇期内涵和条件发生了哪些变化，真正廓清我国经济社会发展面临的新机遇和新挑战，以及这些机遇和挑战如何影响我国发展等重大问题，以便更有针对性地采取措施，着力破解经济社会发展中的难题，促进经济持续健康发展和社会和谐稳定。

综合分析国内情况，全面建成小康社会的主要有利因素和机遇条件体现在：

第一，经济增长空间广阔。经济增长将从本周期的下行阶段转为上升阶段。从经济增长的长周期来看，我国经济增长的长期趋势是由高增长转向中位增长。经济结构调整步伐加快，工业化会接近末期。经济结构调整将出现两个变化，在需求结构中，消费率将会缓慢上升，投资率可能出现下降趋势；在产业结构中，第一、二产业比重继续下降，第三产业比重不断上升；第二产业内部，制造业将出现中高端化倾向，高耗能、高排放、低效益行业将进一步淘汰。

总体来看，“十三五”时期无论保持多高的经济增长速度，中国的经济总量和人均收入水平都将再上一个新台阶，与发达的高收入国家距离将进一步拉近。如以 2015 年为基期，“十三五”期间，如果人民币升值 10%，每年物价指数为 2.5%，按照 7%、6%、5% 高中低三个增长方案分别计算，到 2020 年，我国 GDP 总量都超过 100 万亿人民币，折合美元分别达到 19.88 万亿美元、18.99 万亿美元、18.13 万亿美元，人均 GDP 分别达到 14280 美元、13640 美元、13024 美元。可见，“十三五”时期经济增长即使低于 7%，人均收入也会突破 1 万美元，最低达到 13000 美元，已经靠近高收入国家门槛。

第二，市场需求潜力巨大。当前和今后一个时期，我国仍处于产业结构不断优化升级阶段，第一产业正朝着发展现代农业，不断提高土地产出率、资源利用率、劳动生产率的方向转变，这不仅将有效增加农产品供给，还将有效增加农民收入，从而促进农民消费增长；第二产业正朝着技术密集和高附加值生产方向转变，这不仅将增加对资本和技术的需求从而拉动社会总需求，还将进一步提高职工收入，拉动居民消费；第三产业正加快发展，不仅将吸纳更多劳动者就业，从而增加劳动者收入、扩大消费，还将进一步完善城乡消费环境，促进全社会消费。

第三，宏观调控体系不断完善。我国政府宏观调控经验不断丰富，根据形势发展变化，及时出台财政政策、货币政策以及其他必要的政策，综合运用经济手段、法律手段以及必要的行政手段，对经济发展中出现的苗头性、倾向性问题及时果断地进行调控，不断取得积极成效。政府宏观调控的针对性、灵活性、前瞻性不断提高，应对复杂局面的能力明显增强。政府对资源的直接配置大幅度减少，改革的广度、力度、深度前所未有，中央层面大量取消、停征、减免行政事业性收费 400 多项，每年减轻企业和个人负担近千亿。行政、财税、金融、价格、外贸、投资、国企、科技、开放、城乡、民生领域改革纵深推进，多点开花。一场涵盖了政治、经济、文化、社会和生态的全景式改革，既是一场体现高超智慧和艺术的改革实践，更是一场释放大量红利的制度更新，使得国内市场潜力进一步释放，生产要素综合优势进一步彰显。

第四，制度优势日益显现。改革开放以来的实践充分证明，中国特色社会主义制度具有资本主义制度不可比拟的优越性，能够有效应对前进道路上的各种风险和挑战。特别是我国社会主义市场经济体制，可以包容和释放巨大的经济社会发展潜力。随着我国经济体制、政治体制、文化体制、社会体制、生态文明制度等改革的深化，新的更大的制度红利和发展潜力将会不断地创造和释放出来。三中全会和四中全会提出500多项改革，已经完成100多个，剩下的改革任务都要在“十三五”期间完成，这将大大有利于释放制度红利，促进经济发展。我国政府有强大的组织能力，可以制定行动规划，动员社会力量，利用高额外汇储备和高额储蓄，支持中国在新常态下继续发展。

第五，城镇化进入新阶段。2014年，中国的城镇化率达到54.77%，意味着中国城镇化进入到加速阶段的下半场。根据国际经验，城镇化水平达到30%～70%时属于加速阶段，加速阶段上半场是30%到50%，下半场是从50%到70%。加速阶段上半场是城镇化加速发展、但又相对粗放发展的时期，下半场则是城镇化仍然快速发展、但主要是提高城镇化品质的阶段。故在下半场要推进新型城镇化，国家也出台了新型城镇化战略规划。“十三五”期间就是快速推进新型城镇化的阶段。这个阶段不像过去那样主要发展住宅和商业地产等，而是按照人本城镇化、市场城镇化、协调城镇化、特色城镇化、集群城镇化、绿色城镇化、智慧城镇化、品质城镇化、人文城镇化的要求，推进新型城镇化。在这些特点的新型城镇化中也蕴藏着很多新的机会。特别是随着城镇化深入发展，不仅将继续拉动巨额的城镇基础设施和住房等投资，还将继续拉动由大量农村居民变为城镇居民而带来的成倍增长的生活消费。实施新型城镇化，重点解决“三个亿”人口问题，即一亿农业转移人口落户城镇、一亿人口的城市棚户区和城中村改造、中西部地区一亿人口就近城镇化等，都会带来巨量投资和消费。随着我国解决“三个亿”人口市民化问题，城镇化率会达到60%以上，由此多数人在城镇生活、少数人在农村生活的格局基本形成。同时，伴随着国民收入分配结构调整和社会保障制度的完善，社会阶层结构中将出现一个好的变化趋势，就是中产阶层比例有望得到提升，形成橄榄型社会格局的有利因素会增加。上述这些变化既有利于增加社会消费，也有利于社会稳定。

第六，不断培育新的增长带。区域经济一体化意味着区域内部不同城市不同地区分工协作的加深，分工协作的加深可以大大提高效率和实现区域之间的共赢，可以带来很多机遇。正因如此，新一届中央领导提出了“一带一路”、京津冀协同发展、长江经济带等大区域战略。此前，还有很多如长三角、珠三角、成渝经济带等区域一体化战略，都是把城乡、区域联动起来发展，实行一加一大于二的战略规划。打造长江经济带，会在三个方面拉动经济增长，一是建设基础设施互联互通网络体系，其中有六个内容，包括黄金水道、高效铁路、便捷公路、发达航空、油气管网、城际交通建设等；二是沿长江经济带培育几个城市群；三是沿长江经济带培育一批产业集群等，都会带来发展机会。

第七，推进“一带一路”倡议。这是在新常态下实施新的走出去战略，旨在将国内发展与对外开放联动起来。“一带一路”在“十三五”时期开始全面部署实施，也会带来诸多增长机会。有专业预测，2016 年“一带一路”可能会产生 3000 亿元到 4000 亿元投资，拉动 GDP 0. 2 个到 0. 3 个百分点。“十三五”期间，“一带一路”带来的增长可能是巨量的。如中国和巴基斯坦签订了 460 亿美元的合作项目，另外还有许多产业投资合作项目。为了更好地推进“一带一路”倡议，下一步亚投行正式运行、丝路基金投入运营，都将给“十三五”时期带来发展机遇。另外，随着“一带一路”倡议的实施，国内四大片区愿景战略规划的落地，必将在基础设施互联互通、产业合作、投资贸易、电子商务、能源资源开发、生态环境改善等方面带来发展机会。

第八，新的经济增长点正在催生。以生物、信息、新材料技术、新能源技术为核心的产业技术革命已经兴起。这次科技革命的最大特点是，四大技术之间正在融合，这种融合可能会改变世界；它正在带来渗透性影响，使得产业边界模糊，形成了新业态、新产品、新商业模式、新产业，这给我国产业转型升级带来新机遇，比如“互联网+”、智能化、低碳化、绿色化、机器人、3D打印机等。同时拉动内需政策的实施，使原有“三驾马车”的比例发生根本性变化，国内市场潜力进一步释放。消费已在经济增长中具有乘数效应，消费会带动流通、生产、交换等一系列环节的经济活动。消费复苏对支撑经济增长发挥越来越明显的支撑作用。

第九，大众创业、万众创新方兴未艾。十八大以来，针对创业者面临的准入限制、资金需求、市场信息、技术支撑等瓶颈问题，我国初步建立了“双创”扶持政策体系，众创、众包、众扶、众筹等大众创业、万众创新的支撑平台快速发展。市场主体开办新企业、开发新产品、开拓新市场的速度加快，国民创业兴致极为浓郁。我国每年有700多万大学生在不断进入社会就业，这有利于全民创业创新，为经济社会发展提供充足的人力资本。“双创”新潮有一个显著特点，就是依托我国互联网规模优势和应用优势、活跃的互联网经济，以及快速成长的互联网骨干企业，各行各业商业模式创新层出不穷，线上与线下结合的“双创”活动迅猛发展。而且，在“双创”中，“创客”们培育起以矢志不移的圆梦追求、尊重知识的学习态度、崇尚创造的开拓精神、追求卓越的进取意识为核心的“创客文化”，这种“创客文化”滋养着“创客”的创业创新实践，“创客”的创业创新实践又丰富着“创客文化”，如此良性循环，无疑正给涌动在中华大地上热气腾腾的“大众创业、万众创新”的喜人新潮增添文化动力、精神支撑。

第十，“四个全面”保驾护航。习近平总书记指出，全面建成小康社会是我们的战略目标，全面深化改革、全面依法治国、全面从严治党是三大战略举措。“四个全面”相辅相成、相互促进、相得益彰，既包含战略目标，又包含实现战略目标的动力、引领规范、根本保证。其中，全面建成小康社会是战略目标，在“四个全面”中具有总揽全局的地位，其他“三个全面”要始终服务于这个战略目标。全面深化改革为全面建成小康社会提供不竭动力，全面推进依法治国是全面建成小康社会的引领和规范，全面从严治党是全面建成小康社会的根本保证。

全面深化改革为全面建成小康社会提供不竭动力。党的十八大提出全面建成小康社会和全面深化改革开放的目标，党的十八届三中全会通过了《中共中央关于全面深化改革若干重大问题的决定》，强调必须以更大的政治勇气和智慧，不失时机深化重要领域改革，坚决破除一切妨碍科学发展的思想观念和体制机制弊端，构建系统完备、科学规范、运行有效的制度体系，使各方面制度更加成熟更加定型。

全面推进依法治国是全面建成小康社会的引领和规范。面对新形势新任务，我们党更好地统筹社会力量、平衡社会利益、调节社会关系、规范社会行为，使我国社会在深刻变革中既生机勃勃又井然有序，实现经济发展、政治清明、文化昌盛、社会公正、生态良好，实现我国和平发展的战略目标，充分发挥法治的引领和规范作用。

全面从严治党是全面建成小康社会的根本保证。办好中国的事情关键在党。党的十八大对加强党的领导作出了全面部署，十八届三中对“加强和改善党对全面深化改革的领导”作出了部署。十八届四中全会对“加强和改进党对全面推进依法治国的领导”进行了专门论述。坚持党的领导是中国特色社会主义制度的本质特征，不论是全面深化改革还是全面推进依法治国，都对从严治党提出了新要求，也都以党的领导作为实现全面建成小康社会战略目标的根本保证。

二、全面建成小康社会面临的国内建设挑战

经过 30 多年的快速发展，我国已由低收入国家进入到上中等收入国家行列。在这个阶段上，一方面，发展的物质技术基础显著增强；另

一方面，发展面临的矛盾和问题也日益凸显。在中等收入阶段，机遇和挑战并存，变革和风险同在，希望和忧虑交织。回顾二战结束以来的世界发展史，不少国家都从低收入阶段进入到了中等收入阶段，但是从中等收入阶段迈入高收入社会的国家和地区却只有韩国、新加坡等 10 多个经济体。作为世界第二大经济体和至少 10 多年来对世界经济增长贡献最大的国家，中国能否如期实现既定目标也是新世纪发展中国家能否实现发展上跨越的重要标志，而且还关系到世界经济的繁荣和稳定。可以说，无论是发达国家，还是发展中国家，对中国能否实现全面建成小康社会的预期目标，都高度关注。

总的来看，全面建成小康社会国内建设面临的主要困难和挑战体现在：

（一）经济建设方面

第一，经济增长下行压力加大。当前我国经济增速回落既是宏观调控的结果，也是市场需求环境变化的反映，尤其是受外需不振甚至下滑冲击的影响。从目前来看，要消除影响经济平稳运行的不利因素，形成稳定回升态势，必须采取更加有力的措施。

就中国所处的发展阶段和世界第一人口大国而言，要全面建成小康社会，实现全面而公平的发展，还必须继续做大经济总规模，这是解决发展过程中出现的各种问题的基础性前提。2014 年，我国的经济总量迈上 10 万亿美元的大台阶；但我国人均国内生产总值仅为 7954 美元，为世界平均水平的 70%、日本和欧盟水平的 1/5 左右。我国还属于发展中国家的阶段性特征仍然鲜明突出。因此，未来我国经济发展既需要也必须保持较高的速度。按照到 2020 年国内生产总值比 2010 年翻一番的目标要求，“十三五”时期国内生产总值年均增速应保持在 6.5% 以上。改革开放 30 多年以来，我国实现了国内生产总值年均近 10% 的增长。与这一速度相比，6.5% 并不高；但要实现这样的增长，在现有情况下难度将很大。从规律上看，当发展进入一定阶段，经济总量达到一定规模后，增长速度一般都会下降。

特别是还要看到，多年呼喊的“三农”问题依然存在。我国有13亿多的人口，农业、农村、农民问题显得极为突出。土地红线形势严峻，粮食增产潜力有限，同时又出现多重隐忧。种田人后继乏人，近年有些人虽然返乡，但既不愿意也不会种田。车辆大量增加，道路又赶不上需求，旧有道路损毁严重，新增道路缺乏能力，反过来又制约车辆购买力。农村水污染极为严重，相当一些村庄家家有太阳能，户户有浅水井，洗浴水、洗菜水哪里排？渗入本村地下，又返回各户水井。大量垃圾无法进行统一的无害处理，沟里扔、地里放，形成污染源。住建部调查表明，目前全国1/3以上的城市被垃圾包围。一些地方出现“癌症村”。全国4万个乡镇、近60万个行政村，其中大部分没有环保基础设施，每年产生生活垃圾2.8亿吨，形势十分严峻。

第二，产业升级与经济结构调整进展缓慢。尽管近些年结构调整不断推进，但我国第一产业基础不稳、第二产业核心竞争力不强、第三产业发展不快的问题仍然突出。随着经济增速回落，产业结构不合理特别是部分产品产能过剩问题进一步暴露。产能过剩不仅造成能源资源的浪费，还造成恶性竞争、行业利润率下降、失业增加等影响经济社会发展的严重后果。

一是从制造业升级面临的环境来看，围绕“互联网+”的商业模式创新多，而硬件技术的创新比较少；围绕物流、饮食服务、购物方面的投资和创新多，而围绕智能制造、物联网、3D打印方面的投资和技术创新还是比较少。这对于我们制造业的转型升级以及硬件技术的突破非常不利。

二是工业内部结构不平衡且转型难度较大。传统的制造业、采掘业、建筑业，由于需求不足，产能大量过剩，如在钢铁业中，普通钢冶炼规模非常大，但是特种钢还需要进口。这类产业正在进行调整，但新的更高档次的制造业尚处于艰难发展中。

三是我国的服务业由于在加入 WTO（世界贸易组织）后没有全面放开，没有得到国际服务业规则、质量标准等方面的竞争，导致我们的教育、医疗、健康、旅游等服务业体制僵化、水平落后，服务质次价高，从而造成这些方面的服务需求大量流出国外。

四是我国的城市化也不利于服务业的发展。我国城市化中最大的问题是进城务工的人口不能市民化，导致相应的服务不能扩张。很多农民青年时候进城，因为买不起房、教育受限、没有户籍等，到老年工作不动了会回到农村，而“80 后”和“90 后”农民工，可能会在城市中无根，农村又回不去了，这种“青出老回”和不能市民化的漂泊，绝非市民化的城市化过程，不能真正带动城市服务业的发展。

五是传统产能的调整受到“人往哪里去、钱从哪里来、需求在哪里”三大问题的制约，而且许多传统产业国有企业居多，国企尤其是央企的转型调整和改革如何推进，同样面临上述三个问题。这些都是产业升级转型所要面临的难题。

我国是一个投资比重偏高、消费比重偏低的经济结构。在出口困难的情况下，如果消费没有大幅度增长，由投资拉动产能必然会继续过剩。与“十二五”时期相比，“十三五”时期我国产能过剩矛盾可能还会进一步加剧。因为，在宏观上有利于投资的国民收入结构难有大的改观，在微观上有利于储蓄的阶层收入结构也难有根本改变，储蓄增长支撑投资扩张，投资扩张支撑产能进一步扩大，当国内消费和出口赶不上产能扩张速度时，产能过剩矛盾就必然加剧。同时，在资源环境约束进一步强化的条件下，淘汰落后产能的压力将进一步加大。

第三，科技创新能力不强。产业技术水平整体偏低，以企业为主体、市场为导向、产学研相结合的技术创新体系尚不健全，缺少自主知识产权和名牌产品，新兴产业带动作用还不强，技术创新及产业化的不足使弯道超车难度加大。

现在，中央提出要推进“大众创业、万众创新”，然而在创业创新方面，我们面临着国际竞争、改革迟缓与转型困难的挑战。大体上包括三个方面：

一是我们在技术引进、消化吸收到再创新，包括从集成创新到自给自足创新方面，都受到美、欧、日、俄、韩等在很多领域的技术竞争。

二是在技术创新的知识产权以及利益分配机制上还存在诸多弊病和障碍。国家向体制内投入很大财力，也集中了不少人才资源，但是，体制内人才专利项目等资源，难以产品化和产业化，处于僵眠闲置浪费境地；再比如我们迟迟不能推进如硅谷银行那样的认购权证、投贷联动等改革，不能督促大型企业并购技术，推动科技中小型企业蓬勃发展的融资方式，导致科技型企业在风险投资、科技信贷、并购，一直到上市融资环节，资金链还是存在断裂的可能；还比如我们的央企对并购新的技术，在技术项目考核体制上还存在障碍。总之，我国在科技创新体制上，要向美国等发达国家的灵活性上转变还有非常大的差距。

三是我国在全球技术领先领域中总体上只占 19% 左右，同步的也只有 1/4，在世界关键性技术领域中 54% 的技术还处于跟随状态。

因此，“十三五”期间能不能进一步通过加快科技体制改革激发创新活力，推动科技创新，实现大踏步弯道超车，在很多关键领域赶上西方发达国家，还是有一定难度。

第四，面临着经济增长速度换挡期、结构调整阵痛期、前期刺激政策消化期的“三期叠加”的挑战。所谓增长速度换挡期，就是我国经济已处于从高速换挡到中高速的发展时期。这需要一段时间。如韩国增速换挡发生在 1989 年至 2003 年之间，房地产长周期拐点出现在 20 世纪 90 年代中后期；德国的增速换挡发生在 1965 年前后，出现了房地产长周期峰值。所谓结构调整阵痛期，就是说结构调整刻不容缓，不调就不能实现进一步的发展。一、二、三产业布局将发生根本性改变，一些传统行业以及一些资源型地区面临极大困难。例如，东北地区、山西、内蒙古、河北等省区均陷入困境。所谓前期刺激政策消化期，主要是指在国际金融危机爆发初期，我们实施了一揽子经济刺激计划，现在这些政策还处于消化期。其中的 4 万亿投资，虽然在当时对经济发展起到一定的促进作用，但它所带来产能过剩的负面效应也不可低估。例如钢铁业，原本就已经产能严重过剩，又上马大型钢企。“三期叠加”、矛盾交织，这给我国经济社会发展带来的挑战着实不小。

第五，金融风险在积累。有数据表明，目前我国社会总债务占 GDP 比重大约为 210%，未来还可能累积，需要高度重视。

（二）社会建设方面

第一，从发展的惠及面来看，全国在相当程度上存在成果分享不公平的问题。一是广大农村居民所享受的发展成果与城市居民存在明显差距。近年来，虽然无论是城乡居民收入差距，还是城乡居民消费水平差距，都有所缩小，城乡居民人均收入之比和消费水平之比分别从 2010 年的 3.23 和 3.46 下降到 2014 年的 2.97 和 2.91，但两者的绝对差距依然很大。2014 年，城乡居民收入的绝对差距仍高达 1.9 万多元，消费水平的绝对差距也高达 1.7 万元左右。同时，现在农村还存在着 6000 多万贫困人口。二是城镇低收入阶层所享受的发展成果与高收入阶层存在显著差距。从城镇居民分组收入的情况来看，2014 年，收入最高的 20% 人口人均可支配收入是 6.16 万元，收入最低的 20% 人口人均可支配收入是 1.12 万元，前者是后者的 5.5 倍。三是中西部地区居民所享受的发展成果与东部地区居民存在较大差距。从城镇居民人均可支配收入来看，2014 年收入最高的上海市水平是 4.88 万元，收入最低的甘肃省水平是 2.18 万元，前者是后者的 2 倍多。从人均一般公共服务支出来看，各地的差距也相当明显。以京津冀为例，2014 年，北京市人均一般公共服务支出为 1265 元，天津为 1042 元，而河北只有 645 元，仅相当于北京的 51% 和天津的 62%。

第二，人口结构出现转折性变化，发展的劳动力成本约束不断增强。随着经济的发展，人口结构老龄化是一条普遍的规律。与发达国家在发展水平较高阶段进入老龄化社会不同，由于采取了严格的计划生育政策，我国人口结构转变更为迅速，人口红利期也更为短暂，在中等收入阶段就出现劳动力供求关系的转折性变化，就面临人口老龄化的严峻挑战。从总量上看，我国劳动年龄人口总量2012年开始出现比上年净减少的状况，到2014年累计减少约960万人。从劳动力转移情况看，自2010年起，我国农民工的增速已连续4年出现下滑，新增农民工数量从2010年的1245万人下降到2014年的501万人。

劳动年龄人口数量的下降，影响了劳动力市场上的供求关系，抬升了企业用工成本。以农民工工资为例，扣除价格水平的影响，2004—2014年，农民工实际工资增长2.74倍，年均增长率为10.6%，明显高于同期GDP的年均增长率。劳动力成本的大幅提高会影响我国制造业的国际竞争力和对外商投资的吸引力，进而制约我国的经济增长。展望未来，我国在国际竞争中的劳动力成本优势可能会更弱。根据联合国2015年7月发布的《世界人口展望报告》预测，2015年，15~64岁劳动年龄人口中国占全球比重为20.88%，印度为17.82%；到2025年，印度的劳动年龄人口将超过中国，成为世界上最大的劳动力供给国；到2030年，中国劳动年龄人口占全球比重将下降到17.51%，印度则将上升至18.80%。

而相伴随的是我国老龄化程度日趋严重，2014年底60岁以上的老龄人口达2.12亿人，占总人口的15.5%；其中，65岁以上的达1.38亿人，占总人口的10.1%："未富先老"、老龄化总量大、速度快，是我国在人口结构方面面临的最严峻的长期性挑战。这些已足以说明我国劳动力"绝对剩余"的状态已经基本终结，人口红利的加快消失已成为不争的事实。

有专家认为，由于人口增长放缓、人口低生育导致的少子化与老龄化，对我国经济增长影响最大，占到本次经济下行50%到60%的权重。当人口增长上行时，一则新增人口大约20年后进入劳动年龄；其次，这些人口结婚生子，进入消费期；再次是购买房屋，刺激房地产业扩张。我国的人口增长率从 1987 年开始下降，原因有三：一是计划生育越来越严格；二是人口流动、城市化水平与妇女受教育程度的提高，抑制了生育率；三是家庭联产承包责任制与知青返城生子的生育动力已经释放完毕。这些因素导致 1987—2010 年，人口增长是一条下斜的曲线。

人口少子化与老龄化是导致我国内需不足的最大原因，在内需不足的情况下，经济增速相应下降，“十三五”期间我们很可能会面临三种窘境：一是国家财政税收发生萎缩，导致各方面投入如低保、养老、医疗、教育、环保等资金紧张；二是由于内需不足、产能过剩，造成结构性就业不足，尤其是原来在工业中从事建筑、采矿、制造业的劳动力有可能大规模回流；三是产能过剩导致企业负债率提高，相当一部分工业企业、资源型企业与银行债务关系可能发生恶化，导致银行坏账率提高，积累一定的社会金融风险。

由于“十三五”期间人口将是一个陡坡式的下降，相应的经济增长率可能下降到 3.5% 左右，而要完成到 2020 年全面建成小康社会国内生产总值和城乡居民人均收入比 2010 年翻一番的任务，今后五年的 GDP 增速又不能低于 6.53%，这是我们面临的最大、最严峻的挑战。

第三，社会矛盾将上升，发展风险在增加。“十三五”时期经济结构和社会结构将加快转型，当一大批传统产业被淘汰和转移后，在传统行业里就业、经营的人群将会受到冲击。这组人群要寻找出路，如果由于种种原因找不到出路时，他们将给社会带来压力。可以预见，“十三五”期间落后、传统行业在环境压力和市场推力双重因素的作用下，还将继续进行淘汰和转移，由此带来的风险还将不断积累。另外，随着信息化进程加快和大众社会认知程度的提高，弱势群体要求公平分享改革发展成果的期待在上升，中产阶层要求拓宽上升通道的期待在增加，如果“十三五”期间经济社会发展和深化改革不能满足这两大群体的新期待，势必会增加未来的风险不确定性。

（三）生态建设方面

环境保护既要应对工业化城镇化发展、结构调整及资源能源消耗等外部条件的新变化、新转折，也要着力解决自身容量超载、环境质量改善复杂、区域分异加大、百姓诉求强烈等难题。总体而言，环境保护面临的形势最为复杂，环境管理的体制机制、管理方式和思路等转型需求更为迫切，妥善应对难度明显加大，需要认真梳理、深入分析、审慎对待。

一是工业化、城镇化双轮驱动的环境压力大。目前我国经济总体进入工业化后期、城镇化中后期阶段，工业化综合指数达到了66（2010年），城镇化率达到54.8%（2014年）。党的十八大提出到2020年我国将基本实现工业化，国家新型城镇化规划提出到2020年我国城镇化率将达到60%。从发展形势看，“十三五”时期工业化、城镇化进程仍将处于推进阶段，速度将有所放缓，钢铁、水泥等重化工业产品产能峰值将陆续到达，能源消费将延续低速低量增长，煤炭峰值将在2020年左右来临，对环境的压力整体有所减轻。但是，多年增长的总量基数显著增大，预期至2020年我国将新增6000万左右的城镇人口，带来固定资产投资、城镇生活型污染排放以及城市生态空间安全格局压力持续增长。我国完成全阶段工业化过程节点预测在2030年左右，城镇化基本稳定节点在2030年，未来5年还将是资源能源支撑工业化完成、经济爬坡过坎、城镇化进程推进的重要阶段，带来的污染排放新增压力仍将处于高位水平。而前期快速工业化进程下累积的多个经济发展阶段的环境问题数量巨大、成因复杂，尚未得到有效解决。新老问题、新旧压力叠加，应对难度及风险明显加大。

二是方式转变、经济转型与结构优化任务艰巨。我国创新发展、绿色发展等正进入深化阶段，产业结构调整取得积极进展，单位GDP能耗、水耗、电耗以及主要污染物排放正处于持续下降阶段，工业化完成之后经济增长对环境的正面效应将逐步显现出来，环境保护的潜在利好因素正逐步显现正向作用。但我国经济增长主要依赖资源过度开发和利用，资源能源高消耗、污染排放高强度、产出和效益低下的特征明显，这种状态在5年时间实现转变的难度较大。

当前经济增长下行压力加大，发展路径瓶颈显现，地方政府更容易强化组织功能，抑制社会的自主功能，对依靠投资等传统经济发展方式的路径依赖需求增加。结构调整的国际经验表明，第二产业和服务业会呈现交替发展，高耗能行业进入平台期而不会迅速回落。现阶段我国制造业综合竞争力指数接近80，预测2020年将达到95左右，但仅达到美国、德国、日本工业化中期的水平，即20世纪80年代水平，由制造业大国整体转型升级为制造业强国需要30多年时间。主要产品在全球价值链中附加值偏低，加上属于工业化阶段压缩较短的国家，落后产能、过剩产能问题突出，预期“十三五”时期产业、能源等结构调整阵痛短期仍将持续，化解落后产能仍将是主要任务，环境保护与发展方式转变、结构调整仍将处于战略相持阶段。

三是区域发展不均衡与环境问题分异交织。不同发展阶段对增长的动力支撑条件存在差异，进而对环境污染排放的影响存在显著不同，环境污染在时间、空间上差异大。

我国区域发展阶段参差不齐，如北京、上海已经进入后工业化阶段，东部已经进入工业化后期，但中西部地区基本处于工业化中期阶段，个别自治区仍处于工业化初期，东、中、西部完成工业化进程相差10年左右。近年来中西部地区固定资产投资远高于东部地区，基础设施的边际产出要低于东部地区，中西部地区以投资拉动经济粗放式增长的动能较强，中西部地区结构重化特征延续，部分行业产能过剩可能会加剧。2014年以来，环境保护部审批的重化工项目中，中西部地区项目投资占全国的77.8%。西部新疆、青海、甘肃等省区的规划和项目建设集中在石油化工、有色冶金和电力行业；中部地区集中在装备制造、石油化工、钢铁、有色冶金、煤炭及电力、建材等基础能源原材料行业。涉重产能从东中部向中西部地区转移、从重点区域向非重点区域转移问题比较突出。

预计内蒙古、山西、安徽、山东、云南、陕西、青海、贵州等省实现重点区域和非重点区域重金属排放量控制目标的难度很大。再加上西部地区生态环境敏感度高、监管能力弱，环境保护压力明显加大。

四是环境污染逼近临界，环境风险易发高发态势明显。我国经济长期高位增长，支撑增长的动力之一是“资源低价、环境无价”的环境红利，大量贸易顺差和资源环境逆差同时并存，资源能源、安全生产、环境保护等领域的“弦”一直绷得过紧，多阶段、多领域、多类型问题长期累积叠加。

我国单位面积煤炭消费强度远高于发达国家，是美国人均 GDP 基本类似的历史同期（1979 年）的 5 倍，京津冀、长三角当前煤炭消费强度是欧洲人均 GDP 基本类似的历史同期 4 倍左右（德国 1980 年，英国 1987 年）。化学需氧量、氨氮排放量是环境容量的 1.6 倍、5.6 倍，约 1/3 河道超载，已超过或逼近承载上限。区域大气氧化性、水体富营养化、江河源头生态平衡等很多环境问题已经处于临界状态，敏感性加大。2014 年，61 个湖（库）富营养化比例达到 24.6%。从单位水资源污染物负荷来看，海河、淮河和黄河流域的单位水资源化学需氧量负荷分别为 39.67 毫克/升、29.30 毫克/升和 15.76 毫克/升，分别达到全国平均值的 6.1 倍、4.2 倍和 2.2 倍。经济增长持续放缓，原来被经济繁荣掩盖的环境问题、难题、风险正突出显现。“小事故大灾难、小污染大危害”正成为环境保护新常态。

我国摊大饼式土地城镇化、大拆大建带来区域、城市土地开发强度加大，土地斑块破碎程度和土地利用功能混乱程度高，格局性污染特点突出。

五是环境质量改善的复杂性突出，难度加大。我国空气质量恶化趋势得到一定遏制，京津冀、长三角、珠三角等重点区域大气环境质量改善初见成效，劣Ⅴ类水质断面减少，大江大河水质总体改善。但复合型、新老环境问题交织，复合型污染与二次污染相互耦合，传统煤烟型污染与臭氧、PM2.5、VOCS等新老环境污染问题突发，生产性污染和生活消费性污染叠加。

总体上看，我国污染的复杂性、严重性在世界范围前所未遇，单一治理模式难以实现根治，几个污染因子控制无法满足治理需求。实施水、气污染减排的同时，已经出现污染问题转移到土壤和地下水的现象。汽车、住房等消费结构和消费方式转型升级，既有生产、流通等环节的环境污染，也有消费等生活型污染，环境问题复杂，结构性污染突出。每年1100万辆机动车新增量加大了城市空气质量改善的压力，内河水体污染量大面广，治理成本高。农业污染源排放影响日益加大，但农村畜禽养殖、化肥农药施用、生活垃圾等带来的环境污染分散、防治难，形势十分严峻。

从客观角度看，与20世纪中期环境状况长周期相比，我国环境质量仍然严重恶化，且部分地区、流域、城市环境质量超标严重，环境质量短期全面达标客观上难以实现。数据显示，2014年，执行《环境空气质量标准》（GB 3095—2012）的161个城市中，达标城市仅13个，占8.1%。北京市PM2.5平均浓度为86 $\mu g/m^3$，而美国纽约市仅为14$\mu g/m^3$左右。十大流域河流劣Ⅴ类水质断面仍有63个，地表水、地下水饮用水源地不达标率仍有10.8%、13%。

以大气污染防治为例，国际经验表明，从大规模治理到达到空气质量标准需要大约三四十年的时间。20世纪50年代美国发生了洛杉矶光化学烟雾事件，1970年出台了《清洁空气法》。经过40多年的综合治理，美国PM2.5污染虽然已经大幅降低，但是2011年监测分析仍有121个县（占全国县的4%左右）不能达到新标准。“十二五”以来，我国以治理灰霾为起点，开始大规模制定改善环境质量的行动策略，预期至少至2030年左右能够显著改善。

六是环境质量加速改善的诉求强烈。到2013年，我国七大类产品、200多种工业产品产量已位居世界第一，传统意义上的物质文化需求同落后的社会生产之间的矛盾正得到一定程度的有效解决。随着居民收入水平提升与中等收入人群数量扩张，日益增长的环境公共服务需求与滞后的供给之间矛盾正迅速上升为当今社会的主要矛盾的突出表现形式之一，环境公共服务水平、数量、质量、方式及其均衡性等供需矛盾亟待解决。调查发现，社会公众对灰霾问题改善可以接受的改善周期仅仅为5年左右。当前，社会公众对环境风险的认知和防范意识越来越强，对环境风险容忍度越来越低，社会公众的“可接受环境风险水平”处于转变期。预期至2020年，我国中等收入人群达到6亿人左右，占比达到40%~45%，对环境安全、环境质量改善诉求将更加强烈。

应该说，公众对环境质量的期盼有可能在一定程度上超越目前经济发展阶段和资源环境禀赋，从而加大了对环境状况动态好转的认可难度。如何做好生态环境可达、经济技术可承受、人民群众可接受“三可”之间的平衡将是“十三五”规划的难题。

七是统筹协调环境保护的难度大。环境保护领域改革进入深水区，受到体制机制制约加剧。环境保护的执政理念不断深化，日益成为国家意志，生态文明引领新的价值观加速转变，但经济社会环境问题日益交织，法规、体制、机制、制度、政策“绿化”尚未形成，环保系统承受的要求与其支撑能力、调控手段存在一定差异，在夹缝中负重前行成为一种环保工作新常态。

环境管理交叉错配现象严重，多头管理问题突出，职能交叉，执法主体和监测力量分散，统一的生态环境管理体制改革关系到多个部门职能权利，调整难度大。国家层面的53项主要生态环保职能中，40%在环保部门，60%分散在其他9个部门。在环保部门承担的21项主要职责中，与其他部门交叉的占48%。环境保护缺乏有效的监督制约机制，国家环境保护的政策法规在少数地方得不到坚决有效执行，一些地方保护主义尚未得到有效根治。环境监管力量与日益繁重的环保任务不相适应。环境管理手段落后，保障条件不够，治理能力不足，“小马拉大车”现象还比较普遍。

八是国际国内环境问题统筹应对难。尽管国际社会为解决环境问题付出了很大努力，全球环境问题少数有所缓解，但总体仍在恶化。目前环境问题已超越了传统范畴，与国家政治、经济和安全等领域不断相互渗透，一体化和复杂化程度日益增强，逐步演化成为承载政治、经济、外交、文化等诸多因素的复合体，环境利益成为国家核心利益的重要组成部分。气候变化、土地退化、水资源危机、生物多样性锐减、化学品污染等传统环境问题并未得到有效解决，颗粒物、重金属等新的环境问题又接踵而至，治理难度加大。我国周边区域总体局势趋稳，我国成为众多亚洲国家的最大贸易伙伴、最大出口市场和重要投资来源地，经济发展已惠及周边百姓，但与周边国家的环境摩擦隐患始终存在，持续加大多边协同治理力度需求紧迫。“十三五”时期，国际国内环境问题交互叠加，我国既要应对国际气候变化、环境履约，跨界大气、水体污染问题，又要应对国内外广泛关注的城市大气灰霾、重金属污染、水体污染、水质安全等问题，协同治理、统筹解决的挑战正在加大。

我国现已签署和加入多项国际环境条约，制定了相应的履约方案。这意味着，中国要在全球环境保护中履行责任。当前，环境保护和可持续发展是国际社会的热点，也是外交活动的重要领域。环境领域的“南北斗争”日趋复杂。据专家估计，到 2030 年，中国按目前能源需求，将成为二氧化碳排放的第一大户。因此，中国将面临越来越大的国际压力。此外，我国的酸雨传输已受到周边国家的关注。珍稀濒危动物保护也上升为外交与贸易的争端，影响着我国的国际形象。在保护环境和人类健康的旗帜下，国际经济贸易中的“环境壁垒”更加森严，发展中国家商品进入国际市场的形势日趋严峻。有关专家预测，我国目前处于环境压力上升阶段，在 2030 年以前，我国生态环境污染和破坏的压力将日益加大，发达地区的污染有向落后地区转移扩散的趋势，估计到2020—2030年期间环境压力达到峰值。2030年以后，由于我国工业化过程基本完成，经济实力大大提高，经济结构转向高级化，能源结构得到优化，治理污染的技术和能力大大提高，环境压力会逐步缓解。

总的来看，全面建设小康社会是我国工业化飞速发展并全面完成的历史时期，我们面临的资源和环境压力在全面加剧。我国从20世纪80年代初开始进入了工业化起飞阶段，并从90年代起呈现加速发展的趋势。纵观世界上已经工业化或大体工业化的国家，基本上都是以资源和生活资料的高消耗来支撑、刺激其经济高速增长的。欧美一些老牌发达国家依靠掠夺殖民地度过了工业化阶段，日本等后期的发达国家依靠60年代廉价的国际石油资源度过了工业化阶段，而我国解决资源难题只能靠技术进步和加快结构的升级。因此，资源的压力越来越大。我国是一个资源短缺的国度，人均资源占有量低，资源空间分布不均。工业化的快速发展将进一步加大能源消费，加剧与环境保护的矛盾。目前，我国生态环境还在继续恶化，主要表现在：一些地区生态环境恶化的趋势还没有得到有效遏制，生态环境破坏的范围在扩大，程度在加剧，危害在加重。突出表现在：长江、黄河等大江大河源头的生态环境恶化呈加速趋势，沿江沿河的重要湖泊、湿地日趋萎缩，特别是北方地区的江河断流、湖泊干涸、地下水位下降严重，加剧了洪涝灾害的危害和植被退化、土地沙化；草原地区的超载放牧、过度开垦和樵采，有林地、多林区的乱砍滥伐，致使林草植被遭到破坏，生态功能衰退，水土流失加剧；矿产资源的乱采滥挖，尤其是沿江、沿岸、沿坡的开发不当，导致崩塌、滑坡、泥石流、地面塌陷、沉降、海水倒灌等地质灾害频繁发生；全国野生动植物物种丰富区的面积不断减少，珍稀野生动植物栖息地环境恶化，珍贵药用野生植物数量锐减，生物资源总量下降；近岸海域污染严重，海洋渔业资源衰退，珊瑚礁、红树林遭到破坏，海岸侵蚀问题突出。生态环境继续恶化，将严重影响我国经济社会的可持续发展和国家生态环境安全。

目前，我国资源环境负荷接近或达到承载力上限，发展的资源环境约束不断增强。经济的发展和人民生活的改善都要以消耗一定的能源资源为代价。改革开放初期，由于工业化、城市化水平比较低，我国资源存量和环境容量还都比较大，这支撑了过去三十多年经济的快速发展。但现在，我国的资源存量和环境承载余量已经所剩无几，或者说，资源环境负荷已达到或接近承载力上限，资源环境对发展构成的制约日显强烈。例如，长期以来，由于大量的耕地被用于工业化、城市化，中国的耕地保有量逼近安全“红线”。为保证 13 亿人口的粮食安全，未来的工业化、城市化不可能再像以前那样粗放式、低利用率、低成本地侵占耕地。从环境状况来看，过去那种不太顾忌环境成本的发展模式已经不可延续。近年来，部分地区频繁发生水危机、血铅、严重雾霾等事件表明，环境污染不仅已成为影响当代人身心健康的残酷现实，而且可能会形成影响后代生存发展的生态危机。

（四）改革开放方面

重大关键改革任务能否按时完成也是个重大的挑战。党的十八大、十八届三中全会提出了改革的时间表，即到 2020 年各项制度要基本定型，也就是说，在“十三五”期间，各项改革要基本上完成。然而从现在来看，改革可能会面临以下三方面问题：

一是目前改革还处于顶层设计阶段，且主要是一些部门在设计，因此，可能存在的问题是，部门的利益以及集中权力的色彩很难全部消除掉；另外，一些改革方案不能科学化、民主化与公开化地来讨论和推进。

二是由于部门之间、中央与地方之间存在利益的博弈，各方面改革中的利益获得者和利益削减者也会产生博弈，特别是目前减少利益的改革多，增加利益的改革越来越少，使很多改革方案可能成为缺乏力度的妥协方案，甚至存在使改革形式化、被走样的可能。

三是在全面依法治国的背景下，我们提出要立法在先、依法改革，然而现在我们有几百部法律、一两万个国务院部门与地方法规、条例，这些法律、法规、条例大多都是在我国由计划经济向市场经济转轨期间制定的，很多带有计划经济下行政管理、部门利益的色彩。如果要使这些法律、法规、条例得到全面的甄别、清理、修订、废除、讨论以至颁布，恐怕需要二三十年。改革者很容易陷入冒非常大风险的窘境，这是很多改革雷声大、雨点小、观望者多的重要原因。

三、全面建成小康社会面临的国际机遇与挑战

进入新世纪新阶段后，世界上发生了一系列具有全局性和战略性影响的重大事件，对国际政治经济格局产生了重大而深远的影响。总的来看，全面建成小康社会面临的国际机遇和挑战都在增多，国际环境比以前更为严峻复杂，但未来 5 年我国发展的重要战略机遇期没有改变，我国发展依然面临许多有利条件和因素。

（一）全面建成小康社会面临的国际机遇

一是国际力量对比朝着有利于维护世界和平方向发展，国际形势总体稳定。在政治方面，目前国际上维护和平、制约战争、反对霸权的力量正在进一步壮大，和平与发展仍然是时代主题，国际形势基本稳定，这有利于我国发展。进入新世纪，广大发展中国家整体实力和影响力上升，世界多极化趋势进一步发展，成为我国坚持走和平发展道路的重要战略依托。世界政治力量对比有利于我国能够争取较长时期的和平环境和良好的周边环境发展自己。

当前，虽然局部动荡或局部战争时有发生，但和平与发展仍然是时代主题，维护和平、制约战争、牵制霸权的因素不断增长，新的世界大战短期内打不起来，我们有可能争取到较长时间的和平国际环境。维护世界和平力量增长的最主要因素是新兴市场国家和发展中国家整体实力

增强，国际力量对比朝着有利于维护世界和平方向发展。这种状况有利于遏制霸权主义和强权政治，有利于推动建立公正合理的国际政治经济新秩序，有利于避免新的世界大战的爆发，也有利于我国争取较长时间的和平国际环境发展自己。

二是经济全球化深入发展，促进共同发展的有利因素增加。一方面，在经济方面，经济全球化的深入发展要求各个经济体之间、区域之间实现互利多赢，促进共同发展的有利因素在增加。我国与世界经济的互相联系和影响日益加深，有利于我国利用好经济全球化带来的机遇，更好地利用外部资金、技术、资源和全球市场。另一方面，我国经济实力逐步壮大，对外开放不断深化，我国在世界经济中的份额逐步上升，世界经济稳定与发展对中国的借重和需求显著上升。世界政治经济格局的深刻变化，为我国提升国际话语权带来新的机遇。当前，一些发达国家经济或接近触底，或不同程度地显露转机。各大国际机构预测世界经济 2017 年增速可能会提高，这也有利于我国继续开拓国际市场。

进入新世纪以来，世界经济经历了一个新的上升周期，经济全球化深入发展，世界经济出现了增长速度较快和通货膨胀水平较低的格局。虽然 2008 年爆发的国际金融危机使世界经济形势变化充满不确定性，同时导致各种形式的保护主义愈演愈烈，使多边贸易投资自由化面临困难，但经济全球化深入发展的大趋势不会中断。在此过程中，生产要素在全球范围的流动和重组加快，尽管会对我国经济发展带来一些挑战，但也带来了更多发展机遇。一方面，我国可以较快地从国际市场获得国内发展所需要的生产要素，包括资金、资源、技术和先进的管理方式和理念；另一方面，有助于我国产品走向国际市场，提高企业国际竞争力，增强我国综合国力。特别是随着世界经济重心向亚太地区转移，可以使我国更多更好地利用国际资本、技术和人才。

三是新科技革命方兴未艾，我国发挥后发优势、实现加快发展的条件更多。在科学技术方面，经济危机往往孕育着新的科技革命，科技革命势必带来产业革命。国际金融危机造成的压力正在转化为新一轮科技创新的动力，传统技术和产业衰落将为新技术新产业腾出发展空间，这是我们必须抓住的重大机遇。世界科技进步日新月异，当前以信息技术为基础，包括新能源、新材料、生物技术等的科技革命悄然而至，将推动新一轮战略性新兴产业发展。我国发挥科技革命和产业发展的后发优势，通过大力提升国家科技创新能力，争取在一些关键领域率先取得技术突破，推动我国科技进步与创新，加快高新技术产业发展和传统产业改造升级，实现跨越式发展。

从世界发展史来看，经济危机往往孕育着新的科技革命，科技革命必然带来产业革命，而每一次产业革命都是一次国家综合实力的重新整合，一个国家能不能持续发展，关键是要抓住世界科技革命和新兴产业发展潮流。当前，以信息技术为前导并由此带动的新能源、生物技术、海洋技术等新科技革命已初露端倪，必将在不远的未来形成新科技革命浪潮。虽然发达国家在综合创新能力方面依然拥有比较明显的优势，但新兴市场国家特别是我国可以利用国内市场空间大和产业化能力强的优势，利用在部分领域接近或达到技术前沿的条件，通过大力提高国家科技创新能力，在一些关键领域率先取得技术突破，推动产业结构优化升级，实现跨越式发展。

四是国际金融危机引发世界政治经济格局深刻变化，我国提升国际话语权面临新的机遇。近些年来，世界经济稳定、气候变化、粮食安全、能源资源安全、大规模杀伤性武器扩散、重大自然灾害、重大传染性疾病等全球性问题交织显现，表明现有的国际体系已不能有效应对国际社会面临的新威胁、新挑战。目前，国际货币基金组织、世界银行等的治理结构改革已经迈出重要步伐，尤其是二十国集团峰会取代八国集团峰会上升为世界经济治理核心机制，初步打破了西方发达国家对世界经济事务的长期垄断，增加了发展中国家在世界经济治理中的发言权和规则制定权，为推动形成国际政治经济新秩序、加强国际经济金融领域对话合作创造了更为有利的条件。我国通过积极参与国际体系改革进程和应对全球性议题的国际合作，可以更好地维护我国利益和广大发展中国家的权益。

（二）全面建成小康社会面临的国际挑战和不利影响

与此同时，我国发展也面临来自国际方面的以下挑战：

一是国际经济环境短期内难以明显好转。国际金融危机的深层次影响还在不断显现，世界经济复苏的不稳定性不确定性上升，面临的下行压力和潜在风险有所加大。近一个时期美国失业率虽有所下降，但仍处于高位，其房产价格虽出现局部回升，但整个房地产市场仍继续低迷，走出经济困境面临诸多制约。特别是由于欧洲主权债务危机仍处于高危阶段，甚至可能向更多成员国蔓延，由此加剧银行业危机，因此欧元区有可能出现财政金融风险与经济衰退恶性循环的局面，从而严重影响世界经济复苏进程。全球经济复苏乏力的状况可能要持续较长一段时间。这将对我国稳定出口增加难度。

目前，欧洲面临债务困境，且改善艰难。在日本，安倍经济学也挽救不了连年的经济低迷。美国虽有复苏，但也是步履维艰。“金砖”国家的俄罗斯、巴西同样经济增长困难。在经济全球化的今天，中国离不开世界，世界也离不开中国。作为全球第二大经济体的中国，经济早已同世界经济深度交融。面对全球经济增长乏力的形势，中国的进出口贸易也受阻严重。进出口同比不断下降，而外贸又是“三驾马车”之一。这方面陷入困境，势必会给我国经济社会发展带来新的拖累。

二是全球各领域全方位竞争日趋激烈。国际金融危机对全球经济发展形成严重冲击，全球供给结构和需求结构都发生了深刻变化，无论是发达国家还是发展中国家都面临调整经济结构的巨大压力。美欧等发达国家和地区提出“再工业化”和扩大出口，发展中国家加快推进工业化进程，资源富集国家谋求产业链条延伸，可以说主要国家都在努力调整发展模式，以尽快摆脱危机影响，破解资源环境约束，重塑和发展具有比较优势的产业，抢占国际分工的制高点。这必然导致全球市场争夺更加激烈，各种形式的保护主义纷纷出台，从贸易向投资、技术、就业等领域扩散，从具体产品上升到行业、标准、制度甚至意识形态层面。我国既要摆脱对外部市场的过度依赖，又要争夺新兴产业发展的空间，还要消化过剩产能，面临的挑战更趋严峻。

2008 年金融危机以后，尽管主要经济体采取了一系列刺激经济复苏的措施，但由于各国经济长期积累的结构性矛盾没有得到根本解决，全要素生产率普遍下降的趋势尚未得到扭转，全球经济要实现新一轮的快速增长尚需时日。在各国经济增长普遍面临下行压力的背景下，发达国家日益注重通过发展制造业来恢复失去的竞争力，再造曾经流失的就业岗位。另外，南亚、东南亚一些发展中的人口大国，进入快速工业化阶段，在全球产业链分工中的地位逐步提升。这些都使得国际市场竞争日显激烈。

总的来看，一些发达国家实施工业 4.0 和再工业化战略，吸引高端制造业不断回流，将会继续对中国形成高压效应，对我国延长产业链、发展战略性新兴产业形成挑战；一批中低收入国家利用劳动、土地、环境资源和汇率，继续大力发展中低端制造业，同时用比较优势吸引中低端制造业向这些国家转移，由此进一步强化对中国的供给替代效应；人民币汇率将继续升值，升值以后会导致出口导向型产业竞争优势继续下降；全球贸易规则可能会发生变化。“十三五”时期是大国之间政治经济博弈比较激烈的一个时期，特别是美国、俄罗斯、中国等。美国推出“两洋战略”，实施 TPP 和 TTIP，试图以美为主导形成新的世界贸易与投资规则；俄罗斯主导欧亚经济联盟，强化在中亚的势力范围；中国推进“一带一路”，实施欧亚一体化和亚太一体化。在“十三五”期间，大国间互相博弈的热度会增加，形势跌宕起伏，由此可能会产生一些风险不确定性。

随着中国越来越紧密地融入世界经济，今后我们将面临更加严峻的国际竞争格局，概括起来突出包括两方面的问题。

一方面是实业、投资及服务业消费的外流：一是随着中国劳动力成本及土地价格提高，制造业开始向东南亚，甚至向美国、欧洲转移；二是由于国内实业利润率比较低、空间比较狭小，加上内需不足、产能过剩、税收以及资金成本过高，许多投资如房地产（包括住宅）、制造业等都外流到其他国家；三是由于服务业尤其是旅游、教育、医疗、养老健康等质次价高，导致我国服务贸易在全球竞争中处于劣势。如目前我国的教育、旅游、医疗健康和技术等服务逆差达4000亿美元左右，而且教育、旅游、医疗健康服务消费流向国外的趋势越来越强。

另一方面是我国在“走出去”的过程中与其他大国相比，在文化、组织、制度等软实力方面相对处于弱势，尤其是在制度层面，我国的央企、私企在“走出去”的过程中突出存在三方面的问题：一是国外企业多以现代跨国公司的形式“走出去”，行业协会在中间起着协调作用，默契的配合取代了恶性竞争；而我们在对外协调默契机制上则差距较大，存在恶性竞争。二是西方国家的现代跨国公司体制有比较好的内部监督治理结构，有助于防范内部人控制和道德风险；而我们的一些央企“走出去”后，有内部人控制、道德风险等问题，国有资产可能会流失。三是我们对风险的评估、决策、防范、控制重视不够，对成本收益特别是不可预见的成本分析不够，导致“走出去”的投资相当大比例是亏损的，特别是一些央企的项目赚钱的不多。很可能“十三五”期间会有大规模的资金流出，但是国民净收入回流不理想，在外形成大量的烂尾、赔本项目，得不偿失。

西方发达国家强大科技优势的挑战和高新技术封锁的压力也在增大。虽然说我国加入了WTO，但并不是说我国在各种经济活动中的国民待遇在世界各国都能自然得以落实，也并不预示着我国与世界的经济、科技等交流就完全畅通无阻了。当今，世界各国都在为自己的崛起和强盛而努力，不可避免地会出现对高精尖技术的封锁，商品的倾销和反倾销，等等。诸如一些国家可能会想方设法地抑制我国的发展。

三是国际金融商品市场可能持续动荡。由于世界经济复苏艰难，脆弱的市场信心不易恢复，因此跨国资本流动明显加剧，导致国际外汇、证券等市场有可能持续大幅波动。为了刺激经济增长，美、日、欧盟等发达国家和经济体仍维持或实施较宽松的货币政策，在国际流动性总体过剩的形势下，全球大宗商品价格有可能持续高位波动，特别是由于伊朗核问题、叙利亚局势紧张，造成国际原油价格持续上涨，将进一步推高其他大宗商品价格。这不仅将增加我国进口能源资源的成本，还将使我国面临相当大的输入性通胀压力。

国际金融危机深层次影响持续显现，世界经济复苏充满不确定性、不稳定性。特别是当前发达国家经济存在的结构性问题根深蒂固，主要是：储蓄率过低、福利消费过高的经济模式问题；产业空心化，服务业特别是金融服务业过度发展的经济结构问题；过度杠杆化的金融结构问题；高赤字、高政府债务率的财政结构问题。这些问题导致它们深陷危机，难以解脱。目前，西方各国为了摆脱危机，扭转“高失业、高债务、低增长”状态，纷纷采取大规模非常规措施，放松货币供给，新一轮货币战争悄然发生。国际经济环境在短期内难以明显好转，世界经济面临的下行压力和潜在风险有所加大，世界经济复苏的不确定性、不稳定性进一步上升。这些情况都会增加我们面临的风险和挑战。

四是全球化进程出现波折。表现在：WTO 框架下多边贸易谈判迟迟未能取得突破性、实质性进展，同时却有不少区域性的贸易安排频繁推出。这些区域性贸易安排不可避免地会使全球市场呈现“碎片化”，特别是发达国家主导的跨太平洋伙伴关系协定（TPP）与跨大西洋贸易与投资伙伴协议（TTIP），一旦付诸实施必将对全球化产生不容忽视的重大影响。世贸组织发布的贸易监测报告也显示，G20 各经济体实施了越来越多的新贸易限制措施，累计贸易限制措施已多达上千项。事实上，全球市场的“碎片化”和新一轮贸易保护主义已经对全球贸易产生不利影响。数据显示，近些年全球贸易增长速度仅为 2.7% 左右，只比全球经济增长速度高出 0.3 个百分点左右；而在金融危机发生前的十年间，全球贸易增长速度是经济增长速度的 2 倍。面对世界经济格局和产业分工新一轮大变革、大调整，作为出口依存度超过 20% 的经济体，我国未来的经济增长不可避免地受到这些国际因素的影响。

经济全球化演变中的不确定因素也在不断增加。一方面，经济全球化浪潮会以更加迅猛的态势发展，将世界各国经济更加紧密地联系在一起。但是，由于世界各国经济发展的水平、市场的完善程度、抵御金融风险的能力各不相同，使得世界范围内出现经济波动、爆发金融危机的可能性大大增加，这将会对我国经济发展产生越来越深刻的影响。另一方面，经济全球化的发展使得全球贫富差距进一步扩大，少数发达国家尽享经济全球化带来的丰硕成果，而一些落后国家边缘化的程度日益加深，导致民族主义、恐怖主义思潮的抬头，尤其是恐怖主义的蔓延，加大了世界的不安定因素，对世界经济的稳步发展构成严重威胁，这同样会对我国经济的发展产生一定的负面影响。

五是我国周边环境中的战略压力和地缘政治风险有所突出。国际领域中的压力主要是西化、分化、弱化势力和“三股势力”。特别是在我国的东海、南海地区不断发生事端，使我国发展的良好周边环境受到影响。自打美国提出“亚洲再平衡”战略以后，千方百计地进行搅局，派军舰闯进我南海岛礁附近，并一而再再而三地怂恿日本、菲律宾、越南进行捣乱，“擦枪走火”的可能性极大。而一旦发生战事，就有可能拖累经济。

综上所述，当前和今后一个时期，世情、国情已经并正在继续发生深刻变化，我国发展仍处于可以大有作为的重要战略机遇期，同时也面临着不同以往的风险和挑战。只要我们更加注重统筹国内国际两个大局，进一步增强机遇意识、忧患意识，主动适应环境变化，扬长避短，趋利避害，有效化解各种矛盾，机遇和潜力就可以变成现实，风险和挑战就可以化为动力，就一定能够更加奋发有为地推进我国改革开放和社会主义现代化建设，确保到 2020 年实现全面建成小康社会的宏伟目标。

第五章

CHAPTER FIVE

确保如期全面建成小康社会及2020年后我国经济社会发展的战略与政策建议

如期全面建成小康社会，是实现中华民族伟大复兴中国梦的重要里程碑。党的十八大以来，以习近平同志为核心的党中央毫不动摇地坚持和发展中国特色社会主义，勇于实践、善于创新，深化对共产党执政规律、社会主义建设规律、人类社会发展规律的认识，形成一系列治国理政新理念、新思想、新战略，为在新的历史条件下深化改革开放、加快推进社会主义现代化、确保如期全面建成小康社会提供了科学理论指导和行动指南。党的十八届五中全会通过的《中共中央关于制定国民经济和社会发展第十三个五年规划的建议》（以下简称《建议》），坚持全面建成小康社会、全面深化改革、全面依法治国、全面从严治党的战略布局，提出了全面建成小康社会决胜阶段的指导思想、主要目标、重点任务、重大举措，描绘了未来五年发展的宏伟蓝图，是实现“两个一百年”奋斗目标第一个百年目标、全面建成小康社会的纲领性文件。《建议》强调，实现“十三五”发展目标，破解发展难题，厚植发展优势，必须牢固树立创新、协调、绿色、开放、共享的发展理念。这五大发展理念是《建议》的精髓和主线，是“十三五”乃至更长时期我国发展思路、发展方向、发展着力点的集中体现，也是确保如期全面建成小康社会的重要指南。确保如期全面建成小康社会，一定要牢固树立和切实贯彻五大发展理念，统一思想，协调行动，推动我国发展迈上新台阶，为实现中华民族伟大复兴的中国梦迈出重要的一步。

一、坚持创新发展，推动经济保持中高速增长并迈向中高端水平

习近平总书记指出，要着力实施创新驱动发展战略，抓住了创新，就抓住了牵动经济社会发展全局的“牛鼻子”。抓创新就是抓发展，谋创新就是谋未来。我们必须把发展基点放在创新上，通过创新培育发展新动力、塑造更多发挥先发优势的引领型发展，做到人有我有、人有我强、人强我优。国内外发展的历史实践表明，创新是引领发展的第一动力。崇尚创新，国家才有光明前景，社会才有蓬勃活力。我国已经成为全球经济大国和贸易大国，但经济规模大而不强、经济增长快而不优，关键领域核心技术受制于人的格局没有根本改变。在国际发展竞争日趋激烈和我国发展动力转换的形势下，没有创新发展，我们就难以摆脱过多依靠要素投入推动经济增长的路径依赖，难以实现经济持续健康发展，难以成为经济强国、创新大国。我们比以往任何时候都需要强化创新这个引领发展的第一动力。必须把创新摆在国家发展全局的核心位置，不断推进理论创新、制度创新、科技创新、文化创新等各方面创新，让创新贯穿党和国家一切工作，让创新在全社会蔚然成风。

未来五年，要切实把发展基点放在创新上，深入实施创新驱动发展战略，不断推进理论创新、制度创新、科技创新、文化创新等各方面创新，让创新贯穿一切工作，激发全社会创新活力和创造潜能。要适应经济发展新常态，突出创新驱动发展，转换发展动力，转变发展方式。统筹好投资、消费、出口“三驾马车”和改革、开放、创新“三大动力”，发挥好科技进步和信息化的带动作用，加快构建产业新体系，培育发展新动力，完善发展新机制，厚植人力资源新优势，推动全方位创新，塑造更多依靠创新驱动、更多发挥先发优势的引领型发展。

（一）发挥科技创新在全面创新中的引领作用

习近平总书记强调，实施创新驱动发展战略，最根本的是要增强自

主创新能力，最紧迫的是要破除体制机制障碍，最大限度解放和激发科技作为第一生产力所蕴藏的巨大潜能。要坚持战略和前沿导向，加强基础研究，强化原始创新、集成创新和引进消化吸收再创新，重视颠覆性技术创新，加快突破新一代信息通信、新能源、新材料、航空航天、生物医药、智能制造等领域核心技术。强化企业创新主体地位和主导作用，形成一批有国际竞争力的创新型领军企业。

要准确把握创新规律，坚持以市场需求为导向，突出创新重点区域和重点领域，更加注重开放式创新，聚集创新要素，整合创新资源，围绕产业链布局创新链、提升价值链，统筹推进科技、管理、品牌、组织、商业模式创新，构建充满活力的创新创业生态系统，全面提升创新能力和效率，全面推进以科技创新为核心的全面创新。

要构建以市场为导向、以企业为主体的创新体系。构建有利于促进创新的投融资体制，改革政府科技投入方式，引导企业主体加大创新投入，不断提高全社会研发经费支出占地区生产总值比重。强化企业创新主体地位和主导作用，培育一大批创新型领军企业。强化金融对创新的支撑作用，充分利用资本市场支持企业创新，设立多层次投资基金，大力引进风险投资等第三方投资。围绕优势产业培育多层次的企业研发创新中心、技术中心和行业创新中心，搭建一批产业技术创新联盟，与众创空间等新型创业服务平台紧密结合，促进科技资源开放共享，提升企业技术研发水平。健全产学研协同创新机制。推动各类研发机构和技术服务机构法人化。加快完善技术创新服务体系，大力培育中介服务机构，建设科技资源共享与交易云服务平台。

要优化科技资源和创新要素配置。深化科研院所分类改革和高校科研管理体制改革，扩大科研院所和高校科研管理自主权，完善科研院所法人治理结构，赋予创新领军人才更大的人财物支配权、技术路线决策权。优化高等院校专业结构，在高校设立更多与未来科技产业发展趋势紧密结合的专业及交叉学科。推动科研院所和高校重点实验室、工程

（技术）研究中心成为创新成果转化服务中心，鼓励组建产业技术创新研究院等创新平台。完善科技成果转化激励机制，提高科研人员成果转化收益分享比例，加大科研人员股权激励力度，健全科研奖励报酬制度。深化职称制度改革，完善人才评价制度。加强知识产权保护。大力加强基础科学研究。

要全面推动开放式创新。加强创新资源共享与合作，加快形成创新要素自由流动的开放合作格局。鼓励支持创新主体采取共同研发、技术平台整合等多种开放式创新模式，寻求外部的技术联盟、技术并购、股权参与、风险投资等商业模式，推动创新主体内外部创新要素和资源的互动、整合、协同。完善符合开放式创新规律的体制机制，积极推广众包、云设计等新型研发组织形式。

要强化创新重点区域和重点领域的引领带动作用。遵循创新区域高度聚集的规律，进一步完善配套政策体系，加快国家级、市级研发机构集聚，推动优质创新资源向国家级高新区集中。注重发挥国家经济开发区、各类科技园区和区县特色产业园区的作用，构建多层次、多类型的创新驱动功能平台。加快重点领域创新，着力在先进制造业、互联网产业、大健康产业、新能源产业等领域取得突破。

（二）全面推进大众创业、万众创新

要优化劳动力、资本、土地、技术、管理等要素配置，激发创新创业活力。推动基础设施、网络经济、蓝色经济等领域创新发展，释放新需求，创造新供给，拓展发展新空间，增强经济发展新动能，加快实现发展动力转换。

要鼓励引导科技创新人员、大学生创业者、返乡农民工等重点人群开展创业创新，壮大创新创业群体。大力扶持小微企业特别是创新型小微企业发展，加快培育一批众创空间和孵化器，促进企业提升自主创新能力。健全鼓励和支持创新创业的政策体系，降低创新创业门槛，强化技术支撑、投融资保障和环境营造。营造勇于创新、宽容失败的社会氛

围和尊重知识、崇尚创造的创新文化。

要加快创业投资发展。以促进创新创业为目标，着力优化创业投资发展环境，鼓励各类社会资本创业投资，为加快实施创新驱动发展战略、促进经济转型升级提供有力支撑。发挥政府引导作用，加快构建参与主体丰富、资本属性多元、专业人才聚集，能满足创新型企业从种子期、初创期到成长期不同发展阶段融资需求的创业投资体系，打造若干个具有较强国际竞争力和较大影响力的创业投资中心。

要积极培育种子投资基金。设立各级创业种子投资引导基金，按照专项资金管理运行。各级财政每年整合一定额度的科技发展专项资金用于创业种子投资引导基金，不断扩大基金规模。按照多方联动、专项管理、公益运作原则，推动创业种子投资引导基金与各级政府、园区、高等院校、科研院所等合作组建创业种子投资基金，以公益参股和免息信用贷款方式，重点支持众创空间等创业载体中的创业团队和种子期创新型小微企业，推动其对新兴产业中的新技术、新构思、新原理的商业潜能发掘。

要加快推动天使投资发展。按照市场化方式运作，各级政府每年整合一定额度的科技发展专项资金持续注入天使投资引导基金，推动创业投资支持重点向创新创业前端延伸。按照政府引导、专业管理、市场运作原则，引导各类社会资本投资组建天使投资基金，以股权投资等方式重点支持初创期创新型小微企业，推动新兴产业中具有商业潜能的新技术、新构思、新原理的商业应用。天使投资应具备全球视野，把握新兴产业发展方向和机遇，鼓励研发和引进国内外先进技术，支持国内外创新创业人才和创新型企业发展。

要扶持壮大风险投资。设立各级风险投资引导基金，按照专业管理、市场运作、效益优先原则，引导各类社会资本投资组建风险投资基金，以股权投资等方式重点支持成长期创新型中小企业快速发展，推动其商业价值实现规模化。风险投资引导基金按照市场化母基金方式运行，不断丰富基金品种、健全退出机制、增加基金流动性，加快推动新兴产业培育发展。

要鼓励国有创业投资机构加快发展。建立健全符合创业投资行业特点的国资管理机制，鼓励具备条件的国有企业设立创业投资机构或开展创业投资业务。支持国有创业投资机构探索混合所有制模式，简化投资及退出决策行政审批程序。国有创业投资机构应建立适应创业投资行业特点的考核评价体系，健全投资损失核销机制，简化投资损失核销流程；建立与风险、责任、收益相匹配的激励约束制度，按照市场化方式确定考核目标及相应的薪酬水平。允许国有创业投资机构建立跟投机制。

要集聚各类创业投资资源。鼓励全球各类创业投资机构落户国内，积极吸引各类社会资本参与设立创业投资基金。积极支持境外专业机构在国内组建人民币创业投资基金试点。鼓励社保基金、证券公司、保险公司、信托投资公司等机构安排资金用于支持创业投资。支持商业银行探索实施多种形式的股权与债权相结合的融资服务方式支持创业投资。鼓励创业投资机构依法通过私募股权融资、上市募集、发行企业债券、发行资金信托和募集保险资金等方式拓展融资渠道。允许创业投资机构按有关规定通过股权众筹等互联网金融方式募集资金。建立创业投资机构（含自然人）统计制度，鼓励高净值个人参与天使投资。

要加大创业投资财税扶持力度。创业投资机构采取股权投资方式投资于未上市中小高新技术企业一定时期以上，符合国家相关规定的，可按其对中小高新技术企业投资额的一定比例，抵扣该创业投资机构的应纳税所得额。支持创业投资机构向科技、金融集聚区集聚，鼓励有条件的各级政府、园区为创业投资机构提供财政、购房等补贴政策。

要大力引进和培养创业投资人才。设立创业投资行业领军人才专项计划，对创业投资管理人才的引进、培养提供全程服务。各级政府要加强对创业投资人才的服务。推进创业投资人员与国内外富有经验的创业投资专家的合作与交流，加强联合投资。在有条件的高等院校开设创业投资专业课程，推进高校与国外知名院校合作办学，采取多种形式加强创业投资人才队伍培养。

要完善创业投资多渠道退出机制。进一步完善创业投资退出流转机制，充分利用资本市场，增加创业投资基金的流动性。优先支持创业投资机构投资的创新型企业在主板、中小板、创业板、新三板等国内资本市场上市或挂牌。加快完善区域性股权交易市场，设立更多科技创新专板，支持创新型中小微企业挂牌。

要建立创业投资与政府专项对接机制。做好政府部门之间的沟通协调，及时发布政府专项资金支持项目信息，引导创业投资机构投资。扩大创业投资机构管理人员在政府专项项目评审中的参与度。探索建立创业投资机构向政府部门推荐专项资金支持项目机制。

（三）加快建设现代产业新体系

推动新技术、新产业、新业态蓬勃发展，推动粮经饲统筹、农林牧渔结合、种养加一体、一二三产业融合发展。实施《中国制造2025》，支持战略性新兴产业、高技术产业发展，构建新型制造体系，加快建设制造强国。全面发展现代服务业。

要瞄准世界科技革命和产业革命方向，坚持走新型工业化道路，发展壮大战略性新兴产业，改造提升传统制造业，大力发展现代服务业，建设国家重要现代制造业基地、重要功能性金融中心、技术创新中心。

构建优势产业集群。强化项目和资金引导，支持产业转移，推动构建优势产业集群。打造电子信息、高端装备等具有国际竞争力的制造业集群，提升产业链金融服务，发展现代服务业和服务外包集聚区。发展开放型文化业态，促进培育外向型文化企业和面向国内外的文化服务产品交易市场。

发展壮大战略性新兴产业。深入落实《中国制造2025》，以集群化、智能化发展为基本路径，壮大现有产业、培育新兴产业，构建一批具有核心竞争力的产业集群。巩固壮大电子信息产业，重点培育电子终端产品制造和集成电路、显示屏等核心零部件产业集群，大力发展机器人、智能制造装备、智能穿戴设备等智能硬件产业。优化提升汽车产业，构建更加完善的汽车制造及零部件配套产业集群，积极发展新能源汽车和智能汽车。加快发展新兴产业集群，重点在物联网、新材料、高端交通装备、页岩气开发等领域取得更大突破。拓展新的产业领域，延伸产业链条，形成集群发展、多点支撑的战略性新兴产业发展格局。

改造提升传统制造业。加快传统产业结构调整、技术进步和企业重组，促进装备、化工、材料等产业提档升级，促进食品、纺织等轻工业提质增效，提升中国制造的影响力和竞争力。推动新一代信息技术与制造技术融合发展，推动生产过程智能化。加强企业技术改造，推进绿色制造，推广先进节能环保技术、工艺和装备。加强质量品牌建设，提升中国制造的品牌价值。

大力发展生产性服务业。把发展壮大现代服务业作为产业结构调整的重要方向，提升生产性服务业与生产制造的融合度，推动生产性服务业向专业化和价值链高端延伸。大力发展现代金融业，突出发展金融要素市场，推动建设资金运营中心、数据交换中心和后台服务基地，高水平建设全国保险资产登记及交易平台，培育壮大融资租赁、离岸金融结算、跨境投融资等新业态。大力发展现代物流，提升现代物流服务功能，提高物流智能化水平。培育壮大会展经济。加快发展研发设计等科技服务业。发展壮大检验检测认证等生产性服务业。大力发展面向制造业的信息技术服务，积极推动互联网、云计算、大数据、物联网等在制造业的广泛应用。推动各类专业市场线上转型，引导传统商贸流通企业与电子商务企业整合资源，积极向供应链协同平台转型。加快制造与服务融合发展，引导和支持制造业企业延伸服务链条。

优化提升生活性服务业。推动生活性服务业向精细和高品质转变。扩大信息消费、网络购物等重点领域服务业规模，发展以互联网为载体、线上线下互动的服务业新业态。全面落实消费支持政策，优化发展传统服务业，积极创新拓展新兴服务业。合理引导住房消费需求，促进房地产市场平稳健康发展。大力发展旅游经济，加强重点旅游景区基础设施建设，推动旅游业与其他产业深度融合发展，把旅游业培育成综合性战略支柱产业。

专题1

全面提升信息化水平

统筹推进信息化与新型工业化、城镇化和农业现代化融合发展，深入实施“互联网+”行动计划，建设通信信息枢纽和互联网经济高地。

加快信息基础设施建设。发挥国家互联网骨干直联点优势，加强网络光缆直联建设，提高网间流量疏导能力和互通效率。加快推进“三网融合”建设，着力打造IDC数据中心。实施光网工程和宽带乡村工程，加强偏远区县和农村地区通信网络建设。加强网络安全保障、应急和管理能力建设，保障网络的稳定性和安全性。

拓展网络经济空间。全面提高互联网应用的普及率及覆盖率，广泛运用互联网改造提升传统产业，不断催生新的产业业态、生产方式和商业模式。大力发展互联网软件及技术服务、大数据处理等新产业，积极发展智能硬件、云制造等新业态。大力发展电子商务、移动支付、O2O平台等新经济业态。大力推动以云计算、物联网、大数据、移动互联网等技术为特征的下一代互联网产业（云端创新产业）发展，加快实施“云端计划”。

放宽市场准入条件。互联网企业登记注册时，除法律、法规和国家已有规定外，各地各部门一律不得设置前置性审批事项。互联网企业可使用集中办公区域办理工商登记，允许“一址多照”；允许仅在网上从事经营活动的经营者使用自有或租用的住宅作为住所（经营场所）办理工商登记。对互联网公司制企业工商登记实行注册资本认缴制，支持以知识产权等非货币财产出资设立互联网企业。鼓励支持符合条件的网络经营者申请创办微型企业，享受微型企业创业扶持政策。

落实税收优惠政策。鼓励支持互联网企业进行高新技术企业、软件企业、技术先进型服务企业、电子商务企业认定，通过认定的互联网企业可享受相关税收优惠政策。积极开展互联网企业认定试点工作，对符合小微企业条件的互联网企业，按规定减免企业所得税。

大力引进和培育龙头企业。每年认定一批互联网龙头企业，滚动实施互联网企业成长培育计划。重点培育一批创新能力强、业务发展好的名优互联网企业，打造一批应用性强、市场渗透率高的知名平台（产品）。

支持技术研发和攻关。加强互联网产业公共技术服务平台建设，对建设开放式、专业化共性技术服务平台的单位给予一定的补贴。鼓励支持国内外互联网企业设立独立研发机构，对承担了国家重要课题、重要建设任务的互联网企业，给予专项资金配套支持；对围绕互联网产业发展，开展重要课题研究、重点平台建设的互联网企业给予重点资金支持。

降低企业运营成本。建设通信网络汇集区域、城市的数据直达专线，确保通信网络质量符合在岸云计算、大数据、移动互联网等业务发展需求；建设至国际通信业务出入口局数据专用通道，确保通信网络质量符合离岸云计算服务传输质量要求。推进高质量云计算数据中心发展，开展互联网产业孵化平台试点工作，建立虚拟式孵化平台，为符合条件的互联网企业提供优惠的电信 IDC 服务。完善价格政策，互联网企业用水、用电、用气与工业企业同质、同量、同价。

加大政府资金投入。在民营经济发展、科技发展等相关资金中，每年安排一定资金，支持互联网产业发展。采取符合互联网产业特点的管理方法和申报方式，重点用于龙头企业培育、大型互联网企业引进、品牌打造、人才培养、基地建设、电力和通信补贴等，以此带动企业、社会、市场对互联网产业的投入。文化产业发展等相关专项资金向互联网产业倾斜，共同促进互联网产业的发展。

建立完善投融资体系。构建支持互联网产业发展的天使投资、VC（风险投资）、PE（私募基金）分段投资体系。鼓励创业投资机构和产业投资基金投资互联网产业项目。充分发挥科技创业风险投资引导基金作用，引导并吸纳社会资本，按照市场化运作方式，依托专业管理团队，组建支持互联网产业发展的创业投资基金。加大对互联网企业贷款担保力度，每年切块一定的担保信用额度，用于支持互联网产业发展。建立互联网产业私募股权投资基金项目信息库，为股权基金及相关单位、企业提供投融资信息，促进投资基金与企业、项目的对接。对投资互联网产业的机构实施投资风险补助。对重点互联网企业改制上市所产生的相关费用进行补贴。

加快应用服务市场培育。安排使用财政性资金的信息化建设项目，同等条件下优先选择有良好后续服务能力的互联网企业。加快建设“国际离岸云计算数据基地”和“全球云端设备制造基地”，鼓励支持创建云端创新产业示范园区，每年组织评审云端创新产业试点（示范）项目和云计算服务试点（示范）项目，鼓励支持智能终端、云应用与数据服务企业融合发展。重点在汽车制造、电子制造、医药及农产品等领域培育一批行业电子商务平台，积极开展大宗商品网上现货交易，培育一批新兴的第三方网络零售平台，支持传统百货、连锁超市等企业开展网络零售业务，每年滚动实施一批电子商务服务示范项目。支持建立以“云端融合”为核心的智能终端应用软件开发基地，扶持和鼓励创办移动应用软件开发企业，定期组织举办移动应用软件开发大赛，支持软件服务骨干企业研发云服务业务，创新服务外包模式。推进电子政务和公共服务平台整合，利用大数据技术实现卫生、环保等领域数据的实时分析，有效提高决策的科学性和时效性，提高危机的预判和快速响应能力。积极开展大数据服务试点工程和应用示范，引导和鼓励企事业单位推广使用大数据服务，深化数据挖掘和应用。加快国际电子商务交易认证服务平台建设和功能完善，着力解决跨境电子商务贸易中的通关、结汇难题，鼓励企业依托电子商务平台开展境外批发或零售业务，支持国际电子商务企业正规结算、规范经营和健康发展，打造国际电子商务结算中心。

推动产业基地建设。统筹空间布局及安排用地，保障互联网产业基地建设优先纳入近期建设规划和年度土地利用计划，优先保障重大互联网产业（云端创新产业）基地项目用地。鼓励支持利用存量土地发展互联网产业（云端创新产业），开发业主利用工业厂房、仓储用房等存量房产兴办互联网产业（云端创新产业）基地。

鼓励互联网产业创新人才、创新团队创业。构建畅通的产学研合作机制，支持各院校设立互联网相关专业，培养软件开发、游戏设计、网络安全、网络分析、网络营销等互联网产业急需人才。鼓励国内外知名软件人才专业培训机构开办互联网人才培训学院。

提高社会管理和公共服务的信息化水平。推动信息技术深度融合到交通、市政、社会治理等领域，加快建设智慧城市。大力推进电子政务建设，加快社会公共信息资源整合与应用，建立自然人信息、法人信息、地理空间信息数据库，构建政务共享、信息惠民、信用体系、社会治理公共应用平台。大力提高城乡居民信息技术和服务的覆盖面和可及性，促进信息化成果惠及城乡居民。

专题2

加快推进农业现代化

转变农业发展方式，推动农业发展转型升级，走产出高效、产品安全、资源节约、环境友好的现代农业发展道路。

大力发展现代特色效益农业。优化种植结构，在保障粮食安全的前提下增加经济作物种植面积。构建优势农产品产业体系，因地制宜发展特色产业。大力发展良种繁育、标准化种养殖基地、加工储藏、冷链物流、后期研发等，构建农业全产业链。大力发展名特优新农产品，培育知名品牌。

提高农业产业化水平。构建新型农业经营体系，推进农村三次产业融合发展，不断提升农业生产的市场化、组织化、规模化水平。培养新型职业农民。扶优扶强农业产业化龙头企业，积极培育农村新型股份合作社，开展农民合作社示范建设。探索规模经营，支持发展专业大户及家庭农场，鼓励农户发展联户经营。探索“大集群、小单元”等模式，加快发展农产品精深加工。深化产加销对接，积极发展“互联网+”现代农业，进一步提升农产品增值率和市场占有率。

夯实农业发展基础。实行最严格的耕地保护制度，推进高标准农田建设。加快大中型灌区和小微型水利设施建设，切实治理病险水利设施。推广良种良法，推进农业生产机械化，强化农业社会化服务。推行农业标准化清洁生产，健全农产品质量安全体系。加强气象、病虫害防治及动物疫病防控等防灾减灾、应急救援综合能力建设。

专题3

化解产能过剩

有效化解产能过剩矛盾，加快调整产业结构，提升经济增长质量和效益。按照“尊重规律、分业施策、多管齐下、标本兼治”的原则，立足当前，着眼长远，严格控制增量，优化调整存量，推进产业转型升级，发挥市场机制作用，完善配套政策，通过“市场开拓消化一批、走出去转移一批、兼并重组整合一批、提高准入标准淘汰一批”等措施，化解过剩产能、提高产业集中度，加快政府职能转变，因地制宜、改革创新，将淘汰落后产能与发展先进产能相结合，不断增强产业核心竞争力，推动产业科学、健康、可持续发展。

严格行业市场准入标准。根据不同行业特点，结合产能过剩现状，严格执行行业环保、能耗、工艺装备等标准要求，提高行业市场准入条件。到2018年，对达不到行业环保、能耗、工艺与装备标准的企业实施关闭或淘汰。

强化项目管理。一是严格控制新增产能项目。严格执行国家投资管理规定和产业政策，加强产能过剩行业项目管理，各地不得核准、备案产能过剩行业新增产能项目，有关部门不得办理土地（海域）供应、能评、环评审批和新增授信支持等相关业务。二是分类处理违规在建项目。凡是未开工的违规项目，一律不得开工建设；凡是不符合产业政策、准入标准、环保要求的违规项目一律停建；对确有必要建设的项目，在符合布局规划和环境承载力要求，以及等量置换原则的基础上，经论证并报相关部门申请认定和补办相关手续；对隐瞒不报的在建违规项目，一经查实，立即停建，金融机构停止发放贷款，国土资源、环境保护部门依据有关法律法规予以处理，并严肃追究相关人员责任。同时，按照谁违规谁负责的原则，做好停建项目的债务处理、人员安置等善后工作。三是清理整顿违规建成产能。对产能过剩行业建成违规项目进行全面清理，提出整顿方案并向社会公示；对工艺设备落后、产品质量不合格、能耗及排放不达标的项目，列入淘汰落后产能年度任务加快淘汰。

加大淘汰落后产能力度。严格执行国家产业政策和行业准入规定，充分运用经济、法律等手段，发挥市场对资源配置的决定性作用，引导企业淘汰落后产能和退出过剩行业。将淘汰落后产能与化解产能过剩结合起来，通过提高淘汰落后产能奖励条件、制定产能过剩行业市场准入标准、落实等量置换方案、建立健全有关落后产能退出的激励和约束机制，加快淘汰落后产能，着力化解过剩产能。

支持企业开拓市场。加快推进铁路、高速公路、机场等重大基础设施建设进度，深入推进建材下乡，扩大水泥、钢铁、玻璃等产品的销售渠道。

加快企业兼并重组。支持企业进行资产和债务重组，优化资金、技术、人才等生产要素配置，减少落后企业与困难企业数量，培育壮大优势企业，提高企业竞争力和效益。鼓励大型企业（集团）通过市场化手段，以合资、合作、产权流转和股权置换等多种形式实施兼并重组，提高行业集中度。鼓励和引导民营企业通过参股、控股和资产收购等方式参与企业兼并重组。进一步深化国有企业改革，加快产权多元化改造和整体上市。

积极调整产业结构。制定完善产业结构调整规划，在坚决遏制产能盲目扩张和严控总量的前提下，推进产业结构调整优化。

强化产业政策引导。一是要加强产业政策的符合性审查。对符合产业政策鼓励方向的先进产能，以及产能过剩行业的改造提升项目，在财税、金融、土地、资金补贴等方面给予重点支持。二是加强产能过剩行业准入和规范管理。制定产业结构调整指导目录，强化政策引导。三是完善差别电价政策，对产能过剩行业优惠电价政策进行清理整顿，禁止自行实行电价优惠和电费补贴。四是制定能耗、污染排放标准，对高耗能行业，能耗、电耗、水耗和污染物排放达不到行业标准的产能，实施差别电价和惩罚性电价、水价。财政收取的差别电价和惩罚性电价、水价资金，用于化解过剩产能工作。

探索建立长效机制。进一步深化行政审批制度改革，建立市场监督管理机制，强化部门对项目事中和事后的协管。对产能过剩行业实行动态监测，建立动态监测和预警机制。及时将预警信息向相关部门和有关金融机构通报。定期发布产能过剩行业产品市场供求及相关政策信息，引导和调节市场供求。发挥好行业协会在行业自律、信息服务等方面的作用。加强知识产权保护和质量体系建设，打击假冒伪劣产品，整顿规范市场秩序。理顺资源、要素价格的市场形成机制，完善差别化价格政策，提高产业准入的能耗、物耗、水耗和生态环保标准，切实发挥市场配置资源的基础性作用。以资源环境承载力上限，倒逼超标产能退出、节能减排达标和自然环境改善。积极探索转移支付制度，建立生态环保补偿责任制。

（四）强化创新发展的体制机制保障

深化科技等相关领域改革，加快形成有利于创新发展的市场环境、产权制度、投融资体制、分配制度、人才培养引进使用机制，造就一批又一批领军人物和创新人才。坚持和完善基本经济制度，毫不动摇巩固和发展公有制经济，毫不动摇鼓励、支持、引导非公有制经济发展。持续推进简政放权、放管结合、优化服务，激发市场活力和社会创造力。

要全面深化改革。坚持社会主义市场经济改革方向，坚持问题导向抓重点、关键突破带全局、结果导向求实效，敢啃硬骨头、敢于涉险滩，确保重要领域和关键环节改革取得决定性成果。

以经济体制改革为重点，统筹推进各项改革。健全以产业、财政、考核为核心，专项政策相配套的政策体系。完善现代市场体系，健全资本市场体系，稳步推进价格改革，推进工商登记制度改革，完善社会信用体系，健全市场监管体制。深化财税体制改革，逐步明确各级事权和支出责任，健全预算管理制度，完善政府债务管理及风险预警机制。加强社会主义民主政治制度建设。深化文化体制改革，激发文化创造活力。推进教育、医疗卫生、就业和社会保障等社会事业领域改革。深化事业单位分类改革。

要进一步促进各类市场主体共同发展。增强国有经济活力、控制力、影响力、抗风险能力，激发非公有制经济活力和创造力，构建大企业“顶天立地”、中小企业“铺天盖地”的协同发展格局。

深化国资国企改革。分类推进国有企业改革，构建高效、规范的国有资本运营和投资管理体制机制，强化国有企业监管，提高国有资本效率。加快完善产权清晰、权责明确、政企分开、管理科学的现代企业制度，培育一批具有创新能力和竞争力的国有骨干企业。优化国有资本布局结构，稳妥、规范、有序发展混合所有制经济。完善国有资产监管体制机制，确保国有资产保值增值。建立科学合理的激励约束机制，引导国有企业自觉履行社会责任。

大力支持非公有制经济健康发展。坚持权利平等、机会平等、规则平等，坚决消除各种隐性壁垒。完善产权保护制度，依法保护各种所有制经济产权和合法利益，保证各种所有制经济依法平等使用生产要素、公开公平公正参与市场竞争、同等受到法律保护，依法监管各种所有制经济。完善公用事业特许经营体制。支持非公经济参与国有企业改革。引导和支持有条件的私营企业建立现代企业制度。

优化企业发展环境。健全经济发展法治环境，大力营造守法经营、诚信经营氛围。激发企业家精神，依法保护企业家财产权和创新收益。开展降低实体经济企业成本行动，减轻企业负担。限制政府对企业经营决策的干预，减少行政审批事项。围绕准入、监管、信用、税收、价格等关键环节，促进市场公平竞争，维护市场正常秩序。实施市场准入负面清单制度。实施统一的市场监管，建立健全维护市场竞争秩序的风险预控、预警机制。完善社会信用体系，加大失信联合惩戒力度。促进税收等优惠政策管理制度化、规范化、程序化。整合和规范招投标、土地使用权和矿业权出让、国有产权交易、政府采购等公共资源交易平台。加强经济运行管理和调控，防范化解各类风险。

（五）创新和完善宏观调控方式

按照总量调节和定向施策并举、短期和中长期结合、国内和国际统筹、改革和发展协调的要求，创新调控思路和政策工具，进一步完善以财政政策、货币政策为主的政策体系，在区间调控基础上加大定向调控力度，更加注重扩人就业、稳定物价、调整结构、提高效益、防控风险、保护环境，保持经济运行在合理区间。

要进一步推动投资、消费、出口协同发力。围绕释放新需求、创造新供给，充分发挥投资的关键作用，更好地发挥消费的基础作用，巩固提升出口的促进作用，不断增强“三驾马车”拉动经济增长的均衡性、协同性和持续性。

着力优化投资。改善投资结构，提高投资效率，改革投资方式，扩大有效投资，保持投资合理增长。强化基础设施互联互通建设投资，加大对战略性新兴产业和传统产业转型升级的投入，增加公共产品和公共服务领域的投资。强化重大项目、重大工程的策划、储备和滚动实施。深化投融资体制改革，扩大社会资本投资规模，完善企业投资自主决策机制，健全政府投资机制。

积极培育消费。适应新常态下需求结构升级趋势，优化供给结构、增加有效供给，促进消费升级，发展多层次、多样性的新兴消费业态，培育形成消费新增长点。优化消费环境，完善市场监管体系，加大对制售假冒伪劣产品和消费欺诈行为的打击力度，提升商品和服务质量，切实保护消费者权益。着力提升居民消费能力，释放消费潜力，扩大消费需求。

持续扩大出口。优化出口结构，创新出口方式，保持进出口规模领先地位。巩固已有出口优势，促进装备制造和大型成套设备出口，推动高技术含量、高附加值产品出口。大力发展跨境电子商务等对外贸易新业态，培育壮大进出口新增长点。加大国际市场开拓力度，在境外布局展示展销和物流分拨中心，推动更多企业和产品“走出去”。

专题 4

金融创新政策与举措

加大信贷服务机制创新，加快发展银团贷款，探索分组银团、银团转让等服务方式。加快信用风险管理方式创新，积极推广信保融资、订单融资、货押融资、出口退税融资等。加速贸易通关项下产品创新，发展一体化通关通用保函、关税保函、税费支付担保等服务。探索绿色信贷模式创新，通过基础产品组合、合同环境服务融资、特许经营权质押融资、排污权抵押贷款等，积极发展与绿色、低碳、循环经济有关的金融产品和服务。探索多样化的直接、间接融资工具，拓宽与证券、基金、保险等非银行业金融机构的合作，推进资产证券化发展，加快发展融资租赁。积极提升国际金融服务，发展结售汇、国际贸易融资、双向资金池、套期保值等业务。创新发展避险保值、财务管理等增值服务，满足企业多样化的金融服务需求。

加快建设功能互补的金融服务体系。开发性金融机构和政策性金融机构要着力发挥中长期投融资优势，着力支持重大基础设施、新型城镇化和重大水利工程等建设。大型商业银行、外资银行要积极发挥集团多牌照功能协同、国际网络和资源联动、金融创新和风控等优势，为开放平台、重点项目、核心企业提供综合性金融服务。中小商业银行要注重发挥决策快捷、机制灵活的优势，围绕重点项目、核心企业的上下游配套行业探索特色化金融服务。金融租赁公司、消费金融公司等非银行金融机构要发挥制度独特、创新活跃的优势，围绕支持保税贸易、跨境电商、欧洲商品集散中心等提供专业化金融服务。地方法人机构要积极引入战略投资者，加大跨境跨地区资本、业务、技术合作。要进一步完善金融服务体系，加快推进民营银行试点。大力拓宽商业银行资本补充渠道，利用债券市场满足商业银行资本工具创新需求，同时也促进债券市场发展和互联互通。尝试允许境内外上市以及正在排队等待境内上市的商业银行发行公司债券以补充资本。

进一步强化金融监管职能作用，不断强化宏观管理职能，加强对金融业各个行业主体的统筹监管，促进资源配置最优化，坚决防止一哄而上、恶性竞争。积极探索金融业监管系统改革试验，特别是金融监管、商业银行资本补充渠道、建立严格监管的非银行金融机构长效机制和建立金融业绩效评估与奖励机制。要强化行业监管职能，加强对行业主体（如银行、证券公司）和市场行为的监督管理，加大对金融违法犯罪行为的打击力度，防止“劣币驱逐良币”的扭曲现象，维护健康良好的金融市场秩序，保护人民群众财产安全。探索建立非银行业金融机构监管长效机制，确保非银行业金融机构加快发展、稳健经营，充分有效地调动非银行业金融机构的内生动力、服务活力，让金融资源真正落地于实体经济，避免金融“空转”现象。

建立完善金融业改革发展多方合作共赢长效机制。从打击金融犯罪构建良好金融秩序，建立、优化社会诚信信用体系，建立银、政、企沟通交流信息平台，建立金融债权维护长效机制，建设安全监管区域，优化金融投资环境几个方面入手，构建良好的金融生态环境。构建良好的金融业发展秩序。成立打击金融领域犯罪工作领导小组，明确职能职责任务，建立制度性地打击金融犯罪长效机制，切实帮助金融业降低风险成本，减轻经营压力、增强发展动力，维护好金融业发展秩序，构建良好的金融业发展环境。建立、优化社会诚信信用体系。一方面，建立和完善金融相关法律、法规、标准和契约等，出台相应的信用体系建设规章和标准，健全覆盖社会成员的信用记录和信用基础设施网络，探索建立综合性信用信息共享平台、金融信用信息基础数据库等方式，完善社会信用服务体系。另一方面，各行业积极开展诚信宣传教育和诚信自律活动，在全社会树立诚信文化理念、弘扬诚信传统美德，提高全社会的诚信意识和信用水平。

建立金融债权维护长效机制。严厉打击逃废贷款债务行为，维护金融机构合法权益。落实金融债权管理机构，组织各金融机构检查改制企业金融债权落实情况，监督改制企业落实金融债权。通过建立企业改制的监测及报告制度、设置“逃废债企业名单”、完善对客户开户和贷款等服务的信用审查制度、建立金融债权管理责任制，将责任落实到相关部门及具体岗位，并加强考核，并对玩忽职守、弄虚作假，逃废金融债务行为的责任人要追究刑事责任，全面形成金融债权维护长效机制。总而言之，建设安全监管区域，优化金融投资环境，同时，配合金融知识宣传、诚信文化传播，整顿和规范投融资市场、严厉打击非法集资行为，制定更具吸引力的金融机构入驻优惠政策，构建宽松的投资环境，营造良好的金融环境。

二、坚持协调发展，着力增强发展的整体性和平衡性

习近平总书记指出，要着力增强发展的整体性协调性。下好“十三五”时期发展的全国一盘棋，协调发展是制胜要诀。协调既是发展手段又是发展目标，同时还是评价发展的标准和尺度，是发展两点论和重点论的统一，是发展平衡和不平衡的统一，是发展短板和潜力的统一。我们要学会运用辩证法，善于“弹钢琴”，处理好局部和全局、当前和长远、重点和非重点的关系，着力推动区域协调发展、城乡协调发展、物质文明和精神文明协调发展，推动经济建设和国防建设融合发展。协调是持续健康发展的内在要求，增强协调性才能使中国经济发展行稳致远。我国发展不平衡、不协调、不可持续问题仍然突出，特别是区域发展不平衡、城乡发展不协调、产业结构不合理、经济和社会发展“一条腿长、一条腿短”等矛盾仍很突出。这些既是当前经济下行压力加大的重要原因，也将制约长期可持续发展。必须牢牢把握中国特色社会主义事业总体布局，正确处理发展中的重大关系，重点促进城乡区域协调发展，促进经济社会协调发展，促进新型工业化、信息化、城镇化、农业现代化同步发展，在增强国家硬实力的同时注重提升国家软实力，不断增强发展的整体性。

未来五年，要紧扣解决发展中不平衡、不协调、不可持续问题，把协调作为持续健康发展的内在要求，正确处理发展中的重大关系，协调兼顾各方面利益关系，统筹兼顾不同区域、城市与农村、经济社会发展与生态环境保护、经济建设与国防建设、物质文明与精神文明等，促进

区域协调、城乡一体、军民融合、物质文明与精神文明协调发展，不断增强发展的整体性。要统筹区域协调发展，创新区域发展模式，形成区域分工、融合、互动、共赢的协同效应；统筹城乡协调发展，推动城乡发展一体化；统筹三次产业协调发展，推动产业结构优化升级。整合各方面有利因素，培育形成经济发展的“混合动力”。切实把调整比例、补齐短板、优化结构作为一项重大而紧迫的任务，在协调发展中拓宽发展空间，在加强薄弱领域中增强发展后劲。

（一）统筹推动区域协调发展

统筹东中西、协调南北方，继续实施西部开发、东北振兴、中部崛起、东部率先的区域发展总体战略。重点实施“一带一路”建设、京津冀协同发展、长江经济带建设三大战略，加强顶层设计，制定路线图和时间表，争取获得早期收获。加快构建要素有序自由流动、主体功能约束有效、基本公共服务均等、资源环境可承载的区域协调发展新格局。

（二）推动城乡协调发展

坚持工业反哺农业、城市支持农村，推进城乡要素平等交换、合理配置和基本公共服务均等化，促进农业发展、农民增收，提高社会主义新农村建设水平。推进以人为核心的新型城镇化，深化户籍制度改革，着力提高户籍人口城镇化率，努力实现基本公共服务常住人口全覆盖，健全城乡发展一体化体制机制。要以人的城镇化为核心，以保护农民合法权益为根本，加快提高户籍人口城镇化率，统筹新型城镇化和社会主义新农村建设，促进城乡共发展、共繁荣。

优化城镇空间布局。统筹国土空间、产业布局、人口规模和环境容量，落实五大功能区域发展战略空间布局要求，构建“一心多极网络化”高度融合的空间结构。以山水、田园、森林等生态空间为图底，主要交通廊道为发展轴带，统筹都市功能核心区、都市功能拓展区、城市发展新区发展，打造布局合理、功能完善、环境优美的现代化大都市区。

提升城市规划、建设和管理水平。积极推进多规合一，建立统一衔接、功能互补、相互协调的城乡空间规划体系。加强规划实施和管理，提高规划的科学化、法治化、制度化水平，维护规划的严肃性、权威性和连续性。统筹旧城改造和新城建设，加大棚户区改造力度，有序推进城市立体开发，提升城市品质，促进建筑风格整体协调。加强城市地下管网建设管理，推进城市地下综合管廊建设。强化文化传承与创新，在城市建设中融入传统文化元素，加强文化资源挖掘和文化生态的整体保护，留住城市的历史人文记忆。健全城市管理长效机制，提高城市管理科学化、规范化、精细化水平，建设美丽城市。

建设社会主义新农村。协调推进新农村建设和新型城镇化发展，建设美丽乡村。加快农村基础设施建设，加快畅通农村公路，实施新一轮农村电网改造升级工程，继续推进小水电代燃料、新农村电气化建设，实施农村饮水安全巩固提升工程，全面改善农村生产生活条件。加强乡村旅游服务网络、农村邮政设施和宽带网络建设。推动农业农村环境治理与保护，以洁化、绿化、美化为重点，实施行政村环境连片整治，综合治理农村面源污染。全面完成农村危房改造。加强传统村落和民居保护。加快农村社会事业发展，加强农村民主管理和精神文明建设。

构建城乡发展一体化新机制。深化统筹城乡综合配套改革，着力构建以工促农、以城带乡、工农互惠、城乡一体的新型工农城乡关系。统筹城乡规划建设，推动基础设施城乡联网、共建共享，加快市政服务向农村延伸。制定实施城乡统一的基本公共服务设施配置和建设标准，加快公共服务设施向农村覆盖。完善城乡劳动者平等就业制度，维护农民工合法权益。深化户籍制度改革，促进农业转移人口市民化。维护进城落户农民土地承包权、宅基地使用权、集体收益分配权，支持引导其依法转让上述收益。推进农村产权制度、“地票”交易制度等重点改革，完善农村金融服务，构建农村现代流通体系，积极引导工商资本到农村发展，促进城乡要素自由合理流动。

（三）推动物质文明和精神文明协调发展

坚持精神文明建设与物质文明建设同步，坚持社会主义先进文化前进方向，弘扬中国梦和社会主义核心价值观，遵循文化发展规律，发挥先进文化的凝聚和引领作用，满足人民群众日益增长的精神文化需求，加快建设社会主义文化强国。

加强社会主义核心价值体系建设。牢牢把握社会主义先进文化前进方向，深入开展中国特色社会主义、"中国梦"和"四个全面"战略布局的学习宣传教育。坚持正确舆论导向，发挥新闻媒体主渠道作用，加强网络内容建设和管理，巩固壮大主流思想舆论。深入开展理想信念教育、道德人格教育、现代公民教育和勤俭节约教育，加强社会公德、职业道德、家庭美德、个人品德教育。弘扬中华民族优秀传统文化，加强爱国主义教育。开展群众性精神文明创建活动，推动全民阅读，全面提升城乡文化品位和公民文明素质。

推动文化事业繁荣。基本建成覆盖城乡、便捷高效、保基本、促公平的现代公共文化服务体系，丰富人民群众的精神文化生活。优化文化资源配置，健全城市社区和农村贫困地区公共文化服务网络，促进基本公共文化服务标准化、均等化。深入实施文化惠民工程，加强各种公共文化设施建设、管理和使用，创新文化服务方式，提高文化服务水平。加大政府购买公共文化服务力度，吸引社会资本投入公共文化领域，推动公共文化服务社会化发展。积极构建现代传播体系，加快媒体数字化建设，推动传统媒体和新兴媒体融合发展。大力支持文化艺术创作，深入挖掘本土文化，力争创作一批具有全国影响力的文化精品。普及科学知识。全面繁荣哲学社会科学。加强物质和非物质文化遗产的保护与利用。

加快发展文化事业和文化产业，促进城乡居民科学文化素养和健康文明素质普遍增强，社会公德、职业道德、家庭美德、个人品德水平显著提高，城市整体文明程度明显提升。加快推进文化产业提档升级，使文化产业成为国民经济支柱产业。坚持把社会效益放在首位、社会效益和经济效益相统一，壮大市场主体，培育一批有实力和竞争力的文化企业。鼓励和支持有创意、有科技含量的各类文化小微企业发展。发展文化产品市场和要素市场，健全文化行业组织和中介机构，完善现代文化市场体系。延伸文化产业链条，推动文化与经济渗透融合，提高文化产品附加值。加快发展对外文化交流和对外文化贸易，打造一批具有广泛影响力的文化品牌。

（四）坚持各行各业深度融合、良性互动、相互协调

推动新型工业化、信息化、城镇化、农业现代化同步发展。以信息化牵引产业结构升级，通过信息技术和相关产业深度融合，推动技术创新、产品创新、商业模式创新和管理创新。以新型工业化、城镇化带动农业现代化，以农业现代化保障国家粮食安全，夯实工业化、城镇化基础。坚持军民结合、育军于民，推动经济建设和国防建设融合发展。加快形成全要素、多领域、高效益的军民深度融合发展格局。构建军民融合产业体系，充分发挥军工企业技术、装备、人才等优势，积极参与重点产业发展，促进民用企业承接国防所需装备制造、技术研发任务。增强先进技术、产业产品、基础设施等军民共用的协调性。推进军民融合协同创新，建设一批军民融合的科研、设计、测试共享平台。在重大工程建设中充分考虑国防需求，构建物资储备网络布局，助推军队后勤保障社会化。完善国防动员体系，深化全民国防教育，加强后备力量建设，密切军政军民团结，做好拥军优属和拥政爱民工作。

三、坚持绿色发展，建设天蓝地绿水清的美丽中国

习近平总书记指出，要着力推进人与自然和谐共生。生态环境没有替代品，用之不觉，失之难存。要树立大局观、长远观、整体观，坚持

节约资源和保护环境的基本国策，像保护眼睛一样保护生态环境，像对待生命一样对待生态环境，推动形成绿色发展方式和生活方式，协同推进人民富裕、国家强盛、中国美丽。绿色是永续发展的必要条件和人民对美好生活追求的重要体现。走向生态文明新时代，建设美丽中国，是实现中华民族伟大复兴中国梦的重要内容。我国资源约束趋紧，环境污染严重，生态系统退化，发展与人口资源环境之间的矛盾日益突出，已成为经济社会可持续发展的重大瓶颈制约。必须坚持节约资源和保护环境的基本国策，坚持绿水青山就是金山银山的理念，坚持走生产发展、生活富裕、生态良好的文明发展道路，加快建设资源节约型、环境友好型社会，形成人与自然和谐发展现代化建设新格局，积极推进美丽中国建设，开创社会主义生态文明新时代。

未来五年，要把生态文明建设贯穿于经济社会发展各方面和全过程，走生产发展、生活富裕、生态良好的文明发展道路，加快建设资源节约型、环境友好型社会。加快提升生产方式和生活方式绿色、低碳水平。确保全国水质总体稳定，不断改善大气环境质量，稳步提升森林覆盖率和森林蓄积量，加快提高能源资源利用效率，推动生产方式、生活方式和消费模式绿色转型，持续减少单位地区生产总值能耗、二氧化碳排放强度和主要污染物排放总量，促进生态环境质量不断提升，建设碧水青山、绿色低碳、人文厚重、和谐宜居的生态文明城市和乡村，推动形成绿色发展方式和生活方式，推进生态文明建设，促进人与自然和谐。

（一）有度有序利用自然

按照人口资源环境相均衡、经济社会生态效益相统一的原则，控制开发强度，调整优化空间结构，划定农业空间和生态空间保护红线，构建科学合理的城市化格局、农业发展格局、生态安全格局和自然岸线格局。落实主体功能区规划，推动各地区依据主体功能定位发展，促进人与自然和谐共生。

（二）推动低碳循环发展

全面节约和高效利用资源，强化约束性指标管理，对能源和水资源消耗、建设用地等实行总量和强度双控，加强高能耗行业能耗管控，实施全民节能行动，促进节能、节水、节地、节材、节矿，全面提高资源利用效率。推进能源革命，加快能源技术创新，建设清洁低碳、安全高效的现代能源体系。按照“减量化、再利用、资源化、减量化优先”的原则，推进生产、流通、消费各环节的循环经济发展。

加快推动生产方式绿色化，构建科技含量高、资源消耗低、环境污染少的产业结构，发展绿色低碳循环经济。发展节能环保产业，推动节能环保技术、装备和服务水平显著提升。推广使用新能源汽车，推进交通绿色化。促进循环经济在生产、流通、消费各领域深度推广，全面构建循环型产业体系，构建覆盖全社会的资源循环利用体系。加快发展绿色能源，推动传统能源安全绿色开发和清洁低碳利用，因地制宜发展可再生能源和清洁能源，提高非化石能源消费比重。控制工业生产过程、废弃物处理等领域温室气体排放。推动农业发展方式转变，大力发展生态农业，增加森林、农田和草坡碳汇。推进低碳城市试点，推广绿色建筑，开展低碳产业园区、低碳社区等试点示范。

加强资源能源节约集约利用。加快转变资源能源利用方式，强化全过程管理，实行能源和水资源、建设用地等总量和强度双控行动，降低资源能源消耗强度。强化重点行业节能和公共机构节能。加强水资源管理和有偿使用，推广节水技术和高效节水产品，加强生产生活节水，推动非常规水资源利用。严格土地管理，推进土地节约集约利用，强化土地利用规划和标准管控，合理开发地下空间，盘活存量建设用地，清理闲置土地，开展国土整治。加强矿产资源节约和综合利用。

健全能源保障体系。统筹全国电力结构调整，提高能效，降低排放，合理确定水火比、内外比。因地制宜发展可再生能源和清洁能源，加快常规天然气和页岩气开发利用，推进传统能源与新兴能源互补融合。完善能源供应输配体系，提升能源自给水平。构建互联互通的能源战略通道，推动能源输入输出多元化、多极化，优化能源供给应急储备机制。加快能源体制机制改革创新，深化电力、油气等重点领域和能源价格改革，降低用能成本。

推动城乡居民生活方式绿色化。广泛开展绿色生活行动，引导城乡居民形成勤俭节约、绿色低碳、文明健康的生活方式，引导绿色低碳出行，引导消费者购买节能环保低碳产品。大力推进生活垃圾分类和可再利用资源回收使用。党政机关、国有企业要带头厉行勤俭节约，提倡绿色办公，坚决抵制和反对各种形式的奢侈浪费。

（三）加大环境治理力度

推进多污染物综合防治和环境治理，实行联防联控和流域共治，打好大气、水、土壤污染防治“三大战役”。坚持城乡环境治理并重，工业污染源必须全面达标排放，加大农业面源污染防治力度，千方百计确保食品安全，实现生态环境质量总体改善，切实解决人民群众反映强烈的环境问题。

深入实施“蓝天、碧水、宁静、绿地、田园”环保行动，着力削减主要污染物排放总量。继续开展清洁能源改造，加强工业废气深度治理，强化城市扬尘、汽车尾气等综合整治。优先保护饮用水源和水质良好的河流、湖库，继续加强污染流域、湖库综合治理，探索推进工业废水重复利用和深度治理。划定土壤环境保护优先区域，开展污染土壤修复示范。综合整治工业、交通、建筑施工和社会生活噪声。完善城市供排水一体化体系，加快建制乡镇以上污水、垃圾处理设施全覆盖，提高污水集中处理率和生活垃圾无害化处理率。持续开展农村环境连片整治。强化固体废物、危险废物、危险化学品、重金属、放射源、电磁辐射环境监管和污染防控。

（四）加强生态保护和修复

坚持保护优先、自然恢复为主，实施山水林田湖生态保护和修复工程，构建生态廊道和生物多样性保护网络。对重要生态区、脆弱区，要合理退出人口和产业，降低经济活动强度。开展大规模国土绿化行动，完善天然林保护制度，扩大退耕还林还草，系统整治江河流域，推进荒漠化、石漠化、水土流失综合治理。

建设重要生态屏障，确保生态环境安全。划定耕地、林地和森林三条生态保护红线，严格控制生态敏感区的开发强度与规模。全面停止天然林商业性采伐。实施重大生态修复工程，巩固天然林保护、退耕还林等成果，增强涵养水源、保持水土能力，加强水生生物增殖放流，保护生物多样性。开展水土保持监测，加快实施重要水源地、山洪灾害易发区、石漠化地区等水土流失综合治理。

强化水资源保障能力。加快实施大中小型水库及引提水、水系连通工程，推进城市发展新区水资源配置工程建设，推进塘改库工程、库升级工程、抗旱应急水源工程建设，构建分区互联互通水资源配置格局，基本解决工程性缺水问题。加快推进城市应急水源工程、城市水厂与应急水源管网连通工程、城市水厂间主管网互通工程建设。实施城镇供水工程升级改造和城乡一体化供水工程建设，提高城乡一体化供水率。

（五）加强生态文明制度建设

着力构建产权清晰、多元参与、激励约束并重、系统完整的生态文明制度体系，用制度保护生态环境。健全法律法规，完善标准体系，建立自然资源资产产权制度和用途管制制度，推行生态保护补偿机制，严格生态环境监管制度和政绩考核制度，加快建立系统完整的生态文明制度体系，引导、规范和约束各类开发、利用、保护自然资源的行为。

建立国土空间开发保护制度和空间规划体系，严格生态空间管控。健全自然资源资产产权制度。完善资源有偿使用和生态补偿制度，加快自然资源及其产品价格改革，探索推进碳排放权、排污权交易。建立吸引社会资本投入生态环保的市场化机制，加大合同能源管理实施力度，探索环境污染第三方治理。实行环保机构监测监察执法垂直管理制度。

推动建立跨行政区域的环境污染和生态破坏联合防治协调机制。健全环境信息公开制度，推进环境立法、决策、监督、影响评价等重点领域的公众参与。完善生态环境损害责任追究制度以及生态文明绩效评价考核制度。完善环保负面清单。

四、坚持开放发展，进一步提升开放型经济水平

习近平总书记指出，要着力形成对外开放新体制。实践告诉我们，要发展壮大，必须主动顺应经济全球化潮流，坚持对外开放，充分运用人类社会创造的先进科学技术成果和有益管理经验。要不断探索实践，提高把握国内国际两个大局的自觉性和能力，提高对外开放质量和水平。开放是国家繁荣发展的必由之路。改革开放以来，我国坚持对外开放的基本国策，形成了全方位、多层次、宽领域的对外开放格局，建立了中国特色开放型经济体系。当前经济全球化深入发展，世界经济深度调整，我国经济与世界经济的相互联系相互影响明显加深。必须顺应我国经济深度融入世界经济的趋势，坚定不移地奉行互利共赢的开放战略，充分考虑国内国际经济联动效应，积极应对外部环境变化，更好地利用两个市场、两种资源，努力把我国开放型经济提升到新水平。

未来五年，要坚持统筹国内国际两个大局，深化全方位对外开放，完善对外开放布局，健全对外开放体制机制，构建开放型经济体系，在融入全球发展中谋划我们的发展。要坚持提升利用国际国内市场、资源的效率和效益，发展更高层次的开放型经济，以扩大开放带动创新、推动改革、促进发展。要积极推进“一带一路”和长江经济带、京津冀协同发展战略，推动对内对外开放相互促进、“引进来”和“走出去”更好结合，在更大范围更高层面统筹好两个市场、两种资源，促进形成内外合力，构建开放型经济新体制，加快培育形成国际经济合作和竞争新优势，努力形成深度融合的互利合作格局。

（一）完善对外开放战略布局

创新开放模式，促进沿海内陆沿边开放优势互补，形成各有侧重的对外开放基地。坚持进出口平衡，推动外贸向优质优价、优进优出转变。发展服务贸易，建设贸易强国。坚持“引进来”和“走出去”并重、引资和引技引智并举，放宽外商投资准入限制，支持企业走出去，推进国际产能合作，深度融入全球产业链、价值链、物流链，巩固和拓展传统优势，加快培育竞争新优势，拓展开放型经济发展新空间，完善内外联动、互利共赢、安全高效的开放型经济体系。

加快开放通道、平台、通关体系建设，着力构建对外开放基础保障体系。构建便捷畅通开放通道。加快建设水陆空交通枢纽，打造内陆地区连接丝绸之路经济带的国际贸易主通道；积极参与东盟经济圈，构建 21 世纪海上丝绸之路新格局。拓展和优化航线布局，构建覆盖世界五大洲主要枢纽城市的国际航线网络。强化对外大通道的互联互通，大力发展国际多式联运。着力优化物流组织体系，大力开拓跨境电商、国际贸易等领域功能。

完善对外开放平台体系。构建与国际贸易和国际产业链融合循环的开放型产业集群。围绕现代互联互通和现代服务经济，推进金融服务、航空、交通物流、信息通信技术等重点领域合作，打造高起点、高水平、创新型的示范性重点项目。

大力发展服务贸易。把服务贸易作为推动对外贸易和服务业转型升级的重要支撑，全面提升服务贸易整体实力和竞争力。积极探索服务贸易发展新途径，加快发展跨境电子商务、保税商品展示交易、互联网云计算大数据产业、跨境结算和投融资便利化、保税贸易等五大服务贸易专项。

加快贸易方式转型升级。大力发展加工贸易，优化加工贸易结构，推动一般贸易稳步发展，促进进出口贸易平衡。积极发展总部贸易和转口贸易，提升参与国际贸易供应链采购竞争力和定价权，打造内陆国际贸易分拨、中转、销售、结算中心。

加大“引进来”“走出去”力度。积极承接国际产业转移，主动参与全球产业分工。大力推行全价值链“垂直整合”等招商引资模式，引导外资广泛布局研发、设计、生产、销售、结算等价值链全流程业务。建立健全“走出去”支撑体系，积极培育本土跨国企业，鼓励企业借助国家“一带一路”倡议，积极稳妥地开展海外投资、跨国并购，拓展国际市场。

（二）形成对外开放新体制

保持外资政策稳定、透明、可预期，健全有利于合作共赢并同国际贸易投资规则相适应的体制机制。全面实行准入前国民待遇加负面清单管理制度，促进内外资企业一视同仁、公平竞争。提高自由贸易试验区建设质量，在更大范围推广复制，形成法治化、国际化、便利化的营商环境。

加强国际国内通关合作，推动国际贸易“单一窗口”建设，加快电子口岸建设，完善口岸数据交换功能平台，打造便捷高效一体化通关体系。大力发展新型口岸经济业态。

（三）加快推进“一带一路”建设

“一带一路”建设是扩大对外开放的重大战略举措。要坚持共商、共建、共享原则，秉持亲诚惠容，以“五通”即政策沟通、设施联通、贸易畅通、资金融通、民心相通为主要内容，以企业为主体，实行市场化运作，推进同有关国家和地区多领域互利共赢的务实合作，打造陆海内外联动、东西双向开放的全面开放新格局。

构建国际国内合作发展新机制，探索与“一带一路”沿线国家和地区经贸合作新途径。探索投资合作新模式，以商贸互通带动投资互动，积极参与合作建设境外产业集聚区、经贸合作区等各类园区。加强与沿线及周边地区产业合作，培育具有国际竞争力的产业集群。着力营造良好的开放环境，吸引国内外先进要素聚集，加强对外人员往来和文化交流。

（四）内地深化与港澳台合作

提升港澳在国家经济发展和对外开放中的地位和功能，深化两岸农业、文化、教育、科技、社会等领域的交流合作，促进共同繁荣发展。

（五）积极参与全球经济治理

积极承担国际责任和义务，推动国际经济治理体系改革完善，促进国际经济秩序朝着平等公正、合作共赢的方向发展。加快实施自由贸易区战略，致力于形成面向全球的高标准自由贸易区网络。坚持共同但有区别的责任原则、公平原则、各自能力原则，积极参与应对全球气候变化谈判，落实减排承诺。主动参与 2030 年可持续发展议程，为发展中国家的发展和世界的共同繁荣创造更好的国际环境。

五、坚持共享发展，不断增进社会公平正义和人民福祉

习近平总书记指出，要着力践行以人民为中心的发展思想。人民为中心的发展思想，不是一个抽象的、玄奥的概念，不能只停留在口头上、止步于思想环节，而要体现在经济社会发展各个环节。我国正处于并将长期处于社会主义初级阶段，我们要根据现有条件把能做的事情尽量做起来，积小胜为大胜，不断朝着全体人民共同富裕的目标前进。中国梦归根到底是人民的梦，必须紧紧依靠人民来实现，必须不断为人民造福。共享是中国特色社会主义的本质要求。我国人民生活水平、居民收入水平、社会保障水平持续提高，但仍存在收入差距较大、社会矛盾较多、部分群众生活比较困难等问题，全面建成小康社会还有不少“短板”要补。我们必须坚持发展为了人民、发展依靠人民、发展成果由人民共享，维护社会公平正义，作出更有效的制度安排，保证人民平等参与、平等发展权利，使全体人民在共建共享中有更多获得感，增强

发展动力，增进人民团结，朝着共同富裕方向稳步前进。

未来五年，要按照人人参与、人人尽力、人人享有的要求，把实现好、维护好、发展好最广大人民根本利益作为发展的根本目的，坚守底线、突出重点、完善制度、引导预期，注重机会公平，保障基本民生，大力发展社会事业，扩大公共服务供给，创新公共服务提供方式，推进基本公共服务均等化，保障人民各方面权益，维护社会公平正义，推动城乡区域共同繁荣，确保城乡居民共享改革发展成果。加强以保障和改善民生为重点的社会建设，保持比较充分的城镇就业，加快建设更加公平可持续的社会保障制度，加快完成农村脱贫攻坚任务，不断提高人民生活质量和健康水平，使改革发展成果更多更公平地惠及全体人民，不断增强人民群众获得感和幸福感，让城乡居民生活更美好，实现全体人民共同迈入全面小康社会。

（一）增加公共服务供给

要坚持普惠性、保基本、均等化、可持续方向，从解决人民最关心、最直接、最现实的利益问题入手，完善基本公共服务体系，努力实现基本公共服务全覆盖，提高公共服务共建能力和共享水平。加快社会事业改革发展，坚持教育优先发展，促进起点公平和机会公平。增加财政转移支付，重点向中西部、农村和贫困地区倾斜。完善社会保障制度，兜住兜牢人民群众生活底线。坚持计划生育的基本国策，全面实施一对夫妇可生育两个孩子政策，促进人口均衡发展，积极应对人口老龄化。

进一步完善社会保障体系。扩大社会保险覆盖面，提高社会保险筹资水平，稳步提高待遇标准。完善社会保险关系转移接续政策。积极稳妥推进机关事业单位养老保险制度改革。加强社会保险基金投资营运管理和监督。完善社会救助体系。加强保障性住房建设和管理，满足困难家庭基本住房需求。做好优抚安置工作。发展职业年金、企业年金和商业养老保险。探索建立失能老人护理保险制度。建立健全与经济社会发展水平相适应的普惠型社会福利制度。发展社会慈善事业。

着力促进就业创业。实施就业优先战略和更加积极的就业政策，完善劳动者自主就业、市场调节就业、政府促进就业和鼓励创业相结合的机制，多渠道增加就业岗位。注重发展吸纳就业能力强的产业，健全政府投资和重大项目建设带动就业机制，落实就业创业扶持政策，支持创业带动就业。加强就业援助和就业指导，帮助就业困难群体就业。加强职业培训和创业培训，增强劳动者就业创业和职业转换能力，缓解就业结构性矛盾。建立统一规范灵活的人力资源市场，强化公共就业创业服务，引导劳动力供需有效对接。创新劳动关系三方协调机制，推进劳动人事争议仲裁效能建设和基层调解组织建设，构建和谐劳动关系。

大力发展教育事业。坚持教育优先发展，深化教育领域综合改革，促进教育公平，强化素质教育，提高教育质量，推动各级各类教育协调发展，建设教育强市。调整优化教育资源布局，加大农村、边远、贫困和民族地区教育投入，推进基本公共教育服务均等化、义务教育公办学校标准化建设。全面巩固义务教育。普及提升高中阶段教育，对家庭经济困难学生免除普通高中学杂费并实现资助全覆盖。加快发展普惠性学前教育。构建现代职业教育体系，优化职业教育专业结构，深入推进中等职业教育免除学杂费。推进考试招生制度改革，推进教育管、办、评分离。支持和规范民办教育发展，鼓励社会力量和民间资本提供多样化教育服务。推进教育与信息化深度融合。加强教师队伍建设，推进城乡教师交流，进一步提高教师特别是农村教师待遇。完善教育督导，强化社会监督。加强继续教育，提升特殊教育水平。完善终身教育体系，构建学习型社会，稳步提高人均受教育年限。

提高城乡居民健康水平。健全医疗卫生事业多元化投入机制，优化城乡卫生资源配置，建立健全覆盖城乡居民的基本医疗卫生制度，稳步提高城乡居民预期寿命。深入推进公立医院改革，鼓励和规范社会资本办医。完善城市社区卫生服务体系和农村三级医疗卫生服务网络，加快推进分级诊疗。完善医疗保障体系，逐步提高筹资能力和支付标准，改进医疗保险支付方式，健全重特大疾病医疗保险和救助制度，鼓励发展补充医疗保险和商业健康保险。完善药品供应保障体系和基本药物制度，建立科学合理的医药价格形成机制。加强公共卫生服务体系建设，积极防治重大传染病、慢性病、职业病、地方病和精神疾病。大力扶持中医药事业发展。加强医德医风建设，完善纠纷调解机制，构建和谐医患关系。推进人口健康信息化建设。大力发展体育事业，完善全民健身设施，广泛开展全民健身运动，促进群众体育和竞技体育协调发展，不断增强国民体质。

加强和改善人口管理服务。统筹处理好人口与经济社会、资源环境关系，促进人口适度增长、结构优化、合理分布。不断提高人口整体素质，提升人力资源水平。全面实施一对夫妇可生育两个孩子政策，加强出生人口性别比综合治理。采取有力措施应对人口老龄化带来的挑战和风险，大力发展多元化、社会化养老服务体系，全面放开养老服务市场，支持社会力量举办养老服务事业和产业，推进居家、社区、机构等多层次养老，推动医疗卫生和养老服务相结合，更加重视解决农村养老问题。大力发展妇女儿童事业，切实保障妇女合法权益，加强未成年人保护。建立健全农村留守儿童、留守妇女、留守老人关爱服务体系。优化流动人口管理服务，促进流动人口同等享受基本公共服务。

全面依法治国。坚定不移地走中国特色社会主义法治道路，紧紧抓住领导干部这个关键、全民守法这个基础和党的领导这个根本保证，全面加强依法治国各项工作，确保国家宪法和法律全面正确实施，依法维护人民权益、维护公平正义、维护社会和谐稳定。统筹推动科学立法、严格执法、公正司法、全民守法各项工作。提高地方立法质量，加强党对立法工作的领导，健全人大主导立法工作的体制机制，发挥政府在立法中的重要作用，完善改革决策与立法决策相结合工作机制，推进立法科学化和民主化。全面依法行政，推进各级政府机构、职能、权限、程序、责任法定化，深化行政执法体制改革，建设职能科学、权责法定、执法严明、公开公正、廉洁高效、守法诚信的法治政府。提高司法公信力，深化司法体制改革，保证依法独立公正行使审判权、检察权，强化对司法活动的监督，深入推进司法公开，努力让人民群众在每一个司法案件中感受到公平正义。推进全民普法守法，全面落实领导干部和国家工作人员学法制度，大力推进公共法律服务体系建设，健全公民和组织守法信用记录，增强全民法治意识，形成守法光荣、违法可耻的社会环境。

创新社会治理体制。着眼于维护最广大人民根本利益，针对经济社会发展变化带来的新情况、新问题，完善社会治理体系，创新社会治理方式，提高社会治理水平，全面深化平安建设，最大限度地增加和谐因素，促进社会既充满活力又和谐有序。

改进社会治理方式。坚持系统治理，加强党委领导，发挥政府主导作用，鼓励和支持社会各方面参与，实现政府治理和社会自我调节、居民自治良性互动。加强社会治理信息资源整合和共建共享，加快综合服务平台信息化建设。运用法治思维和法治方式规范社会行为、调节利益关系、协调社会关系、解决社会问题、化解社会矛盾，推进多层次多领域依法治理。健全综合服务管理平台，进一步建好用好各级便民服务中心、各领域党群服务中心和“服务群众工作信息管理系统”，全面推进基层社会治理网格化管理、社会化服务，完善特殊人群教育管理和矫治体制机制。完善网络安全和信息化管理体制机制，加强网络社会治理，加大依法治网力度，推动网络空间健康发展。规范发展社会组织，加强对各类社会组织的管理，激发社会组织活力。

健全有效预防和化解社会矛盾体制机制。完善公共决策社会公示、公众听证、专家咨询论证制度，健全重大决策社会稳定风险评估机制。健全诉求表达、心理干预、矛盾调处、权益保障机制，使群众问题能反映、矛盾能化解、权益有保障。完善多元化纠纷解决机制。推进信访工作制度改革，把信访纳入法治化轨道解决，防止发生重大群体性事件。

维护国家安全和公共安全。贯彻落实总体国家安全观，坚决维护政治、经济、文化、社会、生态、信息等安全，严密防范暴力恐怖案件、极端恶性事件和重大政治事件发生，确保社会政治大局稳定。全面深化公安改革。深入推进社会治安综合治理，创新立体化社会治安防控体系，依法严密防范和惩治各类违法犯罪活动。把公共安全工作放到经济社会发展大局中谋划，加快健全公共安全体系，推进城乡安全监管执法和综合治理网格化、一体化。加强安全生产监管，遏制重特大生产安全事故。完善农产品质量安全监管体系。加强食品药品安全监管。完善防灾、减灾、救灾机制。加强应急管理体系建设。

推进政府自身建设。深化行政体制改革，切实转变政府职能，深入推进政企分开、政资分开、政事分开、政社分开，推动政府职能向创造良好发展环境、提供优质公共服务、维护社会公平正义转变，加快建设职能科学、结构优化、廉洁高效、人民满意的服务型政府。以转变政府职能为重点，全面正确履行政府职能，大幅度减少政府对资源的直接配置，强化市场监管、社会管理和公共服务职能；进一步简政放权，深化行政审批制度改革，减少审批事项、简化审批程序，提高审批效率；创新公共服务提供方式，扩大政府购买服务范围。优化政府组织结构，改善政府机构设置和职能配置，有序推进“大部门”制改革，进一步理顺部门职责关系。推进政府管理创新，全面推行政务公开，加强电子政务建设，运用信息化手段再造政府工作流程，提高行政效能和政府工作透明度，提升行政服务水平。加强对行政权力的制约监督，制定和完善权力清单、责任清单和负面清单，严格执行行政问责制度，强化政府绩效管理，确保行政权力正确行使，增强政府执行力和公信力。加强公务员队伍建设，加强政风建设和反腐倡廉建设，努力实现干部清正、政府清廉、政治清明。

（二）限时打赢脱贫攻坚战

全面建成小康社会，最艰巨的任务是农村贫困人口脱贫。要根据各地区的不同情况，因人因地施策，提高扶贫实效。扩大贫困地区基础设施覆盖面，因地制宜解决通路、通水、通电、通网络等问题。实行低保政策和扶贫政策衔接，对贫困人口应保尽保。

坚持精准扶贫、精准脱贫，切实提高扶贫脱贫工作针对性、有效性和可持续性，按照我国现行标准，确保 2017 年基本完成农村脱贫攻坚任务、2018 年完成扫尾工作。着力解决贫困区县在基础设施、特色产业、社会民生、生态环保等方面的共性问题，从总体上改善贫困地区生产生活条件。因地制宜、分类实施发展生产、就业扶持、高山生态扶贫搬迁、医疗救助、教育智力扶贫、低保兜底等精准扶贫工程。创新扶贫开发机制，构建形成专项扶贫、行业扶贫、社会扶贫等有机结合、互为支撑的大扶贫格局。细化分解目标任务，严格落实责任、强化考核。

（三）持续增加城乡居民收入

坚持居民收入增长和经济增长同步、劳动报酬提高和劳动生产率提高同步，完善市场评价要素贡献并按贡献分配的机制，形成合理的收入分配格局。实施更加积极的就业政策，鼓励以创业带就业，推动实现更加充分、更高质量的就业。健全再分配调节机制，实行有利于缩小收入差距的政策，明显增加低收入劳动者收入，扩大中等收入者比重，形成“两头小、中间大”的橄榄型收入分配结构。

稳步增加城乡居民尤其是中低收入家庭的收入。深化收入分配制度改革，提高劳动报酬在初次分配中的比重，完善再分配调节机制，健全由要素市场决定的报酬机制，努力实现居民收入增长和经济发展同步、劳动报酬增长和劳动生产率提高同步。完善最低工资保障和工资支付保障机制，推行企业工资集体协商制度，健全企业职工工资决定和正常增长机制。不断拓宽农村外部增收渠道和财产性收入渠道，稳步增加农民收入。

六、坚持统筹考虑，协调处理好各方面关系

（一）局部发展与全国发展的关系

全面建成小康社会核心在“全面”，要注重发展的平衡性、协调性、可持续性。从目前来看，各地各领域、各方面都有一些短板，必须着力在补齐短板、缩小差距上下功夫，不能用平均数掩盖大多数，不能有人“掉了队”。覆盖的领域要全面，要以发展的办法，加快补齐“三农”、公共服务、社会事业、民生保障、生态环境保护等短板，促进现代化建设各个环节、各个方面协调发展。覆盖的人口要全面，要更加关注农村贫困人口、城乡特殊困难群体等问题，坚决打赢脱贫攻坚战，确保小康惠及全体人民。覆盖的区域要全面，要切实解决各功能区域发展不平衡、城乡居民人均收入差距较大等问题，缩小城乡区域发展差距，推动全国一体化科学发展。

全面建成小康社会不是“齐步走”，不是所有地区同步进，要实事求是、分类指导、梯次推进。全国各地、城乡间自然条件、资源禀赋、发展现状和潜力差异很大，各地的功能定位、发展目标、发展重点和发展任务也必须各有侧重。发展基础好、实力强的地方可以走快点，扶持带动相对落后地区跨越发展。发展相对滞后的地方要自加压力，不等不靠，积极作为，不拖后腿。

要提倡“东部反哺西部”，鼓励西部发展特色经济，形成自主发展能力。要建立健全稳定的生态建设补偿机制，在承担生态建设投资的基础上，以东部的“快速发展”来反哺西部生态脆弱地区的“生态建设”。生态补偿机制可以采取多种方式，一是由国家组织东部地区直接对西部地区提供环保技术和资金支持；二是对长江、黄河中下游地区征

收水资源使用补偿税（费），专项用于上游地区水资源保护的经济补偿和扶持相关产业发展；三是对上游水库由于调水所造成的发电等直接经济损失予以相应补偿。要探索建立资源有偿使用和合理补偿机制，对煤矿、铁矿石等矿产资源开发企业征收环境恢复准备金，增强资源开发的地表恢复和生态环境保护补偿能力。

要加大国家对西部的投入，尤其是基础设施建设和社会事业的投入。建议国家改革投入机制，在强化国家宏观调控的同时赋予西部较大的自主发展权，从财政税收政策上给予西部开发以优惠，加大国家对西部地区基础设施建设的投资力度，引导资金投向两个方面：一是集中财力建设一些关系西部发展全局、带动作用较大的重大项目，比如干线公路、铁路（含支线）、电网、重大水利设施等基础设施以及重点区域的生态环境保护等工程，着力增强西部地区的可持续发展能力；二是与西部城乡群众生产生活以及与和谐社会建设密切相关的领域，如农村“六小”、社会事业、通信、广播电视、安全饮水等，着力提高西部城乡居民的公共服务水平，使东西部群众在公共服务上基本保持同一保障水平。考虑到中央财政资金有限，在增加预算内投入的同时，应进一步拓展西部开发的财政性资金融资渠道，确保稳定的西部开发资金来源，一是发行“西部开发长期建设国债”，二是仿照三峡工程建设的方式建立财政性的“西部开发专项建设基金”。基金筹集可从两个渠道解决，其一在全国范围内向能源、交通、通信等基础设施随价征收；其二向西部生态环境保护和基础设施建设的直接受益地区征收。调整税收政策，改变中央征税体制为属地征收，税源的发生地就是受益地或借鉴国外经验，采用比例分享制，同时适当扩大边疆少数民族地区税权并调整税收分享体制，将资源税、房产税、耕地占用税、土地使用税等与地方发展经济关系密切的税种的税目、税率、税额及征收范围的调整权赋予地方，将企业所得税仍改由地税一家征收，中央与地方按比例分享，适当调整国家与少数民族地区的税收分享比例，缓解少数民族地区可用财力不足的问题。积极推进基础设施投资主体多元化，对部分基础设施实行股份化集资，商业化运营；放宽外资准入条件，采取优惠政策，在基础设施建设中更多地引进外资；进一步完善价格运行机制，采用支持性价格政策筹集建设资金。坚持因地制宜与分类指导，适应不同地区、不同时期和不同层次的需要实施基础设施项目。在项目类型选择上充分考虑西部各个省区的自然环境、资源禀赋等特点，以各个省区的实际需要为准；在建设规模确定上认识基础设施项目存在“需求约束”问题，要“适当超前”但不能搞“形式主义”，减少投资失误，提高投资效益；在项目建设管理模式上，要研究不同的基础设施项目不同的融资与建设、运行机制，根据各自特点，积极探索切实可行的融资方式与经营管理方式。

习近平总书记指出，“对西部地区而言，到2020年全面建成小康社会不掉队，必须扬鞭奋蹄、埋头苦干。”对西部欠发达地区来说，需要处理好借助外力与自主发展的关系。西部欠发达地区目前主要靠国家投入来拉动经济的高速发展。在区域协调发展的同时，必须强调西部地区形成自主发展的能力。西部欠发达地区在争取国家投入、东部和中部支援的同时，必须因地制宜、选准特色经济，发挥“后发优势”，增强西部地区的自我发展能力。国家投入和东中部的支援应当集中在公共基础设施建设和发展文化教育社会事业上，帮助西部地区形成自主发展能力。西部地区应当在国家加大投入的背景下，借助东中部的支援，充分开发利用丰富的资源，迅速在国际、国内市场实现生产要素的优化配置，将资源优势转换为经济优势。这也要求西部欠发达地区加快特色资源综合开发进程、培育具有西部优势的特色经济体系。

（二）经济增长与生态建设的关系

各国工业化进程的普遍现象是随着经济增长，环境质量先是不断恶化然后才逐渐好转的。我国早在20世纪70年代就提出避免走西方国家走过的“先污染，后治理”的路子，但实际上并没有能够避开。由于自然资源供给的有限性与生产者和消费者对自然资源的需求的无限性之间的矛盾十分尖锐，环境容量资源供给的有限性与生产者和消费者对环境容量需求的无限性之间的矛盾十分尖锐，导致我国环境保护的基本形势依然是“局部领域有所好转，总体状况仍在恶化”，经济系统的无限膨胀使得生态系统的承载能力越来越受到挑战。呼吸一口新鲜的空气、喝上一口洁净的水、吃上一口放心的饭等基本需求成为稀有事物。

习近平总书记在主政浙江时就反对“只要金山银山，不要绿水青山”，要求“既要金山银山，又要绿水青山”，倡导“绿水青山就是金山银山”。把生态建设和环境保护作为基本国策，把生态安全和环境安全视作国家安全，把生态需求和环境需求当作民生需求。要按照“两座山”理论，狠抓产业生态化、消费绿色化、资源节约化和生态经济化等生态文明建设战略的落实，切实完成从黑色发展转向绿色发展、从线性发展转向循环发展、从高碳发展转向低碳发展。针对生态文明建设的制约因素，狠抓生态科技创新和生态文明制度建设。通过生态科技创新实现绿色不经济向绿色且经济的转变、循环不经济向循环且经济的转变、低碳不经济向低碳经济的转变；通过生态文明制度建设实现黑色经济向黑色不经济的转变、线性经济向线性不经济的转变、高碳经济向高碳不经济的转变。

发展循环经济，走可持续发展道路。政府制定循环经济发展规划，把发展循环经济列为经济社会发展的重要指标，条件可行的情况下要纳入考核体系，把生态保护作为衡量政府依法行政水平和考核干部的一项重要指标，加大保护生态环境的执法力度，防止某些地方为一时的经济利益和政绩而滥耕、滥伐。对环境污染实行“首端控制”，对各项决策、各类项目进行环境影响评价，避免开发中出现“先污染后治理、先破坏后恢复”。推动循环经济立法，制定必要的法规体系加以规范，包括三个方面：一是绿色制度环境，二是绿色规范制度，三是绿色激励制度。完善财政税收机制，鼓励循环经济发展，构建资源和生态环保税费体系。鼓励企业节约资源、降低能耗，发展循环经济，开征环境保护税，限制高耗材、高耗能、高污染行业的发展，对投资环保项目、资源综合利用产业实行税收等优惠政策。扩大资源税征税范围和改革计征方法，如将煤炭资源税计征方法改为按煤炭储量或回采率征收，将地下水、原木、草原、土地等不可再生资源尽早纳入资源征收范围。

（三）发展、改革、稳定之间的关系

发展是党执政兴国的第一要务。能不能解决好发展问题，直接关系到人心向背，事业兴衰。保持党的先进性，发挥社会主义制度的优越性，坚持党的基本理论、基本路线和基本纲领，归根到底，要落实到发展先进生产力、发展先进文化、实现最广大人民的根本利益上来，推动社会的全面进步，促进人的全面发展。紧紧抓住发展这个第一要务，就从根本上代表了人民的愿望，就把握住了社会主义现代化建设的本质，使党的执政地位不断巩固，使党的富民强国的要求不断实现。因此，一定要集中全国人民的智慧和力量，聚精会神搞建设，一心一意谋发展。这是全面建设小康社会的根本任务。为了发展，必须坚持和深化改革。改革是发展的强大动力。全面建设小康社会，不仅是现代化建设发展的新阶段，也是完善社会主义市场经济体制和扩大对外开放的关键阶段。完成发展与改革的艰巨任务，必须保持和谐稳定的社会环境。发展是目的，改革是动力，稳定是前提。为了保持和谐稳定的社会环境，使国家长治久安，我们在加快发展、深化改革的过程中，必须满腔热情地解决人民群众工作和生活中的实际问题；学会运用经济、行政、法律等各种手段妥善处理人民内部矛盾特别是利益矛盾。

（四）中国发展与世界发展的关系

中国的发展离不开世界。以广阔的世界眼光观察和处理问题，是我们实现全面建设小康社会奋斗目标的一个重要条件。和平与发展仍然是当今时代的两大主题。维护世界和平、促进共同发展，是世界各国人民的共同愿望，是不可阻挡的历史潮流。中国人民全面建设小康社会、加

快推进现代化，需要和平的国际环境和良好的周边环境。在和平共处五项原则的基础上改善和发展同世界各国的关系，推动建立和平、稳定、公正、合理的国际政治经济新秩序，是全面建设小康社会的重要保证。随着经济全球化趋势的不断发展，世界各国之间的联系和交往越来越密切。我们应该在对外开放中、在经济全球化的进程中，建设、巩固和发展中国特色社会主义。特别是在我国加入世贸组织后，我国的对外开放进入到一个新的阶段。只有在更大范围、更广领域、更高层次上参与国际经济技术合作和竞争，才能充分利用国际国内两个市场、两种资源，优化资源配置，拓宽发展空间；才能以开放促改革，推动改革的深化，不断完善我国社会主义市场经济体制。要把“引进来”和“走出去”相结合，全面提高对外开放水平。要进一步发挥我国不断提升的经济影响力，将自身发展成果更多更好地惠及其他国家，扩大与周边国家的利益汇合点，通过经济合作带动政治互信，缓和周边矛盾冲突，为我国发展拓展外部空间创造新的战略机遇期。全面的小康是经济发展更高水平的小康，是人民生活更加殷实的小康，也是对外更加开放的小康。这样的小康才能为下一步基本实现现代化奠定更加坚实的基础。

（五）短期阵痛和长远发展的关系

多年来，政府、市场、企业、个人都已习惯于近两位数的高速增长节奏，在减速换挡过程中，各方主体的利益在短期内都有可能受损。同步推进的全面深化改革会触及一些群体特别是拥有较多话语权群体的利益，从而形成对改革和发展的干预阻挠。因此，我们一方面要有为长远利益付出短期阵痛和代价的准备和决心，另一方面要考虑社会短期内的可承受程度，以制约发展、影响民生最突出的问题为突破口，努力形成最大共识，找准短期与长期利益的最佳平衡点，以“发展质量和效益得到提高又不会带来后遗症的速度”推动经济转型发展。在转型过程中，要处理好简政放权和加强监管的关系。纵观发达国家深化经济发展方式、推进政府改革的过程，尽管由于政治、经济、历史等原因造成各国政策和路径不同，但“减审批、强监管”的总体方向保持一致。作为政府的两大微观经济职能，在行政审批权下放的同时，必须加强市场监管体系建设，抓放并举才能取得预期效果。

（六）全面小康与党的建设的关系

党的事业和党的建设从来都是密不可分的。要创新和加强党对经济社会发展工作的领导，发挥党总揽全局、协调各方的领导核心作用。各级党委要创新领导经济工作的观念和方式方法，加强对经济社会发展的统筹协调。支持人大及其常委会依法行使职权，深入推进科学立法、民主立法，加强对“一府两院”的监督。坚持和完善中国共产党领导的多党合作和政治协商制度，支持政协围绕团结和民主两大主题履行职能，充分发挥人民政协作为协商民主重要渠道和专门协商机构的作用。巩固和发展最广泛的爱国统一战线，全面落实党的知识分子、民族、宗教、侨务等政策，充分发挥民主党派、工商联和无党派人士作用，促进政党关系、民族关系、宗教关系、阶层关系、海内外同胞关系和谐。深化群团改革，进一步发挥工会、共青团、妇联、科协等群团组织的桥梁纽带作用，共同为全市改革发展稳定贡献力量。

要完善党领导经济社会发展工作的体制机制。严格落实全面从严治党的政治责任，严明党的政治纪律和政治规矩，坚决贯彻落实中央重大决策部署，确保中央政令畅通。推进党的作风建设常态化、长效化，巩固拓展党的群众路线教育实践活动与“三严三实”专题教育成果，进一步密切党同人民群众的血肉联系。全面落实党风廉政建设党委主体责任和纪委监督责任，深入推进党风廉政建设和反腐败斗争，努力营造风清气正的政治生态，为干部群众干事创业创造良好环境。完善党委定期研究经济社会发展重大问题的机制，推动科学民主依法决策，加强形势研判和风险管控。优化各级党委领导班子知识结构和专业结构，注重培养选拔政治强、懂专业、善治理、敢担当、作风正的干部，提升领导经济社会发展工作的专业化水平。

附　录

APPENDIX

一些国家和地区由中等收入走向高等收入现代化阶段的经验教训

改革开放以来，中国已经获得了不同寻常的长时期高速“追赶型”经济增长，其经济增长模式对以往的经济增长思想和观念提出了巨大的挑战，形成了具有中国特色的经济增长模式。然而，继续缩小中国和最高收入国家间的收入差距却面临着新的以及更严峻的挑战。如：中国经济如何继续保持增长趋势，是否会落入中等收入陷阱，如何成为高收入国家等。在世界经济史上，许多国家进入中等收入阶段后，经济发展缓慢甚至倒退，社会动荡不安，但也有不少国家成功跨越中等收入阶段，迈入高等收入国家行列，其中有哪些经验教训值得我国借鉴？本部分将对以上问题进行探讨，通过合理借鉴其他国家和地区中等收入阶段的经验教训，为我国成功跨越中等收入陷阱提供一些切实有效的政策建议。

一、中等收入陷阱的出现

（一）何谓中等收入陷阱

世界银行在2006年首次提出并阐述“中等收入陷阱”概念，用于描述一个经济体进入中等收入阶段以后，原有的经济增长模式无法支撑其向高收入阶段迈进，而陷入经济增长停滞的困境。2007年，世界银行又进一步对“中等收入陷阱”作了更具体的解释，认为中等收入经济体既面临低收入经济体在制造业领域低成本劳动力的压力，又面临高收入经济体在高新技术领域的竞争，原有的以要素积累为基础的发展方式难以为继，不能提升价值链和开拓以知识创新与服务为主的高成长市场，陷入“发展陷阱”。亚洲发展银行认为中等收入经济体没能完成从资本、劳动的资源驱动向生产力驱动的转型，从而落入“中等收入陷阱”。

典型的事例来自拉美国家，巴西在1975年正式成为中等收入国家，2003年GNI最低水平仅有2905美元；阿根廷在1962年就已经是中等收入国家，但至今仍未实现向高收入国家的跨越。到目前为止，巴西和阿根廷在中等收入阶段分别滞留了40年和53年。2000年以前，理论界没有认识到“拉美病”的普遍性，只视其为个案，关注的重点往往是拉美的政治体制以及社会问题，没有在经济范畴内进行深入讨论。随着经济全球化、国际贸易的分工与协作，越来越多的国家进入到中等收入国家行列，才发现真正能够跻身高收入国家行列的寥寥无几。国内学者开始更侧重从经济学的角度来探讨什么是“中等收入陷阱”。

（二）关于中等收入陷阱的相关研究

“中等收入陷阱”一经提出，就引起了学术界的关注。目前已有不少学者从不同角度对“中等收入陷阱”进行了比较深入的研究。

在“中等收入陷阱”基本概念方面，经济学家大野健一从产业结构升级的视角定义了“中等收入陷阱”，用5个阶段（阶段0、1、2、3、4）来描述产业结构升级的过程：郑秉文（2010）① 认为“中等收入陷阱”是一个国家或地区进入中等收入阶段之后所出现的“经济增长负效应”；江时学（2005）② 研究了拉美问题，认为“中等收入陷阱”

---

① 郑秉文．“中等收入陷阱”与中国发展道路——基于国际经验教训的视角［J］．中国人口科学，2011（1）：2－15，111.

② 江时学．拉美国家的收入分配为什么如此不公［J］．拉丁美洲研究，2005（10）：3－10.

是拉美问题的国际化；蔡昉（2011）[①] 认为，一个国家或地区的发展本身具有艰难性和漫长性，所以“中等收入陷阱”不是一个全面准确的概念，对广大发展中国家没有很大的指导意义；厉以宁（2012）[②] 认为，“中等收入陷阱”本身就是一个伪命题，它忽视了生产方式变革前后增长基数和内涵的差别；高杰等（2012）[③] 认为，“中等收入陷阱”并不是必然的，它在相当大程度上取决于本国的政策和发展模式。

在“中等收入陷阱”的特点和原因方面：张飞、全毅（2012）[④] 认为“中等收入陷阱”的特点是经济增长回落或停滞、民主乱象、贫富分化、腐败多发、过度城市化、社会公共服务短缺、就业困难、社会动荡、信仰缺失和金融体系脆弱、增长模式转型不成功和劳动力转移困难。代法涛（2014）[⑤] 认为，“中等收入陷阱”最大的特点是矛盾多发，国内问题和国际问题相互交织，错综复杂。

在我国“中等收入陷阱”破解对策方面的研究主要有三类：一是认为避免“中等收入陷阱”应从技术创新、优化产业结构入手，主要有钱春运（2009）[⑥]、秦佳（2014）[⑦]、华生、汲铮（2011）[⑧] 和程雪娇（2015）[⑨] 等；二是认为避免“中等收入陷阱”应把收入分配作为突破口，主要有周文、赵方（2013）[⑩]、丁一兵等（2014）[⑪] 和杨淑华、朱彦

① 蔡昉．“中等收入陷阱”的理论、经验与针对性［J］．经济学动态，2011（12）：4－9.

② 厉以宁．论“中等收入陷阱”［J］．经济学动态，2012（12）：4－6.

③ 高杰，何平，张锐．“中等收入陷阱”理论述评［J］．经济学动态，2012（3）：83－89.

④ 张飞，全毅．避免“中等收入陷阱”的国际比较［J］．亚太经济，2012（1）：89－93.

⑤ 代法涛．跨越“中等收入陷阱”：理论、经验和对策——基于44个国家的跨国实证分析［J］．财经研究，2014（2）：54－66.

⑥ 钱运春．西欧跨越中等收入陷阱：理论分析与历史经验［J］．世界经济研究，2012（8）：81－86，89.

⑦ 秦佳．中等收入陷阱：理论、经验与中国发展道路［D］．天津：南开大学，2014.

⑧ 华生，汲铮．中等收入陷阱还是中等收入阶段［J］．经济学动态，2015（7）：4－13.

⑨ 程雪娇．中国跨越“中等收入陷阱”研究［D］．延吉：延边大学，2015.

⑩ 周文，赵方．中国如何跨越“中等收入陷阱”：库兹涅茨假说的再认识［J］．当代经济研究，2013（3）：23－29，93.

⑪ 丁一兵，傅缨捷，曹野．融资约束、技术创新与跨越“中等收入陷阱”——基于产业结构升级视角的分析［J］．产业经济研究，2014（3）：101－110.

振（2011）[①] 等，认为通过提高居民收入，扩大居民消费，形成消费主导的经济增长模式是跨越“中等收入陷阱”的关键。三是认为推进经济、社会、政治和文化四位一体的改革才能越过“中等收入陷阱”的风险，马岩（2009）[②]、孙琦峰（2015）[③] 等。

（三）中等收入陷阱的本质

一个国家或地区长期陷于中等收入陷阱的原因在于经济上原有竞争优势逐渐丧失，而新的比较优势又迟迟没有建立起来，处于青黄不接的阶段。而经济上的困境又极易引发政治、社会等一连串的危机，两极分化加剧，从而威胁到该国或地区的长期稳定与发展。

中等收入陷阱的原理为：贫困国家或欠发达国家虽然处境艰难，但因为贫穷，它们却可能天然拥有某些经济学上的“比较优势”，如低工资。这样，出于降低成本，提高效率，更多地回报股东等原因，在世界经济全球化的过程中，那些低端、劳动密集型产业将主动或被迫迁移到适合企业生存发展的贫穷国家，为自己拿到更高的利润率与资本回报率，效果上也为贫穷国家创造了就业机会，缴纳了税金，并激发了当地人的市场意识与相应的实践。于是，贫穷国家有可能在此基础上发展经济，脱贫兴业，而逐步成长为典型的中等收入国家。但随着社会的发展和民众收入的增加，该国家原有的产业比较优势可能风光不再，随之低端产业的利润增加也进入瓶颈，国民收入也进入胶着阶段。更高端、高技术含量的产品与服务不仅仅要求更多的投资与更高水准的人力资源，更要求丰富、持续的独有创新与变革，以及更专业的管理，甚至整个发展模式的变革。这些对于一个刚刚实现脱贫的社会来讲，难度非常高。如果政府的经济政策不及时做出调整、制度不及时改革和完善，经济增

① 杨淑华，朱彦振．中国绕过“中等收入陷阱”的路径分析——基于经济发展驱动力视角［J］．当代经济科学，2013（5）：52－57，125－126.

② 马岩．我国面对中等收入陷阱的挑战及对策［J］．经济学动态，2009（7）：42－46.

③ 孙琦峰．中国进入高收入国家行列的路径研究［D］．北京：北京交通大学，2015.

长会失去动力，社会和谐会被打破，一个国家可能长期处于经济低迷、社会动荡的状态；即使有一定的经济增长，但不足以支持其经济追赶先行发达国家，长时间难以跨过中等收入阶段而进入高收入社会，因此在中等收入国家范围内徘徊。

二、长期无法走出中等收入陷阱国家的教训

（一）拉美国家的发展困境

毫无疑问，拉美地区是“中等收入陷阱”的重灾区。各国学者对于拉美国家发展经验教训的反思，涵盖了经济社会的各个层面，从“新自由主义”的指导思想到拉美经济发展模式，再具体到拉美各国的经济、社会乃至民主政治制度等各个方面。归纳起来，主要有以下几点：

1. 经济政策僵化，国内国外经济政策互相掣肘

拉美国家长期奉行进口替代战略，该战略的初衷是保护刚刚起步的幼稚工业不致被发达国家的竞争优势所摧垮，支持其成长壮大。在初期非常有效，最初实行进口替代战略的 30 年间，大多数拉美发展中国家在经济和社会方面都有很大的进步，但长期实行进口替代战略，不但国内市场需求增长潜力有限，也失去了为应对全球竞争持续进行技术学习的压力和机会。由于没有及时调整战略，拉美国家的进口替代战略不仅没有实现促进大规模现代产业发展的初始目标，还阻碍了农业和中小企业的自主发展。

2. 政府的领导力、管理能力薄弱

政府没有解决好收入分配差距问题。多数拉美国家不彻底的土地革命没有解决土地集中问题，而初级产品出口型发展模式加速了财富向少数人手里集中。在工业化发展阶段，社会再分配问题没有得到足够重视，使得拉美大国的基尼系数长期居高不下，社会问题持续恶化。

收入分配不公平问题严重影响了拉美国家的经济增长。首先，收入分配不公平导致内需不振。拉美地区广大中下阶层在经济发展过程中被边缘化，直接限制了消费的扩大，国内市场需求不振，陷入增长缓慢和内需不足的恶性循环。拉美各国政府虽然实施了一系列扩大就业、提高工资和控制物价的政策来刺激需求，但无法使这一矛盾得到根本消除。其次，收入分配不均限制了投资规模的扩大。尽管拉美的财富大量集中在富裕阶层手中，但并没有呈现更高的储蓄倾向。有关数据显示，拉美国家的私人储蓄率从20世纪70年代中期后就呈下降趋势，储蓄率较低以及部分资本外逃等原因导致拉美的资本形成不足，生产投资不得不依靠外部资金，使得宏观经济运行暴露在国际环境的风险之下。最后，分配不公平间接影响了拉美国家的人力资本积累，使拉美经济缺乏持续增长的基础。

众所周知，人力资本积累通常取决于个人和家庭的健康状况、教育水平和社会保障因素，拉美的贫困人口只能获得质量较差的医疗服务，因此营养不良、死亡率较高等问题较为突出，降低了人力资本的质量。同时，由于政府对初等教育的投入不足，导致拉美的教育质量较差，也影响了人力资本质量的提升。

拉美国家的城市化进程也管理不善，城市人口增长过快与经济发展水平不相适应。大量农村人口流入城市却由于没有充足的就业机会而只能失业或者在非正规部门谋生，造成了更加尖锐的社会问题。许多大城市（如墨西哥城、里约热内卢、加拉加斯、利马等）都被贫民窟所包围。贫民窟通常没有正规的道路，水电供应、公共环卫系统缺失，居民在物质和文化层面上都难以与城市融合。收入差距更加拉大，同时这些地区也是法律秩序无法触及的灰色地带，导致犯罪活动猖獗。日益严重的犯罪活动不仅影响了拉美国家的社会稳定团结，也影响了经济的正常发展。

尽管拉美政府采取了一系列宏观干预手段来抑制城市的过快发展，

但这些措施只是缓解了城市化过度集中于大城市的问题，而没有从根本上解决社会发展中出现的城市化模式问题。城市化畸形发展的直接后果是城市经济出现了“二元”现象，弱势产业就业的劳动力和非正规部门的从业者、无业者被边缘化。由于不同地区发展水平之间的差距日益扩大，人口、资本纷纷从贫困地区向发达国家转移，政府为了应对城市规模的扩大，应付资源和环境的压力，被迫加大对中心城市的投资，减少对落后地区的资金投入，这就导致了落后地区经济发展潜力被进一步削弱。地区经济发展的不平衡直接影响了整体经济的增长。

3. 不能有效管理外资，缺乏核心竞争力

拉美国家除了原本对外资依赖性较大之外，在新自由主义影响下还产生一种错误观念，认为获得外资越多，经济增长就越快。外资流入量比改革前大幅增加，其中绝大部分是直接投资。跨国公司投资大量进入拉美，尤其是进入新兴工业部门，并且在这些部门中占据了垄断地位，国际垄断资本高度控制东道国的经济，并形成大量的利润转移。国际垄断资本把大量利润带回母国，导致拉美国家经济剩余所剩无几，从而导致这些国家“增长而不发展”的问题。另外，由于外资掌握了投资地的经济命脉，一旦它们物色到更加有利可图的国家或地区，开始大量转移投资资金时，原先投资地的经济就要受到重创，甚至因此发生经济危机，引发社会动荡。对外部资金的依赖还造成拉美国家在经济政策上受制于外部，自债务危机爆发之后拉美一直背负沉重的债务负担，这使得拉美国家政府在经济政策上不得不受制于外部力量而难有大的回旋余地，给它们的经济增长和发展造成非常被动的局面。

（二）苏联和东欧国家

苏联和东欧国家在 20 世纪 70 年代之前，曾经一度创造了工业化快速推进的辉煌成就。如果说在发展早期经济剩余分散、经济规模小、部门和地区间联系相对简单的情况下，计划经济体制在动员经济剩余、快速启动工业化方面尚且能够奏效的话，那么，随着发展阶段的提升和经济联系的复杂化，必须充分认识到计划体制在信息搜集、决策的灵活性和科学性方面的不足。

1. 居民消费受抑制，投资需求难以持续增长，对全球市场参与度很低，导致市场空间无法持续拓展

苏联和东欧国家普遍强调优先发展工业，特别是重工业，忽视居民消费需求类产品的生产。此外，在政府的统一安排之下，劳动者收入水平被压低，以便政府集中经济的剩余资源加快发展重工业，导致居民消费需求增长也非常缓慢。这些安排实际上就意味着，拉动总需求增长的“三驾马车”中的一驾，只能发挥有限的作用。

在经济实力有限的情况下，为了争霸、扩张与美国搞军备竞赛，必然制约人民生活水平的提高。长期以来，苏联市场供应紧张，一直被称为“短缺经济”。在居民消费需求这架马车发挥不了多大作用的前提下，投资需求这驾马车虽然在工业化特定阶段上能够带动总需求增长，但是投资需求终归是派生于居民消费需求的。在建设起一个门类齐全的重工业体系之后，投资需求的增长空间必然相应大幅缩小。

军事工业虽然能够带动投资增长，但是，由于整个国民经济体系效益低下，军事工业投资所需的资金难以保障，所以，这方面的投资空间也必然难以持续。从外部需求的角度来看，受斯大林“两个平行的世界市场”理论的影响，苏联经济的国际往来，主要局限于经济互助委员会（以下简称“经互会”）经互会范围内，50%～60%的对外经贸合作是与经互会成员国进行的。在一个很长时期内，苏联经济发展以进口替代为主。对外贸易的比重在社会总产值中的比重很小。这种内向型经济有利于建立自己独立的工业体系，满足本国国内市场的需要，减少对外国经济的依赖。但是，没有积极介入世界经济和世界市场，不利于扩大自身产业体系的市场空间。

2. 长期推行重工业优先发展战略，导致失衡的产业结构不可持续

苏联和东欧国家经济发展过程中，奉行重工业优先发展战略。在这种战略下，重工业始终处于最优先的地位，消费品和农业的生产或被忽视或被迫压低。在重工业中与军事工业有关的部门，如机械制造、金属加工、仪表、自动化设备、电子计算技术均获得迅速的发展。

经常性的国民经济比例失调，畸形的经济结构，是苏联经济的一大特点。苏联在诞生不久就宣布实行重工业优先发展的国家工业化方针，经过快速的工业化，并在“二战”后继续执行既定经济发展战略。于是，以重工业为龙头的工业部门获得迅猛发展，在国民经济中的比重更加突出。战前占国民经济主导地位的工业，到战后在工农业总产值中达到80%以上，而重工业占到60%左右。自20世纪二三十年代形成的这种抑农业、压消费、高积累、突出重工业的特殊发展战略，逐渐被固定化和模式化。

经济结构畸形降低了资源利用的综合效益，制约了国民经济的协调发展，阻碍了经济增长方式的转变。经济结构失衡给苏联带来一系列问题，如：重工业和军工企业超前发展，轻工业相对落后，导致民用产品供不应求；农业发展滞后，导致粮油肉蛋等生活必需品供应紧张；国有经济比重过大，市场经济成分不足，导致资源配置不良，浪费现象突出；计划管理体制僵化，导致官僚作风严重，流通渠道不畅，宏观经济效益低下；等等。工业比重过大，农业、轻工业、服务业等发展迟缓；军工生产先进、民用生产落后的局面没有得到根本改观。同时，苏联特别注重国营经济的主导地位，限制非国有经济的发展，加上近乎闭关自守的对外贸易政策，也加剧了其经济结构的不合理局面。经济结构的失衡，使得苏联每一步发展都要付出无谓代价，大大增加了经济增长方式转变的难度。

以苏联为主导的经互会体系，也是有一定规模的经济体。在这种半

封闭的条件下，如果放弃分工和专业化带来的生产率提高的效应，依靠自我循环实现增长，必须有一个比较平衡的产业结构。而片面强调重工业优先发展的战略下所形成的产业结构，忽视了轻工业和消费资料工业的发展。在这种格局下，单靠重工业部门，只能在有限的时期和程度上带动经济增长，但是最终会由于产业结构不平衡而无法持续。

3. 计划经济体制在较高发展阶段难以持续提高微观效率、宏观配置效率和技术水平

为了推行重工业优先发展的战略，苏联和东欧国家长期实施高度集权的计划经济体制。这种体制在经济规模小、部门和产业间相互联系不复杂的情况下尚能适应，甚至在一定意义上说，还能比自发的市场体制更快地集中经济中的资源用于工业化的起步。但是，当工业化推进到一定水平时，集权计划经济体制无论是在调动微观主体积极性，还是改善要素配置效率，抑或是推动技术进步等方面，都表现出明显的不足。

微观企业缺乏创新的动力和空间。具体表现在：一是企业缺乏采用新技术的内在动力。企业的任务是完成上级下达的生产指标，而采用新技术生产新产品往往会打破原有生产节奏并导致产量下降，企业要冒完不成计划而使利润减少和荣誉丧失的风险。因此，企业不愿意冒险进行技术创新。二是企业缺乏技术革新要素供应的畅通渠道。苏联对企业长期实行生产资料统一调拨制度，企业无权通过市场自由采购。企业在制定生产计划时往往优先选择那些组织生产得心应手又有物资供应保证的老产品，而对那些因采用新技术而导致物资供应不畅甚至完不成计划的新产品则不敢贸然生产。三是企业缺乏科技创新的物质基础。进行技术更新要有充足的资金保证，但苏联企业几乎所有活动都由国家控制，本身能自由支配的资金利润很少，致使企业既无足够资金又无充分的权限进行技术革新。

（三）东南亚四国

1. 在开放市场的同时，没有消除利用外资方面的负效应

东南亚四国在推行出口导向战略中，过分依赖外资。从生产、贸易及国际收支层面上看，外国直接投资产生的负效应是东南亚金融危机爆发的重要原因之一。首先，发达国家跨国企业的资金流入主要是在子公司初创时期，随着子公司正式投产，资金流入量往往会减少、停止以至回收所投资金，那时就会出现净资金流出。其次，外资投入领域与本国经济缺乏产业上的关联性，对东南亚四国产业的影响很小。有些外国投资集中的制造业部门几乎不从其他行业购入中间产品，最典型的是大量投资于东南亚四国自由贸易区的电子产业，其生产所需的原材料和零部件几乎全部依靠进口，而产品全部用于出口。这种投资方式赖以存在的条件是东南亚四国的低工资和现有的基础条件，当这些条件变化后，外资就会大规模撤离。正是外资的这种深度依赖和对外资的利用没有真正融入本国经济体系，致使东南亚各国无法根本超越在全球经济、全球分工中的依附式发展模式，导致国内经济结构单一化，经济发展失衡。

2. 经常账户的结构性逆差不断积累，导致宏观经济不稳定

由于东南亚四国基础工业及零部件加工工业落后，其出口越多，所需进口的资本设备和中间产品也就越多。20 世纪 80 年代中期以后，泰国和菲律宾的出口贸易增长迅速，但贸易收支逆差对国内生产总值的比例却一直维持在较高的水平上。不仅如此，泰国的经常收支逆差对国内生产总值的比例更高，连贸易收支顺差的马来西亚和印度尼西亚，经常收支逆差对国内生产总值的比例也在较高的水平上。于是，东南亚四国结构性的经常收支逆差主要通过资本收支的顺差，即外国直接投资或间接投资的流入来弥补。而当外国直接投资减少时，东南亚四国只能铤而走险，以高估本币汇率和过高的国内利率来吸引外国间接投资，甚至是流动性很大的短期资本，从而加剧了东南亚四国经济的不稳定性。东南

亚四国经常收支的结构性逆差，在很大程度上是由和日本贸易的不对称性引起的。东南亚四国所需的资本设备和零部件大部分依赖从日本进口，但工业制成品的出口市场则主要在美国。尽管 80 年代以后日本从东南亚四国进口的工业制成品多有增加，但进出口仍有很大的不平衡，由直接投资形成的东南亚四国贸易赤字结构没有得到根本改善。

3. 经济自主发展能力弱，过分依赖国际市场易受外部冲击

为了减轻贸易赤字、财政赤字和对外债务三重压力，在贸易自由化的大背景下，东南亚四国从 20 世纪 80 年代中期开始，进一步强化了出口导向发展战略，使整个国民经济的发展形成了对发达国家的高度依赖。由此可见，出口导向型经济的成功是以外部市场的容量和世界贸易的增长为前提条件的，一旦这个条件丧失，就容易出现经济危机。

4. 国内产业结构和地区发展失衡，收入分配问题突出

出口导向模式的片面发展，导致东南亚四国产业结构出现严重的不协调，尤其是农业的相对落后和初级产品加工工业的不发达，最终阻碍了东南亚国家工业化的顺利进行。外国大企业以其压倒性优势的资金和技术力量，将民族中小企业置于其依附地位，使民族中小企业得不到充分发展。同时，外国企业主要集中在东南亚各国的首都及出口加工区，在这些地区，经济有了较快发展，但在边远地区和农村，经济依然没有得到发展，收入水平相对较低。东南亚各国地区之间、城市与农村之间发展的不平衡及贫富差距的扩大，影响了东南亚四国的稳定。东南亚四国的金融危机迅速扩展为社会和政治危机，也正是这种经济和社会发展不平衡的结果。

三、成功跨越中等收入陷阱国家的经验

目前成功跨越中等收入阶段的经济体主要包含以下四类：作为先行国家的英国和美国；二次大战后成功追赶型经济体，如德国、日本；通

过高速增长顺利跨越中等收入阶段的亚洲“四小龙”。这些少数的经济体在激烈的全球竞争中脱颖而出，成功跨越中等收入陷阱，实现了向高收入国家的华丽转身。

（一）资本主义制度先行国家——英国、美国

英、美是工业化先行国家，先后引领了世界第一次和第二次工业革命，奠定了强大的经济基础，是高收入集团军的一员，始终处于技术发展的前沿；并通过不断的制度创新，将大量人力、物力投入到研发和创新活动上，保持了技术领先地位。这两个国家在劳动力、土地、资本、企业家才能、技术和信息等生产要素合理配置上的制度设计支撑了其在工业革命时期高增长的驱动力，这些制度供给包括创新公司制度、调整贸易体制、建立金融制度、发展产权保护制度等。美国经济之所以富有朝气，是因为它能不断进行制度调整，以巩固和增强其竞争力。但为了保护自由竞争，美国不允许在经济层面上形成利益结构，为此出台了一系列反垄断法。

从全世界来看，一国进入中等收入阶段，便进入转型关键期。在该阶段，一国的经济和社会结构将会发生变化，利益格局也会发生一定调整。在此阶段，除了强有力的制度支撑外，还需要发展模式的转变，经济发展要由要素驱动转向创新驱动，社会发展要由追求效率转向追求公平。英、美作为工业化先行国家，在发展模式方面通过不断顺应不同发展阶段的条件变化适时进行战略调整，积极开拓与发展条件相符的新兴领域，创造属于自己的技术前沿，不断打造新的比较优势。为适应经济转型的需要，英、美不断加强自身国内工业结构的调整。在企业方面，不断加快企业结构调整，使企业适应工业结构调整的需要，适时将工业化发展要素驱动转向投资驱动和创新驱动。

（二）成功赶超国家——德国、日本

第二次世界大战后，德国和日本丧失了全部海外领地，生存空间更

加狭小，但却实现了经济的快速发展，成为高收入国家，其经济的起飞，主要可以归结为以下几个因素：

第一，发展基础好。虽然受到战争的严重破坏，但两国的工业基础大部分被保留下来，与英、法等老牌资本主义国家相比，德国工业化起步稍晚。1871 年德国统一后，形成了统一的国内市场，又抓住了第二次工业革命的契机，经济发展较快。高素质的劳动力也在，很多研究都认为，人力资本是德、日两国成功的关键。两国都长期重视教育，劳动者大多辛勤工作、自强上进，具有较强的集体主义观念。

第二，两国的起飞得益于良好的外部环境。冷战的爆发使德国和日本从被惩罚者变成援助的对象，美国的援助提供了两国急需的资金，对两国恢复正常的生产生活秩序起到了重要作用。朝鲜战争带来的采购订单刺激了工业生产和出口，为企业发展积累了资本和利润。与西方战胜国的和解使两国快速融入世界经济体系，两国均在 20 世纪 50 年代初就加入了关贸总协定和国际货币基金组织，而德国更成为欧洲一体化进程的创始成员之一。“二战”后世界经济进入了有史以来发展最快的“黄金时期”，在布雷顿森林体系下，国际贸易和投资快速发展，汇率和金融市场相对稳定，能源价格极其低廉，对严重依赖外部市场和原材料的德国和日本来说这些都是非常有利的外部条件。

第三，也是最重要的，即两国都采取了适合经济快速发展的政策。有利的外部环境是所有国家都面对的，但德国和日本的经济政策却有自己的独到之处。首先，在经济体制方面，第二次世界大战后在美国的改造下，市场经济体制完全确立，过去一些阻碍竞争和效率的机制被破除，这是有利于经济发展的。但由于传统的原因，两国均建立了不同于美、英等国的自由市场经济体制，具体表现在政府对经济的干预程度仍比较高。德国建立的是“社会市场经济”，其实质是以自由竞争为基础，国家进行适当调节，并以社会安全为保障的资本主义市场经济。而日本政府对经济的干预程度最高，可以说是一种“政府主导型的市场经济”，其具体的表现是制订各种经济发展计划，并通过产业政策扶植和引导企业发展。其次，两国充分发挥自身比较优势，积极发展对外贸易。两国一直都有开拓国际市场的传统，第二次世界大战后为了提升自身竞争优势，特别重视提高效率和质量并降低成本，两国产品得以迅速打开国际市场。两国还非常善于引进和转化先进技术，并重视对科技和研发的投入，使得产业结构不断升级，始终保持国际竞争力。再加上国际经济环境总体有利，短短几十年间，两国都成为世界出口大国，积累了大量贸易顺差，成为推动经济增长的主要动力之一。再者，就是两国都保持了稳定的宏观经济政策和环境。20 世纪 20 年代德国曾出现超级通货膨胀，因此战后德国建立了独立性很强的中央银行，树立了打击通胀的信誉，长期保持了物价稳定。而 20 世纪 50 年代初，日本由于物价上涨很快，日元汇率一度出现高估现象。而日本政府坚持汇率不贬值，通过降低生产成本、提高效率的方式提升产品国际竞争力，保持了汇率和物价稳定。最后，在经济高速发展的同时，两国都保持了社会稳定。德国是通过完善的社会保障体系和所谓的“社会市场经济体制”；日本是通过经济快速增长实现全民就业，保证了增长的果实可以被大多数人共享，没有使贫富分化和收入分配成为阻碍经济发展的因素。

在美国、英国迅速转向发展服务业的时候，德国坚持发展制造业。到 20 世纪 90 年代中期，德国制造业吸纳的就业人数相当于工作人口的 38%，是美国的两倍。德国的很多大企业都是“百年老店”，到今天都非常有竞争力。德国还有很多中小企业在产品细分市场上处于国际领先地位，或是掌握核心技术，或是占有市场的大部分份额。比如说，尽管劳动力成本非常高，但 90 年代的德国仍是世界第二大服装出口国，靠的是优秀的设计、良好的售后服务。正是通过不断提升产品质量、技术含量，德国出口才能在汇率升值和劳动力成本上升的情况下，始终保持在国际竞争中的优势地位，并成为推动其经济增长的主要力量。

对日本这样一个外向型经济体且石油进口依存度超过 99% 的国家

而言，20 世纪 70 年代布雷顿森林体系的崩溃和两次石油危机的冲击巨大，经济增长显著放缓。70 年代初日本接连爆发了几起重大环境事故，国民也在反思高增长的代价。日本政府和企业寻求转变的态度非常积极，日本政府通过了最严厉的环境保护法案，发起节能以及高耗能产业的合理化运动，日本产业结构开始从重化工业转向环保、节能的高科技产业。到了 20 世纪 80 年代初，日本已成为发达国家中能源利用效率最高的国家，而且开发出节能环保的各种产品和设备，在国际市场占有优势地位。

（三）经济发展新秀——亚洲“四小龙”

在人力资本方面，“四小龙”具有较高的初始水平，且提高很快。在传统儒家文化重视教育的熏陶下，“四小龙”的劳动力平均知识修养水平要高于其他同等原始部落民族。“四小龙”另一个显著特点是高储蓄率，进而为高投资率奠定基础。一定水平的人力资本和实物资本的积累意味着“四小龙”具备了启动工业化进程的基本要素，而且可以在工业化进程中继续保持这一势头。

1. 实行了一揽子适合国情的发展战略

亚洲“四小龙”接连跨越低收入和中等收入两个阶段，成为高收入经济体，关键是这些致力于经济增长和现代化的政府理性地进行制度创新和制度安排，并有效地予以实施。

首先，“四小龙”建立了以市场经济为基础的经济体制。很多人认为东亚模式的特点是政府对经济的干预，这是与发达国家相比较而言，与多数发展中国家相比，“四小龙”经济的自由度非常高，其主要表现是保障私有产权，自由企业制度，劳动力市场灵活，较少干预收入分配。中国香港是自由港，其市场化程度自不待言，新加坡在一定程度上也是如此。而韩国和中国台湾对经济的干预也主要体现在特定产业上，而不是对整个经济制订计划，对价格进行管理。

相比之下，20世纪50年代和60年代，多数发展中国家都在相当程度上通过计划来管理国民经济。许多刚独立的发展中国家急于赶超发达国家，希望集中国家资源加快发展，而且当时苏联的计划经济体制及其建设成就有一定的吸引力，甚至早已独立的拉美国家也依靠政府确定经济发展方向。计划体制下，价格是扭曲的，资源是错配的，短期内可能会带动经济增长，但在长期内是不可持续的。到了20世纪70年代，计划经济在许多发展中国家均陷入困境。

其次，“四小龙”不仅国内市场化程度高，而且对外开放度也高。许多研究认为“四小龙”的成功是源于实行了出口导向型政策，而拉美的问题在于实行了进口替代型政策，出口导向或外向型经济最直接的好处是可以获得外汇和外部资金，可以用来购买国外先进的技术和设备，或用于弥补国内资本积累的不足。出口导向对于人力资本的提升和收入分配也有积极作用。由于发展中国家劳动力资源丰富，出口导向的起始阶段必然是以发展劳动密集的制造业为主，这既有利于人力资本的积累，也有助于提高低收入者的收入水平。而进口替代往往是以资本密集行业为主，劳动者技能和收入提升有限，而且受保护的工业往往从农业中汲取资源，进一步恶化城乡间收入分配关系。而外向型经济对于创新和技术进步的作用更明显。出口企业直接参与国际分工，国外企业和产品带来的示范效应、竞争效应和前后向联系效应远大于内向型企业。也有的学者研究了日本和韩国的经验认为，从提高劳动生产率的角度来说，进口的作用比出口更大，这主要是源于进口带来的竞争效应和进口产品中凝聚的先进技术和知识。但对于发展中国家而言，如果出口没有竞争力，哪来的外汇进口呢？显然，这些好处是实行进口替代和内向型发展政策的国家难以享受到的。

出口导向和进口替代的本质区别在于是否按照比较优势配置资源。按照比较优势配置资源，生产成本低，竞争力强，积累多，经济发展快。不按照比较优势配置资源，生产成本高，国际竞争力弱，资源不断被浪费，就必须实行贸易保护政策，进一步降低经济效率。当然，比较优势是动态的。实行进口替代的一个理由就是让国内产业发展起来、具备国际竞争力之后再出口，这与保护幼稚产业的逻辑一样。

再次，“四小龙”特别重视加大人力资本投资，培养自主创新能力。为跨越中等收入陷阱，日本设计了一套培育国内自主创新能力的国家战略，通过优惠政策扶植民间研究开发活动，加大战略性高新技术产业的培育，设立专门机构切实提高技术成果的转化率；韩国优先发展基础教育，积极调动社会各界力量，增加全社会教育投入，增强各类学校的办学活力，以提升整体人力资本质量；新加坡重视学校教育和职业技术教育，加强教育硬件与软件的建设，多形式、多渠道地进行职业教育，还实施开放的人口政策，以世界上最优厚的待遇吸引世界各地最优秀的人才，积累最优质的人力资本；中国台湾则实施大力培养、引进高端人才，保障科技进步的人才供应，制定长期科技发展战略，明确科技进步在经济发展中的重要作用，明确科技发展方向，强化科技投入与合作，促进产业研发等政策。

2. 政府的权威性、执行力有力地保障了经济结构的发展优化

以市场经济为基础，不代表完全对经济放任自流。除了保持宏观经济稳定、创造良好的商业环境、建立相对廉洁和高效的公务员体系、重视对教育和基础设施的投资之外，“四小龙”对经济最主要的干预体现在产业政策上，特别是选择性的产业扶持政策，韩国能在40年间从一个资源匮乏、国内市场狭小的农业国发展成为重化工业和高科技产品都具有国际竞争力的经济体，很难想象这完全是市场化自发演进的结果。

亚洲“四小龙”的成功源于及时调整发展战略，实行了出口导向型的发展模式，如韩国20世纪70年代的“汉江奇迹”。韩国及时进行发展模式、战略的转变，依靠出口导向战略，将发展方向从扶持、保护产业转向鼓励竞争和创新，提出技术开发的主体由政府转向企业，使韩国产业竞争力持续提升。“四小龙”的产业结构明显表现出随时间的推

移而升级的趋势，从最早的劳动密集型产业，升级为资本密集型，然后是技术密集型产业，最后是现代服务业。产业结构的不断升级，为经济发展提供了不竭的动力，使“四小龙”可以保持持续高速的增长，顺利跨越中等收入陷阱。如果没有政府的政策推动，完全凭市场自发选择，产业升级不可能在这么短的时间内完成。

东亚国家的产业扶持政策基本上是按照比较优势原则进行的。从经济起飞初期的鼓励劳动密集型产品出口，到劳动力成本上升、资本有了一定积累之后开始扶持资本密集型行业，再到技术水平达到一定程度后扶持高科技产业，都是按照比较优势的变化逐步进行的，与那种不符合经济发展规律、拔苗助长式的进口替代政策不同。而且，在政策扶持的产业之间和同一产业内部的企业之间，存在充分的竞争和优胜劣汰原则，最后胜利者是市场选择的结果。

政府对经济的成功干预还有赖于政府本身的权威性和统治力。“四小龙”在经济起飞阶段始终保持政权的稳定和政府的权威，而拉美国家虽然也长时间有专制统治，但实际上经济和社会政策是由利益集团把持。在政府强力推动下，土地改革在韩国和中国台湾获得成功，对工业化、城市化发展以及收入分配产生了十分积极的影响。而受利益集团阻挠，土地改革在拉美和部分东南亚国家失败，成为拖累经济发展和收入分配恶化的重要原因。“四小龙”在经济起飞过程中能保持收入差距没有明显扩大，主要就是因为优先发展劳动密集型制造业、重视基础教育和土地改革，使增长的成果惠及多数人。但在社会保障较少、对劳动者权益保护相对不足的情况下，也不是没有社会矛盾，但这些矛盾没有演变成大的社会动荡，很重要的原因是政府强有力地压制了反对力量。

四、中国如何跨越中等收入陷阱

要使中国能够成功避免陷入中等收入陷阱的泥潭，就必须搞清楚中等收入阶段有哪些特殊问题使这个阶段特别容易产生陷阱。需要剔除不相关因素，只有跟中等收入相关的问题才算，而不能把所有问题都牵扯进来。任何一个国家在任何一个发展阶段、任何一个收入阶段都会出现竞争力丧失的问题，出现经济停滞，出现各种危机。那么，在中等收入阶段有没有特殊的问题？答案是确实有！

时至今日，中国已步入中等收入国家行列，劳动、土地、资本等要素成本的不断上升正侵蚀着这个“世界工厂”的根基。增长速度放缓、经济繁荣依靠大量投资来支撑，中国经济走到了十字路口，习惯了两位数经济增长率的中国面临着20年前日本的命运。中国怎样才能成功避免经济衰退呢？这取决于中国在何种程度上将其投资驱动和出口导向型经济模式转变为更适合本国服务业与国内消费的经济、以完全市场驱动模式来替代原来的政府主导投资增长模式。要跨越中等收入陷阱，中国需从以下几个方面着力。

（一）转变政府职能，提高政府效率

拉美国家的教训表明，政府应发挥积极有效的资源配置功能，完善经济和社会权力部门的协调机制，通过公共政策引导和促进经济、社会的协调发展。首先，政府应正确把握当前发展阶段所需要的理念与价值观，如科学发展观与和谐社会的理念，以及对环保的重视、对公平的追求等理念为整个经济、社会发展提供了基础性支持，并为政府决策提供了原则性指引。

其次，政府要进一步改革，向服务型政府转变。其目的不仅在于使政府机构变得更有效率，还在于政府机构能更好地为市场服务，这是我国经济可持续增长的基础。

最后，从政府自身而言，要切实转变职能，从全面控制转向治理，实现由发展型政府向服务型政府转变。在政治层面上，政府要确保为社会各阶层特别是弱势群体提供一个安全、平等和民主的制度环境，实现有效的治理；在社会层面上，政府要从社会长远发展出发，提供稳定的就业、义务教育和社会保障，调节贫富差距，打击违法犯罪，确保社会

健康发展。

（二）进行包容性产业创新，带动中国产业结构升级

包容性产业创新的关键是要充分发挥企业主体的作用，现阶段中国产业结构转型升级乃至整个经济转型的关键在于从粗放型生产经营方式向集约型转变，即提高生产效率。这一过程需要提高投入产出比，提升企业竞争力，在中国广泛参与全球化的今天，随着要素边际报酬率递减和竞争的日趋激烈，包容性产业创新将是实现这一目的的主要途径。

对进入中等收入行列、亟须产业转型升级的中国来说，产业发展过于集中于产业价值链的低端和低端产品的加工制造环节，阻碍了竞争优势的提升，产业结构转型升级的趋势应该是使劳动密集型产品的需求比重不断下降，资本和技术密集型产品的需求比重不断上升。如果发展中国家为加强国际分工和专业化生产水平而继续大力发展具有比较优势的劳动密集型产业，国民经济结构就会缺乏具有产业控制力和能够带动产业升级的主导产业，而丧失产业结构转型升级的发展机遇，导致资本与技术密集型产业以及服务业的发展滞后。要推动产业结构的调整升级，就必须以需求结构带动为推手，加快突破制约产业转型升级的设计、研发、标准、物流、营销、品牌等专门化分工环节，以制造业产业链的延伸和生产性服务业的发展为突破目标，带动产业结构的升级与产业价值链分工地位的提升。

在经济全球化的条件下，一国的经济发展不再只是反映本国产业按一般过程依次升级的需要，而要反映本国产业在国际领域取得竞争优势的需要，这要求产业发展应以自主创新铸就核心竞争力，提升国际分工地位，进而在国际分工体系中获取更多的利益。因此，中国基于竞争优势的开放创新，就“必须把技术进步和创新列为思考的重点”，不是以资源禀赋，而是以“一国产业是否拥有可与世界级竞争对手较劲的竞争优势”为发展原则，通过开放经济获取培育创新能力的要素，推进技术与产业的创新发展，培养具有国际竞争优势的企业，转变对内对外

经济发展方式，走上创新驱动、内生增长的轨道，从而形成国家竞争优势，不断提升在全球产业分工体系和利益格局中的地位，实现跨越发展。

总之，对于中国而言，提升中国产业发展的技术支撑水平，实现由劳动密集型工序产业向技术密集型工序产业的延伸和转换，必须以开放体系下的自主创新为手段，建设创新型国家。

（三）加强节能减排工作，实现经济可持续发展

中国既是能源消费大国，又是污染排放大国。传统的“高投入、高污染、低质量、低效益”以及“先污染、后治理”的发展方式，造成了大量的污染和环境破坏，必然是不可长期持续下去的。

中国政府自 2006 年以来开始推行节能减排政策和绿色创新。从“节能”的角度讲，人力资本的提高能够有力地促进科技发展，创造出新的生产技术和新的要素投入产出关系，发挥全要素生产率对产出的促进作用，进而在同样的要素投入下获得更高的产出，或者在实现同样产出目标的前提下减少要素投入，节约能源原材料的使用。从“减排”的角度来讲，人力资本的提高也可以促进绿色经济和环保经济的充分发展，用更清洁的能源生产出更清洁的产品，减少废弃物质的排放。

此外，当经济发展到较高阶段，人力资本达到较高水平后，与经济发展的数量相比，经济发展的质量将越来越受到重视，对绿色产品和环保产品的需求也会随之增长，这也进一步刺激了绿色产业和新兴能源产业的发展，引导经济体的整体发展方式从粗放型向集约型演变，实现“低投入、低污染、高质量、高效益”，走上可持续发展的道路。

（四）合理调节收入分配，避免落入“福利陷阱”

经济发展停滞与收入分配恶化之间具有互为因果和互相强化的关系，这是导致“中等收入陷阱”的重要原因之一。经济发展不仅仅是将国民生产总值的“蛋糕”做大，也需要将“蛋糕”切得更均匀，使

全社会都能够从经济增长和发展中得到福利的增进。

随着人力资本的提升和科学技术的发展，不同投入要素的相对重要程度发生改变。传统的资源密集型行业和资本密集型行业将被人力资本密集型行业逐渐取代，劳动者收入将会日益提高。不仅仅局限在高人力资本的劳动者，而是不同层次人力资本的劳动者都将通过产业结构的升级或多或少地得到劳动报酬的增加，而合理的收入分配格局是保障机会平等、提高经济主体参与积极性、使人民分享经济发展成果的关键所在，也是中等收入国家促进经济可持续发展的基础。因此，中国需要在前一阶段改革的基础上，加快推进收入分配制度的完善，特别是对垄断性行业收入分配制度加大改革力度，改善收入分配过重偏向资本利得的现状，降低基尼系数和实现全社会的和谐稳定。

总结落入中等收入陷阱国家的共同特点，就是在进入中等收入国家行列之后，政府很快将福利提高了，但市场化的经济运行方式却未能顺利建立，我国应避免拉美国家出现的“高福利陷阱”，警惕“民粹主义”的思潮，人民应继续发扬低收入时期艰苦奋斗、勤俭节约的优秀品德，不过早和发达国家的生活方式攀比，努力提高自身素质，促进我国全面建设小康社会任务的完成。总之，学习借鉴国外由中等收入阶段走向高等收入现代化阶段的经验教训，对我国成功避免“中等收入陷阱”，实现全面建成小康社会的目标具有重大的现实意义。

关于适时开展全面建成小康社会综合评估的建议

到2020年我国全面建成小康社会，承载着中华民族数千年的期盼，也是我们党对人民、对历史作出的庄严承诺和光荣使命。社会前进的车轮距2020年这个重大历史节点越来越近，届时如何向全国人民和全世界宣告我国全面建成的小康社会，小康社会建成后我国社会向何处去，已成为广大干部群众以及国际社会高度关注的问题。为确保全面建成小康社会目标的如期实现，科学、客观、准确地反映我国在这一重大阶段历史节点的社会发展景象，有必要适时启动开展我国全面建成小康社会进程的评估，这有助于统一各方面思想认识，凝聚全社会力量圆满实现既定任务，研究确立全面建成小康社会之后中国特色社会主义现代化建设的发展战略目标与路径。

一、开展全面建成小康社会评估的必要性

随着我国经济社会发展逐步接近实现小康社会的目标，国内外出现了对如期全面建成小康社会的种种不同看法。有的地方认为本地区早已提前实现了小康目标，对于全面建成小康社会的全面新要求认识不足；有的地方感到有些方面的差距和压力还很大，对如期实现小康社会目标信心不足；有的地方对小康社会进程注重数量指标，忽视质量与结构指标；有的干部群众认为全面建成小康社会就应该是达到同样的发展水平和生活水准。全国地区差异大，发展不平衡，对全面实现小康社会目标必然存有不同视角、体验和认识，需要加强引导，有针对性地做好工

作。因此，启动开展评估工作有着多方面的重要意义。

（一）开展全面建成小康社会评估，是有效引导全社会正确认识全面建成小康社会内涵和目标的需要

到2020年向全社会宣告如期全面建成小康社会的宏伟目标，意义十分重大。这将进一步巩固党的执政地位，增强党的凝聚力和向心力，彰显社会主义制度的优越性和比较优势，坚定中国特色社会主义道路自信、理论自信、制度自信、文化自信，显著提高我国的国际地位和影响力。改革开放以来，从中央到各级地方都相继多次提出过不同的小康目标要求，党中央、国务院各部门也都制定过各种不同的目标及指标体系。由于各地方发展基础不同、工作进展不同，有的地方早已达到或超过既定的目标，有的地方可能还有不少差距；有些部门提出的目标早已实现，有的可能难以完全实现。届时如何向全社会宣告全面小康社会实现的进展，如何引导全面、正确理解小康社会的内涵和目标，解疑释惑，都是需要及早研究的问题。做好这些工作，有利于统一全国人民的思想认识，形成举国一致的正能量。

（二）开展全面建成小康社会评估，是确保全面小康社会目标任务如期实现的需要

未来四年是迈向全面建成小康社会的决胜阶段，但目前全国发展中仍有不少短板和薄弱环节，包括贫困人口脱贫、环境污染、农村问题等，各省市区也都有这样或那样一些短板和薄弱环节。通过对全国和各地方发展现状进行评估研究，能够及时准确地发现短板、难点和薄弱环节，坚持问题导向，准确聚焦重点、难点，采取更加有针对性的工作部署和政策措施，从而促进既定目标任务的全面实现。

（三）开展全面建成小康社会评估，是衔接好“两个百年”重大战略的需要

从现在到2049年的30多年，是中华民族伟大复兴中国梦全面实现的决定性阶段。全面建成小康社会具有“收官”和“新布局”承前启后的双重历史意义，既是我国现代化建设第二步走战略目标全面实现之时，又是第三步走战略起始之际，在很大程度上决定着未来二三十年中国发展的后劲足不足，决定着第二个百年奋斗目标实现得顺利不顺利。开展对小康社会整体进程的评估，有利于在认清已有进展的基础上，更好地研究部署小康社会之后的未来发展，为中央及各级地方适时提出新的目标任务决策提供依据。评估中总结成就和经验，找出问题和不足，可以为今后发展提供新的理论和决策支持，适时提出未来新发展阶段的战略思想、战略目标、战略任务、战略步骤和战略举措。

（四）开展全面建成小康社会评估，是强化中央决策部署和方针政策落实的需要

为确保顺利实现全面小康社会，中央近些年适应国际国内新的形势变化，提出了一系列新的理念、新的任务、新的政策，制定了不少决议、规划，各级地方党委和政府也出台了许多决策、规划。通过进程评估，可以进一步推动新理念、新规划、新决策以及新任务和方针政策的有效贯彻执行，真正把党中央新的治党治国决策和重大任务落到实处。评估工作也是人民对党和政府工作的监督。通过评估，有利于促进各级党政干部进一步转变作风，提高党的方针政策的权威性和执行力。

二、全面建成小康社会综合评估的指导思想和主要内容

全面建成小康社会综合评估的指导思想应是，以坚持和发展中国特色社会主义方向为引领，深入贯彻习近平总书记系列重要讲话精神，全面推进“五位一体”建设，协调推动“四个全面”战略布局，贯彻落实“五大发展理念”，通过开展综合评估，全面对照已提出的目标、任务，总结检查实施情况，发现问题，找出短板，及时采取针对性措施，改进工作，确保既定的目标任务圆满实现。

评估全面建成小康社会进程，应主要进行综合评估，并评估全国和省级两个层次。全国层面和省级层面都需要明确评估内容，提出评估依据。从全国来看，主要应围绕党的历次代表大会提出的明确要求，以及几个国民经济发展五年规划的目标，但最主要的，应是党的十六大、十七大，特别是党的十八大提出的全面建成小康社会新的目标要求，以及党的十八大以来历次党的中央全会提出的新目标、新任务和十二届全国人大三次会议通过的“十三五”规划设计的宏伟蓝图。

（一）评估经济发展状况与趋势

围绕树立和落实新发展理念，推进供给侧结构性改革，实现经济持续健康发展，到 2020 年国内生产总值和城乡居民人均收入比 2010 年翻一番的目标，对经济发展的动力、速度、总量、结构、质量进行全面评估。注重评估转变经济发展方式，创新推动成效是否显著，发展的平衡性、协调性、可持续性是否显著增强，发展质量和效益是否不断提高。重点评估能否进入创新型国家行列，科技进步对经济增长的贡献率，创新驱动的成效和创新型社会的发展程度，自主创新能力的增强和重点领域和关键环节核心技术取得突破的状况，工业化、信息化、城镇化的进程与质量，产业迈向中高端的水平等。

（二）评估人民民主扩大的状况与趋势

在党的领导下，发展更加广泛、更加充分、更加健全的人民民主，民主制度完善程度、民主形式丰富程度，人民积极性、主动性、创造性不断发挥的状况；法治在国家治理和社会管理中的作用，国家法制统一、尊严、权威的状况，依法治国基本方略全面落实情况，法治政府建设情况，司法公信力水平，尊重和保障人权、有效保护产权的状况。政府提供基本公共服务能力是否显著增强。

（三）评估文化软实力增强的状况与趋势

建设社会主义文化强国的进展，社会主义核心价值体系建设成效，公民文明素质和社会文明程度的提高情况；文化产品丰富、公共文化服务体系建设，以及中华文化“走出去”的情况。文化管理体制和文化生产经营机制、现代文化市场体系的状况。

（四）评估社会发展和人民生活水平提高的状况与趋势

和谐、平安、诚信、健康、幸福社会建设的进展，人民生活水平和质量，公共服务体系更加健全，基本公共服务均等化水平稳步提高。教育现代化取得重要进展，全民受教育程度和创新人才培育水平明显提高。居民收入增长和经济发展是否同步。收入分配差距缩小状况，中等收入人口比重上升，特别是脱贫攻坚的成效的状况，农村贫困人口实现脱贫，贫困县全部摘帽，区域性整体贫困得到解决的程度。全面建成覆盖城乡居民的社会保障体系的程度。人人享有基本医疗卫生服务的状况，住房保障体系基本形成。

（五）评估资源节约型、环境友好型社会建设状况与趋势

更加注重生态文明建设，并将其作为约束性目标，加大这方面的权重。重点评估国土空间开发格局，主体功能区布局，资源循环利用体系。单位国内生产总值能源消耗和二氧化碳排放，主要污染物排放总量；实施工业污染源全面达标排放计划的情况，重点环境污染治理的进展。森林覆盖率，生态系统稳定性，人居环境。评估生产方式和生活方式绿色、低碳水平，能源资源开发利用效率，能源和水资源消耗、建设用地、碳排放总量的控制。生态文明制度建设，国土空间开发、资源节约、生态环境保护体制机制的状况。

（六）评估全面建成小康社会进程中的薄弱环节与突出短板

全面建成小康社会的要义是“全面覆盖”，是“全面发展”、没有明显短板的小康。全面建成小康社会重点要在找准和解决薄弱环节和短板上下功夫，突出解决好社会建设和民生方面的短板。低收入群体是个短板，农村贫困人口和民族地区脱贫，是最突出的短板。还要重点评估

农村建设和环境整治情况，提出加强薄弱环节和突出短板的要求。近年来，党中央高度重视解决这些“短板”问题，要切实落实各项政策措施并加大工作力度。

（七）评估全面深化体制改革的状况与趋势

到 2020 年，构建系统完备、科学规范、运行有效的制度体系，使各方面制度更加成熟更加定型，这是党的十四大以来历次党代表大会都重申的改革目标。党的十八大和十八大以后加大了改革的力度。应重点评估完善社会主义市场经济体制目标体系的建设状况以及与之相适应的政治、文化、社会、生态建设体制改革的进展状况，特别是要将出台的各项改革任务和政策措施落实到位。

三、评估全面建成小康社会需要实行的原则和方法

（一）评估的原则

全面系统。充分体现全面小康不仅是物质的小康，而且是精神的小康。覆盖的领域要全面，是经济、政治、文化、社会、生态五位一体全面进步的小康；覆盖的人口要全面，是惠及全体人民的小康；覆盖的区域要全面，是城乡区域共同发展的小康。既要坚持以经济建设为中心，又要全面推进政治、文化、社会、生态文明及其他各方面建设；既要不断解放和发展社会生产力，又要逐步实现全体人民共同富裕、促进人的全面发展。

实事求是。坚持从实际出发，全国和各地既要坚持既定目标水准，又不要一个尺度，不搞“一刀切”。要根据不同区域已设定的发展目标，充分考虑各地的历史和现实情况，考虑东中西部以及民族地区、贫困地区，大中小城市、农村的区别和差异性，不能把相关指标简单地套用到各级地方与各方面，应如实反映各方面、各地方实际进程。当前，对于东部沿海的经济发达地区和“北上广”这样的城市和地区而言，

全面建成小康社会的一些基本指标已提前完成。但对于中西部地区尤其是这些地区的农村来说，“达标”的任务还很重、时间很紧迫。即使是沿海发达地区和“北上广”这些城市和地区，内部也有发展不平衡的方面，也有一些短板和薄弱环节。

方法科学。采取定性评估与定量评估相结合。评估指标体系要全面简洁，在力求全面的基础上尽可能简化指标，以便为大众所熟知。评估标准要科学统一，对同一指标的名词解释、口径范围、计算方法的理解和执行要明确一致。评估过程要公开透明，内容、方法、流程都要向社会和媒体开放。特别要充分发扬民主，广泛听取各类人群的意见。评估程序要严谨规范，从数据采集汇总、整理分析、现场检查、审核复核到认定等建立规范流程，严格按程序按标准开展评估。

动态监测。密切跟踪国内外形势变化，根据需要适时适度调整重点任务、政策举措和保障机制，提高分析评估的及时性、全面性、准确性。

（二）评估的方法

主要根据全面建成小康社会的基本内涵和主要目标，以及数据的可得性、可比性、可持续性和普遍性等特点，进行系统的综合评价和具体分析。

要科学设计评估指标体系。全面小康社会的目标是一个综合性的范畴内涵，要用若干个方面指标来衡量。首先，是反映经济发展和人民收入水平高低的指标，人均 GDP 和人均收入是最综合、最重要的指标。其次，是反映居民生活质量状况的指标，这些指标中，恩格尔系数是常用指标。第三，是反映社会结构变化的指标，主要包括城乡结构、就业结构、社会阶层结构等。高、中、低收入人口比例，基尼系数，贫富差距等。

全面小康不是指所有方面，更不是所有人都整齐划一地达到同一小康水平，也不能简单地用“平均”水平衡量全国或一个省、市、县、乡的实际状况，可以理解为“有底线，不封顶”。所谓“有底线”，是指到2020年，所有领域、地区、人群全部要达到一定的目标，如农村贫困人口要全部脱贫、“两个翻一番”目标要实现、生态环境质量总体改善等；“不封顶”是指有些领域、地区和人群现在已经实现甚至超越了全面小康的目标要求，进入了“后小康时代”，要鼓励支持他们继续向更高的目标前进。

要注重落实新发展理念。评估全面建成小康社会工作，要充分体现与贯彻落实“五大新发展理念”有效结合。注重评估创新能力、创新活力和创新效果，注重评估区域协调发展、城乡协调发展、经济社会协调发展的水平，注重评估低碳循环发展、生态文明建设的程度，注重评估开放型经济的发展水平，注重评估基本公共服务均等化程度、发展成果共享程度。

要重视综合评估与专项评估相结合。既要进行全面系统的综合评估，也要对经济社会发展的一些重要方面开展专项评估，如资源环境评估、社会保障和民生评估等。要重视定性分析与定量分析相结合。注重综合分析小康社会的景象特征，同时各方面的实现程度尽可能以数据为主。要对现实数据进行全面、深入、系统地分析，要充分运用大数据、网络调查等新方法进行评估，以直观具体地反映小康水平。

（三）全面建成小康社会评估的工作组织

要建立评估组织。建议由中财办牵头，党中央、国务院有关部门参加，共同组成评估工作领导小组，负责全面建成小康社会评估工作的总体指导、综合协调、联络交流、监测督查等工作。在中央的统一部署下，各省、自治区和直辖市组成相应的评估工作组织，形成各级纵向、横向联动的工作机制和格局。

建立科学的评估机制。充分发挥各级人大机构和人大代表的作用，更好地发挥政协、民主党派、工商联人士的作用，重视发挥各类智库、科研机构和社会组织的应有作用，注重通过多种形式听取群众意见。要积极研究借鉴近些年来政府组织的第三方评估的做法和经验，也要借鉴国际对经济社会发展评估的做法和经验。组织由实际工作者和研究人员相结合的力量研究全国和地区的小康社会建设指标体系，进行科学评估。

评估结果要及时转化为相应的政策建议，服务于各级党组织和政府的决策。评估要有利于服务科学决策，确保各级领导能够全面准确掌握进程，及时发现突出问题，有针对性地对薄弱环节、难点、重点、发展短板，加大力度予以解决，也可以正确引导社会各主体的行为方向。

要强化各级责任。各级各部门要按照中央的统一部署，认真落实分类指导、有效推进全面建成小康社会的工作责任。各部门特别是综合部门要出台相应的工作方案，进行重点监测，落实推进措施。

要加强考评监测。严格执行分级负责制和责任追究制。按照以全面建成小康社会统揽经济社会发展全局的要求，有效整合其他同类考评项目和力量，凡同一事项，不重复考评，既减少重复检查考评、降低工作成本，又强化全面建成小康社会考评工作的权威性。

评估过程中需要注意的问题。要真正从实际情况出发，确保评估的客观性、真实性、准确性。要坚决防止形式主义，防止做表面文章。要防止盲目追求不切实际的高指标，做数字游戏。要防止弄虚作假，虚报数据，避重就轻、掩饰问题，掩盖矛盾。要防止图虚名，招实祸，带来新的矛盾和问题。

参考文献

[1]魏礼群．中国未来经济转型升级的方向与路径[J]．全球化,2016(12):5－9,131.

[2]魏礼群．提高社会治理水平 决胜全面小康社会全面建成小康社会之时中国社会的景象特征及实现目标任务与路径选择[J]．社会治理,2016(5):10－20.

[3]魏礼群．全面建成小康的社会景象特征[N]．光明日报,2016－07－27(016).

[4]魏礼群．国家社会治理现代化的总体思路[M]//中国国际经济交流中心．中国智库经济观察(2015)．北京:社会科学文献出版社,2016.

[5]魏礼群．加强创新社会治理的战略考虑[M]//中国国际经济交流中心．中国智库经济观察(2015)．北京:社会科学文献出版社,2016.

[6]"十三五"规划的总体思路研究课题组．创新规划理念 改革规划方法——关于研究制定"十三五"规划的八项建议[M]//中国国际经济交流中心．中国智库经济观察(2015)．北京:社会科学文献出版社,2016:7.

[7]魏礼群．以行政改革创新促进经济转型发展[J]．中国井冈山干部学院学报,2016,9(1):11－13.

[8]魏礼群．全面建成小康社会决胜阶段的历史重任与新型智库的使命担当[J]．社会治理,2016(1):11－17.

[9]任海平,许朝友．中国应在全球治理中发挥更加重要的建设性作用[J]．全球化,2017(3):59－70,135.

[10]郑秉文．"中等收入陷阱"与中国发展道路——基于国际经验教训的视

角[J]. 中国人口科学,2011(1):2 - 15 + 111.

[11]江时学. 拉美国家的收入分配为什么如此不公[J]. 拉丁美洲研究,2005(10):3 - 10.

[12]蔡昉."中等收入陷阱"的理论、经验与针对性[J]. 经济学动态,2011(12):4 - 9.

[13]厉以宁. 论"中等收入陷阱"[J]. 经济学动态,2012(12):4 - 6.

[14]高杰,何平,张锐."中等收入陷阱"理论述评[J]. 经济学动态,2012(3):83 - 89.

[15]张飞,全毅. 避免"中等收入陷阱"的国际比较[J]. 亚太经济,2012(1):89 - 93.

[16]代法涛. 跨越"中等收入陷阱":理论、经验和对策——基于44个国家的跨国实证分析[J]. 财经研究,2014(2):54 - 66.

[17]钱运春. 西欧跨越中等收入陷阱:理论分析与历史经验[J]. 世界经济研究,2012(8):81 - 86,89.

[18]秦佳. 中等收入陷阱:理论、经验与中国发展道路[D]. 天津:南开大学,2014.

[19]华生,汲铮. 中等收入陷阱还是中等收入阶段[J]. 经济学动态,2015(7):4 - 13.

[20]程雪娇. 中国跨越"中等收入陷阱"研究[D]. 延吉:延边大学,2015.

[21]周文,赵方. 中国如何跨越"中等收入陷阱":库兹涅茨假说的再认识[J]. 当代经济研究,2013(3):23 - 29,93.

[22]丁一兵,傅缨捷,曹野. 融资约束、技术创新与跨越"中等收入陷阱"——基于产业结构升级视角的分析[J]. 产业经济研究,2014(3):101 - 110.

[23]杨淑华,朱彦振. 中国绕过"中等收入陷阱"的路径分析——基于经济发展驱动力视角[J]. 当代经济科学,2013(5):52 - 57,125 - 126.

后　记

到2020年我国全面建成小康社会，承载着中华民族数千年的期盼，也是我们党对人民、对历史做出的庄严承诺和光荣使命。社会前进的车轮距2020年这个重大历史节点越来越近，届时如何向全国人民和全世界宣告我国全面建成的小康社会，小康社会建成后我国社会向何处去，已成为广大干部群众以及国际社会高度关注的问题。

本书在中国国际经济交流中心魏礼群常务副理事长的指导下，根据我国具体国情，在实地调查和数量分析的基础上，提出了2020年我国全面建成小康社会进程评估的基本原则、主要内容、评估方法，对我国确保如期全面建成小康社会的各项工作具有一定的理论价值和指导意义。

本书的主要部分是中国国际经济交流中心2016—2017年度重大基金课题“2020年全面建成小康社会进程评估”的研究成果。课题组主要由中国国际经济交流中心的任海平、李锋、王天龙、王婧等人组成。课题研究完成于2017年上半年，作为为党的十九大报告起草提供咨询的一项重要课题，相关研究成果报送中央有关部门和党的十九大报告起草组，研究的主要观点和研究思路得到中央有关部门的肯定和采纳。希望本书能对读者朋友们有所启迪，同时，也欢迎广大读者对其中的疏漏给予指正。

国家出版基金项目

中国国际经济交流中心

China Center for International Economic Exchanges

CCIEE

智库丛书

全7册

加快构建中国特色新型智库生态圈

中国国际经济交流中心课题组 著

中国方案 中国智慧

中国经济出版社
CHINA ECONOMIC PUBLISHING HOUSE
·北京·

图书在版编目（CIP）数据

中国国际经济交流中心智库丛书：全7册 / 中国国际经济交流中心课题组著.
—北京：中国经济出版社，2020.3
ISBN 978-7-5136-5850-8

Ⅰ.①中… Ⅱ.①中… Ⅲ.①对外贸易政策—咨询机构—研究—中国 Ⅳ.①F752.0

中国版本图书馆 CIP 数据核字（2019）第 215488 号

责任编辑　闫明明
责任印制　巢新强

出版发行　中国经济出版社
印 刷 者　北京力信诚印刷有限公司
经 销 者　各地新华书店
开　　本　710mm×1000mm　1/16
印　　张　14.5
字　　数　187 千字
版　　次　2020 年 3 月第 1 版
印　　次　2020 年 3 月第 1 次
定　　价　628.00 元（全 7 册）
广告经营许可证　京西工商广字第 8179 号

中国经济出版社 **网址** www.economyph.com **社址** 北京市东城区安定门外大街 58 号 **邮编** 100011
本版图书如存在印装质量问题，请与本社销售中心联系调换（联系电话：010-57512564）

课题组成员

课题指导

张大卫　中国国际经济交流中心副理事长

组　　长

张　瑾　中国国际经济交流中心产业规划部副研究员

杨绪珍　中国国际经济交流中心经济研究部部长

成　　员

郭　丽　中国国际经济交流中心执行局副主任

刘向东　中国国际经济交流中心经济研究部副研究员

孙　葵　中国国际经济交流中心交流部智库合作处处长

李　娣　中国国际经济交流中心经济研究部副研究员

张景豪　中国国际经济交流中心交流部智库合作处

徐　娅　中国国际经济交流中心国经咨询产业合作处处长

吴思进　中国国际经济交流中心国经咨询产业合作处

摘　要

2015年1月20日，中共中央办公厅、国务院办公厅印发的《关于加强中国特色新型智库建设的意见》，明确提出中国特色新型智库是党和政府科学民主依法决策的重要支撑，是国家治理体系和治理能力现代化的重要内容，是国家软实力的重要组成部分。对加强中国特色新型智库建设进行深入研究具有重要的理论和实践意义。研究目的是紧紧围绕加强中国特色新型智库建设这个主题，分析我国建设新型智库的现状、关键问题，借鉴国际、国内知名智库的经验，并总结出可以借鉴的启示，提出我国加快构建中国特色新型智库生态圈的政策建议。

本研究由总报告、六章专题报告和四个附录组成，附录由调研报告和智库人才等方面的研究报告组成。总报告是对六章专题报告的提炼，分别从中国特色新型智库的内涵和功能定位、智库建设中存在的主要问题、国际智库建设经验启示和建设中国特色新型智库的政策建议四个大的方面提出观点。

主要创新点：

第一，首次提出了“智库生态圈”和“智库生态位”的概念。智库应该有生态体系，强调“生物多样性”，智库发展要强调“百家争鸣、百花齐放”，各类智库在竞争与合作过程中逐渐找到自己的生态位，共享生态环境，形成良好的生态链。决策层在问需智库时，可以根据决策研究需要，在各领域、各专业随时找到能解决问题的智库。智库发展需要政府规划布局和市场竞争，从而实现优胜劣汰，提高智库发展的质量。为避免我国各类型智库发展目标趋同，同时，形成各具特色、门类齐全的中国特色智库体系，促进智库良性发展，必须推动中国特色新型智库的生态圈建设。**第二，以智库圈层结构为依据，确定智库的战略发展方向和主要功能定位。**智库以服务公共决策为基本目的，智库分布围绕服务对象（决策核心层）由中心向外层拓展。根据智库距离决策核心层远近，分为近核心层、中间层与外围智库，从而形成智库圈层结构，各类智库根据自己在生态体系和圈层结构中的定位，确定战略发展方向和主要功能定位。**第三，从对全国智库进行治理的视角，提出加快中国特色新型智库建设的重点任务和政策建议。**中国智库要真正壮大，与国际一流智库合作、交流、博弈，必须深化智库管理体制改革，探索建立符合智库发展规律的体制机制，构建中国特色新型智库发展的生态系统，把构建促进中国特色新型智库蓬勃发展的生态环境作为未来五年的重点任务。针对不同类型智库加快推进改革，尽快构建各类智库相互促进、有效互补的发展新格局。

CONTENTS 目 录

总报告

GENERAL REPORT

加快构建中国特色新型智库生态圈

2015年1月20日，中共中央办公厅、国务院办公厅印发的《关于加强中国特色新型智库建设的意见》，明确提出中国特色新型智库是党和政府科学民主依法决策的重要支撑，是国家治理体系和治理能力现代化的重要内容，是国家软实力的重要组成部分。党中央、国务院高度重视发挥智库在重大决策中的咨询作用，在出台一系列指导性文件的同时，由中宣部牵头组织实施了国家高端智库试点工作，目前，此项工作已发挥了良好的导向作用。从全国各地来看，各类智库通过研究、交流和公共传播，在“咨政启民”和为国家与地方改革发展服务中发挥着越来越重要的作用。

近年来，中国智库建设总体发展势头很好，新智库争相建立，原有智库积极转型，国际国内合作加深，在出思想、出成果、出人才方面取得了很大成绩，为推动改革开放和社会主义现代化建设做出了重要贡献。但与新时代背景下中央赋予智库的功能定位相比，与发达国家智库在国际舞台上为国家利益服务发挥的作用相比，我国智库体系的建设尚处于初级阶段。随着社会地位的提升，我国智库较为普遍存在的**方向不清、定位不准、同质竞争、功能缺失、活力不足、缺乏协同**等问题逐步显现。智库建设跟不上、不适应的问题也越来越突出，主要表现在：智库的重要地位没有受到普遍重视，具有较大影响力和国际知名度的高质量智库缺乏，提供的高质量研究成果不够多，参与决策咨询缺乏制度性安排，智库建设缺乏整体规划，资源配置不够科学，组织形式和管理方式亟待创新，领军人物和杰出人才缺乏。

所以，要解决这些问题，加强对中国特色新型智库建设的深入研究，具有重要的理论和实践意义，必须从党和国家事业发展全局的战略高度，把中国特色新型智库建设作为一项重大而紧迫的任务，采取有力措施，切实抓紧抓好。为解决好这些矛盾和问题，促进我国智库实现可持续健康发展，一方面，政府需要在体制机制、政策体系和发展环境上加大支持力度；另一方面，也要通过行业协调自律和引入必要的竞争机制促进智库生态不断改善。

一、中国特色新型智库的内涵和功能定位

加强中国特色新型智库建设，首先要深刻理解和把握“中国特色新型智库”的内涵和概念，重点把握好“中国特色”和“新型”两个关键词。“中国特色”就是要坚持中国道路、采用中国视角、聚焦中国发展。坚持党对智库的领导，坚持中国特色社会主义理论、制度和道路，在路线方针上与党中央保持一致，坚持社会主义市场经济方向，不搞西方所谓的自由市场经济。善于运用中国视角，立足中国国情和我国在世界上的经济地位变化，从维护国家根本利益出发，发出“中国声音”、提出“中国倡议”、提供“中国方案”。致力于研究提出解决中国经济社会发展、深化改革开放、国家安全稳定方面重点难点问题的建设性意见，创造高质量思想产品。

“新型”主要体现在三个方面：首先是新定位。新型智库不同于传统体制下的研究机构，它在党和政府的领导下开展研究工作，也应具有相对独立性。其次是新机制。智库不是机关，需要淡化行政色彩，引入市场竞争机制，增强灵活性，营造研究氛围，聚引高端人才，做到智力制胜。最后是新模式。坚持求真务实的科学精神，树立“问题导向”的研究模式，针对现实和长远问题开展对策研究，加强数据分析、案例分析和模型分析，提出决策层信得过、用得上的政策建议。

根据国家领导人以及各学者关于中国特色新型智库功能定位的思考、中国特色新型智库内涵，参考《关于加强中国特色新型智库建设

的意见》，再总结、提炼，中国特色新型智库应具备以下五种基本功能：咨政建言、推动理论创新与知识变革、舆论引导、社会服务、公共外交。中国特色新型智库需要根据应发挥的功能，确定研究方向，准确定位。

二、中国特色新型智库建设中存在的主要问题

我国智库普遍存在着方向不清、定位不准、同质竞争、功能缺失、活力不足、缺乏协同等问题。中国智库主要脱胎于行政机构或事业单位，目前很多智库机构同时具有体制内单位身份，其管理基本上按照一般体制内事业单位的方式来管理，没有体现出智库作为服务于决策的思想品生产机构的特色。智库本身的特点和功能性要求与现有行政事业单位管理模式的“错位”问题已经显现，按照现有的管理模式，智库研究人员在参加国际交流、研究报酬获得、职称评定、业绩考核等方面，都存在着实际的困难。目前中国还没有智库筹资、捐赠等方面的相应制度安排。作为思想品生产组织，人是智库中最核心的资产和财富，而对智力产品生产过程的管理、最终成果的评价和生产者的激励，是任何制度体系下的智库都要面临的共通性问题。

（一）影响力不够和同质化竞争

在国际上，中国智库的影响力并不出众，与美国布鲁金斯学会、彼得森国际经济研究所、美国卡内基国际和平基金会、比利时布鲁盖尔研究所等世界一流智库的影响力相比，仍有较大差距。自新中国成立以来，我国沿袭苏联的专业科研体系，形成了各有分工的研究机构，但随着中国经济市场化改革的推进，计划体制下的科研分工已经不适应现代国家治理的需要，从而使其在专业研究上大打折扣。这是因为官方或半官方智库大都隶属于政府部门，其研究的问题大都来源于政府相关部门的立项、指派，研究成果也要由委托机构开展组织审核、评议等，因此

这些智库很少有研究的自主权，往往不会自己组织经费开展长期战略性、前瞻性研究，研究内容跟随政府或企业委托项目随时变化，往往会失去其独有的立场和特色。

有些智库有自己的经费可以开展独立研究，但是重复性研究较多，有时研究目的性不强，容易陷入泛泛研究，或者是很多智库一窝蜂地去研究同一问题，但很少有创新观点，研究的同质化严重。长期以来，我国对言论自由实施严格管控，造成很多智库机构缺乏一贯的价值主张，很难以某些政策主张而闻名于世；再加上中国根深蒂固的集体成果思想，并不鼓励个体展现其影响力，从而使研究者很难以个人名义陈述观点，尤其是与机构集体价值主张不一致的观点。例如，中国社科院下设多个专业院所，虽然这些专业院所在中国具有较高的影响力，但固化的人事制度已经造成有影响力的人才流失，有些院所缺乏领军人物和杰出人才，很难提出有影响力、有重要价值的思想产品。

（二）影响渠道具有私密性

由于在我国的公共决策过程中，政府各部门拥有最大的话语权，因此体制内的智库往往各显神通，依靠各自渠道影响决策过程，但是由于我国公共决策虽然强调公众参与和专家咨询，但却没有明确的法律法规或制度安排，这就造成能够上达核心决策层的智库寥寥无几。从总体上看，我国智库对国家战略制定的参与度较低，智库研究成果的转化和应用也缺乏制度化设计。尤其是民间智库更是没有渠道来影响政府部门的决策，而体制内的官办智库具有渠道先天优势。

（三）出境交流限制多

新型智库为了完成公共外交的重要功能，需要智库人员“走出去”，扩大对外交流、拓展国际视野、发出中国声音、提出中国方案。但目前对智库召开国际学术研讨会和参加国际交流的科研人员出国的审批手续不仅烦琐复杂，而且审批周期长。智库领导和研究人员出访严格按照政府机关公务人员管理，不考虑智库的学术研究特点和工作需要，实行“一刀切”的外事管理办法，智库人员的出访经费和出访时间都受到严格限制。这不仅使智库人员“走出去”了解国际动态变得困难，“走出去”做研究更是难上加难。

（四）智库评价体系不完善

智库的评价体系包括对智库科研人员的评价和对智库的评价。

第一，没有独立的智库科研人员职称评定系统。智库应构建跨领域、跨国、跨学科的研究机制和人才结构，致力于解决系统复杂问题，有的智库主要是发挥“临门一脚”的决策咨询作用。但智库科研人员职称评定时依然把学术论文作为主要评判指标，由于传统的职称评定体系的影响，智库科研人员往往存在着决策咨询与学术研究之间的冲突，科研人员为了满足科研考核，不得不在学术期刊上发表文章，而其取得的智库研究成果，往往都得不到职称评定机构的承认，通常还被认为是研究成果“碎片化”，造成机构评价与社会评价之间的脱节。

第二，没有一套科学化的智库评价模式。科学化的智库评价需要明确的智库评价目标，评价指标体系反映智库目标和智库运行的因果关联；智库评价指标能够客观真实地采集到系统运转的现实指征。构建评价机制，明确智库评价主旨，通过智库评价，规范智库发展，提升智库总体发展水平。目前我国的智库评价还主要是由一些智库机构在做，很难保证评价的公正性和科学性。

（五）信息共享机制未充分建立

能否得到全面、准确的信息对于智库的生存和发展有着决定性影响，因此，许多国家十分重视给予智库信息上的扶持。例如，西方发达国家的政府通过驻外使馆、贸易部、联合国等国际机构取得有关国外咨询业务或项目的相关情报，再通过国内有关部门传递给各个智库。同时，西方发达国家非常重视建立各种数据库和联机检索系统，为智库收集、处理和提供信息。与此相比，我国政府对智库的信息支持仍然比较薄弱。目前，各级政府共享的主要是面向操作业务和管理的信息，而面向研究和决策的信息则相对缺乏。此外，我国在大型数据库和联机检索系统的建设方面仍然比较滞后，智库发展所需的信息共享机制尚未充分建立。

（六）缺少专业高端人才支撑

我国体制内智库虽然招聘了不少有研究特长的博士、硕士，但是往往缺少科学的培养规划，再加上内部管理的行政化色彩浓厚，在很大程度上造成既懂政策又懂理论的复合型专业人才缺乏，且不能与国家治理体系与治理能力现代化相匹配。

概括来说，我国智库队伍存在学术化、经院化、部门化、碎片化等弊端，缺少具有国际影响力的智库领军人物。即便是由政府部门“旋转”到智库的研究人员，也很难沉下心来开展费时耗力的经得起推敲的论证研究。体制外的智库虽然可以不受体制束缚，可以吸引到更多的复合型专业人才，但是却很难了解到政府的真实需求，很难通过有说服力的研究成果影响政策的制定。为此，体制外的智库往往变成为政府或企业服务的咨询服务机构，或者成为提供会议服务的中介组织，同样不适合复合型人才的集聚生存。由于管理体制、收入差别等原因，吸引社会优秀研究人员加入智库机构有一定难度。

（七）科研激励措施落实不到位

在智库的科研创新中，人是最重要的因素。2016 年 7 月和 11 月，中共中央办公厅、国务院办公厅印发了《关于进一步完善中央财政科研项目资金管理等政策的若干意见》和《关于实行以增加知识价值为导向分配政策的若干意见》，提出了一系列给科研人员“松绑 + 激励”的政策措施。一是简化预算编制，下放预算调剂权限。二是提高间接费用比重，加大绩效激励力度。三是明确劳务费开支范围，不设比例限制。四是改进结转结余资金留用处理方式。五是自主规范管理横向经费。目的是承认人才和智力劳动的价值，在全社会营造尊重劳动、尊重知识、尊重人才、尊重创造的氛围，实行以增加知识价值为导向的分配政策。为了加强制度建设和工作督查，确保政策措施落地见效，《意见》提出，2016 年底前，项目主管部门要制定出台相关实施细则，项目承担单位要制定或修订科研项目资金内部管理办法和报销规定。但目前中央政策落实并不到位，智库上级主管部门依然要求科研项目负责人必须严格执行经核准的项目预算，课题组成员不允许支付劳务费，但科研工作不确定性大、周期长，实际支出与预算通常很难“严丝合缝”。因此，亟须加强对政策措施落实情况的督查指导。

（八）税收减免支持政策有待完善

与一般的营利性企业相比，智库的逐利倾向较弱而公益倾向较强，因此许多国家在税收政策方面都给予了一定的支持。在西方发达国家，智库享有免征企业所得税和财产税的优惠政策，公司和个人对智库的捐赠可从应缴纳的税额中扣除。例如，加拿大规定小企业凭咨询专家的证明，可以到税务局退现款；日本政府从税制上对本国企业在国外承接咨询业务给予一定的税收优惠。

目前，我国的税收政策所涉及的主要是数量较少的民间智库。根据注册类型，我国的民间智库可以分为民办非企业法人型智库和公司法人型智库。根据企业所得税法的规定，民办非企业法人型民间智库免征企业所得税，其从事的公益性业务享受税收优惠政策。然而，对公司法人型民间智库并没有相应的税收优惠政策。为促进公司法人型民间智库的发展，应对其承担的财政性经费课题免征企业所得税，实现与其他类型智库一视同仁；对其承担的其他公益性研究课题，给予与民办非企业法人型民间智库相同的税收优惠；对企业、社会组织和公民个人公益性研究项目的捐赠给予适当的税费减免。

三、国际智库建设的经验和启示

智库在现代社会影响巨大，已成为各国“软实力”的重要组成部分，通过梳理全球智库的发展状况我们看到，能够称得上智库强国的还是英美欧等西方国家。西方的智库发展较早，有比较成熟的发展经验和行业规范。在欧洲（包括英国），智库的发展起步较早，美国后来者居上，成为当今世界智库业最为发达的国家。日本、韩国、新加坡、印度等国智库尽管就其规模、影响力而言，与英美欧等国家和地区的智库还存在差距，但对本国政治、外交、经济、社会、文化等方面所产生的影响及其发展潜力仍不可小觑。

（一）国际智库发展经验

1. 恰如其分的功能定位

总体来说，国际智库大致有如下几方面功能：为本国政府建言献策、提供政策咨询；政策解读、沟通民意；积极参与国际交流和全球治理，争夺国际话语权和人才培养。国际知名智库有自己的独特角色和定位及服务对象，非常注重自己的研究特色，并有明确清晰的核心研究领域，它们将这些作为智库发展的生命线，贯彻落实到日常的经营管理中。

2. 区分决策与管理的治理机制

从智库本身来说，许多国际智库采取区分决策层与管理层的治理机制。国外智库一般都采用理事会（董事会）化的治理机制，由重要捐助者组成理事会，是智库的最高决策机构，负责任命智库负责人、制订智库发展框架和研究计划，筹集资金和拓展智库影响力。智库的日常管理运行由智库负责人（总裁等）负责。在组织形式上，美国智库多采用现代企业管理模式，以理事会、董事会或监事会作为智库管理机构。美国智库大多设理事会作为决策保障机构，组织机构倾向于扁平化设置，为研究留足宽松空间。如布鲁金斯学会由董事会进行领导，兰德公司则由监事会负责管理。

3. 扁平化的管理方法和矩阵研究机制

国际智库多采用扁平化组织结构，分为研究部门和行政管理部门两部分。研究部门多以研究领域或研究主题为研究组织单元。研究组织方式有：一是常设的研究部，二是根据项目需求设立的课题组，课题任务结束后自动解散。大多数著名智库采用多学科交叉的矩阵研究机制，把学科知识与研究课题结合起来。这样做的好处是兼收了直线主管组织和横向协作组织的长处，有利于整个智库的有效管理。

4. 丰富的成果转化渠道

各国智库通过以下主要渠道来实现研究成果的转化：一是通过充分利用大众传播媒体，向公众宣传自己的观点，影响社会舆论，提高自身影响力，达到影响决策的目的。二是通过研究和发表研究成果来影响政府决策，研究成果主要包括政策简报、专题研究报告、会议报告、期刊、专著等宣传其政策主张，并收集相关反馈意见，指导今后的研究工作。三是通过举办各种会议、讲座、培训班和答谢午宴等活动，邀请政府官员和知名学者到智库进行演讲讨论，传播自己的观点、立场，加强与各界、各领域专家的联系。四是通过国际合作研究，构筑智库参与全球事务的软实力，通过向国际社会寄送研究成果，扩大研究成果的社会影响力。五是通过网络免费向社会提供大量研究成果，使智库成为与学术界、新闻界、实业界、广大民众以及政府官员联系的纽带。六是通过咨询和发表声明、向政府提交报告、参加听证会，直接参与政策制定。七是采用会员制方式传播研究成果和观点。通过发展会员，邀请会员到智库作报告的方式推销智库理念。

5. 以人为本的核心价值观

研究人员是智库核心竞争力的关键因素，国际智库的研究人员一般受尊重程度高并享有较高社会地位。国际智库在智库人员设置中会充分考虑研究人员和辅助人员配比的合理性，实行分类管理，最大限度地为研究人员创造良好条件。

国际智库多采取开放竞争的选拔机制，注重人才的多样性，“以才取人”。选拔录用主要看中学术造诣和实践经验，主要选拔博中有专、专博相济的“T 型人才”。对于新招纳进来的年轻研究人员，通过资深研究人员的传帮带机制进行培养，并且鼓励人才流动，保持合理的人才流动率。

健全的激励机制有利于留住人才并使人才长期保持对工作的热情。美国智库通过以下途径来激励工作人员：一是物质激励，主要是提供良好的工作环境和待遇。一般来说，美国智库都采取高薪来留住人才，如兰德公司研究人员的工资比同等资历的大学教授的工资要高出 1/3。二是通过晋升进行激励。一些美国的智库也会通过考核，对优秀的工作人员进行职务上的晋升，这也是一种激励人员的方式。三是帮助研究人员提升知名度，主要是通过一定的方式，帮助工作人员提高学术素养和学术声望。

6. 畅通的人才流动机制

作为知识型机构，智库的核心是人。在知识产生层面来看，智库像一个封闭的圈子，现有的研究人员即使学识渊博、认识深刻，也难免会产生认知偏差。于是很多智库从人员流动方面加以调整来抵消这种影响。智库人员流动分为横向和纵向两种，横向是指智库间的人员流动，纵向是指智库与其他机构的间人员流动，这些流动都是双向的。国际智库的显著特点是人员的高流动性，外国智库常常鼓励人员的流动来促进智库本身“吸纳吐新”以及人才的“充电”。人才能进能出方能为智库发展提供新的动力和新的血液。如英国海外发展研究所（ODI）的研究人员平均在 ODI 工作时间约 5 年，人才流动率约 20%。国外智库还充分利用访问学者、合作研究等手段，为研究人员创造短期“外出”

机会。

7. 多种资金筹措机制

智库作为一种非营利机构，融资能力是智库可持续发展的一个重要因素，拥有长期稳定的多渠道资金来源，是智库赖以生存和发展的根本保障。国外智库融资渠道主要有政府资助、社会捐赠、市场化运作收益、PPP 模式和委托研究项目经费等，不同经费来源采用不同管理办法。国际智库接受这些经费的前提是捐赠方不得干预智库开展研究工作的有关事项，包括选题和选人，此举是为保障智库研究的独立公正性。国外知名智库融资模式多样。美国智库主要资金来源于 PPP、委托研究、捐赠。英国智库主要收入来自 PPP、委托研究和出版物费用。比利时智库主要融资模式是政府拨款和社会捐赠，德国智库经费主要来自政府，但政府无权干涉智库开展的研究活动。从 20 世纪 90 年代晚期开始，一些运作性基金会和慈善基金会以及少数家族基金会开始资助智库研究。

国外税法规定，如果企业或个人捐款数额超过应缴税收的一定比例，可以减免或全额抵扣应缴税款。

（二）对我国智库建设的启示

1. 培育适合智库生存发展的市场环境，规范行业管理

智库发展的内生动力是特定决策主体特别是政府部门的政策建议咨询需求，因此要促进中国特色新型智库发展，首先要突破和建立政府科学决策咨询的制度和法律，将各种政策问题决策前、政策执行、评估、反馈的研究与咨询纳入常态化制度机制，扩大政府购买思想产品的力度，通过政策导向促进智库产业的发展，使智库与我国改革建设紧密关联，发挥其作为综合研究机构的最大潜能，为智库发挥“咨政”作用创造良好的市场环境。

2. 优化智库布局，发展多元化智库体系，创建智库生态体系，促进智库产业集群式发展，形成多类型智库平等竞争的环境

激励支持智库独立性和多元性发展，大力推进民间智库建设，允许民间智库平等竞争。同时改革创新官方和半官方智库发展体制机制，充分发挥各类智库差异性作用，选准各自“生态位”，实现中国特色有影响力新型智库的崛起发展。

明确研究领域、清晰研究方向，形成智库政策影响力的基础。加强智库专业化建设，对专业性问题开展综合性、全方位、系统性研究，形成智库特色产品。同时培育一批有国际影响的智库领军人才，扩大智库影响力。

3. 建立政府与各类智库间公平畅通的沟通渠道，创新智库研究成果与公共政策咨询之间的沟通渠道

政府在做出重大政策前、评估检验政策执行效果或是听取民意时，可通过“咨询会”“听证会”等形式充分发挥各类智库的智力作用，使决策科学化成为可能。智库在研究问题时坚持政策问题为导向的研究机制，想政策之所想，开展有针对性、前瞻性、预见性研究。为使这些研究成果能够真正发挥“咨政”作用，我们需要建立不同类型智库向上级政府不同部门便捷报送研究成果和咨询建议的畅通渠道和制度化机制，实现智库研究成果的有效转化。

4. 建立现代化智库管理体制机制

智库的价值在于“思想产品”以及生产“思想产品”的人，智库管理根据类型不同采取分类管理、区别对待的方式。智库建设的重点是探索适宜的人事人才管理机制，重点是人才培养使用机制、薪酬体系、职称评审制度、激励机制、交流机制，特别是科研经费使用机制。改变“重物轻人”的做法，使经费更多地倾斜到人的投入和支出上，体现人的价值。

建立指导性分类评价体系，引领多类型智库差异化发展，保障研究成果质量与咨询贡献。通过规范的评审标准、评审流程、发布机制和公平竞争的环境，保证不同类型研究成果的科学性和客观性。创新规范研究方法体系，构建研究领域数据库和知识库，对各类智库实行公开透明的信息共享机制。建立多元化融资渠道，增强智库独立性。完善智库法律政策支持，加强智库融资风险管理。

5. 重视国际交流合作，增强智库全球意识，积极参与全球治理，掌握国际话语权，发出中国声音

我国智库应积极走出去，加强国际化合作，如互派访问学者、建立国外分支机构、开展学术交流和合作研究。主动前瞻性地设置国际重要议题，组织研讨，引导话语方向，发出我国智库对重大国际问题的声音，提出中国方案。中国智库在发展中要善于展现自我，重视自我宣传，努力树立自身的良好形象和公信力，打造具有全球影响力的知名智库。

四、建设中国特色新型智库生态圈的政策建议

高水平、国际化的智库既是国家软实力和国际话语权的重要标志，也是推进国家治理体系和治理能力现代化的重要力量。因此，党的十八届三中全会提出要加强中国特色新型智库建设，建立健全决策咨询制度，充分发挥中国特色新型智库咨政建言、理论创新、舆论引导、社会服务、公共外交等重要功能。为实现这一目标，重点工作是建立一套治理完善、充满活力、监管有力的中国特色智库管理体制和运行机制。因此，需要不断完善相应的政策支持体系，创造出不同学术观点和政策建议切磋争鸣、平等讨论，有利于智库发挥作用、积极健康向上的良好智库生态环境。

（一）推进国家治理体系与能力现代化，构建中国特色新型智库生态圈

1. 深刻认识构建智库生态圈的意义

智库生态系统又称为智库生态圈。作为一个新概念，它借鉴并延伸了生物圈—产业生态圈的丰富内涵。作为生产思想产品的供给系统，智库生态圈的圈层及链环结构有很强的特殊性。**它是一个跨地域空间的、由一些竞争力较强的核心组织和紧密关联的行业多维网络体系形成的特定环境的总和。**多维网络主要是指内外结合支撑和涵养智库生存发展并输出能量的社会系统，它包括可持续的研究创新能力、社会智力资源共享平台、公共政策和社会化服务保障、通畅的信息获得和交互渠道、思想产品的产权保护和成果分享机制等。

构建智库生态圈的关键，在于通过需求市场的选择和智库间的理性竞争推动其合理分工和专业协作，促进行业资源共享和效率优化，实现智库结构多元化、思想产品专业化，使各类智库在错位发展中形成共存、共创、共赢的发展局面。

智库生态圈是一种跨越区域、行业限制，覆盖不同社会属性特征的高级社会系统，因而它不能单纯依靠丛林法则去自我生成。建设中国特色新型智库生态圈，需要国家布局和市场选择相结合，进行必要的规划和顶层设计。

2. 各类智库应在国家布局和市场选择中找准自己的生态位

智库生态圈是多样性和专业性的统一。像生物圈的原理一样，它由竞争和选择而形成相辅相依的“智库相”。多样性是指各类智库主体要实现有机融合，专业性是指不同性质的智库必须错位发展。

智库生态的多样性包括智库类型多样性、结构多样性和功能多样性。良性的智库生态圈，首先表现为各类智库在数量、结构、空间分布、功能分工和资源占用上较为合理，相辅相依并保持平衡稳定。目前

我国的智库类型已呈现多样化的趋势，政府、高校、企业、社会、军队、媒体和自由研究者智库都得到迅速发展。在功能上，这些智库分别承担着通过研究工作为中央和地方政府、为产业和企业服务的责任，也有一些智库在加强公众影响、促进国际交流方面发挥着重要作用。在结构上，因功能不同，我国智库实际上已形成了高、中、低端共存的状态。同时，其还可以分为体制内外、综合与专业、战略性及应用性、研究型和传播型等多数类型。在不同的圈层中，智库间也有着能量供给与需求的链环关系。

为此，我国智库在多样性发展方面，要体现“兼容并蓄”的原则，鼓励不同的智库都能充分发挥研究方式、表达方式和视角多样化的特点，使其在国家治理上既能体现国家意志，又能畅通民意渠道；在国际交流中，既能坚守国家利益，又能获得理解和认同。这样才能实现我国智库体系功效的最大化。同时，对智库中的一些不同观点、不同声音的存在，也要持有包容的态度，这一问题处理得好，可以有效通过智库促进社会矛盾的化解。

专业化是指不同类型的智库要找准自己的生态位，围绕自己熟悉的领域和业务专长做精做优，开展研究与交流工作，形成独特而不重叠、有序而又合理的智库共存生态。例如，同是开展国际交流工作，中国国际经济交流中心着重于搭建中美、中日、中欧的智库“二轨”平台和开展综合性交流活动，而人大重阳研究院则侧重于G20、绿色金融等领域的交流和研究；同是开展国家战略与安全问题的研究，上海社会科学院专注于国际问题和“一带一路”研究，南海研究院侧重于南海问题，杭州城市学研究中心专注于城市化问题研究等，都充分体现了智库生态圈多样性与专业性的统一。

3. 在智库发展的总体规划与重点布局中应体现国家战略和意志

智库存在的意义在于咨政启民，发达国家特别是美国核心智库在为国家和政党的长远利益服务时，从不隐瞒自己的观点和立场。我国要实现中华民族伟大复兴的“中国梦”，要推进经济和社会发展迈向“双中高”，要全面参与全球治理，都必须鼓励那些有代表性和影响力的智库发出中国声音、提出中国方案、宣介中国主张，在外交和国内外政经舞台上发挥更多更好的作用。这些主要为国家核心利益服务的智库，就是智库生态圈结构中的核心组织。形成这些核心组织并使之能发挥好作用，需要国家的统筹布局和规划。从国情出发，我国此类核心智库的发展已经有了较好的基础，国家高端智库理事会的建立，进一步把国家对智库的引导和支持工作纳入更高水平的轨道。

目前重点应做好两件事：**一是改善智库在重点研究领域的布局**。为避免智库在国家重要战略领域同质化的过度竞争，需突出一些重点智库主要业务方向和研究专长。如在国家战略、公共外交、国家安全、宏观经济、改革、创新、开放、金融、高科技、社会治理、能源、民生等领域，国家应引导一些智库进行长期定向研究，形成立体化、网络化的覆盖和深度的研究布局，提升研究的针对性和精确度。**二是制定智库业发展规划**。明确智库业发展的方向、目标和政策，赋予各类智库平等的市场地位，加强党的领导、政府有效监管和行业自律，防止内外利益集团渗透及控制。对智库在国际舞台如何开展交流活动，也要有总体规划，如建立的中美智库间经济对话机制就产生了很好的效果。

4. 完善政策分析市场，实现思想品供需对接

美国等发达国家的智库竞争，主要表现在谁能用自己的思想产品影响政府决策上，思想产品市场不同于物质产品市场，但其规律有相通之处，智库的市场地位和相互竞争关系主要体现在建立一个讲求公平和效率的政策分析市场。在政策分析市场中，智库是供给方，产品是政策思想和专业建议，政府、媒体和公众是思想品的需求者和消费者。思想品的供需双方应加强互动，决策部门主动打开公共需求的“闸门”，接上智库产品供给的“活水”。

第一，充分发挥智库在重大决策过程中的咨询作用，使智库参与政

府政策研究制度化。 加快建立健全政府信息公开制度、重大决策意见征集制度、政府购买政策咨询服务制度、政策绩效评估制度。政府将“断”与“谋”适当分离，将智库参与作为必不可缺的一环纳入政策制定和公共决策的过程，促进政府决策的科学化和民主化。

第二，构建政策分析研究供需交流平台，使智库了解政府对公共政策研究的需求。 政府及时向智库和社会发布涉及国计民生的重大政策意向，构建政策开放讨论的社会化网络，释放政策研究需求信息，促进决策者、研究者和公众多方有效积极互动，引导智库发挥己之所长，对重大政策进行跟踪研究并使之不断深化。

第三，建立研究成果多层次输出渠道，使智库的思想产品为国为民所用。 政府要畅通与智库沟通的管道，建立择优选用机制，引导智库通过思想产品供给、参与政府决策过程和研究成果社会共享等方式发挥作用。鼓励决策者到智库发表重要演讲，鼓励智库通过公共传播手段对政策进行解读，引导社会舆论，提升政府公共政策的社会共识度。

第四，形成政府政策测试机制，使智库参与决策程序化。 通过调查研究、意见征集、方案设计等方式，让智库充分介入政策制定的前端程序；通过敏感性分析，第三方评估、试错测验等方式，对政策实施状况进行中期评价，发现政策漏洞，提出修订意见；通过预期绩效考察、宏观效果分析、社会反馈等方式，对政策提出后期完善和调整意见。

5. 深化管理体制机制改革，激发创新活力

要构建涵养和支撑智库生存发展的多维网络体系，需要有良好的社会条件和制度环境。中央《关于加强中国特色新型智库建设的意见》中明确提出，智库应发挥咨政建言、理论创新、舆论引导、社会服务、公共外交等重要功能。要发挥好这些功能，一方面智库要增强自己的历史使命感和国家责任感，另一方面要抓紧克服智库管理体制机制仍存在的一些“卡脖子”问题。当前，智库研究人员在参加国际交流、研究报酬获得、职称评定、业绩考核、知识产权保护、智库评价等方面，存

在着诸多刚性约束和难以解决的实际困难。建议首先解决最突出的三个问题：

第一，放开智库参加国际交流的限制。充分发挥新型智库开展对外交流的重要功能，简化智库在外事活动管理、中外专家对话、举办或参加国际会议等方面的审批程序，缩短审批时间。出台有利于智库开展业务的出访经费、出访时限、举办国际学术会议的政策。**第二，落实科研激励支持政策。**有关部门要及时组织开展对《关于进一步完善中央财政科研项目资金管理等政策的若干意见》和《关于实行以增加知识价值为导向分配政策的若干意见》等相关政策细化，并对落实情况组织督查。审计机关应按照新的管理办法和规定，开展对政策措施落实情况和财政资金的审计监督。**第三，出台智库评价制度。**智库评价制度包括对智库科研人员的评价和对智库的评价。鉴于咨政类成果与学术研究成果存在区别，应建立智库科研人员职称评定系统，以体现咨政类成果的针对性、务实性、可操作性等特征。制定智库评价体系和评价方法，通过对智库的科学评价，激励智库健康发展、提升智库总体发展水平。智库评价不宜排名，即便排名也不应排出次序，可以灵活处理为等级或梯队，避免造成智库为获得评价排名而扭曲智库本身发展目标和路径的现象出现。评价周期以 2～3 年为宜，避免评价过于频繁，由智库协会或智库联合会组织评价事宜。确立智库评价指标体系。整个评价分为综合评价、分类型评价、分领域评价三个部分，同时每期评出突出贡献奖、智库新人奖。智库影响力综合评价，包括决策核心影响力、学术影响力、社会影响力、国际影响力四个一级指标，分别设置二级指标和三级指标。

6. 组建智库行业协会促进协同发展

通过行业自律提高智库生态圈的自我净化能力，组建智库行业协会，搭建智库间合作交流平台。通过同行共治、同行评价引导智库规范发展，发挥互相监督功能，监督智库对其研究成果负责，提高其严肃性和科学性。通过行业协会举办各类学术活动，加强合作，做好成果统计和智库评价，加强思想产品的产权保护和成果分享。构建方便快捷、资源共建共享的智库信息化平台，实现智库间对重大战略项目共同探讨研究、知识资源共享。在不同的战略领域内聚集数十个顶尖智库，避免重复研究，有效组织分工，及时沟通信息，赶超国际同行。

7. 实施智库高端人才培养计划和“旋转门”制度

建设新型智库的关键是人才，智库高端人才的培养和流动至关重要。**第一，实施智库高端人才培养计划**。国家从全局发展高度，实施阶段性、接续性、针对性的智库人才培养计划，作为单列的人才培养项目，纳入国家十二项重大人才培养工程。**第二，建立智库“旋转门”制度**。打破人才体制内外流动限制，搭建政府官员到智库交流的新通道，准备提升的官员到智库开展有针对性的研究项目，强化战略意识。在政府中设立固定职位给智库学者，如把政策研究室要职提供给智库学者；副局级调研员的职位可由智库学者担任，及时向政府输送人才，增进智库与政府沟通。

8. 构建智库多元化资金保障机制

构建智库多元化可持续资金保障机制。**第一，完善政府购买决策咨询服务制度**。政府设计长期重大课题，为智库重要项目提供过程支持和成果购买。以项目支持等竞争性方式取代财政拨款。**第二，税收减免支持政策**。对社会智库投资人实行减、免税政策，将符合条件的智库按非营利法人看待，放宽对智库接受社会捐赠的渠道限制，出台鼓励企业、民间组织和个人对智库捐赠的税收减免政策。**第三，实行智库基金制**。鼓励智库拓展基金融资渠道，激发社会资本的合作热情。引导智库探索资金自我循环和增值的良性发展规律，为智库研究获得持续、稳定的资金支持。

（二）智库内部生态环境建设

最佳的模式是拥有体制外智库的灵活性，同时与政府构建良好的关系，提高决策影响力。

1. 融资运营机制改革，建立智库“金融蓄水池”

具有复合化融资能力，储备智库“金融蓄水池”，通过金融运作进行保值、增值，确保智库成为“百年老店”。建立竞争性经费和稳定支持性经费相结合的资金来源，研究任务和经费预算市场化转型，落实公益捐赠制度，鼓励有志于投入智库建设的基金给予政策扶植与鼓励，引导企业、社会组织、个人捐赠资助智库建设。

2. 制定智库长期发展规划

运行优秀的智库都会有自己明确的组织定位，并由此确定开展工作的领域、服务对象、价值立场以及所能发挥的作用。智库在自身的发展规划中，必须明确自己的功能定位和研究主攻方向，并在这些主攻方向上深耕，做成此领域的品牌和权威。研究课题组织从选题、立项、成果表现形式、公共传播等一系列环节都有较强的系统性。智库选题一般兼顾长期跟踪领域与近期热点研究并接受委托课题项目。但无论是哪种，都会有严格的体系对成果质量进行层层把关。

3. 实施优秀研究员培养计划

无论智库本身定位是综合性智库，还是专业性智库，智库中的研究人员都必须要有自己的专业领域和研究方向，通过长期的知识积累、信息追踪、大量调研、与学术同行的交流、与决策部门的沟通，提高专业素养和建言的有效性。高端智库必须要有一批在相关领域的知名专家，通过明星研究员计划，重点培养智库内部的核心骨干研究力量。

坚持人才为先，凝聚一流研究队伍。按照政治素质好、学术造诣高、社会影响大、事业心和责任感强的要求，选好首席专家，加强研究团队。实行“小机构大网络”，专职与兼职相结合、“走出去”与“引进来”相结合，形成开放、竞争、流动的人才格局。

4. 打造符合智库发展规律的人员结构

成功智库的人员结构是由杰出的创始人、优秀的管理者、知名研究人员、大量科研助理和行政辅助人员共同构成的。

杰出的创始人。国内外成功的智库通常都有一个杰出的创始人。杰出的创始人发挥了十分关键的作用，能在极短的时间内将各自的机构打造成具有极大影响力的智库。

具备研究能力、组织管理和与政府沟通能力的优秀管理者。智库领导者是智库企业家，领导者应该由具备研究能力与研究管理能力的“两栖型”人才充任，专业业务能力是衡量是否能够胜任智库领导者的重要指标。领导者必须同时具备研究管理能力，智库领导者最重要的任务是筹资，领导者还必须代表智库与政府保持密切良好的关系。

具有学术能力和项目管理能力的智库学者。智库有没有影响力，取决于研究人员的声誉、经验和能力，智库必须要有自己常驻的知名学者和学术带头人。除了学术能力与政策经验，优秀的智库研究人员还应该具备出众的沟通能力。社会智库与高校、体制内智库不同，具有经费的压力，不可能和高校、社会科学院一样让学者长期只关注一个问题的研究，智库学者要同时具有政策研究领域经验和项目管理的能力，智库学者应与所研究领域的知名学者建立联络，通过这种方式实现“小中心+大外围+大网络”的模式，智库才能具备快速反应能力，在接到任务的时候，可以最快的速度建立起研究团队，短时间内提供高质量的成果。

大量的科研辅助人员。国内很多智库人员结构不尽合理，教授、研究员等有职称职务的人较多，而在国外的智库中，这些人的比例是非常少的。美国的智库一般是一个教授配十个左右的助手，这样搭配更有利于分工，大牌教授的职责是判断，组织助手来行动。而国内智库中很多教授缺乏助手，时间精力被分散，智力核心作用未得到充分发挥。科研团队由学术带头人和科研辅助人员构成，科研辅助人员要具备研究能力，可以做大量文献资料收集、项目组沟通、调研安排、数据处理等科研辅助工作。

围绕智库研究提供强有力服务与保障的非研究人员。研究人员和非研究人员应各占一半，非研究人员主要负责筹资、国际交流工作、纯粹行政工作。行政工作围绕智库研究提供强有力的服务与保障，创造让科研人员专心研究的环境，科研辅助和行政人员为科研人员服务的氛围。让研究人员的精力从琐碎的日常事务中解放出来，专心做研究。

5. 把明确研究方向和提高研究质量作为生命线

国际上一些智库“百年老店”之所以享有较高的声誉，就在于这些机构都有明确的研究方向，专注于关键的研究领域，坚持走专业化的路子，同时着力在提升研究质量上下功夫，高度重视研究成果的质量，视质量为智库立足之本，不断推出有影响、有价值的创新产品。创造高质量思想产品，首先要善于判断国际国内大势，把握经济社会发展规律；其次要重实情、讲真话，深入调研，掌握第一手资料；最后要善于发现问题、揭示问题本质。

6. 建立智库人才激励机制

智库具有一般社会组织不具有的规律性特征。作为思想品的生产主体，研究人员是智库最核心的资产和财富，而对研究人员的管理、监督、激励和评价，必须体现思想品生产的要求和特点。美国智库之所以形成了强大的国际影响力，就在于尊重和适应了现代社会思想品生产的规律。

适度提高智库研究人员薪资福利，吸引人才。智库在充分考虑人员工作需求的基础上，设计多样化、差异化的激励方式，建立包括荣誉、奖金、时间和研究自主权等在内的奖励体系。按照具备市场竞争力的价格给予智库研究人员合理的报酬。进一步保障研究人员的待遇，提高对高端人才的吸引力，防止科研骨干和业务骨干流失。

要有计划、有重点地推出一批代表国内一流水平和中国形象的领军人才；要“不拘一格”，以开放的思维选拔启用青年才俊、复合型人才，着力培育青年学术后备力量，完善青年人才的进修、培训和选拔制度，推动队伍的年轻化，优化人才结构。

7. 改进产品推广策略，提升智库影响力

积极、主动、多样化地实施产品推介战略。第一，要重视产品的推广，在智库内部要设立专项资金、确定专门机构与人员来负责研究和实施产品推广。将智库产品推广设定为智库运行的核心业务之一。第二，变被动输送产品为主动向政府推销。这包括利用期刊、报纸、学术会议、座谈会等方式反复宣传政策建议，形成连续性、交叉性沟通网络，从而推动政府接受建议。这就意味着智库不仅能够主动地回应政府的咨询需要，而且能够通过专业性方式制造需要。第三，智库应该注重对社会精英和大众的传播，通过扩大出版物赠送范围、撰写简明读物，参加公共活动，参与大众传媒等方式积极将自身的观点进行传播。这就有可能形成舆论氛围，从而推动政策建议被政府关注与接受。第四，善于运用互联网方式扩大知识产品影响。通过网站、电子期刊、微博、微信等方式降低受众阅读成本，扩大受众人群。总之，智库应当利用多种手段，在多个层面主动出击，积极谋求知识产品的现实转化和影响力拓展。

（执笔人：张瑾）

第一章

CHAPTER ONE

中国特色新型智库的发展新态势和生态体系

自党的十八大以来，党中央、国务院高度重视智库发展，中国智库建设迈上了一个新的台阶。在新的时代背景下，党中央、国务院提出建设中国特色新型智库，赋予了智库新的内涵，本章力求总结中国特色新型智库的内涵与功能定位，剖析中国特色新型智库发展新态势，探索中国特色新型智库生态体系与定位，明确新背景下中国特色新型智库建设的目标任务。

一、中国特色新型智库建设的背景

中国国际经济交流中心曾培炎理事长多次强调建设中国特色新型智库是时代赋予的使命。当前，我国发展的内外部环境正发生深刻变化。

从全球来看，首先，世界政治思潮正面临前所未有的冲击。一方面，美国次贷危机引发的全球金融风暴以及随之而来的欧债危机给西方民主体制带来了极大冲击，代表不同政治立场的社会精英在西方国家掀起了对现成制度的反对。另一方面，中国崛起、普京领导下的俄罗斯逐渐走出困境，西方自由民主制度的支持者们开始对自由民主制度能否最终胜利产生新的怀疑。用中国特色解释好我国社会经济现象，以实事求是的精神，认清我国不同于发达国家的发展基础与条件，继续走好中国特色社会主义道路，是时代赋予智库的使命。其次，次贷危机以来全球金融风暴引发了世界经济格局深层次结构调整，全球治理体系面临新改革。为世界范围内的剩余产品提供市场，保证资本充分流动，找到实现新一轮世界可持续发展的增长点，推动世界经济回暖和未来可持续增长，是世界各国政府的责任，也是智库的责任。

从中国在全球治理体系中的地位变化来看，中国与超级强权的美国差距正在一步一步缩小，中国已经毫无疑问地站到世界舞台的中央。以美国为主导的西方国家，尤其是美国为维护其全球霸主地位将利用一切可能手段阻挠中国崛起。但实力决定未来国际空间，中国崛起依赖于自身的努力，还需要突破重围，打破西方垄断话语权的格局，积极参与国际经济话语体系重建。应对中国崛起中的各类困难与挑战，需要凝聚力量与智慧，不仅要求中国政府积极作为，更要求中国智库能积极发出中国声音，讲好中国故事，加强理论自主创新，用原创理论解释好中国经济现象，推广中国模式，积极参与全球治理体系建设，保护国家和人民利益，代表新兴市场国家与美国等发达国家既竞争又合作，重新建立一套对新兴市场国家比较公平合理、能够引导全球经济重回较高增速的国际规则。

从国内来看，一方面，中国正处于转型发展的关键时期与全面深化改革攻坚期，任务异常艰巨。认识社会经济发展规律，发现问题，准确预判，辅助科学决策，需要尽快建设“小政府、大智库”的治理构架。另一方面，习近平总书记的《在哲学社会科学工作座谈会上的讲话》中曾这样说：“历史表明，社会大变革的时代，一定是思想变革与知识进步的时代。当代中正在经历我国历史上最为广泛而深刻的社会变革，也正在进行着人类历史上最为宏大而独特的实践创新。这必将给理论创造、学术繁荣提供强大动力和广阔空间。这是一个需要理论而且能够产生理论的时代，这是一个需要思想而且一定能产生思想的时代。”智库作为凝聚智慧的平台，必将在这个伟大的时代彰显自己的力量，担负起历史赋予的光荣使命，为推动思想变革与知识进步发挥重要作用。

二、中国特色新型智库的内涵

自党的十八大以来，我国学者关于中国特色新型智库的定义、内涵等做了大量的研究探讨，主要内容见表1-1、表1-2、表1-3。党的十八届三中全会通过的《中共中央关于全面深化改革若干重大问题的决定》明确提出，加强中国特色新型智库建设，建立健全决策咨询制度，这是党中央文件中首次提出“中国特色新型智库”。2015 年 1 月 20 日，中共中央办公厅、国务院办公厅印发的《关于加强中国特色新型智库建设的意见》明确提出了“中国特色新型智库”的概念，是指以战略问题和公共政策为主要研究对象、以服务党和政府科学民主依法决策为宗旨的非营利性机构。在此，根据国家领导人、学者关于中国特色新型智库的相关探讨，进一步提炼、总结中国特色新型智库的定义、主要特点、功能定位。

表 1–1　关于智库（Think Tank）的定义

学者	主要观点
多数学者	最早作为军事术语出现于“二战”期间的美国，特指军事人员和文职专家共同研究国家安全环境，制订战争计划和军事战略等重大问题。“二战”后，逐渐被广泛适用于军工企业。20 世纪 60 年代，智库研究的领域已涵盖政治、经济、外交、国防、社会等多个方面
美国智库研究专家迪克森（Dichson，1971）	最早定义智库是一种相对独立的政策研究机构，其研究人员运用科学的研究方法对广泛的政策问题进行跨学科的研究，在与政府、企业及大众密切相关的问题上提出咨询意见
英国专家詹姆斯（James，1993）	智库是致力于影响公共决策的独立的多学科研究组织
英国专家哈姆斯和费塞（Hames，Feasey，1994）	智库是稳定的自主的非营利性公共决策研究机构
日本专家铃木（Suzuki，2005）	智库是从事公共决策研究的机构
德国专家克勒纳（Koellner，2014）	智库是以政策研究和政策分析为基础，以影响公共决策为目标的研究机构
英国专家卫斯（Weiss，1990）和斯通（Stone，1996），美国专家瑞奇（Rich，2000）	智库是以影响公共决策为目的且独立于政党和利益集团之外的非营利的政策研究机构
美国专家韦佛和麦甘（Weaver，McGann，2000）	认为把智库定义为独立于政党和利益集团之外以保证思想自由的观念是典型的英美思维模式，与世界其他很多国家的国情不符，必须以不同国家不同地区的情况做相应的调整

续表

学者	主要观点
清华公共管理学院薛澜和南开大学中共政策科学研究中心主任朱旭峰（2006）	智库是一个稳定的独立运作的政策研究和咨询机构。政策研究机构是本体，影响政策是目标，独立运作是组织形式，稳定是状态
中国人民大学国家发展与战略研究院王莉丽（2009）	智库是从事公共政策研究的非营利性组织，其目标客户是政策的制定者和大众，力图通过各种传播渠道影响公共决策的制定和社会舆论
胡鞍钢	智库是思想库，它是一种特殊的生产知识和思想的组织
中国国际经济交流中心常务副理事长魏礼群（2014）	智库是制造和提供智力产品或思想产品的机构，智库作用和水平是国家软实力的重要组成部分，软实力是通过创造、传播思想产品来吸引和说服并影响别人的能力
国务院发展研究中心研究员李国强（2014）	智库是指为公共政策决策咨询服务的智库，是公共政策研究机构，是决策体制的“外脑”，是现代公共决策的重要环节和组成部分，为公共决策提供思想和行动方案，影响政府政策的制定，评估政府运作效率，传播社会知识，引导公众舆论和社会走向，在现代国家决策中发挥着强大作用
中共中央办公厅、国务院办公厅印发的《关于加强中国特色新型智库建设的意见》（2015）	中国智库是以战略问题和公共政策为主要研究对象、以服务党和政府科学民主依法决策为宗旨的非营利性机构
权衡（2015）	智库是指专门为决策者在应对社会、经济、科技、军事、外交等方面问题，提供客观的理论依据、思想观点、政策建议的非营利性公共研究机构

表 1-2　关于中国特色新型智库的“中国特色”

学者	主要观点
中国国际经济交流中心理事长曾培炎（2014）	中国特色新型智库要重点把握好“中国特色”和“新型”。其中，“中国特色”就是坚持中国道路、采用中国视角、聚焦中国发展。坚持党对智库的领导，坚持中国特色社会主义理论、制度和道路，在路线方针上与党中央保持一致，坚持社会主义市场经济方向。善于运用中国视角，立足中国国情和我国在世界上的经济地位变化，从维护国家根本利益出发，发出“中国声音”、提出“中国倡议”、提供“中国方案”。致力于研究提出解决中国经济社会发展、深化改革开放、国家安全稳定方面重点难点问题的建设性意见，创造高质量思想产品
中国国际经济交流中心常务副理事长魏礼群（2014）	“中国特色智库”最根本的，是植根于中国国情，体现中国精神、中国制度、中国道路、中国气派、中国风格，服务于中国特色社会主义的完善和发展，以人民福祉为本，国家利益至上

续表

学者	主要观点
中国社科院副院长李扬（2015）	“中国特色”相对于国外智库而言的特点是坚持马克思主义的指导，坚持中国特色社会主义方向，围绕中心，服务大局，始终以维护国家利益和人民利益为根本出发点，充分体现中国特色、中国风格、中国气派
刘月、李鉴修（2015）	中国特色新型智库的“中国特色”就是要坚持继承与创新相统一，要从中华民族5000多年的悠久文化传统中得到丰富字样、坚持古为今用、推陈出新，有扬弃地继承传统文化，并结合新的历史条件创新发展，使源远流长的中华民族智慧不断发扬光大，体现中国特色、中国风格、中国气派
林坚（2016）	中国智库要体现中国特色，就是坚持党的领导，坚持中国特色社会主义方向，坚持立足国情，遵守国家宪法法律法规，充分体现中国风格、中国气派
习近平总书记（2016）	中国特色、中国风格、中国气派重点把握“三个体现”：体现继承性、民族性；体现原创性、时代性；体现系统性、专业性

表1-3　关于中国特色新型智库的“新型”

学者	主要观点
中国国际经济交流中心理事长曾培炎（2014）	中国特色新型智库“新”在何处？首先是新定位。新型智库不同于传统体制下的研究机构，它在党和政府领导下开展研究工作，也应具有相对独立性。其次是新机制。智库不是机关，要淡化行政色彩，引入市场竞争机制，增强灵活性，营造研究探讨氛围，聚引高端人才，做到智力制胜。最后是新模式，坚持求真务实的科学精神，树立“问题导向”的研究模式，针对现实和长远问题开展对策研究，加强数据分析、案例分析和模型分析，提出决策层信得过、用得上的政策建议
中国国际经济交流中心常务副理事长魏礼群（2014）	“新型”就是智库的思想理念、组织形式、运行机制、管理方法、制度规范有别于外国智库，也有别于传统智库，应该是创新型、开放式、现代化的理念和治理模式
罗天昊	所谓中国特色智库，就是要深刻理解中国文化、中国制度、中国精神，洞察当下和未来中国存在的矛盾和趋势
中国社科院副院长李扬（2015）	“新型”是相对于原来智库类似机构和智库类活动而言的，指国内具有政策研究咨询性质的机构，如党政机关政策研究部门、社科院、党校、行政学院以及一些企业和民间的机构，都可称为智库。而“新型”智库是指服务决策的渠道是多样的，活动更加规范化、制度化，通过不断整合协调，充实完善智库要素，切实履行智库功能

续表

学者	主要观点
罗天昊（2015）	“新型智库”主要表现在四个方面：一是思想观念新，要有冲击力，富有锐气，知识智库的特点。智库应该比大学更需要独立精神和创新精神。二是组织形式新，尤其是未来需要更多的民间智库。三是新势力，以前的智库，尤其是主流智库，多数更像是顾问委员会，缺少少壮派担大梁。未来应该多鼓励年富力强者，有切合时势和现实的历练。四是开放包容，允许百家争鸣，允许对于社会发展的各种设想

（一）什么是中国特色新型智库

首先，中国智库“中国特色”重点把握好“三个体现”。习近平总书记指出，要构建充分体现中国特色、中国风格、中国气派的中国特色哲学社会科学。中国特色新型智库更要重点把握习总书记提出的“三个体现”，即体现继承性、民族性；体现原创性、时代性；体现系统性、专业性。这不仅为中国特色哲学社会科学提供了总遵循，为构建中国特色新型智库指明了基本路径和主要着力点，同时为判断什么是中国特色新型智库提供了主要依据。一是“中国特色”要体现继承性、民族性。中国特色新型智库要能围绕我国和世界发展面临的重大问题，挖掘和发扬中国传统文化，坚持用中国人的世界观、方法论，解决中国的问题，提出解决人类问题的中国理念、方案、主张。二是“中国特色”要体现原创性、时代性。中国特色新型智库要能以我们正在做的事情为中心，紧跟时代发展需要，在总结中提高，在提高中创新，发现与解决新问题、构建新理念、提炼新观点，不断推陈出新。三是“中国特色”要体现系统性、专业性。中国特色新型智库要能通过建设涵盖经济、政治、文化、生态、军事、党建、历史等各领域，囊括各学科的全方位、全领域、全要素的科学研究体系，确保对策研究疏而不漏，没有死角，需要时也要拿得出、用得上，用专业理论、方法、技术，创造性地解决问题。

其次，中国智库“中国特色”的主要表现方式。“中国特色”对新型智库而言，一是表现为提供“中国思想”，“中国思想”应该是在准确认识了中国发展的客观实际和很好地把握好中国现象的本质，遵循实事求是的基本准则基础上，辛勤探索的人类社会发展普遍规律，能大胆向全世界展示的“中国思想”。二是表现为提出“中国倡议”，是站在全球治理的角度，向国际社会表达的合作共赢理念、国际关系处理模式、关系国家发展与国际往来的重大战略与政策以及保护国家利益、维护国家安全与全球和平稳定的战略主张等。三是表现为发出“中国声音”，是代表中国崛起，世界大国地位的加强，在涉及国家、地区和全球利益问题上，及时发出的、从容的、自信的“中国声音”，“中国声音”是中国人民在应对世界格局变化过程中，站在新的历史起点上，对国家命运与前途的深深思考，展示的是一个负责任的大国的抱负与诉求，显示的是中国力量与智慧。四是表现为探索“中国道路”，“中国道路”是把马克思主义基本原理与中国国情相结合的“中国道路”，是对承载着“中国梦”前进，围绕全面建成小康社会、加快推进社会主义现代化、实现中华民族伟大复兴的必由之路的辛勤探索与追求。五是表现为提供“中国方案”，是在积极参与全球治理体系建设，推动世界和平发展，应对人类社会发展进程各类挑战中，向全世界贡献的中国智慧。

最后，中国特色新型智库“新型”的特点。新型智库不同于传统体制下的研究机构，是在党和政府的领导下开展独立性的研究工作；智库不隶属于行政机关，淡化行政色彩，积极参与市场竞争，内部管理机制灵活，有利于集聚高端人才，倡导智力取胜，智库成为专家学者辅助公共政策的重要平台；以“问题”为导向，从现实基础出发，秉持求真务实的科学精神，结合现代先进的科学分析方法，开展战略性、前瞻性的研究，体现知识与政策的结合。中国特色新型智库“新型”最主要体现在功能定位“新”。

（二）中国特色新型智库的功能定位

习近平总书记、国内多个学者在不同场合对中国新型智库的功能定位都有所提及和探讨（见表1-4），任晓在《第五种权力》一书中总结国外智库的主要功能应该包括生产政策思想、提供政策方案、储备和提供人才、教育公职人员和公众、到国会或议会作证、政策制定者发表政策演讲的场所、知识创新的主要来源、开展特定民意调查等八大功能。根据国家领导人以及各学者关于中国特色新型智库功能定位的思考、中国特色新型智库内涵，参考《关于加强中国特色新型智库建设的意见》，再总结、提炼，系统阐述中国特色新型智库应具备以下五种基本功能。

表1-4　关于中国特色新型智库的功能定位

学者	主要观点
习近平总书记（2014）	访问德国时提出，在中德两国成为全面战略合作伙伴关系中，加大政府、政党、议会、智库交往。智库成为国家之间交流合作的“第二轨道”
魏礼群（2014）	中国特色新型智库应承担四大功能：服务决策、引导舆论、公共外交、培养人才
胡鞍钢	智库应该成为国家未来目标的“瞭望者”，国家战略的“谋划者”，国家智库的“担当者”，国家治理的“监督者”，要站得更高，看得更远，想得更深，看得更准
乔宗淮、刘燕华、朱维究、徐锭明、徐琳（2014）	首先是战略、政策、人才的储备库；其次，应该引导社会大众，启发大众理性思考，传递正能量，防止民粹主义
林坚（2016）	智库以影响政府的决策为首要目标。应该着重发挥以下方面的作用：一是现代“思想工厂”的影响作用，要影响思想市场；二是提供政策咨询、政策建议，提供系统的政策设计方案，充当决策者的“外脑”；三是“第二轨道”的沟通作用，搭建沟通平台；四是人才“孵化器”的培训作用，储备人力资源；五是引导社会舆论的导向作用；六是拥有国际舞台上“话语权”作用
习近平总书记（2016）	智库的使命与国家发展、民族复兴紧密相连，要以科学研究成果贡献治国理政智慧，服务党和国家工作大局，努力提供决策咨询、智力支持和精神动力

1. 咨政建言

我国改革进入攻坚期和深水区，各种深层次矛盾和问题不断呈现，各类风险和挑战不断增多，提高顶层设计与科学决策能力，迫切需要更好地发挥智库服务科学化决策的功能。顶层设计“失之毫厘”，基层的贯彻落实就会“谬以千里”。智库是提供思想产品的，决策部门与智库要逐步形成共生机制，决策部门在加强制度设计和公共决策研究环节，既要主动借助智库的专业力量，问需智库、借力智库，又要善于给智库出题目，主动引导智库聚焦现实开展研究，要开拓渠道，让智库积极参与重大政策研究工作，汇聚众智，集思广益，确保政策顶层设计的科学性和前瞻性。与此同时，智库在平衡制定政策过程中的分歧应起着积极的作用，多数公共政策的出台涉及各方利益，需要智库从客观事实出发，以专业性的研究做出独立、权威的论述，为政策出台和实施营造良好环境。决策部门要鼓励和支持智库参与公共政策的全程跟踪，智库要发挥自身的专业优势，认真研究政策，提供政策咨询论证服务，要敢于用批判思维、战略思维，发现问题以及可能存在的偏颇和错误，并及时提出独立的、具有替代性的“储备政策”供决策部门参考。要不断完善决策评估机制。政府决策实施后，如何检验决策实施的效果，需要有独立的第三方对政策实施情况进行中肯评估，为政策制定者提供调适参考。智库的专业优势以及处于第三方的独立地位，适合承担第三方评估角色，但政府要为智库参与评估提供公开的信息环境、有效的经费保障与对智库评估报告合理应用的长效机制，要尽快推动智库评估结果作为政府绩效管理和行政问责的重要参考依据，提高评估约束力。此外，智库要专注某些领域，加强前瞻性问题研究，从不同的角度运用科学研究方法，提出各种储备性方案供决策者参考。

2. 推动理论创新与知识变革

习近平总书记《在哲学科学工作座谈会上的讲话》指出：“坚持和发展中国特色社会主义，需要不断在实践和理论上进行探索，用发展着的理论指导发展着的实践。”也就是要求加强理论创新，以解决发展实践中的各类问题，反过来用实践检验理论，修正理论。智库还应是社会思想进步的引领者与知识变革的推动者，这是智库发展的灵魂，是智库的使命。

思想创新必须坚持问题导向，问题是创新的起点，也是创新的源泉。毛泽东同志在《反对党八股》中指出："什么是问题？问题就是事物的矛盾。"矛盾的普遍性原理告诉我们：有发展就有矛盾，矛盾存在于一切事物的发展过程中，每一事物的发展过程中都存在着自始至终的矛盾运动，没有矛盾就没有发展。古今中外的思想家为人类提供的宝贵思想巨作，无不是思考和研究当时当代社会突出矛盾和问题的结果。我国经济发展进入新常态、国际发展环境进入新的调整阶段，贯彻落实好新的发展理念，加快转变经济发展方式，提高发展质量和效益，更好地保障民生，促进社会公平正义，迫切需要智库积极地发挥作用。要发挥智库理论联系实践的平台优势，既要善于在各类实践中发现潜在的、苗头性的、趋势性的问题，找到矛盾的焦点，也要善于用科学的理论分析问题，创新解决问题的方式方法。既要提出切实、有效、直面问题的解决方案，还要对潜在的、趋势性问题，做前瞻性、战略性、系统性的研究，提出中长期的战略规划与部署预案。要在不断用理论指导实践的过程中，以问题为导向，探寻事物发展规律，推动理论推陈出新，推动知识变革，为社会进步提供新的理论支撑。

3. 舆论引导

各级各层次智库要充分发挥专业优势、功能特点、定位特色，从不同视角、用不同的表达方式，阐述决策意图，由此带动不同阶层、不同文化层次、不同区域、不同感知的人民群众理解决策意图。智库应通过各种大众传媒，从不同视角阐释党的理论，积极进行政策传播、理论普及或案例分析，把社会各界的注意力引导到符合政策目标、符合社会稳定与发展大局、符合广大人民群众利益的方向上来。进而让广大人民群众理解和支持中央和地方党委、政府的决策，凝聚社会共识。同时，要积极配合中央在思想理论战线的部署，及时提供有价值的智库产品，以进步的姿态和权威的声音扩大主流舆论阵地，提升舆论影响力，引领社会思潮。智库要推动思想创新，也必须及时把高质量的思想产品和研究成果，主动、及时、有效地通过各种渠道、方式，向社会推广，提高智库影响力和知名度。反之，智库的影响力和知名度，也有利于智库及智库思想产品随着智库的影响力提升，更易于被大众接受，便于穿越更多的社会阶层抵达人心深处，进而影响其态度、情感和行为，达到政策共享、决策共识。

4. 社会服务

智库内聚集各类专业技术人才，具备服务地方、各行各业以及经济社会发展需要的条件，要积极为整个社会正常运行与协调发展提供智力服务，要围绕改善社会整体福利、提高社会运行效率、促进社会公平等方面贡献智慧，要承担应有的社会责任。要积极服务行业和地方经济与社会发展需要，深度参与地方经济社会发展，主动围绕地方、企业及行业的需求，为地方产业、经济社会发展、科技创新提供支持。围绕国家、行业和区域重大战略需求，主动跟踪产业发展变化、经济社会发展动态等，积极开展前瞻性、对策性研究，扩充成果转化渠道，及时、有效、可持续地为经济社会提供智力支持。

5. 公共外交

当前，随着中国等新兴经济体的崛起，新型信息传播技术的迅猛发展，世界权力结构正处于调整、变化期，世界范围内各种思想文化交流、交融、交锋呈现新态势，国际话语权正在重新分配，加快建设社会主义文化强国，增强文化软实力，提高我国在国际上的话语权，需要智库更好地发挥作用。从美国的实践来看，美国能够保持话语权的霸主地位很大程度上归功于美国深厚的理论研究和扎实的人才储备，当前，国际政治、经济理论新概念大多出自美国，世界公认的学术专家也多在美国。专家话语霸权的权威性形成的“学术霸权”，对美国话语霸权形成了极大支撑。中国高端智库要主动承担起理论研究与理论创新任务，尽快建设有中国特色的思想品市场，做好充足的思想、理论与人才储备，积极应对各种国际新问题，及时发出响亮的中国声音，提出有影响力的中国方案，推动全球治理合理化、科学化。智库都应该成为按照各自研究领域、功能定位承担中国公共外交的行为主体。要加强相同或者相近研究领域之间智库的交流对话，解决国家层面、政府层面不便于交流的问题，扩充国家现有外交渠道。

（三）中国特色新型智库的基本特点

中国特色新型智库除了通过基本功能定位突出智库特色外，还应具备以下几个基本特点：

一是相对的独立性。智库的独立性突出表现为思想独立。强调的是思想产品生产及提供的科学性。在政府购买公共服务过程中，思想产品具有明显的公共品性质特征，是一种公共服务，政府与智库通过平等的契约关系购买公共服务。这种平等的契约关系体现在政府决策者与智库双方需要将财政拨付和项目委托中出现的契约关系设计成相对对等的规约条款。也就是政府决策机构针对需要解决的问题设计研究项目，委托预期能提供解决该问题方案的智库研究，用规约条款规定双方的权利和义务。智库要就政府决策机构要求解决的问题承诺研究所需时间、解决问题方案能科学、客观、富有逻辑表述，并能针对性、可操作性和实效性地解决问题。政府决策机构针对研究项目要对委托项目提供财政经费，按照双方约定购买公共服务。智库机构按照契约精神，在严格调查研究的基础上，借助现代科学方法，实事求是，辩证分析问题原因，以“客观中立”的身份，站在公众利益的角度，提出可行、可纠偏和可预见的解决方案，并对方案实施效果提供风险评估、初步预测。政府决策机构对方案进行初步验收、对比、筛选后，即可付诸实施。实施的最终效果可跟踪反馈，再评估，成为下一步选择智库购买公共服务的依据。这种契约方式需要政府决策机构与智库双方始终秉着追求思想产品的独立价值这一基本原则，只有这样才能避免智库成为论证政府所欲求的决策方案的工具，也可防范智库为追求自身利益而滥用“理性”，丧失公益精神和公共责任。

二是较强的公共性。新型智库功能定位决定了其具有较强的公共性特征。新型智库功能在于协助政府作为公共决策部门有效推进政治、经济、社会、文化、生态发展，维护社会公平正义，协调公众利益，确保社会和谐稳定发展。这也就要求新型智库的专家定位不仅是政策专家、政策助手，而且应该是实现公益的服务者、分享治权的行动者、促进共识的协调者。新型智库的公共性，不仅要求智库在辅助决策、咨政建言等方面保持“第三方”立场，提出客观中立、理性、专业的思想品，更重要的是将公平、正义、代表性、责任、民主等贯彻到辅助决策过程中。

三是突出的专业性。问需智库已成为公共决策环节不可忽视的重要部分，已经说明了智库专业性的重要。在知识与信息大爆炸的时代，公共决策越来越依赖于“技术手段”“专业性知识”等理性化要素，“理性模型”成为解释公共决策科学性、民主性和合法性的新框架。作为专门从事思想创新和知识生产的知识密集型组织，新型智库需要专家必须具备很高的专业性。并且智库在决策咨询中是否能够发挥作用以及在多大程度上发挥作用，与智库能否提供高质量、专业化的研究成果密切相关，因此，高素质的专家队伍是智库生存和发展的生命力所在（也发现由一两个专家组成的研究团体就声称为智库，这是不恰当的）。新型智库既要成为一个吸引有深厚的研究功底和高深的专业知识人才集聚的平台，也要成为推进专业型人才成长为智库领军人物的重要平台。因此，新型智库的专业性决定了其必须始终保持有一支可依赖、以专业取胜的研究团队，能用大众听得懂的语言表述观点，为政府提供行得通、用得上的决策，以专业知识解决专业问题。当然，新型智库更应该把“专业性”融入“公共性”之中，新型智库的专家，既是专业领域的专家，同时还是国家利益、社会正义的捍卫者和公共关怀的重要构筑者。新型高端智库应该建设为有担当、有高度、有深度、有成效的智库，要能为政府与社会提供具有高瞻远瞩的大谋略与充满真知灼见的大智慧。

四是高度的开放性。智库生产“思想品”的基本属性决定了智库必须海纳百川。智库专家必须具有突破传统思维定势和狭隘眼界，听得见不同层次公众的声音，多视角、全方位、多层次看问题和考虑问题的思维；智库研究成果能够顺应时代变化，集思广益，吸纳各家之所长，凝聚共识，实事求是，不断地有所发现、有所发明、有所创造、有所前进；智库本身应该是一个能接纳各类专业新知识、让思想火花能畅通无阻地迸发出来、基于思想活跃而能不断产生丰富多彩的新知识、新理论和新战略的新平台。

（四）中国特色新型智库与其他社会组织的区别

在“智库热”的背景下，判断什么是智库就显得异常重要了。这不仅关系到建设什么样的智库、智库要发挥什么样的作用等问题，还关系到智库的功能定位与价值目标。

当前存在笼统地把高校纳入智库的现象，这显然混淆了智库与高校的基本功能。高校也具备智库的硬性和软性两个条件，但高校与智库承担的基本功能是不一样的。高校最基本的功能是人才培养、科学研究、服务社会。人才培养是高校最核心的基本职能，科学研究是人才培养的重要载体，是以学术为导向的科学研究，服务社会是人才培养和科学研究的延伸（张陈、崔延强，2010）。智库最核心的职能是服务公共决策，在服务公共决策的过程中引导思想创新，推动知识变革，参与全球治理是服务公共决策的延伸，智库与高校直接承担人才培养的功能不一样，智库积聚人才的功能是伴随智库发展、智库平台建设对人才的吸引、吸纳而逐步积累起来的。高校以学术为导向的科学研究会积极影响着智库以问题为导向的政策研究，高校科学研究为制定科学合理的公共政策提供知识服务，同时，高校还为智库承担人才培养服务，智库根据自身发展需要吸纳高校培养的人才，成为人才“储备池”。当前，我国高校内也存在不少符合条件的智库，但要注意区分高校就是智库与高校的智库，两者有着本质的区别。

判断智库与其他具有部分智库功能的社会组织（如咨询公司）的

关键是智库的核心职能是服务公共决策，智库的核心竞争力也在于不断提供服务和影响公共决策的思想产品。咨询公司是商业性公司，其主要服务对象是企业和企业家，这类公司围绕委托者的意向和要求，运用专门的知识和经验，为委托者提供以实现企业目标，解决管理和经营问题，鉴别和抓住新机会，强化学习和实施变革的具体脑力劳动服务。

而智库与政府之间应该是一种什么样的关系呢？首先，智库应政府决策需求而产生，为政府决策提供政策研究与咨询服务。中国特色新型智库是中国共产党领导下的智库，与中国政府一样都为公共利益、为人民服务，在政府决策民主化、科学化过程中，实现“谋”与“断”的分离。智库要发挥“谋”的作用，要广泛地收集、整理经济、社会发展过程中的信息，用唯物主义辩证法与现代科学方法，研究分析问题，增强对经济社会发展规律的认识，形成新概念、新理念、新思想，服务于党和国家发展大局。要有强烈的责任感和使命感，站在全世界、全人类求发展的角度，用战略思维、系统思维、底线思维研究当代世界经济社会发展变化规律，提出中国方案，推动构建符合人类命运共同体发展方向的全球治理格局。政府要发挥“断”的作用，要以问题为导向，把需要决策的问题设计成研究项目，与智库进行充分沟通，通过多种形式委托智库进行研究分析，对智库研究成果进行评估、验收的过程，也是对智库提交的问题处理方案的筛选、判断过程，在此基础上，确定采用哪种方案解决问题，形成有效的“断”。

同时，政府要为智库的发展规划提供良好的发展环境，包括管理体系设计、政策引导、资金支持等，要推动智库生态体系建设，形成百家争鸣、百花齐放的智库发展格局。

三、中国特色新型智库的生态体系与定位

随着我国智库发展壮大，智库日趋多样化，每一个智库如何定位不仅是智库自身可持续发展的需要，也是提升智库服务社会能力，形成门

类齐全、具有中国特色智库体系的需要。2016 年5 月6 日，中国国际经济交流中心副理事长张大卫同志首次提出了智库生态体系。他认为智库应该有生态体系，生态体系强调生物多样性，智库发展同样要强调百家争鸣、百花齐放。因此，智库的生态体系是高端、中端和低端智库共存；有专业智库与综合型智库；有体制内与体制外智库；有主要承担国家大战略研究的智库，也有专门针对当前党和政府急需解决问题的决策性研究的智库，还有从事单一学术研究的智库；有政府、高校、企业、社会、媒体智库。各类智库在竞争与合作过程中逐渐找到自己的生态位，独特而不重叠，共享着共同的生态环境，并形成良好的生态链。决策层在问需智库时，可以根据决策研究需要，在各领域、各专业随时找到能解决问题的智库。

为避免我国各类型智库发展目标趋同，形成各具特色、门类齐全的中国特色智库体系，首先有必要对我国现有智库进行系统分类与梳理，以推动中国特色新型智库生态体系建设。

当前，我国智库存在着与区域经济学者提出的圈层结构类似的结构。智库以服务公共决策为基本目的，智库分布围绕服务对象（决策核心层）由中心向外层拓展。因此，根据智库距离决策核心层远近分为：近核心层、中间层与外围智库。各类智库由于与决策核心层距离远近不同，其服务和影响决策的能力不一样，在服务和影响公共决策中发挥的作用也会不一致。距离核心层越近，智库越能理解决策需求，成果转化渠道越多，影响决策的方式就越直接。目前，这类智库主要为体制内智库，通常有稳定的收入来源，并汇聚大量的人才，良好的研究条件可以支撑这类智库长期研究某一领域，研究人员能实现“术业有专攻”。总之，这类智库在服务公共决策上有着得天独厚的条件，体制内的智库对核心层的忠诚度相对比较高，但受到各类制度的约束也更多，治理机制不灵活。距离决策核心层越远的智库，离理论研究、大众越近，多数智库没有办法直接影响核心层，但是，可直接影响媒体、影响大众，同时，越往外层的智库，内部治理机制越灵活，对研究人才的激励效果越明显，研究自由度也越高，但这类智库通常无法获得稳定的研究经费支持，难以积聚人才，对公共决策的影响力相对较弱，这类智库必须依靠研究特色取胜市场。处于中间层的智库对核心层的忠诚度高，治理机制相对灵活，既有机会参与公共决策，又相对接近大众，大胆设想一下，中间层智库应为推动智库之间的合作发挥作用，实现智库资源的优势互补，提高智库为公共决策服务的能力。

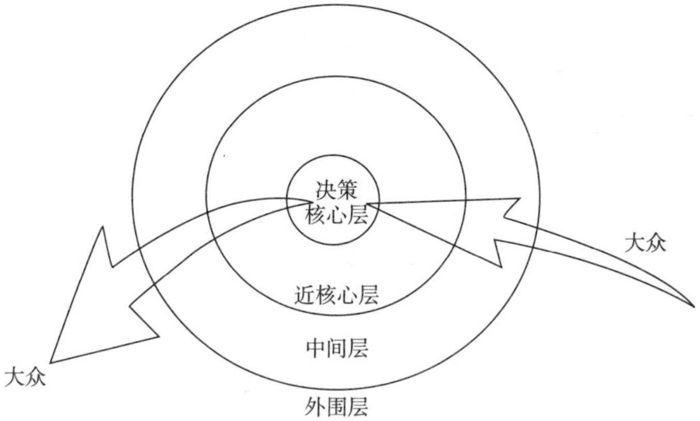

图 1－1 我国智库圈层结构

当前，我国智库在纵向上是按照级别关系进行分类的，横向上则主要按照隶属关系及服务对象分为党政部门、社科院、党校行政学院、高校、军队、科研院所和企业、社会智库等，这些分类主要从智库的外部条件入手，但外部条件容易发生变化，影响智库分类体系的稳定性（周仲高，2013），这就要求智库的分类要考虑更多的影响因素。周仲高在其《智库的分类与定位》一文中就根据智库是注重学术研究还是问题解决、是单一研究还是综合研究等四个维度将智库分为：学术思想库、战略型智库、策略型智库、政策型智库、专业性智库和应用型智库。智库的最根本属性是为战略问题和公共决策制造并提供智力产品或思想产品，评价智库优劣的主要指标是专业、政府、社会、国际影响力

（林云，2015），因此，智库分类的维度可以从服务和研究对象、国内外的影响力、研究领域宽窄、研究侧重点等方面分为为政府服务的智库和为其他社会组织服务的智库、国际型智库和国内型智库、专业性智库与综合型智库、政策型智库与学术型智库。当然，根据这些分类维度重叠程度不同还可以做进一步的划分，这也是我国近些年多数智库根据在其整个智库体系中的位置对自身进行功能定位的依据，智库功能定位也将随着智库自身的不断发展变得更加准确、清晰。

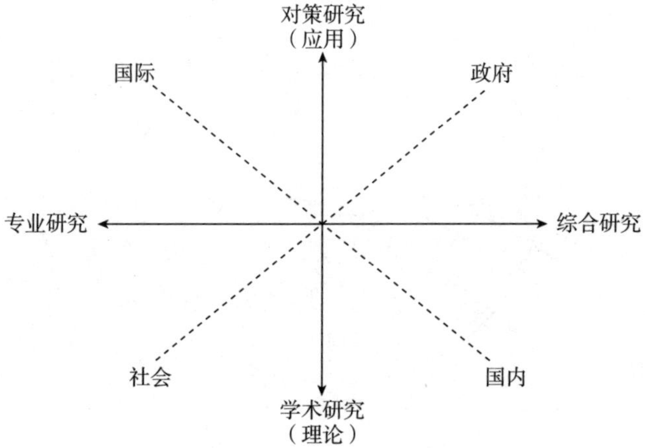

图 1-2　我国智库分类的主要维度

一定范围内的各类智库经过长期竞争合作逐步形成较为完善的智库体系。体系内的各类智库按照各自的优势，密切关注各类社会信息与社会发展趋势，形成研究焦点与重点，通过对关联信息的收集、整理，分析提炼，以及借助讨论、头脑风暴、推理、演绎、模拟实验等各类研究技术与研究方法，形成相应的研究成果。部分研究成果通过一定渠道（主动推荐或政府购买等）向政府部门传递，转化为政府决策，解决生产、生活中的各类矛盾和问题，部分研究成果因为时效性或其他原因储备待用。智库体系要完成其影响和辅助决策、参与全球治理并提出中国方案、推动理论创新与知识变革、积聚人才等基本功能，需要适合智库体系生存与发展的生态环境。就智库体系内部而言，进行知识生产与加工，促进智力成果生成最关键的要素是人才，其次就是围绕人才发展与成长的其他物质条件和内部制度设计、管理模式等软性条件，现有知识、理论存取条件等。人才与人才成长的物质条件和软性条件又与智库体系的外部生态环境紧密相关，智库体系的人才主要来源于高校系统或社会各行各业精英，高校系统还为智库提供理论研究成果、技术创新以及领军人物等。智库体系的生存发展还有赖于政府为其提供参与决策、经费支持、公平竞争等制度设计、智库体系发展规划、政治环境等。

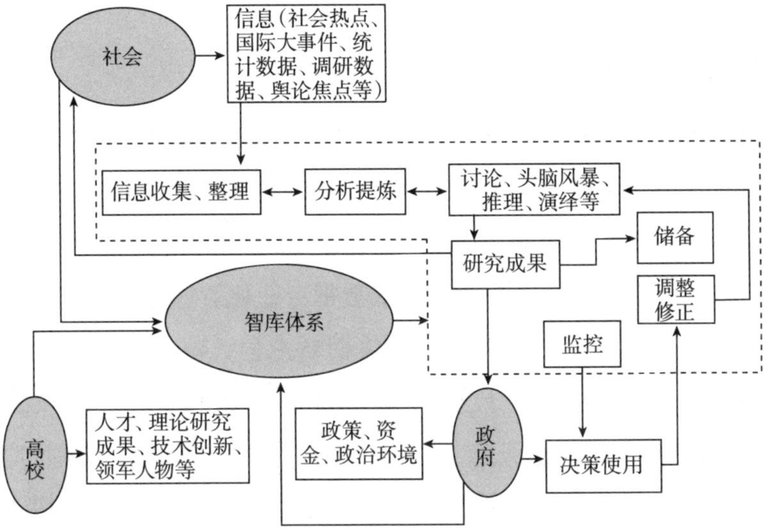

图 1-3　智库生态链

总之，在中国特色新型智库生态体系中，不同类别的智库应该按照智库的科学分类，对自己的研究方法、智库功能有清晰的定位，每个智库都要有各自的主攻阵地，要突出自身优势，打造智库品牌。在统一的生态体系中，智库发展与环境之间相互影响、相互制约，智库建设要着重营造公平的竞争环境，既要重视综合类大智库的发展，也要鼓励专业性智库建设，以研究成果本身作为评判智库优劣的主要标准，允许各类智库公平竞争。要建立既可向政府决策机构又可向社会公众多层次、多途径地推介研究成果的输出机制，推动智库成果有效转化与应用。要进一步搭建资源共享、人才流动和观点互通等智库交流合作平台，推动智库互通有无、优势互补、共同发展。要在政策与经费上，保障智库研究过程和研究结果的独立性，推动智库政治性、专业性、独立性有机融合，稳定发展。要不断完善中国智库与国外智库的合作机制，推动国内外智库的交流与合作，拓展智库研究人员的国际化视野，提升中国智库参与全球治理能力。

四、中国特色新型智库的发展新态势

（一）国家战略勾画智库建设蓝图

习近平总书记在党的十八大和十八届三中全会要求加强中国特色新型智库建设，建立健全决策咨询制度。2014 年 10 月 27 日，习近平主持召开深改组第六次会议审议通过了《关于加强中国特色新型智库建设的意见》（以下简称《意见》），要求重视专业化智库建设。党的十八届五中全会强调，要实施哲学社会科学创新工程，建设中国特色新型智库。2015 年 11 月 9 日，习总书记主持中央深改组会议，审议通过了《国家高端智库建设试点工作方案》，推动了第一批 25 家高端智库的建立与运行，其中，中央、国务院、中央军委直属综合研究机构 10 家，依托大学和科研机构形成的专业性智库 12 家，依托大型国有企业的企业智库 1 家，社会智库 2 家。首批试点单位主要包括经济类、政治类、科技类、法律类、军事类、外交类和党建类等智库类型，涵盖国家发展战略、国家治理、国家安全、公共政策、宏观经济、金融问题、党的建设等 20 多个重点研究领域。在此次会议上，他强调，要建设一批国家亟须、特色鲜明、制度创新、引领发展的高端智库，重点围绕国家重大战略需求开展前瞻性、针对性、储备性政策研究。

为贯彻落实《意见》，本届政府首次委托智库对重大国策实施情况开展第三方评估，2015 年 6—8 月，国务院委托中国科学院、国务院发展研究中心、国家行政学院、中国科协、全国工商联、中国国际经济交流中心、北京大学、中国（海南）改革发展研究院等独立第三方，对简政放权、促进“大众创业、万众创新”、长江经济带等重大决策进行第三方评估。

2016 年 5 月 17 日，习总书记在哲学社会科学工作座谈会上的讲话不仅回答了什么是中国特色哲学社会科学，同时，也回顾了党的十八届三中全会以来，我国关于加强中国特色新型智库建设的历程，指出了智库建设要把重点放在提高研究质量、推动内容创新上。

在习近平总书记主持召开的经济形势座谈会、国务院总理李克强主持召开的“十三五”规划编制工作国内外专家座谈会等重要会议上，在关于国内外经济形势研判以及国家大政方针的制定过程中，都会出现智囊人物的身影。

（二）全国智库建设迅猛发展

智库数量快速增长，随着国家对智库建设的重视，中国智库数量从 2008 年的全球第 12 位跃居当前第 2 位。美国宾夕法尼亚大学智库与公民社会项目编写的《全球智库报告 2015》显示，截至 2015 年底，全球拥有智库 6846 家，其中中国拥有 435 家，比上年增加 6 家，依然是世界第二智库大国。与 2013 年相比，全球各地智库增加了 20 家，其中，中国增加了 9 家。据 2013 年国内统计，我国现有研究机构 2500 多家，专职研究人员 3.5 万人，工作人员 27 万人。其中，以政策研究为核心、直接或间接为政府服务的“智库型”研究机构达 2000 家[①]。中央党校、中国社科院、国务院发展研究中心、中财办、国家发展改革委宏观经济研究院、国务院研究室、国家行政学院等在内的体制内智库是离决策核心层最近的智库。中国国际经济交流中心、中国金融四十人论坛（CF40）、中国经济 50 人论坛、博源基金会、研究新供给经济学的华夏新供给经济学研究院、万博新经济研究院、中国（海南）改革发展研

---

① 揭秘中国官方智库：可通过内参向上直接建议［OL］. 中国新闻周刊网，2013－11－20.

究院经济研究所等是新兴的民间智库。还有依托高校发展的清华国情研究所、人大重阳等高校新兴智库，以及新华内参、光明日报智库、瞭望智库等媒体智库都在快速发展。但总体而言，我国的智库结构表现为体制内智库集中在决策核心层周围，民间智库多数集中在决策核心层外围，目前，少有能够从外到内贯穿的智库，因此，智库发展空间受到了很大的限制。

（三）新智库争相建立与原有智库积极转型

1. 新智库争相建立

据统计，2008 年全球金融危机之后我国新成立的活跃智库数量为 30 家。其中，包括中国国际经济交流中心、中国人民大学重阳金融研究院、北京大学国家发展研究院等不少优秀的新兴智库。对比传统智库，新兴智库从建立起就以探索建设新型智库为目标，在研究方向、内部治理方式等方面都有不少新的突破。主要体现在以下几个方面：

一是研究方向上表现为精而专。新兴智库多数是紧跟时代发展需要而建立，如南京大学中国南海研究协同创新中心是以服务国家南海战略决策而建立、中山大学 21 世纪海上丝绸之路研究院以响应国家推进海上丝绸之路的战略设想而建立等。在研究方向上更为细分，北京市信访矛盾分析研究中心专注研究信访矛盾、北京师范大学中国社会管理研究院集中研究社会治理问题、北京师范大学中国收入分配研究院专注研究中国收入分配问题，多数新成立的智库都清晰地定位了自己的研究领域，在研究领域和研究方向上表现为精而专。

二是内部治理方式灵活多样。新兴智库在内部治理方式上较传统智库有了较多的创新。中国国际经济交流中心实行会员制，中心最高权力机关是会员大会，理事会是会员大会的执行机构，并设立常务理事会以及设立理事会执行局负责日常事务。中国人民大学重阳金融研究学院（人大重阳）治理机制相对简单，依托于中国人民大学财政金融学院，内设学院办公室、研究部、信息中心三类机构，学院办公室主要负责日常运营管理工作，研究部承担课题研究，信息部负责传播研究成果。中国金融四十人论坛（CF40）由学术顾问、理事、正式成员构成，实行企业理事会员制。

三是筹资渠道多元化。当前，除了体制内智库外，多数智库都存在经费紧缺的现象，迫使智库在成立之初，必须慎重考虑经费来源，新兴智库筹资渠道日趋多元化。资金的筹集渠道主要包括：政府委托课题基金、自筹资金、社会捐赠、会员费等，高校类的新兴智库还可获得国家财政拨款。

四是智库日趋国际化。我国智库尤其是新兴智库呈现明显的国际化特征。首先是研究领域全球化和国际化，不少新兴智库日趋重视重大国际事件、国际危机处理与国际关系方面的研究，更是关注重大国际事件对国际国内的影响，同时，提出中国的决策方案。其次，智库间国际合作明显增多。如 2010 年卡内基全球政策研究中心与清华大学合作成立了清华—卡内基全球政策研究中心，中国、美国以及世界各地研究人员，合作研究当今世界共同面临的问题和挑战，寻找建设性的解决方案。最后，智库人才队伍国际化。

2. 原有智库转型发展

十八大以来，特别是习近平总书记提出建设中国新型特色智库后，我国“从上至下”的传统智库纷纷响应，贯彻执行中央政策，开启传统智库的转型升级模式。

一是智库重组合并组建新智库。随着时代发展需要，一些传统智库为实现资源的合理配置与更好地适应竞争需要，实行重组、合并或吸纳新力量组建新智库。如清华大学国际问题研究所（1997 年成立）与当代国际关系研究院（2010 年成立）合二为一，更名为清华大学国际关系研究院。随着文化产业的发展，许多事业单位都在改制。如北京大学在中国经济研究中心的基础上新组建了国家发展研究院，除了继承原中国经济研究中心的主要教学、科研功能外，还积极参与政策讨论，发挥智库功能。

二是推行智库内部治理改革。社科系统是中国特色新型智库建设的前沿阵地，2015 年，探索形成了以“报偿制度、准入制度、退出制度、配置制度、评价制度和资助制度”六大制度为核心的创新工程制度体系，着力推进内部治理改革，旨在建立灵活高效的智库运行体制机制和有利于出成果出人才的激励淘汰制度，创新组织形式和管理方式，建立有效的智库内部治理机制、优胜劣汰的竞争机制、互联互通的信息共享机制、持续稳定的经费投放机制、广泛的国际合作与交流机制。

三是有效规划研究重点。当前，我国传统智库紧紧围绕党中央统筹推进“五位一体”总体布局和协调推进“四个全面”战略布局，实现“两个一百年”奋斗目标和中华民族伟大复兴中国梦，着力智库主攻方向，规划重点研究选题，不断提高智库服务中央决策、服务大局的能力。

（四）智库联盟化发展

2014 年 11 月 8 日，沿边九省区的社会科学院共同组成了“中国沿边省区新型智库战略联盟”。2015 年 4 月 8 日，“一带一路”智库合作联盟成立。2015 年 11 月 13 日，对非投资智库联盟在湖南成立。2016 年 5 月 28 日，中央企业智库联盟在京成立。2016 年 6 月 17 日，北京城乡基层党建创新智库联盟成立。2016 年 6 月 22 日，全国“一带一路”沿线城市智库联盟成立。2016 年 7 月 9 日，中国国际生态智库联盟合作机制建立。此外，还成立了高校智库联盟、各省的地方智库联盟。总之，在 2014—2016 年这段时间，我国智库联盟密集成立，展开了智库间互通有无、合作研究、共同参与的新篇章。

（五）国际国内合作加深

新中国成立后，智库之间的合作与交流一直存在，改革开放后，随着经济全球化发展，传统智库通过互派学者考察访问、开展合作研究、互派长期留学进修生、举办双边或多边学术研讨会、互邀学者讲学等多种形式开展学术交流与合作。当前，智库间的合作主要倾向于与国际智库共同举办研讨会、各类专题论坛、智库峰会等新的形式，开展更为频繁的交流与学术探讨。如中国国际经济交流中心两年一届的全球智库峰会与一年一度的中国经济年会、上海国际问题研究院和斯里兰卡探路者基金会合作举办的“海上丝绸之路”研讨会等，都为国际智库交流与合作搭建了良好的平台。

（六）智库间竞争加剧

随着近年智库“热”起来，我国出现了各类五花八门自定义为“智库”的机构，但大多数智库主要以研究院、研究所、中心、论坛、基金会等方式存在，其中，部分基于生存压力的社会类智库，其组织结构和运作机制比较接近国际规范和市场，在与传统类智库的竞争中不断寻求发展空间。社科系统内智库积极转型，探索适应市场竞争的发展路径，但依然面临诸多困难与瓶颈。高校在大规模推进智库建设，由于建立在传统组织结构与运作机制基础上，高校智库与社科类智库面临同样的问题。体制内智库能感受到前所未有的竞争压力，但在传统科研考核机制、职称评定体系、成果转化、员工激励机制等方面依然无法实现大的改革与创新。

五、中国特色新型智库建设的目标任务

就当前中国智库发展状况而言，无论在政治环境、舆论环境、人才资源、资金保障还是社会需求上，都是中国智库的黄金时代。习近平总书记《在哲学社会科学工作座谈会上的讲话》不仅系统而深刻地阐述了中国特色社会科学一系列带有方向性、根本性、全局性的战略思想，也指出了建设中国特色新型智库面临的主要问题，为推进中国特色新型

智库健康发展指明了建设与改革的重点与方向。建设好服务国家发展与大局的中国特色新型智库，还必须完成多方面的任务。

（一）进一步强化中国特色新型智库的价值目标

中国特色新型智库是直接服务于党和政府决策的研究咨询机构，其政治方向、服务宗旨、价值取向和功能目标的基本规定性，集中到一点，就是坚持和发展中国特色社会主义，这是中国特色新型智库鲜明的政治本色，是历史赋予的光荣使命和必然要求。在中国特色新型智库建设中既要始终坚持中国共产党的领导，又要始终贯彻实事求是原则，保障智库忠于党、忠于人民、忠于客观规律。智库的使命与国家发展、民族复兴紧密相连，要以科学研究成果贡献治国理政智慧，服务党和国家工作大局，努力提供决策咨询、智力支持和精神动力。

（二）坚持用马克思主义的理论和方法指导研究

中国特色新型智库要不断增强马克思主义的理论和方法自觉性，在运用马克思主义立场、观点、方法上，在以马克思主义为指导的对策研究、话语体系建设上下足功夫，智库工作人员要自觉坚持用马克思主义来指导研究实践，要自觉坚持把中国特色社会主义理论体系贯穿研究全过程，以清醒的理论自觉、坚定的政治信念、科学的思维方法，解决历史、经济、政治、文化、社会、生态、科技、军事、党建等各方面问题。要加强智库专家职业精神、职业道德建设，增强社会责任感和诚信意识，牢固树立国家安全意识、信息安全意识、保密纪律意识，引导智库工作人员自觉把个人学术追求同国家和民族发展紧紧联系在一起，努力出经得起实践、人民、历史检验的高质量研究成果。

（三）加快构建中国特色新型智库治理体系

首先，要加快构建和完善中国智库学科研究体系。在智库体系内要逐步做到哲学、历史学、经济学、政治学、法学、社会学、民族学、新闻学、人口学、宗教学、心理学等各学科都有学者研究，长期跟踪研究，在国家需要时能随时拿得出、用得上。

其次，要尽快搭建智库间、智库与决策机构间交流平台。运用互联网和大数据技术，加强图书文献、网络、数据库等基础设施和信息化建设，加快国家智库文献中心建设，构建方便快捷、资源共建共享的智库信息化平台。要进一步推动智库间的交流与合作，尤其是跨学科、交叉学科，在一个或少数智库难担重任的情况下，智库间的交流与合作尤为重要，通过搭建便于交流的平台，实现智库间对重大战略项目共同探讨研究、知识资源共享，擦出最亮的科学智慧火花。要有序推进中国特色的“旋转门”制度建设，既要进一步培养决策者更扎实的研究能力和理性判断力，又要使科研工作者更“接地气”，走出象牙塔，充分接触待解决的问题，实事求是，提出能解决实际问题的方案与主张，逐步造就一支坚持正确政治方向、德才兼备、富于创新精神的公共政策研究和决策咨询队伍。

再次，要创新科研经费分配、资助、管理体制。更好地发挥国家社科基金作用，把财政拨款和专项资助结合起来，把普遍性经费资助和竞争性经费资助结合起来，加大科研投入，提高经费使用效率。探索中国特色社会捐赠科学研究制度，探索建立政府主导、社会力量参与的决策咨询服务供给体系，推进提供服务主体多元化和提供方式多样化，形成社会支持科学研究的良好氛围，满足政府部门多层次、多方面的决策需求。研究制定政府向智库购买决策咨询服务的指导意见，明确购买方和服务方的责任和义务，将智库提供智力成果纳入政府采购范围和政府购买服务指导性目录，建立按需购买、以事定费、公开择优、合同管理的购买机制，推进多种方式购买。要探索建立以品德、能力和贡献为导向的人才评价机制和激励政策，建立健全与岗位职责、工作业绩、实际贡献紧密联系的薪酬制度，充分调动广大科研工作者工作积极性，实现人尽其才。要建立科学权威、公开透明的哲学社会科学成果评价体系，建立优秀成果推介制度，把优秀研究成果真正评出来、推广开。

最后，要鼓励智库国际化。要为智库参与和设立国际性学术组织，建立海外中国学术研究中心提供条件，支持国外学会、基金会研究中国问题，加强国内外智库交流，推动海外中国学研究。要聚焦国际社会共同关注的问题，推出并牵头组织研究项目，增强我国智库学术研究的国际影响力。要加强优秀外文学术网站和学术期刊建设，扶持面向国外推介高水平研究成果。对学者参加国际学术会议、发表学术文章，要给予支持。

（执笔人：李娣）

第二章

CHAPTER TWO

中国特色新型智库建设中存在的主要问题

近年来，在党中央、国务院的高度重视下，我国智库建设骤然升温。2009 年 3 月，被外界视为“超级智库”的中国国际经济交流中心成立，同年举办首届全球智库峰会，此后中国建设智库的热情开始高涨起来。随着国家把建设中国特色新型智库提高到国家战略的高度，尤其是党的十八届三中全会提出，要加强中国特色新型智库建设，建立健全决策咨询制度。自此之后，在哲学社会科学领域掀起了一股智库建设浪潮，业内言必智库，称必高端，各个党政机关、各大院校机构皆纷纷奔走相告，弹冠相庆，迎接属于自己的“春天”。

对建设中国特色新型智库，党中央、国务院有着明确的要求和期望。2015 年初，中央办公厅、国务院办公厅联合印发了《关于加强中国特色新型智库建设的意见》，把中国特色新型智库建设提升到推动科学民主决策、增强国家软实力的战略高度。2015 年 11 月，习近平总书记主持中央深改组会议，提出要建设一批国家亟须、特色鲜明、制度创新、引领发展的高端智库，重点围绕国家重大战略需求开展前瞻性、针对性、储备性政策研究。与国家的高要求相比，我国智库建设显然跟不上形势发展的需要，尚存在许多体制机制上有待解决的问题。2016 年 5 月 17 日，习近平总书记在哲学社会科学工作座谈会上指出：“有的智库研究存在重数量、轻质量的问题，有的存在重形式传播、轻内容创新问题，还有的流于搭台子、请名人、办论坛等形式主义的做法。”① 鉴于此，我们要正确看待智库发展中存在的种种问题。

---

① 习近平．在哲学社会科学工作座谈会上的讲话［OL］．新华网，http：//news. xinhuanet. com/politics/2016 －05/18/c_ 1118891128. htm.

一、思维惯性强，体制依赖重

我国已经初步形成官方智库为主的生态体系，但是要建设具有国际影响力的高端智库，除了体制机制上的固有障碍外，还面临着思想意识上的思维惯性。表现在究竟怎么办好高端智库，怎么创新智库管理机制还处于混沌状态。例如，传统的官办智库尚停留在对传统管理方式的路径依赖上，而新兴的民办智库还在全盘西化欧美的智库模式，其他行业协会性质的智库还在与政府脱钩的过程中摸不清方向。总而言之，建设中国特色的高端智库既要谨防沿袭原有的思维惯性而故步自封，也要谨防盲目无序的重复建设和低水平发展，否则建设的智库可能只是个机构，既不会高端也不具特色。

（一）照老套路办智库

现今，从大学到企业，从政府到群众，全国上下都在轰轰烈烈地办智库。官办智库在转型，高校智库在建设，民间智库也发声。好像是，中国发展到这个阶段，亟须各类智库来推动治理能力现代化。不可否认，国家和社会的发展呼唤现代智库，但是并不是现有智库突然摇身一变就成为现代智库了。事实上，各类智库并没有发生根本性变化，办智库的思路仍然在沿袭过去的治理经验，按老套路运行的居多。制度还是那些制度，管理还是那么管理，只是多了某些宣教部门，以满足官方的智库建设需要。即便是新建的智库，虽在形式上搞得比较洋气，但是实质上也很难褪去其固有的痕迹，还是沿袭过去参照事业单位管理的老办法，人员还是参公管理，经费还是重物轻人，项目还是拉关系来立项，对外交流还是要出国报备等。这种参照老套路办智库的做法大体上与我国某些政府部门的做事风格相一致。选择过去意味着要继续做政府部门的“传话筒”，但是与我国治理能力现代化所需要的现代智库相差甚远。因为建设中国特色的高端智库既要有特色又要高端，不仅要讲好中国故事，提出中国方案，还要做好储备性研究，提供具有建设性的价值主张。

（二）全盘西化建智库

随着智库建设浪潮的来临，一些新兴智库完全参照欧美智库的模式建立起来。与欧美国家的选民政治制度不同，我国的政体决定了在中国建设智库并不能全盘西方化。实质上，完全参照西方智库模式并将其复制到中国，是个很偷懒的创业思路。早几年还行得通，但是这几年基本行不通了。这是因为中国社会正在发生新的变化，完全参照西方智库的运作模式并不被中国政府和社会认可。例如，“旋转门”制度在西方很流行，但是在中国并不受待见，其原因在于我国的公务员体制与欧美国家的公务员制度完全不同，欧美国家随着政府的换届改选，会有大批的公务员岗位重新调整，而我国政府的换届改选，并不会引发公务员队伍的大换血，因此由智库为政府储备人才的机制难以在中国落地生根。况且，全盘西化建设的智库难以体现中国特色，更难以使研究成果影响决策层。一般来看，全盘西化筹办智库的领军人物多是“海归派”，倘若完全照搬西方智库做法，显然也是思维惯性在作祟。

（三）创新顾虑较多

为什么我国智库建设中惯性思维那么强呢？客观地讲，这是由谁来主导办智库决定的。尽管国家鼓励支持建设中国特色的高端智库，但是现有智库的创新能力整体不足。一方面，有些智库可能顾忌的是在中国共产党领导下的智库建设本身创新的空间有限，唯恐触犯意识形态的禁忌；因为政治性是中国特色新型智库的首要特性，在党的领导下开展研究，必须坚持实事求是的原则，做到“不唯上、不唯书、只唯实”是很难的，尤其是“唯实”是需要理论勇气的。另一方面，着手办智库的领军人物本身就有很多工作，建设高端智库只能当作副业，也就是说，讲讲情怀可以，搞搞创新却很难。智库机构的市场化发展才是未来智库发展的出路。鉴于此，建设中国特色新型高端智库需要其领军人物具有极大的创业激情，同时建立与市场相适应的人才激励机制，重点在智库内容上开展创新，否则缺乏创新就容易陷入僵化和没有生命力，消磨的是很多富有创新能力的有志之士的时间，从而劣币驱逐良币，让他们“用脚投票”转做他行。可以说，没有追随者的智库建设就没有生命力。

（四）依附心理较重

我国大多数智库脱胎于政府各个主管部门，有的甚至有较高的级别。在这种隶属或挂靠关系之下，智库机构及其研究人员往往形成比较严重的依附心理，智库机构需要讲求组织级别，强调机构出身，而研究人员往往讲求编制，强调参公待遇。这种现象的背后就是对公权力的依附心理较重，只有与官靠得比较近，作为幕僚的作用才会发挥出来。而依附于公权力的智库机构往往可以从公权力中获取“寻租”空间，即不用参与竞争就可以获取委托任务，从而造成严重的依附心态。当然，这背后与我国的公共政策决策制度安排有关，以往我国的公共政策决策不透明，虽然强调专家角色的作用，但往往找的专家都是依附公权力的机构专家，这就使得公信力缺乏有效论证。根本原因在于智库产品需求尚未正式确立智库参与政府公共决策全过程的制度安排①，即还没有明确的法律法规来规范政府决策中的咨询环节和程序。近期，政府开始比较重视第三方评估的作用，但是对于怎么使用第三方评估、怎么选择第三方评估机构以及怎么对评估结果给予反馈都没有明确的规定，这也是造成智库机构只有通过依附关系才能获得建言献策的机会。正是这种依附心态使得智库成果往往沦为政策工具的“扩放器”，而不真正具有促使决策科学化、民主化的功能，也促使自身失去了主动探索战略性、前瞻性课题的积极性。

---

① 朱瑞博，刘芸．智库影响力的国际经验与我国智库运行机制［J］．重庆社会科学，2012（3）：110－116.

二、独立性差，体制束缚强

从智库发展状况来看，我国现有智库机构多数依附于政府或高等院校，且主要散布在北京、上海等中心城市，虽各自独立发展但研究活动缺少独立性。这种独立性差的特征与智库的出身有密切关系。我国绝大多数智库都或多或少接受财政供养，在缺少现代智库运作相关法律法规的情况下，智库很难不理会有关部门的意见，而做出独立客观的研究分析。无论何时何地，独立性都是智库赖以长期生存的灵魂。中国国际经济交流中心理事长曾培炎认为，“新型智库不同于传统体制下的研究机构，它在党和政府的领导下开展研究工作，也应具有相对独立性”①。

（一）难做政策建设者

由于我国官办智库一支独大，且对政府机构存在较强的依附性，往往扮演着政策诠释或宣传的角色，并不属于真正意义上的决策建议者。因为我国现有智库本身难以平衡体制属性与政策研究独立性之间的关系②，大都是针对当前具体问题开展短期性和应景性研究。特别是针对党政领导的某些言论，很多智库总是寻找其中的微言大义，为此而有意论证甚至过度解读，向上反映的问题及解决办法，往往缺少深刻洞见和建设性，既不能有效匡扶正义来引领社会进步，也不能有效矫正政策的不当。总体而言，我国智库战略谋划和综合研判能力不足，缺乏独立、客观且有说服力的研究成果，从而很难作为新时代国家要求的政策建设者。

（二）深受体制枷锁束缚

现今，中国智库发展尚处于初期阶段，智库发展水平和发挥的作用

---

① 曾培炎．探索建设中国特色新型智库［N］．光明日报，2014 - 12 - 25.

② 李伟．建设中国特色新型智库　推进国家治理现代化［J］．中国发展观察，2014（10）.

远未达到决策者的需要和期望[①]。官办智库体制上不独立是造成智库研究成果难有说服力的根本原因之一。中国有句俗话叫，“吃人家的嘴软，拿人家的手短”。多数官方或半官方智库的研究经费大都来自于政府资助，尤其是体制内的智库研究人员都是参照国家公务员管理，薪酬工资是按照核定编制由国家财政按人头拨付，职位待遇参照政府公务员定岗。这种人身依附关系造成智库与政府的不对等关系，从而对智库发展形成强大的体制性束缚，也使得智库研究有特定的倾向性和指向性，很多研究人员不敢逆鳞陈谏，擅于做歌功颂德的文章，做不到提供独立公正、科学客观的独特见解。换句话说，很多智库机构的研究者难以真正做到实事求是，而是尽可能揣摩决策者意向，开展倾向性论证，这可能会“以其昏昏使人昭昭”。除了人身的依附关系外，体制内的智库还面临外事权的约束，即很多官办智库的研究人员出国交流往往参照公务员管理，因此出国报备审核相当复杂，受到较多的约束。相较而言，高校智库的研究人员所受束缚相对少一些，但是当前的科研经费管理体制严格限制了智库研究者的活动范围，容易造成国际热点问题应对反应迟缓，研制的对策出现“灯下黑”等失灵现象。

（三）缺乏独立的价值观

自古以来，中国并不缺乏咨政伐谋的幕僚式智库，缺乏的是具有公共性质的现代智库。我国“官本位”的价值导向，造成大部分官办或半官方智库缺少独立的价值观，哲学社会科学领域具有浓厚的顺从奴性思维，部分研究者甚至信奉犬儒主义，很难提出具有质疑精神的意见建议和具有建设性的理论主张。可以说，我国智库尚未形成自己的“灵魂”，还不能适应国家治理现代化的需要。现代公共政策制定的有效性必须要有公众参与和社会监督过程，其中智库机构肩负着沟通协调政府

---

① 李国强．对“加强中国特色新型智库建设”的认识和探索［J］．中国行政管理，2014（5）．

决策与公众参与监督的重要职责，而不应成为政府的“跟屁虫”或“背书者”。由于我国众多官方或半官方智库大都是有行政级别的，其带头人多数是由相应政府行政任命的，这就决定了智库的出身天然带有非独立性，政治色彩浓厚，功利性突出。例如，如果是上级政府委派的研究任务，多数中国智库愿意无报酬参与，甚至倒贴经费给予支持，并把给上级政府做事视为至高无上的荣誉。这种心态自然不会遵照客观公正地从事科学研究，反而是想尽办法“跑部钱进”。此外，有些智库研究体现出较强的功利色彩，往往被特定的利益集团所绑架，替特定利益集团出头议事。

（四）出境交流与经费使用限制太多

我国很多体制内智库受制于财政资金约束和参公人事管理，出境交流也按一般公务出境活动管理，审批程序烦琐，人员、时间等方面的限制较多。很多智库研究只能关门做研究，主要来源于“二手资料”，而国外的研究人员却能很方便地自由地跨境交流，这使得国内智库很难做到知己知彼，难以提供有针对性的价值材料。国内智库研究人员不仅出国调研访谈的机会很少，即便获得一两次出国机会，多数时候也会被当作出境考察福利严格审查，尤其是在办理手续上要参照国家公务员管理，这极大限制了研究人员获取资料的能力，降低了研究成果的质量，甚至损害了研究结论的真实性。这主要是源自于科研经费管理的僵化，因为依附性智库机构的科研经费往往来自于国家相关部委或地方政府的委托，而这些经费的使用受到严格的管制，因而在一定程度上限制了人员出国交流的可能性。

（五）中国智库缺乏独立性

造成中国智库独立性不强的原因有很多，其中，多数智库独立性不强是过去计划体制自然演变的结果，也有长期“官本位”观念上的束缚，还往往受利益集团的羁绊。一是传统体制惯性使然。过去政府是政策资源的独家提供方，从而造成有些研究机构往往是上级行政部门的附属物，通常是在上级指定的范围内提出一些业务或技术性的补充建议，而不是平等对话的协商机制。可以说，所谓的体制内智库往往是体制强势集团压制下的弱势群体，而不是公共决策的真正参与者。二是意识形态控制使然。智库的独立性往往是相对的，而且受意识形态的影响相当浓重，在中国这种由中国共产党执政的民主集中制情况下，讲政治的原则往往位居智库研究者的首位，而不是鼓励他们讲真话。要讲智库的独立性，意味着中国共产党要准许智库有意识形态上的争论，不能统一要求所有智库都只能代表全体人民的长远利益，成为党中央和国务院的代言人。为此，智库与政府是平等的交易契约关系，政府至少要保证智库在思想上的独立性，对智库有悖于主流的观点建议也不能随意"贴标签""扣帽子"，这样才不会在公共政策制定中犯方向性错误。三是经济利益索取使然。独立性和多样性是并存的，即很难找到完全超出所有利益群体的独立性智库。社会智库的独立性并不意味着智库不能代表某个特定利益群体仗义执言，而是智库本身要保持一定的财务独立性，不能成为某些利益集团的代言人或传声筒，从而失去捍卫自由发声的权利，同时社会也不应将智库划分为三六九等，让它们从出生就背上特定标签。

三、影响力不够，信息私密性高

在国际上，中国智库的影响力并不出众。在美国宾夕法尼亚大学发布的2015年全球智库指数报告①中，中国在智库数量上仅次于美国，中国社会科学院、中国国际问题研究所、中国现代国际问题研究院、国务院发展研究中心排名靠前，但与美国布鲁金斯学会、彼得森国际

---

① McGann, James G. 2015 Global Go To Think Tank Index Report (2016). TTCSP Global Go To Think Tank Index Reports. Paper 10. http://repository. upenn. edu/think_ tanks/10.

经济研究所、美国卡内基国际和平基金会、比利时布鲁盖尔研究所等世界一流智库的影响力仍有较大差距。虽然说，麦甘团队编制的全球智库评价排名有其局限性，但是它在智库影响力方面也确实反映出一定问题。

（一）研究特色不明显

自新中国成立以来，我国沿袭苏联的专业科研体系，形成了各有分工的研究机构，但随着中国经济市场化改革推进，计划体制下的科研分工已经不适应现代国家治理的需要，从而使其在专业研究上大打折扣。这是因为官方或半官方智库大都隶属于某个政府部门，其研究的问题大都来源于政府相关部门的立项、指派，研究成果也要由委托机构开展组织审核、评议等，因此这些智库很少有研究的自主权，往往不会自己组织经费开展长期战略性、前瞻性研究，研究内容跟随政府或企业委托项目随时变化，往往会失去其独有的立场和特色。

有些智库可能有自己的经费可以开展独立研究，但是这些研究往往比较宏大，重复研究较多，有时研究目的性不强，容易陷入泛泛研究，甚至或成为利益输送的渠道。长期以来，我国对言论自由实施严格管控，造成很多智库机构缺乏一贯的价值主张，很难以某些政策主张而闻名于世；再加上中国根深蒂固的集体成果思想，并不鼓励个体展现其影响力，从而使研究者难以个人名义陈述观点，尤其是与机构集体价值主张不一致的观点。例如，中国社科院下设许多个专业院所，虽然这些专业院所在中国具有较高的影响力，但固化的人事制度已经造成有影响力的人才流失，有些院所面临缺乏领军人物和杰出人才，自然也很难提出有价值的拳头产品。

（二）话语体系不与国际接轨

我国智库影响力不够还表现在话语体系与国际不接轨。在政策研究领域，我国智库的很多成果都是以内部报告、国家或部委委托课题方式提交，往往标为密级文件，不可用来公开发表，即便获得领导批示或决策采纳等反馈情况，也不能公开宣扬传达。在这种情况下，我国智库研究的成果主要是为贴合领导需要，往往比较宏观，经常笼而统之、大而化之，篇幅也较短，往往转化为领导习惯或喜欢听的话语体系。因为我国智库倾向于揣测领导意图而开展研究，研究成果的整体话语体系并不与国际接轨，多数研究机构以中文写作为主，并不强调学术性要求，研究人员视野也主要紧盯国内决策部门，而不是注重与国际交流，即便是侧重于对外政策研究的智库，公开发表英文文章的学者也比较少，也很难与国际智库机构有效开展对话交流。另外，受制于人事薪酬体制限制，很多智库机构基本没有国外访问学者以及雇员，也很少在海外设立分支机构，严重制约了智库的国际化发展。

（三）影响的受众群体单一

与西方选民政治不同，我国是在中国共产党领导下的民主集中制，这种政治体制意味着国内智库主要以影响领导人思维为主，而不像西方智库那样通过影响选民来影响政治议程。在中国，无论官方智库还是民间智库都是以影响国家部委政策为导向，因而很多智库研究成果的受众比较单一，通常是其所依附的部委或地方政府。影响的受众决定了我国智库的运作主要向上看而不是向下看，这就很容易造成很多研究成果不“接地气”，难以将智库产业化。主要服务对象的单一化也造成国内智库把政府委托的政策咨询项目放在突出位置，唯恐失去衣食父母。虽然有些智库机构也会为地方或企业提供咨询服务，但其所能提供的也是帮助地方或企业向有关部门争取相关有利政策，即从事“红顶中介”的职能，这显然会削弱其中立性和社会影响力。由于影响受众的单一性，我国智库尤其是官办智库的独立性往往受到多方面的威胁，如有可能是来自体制内政治权力的直接干预，也有可能会受到体制外精英联盟与权力结合的思想垄断的束缚①。

（四）影响渠道具有私密性

由于在我国的公共决策过程中，政府各部门拥有最大的话语权，因此体制内的智库往往各显神通，依靠各自渠道影响决策过程。但是由于我国公共决策虽然强调公众参与和专家咨询，却没有明确的法律法规或制度安排，这就造成能够上达天庭的智库寥寥无几。

总体上看，我国智库对国家战略制定的参与度较低，智库研究成果的转化和应用也缺乏制度化设计。尤其是民间智库更是没有渠道来影响政府部门的决策，而体制内的官办智库具有渠道先天优势，这反而给其提供了一定的“寻租”空间，容易被不同利益博弈群体所裹挟。因为这些官办智库往往参照公务员管理，尽管有党纪国法要求，但是并没有设立特定的条款，很难保证这些智库在提供咨询服务时不夹带私货。

由于我国公共决策的透明度偏低，智库影响决策渠道面临信息披露不完善的制约。我国政府部门委托官办或半官办智库的研究任务往往定为密级，在政策采用之前很难以公开形式向社会发布，因此政府信息工作机构的不健全造成智库机构的信息披露工作也不完善。综观国内知名智库的网站，很多研究成果并没有挂在网上，甚至很多中国智库既没有网站、联系方式，也没有学者的个人档案。这些智库究竟在做什么事情，外界很难知道，影响渠道的私密性决定了信息公开内容的不完整、不系统，进而影响了我国智库的决策影响力。

四、专业化不足，圈子闭塞利益化

中国智库在发展过程中尚面临专业化不足问题。尤其是在理论研究和政策研究方面的界限相当模糊的情况下，甚至像中国社会科学院、国

---

① 王友云，朱宇华．基于知识与权力关系视角的中国特色新型智库建设［J］．探索，2016（2）．

务院研究中心这样的知名机构仍然面临专业化不足的问题，一般来看，政策研究与学术研究一样，不仅做到有理有据，还要经得起测试检验，只是在影响对象和渠道上有所差异。由于缺少严格的测试论证，我国智库对提出的政策建议比较草率，往往会造成各部门政策相互打架的情况。而且，我国智库在开展调查研究或政策研究方面尚存在种种不足。

（一）缺乏问题钻研精神

当前，我国智库发展热情很高，但是注重数量和形式主义的比较多，很少有沉下心来钻研政策问题的。我国有不少智库缺少问题导向研究的专业精神，因为公共决策也是个科学问题，不是凭感觉来说话的。现如今，仍有不少智库整天忙于搭台串场子，成天的文山会海，“官本位”倾向严重，很难鼓励每个专业研究人员在其领域内做高水平研究。因为在行政思维主导的机构里，研究人员都是任务驱动的，很少有工夫盯住某项政策钻研下去，也很难去认真设计合理的政策方案，科学地提出不产生任何副作用的政策建议。

现代智库围绕时下的热点难点问题开展研讨是必要的，但是受制于人事体制和经费限制，我国的智库很难从战略角度把问题研究透，经常造成“知其一不知其二”的情况，尤其是西方舶来的政策经验可能面临水土不服的问题。考虑世界形势更加复杂，倘若依旧具体问题具体分析，有可能只提出隔靴搔痒的空文，不能真正指导政策实践。可以说，中国智库在深入、扎实系统研究方面与欧美智库相比还有一定差距。造成这种问题的根源在于我国智库的独立性不够，研究的心思并不是围绕重大经济社会问题，而是随着上级任务调配而驱动，尽管整体忙得团团转，但是最终取得的效果并不好，对某些问题的认识往往浅尝辄止或者一知半解，不能很好地持续跟踪和深入积累。表现在人事制度上，突出问题是人的流动性不足，活力不够。

（二）缺少专业人才支撑

对问题研究得透不透，关键看是否有专业的人才来做事。我国体制内智库虽然招聘了不少有研究特长的博士、硕士，但是往往缺少科学的培养规划，再加上内部管理的行政化色彩浓厚，很大程度上造成既懂政策又懂理论的复合型专业人才缺乏，且不能与国家治理体系与治理能力现代化相匹配。

概括来说，我国智库队伍存在学术化、经院化、部门化、碎片化等弊端，缺少具有国际影响力的智库领军人物。即便是由政府部门"旋转"到智库的研究人员，也很难沉下心来开展费时耗力的经得起推敲的论证研究。由于我国体制内智库受财政供养和行政指挥，智库人才的流动性较差，虽然部分退休高层官员已经成为智库人才队伍的重要力量，但是他们精力有限且事务繁多，通常把智库机构视为退休后自娱自乐的场所，往往倾向于"坐而论道"和夸夸其谈，缺少专心格物致知的心气和定力。

体制外的智库虽然可以不受体制束缚，可以吸引到更多的复合型专业人才，但是很多体制外智库很难了解到政府的真实需求，很难通过有说服力的研究成果影响政策的制定。为此，体制外的智库往往变成为政府或企业服务的咨询服务机构，或者成为提供会议服务的中介组织，同样不适合复合型人才的集聚生存。由于管理体制、收入差别等原因，吸引社会优秀研究人员加入智库机构有一定难度。即便体制外智库在运作过程中，也要厘清智库研究与咨询服务之间的关系，不能完全受利益驱使，"有奶便是娘"。

此外，由于我国智库研究人员特别是官方智库人员参照公务员规定进行出国管理限制①，还不能自由、定期地到国外智库进行交流学习，一定程度上限制了专业人才队伍素质的提升，再加上这些智库很少接纳国外研究人员任职或开展合作研究，也很容易形成比较闭塞的利益圈子。

---

① 陈文玲．建立与国际一流智库合作、交流、博弈的体制机制［N］．光明日报，2015－07.

（三）疏于舆情调查分析

目前，我国体制内智库也有很多信息收集渠道，如新华社有很多驻外记者负责收集新闻情报，但是却疏于国内舆情调查分析。尽管有些智库也开展了一些民意调查的研究，但这些研究往往流于形式，缺少实质的内容，缺乏对问题的深刻了解，只是满足网上下载，书本和报纸、期刊转抄，形成的成果缺乏深度，反映不出社会上的根本诉求。这是因为中国的舆情调查非常复杂，政策研究的禁区很多。

首先，要确保调查者客观公正，不能戴有色眼镜，同时也不能报喜不报忧，只挑拣领导希望听的上报，而瞒报不同政见者的声音。其次，要确保政策研究无禁区。当前在公共政策研究领域经常出现的情况是，一些有争议的或政府有意向的重大公共政策问题往往成为政策研究的禁区，在缺乏不同政策观点的情况下，很容易导致重大的决策失误[①]。最后，要确保被调查者讲真话，尤其是在当前到处考虑“讲政治”的社会，很难诱导他人说真话，因此即便开展调查论证，很有可能听到的是虚假信息，而由此写出的报告也就失去其真实价值，而所谓的调查研究也仅限于认真地“走形式”。

（四）项目管理水平偏低

与欧美等国家智库相比，我国智库的项目管理水平偏低。对多数体制内智库来说，承接委托研究课题是相当寻常的事情，但是在课题组织方面存在管理无序、效率低下等问题。究其原因，一方面在于很多智库尚未形成合理的项目管理制度，尤其是在项目的人员安排、经费预算、成果审评等环节都缺少成熟的制度和操作规范；另一方面，我国智库机构的课题负责人往往多是部门负责人或机构领导人，他们尽管有一套课题管理的经验做法，但是圈子相当封闭，且利益化严重，与现代管理科

① 薛澜．智库热的冷思考：破解中国特色智库发展之道［J］．中国行政管理，2014（5）．

学的要求相差甚远，往往造成项目管理的随意性很大，缺少应有的项目运作程序。例如，有部分研究员完全没有任何项目管理经验，在开展课题研究时，自我主观性很强，工期预算安排要么一塌糊涂，要么跟着感觉走，这就很容易造成项目严重延期，甚至造成项目经费入不敷出，大大影响项目成果的质量。值得注意的是，在与国际机构开展课题合作时，项目管理者任何的疏忽或懈怠，都极有可能引发国际合作者的不理解，或者是一定的反感，甚至会对中国形象造成损害。

五、活跃度不高，激励措施不到位

从目前来看，我国智库绝大部分是由财政供养的，占我国智库总数的95%左右，其弊端在于缺乏有效竞争和发展活力。无论是体制内智库还是体制外智库，我国智库总体活跃度不高，这既体现在国际上的频繁集体哑声，也体现在国内的各自为政和僵化管理。真正创建体现思想产品生产特点、有利于高水平研究成果产生的体制机制，还需要研究和探索，包括成果评价、激励机制、人员进出等。建设有国际影响力的高端智库首先要有较高的社会活跃度，这不是举办几场大型国际会议活动就行的，还需要有几个领头人在某些领域持续高频度的国际互动。虽然说体制外智库比体制内智库在国际自由交流方面有一定优势，但是急功近利的浮躁心态已很难留住有追求的领军人才。具体来说，我国智库总体活跃度不高体现在以下四个方面。

（一）组织管理比较僵化

对大多数体制内智库来说，内部管理机制相当官僚化，行政化色彩极度浓厚，这与全社会根深蒂固的“官本位”文化相一致。尽管国家三令五申要去行政化和“放管服”，但对体制内智库来说仍很难越雷池一步，行政主导的智库文化让体制内智库发展面临创新僵化的尴尬，研究人员往往会感到压抑，而行政人员也感到不受尊重，因为日益官僚化的管理文化会造成人浮于事，激励失灵。其实，很多智库组织管理的主要障碍在于人才激励措施不合理或未到位，即基本没有按照豫让规则吸引人才、尊重人才、选用人才。

（二）科研经费管理不灵活

智库管理僵化的另一种表现是科研经费管理不灵活。国内党政军隶属的智库机构大都是体制内的事业单位，科研经费使用也参照体制内事业单位管理，课题费使用预算缺乏必要的调剂权限。在现有科研经费管理体制下，科研活动并未得到尊重，在课题经费使用上，智库或被按照国家行政机关机构对待，或被按照行政机关附属的企事业单位对待，大都是以过程为导向，重物不重人，物的价值算得很清楚，而人的智慧不能体现，人的劳动价值体现不够。如在课题经费报销比例中，交通费、办公用品等直接费用比例过高，劳务费和专家费等间接费用比例较低，对研究人员激励力度不足，尤其是组织体制内课题组人员不能领取专家咨询费和劳务费。此外，即便实报实销课题支出，直接费用报销上限制多，有些课题经费报销要求不尽合理。如规定餐费只能和会议费、差旅费一起报销，火车票、机票必须有当地住宿费和交通费才能报销。机票必须汇入票务公司对公账户，有些个人不经过票务公司购买的机票无法报销。出租车费报销规定乘车时间必须为工作时间，节假日及八小时工作时间外的出租车费不能报销，等等。因而，这种经费导向造成科研成果注重数量而不注重质量，经费使用上都只能发放少量用于智力劳动的劳务费，反而鼓励重复购买科研设备或办公耗材，其余则必须走报销途径，这会诱导科研人员把精力花费在到处搜集票据冲账上面，从而极大地限制了科研人员在专业研究上的创造力。倘若科研人员报销找票耗时耗心，就可能影响其科研的积极性和产出成果的质量。

（三）缺乏清晰的愿景定位

中国各行各业都讲究“圈子”，而在智库圈大家都差不多，缺少清晰的目标定位。从属性定位来看，我国智库对咨询公司、学术机构与自身的概念差异仍然认识不清；从价值立场来看，我国智库对国家忠诚度仍然不够，即没有搞清楚智库独立性的内涵①。虽然国家对建设中国特色的高端智库有明确指示，但是各个智库在理解落实过程中各有不同，各取所需。在中国共产党的领导下，智库举什么旗，走什么路似乎已经很明确，但是很多智库在发展愿景和战略目标上并没有形成明晰的定位。2016年1月，中宣部部长刘奇葆指出，“高端智库如果没有明确的方向，建设的硬件投入再大，对于国家建设的参考意义也不大。”② 显然，中国特色也不是一种模式，但是具体什么是中国特色尚没有统一认识。在此背景下，各个智库都在积极“挣牌子”“戴帽子”，但是究竟什么样的标准符合，各家智库都做出哪些创新，有什么清晰的发展愿景和目标，大都还在模棱两可之中，还在按照原有的事业单位或社团组织模式僵化地运行。倘若一个智库没有自己的秉性，很难说它是一个合格的思想库。某些新建立的体制外智库虽然制定了清晰的目标，但是有些目标很难在这样的环境下实现，仍需要与现有制度相磨合才行。

（四）智力创造评价不合理

在我国，评价一项智库产品的好坏，究竟是按照领导批示的多少，还是考察政策采纳情况，是很难以量化确定的。俗话说，“文无第一，武无第二”。国外思想库都很重视咨询研究的质量管理，建立了严格、完善的创新成果评审制度。当前，虽然我国无论是体制内智库还是体制外智库都热衷于智库排名，排名固然会反映一些问题，但是排名靠前并不能说明其思想品合格过硬，有可能拼的是规模和数量。

目前来看，我国智库界还缺乏对智库咨询成果的有效评估机制和成熟的办法。除了决策影响的私密性之外，研究成果评价的困难还与研究

---

① 王文．对中国特色新型智库几个重大问题的思考［J］．智库理论与实践，2016（1）．

② 刘奇葆在国家高端智库理事会扩大会议上强调 推动高端智库建设实现良好开局［OL］．新华网，http：//news. xinhuanet. com/politics/2016 -01/22/c_ 1117867512. htm.

成果的集体性有关。国外智库对研究人员的成果往往很难使用单位标签，即便是集体合作完成，也会署名上共同作者的名字，强调的是文责自负。我国体制内智库，其思想品的创造都被贴上集体标签，尽管有些成果确实是集体商讨的结果，但是也有可能会扼杀好的创意。压制个人思想的集体研究尽管会维持四平八稳，不会出现意识形态错误，但是对知识创造的保护相当有害。集体成果往往会被机构领导人占有，从而引发科研人员创新积极性不高，乃至创新僵化乏力。另外，智力创造的评价体系不完善，无论是政府还是社会都普遍认为，智力创造应是公共产品，应无偿向社会提供，但实际上这与市场化规则是相违背的。总体上看，我国智力有偿服务市场发育程度严重不足[①]。这意味着在缺乏智力成果有偿服务的情形下，很难产生有影响力的民间智库机构。

（执笔人：刘向东）

① 中国国际经济交流中心课题组．中国特色新型智库构建：现状、问题及对策［J］．全球化，2015（2）．

第三章

CHAPTER THREE

国际智库建设经验和启示

智库在现代社会影响巨大，已成为各国“软实力”的重要组成部分，通过梳理全球智库的发展状况，我们看到，能够称得上智库强国的还是英美欧等西方国家。西方的智库发展较早，有比较成熟的发展经验和行业规范。在欧洲（包括英国），智库的发展起步较早，美国后来者居上，成为当今世界智库业最为发达的国家。日本、韩国、新加坡、印度等国智库尽管就其规模、影响力而言，与英美欧等国家和地区的智库还存在差距，但对本国政治、外交、经济、社会、文化等方面所产生的影响及其发展潜力仍不可小觑。

一、国际智库战略定位

（一）国际智库功能作用

无论是英美欧智库还是亚洲、拉美等国际智库，其产生和发展必然与本国的政治、经济、文化发展水平相适应，是在某一特定发展时期，为适应本国发展需要而产生的。各国智库因国情不同、发展阶段和发展水平不同及历史传承差异，智库的战略定位侧重点略有差异，但总体来说国际智库的作用大致有如下几方面：

1. 为本国政府建言献策、提供政策咨询

智库的目标不是学术研究，而是政策设计和政策建议。影响公共政策和决策是智库重要的使命。在美国，智库被称为“思想经纪人”或者“思想销售者”。智库自称是“没有学生的大学”。但它并不是纯粹的理论研究机构，其存在的真正目的是影响政府决策，发挥政治影响力。美国智库也被誉为理论联系实际的桥梁。美国智库通常以影响政府决策为己任，热衷于输出思想、制造话题，通过各种方式向政府提供咨询或研究报告。智库与政府配合默契，这种心照不宣的合作，提升了美国的软实力，使美国占据世界话语霸主地位。所以说，在智库的活动中，政府的影子虽若有若无，但无处不在。如奥巴马在第一任期使用的“巧实力”外交（Smart Power）是 2007 年美国国际战略研究所（CSIS）提出的概念；阿富汗、伊拉克撤军方案等重要决策都曾经过智库的讨论和谋划；“一战”结束后建立国际联盟、“二战”后分区占领德国等想法也来自于智库。

日本同许多发达国家一样，从中央到地方有一些专门从事公共政策研究的智库，它们涵盖日本政治、经济和社会生活的各个领域，不断推出一系列政策报告。日本“综合安全保障”“环太平洋合作”“科技立国”和“贸易立国”等战略的制定都与智库有着密切关系。例如，在日本政策研究领域占据重要地位的 PHP 研究所曾在 2008 年 6 月发表了名为《日本对华综合战略最终报告》，该报告预测中国将在 2020 年前后成为能与美国相抗衡的大国，并提出日本与未来中国进行交往合作时应该采取的 16 条策略，受到日本各界尤其是日本政府的高度重视。

新加坡在 50 多年中，成功处理了与邻国、地区和大国的关系，精准找到了地区定位——东盟智囊，依靠智力，在东盟发展过程中确定了与东盟其他大国比肩的核心成员地位，新加坡国际问题智库在其中发挥的作用是毋庸置疑的。

2. 政策解读、沟通民意

美国智库以强大的专家阵容和精湛的专业水准为国家的内政外交提供理念支持，引导民众对公共政策问题的认识，成为美国提升公共政策效力的强大法宝。

英国智库由于生存需要，与政党关系密切。英国是一个两党制国家，分为右翼保守党和左翼工党。其中，右翼保守党宣扬保守主义，并成为英国主流的意识形态，其次是宣扬激进主义的左翼工党，这两种意识形态的分化为本国智库提供了分化的思想土壤。英国智库生存发展的客观现实困难就是常常面临资金不足，而社会捐助事业发展又不够完善，使得智库不得不求助于政府或者政党。英国智库在发展过程中逐渐形成了大多数是独立于政府之外的政党性智库。它们善于充分利用大众传播媒体，就国内外发生的重大事件进行背景和根源分析，对所属政党的主张和决议进行解读和分析说明，以此提高公众关注度，引导舆论方向，从而提高自身影响力，最后达到影响政府决策的目的。英国智库在政府、政党、公民之间架起了一座沟通的桥梁。

3. 积极参与国际交流和全球治理

国际知名智库对国际和全球性挑战、对世界各国的经济社会发展等的研究报告，常常成为引领和影响社会舆论的重要思想利器。例如，1972 年，罗马俱乐部发表的第一个研究报告《增长的极限》引发了社会对人类自身无限制增长将导致地球灾难的担忧，在世界范围内掀起了一场持续多年的大辩论，为其参与全球治理，发展国际交流合作，争取国际话语权奠定了良好基础。

国际上的重要智库，在其定位上都努力将自己打造成具有国际影响力的国际战略与政策研究机构。一些重要的智库积极努力成为国际上重要议题的设置与研究者、重要问题的权威话语主导者和引领者。特别是在国内和全球共同关心的诸如能源、环境、气候变化、可持续发展、外交、核武器、新兴大国崛起等问题方面，智库积极部署力量开展研究。例如，随着中国发展和全球影响力的提升，中国问题研究成为世界各国智库关注的重要议题之一。2006 年美国布鲁金斯学会与清华大学合作创办了清华—布鲁金斯公共政策研究中心，聚焦研究中国的经济转型、社会保障、城市化和清洁能源与气候变化等问题，为其在中国问题上抢占全球话语权奠定基础。针对同一具有全球性共识的重要问题的研究，显示出智库努力在重要国际问题上发声，传播自己的观点，掌握话语权的最终目的。

智库之间不仅争夺国际话语权，一些国家的智库往往还扮演着国家的“影子政府”角色，在国际上为相关国家政府的政策充当说客，或者是国家的准外交力量，有着强烈的国家立场。

4. 人才培养

智库的核心是思想产品，人是生产思想产品的核心因素，智库作为人才高度集中的机构，为各国人才培养发挥着重要作用。

智库可以成为“人才的蓄水池”。美国是世界各国智库中起源较早、数量最多、影响力最大的国家，其中“旋转门”的人才交流机制是美国智库成熟、发达的关键因素。“旋转门”是美国智库最具特色的现象之一，这是由美国政治文化——“一朝天子一朝臣”造成的，每次换届选举后都伴随着政府大换班，牵涉官员的变动多达4000多项，政府部长等高级官员不是由议会党团产生，也极少来自公务员，而是来自精英荟萃的智库。卸任的官员很多会到智库从事政策研究，而智库的研究者很多会到政府担任要职。“旋转门”机制的好处：一是构建人际关系网络，二是搭建知识与权力的桥梁，三是推进“二轨外交”，四是为各界政府储备人才。据统计，到2013年，布鲁金斯学会先后进入奥巴马政府任职的有30多人。

智库可以成为人才发展的“跳板”。在德国，允许学者自由进出政府部门的“旋转门”现象十分罕见。但近年来出现了一种类似的现象，一些著名的经济和环境智库政策专家走上了政治或行政职业道路，一小批但数目不断增加的年轻智库工作者也不再立志追求日后在大学从教或继续从事学术研究。由于政策研究行业的分散性，年轻人在某一智库工作一段时间后，将这部分经历作为其在相关领域职业发展的社会资本，如新闻业、媒体、学术界、管理咨询及政治咨询等，重新选择新的职业。在智库的工作经历成为其日后重新择业的“加分项”。

智库可以成为培养实用人才、提升人员工作水平的“学校”。在日本，智库在组织上采取独特的“派出研究员”制度，即政府、大学、企业、研究所向智库派出研究员，工作 2 ~ 3 年，工资由原单位发，到期回原单位。这其实是通过智库这一特色机构为政府、大学、企业和研究所培养人才。

（二）国际智库发展路径

作为发展和发挥国家“硬实力”的智力支撑，世界各国智库的发展都经历了“优胜劣汰”，淘汰不具有竞争力的智库，留下适应环境的优质智库。我们分析国际智库竞争发展的过程，可以看到具有竞争力的智库必须要有具有竞争力的代表产品、相适应的组织模式和对目标群的影响力。

1. 坚持智库的独立性

独立性是智库存在的根本价值。作为世界智库产业最为发达的美国，其最大特点是以独立智库为主。无论是从资金、人员配置还是影响力上看，独立智库都居于核心位置。2013 年，中国的智库数量已达到 426 家，名列世界第二，其中中国社会科学院在亚洲前 30 所智库中排名第一（McGann，2014），但中国完全实现“独立运作”的智库所占比例很低。

布鲁金斯学会在其发展的 90 年历程中，一直坚守三个核心价值，即独立性、质量和影响力，独立性排在第一位。事实上，这也是所有美国智库认同的准则。首先，独立意味着研究不受资助方的影响，即无论研究资金从哪里来，研究都应该是独立而客观的，不受资金来源的左右。研究者不用顾虑资助者的态度，而只考虑研究的目标，努力做到客观和独立。其次，独立意味着思想和研究的独立，学会的学者以开放的思维来开始他们的研究项目，并通过对事实的客观分析获得结论，做到基于事实来说明问题，而不被政治走向所影响。对于学会研究者个人而言，独立意味着他们应把自己定位为一个非党派成员，虽然学会很多学者在民主党或者共和党的政府中担任要职，但是一个坚定的共识就是布鲁金斯学会这个平台不能用来为某一个党派的目标服务。在学会主席塔尔伯特看来，“独立性意味着持有不同意识形态的政策制定者都认真对待学会的观点、思想，都看重学会的独立分析。不仅如此，独立性还让持有不同观点的学者聚集起来进行理性和坦率的辩论成为可能。”

智库要做到真正的独立并不容易，尤其是在面对自己的资助者、面对自己试图影响的政策部门谈研究的独立性时，更显困难。在这方面，智库能做的只能是在各个不同的资助方之间、不同的政府部门之间寻求平衡，利用不同市场主体、不同政策主体之间复杂的甚至是竞争性的关系，寻求自己的“独立”空间。美国智库在保持相对独立的同时，也要与政府决策者和各种社会利益集团保持良好的沟通和私人关系。政府决策绝不仅仅是一个科学的知识分析过程，而首先是政治冲突、政治交易、政治谈判和政治妥协的过程。这些因素决定了智库提出的可供选择的方案绝不能单纯考虑科学因素，还必须充分贯彻包括政府首脑决策战略在内的各种政治主体的意图和要求，以政府首脑的决策战略作为提供可选择方案及其利弊分析的核心。因此我们看到美国智库既依托政府又独立于政府。

2. 准确的定位(“生态位”) 和核心研究领域

知名国际智库之所以历经多年发展竞争，仍具有生命力，那是因为无论是从本国的智库环境看还是放到全球智库大环境来看，它都有自己的独特角色和定位及服务对象，有自己的“一席之地”。如新加坡国际事务研究所定位独特，做大众智库而非学术智库，因此有意避开政策相关的研究，而是以社会政治经济需求最多的问题为导向，从而可以更快地引导公众，更易引起政府、社会和公众的关注。

由于智库数量庞大，近年来新型智库数量不断增加，新兴智库更加朝专业化方向发展，不追求综合多领域的研究，而是针对某一问题开展综合性咨询研究。国际智库既有大而全的，也有小而精的。但是无论哪种，都有其明确清晰的核心研究领域，作为其发展纲领，成为其影响政策制定、争夺话语权的重点领域。国外知名智库都非常注重自己的研究特色，如美国兰德公司在美国军事战略与政策、先进军备武器方面的研究，以及美国进步中心在美国外交政策方面，都形成了独特的决策咨询特色。这些核心研究领域成为智库发展最具竞争力的因素，是其“屹立不倒”的支柱。一个智库的核心研究既有在成立之初就明确的，也有是在发展中经过实践“洗礼”保留下来的“拳头”产品。

此外，国外智库还重视研究数据积累，重视构建数据库、知识库等，重视对于研究方法的创新。

3. 组织治理模式

从国家层面来说，一些国际智库在本国有统一的服务机构。韩国智库以政府体系研究机构为主，最大的特点是将政府的研究机构全部统筹协调管理，设立国家经济、人文和社会科学研究会（NRCS，政府下属机构，非政府部门，工作人员属准公务员性质）为政府所属智库提供支持服务，包括①确立国家政策研究机构体制基础；②策划经济、人文和社会科学部门的研究方向；③推进国家发展政策研究；④调整和完善政府研究机构的管理制度和章程制定；⑤评估政府研究机构的研究成果和经营状况；⑥支持政府研究机构间的合作研究。能够最大限度地减少和消除政府各研究机构重复研究的问题。日本在 1973 年 7 月通过了《综合研究开发机构法》。根据法律，1974 年 3 月，田中内阁成立了由各级政府出资、经济企划厅和国土厅共同管辖的综合研究开发机构（NIRA），成为日本智库的“总管”，为日本众多智库提供政策、资金方面的支持。

从智库本身来说，许多国际智库采取区分决策层与管理层的治理机制。国外智库一般都采用理事会或董事会化的治理机制，由重要捐助者组成理事会，是智库的最高决策机构，负责任命智库负责人、制订智库发展框架和研究计划，筹集资金和拓展智库影响力。智库的日常管理运行由智库负责人（总裁等）负责。在组织形式上，美国智库多采用现代企业管理模式，以理事会、董事会或监事会作为智库管理机构。美国智库大多设理事会作为决策保障机构，组织机构倾向于扁平化设置，为研究留足宽松空间。如布鲁金斯学会由董事会进行领导，兰德公司则由监事会负责管理。

4. 研究工作组织管理方法

国际智库多采用扁平化组织结构，分为研究部门和行政管理部门两部分。研究部门多以研究领域或研究主题为研究组织单元。研究组织方式一是常设的研究部，二是根据项目需求设立的课题组，课题任务结束自动解散。

英国智库研究工作组织采取长线与短线结合的方法。英国智库研究工作主要包括课题研究和平时追踪、应急研究两类。课题研究通常遵循“选题—筹资—研究—评审—发布”（自选课题）或“委托课题—研究—评审—发布”（委托课题）的模式。细分一下，我们可以把自选课题研究和平时追踪看作长线，委托课题研究和应急研究看作短线。各智库根据自身发展战略、研究布局以及人才培养计划，确立自选课题和热点问题追踪，并为委托课题和应急课题提供必要支持。在课题选题阶段，较大的智库通常会成立选题小组，成员为智库内每个研究部的领导或权威，对研究部门提议的课题题目和计划进行评审、最终决定。课题研究阶段，可邀请外部专家参加。课题评审阶段，小的智库直接由智库内部相关领域的资深专家审查，而大的智库则执行严格的评审机制，邀请外部同行专家参加评审。对于平时追踪和委托课题，英国智库多会组织小组研究，平时追踪研究小组是相对长期固定的小组，持续对某类热点问题进行跟踪研究，既能帮助智库对热点问题做出快速反应，并保持在媒体和外界的声音和声望，又能为智库未来在该领域的研究打下基础。

美国布鲁金斯学会和胡佛研究所在研究组织形式上有类似的做法。布鲁金斯学会根据战略规划，在研究部下面设立若干研究中心，对某些具有战略意义的问题进行长期跟踪积累和持续研究。胡佛研究所研究人员采用工作小组和个人研究两种方式展开研究工作，对研究所长期关心的领域设立工作小组，多为常设性项目小组，通常以 5 年为一个研究周期。

德国智库是采用矩阵研究机制的典型，即学科类别与研究课题相结合的矩阵研究机制，纵向是直线主管组织，将所有研究人员按照他们所学学科类别分组；横向是针对不同性质的课题，根据研究需要，从不同研究部门抽选合适的研究人员组成课题组，形成矩阵结构。矩阵机制的好处是既能有效管理整个智库，又符合智库需要多学科专家共同协作的特点。

日本智库在管理上实行高度分权和尊重研究人员创造性的体制，管理部门只负责组织专题研究，实行“课题小组负责制”，定期商讨工作。如亚洲经济研究所设有“参议会”来负责审议业务方面的重大问题，设有“评议会”来负责审议事业计划、资金预算，设有“调查协议会”来讨论课题立项等。具体研究工作由课题小组负责人自主开展。

大多数著名智库采用的是多学科交叉的矩阵研究机制，把学科知识与研究课题结合起来。这样做的好处是兼收了直线主管组织和横向协作组织的长处，有利于整个智库的有效管理。

5. 成果转化渠道

智库的最终目标在于通过决策咨询帮助服务对象改进决策水平，提高决策质量。要实现这个目标就必须做好研究成果的推销、转化和应用，对知识成果进行管理。国际智库十分重视思想产品和研究成果对公共政策的影响力，智库的决策建议能否被决策者考虑或采纳是判断其影响力大小的主要标准，为此，各国智库通过以下主要渠道来实现研究成果的转化：一是通过充分利用大众传播媒体，向公众宣传自己的观点，影响社会舆论，提高自身影响力，达到影响决策的目的。二是通过研究和发表研究成果来影响政府决策，研究成果主要包括政策简报、专题研究报告、会议报告、期刊、专著等，宣传其政策主张，并收集相关反馈意见，指导今后的研究工作。三是通过举办各种会议、讲座、培训班和答谢午宴等活动，邀请政府官员和知名学者到智库进行演讲讨论，传播自己的观点、立场，加强与各界、各领域专家的联系。四是通过国际合作研究，构筑智库参与全球事务的“软实力”，通过向国际社会寄送研究成果，扩大研究成果的社会影响力。五是通过网络免费向社会提供大量的研究成果，使智库成为与学术界、新闻界、实业界、广大民众以及政府官员联系的纽带。六是通过咨询和发表声明、向政府提交报告、参加听证会，直接参与政策制定。七是采用会员制方式传播研究成果和观点，通过发展会员，邀请会员到智库作报告的方式推销智库理念。

例如，兰德公司自成立以来已发表研究报告 20000 多篇，在期刊上发表论文 3100 篇，出版书籍近 200 部。在每年 300 多篇的研究报告中，95% 是公开的，其余 5% 的保密报告也会随着时间推移而不断解密。布鲁金斯学会发挥其政策影响力的一个重要表现是其研究人员会到国会作证，提出负责任的分析和建议。对外关系委员会则注重每年不定期举办全国性大型研讨会，开展全国读书俱乐部系列活动，并积极邀请地方媒体宣传报道。美国战略与国际问题研究中心的专家每个月在电视与电台的出现频率高达 100 次左右，传统基金会则专门设立了两个无线电演播室开设专门的政治谈话节目在电视台播出。各大智库官网上不但有邮件信息订阅服务，还有 Facebook 和 Twitter 等社交媒体交流方式。

日本的智库虽然并不直接参与外交决策，但还是会通过适时发表有关政策建议和研究报告，用引导舆论、塑造民意的方式来影响政府的决策过程。或者是由智库代表充当首相顾问或参与政府组织的各种恳谈会，顾问委员会首相、官方长官的私人咨询机构，来推介自己的主张。

二、国际智库以人为本的核心价值观

研究人员是智库核心竞争力的关键因素，国际智库的研究人员一般受尊重程度高并享有较高的社会地位。

（一）智库人员构成

国际智库在智库人员设置中会充分考虑研究人员和辅助人员配比的合理性，实行分类管理，最大限度地为研究人员创造良好条件。智库研究人员和辅助人员一般是以合同聘用的方式面向社会公开招募，且有聘期和考核要求。

日本智库一般有比较合理的人员结构（包括层次、专业、年龄），形成多学科结合的研究队伍，理工科出身的研究人员是社会科学出身的3倍。日本智库工作人员一般包括专职研究人员和行政人员，专职研究人员来自不同领域，行政官员一般均具有政府背景，有些甚至直接隶属于有关省厅，包括日本政府部门临时委派的官员，这一特点在官方色彩浓厚的智库尤为明显。据统计，大多数日本智库机构，研究人员数量占总人数半数以上，不少甚至达到80%以上，且中青年占主导，由30～40岁研究人员做支撑，且研究人员经常更换。

美国布鲁金斯学会2013年的年度报告显示，学会总人数为270人，研究人员共有100多人，其他人员是管理人员或研究辅助人员，从事会务与设备管理、信息技术或图书馆服务等，支持研究人员工作。美国胡佛研究所主体人员基本上分为三类：常驻研究人员，访问研究人员，以项目管理、技术支持、媒体联系、图书档案管理专业人士为主体的辅助人员，基本比例是1∶1∶1。三类人员的聘任与管理模式各不相同。

韩国智库，除一般研究人员以外，还有一部分人从事研究支持工作，如韩国对外经济政策研究院（KIEP）现有人员规模达到187人（大致分为研究人员和研究助理两部分），除一般研究人员外，还有87名研究生为研究提供支持，每位博士都配有研究助理，形成了博士负责制的研究团队。

英国查塔姆研究所驻所人员并不多，总共约有100人，其中包括40人左右的专职研究员和客座研究员，其他为行政管理和辅助人员。

（二）选拔、培养、薪酬机制、考核机制、激励机制

国际智库多采取开放竞争的选拔机制，注重人才的多样性。一般采用公开招聘的方式吸纳人才，“以才取人”。智库人才的选拔渠道是：名牌大学刚毕业的研究生、大学的知名专家学者、企业界精英、政府卸任官员、其他智库人才。选拔录用主要看中学术造诣和实践经验，主要选拔博中有专、专博相济的“T 型人才”。智库选拔人才还注重多样性，即学科背景、学历、年龄结构、政治宗教信仰及研究领域等，这些不同知识优势的个体合理配置可以提高效率，最大限度地发挥其创造性。例如，兰德公司有 1600 多名员工，其中研究人员约 950 人，其员工来自 45 个不同的国家和地区。88% 的研究人员拥有高学历，其中 60% 的研究人员拥有博士学位，他们都拥有丰富的工作和研究经验，另外他们有着不同的政治背景、不同的思想观念、不同的种族和性别以及不同的学术研究领域。一般来说只有拥有某专业的专家资格，才有条件加入智库。智库在录用新的研究人员时，要组织专家进行集体评定，既注重专业学历，又重视资历和经验，综合考虑人才的发展潜力和他之前的教育和工作背景、生活经历。

在人才培养方面，国际智库注重资深研究人员对年轻人员的传帮带机制，体现在平时研究时的领导、讨论和指点方面；并且鼓励人才流动，保持合理的人才流动率。德国智库在人才培养上有其独到之处。德国智库会成立自己的学院或研究院，专门培养政策分析和研究方面人才，采用“在职法”，即边干边学，理论与实践结合，这样培养出来的人才，在进入智库后不需要再经过熟悉阶段便可胜任研究工作。此外，德国智库热衷于为年轻人提供“实习项目”，创造机会，安排新进入的研究人员到政府部门、企业、大学或其他智库结交前辈、进行实践、历练才干，让研究人员与政策负责人和政策规划小组接触，了解决策的具体过程。美国的兰德公司早在 1970 年就成立了帕迪兰德研究院，专门进行政策分析和研究方面人才的培养。通过交流培养人才，国际智库一

般都有成熟的人员交流机制，派研究人员到国内外的其他智库进行交流，做访问学者，同时接受他国的访问学者，人员的双向交流为智库的发展注入了新鲜活力。国际智库注重培养学术带头人和领军人物。英国智库一般的研究人员可以只是某领域的专家，但其研究带头人一般都既是专才又是通才。

通过薪资确定、职称评定、科研评价、人才晋升与流动等方面筛选人才，吸引人才，留住和培养人才。韩国智库研究人员收入按业绩核算，一般比公务员稍高，如果业绩突出，同等级研究人员收入有最高30%的差距。在政府研究机构，博士毕业工作三年的普通研究人员，年薪一般可达到5000万~6000万韩元，民间智库要更高一些，高出10%~20%。英国智库根据研究人员级别和参与研究工作量等指标综合确定其年薪，资深研究人员高于一般研究人员，一般研究人员的收入高于当地平均收入，例如，改革研究所资深研究员年薪约6万英镑，远高于伦敦市人均收入水平3万英镑。美国胡佛研究院可以自行任命高级学者、高级研究员和研究员，不同类别的研究人员聘任规定不同。日本亚洲经济研究所职员的职称是根据职员本人的申报而定。职员大多选择源于调研工作的“相对支撑”，他们既可以对民间自称是“调查部长”，也可以像官方认定的自己是“主任研究员”。因此该所的职员往往具有双重或多重职称，但职称并不与薪金挂钩。薪酬与研究成果挂钩。

人员被选拔进组织后，如何评价人员的工作表现，就需要对人员进行考核。考核也是对人员进行奖励的基础。在人员的考核方面，美国各智库的方法和标准虽有差异，但相同点就是都有一套严格的考核制度。如美国斯坦福国际咨询研究所1973年制定的人员评价系统就非常详细，该评价系统按功能可分为专业成绩、提升、委托关系、计划领导、系统管理五个项目，每个项目又可分为六个等级。兰德公司的考核制度也非常严格。在考核标准上，兰德公司主要有两个：一个是兰德高质量研究标准，另一个是反映兰德特征的“兰德特殊研究标准”。在考核方式上，兰德公司有内部考核和外部考核两种：内部考核是各研究部门的管理团队对自己部门的研究质量进行内部评级和总结。外部考核是由来自兰德公司以外的人员和兰德公司其他部门的人员对某一部门进行的考核，被考核部门的管理人员不得参加和干预本部门的考核。

要留住人才并使人才长期保持对工作的热情，就必须依赖健全的激励机制。美国智库通过以下途径来激励工作人员。一是物质激励，主要是提供良好的工作环境和待遇。一般来说，美国智库都采取高薪来留住人才，如兰德公司研究人员的工资比同等资历的大学教授的工资要高出1/3。另外，兰德公司还设立了“总裁奖”，专门授予贡献卓越的员工，给予时间、财力和物力的支持，肯定和鼓励其进行的研究活动和取得的研究成果。二是通过晋升进行激励。一些美国的智库也会通过考核，对优秀的工作人员进行职务上的晋升，这也是一种激励人员的方式。三是帮助研究人员提升知名度，主要是通过一定的方式，帮助工作人员提高学术素养和学术声望。对于从事研究工作的人员来说，知识的积累和更新是非常重要的，所以美国的一些智库也采取提高工作人员学术声望的方式来激励员工。比如美国的国会研究会就是通过帮助工作人员提高学术声望的方式进行激励。在国会研究会，资深的研究人员可以自己确定研究课题，并将报告提供给议员，如果报告质量高，则议员会在遇到同类问题时首先想到咨询该研究人员，这对研究人员来说就是一种肯定和激励。

（三）流动机制

作为知识型机构，智库的核心是人。从知识产生层面来看，智库像一个封闭的圈子，现有的研究人员即使学识渊博、认识深刻，也难免会产生认知偏差。于是，很多智库就从人员流动方面加以调整来抵消这种影响。

智库人员流动分为横向和纵向两种，横向是指智库间的人员流动，纵向是指智库与其他机构间的人员流动，这些流动都是双向的。

国际智库的显著特点是人员的高流动性，外国智库常常鼓励人员的流动来促进智库本身的“吸纳吐新”以及人才的“充电”。人才能进能出方能为智库发展提供新的动力和新的血液。美国的“旋转门”机制和日本的“派出研究员”制度就是典型。英国智库鼓励人才流动，英国智库研究人员与政府企业大学媒体甚至国际组织有着频繁的交流，他们的流动渠道广泛，如英国海外发展研究所（ODI）的研究人员平均在ODI工作时间约5年，人才流动率达约20%。英国皇家国际事务研究所不仅向官方决策层敞开，也向财经、法律、传媒等领域开放，形成更大的“旋转门”通道。欧洲国家智库的人员不像美国“旋转门”智库那么明显，但也有不少人员具有政府背景。如法国国际与战略关系研究所的正式研究人员欢迎政府背景人员或对公共政策感兴趣的人。

除此之外，国外智库充分利用访问学者、合作研究等手段，为研究人员创造短期“外出”机会。

三、国际智库发展的保障制度

（一）生态环境

智库依据不同标准，有多种分类方法，较为统一的是大致可以分为官方（体制内）智库和非官方智库（体制外），非官方智库又具体包括民间智库、高校智库和企业智库等。国际智库的发展必须要有适应其发展的土壤，要有对智库思想产品有需求的市场环境且是充分竞争的市场环境的存在。例如，在美国，有专门的制度安排，要求联邦政府及各部门的重要政策在出台前都要进行专家和公众咨询，为智库发展创造了市场需求。在日本，为使研究内容尽可能全面、客观，往往采取同一研究项目同时委托多家智库的方式，以便民间不同的观点、建议尽可能地反馈上来，既体现公平竞争，也为政策的客观可信奠定基础。

各类智库在各国所占的比重差异较大。如新加坡的智库大多数是由政府牵头倡议成立的，美国智库多是体制外智库。智库间体量、性质、服务对象、治理模式不尽相同。不论是哪种性质的智库，对于整个智库产业来说，只有形成适合智库发展的生态环境和充分竞争的市场环境，各智库找准自身的“生态位”，各智库的存在才是相互促进的有机组合，智库的发展才是可持续的。

（二）资金筹措机制

智库作为一种非营利机构，融资能力是智库可持续发展的一个重要因素，拥有长期稳定的多渠道资金来源，是智库赖以生存和发展的根本保障。国外智库融资渠道主要有政府资助、社会捐赠、市场化运作收益、PPP 模式和委托研究项目经费，不同经费来源采用不同管理办法。国际智库接受这些经费的前提是捐赠方不得干预智库开展研究工作的有关事项，包括选题和选人，此举是为保障智库研究的独立公正性。国外知名智库融资模式多样，美国智库的主要资金来源于 PPP、委托研究、捐赠。英国智库的主要收入来自 PPP、委托研究和出版物费用。比利时智库的主要融资模式是政府拨款和社会捐赠，德国智库经费主要来自政府，但政府无权干涉智库开展的研究活动。从 20 世纪 90 年代晚期开始，一些运作性基金会和慈善基金会以及少数家族基金会开始资助智库研究。

政府资助有两种方式：一是政府直接将部分税收收入划拨智库；二是为智库收入免税并为智库捐款的企业和个人减免税。

国外税法规定，如果企业或个人捐款数额超过应缴税收的一定比例，可以减免或全额抵扣应缴税款。美国、欧洲等国政府对向智库捐款的企业和个人实行减免税来刺激潜在的资助人对智库的资金支持。美国智库可以享受国家免税政策。

兰德公司是利用 PPP 模式成功运营的典型代表。智库的 PPP 模式主要通过政府与智库签订咨询合同，政府给予研究经费或让渡研究成果收费权，智库提供咨询服务获取生存资本。政府选择智库的方式是通过对一个课题的公开竞争招标，中标后智库所得研究资金一般只能用于该课题研究。

（三）交流机制

思想是在交流中产生的，而人员交流又是这种交流的重要组成部分。所以，国际著名智库不但重视高素质人才的吸引和选拔，也十分重视研究人员的交流。例如，兰德公司和伦敦战略研究所会定期互派访问学者，野村综合研究所和斯坦福研究所等也经常进行人员交流。通过这种人才交流机制，不仅可以使得人尽其才，更能够使智库不断充实新鲜血液，增强活力。

国外智库既重视国内交流也重视国际交流。对内国外智库有合作研究、客座研究员、"旋转门"、外聘专家、顾问小组等机制，在本国或本地区内充分调动各相关机构的积极性，整合力量，形成合力，使研究成果效益最大化。

对外有访问学者、合作研究、设立国外办事处、成立海外合作研究中心等手段建设国际化网络型智库，以全球化视野发展智库。国际智库为在全球事务中抢占话语权，还鼓励智库国际化发展，开展国际交流，围绕重要研究问题，积极组织或者主动参与国际学术论坛。

（四）评价机制

国际智库的评价方式包括两方面：一是对研究成果的评估，二是对智库经营状况的评估。多采取内外两种评价方式对其研究成果和运营效率做出评估，内部评价包括自评和机构内部人员评价，外部评价一般指第三方或是同行人员评价。

兰德公司制定了一套内部质量标准，称为"高质量研究与分析的标准"。除了常规标准，兰德公司还制定了反映其战略研究抱负、体现其战略研究遗产的杰出研究标准。兰德公司将这些高质量标准作为确定"兰德型"战略研究的必备标志。兰德公司的研究成果审查机制称为

“内部评审”。每个项目由学部主任选择2～3名该领域未参与研究计划的资深研究人员做评审员，写评审报告。之后组织评审会议，由项目完成者解答评审人提出的问题，报告需经本部门2人、外部门1人评审并同意才能通过。美国国家研究理事会的评审机制为同行评议制。

四、对我国智库建设的启示

（一）培育适合智库生存发展的市场环境，规范行业管理

智库发展的内生动力是特定决策主体特别是政府部门的政策建议咨询需求，因此要促进中国特色新型智库发展，首先要突破和建立政府科学决策咨询的制度和法律，将各种政策问题决策前、政策执行、评估、反馈的研究与咨询纳入常态化制度机制，扩大政府购买思想产品的力度，通过政策导向促进智库产业的发展，使智库与我国改革建设紧密关联，发挥其作为综合研究机构的最大潜能，为智库发挥“咨政”作用创造良好的市场环境。

（二）优化智库布局，发展多元化智库体系

创建智库生态体系，促进智库产业集群式发展，形成多类型智库平等竞争的环境。激励支持智库独立性和多元性发展，大力推进民间智库建设，允许民间智库平等竞争。同时改革创新官方和半官方智库发展体制机制，充分发挥各类智库差异性作用，选准各自的“生态位”，实现中国特色有影响力新型智库的崛起发展。

（三）建立政府与各类智库间公平畅通的沟通渠道

创新智库研究成果与公共政策咨询之间的沟通渠道。政府在做出重大政策前、评估检验政策执行效果或是听取民意时，可通过“咨询会”“听证会”等形式充分发挥各类智库的智力作用，使决策科学化成为可能。智库在研究问题时坚持政策问题为导向的研究机制，想政策之所

想，开展有针对性、前瞻性、预见性的研究。为使这些研究成果能够真正发挥“咨政”作用，我们需要建立不同类型智库向上级政府不同部门便捷报送研究成果和咨询建议的畅通渠道和制度化机制，实现智库研究成果的有效转化。

（四）建立现代化智库管理体制机制

智库的价值在于“思想产品”以及生产“思想产品”的人，智库管理根据类型不同可采取分类管理、区别对待的方式。智库建设的重点是探索适宜的人事人才管理机制，重点是人才培养使用机制、薪酬体系、职称评审制度、激励机制、交流机制，特别是科研经费使用机制。改变“重物轻人”的做法，使经费更多地倾向于人的投入和支出上，体现人的价值。

建立指导性分类评价体系，引领多类型智库差异化发展，保障研究成果质量与咨询贡献。通过规范的评审标准、评审流程、发布机制和公平竞争的环境，保证不同类型研究成果的科学性和客观性。创新规范研究方法体系，构建研究领域数据库和知识库，对各类智库实行公开透明的信息共享机制。建立多元化融资渠道，增强智库独立性。完善智库法律政策支持，加强智库融资风险管理。

（五）明确的战略定位是智库发展的根本前提

明确的研究领域、清晰的研究方向，是形成智库政策影响力的基础。加强智库专业化建设，对专业性问题开展综合性、全方位、系统性研究，形成智库特色产品。同时培育一批有国际影响的智库领军人才，扩大智库影响力。

（六）重视国际交流合作，增强智库全球意识

积极参与全球治理，掌握国际话语权，发出中国声音。我国智库应积极走出去，加强国际合作，如互派访问学者、建立国外分支机构、开展学术交流和合作研究。主动前瞻性地设置国际重要议题，组织研讨，

引导话语方向，发出我国智库对重大国际问题的声音，提出中国方案。中国智库在发展中要善于展现自我，重视自我宣传，努力树立自身的良好形象和公信力，打造具有全球影响力的知名智库。

（执笔人：孙葵　张景豪）

第四章

CHAPTER FOUR

国内高端智库建设经验和启示

2016 年 5—7 月，中国国际经济交流中心建设中国特色新型智库课题组陆续调研走访了清华大学国情研究院、中国人民大学重阳金融研究院（以下简称“人大重阳”）、中国金融四十人论坛、中山大学粤港澳发展研究院、新华社瞭望智库等多家新兴智库，总结性地研究了国内高端智库以及新型智库建设、管理和运行的经验，尤其是经费来源与支出、组织构架、人才管理等经验，并获得了关于推动高端智库建设走上更为健康轨道的经验启示。

一、我国高端智库的建设历程

我国智库建设由来已久，早在新中国成立初，就有一部分有识之士通过新闻媒体“内参”模式来影响高层决策。20 世纪 70 年代末，我国设立了中国科学院哲学社会科学部。最早出现的“智囊机构”，是 1980 年开始形成的“中国农村发展问题研究组”，该机构成员通过调研形成报告，为 1981 年中央农村工作会议准备了系统而全面的第一手农村调查数据。1984 年起，该机构被一分为三，人员分别进入隶属于国家体改委的中国经济体制改革研究所、隶属于国务院农村发展研究中心的发展研究所以及社科院农发所。

进入 90 年代，另外一些智囊机构开始出现，如后来被整合为国务院发展研究中心的若干个研究中心、中信国际研究所等。同时，随着经济活动的复杂化和研究领域的精细化，各个中央部委如农业部、财政部、中国人民银行等纷纷设立了自己的研究机构，各重点高校下属的研究机构也越来越积极地参与政府政策研究和政策咨询工作。即使在以前被认为是敏感的外交和两岸关系领域，也出现了大大小小几十个智库。

党的十八大、十八届三中、四中全会明确提出要加快智库发展。2013 年 4 月，习近平总书记就建设“中国特色新型智库”做出重要批示，将智库发展视为国家软实力的重要组成部分，并提升到国家战略高度。此后，习近平总书记、李克强总理在多个场合强调，要建设高质量智库。2014 年 10 月 27 日，习近平主持召开深改组第六次会议审议通过了《关于加强中国特色新型智库建设的意见》，要求推进各类智库建设，形成中国特色新型智库体系，重点建设一批具有较大影响力和国际知名度的高端智库。

近年来，我国智库发展很快，在出思想、出成果、出人才方面取得了很大成绩，为推动改革开放和现代化建设做出了重要贡献。随着形势的发展，智库建设跟不上、不适应的问题也越来越突出，尤其是缺乏具有较大影响力和国际知名度的高质量智库。要从推动科学决策、民主决策，推进国家治理体系和治理能力现代化、增强国家软实力的战略高度，把中国特色新型智库建设作为一项重大而紧迫的任务切实抓好。2015 年 11 月 9 日，中央深改组第十八次会议审议通过了《国家高端智库建设试点工作方案》。2015 年 12 月，国家高端智库建设试点工作启动会在京举行，25 家机构入选首批国家高端智库建设试点单位。

第一类是党中央、国务院、中央军委直属的综合性研究机构，共 10 家。分别是国务院发展研究中心、中国社会科学院、中国科学院、中国工程院、中央党校、国家行政学院、中央编译局、新华社、军事科学院和国防大学。

第二类是依托大学和科研机构形成的专业性智库，共 12 家。分别是中国社会科学院国家金融与发展实验室、中国社会科学院国家全球战略智库、中国现代关系研究院、国家发改委宏观经济研究院、商务部国际贸易经济合作研究院、北京大学国家发展研究院、清华大学国情研究院、中国人民大学国家发展与战略研究院、复旦大学中国研究院、武汉大学国际法研究所、中山大学粤港澳发展研究院、上海社会科学院。

第三类是依托大型国有企业的中国石油经济技术研究院。

第四类是基础较好的社会智库，共2家，分别是中国国际经济交流中心和综合开发研究院（中国·深圳）。

二、我国高端智库的管理与运营经验及启示

（一）高端智库形成了行政管理、科研、信息收集与成果转化、教育培训等部门并行的组织构架

第一类智库中，除中央编译局是副部级单位外，其他9家是正部级或正大区军级单位，组织规模大，下设众多科研部门，形成了一整套完备的运行体系。

国务院发展研究中心是国务院直属正部级单位，是一家专业从事政策研究和咨询的机构。中心下设学术委员会和专业技术职务资格评审委员会。学术委员会负责中心科研工作的总体规划、研究选题、成果评审、推荐国家科技进步奖，设主任委员1人，副主任委员若干人，秘书长1人。专业技术职务资格评审委员会负责年度专业技术职务评审工作并制定评审受理申报的条件。设置了办公厅（人事局）等行政部门；宏观经济研究部、发展战略和区域经济研究部、农村经济研究部、产业经济研究部、技术经济研究部、对外经济研究部、社会发展研究部、国际合作局等专业研究部门；信息中心、市场经济研究所、企业研究所、金融研究所、机关服务中心、公共管理与人力资源研究所、中国发展出版社、管理世界杂志社、中国经济时报社、中国经济年鉴社、中国发展观察杂志社、中国工商企业法律咨询服务中心等拓展服务部门；以及中心下属的中国发展研究基金会、中国城乡发展国际交流协会、中国企业评价协会、中国企业发展研究中心、中国（海南）发展研究院、中国农村劳动力资源开发研究会、国际技术经济研究所、欧亚社会发展研究

所、世界发展研究所、亚非发展研究所、民族发展研究所、港澳研究所等多个非营利性法人组织。在组织构架上实行研究职能和服务职能逐步分离，在保证为国家决策服务的同时，逐步开展面向社会的服务。

中国社会科学院下设文哲、历史、经济、社会政法、国际问题研究、马克思主义研究六大学部委员会，学部委员会是在院务会议领导下的学术指导、学术咨询和科研协调机构。各学部委员会下设专业研究所，目前共计设有40个专业研究，从事文哲、历史、经济、社会政法、国际问题、马克思主义等相关研究工作。同时，还设有办公厅、科研局（学部工作局）、人事教育局、国际合作局、财务基建计划局、离退休干部工作局、监察局（直属机关纪委）、基建工作办公室、创新工程综合管理办公室（人才交流培训中心）、信息化管理办公室等行政职能部门以及包括中国社会科学出版社、社会科学文献出版社、中国社会科学杂志社、中国社会科学院研究生院等多个直属机构。整个组织构架围绕学术研究、服务学术研究以及人才培养而设置，清晰合理。

根据2016年1月中科院官网显示，中科院设有院机关13个，分院12个，研究单位114个，学校及公共支撑单位7个，其他单位4个，共建单位12个，院直接投资的全资及控股企业22个，四类机构34个，院非法人单元113个，相关组织5个。

中国工程院是中国工程技术界最高荣誉性、咨询性学术机构，国务院直属事业单位。最高权力机构为院士大会，常设主席团，在院士大会闭会期间负责领导工作。下设包括机械与运载工程学部，信息与电子工程学部，化工、冶金与材料工程学部，能源与矿业工程学部，土木、水利与建筑工程学部，环境与轻纺工程学部，农业学部，医药卫生学部，工程管理学部等9个学部常委会。还内设办公厅、学部工作局、国际合作局、政策研究室等机构以及7个专门委员会。

中央党校设有马克思主义研究院、哲学教研部、经济学教研部、科学社会主义教研部、政法教研部、中共党史教研部、党建教研部、文史教研部等和国际战略研究所，简称“八部一院”，从事教学与科学研究，设教务部统筹全校教学工作、科研部统筹科研工作、办公厅协助校领导组织校内日常工作的运转及负责校内外的联系与综合协调。此外，还设有研究室、进修部、研究生院、培训部、图书馆、组织部、财务行政管理司、机关党委、离退休干部局、报刊社、干部教育学院、机关服务局、信息中心、出版社等部门。

国际行政学院并列设有办公厅、教务部、进修部、培训部、研究生院、决策咨询部、科研部、公共管理教研部、经济学教研部、法学教研部、政治学教研部、社会和文化教研部、信息技术部、人事局、行政财务部、国际部（港澳台办公室）、机关党委等科研、教学、行政管理部门，还有应急管理培训中心、发展战略与公共政策研究中心、培训中心、电子政务研究中心、机关服务中心等 5 个下属事业单位。

中央编译局内设机构有马恩列斯著作编译部、中央文献翻译部、世界发展战略研究部、马克思主义研究部、马列主义文献信息部、人事部（机关党委）、办公厅、中央编译出版社等直属机构。主管中国马克思恩格斯研究会、中国国际共产主义运动史学会、中国索引学会等全国性学术社团。依托内设机构设有比较政治与经济研究中心、中国现实问题研究中心等局属研究中心。

新华社有办公室、总编辑室、国内新闻编辑部、国外新闻编辑部、对外新闻编辑部、新闻摄影编辑部、参考新闻编辑部、体育新闻编辑部、总经理室、通信技术局、人事局、外事局、计划财务管理局、离退休干部工作局、机关党委、监察局等内设机构，包括《瞭望》周刊社、《经济参考报》社、《新华每日电讯》社、《半月谈》杂志社、《参考消息》报社、新华出版社、经济信息编辑部、新闻信息中心、教育培训中心、音视频新闻编辑部、新闻研究所、机关管理服务中心等在内的 12 个直属事业单位，12 家直属企业，以及遍布全国及全球的驻国内分支机构、驻国（境）外分支机构。新华社最为突出的组织构架在于由数量众多的驻国内外分支机构构成的庞大新闻信息网络，使其能在第一时间获得一手信息资料。

军事科学院现编有科研指导部、政治部、院务部3个机关；军事战略研究部、作战理论和条令研究部等6个研究单位；根据研究需要，编设了国防政策、非战争军事行动等4个非编研究中心；经习近平总书记主席批准，国家边海防委员会依托军事科学院成立国家边海防研究中心；还编有军事科学出版社、军事图书资料馆、研究生部3个直属单位。此外，军事科学院负责指导中国军事科学学会、中国孙子兵法研究会、中国军事法学会等社团组织的工作。

中国人民解放军国防大学编制行政领导机构、教学科研机构、学员管理机构。行政领导机构编有训练部、政治部、校务部、科研部。教学科研机构编有战略、战役、马克思主义理论、信息作战与指挥训练、军队建设与军队政治工作、军事后勤与军事科技装备教研部，下设若干教研室、研究所、中心。突出了为军事教学与研究的组织构架特征。

第二类是依托大学和科研机构形成的专业性智库，其组织构架相对简单，人事、财务以及日常行政管理也更多地依附于大学和科研机构，主要是依托于大学和科研机构现有人力资源基础上筹建的专业研究机构，比如中国社会科学院国家金融与发展实验室、中国社会科学院国家全球战略智库、北京大学国家发展研究院、清华大学国情研究院、中国人民大学国家发展与战略研究院、复旦大学中国研究院、武汉大学国际法研究所、中山大学粤港澳发展研究院。

依托于各部委办的中国现代关系研究院、国家发改委宏观经济研究院、商务部国际贸易经济合作研究院3个智库组织构架分别为：

中国现代关系研究院下设11个研究所、2个院直属研究室、8个研究中心以及院长办公室等职能部门。

国家发改委宏观经济研究院在院长、副院长领导下，下设办公室、科研管理部、党委办公室、信息研究咨询中心等行政职能部门；设有经济、投资、产业经济与技术经济、能源、综合运输、国土开发与地区经济、社会发展、对外经济、经济体制与管理等 9 个研究所，承担主要科研工作；设有中国社科院投资系 1 个教学机构，含 7 个行业协会，10 家期刊，2 个院属经济实体。

商务部国际贸易经济合作研究院在院领导班子下设有综合部门、业务部门、期刊出版社、直属机构。综合部门主要由负责行政运转的人事、财务、行政、科研联络、经营协调、网络与推介、文献信息中心等部门构成，业务部门由各类专业研究所构成，承担主要科研工作。

上海社科院在院党政领导班子下设有学术委员会、学位委员会以及执行层（包括管理部门、研究所、直属单位、直属研究中心和群众组织）。

从第一、二类智库的组织构架来看，智库基本由研究部门、行政部门、成果转化部门三部分组成，这种结构有利于研究人员集中精力做研究，行政部门做好为整个机构的良性运转服务职能，成果转化部门负责智力成果对外传播。辅助机构包括信息中心收集、整理、储存各类研究信息、科研管理或科研联络部门辅助研究任务与研究人员合理配置。

第三类作为依托企业而设立与发展起来的中国石油经济技术研究院，是中国石油集团（CNPC）的直属科研院，研究领域非常明显，就是围绕石油以及能源开展专业性研究工作。其组织构架表现为在研究院领导班子下设有机关管理部门、业务部门、经营公司三大部门。其中业务部门的主要业务是科研及科研成果转化。

第四类是中国新兴的社会类智库：中国国际经济交流中心和综合开发研究院（中国·深圳）。这两个年轻智库的共同特点是最高权力机构都是会员大会，下设日常执行机构负责组织正常运转。

中国国际经济交流中心（以下简称“国经中心”）的最高权力机构是会员大会，通过选举产生理事，成立理事会，理事会是会员大会的执行机构，在会员大会闭会期间领导国经中心开展工作，对会员大会负责，设立理事长 1 名，副理事长若干名，秘书长 1 名。设立常务理事会，常务理事由理事会选举产生。在理事长会的领导下，国经中心设立理事会执行局，理事会执行局受理事长会委托，主持国经中心日常工作，负责执行理事长会的决议，完成理事长交办的各项工作，理事会秘书长协助理事会执行局主任开展工作。国经中心同时内设行政综合部门（综合处、党务与人事处、财务处、基金与会员处）、业务部门（战略部、经济研究部、产业规划部、交流部、信息部、创新发展研究所）。

综合开发研究院（中国·深圳）实行理事会领导下的院长负责制，实行“小机构、大网络”的运行机制和新型的内部管理制度。理事会是最高权力机构，由国内知名的专家学者、企业家和社会活动家组成。理事会闭会期间，由常务理事会行使理事会的职权，院长、副院长由常务理事会提名，经理事会审议决定，实行理事会领导下的院长负责制。研究院内设办公室、研究部、智库交流与合作部、智库研究与信息部，设有并列的 7 个研究所以及 4 个下属机构。研究部还下设了 11 个专业研究中心。

由于经费、人手有限，有些非体制内智库通过建设“小机构、大外围”的组织体系，以 2 ~ 3 名研究人员为一组，紧跟一个专业领域，这个组要与全国该领域知名学者建立联系，把外部资源转化为智库自身资源，从而在获得委托课题时，可以快速组建最佳课题组，快速约稿，快速出成果，保证智力成果的质量与效率，并逐步转化为核心竞争力，打造成智库品牌。

总体而言，各类智库都设有行政管理、科研业务、成果转化三类部门，各部门根据分工承担各自的职能，有的智库还成立自有的文献信息中心，承担资料、信息的收纳、整理功能。

（二）体制内高端智库经费来源是国家财政拨款和大量课题经费，社会类智库经费来源多数不稳定

从目前 25 家试点智库的基本情况来看，除了中国石油经济技术研究院、中国国际经济交流中心和综合开发研究院（中国·深圳），其他智库都是我国体制内智库。第一类智库，多数是在新中国成立后逐渐建设与发展起来的，国家投入了大量的人力、物力和财力。这类智库办公场所建设、办公运营经费、劳务支出等经费多数来源于国家全额拨款，单位的性质为参公单位或全额拨款事业单位，参公单位科研经费管理原则上参照《中央部门财政拨款结转和结余资金管理办法》进行，但同时作为科研单位，除了国家全额财政拨款经费外，课题项目资金是这类智库经费来源的第二类主要渠道，这类经费管理是按照财政部、科技部共同制定的多个《经费管理办法》进行管理。第二类智库主要为依托高校与国家部委建设的智库，单位性质多为全额拨款的事业单位，办公场所建设、办公运营经费、劳务支出等经费主要来源于国家财政拨款，同样可以获得课题项目资金，高校类智库有时还能获得部分社会捐赠。

企业类和社会类智库经费来源方式相对不一样。企业类智库主要依托企业发展，为企业及国家战略服务，经费的主要来源是企业经费预算划拨，以及企业以合同形式委托获得的经费。

社会类智库经费主要依靠自筹，来源渠道有限，经费不稳定。中国国际经济交流中心的经费主要来源于会员单位缴纳的会费、社会捐赠、政府购买服务、在核准的业务范围内开展活动和服务的收入、其他合法收入。从综合开发研究院（中国·深圳）部门预算报告分析可见，2014年所有收入来源中，财政预算拨款885万元，占总预算收入4238万元的20.8%，事业单位经营收入3243万元，占总收入的80%，其主要收入来源于市场中研究咨询业务性收入。2015年，总预算收入上升到5071.09万元，其中，财政预算拨款893.91万元，事业单位经营性收入3747.16万元，占总预算收入的73.9%，其他收入283.16万元。相比2014年，2015年该院总预算收入增加了833.57万元，增加部分也主要来源于市场。

体制内智库因其收入来源稳定，并有平级调入党政机关工作机会，对科研人员的吸引力相比社会类智库大很多，同时，由于经费来源稳定，科研人员可以专注某个专业领域，长期跟踪研究，更有利于出高质量的智力成果。而社会类智库一方面要筹集经费，不得不从事大量来自市场的科研咨询活动，另一方面又要极力降低成本，科研人员精力分散于各个课题任务中，难以做到专注某一专业领域做长期研究。可见，我国科研经费在各类智库之间的配置很不平衡，干同样的活，各个智库的生存环境却严重失衡，这不利于智库间公平竞争，平等发展，也难以推动形成百花齐放、百家争鸣的智库体系。

（三）我国高端智库的科研经费占据了经费支出的绝大部分

从综合开发研究院（中国·深圳）的收入支出情况分析来看，2014 年该院支出预算 4238 万元，其中，科研项目支出 4075 万元，占总支出预算的 96.1%，剩余部分用于社会保障和就业、医疗卫生、住房保障等方面支出。该院课题收入主要用于支付课题直接成本，包括招投标、差旅、办公、印刷、临聘人员工资、会议经费、专家论证等费用；支付课题合作方的合作经费；弥补院公共开支不足，如全院员工的绩效工资、长期聘用人员工资、楼宇维修维护费用、办公场所日常运营费用、网络数据资料费用、学术交流费用及各类人员的保险、福利等费用。

2014 年中国科学院科技政策与管理科学研究所课题组的《我国科研环境的调查评估报告》显示，我国科研工作者在科研工作强度和任务饱满程度上，仅 30% 的科研工作者感觉经费和任务饱满，有 30% 一周内用于直接从事科研活动的时间超过 40 小时，还有 30% 感觉科研工作任务挑战性大。这在微观上反映了我国科研机构科技经费投入和配置到人的针对性不强，影响科研经费使用效率。

多数经费自筹的智库，为保证研究成果质量，除了用于科研项目成本支出外，部分经费还用于科研人员薪酬与科研奖励，保障一线科研人员年收入 30 万 ~ 50 万元，最大限度地调动科研人员工作积极性，提高科研成果质量，并不断提升智库品牌效应。

三、我国高端智库人才队伍建设经验与启示

（一）我国试点高端智库依托自有科研资源为社会教育培养人才，对已有科研人员也形成了一套较为完备的培养机制

人才是科研创新、决策咨询的第一资源，充实科学研究人员、加强人才队伍建设是智库建设不可回避的课题。我国多数体制内智库都建立了各自的研究生培养单位，比如高校本身的主要职能是人才培养，这为高校智库提供了不竭的人力资源供应来源。中国社会科学院已经探索出了一种充分体现自身优势的“集中办院、按所设系、分片教学、统一管理”的研究生培养模式。中央党校、国家行政学院等都有各自的研究生院，中科院还创办了大学。

国务院发展研究中心智库内部人才培养主要表现为：一是重视发挥团队的作用。把年轻同志纳入研究团队，发挥老一辈、高水平研究人员的“传、帮、带”作用。二是主动给年轻研究人员压担子。三是重视培养具有国际视野的高水平人才。

军事科学院坚持强军兴军，要在得人。近些年，通过研究制定了《首席专家和学术带头人管理规定》《健全科研干部竞争激励实施办法》等 10 多项政策规定，完善了岗位任职资格制度和优胜劣汰机制。同时，在课题立项、成果申报、送学培训、经费保障等方面，对中青年科研人才给予政策扶持，营造拴心留人的良好环境。实施科研名家工程和创新人才工程，对中青年科研人才实行针对性培养。聘请知名专家担任带教导师，提升人才培养的起点和质量；推行个性化带教，通过科学分析、界定培养对象的科研水平和学术专长，量身定制培养目标和路线图，保证了带教工作紧盯现实需求、紧跟学术前沿、紧贴部队实践。积极组织

中青年科研人才深入部队一线和演兵场实地了解情况，定期举办“军科讲坛”，邀请军内外知名专家和一线带兵人来院授课辅导，放手让他们在课题研究中担纲领衔，使其在实践中提升能力。这些举措有效激发了中青年科研人才的干事激情和创新动力，为建设高端智库积累了人才培养经验。

（二）我国高端智库基本按照国家统一的人才管理政策储备与选拔人才，智库与政府决策机构人才“旋转门”制度尚未建立

智库是聚集各种高端人才的智囊团队，集聚人才是智库的基本职能，人才成为高端智库建设的关键。我国国家级高端智库在人才储备、选拔方面也积累了较为丰富的经验。

改革开放以来，国家共制定出台人事人才方面的指导性政策和相关的法律、法规、文件达1000余件，初步形成了有中国特色的人才政策体系框架。我国试点高端智库大多为体制内智库，对于人才选拔与储备国家有统一的政策，参公单位参照公务员管理条例进行，事业单位按照国务院出台的《事业单位人事管理条例》（国务院令第652号）进行人才选拔和管理。例如，国务院发展研究中心是直属国务院的参公管理单位，人才选拔、培养、激励、评价等按照公务员管理条例进行。研究人才选拔按照中央机关及其直属机构考试录用公务员工作有关要求，经过笔试、面试、体检、考察等程序，录用进入研究中心。下属事业单位人才选拔基本程序大体参照公务员录用程序选拔录用，采用“凡进必考”的方式，保证人才选拔的公开、公平、公正。对外公开选拔人才按照《党政领导干部选拔任用工作条例》确定选拔条件，对外公告、报名与资格审查、统一测试、考察人选、组织考察、党组集体讨论作出任用决定等程序。

贯彻落实“十三五”规划纲要，建设国家高端智库更需要不拘一格选人才，大胆创新、多措施并举，彻底打破制约人才自由流动、合理流动、科学流动的各种桎梏，把有真才实学、忠于国家、有科学精神与

国际竞争力的人才选拔到国家高端智库，为其提供一个能够施展才华和抱负的平台。同时，要进一步完善人才流动机制，建立科学的“旋转门”制度，推动政府决策机构人才与智库研究型人才角色互换，进一步完善干部管理政策，让产学研“旋转门”和官学研“旋转门”转动起来，形成智库建设与国家治理现代化建设互促的新局面。高端智库还要打破地域、行业界限，吸纳有国际视野的全球高端人才，汇聚全球智慧为我所用。培养推荐优秀的智库人才到国际组织任职，完善配套政策，畅通回国任职通道。

（三）我国体制内高端智库人才的评价与激励机制多通过竞争上岗、考核评比、职称评定与职级工资调整等方式评价和激励研究人员，社会类智库大多将成果质量和数量直接与薪酬挂钩，以激励科研人员

竞争上岗激励机制是事业单位员工职务任用上广泛采用的手段，岗位是单位员工头衔，拥有相应的内部资源配置权力。通过竞争上岗使部门内部单位员工任用工作民主化，体现事业单位员工职位任用的竞争性和公正性。但因缺少对内外因素衡量的标准，竞争上岗依然存在着较多不足之处。

为了正确评价科研人员的工作实绩和德才表现而制定的考核实施办法，明确要求考核工作要注重实绩，坚持客观公正的原则，并制定了考核评比的等级。考核评比的结果分为优秀、称职、基本称职、不称职等四项，其中，优秀人员有比例要求控制，考核的结果作为员工奖惩、培训、辞退以及调整职务、级别和工资的依据，考核办法符合激励机制管理原则。但是，由于岗位目标不够明确，职责分工不够详细，考核指标难以量化，而且政府部门与党政部门之间、政府各部门之间、部门内不同岗位之间的考核内容和标准无法统一，考核结果的可比性并不强，甚至出现了优秀等次“轮流坐庄”的现象，实际效应不甚理想。

职称是科研人员学术、技术水平的标志，代表和反映了一个人的学识水平和工作实绩。既是劳动者具有从事某一专业技术所必备的学识和技能的证明，同时也是对科研人员自身专业素质被社会广泛接受、认可的评价。职称评定是目前对科研人员最好的评价与激励机制，对科研人员个人而言，与其工资福利挂钩，与职务升迁挂钩，也是其求职的敲门砖和聘任专业技术职务的依据。

院士是学术界的最高荣誉称号。自 1997 年起，中国科学院与中国工程院同步进行每两年一次的院士增选。1998 年 7 月起，中国科学院、中国工程院实行“资深院士”制度，两院同时还实行外籍院士制度。2006 年 8 月 3 日，中国社会科学院举行学部成立大会，中国社科院设立学部委员，作为中国社科院内的最高学术职务和荣誉称号，肯定社科院资深或有突出贡献的研究人员的成就和价值，以培养和鼓励社科类学者。

从微观上来看，国家级综合大型智库在调动科研人员积极性，保障智力成果质量与效率方面也积累了很好的经验。如国务院发展研究中心以“唯实求真、守正出新”作为核心价值观指导智库运转。一是坚持以马克思主义为指导。坚持正确的政治方向，坚持问题导向，坚持实事求是、理论联系实际的学风，提倡深入浅出、简明易懂的文风，保证研究方向不走偏、符合决策层的需求。二是必须坚持正确的立场。为国家发展、为老百姓的福祉开展研究工作，保持与决策层想法一致。三是培养做政策研究的荣誉感、责任感和奉献精神，保证研究人员心理不疲惫。四是要有宽松的、鼓励创新的氛围，使研究人员做研究有安全感。在课题研究方面有一套比较完整的选题和结题制度，给研究人员以公平、公正的环境的同时，也保证了资源的有效配置。选题主要来自三个方面：上级交办的任务，对外合作项目以及学术委员会确定的重大课题和重点课题。所有课题都要经过严格评审。还设有一类跨年度的基础研究课题，作为储备性课题。在成果上报方面，建立严格的把关制度，文稿要修改多次才能报送；坚持内部研究报告个人署名制度。还对优秀研究成果进行评审、激励和奖励。

我国体制内智库通过岗位竞争、年度考核、职称评定来认定研究人员的科技贡献，对研究人员做出评价，并激励科研人员勇于探索、努力工作，力争出成果、做贡献。

非体制内智库最主要的激励机制就是关注科研人员的利益需求，通过科学的薪酬结构设计来实现对研究人员的最大激励。

建设高端智库，要着力营造人人皆可成才和有利于青年人才脱颖而出的良好环境，既要鼓励人才弘扬奉献精神，又要强化对人才的物质和精神激励，保障人才以知识、技能、管理等创新要素参与利益分配，以市场价值回报人才价值。既要着力培养科研工作者自由探索、勇于批判、大胆创新、严谨求实的科学精神，也要按照我国基本国情的需要，弘扬包含科学精神在内的人文精神，保证高端智库为国家、为人民服务的正确方向。

四、我国高端智库人才参与国际交流机制的经验与启示

我国体制内智库人才按照国家有关规定参与国际交流，遵守相应的财经制度；非体制内智库在国家法律框架下，相对自由参与国际交流。我国体制内智库人才执行国务院关于《事业单位人才管理条例》的规定，事业单位工作人员可以按照国家有关规定进行交流。同时规定，参与国际交流要遵守《因公临时出国经费管理办法》（财行〔2013〕516号）、《因公短期出国培训费管理办法》等财经制度。

为贯彻落实中央“八项规定”，根据国家有关文件规定，各科研机构也相应地贯彻落实机关事业单位因公临时出国（境）经费管理办法。出国访问交流以及短期出国培训内容和流程包括：一是计划报批，量化控制。对出访团组、人数、天数、经费实行量化控制，逐案报批，年度无计划或经费无预算的团组，原则上不得出访，杜绝一般性出访和照顾性安排。二是预算约束，总额控制。因公出国（境）经费全部纳入预

算，总额控制，集中管理，专项核算，当年费用总额不得突破上年实际支出水平。三是强化内控，加强审核。健全出国（境）计划与财务审批机制，所有出访团组及参团人员都必须事先填报《因公临时出国（境）单位意见表》，明确出访内容、经费预算及经费来源，并报批准。四是控制费用，国库支付。制定分国家及城市的住宿、伙食和公杂费的支出定额，不得擅自突破。报销费用必须凭有效原始票据。经费支付纳入国库集中支付系统，机票款通过公务卡、银行转账方式支付。五是购买服务，政府采购。凡选择中介机构安排出国（境）服务的，原则上实施政府购买服务。每年财政通过政府采购程序确定下年度公务机票定点供应点，购买国际机票执行政府定点采购。六是严肃纪律，加大监管。建立因公出国（境）情况跟踪和评估机制。纪检、财政、外事、审计等部门定期或不定期进行专项检查、审计和绩效评价，违反规定追究相关责任。这对体制内智库科研人员出国交流经费开支标准与管理办法给予了明确的规定，形成了更为严格的约束。

体制外智库在出国交流经费管理方面的自主权、灵活性相对较大，智库科研人员可根据研究任务需要确定是否需要出国访问，决定出国人数、是否需要聘请外国学者参与项目研究，所有经费支出从科研项目中予以支出。

五、我国高端智库科研成果转化机制与智力成果的传播方式经验与启示

（一）我国体制内高端智库贴近政府决策层，容易感知政府决策层的需求；非体制内智库要通过建立自身独特的需求信息获取通道，才能了解决策层的需求

我国试点高端智库中，体制内智库依托国家搭建的大平台，已建立了各自相对完善的信息网络体系。这个信息网络体系也成为这些智库核

心竞争力的一部分。例如，新华社依托数量众多的驻国内外分支机构建立了强大的信息网络体系，实现了“小机构、大网络”，从而能敏锐地获悉决策上下层的科研需求。体制内智库依靠能天然地靠近决策层这一优势，可以第一时间感知决策层的研究需求，先行做相应的研究工作，只要有高素质的科研人员，就能快速地形成决策层所需的智力成果。这种有绝对优势的需求信息获取方式，有利于形成高质量的智力成果，进而形成优势因果累积循环，经费得到充分保障，使高端智库在智库体系中的竞争力越来越突出，最终保持一种长期垄断某些研究领域的趋势。

非体制内智库要打破这种绝对垄断现象，就要做前瞻性、战略性研究，从外围上辅助决策，要有不同寻常的管理模式与善于探寻垄断中遗留下的空白研究领域的能力，找准这些空白领域，做专业研究，形成自己的研究品牌与核心竞争力，获得良好的生存与发展空间。

（二）我国体制内高端智库与政府决策层建立了相对完善的成果供需平台；高校智库与社会类智库通过邀请政治、学术大腕，举办有影响力的论坛，建立与政府决策层的供需通道

我国体制内智库与政府决策层有着法定的联系，决策机关对于自己的决策机制和内部研究机构非常依赖，各类决策研究通常由决策机关的某个处室牵头，与直属研究机构研究人员共同研究，最后形成智力成果，决策机构与智库之间形成了紧密的合作关系，供需双方在一个既定的平台上，有利于信息交流、思想互通，达成共识，产出共同期待的成果。同时，体制内智库在资金和人才上依赖于其附属决策机构的支持，这也往往使这类智库必须迎合部门利益，而无法独立研究，提出独立见解。高校和其他非体制内智库由于与决策层距离较远，在需求信息的获取上、智力成果传递等方面处于弱势，知识界与决策层的脱节现象往往存在于这类智库之间，从而导致一方面体制内智库因与决策层法定的合作关系，致使学术上不独立；另一方面高校类与非体制内智库虽然学术独立，却因与决策层较远，智力成果难以到达决策层。这两项缺陷使中国决策层的“外脑”被贴上了发育不良的标签。

非体制内智库通常需要利用各类资源搭建平台，挖掘优势专业领域，打造智库品牌，拉近与决策层的距离，实现良性发展。例如，中国国际经济交流中心在原国务院副总理、国经中心理事长曾培炎同志的领导下，与国家发改委、商务部、外交部等各大部委建立了长期合作关系，搭建了相对稳定的供需平台，为成果转化建立了相对畅通的渠道。2013 年成立的人大重阳自成立之日起就着力把自身作为一个思想工厂来打造，建立了思想沙龙、重阳论坛、各种讲座等思想工厂运行体系。联合外交部举办 G20 峰会等，拉近了与政府决策层距离的同时，提高了自身影响力。

（三）体制内智库通过内参、政府向学者问政等形式向决策层传递智力成果，体制外智库通过智力成果的社会效应引起决策层关注

目前，多数非体制内智库为推销各自的智力成果，必须花大量的精力去维护智库与决策机构之间的关系，保持与决策层有效沟通才能。同时，多数体制内智库都建立了向决策层提交内参的通道，可以说，内参已成为智库辅助决策的主要通道之一，并且体制内智库也集聚了较多的知名学者，拥有更多辅助决策的机会。与体制内智库直接参与决策的方式不同，非体制内智库辅助决策的通道相对较窄，必须通过把自身的智力成果向社会传播，形成良好的社会效应后，才能引起决策层的关注，获得成果向决策层传递的通道。可以说，社会类智库应该比体制内智库更加关注智力成果的对外传播工作。如人大重阳这样的高校智库，因缺乏与政府决策层的法定联系，辅助决策必须借助政府、媒体的力量，将智力成果向社会传播，形成影响力，引起决策层关注，才能获得相对畅通的成果转化渠道。人大重阳的组织构架包括研究、行政、传播三大部门，其中，行政部门负责与学校、政府关系的维护及对内对外联络等，研究部门包括合作研究部、宏观研究部、学术合作部等三个研究部，其中，宏观研究部主要负责内参部分，学术研究部负责聚集全球学者、与全球各智库对外学术交流以及 G20 等多数业务。信息传播也是人大重阳重点建设部分，打破了大学象牙塔状况，信息中心负责智力成果的对外传播，包括书籍定点发行，为委托单位量身定制研究动态编辑与报送，网络传播与微信、微博传播。对外传播主要是推动智库国际化发展，目前，最主要的活动是集中举办 G20 峰会，“一带一路”对外宣传、中美关系对话等论坛平台。人大重阳是人民大学的一个机构，不仅承担着自身成果转化职能，还负责将人大财经学院、人大经济学院等多个学院教授的科研成果转化为千余字评论文章在媒体上发布，把学术成果变为社会成果，同时，还负责将人大教授的书籍在人大重阳这个平台上出版。通过多种传播方式，向社会传播智力成果，形成较为广泛的社会影响力，同时，也提升了智库的品牌价值。

建设中国特色新型智库，形成百家争鸣、百花齐放的智库体系，我国还应建立更为科学的下情上传通道，完善智库辅助决策的平台，这也应是我国供给侧改革的一部分。

在国家下大力气建设中国特色新型智库的今天，各类智库都在探寻自身的生存空间，经过多年的快速发展，我国智库已经逐渐建立起了有丰富层次和数量规模的智库体系。既有可圈可点的 25 家试点高端智库，其中，包括社科院这样门类齐全、人员众多、资源丰富的巨型智库，也有类似北京思源社会科学研究中心这样天天面临生存危机的民间智库；既有军事科学院这样纪律严明的军事决策咨询部门，也有洛克菲勒中国研究发展中心这种完全由外资独立运营的研究机构；既有依靠福特基金会投资建立的著名的北京大学中国经济研究中心，也有私人出资利用通向政治决策层的私人渠道及学术界和媒体界联系网络的微型专业性智库萌芽。

各类智库都在努力探索自身组织构架、治理方式，以不断适应形势大好的智库发展环境与竞争日趋加剧的生存现实，相信经过竞争的洗礼，优秀的新型智库将在适者生存的环境中脱颖而出，最终承担起辅助决策、参与全球治理、储备人才、推动社会思想变革的智库基本职能。

（执笔人：李娣）

第五章

CHAPTER FIVE

加快中国特色新型智库建设的基本思路和重点任务

中国特色新型智库建设要坚持以中国特色社会主义理论体系为指导，以决策咨询为重点，依据“服务决策、适度超前、推动改革、促进发展”的原则，以“咨政启民、参与全球治理、维护国家权益、为国家汇集和输送高端人才”为主要任务，形成多样化、多层次、竞争合作的智库生态体系，保持智库的独立性和鲜明特色，努力打造一批在国内外有影响力和知名度的现代智库。

一、加快中国特色新型智库建设的基本思路

（一）三个维度把握智库定位

1. 符合中国基本国情和区域发展实情

坚持以“中国实践”“区域实践”为基础，以本国、本区域经济社会发展的重大问题为主题，为各级党委政府决策提供咨询服务，为公共舆情提供正确的思想导向和前瞻性的预警。同时，既要从灿烂辉煌的中国传统文化、优秀的地域文化和思维方法中汲取营养，又要借鉴国外成功智库的基本经验，逐步打造既具中国特色、中国风格、中国气派，又有地方优势、区域特色的现代智库群。

2. 凸显各类智库自身独特的优势和特色

从当前国内智库的基本构成来看，政研室、发展研究中心等官方智库，是党委政府机关体制内的政策咨询机构与思想创新载体，具有资金、人才、信息的全面保障及成果直通党委政府的优势，这类智库要紧跟决策层的最新思想和国情变化，关注来自基层的探索，及时总结鲜活

经验，积极主动关注和研究重大问题，切实履行好参谋辅政、为民辅政的职责。社科院智库作为综合性社会科学研究机构，拥有基础理论支撑、多学科交叉、研究人员专业性强、时间精力投入有保证等优势，要充分发挥“综合性”的特长，着力打造综合性社会科学研究与创新高地，承担起对经济社会发展进行战略性、前瞻性、储备性研究以及对策性研究的责任。高校智库具有明显的学科优势、人才优势、地域优势，要按照“咨政育人、协同创新”的要求，着力打造在某一专业、某一领域有深入、持续研究的新型特色智库。民间智库要充分发挥社会化、市场化运作的模式优势和多元化资金筹措的渠道优势，更广泛地接触民情、了解民意、反映民需，凝聚社会各阶层的智慧，保持思想观点的中立性、客观性、为民性，以更优质高效的服务提升政府对其的购买需求。

3. 打造优势特色研究学科

智库要处理好整体推进和重点突破的关系，不一定要各方面都有突出的研究成果，“大而全”反而容易导致“同质化”，但一定要找准自己有优势有特色的研究方向。但凡有名气、有影响力的智库，都有自身的比较优势和研究专长，如中国现代国际关系研究院、中国国际问题研究所、中国太平洋经济合作全国委员会、上海国际问题研究所等，侧重外交政策的研究；中国军事科学院和中国国际战略学会则专注为中国的军事战略以及中国军队未来的建设与发展走向提供决策；中国（海南）改革发展研究院则以“直谏中国改革”为己任，始终围绕中国经济转轨中的重大问题进行超前性研究，先后提出了“把国有资产推向市场”“公有制实现形式”“二次转型与改革”等重大理论命题和改革思路。可见，“特色强库”才是智库建设的明智之举。

（二）三个方面推进智库创新

1. 创新组织形式

一是要加大改革力度，对事业性质的智库，按照中央事业单位分类改革的要求和意见，弱化对行政部门的依赖，逐步推进“去行政化”。二是要加大多元发展力度，壮大发展高校智库、民间智库。有关部门要破除对民间智库的登记障碍，探索确立从事公益性研究的民间智库公益性法人身份。三是要加大整合力度，有机整合官方、半官方、民间智库等各类各层面的智库，做优做强，集中力量打造一批有特色的高水平智库。

2. 创新研究方法

一是要加强协同研究，改变单兵作战的研究方法，敢于打破体制、政策、学科壁垒，组建跨体制、跨部门、跨学科研究团队，进行综合研究、协同攻关。二是要掌握现代化研究手段，依托大型数据库和调查中心，推动研究与实践对接。如国务院发展研究中心主办了“国研网”，全面整合中国宏观经济、金融研究和行业经济领域的专家资源及其研究成果，现在已拥有 11 个子数据库，为其建设“一流智库”提供了重要的信息保障。三是要加强调查研究，深入实际、深入基层调查是真知灼见、奇谋妙计的“源头活水”。信息数据的采集积累离不开社会调查，有利于提出符合实际、好用管用的对策建议。

3. 创新研究内容

智库要突出研究的应用价值和服务意识，开展卓有成效的决策咨询研究，确保研究成果要具备影响决策制定和推动发展实践的价值效果。一是要将研究锁定在重大发展难题上。当前，改革已经进入深水区和攻坚期，智库要紧跟新形势新任务，着力开展对十八大以来中央重要精神和重大部署的研究和宣传，把“中国实践”“中国梦”诠释和研究到位。二是要将研究锁定在重大民生问题上。深入了解人民群众所思、所想、所盼、所忧，找准民生存在的突出问题，研究形成解决问题的方法和措施，将自身打造成公众服务平台。三是要将研究锁定在全球性议题上。进行对策研究时要善于引入全球视野，用国际化思路探寻问题的解决方案，关注全球性战略议题时善于利用中国模式的成功经验和独特优势，提出创新性的解决思路，在国际上讲好“中国故事”，发出“中国声音”，树立起全球治理中“负责任大国”的良好形象。

（三）“四个意识”提升影响力

仅看数量，中国已是世界第二智库大国，但缺少高水平、具有国际影响力的一流智库。今后应朝此方向努力，至少培养以下四种意识。

1. 品牌意识

要明确目标，突出重点，力争有所建树，形成一些核心品牌。

2. 前瞻意识

要放远眼光，未雨绸缪，时刻站在理论和实践的前沿，提高对宏观问题的洞察力。

3. 创新意识

把它作为创造高质量思想产品的灵魂，促进各种思想和观点碰撞切磋。

4. 全球意识

运用开放思维，加强与国外知名智库的深度交流，提升中国智库的国际话语权。

二、中国特色新型智库建设的原则

（一）坚持正确方向，体现中国特色

坚持党的领导，坚持中国特色社会主义方向，坚持立足中国国情，遵守国家宪法法律法规，充分体现中国风格、中国气派。积极借鉴国外智库的有益经验，不盲目照搬外国智库模式。

（二）坚持高端定位，积极服务决策

坚持高起点推进、高水平建设，加强整体规划和科学布局，统筹整合优质资源，适应党和国家事业发展的战略需求，注重前瞻性、针对

性、储备性政策研究，提供切实管用的政策建议。

（三）坚持研以致用，专业性和综合性相结合

发展跨学科、跨专业协同创新的智库。突出问题导向，强化问题意识，凝练主攻方向，形成特色品牌，更好地发挥“外脑”和参谋作用。

（四）坚持改革创新，建立灵活高效的运行机制

遵循智库发展规律和决策咨询工作规律，创新组织形式和管理方式，建立有效的内部治理机制、供需之间的沟通联系机制、互联互通的信息共享机制、持续稳定的经费投入机制、广泛的国际合作与交流机制。

三、加快中国特色新型智库建设的重点任务

刘奇葆部长指出，高端智库理事会是智库建设的议事机构和评估机构，要把定标准、定规矩作为最重要职责，指导高端智库把握好定位和方向，有大的担当、大的格局、大的谋略，在服务中央决策上发挥引领作用，在世界知名智库中争取一席之地。中国智库要真正壮大，与国际一流智库合作、交流、博弈，必须深化智库管理体制改革，探索建立符合智库发展规律的体制机制，构建中国特色新型智库发展的生态系统，应把构建促进中国特色新型智库蓬勃发展的生态环境作为未来五年的重点任务。针对不同类型智库加快推进改革，尽快构建各类智库相互促进、有效互补的发展新格局。

（一）建立智库参与国家决策和将政府购买公共服务纳入政府采购的机制

要发挥好决策部门与智库之间的桥梁纽带作用，推动智库研究与国家和社会的发展方向结合起来、与党和国家重大决策需求结合起来、与决策部门的重点工作结合起来，做到供需对接、供适所需。要让智库发

挥为国家战略提供智力支撑的作用，就应让其了解国家需求，给其提供更多了解决策、参与决策的机会。当前，我国智库对国家战略制定的参与度较低，智库研究成果的转化和应用也缺乏制度化设计。应加快培育一批与政府既有密切关联又具有相对独立性的第三方社会智库，为其提供与体制内智库平等的研究条件和竞争平台，并尽快把政府购买公共服务纳入政府采购，设立政府公共服务采购基金，专项用于对社会智库提供支持。

（二）建立符合现代高端智库规律和要求的组织形式与运营机制

尽快解决当前约束智库发展的突出矛盾和问题。目前我国智库在研究人员出国、经费报销、职称评定、业绩考核等方面，基本上还等同于现有体制下的一般事业单位，没有体现智库作为思想品生产机构的特点，应创新智库的组织管理方式和运营机制，抓紧出台政策逐步解决这些问题。可借鉴国际一流智库中一些符合中国智库实际需要的模式，抓紧进行改革探索。在此过程中，可采取集成创新的方式，在引进、消化、吸收国际先进经验的基础上进行二度创新，构建新型而又科学的智库管理体系。可由高端智库理事会对此进行整体设计。

（三）建立适应国际一流智库要求的人才机制

要想建立可持续的研究管理、人员管理与激励制度，就应坚持人才的多样性、开放性和竞争性。国际一流智库的人才来源一般是：卸任官员、企业界精英、知名学者和专家、著名智库人才。我国智库对具有丰富执政经验和学术背景的高端人才应突破年龄限制，把其作为现阶段高端智库的领军人物；要抓紧培育结构合理的智库研究队伍和运营团队。

（四）建立国际通行的智库管理制度和筹资机制

国外智库大多实行预算制，60% 以上的课题经费用于人力资本支出，因为智库产品靠人创造，研究投入就应主要用于人，用于思想产品的支付。没有与之相匹配的财务管理制度，智库就无法真正成为高质量思想产品的制造者。建议选择一些高端社会智库做试点，率先建立符合智库特点的财务管理制度。抓紧进行智库筹资机制改革，与企业和个人捐助制度相结合，适当减免相关税收，调动社会资本支持智库建设的积极性。

（五）建立成果转化应用和鼓励智库提升国际影响力的机制

应抓紧建立国家决策者定期对智库提出研究方向的制度，确定政府购买公共服务的议题，引导智库把政府采纳意见和建议作为衡量自身影响力和服务能力的重要标准。在国际交流方面，智库观点可以更鲜明，据理力争的能力应该更强。尤其是在国际论坛上，智库不应怕争论，应该根据自己的过硬研究，为维护中国的权益立言、立功、立德，敢于做公信力强、性格鲜明的大国智库学者。

（六）建立智库协同创新机制

智库研究中，往往涉及一些国家总体战略和时间、领域跨度较大的战略，单靠一家或几家智库，很难具备政治、军事、文化、经济、外交的“一揽子”方案设计能力。应抓紧建立各类智库协同推进、协同创新机制，如围绕“一带一路”倡议，可以确定对沿线主要国家和地区研究的国内智库分工，将战略研究深化、细化和实化。

（七）建立提高智库软实力和影响力的支撑机制

在中国国际经济交流中心与美国的布鲁金斯学会、卡内基研究院、彼得森研究所、英国的国际战略研究所、德国的贝塔斯曼基金会等国际一流智库的合作交流中，我们发现，这些智库生产思想产品的自由度更大，知识储备更多，研究深度更深，其中一个重要原因就是它们有持续、稳定的国家支持体系和保障体系。我国应从战略上更加重视智库建设，建立智库支撑与保障体系，提供合理而宽松的政治与社会环境。

（八）建立智库能进能出、优胜劣汰的竞争机制

要加强对智库的评估评价，建立科学合理的指标体系，推动形成能进能出、优胜劣汰的竞争机制。

（执笔人：张瑾）

第六章

CHAPTER SIX

建设中国特色新型智库的政策建议

为了贯彻党的十八大和十八届三中、四中全会精神，加强中国特色新型智库建设，建立健全决策咨询制度，中央出台了《关于加强中国特色新型智库建设的意见》。这为全面加强智库建设明确了要求，指明了方向。能否把握机遇，从容应对挑战，既考验着决策者的驾驭能力，也考验着智库工作者的智慧。为了提升国家软实力，真正推动中国从智库大国走向智库强国，必须构建提高咨政建言水平和能力的智库生态体系，打造公平竞争、合理有序发展的智库生存环境，切实提高智库的核心竞争优势，深化全球传播机制改革，提高全球治理能力，深化人事制度改革，建立中国特色的“旋转门”制度，为政府输送高质量人才，全面深化有利于中国特色新型智库蓬勃发展的体制机制改革。

一、构建公平竞争、合理有序发展的智库外部生态环境

（一）制定智库发展规划，促进各类智库合理有序发展

要实现中国特色新型智库建设目标，必须通过全面深化智库体制机制改革，以体制机制改革为动力，加快推动党政军智库、社科院智库、高校智库以及社会智库多元有序发展，持续提升各类智库的影响力和竞争力，最终形成定位明晰、特色鲜明、规模适度、布局合理的中国特色新型智库体系。尊重智库发展规律，明确各类智库的分工与定位，促进各类智库合理有序有效发展。制定智库发展5～10年规划，进行专业方向布局。

重视和强调官方智库平台功能建设。体制内的官方智库，直接参与

政府决策，最了解政府的决策需求，承担着无比纷繁的政策咨询、解读、评估任务。享受全额财政拨款，没有经费方面的压力，但在观点上有时难以保持智库的独立性。从人员编制上来看，官方智库不可能把天下各领域专家全都吸纳在编制之内，再多的编制也无法完成当代这些需求。因为体制内智库身处决策核心层，有很多咨询项目会主动找上门来，研究人员会把大部分时间投入咨询项目，可能就会对直接服务的政府部门的工作有所忽视。因此，官方智库在组织形式上，必须办成“小实体、大网络”，既要做好自身的研究，更要做好组织社会力量研究，办成集聚各种政策研究力量的平台，吸收社会各界有关政策研究成果，集中天下智慧为党和政府决策服务。为此，一是要把组织协调社会力量参与政策研究列为官方智库的一项重要职能和职责。组织形式上，官方智库可与各部门、各地区、各行业、各领域合作，主导共建合作研究，此举属合作共赢，以此解决各“通天渠道”和智库研究人员不足问题。二是需要处理好开放与保密的关系，过度保密就会限于封闭，外部不知晓研究议题、研究观点，便无从参与和评判。三是搞好组织协调平台，必须建立长效机制，实现制度化规范化，包括建立动态简报制度，建立评优激励奖励荣誉制度，建立必要的经费赞助和购买服务制度，建立政策研究咨询竞争制度等。

对挂靠在政府部门下的事业单位性质的政策研究机构加以改革。这些机构隶属于政府部门，相对来说难以独立于这些部门利益进行研究，或者当其研究的观点与所属部门的利益不匹配时难以公开发表。这些事业单位大都由于政府拨款有限，日常运行面临经费短缺的困难，它们一方面在体制内运行，另一方面不得不采取市场化的方式来承接一些咨询项目，这样实际上削弱了这些机构对重大政策问题的研究能力。对这些机构的改革可以通过分流的方式进行，一部分可以纳入政府部门，加强政府内部政策研究能力。有条件、有品牌的政策研究机构可以与政府脱钩，政府应当对这类机构在一定的年限内保持部分资金支持，使其逐渐孵化成为相对独立的智库。

对高校内公共政策研究机构进行改造。鼓励它们借鉴国内外智库的成功模式，如北京大学国家发展研究院、清华大学国情研究院、中国人民大学国家发展与战略研究院等，重新梳理与大学的关系，提高研究机构的自主性，争取社会各方资金捐助，形成依托大学的一流智库。

对基础好、有潜力的社会智库加大扶持力度。经过实践检验，一些大浪淘沙留下来的社团组织和社会智库具备了高速发展的潜力和希望。通过对社会智库进行筛选和招标的方式，让这些优秀的社会智库涌现出来，对其给予免税和其他优惠条件的支持，鼓励它们形成特色，成为中国智库发展的生力军。

（二）完善政策分析市场，实现思想品供需对接

1. 理顺决策者和决策咨询机构的关系

领导是决策的主体，承担着责任，要有对意见的识见能力。专家则要保持独立思考和自由表达，充当参谋和智囊的作用，既要帮忙又不能添乱；既要解决问题又不能越位；既要有正面切实可行的提议，也要能够用合理的方式提出参考意见。

政府要转移出部分职能，充分发挥智库的服务咨询功能。从政府管理部门分离出一些政策研究、决策咨询、数据统计、市场监管、评估职能等职能，由智库承担，明确政府部门和智库的职责、权利和义务，调动各方面积极性，集中优势，统筹资源，整合多家智库的学科优势和合作资源。

智库要有坚持为党和政府决策服务的战略定位，专注为党和政府建言献策，针对国际国内现实问题、长远问题和战略问题进行对策研究。坚持服务中心工作，紧紧围绕全面建成小康社会、全面深化改革、全面推进依法治国等党和政府决策急需的重大课题，集中精干力量研究，拿出专业化、建设性、可操作的政策建议。围绕国家大战略开展民间外

交、公共外交，既为研究解决中国问题提供多样化视角，又充当“宣传和交流大使”，让国际社会更好地了解中国。智库要主动参与和推动有关城市治理、国家治理和创新发展等重大问题的研讨，打造多学科支撑的高层次决策咨询品牌。

2. 建立政府决策部门与智库互动平台

把公共政策咨询作为必要一环，纳入公共决策体制之中。公共决策是一门科学，随着现代决策的科学性、专业性、系统性的增强，需要将“谋”与“断”分离开来，在法律上、制度上正式将智库引入公共决策过程之中，把智库作为公共决策体系必不可少的一环纳入其中，建立起科学的、制度化的公共决策体制。

现在，国家主席和国务院总理定期召开专家座谈会，探讨当前形势与对策，已经成为政府与智库沟通的重要机制。中央财经领导小组办公室、中央政策研究室、国务院研究室和各重要决策部门都应该建立一些常规性的机制，选择性地接收智库的研究报告，直接听取智库专家的意见。这些机制对于社会智库尤其重要，社会智库也要密切关注和把握这些机会。

将智库纳入重大决策征求意见、重大政策评估的范围，探索建立智库参与政府有关重大决策座谈会、听证会等长效机制，快速便捷的反馈系统。目前中国的决策体系仍是相对封闭的，不足以最大范围吸收社会最优和最睿智的思想与策略建议，应打造开放式的智库咨政建言文化，构建决策者、研究者和公众多方有效积极互动的机制和平台，强化一流智库在公共政策制定层面的重要角色。每个智库都应打造自己的研究专长和品牌，智库理事会按照主要研究领域帮助决策部委与优秀的智库对接，建立机制化的沟通平台，推动智库与实际决策部门开展合作研究，促使智库及时了解决策需求，决策部门也能及时获得智库的“外脑”支持。扩展智库成果转化渠道，提高成果转化效率。鼓励政府高官在智库组织的论坛上发表重要演讲，增加国际和国内媒体的曝光率和影响力，提升中国智库的社会地位和国际地位。

3. 建立政府购买智库决策咨询服务的制度

尽管近年来我国各地在政府购买决策咨询服务方面已经开展积极探索，但在具体实践中，政府采购预算、采购目录、采购标准、服务质量评价等方面，还面临一些具体困难和问题亟待解决。应将智库提供的战略研究、规划设计、咨询报告等服务纳入政府采购范围。

一是将决策咨询服务经费纳入科学技术经费预算范围。将思想创新提高到科技创新同等重要的地位，立足现有公共财政预算管理制度，根据国家预算法的最新要求，由国家财政部牵头，研究把决策咨询服务经费纳入科学技术经费预算范围，明确规定经费预算比例，探索建立和完善符合新兴智库运行特点的决策咨询服务经费管理制度，科学合理编制和评估决策咨询服务经费预算，强化决策咨询服务的经费保障。

二是将决策咨询服务尽快纳入集采目录。要将决策咨询服务作为政府采购服务的重要组成部分，纳入各级政府采购范围和政府购买服务指导性目录。各级政府及部门应将公共决策的通用课题研究、经济社会发展专项课题研究和项目评估服务等纳入决策咨询服务购买范围，实行公开招标。要将智库提供的包括咨询报告、政策方案、规划设计、调研数据等各项决策咨询服务在政府购买服务指导性目录中明确化和明细化，提高决策咨询服务政府采购的可操作性。

三是制定落实决策咨询服务的政府采购限额标准体系。国家财政部要牵头组织制定决策咨询服务的政府采购限额标准体系，并建立与物价水平相适应的动态调整机制。各地要严格落实国家现有采购标准，并制定符合当地经济社会发展水平的决策咨询服务采购标准，沿海发达地区可以在国家标准基础上适当上浮。

四是建立政府采购决策咨询服务评价体系。政府采购中要建立决策咨询服务的第三方评价制度，探索建立新型智库分级、分类管理评价制度，研究组建全国性、区域性和行业性的行业自律性组织，加快推动决策咨询服务标准体系和评价体系建设。

（三）深化管理体制机制创新，激发创新活力

1. 建立国际通行的智库科研经费管理制度

高端智库理事会为决策部门与智库合作牵线搭桥，决策机关就决策中遇到的重大问题，建立长期跟踪研究、持续流动资助的长效机制。国外智库大多实行预算制，60%以上的课题经费用于人力资本支出，因为智库产品靠人创造，研究投入就应主要用于人，用于思想产品的支付。没有与之相匹配的科研财务管理制度，智库就无法真正成为高质量思想产品的制造者。建议选择一些高端社会智库做试点，率先建立符合智库特点的财务管理制度。深化科研经费管理制度改革，改变“重花钱过程、轻成果评价”的管理机制，承认智库人才的人力资本价值，给科研组织者更大的决策支配权，通过同行专家评议、决策部门应用实效等方式对科研成果进行评价。

2016年7月31日，中办、国办联合印发《关于进一步完善中央财政科研项目资金管理等政策的若干意见》，根据这项规定，从经费比重、开支范围、科目设置等方面提出了一系列“松绑+激励”的措施，激发科研人员创新创造活力。明确劳务费开支范围，不设比例限制。参与项目研究的研究生、博士后、访问学者以及项目聘用的研究人员、科研辅助人员等，均可开支劳务费。中央出台的科研经费制度，明确了科研人员可以为智力劳动支付劳务费，审计部门应抓紧调整制度，各智库也应抓紧时间落实政策。

在经费使用上，最大限度区分研究经费和行政费用，将经费主要用在研究项目上；在研究项目支出中，研究人员经费占一半以上，按照预算制直接拨付研究人员，课题收入计入工资打入个人账户，不再进行繁杂的报销。

2. 完善智库评价考核机制

智库的优劣应由董事会、出资人和决策者来评价，智库应该通过市

场竞争优胜劣汰。

第一，建立公正有效的智库考核评价体制。评价指标对于智库建设具有重要的引领、激励和规范作用。可以说，评价指标就是智库研究的重要指挥棒和风向标，对于智库建设非常重要。以智库对内和对外的影响力、决策支持有效性、质量创新和实际贡献为导向对智库进行评价。把专业性、影响力和独立性作为主要的评价指标。

一是专业。一个智库首先要保持专业性。专业是智库区别于其他政策参与者的最重要的本质特征。智库的专业性意味着专家对自己的研究有长期的积累，如果专家对自己不熟悉的专业领域以专家的身份发表言论，容易误导决策者和公众。智库的专业性意味着专家甘愿坐“冷板凳”，对非热点问题进行深入扎实的研究，而这些研究对国家来说是一个非常重要的战略知识储备。智库的专业性意味着专家应该对政策问题有跨专业的认识，政策问题涉及政治、社会、经济方方面面。

二是影响力。所有的智库都要追求影响，特别是在中国，很多社会上的一些观点认为，智库要有影响就必须跟政府保持直接的联系，以便能够输送智库报告。其实影响力并不一定要靠政府与智库之间的直接渠道，可以通过很多间接渠道来实现。首先，决策者要能够采纳民意。其次，从知识输出的角度来看，智库可以运用现代的新媒体、微信、微博来推广自己的政策建议。无所谓国家队还是民间队，其实都可以通过直接和借鉴渠道来影响政府。

三是独立性。应该把独立性作为评价优秀智库的一个标准，智库并不是一定要跟政府保持距离才能显示其独立性。另外，智库的独立性不代表中立性，智库本身就应该有自己的倾向。所谓智库独立性的丧失，其实质就是智库被某些利益集团收买，成为利益集团的代言工具。智库的功能应该相对独立。鉴于中国的现实国情，我们的智库短期内不可能做到西方智库那样的“独立”，因此这种“相对独立性”，也就是所谓的“若即若离”，即在充分掌握政府各方面信息的基础上，充分发挥智库专家、学者的专业修养优势和理论创新优势，创造出足以破解各种现实难题的有效对策。

从定位而言，智库对政府的政策应进行前瞻性建议、可行性分析以及执行评估，而不是解读。解读政策应该是政府的职能，智库的行为是站在第三方中立的角度，对政策进行分析，一流智库则应站在更高的角度，对于政府以及经济发展进行长期趋势的研究。如果智库属于政府机构或者拥有过多的政府机构职能，国际学术界有可能会对智库研究成果的认可程度下降。总而言之，智库的角色是为政府决策提供素材和建议，而不是替政府做出决策。

第二，在智库评价中突出实证导向。“智库是国家软实力的重要组成部分”，建设高质量的中国特色新型智库是推进国家治理体系和治理能力现代化的必然要求。党的十八大以来，我国智库事业得到迅速发展，为党和政府决策提供了有力的智力支持。特别是《关于加强中国特色新型智库建设的意见》实施以来，全国各地各级各类智库不断涌现，呈现出一派欣欣向荣的景象。众所周知，推进中国特色新型智库建设，需要理论界、学术界以及社会各界有识之士的共同参与和努力，需要投入大量的人力、物力、财力，需要各级党委政府的高度重视和大力支持，更需要建立和形成一套治理完善、充满活力、监管有力的智库管理体制和运行机制。其中，建立科学有效的评价体系，对各级各类智库进行有效引导、规范和管理，成为一项十分紧迫的重要课题。当然，建立科学有效的评价体系，既需要完善具体的评价办法，创新评价方式，更需要建立一套科学的指标体系。

3. 深化全球传播机制改革，提高全球治理能力

缺少具有国际影响力的智库领军人物和杰出人才，社会智库和高校智库国际交流频繁，而体制内智库人才跨国交流受限，科研经费中国际交流经费使用受限，未形成对国际组织的人才输送力。

第一，放开对智库人才国际交流的限制。智库要发挥自身优势，在

对外交流、公共外交、舆论引导中展现更大作为，深化拓展与国际智库的交流合作，在国际舞台上积极发声、善于发声，增强国际话语权。智库在国际社会承担着发出“中国声音”，提出“中国主张”的功能和作用，对智库研究人员，特别是从事国际问题研究的人员，不应参照公务员规定进行出国管理限制，应根据研究需要和交流需要，放开对智库人才国际交流的限制，允许一年内多次出国或免予审批。

第二，鼓励智库进行国际交流，国家建立把智库人才推荐到国际组织的渠道。中国特色新型智库应开拓国际化的视野，将智库建设纳入国家外交大战略体系中来运作。从智库的国际交往来看，应当转变“外交无小事”的固有认识，营造宽松的政策环境，鼓励智库就各个“小事”灵活进行国际交流，建立中国整个外事部门与各级智库之间的广泛联络、沟通机制，还可以利用中国先进智库培训国外官员等方式，为国家外交大战略的实施与推广广交国际朋友。建议新型智库加大与欧美著名智库、高校和机构合作，在思想领域上广泛交流，主导欧美智库界对华研究议程，并向当地推广我国的理念与思想。建立把智库人才推荐到国际机构就职的机制，扩大智库的国际影响力。

（四）建立国家信息数据库并向智库开放

落实政府信息公开制度，方便智库及时准确地获取政府信息，增强智库对重大问题研究的针对性和有效性。需要建立健全准确的信息系统，建立国家信息数据库系统，智库与对口服务的决策部委搭建互联互通的信息共享平台，为决策咨询提供学理支撑和方法论支持。在确保不泄露国家秘密的前提下，落实政府信息公开制度，方便智库及时获取政府信息。

改善信息数据条件。缺乏必要的信息数据资料是制约智库研究质量的重要因素。总体来说，国内在信息数据披露上还不到位，主要是统计制度存在缺陷、数据质量差，信息披露制度不健全，信息披露不及时、不全面、不充分的问题突出。欠发达地区尤其要重视数据平台建设，依托大型数据库和调查中心，推动地方智库研究与地方改革发展实践对接，推动数据信息共享，有效防止研究中的信息不对称。

（五）探索智库人才“旋转门”制度

目前中国有“旋转门”机制，但并不完善，处级以上有交流和挂职机会，但效果一般。缺乏“旋转门”机制，政府仅有公务员招录机制，智库在中国未成为政府决策管理人才后备精英库。新型智库需要打造中国式“旋转门”，在智库平台上培养与运用人才。

建立智库人才专门的培养渠道和机制。未来5~10年内，培养出一批高水平智库人才对中国特色新型智库建设至关重要。要抓紧制定智库人才发展规划，明确发展目标，制定个性化的培养方案。可从现有智库中选拔政治素质好、研究能力强的研究人员进行重点培养，安排他们到经济综合部门、驻外机构锻炼或到国外智库机构进行交流，并根据需要辅之以外语学习和专门的交流能力训练，逐步形成人才梯队。

要整合研究力量，允许研究能力强、经验丰富的在职机关干部到智库工作或主持、参与相关重大课题研究，鼓励支持智库研究人员到部门或基层挂职锻炼、跟班学习和相互交流，在智库与党政机关之间实现人才双向流动，增加决策部门与智库的沟通和交流。智库理事会搭建平台，允许智库可按照研究方向定期选派学者到政府对应职能部门挂职。优秀的智库行政管理人员到政府工作不需要参加公务员考试。在每五年政府换届的时候，安排大量智库人才到政府部门工作，原有的政府工作人员进入智库工作。

（六）实施智库高端人才培养工程

智库需要有权威卓越的专家系统，实施中国特色新型智库高端人才培养工程，储备一批优秀的辅助决策的骨干研究人员，对选拔出的优秀人才，进行重点培养，给予课研资助，提供到国际知名智库交流学习的机会和推荐到党政部门任职的机会。

培养智库人才。我国正在开展智库建设，但智库人才却是一个瓶颈，智库需要拥有专门的研究人才。智库所需要的研究人才既不是传统意义上的知识分子，也不是社会科学家，而是专门的公共政策技术人才。目前我国没有专门培养智库人才的机构，而智库发展又迫切需要这类人才。中国的智库发展不是要造就一批“出点子”的“师爷”，而是应当培养出能够运用科学方法开展政策分析的专门人才，以适应智库的迫切需要。

（七）政府采取财政措施增加智库资金供应

抓紧进行智库筹资机制改革，与企业和个人捐助制度相结合，适当减免相关税收，在税收上可以提供一些优惠鼓励公众和机构向智库捐款、提供资助，调动社会资本支持智库建设的积极性。财政可以增加预算直接支持智库的发展，包括提供资助支持官方和非官方智库的机构建设，或者设定一些定向资助项目，集中研究当前重要的经济、社会问题。

一是加大财政资金投入。各地要加大对哲学社会科学研究的本级财政投入，制定区域性哲学社会科学创新发展的支持计划，纳入区域文化发展改革规划，给予政策的支持和保障；设置区域性政策研究奖，对政策研究的优秀成果给予奖励。建立各级社会科学研究财政资金长效稳定增长机制，确保公益性研究机构财政资金足额拨款。探索设立“智库发展基金”，对社会智库在启动经费和课题研究资助上给予倾斜与扶持。

二是建立多元化资金筹措机制。引导和鼓励社会对智库的投入，出台有关鼓励社会对公益性研究机构投入的优惠政策，探索实行财税优惠措施，以吸引社会资金扶持智库。要面向市场和企业需求，以课题和项目为纽带，积极探索与社会各方合作开展课题研究的新途径。可以借鉴国际经验，通过设立基金或基金会的方式，谋求长期的资金支持。探索社会智库的减免税措施，鼓励企业、基金会和一些有条件的机构创办咨询性的、对策性的社会智库。

（八）建立中国特色新型智库联盟

赋予该平台组织如下主要功能，一是作为沟通智库与决策者的渠道和平台，尤其是社会智库机构与党和政府决策者的桥梁，汇集各类智库的研究成果和政策建议，及时畅通地提交到公共政策决策者手中，不断加大对公共政策研究成果的传播力度，促使公共政策决策者必须制度化地为向其提交决策咨询成果提供渠道；二是成为所有智库开展国内外交流和合作的平台，为国内外智库交流提供服务，积极参与国际智库对话，扩大中国智库在世界上的影响力和话语权；三是建立全国性智库评估体制，制定科学的评估标准和完善的评估程序，对智库运行开展评估，建立智库的公共竞争机制，尤其是资金来源于国家的智库机构，必须接受评估和监督，促进国内智库发展，推动和增强智库间的竞争性，提升智库的公信力和影响力。

二、智库内部生态环境建设

最佳的模式是拥有体制外智库的灵活性，同时与政府构建良好的关系，提高决策影响力。

（一）保持智库独立性

1. 构建多元的筹资渠道

资金是一个组织得以运行的重要保障。构建多元化的经费筹措渠道，可以使智库最大限度地保持财政上的独立，从而在运作上不会因过分依赖于几个较大的出资者而受其利益影响，多元丰富的筹资渠道使智库不用为了谋取商业回报而迎合资助者的要求。作为非营利机构，智库的运作资金可来自于创的基金、社会捐款及出版物收入。稳定多元的资金筹集渠道可以保证智库的日常运转，而且充分保证了智库研究的独立性和公正性。

具有复合化融资能力，储备智库“金融蓄水池”，通过金融运作进行保值、增值，确保智库成为“百年老店”。建立竞争性经费和稳定支持经费相结合的资金来源，推进研究任务和经费预算市场化转型，落实公益捐赠制度，对于有志于投入智库建设的基金给予政策扶植与鼓励，引导企业、社会组织、个人捐赠资助智库建设。

2. 建立附条件的资助机制

智库可以对资助者的权利与义务进行限制，但捐助者不能对智库的研究项目和研究结论进行干预。研究资金与研究项目不存在直接的关联关系，这从制度上切断了资金提供方与研究者之间的关系，保证了研究者可以在不受资金提供方影响的情况下依据客观事实做出研究判断。即使有个别项目的资金提供方有要求，但研究者有保留发表这些成果的权利。

3. 营造包容的氛围和环境

保障研究者充分的研究自由，以立场独立保障研究独立。鼓励研究人员根据自己的专长和兴趣开展问题研究，不固化研究方向，不设立硬性考核标准，保障研究者充分的研究自由。强调研究者要立场独立，以公众利益为出发点，基于事实作出判断。建立相互对话争鸣的平台，建立智库内部的“思想市场”，问题研究不设禁区，观点不同相互争鸣，对不同的立场和观点持包容和尊重态度，鼓励内部持有不同观点的学者聚集起来进行理性和坦率的辩论，形成开诚布公的讨论，在充分竞争的多元“思想市场”上提高研究质量，建立智库的影响力。

（二）制定智库发展的长期规划

运行优秀的智库都会有自己明确的组织定位，并由此确定开展工作的领域、服务对象、价值立场以及所能发挥的作用。智库在自身的发展规划中，必须明确自己的功能定位和研究主攻方向，在这些主攻方向上深耕，做成此领域的品牌和权威。研究课题组织从选题、立项、成果表现形式、公共传播等一系列环节都要有较强的系统性。智库选题一般兼顾长期跟踪领域与近期热点研究并接受委托课题项目。但无论是哪种，都会有严格的体系对成果质量进行层层把关。

（三）实施研究员培养计划，激发科研创新活力

无论智库本身定位是综合性智库，还是专业性智库，智库中的研究人员都必须要有自己的专业领域和研究方向，通过长期的知识积累、信息追踪、大量调研、与学术同行的交流、与决策部门的沟通，提高专业素养和建言的有效性。高端智库必须要有一批在相关领域的知名专家，通过明星研究员计划，重点培养智库内部的核心骨干研究力量。

坚持人才为先，凝聚一流研究队伍。按照政治素质好、学术造诣高、社会影响大、事业心和责任感强的要求，选好首席专家，加强研究团队建设。实行“小机构、大网络”，专职与兼职相结合，“走出去”与“引进来”相结合，形成开放、竞争、流动的人才格局。

（四）打造符合智库发展规律的人员结构

成功智库的人员结构是由杰出的创始人、优秀的管理者、知名研究人员、大量科研助理和行政辅助人员构成。

1. 杰出的创始人

那么为什么有的智库做得好而有的却做得一般呢？我们发现国内外成功的智库通常都有一位杰出的创始人。杰出的创始人发挥了十分关键的作用，能在极短的时间内将各自的机构打造成具有极大影响力的智库。

2. 具备研究能力、组织管理能力及与政府沟通能力的优秀管理者

智库领导者不同于政府部门负责人，也不同于学术带头人，应该是智库企业家，领导者应该由具备研究能力与组织管理能力的“两栖型”

人才充任，专业业务能力是衡量能否胜任智库领导者的重要指标。领导者必须同时具备组织管理能力，智库领导者最重要的任务是筹资，财务独立可以让智库有充足的资金聘请优秀的研究人员，并且可以保证研究独立性。领导者还必须代表智库与政府保持密切良好的关系。

3. 具有学术能力和项目管理能力的智库学者

智库有没有影响力，取决于研究人员的声誉、经验和能力，智库必须要有自己常驻的知名学者和学术带头人。除了学术能力与政策经验，优秀的智库研究人员还应该具备出众的沟通能力。社会智库与高校、体制内智库不同，具有经费的压力，不可能和高校、社会科学院一样让学者长期只关注一个问题的研究，智库学者要同时具有政策研究领域经验和项目管理能力，智库学者应与所研究领域的知名学者建立联络，通过这种方式实现“小中心 + 大外围 + 大网络”的模式，智库才能具备快速反应能力，在接到任务的时候，可以最快的速度建立起研究团队，短时间内提供高质量的成果。

4. 大量的科研辅助人员

国内很多智库人员结构不尽合理，教授、研究员等有职称职务的人多，而在国外的智库中，这些人的比例是非常少的。美国的智库一般是一个教授配十个左右的助手，这样搭配更有利于分工，大牌教授的职责是判断，然后组织助手来执行。而国内智库中很多教授缺乏助手，时间精力被分散，智力核心作用未得到充分发挥。科研团队由学术带头人和科研辅助人员构成，科研辅助人员要具备研究能力，可以做大量文献资料收集、项目组沟通、调研安排、数据处理等科研辅助工作。

5. 围绕智库研究提供强有力服务与保障的非研究人员

研究人员和非研究人员应各占一半，非研究人员主要负责筹资、国际交流工作、纯粹行政工作。行政工作围绕智库研究提供强有力的服务与保障，创造让科研人员专心研究的环境，科研辅助和行政人员为科研人员服务的氛围。让研究人员的精力从琐碎的日常事务中解放出来，专心做研究。

（五）把明确研究方向和提高研究质量作为生命线

国际上一些智库“百年老店”之所以享有较高的声誉，就在于这些机构都有明确的研究方向，专注于关键的研究领域，坚持走专业化的路子，同时着力在提升研究质量上下功夫，高度重视研究成果的质量，视质量为智库立足之本，不断推出有影响、有价值的创新产品。创造高质量思想产品，首先，要善于判断国际国内大势，把握经济社会发展规律；其次，要重实情、讲真话，深入调研，掌握第一手资料；最后要善于发现问题、揭示问题本质。

智库的评价标准虽然很难准确地量化，但智库的质量或影响力是可以被“感受”到的。优秀智库在关注领域、资金来源及与政府联系的方式等方面的差异性很大，但智库的工作通常都具有独立性、专业性和有效性等特征。而支持这些结果的，主要是两大重要条件：一是密切的政府关系。智库需要与政府保持密切的联系才有可能影响政府的决策，所以，有的专家认为，“关系就是一切”。如果智库专家不能进入政府的会议室、见不到决策者，其影响力肯定会打折扣。二是优秀的研究质量。智库的影响力最终还得取决于政策研究的质量。智库研究报告既要求学术严谨性，也需要政策可操作性。因此，学术素养和政策经验二者缺一不可。这要求智库学者不仅要经过严格的学术研究训练，同时还要密切关注实际经济发展，能够近距离地为决策层提供政策咨询。

（六）完善差异化激励机制，建立智库人才培养机制

智库具有一般社会组织不具有的规律性特征。作为思想品的生产主体，研究人员是智库最核心的资产和财富，而对研究人员的管理、监督、激励和评价，必须体现思想品生产的要求和特点。美国智库之所以具有强大的国际影响力，就在于其尊重和适应了现代社会思想品生产的规律。

适度提高智库研究人员的薪资福利，吸引人才。智库在充分考虑人员工作需求的基础上，要设计多样化、差异化的激励方式，建立包括荣誉、奖金、时间和研究自主权等在内的奖励体系。按照具备市场竞争力的价格给予智库研究人员合理的报酬。进一步保障研究人员的待遇，提高对高端人才的吸引力，防止科研骨干和业务骨干流失。

要有计划、有重点地推出一批代表国内一流水平和中国形象的领军人才；要“不拘一格”，以开放的思维选拔启用青年才俊、复合型人才，着力培育青年学术后备力量，完善青年人才的进修、培训和选拔制度，推动队伍的年轻化，优化人才结构。

（七）改进产品推广策略，提升智库影响力

积极、主动、多样化地实施产品推介战略。第一，要重视产品的推广，在智库内部要设立专项资金、确定专门机构与人员来负责研究和实施产品推广。将智库产品推广设定为智库运行的核心业务之一。第二，变被动输送产品为主动向政府推销。这包括利用期刊、报纸、学术会议、座谈会等方式反复宣传政策建议，形成连续性、交叉性沟通网络，从而推动政府接受建议。这就意味着智库不仅能够主动地回应政府的咨询需要，而且能够通过专业性方式制造需要。第三，智库应该注重对社会精英和大众的传播，通过扩大出版物赠送范围、撰写简明读物，参加公共活动，参与大众传媒等方式积极将自身的观点进行传播。这就有可能形成舆论氛围，从而推动政策建议被政府关注与接受。第四，善于运用互联网方式扩大知识产品影响。通过网站、电子期刊、微博、微信等方式降低受众阅读成本，扩大受众人群。总之，智库应当利用多种手段，在多个层面主动出击，积极谋求知识产品的现实转化和影响力拓展。

（执笔人：张瑾）

附 录

APPENDIX

附录1　调研报告

调研报告1　中山大学粤港澳发展研究院

调研对象：中山大学粤港澳发展研究院

调研地点：广州市珠江新城润德大厦

调研时间：2016年5月7日20：30—23：00

调研内容

一、中山大学粤港澳发展研究院概况

中山大学粤港澳发展研究院（以下简称“研究院”）成立于2015年，同年底入选首批国家高端智库试点单位，是在教育部人文社会科学重点研究基地中山大学港澳珠江三角洲研究中心、港澳与内地合作发展协同创新中心等基础之上，整合了中山大学经济学、政治学、法学、社会学、公共管理、新闻传播等优势学科研究力量，成立的港澳治理与粤港澳合作发展领域的专业化高端智库。研究院主要围绕港澳发展动态、港澳治理、粤港澳合作发展等重大问题，以一流的决策研究成果，服务于党和政府的重大决策需求。研究院建设的粤港澳档案文献中心是目前境内收藏港澳文献最全面、系统的特藏馆之一，同时粤港澳研究数据平台拥有港澳经济、社会等多个专题追踪数据库。

二、中山大学粤港澳发展研究院运营体系

（一）管理架构

理事会负责制，由学校、研究院领导，校外专家以及官员组成理事会。中山大学党委书记出任理事长，院长及副院长出任副理事长。下设七大研究中心：港澳基本法研究中心、港澳政治与公共治理研究中心、港澳经济研究中心、港澳社会研究中心、港澳历史文化与价值观研究中心、港澳与内地合作研究中心、海上丝绸之路与粤港澳国际合作研究中心。研究院行政处实行院长负责制，课题组实行首席专家制。

（二）资金来源与使用

每年预算2000万元，其中1000万元国家财政拨款，1000万元中山大学配套资金。广东省政府和国务院港澳办有拨款计划，今后可能会引入社会企业资金支持开展横向课题研究，以及接受港澳爱国人士的捐赠。

（三）人员体系

1. 人员结构

全职驻院工作人员共20多名（未来50人），其中行政A类干部岗5人，B类合同岗15人，另外内聘中山大学校内教师兼职研究员40多人（未来100人左右），外聘与粤港澳研究领域相关的兼职研究人员70余名（未来100人左右）；即目前机构人员为150人左右，未来五年为50+100+100=250人结构。

表1　中山大学粤港澳发展研究院人才结构 单位：人

	职位	人数	合计
驻院	A干部岗	5	20
	B合同岗	15	

续表

	职位	人数	合计
非驻院	内聘教师	60 多	120 多
	外聘专家、学者	50 多	

注：面临人才结构的问题，人才团队以 55 岁以上、40 岁以下为主力，40～55 岁的研究型领军人物不足，导致出现人才断层。

2. 薪酬待遇

表 2　中山大学粤港澳发展研究院薪酬待遇　　单位：元/年

职工		薪酬
行政人员	A 干部岗	5 万～7 万
	B 合同岗	3 万～5 万
驻院教授级别研究人员		19 万～24 万
高级研究人员		30 万～40 万

未来使行政人员薪酬达到 10000 元/月以上。从财政拨款中拿出一部分作为奖金，未来使驻院教授级别研究人员薪酬达到 40 万元/年的收入水平（珠三角教授外部收益比较多）。

3. 人才引进

提供相应的优惠政策：研究成果被采纳，可以视为国家顶级学术论文，在职称评定中给予优先照顾。

4. 业绩考核

对于研究人员主要从以下三方面进行年度考核：发表高水平的学术论文的数量；研究成果报告被决策层采纳的情况；在具有全国影响力的媒体发声的次数。

三、专业领域

利用得天独厚的地缘优势，专注广东省内及涉港涉澳相关问题的研究。每年主动考察调研，自主圈出 13 个重点课题，与最终每年上级委托的课题均吻合。

四、产品与成果转化

（1）将要发起粤港澳合作发展论坛。

（2）出版书籍，建立联合课题组；智库之间的分工合作，成果共享机制；建立自己的数据库；与全国主要媒体进行合作，为媒体提供专家库；与地方政府、部门合作进行专项研究。

调研分析

中山大学粤港澳发展研究院作为6家高端大学型智库机构之一，成立时间虽然最短，但是积累相当丰富，具备了对港澳研究和珠三角发展的理论基础。

优势：从智库影响力要素判断，中山大学粤港澳研究院有明确的区域性、独特的专业性，因此在专业领域的竞争性较小，容易形成权威地位，影响政府决策。依托大学的人才背景和广东省的政府重视度，发展空间丰富。

劣势：地区化和专业化是把“双刃剑”，既是优势，又是劣势：相对于全国及国际范围内的智库而言，取样范围相对较小；对于区域经济的发展，责任重大，其理论研究成果具有重大实践价值，但实践领域不可控制的因素太多，容易起反作用并对理论产生质疑。

发展方向探讨：重视区域间合作，“他山之石，可以攻玉”，与其他智库建立横向课题联系，建立尽可能全面宽广的国际化视野和历史观；不拘泥于理论研究，在区域间合作发展方面充当一面旗帜，切实有效地参与到粤港澳间重大交流活动中。建立一支有效推动区域间合作发展的咨询队伍，服务于粤港澳企业。

调研报告 2　中国金融四十人论坛

调研对象：中国金融四十人论坛

调研地点：西城区后海北沿乙 17 号

调研时间：2016 年 5 月 10 日 9：50—12：00

调研内容

一、中国金融四十人论坛概况

中国金融四十人论坛（CF40）于 2008 年 4 月 12 日在北京金融街成立，是一家非官方、非营利性的专业智库，专注于经济金融领域的政策研究。论坛由 40 位 40 岁上下的金融精英组成，即“40×40 俱乐部”。论坛的宗旨是：以前瞻视野和探索精神，致力于夯实中国金融学术基础，研究宏观经济、金融领域前沿课题，推动中国金融业改革与发展。

二、中国金融四十人论坛运营体系

（一）管理架构

由学术顾问、理事、正式成员构成，论坛议事会参与成员可以参与论坛章程制定与修改、常务理事选举、学术委员会选举以及论坛其他重大事项。全国政协副主席陈元担任论坛现任常务理事会主席，原中投公司副总经理谢平担任常务理事会副主席。

（二）资金来源与使用

采用企业理事会员制，目前有 40 家理事单位，每年每家企业交纳 30 万～50 万元会费，资金由论坛（北京金融四十人有限责任公司）统一进行管理支配，除去小部分日常运营开支，大部分会费用于资助课题研究项目。

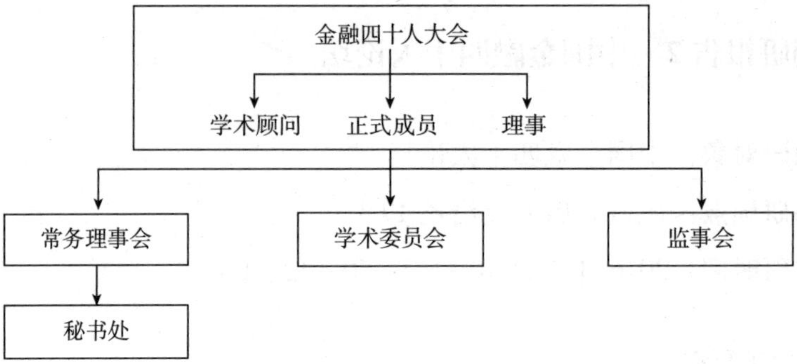

图1　中国金融四十人论坛/大会组织架构

（三）人员体系

1. 人员结构

目前驻会人员36名，其中秘书处（含编辑部、财务部、人事部等）30多人，常驻高级研究员3人，助理研究员3人。

表1　中国金融四十人论坛人员结构　　单位：人

	部门	人数	合计
常驻	秘书处	30	36
	高级研究员	3	
	助理研究员	3	
非常驻	常务理事会	300多	300多
	学术委员会		
	监事会		
	学术顾问		
	正式会员		

常驻高级研究员谢平、管涛、张斌在金融领域都颇具影响力。

管涛——中国国家外汇管理局国际收支司原司长

谢平——中国投资有限责任公司原副总经理

张斌——中国社科院世界经济与政治研究所全球宏观经济研究室原

主任

2. 薪酬待遇

只对驻会人员提供工作薪酬，分为行政与研究两个体系。

表 2　中国金融四十人论坛薪酬水平　　单位：元/年

职工	薪酬
行政人员	9 万 ~ 10 万
高级研究人员	90 万 ~ 100 万

3. 人才开发

以论坛的号召力和影响力网罗人才；公开招聘，要求名校毕业，综合素质高，有专业背景者优先。

4. 业绩考核

对于取得论坛课题项目的研究人员，由论坛学术委员会定期对研究计划的完成状况进行考核。

由于人员组织比较松散，不同类型的人员有不同的考核标准。如对于理事单位成员以出席率为考核标准，未达到基准出席率的被淘汰，由新的理事单位成员补足。

三、发展现状和目标

专注于金融领域的专业性研究，搭建汇集金融界精英的平台；发起设立上海新金融研究院（SFI）；2013 年与中国农业银行联合发起“中国农村金融论坛”；创立了“金融城”品牌，是目前国内最高端的互联网金融培训机构；分别在青岛、天津两地，与地方政府合作创办为地区经济服务的金融研究院；与美国各大智库保持良好的联系，交流形式主要以组织会议、学习交流为主。

四、产品与成果转化

课题研究：研究课题由理事单位或者其他金融机构委托、学术顾问或者学术委员建议，以及论坛成员申请，并由学术委员会与秘书处进行质量和流程管理。

季度宏观政策报告：由宏观经济领域具有代表性的成员负责研究，执笔完成。每季度针对国际、国内宏观经济形势与风险进行分析，并对涉及宏观经济与金融领域的重大问题进行专题研究，提出针对性的政策建议，经论坛成员内部论证后，报送有关政府部门和领导。

工作论文与财经评论：论坛成员和理事单位以及青年论坛成员等不定期交流工作与财经评论，在学术、市场和政策间寻找独特视角，开发、交流研究成果，为金融业界提供新锐思考，为政府部门提供决策参考。

其他成果还有上海新金融年会、互联网金融外滩论坛、《新金融评论》、新金融书系、媒体专栏、学术论文等。

调研分析

中国金融四十人论坛（CF40）作为一家社会性非营利智库机构，专业化程度非常高，平台性质比较突出。

主要优势体现为：

（1）研究选题方面，及时针对当前的热点，推出对行业有指导性的专家分析，对社会、市场有影响力的出版物。大量研究成果被出版并获得版税收入，通过出版渠道获得专业影响和社会影响。

（2）重视对专业领域的影响。因为成员的重要性和成长性（起点40岁区间，精而美体系），研究成果具有强烈的实践价值——来源于实践、应用于实践。

（3）重视对区域经济的指导。通过地方金融研究机构的设置，能够采集最前沿最有实践价值的信息，再经过高端智库的消化、吸收、反馈，及时指导地方经济发展。同时，扩大资金来源，建立政府、基金会、市场多个来源体系。

（4）重视对国际国内市场的影响。精准加广泛、专业加权威构成CF40的核心价值，从区域、市场、机构层面建立影响力，同时充分利用大众加高端的媒体推广方式，获得国际国内金融领域逐步增高的声望。通过“实践——理论——实践（区域、市场、行业）——决策”路径实现政策影响力。

（5）重视独立智库的发展规律，从组织架构、人员结构、资金来源、成果影响等多方面建立可持续发展的机制。

（6）其他。

目前稍有不足的是：

（1）还没建立直接对中央政府沟通的常规化渠道，研究成果对于中央政策决策目前主要是间接影响力（但是由于理事单位成员的重要地位，对行业、企业、市场的直接指导作用比较显著，通过对行业的影响，再作用到政策上）。

（2）全职高级研究人员人数不够，过分依靠外部人才资源，人员组织比较松散，相关资源调动等需要协调，整体协调工作量大。

调研报告3　中国人民大学重阳金融研究院

调研对象：中国人民大学重阳金融研究院

调研地点：海淀区中关村大街59号中国人民大学文化大厦6层

调研时间：2016年5月11日14：00—17：20

调研内容

一、中国人民大学重阳金融研究院概况

中国人民大学重阳金融研究院（以下简称“人大重阳”）成立于

2013 年 1 月 19 日，由中国人民大学与上海重阳投资管理有限公司联合创办，力求为国家发展培养和输送高级金融人才，立志打造一个以“大金融”研究与传播为核心目标、有中国特色的现代化智库。中国人民大学校长、央行货币政策委员会委员、金融学家陈雨露教授任院长，原资深媒体人王文任执行副院长。人大重阳旨在把脉金融，钻研学术，关注现实，建言国家，服务大众。人大重阳聘请来自 10 多个国家的 85 名前政要、银行家、知名学者为高级研究员，与 30 多个国家的智库开展了实质合作。目前，人大重阳被中国官方认定为 G20 智库峰会（T20）共同牵头智库、中国金融学会绿色金融专业委员会秘书处、“一带一路”中国智库合作联盟常务理事、中国—伊朗官学共建“一带一路”中方牵头智库。

二、人大重阳运营体系

（一）管理架构

人大重阳依托于中国人民大学财政金融学院，内设学院办公室、研究部、信息中心三类机构。

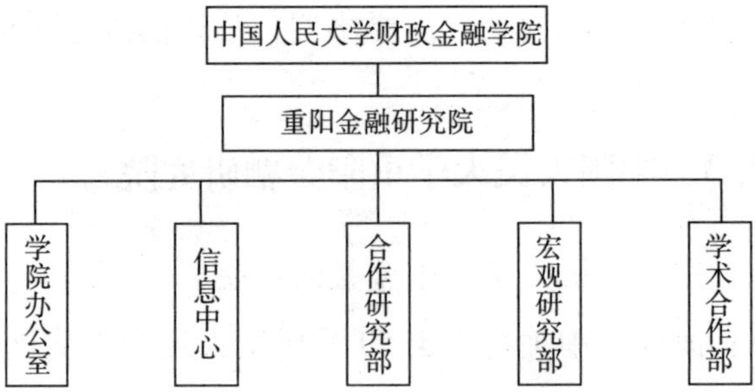

图 1　人大重阳金融研究院组织架构

学院办公室主要负责日常运营管理工作，以及搭建良好的内外沟通渠道，同时维护本研究院与学校、政府之间的关系。三大研究部（合作研究部、宏观研究部、学术研究部）是人大重阳的核心部门，担负着开展相关领域课题研究，为生产拳头产品提供智力支持等任务。信息中心则利用报纸、期刊、电视、网站、微博、手机报等媒体路径，对研究成果进行积极广泛传播，不断提升人大重阳在国内外的知名度。将品牌推广放在与课题研究同等重要的地位，为人大重阳近年的快速成长起到了非常关键的助推作用。

（二）资金来源与使用

上海重阳投资管理股份有限公司出资 2 亿元在中国人民大学设立重阳投资教育基金，每年该基金项目所获盈利 5000 万元作为人大重阳研究院的运营资金，由中国人民大学负责统一管理，用于人大重阳日常运营与项目研究。

（三）人员体系

1. 人员结构

全职驻院工作人员共 31 名，其中院办行政人员 5 名，信息中心人员 10 名，高级研究员 10 名，助理研究员 6 名。另有外聘非驻院高级研究员 80 余名，其中有 40 多位外籍研究员，均为国外前政要、高级官员以及知名学者。

表 1　人大重阳金融研究院人员结构　　单位：人

<table>
<tr><th>职工</th><th colspan="2">部门</th><th>人数</th><th>合计</th></tr>
<tr><td rowspan="4">全职</td><td colspan="2">院办行政</td><td>5</td><td rowspan="4">31</td></tr>
<tr><td colspan="2">信息中心</td><td>10</td></tr>
<tr><td rowspan="2">研究员</td><td>高级</td><td>10</td></tr>
<tr><td>助理</td><td>6</td></tr>
<tr><td>外聘</td><td colspan="2">高级研究员</td><td>80</td><td>80</td></tr>
</table>

在全职驻院人员中，以执行院长王文、合作研究部刘英以及信息中心总编辑胡海滨具有突出代表性。

王文由一名成功媒体人转型参与人大重阳智库建立，在全世界很多国家拥有广泛的人脉资源，为人大重阳研究院的品牌推广、国际性合作奠定了坚实的基础。

刘英现任合作研究部主任，人大重阳研究院的科研骨干力量，毕业于清华大学，在国际货币体系、货币政策、国际金融、互联网金融、绿色金融、“一带一路”等领域有着丰硕的研究成果，也是研究院下一步着力推广的明星研究员。

信息中心总编辑胡海滨，四川大学文学硕士，从事传媒工作20年，历任编辑、记者、评论员、编委及报刊主编等职。

2. 薪酬待遇

表2 人大重阳金融研究院薪酬待遇 单位：元/年

职工	薪酬
行政人员	9万~10万
高级研究人员	50万~70万

3. 人才培养

通过人民大学二级学院申请生态金融硕士点，与人民大学财经学院联合申请博士后流动站，同时计划打造人大重阳明星研究员项目。

4. 业绩考核

每年完成一定量的课题项目，具体标准由人民大学以及学术委员会制定。

三、专业领域

（一）二十国集团（G20）国际经济合作论坛

人大重阳已成为国内G20相关研究最权威的智库机构之一，正在深度参与2016年在杭州举办的二十国集团（G20）领导人峰会；受外交部委托，与中国社科院政经所、上海国际金融研究院联合承办2016年二十国集团（G20）智库论坛。

（二）丝绸之路经济带（“一带一路”）

2015 年发布的《“丝绸之路经济带”国际贸易支点城市报告》受到了政府、社会的广泛认可；长期与“一带一路”相关国家（印度、尼泊尔、哈萨克斯坦等）的智库机构进行着实质性的项目合作，尤其是与敏感区域国家（如伊朗）建立“二轨对话”；2016 年 5 月初，在华盛顿与美国顶级智库战略与国际问题研究中心（CSIS）合作主办“一带一路”智库对话，是自 2013 年中国“一带一路”倡议提出以来，中美之间第一次公开讨论“一带一路”。

（三）绿色金融

中国金融学会绿色金融专业委员会（绿金委）秘书处设立在人大重阳；承担了由中国环境与发展国际合作委员会（国合会）发起的“绿色金融改革与促进绿色转型”重大课题；2016 年初通过绿金委已经发放了总计 510 多亿元的绿色金融贷款；2016 年 5 月初，集合全国 50 多位专家，召开了绿色金融发展研讨会，讨论了绿色基金、绿色信贷、绿色保险、绿色债券等前沿性问题。

（四）其他方面

人大重阳目前已拥有较高的知名度，与商务部、外交部、发改委等部委均有课题项目合作，其专业领域重点关注宏观经济、国际金融、证券研究、货币金融、国际关系等方面。

四、产品和成果转化

人民大学有向高层上报的直报点，人大重阳的很多研究成果会以内参的形式呈递；将人民大学教授的学术性研究成果编著成书，通过各大图书商场畅销书架进行推广销售，同时把校内有价值的学术性成果提炼整理成容易被社会公众理解的评论性文章，集中在相关媒体发布；定期邀请专家学者组织研讨会、研究报告及讲座；人大重阳非常重视推广传播，官方微博关注度70多万，微信关注度3万，专职团队每日进行内容更新，已经拥有较高的转发量，每位全职高级研究员都在官方网站上开设专栏，定期发表个人专业性文章及研究成果。

此外，对于相关领域热点问题的回应速度、短时间内研究成果的面市出版等都体现了人大重阳在产品生产、成果转化方面的高效性。

五、国际化

作为一家高端智库机构，人大重阳非常注重“引进来，走出去”的国际化战略，一方面拥有大批国外前政要、高级官员以及知名学者所组成的外籍高级研究人员，另一方面其新进的研究人员均为来自世界名校的博士精英，同时全职研究人员经常性地出访各个国家及地区，并在国际性论坛会议上发表演讲。人大重阳的国际影响力正在不断增强。

调研分析

中国人民大学重阳金融研究院成立三年以来，在课题定位方面，通过实践摸索，形成了G20、“一带一路”、绿色金融为三大核心的专业领域。根据成果导向的思路，保持着强烈的问题意识和现实关怀，对研究成果的风格、内容进行创新，利用政府咨询报告、内部参考等形式，对政府决策提供建设性的意见、建议与参考。在人才管理方面，创建和完善了相关科研体制，形成了有利于科研人员潜心科研的科研项目投入、管理和评价机制，为智库建设进一步减少行政干预，提供宽松自由的创新科研环境，进而逐步形成有效的成果转化机制和畅通的成果转化渠道。市场意识强烈，深入智库自身发展研究。

调研报告 4　清华大学国情研究院

调研对象：清华大学国情研究院

调研地点：清华大学公共管理学院 2 楼

调研时间：2016 年 5 月 18 日 15：00—17：20

调研内容

一、清华大学国情研究院概况

清华大学国情研究院（以下简称“国情研究院”）成立于 2012 年 1 月 12 日，是在“中国科学院—清华大学国情研究中心”原有的科学研究和人才培养基础上，依托公共管理学院，联合人文与社会科学学院和教育研究院等单位，建立的以新兴学科当代中国研究为核心领域，以跨学科、综合性、多方位的国家发展战略和重大公共政策研究为方向的决策思想库和当代中国研究基地。研究院建立了世情、国情和区情三位一体的研究体系，对中国发展的国际环境、国内条件进行全面研判，在重大发展战略、规划和政策方面提供了诸多有价值的决策咨询意见，并培养了一批高端国情研究人才。

二、国情研究院运营体系

（一）管理架构

国情研究院是清华大学公共管理学院下设的常设研究所，接受清华大学统一领导管理。

（二）资金来源与使用

资金主要来源于清华教育发展基金会，另有承接课题的经费，2016 年开始得到高端智库试点专项资金 1000 万元；往年平均年开销 400 多万元左右。

（三）人员体系

1. 人员结构

目前专职核心团队成员均为清华大学教授，人数10人左右，加上在读博士、博士后人员共有30多人，专职科研辅助人员6人左右，外围还有一部分兼职的专家教授。

2. 代表人物

胡鞍钢，清华大学公共管理学院教授，国情研究院首任院长。自1985年起，胡鞍钢参加了由周立三院士领导的中国科学院国情分析研究小组，并作为其中的主要研究人员，系统地从事中国国情研究。胡鞍钢是国情研究这一新领域的主要开拓者之一。经过多年的努力钻研，胡鞍钢教授在中国国情分析和经济发展等领域已经发展出较为系统的理论和观点，并已形成了自己特有的学术研究特点。他所撰写的报告多次受到党中央、国务院领导批示，多次应国家部委邀请参与国家长远规划制定和部门咨询。其研究成果不仅为高层决策提供了重要的参考，而且也产生了广泛的社会影响和较大的社会效益。

3. 人才培养

在人才培养方面，研究院的研究人员都有各自擅长的领域，院长负责总体整合这些资源，带领团队共同合作，汇聚知识，碰撞思想；对于新成员，会先让他们研读之前发表过的研究成果，做好知识继承，然后再通过课题研究实践对其进行培养。

三、专业领域与成果

（一）《国情报告》

国情研究院作为国内6家首批入选25家高端智库的大学型智库，

一直围绕着《国情报告》（正刊、分刊）开展研究工作，创立了知名品牌；自 1998 年创刊以来至今已多次再版，《国情报告》一直以向党和国家决策层提供宏观性和实效性的信息为己任。

在研究项目的选择上，研究院非常注重自主选题与自拟命题相结合的方式，取得了非常良好的效果。如“一带一路”相关课题，国情研究院结合自己的优势，着重分析央企在“一带一路”建设中所起的作用，而不是一般笼统性地开展研究。

（二）五年规划

国情研究院关于五年规划的研究，历经了两个阶段，第一阶段是从“九五”规划开始进行的自主研究，第二阶段则是“十一五”至“十三五”期间正式担任专家委员会成员；《中国再上新台阶》是国情研究院对于“十一五”的评价；2010 年开始撰写的《中国走向 2015》是对“十二五”规划的展望；《“十三五”大战略》《决胜百年目标》是对于“十三五”规划的前瞻性研究。

（三）建言献策

国务院、国资委、国开行是目前研究院最主要的三个服务对象；研究院把基于实地调研，深入研究之后的成果先交由国资委或国开行进行审阅和处理，如果涉及这两家单位不能应对的问题，如无序竞争、长期贷款、低息贷款等，会再单独呈递国务院。

（四）国际化

国际化方面，研究院在开展各项研究的同时，积极走出国门进行对外宣传。已经多次出访韩国、日本等多个国家，在美国国务院、能源部、财政部、商务部等政府部门均做了关于中国“十三五”规划的报告；与布鲁金斯学会、战略与国际研究中心等美国多家知名智库都探讨过中国经济相关问题。

四、建设中国特色新型智库

关于如何建设中国特色新型智库，国情研究院已经出版了多部专著，其中包括公开出版的《中国特色新型智库：胡鞍钢的观点》等；智库的专长应该体现在五年规划以及中长期规划上，需要具备创新的发展理念，进行前瞻性的研究。

智库独立性的三个标准。独立性选题：这么多年来《国情报告》都是围绕重大问题、重大挑战、重大思路以及五年规划进行的。独立研究：作为大学智库，国情研究院并不受其他机构的过多干涉；研究成果重视由批判性向建设性转变。独立发表：现在有些成果发表有些成果不发表，有些成果公开发表有些成果内部发表，有先后顺序，以保密性为前提，抓住质量关口，不急于求多。

2016年5月17日，习总书记在哲学社会科学座谈会中提出的要以马克思主义作为当代中国哲学社会科学研究的指导思想，也可以看作中国智库有别于其他国家智库的特点之一；2013年总书记在一次专家研讨会上也特别强调过，中国智库是要为党和国家出谋划策的，而不是一味地批评、攻击党和国家的方针政策，不能脱离党的领导而大谈所谓独立性。

智库强调“三化”：专业化、知识化、职业化。专业化方面是国情研究院选拔人才的重要标准，胡鞍钢教授从事国情研究30余年，目前研究院核心团队成员也均从事相关专业领域研究15年以上。

如何对各家智库进行有效的考核。现阶段是一个试错的过程，建立新型智库不是短期能够实现的，需要有做百年之业的准备，中国智库与当代中国研究都应该具备长远的发展战略；按照党中央国务院的要求，到2020年要达到100家高端智库的规模，对于现在作为试点单位的首批25家智库，只有试错，今后才能纠错；可以采取第三方调研评估、量化考核等多种方式相结合的考核机制，目前的25家智库都有很强的实力，考核的目的是不断激励各家智库力争上游，越办越好，所以不一定要采取末位淘汰制方案；建设中国特色新型智库作为一项开创性的事业，要抓住统一性与多样性相结合，统一性就是要为党中央国务院服务，多样性是服务的方式可以有所不同，有思想性的，也应该有技术性的。要在统一性与多样性之间找到平衡。

增强中国在世界经济领域的发言权。虽然中国已经成为第二大经济体，第一大贸易体，但是在国际经济中占有的话语权却与经济地位极不相称，习总书记在哲学社会科学研讨会上指出，一定要加强文化自信，现在全世界最时髦的事情是聊中国文化，国外对于中国传统思想有着极大的兴趣，反观国内在这方面的研究反而不足，需要思考如何把中国的文化资源用国际化的语言表达出来，并向世界进行推广。

新型智库还应加强以下四个方面工作。第一，学术界与决策层的互动，国情研究院在这方面已经有了很多实践经验。第二，智库与学术界的关系，由于智库具有前面提到的三个独立性的优势，应当承担起引领学术界的角色。第三，智库应在主流媒体发表短而精的评论性文章，能够将智库的观点宣传出去。国情研究院发表的《如何写好文章》一文，已经受到党中央的高度关注。第四，中国智库还应当引领世界。国情研究院之前在国际性刊物上发表了一篇关于新常态的文章，尝试向世界阐述中国战略意图核心观点，也旨在提高中国智库的国际声誉，增强中国话语权。

调研分析

清华大学国情研究院，依托清华大学优质科研资源，以及在国情研究领域享誉海内外的核心人物胡鞍钢教授的带领下，深耕国情研究领域，历时二十多年，在国家战略研究与政策建言方面做出了许多贡献。

调研过程中胡鞍钢教授提出智库的使命是制造精神原子弹——比如五大发展观的提出就犹如精神层面的五颗原子弹。在党和国家号召加强文化自信，大力促进中国传统哲学现代化，保护和挖掘传统文化中的宝贵资源的大背景下，智库应该成为中国哲学社会科学中的精英，要为中国的全面发展提供战略思考。

智库从业人员一定要有知识报国、知识为民的理想，敢于承担风险的精神；要有社会责任担当，智库不是营利性的商业机构，不能以市场价格这类标准来评估自身的收益回报。

做好智库要抓住三个“真”字：真世界，真问题，真办法。决策研究最重要的内容就是真办法，智库应多提具有建设性的观点，所有的研究成果都必须可以用来解决问题；要不断夯实学术基础，才能提出好政策、好建议，不能做“无源之水，无本之木”。

目前智库仍存在以下问题：由于高校智库是依附于高校进行运作的，自身的发展规模会受到限制；同时高端智库面临的问题是缺少高端人才进驻；各家智库的发展也需要独辟蹊径，独树一帜。

调研报告 5　复旦发展研究院

调研对象：复旦发展研究院

调研地点：上海市邯郸路 220 号光华楼 7 楼

调研时间：2016 年 5 月 24 日 10：20—12：00

调研内容

一、复旦发展研究院概况

复旦发展研究院成立于 1993 年 2 月 12 日，20 多年来，研究院始终以“服务国家发展”为己任，坚定政治立场，坚守学术理想，坚持咨政导向，关注人类命运，聚焦国家发展，建言社会进步。研究院基于复旦文理医工综合性学科优势，创新机制体制，以国家需求推动学科整合，以理论创新因应国家需求，着力开展政治、经济、文化、社会、外交、科技等诸领域研究，吸纳和培育了 12 个跨学科、跨国界的学术和咨政机构。同时，研究院还承办了中国大学智库论坛、上海论坛等国际会议，并承担“一带一路”智库合作联盟理事会单位及上海市高校智库研究和管理中心等机构的运营管理工作。

研究院是国内新型高校智库国际化的引领者之一。首创在海外建设“中国研究中心”，广泛吸收海内外访问学者，实现中国发展和全球治理等重大问题的双向交互，成为公共外交的重要平台。

二、复旦发展研究院运营体系

（一）组织架构

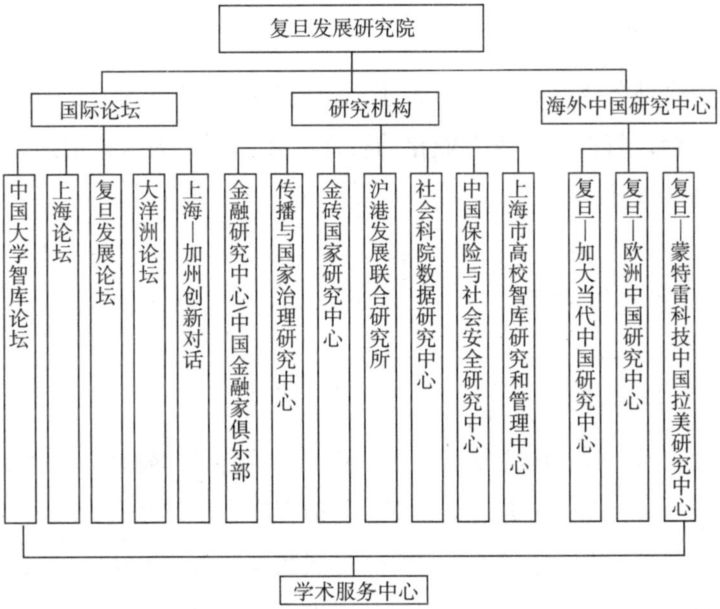

图 1 复旦发展研究院组织架构

目前，复旦发展研究院已经形成了 11 个研究中心（含 3 个海外中国研究中心）、2 个常设大型论坛秘书处（中国大学智库论坛、上海论坛）、1 个市级智库管理机构（上海市高校智库研究和管理中心）、1 个准社会组织（中国金融家俱乐部）组成的高校文科学术咨政复合体。其中，学术服务中心承担了发展研究院全部的学术咨政管理服务和行政会务等工作。

（二）资金来源与使用

学校拨款、捐赠款、横向课题经费。

（三）人员体系

1. 人员结构

由校领导、历任高级官员以及企业家组成董事会，依托复旦大学校内各学科的人文资源，通过平台影响力吸引全球各地人才聚集。

2. 人才培养

网罗全球各大名校的优秀人才，为他们提供良好的成长锻炼环境以及科研平台，打造了一支专业化的智库人才队伍，为未来中国智库的发展储备高端人才。

三、发展与成果

（一）自身定位

根植复旦：建设服务复旦智库，实现咨政启民，凝聚“复旦学养”。
立足上海：助力上海高校智库，打造智库集群，亮出“上海声音”。
聚力中国：推动中国智库聚合，形成智库合力，讲好“中国故事”。
放眼亚洲：促进亚太多元交流，寻求广泛共识，凝聚“亚洲智慧”。
领军全球：共建海外研究中心，领跑中国研究，张扬“中国道路”。

（二）大型论坛

1. 上海论坛

上海论坛是由复旦大学和韩国高等教育财团主办、复旦发展研究院承办的国际论坛，发起于2005年，每年5月举办。论坛在全球经济一体化进程加快的背景下，以“关注亚洲、聚焦热点、荟萃精英、推进互动、增强合作、谋求共识”为宗旨，围绕“经济全球化与亚洲的选择”主题，通过年会搭建“学界、政界、商界”三方交流互动的平台，在集思广益的基础上为亚洲经济、政治、社会和文化的全面进步提出发展建议和决策参考。

2. 中国大学智库论坛

中国大学智库论坛是一个非营利性组织，由教育部和上海市人民政府指导，由中国大学智库论坛秘书处主办。旨在打造大学智库思想创造、智库优秀成果传播、高端智库人才聚合和智库研究与决策需求对接的平台，推动高校智库服务能力整体提升。

3. 复旦发展论坛

由复旦发展研究院主办，创立于2011年，以“分享”“沟通”和“争鸣”为目标，邀请国内外知名学者、专家，就改革开放事业的重大问题进行总结和反思，为今后一年甚至多年的发展做出建议和预测。

4. 大洋洲论坛

复旦发展研究院通过复旦—加大中国研究中心、复旦—欧洲中国研究中心先后在美国、欧洲布点后，大洋洲中国论坛成为发展研究院推动国际化战略的最新成果。自2013年首届“大洋洲中国论坛”成功举办以来，论坛成为大洋洲人文交流的新平台，也成为复旦发展研究院推动国际化的新成果。

5. 上海—加州创新对话

由复旦大学与加州大学圣地亚哥校区（UCSD）在2015年共同主办的上海—加州创新对话，是复旦大学与UCSD发挥各自在富有创新资源、发展潜力的上海、长三角地区与加利福尼亚州的影响力，联手政府、企业、金融机构以及民间基金会进行对话，由两校轮流举办，每年一次，对话将充分发挥大学在沟通政府、企业以及创新服务业方面的作用，以期实现形成有效的创新卓越联盟、分享企业创新经验、优化创新生态（政策）系统的目标。

（三）国际智库合作

美国：彼得森国际经济研究所、全球冲突与合作研究所、加州大学圣地亚哥分校“21 世纪中国项目”、美国东方—西方中心。

德国：德国全球和区域研究所、德国欧洲经济研究中心（ZEW）。

丹麦：哥本哈根北欧亚洲研究中心。

波兰：波兰国际事务研究所。

日本：日本亚洲经济研究所。

韩国：韩国延世大学中国研究院。

印度：梵门阁（GATEWAY HOUSE）。

俄罗斯：俄罗斯世界经济和国际关系研究所、俄罗斯金砖国家研究国家委员会。

（四）政府服务

针对社会发展问题，根据各地方发展需求，复旦发展研究院积极与各地建立战略合作关系，包括以为新丝绸之路经济带的建设和发展提供智力支持与决策咨询为使命的“复旦—甘肃丝绸之路经济带协同发展研究院”、从事海峡两岸金融合作及海西经济圈相关的金融研究工作的“复旦—金圆两岸金融研究中心”、与贵州省的“基于大数据的食品安全信息化与社会治理的决策咨询研究”。

（五）企业合作

韩国高等教育财团 KFAS、丰实资本、上海钰翔投资控股集团有限公司、柬埔寨王国中柬金边经济特区。

四、中国特色新型智库建设

发挥桥梁作用，利用智库的非营利性，具备相对独立的科研环境等特点，吸纳各个领域的优秀精英进入智库交流经验，探讨问题，然后由智库负责归纳整理形成咨政报告，提供给政府作为政策参考，这样做从根本上解决了大学学科发展与咨政工作相互关系的问题。

创新新型智库人才培养机制，打造一支专业化的智库人才队伍，把战略导向性的研究成果通过专业化的政策分析语言转化成咨政报告等形式进行二次开发；为青年科研人员提供了参与咨政工作的机会，如向上海所有高校本科、硕士、博士提供科研助理工作，让他们能够得到锻炼机会，为以后进入智库工作奠定基础。

开辟高校意识形态的新空间，让青年科研人员参与到咨政工作中来，组织对于咨政工作有热情和兴趣的学生成立青年学社，帮助他们实际接触到国家决策咨询的过程，增强新一代年轻人的爱国情怀以及科研热情。

与地方政府进行合作，开展专项研究，以国家政策布局为指导，发挥智库的优势在各个地方建立研究中心，为地方发展建言献策，输送人才。

调研分析

复旦发展研究院从咨政出发，充分发挥复旦文理医的学科综合优势，整合校内战略和政策研究的队伍与资源，对外立足于一流智库的建设，为国家和上海的建设和发展贡献复旦的思想与智慧，成为国家的思想库和智囊团；立足学科的交叉与整合，研究团队的建设与发展，以国家需求推动学科整合，以学科整合贡献国家发展，提升复旦大学在国家建设与进步中的地位与影响。

复旦发展研究院工作围绕四个方面展开：一是集中复旦智慧，研究中国与世界发展的趋势与战略选择；二是提升上海论坛，展现复旦与世界学者对中国与亚洲发展的构想与展望；三是网罗各研究中心，服务国家与上海发展的政策研究与设计；四是跟踪全球智库，分析世界大国的战略构想与战略规划。

优势：学术服务中心为专家提供了大量服务。国际智库打造既整合了大量资源，又创造了很多机会、锻炼了人才。开放式的学术平台吸引了众多优秀的研究者参与。

调研报告6　上海社会科学院

调研对象：上海社会科学院

调研地点：上海市淮海中路622弄7号

调研时间：2016年5月24日 15：00—17：00

调研内容

一、上海社会科学院概况

上海社会科学院（以下简称“上海社科院”）创建于1958年，是新中国最早建立的社会科学院，由当时的中国科学院上海经济研究所和上海历史研究所、上海财经学院、华东政法学院、复旦大学法律系合并而成。王战同志任上海社会科学院院长，于信汇同志任上海社会科学院党委书记。

历年来，上海社会科学院承担了大量的国家和上海市课题，许多决策咨询建议得到中央、市领导和有关部门的肯定，研究成果屡屡获得国家和上海市奖励。

上海社会科学院积极响应中央加强中国特色新型智库建设的号召，以构建国内一流、国际知名的社会主义新智库为目标，大力实施智库建设和学科发展的双轮驱动发展战略，努力成为哲学社会科学创新的重要基地，成为马克思主义中国化的坚强阵地，成为国内外学术交流的主要平台，成为具有国内外重要影响力的国家高端智库。

二、上海社会科学院组织体系

（一）管理架构

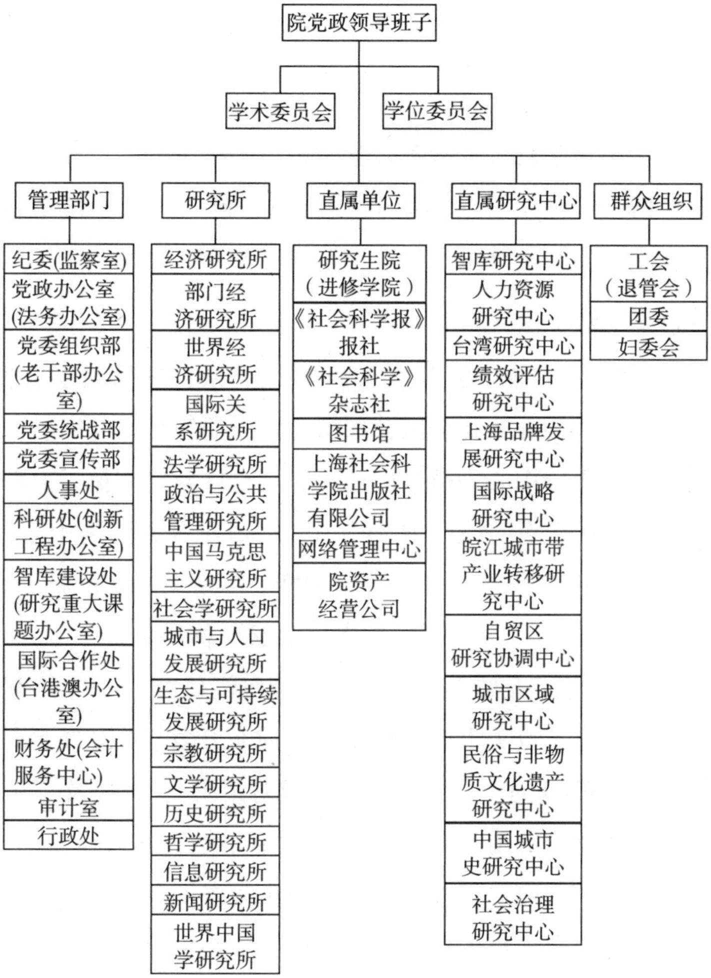

图1　上海社会科学院管理架构

（二）资金来源

上海社科院属于上海市政府全额拨款事业单位。

（三）人员体系

1. 人员结构

在职工作人员约 760 人，其中 50% 以上拥有博士学位，正高 133 人，副高 194 人。

2. 人才培养

上海社会科学院是首批国务院学位委员会批准的学位授予单位。目前拥有 8 个博士学位授权点、62 个硕士学位授权点、2 个博士后科研流动站，面向全球招收国外留学生。在读研究生 650 余人。

3. 代表人物

王战，1983 年毕业于复旦大学世界经济系，复旦大学客座教授、博士生导师，上海国际集团有限公司博士后科研工作站专家、中国国际经济交流中心上海分中心理事长。任第九届全国政协委员、上海市人民政府发展研究中心党组书记、主任，上海 WTO 事务咨询中心理事长、长江开发沪港促进会副理事长等职。1993 年起享受国务院特殊津贴，1998 年获国家人事部“突出贡献中青年专家”称号。

1983 年起参与了五届上海市政府决策咨询研究，1992 年起主持上海市决策咨询工作。有关上海土地批租、浦东开发、“构筑上海大都市圈”“中国加入 WTO 对上海经济的影响及对策研究”，以及“上海综合竞争力国际比较研究”等政策建议被市政府采纳；并兼任云南、江苏、成都、苏州等省市政府经济顾问，是国内决策咨询界享有较高知名度的专家学者之一。原上海市人民政府发展研究中心主任，现任中国城市经济学会副会长、上海社会科学院院长。

三、专业领域与成果

（一）世界中国学论坛

世界中国学论坛由国务院新闻办公室和上海市人民政府共同主办，上海社会科学院和上海市新闻办联合承办，是一个高层次、全方位、开放性的学术论坛。论坛旨在为海内外中国学研究界提供对话渠道和交流平台，反映中国学研究的动态与趋势，鼓励观点创新，推动学派共荣，增进中国与世界的相互了解，建设具有世界影响力的中国学学术共同体。

本论坛每两年在上海举办一届。自2004年以来，已连续成功举办7次（含2次专题论坛）。前四届论坛弘扬中国文化传统精神，分别以“和而不同”“和谐和平”“和衷共济”“合和共生”为主题，将中国文化理念与当代中国现代化进程紧密结合，开创了“中国学回归中国”的新路径。自第五届起，更加突出当代中国，分别以“中国现代化：道路与前景”“中国梦的世界对话”“中国改革：机遇与挑战”为主题，探究中国学的历史、现状和趋势，认识当代中国发展的世界意义等重大学术问题。2015年5月，论坛走出国门，在纽约与亚特兰大成功举办首届世界中国学论坛美国分论坛。

（二）上海社科院高端智库地方合作平台

上海社科院国家高端智库地方合作平台主要有贵州、景德镇、嵊泗、安吉与苏州工业园区五家首批地方合作单位，与上海社科院签订决策咨询战略合作框架协议，并围绕“创新、绿色、协调、开放、共享”五大发展理念交流地方实践经验与问题。首批五家合作单位主要考虑能结合长江经济带与“一带一路”倡议主题，突出五大发展理念导向，能代表当前改革创新发展趋势的省、市、县、镇及园区五个不同地方层级的地（园）区。五家合作方在不同层级与发展方位上均具有国家战略的典型意义。合作平台将探索服务地方发展的决策咨询新机制，根据合作研究需要，建立专家咨询、国情调研、课题合作研究、共建研究基地（中心）、区域项目合作战略对接等多种决策咨询合作机制。

（三）出版刊物

《社会科学报》《证券市场研究》《国外社科文摘》《政治与法律》《世界经济研究》《上海经济》《上海经济研究》《毛泽东邓小平理论研究》《社会观察》《社会科学》《国际关系研究》。

四、建设中国特色新型智库存在的问题

智库评价的问题。智库评价应立足国内，目前并没有全球性的认证机构和统一认证标准，西方的一些判定也不具有权威性；对国内智库的评价，目前中宣部有高端智库理事会、高端智库试点办等机构负责，同时也需要用户单位如中参办、中央政治研究室、外交部、商务部、国家发改委等对智库的贡献做出主观评价。

对于智库评价标准需要注意两点：第一，需要具有国际性，能够与国际主流标准接轨，切不可闭门造车。第二，参考国外的一些经验做法，借鉴改进，形成符合中国特色的智库评价体系。

智库布局的合理性。25 家高端智库试点大多数集中在北京，在各地方的智库机构也应该得到重视并发挥其独特的优势，如云南研究院比较擅长中南亚国家的课题研究；对于国家层面的政策实施效果，地方智库能够更早地调研走访发现问题，及时拿出解决方案，具有迅速反馈纠错的优点，因此智库的位置分布需要更合理地布局。

高端智库的扩容。应有一套合理的机制，能够保证优秀并且真正能够提供政策参考的智库机构进入高端行列。智库的门槛标准。智库类机构注册登记时，应当在民政部统一登记，并明确相关资质。中国智库发展并不平衡。从《2015 中国智库报告》综合影响力前十五名来看，党政军智库和高校智库各占 5 席，科研院所智库占 4 席，而社会智库仅 1

家，发展相对滞后。25 家高端智库对于财政拨款的 1000 万元，存在不敢用、不好用、不能用的普遍性问题。

调研分析

上海社科院是 25 家高端智库试点中唯一一家由地方党委政府管理的智库，属于上海市政府全额拨款事业单位。上海社科院在建设中国特色新型智库方面具有三大优势：一是先行优势，开创了智库建设的多个全国第一；二是基础优势，在改革开放以来的各个阶段为全国和上海发展战略提供了一系列前瞻性成果；三是特色优势，体现在中央决策与地方实践打通等“六个打通”。

社科院主要围绕以下两方面规划整体工作。其一，充分认识建设中国特色新型智库对于国家发展、对于全院发展的重大意义。高端智库在政府重大决策中可以发挥核心作用，十多年来社科院不断探索推进“国内一流、国际知名的社会主义新智库”建设，发展目标和发展路线与国家的总体要求完全一致。在建设新型智库过程中，社科院一直强调处理好做“学问”和做“顾问”的关系，坚持将双轮驱动战略作为推动智库建设的基本战略。

其二，加强研究内容的整合，着重打造两大研究平台。一是上海先行先试研究，上海社科院要发挥地处上海的区位优势，对上海先行先试的实践进行总结，为其他地区的发展提出可复制、可推广的经验和做法，为中央进一步推进全面深化改革工作做前期研究；二是中国道路研究，我国在探索中国特色社会主义道路上创造了很多宝贵经验，对这些经验如何从理论上进行阐释、如何构建出新的话语体系，也是社科院要开展的重要研究课题。为此社科院围绕国家高端智库建设对体制机制的要求，对科研经费管理、人才队伍建设以及法人治理结构等方面依法进行了大胆改革。

优势：直接服务于上海市委市政府的政策决策，同时，因为上海是改革开放的桥头堡、前沿阵地，区域政策通常是国家宏观政策的试验田，所以上海社科院的理论研究是宏观与微观的统一，顶层设计与实践应用能充分体现，形成高度与深度的统一体，成果易显现；研究员的理论与实践结合意识强烈，有较强的吸引人才能力。

劣势：作为体制内的区域智库翘楚，激励机制约束较大。

调研报告 7　新华通讯社—瞭望智库

调研对象：新华通讯社—瞭望智库

调研地点：北京市东城区永定门西滨河路 8 号中海地产广场东塔 16 层

调研时间：2016 年 7 月 20 日 15：00—17：00

调研内容

一、新华通讯社—瞭望智库背景概况及定位

瞭望智库是新华社批准成立的、立足于国情国策研究的智库机构。依托新华社遍布全球的信息调研网络与深耕国策研究的基因，瞭望智库获得了财政部中央文化产业资金专项支持，并与创刊 4 年的《财经国家周刊》形成了“一刊一智库”的呼应格局。瞭望智库定位于政经、财经领域，与决策机构、海内外权威研究机构密切互动，针对国家政策、区域发展、行业运行，提供“政策早研究”“瞭望智库研究报告”等研究产品，并通过相关渠道向中央决策提供参考。依托中央级时政期刊集群——《瞭望》《财经国家周刊》《瞭望东方周刊》《环球》及财经国家新闻网、犀牛财经网，与国家和社会主流群体实时互动。瞭望智库于 2014 年 1 月起，已和多个部委合作，主办过宏观、土地、全球化、移动互联等系列“30 人国策论坛”，以及“新国情新路径高端闭门会”

等与决策层、产业界等密切互动的机制，并与世界经济论坛、博鳌亚洲论坛、国际投资论坛、陆家嘴论坛、亚欧论坛等达成战略合作关系。

二、新华通讯社—瞭望智库运营模式

（一）“一刊一智库”模式

瞭望智库最早的功能是在瞭望周刊社的领导安排下，为瞭望时政期刊群提供战略支持，助推刊物的专业化、市场化。《财经国家周刊》创刊于 2009 年 12 月，是国内在智库业务上布局最早的媒体。在转变杂志生产方式上，这个团队的想法是深度报道的最后，必须有研究——这是一个自然规律，所以他们开始探讨一个研究体系，为新华社这一全球研究与调查网络提供支持。

最初的设计是参照《经济学人》的模式，提供包括世界各国、地区、行业领域内的分析和预测。同时作为杂志业务的延伸，其产品线包括：面向企业和政府者的定制研究，市场电子报告和服务，以及论坛与圆桌会议等，他们将这个模式定义为“一刊一智库”。在第一个三年发展期，即 2010—2013 年，《财经国家周刊》的思路是构建“智库型媒体”，杂志、智库、新媒体三者是平行架构。与“经济学人”一样，瞭望作为一个颇具公信力和影响力的品牌，背靠新华社这一权威通道，有其他媒体、其他智库不具备的条件。

（二）整体发展运营思路

《财经国家周刊》中有个“智库新说”的专栏，它是团队对国际与本土智库运营模式进行深入调研后形成的研究产品。然后，把它制作成新闻产品，推送给读者，另一个层面的意义在于，借助这些有趣的智库故事与新闻同行交流，如智库哪些东西可以为转型中的媒体使用等。

2014 年，《财经国家周刊》提出新三年转型的整体思路，要从“智库型媒体”走向“媒体型智库”。“媒体型智库”最大的特点就是把传统新闻生产方式转变成以深度研究为核心抓手的资源平台。智库就是在学术和媒体间达成平衡，它就是“情报+判断”，它要影响决策、影响公众。评价智库不是按照学术标准，而是要看影响力。智库区别于纯研究机构，智库更多地介入政策与公共讨论，出现了“智库媒体化”的新趋势。

（三）“媒体型智库”人力资本发展

媒体办智库，核心能力很弱，最大的问题在于人力资本。对于媒体智库而言，要以这种方式储备研究员，第一，必须直接面对金融机构、研究所的竞争，成本极高；第二，还要进行很多追加投资，如在政治正确性、平衡性、表达的技巧、文本的简洁、故事性等方面对他进行培训。瞭望智库早在三四年前就已探索将多年资深记者培养成这个领域的专家，很难。另外就是招募研究员，教他们传播技巧、传播心理，同样很难。最关键的是，媒体智库现在不是风口，市场对人才的支持能力不足。对于薪水及职位的上升空间，媒体型智库都很难提供。在不断储备人才的同时人才也在加速流失。通过尝试后瞭望智库发现，自己的研究团队要有，但维持一个很小的内核比较合理。最重要的是进行整合，建立专家委员会，团队首先得培育识别能力。

媒体型智库的主要人才资源为两类：运营经理和产品经理。运营经理必须了解各个层面专家的需求是什么，如何找到共鸣点/区跟他们进行沟通。产品经理的职责是把专家的东西进行改写、转化、包装成产品、卖出去。

（四）商业模式

瞭望智库初期的成长离不开中央支持，中央需要有传播性的智库。瞭望智库要形成可持续的收入模式。很多国外智库都是非营利的，但并不代表脱离商业环境，它同样需要广义的商业模式和社会营销才能立足。初期，瞭望智库选择性价比最高的产品会议作为切入点，一是媒体本身就有相对丰富的办会经验，二是会议能产出一系列的产品，三是会议也是组建圈群的有效平台。把原来的要素重新组织，搭配新的需求，以一个新的产品卖出去。这个过程包含三个重要环节：第一步，积累足够的专家资源；第二步，建立小的核心团队，由产品经理和运营经理为专家提供很好的服务；第三步，因为有最好的专家，就可以去跟企业谈，设计产品，把资源引进来，再持续地反哺专家。

（五）从机制上理顺采编和研究两个体系

在新华社这一巨大的资源平台上，瞭望智库肯定不只是为市场服务，还需要做一些金字塔尖的产品，承接多个决策部门、重点部委委托的研究课题，甚至是为中央、为国务院服务。这类研究课题，一方面与决策层互动，另一方面课题被转化为深度报道，形成舆论场互动。

瞭望智库的研究力量最早来源于《财经国家周刊》，虽然目前在职 100 多人中做研究的人员只有 40 多人，但是他们可以调动整个瞭望周刊社 300 多人，乃至新华社 4000 ~ 5000 人的力量，来参与课题研究。但是要整合这些人员，把记者和研究两个体系打通，实际操作上又会遇到种种问题。对于一些议题，写一个稿子很简单，但是要制作成研究报告，就得把事情的来龙去脉弄清楚，还得提出新的观点，为此瞭望智库可能先得开 3 ~ 4 次专家研讨会，梳理框架脉络，找到问题点，再动用 7 ~ 8 个分社、多个条线的记者，期间还要控制研究质量，协调很复杂。同时研究人员的市场价格高于采编人员，但如果研究员的薪酬定高了，又会冲击原有的采编薪酬体系，内部平衡比较麻烦。这也是媒体办智库遭遇的艰难选择。目前瞭望智库在智库设立系列研究中心，优秀研究员的收入与课题挂钩，多激励，并且上不封顶。

三、新华通讯社—瞭望智库运营体系

（一）人员架构

瞭望智库目前在职人员100多人，40人为主要研究人员，其余60人主要为市场拓展、传播、行政、人力、出刊、美编等人员。

（二）资金来源

瞭望智库所有资金来源于自身的市场化服务，都是自己独立经营，自负盈亏。主要服务内容：课题、会议、咨询、新闻化产业等。

（三）薪酬待遇

平均基本工资为20万~30万元，研究人员收入范围是20万~50万元，有很灵活的正负激励薪酬机制。研究院在基本工资以外，都有课题费、劳务费，并且上不封顶，多劳多得。

瞭望智库一直在设法改进研究员的薪酬制度。

（四）传播渠道（研究成果影响决策层的途径）

《财经国家周刊》、瞭望研报、新华社内参、新华社高端智库报告。

调研分析

新华通讯社—瞭望智库作为媒体型新型智库，它起步早，经验、教训远非其他媒体能比。同时，作为体制内的媒体智库，它一直探索最大限度的市场化运作。它集新华社的资源优势与市场化的运行优势于一身，产生“1+1>2”的效果，体现国家价值的市场张力。瞭望智库背靠新华社这一权威通道，有其他媒体、其他智库不具备的条件。第一，瞭望智库是独立的第三方机构；第二，依托新华社全球的情报网；第三，正在建立自己的评价体系。从另一个角度来看，一脚踏在体制内，一脚踏着市场化，现在面临需要解决的矛盾和问题还有很多：跨界开发一些与自身资源相匹配的智库业务，是否是真正办智库？媒体要建立自己的研究体系殊为不易，而大众传播是否会影响智库的“独立性”？同时它可以调动整个瞭望周刊社300多人乃至新华社4000～5000人的力量参与课题研究，但人员整合的复杂性也是需要解决的问题。瞭望智库一直在设法改进研究员的薪酬制度，制定了一系列的灵活的薪酬激励机制，提高研究员的稳定性及积极性。智库就是在学术和媒体间达成平衡，它就是“情报+判断”，它要影响决策、影响公众，评价智库，不是按照学术标准，而是要看影响力。智库区别于纯研究机构，智库更多地介入政策与公共讨论，出现了“智库媒体化”的新趋势。

（执笔人：徐娅　吴思进）

附录2　我国高端智库组织构架

2015年11月9日，中央深改组第十八次会议审议通过了《国家高端智库建设试点工作方案》。2015年12月，国家高端智库建设试点工作启动会在京举行，25家机构入选首批国家高端智库建设试点单位。第一类是党中央、国务院、中央军委直属的综合性研究机构，共10家。分别是国务院发展研究中心、中国社会科学院、中国科学院、中国工程院、中央党校、国家行政学院、中央编译局、新华社、军事科学院和国防大学。第二类是依托大学和科研机构形成的专业性智库，共12家。分别是中国社会科学院国家金融与发展实验室、中国社会科学院国家全球战略智库、中国现代关系研究院、国家发改委宏观经济研究院、商务部国际贸易经济合作研究院、北京大学国家发展研究院、清华大学国情研究院、中国人民大学国家发展与战略研究院、复旦大学中国研究院、武汉大学国际法研究所、中山大学粤港澳发展研究院、上海社会科学院。第三类是依托大型国有企业的中国石油经济技术研究院。第四类是基础较好的社会智库，共2家，分别是中国国际经济交流中心和综合开发研究院（中国·深圳）。

我国高端智库试点智库大多为体制内智库，基本的组织构架相似，根据以上分类初步探讨一下各类智库组织构架的特点。

第一类智库中，除中央编译局是副部级单位外，其他9家是正部级或正大区军级单位。

国务院发展研究中心是国务院直属正部级单位，是一家专业从事政策研究和咨询的机构。中心下设学术委员会和专业技术职务资格评审委员会。学术委员会负责中心科研工作的总体规划、研究选题、成果评审、推荐国家科技进步奖，设主任委员1人，副主任委员若干人，秘书长1人。专业技术职务资格评审委员会负责年度专业技术职务评审工作并制定评审受理申报的条件。设置了办公厅（人事局）等行政部门；宏观经济研究部、发展战略和区域经济研究部、农村经济研究部、产业经济研究部、技术经济研究部、对外经济研究部、社会发展研究部、国际合作局等专业研究部门；信息中心、市场经济研究所、企业研究所、金融研究所、机关服务中心、公共管理与人力资源研究所、中国发展出版社、管理世界杂志社、中国经济时报社、中国经济年鉴社、中国发展观察杂志社、中国工商企业法律咨询服务中心等拓展服务部门；以及中心下属的中国发展研究基金会、中国城乡发展国际交流协会、中国企业评价协会、中国企业发展研究中心、中国（海南）发展研究院、中国农村劳动力资源开发研究会、国际技术经济研究所、欧亚社会发展研究所、世界发展研究所、亚非发展研究所、民族发展研究所、港澳研究所等多个非营利性法人组织。从组织构架特点上看，实行研究职能和服务职能逐步分离，在保证为国家决策服务的同时，逐步开展面向社会的服务。

中国社会科学院下设文哲、历史、经济、社会政法、国际问题研究、马克思主义研究六大学部委员会，学部委员会是在院务会议领导下的学术指导、学术咨询和科研协调机构。各学部委员会下设专业研究所，目前共计设有40个专业研究，从事文哲、历史、经济、社会政法、国际问题、马克思主义等相关研究工作。同时，还设有办公厅、科研局（学部工作局）、人事教育局、国际合作局、财务基建计划局、离退休干部工作局、监察局（直属机关纪委）、基建工作办公室、创新工程综合管理办公室（人才交流培训中心）、信息化管理办公室等行政职能部门以及包括中国社会科学出版社、社会科学文献出版社、中国社会科学杂志社、中国社会科学院研究生院等多个直属机构。整个组织构架围绕学术研究、服务学术研究以及人才培养而设置，清晰合理。

根据 2016 年 1 月中科院官网显示，中科院设有院机关 13 个，分院 12 个，研究单位 114 个，学校及公共支撑单位 7 个，其他单位 4 个，共建单位 12 个，院直接投资的全资及控股企业 22 个，四类机构 34 个，院非法人单元 113 个，相关组织 5 个。

中国工程院是中国工程技术界最高荣誉性、咨询性学术机构，国务院直属事业单位。最高权力机构为院士大会，常设主席团，在院士大会闭会期间负责领导工作。下设包括机械与运载工程学部，信息与电子工程学部，化工、冶金与材料工程学部，能源与矿业工程学部，土木、水利与建筑工程学部，环境与轻纺工程学部，农业学部，医药卫生学部，工程管理学部等 9 个学部常委会。还内设办公厅、学部工作局、国际合作局、政策研究室等机构以及 7 个专门委员会。

中央党校设有马克思主义研究院、哲学教研部、经济学教研部、科学社会主义教研部、政法教研部、中共党史教研部、党建教研部、文史教研部等和国际战略研究所，简称“八部一院”，从事教学与科学研究，设教务部统筹全校教学工作、科研部统筹科研工作、办公厅协助校领导组织校内日常工作的运转及负责校内外的联系与综合协调。此外，还设有研究室、进修部、研究生院、培训部、图书馆、组织部、财务行政管理司、机关党委、离退休干部局、报刊社、干部教育学院、机关服务局、信息中心、出版社等部门。

国家行政学院并列设有办公厅、教务部、进修部、培训部、研究生院、决策咨询部、科研部、公共管理教研部、经济学教研部、法学教研部、政治学教研部、社会和文化教研部、信息技术部、人事局、行政财务部、国际部（港澳台办公室）、机关党委等科研、教学、行政管理部门，还有应急管理培训中心、发展战略与公共政策研究中心、培训中心、电子政务研究中心、机关服务中心等 5 个下属事业单位。

中央编译局内设机构有马恩列斯著作编译部、中央文献翻译部、世界发展战略研究部、马克思主义研究部、马列主义文献信息部、人事部（机关党委）、办公厅、中央编译出版社等直属机构。主管中国马克思恩格斯研究会、中国国际共产主义运动史学会、中国索引学会等全国性学术社团。依托内设机构设有比较政治与经济研究中心、中国现实问题研究中心等局属研究中心。

新华社有办公室、总编辑室、国内新闻编辑部、国外新闻编辑部、对外新闻编辑部、新闻摄影编辑部、参考新闻编辑部、体育新闻编辑部、总经理室、通信技术局、人事局、外事局、计划财务管理局、离退休干部工作局、机关党委、监察局等内设机构，包括《瞭望》周刊社、《经济参考报》社、《新华每日电讯》社、《半月谈》杂志社、《参考消息》报社、新华出版社、经济信息编辑部、新闻信息中心、教育培训中心、音视频新闻编辑部、新闻研究所、机关管理服务中心等在内的12个直属事业单位，12家直属企业，以及遍布全国及全球的驻国内分支机构、驻国（境）内分支机构。新华社最为突出的组织构架在于由数量众多的驻国内外分支机构构成的庞大新闻信息网络，使其能在第一时间获得一手信息资料。

军事科学院现编有科研指导部、政治部、院务部3个机关；军事战略研究部、作战理论和条令研究部等6个研究单位；根据研究需要，编设了国防政策、非战争军事行动等4个非编研究中心；经习主席批准，国家边海防委员会依托军事科学院成立国家边海防研究中心；还编有军事科学出版社、军事图书资料馆、研究生部3个直属单位。此外，军事科学院负责指导中国军事科学学会、中国孙子兵法研究会、中国军事法学会等社团组织的工作。

中国人民解放军国防大学编制行政领导机构、教学科研机构、学员管理机构。行政领导机构编有训练部、政治部、校务部、科研部。教学科研机构编有战略、战役、马克思主义理论、信息作战与指挥训练、军队建设与军队政治工作、军事后勤与军事科技装备教研部，下设若干教研室、研究所、中心。突出了为军事教学与研究服务的组织构架特征。

第二类是依托大学和科研机构形成的专业性智库，其组织构架相对简单，人事、财务以及日常行政管理也更多地依附于大学和科研机构，主要是依托于大学和科研机构现有人力资源基础上筹建的专业研究机构，如中国社会科学院国家金融与发展实验室、中国社会科学院国家全球战略智库、北京大学国家发展研究院、清华大学国情研究院、中国人民大学国家发展与战略研究院、复旦大学中国研究院、武汉大学国际法研究所、中山大学粤港澳发展研究院。

依托于各部委办的中国现代关系研究院、国家发改委宏观经济研究院、商务部国际贸易经济合作研究院 3 个智库组织构架分别为：

中国现代关系研究院下设 11 个研究所、2 个院直属研究室、8 个研究中心以及院长办公室等职能部门。

国家发改委宏观经济研究院在院长、副院长领导下，下设办公室、科研管理部、党委办公室、信息研究咨询中心等行政职能部门；设有经济、投资、产业经济与技术经济、能源、综合运输、国土开发与地区经济、社会发展、对外经济、经济体制与管理等 9 个研究所，承担主要科研工作；设有中国社科院投资系 1 个教学机构；含 7 个行业协会；10 家期刊；2 个院属经济实体。

商务部国际贸易经济合作研究院在院领导班子下设有综合部门、业务部门、期刊出版社、直属机构。综合部门主要由负责行政运转的人事、财务、行政、科研联络、经营协调、网络与推介、文献信息中心等部门构成，业务部门由各类专业研究所构成，承担主要科研工作。

上海社会科学院在院党政领导班子下设有学术委员会、学位委员会以及执行层（包括管理部门、研究所、直属单位、直属研究中心和群众组织）。

从第一、二类智库的组织构架来看，智库基本由研究部门、行政部门、成果转化部门三部分组成，这种结构有利于研究人员集中精力做研究，行政部门做好整个机构的良性运转，成果转化部门负责智力成果对外传播。辅助机构包括信息中心收集、整理、储存各类研究信息、科研管理或科研联络部门辅助研究任务与研究人员合理配置。

第三类作为依托企业而设立与发展起来的中国石油经济技术研究院，是中国石油集团（CNPC）的直属科研院，研究领域非常明显，就是围绕石油以及能源开展研究工作。其组织构架表现为在研究院领导班子下设有机关管理部门、业务部门、经营公司三大部门。其中业务部门的主要业务是科研及科研成果转化。

第四类是中国新兴的社会类智库：中国国际经济交流中心和综合开发研究院（中国·深圳）。

中国国际经济交流中心（以下简称“国经中心”）的最高权力机构是会员大会，通过选举产生理事，成立理事会，理事会是会员大会的执行机构，在会员大会闭会期间领导国经中心开展工作，对会员大会负责，设立理事长 1 名，副理事长若干名，秘书长 1 名。设立常务理事会，常务理事由理事会选举产生。在理事长会领导下，国经中心设立理事会执行局，理事会执行局受理事长会委托，主持国经中心日常工作，负责执行理事长会的决议，完成理事长交办的各项工作，理事会秘书长协助理事会执行局主任开展工作。国经中心同时内设行政综合部门（综合处、党务与人事处、财务处、基金与会员处）、业务部门（战略部、经济研究部、产业规划部、交流部、信息部、创新发展研究所）。

综合开发研究院（中国·深圳）实行理事会领导下的院长负责制，实行“小机构、大网络”的运行机制和新型的内部管理制度。理事会是最高权力机构，由国内知名的专家学者、企业家和社会活动家组成。理事会闭会期间，由常务理事会行使理事会的职权，院长、副院长由常务理事会提名，经理事会审议决定，实行理事会领导下的院长负责制。研究院内设办公室、研究部、智库交流与合作部、智库研究与信息部、设有并列的 7 个研究所以及 4 个下属机构。研究部还下设了 11 个专业研究中心。

总体而言，各类智库都设有行政管理、科研业务、成果转化三类部门，各部门根据分工承担各自的职能，有的智库成立自有的文献信息中心，承担资料、信息的收纳、整理功能。

（执笔人：李娣）

附录3　加强中国特色高端智库人才队伍建设的思考

在国家高端智库试点工作中，智库建设外部压力不断增大，面临的挑战日益增多，整体提升智库核心竞争力，加强人才培养和队伍建设是智库建设迫切需要开拓创新的任务并亟须解决的问题。结合国经中心探索实践的有关情况，开展了以下几个方面的研究与思考。

一、关于遵循的几个原则

（一）坚持正确的政治方向

发挥党组织在高端智库中的重要作用，加强基层党组织建设、党员思想建设、干部作风建设。按照党中央要求，落实“三课一会”、党员评价制度、民主生活会等制度，加强高端智库党风廉政建设，反腐倡廉常抓不懈，拒腐防变警钟长鸣。

（二）坚持理论联系实际

完善科研管理制度，理论联系实际，运用马克思主义的立场观点方法来研究和解决中国的现实问题[①]。以科研任务和科研成果质量为生命线，牢牢把握为党中央、国务院服务的战略定位，坚持科学态度、大胆探索，让智慧产品更符合客观实际，更加符合社会发展、人类发展和事业发展的规律和要求。

---

① 魏礼群．建设智库之路［M］．北京：人民出版社，2014：3.

（三）坚持多元化人才培养

建立健全首席专家制度，采取学术领军人物、优秀学者和专家团队相结合的方式，打造专业性和综合性、国际化和本土化力量均衡配备的科研人才队伍。结合自身工作实际，明确首席专家的聘任条件，建立适当考评机制，完善管理与服务保障体系，提供必要的人力、物力和工作环境的保障。

青年人才培养工作。鼓励青年科研人员大胆创新，大胆建言，建立“青年人才基础研究专项经费”保障制度（或“智慧创新工程”），加强事前审查、事中监控、事后监审等经费使用的过程性管理。在坚持基本路线方针路线的前提下，坚持“研究无禁区，宣传有纪律”的基本原则，为青年人才“登台”展示提供机会、创造条件，利用内外部、国内国际交流的机会，大胆建言献策。

关于“人才格局”。以开放、竞争、流动作为设计理念，一是推进开放型人才建设——搭建专业性与综合性（6∶4）、国际化与本土化(4∶6)统筹协调，力量相对均衡、专项和全能相互支撑的实力型人才队伍。目前在对海外留学人员的包容性上，还没有为他们提供更好的条件，在工作和生活中，还存在观念上、制度上、行为上的包容性缺陷。为高层次和海外留学归国人员提供基本权利和工作生活条件保障，人事服务上还存在管理和保障不足，包括提供同等待遇的职称评定机会，享受有区别的工资待遇和补贴，享受有区别的工作环境，采取共同但有区别的综合考评机制等。二是加强竞争型人才建设——具备在专业领域具有独到见解，术业有专攻，特点突出，社会市场适应认可度高的人才队伍，进一步细化竞争性人才培养的基本原则、基本思路、基本条件和方法。三是流动型人才建设——培养具有一定共性，具有基本科研素质、研究能力，掌握一定科学研究的方法和具备基本科研价值观的人才队伍，把住“引进来”的进口，坚持“宁缺毋滥”和“逢进必考”的基本原则，强化“门槛”意识，放开人才流动约束，坚持“想走不留、想走必送”的原则，为人才流入建立准入机制和标准，为人才流出畅通渠道，做好流动人员的后续保障，体现人文关怀。

二、紧密围绕智库的核心任务、战略定位和生命线，加强人力资源优化配置和人事管理与服务

（一）加强并协助高端智库做好与主管主办单位的人事、物质及经费保障沟通协调工作

建立情况反映沟通机制，如高端智库建设工作联络员制度，可以分层级分业务，与主管主办单位形成有效对接，避免由于信息不畅，情况反映不及时，不利于及时反映问题和情况。主管主办单位的支撑和服务不精准、不到位，会影响工作和效率。

（二）切实改进人事管理与服务，转变观念，形成科学管理的有效模式

1. 退休及离任高官及高水平专家

建议突破年龄限制，实行专家“终身制”，充分发挥老同志、老专家具有丰富学术科研、行政管理经验，防止人才资源流失，但需要建立相应的必要条件，如身体健康、本人自愿，人员基本条件符合高端智库工作需要等，突破年龄限制需要提出必要的依据和退出办法。应该鼓励支持老同志、老专家们加入高端智库建设工作中来，为他们提供必要的工作条件和基本保障。

2. 关于专职研究人员

专职研究人员的聘任必须依据高端智库工作需要，从人才格局设计（全局性、前瞻性）和人才培养机制（战略性、长远性）出发，按照专业性和综合性、国际化和本土化、多元化和多方位，立体格局，选聘专职研究人员，明确条件，制定标准，规范程序。

建立健全科研团队负责人与部门负责人合作机制，建立科研工作和行政管理工作统筹模式，一方面强化“科研团队负责人”资源配置使用权力，保障科研工作和任务完成质量；另一方面减少或弱化以行政管理方式确定的部门负责人在科研任务和各类资源配置上的权力，确保科研领军人才能够将更多时间、精力投入到科研工作中，使行政管理工作更加有效（现状是部门负责人科研工作和行政管理工作合一，俗称“双肩挑”，影响科研和行政工作效率质量，体现在薪酬分配上，也不尽合理）。

专职研究人员职称评定与岗位聘任相结合。采取“评聘分开”的方式。打破现行关于职称评定与岗位聘任一致的方式，现行办法主要是考虑财政拨款单位的人力经费的需要，按照岗位设置、聘用制度、财政按“人头”拨款的方式确定的。对于高端智库，建议紧密围绕科研人员工作任务和成果质量，开展岗位聘任，即采取“评聘分开”形式，坚持专职研究人员“能干者上，干好者上”的原则，采取科学考评方式，予以充分体现和展示，对于个别不以智库工作为主，大量工作时间和精神都投入在外单位或其他非本职工作上的科研人员，如果仍继续安排在相应的岗位上，领取同岗位工资报酬，对其他全身心投入到智库工作中的科研人员是有失公平的。

3. 关于兼职研究人员

一是明确兼任职务的条件；二是建立严格的兼职研究人员管理办法，加强考评和约束；三是采取负面清单或“黑名单”形式，对于在完成科研任务过程中，工作态度不端正，不积极主动，对承担的工作任务不认真负责，不具备基本职业道德和学术道德，学风不正，严重影响科研工作学术风气和研究氛围的人员，坚决予以“曝光”和“屏蔽”，3～5年内不得参与智库科研工作。

4. 关于行政辅助人员

严格控制综合管理工作“替代性”强的岗位人员人数，本着“少而精”的原则，明确岗位职责，加强岗位管理，改进工作方式和流程，利用科技信息手段，推进行政事务后勤管理服务科学、合理、高效。加强行政、财会、党务、人事干部队伍建设，努力培养高素质行政、党务、人事、财会、管理专业性强的干部，由管理与服务朝资源开发和资源优化配置方向发展，综合行政、财会人员、人事干部走专业化之路。鼓励财务会计管理人员，自觉提高业务素质及管理综合服务水平，增加资本运营和经费使用管理在制度层面上的基本知识，提升基本职业素养和服务水平，不断增加技术手段，采取专业技术职务任职资格上岗制度，适时适度推进财务管理和会计人员走专业化之路（而非行政管理之路）。推进基金与会员管理服务工作的全面升级，加强领导，配强队伍，按照高端智库发展要求，拓宽资金渠道，社会组织做好基金募集、会员招募，基金单位、会员单位沟通合作，采取多种形式，发挥资源优势，推动合作研究，做好理事会、常务理事、理事的服务工作。

为行政辅助人员打开在个人发展进步及待遇上的制度约束和禁锢，探索采取职员制，即职务与职级分开的办法，具体来讲，就是在管理岗位多年的同志，畅通晋升发展渠道，淡化行政色彩，逐步取消行政级别，按岗位职级管理。各级干部可以依据聘任条件，享受上一个管理职级的待遇，为人员退休提供保障。

关于搭建“旋转门”。应积极鼓励人员在行政部门、智库与科研机构和企业之间流动。但是，现在的主要问题是，智库人员到行政部门和科研机构挂职，智库本身不愿意，智库会认为是人才流失，可能会影响智库本身工作，特别是科研骨干、业务能手，智库不愿“放”；行政机关人员到智库，就会考虑行政职级待遇和岗位风险，以及公务员身份等，个人将承担风险，在制度上还没有实现“真正”打通。解决问题的关键是推动“旋转门”可旋转，即建立保障制度，保障“旋转人员”在职务职级、工资待遇、社会保障转入转出方面的便利，提高政府部门人员转入智库的抗风险能力，降低“旋转”机会成本；智库领导者和管理者进一步转变观念，提高推动意识，让“想旋转的人员”能真正“旋转”起来，让“能旋转的人员”能真正“旋转”起来。

5. 关于内部分配机制和薪酬制度

智库必须要健全与岗位职责、工作业绩、实际贡献紧密联系的内部分配机制。①推进智库人员考评及激励约束机制的改进和完善。运用信息技术手段，提高体现工作人员业绩和工作质量的效率，实现各类人员绩效考核制度的多方位、多层面，不断增加激励约束机制中的“组件”，健全“薪酬激励、任务目标激励、岗位责任激励、个人与集体表彰激励、人才尊重激励和保障激励”等，将个人激励与团队激励、近期激励与远期激励有效结合，充分体现个人贡献与集体团队力量，激励、奖励、保障与约束、处罚、淘汰相结合的，动态可调节、实际有效的、可持续的综合性激励约束机制。②充分体现智力劳动价值，调动智库人才积极性。当前的体制机制难以体现科研人员的智力劳动价值。多年来，众多国家级智库已经承担了大量的科研任务，结合实际工作和分配情况，建议采取实际调研方式，有针对性地开展分析研究，从智库承担科研任务的分配方式、科研工作负责人制度、科研团队搭建方式和主要依据、科研工作过程性管理、科研人员过程性管理、科研经费管理与使用、科研任务和科研成果及科研人员工作情况的评价机制中查找存在的问题。坚持“问题导向”，从实际承担的科研任务工作中，分析归集提出智库人员承担智力劳动的价值观，摸清智库科研工作的价值取向，与科研人员对于体现智力劳动价值的期盼和愿景进行比对，形成一致性导向，坚持体现共同发展、共同提升，个人发展职业规划与高端智库发展总目标趋同、双赢的价值基本体现方式：

智库价值观 = 科研工作价值观 + 行政辅助工作价值观

价值观体现在不同工作中的价值，参考式：智力（行政辅助）劳动的价格 = 价值 + 剩余价值（影响力与智力成果转化度或服务对象满意度） + 其他因素（如劳动力选择承担某种劳动的机会成本，工作环境、个人能力和任职资格等因素)[①]，价值是基于价格实现体现的。

科研人员（或行政辅助）付出的智力劳动是存在价格趋向的，是可以找到社会（国际）、市场交易成本或价格的，但是需要下功夫去找，去归集，提供符合智库科研（行政辅助）工作实际的劳动价格基本标准，再加上一定的调节方式和因素，如研究员每工时 X 元，副研究员每工时 Y 元等，可以包括在工资报酬中，也可以以其他方式“明码标价”，只要符合社会发展、科研工作规律、科研人员发展规律，即是可行的。

关于智库聘任人员的薪酬制度。一是基本水平必须与国民经济发展相协调。在国家基本上每两年调整人员基本工资的大原则下，基于高端智库的具体财力资金来源的实际情况，建议确保能够实现正常调整人员基本工资，调整幅度力度与同等购买力水平、居民消费价格指标、国民经济总产值增长幅度、北京市城镇职工社会平均工资挂钩，形成动态合理的调节机制。按照现行人社部关于事业单位工作调整的要求，每 2 年才整体调整一次人员基本工资，有关政策主要针对财政拨款单位。财政拨款单位需要承担更多的公益性职责和义务，受到社会民众公共利益和公益类事业单位的约束限制，与自筹经费的智库有很大不同，调整幅度和力度及频率远不能满足高端智库发展需求。二是同前述，充分体现薪酬与岗位聘任、工作业绩、实际贡献挂钩。①明确科研人员基本上岗条件和基本工作要求；②以工作业绩和实际贡献为依据，动态调整机制（如优秀，下年度增发月度基本工资等），真正实现在工作业绩和实际贡献上确实不符合智库各项要求的“不合格者”，即降职、降级、降工资，用工资调整方式体现“能上能下”（科研人员如此，行政辅助人员也是如此）。

关于落实知识产权利益分享机制。结合智库多年的工作经验和实际

① 马克思主义政治经济学理论的基本观点及精神。

积累，在深入调查研究的基础上，是可以分析出科研任务和科研成果的权属特点和实际情况的，按照知识产权的基本特点，进行知识产权权属划分，将加大科研人员本人（自然人）在知识产权权属中的份额：

（1）具备市场化条件的科研任务：采取市场化的手段，采用内部协议等。

（2）不具备市场化条件的交办任务：采取内部补偿机制，需要注意的是，不要以一个任务、一个任务区分的方式，可以采取合集的方式，整体打包进行权属补偿。

（3）知识产权保护应注意科研成果和任务的长期影响和负面效应，健全追偿制和追究制。追偿制是指，科研成果和任务的利益在现阶段没有产生，在未来时期，产生了影响和正面效应，知识产权利益应予以追偿；反之，应当追究（可以是内部调解，也可以是法律诉讼）。

（4）知识产权权属明晰后，对所有人应当进行保护，对知识产权所有人是自然人的，应当建立知识产权约束机制，加强保密管理，实现权益分享、责任风险共担。

（5）依法纳税，违法违约必究。

三、关于智库科研管理工作的思考

在建立考评及激励约束机制的过程中，通过开展调研、座谈等方式，了解科研管理工作的有关情况及部分科研人员的反映，建议如下：

（一）明确科研工作的指导思想

一是坚决贯彻、聚焦和维护高端智库的要求、战略定位和生命线（略）；二是淡化行政色彩——从观念上、思想上、管理模式上、方式上要淡化行政色彩，遵循社会科学的规律、社会经济发展的规律、科研工作的规律、科研人才发展的规律，开展专业性和综合性、国际化和本土化相协调的，以事业和责任，兼顾价值和权益为核心，凝聚智慧，培养人才的科研工作。

（二）梳理高端智库科研智慧产品的产生流程

科研任务下达→科研任务分配→科研团队搭建（人员选配，建立负责人制是必要的，但还不完善）→科研工作过程性管理监控→科研人员过程性管理监控→科研经费管理使用和智力劳动价值体现→科研成果和人员工作评价→科研成果知识产权利益分享→科研成果和人员提升改进调整淘汰→下一个科研任务下达（建立良性循环）。

（三）以上各环节具体管理的问题

科研任务下达（任务承接）。“甲方”分类不清，服务对象主体分类不清晰［简单分类：党中央（中办、中宣办），国务院（国办）、政府部委、中央智库：中改办、中财办、中央政策研究室等）、国家智库（国研室、国务院发展研究中心等），以上归纳也许不一定很科学准确，但一定要有所区别、分类清晰］。只有分类清晰，才能明确智库必须承担什么任务，可以不承担什么任务，避免“眉毛胡子一把抓，谁来都接着”。

科研任务分配。分配依据不清，容易造成分配不均，有的科研人员任务轻，有的重（畸轻畸重），工作机会和工作量分配上缺乏科学合理性。

科研团队搭建。目前总体情况还是可以的，但也是缺乏制度和标准及规范的依据。有的科研人员不能以包容开放的方式与其他科研人员进行良好的合作，内部之间信息资源不能实现充分共享，形成资源浪费和效率低下；有的科研人员学风不正，浮夸、剽窃粘贴行为还不能消除；有的搞人际关系，更多考虑人情因素，照顾性安排；有的科研人员是负责人喜欢的、用得顺手的就用，不喜欢的、不顺手的就不用，主观色彩重，有失机会公平，引起在工作机会、成长锻炼和相关待遇上的“公平性”质疑，科研人员十分无奈。建议建立健全紧密围绕科研任务质量生命线，向公平（公开）竞争与主体协调相结合的团队搭建机制努力。

科研工作和科研人员工作质量监控。目前，国内众多智库已经逐步建立起相应的质量监控体系，但手段和方式还不够多，容易造成突击完成的情况，对科研工作成果质量失去控制，建议采用系统性质量控制手段，加强科研工作人员过程性管理控制（综合考评体系或科研人员独立监督考评系统），出现质量问题，及时亮起“红灯”，提醒约束，出现问题及时调整（团队工作内容的调整，团队人员和人员工作的调整），适时适度，加强科研工作事前任务安排和团队人员资格的审查、事中质量及人员监控调整、事后评价奖惩。

科研经费使用。①明确智力劳动的价格（见前述）、科研人员工时制，健全智力劳动成本定价制度，提高智力劳动成本在科研经费使用中的比重。科研人员工资薪酬与智力劳动挂钩（见前述）。②科研经费中体现知识产权利益分享（智库权属、科研人员权属、甲方服务对象权属等），应体现近期的和长远的权益（见前述）。③健全科学研究创新保障机制，加强经费使用的监督管理，降低科研人员创新风险，即无论科研工作、思想创新是成功还是失败，均应建立以保障科研人员敢于勇于创新为导向的，智库主体与科研人员本人共担的风险投入——创投或风投创控风控机制，经费来源可以是智库提供，也可以多元化，可以是智库出资、其他渠道资金（会员单位或人员、基金单位或人员、专项社会渠道等）、科研人员本人提供——众筹（众创）等。

科研成果质量和科研人员工作评价。建立系统化、标准化、清晰明确、动态调节的评价体系，减少主观和人情因素，突出质量和业绩。人格有魅力，但魅力不等于质量。信任是基础，但信任不等于监督监控。

实现科研工作和科研人员双提升，才能促进任务增加，但承接与否，必须与科研团队的承担能力和科研人员能力水平结合，杜绝什么任务都接，鼓励多接任务，但是一定是有区别、有依据的。建立比较评价体系，着力发现科研工作中存在的问题，查找科研人员在科研能力上需要改进提升的方面，实现个体与集体目标一致的，共同发展、共同进步的双赢目标。

（执笔人：郭丽）

附录4　完善中国国际经济交流中心激励机制和绩效考核体系的研究

智库是国家软实力和竞争力的重要体现，在促进科学民主依法决策，推动国家治理体系和治理能力现代化进程中具有重要作用。从2009年成立至今，在曾培炎理事长的领导下，中国国际经济交流中心（以下简称“国经中心”）秉承“开展战略性、宏观性、前瞻性研究服务中央决策”的宗旨和“创新、求实、睿智、兼容”的理念，各项事业快速发展，取得了很多优秀业绩。2015年12月，中心入选首批国家高端智库建设试点单位，各种重大课题研究和国际交流工作得到党中央国务院高度肯定，为部门、地方政府和企业的咨询服务工作也得到多方面的认可，中心的自身建设和管理工作也有了长足的进步。但随着形势变化，全国智库竞相发展，新智库纷纷建立，原有智库积极转型，智库间竞争日益加剧。

2014年国经中心召开第二届理事大会时，曾培炎理事长高瞻远瞩地提出了要把中心打造成“三个世界一流”的奋斗目标，即“培养世界一流研究队伍、产生世界一流研究成果、建设世界一流国际智库”。实现“三个世界一流”的奋斗目标是一项艰巨的、长期的任务，责任重大，使命光荣。这就需要中心要统一认识，遵循智库发展规律，汇集各种智力资源，搞好部门协同配合，创新管理体制机制，充分调动全体同志干事创业的积极性，增强凝聚力、归属感，推动中心工作一步一个脚印地向目标迈进。

一、国经中心激励机制和绩效考核中存在的问题

中心与中央决策层和地方政府联系紧密，有强大的专家力量和科研团队，搭建了良好的对外交流平台，拥有特色组织架构，为科研工作发展创造了良好条件。但是科研人员研究能力不齐、动力不足，主要原因是激励机制和绩效考核制度有待完善。

（一）任务目标不清导致激励制度和绩效考核办法缺乏依据

绩效考核是关键绩效指标（KPI）的考核，关键绩效指标是围绕着中心的目标来制定的，绩效考核结果必须和激励制度密切挂钩才能起到激励的效果。若中心没有明确的目标，就无法根据目标建立评价和考核体系，每位工作人员按照自己的想法去完成任务，部门之间无法形成合力。实施目标管理的激励和考核，需要中心明确远大的目标和愿景，然后采用自上而下和自下而上相结合的方法确定分目标体系，并确定完成分目标的激励方案，员工制订切合实际的目标实施计划，部门主管对计划进行指导，确保按计划完成目标，对目标完成情况进行评价，并实施奖惩。

（二）科研经费管理办法无法使科研人员获得智力劳动报酬

科研经费基本上按照财政性资金进行管理，使用起来困难，没有体现社会智库机制的灵活性，“花钱比做课题还难”，科研人员花费大量的时间和精力去报销。2016 年 7 月 31 日，中共中央办公厅、国务院办公厅印发的《关于进一步完善中央财政科研项目资金管理等政策的若干意见》要求，明确劳务费开支范围，不设比例限制。2016 年 9 月 29 日，财政部和全国哲学社会科学规划领导小组印发的《国家社会科学基金项目资金管理办法》强调，国家社科基金项目资金管理，应当以出成果、出人才为目标，坚持以人为本、遵循规律、依法规范、公正合理和安全高效的原则。中心的科研经费管理制度需要充分体现社会智库

的灵活性，让科研人员智力劳动付出获得应有的报酬。

（三）交流和基金会员工作激励导向亟须明确

对外交流是一项需要较高专业技能的业务工作。国经中心对外交流平台高、任务重、工作多，要求具有较高素质的专业人员完成。但目前从待遇上来说，交流人员被等同于行政人员看待，除每月工资外无额外收入或津贴。对交流部完成的重要交流活动，特别是大型国际会议筹备的优劣和工作推进情况没有考核，没有设立奖励机制。

基金会员部门承担着为会员服务和扩大基金会员数量的任务，同时所有的会员也将是中心调研和成果应用的宝贵财富。此部门目前的作用还没有充分发挥，缺乏考核标准，没有建立会员增加与工作人员收入同时增加的激励机制，无法充分调动会员处工作人员的积极性。

（四）行政与科研人员努力方向一致的激励机制缺失

目前没有建立科研人员奖励多行政人员也能奖励多的激励机制，行政岗位和科研岗位的工作人员是按照两个系统进行考核和激励，未形成行政与科研人员努力方向一致的激励和考核制度。行政后勤仍是不断加强对科研人员的管理，还未形成后勤为科研服务的理念，需要把理念从以行政管理为主转向为科研服务为主。通过制度完善，改善不利激励的环境，建立信任、团结、公平、不平庸、批评和监督、打破平均主义的环境，促使科研人员与行政人员相互信任和理解，团结互助。

（五）体制束缚导致对高端智库人才吸引力降低

中心作为社会智库，本应具有体制机制灵活性，充分发挥社会化、市场化运作模式的优势和多元化资金筹措的渠道优势，但中心人事管理行政化色彩较浓，基本沿袭体制内的做法，事业单位的研究人员基本参照国家公务员的管理办法，在机构设置、工资待遇、行政职务岗位、人事任免、年度考核以及应届毕业生招录等方面，均按照业务主管部门的有关规定和要求执行。把研究人员视为公务员，又不享受公务员待遇，用行政办法管理智库，无法给科研人员按照市场定价，无法体现智库特点，无法建立与研究人员相适应的灵活机制，对高端智库人才的吸引力有待提高。

二、建立激励机制和绩效评价体系的总体思路和原则

（一）总体思路

以“培养世界一流研究队伍、产生世界一流研究成果、建设世界一流国际智库”为目标，实施目标管理，明确阶段性目标，理顺目标任务、绩效考核、薪酬激励的管理链条。高端智库的发展能力和研究水平体现在影响力和竞争力上，主要通过研究和交流工作来实现，而人才至关重要，要培养世界一流研究队伍就必须形成良好的高端智人才延揽、人才培养、人才成长的环境和机制。体制和机制的关键是激励和约束，约束的关键是明确纪律和道德边界，激励的关键是鼓励进取和奉献精神。培养科研骨干人才，树立一切工作为科研服务的理念，以提高科研质量和开展对外交流为核心创造良好的智库内部生态环境，使科研工作、对外交流、基金会员、内部管理等各个方面工作形成合力，打造国经中心的核心竞争力。

（二）基本原则

激励和评价机制是国经中心通过设计适当的外部奖酬形式和工作环境，以一定的行为规范和惩罚性措施，客观公正地对业绩进行评价，激发、引导科研人员和行政管理成员的行为，最终把国经中心建设成为国际一流智库，同时实现每一位员工个人目标的系统活动。

1. 目标结合原则

在激励机制中，设置目标是第一关键环节。目标设置必须同时体现组织目标和员工需要，“目标—任务—考核—激励”是一个完整的管理

链条，没有目标任务时考核和激励就没有依据。激励的最终目的是在实现组织预期目标，同时也能实现组织成员个人目标，达到组织目标和员工目标客观统一。

2. 合理性原则

包括两层含义：一是激励的措施要适度。要根据实现目标本身的价值大小确定适当的激励量。二是奖惩要公平。取得同等成绩的员工，要获得同等层次奖励；犯同等错误的员工，也应受到同等层次的处罚。

3. 明确性原则

包括三层含义：一是明确，激励的目的是需要做什么和必须怎么做。二是公开，让所有员工知道中心倡导什么。三是直观，实施物质奖励和精神奖励时都需要直观地表达指标，这与激励影响的心理效应成正比。

4. 时效性原则

要把握激励的时机，激励越及时，越有利于将科研人员和行政管理人员的工作激情推向高潮，使其创造力连续有效地发挥出来。

5. 正确性原则

奖励正确的、中心所需要和倡导的事情，奖励有贡献者、埋头苦干者、忠诚事业者、团结合作者、工作业绩优异者、精神专注者、高效有为者。

三、国经中心激励机制和绩效考核体系框架

通过建立公平的考核和激励制度，打破平均主义，鼓励和倡导努力工作，让科研、交流和行政工作业绩优异的同志凸显出来，获得与劳动付出相匹配的物质和精神激励，团结一致打造国经中心核心竞争力。

（一）树立“三个世界一流”远大目标，形成目标体系和子系统

按照曾培炎理事长的指示，树立“三个世界一流”的远大目标，

以“培养世界一流研究队伍、产生世界一流研究成果、建设世界一流国际智库”为终极目标，建设高端智库，把国经中心建设成为中国特色新型高端智库的标杆。科研、交流、行政、会员服务等工作都围绕“三个世界一流”的目标开展工作。

总目标可以细分为具体的目标体系和子系统，目标评价指标可大体细分为研究成果的影响力、科研队伍水平和国际化、对外交流工作情况、一切以学者为核心的运作机制。

——研究成果的影响力。影响力建立在高质量和具有独立性的研究成果基础之上。包括对决策影响力、社会影响力和学术影响力：①对国家政策的决策影响力。中心重点围绕国家重大战略需求开展前瞻性、针对性、储备性政策研究，通过上报《要情》影响领导人的观点，引领政策观点讨论、与政商界团体召开小范围闭门会议，以及设计政策来提高影响力。给政府部门决策部门提供及时、快速的智力支持。高质量的研究成果来源于研究视角的现实性和专业性、研究方法的科学化、研究的独立性。②对公众观点的社会影响力。研究热点问题有利于中心吸引媒体和公众的关注，扩大影响力。通过出版研究成果，如学术论文、研究报告、年报等，加强对外宣传渠道的建设，召开面向公众的经济年会、全球智库峰会、大型研讨会，接受各大主流媒体采访，以及在世界范围内发表评论员文章等来影响政府决策，不断促进国经中心强大的全球影响力。③受同行专家认可的学术影响力。鼓励中心的科研人员在撰写《要情》《研究报告》的同时，多发表有理论深度的科研成果。

——科研队伍水平和国际化。人才是中心的核心资源，智库管理人才和专业研究人才规模、研究研究能力和国际化程度是重要发展目标。

——对外交流工作情况。一流的国际高端智库需要开展卓有成效的对外交流工作，搭建优质的对外交流平台，加强与国际社会的交流与合作，借助国际化的传播手段塑造中心的国际影响力，提升中心在国际上的话语权。

——以学者为核心的运作机制。高质量的研究成果来自职业经验、理论和实践紧密结合、学者间频繁深入的交流切磋与讨论，中心的对外交流、科研管理、财务管理、人事管理、后勤保障、会员管理等部门的行政人员则为学者的研究提供和创造一系列便利条件。

（二）围绕核心目标，明确分时段的目标任务

围绕核心目标确定重点研究领域。围绕“三个世界一流”的核心目标确定阶段性目标和目标体系，实施“特色强库”战略，打造中心优势特色研究领域。聚焦中心定位，对研究领域进行布局，明确思想产品线，把国家重大战略规划和政策制度设计、国家宏观经济运行、世界经济分析、区域和产业发展、创新等方面作为主要研究领域，在每一个专业领域都对研究方向进行细分。每位科研人员都可以根据学科背景和研究积累，选择2～3个主要研究方向，进行长期追踪，明确岗位职责。对每年的基金课题、交办课题和咨询课题进行任务分配时，依据科研人员主要研究领域和方向进行资源配置。科研人员不但能提出研究思路和创新观点，而且能够联络和掌握所负责领域的相关知名专家，将“小中心、大网络、大外围”模式的结点落到每位科研人员身上，在接到上级交办的任务时，可快速整合中心内外相关智力资源，提升快速反应能力，有了长期经费支持和明确的任务方向，就可以储备大量专业化的骨干科研力量。

执行局决策层预定阶段性目标。制定国经中心5年、3年、1年的目标，5年目标就是把国际中心建设成国际一流高端智库，围绕这个目标倒排出3年、1年科研和交流等方面的工作目标。1年的目标是具体和可以量化的，在制定过程中上级可提出一个暂时的、可以改变的目标预案，和下级讨论，共同商量决定；中心决策层根据中心的使命和长远战略，估计客观环境带来的机会和挑战，对中心的优势和劣势有清醒认识，对中心应该和能够完成的目标心中有数。

（三）确定实施目标任务主体，分工协作实现目标

目标任务责任明确到人，找准激励的主要方向。目标管理要求每一个分目标都有确定的责任主体，责任主体的目标任务明确，每个部门内部分工避免职能交叉混乱，否则易导致出现工作失误后的相互推诿和有工作成绩时相互争抢功劳，职责清晰方便未来考核评价。预定目标后，需重新审查现有职能分工，根据新目标分解要求进行调整，明确目标责任者和协调关系。由部门领导确立下级分目标并负责监督，分目标要具体量化，便于考核；每个员工和部门的分目标要和其他的分目标协调一致，支持国际一流智库目标的实现。

部门间分工协作，为科研工作提供有力支撑。中心的内部管理机制最终使各项工作都能为科研工作提供优质服务，科研人员能够安心踏实地从事科研工作，多出高质量思想品，在科研项目申请立项、开展调研、邀请专家、召开研讨会、成果转化、经费开支时都有相关的支撑部门提供优质快捷的服务。打造出这样分工协作的智库内部生态环境，就能培养和吸引更多的一流智库人才。对内和国家部委、地方政府、国内智库、重点企业的联络交流工作职能由相关部门负责，为扩大中心社会影响力、决策影响力提供服务。重视会员处的工作，加强会员服务与科研工作的联系，会员单位都来自各个产业，基金会员处可为科研工作提供调研联络，形成科研与会员单位良性互动。

（四）建立奖励资金池，实施中心全员激励制度

对科研人员的激励包括日常工作激励和年终工作考核激励。要高质量地完成科研项目需要支出直接费用和间接费用，直接费用开支范围包括资料费、数据采集费、会议费、差旅费、国际交流费、办公用品费、专家咨询费、项目聘用人员的劳务费、印刷出版费、税费和其他支出。直接费用可以凭发票进行报销。间接费用主要用于补偿中心的间接成本、管理费用，以及激励科研人员的绩效支出，包括中心提取的管理费

（10%）和科研人员的智力劳动的奖励资金。提取奖励资金的目的是用于科研人员智力劳动的激励，其范围包括中心基金课题、部委委托课题，明确可提取奖励的份额①。对符合财务报销规范的课题进行奖励，对财务报销不规范的课题除不予报销外，还应减少其他方面的奖励。

（五）建立绩效考核体系，年终奖励与考核评价结果挂钩

1. 建立可量化的绩效考核系统

科研人员年终考核机制。紧密围绕国经中心战略定位，建立任务目标业绩评价体系，结合国经中心科研工作及部对外交流业务实际，采用指标量化考评办法，引导科研人员将更多时间和精力投入到国经中心科研及有关业务中来，实现实际贡献与所获回报大体相当。把建设国际一流智库的各项指标转化为可量化的业绩指标，对科研人员进行评价打分，确定中心科研人员基本工作量，按时完成基本工作量的员工为合格员工。

科研评价指标体系以学术影响力、决策影响力、社会影响力、国际影响力为架构②，确定几大类研究成果作为评价对象，评价指标包括撰写内参、发表论文、出版著作、撰写研究报告、《要情》批示等中心鼓励科研人员的工作方向，每项指标被赋予分值，对应的工作业绩都是加分项，尽可能涵盖各种形式的研究成果，鼓励员工对国经中心的忠诚度，在中心的工作年限可作为加分项。加大对有高质量、有影响力成果研究人员的奖励力度，如加大对获得国家领导人批示的成果、获得部委奖项等人员的奖励力度。如写一篇《要情》15 分，得到批示 15 分，在核心期刊发表一篇论文 10 分，每位科研人员的科研业绩分数加总后减去 10 分，这 10 分代表科研人员本应该承担和完成的工作量，单位只对超出基本工作量的部分进行年终奖励。所有科研人员的分数进行加总，

---

① 科研经费管理办法见财务部门制定的附件。

② 具体绩效考核管理办法见人事部门制定的附件。

年终奖金经费总额/所有科研人员的分数 = 每 1 分值的金额，科研人员的奖励金额 = 每 1 分值的金额 ×（科研业绩总分 – 10 分），年终奖励向优秀研究成果倾斜。

非研究岗位工作人员考核和激励机制。对外交流、基金会员、行政管理等非研究岗位的工作人员，也应按照工作业绩和质量建立考核制度，行政管理岗位由被服务对象对其进行考核评价。对外交流是一项需要较高专业技能的业务工作，建议设立奖励机制，对交流部完成的重要交流活动，特别是大型国际会议进行考核，视情给予一定奖励。会员处将来应该扩大，研究制定能够积极增加会员单位、提高为会员单位服务水平的激励方法，调动会员处工作人员的积极性。

建立道德和精神性方面的评价考核系统，给予提职奖励。有贡献者、埋头苦干者、忠诚事业者、团结合作者、工作业绩优异者、精神专注者、高效有为者，应给予职务升迁的奖励。

2. 年终奖励与考核评价结果挂钩

年终奖的资金来源于基金收益。年终奖励范围包括研究成果、重大交流活动、宣传中心的产品和理念、为基金扩大规模和增值做贡献、服务会员单位、管理与保障工作。严格按照考核评价体系中的工作实绩进行评分排名，分出优劣，根据业绩分值进行激励，绩效评价结果与年终激励政策挂钩。

（执笔人：张瑾）

参考文献

[1]习近平．在哲学社会科学工作座谈会上的讲话[OL]．新华网，http://news.xinhuanet.com/politics/2016-05/18/c_1118891128.htm.

[2] 曾培炎．探索建设中国特色新型智库[N]．光明日报，2014-12-25.

[3] 朱瑞博，刘芸．智库影响力的国际经验与我国智库运行机制[J]．重庆社会科学，2012(3)：110-116.

[4]李伟．建设中国特色新型智库　推进国家治理现代化[J]．中国发展观察，2014(10)：4-7.

[5]李国强．对"加强中国特色新型智库建设"的认识和探索[J]．中国行政管理，2014(5)：16-19.

[6]MCGANN J G. 2015 Global go to think tank index report(2016). TTCSP global go to think tank index reports. paper 10. http://repository. upenn. edu/think_tanks/10.

[7]王友云，朱宇华．基于知识与权力关系视角的中国特色新型智库建设[J]．探索，2016(2)：178-184.

[8]陈文玲．建立与国际一流智库合作、交流、博弈的体制机制[N]．光明日报，2015-07.

[9]薛澜．智库热的冷思考：破解中国特色智库发展之道[J]．中国行政管理，2014(5)：6-10.

[10]王文．对中国特色新型智库几个重大问题的思考[J]．智库理论与实践，2016(1)：24-30.

[11]刘奇葆在国家高端智库理事会扩大会议上强调　推动高端智库建设

实现良好开局[OL]. 新华网,http://news. xinhuanet. com/politics/2016 - 01/22/c_1117867512. htm.

[12]中国国际经济交流中心课题组. 中国特色新型智库构建:现状、问题及对策[J]. 全球化,2015(2):107 - 119.

[13]陈英霞,刘昊. 美国一流高校智库人员配置与管理模式研究——以斯坦福大学胡佛研究所为例[J]. 比较教育研究,2014(2):66 - 71.

[14]周琪. 美国智库的组织结构及运作——以布鲁金斯学会为例[J]. 人民论坛,2013(35):8 - 14.

[15]许共城. 欧美智库比较及对中国智库发展的启示[J]. 经济社会体制比较(双月刊),2010(2):77 - 83.

[16]袁莉莉,杨国梁. 英国智库概况及对我国智库建设的启示[J]. 智库理论与实践,2016(2):34 - 49.

[17]李国强,王伟. 市场化运作模式下的国际智库——德国智库建设管理与运行概况(上)[N]. 中国经济时报,2012 - 12 - 14(012).

[18]李国强,王伟. 市场化运作模式下的国际智库——德国智库建设管理与运行概况(下)[N]. 中国经济时报,2012 - 12 - 28(010).

[19]刘少东. 智库建设的日本经验[J]. 人民论坛,2013(35):18 - 23.

[20]程永明. 日本智库的发展现状、特点及其启示[J]. 东北亚学刊,2015(2).

[21]韩锋. 新加坡智库的现状、特点与经验[J]. 东南亚研究,2015.

[22]国务院发展研究中心赴韩国智库专题调研考察团. 韩国智库考察报告[J]. 中国发展观察,2013 (12) :35 - 39.

[23]熊励,路悦. 中国智库融资模式的研究——来自国际知名智库的启示[J]. 智库理论与实践,2016,1(1):62 - 74 .

[24]张志强,苏娜. 国际智库发展趋势特点与我国新型智库建设[J]. 智库理论与实践,2016,1(1):9 - 23.

[25]詹映. 国外智库建设经验及其对我国知识产权智库建设的启示[J]. 科技与法律,2015(4).

[26]闫志开,王延飞. 智库运转机制比较分析[J]. 情报理论与实践,2015,

38(5).

[27]魏礼群．建设智库之路[M]．北京:人民出版社,2014.

[28]詹姆斯·麦根,安娜·威登,吉莉恩·拉弗蒂．智库的力量[M]．北京:社会科学文献出版社,2016.

[29]任晓．第五种权力:论智库[M]．北京:北京大学出版社,2015.

[30]胡鞍钢．中国特色新型智库:胡鞍钢的观点[M]．北京:北京大学出版社, 2014.

[31]王伟光．探索新型智库发展之路——蓝迪国际智库报告(2015)[M]．北京:中国社会科学出版社,2016.

[32]王斯敏．2015 中国智库年度发展报告[M]．北京:社会科学文献出版社, 2016.

[33]胡光宇．大学智库[M]．北京:清华大学出版社,2015.

[34]中国现代国际关系研究院．欧洲思想库及其对华研究[M]．北京:时事出版社,2004.

[35]王厚全．智库演化论——历史、功能与动力的三维诠释[D]．北京:中共中央党校,2016.

[36]薛澜,朱旭峰．中国思想库的社会职能——以政策过程为中心的改革之路[J]．管理世界,2009(4).

[37]朱旭峰．美国思想库对社会思潮的影响[J]．现代国际关系, 2002(8).

[38]王莉丽．多维度定位中国特色新型智库[N]．社会科学报,2015－09－03.

[39]李国强．对“加强中国特色新型智库建设”的认识和探索[J]．中国行政管理,2014(5).

[40]权衡．科学评价中国特色新型智库[N]．学习时报,2015－08－17.

[41]李扬．智库建设不能“刮风”[N]．光明日报, 2015－02－17.

[42]刘月,李鉴修．打造中国特色新型智库[N]．人民日报,2015－07－28.

[43]林坚．建设中国特色新型智库的全局思考[J]．国家治理,2016(16):33－48.

[44]“世界智库比较与中国智库的发展建设”课题组．中国特色新型智库如何建[J]．理论参考，2015（1）．

[45]曾培炎．努力探索建设中国特色新型智库[M]//中国国际经济交流中心．中国智库经济观察．北京：社会科学文献出版社，2015.

[46]KARTHIK NACHIAPPAN. Think tanks and the knowledge – policy nexus in China[J]. Policy and Society, 2013 (3).

[47]CAROL H W. Policy research as advocacy: pro and con[J]. Knowledge and Policy, 1991(1).

[48]SIMON J. The idea brokers: the impact of think tanks on British government [J]. Public Administration, 1993.

[49]SABATIER P A. An advocacy coalition framework of policy change and the role of policy – oriented learning therein[J]. Policy Sciences, 1988 (2).

[50]DICKSON, PAUL. Think Tanks[M]. New York: Atheneum, 1971.

[51]KELLEY P. Think tanks fall between pure research and lobbying [J]. Houston Chronicle, 1988.

[52]SMITH J A. The idea brokers: think tanks and the rise of the new policy elite[M]. Free Press; Reprint, 1993(11).

[53]HAMES T, FEASEY R. Anglo – American think tanks under Reagan and Thatcher conservative revolution: Thatcher – Reagan Decade in Perspective, 1994.

国家出版基金项目

中国国际经济交流中心

China Center for International Economic Exchanges

CCIEE

智库丛书

全⑦册

国际著名智库机制比较研究

中国国际经济交流中心课题组 著

中国方案 中国智慧

中国经济出版社
CHINA ECONOMIC PUBLISHING HOUSE
·北京·

图书在版编目（CIP）数据

中国国际经济交流中心智库丛书：全7册／中国国际
经济交流中心课题组著．
—北京：中国经济出版社，2020.3
ISBN 978－7－5136－5850－8
Ⅰ.①中… Ⅱ.①中… Ⅲ.①对外贸易政策—咨询
机构—研究—中国 Ⅳ.①F752.0
中国版本图书馆 CIP 数据核字（2019）第 215488 号

责任编辑　闫明明
责任印制　巢新强

出版发行　中国经济出版社
印 刷 者　北京力信诚印刷有限公司
经 销 者　各地新华书店
开　　本　710mm×1000mm　1/16
印　　张　15.75
字　　数　206 千字
版　　次　2020 年 3 月第 1 版
印　　次　2020 年 3 月第 1 次
定　　价　628.00 元（全 7 册）
广告经营许可证　京西工商广字第 8179 号

中国经济出版社 **网址** www.economyph.com **社址** 北京市东城区安定门外大街 58 号 **邮编** 100011
本版图书如存在印装质量问题，请与本社销售中心联系调换（联系电话：010－57512564）

摘 要

近年来，我国智库快速发展，影响力逐步提升，主要表现在几个方面：一是智库规模和类型不断扩大；二是众多智库活跃于国际多边或双边外交舞台；三是与国际智库交流合作进一步加强；四是智库国际、国内影响力逐步提升。与此同时，我国智库建设也存在一些突出问题：一是智库在国家治理体系中的地位和作用亟待明确；二是智库行业主体单一、市场机制不完善、智库标准体系欠缺等；三是智库自身存在定位不清、人员结构不合理、机制僵化、管理不规范、国际化水平和影响力较低等问题。

比较不同国家的国际著名智库，可以发现一些主要特点：一是不同国家政治体制决定了国家智库体制机制的差异，智库参与国家决策等渠道和方式也不相同；二是世界各国智库行业在管理机构、评价机制、市场化程度等方面存在差异；三是国际著名智库在组织机制、人才管理、融资机制、传播渠道等内部管理体制机制方面具有共性。因此，应建设适应我国国家治理体系的特色新型智库，我国智库应坚持党的领导，坚持社会主义道路，坚持正确的政治方向，体现中国特色、提供中国思想、发出中国声音、提出中国方案、贡献中国智慧。

针对我国特色新型智库建设存在的问题，应借鉴国际著名智库发展经验，加强以下几个方面的建设：一是完善政策分析供需体系，实现思想产品供需对接，加快推动智库参与的民主科学决策。二是加强战略布局和规划，有效规制智库思想市场健康发展。三是构建多类型、多层次、多功能的现代智库体系，构建政府智库、大学智库和社会智库互补发展格局。四是建立智库协会或联盟等智库交流机制和平台，促进智库协同发展。五是明确战略定位，强化中国特色新型智库独立性和责任担当，提升智库研究成果质量。六是培育具有国际一流影响力的智库领军人物。七是加强智库传播体系建设，提升智库国际影响力。八是深化管理体制机制改革，激发智库创新活力。

CONTENTS 目 录

总报告

GENERAL REPORT

借鉴国际著名智库发展经验，加快中国特色新型智库建设

党的十八大以来，为提升国家软实力和推进国家治理体系与能力现代化，党中央国务院高度重视发挥智库在重大决策中的咨询作用，出台了一系列指导性文件。习近平总书记多次对中国智库建设作出重要批示，对中国特色新型智库建设的方向、目标、任务提出了明确要求。党的十八届三中全会也对智库建设提出了改革目标。2015 年 1 月，中共中央办公厅、国务院办公厅印发了《关于加强中国特色新型智库建设的意见》，提出了我国新型智库建设的指导思想、基本原则、总体目标、格局、保障举措。2015 年 11 月，中央深改组第十八次会议审议通过了《国家高端智库建设试点工作方案》，由中宣部牵头组织实施国家高端智库建设试点工作，首批共有 25 家机构入选国家高端智库建设试点单位，我国新型智库建设进入快速发展阶段。

建设中国特色新型智库，要把握正确的政治方向，坚持党的领导，坚持社会主义道路，体现中国特色、提供中国思想、发出中国声音。在坚持这个大前提和总的要求下，为进一步推进我国新型智库建设，应充分借鉴国际著名智库的体制机制，构建我国特色的智库体系，创新完善智库运行机制，更好地服务于国家战略目标。

一、中国特色新型智库建设情况及存在的问题

党的十八届三中全会提出“完善和发展中国特色社会主义制度，推进国家治理体系和治理能力现代化”这一全面深化改革的总目标。国家治理体系和治理能力现代化是中国现代化进程走到今天必须面对的重大时代课题，具有鲜明的时代性、方向性和战略性。中国特色新型智

库已经成为我国国家治理体系的重要组成部分。近年来，我国特色新型智库建设步伐加快，智库行业快速发展，影响力逐步提升，但也存在一些问题。

（一）中国智库快速发展，影响力逐步提升

智库规模和类型不断扩大。近年来，我国智库数量迅速增加，据国内权威机构统计，我国2013年有各类智库研究机构2500多家，专职研究人员3.5万人，工作人员27万人。2015年中央出台《关于加强中国特色新型智库建设的意见》后，我国智库发展迎来新机遇，新型智库不断出现，智库数量增长更快。另外，我国智库类型不断丰富，除了传统官方智库，其他类型的智库近年来也出现较快增长，影响力逐步上升，在国际国内舞台上发挥了重要作用，如清华大学国情研究院、北京大学国家发展研究院、中国人民大学重阳金融研究院等大学智库机构，中国国际经济交流中心、深圳综合开发研究院、中国与全球化智库等社会智库，光明日报智库研究与发布中心、新华社智库等媒体智库。另外，一些企业智库、金融机构智库的活跃程度也在显著增加。

众多智库活跃于国际多边或双边外交舞台。为配合中央“构建中美新型大国关系”和开展中美战略与经济对话的部署，中国国际经济交流中心与美国全国商会共同举办多轮中美经济“二轨”对话，就中美投资协定（BIT）、中美投资贸易协定（BITT）、中美自贸区（FTA）等问题讨论沟通，最近又从美国企业和智库层面做工作，有效推动了中美投资和贸易谈判进程。另外，在中日关系遇到困难时，中国国际经济交流中心与日本经济团体联合会共同搭建了中日“二轨”对话平台，与欧洲智库举办多轮中欧“二轨”对话，发挥了智库外交的独特作用。2015年7月，中国人民大学重阳金融研究院和美国卡内基国际和平基金会共同主办了中美智库南海问题对话会，就南海问题陈述中国主张。同年12月，中国社会科学院世界经济与政治研究所、中国人民大学重阳金融研究院、上海国际问题研究院牵头举办二十国集团智库峰会

（T20），就全球治理的顶层设计问题进行智库间交流。南海研究院和美国美中关系全国委员会共同主办的“中美海上事务与国际法二轨对话”，成为中美南海安全交流对话的新平台。这些重大双边或多边外交活动表明我国智库已成为参与国际事务的重要力量。

智库与国际智库交流合作进一步加强。自 2009 年以来，中国国际经济交流中心已举办四届全球智库峰会，峰会有力促进了中国智库与世界各国智库的交流与合作，被基辛格称为了不起的创意。2015 年，由中共中央对外联络部牵头，联合国务院发展研究中心、中国社会科学院、复旦大学等单位成立的“一带一路”智库合作联盟理事会，已成为加强“一带一路”沿线国家智库交流合作平台。国务院发展研究中心每年举办的“中国发展高层论坛”汇集了国际知名智库的顶级专家、学者，会商中国经济与全球经济的增长问题。中国—中东欧国家合作秘书处、中国社会科学院、中国国际问题基金会联合举办的中国—中东欧国家高级别智库研讨会，新华社举办的国家高端智库论坛等活动，都在构建融通中外的话语体系方面做了有益的尝试。

中国智库国际国内影响力逐步提升。近年来，我国智库国际影响力迅速提升：一是我国智库广泛开展了与国际机构、国际知名智库的合作，交流合作的方式和途径趋于多样化；二是我国智库专家、学者主动参与公共外交活动，并频频在一些重要国际论坛上主动发声，表达中国主张，推介中国方案；三是中国智库开始重视与各类传媒的合作，国内外媒体对我国智库活动的报道和学术机构引用我国智库成果的数量明显增多；另外，我国智库和国际著名智库之间在研究合作和建立分支机构等方面也呈现快速增加的态势。中国智库在国际上的影响力之所以迅速提升，根本原因是由中国国家实力的提升和中国政府积极参与全球治理所致。其在国内影响力的提升，则主要得益于国家推进科学民主决策进程的加快和一系列制度性安排的结果，主要体现在：一是由中宣部和国家高端智库理事会牵头，建立了直通中央决策中枢的高端智库重要研究成果报告制度；二是中央在重大国是安排、重要决策和重要文件起草时，把征求智库专家意见作为必要的程序；三是中央主动安排智库参与重大课题研究和对对策效果开展第三方评估；四是举办重大活动时，为国内外智库配套搭建沟通平台等，如2017年召开的国家“一带一路”高峰论坛即配套安排了国际智库平行主题会议。这些都有力提升了智库的地位和影响力。

（二）中国智库在决策参与、行业管理及自身机制方面尚存在一些问题

1. 智库在国家治理体系中的地位和作用亟待明确

智库在国家科学决策中参与程度较低。除国家高端智库试点和地方少数智库外，大部分散布于党、政、军、学、企和民间的智库，并不在国家治理体系与治理程序之内，这说明智库在我国国家治理体系中的地位仍不明确，也无法形成规范的决策咨询程序的制度安排。由于政府决策及其过程与智库之间存在相互隔离的状况，智库很难适应且无法满足政策制定需求，只能充当“工具性”功能角色。随着我国将智库定位为国家治理体系和治理能力现代化不可缺少的组成部分，智库未来更需要履行和实现的是其自身的“功能性”作用，因而，需要进一步明确智库在国家治理体系中的具体定位，作出使其参与政府决策的制度性安排，以提高智库在国家科学民主决策过程中的参与度。

智库产品无法满足政府科学决策需求。长期以来，我国现代智库建设滞后，智库提供的产品和服务难以满足各级党政机构的决策咨询需求。一方面，智库产出与成果的决策转化之间渠道不畅，智库与政府需求没有有效衔接，决策者与专家之间信息不对称，决策者掌握的数据和智库掌握的数据存在较大偏差。另一方面，由于我国智库多为大学或学术型研究机构，主要进行基础性研究，不能针对实际情况提出具有资政启民的成果，造成满足需要的咨询成果供给数量不足，难以满足政府科

学决策需求。另外，有些智库甚至成为党政部门的办事或秘书性质的业务机构，短期性、应付性研究成果较多，长期性、战略性和思想性的重大战略问题研究成果相对较少。

2. 智库行业存在主体单一、市场机制不完善、标准体系欠缺等问题

智库市场主体相对单一。从全球智库的发展趋势来看，半官方的、民间的独立智库越来越多，这与智库的属性和作用有关。但由于我国尚不存在一个具有活力的政策市场，加之现有智库多为官方和半官方性质的行政性事业单位，因而，民间和社会智库成长动力不足，空间也十分有限。据相关统计，社会民间智库仅为我国智库总数的5%。社会民间智库由于财务和人事的独立，使其易于保持良好公正性和客观性的特点，智库的重要作用在于服务政府决策，汇聚社会共识，而社会智库的属性使其更有利于在国家意志和民意之间架起沟通桥梁。社会民间智库的发展滞后，在一定程度上还导致具有社会性和本土性的公共决策咨询需求难以得到有效满足。另外，由于社会智库的缺乏，在现行体制下亦无法搭建起有效汇聚社会智力资源的平台。

市场运行机制不够完善。一是政府与智库地位严重不对等，面对决策者，智库的思想贡献和价值几乎没有议价能力，有时还存在为了附和决策者而提出违背客观性原则的观点。二是智库产品价值难以体现，目前通过政府下拨的财政资金、委托项目的费用与智库人员付出的劳动和成果价值严重不相匹配。三是中国智库市场各个主体之间尚未形成良好的产业链条。例如，不少智库不知道如何与政府决策部门沟通，多数智库通过媒体提升影响力的水平还有待提升，在一些重大问题上对社会舆论的引导能力不够，因此，智库市场上政府与智库、智库与媒体、智库与公众之间的关系还有待进一步磨合和规范。

缺乏具有权威性的智库评价标准体系。一些智库与研究机构陆续提出了一些智库排名或评价标准，但大都或多或少地学习借鉴了美国

宾夕法尼亚大学“智库与公民社会项目”（TTCSP）主导的《全球智库报告》的评价框架和标准，这些评价体系虽在全球智库具有了一些影响力，但它在价值体现、指标设计、数据获取和评价方法上主要定位于对西方智库的评估，不太符合中国智库的实际情况，评价方法也欠缺客观性，对我国智库评价难以起到指导引领作用。由于标准体系的不完善，造成我国缺乏有效的智库成果评估机制和办法。因此，尚需结合中国实际情况，构建和完善具有中国特色的、国际认可的智库行业标准体系。

3. 智库本身存在定位不清、人员结构不合理、机制僵化、管理不规范等问题

智库自身定位不清晰，独立性欠缺。当前我国多数智库的专业化、特色化不鲜明，各类智库功能定位和边界不清。一方面，智库分类不清楚。既没有官方组织认定的权威分类和定位，社会分类和定位也是大不相同，多种多样，价值取向多元，造成同质竞争、无序竞争情况严重。另一方面，定位不明晰。多数智库发展方向模糊，难以形成长期的竞争力，从而导致发展目标趋同，毫无特色，智库的公信力丧失。此外，由于我国多数智库附属于政府机构，资金来源和研究课题也高度依赖于政府，造成多数智库独立性欠缺。

人员结构不够合理。一方面，我国智库人员主要是学者型人才，反观欧美发达智库，人员构成多元化明显，包括学者、前高官、企业家等各类人才。另一方面，我国多数智库研究人员知识结构和履历经验不够。由于智库研究人员主要是学者，理论知识基础比较扎实，研究经验和能力也比较强，但是由于长期以来政府和智库之间人才流动不太通畅，造成我国智库研究人员缺乏政府决策经历，对政府决策过程和政治规则了解不深，对于国际政治规则的实践经验更是很少，导致提出的政策建议在可操作性上较差。例如，美国战略与国际研究中心称呼他们的学者为“政治家学者”。

多元化融资机制尚待完善。一方面，我国政府决策咨询方面的财政拨款大部分流向了官办、半官办智库，社会智库的筹资渠道非常少，多元化资金筹措机制不健全，缺乏国家激励性政策支持，导致生存困难。另一方面，因大部分智库人员吃的是国家事业编制的“人头费”，政府对一些课题的研究，只能靠补贴性的财政拨款，导致难以保障产出高质量的研究成果。另外，由于公民捐赠意识淡薄，加之社会对智库的作用认知不够，企业、个人、基金会对智库的捐赠仍处于较低水平。

国际化水平相对较低。尽管近两年来我国智库对外交流明显增强，但其国际化程度远远不够。一是“走出去”的智库相对较少。当前我国智库主要是与国际智库展开合作，很少在国外设立分支机构，无法为中国更多地参与全球事务提供思想支撑。二是我国智库发挥影响力的国际平台仍然缺乏。三是我国智库尚未形成干预和引领全球智库话语权的能力，国际话语权弱。四是我国智库国际化还存在一些体制机制的障碍，例如，目前对智库召开国际学术研讨会和参加国际交流的科研人员出国的审批手续繁杂、审批周期长、境外时间短、经费限制等问题突出。

智库思想传播能力较弱。由于我国多数智库附属并服务于政府机关，思想产品直接交给政府机关，渠道相对封闭，基本不需要营销传播；加之政府政策市场尚未形成，造成智库对整体思想成果的营销传播能力较弱，在营销推广的各个环节，包括项目设计、调研、撰写、评估、报送、传播等没有高水平的谋划。另外，专业化、国际性的智库思想营销传播人才相对缺乏，造成智库思想的国际传播远远落后于发达国家智库。

二、国际著名智库机制比较研究

智库发展受到内外部机制的共同影响，包括政治环境、社会环境、市场环境、管理机制、人才队伍、资金来源与研究成果等方面，因此，本书主要从国家、行业和内部层面分析总结美国、英国、德国、法国、俄罗斯、日本、韩国以及新加坡等发达国家著名智库体制机制。

（一）不同国家政治体制决定了国家智库体制机制的差异

由于世界各国政治体制不同，造成智库在参与国家决策过程中参与方式和发挥的作用不同，同时，国家政治体制也影响了智库构建的性质。可以说，政治体制不同决定了智库体系构成、性质与参与决策方式的差异。

美国三权分立、两党竞选、轮流执政的总统制政治体制决定了美国智库体系的多元构成，形成既依赖政府又独立于政府的关系，形式上表现出非政府性、非营利性、非党派性的特点；两党轮流执政的体制使美国智库独具特色的“旋转门”机制能够顺利实施，通过这种机制参与政府决策，在政府决策上具有非常大的影响力。

英国属于君主立宪制，由女王任命议会选举中获胜的党派领袖出任首相并组阁、向议会负责、实权在内阁。在这种体制下，英国的文官系统较少依赖外部资源进行政策咨询，英国智库党派属性非常明显，政党和智库在国家政治生活中起着互为补充的作用，智库参与政府决策主要通过其政党实现。

德国虽然采用多党竞争制（温和多党制），但各政党之间的意识形态差别小，政见具有相当程度的共识，呈向心性竞争态势。这一认同性的政治氛围促使德国智库扮演着一种“社会共识”的独立角色，德国政府认为客观的研究成果有利于公众与政客对智库提供的信息和建议作出最好的判断，并将“只接受政府资助”作为保持智库独立性的必要前提。因此，60%的德国智库没有特定的意识形态烙印，而是坚持独立的学术研究方法和准则。

法国“半总统制”的政权模式，既有总统制特点，又有议会制特点，国家决策有依赖专家委员会的传统，总统在提出重大决策前，一般会成立由政府官员、议员、专家和相关行业代表组成的专业委员会进行研究并提出建议，因此，政府和主要党派自身直接或间接组建的智库机构是法国智库的主力军。

俄罗斯智库主要脱胎于苏联时期的官方智库体系，传承了苏联时期良好的学术研究体系和机制。近年来，俄罗斯上层政治固化制约了智库发展，在“可控民主”的思维下，政府主导色彩明显，官方、半官方智库占主导、独立性弱，大多数智库对政府依赖性比较强，以政府委托或大型国企委托为主。

日本属于议会制君主立宪制的国家政治体制，政府在作出重大决策前，通常都会以“咨询会”“审议会”“恳谈会”等形式做详细的调研论证，这是与日本决策层联系最密切、比较制度化、较高层次的智库形态。日本智库存在官方、半官方、民间智库，但总体上具有浓郁的企业特色，多数大型综合智库都以企业形态出现。

韩国与新加坡智库的发展均源于集权体制，智库以政府研究机构为主，很少需要依靠“外脑”，智库主要由政府或直接或间接组建。两国略有差别，新加坡智库虽主要由政府主导，但智库多位于其国内最知名的高等学府；而韩国是以政府研究机构为主体，企业附属研究机构为辅助的智库生态体系。

我国政治体制是中国共产党领导的多党合作和政治协商制度，国家的重大决策坚持民主集中制原则。因此，我国智库以官方和半官方的附属型智库为主，呈现圈层结构，多数为从属于党政机构的智库，大多通过层级管道直接参与政策制定，承担政府委托的课题或运用内参输送观点，通过相关会议汇集政策观点、为决策者当面授课等方式影响政策制定，资金来源多以政府财政拨款或委托研究项目经费为主。

（二）各国智库行业管理机制等方面存在差异

各国智库市场主要表现为多元构成的行业形态。目前，发达国家的智库在隶属形态上表现为官方智库、半官方智库和民间社会智库三个大类，但这三个类型在各国智库行业的比重和作用有所不同。例如，美国智库行业市场化程度非常高，主要以独立于政府的智库为主，日本智库大多以企业形式存在，而法国、俄罗斯、新加坡、韩国等的智库则以政府主导或者依赖于政府的智库为主，市场化程度相对较低。我国智库以官方、半官方智库为主，社会智库发展不足，市场化程度较低。

各国智库行业管理体系也不尽相同。一方面，世界各国通常以行业协会机构负责智库行业的管理，包括智库行业标准制定、管理措施，甚至包括相关行业法律法规制定，同时作为行业的自律性机构，对行业进行规范和协调。例如，美国设有咨询协会、英国设有管理协会、德国设有咨询协会，通过这些协会协助政府智库行业。另一方面，发达国家采取不同的智库行业评价模式。美国对智库行业采用以市场尤其是政策市场为主导的评价模式，智库成功与否主要取决于市场，由市场对智库整体运营作出评判，评价标准是其在市场竞争中的表现。德国采用第三方评价为主导的模式，德国通过中立的第三方机构专门负责对全国智库进行评价，其中以莱布尼茨协会的评价最为权威。莱布尼茨协会是德国各专业领域研究机构（智库）的联合协会，拥有法律所赋予的对全国研究机构和智库，尤其是国家级和州级研究机构进行评价的权力；智库要想获得国家资金支持，一般必须加入该协会并接受该协会评价。日本和韩国采用以政府为主导的评价模式，如日本一般会在智库内部设立评估委员会，委员会成员一般由国家公务人员和兼职教授组成，代表国家利益对智库活动进行监管和评价。韩国的智库评价则全部归属于国家经济人文和社会科学研究会（NRCS）管理，NRCS 是韩国政府设立的智库管理机构，因此，日韩的智库评价模式实际上由政府主导。在我国，目前尚未有智库的行业管理机构，这就造成行业发展不规范、鱼龙混杂的局面。

各国智库发展规模和水平差异较大。美国宾夕法尼亚大学发布的《全球智库报告 2015》显示，2015 年美国智库数量达到 1835 家，占全球智库总量的26. 8%，年均预算达数百亿美元，从业人员超过 10 万人，一些大型智库人员在200人左右，人数最多的兰德公司达1800人，排名前10的智库年度运营费用均在3000万美元以上，研究领域包括国际发展、国际关系和安全、国家和国际经济社会政策、公共健康和环境等，在全球排名靠前的智库中，美国智库占大多数。英国智库数量为288家，全球排名第三，大型智库研究人员均在百人以上，年度经费超过1000万英镑，其中费边社成员总数超过1000人，在欧洲国家中，英国是智库类型最全、数量最多、影响力最大的国家。德国智库规模约为英国的一半，共有195家智库，大型智库约12家，雇佣研究人员30～80人，年度预算为500万～1400万欧元。日本共有109家智库，新加坡有12家智库，其中3家跻身全球前百强智库。从国家层面上看，智库行业规模和发展水平差异较大。

（三）国际著名智库在内部管理体制机制方面具有共性

资金来源渠道多元化。从智库资金渠道与筹资能力上看，美国智库大多具有多元化的复合融资能力，社会委托、政府资助、项目外包、财团支持、会员会费甚至外国政府等都可以成为其资金渠道，不同性质的智库收入构成有所区别，有些智库对政府资助的依赖较大。英国智库资金在很大程度上依赖政府或政党，因其党派和政治倾向性使其资金得到特定政党或利益集团的支持，但两者间并不是直接的隶属关系，而且资金的使用也有严格的规定，研究项目委托方一般情况下不能向智库直接付费，也不得指定资金的使用目的，资助资金由智库全权安排和使用，并设有最高资助限额。德国和新加坡两国智库发展的绝大多数资金均来自政府，并且都倾向于依托高等学府，选择采取以政府为主的支持方式是为了更有利地保持研究的自由和独立，而不受利益集团的驱使。法国与韩国的主要智库是其国内官僚体系的重要组成部分，运行资金基本全部来自中央预算，独立智库的资金则主要来自企业赞助与政府委托项目。日本智库的经费来源问题在很大程度上受其组织形态的影响和制约，如官方或半官方智库的经费大部分来源于政府，企业类智库的经费基本来源于企业财团与委托研究费用。我国智库与国际智库相比在资金来源上相对单一，容易因经费缺乏造成经营困难的局面，也不利于智库保持独立性。

高度重视高端人才培育，人员构成多元化。在世界著名智库中，核心研究人员能力和水平较高，多为国家顶级学者或学术带头人，在智库中具有较高地位，配有完备的支撑与保障体系。例如，布鲁金斯学会对研究人员的要求标准极高，一般要达到所在领域的“学术领头羊”、具有前瞻性视野和在公共领域里有影响力这三个标准，其研究人员均有较深厚的学术背景，大多数人有政府背景，有些人还有国外背景，如澳大利亚前女总理、土耳其前财长等。另外，研究人员收入水平较高，研究的自主性较高，没有繁杂的行政工作和填报各种报表的干扰，主要精力用于研究工作。相对于发达国家的著名智库，我国智库缺乏具有国际影响力的领军人物，尽管我国智库研究人员在基础研究方面水平差距不大，但是智库人员在经济实际管理、国际事务、政府管理等方面的经验上与国际智库研究人员差距较大。

普遍采用理事会或董事会化的治理机制，组织机构倾向于扁平化设置与分权管理模式。智库作为独立实体，其运转需要合适的管理体制，其具体形态依赖于所在国家的法律，并受政治体制与相关文化因素的影响，因宗旨不同各大智库具体的管理机制有所差别。美国、英国、德国、法国、日本等国的智库多采用理事会或董事会化的治理机制，组织机构倾向于扁平化设置与分权管理，充分保证研究空间、质量与专业性。智库的日常管理运行由智库负责人（总裁等）负责。理事会由重要捐助者组成，成员大多是大企业家、捐助基金会负责人、政府原官员和著名学者等，他们有很雄厚的经济实力和人际网络。美、英、德、法等欧美智库重视通过发展会员扩大智库资金来源与社会影响。日、韩、新加坡等国的会员组织成熟度要低于欧美国家，如日本只有一些 NPO（特定非营利活动法人）智库发展会员制。

具有严格的成果质量管理机制。国际著名智库高度重视研究成果质量，将其作为智库生存和发展的基石，并将其融入核心价值观中。例如，兰德公司的愿景是“成为世界上最值得信赖的政策思想和政策分析之源”，核心价值观是“高质量和客观性”；布鲁金斯学会追求“高质量、独立性和影响力”。正是在追求高度重视研究成果质量的价值观指引下，国际著名智库制定了严格的成果质量标准和评价管理机制。例如，兰德公司在1997年制定《高质量研究与分析标准》，并不断完善修订。另外，国际智库建立成果质量管理部门或组织机制（科学委员会、评审委员会等），实施内外部同行专家严格评审与监督，以保证研究成果的高质量。

智库传播平台体系比较广泛。美国智库具有完善的传播平台体系，主要智库每年都会出版大量的专著、期刊、研究报告、背景分析、简报等刊物，举办各种讲座、报告会、培训班，面向政府和大众传播智库观点。英国、法国与新加坡智库成果传播方式与美国基本相似。在政府决策方面上，德国、韩国、日本的智库则更倾向于通过直接接触政府官员的方式影响政策决策，而较少借助公众或媒体。日、韩的智库则更像是主办者的私人咨询机构，对外发声明显弱于欧美系智库，即使是民间智库，成果首先对本企业的主要领导人产生影响，然后再通过本企业主要领导人与政府官员的接触影响政策制定。长期以来，我国智库注重于对成果的内部汇报，而忽视了对外传播，因此，造成我国智库传播平台缺乏和传播能力不高，阻碍了我国智库国际化水平和国际影响力的提升。

三、国际著名智库对中国特色新型智库建设的经验启示

（一）建立适应我国国家治理现代化方向和要求的智库体系

建立与我国国际地位相匹配的大国智库体系。当前我国正处于和平崛起的关键时期，崛起的中国需要建立能够代表大国软实力的智库。发

达的智库体系是现代国家治理体系的重要组成部分，是国家治理能力的重要体现。美国智库作为第四种或第五种权力，在国家政治生活中发挥着不可替代的作用。当前全球化的快速发展，决策环境和条件异常复杂，社会利益分化多元，政府决策面临着过去不曾有过的挑战。现代社会智库以其宽阔视野、高度专业化和对复杂问题的建构能力，成为政府决策质量和效能的基本保证。建设中国特色新型智库是大国崛起参与全球竞争、争夺国际话语权的需要，也是中国社会急剧转型的内在需要。

建立和完善适应国家治理需要的智库体制机制。国际经验表明，智库在国家治理过程中发挥着举足轻重的作用，发达国家已经形成了与其国家治理体制相适应、较为完善的智库决策咨询体系。我国国家治理体系与西方发达国家不同，我国治理体系是中国共产党领导人民有效地“治国理政”的国家制度体系，我国国家治理能力是中国共产党带领人民运用国家制度有效实施“治国理政”的能力。当前，国家治理体系和治理能力现代化已成为我国全面深化改革总目标的有机组成部分，而我国当前实现治理现代化迫切需要发挥智库的支撑作用，所以要充分认识我国治理体系与西方发达国家治理体系的差异，建设与中国特色治理体系和治理能力现代化相适应的智库体制机制。

建立促进智库快速发展的法律制度环境。从国际发达国家的智库管理体制来看，都已经出台了一些有关智库的法律制度，包括从财税政策到政府决策程序都受到法律的支持和保障。同时，法律制度决定了智库组建的形式和运营模式，如国际上大部分国家的著名智库多以政府研究机构、社团、企业形式出现，性质上有营利和非营利之分，在各国也都有明确的相关法律制度，通过规范的法律制度，有利于发挥智库的积极性和创造性，提升智库思想产品的质量和影响力。

（二）把握全球智库发展趋势，培育智库行业市场

完善智库行业顶层设计，加快智库总体布局和选择。从发达国家智库行业发展来看，多数智库发达的国家通常采用政府布局和市场化运行

相结合的模式。一方面，政府对智库产业进行战略布局有利于打造服务于国家利益和战略的智库结构，能够在总体上调控智库行业的发展方向。另一方面，必须要坚持与市场选择相结合的原则，这是保证智库市场活力的有效机制，通过市场化机制，实现优胜劣汰，有利于智库找准自己的行业定位和发展方向，保证市场健康发展。因此，我国可以从顶层设计上对智库行业和体系进行总体布局，在运作方式上结合实际情况，对不同类型的智库采用市场或行政性的管理机制。

创造国际化、网络化的智库发展环境。当前，国际化已经成为智库发展的重要特征和方向，发达国家的智库已逐步实现其国际化布局，增强全球影响力，智库全球化呈现研究领域国际化、研究视角国际化、人才队伍国际化、影响力国际化和机构网络全球化等特征。为此，应逐步推动中国智库构建区域性和全球性的研究网络、成员网络或合作网络，构建中国特色的全球化智库网络体系。

重视体制外（社会）智库培育和建设，鼓励独立智库发展。我国民间独立智库处于初步阶段，要鼓励独立智库发展，逐步打造一批有公信力和影响力的独立型智库，作为我国智库体系的重要组成部分，参与智库行业竞争，从而有助于提升中国智库的总体水平。

（三）加强人才、资金和成果等内部运营管理机制建设

战略定位事关智库的发展方向。综观国际著名智库，大多具有明确的研究定位和指向，专业性强，服务对象明确。当前，国际著名智库研究领域具有综合性、跨学科性、长期性和实效性的趋势。因此，我国智库可以结合自己人员、资源等情况，发挥自身特长，找准战略定位，瞄准重点领域，加强对国家重大经济、社会和政治等方面重大问题长期性、系统性、实用性的跟踪研究，促进智库思想成果转化。

人才管理是智库管理的核心。国际著名智库高度重视人才培育、管理、监督、激励和评价。是重视培育学术领军人物。美国知名智库研究人员大部分是顶级学者或学术带头人。例如，布鲁金斯学会对研究人

员的要求极高，一般要达到3个标准：是所在领域的“学术领头羊”、具有前瞻性视野和在公共领域有影响力，他们深植各个领域，具有前瞻性思维和广阔视野，具有参与公共政策对话和影响政策层的能力。二是充分发挥前政要和领导人的影响力。美国主要智库的负责人一般由重量级人物出任，比如前总统克林顿夫妇的密友、前常务副国务卿塔尔伯特担任布鲁金斯学会主席，犹他州前州长、前驻华大使洪博培担任大西洋理事会主席，前国务卿康多莉扎·赖斯担任兰德公司总裁，而国务卿克里目前仍是伍德罗·威尔逊国际中心理事会成员。因此，可以借鉴国外智库经验，发挥我们国家前政要或领导人的丰富经验和影响力，整合社会资源和提升智库国际国内影响力。

研究成果质量是智库的生命。综观国际知名智库无不以高质量、对政府决策产生重大影响闻名于世。如兰德公司、布鲁金斯学会、英国皇家国际事务研究所等智库都将质量作为自己的核心价值观。建设我国特色新型智库要借鉴国际著名智库在成果质量上的评价管理经验，提升智库研究成果的质量。

资金来源对智库生存至关重要。财务上的不独立是阻碍智库发展的重要因素，因此，欧美等国际智库大都积极开拓资金来源渠道，争取政府财政拨款，研究合同收入，个人、企业或者基金会捐赠，会员费，出版物收入等多种形式的资金来源。中国智库应借鉴这些国家智库多样化的资金筹措方式，建立稳定的资金来源渠道，不断扩大财力，保障智库的稳定运营。

建立完善规范的内部管理机制。国外著名智库大都具有规范的内部管理机制，通常智库领导层（多为理事会）主要负责智库的大政方针，如确定智库主席或所长、确定年度预算、评估和建议研究议题等内容，日常管理通常由主席或所长负责；智库组织上分为政策研究和行政管理部分，政策研究是核心，行政管理服务于政策研究；政策研究部门大多实行项目管理制度，研究人员根据研究领域实行阶梯配置。这些方式都是比较成熟的方式，也是国际著名智库通用的管理方式，中国智库在建设和发展过程中可以借鉴。

加快智库传播体系建设。一是加强对外交流合作，通过国际研究合作和学术交流提升智库研究人员的国际视野和政策研究能力，提高自身国际国内影响力和话语权。二是建立完善的、系统的智库信息传播机制，通过政策建议、会议、成果出版和网络建设等方式扩大智库成果的影响。三是充分利用现代传播技术手段，形成主动有效的传播机制和反馈机制。

四、建设中国特色新型智库的政策建议

（一）完善政策分析供需体系，实现思想产品供需对接

美国等发达国家的智库竞争，主要表现在谁能用自己的思想产品影响政府决策。在政策分析供需体系中，智库是供给方，提供政策思想和专业建议，政府、媒体和公众是政策思想的需求者。思想产品的供需双方应加强互动，决策部门主动打开公共需求的“闸门”，接上智库产品供给的“活水”。

充分发挥智库在重大决策过程中的咨询作用，使智库参与政府政策研究制度化。加快建立健全政府信息公开制度、重大决策意见征集制度、政府购买政策咨询服务制度、政策绩效评估制度。政府将“断”与“谋”适当分离，将智库参与作为必不可少的一环纳入政策制定和公共决策的过程，提升政府决策过程和信息对智库的开放度和透明度，促进政府决策的科学化和民主化。

构建政策分析研究供需交流平台，使智库了解政府对公共政策研究的需求。政府及时向智库发布涉及国计民生的重大政策意向，构建政策开放讨论的社会化网络，释放政策研究需求信息，促进决策者、研究者和公众多方有效积极互动，引导智库发挥己之所长，对重大政策进行跟

踪研究并使之不断深化。

建立研究成果多层次输出渠道，使智库的思想产品为国为民所用。政府要畅通与智库沟通的渠道，建立择优选用机制，引导智库通过思想产品供给、参与政府决策过程和研究成果社会共享等方式发挥作用。鼓励决策者到智库发表重要演讲，鼓励智库通过公共传播手段对政策进行解读，引导社会舆论，提升政府公共政策的社会共识度。

形成政府政策测试机制，使智库参与决策程序化。通过调查研究、意见征集、方案设计等方式，让智库充分介入政策制定的前端程序；通过敏感性分析、第三方评估、试错测验等方式，对政策实施状况进行中期评价，发现政策漏洞，提出修订意见；通过预期绩效考察、宏观效果分析、社会反馈等方式，对政策提出后期完善和调整意见。

（二）加强战略布局和规划，有效规制智库思想市场健康发展

制定体现国家战略和意志的智库发展总体规划和布局。一是改善智库在重点研究领域的布局。为避免智库在国家重要战略领域同质化过度竞争，需突出一些重点智库主要业务方向和研究专长。如在国家战略、公共外交、国家安全、宏观经济、改革、创新、开放、金融、高科技、社会治理、能源、民生等领域，国家应引导一些智库进行长期定向研究，形成立体化、网络化的覆盖和深度的研究布局，提升研究的针对性和精确度。二是制定智库业发展规划。明确智库业发展的方向、目标和政策，赋予各类智库平等的地位，加强党的领导、政府有效监管和行业自律，防止内外利益集团的渗透和控制。对智库在国际舞台如何开展交流活动，也要有总体规划，如最近建立的中美智库间经济对话机制就产生了很好的效果。

培育和拓展智库思想需求市场。拓展政府需求、社会（公众）需求、国际需求（国际事务、国际社会、国际人士）、公共外交等需求市场的空间；同时鼓励智库拓展不同的参与决策方式和机制，包括内参和政策报告、咨询机制（会议、机制化的委员会）、承接“发包”课题、

参与公共外交、公共渠道及社会影响、“第二轨道”机制（“二轨”对话）、个人渠道、人员交流及为高层领导讲课。

对智库市场进行有效规制。一是明确市场准入政策和标准。在市场准入政策上，对新型特色智库的标准要明确定义，对特色新型智库数量、类型、服务领域和水平进行规制，在行业上把握智库市场的发展布局和规模，防止鱼龙混杂的局面。二是构建质价对等的市场定价机制。新型特色智库建设要逐步使思想资源配置在思想市场中起决定性作用，为智库的思想产品提供具有市场竞争力的研究费用，充分体现其成果的价值。

（三）构建多类型、多层次、多功能的现代智库体系

走多元化、多样化、多层次的智库发展路线，建设类型齐全、功能完备的智库生态体系。建立与国家治理体系相匹配的智库体系，将智库体系作为国家治理体系中的重要子系统，形式多元化、多样化、多层次的共生系统。一是在功能上，探索建设能够发挥决策智力资源聚合功能、连接体制内外桥梁功能、联系其他各类社会群体管道功能和发挥思想产品竞争市场功能的多样化智库；二是在服务对象上，探索建设服务于国家整体战略和公共政策制定的国家级智库和以服务于地方经济社会发展的地方性（省或市）智库；三是在领域和行业上，进行优化布局，探索建设国家战略、经济、社会、环境、军事、安全等各方面专业化智库；四是在智库类型上，建设偏学术型智库、偏媒体型智库、体制内智库、社会类智库等；五是在层次上，探索建设高端智库和一般智库多层次的智库体系。建立以政府智库为主导，其他智库为补充的国家高端智库体系，重点服务于国家重大战略决策；一般智库应以民营等社会类智库建设为重点，为各级地方政府、企业等机构提供政策咨询服务。另外，在智库服务内容上，智库建设要澄清和处理好服务于政府决策和一般化服务政府的关系。智库应强化思想品和专业化知识服务于政府决策的功能，而不应承担常规性、一般性甚或是日常性的工作。

构建政府智库、大学智库和社会智库互补发展格局。一是引导政府

智库转型。加快推进政府智库由传统智库向现代新型智库转型，在组织模式、管理模式、运营机制等方面转型，推动研究方法创新，提高研究成果质量，提高智库成果转化效率，提升人员专业化水平，推动政府与智库之间人才有序流动。二是加强大学智库建设。加强大学智库建设，让大学智库成为中国思想创新的“发动机”，充分发挥高校在基础学科研究、研究机构和人才丰富方面的优势，重点扶持一批具有创新潜力的中国特色新型大学智库，发挥其引领示范作用，带动大学智库的良性发展。三是大力鼓励和支持社会智库发展。在制度、经费、数据、税收等方面大力支持民间智库的建立和发展，通过制定法规对民间智库的发展定位、性质、管理、经费、运营与监督给予法律性、制度化的规定。构建社会智库思想成果向决策者提交和交流的渠道，建立它们参与政府决策和研究成果采纳的常规机制。为社会智库提供获得政府信息、数据和研究课题的公平机会和基础条件，政府研究项目可让独立型智库参与竞争，靠项目竞争获得经费；对于社会智库要明确其按非营利性组织定位，不按以营利为目的的企业注册，在财税政策上给予支持。

建立健全智库发展的相关法律，为智库体系建设创造良好的制度环境。一是加快智库立法工作，制定智库发展标准，对智库的定位、性质、管理、经费、运行、评估与监督等给予法律性、制度化的规定，确保各项政策法律制度的落实，使智库发展有法可依，消除智库发展的体制性和系统性障碍，创造平等竞争和发展的政策环境。二是加大对智库建设的财政政策等方面的支持。通过提供财政拨款、设立基金支持、社会组织捐款资助、购买政策咨询服务等方式支持政策研究的智库，对于企业和个人捐款给予免税政策；对于国家重点支持的智库实行单位增值税减免政策；对于智库研究人员劳务费占经费比例无限制，目前可参照科研管理办法等相关政策。

（四）建立智库行业协会或联盟等智库交流机制和平台

设立智库监管机构和交流平台，强化行业自律和自我净化，促进智

库协同发展。一是设立专门的智库行业管理机构，负责智库行业标准制定、行业评价、行业的协调管理、职业规范等方面的协调和监管。二是尽快完善智库发展的行业监督机制，加强行业监管。三是建立智库的行业性平台组织，通过定期组织智库会议、合作研究等交流活动，实现智库之间的沟通交流，加快智库产业发展。四是通过平台合作促进理论创新和研究成果共享，更大限度地发挥智库思想产品的效能。五是构建方便快捷、资源共建共享的智库信息化平台，实现智库间对重大战略项目共同探讨研究、共享知识资源。目前已经成立的国家高端智库理事会将促进我国高端智库的管理和发展。

建立分类管理的行业管理机制。一是各类智库布局和分类管理、智库思想产品市场管理。在思想产品市场上，智库是思想产品的供给方，政府、企业、媒体和大众等都是产品的需求方和消费者，完善的思想产品市场需要存在不同类型的智库，这些智库能够输出多层次、多种类的思想产品满足不同的思想产品消费群体。二是在不同的战略领域内各聚集数十个顶尖智库，避免重复研究，有效组织分工，及时沟通信息，赶超国际同行。

建立智库评估与淘汰机制。通过规范的评审标准、评审流程、发布机制和公平竞争的环境，保证不同类型研究成果的科学性和客观性。建立行业管理机构、同行评议或第三方对智库的评估机制，尤其是高端智库的评估机制，对其思想成果的数量、质量、成效等方面进行考核评估，优秀的要奖励，落后的要淘汰；建立智库咨询绩效考核和责任追究制度，改变专家咨询无责任风险的现象，以此避免专家咨询的随意性；另外，通过评估和淘汰机制，有效避免出现当前智库建设盲目无序的局面，提高智库研究成果的严肃性和科学性。

（五）明确战略定位，强化智库独立性和责任担当

明确智库战略定位，实现专业化和错位发展。一是坚持以决策问题为导向。国外著名智库都有明晰的战略定位，多数以政策实用主义为指

导思想。智库不是纯粹学术性研究机构，而是政策研究、设计和建议机构，因此，中国智库要围绕政府决策的相关问题开展研究。二是在加强对当前热点、难点政策问题研究的同时，注重对长期性、前瞻性、战略性重大问题的研究。三是加强智库专业性建设。智库应找准自己的生态位，确定自己的专业化研究领域，如综合、经济、科技、军事、外交等方面，突出自身特色和优势，实现错位发展。

保持特色新型智库建设的独立性。我国特色新型智库建设应在以下几个方面保持独立性：一是保持智库人员的思维独立性，不能形成依附性。二是保持智库研究的独立性，坚守思想产品的独立性，能发出客观独立声音，不能人云亦云。三是在中国特色新型智库建设的过程中，国家智库体系具有独立性和特色，根据我国的实际情况建设适合我国治理体系的智库体系和制度程序，不能照搬照抄。四是加快培育具有国际影响力的智库领军人物，汇聚高端智力资源，防止形成对西方国家的智力依赖。

强化我国特色新型智库的责任和担当。我国特色新型智库建设应强化责任和担当。一是我国特色新型智库要具备维护国家利益和安全的责任和担当。二是中国特色新型智库建设一定要坚持中国特色社会主义道路和中国共产党领导的出发点。三是要坚持国家利益、民族利益和人民利益至上，智库成员需要有爱国之心、报国情怀，智库要服务于国家整体利益目标。四是要具有追求真理，推动社会文明发展进步的理想信念。五是国际上承担体现中国特色、提供中国思想、发出中国声音、宣介中国主张、提供中国方案，促进人类命运共同体建设的大国责任和担当。

提升智库研究成果的质量。智库研究成果质量是智库发展的重中之重，为提高智库研究成果质量，应遵循科研工作的规律性，重点要加强科研管理工作。当前，我国智库在研究过程中应重视几个方面：一是以问题为研究导向，提高研究的指向性和针对性。二是加强智库研究的时效性和前瞻性，时效性就是要研究一些突发性的重大问题、热点问题，前瞻性就是对长远性、战略性的问题有战略预判。三是提高智库研究成果的战略性和可操作性，要“顶天立地”。四是智库研究要注重基础研究积累，采用科学的研究手段和方法。

（六）培育具有国际一流影响力的智库领军人物

培育以学术领军人物为“领头羊”的人才队伍。发达国家的著名智库大都培育或引进学术带头人，学术带头人对智库国际、国内影响力的提升起到了非常大的促进作用，成为智库的招牌。因此，我国智库应打造以学术带头人为“领头羊”的研究人才队伍。一是培育或引进所属研究专业领域的国际顶级的学术领头人。二是采取“学术领头人＋团队”的人才队伍模式。以顶级人才为核心，以岗位专家为骨干，以储备人才为辅助，打造熟悉国情世情、善于政策研究、具有专业化素养的高端人才团队。

充分发挥国家前高官或领导人的影响力。我国与美国等国家的政治制度不同，因而不可能出现政党轮流坐庄时的“旋转门”现象，也就无法在人才流动上采用“旋转门”，但美国前高官和总统离职后到智库工作成为惯例，值得我们学习借鉴。从我国高层领导任职离职的实际情况来看，可以充分利用国家前高官或领导人的丰富经验和国际、国内影响力，促进智库发展。一是可以邀请前高官或领导人担任智库负责人，发挥其政策经验和影响力，把握智库发展定位方向，整合社会资源。二是可以邀请前高官或领导人担任智库顾问，参与某些重大政策问题的研究讨论。三是由前高官或领导人担任学术领头人，带领专业研究队伍开展研究工作。四是发挥前高官或领导人的资源整合能力，整合资金、人才、部门关系等方面的社会资源。

创新国际一流的战略与政策研究人才培育机制。一是制订智库人才发展规划，建立智库人才专门的培养渠道和机制，培育一批高水平智库人才。二是提高研究团队的专业化、知识化、职业化、国际化研究能力，培育具有国际影响力的智库领军人物和人才队伍。三建立和完善适应思想品生产的人才薪酬体系、职称评审制度、激励机制等，充分认识智库中人的核心作用和价值，提高对智库研究人员的待遇。四是创新政府—智库之间的人才交流机制，推动智库人员到政府、企业和其他社会组织任职。同时，应进一步畅通渠道，使社会各领域优秀人才有机会参与到智库工作中来。建立智库与决策、行政部门之间的交流机制，包括派出研究人员到中央和地方行政部门挂职交流，邀请这些行政部门高级公务员定期或不定期地就重大方针政策贯彻实施情况进行讲座交流，以及到智库机构定期挂职参与重大课题研究等方式。

（七）加强智库传播体系建设，提升智库国际影响力

加快构建国际化的智库网络体系。一是在海外有重要意义的地区和国家，通过设立办事处、与国外学术和智库机构建立分支机构、聘用海外研究人员等方式，推进研究网络国际化。二是通过与国外机构开展国际重大问题的合作研究，强化国际化网络建设。另外，支持国内智库与国际同行之间深入交流，支持研究人员走出国门拓展国际视野，开展国际化的智库人才培育计划，促进国内智库建设全球化的智库网络，推动中国进一步参与全球治理。三是加大与国际著名智库交流合作，注重智库知名度和影响力建设。加大与国际一流智库的交流合作力度，既要“走出去”，也要“请进来”，大力开展各种长期或短期的国际课题合作、创建国际访问学者资助平台、举办各类国际公共政策讲座和论坛、加大对公共政策研究成果的传播力度等，逐步提高我国智库的国际影响力和竞争力。

加强智库传播体系建设，提升中国智库国际影响力。加强智库传播，促进智库思想产品包括智库影响力的转化，形成智力资源的交互平台。具体举措包括：一是智库通过设立与政府、社会、媒体等机构沟通的专门机构，定期或不定期地通过出版物、内部报告等形式进行传播；二是举办各类会议，邀请政府部门、国际组织、学术机构和企

业等代表，通过交流研讨传播智库自身观点；三是通过智库网站和公开出版物、新闻媒体发布新的成果和政策时评，传播智库观点。另外，还可以利用智库人员的个人影响力和关系网进行人际传播，打造我国国际智库的名人、名品和名牌，提升我国智库的国际影响力和竞争力。

（八）深化管理体制机制改革，激发智库创新活力

构建支撑智库发展的多维网络体系需要良好的社会条件和制度环境。中央《关于加强中国特色新型智库建设的意见》中明确提出，智库应发挥咨政建言、理论创新、舆论引导、社会服务、公共外交等重要功能，因此，智库要增强使命感和责任感，抓紧克服智库管理体制机制仍存在的一些制约性问题。当前，智库研究人员在参加国际交流、研究报酬获得、职称评定、业绩考核、知识产权保护等方面，存在诸多刚性约束和实际困难。建议首先解决最突出的几个问题：

改善智库参加国际交流的管理。充分发挥新型智库开展对外交流的重要功能，简化智库在外事活动管理、中外专家对话、举办或参加国际会议等方面的审批程序，缩短审批时间。出台有利于智库发展的关于出访经费、出访时限、举办国际学术会议等方面的政策。

落实科研激励支持政策。有关部门要及时开展对《关于进一步完善中央财政科研项目资金管理等政策的若干意见》和《关于实行以增加知识价值为导向分配政策的若干意见》等相关政策的细化落实，并对落实情况组织督查。审计机关应按照新的管理办法和规定，开展对政策措施落实情况和财政资金的审计监督。

出台智库评价制度。智库评价制度包括对智库科研人员的评价和对智库的评价。鉴于咨政类成果与学术研究成果存在区别，应建立智库科研人员职称评定系统，以体现咨政类成果的针对性、务实性、可操作性等特征。制定智库评价体系和评价方法，通过对智库的科学评价，激励智库健康发展、提升智库总体发展水平。

第一章

CHAPTER ONE

中国智库机制研究

一、中国智库发展历程

中国智库发展到今天大致可分为新中国成立至改革开放前、改革开放至20世纪80年代、20世纪90年代至2012年、2012年至今四个阶段，每个阶段智库发展的特点都不同。

新中国成立至改革开放前，按照苏联模式建立。在延安时期，就出现了政策研究机构，到20世纪五六十年代，相继出现了一些国有政策研究机构，这些机构按照苏联研究机构的模式设立，完全依附于政府机构，大多作为政府的一个部门而存在。这一时期，政策研究机构的独立性较弱，只是对政府解释性的研究工作。①

改革开放至20世纪80年代，事业单位型智库迅速发展。在20世纪70年代末，我国相继建立了一些事业单位的政策研究机构，国务院先后建立了四个研究中心和中国社会科学院，四个研究中心包括国务院经济研究中心、国务院技术经济研究中心、国务院价格研究中心和国务院农村发展研究中心。到80年代，智库的主要职能已经转变为为党和政府规划决策提供智力支持。但这一时期智库发展的环境相对宽松，智库思想也相对自由。

20世纪90年代至2012年，民间智库开始兴起。1992年邓小平南巡讲话后，新一轮智库建设开始兴起，智库种类多样、功能不同。这一时期大学的政策研究机构发挥了巨大作用，同时，一些纯民间的、私人

---

① 徐晨．公共决策中的智库建设问题研究［D］．武汉：湖北大学，2012：7－9.

政策研究机构开始发展。这一时期，智库的独立性逐步增强，尽管受到政府财政资助，但并不影响其表达不同的观点，另外，智库研究领域出现多元化格局，宏观经济、国际关系、军事、外交、科技等领域无所不包。

2012 **年以后进入建设中国特色新型智库阶段。**2012 年中国共产党第十八次全国代表大会及十八届三中全会都明确提出要加快智库发展。习近平总书记在2012 年中央经济工作会议上指出“要完善决策机制和程序，按照服务决策、适度超前的原则，建设高质量智库”。2015 年 1 月，中央办公厅、国务院办公厅印发了《关于加强中国特色新型智库建设的意见》，提出了我国新型智库建设的指导思想、基本原则、总体目标、格局、保障举措。2015 年 11 月，中央深改组第十八次会议审议通过了《国家高端智库建设试点工作方案》，12 月国家高端智库建设试点工作启动会召开，共有 25 家机构入选首批国家高端智库建设试点单位，我国新型智库建设进入快速发展阶段。

二、中国智库发展概况

中国智库多元发展趋势迅猛。一方面，数量增长迅猛。美国宾夕法尼亚大学智库与公民社会项目编写的《全球智库报告 2015》显示，截至2015 年底，全球拥有智库 6846 家，其中中国拥有 435 家，比上年增加 6 家，依然是世界第二智库大国。与 2013 年相比，全球各地智库增加了 20 家，其中，中国增加了 9 家。据 2013 年国内统计，我国现有研究机构 2500 多家，专职研究人员 3.5 万人，工作人员 27 万人。《全球智库报告 2015》并非完全统计，据估计目前我国智库应不少于 2000 家[①]。另一方面，智库形式呈现多元化，既有政府内设智库、事业单位性质智库、高校智库、民间智库，又有媒体、企业、协会、商会设立的智库。

---

① 徐西胜．中国特色新型智库建设问题研究［J］．经济研究导刊，2016（25）：193－196.

中国众多智库现身国际多边和双边外交舞台。为配合中美战略与经济对话，由中国国际经济交流中心和美国全国商会共同举办多轮中美工商领袖和前高官对话，也称为中美经济“二轨”对话，其中在2015年9月第七轮中美工商领袖和前高官对话发布的联合声明中，建议美国推动中国加入跨太平洋伙伴关系协定（TPP）、中国推动美国加入区域全面经济伙伴关系、中美共同推动亚太自贸区建设，并争取在2030年前后建成等。2016年5月，第八轮中美工商领袖和前高官对话的主题包括中美经济形势、双边贸易投资、中国市场经济地位、宏观经济政策、产业与基础设施合作、人民币在国际经济中的作用等问题，形成了许多建设性建议，为中美战略与经济对话起到了很好的推动作用。2015年7月，由中国人民大学重阳金融研究院和美国卡内基国际和平基金会共同主办的中美智库南海问题对话会，就南海问题现身国际舞台，发挥了中国与美国就南海问题进行对话的重要平台作用。2015年12月，中国社会科学院世界经济与政治研究所、中国人民大学重阳金融研究院、上海国际问题研究院牵头举办二十国集团智库峰会（Think－tank 20，T20），会上联合发布《G20：从2016到2030》年度报告，为智库参与全球治理进行了顶层设计。

中国智库与国际智库交流合作进一步加强。2015年6月由中国国际经济交流中心主办的“第四届全球智库峰会”在北京举办，会议主题为“全球可持续发展：2015年后新路径”，会后发布《第四届全球智库峰会共同宣言》。来自世界各地智库代表、专家、学者和前政府高官等参加了本届峰会，会议就全球可持续健康发展、全球经济发展对气候和环境变化的影响、国际金融危机等问题进行了探讨。历届全球智库峰会的举办，极大、快速地促进了中国智库与世界各国智库的交流与合作。12月，中国—中东欧国家合作秘书处、中国社会科学院、中国国际问题基金会联合主办的“第三届中国—中东欧国家高级别智库研讨会暨中国—中东欧国家智库交流与合作网络揭牌仪式”，就加强中东欧国家智库交流与合作签署合作协议。

中国智库国际影响力迅速提升。在2016年《全球智库报告2015》中，全球智库综合排名榜单175家世界智库中，中国有9家智库入选，其中排名最高的是中国社会科学院，列第31名。在亚洲大国智库排名60强榜单中有中国国际经济交流中心、中国金融40人论坛、中国（海南）改革与发展研究院等18家中国智库上榜。在全球最值得关注智库排名100强榜单中，有中国国际经济交流中心、上海高级金融学院、中国与全球化智库（CCG）、人大重阳金融研究院4家中国智库上榜。从报告中可以看出，除了国家体制内智库外，社会智库发展迅猛，新兴智库大量涌现，国际影响力迅速提升。

三、中国智库形成机制

我国智库分阶段演进特征明显。第一阶段，新中国成立后我国智库主要参照苏联模式建设，建立了中国科学院，一直到改革开放初始阶段，中国社会科学院建立，党政军系统的政府智库迅速发展；第二阶段，20世纪90年代智库发展趋于多元化，大学智库和民间智库相继成立，到党的十六大召开后我国智库体系基本成型；第三阶段，党的十八大前后开始，步入新型智库建设阶段，中国社会科学院逐步转型，中国国际经济交流中心等社会智库大量出现，同时，我国与全球智库交流明显增多，2015年国家提出开展国家高端智库建设试点工作，中国特色新型智库建设加速①。

国家政策推动加快智库建设步伐。习近平总书记在党的十八大和十八届三中全会要求加强中国特色新型智库建设，建立健全决策咨询制度。2014年10月，习近平总书记主持召开深改组第六次会议审议通过了《关于加强中国特色新型智库建设的意见》，要求重视专业化智库建

① 徐西胜. 中国特色新型智库建设问题研究［J］. 经济研究导刊，2016（25）：193－196.

设。2015 年 1 月，中国印发了《关于加强中国特色新型智库建设的意见》，提出加强中国特色新型智库建设，建立健全决策咨询制度，“形成定位明晰、特色鲜明、规模适度、布局合理的中国特色新型智库体系”。同年 11 月，《国家高端智库建设试点工作方案》出台，确定首批 25 家国家高端智库建设试点单位。近年来出台了一系列新型智库建设的相关政策，加快了智库的快速发展。

新型智库机制改革逐步推进。2015 年国家出台的一系列智库建设政策文件为智库改革创造了良好的环境，各类智库都在积极推进改革。中国社科院提出构建“院—所—专业”三级智库格局，全面建立健全智库建设综合协调、督办督查架构及追责制度，重点推进财经战略研究院、国家金融与发展实验室等 11 个专业化智库建设；教育部开展高校智库建设研究工作，并开始打造中国特色新型高校智库，如支持复旦大学牵头的中美新型大国关系协同创新中心、浙江大学牵头的“一带一路”合作与发展协同创新中心等智库建设。江苏省、山东省、湖南省、河北省等多地开展重点智库建设和管理方面的政策，指导推进地方智库建设工作。各学校也积极推进智库建设工作，如中国人民大学全面推动学校智库建设，构建了以“国家发展与战略研究院—重阳金融研究院—人文社会科学重点研究基地”为主架构的智库体系①。

四、国家治理体系中的智库机制

我国智库体系呈现圈层结构。一是处于核心内圈层的智库主要包括党政军直属的调研、政研、参谋、新闻、科研等机构；二是处于中圈层的智库包括各级党校、行政学院、社会科学院、新闻宣传及其他国家级研究机构等；三是经费来自教委的高校智库处于外圈层，有些高校智库

① 光明日报智库研究与发布中心．新亮点、新态势、新思考——2015 中国智库年度发展报告［N］．光明网 - 光明日报，2016 - 01 - 13.

也处于中圈层；四是一些新出现的民间智库通常处于外圈之外。① 智库所处圈层通常决定了智库参与国家决策咨询的深度和广度，处于内圈层的智库通常是政府决策的一部分，处于中圈层的智库的决策咨询参与程度较高、频次较多、范围较广，而处于外圈层及其之外的智库参与国家决策咨询的机会较少。

初步构建了国家高端智库架构体系。2015 年 12 月，国家高端智库建设试点工作启动会确定 25 家机构入选首批国家高端智库建设试点单位，这些智库将参与国家重大决策过程。第一类是党中央、国务院、中央军委直属的综合性研究机构，包括国务院发展研究中心、中国社会科学院、中国科学院、中国工程院、中央党校等 10 家。第二类是依托大学和科研机构，形成的专业性智库，包括中国社会科学院国家金融与发展实验室、中国社会科学院国家全球战略智库、中国现代关系研究院、国家发展和改革委员会宏观经济研究院等 12 家。第三类是依托大型国有企业的中国石油经济技术研究院。第四类是基础较好的社会智库，包括中国国际经济交流中心和综合开发研究院（中国·深圳）2 家。可以看出，目前我国高端智库主要以官方智库为主，充分考虑了综合性、专业性、多样性。

通过多种形式积极参与政府决策。不同性质的智库，其参与政府决策的形式和渠道也不尽相同。对于从属于党政机构的智库，大多通过层级管道直接参与政策制定，承担政府委托的课题或运用内参输送观点，通过相关会议汇集政策观点、为决策者当面授课等方式影响政策制定。对于科研机构和大学类智库，多数通过接受政府委托的项目，向政府输送观点建言献策；一些智库也有自己建言献策的直接渠道，如报送内参等，直接向决策层反映观点；另外，这类智库业课题通过公开发表其观点，影响决策。对于多数独立的社会智库，主要通过政府委托项目和通

① 徐西胜．中国特色新型智库建设问题研究［J］．经济研究导刊，2016（25）：193－196.

过公开发表观点影响政府政策。例如，2015 年，国务院委托中国科学院、国务院发展研究中心、国家行政学院、中国国际经济交流中心、北京大学、中国（海南）改革发展研究院等独立第三方，围绕简政放权，促进大众创业、万众创新，增加公共产品和公共服务供给等方面的第三方评估；国务院和中央深改办委托中国国际经济交流中心进行 PPP 政策，长江经济带、对外开放新体制等方面重大政策措施落实情况第三方评估。另外，在重大方针制定过程中，中央政治局、国务院及各部委多次邀请智库专家参会，听取智库专家建议。

智库行业市场管理并不统一。目前由于我国智库性质较多，管理机构多种多样，对于从属于政府机构的智库，多少按照政府机关进行行政管理，对于在民政部门注册的非营利机构，多数由民政部门和上级主管部门管理。例如，湖南省制定了省级重点智库管理办法，并依托湖南省社会科学院，实现智库管理平台保障。对于具有工程类的专业咨询性质的智库，由属于工程咨询协会进行管理。目前，高端智库试点单位由国家高端智库理事会进行考核。可以看出，智库性质的多样化决定了智库行业管理方式的不同。

五、中国智库内部运行机制

中国智库组织隶属关系和性质不同。中国现有智库按照组织形式可划分为事业单位法人型智库、企业型智库、民办非企业单位法人型智库和大学智库等；按照 2015 年印发的《关于加强中国特色新型智库建设的意见》可分为党政部门的智库，党校、行政学院、社科院智库，高等院校智库，科研创新智库，企业智库，社会（民间）智库。综合上述各种分类，按照与政府关系可划分为官方智库、大学智库和社会（民间）智库三大类，在对政府重大决策的影响能力上，以政府智库为主。

中国智库组织形式差异较大。官方智库通常隶属于党委或政府部门，并受相关政府部门管理，经费通常由财政拨款或者政府直接或间接资助，人事归各级党政人事部门统一管理，领导人由主管部门任命并对上级负责，且绝大多数研究人员也享有正式的公务员编制和与行政级别相对应的政治待遇。大学智库通常以研究所、研究院、研究中心等组织形式存在，人员多由大学知名教授、研究人员组成。社会智库目前包括非营利独立研究机构、企业等多种组织形式。

智库资金来源趋于多样化。不同类型的智库资金来源比例不尽相同，目前官方智库资金主要来源较为单一，主要为国家财政资金和委托项目资金，包括保证机构正常运作的常规性财政拨款、课题研究的专项经费及招标性质的课题经费，这些资金往往受到政府部门的严格管理。大学智库的资金来源主要是财政拨款、政府委托项目、培训、出版物、会议等方面的收入；社会智库的资金来源通常较为多元化，如中国与全球化智库（CCG）的资金来源收入包括政府研究课题收入、出版物收入、活动收入、社会赞助、理事捐赠等，社会智库的经费使用较为灵活。

中国智库人才高端，来源趋于多元。以前多数政府智库，包括社科院、党校、行政学院，大学智库等智库人才往往是自己招聘优秀大学毕业生，逐步培养出来的人才；选任和调任大部分是在智库自身或行政系统内部进行，高级管理者多数是自己慢慢提升或者从政府任命过来的，人员的管理往往按照行政管理方式进行，按照行政级别或技术级别享受一定的薪资福利待遇。另外，政府智库会定期或不定期地派送研究人员到政府部门里去挂职或任职，了解决策部门的需求及政策制定的目标与程序，并加强与政策制定者的联系；还会选派他们去国内外大学，学习先进的理念和方法；安排他们到同行业尤其是知名智库学习其先进经验。而流动主要是优秀精英在政府与智库之间的流动，政府官员退任后去智库工作或原智库工作者到政府部门任职。社会类智库的人才组成来源多元，包括大学毕业生、企业家、研究机构人员、退休政府官员等多种。近年来，多数智库人员组成趋于多元化，尤其是社会智库。以中国国际经济交流中心为例，主要研究人员包括名牌大学毕业博士、各类研究机构人员、退休政府高官、企业家、现任高管等多样的人才，尤其是其对“旋转门”机制进行了初步探索。

研究管理主要以课题管理方式为主。政府智库的课题管理一般按照课题立项、研究计划、研究执行、研究成果提交与评审、结题等几个环节进行。课题经费按照性质不同使用方式也不相同，通常财政类资金使用要严格按照各级行政机关颁发的科研管理财务费用执行，管理较为严格。

六、中国智库机制存在的主要问题

（一）宏观层面存在政府决策咨询参与度低、政策支持力度不够、供需失衡等问题

科学化决策参与程度较低。在制度层面对决策咨询的智库没有给予准确定位，在操作上无法形成规范的决策咨询程序，无法把智库参与科学决策、民主决策、专家参与决策的意见落实下来。[①] 尽管“十二五”规划纲要专门就完善科学民主决策机制进行了论述，但在当前的公共决策过程中并没有明确的法律、法规来规范政府决策中的咨询环节和程序，从而使我国智库产品的需求不足，成为影响智库发展壮大的关键障碍。

智库发展的政策支持力度不够。尽管目前我国已经出台了智库建设的意见和高端智库试点方案等政策文件，但是在具体操作过程中，缺乏有针对性的配套支持政策。例如，税收减免支持政策、财政支持政策、国际交流出国审批便捷化政策、科研激励等方面的政策缺乏或不能适应目前智库建设的需求。

---

① 林坚．建设中国特色新型智库的全局思考［J］．国家治理周刊，2016（16）：33－48.

智库发展无法满足决策需求。长期以来，我国现代智库建设滞后，智库提供的产品和服务难以满足各级党政机构的决策咨询需求，主要表现为三个方面：一是智库提供的决策咨询成果供给数量不足；二是智库产出与成果的决策转化之间渠道不畅，智库与政府需求没有有效衔接，决策者与专家之间信息不对称，决策者掌握的数据和智库掌握的数据存在较大偏差；三是智库成果质量不高，难以达到决策咨询的需求水平。从智库咨询成果内容来看，短期性、应付性研究成果较多，长期性、战略性和思想性的研究相对较少，有些智库甚至成为党政部门的办事或秘书性质的业务机构，根本没有精力去研究重大战略问题，因此，智库提供的产品难以满足各类党政机构的战略性决策咨询需求。

国家治理层面智库定位不够清楚。从国家治理体系和治理能力现代化的角度来看，中国智库作为现代国家政府决策体系不可缺少的组成部分，它要履行和实现的是其自身的功能性特征。中国智库建设首要而紧迫的任务，来源于现实中国发展内外环境和条件的复杂性，来自于当前国家发展面临的各种内外部挑战的决策需要。因此，从发生学意义上来说，中国智库有着更为鲜明的“工具性”特点，这是自然的也是必需的。从中国智库发展定位作“工具性”和“功能性”区分，可以看出，“工具性”是中国智库建设的出发点，但“功能性”才是中国智库发展的真正落脚点。这里，“工具性”和“功能性”具有中国文化中“体”与“用”关系范畴特征。“工具性”是“功能性”的实现形式，无“工具性”即无“功能性”可言；“功能性”存在于“工具性”之中，但仅有“工具性”而没有“功能性”认知，其智库的“工具性”便没有了依归，自然也谈不上更好地发挥智库作用。

（二）行业层面存在主体单一、市场机制不完善、标准体系欠缺等问题

智库市场主体相对单一。从全球智库的发展趋势来看，半官方的、民间的独立智库越来越多，但我国现有智库中，官方和半官方性质的智

库占据智库体系的绝对主体，社会民间智库仍然偏少。据相关统计，社会民间智库仅为我国智库总数的5%。社会民间智库具有良好的自主性和本土性，社会民间智库的发展滞后，一定程度上导致具有社会性和本土性的公共决策咨询需求难以得到有效满足。① 由于以政府智库为主导，而官方智库的经费来源主要是财政拨款，智库内部主要实行相对比较行政化的管理模式，智库面向市场程度不够，造成其独立性和市场化的运行机制水平较低，没有形成政府智库、大学智库和社会智库竞争合作、相互补充的市场机制。

市场运行机制不够完善。第一，当前存在政府与智库地位严重不对等现象，面对决策者，智库的思想贡献和价值几乎没有议价能力，有时还存在为了附和决策者而提出违背客观性原则的观点；第二，智库产品价值难以体现，目前通过政府下拨的财政资金、委托项目的费用与智库人员付出的劳动和成果价值严重不符；第三，中国智库市场各个主体之间尚未形成良好的产业链条，如不少智库不知道如何与政府决策部门沟通，多数智库通过媒体提升影响力的水平还有待提升，在一些重大问题上对社会舆论的引导能力不够。因此，智库市场上政府与智库、智库与媒体、智库与公众之间的关系还有待进一步磨合和规范。

缺乏具有权威性的智库评价标准体系。尽管上海社科院、零点国际发展研究院、中国网以及目前仍然在设计智库排名的几家研究机构都提出了一些智库排名或评价标准，或多或少地借鉴了美国宾夕法尼亚大学“智库与公民社会项目”（TTCSP）主导的《全球智库报告》的框架，但其公众认知度和国际影响力还不高。我国智库排名和评价标准的影响力将决定我国智库在未来全球的影响力和价值，甚至国家的软实力，因此，尚需进一步完善提升其全球和国际视野，结合中国实际情况，构建具有国际影响力的智库行业标准体系。另外，由于标准体系的不完善，

① 赖先进．新型智库建设需解决供需失衡问题［N］．学习时报．2016－04－11（5）．

造成缺乏有效的智库成果评估机制和办法。

（三）智库内部层面存在定位不清、人员结构不合理、机制僵化、管理不规范等问题

定位不清晰，独立性欠缺。多数智库的专业化、特色化不鲜明，各类智库功能定位和边界不清。一方面，智库分类不清楚。既没有官方组织认定的权威分类和定位方面，社会分类和定位也是大不相同，多种多样，价值取向多元，无序竞争。另一方面，定位不明晰。多数智库发展方向性模糊，难以形成长期的竞争力，从而导致发展目标趋同，毫无特色，智库的公信力丧失。

人员结构不够合理。一方面，我国智库人员主要是学者型人才，反观欧美发达国家的智库，人员构成多元化明显，包括学者、前高官、企业家等各类人才。另一方面，我国多数智库研究人员知识结构和履历经验不够。由于智库研究人员主要是学者，理论知识基础比较扎实，研究经验和能力也比较强，但是由于长期以来政府和智库之间人才流动不太通畅，造成我国智库研究人员缺乏政府决策经历，对政府决策过程和政治规则了解不深，对于国际政治规则实践经验更是很少，导致提出的政策建议在可操作性上较差。例如，美国战略与国际研究中心称呼他们的学者为“政治家学者”①。

多元化融资机制尚待完善。一方面，我国政府决策咨询方面的财政拨款大部分流向了官办、半官办智库，社会智库的筹资渠道非常少，多元化资金筹措机制不健全，导致生存困难。另一方面，即使是政府下拨的财政拨款，也严重不足，不足以保障高质量的研究成果。另外，由于公民捐赠意识淡薄，企业、个人、基金会捐赠收入偏低。

国际化水平相对较低。尽管近两年我国智库对外交流明显增强，但

---

① ［美］詹姆斯·艾伦·史密斯．思想的掮客［M］．李刚，邹婧雅，等，译．南京：南京大学出版社，2017：45.

其国际化程度远远不够。一是“走出去”的智库相对较少。当前我国智库主要是与国际智库展开合作，很少在国外设立分支机构，无法为中国更多地参与全球事务提供思想支撑。二是我国智库发挥影响力的国际平台缺乏。目前我国智库虽然已经构建了一些国际性的智库平台，如中国国际经济交流中心两年一度的全球智库峰会、博鳌亚洲论坛等。三是国际话语权弱。我国智库尚未形成干预和引领全球智库话语权的能力，无法创造出令各国争相讨论的重大战略名词和理念，如欧美智库提出的“历史终结”“金砖国家”“利益攸关方”“G2”“巧实力”“财政悬崖”等理念，中国智库只能跟随讨论、反驳或应付。[①] 四是我国智库国际化还存在一些体制机制的障碍。例如，目前对智库召开国际学术研讨会和参加国际交流的科研人员出国的审批手续繁杂、审批周期长、境外时间短、经费限制等问题突出，有些智库领导和研究人员出访严格按照政府机关公务人员管理，不考虑智库的学术研究特点和工作需要，实行“一刀切”的外事管理办法，严重阻碍智库人员“走出去”了解国际动态，“走出去”做研究更困难。

智库思想营销能力较弱。我国智库对整体思想成果的整体营销能力较弱，在营销推广的各个环节，包括项目设计、调研、撰写、评估、报送、传播等没有高水平的谋划。另外，专业化的智库思想营销人才相对缺乏，尤其是国际型的智库营销人才，造成智库思想的国际传播远远落后于发达国家智库。

---

① 王文．对中国特色新型智库几个重大问题的思考［J］．智库理论与实践，2016（1）：24－30.

第二章

CHAPTER TWO

美国智库机制研究

在20世纪多数时间里，作为具有独立公共政策研究和建议的智库现象主要是指美国，其他国家如加拿大、西欧和日本仅占一小部分。在20世纪80年代后，随着冷战结束、全球化加速和跨国问题的产生，全球智库呈现爆发式增长，当今世界存在的2/3以上的智库都产生于20世纪70年代后，一半以上的智库产生于80年代以后。[①] 智库作为一种现象最早产生于美国，“Think Tank”（智库）一词首先由美国提出，并扩展其内涵沿用至今，因此，研究智库需要研究美国智库的形成及其体制机制特点。

一、美国智库形成机制、发展环境及其制度条件

美国智库发展过程经历了产生、发展、繁荣和深化四个阶段。根据美国智库专家詹姆斯·G. 麦甘、詹姆斯·史密斯等人对美国智库发展阶段划分的研究成果，综合起来，一般把美国智库发展分为四个阶段。第一阶段：20世纪初至40年代为智库诞生时期。多个智库在这一时期建立，智库运作资金多来自于大企业家的私人捐助；智库主要从事政策性研究工作，侧重前瞻性和中长期战略性研究。第二阶段：20世纪40年代至60年代，新型智库在这一阶段开始出现，多数属于政府合约型智库，主要完成政府的“合同政策”研究，这类智库根据官方提出的问题进行研究，因此，官方倾向明显，兰德公司就在这一时期诞生。第

---

① Mahmood Ahmad. US Think Tanks and the Politics of Expertise: Role, Value and Impact. The Political Quarterly, Vol. 79, No. 4, October－December, 2008: 529－555.

三阶段：20 世纪 60 年代后期至 80 年代，美国智库迅猛发展。这时智库带有“政策推销”的突出特点，为了更有效地推销其思想政策，智库还带有党派倾向和浓厚的意识形态，通过游说等手段影响政府决策。这一时期保守派智库数量不断增多，保守色彩浓厚的智库在政府决策中的影响力不断增强，这时期产生的智库包括传统基金会、企业研究所等。第四阶段：20 世纪 80 年代后期至今，美国智库进入深化发展时期。美国智库在政治、外交、军事、经济、社会、科技等方面都发挥着重大作用；同时，美国大型智库的研究内容向国际化方向延伸，加强全球性问题研究，如全球气候变化、核扩散、环境保护等方面；大型智库趋向国际化，其中美国一些主要智库纷纷在国外设立分支机构，与其他国家的智库或者学术机构密切沟通，这种国际范围内的沟通合作，极大地提升了智库研究水平。根据美国宾夕法尼亚大学发布的 2007 年全球智库报告的统计，在当时统计的 1776 家美国智库中，91% 建立于 1951 年之后，多数建立于 1970 年之后，31% 建立于 1981—1990 年[①]。到 2015 年，在全球共有智库 6846 家，美国是世界上拥有智库数量最多的国家，有 1835 家。[②]

表 2－1　美国著名智库建立年代表

序号	名称	年份	序号	名称	年份
1	卡内基国际和平基金会（CEIP，Carnegie Endowment for International Peace）	1910	25	东西研究所（EWI，East－West Institute）	1981
2	卡内基伦理与国际事务委员会（CCEIA，Carnegie Council on Ethics and International Affairs）	1914	26	彼得森国际经济研究所（IIE，Institute for International Economics）	1981
3	布鲁金斯学会（BI，Brookings Institution）	1916	27	中东政策委员会（MEPC，Middle East Policy Council）	1981

① James G. McGann. The Global Go－To Think Tanks：The Leading Public Policy Research Organizations in the World，Philadelphia，PA，Foreign Policy Research Institute，2007：5－6.

② James G. McGann. 2015 Global Go To Think Tank Index Report（2016）. CSP Global Go To Think Tank Index Reports. Paper 10. http：//repository. upenn. edu/think_ tanks/10.

续表

序号	名称	年份	序号	名称	年份
4	外交政策协会 (FPA, Foreign Policy Association)	1918	28	美国外交政策委员会 (AFPC, American Foreign Policy Council)	1982
5	胡佛研究所 (HI, Hoover Institution)	1918	29	卡特中心 (Carter Center)	1982
6	世纪研究所 (CF, Century Foundation)	1919	30	全国民主基金会 (NED, National Endowment for Democracy)	1983
7	国家经济研究局 (NBER, National Bureau of Economic Research)	1920	31	美国和平研究所 (USIP, United States Institute of Peace)	1984
8	外交关系委员会 (CFR, Council on Foreign Relations)	1921	32	国际经济增长中心 (ICEG, International Center for Economic Growth)	1985
9	芝加哥外交关系委员会 (CCFR, Chicago Council on Foreign Relations)	1922	33	华盛顿近东政策研究所 (WINEP, Washington Institute for Near East Policy)	1985
10	人口资料局 (PRB, Population Reference Bureau)	1930	34	经济政策研究所 (EPI, Economic Policy Institute)	1986
11	美国企业研究所 (ABI, American Enterprise Institute)	1943	35	安全政策研究中心 (CSP, Center for Security Policy)	1988
12	中东研究所 (MEI, Middle East Institute)	1946	36	防扩散研究中心 (CNS, Center for Nonproliferation Studies)	1989
13	兰德公司 (RAND, Rand Corporation)	1948	37	美国经济战略研究所 (ESI, Economic Strategy Institute)	1989
14	未来资源研究所 (RF, Resources for the Future)	1952	38	国家亚洲研究局 (NBAR, National Bureau of Asian Research)	1989
15	外交政策研究所 (FPRI, Foreign Policy Research Institute)	1955	39	进步政策研究所 (PPI, Progressive Policy Institute)	1989
16	哈德森研究所 (Hudson Institute)	1961	40	史汀生研究中心 (Stimson Center)	1989

续表

序号	名称	年份	序号	名称	年份
17	战略与国际研究中心 （CSIS，Center for Strategic and International Studies）	1962	41	诺丁列斯安全与可持续发展研究所 （NISSD，Nautilus Institute for Security and Sustainable Development）	1992
18	政策研究所 （IPS，Institute for Policy Studies）	1963	42	国际危机小组 （ICG，International Crisis Group）	1995
19	城市研究所 （UI，Urban Institute）	1968	43	新美国基金会 （NAF，New America Foundation）	1999
20	伍德罗威尔逊国际学者中心 （WWICS，Woodrow Wilson International Center for Scholars）	1968	44	移民政策研究所 （MPI，Migration Policy Institute）	2001
21	国防情报中心 （CDI，Center for Defense Information）	1972	45	全球安全分析研究所 （IAGS，Institute for the Analysis of Global Security）	2002
22	传统基金会 （HF，Heritage Foundation）	1973	46	美国进步中心 （CAP，Center for American Progress）	2004
23	世界观察研究所 （WWW，World Watch Institute）	1974	47	皮尤研究中心 （PRC，Pew Research Center）	2004
24	卡托研究所 （CATO，CATO Institute）	1977	48	新美国安全中心 （CNAS，Center for a New American Security）	2007

资料来源：Mahmood Ahmad. US Think Tanks and the Politics of Expertise：Role，Value and Impact. The Political Quarterly，Vol. 79，No. 4，Octobe – December 2008：529 – 555.

美国智库发展繁荣有其深厚的背景和原因。美国智库的发展兴盛是其特定的政治制度、社会文化的产物。美国早期智库主要是应对 20 世纪前期先进工业经济管理和参与更多的国际竞争的需求，推动政府科学和理性管理，在当时曾受到多届政府的强烈反对，智库在罗斯福、肯尼迪、里根竞选过程中发挥了重大作用后，智库发展受到高度重视，随后智库发展迅猛，逐步形成智库产业。

从国际环境来看，“二战”后，美国开始寻求建立全球霸权，而政府在很大程度上无力应对复杂的国际事务，在外交领域不得不依赖于政策专家建议，催生了一大批政策研究机构，如兰德公司（1948）、外交政策研究所（1955）、哈德逊研究所（1961）、战略与国际问题研究中心（1962）等机构；20世纪六七十年代，一些思想保守的学者对美国大学里思想自由偏激的现象日益失望，他们建立了一些自主性强、保守主义的研究所，如当代研究所（1972）、传统基金会（1973）和卡托研究所（1977）等。

从经济社会方面来看，美国法律规定的为智库提供资金捐助享受免税待遇政策促进企业和私人捐助极为发达，为政策专家、政治领袖、企业创办非营利智库提供了资金基础；由于国会议员和行政官员容易受到党派、利益集团或选民的影响，其政策建议影响力有所下降，民众更容易接受中立的政策研究机构的政策建议；美国大学优良的学术资源和水平也为美国智库的发展提供了一流的研究资源；另外，美国崇尚个人主义和自由主义，为智库研究提供了自由宽松的条件，智库可以提供和表达各种政策观点。

从政体上来讲，美国"三权分立"的政治制度导致权力高度分散，国会和行政部门经常出现政策不一的情况，双方都需要智库为其提供政策建议和方案，为智库发展提供了发展空间；美国两党属于松散型组织，并无统一的中央领导机构，并且通过竞选轮流执政，这些因素造成政党自身没有建立自己有规模的研究机构，智库出现正好填补了这一空白。①

20世纪90年代以后，全球化进程加快，解决全球性问题需要更多智库将全球性公共政策和战略作为研究重点，智库机构数量快速增长，全球性智库网络出现；同时，随着全球化、民主化和自由化程度不断提高，为智库成为独立政策决策参与者提供了良好环境②。

---

① 穆占劳．美国思想库与美中关系研究［D］．北京：中共中央党校，2004：47－48．

② ［美］詹姆斯·麦甘恩，理查德·萨巴蒂尼．全球智库：政策网络与治理［M］．上海：上海交通大学出版社，2015：30－45．

表 2-2 卡内基国际和平基金会和布鲁金斯学会国际化网络

智库名称	序号	地区	年份	创办机构
卡内基国际和平基金会	1	东欧	1993	莫斯科科研中心（创立）
			1997	莫斯科科研中心（扩建）
	2	东亚	2004	北京办事处
			2010	北京卡内基—清华全球政策中心
	3	中东	2006	贝鲁特中东中心
	4	西欧	2007	布鲁塞尔欧洲中心
	5	南亚	2016	新德里印度中心
布鲁金斯学会	1	北美欧洲	2001	美国与欧洲研究中心
	2	中东	2002	萨本中东研究中心
			2008	多哈中心
	3	东亚	2006	约翰·桑顿中国研究中心
	4	西欧	2013	布鲁塞尔欧洲中心
	5	南亚	2016	新德里印度中心

美国智库主要发挥提供政策思想和政策方案、引导公众舆论、储备和提供人才的功能。首先，为美国政府提供战略思想和政策建议，并影响政府政策的制定和执行，这是美国智库的最主要功能。例如，美国进步中心提出的政策建议对奥巴马政府的影响力非常大，它在奥巴马竞选期间就加入其团队，为他提供了一系列研究建议，帮助其制定竞选方案；在奥巴马当选总统后，任命美国进步中心创始人和总裁约翰·波德斯塔为过渡事务主管，任命其执行副总裁巴恩斯为白宫国内政策委员会主任；在奥巴马任职期间，美国进步中心成功影响了奥巴马的多项战略决策，包括朝核问题、北约东扩计划、亚洲再平衡战略等。① 其次，美国智库通过独特的“旋转门”机制实现了为政府输送高级人才的功能，成为知识与权力之间转换的通道和桥梁。通过四年一届的总统选举和政府大换班，有很多智库学者进入政府高层任职，由政策研究者变为决策

① 方可成，吕正韬. 智库如何影响美国安全战略［J］. 领导文萃，2014（8）：121－123.

者，将知识转变为权力；同时，退出政府的高级官员可以将智库作为其重要落脚点，智库为其提供了休养生息和再次进入政府的平台。最后，引导社会舆论功能。美国智库通常通过举办培训班、研讨班、出版书刊、研究报告、简报、接受媒体采访、发表评论、举办研讨会等多种形式，发布其观点主张，影响公众舆论导向。另外，美国智库也承担着国际交流的功能，通过“二轨”等机制实现与国外智库沟通交流，在双边和多边事务上发挥了重要作用。①

美国智库种类多种多样，比较齐全。美国是世界上智库最为发达的国家，种类繁多，五花八门，分类方法也比较多。本文只介绍几种主要的分类。第一种按照起源可分为四类，包括由某些大富豪出资建立的，多以人名命名以示纪念，如卡内基和平基金会、巴特尔研究所等；由政府出资建立的，如兰德公司；由社会上持相同政见的人物集资建立的，如布鲁金斯学会和传统基金会；由离任总统或者为纪念某个政治人物而创立的；这种分类描述了美国智库创建的主要模式。第二种按照隶属关系进行分类，分为官方智库、半官方智库、民间智库和大学附属型智库。第三种是按照政治倾向进行分类，包括保守派智库、激进派智库、中间派智库、中间偏保守派智库、中间偏激进派智库。第四种是按照功能进行分类，包括学术型智库、政策游说型智库和政府签约合同型智库。第五种是按照服务对象分为军事外交型智库、内政型智库和政党型智库。还有按照规模、资金来源、组织方式等多种分类方法。

表 2－3　美国主要智库政治倾向

序号	智库名称	政治倾向
1	胡佛研究所（HI，Hoover Institution）	保守派
2	美国企业研究所（AEI，American Enterprise Institute）	保守派
3	哈德森研究所（HI，Hudson Institute）	保守派
4	政策研究所（IPS，Institute for Policy Studies）	保守派

① 王晓．美国智库发展情况及运作经验初探［J］．知与行，2015（4）：152－157.

续表

序号	智库名称	政治倾向
5	传统基金会（HF，Heritage Foundation）	保守派
6	家庭研究委员会（FRC，Family Research Council）	保守派
7	国家政策分析中心（NCPA，National Center for Policy Analysis）	保守派
8	曼哈顿竞争企业研究所（Manhattan Institute? Competitive Enterprise Institute）	保守派
9	进步与自由基金会（PFF，Progress and Freedom Foundation）	保守派
10	卡托研究所（Cato Institute）	自由派/保守派
11	曼哈顿政策研究所（MIPR，The Manhattan Institute for Policy Research）	自由派/保守派
12	理智基金会（RF，Reason Foundation）	自由派/保守派
13	兰德公司（RAND，RAND Corporation）	中右派别
14	战略与国际研究中心（CSIS，Center for Strategic and International Studies）	中右派别
15	华盛顿近东政策研究所（WINEP，Washington Institute for Near East Policy）	中右派别
16	外交关系委员会（CFR，Council on Foreign Relations）	中间派
17	国家经济研究局（NBER，National Bureau of Economic Research）	中间派
18	未来资源研究所（RF，Resources for the Future）	中间派
19	国际经济研究所（IIE，Institute for International Economics）	中间派
20	经济战略研究所（ESI，Economic Strategy Institute）	中间派
21	进步政策研究所（PPI，Progressive Policy Institute）	中间派
22	自由论坛（FF，Freedom Forum）	中间派
23	贝克研究所（BI，Baker Institute）	中间派
24	加利福尼亚公共政策研究所（PPIC，Public Policy Institute of California）	中间派
25	卡内基国际和平基金会（CEIP，Carnegie Endowment for International Peace）	中左派别
26	布鲁金斯学会（BI，Brookings Institution）	中左派别
27	城市研究所（UI，Urban Institute）	中左派别
28	卡特中心（CC，Carter Center）	中左派别
29	新美国基金会（NAF，New America Foundation）	中左派别
30	政治与经济研究联合中心（JCPE，Joint Center for Political and Economic Studies）	激进派
31	世界观察研究所（WWW，World Watch Institute）	激进派
32	税收正义公民组织（CTJ，Citizens for Tax Justice）	激进派
33	预算与政策优先中心（CBPP，Center on Budget and Policy Priorities）	激进派
34	经济政策研究所（EPI，Economic Policy Institute）	激进派

续表

序号	智库名称	政治倾向
35	公共廉政中心（CPI，Center for Public Integrity）	激进派
36	司法政策研究所（JPI，Justice Policy Institute）	激进派
37	美国进步中心（CAP，Center for American Progress）	激进派

资料来源：Mahmood Ahmad. US Think Tanks and the Politics of Expertise：Role，Value and Impact. The Political Quarterly，Vol. 79，No. 4，October - December 2008：529 - 555.

政治体制、市场环境、法律制度是影响美国智库发展的重要因素。美国布鲁金斯学会国际顾问委员会主席 Antonievan Agtmael 认为："因为政治的去中心化和多元的政治文化使得智库有机会影响政策，很多学者希望通过自身对信息和知识的掌握帮助政府制定更好的政策，而美国的慈善传统和基金会文化则为他们提供资金支持。很显然：有需求、有人力，又有资金，这就是智库繁荣发展和产生影响力的原因。"[①] 实际上，美国智库发展繁荣的深层基础主要包括独特的政治文化、开放的政治体系、发达的基金会和完善的法律法规等几个重要因素。一是美国实行"三权分立"和"权力制衡"的联邦制政治制度，这种政治制度导致权力分散和决策机制的开放性，政府决策涉及各个方面，但其并不拥有相关专业知识，需要依赖智库提供思想产品；同时，联邦制的政治权力由联邦政府、50 个州政府和数以千计的市县政府当局负责，为政策专家建言献策提供机会；美国相对较弱的政党制度使民主党和共和党都没有自己正式的政策研究机构，而其政策主张或者竞选活动都必须有智库参与，这些政治文化因素为智库参与决策提供了巨大需求和空间；另外，非正式交叉董事制度、创造政府公务员和学者之间的流动互换机制等方式，保证了政府和智库之间的协同发展。二是资金市场和政策咨询市场的有机结合将会促进智库市场发展，政府需要政策咨询成果而投资将会促进智库发展，政府投入是新智库资金的主要来源；资金是美国智库生存和发展的基础；美国智库的资金来源一般包括基金会、企业、个人捐

① R. Seruton. A Dietionary of Political Thought. The Macmillan Press，1982：224.

款和政府合同等，这种多元化的资金来源保证了智库的正常运营。三是美国法律制度通过税收优惠福利促进智库非营利机构发展。美国税法规定满足非营利性、教育性、科学性等事业，不能用于私人受惠，不影响立法和选举三个条件的组织享受税收优惠政策，促进了智库机构的发展，因为对于政府来说，尽管税收降低，但长期利益巨大。

二、美国国家治理体系中的智库机制

美国智库以影响政府决策为主要目标，智库研究成果能否转化为政府决策，除了研究成果科学合理，能够迎合政府的政策思路外，最重要的就是要有影响政府决策的途径和方式。美国智库影响决策和参与决策的途径和方式主要包括直接为政府提供政策方案、通过研究成果影响政府决策理念、通过营造社会舆论环境影响政府决策、跟踪研究政策实施效果提供决策信息反馈影响政策①、通过“旋转门”机制为政府提供人才影响决策等方式。同时美国智库在决策过程中多点参与，具体如图2－1所示。

直接为政府提供政策方案参与决策。美国智库通过其正式或非正式渠道将自己的政策方案和观点提供给政府决策者，并努力说服决策者采纳自己的政策主张，将其观点变成政策实施。这种方式是智库比较直接的参与方式，其研究成果一般为直接接受政府委托合同进行政策方案研究课题或自主研究的成果。

通过研究成果影响政府决策理念进而影响政策。智库另外一种长期影响政府决策的途径就是建立政策理论框架或者决策模式，为决策者提供决策方法或程序。这种方式需要智库长期的研究成果积累和较高的学术理论基础。例如，美国兰德公司研究成果博弈论中的“囚徒困境”就成为美国政府对外政策决策的重要分析方法，另外，兰德公司还提出

① 林洁．美国智库的建设对发展我国智库的启示［D］．武汉：湖北大学，2011：20－24.

了“系统分析”方法对美国国家的重大决策影响至今。

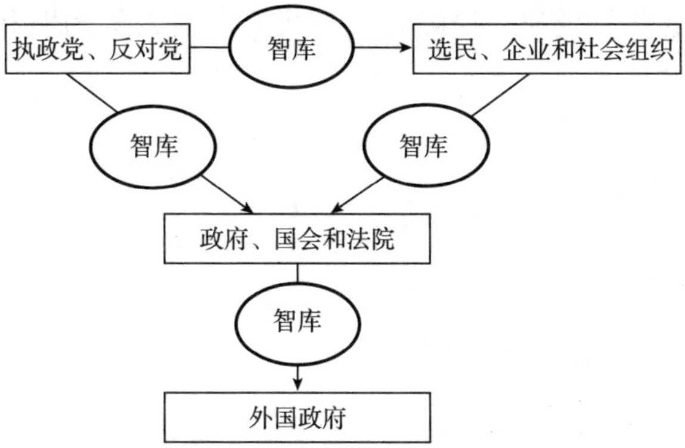

图2-1　美国智库在政治体系中的参与环节

资料来源：郑永年，等. 内部多元主义与中国新型智库建设［M］. 上海：东方出版社，2016：134.

通过营造社会舆论影响政策。美国政府决策在很大程度上受社会精英和社会大众的影响，而智库通过公开发表其成果等渠道影响社会大众，引导社会舆论，进而实现影响决策的目标。当然，有时候政府也通过智库引导社会舆论来推进政策的实施。

跟踪研究政策实施效果提供决策信息反馈影响政策。这种方式主要是通过智库作为第三方对政策进行评估，通过调查、分析、评估工作，判断政策实施效果，发现问题，提出解决方案，进而达到影响政策的目的。

通过独具特色的“旋转门”机制影响政府决策。美国智库对政府决策最为独特的机制就是“旋转门”机制，通过政府更迭、人员变更，实现其政策主张。美国之所以采取独特的“旋转门”机制，主要原因在于：一是由于美国政府官员的聘任和退出比较灵活，不像其他国家那样封闭和固化，政府和智库之间出入自由使政府官员和学者可以在以政策和学术为重点的不同工作之间维持良好平衡。二是一些智库实际上就是持有对立政治倾向的专家和政治家“库”，如布鲁金斯学会和美国企业研究所通常被认为是“影子政府库”，这是由美国政党制度和三权分立的政治体制决定的，政府更迭造成人才旋转；另外，美国高层公共政策领域的政府、学术界、智库、精英杂志界、基金会等机构之间广泛存在“交叉董事”现象，保障智库与政府之间人员的顺利流动，即“旋转门”机制①。

三、美国著名智库内部运行机制

智库作为现代社会科学化、民主化、复杂化条件下政府决策的专门参与机构，是现代社会治理体系的重要组成部分。美国是当今世界智库数量最多、类型最多、对决策影响力最大的国家，智库以其非政府性、非营利性、非党派性等特征，在美国政府内外政策方面发挥巨大影响。美国智库管理与运营有几个主要特点：

有相对稳定的经费来源，形成了以社会捐助为主的多样化融资机制，保障大量经费支持研究工作。融资能力是智库可持续发展的根本保证。美国税法规定，企业或个人捐款数额超过应缴税收的一定比例，可以减免或全额抵扣应缴税款。美国几个主要智库形成了社会捐赠、政府资助、市场化运作收益、国外捐助、个人捐助、政府和社会资本合作模式（PPP）以及委托研究项目经费等多样化的筹资渠道。美国著名智库都有相对稳定的经费来源，经费筹集是智库的一项重要的经常性工作，不少机构都有规模较大的融资团队。

表 2－4　美国著名智库资金来源

智库名称	员工规模/人	项目收入/百万美元	捐赠收入/百万美元	投资收入/百万美元	年度总收入/百万美元	机构总资产/百万美元	数据年份
兰德公司	1800	282.1	12.6	18.5	313.2	456.5	2014
城市研究所	400	74.5	0.7	2.1	77.9	160.2	2013
布鲁金斯学会	400	54.5	36.5	13.5	107.6	496.0	2014
卡托研究所	233	0.7	27.4	0.09	28.4	64.5	2013

① ［美］詹姆斯·麦甘恩，理查德·萨巴蒂尼．全球智库：政策网络与治理［M］．上海：上海交通大学出版社，2015：30－45.

续表

智库名称	员工规模/人	项目收入/百万美元	捐赠收入/百万美元	投资收入/百万美元	年度总收入/百万美元	机构总资产/百万美元	数据年份
卡内基基金会	100	0.6	17.0	11.9	31.5	292.2	2012
美国战略与国际问题研究中心	333	4.4	31.3	1.6	37.2	154.1	2012

资料来源：郑永年，等．内部多元主义与中国新型智库建设［M］．上海：东方出版社，2016：134.

据2015年对布鲁金斯学会实地调研的数据，布鲁金斯学会已拥有近5亿美元资产，20个研究中心和3家海外机构，有400名工作人员和200名不驻会的客座研究人员，还有60～70名访问学者。学会每年预算9100万～1亿美元，其中80%的经费来自捐助，10%来自理财收入，其他则来自培训和出版收入。捐助资金中有80%来自私人，5%来自基金，15%来自政府（其中，美国政府占1%，其他为阿联酋、丹麦、挪威等国）。学会预算资金中约7500万美元用作项目研究经费。卡内基国际和平研究院则有45%来自捐赠，每年研究经费占50%以上。美国传统基金会现有300余人，其中研究人员80人左右，年预算7500万美元。经费来源既有专门的基金支持，也有广泛的社会捐款。传统基金会代表保守党政府，捐款者主要为共和党人，个人捐款者多达60万人，捐款额度不等，多的达100万美元，少的有20美元。国际战略研究中心每年经费在4400万美元，其中公司资助占32%，基金会捐赠占29%，政府捐赠占19%，有相对固定的70～80家企业给予经费资助，劳斯莱斯和盖茨基金会是捐资最多的两家机构。国际战略研究中心有专职研究人员300余人，另有250余人为与中心有合作关系的网络化专家。皮尤研究中心是一家在全球以公众观点、态度和行为调查著称的智库机构，年经费2800万美元左右，主要来自社会捐助。

核心研究人员是国家顶级学者或学术带头人，在智库中具有较高地位。如布鲁金斯学会对研究人员的要求标准极高，一般要达到3个标准：是所在领域的学术“领头羊”、具有前瞻性视野和在公共领域里有影响力。其对录用人员的学术要求与哈佛、耶鲁大学等顶尖高校极为接近。学会现有高级研究员 100 名，研究人员助手 100 名，普通研究员 20 名。它们的研究人员均有较深厚的学术背景，大多数人有政府背景，有些人还有国外背景，如澳大利亚前女总理、土耳其前财长等。他们不但是过去的专家，更是未来的专家，具有前瞻性思维和视野，具有参与公共政策对话和影响未来政策走向的能力，能够影响未来政策走势。

研究人员收入水平较高，没有繁杂的行政工作和填报各种报表的干扰，主要精力用于研究工作。美国智库人员包括行政领导人、研究专家、助理研究员、资料员、行政秘书以及服务人员等，普遍注重研究人员与非研究人员的合理配置，认为出思想品的研究人员是核心竞争力，设置合理的非研究人员是提高研究人员工作效率和成果质量的关键。布鲁金斯学会、彼得森研究所为每位资深研究人员配备助手，布鲁金斯学会的研究助手为新毕业的年轻研究人员，一些人在智库工作一段时间后可以从这里经“旋转门”转到政府做公务员，在工作一段时间之后再回来成为智库研究人员。美国全球知名智库研究人员与非研究人员收入差别较大，各家情况不一。据卡内基、布鲁金斯学会介绍，其内部行政人员的年收入大抵为研究人员的 1/3 到 1/4，彼得森研究所研究人员与行政人员收入差别更大。行政人员大多由年轻人员担任，其工资收入虽然不高，但有转入政府部门和其他机构的可能性。布鲁金斯学会研究人员的年薪平均在 15 万美元左右，但有经济学背景的人高一些，有社会学、政治学教育背景的人低一些。

美国很多智库研究人员自主性强，时间安排基本由自己掌握，但是其研究任务非常饱满，有的智库研究人员可以自己设定研究题目。大部分智库研究人员都在办公地点加班，工作时间往往超过“朝九晚五”。研究人员没有繁杂的行政工作和与研究不相关的会议，也没有各种需要填报的表格，以保证充分的研究时间。不仅如此，研究人员大多数可以选择参加自己的专业领域和感兴趣的专业会议或讨论，对于与自己研究无关的问题随时起身退出，不把时间浪费在一些无谓的事情上。

独特的人才“旋转门”流动机制形成美国政要的重要“储备池”。美国政府每四年换届一次，届时联邦政府里有4000多个位置需要更替，其中有60%以上来自智库和高校。我们走访的几家智库，都保持了独立性、公开性和非营利性，不为党派“站台”。布鲁金斯学会每年与研究人员签约，要求其承诺不为某一个党派“站台”，否则要先辞职。在参与竞选过程中，不得使用工作时间，甚至不可使用布鲁金斯的电话和复印机。布鲁金斯与民主党关系密切，但在“非党派”这方面要求严格，如果邀请民主党希拉里演讲，一般会邀请民主党的桑德斯和共和党的特朗普。普通研究人员和作为研究助手的行政人员，工资水平比研究人员低很多，但是他们有机会“旋转”到政府工作，还有机会历练后回到布鲁金斯，成为高级研究人员，这是对这些人最大的吸引力。另外，如果民主党执政，会从智库选用大量对国家重大战略与政策有研究的智库研究人员，这时候剩下的和新进入的研究人员，大部分是共和党的人。当共和党执政时，大部分有共和党背景的研究人员进入政府，智库则有较多具有民主党倾向的研究人员。

具有规范的管理决策机构，通常实行扁平化管理。美国智库大多设有理事会作为决策保障机构，组织机构倾向于扁平化管理，为研究留出充足宽松的空间，研究人员在智库队伍当中具有较高的地位。这些智库的共同特点是，每家智库的研究人员都有完备的研究保障支撑体系。美国智库采取总裁负责制，布鲁金斯学会在总裁之下有学术研究和行政管理两大机构，学术机构包括外交政策、全球经济与发展、经济政策、城市政策、治理研究5个研究部门，行政管理则包括财务、运营、联络、发展和出版5个部门。

内部管理与分配机制健全。布鲁金斯学会研究人员和非研究人员各占一半，其中非研究人员的一大半都在从事筹资工作，另一部分从事国际交流工作，只有极少数人做纯粹的行政工作。国际战略研究中心一年筹办 2600 个会议，搭建国际化交流平台，经费中很大一部分用于此项工作。布鲁金斯注重收支平衡，使资金状况能够适应当前及长期研究项目的经费需求，并通过高效的资金管理运作，确保各个研究项目顺利进行。其他几家智库也坚持认为，经费支持者不能干预研究题目和研究结论，智库与政府签订委托的非保密研究项目，但保留发表这些成果的权力。资助方无论是政府还是企业，理论上都不能干预智库研究的观点和结论。智库在管理方面，坚持经营与研究分开，日常运行遵循企业管理的方式，由总裁负责运营。在经费使用上，最大限度区分研究经费和行政等杂费，将主要经费用在项目研究上。在研究项目支出中，用于生产思想品的研究人员经费占一半以上，按照预算制直接拨付研究人员，课题收入计入工资收入，打入个人账户，不再进行繁杂的报销。研究课题收取 30% 的行政管理费，学者在外每次演讲达到 5000 美元，都要向主管副总裁进行申报备案。国际战略研究中心的研究课题则交 28% 的行政管理费。

注重影响力培育和提升。美国智库特别善于通过举办活动不断扩大自身影响力，进而提升其影响政府、国会和政策界的能力。很多智库最频繁举办的活动就是召开专题研讨会，通过与不同意识形态、不同层面、不同观点的官员、专家和学者进行广泛的交流，来扩大其在这一领域的影响力。例如，威尔逊国际学者中心，其下属的基辛格中美关系研究所每年定期举办专题研讨交流活动；美国外交关系协会也将关注重点放在如何发挥协会影响力上，其采取的方法之一就是经常组织会员与政府官员、国会议员以及政策界人士开展正式与非正式的互动活动。[①] 例如，布鲁金斯学会非常重视自己的影响力，为此要不断地为政府提供咨询，经常参加政府的听证活动，每天都要在媒体上发声，用举办各种会议、出版图书的办法申明学会的观点。国际战略研究中心也非常

① 王鲁宁. 美国智库的运作经验和运行机制 [J]. 群众决策资讯，2016 (4): 80-81.

重视对国家和政府的影响力，它们在选择项目课题时，一定要设立目标，明确自己的项目要对政策产什么影响，其理念是“我们的产品，是改变公共政策”。卡内基国际和平研究院在提出与政府不同的政策主张时，往往举办有政府人员参加的研讨会，并会通过网络、大型会议等发出自己的声音。在美国，智库都会利用媒体和网络平台发挥自己的影响力。

专栏2-1

美国兰德公司①②③

兰德公司（RAND）创立于1948年，是美国著名的非营利综合型智库，公司宗旨是“通过研究与分析来帮助完善政策和决策”。

创立背景和机构性质

兰德公司起源于1945年“二战”结束后美国陆军航空队与道格拉斯飞机公司签订的一项研究与发展计划合同，即“兰德计划”。1948年5月兰德公司成立后正式脱离道格拉斯公司，发展成为一家独立的非营利性机构，得到了社会广泛接受。

组织架构

在治理结构上，兰德公司实行“理事会”领导下的总裁负责制，兰德理事会是公司最高决策机构。目前理事会由27人组成，包括美国政府和军队前高官、律师、记者、工商界人士等，也包括美国以外的人士。在管理结构上，总裁兼CEO负责公司日常运营，管理构架采用矩阵式管理：设置分管财务、业务、对外关系、人力资源和教育培训等副

① 王铮．美国兰德公司的运营特点与发展态势［J］．智库理论与实践，2016（1）：81-89.

② 王佩亨，李国强，等．海外智库：世界主要国家智库考察报告［M］．北京：中国财政经济出版社，2014：40-69.

③ 褚鸣．美欧智库比较研究［M］．北京：中国社会科学出版社，2013：68-90.

总裁，同时又设置分管各个研究领域、研究项目或研究中心的副总裁和主管。在具体研究业务上实施矩阵式管理，研究和分析业务由一名高级副总裁负责，下属人员由专职副总裁管理，按照学科和专业划分多个学部，负责具体研究工作安排和考核等方面的工作，研究人员受到学部框架下的行政管理和支持服务，也根据不同研究项目进行流动和组合，建成项目团队进行工作。近年来，兰德公司逐步建立了国际化网络，目前拥有“兰德欧洲”和“兰德澳洲”两个地区分中心，拥有四大国际研究中心，包括亚太政策中心、全球风险与安全政策中心、中东公共政策中心、俄罗斯和欧亚大陆研究中心。

人力资源

目前，兰德公司有来自46个国家的1800多名雇员，其中57%拥有博士学历，博士专业领域涉及政治学、国际关系、社会学、行为科学、经济、商业、法律、物理学、数学、统计、计算机科学、工程、生命科学以及艺术等诸多专业，并设立有自己的研究生院（帕迪兰德研究生院）。兰德公司通过“三三制”途径获取人才，一是聘用来自政府部门或离职的高官和专家，二是名校出身的年轻博士，三是招徕其他智库的著名专家。另外，公司还采用兼职方式雇佣人员，包括著名专家的顾问团队和院校研究机构兼职人员。公司高度重视高级研究人员与研究人员的合理配置，一般为1~4名研究人员配备1名秘书，并且可以根据工作量申请增加秘书，高级管理人员有2~3名秘书协助工作。

研究领域及管理

兰德公司最初以军事尖端科技、重大战略及大国外交为重点研究领域，目前已经拓展到六大学部十几个学科领域，学部包括行为与社会科学、经济学与统计学、国际与安全政策学、政策科学、管理学、技术与应用科学。

资金来源及使用

目前，兰德公司70%的经费仍以美国政府和军方委托研究的合同收入为主，同时接受私人企业、外国政府及国际组织的委托、基金会的捐赠。

研究成果管理

兰德公司的研究成果采用严格的内部同行评审制度，拥有课题进程管理和评估的一套细致流程，对每年1000多个研究项目进行内部评审。一般由未参加项目的资深研究人员作为评审员对项目进行中期审查和期末审查，写出评审报告，然后再组织评审会议，完成项目评审才能通过。对项目研究成果报告进行分类：报告、论文和专业文章用于出版或对外交流。

第三章

CHAPTER THREE

欧洲智库机制研究

欧洲真正意义上的现代智库出现于20世纪初期，到20世纪70—80年代许多智库纷纷建立；20世纪90年代以后，由于欧盟一体化对更多复杂决策问题解决方案的需求和鼓励非政府组织参与决策等原因，研究欧盟的智库快速发展，欧洲智库进入快速发展时期。在欧洲，不同国家的智库形成与发展情况差异较大，英国和德国智库起源较早，智库的数量、实力和影响力也较强。根据美国宾夕法尼亚大学发布的《全球智库报告2015》，2015年全球共有智库6846家，其中欧洲拥有1770家，占全球智库总数的25.9%，位列第二。其中英国在欧洲最多，有288家；德国有195家，法国有180家，俄罗斯有122家，其他国家智库都低于100家。[①] 因此，本章选取智库数量最多的英国、德国、法国和俄罗斯四个国家的智库机制进行研究。

表3-1　2015年欧洲主要国家智库数量

序号	名称	数量	序号	名称	数量
1	英国	288	11	比利时	53
2	德国	195	12	乌克兰	47
3	法国	180	13	匈牙利	42
4	俄罗斯	122	14	波兰	42
5	意大利	97	15	丹麦	41
6	瑞典	77	16	奥地利	40
7	瑞士	73	17	保加利亚	35
8	荷兰	58	18	希腊	35

① James G. McGann. 2015 Global Go To Think Tank Index Report（2016）. CSP Global Go To Think Tank Index Reports. Paper 10. http：//repository. upenn. edu/think_ tanks/10.

续表

序号	名称	数量	序号	名称	数量
9	西班牙	55	19	芬兰	28
10	罗马尼亚	54	20	捷克	27

资料来源：James G. McGann. 2015 Global Go To Think Tank Index Report（2016）. CSP Global Go To Think Tank Index Reports. Paper 10. http：//repository. upenn. edu/think_tanks/10.

一、英国智库管理机制及其特点

（一）智库形成机制、发展环境及其制度条件

智库类型的组织在英国早就存在，因此，英国被认为是欧洲智库的创始国。英国智库伴随着其国际经济和政治地位变化而发展，英国智库几乎是与工业革命同时起步，很多老牌智库成立于英国作为国际关系规则制定者的年代，当时出现了很多著名智库，如成立于1831年的英国皇家联合军种国防研究所（RUSI），成立于1884年的英国费边社，以及成立于1920年的英国皇家国际事务研究所等。“智库”一词于1970年由Edward Heath引进，并建立了中央政策评论部，旨在通过跨部门为政府提供建议，自此之后，“智库”一词在英国沿用至今。在19世纪70年代，英国著名智库政策研究院、国家经济和社会研究所等机构相继成立，建立了超过35家智库，逐步开始形成英国自己的独特风格，智库多元化、专业化趋势增强。到20世纪80—90年代，新右翼智库包括经济事务学会、政策研究中心、亚当·斯密研究所、大卫·休谟研究所和社会事务部门等智库广为人知。同时，新一批智库出现，如就业权利协会、公共政策研究所、社会市场基金会、保守党2000基金会和理想国等智库。另外，诞生了一些专业化的智库，如国际环境与发展学会、欧洲环境政策和地球资源研究所、老龄化政策中心、家庭政策研究中心、公共财政基金会及制造业和工业基金会等。当前，英国比较具有

影响力的智库包括英国皇家国际事务研究所（亦称查塔姆研究所）、国际战略研究所、英国皇家联合服务研究所、奎利姆以及费边社等，这些智库对英国的社会发展发挥了重要作用。①

表 3-2　英国著名智库建立年代表

序号	名称	年份	序号	名称	年份
1	英国皇家联合军种国防研究所（RUSI）	1831	11	公共政策研究所	1988
2	英国费边社	1884	12	社会市场基金会	1989
3	英国皇家国际事务研究所	1920	13	特许废弃物管理协会	1989
4	社区研究所	1954	14	伦敦大学政治经济学院经济行为研究中心	1990
5	经济事务学会	1955	15	民众（Demos）	1993
6	伦敦国际战略研究所	1958	16	理想国	1995
7	海外发展研究所	1960	17	欧洲改革中心	1996
8	伦敦财政研究所	1969	18	社会正义研究中心	2004
9	亚当·斯密研究所	1977	19	共和	2009
10	英国经济政策研究中心	1983			

党派属性是英国智库的重要特点，智库的兴衰与政党的命运紧密联系在一起。英国智库的党派属性源于其政治体制的影响，英国政体是威斯敏斯特模式议会制，议会由政党组成，内阁由议会成员产生，在这种模式下，英国文官系统较少依赖外部资源进行政策咨询，且政党内部相对比较团结。智库只有隶属于政党或具有党派倾向，才能借助政党的力量在英国政治生活中发挥更大的作用②。随着英国国际地位的变化及国际形势的转变，尤其是“冷战”结束后，英国的外交政策逐渐向本土和欧洲收缩，但其智库的视野和影响力却越发国际化，智库逐渐同政党和政府脱离，实现独立性。同时，过去二十年英国的文官制度效率严重

① 王勇辉，余珍艳．英国智库的多元思想与政治影响［J］．重庆社会科学，2015（7）：11－19.

② 李文良．欧盟区智库发展特点及启示［J］．理论参考，2015（1）：39－40.

下降，政党和政府通过传统媒体与公众沟通的质量下降，英国政治体系中出现空当，智库成功填补了这一政治空当，起到了连接公众与政府的作用。

具备适宜智库发展的良好的社会环境。在英国，智库属于高水平的知识行业，得到社会的充分尊重，并得到政府大力支持，尤其是在开展海外业务方面，英国驻外使馆给予智库重要情报支持和资金支持。[①]

（二）国家治理体系中的智库机制

政党和智库在国家政治生活中起着紧密合作的作用。智库借助政党的力量实现自身的壮大和升华，将其研究成果转变成执政党的政策方针路线，政党将智库视为无穷的智慧来源[②]。例如，在撒切尔担任保守党领导及英国首相期间（1975—1990 年），主要依赖费边社、经济事务学会、亚当·斯密研究所、政策研究中心等多家智库取得成功，其中以费边社提出的“知性理论”为基础引领社会思潮；采用经济事务学会提出的，并经亚当·斯密研究所进一步补充完善的经济自由主义政策建议。在由基诺克、约翰·史密斯和托尼·布莱尔担任工党领袖期间，工党和公共政策研究所、伦敦大学政治经济学院经济行为研究中心等著名智库长期保持紧密合作，其中在工党成为新工党的组织变革过程中，公共政策研究所提出其修正主义的观点，发挥了极其重要的作用。在卡梅伦担任保守党领袖后，与经济事务研究所、亚当·斯密研究所和政策研究中心及许多相对较新的智库，如理想国、政策交流研究所、社会正义研究中心和共和（Res Publica）等保持高度合作，这些智库对于卡梅伦当选英国首相后进行的现代化改革也发挥了非常重要的作用，如理想国提出侧重伴随人口变化带来的医疗保健和教育政策建议，政策交流研究所提出政府应将工作重心从经济转向贫穷、社会正义、社会排斥等领域

---

① 许共城．欧美智库比较及对中国智库发展的启示［J］．经济社会体制比较（双月刊），2010（2）：77－83.

② 李文良．欧盟区智库发展特点及启示［J］．理论参考，2015（1）：39－40.

的建议，社会正义研究中心提出有关对中国的政策建议。①

政策建议、沟通民意是英国智库的主要功能。在英国的政治舞台上，智库一直扮演着十分重要的角色。英国智库具备五个功能：一是政策建议功能，也是最显著的功能，即参与政策过程、帮助制定政策的框架、提供相关问题的背景信息、在政策辩论中提供有见地的建议，直接为政府提供政策建议和解决问题的方法。二是宣传功能。帮助政府向公众解释政策，帮助理解政策，帮助政府建立公众对政策的信心、满足公众对政策的期望。三是桥梁作用。英国智库作为英国政府（中央与地方政府）、左右翼政党、公民以及英国与世界之间的沟通桥梁。四是前瞻性作用。英国智库敢“想政府不能想”之事，还会对出现的中长期社会重点问题提出“预警”，以提醒政府防止出现重大失误和偏差②。

英国不同类型的智库发挥影响的方式和途径不同。一是与立法者和政府关系紧密的智库，直接帮助立法者和政府制定政策，提供相关问题的背景信息；二是帮助政府向公众解释政策，帮助理解政策，从而影响公众；三是在政策辩论中提供有见地的建议；四是对中长期社会重点问题提出“预警”，提醒政府防止出现重大失误和偏差；五是独立智库，其与学校、学者、杂志主编和公众紧密联系，形成意见和思想，影响立法者。这几类智库的影响渠道不一样，同时存在，形成一定竞争，促进智库发展。③

（三）著名智库内部运行机制

智库种类划分标准不同。根据隶属不同，可分为政府型、政党型、独立型智库等。例如，英国皇家国际事务研究所（Chatham House）就

① 王勇辉，余珍艳．英国智库的多元思想与政治影响［J］．重庆社会科学，2015（7）：11－19.

② 袁莉莉，杨国梁．英国智库概况及对我国智库建设的启示［J］．智库理论与实践，2016（2）：34－41，49.

③ 田琳琳．英国智库的发展与运作［OL］．传送门－中国智库，2014－04－29. http：//chuansong. me/n/1491872.

是政府型智库。另外，一些智库虽然强调自身的独立性，但实际上主要支持者和服务对象是政府或某一党派，例如，英国海外发展研究所实际上主要支持者是英国国际发展署，而政策研究中心和改革研究所实际上都是保守党的智库。还有一些独立型智库，包括个人建立的智库。此外，英国的一些大学和企业也拥有自己的智库。例如，伦敦政治学院的国际事务、外交与战略研究中心（IDEAS）是知名的大学智库。① 从研究主题和功能发挥上可分为政治类、经济类和外交类智库。如政治类智库公共政策研究会，经济事务研究会则属经济类智库，欧洲改革中心属于外交类智库。②

英国著名智库的管理架构大致相同。以英国皇家国际事务研究所为例，英国女王是研究所的最主要资助人，该所的日常事务由理事会来管理，联络事宜由理事会秘书负责。理事会由研究所成员无记名投票选举产生，任期三年，并可连任一届。其下设三个委员会，包括执行委员会、财政委员会和投资委员会。在管理上，研究所一般由英国高层人士担任名誉所长，其日常事务管理机构和理事会则由知名政要、学者等组成。设立主任、研究主任和行政主任分管具体工作，并设立由出色的专家队伍组成的一些专家小组，为研究所提供相关咨询建议。

英国智库的人才管理比较规范。英国智库人才管理主要通过以下流程：人才招聘、薪资确定、绩效考核、人才培养、人才晋升与流动等，以达到筛选人才、吸引人才、留住和培养人才的目的。一是在人才招聘方面，英国智库对于其研究人员有较高的素质要求，学历并不是其唯一的决定因素。一般要求其研究者具有多项专业知识、丰富的实践经验、综合的战略眼光以及必备的创新能力。人员来源丰富，不仅包括来自在野党的政党领袖和官员、大学教授、企业家，还有刚毕业的博士生、退

---

① 戴慧．英国智库考察报告［J］．中国发展观察，2014（1）：34－48.

② 田琳琳．英国智库的发展与运作［OL］．传送门－中国智库，2014－04－29. http：//chuansong. me/n/1491872.

休的公务员。另外，重视国际性也是英国智库人才组成的一个重要特点。例如，伦敦国际战略研究所聘请来自包括美国、澳大利亚、印度、中国、日本等国的研究人员，理事会成员来自欧洲、北美、中东、东亚以及太平洋地区的16个国家，会员来自80多个国家①。

二是在薪酬方面，英国智库一般根据研究人员的级别、参与研究工作量等指标综合确定其年薪。通常，资深研究人员收入高于普通研究人员，即使是后者一般也高于当地平均收入水平。例如，改革研究所的资深研究员年薪约6万英镑，远高于伦敦市的人均收入水平（3万英镑）。他们认为研究是知识密集型工作，而知识的载体是人，因此，研究人员的收入要达到足够留住他们并激励他们更努力地工作、提高创新水平。

三是在绩效考核方面，一些智库采用数量化的科研考核办法，例如，写了多少研究报告、发表了多少文章等；而一些智库，则认为智力是很难评价的、更难数量化，它们更依赖研究带头人们对研究人员的评价。那些考核不合格的人员会被逐渐淘汰掉，或是被辞，或是因压力大主动请辞。而考核结果持续较好的，则会到适当时候考虑其晋升（如由普通研究员升为资深研究员，或是让其担任课题组织者等）。

四是在重视人才培养交流方面，英国智库非常注重资深研究人员对年轻人员的“传帮带”机制。英国智库鼓励人才流动，而且愿意保持合理水平的人员流动率。智库的研究人员与政府、企业、大学、媒体甚至国际组织有频繁的交流，因此他们的流动渠道很广，包括政府、国际组织、大学、媒体、企业等。英国智库普遍认为，保持一定的流动性益于智库的发展，很多智库工作人员离开后往往能去更好的岗位。例如，一些议员在转为政府官员后有时会从有关智库带走自己中意的智囊，这对智库发展有显而易见的好处。再如，海外发展研究所（ODI）的研究

① 许共城．欧美智库比较及对中国智库发展的启示［J］．经济社会体制比较（双月刊），2010（2）：77－83.

人员在 ODI 平均工作时间约 5 年，人才流动率达约 20%，很多研究人员离开 ODI 后去了国际组织和政府工作①。另外，与美国相似，“旋转门”也是英国智库人才流动中比较重要的现象。由于两党或多党执政的特点，每逢换届，卸任的官员很多都会进入智库，很多智库的研究者会进入政府担任职务，从而完成研究者与执政者的角色转换。“旋转门”机制不仅构建了智库的人际关系网络，也搭建了知识与权力的桥梁，成为不同利益群体向最高决策者传递利益诉求的重要纽带，使智库的影响力渗透政策制定的方方面面。

资金来源渠道多元化。英国智库为保持其独立性，一般都非常重视经费来源渠道的多样性，经费来源主要包括会员费、个人或慈善机构捐助、企业支持、政府资助、发行出版物或举办培训论坛活动、委托研究合同等②。其中，政府资助是很多智库的重要资金来源。英国政府通过直接财政拨款或通过研究合同项目资助智库。同时，英国政府设有“海外工程基金”，用于垫付投标费用，以鼓励智库向海外项目投标③。英国智库向捐赠者公示其资金使用情况、财务状况，有的独立型智库还向证明其观点未受到捐赠者直接影响，以强调独立性并向资助者表明资金使用合理和高效。

英国智库研究领域专业化。英国智库大多有极其明确的发展定位和专业领域，长期专注于某些领域的研究并持续扩大其影响，在很多方面处于世界智库的最前端。研究领域主要囊括国家政治生活的有关方面，包括国家司法、教育、人口与老龄化、医疗与保健、儿童与青年、交通与基础设施、国家安全与公共安全等。

研究管理具有完善、规范的流程。英国智库的研究工作主要包括课题研究、平时追踪和应急研究（临时委托课题）等几类。课题研究通

---

① 戴慧．英国智库考察报告［J］．中国发展观察，2014（1）：34－48.

② 丁宏．英国智库建设的启示［J］．理论学习，2016（5）：54－55.

③ 李文良．欧盟区智库发展特点及启示［J］．理论参考，2015（1）：39－40.

常遵循“选题—筹资—研究—评审—发布”或“委托课题—研究—评审—发布”的模式。前者一般为研究所自己的独立选题，后者为委托课题的运作模式。

在课题选题阶段，较大的智库通常会成立选题小组，成员为智库内每个研究部的领导或权威，对资深研究员们提议的课题题目和计划进行评审，最后根据计划研究课题数量作出决定，如海外发展研究所。而一些小的智库则直接由智库的一把手决定选题，如政策研究中心和改革研究所。而一些有党派或政府背景的智库在选题时还会听取议员、政府官员的意见，以便提高研究的实效性和针对性。

在课题研究阶段，一些大的研究所有时也会邀请外部专家参加，对国际问题方面的研究，他们会通过与国际组织合作研究，以提升资源共享性并传播自己的理念。例如，海外发展研究所一半的课题是与国际组织（世界银行、国际货币基金组织、欧洲投资银行等）合作的，在课题研究阶段双方研究人员的想法就已进行了足够的交流，并且相互逐渐熟悉，在以后的会议或课题研究中还会保持交流，这些都非常有利于研究所的理念传播和这些国际课题成果的应用。

在课题评审阶段，一些小的智库直接由智库内部相关领域的资深专家审查，而一些较大的智库，则很注重研究质量，执行严格的评审机制。例如，海外发展研究所通常邀请所外的同行专家担任课题评委，其意见以匿名形式反馈给研究所。评审标准主要包括：研究成果是否具有科学依据，论证是否充分；研究报告的陈述是否有效；结论是否客观公正等。在课题成果的发布阶段，英国智库常会邀请大众传媒（报纸、广播、电视、网络），举行小型发布会，对其成果进行报道。当一些研究课题组中缺乏知名的研究人员时，有的研究所还会邀请该领域的知名专家点评、推介，以达到更好的宣传效果。

除了课题研究，英国智库还重视平时追踪和应急研究（临时委托课题）。针对一些热点，他们会组织小组研究。这样的热点问题研究既能帮助智库对热点问题作出快速反应，并保持在媒体和外界的声音和声望，又能为研究所未来在该领域的研究打下基础①。

高度重视成果传播和品牌管理。英国智库十分重视其思想和研究成果的传播，通过定期地发行和传播出版物、建设并不断更新智库网站来宣传其成果，出版物的形式包括正式的书籍、深度的研究报告、工作论文、期刊杂志以及简报、快报等。英国智库经常举办各种主题的会议，举办讲座，邀请政府官员和知名学者到智库进行演讲或讨论，加强与各界、各领域的联系，有的甚至邀请政府首脑参加，由此影响政府的政策制定。英国智库非常注重利用媒体和网络工具，加强与媒体的合作，扩大自身声望和影响力。例如，大赦国际（AI）设立一个媒体中心面对全球发布新闻及专家意见分析，同时，充分利用网络平台，其有 80 万名 Facebook 粉丝，50 万名 Twitter 粉丝，在 Youtube 和 Instagram 等其他社交媒体上也有发声。另外，大赦国际还在年度报告发布时，邀请世界各地的读者签署请愿书，以扩大影响。再如，伦敦国际战略研究所坚持经常性的研讨活动，每年 9 月举行年会和纪念创始人巴肯的大型讲座，每月至少组织两次讨论会，其出版的研究期刊《军事力量对比》《战略研究》《年会报告》等被视为国际战略研究权威著作②。另外，英国智库鼓励研究人员接受记者采访，在报纸和杂志上发表文章、写专栏，就一些热点问题发表见解。

通过加强国际交流推进智库国际化。英国智库十分重视国际交流以及研究人员的国际交流能力和国际视野。有些智库通过与国际组织或他国智库开展合作研究或共同组织会议等形式开展国际交流。例如，海外发展研究所在研究国际金融问题时通过与 IMF 的合作，使其观点能被部分吸纳入政策制定。有些智库在全球范围内设立分支机构，以扩大其

① 戴慧．英国智库考察报告［J］．中国发展观察，2014（1）：34－48.

② 许共城．欧美智库比较及对中国智库发展的启示［J］．经济社会体制比较（双月刊），2010（2）：77－83.

影响力和获得情报。例如，大赦国际在世界范围内的高中和大学建立分会。有些智库开展海外援助项目，例如，海外发展研究所（ODI）派年轻经济学家到一些愿意接受其技术援助的低收入国家（主要在非洲），担任其政府内的经济学家，为其财经政策出谋划策。实际上这个项目的资金来源主要是英国国际发展署，英国政府为避免负面的影响，支持智库机构开展相关工作①。另外，英国政府也在经济和情报上大力支持英国智库的对外交流。例如，英国政府通过驻外使馆、贸易部、联合国等国际机构取得有关国外咨询业务和项目的情报，通过其国内负责智库的有关部门传递给国内的各大智库②。

英国智库同时存在一些问题。一是不受欢迎的政策建议在政治上具有破坏性，从而导致不被政治家和政府接受的困境，不同智库的可接受程度等级很可能随着政府和政治领袖的变化而变化。二是智库间在资金、媒体报道和政治关注上相互激烈竞争，智库的影响力会根据它们是否成功地处理问题或执政党的倾向而出现波动。如在 20 世纪 80 年代，行政部门对职业智库的建议表现出了一种很强的厌恶感。三是智库组织能力问题，智库的财政、运营管理能力弱化导致内部资金困难，难以支撑研究工作，而且内部矛盾等也造成运营问题。③

专栏 3 - 1

英国皇家国际事务研究所

英国皇家国际事务研究所成立于 1920 年，是世界最著名的国际问题研究机构之一，其宗旨是“推动个人和组织对日益复杂多变的世界

① 戴慧. 英国智库考察报告［J］. 中国发展观察，2014（1）：34 - 48.

② 李文良. 欧盟区智库发展特点及启示［J］. 理论参考，2015（1）：39 - 40.

③ 王勇辉，余珍艳. 英国智库的多元思想与政治影响［J］. 重庆社会科学，2015（7）：11 - 19.

进行全面研究，并提供政策参考”，因其坐落于伦敦查塔姆大厦内，又被称为查塔姆国际事务研究所（Chatham House）。

机构性质

研究所是一家登记在册的非政府、非营利性组织，不属于政府或任何政党，这一独立性能让其更好地与决策者展开合作，参与并影响政策制定。

组织架构

皇家国际事务研究所有所长三名。理事会是最高领导机构，负责管理研究所的日常事务，联络事宜由理事会秘书负责。理事会由研究所成员无记名投票选举产生，任期三年，可连任一届，其下设三个委员会，分别是：执行委员会、财政委员会和投资委员会。

研究所根据研究领域和内容的不同，分为不同项目部门，目前研究所有非洲项目、亚洲项目、欧洲项目、中东和北非项目、俄罗斯和欧亚项目、美国和美洲项目、国际法律项目、全球公共卫生安全中心、能源环境和资源项目、国际经济部、国际安全部。

除研究部门外，还设有主任办公室、宣传和出版部、对外关系部等行政部门。主任办公室主要关注研究所的战略方向、重要活动和新倡议的发展。宣传和出版部主要负责研究所的品牌建设、对公共宣传研究所的研究成果、出版刊物等。对外关系部主要负责管理研究所同会员的关系，安排会议和活动日程。图书馆团队管理研究所的藏书、期刊和电子数据库等。

研究领域

研究所主要从事四个领域的研究工作：能源、环境与资源治理领域，国际经济领域，国际安全领域（包括国际安全、全球卫生医疗安全），地区研究与国际法领域。

人力资源

目前，研究所有150余名专职研究员。研究人员大部分具备丰富的专业知识和实践经验，具备跨学科研究能力，可以对很多复杂的综合性课题进行有效研究。同时，研究所还有大量的外部专家，分布在世界重要国家和关键地区，及时对热点问题开展一线研究。为给研究人员提供良好的研究环境，研究所为各研究部门和项目配备专门辅助人员。

资金来源及使用

该所的经费来源主要靠基金会支持、英国政府支持和会员捐款（会员主要有大公司、5 人以上公司或单位、个人会员），也从其出版刊物中获得收入。

研究开展

对不同领域的研究人员而言，相互协作、共同探寻研究问题的新方法以及加强彼此交流同样重要。研究所举办的报告会、讨论会为研究员与不同领域的专家交流和讨论提供了平台，从中大家受益良多。研究项目内部定期开展讨论会对主管的地区问题开展讨论，还常就特定国际问题召集有关成员自由讨论的秘密研讨会。

研究成果转化及对外宣传

研究所出版书籍、研究报告、杂志等多种形式的出版物。主要包括：研究报告，主要内容为专家的深度研究和政策建议，专家撰写的简评，会议纪要和报告，研讨会论文、概要、手稿及其他相关资料，大多数是该机构内举行的会议内容报告、研究成果报告、他国政要演说记录及专家学者演说记录。较著名的有《今日世界》和《国际事务》。《今日世界》侧重于当前的国际问题，《国际事务》是双月刊，侧重于国际问题的回顾和综合，主要分析当前国际形势中的重大问题，是英国在国际关系领域最具权威性的期刊之一。

除出版物外，研究所也通过电视、网络等社会化媒体和新的电子化图书馆增强与会员及公众间的互动。研究所建立了“媒体每日报送”制度，将政策见解第一时间发给媒体。

对外交流

研究所每年在英国及国际上举行300 余场公开和非公开的活动，主要包括国际会议、研讨会、圆桌会议等，经常邀请国际重要人物来研究所发表演讲——邀请来英国访问的外国总理、部长等，2007 年时任外交部部长杨洁篪就曾在研究所发表演讲。

其他贡献

研究所确立了维护会议自由发言与信息保密的规则，即著名的“查塔姆大厦规则”，该规则于 1927 年确立，并于 1992 年和 2002 年分别进行完善。该规则规定，与会者在会议或会议讨论中可自由使用会议上收集的材料并加以注明，但不得透露发言者身份或追溯其来源，未经同意，会议主办者不得记录发言者的讲话内容。这一规则已成为世界各国普遍接受的通例，为维护自由讨论和发言者的权利创造了有利条件，为推动国际关系研讨作出了贡献。

二、德国智库管理机制及其特点

（一）智库形成机制、发展环境及其制度条件

德国是最早建立智库的国家之一，按照美国宾夕法尼亚大学发布的《全球智库报告 2015》的统计数据，德国目前拥有 194 家智库，从智库数量上看位列全球第五，仅次于美国、中国、英国、印度。德国智库在“二战”结束时只有 8 家，“二战”结束后到冷战结束之前的 44 年间（1946—1989 年）共成立了 80 家，平均每年 1.8 家。而 1990—2000 年仅 10 年间就成立了 35 家，平均每年 3.5 家。2000—2015 年，15 年间成立了 71 家，平均每年 4.7 家[①]。半数以上的政策研究机构是 1990 年之后建立的。

在社会重大发展时期，社会变革对智库提出了巨大需求。20 世纪发生的重大变革即是德国智库兴起的重要动因。例如，德国艾伯特基金

① Josef Braml. U. S. and German Think Tanks in Comparative Perspective. German Policy Studies. Volum Three. Number 2, 2006: 67 - 92.

会就是“一战”以后，德国意识到民主政治教育和广泛的政治参与在现代国家建设过程中的重要性，为提高民众的政治素养，推广政党的价值观和纲领主张，反省国家民主政治的曲折历史和惨痛教训而建立的。“二战”以后，特别是20世纪后期，在政治经济一体化及全球化的进程中德国面临着诸多历史课题需要及时加以解决，这成为德国智库发展的根本动力。面对这些历史课题的挑战，德国需要更多的智库广泛参与政府决策与政策制定过程。德国智库在法律上被赋予了完全独立的地位，行政性弱，政府对其没有政策性和行政限制。同时，法律规定个人和组织向智库捐赠实行税前抵扣政策。

（二）国家治理体系中的智库机制

学术型智库是德国智库的主力。德国智库分为三类：学术型智库、拥护型智库（也称宣传型智库或代言型智库）、政党型智库（政治基金会）。其中学术型智库是德国智库系统的主力，占德国智库的75%，包括由政府直接建立但独立运作的政策研究机构、非大学的政策研究机构、附属于大学的政策研究中心；拥护型智库，是依附于各行业协会的政策研究机构，德国一些大的利益集团近年来对代言型智库的兴趣和资金投入较以往有明显增加；政党型智库，为各主要政党提供政策支持，但基金会独立运作，与政党没有组织隶属关系，其从政府拨款中获取活动经费，通过智库成员参与政策辩论将研究成果灌输给政党或政府领导人。

自下而上参与政府决策。与中国智库多为政府研究长远发展战略和为决策者提供具体的政策措施和建议这种自上而下的机制不同，德国智库治理机制大多是自下而上的过程，以影响决策和舆论为主旨，致力于提高民众参与政治的能力，实现政治决策的公共性，具有服务大众的功能，采用许多公开的手段向决策者和公众传递其观点和策略。德国智库是决策的源头，智库作为政治沟通的有效工具，能很好地疏导利益需要，表达社会需求，并为政府决策提供依据。德国智库起到凝聚共识的作用，形成的社会建议不会偏离社会偏好。另外，不同类型、不同研究领域的智库对政府的影响不同，在政策周期不同的阶段，智库对政府的影响也不同。政策周期分为问题界定与议题设定、决策、政策执行与评议三个阶段。在议题设定阶段，智库多起警示和指导作用，在决策阶段智库起到提供合法依据和实施依据的作用，在实施阶段，智库起评估作用①。另外，德国制定了《联邦行政程序法》，明确规定政府公共决策中的一切公开项目都必须公之于众，以招标形式委托咨询机构进行预测和评估，咨询的结果在由政府部门组成的专家顾问委员会审核通过后方能实施。该法还对咨询委员会做了相应的规定，从法律上为决策咨询提供了制度保障。②

智库行业按照市场化运行。德国智库是市场化运作模式，依托于市场的发展，满足市场的需求，通过传播研究成果服务社会，谋求自身发展。德国智库一般采取公司制的管理模式，以研究成果的质量和影响力为基础，获得来自政府和社会的经费和自身发展，注重成果在国内外平台的传播，使自己成为与学术界、新闻界、实业界、广大民政以及官方政府的联系纽带。德国智库强调服务政府与独立研究不对立，两者是兼容并相互促进的，智库前瞻性地提出问题和解决问题本身就是研究中立的体现，同时也是充分发挥思想库和智囊团的作用。例如，智库积极申报政府公开招标的课题，在执行课题期间，政府不会干预研究内容，研究人员也不会完全听从政府的意见，政府不想听奉承，而是想听到更多的声音，这样有助于政府在制定政策时考虑得更全面，有更多选择。政府会组织委员会对课题成果开展评审（基金会和企业的课题由基金会和企业自己评审），但评委会不会因为智库的观点和意见与政府不一致而拒绝课题通过。

---

① 马丁·W. 蒂纳特. 德国智库的发展与意义 [J]. 杨莉，译. 国外社会科学，2014 (3)：41-50.

② 朱瑞博，刘芸. 智库影响力的国际经验与我国智库运行机制 [J]. 重庆社会科学，2012 (3)：110-116.

（三）德国智库内部运行机制

德国智库一般为独立非营利机构。德国智库一般为私立性质的非营利法人机构，一般采取有限责任公司等市场化的组织形式，但有些智库以协会名义登记。例如，慕尼黑经济信息研究所，设有董事会、监事会、科学咨询委员会、成员代表大会，以及一个附属志愿者组织①。

人才组成高端化和多元化。德国智库人才选拔是开放竞争的，一般采取公开招聘的方式吸才纳贤，有严格的研究人员考核聘任制度，对研究人员的素质要求很严格，一般来说，加入智库组织的人员都是某领域的专家，具有专业资格。智库在纳入新人时，要进行专家集体评审，注重人才的多样性，包括学科背景、学历、年龄结构、政治宗教信仰以及不同的研究领域等都作为考察内容，以增强智库研究的客观性和创造性。德国智库对高级研究人员实行的是长期聘任制，对作为助手的中初级研究人员实行短期聘用制，根据考核结果决定科研人员的晋升、续聘或解聘。高级管理人员对上级主管负责，同时也要为下级创造良好的发展机会。若下级几年内得不到发展，则上级主管负有责任。“旋转门”机制在德国十分罕见，智库人员的职业道路很大程度上独立于公务员或是政治从业者的职业道路，类似于学术生涯。

资金来源丰富，以公共投资为主导。德国智库都属于非营利性机构和团体，经费可以依靠基金会、个人、公司等的捐助和资助。捐助单位分为公共和私营部门，包括政府、欧盟委员会、个人、信贷支持、研究合同及其他。德国的社会期望是智库能与企业等特殊利益集团划清关系。因此，在德国，政府资金直接支持的公共智库比例高达75%以上。这种公共财政直接支持的运作机制，保证了智库的独立性，免于利益集团的干扰，更容易客观地从公共利益的角度进行政策研究。德国联邦和

---

① 山东省政府研究室．德国智库政策研究的经验和启示［J］．机构与行政，2015（4）：58－59.

州政府，一般对各州学术性智库的资助按照1∶1的比例均摊。但也有例外，如德国国际和安全事务研究所（SWP）大部分资金来自总理办公室[①]。德国政治基金会的资金同样绝大部分来自德国联邦和州的公共预算，这些资金主要以三种形式划拨给基金会：行政资金，用于维持基金会的正常运转，约占年资金总额的30%；项目资金，如国际合作、政策研究、人才培养、留学生资助等项目资金，约占年预算总额的近70%；特别资金，主要用于分担各基金会政治教育工作的费用[②]。除获得政府和社会的经费支持外，有的智库还通过商业资讯、出售数据、刊物、开展培训等获得部分收入。例如，德国基尔研究所每年暑假都会举办国际经济政策高级研修班，邀请世界经济领域的国际知名教授前来授课，吸引全球各地的教师或者科研人员前来学习培训[③]。

采用矩阵式研究管理模式。德国智库采取的是学科知识与研究课题相结合的矩阵研究机制（Matrix Structure），这个机制纵向上是直线主管组织，将所有的研究人员按照他们所学知识的学科类别分组，横向上根据研究课题成立研究小组。在运作研究课题时，从按学科分类的各个小组中抽调研究人员，组成课题的研究队伍，进行跨学科综合性研究，从而形成一个矩阵结构。该结构的优势在于兼收了直线主管组织和横向协作组织的长处，既有利于整个智库的有效管理，同时又符合智库需要多学科专家共同协作的特点，因而它成为现代智库的理想结构形式[④]。以德国系统工程与技术革新研究所（ISI）为例，该研究所实行分级管理体制，由所长、室主任、课题组长逐级管理，各司其职。所长和3个室主任组成专家委员会，负责对全所人员研究工作进行考核。他们实行

---

① OSC Media Aid: German Think Tank Guide. Germany - OSC Media Aid in English, 05 Mar 08; 159 - 198.

② 樊鹏．公共投资主导的德国智库［N］．中国社会科学报，2012 - 03 - 05（7）．

③ 李国学．德国智库如何坚持基础研究［N］．中国社会科学报，2016 - 01 - 21（2）．

④ 世界及中国智库的发展情况研究［EB/OL］．百度文库，http://wenku.baidu.com/link?url = uo54gc6YmXtSXWhixW_EdKJ1VLL8j5sFHupOLr74RIIiPcsk1KDlWP1deIG_QH0Hl8v3beow5nKyxgO5LkDNOt9WHB6UQNhUoLsu1TsQlpK.

“课题工作时核算制”，注重对课题研究进度和效果进行监控，而对研究人员的上下班时间不作硬性规定，在研究过程中，管理人员不干预，只在最后对研究成果进行考核。每个课题的经费，除提交20%由所长或室主任管理外，其余都由课题组长支配，职权分明①。

成果以多种形式发布，着重提升品牌和影响力。以德国国际和安全事务研究所（SWP）为例，其主要出版物为研究报告、论文、报纸和电视评论、政策摘要、书籍和杂志。绝大多数的出版可以从其网站上免费获得，但是研究报告的全文一般在报送给议会和政府成员三个月后才在网站公布，以确保政策建议被议会和政府优先获得。由于来自政府的资助不断减少，德国智库和媒体之间的联系越来越多，以提高它们的曝光率和吸引私人的资助。同时与媒体加强联系，也是为了通过公众舆论去影响政策制定者，并提升智库的品牌和影响力。

通过“走出去”和“引进来”相结合，加强对外国际交流。德国智库重视“走出去”和“引进来”相结合，对于智库自身来讲，“走出去”使组织中的某个个体得到促进和提高，“引进来”使整个组织受到促进和影响，来自不同国家和地区的研究人员具有不同的文化背景、知识储备和价值观念，这些差异化的东西会碰撞出新的更加全面的思想。以基尔研究所为例，其专职研究人员来自不同国家和地区，本国人研究本国政策更具优势，国际化可以使政策研究更加深入，而且不同文化的碰撞可以产生新的思维。再如，德国国际和安全事务研究所（SWP）在本国和国际范围内同大学和各类研究机构（基金会和学会等）开展合作研究，定期与美国、法国、英国的智库召开年度会议，以及和以色列、伊朗、巴基斯坦、印度和日本等国相似研究领域的智库保持对话，同时以交流学者的身份派送其研究人员去其他研究机构工作学习。

---

① 许共城．欧美智库比较及对中国智库发展的启示［J］．经济社会体制比较（双月刊），2010（2）：77－83.

专栏3-2

德国国际与安全事务研究所

德国国际与安全事务研究所（SWP）成立于1962年，作为德国乃至于欧洲最大的智库之一，在德国国家治理中发挥着重要作用，为德国联邦议会和政府提供基于其独立研究的政策建议和出版物。

机构性质及作用

德国国际与安全事务研究所是一家独立的学术型智库，主要从以下三个方面为德国议会和政府提供智力支持：一是为政府和议会提供新的思想；二是通过提交和发表研究报告为政府和议会提供政策建议；三是对未来形势做预测，为政府和议会提供政策建议。

组织架构

德国国际与安全事务研究所主要管理机构为执行委员会和学术委员会，执行委员会负责机构的日常行政运作和管理，学术委员会负责研究工作的开展和管理。机构中分为行政部门和研究部门，各部门分工明确，各司其职。行政部门包括财务部门、人事部门、IT部门、编辑部门等，主要负责行政、后勤、出版等工作，如IT部门负责机构所有电话和电脑方面技术上的问题。研究部门一般由研究员、科研助理和信息管理员组成，信息管理员主要负责基础信息的收集和整理，以支持研究人员开展工作，科研助理主要协助研究人员处理行政工作。

研究领域

德国国际与安全事务研究所的研究领域主要集中在欧洲一体化、共同外交与安全政策、巴尔干地区事务、国际安全事务、美洲、亚洲、俄罗斯和独联体、中东和非洲、亚洲等问题。内部分为欧洲、国际安全、美洲、东欧和欧亚、中东和非洲、亚洲、全球问题七个研究部门。同时还开展英国—德国展望、德国—以色列对话、德国—土耳其对话、德国—西班牙对话等项目。

人力资源

德国国际与安全事务研究所目前有140名工作人员，其中研究人员50名左右，研究人员与行政人员比例约为1:2。另外每年还有大约70名访问学者、奖学金获得者、项目参与者和实习生。

人员招聘。一般采取公开招聘的方式，在单位官网上发布招聘信息。针对每一次招聘，会临时组织成立一个招聘委员会，委员会一般由来自不同部门的5人组成（其中必须有一位女性，以确保男女平等，做到无性别歧视），这5个人分别来自招聘人员部门负责人和代表各1位、人事部门代表1位、行政部门代表1位、其他部门代表1位。该5人招聘委员会中，聘人部门负责人有主要话语权，但是如果其他人员联合反对，可以推翻部门负责人的意见。一般来说，面试完所有应聘者以后，会产生1~2名最有竞争力的应聘者，之后招聘委员会进行深入讨论，并根据多数人意见确定最终人选。

绩效考核。年初（一般每年前三个月），部门负责人会约谈部门内部每一名研究人员，总结上一年研究成果，讨论下一年研究计划，并给出评价意见，供人事部门参考。人事部每年底会要求每位研究人员填报考核表，主要总结过去一年研究员参与的课题、项目和会议等，从量化的角度进行考核。

薪酬待遇。研究所给研究人员支付固定工资，工资标准高于德国平均工资水平（德国年平均工资约为4.5万欧元）。研究人员可以利用非工作时间到企业、大学或者其他机构进行有偿演讲授课，无须通知研究所。

资金来源及使用

德国国际与安全事务研究所资金主要来源于联邦总理办公室拨款，2015年是1100万欧元左右。研究所不参与课题投标，但政府部门委托课题，一般也会单独支付给研究所费用。为保持研究的独立性，研究所不接受企业课题。研究所年度经费的一半以上用于支付工资，会议和交流活动预算很少，一般来讲，关于会议和交流活动，研究所鼓励研究人员自己去争取外部赞助，但必须保持活动的独立性。

研究开展

每年年初研究部门负责人会同研究人员沟通商定每年研究计划，由研究人员自己确定研究题目。结题时，由研究员自行组织课题评审委员会，评审委员会可以来自本单位，也可以邀请外部专家，在学术委员会的监督下展开评审。对于委托课题，由委托方安排评审委员会对课题成果进行评审。

研究成果转化

德国国际与安全事务研究所有3份著名出版物，即《SWP研究报告》《SWP评论》《SWP观点》。研究所规定每个研究人员都要在18个月内独立完成至少一个大课题，将成果收入《SWP研究报告》，报告主要内容围绕国际重点问题和当前国际政治挑战。《SWP评论》主要发表关于政策制定者所关心和应该关心的问题的报告，一般篇幅短于《SWP研究报告》的报告。《SWP观点》供研究员针对当前的热点问题发表自己的观点和看法。

对外交流

德国国际与安全事务研究所同全球50多个国家和地区都有合作，主要采取合作研究和共同举办会议的形式。同时也接受访问学者和开展青年学者培训计划以吸引国际范围内的学者参与德国国际与安全事务研究研究项目，为研究所注入新的思想。

对外宣传

德国国际与安全事务研究所主要通过官网进行宣传和推广，大部分研究成果都在官网发布。

三、法国智库管理机制及其特点

法国智库从20世纪70年代末逐步发展起来，在欧洲是继英国、德国之后，智库比较发达的国家，虽然起步较晚，但影响力较强。

（一）智库形成机制、发展环境及其制度条件

法国智库从 20 世纪 70 年代以后开始发展。20 世纪 70 年代末，法国现代智库逐渐蓬勃发展起来。20 世纪八九十年代以后，欧洲一体化进程加速，这促进了欧洲区包括法国智库的快速发展。这个时期的智库开始围绕欧盟政策为主要研究内容，这一时期法国成立了包括欧洲伙伴、苏曼基金会、欧洲 2020、直面欧洲等研究欧洲事务的智库，经过 40 多年的发展，法国智库在国内外产生了较强的影响力。根据 2016 年全球智库报告，法国智库在 2015 年底达到 180 家，位列全球第六，在欧洲位列英国和德国之后。

表 3－3 法国著名智库建立年代表

序号	名称	年份	序号	名称	年份
1	国际问题研究中心	1952	7	重建布雷顿森林体系委员会	1994
2	国际发展与经济社会研究中心	1972	8	法国近现代中国研究中心	1988
3	社会主义国家国际经济中心	1977	9	巴黎高师地缘战略研究中心	1989
4	国际信息和展望研究中心	1978	10	法国可持续发展与国际关系研究所	1989
5	法国国际关系研究所（IFRI）	1979	11	法国“思想共和国”	1990
6	法国国际和战略关系研究所	1990	12	法国战略研究和培训高等委员会	1993

资料来源：李国强．法国智库发展概况及启示和建议［R］．国务院发展研究中心调查研究报告，2013 年第 8 号．

政治体制对智库产生需求。法国“半总统制”的政权模式，既有总统制特点，又有议会制特点，这种政体为智库发展提供了政治土壤。法国国家决策有依赖专家委员会的传统，总统在提出重大决策前，一般成立由政府官员、议员、专家和相关行业代表组成的专业委员会进行研究并提出建议。另外，政府和党派处理政治问题也需要智库支持，这都为智库发展提供了良好环境①。

具有良好的发展政策支持。法国对从事政策性研究，为政府提供参

① 褚鸣．美欧智库比较研究［M］．北京：中国社会科学出版社，2013：56－69.

考的研究机构都可列为智库，对向智库捐款的公司和个人实施税收减免等政策支持。

（二）国家治理体系中的智库机制

政府和主要党派自身直接或间接组建智库机构是法国智库主力军。法国智库包括政府研究机构（法国计划总署下属前景研究与国际信息中心、国防部下属战略事务委员会等）、独立研究所（法国国际关系研究所、法国国际和战略关系研究所等）、大学研究中心（巴黎第二大学国际发展与经济社会研究中心）和政治俱乐部（其他国家未列入智库），大多成立于20世纪70年代，时间较短。法国中央集权程度较高，官僚体制涵盖几乎全部可能产生“思想和智慧”的领域，法国的思想精英普遍集中在国家机构。法国的国家级智库多属公共机构，由国家拨款，其工作人员享受公务员待遇，独立智库则多注册为以非营利为目的的协会身份，但是独立智库影响力相对政府智库更大。

法国智库以影响政策、引导舆论为重要功能。智库在法国社会的作用重大，主要包括为政府公共政策提供思想产品和行动方案，建言献策；及时汇集和反映国内外各种政策意见和要求；为社会提供新的思想观点和社会知识，引导舆论，传播知识①。

参与政府决策机制。第一，政府研究所通常分属不同的政府部门，其研究成果常常成为决策者制定政策的重要参考；第二，独立智库经常根据政府的决策需要，对各自相关专业领域的重大问题进行深入研究，提出结论和对策建议，供政府决策参考；第三，民间智库通过参与国家政治经济模式辩论活动，通过个体和私人渠道、集体行动（智库论坛）对政治和经济的决策进行直接影响。

---

① 王佩亨，李国强，等．海外智库：世界主要国家智库考察报告［M］．北京：中国财政经济出版社，2014：49－100.

（三）著名智库内部运行机制

管理机制比较规范化。法国智库管理机构一般设立董事、学术委员会。如法国国际和战略关系研究所董事会主要由前政府部长、党政领导人、议员和企业领袖组成。

资金来源多元化。国家级智库的资金大部分来自财政拨款，独立智库的经费来源则有国家补助、委托研究费用、私人和企业赞助、出版物销售费用、会员缴纳的会费、提供培训费用等多种渠道。通过多种形式的资金来源，保障智库的顺利运营。

多样化的人才结构。国家智库的人员相对庞大，层次较高，多数拥有博士学位，人员进入相对严格。独立智库人数通常不多且相对年轻，如法国国际关系研究所人员 90 人左右，大多年龄不满 40 岁。同时，法国智库也比较重视退休高官和知名学者的作用，借助他们的经验、关系和影响力，更好地影响政府决策，扩大智库的影响力。

相对自由稳定的科研管理机制。法国智库研究机制比较自由，确定研究方向并有充足经费保障后，研究人员可以从事长期性、战略性的重大问题研究，而不用受到急于出成果的压力，能够保障研究成果质量。同时，采用第三方评价机制，通过独立第三方机构进行评审，考核和评估人员基本上与被考核单位人员没有直接利害关系，保证了考核或评审结果的公正性。

研究重点集中在重大问题或实效性问题。主要著名智库大都以国际问题为重点研究领域，研究注重实效，注重对具体的、与社会经济发展密切相关的重大实际问题的研究，重视成果转化。

高度重视对外交流。法国的著名智库很注重对外合作和交流，与各国的知名智库建立了紧密的联系和合作。这些智库与合作机构每年举办论坛、研讨会，分享研究成果，交流经验，扩大智库在国家决策和大众舆论中的影响力[①]。如法国国际关系研究所与兰德公司、布鲁金斯学会和莫斯科国际关系学院等国际知名智库和学府均有长期的合作关系。

专栏 3 - 3

法国国际关系研究所

法国国际关系研究所（French Institute for International Relations, FIIR）成立于 1979 年，在原“外交政策研究中心”的基础上组建而成，组织形态是独立研究所，注册性质为具有法人资格的独立协会。法国国际关系研究所是法国最大的、非党派的智库机构，在 2015 年宾夕法尼亚大学公布的全球智库排行榜中位居第 20。宗旨是研究重要的外交政策问题并鼓励知识分子争论，非官方的国际合作与互动，形成研究所的两大主轴——研究和讨论。法国国际关系研究所坚持独立的司法地位、多样性的资金来源和独特的文化以保持其作为独立的思想库。

机构扁平化。法国国际关系研究所下设 4 个研究中心、5 个研究项目组、1 个实验室。除本部外，在布鲁塞尔还设有办事处。采用董事会决策，所长负责制管理模式。董事会为研究所最高决策机构，董事均由法国政治、学术、企业等各个领域的代表人物担任。所长负责日常工作。现有员工 80 多人，其中研究人员 50 多人。研究所的服务对象实行会员制。

研究领域专业化和综合化。法国国际关系研究所作为一个多学科的国际关系研究中心，其研究领域包括世界政治、经济、社会、外交、安全、战略、能源、地区政治和经济及全球环境等领域。研究重点区域包括法国与欧洲、美国、中国及东亚、中东和俄罗斯等。在研究方向选择上，每年的研究课题将根据国际形势变化及法国政府和企业的要求进行调整，另外，研究所根据研究所伙伴企业（资金提供者）的要求，制

---

① 王佩亨，李国强，等. 海外智库：世界主要国家智库考察报告［M］. 北京：中国财政经济出版社，2014：49 - 100.

订有针对性的专项研究计划，为这些企业发展提供建议。

研究成果对外发布渠道。法国国际关系研究所主要通过五个渠道发布其成果：一是通过研究所自主期刊《外交政策》杂志，每季度一期；二是发布 RAMSES 年度报告；三是图书出版，每年出版 10 本左右的研究著作；四是研究所网站发布 100 多篇研究论文；五是研究人员频繁参加媒体访谈等活动。另外，研究所为法国和外国政府及私营机构的决策者、专家和官员提供交流和讨论平台，每年在巴黎和布鲁塞尔主办上百场会议和讨论会，邀请国内外专家对热点和重点问题发表观点和看法。除上述公开出版和互动提升其影响力外，研究所还通过接受政府委托课题、组织参与政府间交流活动等方式发挥在政府的影响力。

资金来源多样化。研究所资金主要来源包括国家政府、社团捐献、出版物销售、合同研究、地方或州政府、会员费。

国际化。研究所与世界上的主要智库保持合作关系，同时还与 100 多家知名企业保持合作伙伴关系，与世界几十个国家、地区和国际机构的驻法使领馆是合作伙伴。研究所于 2005 年在布鲁塞尔设立办公室，作为一个重要的海外研究机构，主要任务是加强巴黎总部和欧盟总部之间的互动，研究欧盟—俄罗斯、欧盟—中国等方面问题。设立东亚研究中心，重点研究中国、日本和印度等区域，并与中国研究机构开展合作，共同举办研讨会。

四、俄罗斯智库管理机制及其特点

（一）智库形成机制、发展环境及其制度条件

脱胎于苏联时期的官方智库体系，传承了苏联时期良好的学术研究体系和机制。20 世纪 50 年代苏联赫鲁晓夫时期，建立苏联科学院、社会科学院和马列主义研究所等智库机构，满足决策层对外部世界尤其是西方世界的认知和了解；苏联共产党内部智库机构，包括苏共中央直属

的社会科学院、苏共中央内部的社会科学研究所和苏共中央马列研究院，主要是提升官方意识形态，使之适应新的世界水平和新时代的要求，其时苏共党内智库专家学者的主要职能是证明苏共各种决策的正确性。专业性机构包括国家安全委员会等。一直到20世纪70—80年代，这些智库机构不断壮大，结构复杂、专业分类细化，对苏联的内政外交决策发挥了非常重要的作用。20世纪90年代戈尔巴乔夫发起改革后，起用了很多智库机构学者到政府任职，一些智库提出的改革方案被采用。苏联解体后，苏联原中央政策研究机构进行了巨大调整，社会科学院两次改换分别为政府下属的管理学院和总统直属的国务学院，而马列主义研究所则改为俄罗斯独立社会与民族问题研究所；这一时期由前政府要员建立了一些研究中心和VIP中心，如盖达尔领导的盖达尔经济研究所，亚夫林领导的经济与政治研究中心，亚辛领导的俄罗斯工商企业家专家研究所，布尔布利斯领导的“战略”中心，戈尔巴乔夫领导的国际社会经济研究基金会，谢尔瓦德纳泽领导的外交协会等智库机构。尽管由于苏联解体导致一些智库人才大量流失，但苏联时期智库优良的学术传统和工作方式传承下来。20世纪90年代后期，众多国际研究机构进入俄罗斯，如莫斯科卡内基中心、东西方研究所、美国传统基金会等机构都在俄罗斯建立了分支机构，这些机构都由总部给予资助。

俄罗斯智库逐步向多层次、多领域、多元化方向转变。从总体上看，当今俄罗斯智库是一个多层次、多领域、多元化的分析研究机构体系，主要包括政府系统、科学院系统、独立系统和海外基金会系统，其中政府系统和科学院系统多数脱胎于苏联智库。苏联解体后，各类性质的研究中心、基金会、协会、研究所等智库机构相继而生，机制也与苏联时期的智库有所不同，丰富了俄罗斯智库体系。①② 从性质上看，包

① 王佩亨，李国强，等．海外智库：世界主要国家智库考察报告［M］．北京：中国财政经济出版社，2014：220.

② 张健荣．纵谈俄罗斯智库［J］．社会观察，2006（8）：13－14.

括官方智库、学术机构附属智库、民间智库和海外资助智库；从研究领域上看，包括政治外交、经济和社会研究类智库；主要功能包括建言献策、影响政策、反映民意、引导舆论。主要原因包括：一是官方垄断型学术被打破，国家不再为所有研究提供经费。二是俄罗斯社会转向选举制、多党制以及政治和意识形态的多元化，很多专业从事选举咨询和操作的智库应运而生。这些智库可以为不同阵营的政治精英代表提供服务，选择不同的政治方向。三是俄罗斯实行私有化之后，各种商业机构登上政治舞台，商业需求增多。四是各家智库可以在共同的研究平台上，如内政、经济政策、外交、社会民意调研等领域展开竞争。

表 3－4　俄罗斯著名智库建立年代表

序号	名称	年份	序号	名称	年份
1	俄罗斯科学院	1724	10	俄罗斯公共政策研究中心	1991
2	俄罗斯科学院世界经济和国际关系研究所	1956	11	俄罗斯战略研究所	1992
3	全俄罗斯市场研究所	1947	12	外交与国防政策委员会	1992
4	俄罗斯联邦政府国民经济学院	1977	13	卡内基莫斯科中心	1993
5	全俄民意研究中心	1987	14	法经济专家小组	1994
6	盖达尔经济政策研究院	1990	15	俄罗斯城市经济研究所	1995
7	转型经济研究所	1990	16	政治与军事分析研究所	1996
8	俄罗斯西北国家行政学院	1991	17	信息社会研究所	1998
9	国际经济学家联合会	1991	18	现代发展研究所	2008

俄罗斯上层政治固化制约了智库发展。近年来，俄罗斯上层政治精英固化，在很大程度上导致了俄罗斯社会发展的僵化，也同样严重限制了智库建设的顺利发展。其一，整体政治生态中缺乏参与机制，智库影响政策的管道日益收窄，不利于智库的壮大、创新；其二，智库独立性弱则难以引领社会认识，或是成为替政府政策背书的工具，或是完全与政府治理背道而驰，反目敌对，从而造成两者都不具备引领社会共识的应有功能；其三，在人才建设方面，智库与政权的互信、互动、互通越发阻滞，形成了小范围利益集团，智库精英很难有施展空间。总体来

说，目前俄罗斯的智库建设虽有很大进步，但政权机构对智库尚缺乏真正的接受且未形成彼此的良性互动，权力运行机制造成的阻碍仍然是俄罗斯智库建设难以实现跨越的首要因素。

（二）国家治理体系中的智库机制

俄罗斯智库以官方为主导，国际影响力较弱。在“可控民主”思维下，政府主导色彩明显，官方半官方智库占主导、独立性弱，大多数智库对政府依赖性比较强，以政府委托或大型国企委托为主[①]。俄罗斯智库的数量虽然在全球排在前列，但其具有国际化水平和国际影响力的智库仍然比较少，与其强国地位略显不符。著名的智库包括盖达尔经济政策研究所、俄罗斯战略研究所、现代发展研究所、俄罗斯科学院世界经济和国际关系研究所、外交与国防政策委员会、政治与军事分析研究所和俄罗斯公共政策研究中心、莫斯科卡内基中心、经济与金融研究中心、莫斯科国际关系学院、社会政策独立研究院等。

俄罗斯智库将建言献策、反映民意和引导社会舆论作为其主要功能。一是在政府委托下承担国内公共政策问题研究，实现政策储备，向政府建言献策；二是进行外交领域问题的研究，影响国家外交政策；三是反映民意，服务社会；四是发布成果，影响政府和公众认知，引导社会舆论。研究领域大多分布在政治与外交、经济研究、社会研究等领域。

智库与政府和社会之间构建不同的沟通机制。官方智库（或情报机构如克格勃）通过政府层级管道的人才互通、互动实现影响政府决策；民间智库通过接受政府委托，直接建言献策或者发表成果影响决策；智库与社会主要以辩论方式进行沟通，官方智库解读政策引领社会认识，通过对政府政策建议、辩论或批评等方式，建立社会共识。从智库与决策之间的关系远近来看，可以划分为核心智库、内圈智库、外圈

---

① 郝赫．俄罗斯智库建设特点及启示［OL］．中国社会科学院网站，http：//www.cssn.cn/zk/z k_ rdgz/201602/t20160204_ 2858963.shtml.

智库和一般智库。核心智库酝酿研究重大问题，形成报告，再请内圈智库有关人员进一步研究，将其具体化、法制化和行动化；外圈智库负责向社会有关方面进行解释和推进，引导舆论；一般智库主要起顾问和协调作用①。

（三）著名智库内部运行机制

资金来源多样化。一是经营性收入，包括政府、大型国有企业等机构委托项目经费以及组织会议、培训与咨询等营业性收入；二是政府财政拨款，包括以委托课题形式的拨款；三是基金会、企业和个人捐款；不同性质的智库资金来源种类、比例有所不同，官方智库财政拨款比例较高，而非官方智库社会资金来源比例较高②。俄罗斯多数智库正在逐步开拓资金筹集渠道，以保证智库顺利运行和快速发展。例如，俄罗斯科学院等经费来源包括政府财政预算拨款、俄罗斯基础研究基金和俄罗斯人文科学研究基金、国家和地方的科技计划和项目、社会基金和四人基金、与国内外协作单位和用户签订的各类协议和合同、出租房屋、出售技术等方面，其中科学院运行经费的60%来自国家财政拨款，其余40%则来源于其他渠道。

人才结构多元化。俄罗斯智库人才主要是来自不同领域、不同专业的研究人员，包括知名学者、企业精英、卸任的政府官员、专职研究人员等，另外，俄罗斯智库的人才选聘注重学科、年龄、学历和实践背景等。例如，由俄罗斯时任总统、现任总理梅德韦杰夫2008年建立的现代发展研究所就由几百名俄罗斯及全球的著名科学家、经济学家、独立分析人士、外国分析家、企业领袖及政府机构负责人员组成。成立于1956年的俄罗斯科学院世界经济和国际关系研究所有员工400多人。其中包括 А. Г. 阿尔巴多夫、В. Г. 巴拉诺夫斯基、А. А. 德金、Н. И.

---

① 欧阳向英．俄罗斯主要智库及其发展情况［J］．对外传播，2010（5）：56－57.

② 王佩亨，李国强，等．海外智库：世界主要国家智库考察报告［M］．北京：中国财政经济出版社，2014：49－100.

伊万诺瓦、H. A. 西蒙尼亚、P. M. 艾多弗 6 名俄罗斯科学院院士，B. C. 阿夫多诺莫夫、O. H. 贝克夫、И. C. 克罗列夫、A. B. 库兹涅佐夫、B. B. 米赫耶夫、Г. И. 丘弗林 6 名俄罗斯科学院通讯院士，79 名博士和 212 名副博士。历史上有许多政界精英和著名学者曾在该所工作，其中包括俄罗斯联邦安全委员会秘书 И. C. 伊万诺夫（1998—2004 年曾任职外交部部长），前俄罗斯驻美国大使、亚博卢党领袖之一、俄罗斯联邦人权事务高级专员 B. П. 鲁金，国家杜马议员、媒体人物、政治活动家等。

多方位的交流合作。俄罗斯智库在不断加强与国内其他智库、政府、学术机构等多方力量进行合作研究的同时，还与国际研究机构、国际组织进行合作研究。例如，盖达尔经济政策研究所除充分利用内部研究人员外，还寻求多方合作力量，不但与本国政府机构、研究机构和商业机构合作，还积极寻求与国外研究机构、国际组织等进行合作。另外，俄罗斯政府经过苏联解体、国家转型后充分认识到智库的重要作用，因此通过智库开展国际交流、举办论坛，在境外设立研究基地等方式引导国外智库和舆论制造者，增强俄罗斯在国际上的影响力。例如，2004 年由俄罗斯新闻社、外交与国防委员会等机构发起建立的“瓦尔代国际俱乐部”，成为研讨俄罗斯问题的顶级专业聚会。另外，俄罗斯还效仿西方智库在世界各地布局的战略，分别在巴黎和纽约成立了“民主与合作研究所”。①

研究成果注重实效。俄罗斯智库成果管理机制包括出版物发行、研讨机制与媒体传播、向政府提交报告等主要机制。主要是通过提交研究报告、发行出版物、召开研讨会和成果报告会、专题讲座等形式，借助网络媒体发布成果，增加成果的转化，提升影响力。但总的来说，俄罗斯智库要想获得更大发展，甚至在国际上取得话语权，恐怕还要变政府

---

① 许华．俄罗斯的软实力外交与国际形象［J］．国外社会科学，2009（5）：77－81.

依附导向为独立运营和市场竞争导向，不再揣摩领导人的意图去做阐释性的研究，而是立足国情，运用先进理念对俄罗斯在世界格局中的地位和角色进行系统设计，将自身打造成理论创新的平台和思想潮流的策源地，才能发挥更重要的作用。

专栏3-4

俄罗斯科学院世界经济与国际关系研究所①②③

俄罗斯科学院世界经济与国际关系研究所（Институт мировоий экономики и международных отношениий Российиской академии наук，ИМЭМО РАН）是俄罗斯国内最具影响力的高端智库之一，在2015年美国宾夕法尼亚大学全球智库排行榜上名列第32位，位居俄罗斯智库之首。世界经济与国际关系研究所的宗旨是为关注社情民意并深入研究俄罗斯转轨时期的各种现实问题，传播民主、市场经济、公民社会、法制国家和国际合作的观念，为国家制定政策提供可靠的理论分析基础。研究所的科研工作一直注意保持独立和无党派倾向的特性。主要使命是全面研究现实国际进程、其他国家市场经济的功能机制和政治体系的特点。

脱胎于苏联时期的国家智库

俄罗斯科学院世界经济与国际关系研究所是俄罗斯老牌智库，该所历史建于1956年，由苏联最高领导人赫鲁晓夫提议创立，前身是苏联科学院世界经济与政治研究所（1925—1948年）。建立不久，该所就作为苏联国内唯一的社会、经济、政治和战略综合基础及应用分析中心而被公认为权威的学术机构。后来，在该所分支机构的基础上创办了美国

---

① 赵会荣．俄罗斯科学院世界经济与国际关系研究所建设高端智库的经验［J］．俄罗斯学刊，2015（3）：83-88.

② http：//www. imemo. ru/.

③ http：//www. crstinfo. com/Detail. aspx？ id=12593.

与加拿大研究所、非洲研究所、世界工人运动研究所等。不过，世界经济与国际关系研究所因其研究问题的广度和学术问题的综合性仍然是俄罗斯独一无二的智库。

研究领域专业化程度较高

研究所的研究领域包括世界经济和国际关系理论，全球经济和政治发展新模式，世界经济功能和结构的长期变化及俄罗斯在其中的角色位置，世界发展中的社会因素和现代社会政治组织，全球化和区域一体化、俄罗斯参与最优化研究，全球经济增长中创新要素的发展趋势和前景，其他国家和区域的经济、政治和社会发展，国际关系的建立和发展，国际安全和俄罗斯国家安全，国际冲突防范及解决、反恐问题，全球发展短期及长期预测等领域。

经费来源多元化

世界经济与国际关系研究所是国家预算单位，主要依靠联邦财政预算提供资金支持。同时，研究所也接受政府部门的订单开展科研活动，与企业、银行等机构签订合作协议，获得科研经费和开展合作研究。此外，研究所还积极与外国企业、科研院所开展合作，以获得额外的资金支持。

规模较大，人员较多

研究所共设立21个研究室、研究中心和研究小组，每个研究室和研究中心下设一些研究处室，部门和层级比较多。另外，研究所设立学术委员会，由56名成员组成。研究所共有400多位研究人员。

对外影响力和沟通渠道

主要通过为立法活动、国家政策、企业战略和世界市场的研究提供评估；为国家政权机关和管理机构提供咨询；编写和出版理论和应用学术文献和学术期刊；为高等学校编写教材；举行研讨会，承担国际学术项目，开展国际学术交流来发挥舆论影响力。其中，研究所通过多样期刊《世界经济与国际关系》月刊、《俄罗斯与欧亚新兴国家》季刊、

《地球年》年刊、《通往和平与安全之路》公报、《俄罗斯经济晴雨表》季度公报、《俄罗斯与相邻国家政治与经济》月刊等对外发表研究成果。同时，研究所与俄罗斯联邦和地方权力机关、媒体、大型国有和私有企业以及境内外研究机构长期保持联系。研究所也与国际智库机构、各国政府及全球企业、大学等社会机构保持密切联系，进行国际交流。

第四章

CHAPTER FOUR

亚洲智库机制研究

亚洲智库近年来增长较快，种类也在增加，其中大学、政府隶属或资助的智库仍是这些国家的主力。按照2016年全球智库报告的统计，2015年亚洲智库数量达到1262家，占全球总数量的18.4%，明显低于北美洲和欧洲，具体如表4－1所示。在智库影响力方面，亚洲国家智库总体上远远落后于欧美国家，在亚洲影响力较高的国家包括日本、韩国、中国、印度、新加坡等国家。本章只分析研究日本、韩国和新加坡智库发展机制等情况。

表4－1 2015年亚洲主要国家智库数量

单位：家

序号	国家	数量	序号	国家	数量
1	中国	435	11	马来西亚	18
2	印度	280	12	斯里兰卡	14
3	日本	109	13	格鲁吉亚	14
4	中国台湾地区	52	14	亚美尼亚	14
5	韩国	35	15	阿塞拜疆	13
6	孟加拉国	35	16	新加坡	12
7	中国香港地区	30	17	尼泊尔	12
8	印度尼西亚	27	18	柬埔寨	10
9	菲律宾	21	19	吉尔吉斯坦	10
10	巴基斯坦	20	20	越南	10

资料来源：James G. McGann. 2015 Global Go To Think Tank Index Report (2016). CSP Global Go To Think Tank Index Reports. Paper 10. http://repository.upenn.edu/think_tanks/10.

一、日本智库管理机制及其特点

尽管日本智库在20世纪初就已经出现，但是日本智库的兴起是在第二次世界大战结束后，伴随着日本经济的腾飞而发展起来的。在日本经济发展的不同时期，日本智库的适应发展顺应了国家发展的需要，在应对国内外环境变化中，提出了许多有价值的方略提案。20 世纪 90 年代后，日本经济陷入“失去的二十年”，许多智库因资金链条断裂而陷入困顿，多数由企业财团支持的智库得以生存下来，持续保持其在国际国内事务中的影响力。经过不断地调整和优化，日本形成了“官”“产”“学”智库并举，大、中、小智库共存，多元化、综合化和多极化发展的智库生态系统。

（一）战后日本智库发展经历了五个发展阶段[①]

第一阶段是战后初期至20 世纪 60 年代中期，是日本智库的“萌芽期”。战后不久，原满铁调查部的一些人员在 1946 年创设了九州经济调查会。同年，松下电器公司创始人松下幸之助创立了 PHP 研究所。1959 年前首相吉田茂成立了日本国际问题研究所，并亲自担任首任会长，该机构至今国际影响力非常高。进入 20 世纪 60 年代后，随着日本经济的高速发展，社会事务日趋复杂，对决策咨询的需求进一步扩大，从而促进了多家智库出现，包括日本经济调查协议会（ 1962 年）、日本经济研究中心（ 1963 年）以及东北经济开发中心、北陆经济调查会、关西社会经济研究所等地方智库。这一时期的日本智库多为营利法人形态，主要任务是接受政府、地方自治体以及市町村等的委托，为其制订中长期经济计划。

第二阶段是 20 世纪 60 年代中期至 80 年代中后期，是日本智库的“发展期”。在这一时期日本导入了“智库”概念，智库大量涌现，包括野村综合研究所（1965 年）、日本能源经济研究所（ 1966 年）、社会工学研究所（ 1969 年）、三菱综合研究所（ 1970 年）、未来工程学研究所（ 1971 年）、社会开发综合研究所（ 1973 年）、日本战略研究中心（1980 年）等。1973 年日本公布《综合研究开发机构法》之后，

---

① 程永明. 日本智库的发展现状、特点及其启示［J］. 东北亚学刊，2015（2）：22 –27.

1974 年，由日本产业界、学界、地方公共团体等发起，共同成立了综合研究开发机构（NIRA），该机构被视为日本智库的“总管”。这期间，还出现了日本智库协调性机构包括日本智库协议会（1975 年）、地方智库协议会（1985 年）等。这一时期的智库呈现专业型和综合型智库并存局面。

第三阶段是 20 世纪 80 年代中后期至 90 年代初期，是日本智库的“飞跃期”。这一时期日本智库数量由 70 年代的 200 余家急速发展至 300 余家。三和综合研究所（现为三菱 UFJ 调查咨询公司）、安田综合研究所（现为损保日本综合研究所）、住友生命综合研究所（2005 年解散）等智库在这一时期设立。

第四阶段是 20 世纪 90 年代初期至 21 世纪初，日本智库进入“成熟期”。在此时期，随着日本经济泡沫的破灭，来自政府、企业、民间团体的委托项目大幅减少，一些依附于企业的智库收入难以为继，智库进行改组或关闭。一些智库脱离行政或企业进行独立研究，成为非营利性智库（如 NPO 型、高校附属型、任意团体型、学会型、自治体内部设置型等智库），其运营方式和政策形成机制呈现多元化的特点。此时出现的智库包括日本公共政策学会（1996 年）、21 世纪政策研究所（1997 年）、21 世纪政策构想论坛（1998 年）等。

第五阶段是 21 世纪初至今，日本智库发展进入“调整期”。该时期日本智库呈现如下三方面特点：一是因财政困难等原因，一些智库在 2004 年前后陆续出现解散、活动停止、规模缩小以及性质改变等情况。二是政党系智库开始出现。如民主党先后成立了“市民政策调查会”（2001 年）和“公共政策平台”（2005 年），自民党也于 2006 年成立了“智库 2005·日本”等。但两个政党系智库分别在 2009 年、2011 年终止活动并解散。三是日本智库的发展更趋多元化，如有“小泉智库”之称的国际公共政策研究中心（2007 年）、以研究全球性政策为主的佳能集团国际战略研究所（2008 年）、以保守知识分子为中心的国家基本问题研究所（2008 年）、以研究企业社会性等问题为主的理光经济社会研究所（2010 年）及关西地区的亚洲太平洋研究所（API）等智库纷纷成立。

表 4－2　日本著名智库建立年代表

序号	名称	年份	序号	名称	年份
1	满铁公司调查部	1907	11	社会工学研究所	1969
2	大原社会问题研究所	1919	12	三菱综合研究所	1970
3	仓敷劳动科学研究所	1919	13	未来工程学研究所	1971
4	九州经济调查会	1946	14	社会开发综合研究所	1973
5	PHP 研究所	1946	15	综合研究开发机构（NIRA）	1974
6	日本国际问题研究所	1959	16	日本战略研究中心	1980
7	日本经济调查协议会	1962	17	日本公共政策学会	1996
8	日本经济研究中心	1963	18	21 世纪政策研究所	1997
9	野村综合研究所	1965	19	国际公共政策研究中心	2007
10	日本能源经济研究所	1966	20	国家基本问题研究所	2008

（二）日本智库生存发展依赖于其国家发展需要

日本智库发展的制度条件是与日本国家的发展需要紧密关联在一起的。“二战”后，出于亟须重建的需要，日本智库开始兴起，研究中心主要集中在恢复经济发展与社会秩序重构上面，并且伴随着日本经济的持续增长而得到迅猛的发展。20 世纪 70 年代后，随着世界经济秩序的变化，特别是受到两次石油危机的影响，日本亟须探求新的发展战略，应对国际国内环境发生的急剧变化，在这样的制度背景下，日本智库快速调整研究方向，重点研究日本国内重大理论和现实问题，并为解决日本时下的各种挑战提供智力支持。期间，随着日本企业大规模走出去拓展国际业务，日本对外投资的战略研究备受智库关注，同时也由此诞生了著名的企业智库，如 1965 年和 1970 年成立的野村综合研究所和三菱综合研究所。

进入 20 世纪 90 年代以后，由于日本经济陷入“失去的二十年”，再加上经济全球化进程加速，支撑日本经济中高速增长的政治、经济、教育等体制已不再适应形势需要，日本智库也遭受资金困境，不少智库因资金链条断裂而被迫关闭。与此同时，一些新型智库，如1997年成立的东京财团和21世纪政策研究所汇集国内外顶级学者，积极在日本内政、外交等领域发声反映政治诉求。不同政党、社会团体、特殊群体代言组织等的政策诉求在很大程度上反映其建言献策的价值取向。日本智库虽进入稳中求精的阶段，形式上出现多样化，但是其为国家需要服务的宗旨没有改变，并且始终围绕国家发展中的重大理论和现实问题提供智力支持，有效推动日本政府经济改革和任务计划，向国家决策者提供整体性、前瞻性思考和高质量的研究成果。

另外，日本政府重视智库法制建设。日本政府为强化智库建设制定了一系列相关法律法规，使智库机构的运营和管理有法可依。例如，组织形式为独立行政法人的智库须依据《独立行政法人通则法》设立并管理，而具体到半官方智库“独立行政法人经济产业研究所”，则又另行制定并颁布了《独立行政法人经济产业研究所法》，对该机构的名称、宗旨、所在地、资本金等基本项目，机构的董事、理事和职员的设置、任免以及业务运营、财务管理等细节都加以具体规定。日本政府通过《科学技术基本法》和《科学技术基本计划》等法律法规，对科研经费的使用加以严格监督管理，同时，由政府相关部门统一制定会计审计准则，聘请专门的财务机构实行定期审计，充分运用内部审计与国家审计制度、社会监督相结合的方式，以强化财务监督管理，督促经费合规且按计划使用，及时发现并惩治经费的使用不当问题。[①]

（三）日本智库存在多种类型，具有浓郁的企业特色

根据综合研究开发机构近年来对日本智库进行的跟踪调查，日本现有智库约300家。这些智库在组织类型、隶属形态、研究领域、项目来

---

① 胡薇．日本智库的发展现状及启示［N］．光明日报，2016－11－16．

源等方面都不尽相同。依据智库的组织形态，可以分为官方智库与民间智库。而日本的官方智库又可以分为两种：一种是直接隶属于政府某个部门，如防卫省的防卫研究所（NIDS）等。另一种是独立行政法人型智库，是国家机关外部化的一种形式，介于政府和民间之间，运营经费全部来自国家预算。如情报通信研究机构（NICT）、经济产业研究所（RIETI）以及产业技术综合研究所（AIST）等都属于独立行政法人。日本智库中存在数量最多的是民间智库，大致又可将其分为三种类型，如野村综合研究所（NRI）、日本系统开发研究所（CR&DI）等属于营利性智库，其特点是多为一般财团法人，由企业、银行等设立。第二类是非营利性智库，其中又包括公益社团法人（如日本调查综合研究所）、公益财团法人（如日本国际论坛）、特定非营利活动法人（NPO法人，如SOHO智库等）三种。第三类则是既非公益又非营利性质的“中间法人型”智库，如民主党的“公共政策平台”。①

日本智库既有综合性的大型智库，如野村、三菱、大和等综合研究所，也有侧重某个具体领域的智库，如亚洲经济研究所主要探讨经济发展趋势和制定经济政策，对发展中国家和地区开展国别综合研究；国立社会保障人口问题研究所主要研讨社会保障及人口政策问题；经济产业研究所主要立足中日中长期发展战略，开展国际经济调查分析及政策研究。

与欧美智库相比，日本非官方智库实力较强，资金充裕，具有浓郁的企业特色，尤其是以野村、三菱等综合研究所为代表。企业财团附设的智库在日本智库机构中占有重要地位。日本智库近半数为营利法人（49.3%），多采取股份公司等运营方式，这些智库的实质多为金融机构或者大型企业等实体，财团法人类型的智库比重为38.3%，社团法人占比9.5%，公益法人类型的机构占比为47.8%②。一方面企业办智库主要是为满足企业海内外市场开拓的需要，另一方面也向社会提供咨

① 程永明. 日本智库的发展现状、特点及其启示［J］. 东北亚学刊，2015（2）：22-27.

② 刁榴，张青松. 日本智库的发展现状及问题［J］. 国外社会科学，2013（3）：79-88.

询服务以扩大影响力。据调研得知，日本三菱综合研究所具有较强的独立性，其经营与企业类似，以营利为目的，主要服务于特定服务群体，从客户利益出发提供针对性较强的咨询服务。再如，野村综合研究所在满足野村证券的海外市场业务需要外，也向国内外企业或机构提供针对性的服务。根据日本综合研究机构2014年的统计，181家参与调查的日本智库中，有82家（45%）智库为营利社团法人[①]。

日本仍有部分具有政府背景和直接隶属于有关省厅的智库，但官方智库资金相对比较紧张，以日本国际问题研究所、防卫省防卫研究所为代表。出于经费不足和提高独立性的考虑，很多隶属于政府的智库机构开始调整脱钩，如日本国际问题研究所已改制为一般财团法人，不再依附于日本外务省并接受其补助金[②]。日本智库坚持以创新为灵魂的发展理念，以未来为导向、从现实出发的研究模式，重视政策研究，领域涉及甚广，但独立性不强，主要是为适应日本经济在全球范围扩张的需要，以政府为坚强后盾，并向政府提供智力支持。日本智库面临的另一深层困境在于日本的统治结构长期以来体现出明显的官僚内阁制特色，智库对掌握决策信息与数据的不足使其很难成为政策制定的重要帮手。日本智库不直接参与政策制定，而是通过发表有关政策建议或研究报告引导舆论、形成民意的方式或通过担当政府顾问、参加政府组织的恳谈会及首相、官房长官的私人咨询机构的方式对政府决策施加影响。日本智库委托研究占比较高，所进行的课题研究项目大多以短期为主。

（四）日本智库常设有理事会进行分权管理

按照日本法律规定，不同类型的法人团体有不同的组织管理结构。比如，日本法律规定一般财团法人机构必须依法设置由三位以上评议员组成的评议员会，而社团法人要设置社员总会。规模较大的日本智库通

---

① 公益财团法人综合研究开发机构．「シンクタンク情報2014」の調査結果の概要．http：//www.nira.or.jp/pdf/nirareport2014.pdf.

② 闫志开，王延飞．智库运转机制比较分析［J］．情报理论与实践，2015（5）：5－11.

常设有理事会（董事会或参议会等）负责智库重大事项决策，在具体业务管理中充分重视分权以保证研究的质量和专业性。例如，三菱综合研究所的理事会成员由官产学界的名流组成，管理上实施高度分权，并尊重研究人员个人的创造性，日常管理部门只负责组织专题研究，实行“课题小组负责制”定期商讨工作①。再如，亚洲经济研究所设有“参议会”来负责审议业务方面的重大问题，设有“评议会”来负责审议事业计划、资金预算，还设有“调查协议会”来讨论课题立项等。

另外，日本智库组织管理的一大特点是强调监督机制。日本智库大都设有监事，负责对理事的职务执行情况、研究所财务运作情况进行监察，并依据相关法规、章程做成检查报告。日本智库的工作人员中包括专职研究人员和行政官员，专职研究人员来自各个领域；行政官员一般均具有政府背景，有些甚至直接隶属于有关省厅。以日本国际问题研究所为例，该研究所的管理层由评议员总会、监事、理事会、会长和管理团队组成②。其中，评议员总会是其最高决议机关，依据日本法律规定的事项及章程进行决议，拥有对理事、监事及审计人员的选任及章程的变更等基本事项进行决议的权限；监事负责对理事的职务执行状况、研究所的财产运作状况进行监察，同时必须依据相关法规、章程做成检查报告。按照日本国际问题研究所的章程第23条规定，该研究所设置5名以上、25名以内的理事，主要对研究所业务执行方面的内容进行决议以及对理事的业务执行状况进行监督等，会长负责总体管理、监督该所的各项事务，管理团队除了负责自己的专门业务，还负责协助会长保障该研究所调查研究事业、政策建议事业、对外交流事业等各项业务内容的顺利开展和该研究所的协调运转。

日本智库对研究成果的质量非常重视，为此设立专门的匿名评审制

---

① 刘少东．智库建设的日本经验［J］．人民论坛，2013（35）：18－23.

② 朱猛．日本智库的运作机制——以日本国际问题研究所为例［D］．北京：外交学院，2015：34－46.

度。如亚洲所实行匿名评审，请外国同行评审，评审意见作为政府考核指标，也作为正式出版的依据。它们与著名的麦克米兰出版公司签订长期协议，对研究成果的出版做了制度保障。日本智库还比较强调其国际影响力，因此很多研究报告或出版物都会以英文版本发布，如果某项研究成果先是以日语撰写的，可能需要翻译成英文，为保证翻译的质量，很多智库会委托英文为母语的员工或公司协助润色。再如，亚洲经济研究所鼓励研究人员用英文撰写论文，其中研究成果的30%多以英文发表，用以与国际同行交流，供决策部门参考。

（五）日本智库资金来源于其依附的主办机构

日本智库的资金来源渠道趋于多元化，包括政府或企业资助资金、社会捐助和会费收入、委托研究调查收入及出版物收入、基金收益或办公楼收益①。以日本国际问题研究所为例，该机构的经费收入主要有三个方面：一是事业收入，包括受托研究收入和出版事业收入；二是接受的补助和捐助，包括国库补助、捐助和定向捐助（指定钱款用途的捐助）；三是会费收入，包括法人会费、个人会费和图书馆会费。在日本国际问题研究所改制之前，其资金来源主要是国库补助，这项补助占其总收入的60%左右，然而改制后这项经费收入只占30%左右，而委托研究收入占比大幅上升由原来的40%提升至60%左右，会费收入可能只占8%左右。

不同法人类型的智库，其资金来源渠道不同，即便相同类型的智库，其资金来源渠道也有很大不同。目前来看，多数日本智库即使与其主办机构脱钩，变成一般财团法人机构，其经费来源主要还是来自于其主办机构。例如，脱胎于政府机构的官方或半官方智库如经济产业研究所的研究经费大部分来源于经济产业省等政府部门，而以企业为股东的智库机构大部分研究经费来源于其主办企业的委托，对母公司的依赖性

① 程永明．日本智库经费来源渠道研究［J］．人民论坛，2014（8）：240－243.

较大。一些特定非营利活动法人的智库机构主要通过会员费收益筹措资金，一般财团法人的社会团体以地方委托研究经费及出版物收益作为经费的主要来源，东京基金会、21 世纪政策研究所等机构则以财团基金收益为研究经费的主要来源。那些独立民间法人社团智库的研究经费大多来源于所承担的政府项目研究经费、大企业赞助和对外委托咨询业务收入等。

从总体上看，日本智库通常都能从政府获得一定的经费支持，日本政府每年用于智库的经费约占日本科研经费的 1%。如综合研究开发机构 1985 年的资助捐款达到 300 亿日元，其中包括来自日本政府的 150 亿日元、地方政府的 50 亿日元和私营部门的 100 亿日元，各方每年的平均资助额约有 20 亿日元[①]。企业附设的智库也会接受政府委托获取一定收入，尽管背靠资金充裕的大树——母公司，也并不能保证长期可持续的稳定经费支持，反而更多地会受到母公司经营风险的影响。这是因为企业智库仍是按照企业化市场运营，如果投入产出不成比例，就会存在调整的必要。例如，2004 年 3 月，野村综合研究所缩减了政策建议部门——研究创发中心，剥离了宏观经济分析部门——经济资本市场研究部，其中 40 余名研究人员都转移到野村证券，建言献策的智库功能大为削弱[②]。

（六）日本智库重视研究人员并提供实践机会

日本智库经费支出主要用于机构人员费用，尤其是正式员工的工资和福利补贴。例如，日本国际问题研究所的经费开支主要有两部分：一部分是事业费用，主要包括研究人员的工资和福利补贴、差旅和交通费用、资料和通信费用等；另一部分是行政管理费用，主要包括行政管理人员的工资和福利补贴、差旅和交通费用、资料和通信费用等。其中，

---

① 刘少东．智库建设的日本经验［J］．人民论坛，2013（35）：18－23.

② 刁榴，张青松．日本智库的发展现状及问题［J］．国外社会科学，2013（3）：79－88.

研究人员是研究工作获得成功的前提，因而在日本智库经费支出结构中事业费用占大头，这几乎是日本研究型智库经费开支的主要特点之一，即把经费用在刀刃上。

多数智库机构研究人员数量占总人数的半数以上，有不少甚至达到80%以上。日本智库大都拥有一批有影响力和高学历、高素质的研究人员，包括机构内的专家和外聘专家。部分日本智库受制于财源困境，使其面临核心研究人员不足的窘境，不得不在很多重要研究项目中借用外部科研人员充当“外脑”，如东京财团的研究项目往往会聘请其他智库、高校或海外学者充实研究力量①。

日本智库从一开始就对研究人员非常重视，通过资格考试选拔高素质的智库人才，注意智库人员的知识、年龄、层次结构的合理调配，注重智库跨学科、跨行业、跨区域的资源整合。如亚洲经济研究所每年只录取2~4人，但社会上有近百人竞争。对录用人员要求严格，成果要与薪酬挂钩，每年还要对研究人员进行考核，要求每人每年至少发表两篇论文。日本智库人才培养不拘一格，尤其重视对年轻智库人员的培养，研究团队多数以三四十岁的研究人员为主，如日本野村的研究人员平均年龄只有32岁左右。研究人员到了40岁，面临职级升迁，要请所外专家评议，尽管存在反对声音，但还是坚持延用这个客观公正的用人制度。

日本智库也特别重视研究人员的实践经验，鼓励年轻的智库研究人员定期深入政府机关、基层社区、企业考察，直接掌握第一手材料，以便更好地从事以问题为导向的研究。如在组织上，日本智库主要采取独特的“派出研究员”制度，即政府、大学、企业、研究所向智库派出研究员，工作2~3年，工资由原单位发，到期回原单位。如综合研究开发机构共有33名研究员，长期聘用仅有3人。

日本智库形成了各有所长的人才队伍，而每个研究员都有在自己专

---

① 张勇．日本战略转型中的对外政策智库［J］．外交评论，2015（6）：139－164.

长的领域开展课题研究和对外交流的机会，为此很多智库机构会给每个课题研究团队配备研究助理负责行政事务，同时授权研究团队立足重大现实问题开展研究，以问题导向开展未来趋势性研究。例如，日本国际问题研究所开展各项课题研究时，强调按照项目化方式设置课题，然后依据项目临时招聘研究人员或访问学者，组建项目研究导向的研发团队，开展某一具体领域的研究工作。

通常，日本智库多数综合研究所设有国际部，或建立海外分支机构，不仅提供给研究人员国际培训机会，鼓励年轻学者大胆地“走出去”，而且还主动开展国际合作，甚至网罗海外人才，提升国际化程度，如野村综合研究所和斯坦福研究所就有常态化的人员交流和合作研究。

表 4－3　日本政府主导或政府支持性的典型智库

智库名称	智库特点	资金来源	管理机制
日本国际问题研究所	1959 年成立，侧重外交和安全保障政策，2012 年由特定公益增进法人改为公益财团法人	资金主要来自于政府的补助金（50% 以上），此外还有委托研究收入和会费收入	完善的治理结构，实行课题负责人制度，每个课题都配备相应的研究助理和行政助理
经济产业研究所	2001 年成立，独立行政法人，以研究贸易投资、产业政策等为主	经费主要来自政府拨付运营费，委托研究收入和出版物收入	完善的治理结构，研究部开展调查研究，行政部负责内务和对外联络等
财务省综合政策研究所	2001 年随大藏省改名，以财政政策为主开展研究	经费主要来自日本财务省经费预算	机构负责人由财务省任命，参照财务省管理
防卫研究所	前身为 1952 年成立的保安研修所，1985 年改名为防卫研究所，侧重于防卫政策、军官培训和国际军事交流等	经费主要来自日本防卫省经费预算	机构负责人由防卫省任命，下设政策研究部等 7 个，课题研究为主，参照防卫省管理
综合研究开发机构	1974 年成立，号称“日本智库总管”，对日智库提供资金支持和项目资助。2011 年改称为公益财团法人机构	由各级政府出资、经济企划厅和国土厅共管，随后还有部分研究经费来自于民间团体、企业参与出资捐赠	完善的治理结构，问题导向，课题研究小组负责制，课题研究内外结合，编内研究员多为课题牵头人，部分课题委托外部机构完成

表4－4　日本企业或行业财团附设的典型智库

智库名称		智库特点	资金来源	管理机制
金融系统	日本综研	1969年由住友银行分离出来，1989年改现名，侧重政策提案和企业咨询	主要股东为三井住友金融集团	以营利为目的，企业化运作
	农林中金综研	前身为1950年农林中央金库调查部，1990年公司化，侧重农林领域研究	主要股东为农林中央金库	以营利为目的，企业化运作
	野村综研	1965年成立，注重国际化发展、基础设施建设、着眼于未来战略	咨询服务收入为主，兼政府委托收入	以营利为目的，企业化运作
	大和总研	1989年设立，提供企业咨询、IT咨询以及经济分析等服务	咨询服务收入为主	以营利为目的，企业化运作
企业系统	三菱综研	1970年成立，注重理工科研究队伍	咨询服务收入为主	以营利为目的，企业化运作
	三井物产战略研究所	1991年设立，原属三井物产商社的情报调研部，注重情报收集	以信息提供服务收入为主	以营利为目的，企业化运作
	丸红经济研究所	由丸红集团等多家企业投资成立，为丸红集团及相关企业需求研究	资金主要来自丸红集团及相关企业	以营利为目的，企业部门经营
行业组织	21世纪政策研究所	1997年成立，由日本经团联筹建，侧重提供政策提案	日本经团联出资，经费充裕	人员复杂多样，涉及领域广泛
	东京财团	1997年成立，非营利的、独立民间智库，侧重问题导向，促进具体政策措施，培养国内外有识之士	日本财团出资设立基金（SYLFF基金和日语教育基金）运作收益	网罗顶级学者专题提案议政

专栏4－1

日本野村综合研究所

野村综合研究所（NRI）是日本一个著名的研究机构，它的前身是野村证券公司的调查部，1965年4月1日正式成立，当时它的资产只有

5亿日元，雇员总数为130人，号称日本第一个现代“思想库”。野村综合研究所是日本思想库的代表，无论是其历史和规模，还是国际活动和综合能力，或者是研究实力和影响，在日本乃至世界上都是比较突出的，是现存日本所有的民间综合研究所中资格最老的，是当前日本业绩最好、公司员工最多、规模最大的研究所。

野村研究所设有以研究为主的镰仓总部和以调查为主的东京总部，有“双头雕”之称。其中，东京总部的主要工作是围绕证券业务展开调查研究，调查对象是日本以及世界主要国家的经济、金融、产业活动，股票市场、债券市场行情等；镰仓总部下设经济研究部、经营计划研究部、社会体制研究部、国际研究部、生物科学研究部五个分部，负责国内外政府、公共团体、产业企业的委托研究课题。此外，野村综合研究所在纽约、伦敦、中国香港、巴西等地设有分支机构。野村综合研究所是以民间思想库的面目出现的营利性、企业性的咨询机构，它广泛接受政府、国内外企业和社会团体以及政治家委托的研究咨询课题，收取相应的咨询服务费。

野村证券公司的创始人野村德七是一位非常有远见的企业家，他定下了三个信条：一是与委托者共同发展；二是向海外发展；三是重视与前两条有关的调查研究。他提出的口号是“调查是繁荣企业、向海外进军的保证”，于是早在1906年他就设立了野村公司调查部。1946年在野村证券公司成立40周年之际，调查部内又增设了技术部。20世纪60年代初，为了解决日益增多的受企业、公司、政府部门委托的研究课题，调查部提出了借鉴外国思想库经验、把社会科学与自然科学结合起来进行综合研究的思路。随后调查部便扩展为野村综合研究所，并与野村证券公司业务相对分离。

1980年该所的经济收入达76亿日元，已经真正实现了经济上的独立；1986年该所的经济收入达120亿日元；1988年它的资产达到了20亿日元，雇员总数也上升为1762人；而到1998年它的资产剧增为101

亿日元，产值1335亿日元，并于2001年在东京证券交易所上市，2002年先后在上海、北京开设分支机构。

为了适应新的发展环境，野村综合研究所近期调整了经营策略，向广大顾客提出了两点承诺：一是“最好的导航”（Best Navigation），即利用野村全球信息网络，细致分析与研究，对经济发展、产业和社会变革进行中立的、全面的判断；二是“最佳解决方案”（Best Solutions），即适应顾客的现实需要，采用适应社会变化的以解决方案为导向的方法论，特别是在管理技术和信息技术方面，提供切实可用的全套解决办法。其最终目的在于使顾客达到“完全满意”。

专栏4-2

日本国际问题研究所

日本国际问题研究所（The Japan Institute of International Affairs）成立于1959年12月19日。成立之初，由日本原首相吉田茂亲自担任会长，法学博士、日本学士院会员、东京大学名誉教授神川彦松任所长。1960年9月，经外务省批准为财团法人。该所理事长兼所长均由外务省高级外交官担任，前两届理事长兼所长为前驻联合国大使中川融、前驻苏大使新关钦哉。2012年3月，内阁总理大臣认可日本国际问题研究所为公益财团法人。日本国际问题研究所是日本研究国际问题的核心机关，其宗旨是通过对国际问题的专门研究，来为日本外交政策的制定提供建设性意见。

日本国际问题研究所的研究领域主要包括两方面：日本外交问题和一般性国际问题。目前，日本国际问题研究所的研究侧重点更倾向于向一般性国际问题转移。在外交问题方面，该所组织由外务省官员和多位国际问题专家、学者参加的研究组，对日本对外关系中的重大课题进行综合探讨，然后作出研究报告。该所曾经就日本外交上的几乎所有重大问题都进行过研究。关于一般国际问题的研究，该研究所往往致力于长期观察基础上的系统的、动态的研究，从而形成一系列的研究成果。日本国际问题研究所的主要研究方向是：国际安全保障问题和地区问题研究。此外，该所对20世纪90年代以来，向市场经济制度转轨的一些国家和地区的政治经济问题也很感兴趣。

日本国际问题研究所十分重视对外交流，它始终保持与外国相关研究机构的合作关系。它非常关注世界和日本未来的增长和发展，孜孜不倦地开展调查研究，包括在海外的调查研究，建立与海外知识分子联系的广泛网络，进一步强化对外传播。它与英国的伦敦国际战略研究所、美国的布鲁金斯学会、印度尼西亚的战略国际问题研究所等智库均有合作关系。在国内，日本国际交流基金是它的提携机关；在海外的提携机关是亚细亚财团。该所很重视实地研究，经常性地举办国际性会议、讲演会、座谈会，并特别重视国际问题资料的收集和整理，曾编写了《中国共产党党史资料集》《战后朝鲜问题资料》等。在美国宾夕法尼亚大学发布的历年的“全球智库报告”排名中，日本国际问题研究所名列全球顶级智库（含美国）前列，长期在亚洲地区排名第1位。日本国际问题研究所成立50多年来，主要围绕日本外交和安全保障开展调查研究并向政府提供许多有价值的政策建议，与国内外研究人员和媒体在内的专家和人士保持密切联系和信息共享，举办世界代表性的智囊团之间的许多政策对话和研讨会。

二、韩国智库管理机制及其特点

伴随着韩国经济快速发展，19世纪70年代开始韩国开始建设现代智库体系，1971年成立了第一家智库——韩国开发研究院（KDI），1976年成立产业经济和贸易研究院（KIET），1990年成立了对外经济政策研究院（KIEP），同在19世纪80年代韩国大型企业也纷纷成立企业所属的研究机构，如LG、三星、大宇都先后成立了相应的经济研究院。截至19世纪90年代初，韩国就形成了以政府研究机构为主体，企业附属研究机构为辅助的智库生态体系。

（一）韩国智库群体脱胎于政府职能部门的延伸

19世纪70年代，韩国现代智库开始出现，到了19世纪80年代末才形成智库体系。与欧美国家智库成立的制度背景不同，韩国智库的成立最初都是先由政府投资建设并为其自身服务，即各个智库隶属于相应的各个政府主管部门，根据各个部门主管的业务范围开展决策服务研究，各个智库分散运行，各自为主，互不通气。期间，韩国LG、三星、大宇等也成立了企业依附性的研究机构，但这些研究机构与政府投资的研究机构类似，都是服务于企业自身需要的。为发挥官方智库在提高国家竞争力中的影响作用，提高政府出资研究机构的研究效率，改革原来高投入低产出的结构，1999年韩国制定出台了《关于政府投资研究机构的建立、运营与培养的法律》，成立了统筹协调政府研究机构的组织机构，各个官方研究机构不再与政府主管部门具有隶属关系，保持研究机构的独立性，以适应信息革命和知识经济带来的环境变化。在这种背景下，韩国官方智库呈现出典型的聚集发展态势，智库与国家政策有机结合起来，并形成了相互联系协作的智库生态系统。

（二）韩国智库生态系统具有浓厚的官方主导色彩

为统筹协调政府研究机构的研究力量，1999年1月出台了《关于政策投资研究机构的建立、运营与培养的法律》，并依此相继成立了经济和社会研究会、人文社会研究会等5家直属总理府管理的机构，并于2005年整合成立了国家经济·人文和社会科学研究会（NRCS）作为政府下属机构（非政府部门），负责管理政府主管机构下属的23家官办研究机构，其最高负责人为理事长，在公开选聘的情况下由总理任命。

其成立的目的在于减少重复研究，提高政府出资研究机构的研究效率①。

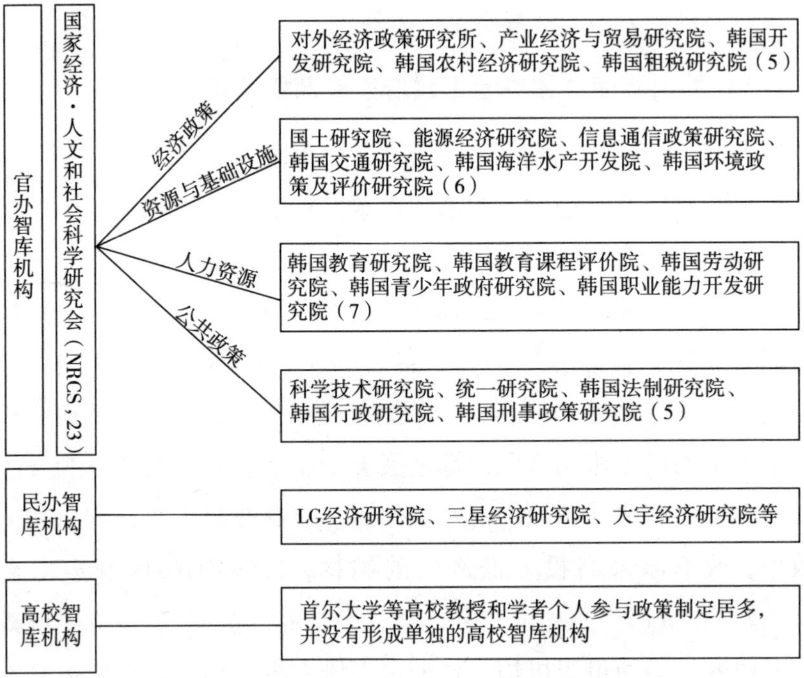

图 4-1　韩国以官办智库为主的智库生态系统

资料来源：国务院发展研究中心赴韩国智库专题调研考察团．韩国智库考察报告［J］．中国发展观察，2013（12）：35-39．据其图 1 调整。

从总体来看，韩国智库体系中官方智库为绝对主体，将政府的研究机构全部统筹协调管理，各个智库之间缺少竞争，但智库的独立性得到保证，不再受制于政府职能部门的约束，能更加客观地从事政策研究。因为在 1999 年的机构改革中，政府研究机构全部归属到研究会，不再直接隶属于各政府主管部门，并与之没有直接的人财物关系，只是委托业务关系。其中 NRCS 作为与政府高层沟通协调的部门而非研究部门，统筹管理政府研究机构的研究计划预算审批及其绩效评估，并

① 田香兰．韩国官方智库重视聚集效应——以国家经济·人文社会研究会为例［N］．中国社会科学报，2016-05-19.

推动研究机构之间的合作研究。倘若政府研究机构自定研究课题，则需经由 NRCS 审批，并由 NRCS 审定预算并报告国会，预算通过后才能从国库下拨到各个研究机构。其中，各政府研究机构的主要负责人由 NRCS 公开选拔竞聘，通常受聘的研究院院长为期 3 年。NRCS 每年对研究机构的运营情况进行评估，同时评估受聘负责人的领导能力。总理府和政府各机构通过举办研讨会议的形式提供政策建议，同时政府主管部门也会把某项政策问题直接临时委托各类研究机构，包括民间机构。政府研究机构总体上有接近一半的研究项目来自于政府主管部门的委托。

（三）韩国智库实行院长负责制的管理模式

韩国 23 家政府研究机构一般设有院长 1 名，院长由 NRCS 公开选聘；另有副院长 1 名，直接管理各研究部门和研究支持部门，另设审计员 1 名，直接负责研究机构的经营审计评估，两者都直接对院长负责。如韩国产业经济与贸易研究院有 11 个研究部门，2 个研究支持部门，支持部门主要是计划协调部和行政管理部；再如对外经济政策研究院（KIEP）下设 3 个研究部门和 2 个研究支持部门，其中研究部门下设若干个研究小组，支持部门分为信息服务部和研究计划协调部。LG、三星等经济研究院主要采用企业制，按照公司运营，其研究主要围绕本企业的战略发展提供咨询服务，研究成果主要对本企业的主要领导人产生影响。

（四）韩国智库资金来源于政府预算或委托研究收入

韩国政府研究机构每年向 NRCS 报研究计划和预算，经批准后，财政部按照预算直接向各个研究机构下拨研究经费。政府研究机构的财政经费均以项目预算的形式下拨。除此之外，政府机构研究院还可以接受外部机构的委托研究，委托研究无须报 NRCS 批准并接受其评估，属于研究院的自主收入。其中，NRCS 批准的所有研究成果都要向社会公开，而政府主管部门临时委托的项目没有公开要求。NRCS 会对所属 23

个研究机构全部进行年度经营状况评审排名，经营状况不好的研究院负责人不会进行续聘。各政府智库机构的定期研究报告也会直送总统府和各相关政府部门，智库中任职的知名研究员还会受聘于经济、外交等相关领域的政策咨询委员会。从研究机构的经费收入来看，财政预算占到40% ~50%，其中含有研究机构的自主收益。大型企业附属机构一般也不会从母公司获得固定拨款，所有经费都是按照研究需要获得。例如，LG 经济研究院 80% 的收入来自于为 LG 各个子公司提供咨询服务，20% 的收入来自于为集团公司提供服务①。

（五）韩国智库实行年薪制来保障研究人员收入

韩国政府研究机构的研究人员实行年薪制，收入按照业绩核算，比一般公务员稍高，博士毕业工作三年的普通研究员年薪可达到5000 万 ~6000 万韩元（相当于 30 万 ~36 万元人民币），相当于金融研究机构研究人员的 60% 左右，与大学老师收入水平差不多，与企业研究机构相比略低 10% ~20%；如果业绩突出，同等级研究人员的收入可以有 30% 的差距，即业绩突出的研究人员年薪可高达 8000 万韩元（相当于 50 万元人民币）②。各个研究机构研究人员的年薪水平有些许差异，如韩国开发研究院的人均年薪要较高一些。

专栏 4 -3

韩国开发研究院

韩国开发研究院（Korea Development Institute，KDI）是由韩国政府出资创办的以研究宏观经济政策为主的研究机构。该研究所根据韩国开

---

① 国务院发展研究中心赴韩国智库专题调研考察团．韩国智库考察报告［J］．中国发展观察，2013（12）：35 -39.

② 国务院发展研究中心赴韩国智库专题调研考察团．韩国智库考察报告［J］．中国发展观察，2013（12）：35 -39.

发研究院法在1971年3月成立，由韩国总听朴正熙设立，直到1988年建立了作为总统咨询机构之一的“经济结构调整咨询会议”之后，开发研究院又承担了该会议日常办事机构的职能。1991年12月，韩国国民经济制度研究院归并到开发研究院作为该院附属的国民经济教育研究所。

韩国开发研究院的主要职责是负责韩国宏观经济决策研究分析和政策建议、货币和金融、法律和经济、社会发展政策，以及朝鲜经济信息。韩国开发研究院共有7个研究部门，它们分别为宏观经济政策系、财政政策系、竞争政策系、人力资源开发政策系、工业和服务业经济系、公共财政与社会政策系、朝鲜经济系。

韩国开发研究院的愿景是始终处于国家议程的有远见的前沿地带，扮演经济思想库领导者的角色和责任，致力于为韩国实现更大的繁荣发展制定新的目标。韩国开发研究院聚焦于经济领域，强调从事制定以使经济更加繁荣为愿景和方向的研究活动。

韩国开发研究院的使命是通过提供及时有效的政策建议为政府、社会以及公共和私营部门做出实质性的贡献。通过持续地履行这一使命，韩国开发研究院提供的政策建议将成为驱动国家经济增长的重要基石，同时最大化组织能力使其成为服务于更广泛经济决策者的国际政策研究机构。

2010年以来，韩国开发研究院正在帮助韩国经济应对危机后的影响，寻找新的增长路径，并为此制定一个可以实现福利社会、均衡增长和经济民主的未来战略，以帮助韩国建立一个稳健的经济结构，同时在综合研究的基础上，通过对韩国经济、政治、社会的深入分析，重点解决韩国国内重大现实的棘手问题，包括家庭债务问题、收入分配不平等、人口老龄化及其经济潜在增长率放缓等问题。韩国开发研究院与国内外知名研究机构、企业和大学保持密切的交往联系，最近的研究议题包括为应对国内外变化的经济环境确保国内宏观经济和金融市场的稳定，提高财政管理效率和公共投资管理，通过公平竞争、合理管制和产业发展，增强经济增长的潜力，通过人力资源开发和福利系统改进，提升社会融合度，密切跟踪关注东北亚局势变化，为朝鲜半岛统一做好准备。

三、新加坡智库管理机制及其特点

1965年新加坡建国后，新加坡政府非常重视政策研究工作，为此建立了高质量的研究机构，尤其是侧重国际问题研究，依托这些智力支持，新加坡在东盟国家中确立了核心成员的地位。新加坡政府非常重视智库建设，依靠优秀的本地人才和外来引进人才，形成了在东南亚乃至全球具有影响力的智库体系。新加坡智库并不追求大而全，而是立足国际问题开展细分研究，如东南亚研究院专门从事东盟研究，政策研究院侧重关注本国政策问题，东亚研究所强调对中国的研究。

（一）新加坡智库生态肇始于政府对国际问题的重视

作为区域内的小国，新加坡能取得如此卓越的经济表现，得益于新加坡政府的危机意识，尤其是在国际和区域形势波诡云谲中，新加坡政府必须依靠智慧在国际与区域变化中赢得立足之地。为了在多边的国际形势中把握生存之道，新加坡政府非常重视智库建设，依靠优秀的本地人才和外来引进人才，迅速培育出一批具有国际影响力的智库群体。新加坡有影响力的智库都受到了政府的资助和支持，新加坡政府也比较愿意听取智库研究人员的观点，鼓励智库进行独立的政策研究，善于将智库作为与民众沟通和加强国际交往的渠道和桥梁。新加坡政府对智库发展要求并不是追求规模，而是依托自身优势追求质量和解决实际问题的能力，因而新加坡智库都有各自细分领域和国际领先的优势，如南洋理工大学拉贾勒南国际关系学院国防与战略研究所主要研究外交与安全事务；东南亚研究院主要从事东盟研究；新加坡国立大学李光耀公共政策学院下属的政策研究院，是关于新加坡本国政策议题研究的智库，下属的东亚研究所主要从事对中国的研究。

（二）新加坡智库生态系统具有强烈的官学融合特点

新加坡智库的建设大多数是由政府牵头倡议成立的，然而政府各部门的智库建设又是政府工作需求和前瞻性设计。新加坡国际性智库基本上都坐落在新加坡最知名的高等学府，如尤索夫伊萨克东南亚研究所（前身为成立于1968年的新加坡东南亚研究所，2015年8月更改为现名），新加坡国立大学东亚研究所（成立于1997年4月，前身为1983年的东亚哲学研究所及1992年更名的东亚政治经济研究所），新加坡南亚研究所（成立于2004年），新加坡政策研究院（成立于1988年，隶属于新加坡国立大学李光耀公共管理学院），新加坡国立大学海事研究中心（成立于2005年）等均坐落于新加坡国立大学校园中，拉贾勒南国际关系学院国防与战略研究所（成立于1996年）、新加坡南洋理工大学海事研究中心（成立于2001年）等均位于新加坡南阳理工大学。此外，成立于1961年的新加坡国际事务研究所是新加坡最早的非政府智库，成立于1991年的新加坡国际基金会也是知名的专业国际问题智库，成立于2015年的隆道发展战略研究所也是一个第三方独立的、非营利性的战略发展和思想研究中心。尽管这些独立智库机构不是由政府出资成立的，但也是在新加坡政府支持下成立和运作的。新加坡的智库虽然主要是直接为本国政策制定、解释和宣传服务的，但是智库运行过程也参照了西方的管理方式，多采取国际性开放的做法，从聘任到考核，从科研到管理都有严格的标准。

（三）新加坡多数智库实行理事会或董事会负责制

尽管多数新加坡智库位于高校校园之内，但是与大学都是相对独立的机构，即高校不能按照学校的管理规范直接领导智库机构。由于新加坡长期由人民行动党执政，难以采取欧美“旋转门”模式，而是聘请新加坡的前高官或现任官员加入理事会或董事会。如新加坡国立大学东亚研究所设立董事会负责研究所重大事项决策，新加坡国际事务研究所由国内外知名人士构成的理事会指导管理，新加坡政策研究所由新加坡政府高级官员、跨国公司董事和学术机构的精英组成董事会负责管理，隆道发展战略研究所设立理事会负责管理运营。

（四）新加坡智库资金来源于政府预算和基金会收益

与欧美智库不同，新加坡智库的快速发展与新加坡政府的资源投入和政策支持分不开。尤其是在资金来源上，新加坡有影响力的智库都受到政府资助和支持，并通过政府的大力资助及给予的支持政策带动其他渠道的经费收入。与政府关系紧密的智库机构资金来源通常以政府委托项目经费收入为主，而第三方独立的智库机构研究经费往往以基金会收益为主。如新加坡国际事务研究所的经费来源主要靠基金会资助、会员会费收入和企业的捐赠，并没有政府拨款。东南亚研究所是新加坡教育部资助建立的，资金来源主要包括政府资助、社会捐赠、出版物收益以及来自于国际机构的资助等，而研究所的资金管理依照《1968 年新加坡东南亚研究所条例》要求保证研究所的研究经费得到充分合理使用①。再如，隆道发展战略研究所的启动资金由福建林氏兄弟提供②。

（五）新加坡智库为研究人员提供量身定制的晋升通道

新加坡位于高校的智库机构通常有政府的垂直业务要求，并为此设立相对独立的员工管理制度，即对智库研究人员的考核不同于学校的教职人员考核，不强调教学质量、学术成果要求，而是按照智库机构政策研究导向，由智库自身设计相适应的薪酬及晋升标准，独立制定研究人

---

① 张尼．智库案例研究：新加坡东南亚研究所专访——访新加坡东南亚研究所副所长黄基明［N］．中国社会科学报，2015－01－31．

② 隆道发展战略研究所网站，http：//www. longus. asia.

员的录用、工薪、成果评价甚至提拔晋升的标准①。例如，尤索夫伊萨克东南亚研究所并未按照高校体系将研究人员分类，而是按照自己制定的资深研究员、研究员和研究员助理进行分类，并据此核定岗位薪资。再如，新加坡国立大学东亚研究所强调智库与大学的管理不能混淆，对研究人员的学术成就没有硬性要求，不执行新加坡国立大学的教职工学术成果和职称管理办法，对研究人员采取灵活的合同制，只有极少数实行长期聘任制，根据项目研究需要配备负责人和研究团队，不要求高学历或高职称的研究人员，保持智库机构运作的独立性。

专栏 4 -4

新加坡政策研究院

新加坡政策研究院（Institute of Policy Studies）成立于 1988 年。作为新加坡政府管理的智库，它是一个致力于通过战略政策研究与咨询来促进新加坡良好治理的智囊库，专注于研究如何通过战略性政策来优化政府治理，旨在对影响新加坡国家利益的重大问题进行战略研究，并且在其分析过程中采用多学科的方法，侧重于长远战略思维，重点关注新加坡的本地发展和对外关系，研究对政策发展、外交和国际事务有重要影响的新加坡决策人物的态度和观念。新加坡政策研究院于 2008 年并入李光耀公共政策学院。李光耀公共政策学院成立于 2004 年 8 月 4 日，并且以时任新加坡内阁资政、开国总理李光耀先生的名字命名。学院还下辖四个研究院所：新加坡政策研究院（IPS）、亚洲竞争力研究所（ACI）、亚洲与全球化中心（CAG）和水政策研究所（IWP）。其中，亚洲竞争力研究所成立于 2006 年，作为哈佛大学战略与竞争力研究所的附属机构，致力于建立亚细安地区的知识型领导力和网络，以加强对

① 韩锋. 新加坡智库的现状、特点与经验［J］. 东南亚研究，2015（6）：4 -9.

亚细安地区竞争力的了解与发展，为区域经济政策和发展的长期趋势分析提供便利。亚洲竞争力研究所侧重研究各国经济政策和经济发展模式，并且建立了适用于不同背景的模型，同时也承担评估主要经济集群竞争力以及提供政策建议。

专栏4－5

新加坡国立大学东亚研究所

新加坡国立大学东亚研究所（EAI）成立于1997年，前身可追溯到1983年新加坡副总理吴庆瑞所建立的东亚哲学研究所。1992年东亚哲学研究所改名为东亚政治经济研究所。1997年，东亚政治经济研究所易名为东亚研究所。东亚研究所的宗旨是推动对东亚地区学术和政策层面的研究，特别是对当代中国（包括港台地区）的政治、经济和社会发展，以及中国与世界迅速发展的经济一体化态势及其在该地区的政治和安全问题。东亚研究所有两个任务，一个是为政府官员提供政策分析报告，另一个任务是从事学术研究。其出具的政策背景分析、政策报告以及政策咨询意见不仅对于新加坡政府的决策有着重要影响，也为亚太地区许多国家的政府与研究人员所重视。著名学者王赓武教授任该所董事会主席，郑永年教授为现任所长。

第五章

CHAPTER FIVE

国际著名智库机制比较研究

智库发展受到来自内外部机制的共同作用，政治环境、社会环境、市场环境、管理机制、人才队伍、资金来源与研究成果等都是影响智库发展的主要机制。其中，前三个属外部机制，其余属内部机制。在两类机制中，内部机制决定不同智库发展的基本趋向，代表了智库间的个体差异；外部机制则是更深层次的影响因素，是决定不同国家智库发展模式的核心和智库兴盛的关键。国家治理体系与治理能力现代化决定智库整体运行机制的形成。本章以中国、美国、英国、德国、法国、日本、韩国以及新加坡等智库较为发达的国家为例，比较分析这些国家智库发展的内外部机制。

一、智库发展的外部机制比较分析

（一）政治环境决定智库运行

智库以政府为主要服务对象，是各国政府的“外脑”。因此，一国的政治环境，实质上就是国家治理权力从根本上决定了智库在政府决策过程中的地位、生存方式和发挥作用的途径。

在中国，政策决策体制实质上是一种民主集中制的决策体制。政策决策的形成广泛吸取了党内相关机构、民主党派、社会团体、公民的建议。党的十八大以来，智库发展被提高到了促进政治决策科学化、民主化的战略高度，涌现了大批党政军智库、民间智库、社会科学智库以及高校智库等多种类型智库，大大丰富了中国民主协商的内容与形式。当前，智库已经融入国家决策的开放性平台中，成为中国政策决策体制的组成部分和推进国家治理体系和治理能力现代化的重要力量。从公共政策的制定过程来看，既有从政策议程、政策规划、政策决策、政策执行、政策评估的线性发展阶段，又有政策窗口、联盟倡导、政策混序、政策间断等非线性环节，这就为不同类型智库根据自身特点与资源禀赋，直接或间接地影响公共决策开辟了道路，由此形成了具有中国特色的智库发展体系的圈层结构特点，即按照智库与决策者之间的亲疏关系以及“智政渠道”通畅与否，形成不同的层次定位。其中，党政军直属的政策研究机构处于内圈层，它们与决策者之间保持天然密切的联系；社科院、科学院等科研院所智库处于中圈层，它们与决策者之间的距离不及内圈层近，但仍较为通畅；再者，高校智库（智库经费主要来自于教委，由社会资金赞助的高校智库不在此列）处于外圈层，它们与决策者之间若即若离，甚至缺乏必要的“智政通道”；此外，还有一些处于快速成长期的社会智库（包括接受社会资金的体制内智库），非均匀地分布在各圈层中，个体差异性较大，成为对体制内智库的有益补充，在活跃中国思想市场方面，起到了重要的“鲶鱼效应”①。

美国作为现代智库制度的发明者②，“权利的分散和决策机制的公开”是美国智库发展的重要土壤③。弱小的职业官僚体系与松散的组织结构使美国国家内部的研究力量不足④，从而产生强烈的“外脑”依赖。此外，权力制衡的政治思想和制度安排导致美国的立法过程十分冗长复杂，一个草案要最终变成法案，需要经历漫长的政治协商和妥协过程，其造成的一个重要政治后果就是产生了多个“进入点”（Access Point）和“否决点”（Veto Point）。这给智库提供了相当大的政治空

① 上海社科院智库研究中心．2015 年中国智库报告：影响力排名与政策建议［R］. 2016.

② 郦菁．中国政策研究的困境——对智库建设运动之反思［J］．社会科学文摘，2016（5）：5－7.

③ 王莉丽．美国智库的“旋转门”机制［J］．国际问题研究，2010（2）：13－18.

④ 杜华．国家构建理论与美国政治史研究的新趋势［J］．史学理论研究，2015（1）：133－143.

间，使其可以依靠相对较少的预算和政治资源作为“杠杆”，通过一两个节点进入政策过程或阻碍特定法案[①]。这种影响路径强调思想创新与研究质量，进而造就了美国智库的独立特性。

与美国制衡式竞争不同，英国两党对立式竞争造成了严重的意识形态冲突，并形成了对抗式的政治环境，与政党建立有效的联系渠道成了智库实现影响力的必然选择[②]。特别是成立于20世纪70年代前后的智库，政党性是其最大特点。虽然有了连接权力中心的便捷渠道，但智库的关注议题，智库之间的交流合作，包括智库的兴衰都很容易受到政党影响，从而限制了智库的长远发展。当前，随着英国的政党政治逐渐走向衰落，依附政党已经不再是智库实现影响力的唯一选择，智库实现影响力的途径也随之走向多元，但主要智库的党派属性依然存在。

而同样表现出较强依附性的日本智库，则依靠的是另外一种力量——大型企业财团。正是因为日本政治与垄断资本之间存在千丝万缕的联系，财团与议会内阁相互捆绑，从内阁产生到经济外交政策制定，均对政府与国家起着重要影响[③]。因此，企业财团附设的智库在日本智库机构中占有重要地位，这也使日本智库具有浓厚的企业特色[④]。

德国虽然也是采用多党竞争制（温和多党制），但由于各政党之间的意识形态差距小，政见具有相当程度的共识，呈向心性竞争态势[⑤]。这一认同性的政治氛围促使德国智库扮演着一种“社会共识”的独立角色，德国政府认为客观的研究成果有利于公众与政客对智库提供的信息和建议作出最好的判断，并将“只接受政府资助”看作保持智库独

① 杨尊伟，刘宝存．美国智库的类型、运行机制和基本特征［J］．中国高校科技，2014（7）：56－59.

② 袁莉莉，杨国梁．英国智库概况及对我国智库建设的启示［J］．智库理论与实践，2016（2）：34－41，49.

③ 刘茜．日本财界对政治的影响探析［D］．石家庄：河北师范大学，2013：43－46.

④ 刘少东．智库建设的日本经验［J］．人民论坛，2013（35）：18－23.

⑤ 伍慧萍．德国政党体制的变迁［J］．德国研究，2008（1）：12－19，78.

立性的必要前提[①]。因此，60%的德国智库没有特定的意识形态烙印，而是坚持学术研究的方法和准则[②]。

法国、韩国与新加坡智库的发展均源于集权体制，其中法国早在大革命前就创立起一套庞大的政府行政系统，大革命后这一系统得以延续；韩国虽成功地进行了民主化改革，但智库以政府研究机构为主的发展模式却延续了下来[③]；而新加坡自独立以来就一直由人民行动党执政并以压倒性多数控制着议会[④]。因此，前两者共同的特点就是基于国家政府拥有一个训练有素的官僚机器，官僚系统内部承担了大量的政策研究工作，很少需要依靠“外脑”，因此智库主要由政府或直接或间接组建[⑤]。与这两者略有区别的是，新加坡智库虽然也主要由政府布局，但多位于其国内最知名的高等学府[⑥]。正是由于精英机制贯穿于新加坡制度建设与文化提升全过程，依托大学建立智库以使精英机制得以维持成为必然选择。

（二）社会环境影响智库发展活力

1977年5月7日，中国社会科学院的成立成为中国智库体系初步建立的标志性事件。自2013年以来，中国国内发展中不平衡、不协调、不可持续问题依然突出，产业结构不合理，城乡区域发展不协调，收入分配差距较大，就业总量压力和结构性矛盾并存，社会矛盾明显增多，制约科学发展的体制机制障碍依然较多；与此同时，世界经济增长速度

---

① 吴江．德国怎么做智库评估［N］．学习时报，2015-08-10（5）.

② 多丽丝·菲舍尔．智库的独立性与资金支持——以德国为例［J］．开放导报．2014（4）：29-32.

③ 赵虎吉．政治发展模式探因——韩国政治发展模式及对中国的启示［J］．当代亚太，2005（10）：28-40.

④ 马卿．一党独大政党体制与有限政治竞争——新加坡政治模式分析［D］．北京：中共中央党校，2015.

⑤ 谭融．关于西方国家官僚制比较研究的理论和方法［J］．南开学报（哲学社会科学版），2014（2）：1-9.

⑥ 韩锋．新加坡智库的现状、特点与经验［J］．东南亚研究，2015（6）：4-9.

减缓，全球需求结构出现明显变化，围绕市场、资源、人才、技术、标准等的竞争更加激烈，气候变化以及能源资源安全、粮食安全等全球性问题更加突出，各种形式的保护主义抬头。国内外的复杂环境，加上中国正处于全面深化改革的攻坚期和经济增长阶段的转换历史时期，从计划经济时期延续下来的决策模式，已不能适应科学决策、民主决策、依法决策的时代要求，各级政府也越来越多地利用智库作为决策的智力支持，以弥合知识和政策之间的鸿沟，进而使中国智库又迎来了一个发展热潮，可见中国这次“智库热”主要源于政策上的导向。根据宾夕法尼亚大学发布的《全球智库报告 2015》显示，2015 年中国共拥有 435 家智库，较 2014 年增加了 1.4%，仅次于美国，排名全球第二。

对于西方发达国家而言，“二战”结束至 20 世纪 60 年代，这一时期恰逢美苏冷战的第一阶段，为重塑战后世界格局，美国政府对独立外交政策需求增强，大量的委托课题推动了智库发展。与此同时，美国经济发展迎来了“黄金时代”，以原子能技术、宇航技术、电子计算机技术发展为标志的新科学技术革命的兴起，推动美国经济高度现代化，1945—1960 年，美国国民生产总值（GNP）增加了 250%，实际工资增长了 50%[①]，成为全球最富有的国家。经济实力的空前强大，垄断财团和超级富豪社会财富的急剧膨胀，夯实了美国智库发展的重要物质基础——基金会[②]。美国历史最悠久的一些智库，其本身就是基金会，如成立于 20 世纪 20 年代的卡内基国际和平基金会等。

同一时期英、德智库的发展均与现代政治文化运动与民主政治改革进程密切相关。战后，英国经济发展从整体上打破了长久以来以阶级为主要分野的社会结构，新政治运动发展使选民的政治认同开始分化，进而增强了民意可塑性，拓展了政党实施塑造战略的空间，非党派智库的

① 曹永福．美国经济周期稳定化研究述评［J］．经济研究，2007（7）：152－158.

② 余智晟．美国基金会考察报告［J］．特区实践与理论，2014（6）：56－58.

智库传统由此被打破[①]。而德国在经历了魏玛共和国民主政治尝试的严重失败与希特勒法西斯独裁政权的惨痛教训后，深刻意识到国民教育的重要性，因此认为智库不仅是满足少数政治精英需求的幕僚集团，更要注重提高民众参与政治的能力，实现政治决策的公共性。对服务于大众功能的强调促使德国智库开始分化，出现了与英国不同的发展取向，学术型智库约占德国智库总量的75%[②]。

冷战结束后，新的全球性问题不断涌现，如恐怖主义、反全球化运动、全球治理等，国际形势的发展扑朔迷离，这使“依靠单一化决策依据来源”的智库发展面临“瓶颈”期挑战，“独立智库”迎来发展机遇[③]。法国政府自20世纪70年代末期开始，根据政府行政管理的需要，在一定程度上扶持“专业型独立智库”，法国国际关系研究所便是代表之一[④]。与此同时，石油危机导致日本经济陷入低迷，官方智库因缺乏资金支持不断萎缩，以大型的企业财团为后盾的企业智库，如野村综合研究所、三菱综合研究所等则进一步占据主导地位[⑤]。东欧剧变、两德统一后，朝鲜半岛危机不断加重，为了提高决策效率，韩国政府认为有必要将分散在不同部门的智库有机结合，形成政策网络，于是将所有国家政策研究机构都纳入国家经济·人文和社会科学研究会（NRCS）进行统一管理。而新加坡作为一个东南亚小国，更需要增强政策的前瞻性与动态性，因此，致力于建立具有地区针对性与国际领先性的专业智库，形成具有国际认同的学术性和政策性的研究成果[⑥]。

---

① 王燕．政党竞争模式与英国共识政治［J］．当代世界与社会主义，2005（3）：119－123.

② 马丁·W. 蒂纳特．德国智库的发展与意义［J］．杨莉，译．国外社会科学，2014（3）：41－50.

③ 李国强．蓬勃发展的法国智库［J］．秘书工作，2014（4）：67－69.

④ 王佩亨．与政府关系密切的法国智库［N］．中国经济时报，2013－02－02（010）.

⑤ 王志章．日本智库发展经验及其对我国打造高端新型智库的启示［J］．思想战线，2014（2）：144－151.

⑥ 韩锋．新加坡智库的现状、特点与经验［J］．东南亚研究，2015（6）：4－9.

（三）市场环境制约智库规模

智库的主要功能是为政府提供智力支持，因此政府采购决策咨询成果是智库最主要的“市场”，而政府的采购行为又与政府公共管理模式密切相关①。

早在 2003 年，国家发展改革委将“十一五”规划前期研究课题面向社会公开招标。这种做法一度引发了各地纷纷效仿。次年 1 月，《中共中央关于进一步繁荣发展哲学社会科学的意见》在党的历史上第一次以中共中央的名义明确指出，要使哲学社会科学界成为党和政府工作的“思想库”和“智囊团”。十八届三中全会进一步提出要“推广政府购买服务”的政策，从而为建设中国思想市场，发展智库产业指明了方向。但是，中国思想市场整体缺乏竞争，内圈层智库的研究人员通常属于公务员或参公编制，智库本身及内属部门都具有一定的行政级别，这也在一定程度上决定了智库占有社会资源的多寡。因此，智库的组织规模对它们的影响力并不是关键因素，真正重要的是影响力的渠道，特别是直接渠道。从整体发展来看，中国智库还没有形成官方、大学、民间三种类型的互补机制，存在严重的发展不平衡。

20 世纪 90 年代初，受“重塑政府运动”② 影响，美国摒弃大包大揽的大政府角色，运用市场的力量和广泛的智力协助政府处理公共事务，实质上是向智库更多地开放了公共决策咨询的市场，为智库发展营造了良好的市场环境。在“重塑政府运动”之后，美国逐渐建立起依托智库的决策系统，即“思想库→小内阁→总统”，智库先向政府提出各种政策研究报告，由各小内阁分析后挑选出政策建议供总统选择，实

---

① 夏春海，王力．中美智库的外部环境因素对比研究［J］．前沿，2013（1）：7－9.

② “企业化政府”是该运动重要的理论基础，该理论形象地指出，在国家治理体系中，政策制定相当于掌舵，服务提供好比划桨，政府职责是“掌舵而不是划桨”，应把两者分开，建设“竞争性政府，把竞争机制注入提供服务中去”，打破公共服务的垄断性，塑造“讲究效果的政府”，在政府中全面推行业绩管理。

现了总统决策班子与社会智囊的资源紧密结合①。根据美国宾夕法尼亚大学发布的《全球智库报告 2015》显示，2015 年美国智库数量达到 1835 家，占全球智库总量的 26.8%，年均预算达数百亿美元，从业人员超过 10 万人，一些大型智库人员在 200 人左右，人数最多的是兰德公司达 1800 人，排名前 10 位的智库年度运营费用均在 3000 万美元以上，研究领域包括了国际发展、国际关系和安全、国家和国际经济社会政策、公共健康和环境等，在全球排名靠前的智库中，美国智库占大多数，名副其实的业界翘楚②。

在英国，意识形态冲突贯穿于国家政治生活的始终③。作为执政党，为了提升政策来源与决策效率需要加强智库控制，从而制约了“外脑”作用的发挥，对智库发展造成很大制约。20 世纪 90 年代末期，工党政府以“第三条道路”为指导理念，试图通过制度化的“合作治理”方式解决保守党执政期间积累的改革与社会问题，并调整意识形态严重分歧的传统智库发展思路，采取多元化发展途径④。狄莫斯（Demos）和社会市场基金会（SMF）等跨党派智库的建立及其国际影响力的提升，意味着英国智库的市场边界得到了有效拓展⑤。2015 年，英国智库数量为 288 家，全球排名第三，大型智库研究人员均在百人以上，年度经费超过 1000 万英镑，其中费边社成员总数超过 1000 人，在欧洲国家的层面，英国是智库类型最全、数量最多、影响力最大的国家⑥。

---

① 姜琳．小政府的大奥妙——美国政府的构成特点及决策机制［J］．当代世界，2000（4）：28－29.

② J. G. McGann. 2015 Global Go To Think Tank Index Report. 2016：34－45.

③ 孙宏伟．英国地方自治体制研究［D］．天津：南开大学，2014：34－65.

④ 宋雄伟．英国地方政府治理：中央集权主义的分析视角［J］．北京行政学院学报，2013（5）：15－19.

⑤ 袁莉莉，杨国梁．英国智库概况及对我国智库建设的启示［J］．智库理论与实践，2016（2）：34－41，49.

⑥ J. G. McGann. 2015 Global Go To Think Tank Index Report. 2016：34－45.

相比英美智库的（半）产业化运作，德国、法国、日本与韩国等国的智库市场运行则较为封闭。学术导向则决定了德国智库市场较高的进入门槛，而政府的经费支出在较大程度上决定了德国智库行业的市场体量。目前，德国智库的总体规模约为英国的一半，共有195家智库，大型智库约12家，雇佣研究人员为30~80人，年度预算为500万~1400万欧元[①]。法、韩两国高度集权下巨大的官僚体制涵盖了几乎全部可能产生“思想和智慧”的领域，政策制定主要在政治精英网络内部形成和流通，智库普遍集中在国家机构，数量有限，分工也比较固定和明确[②]。由于价值取向在较大程度上由企业财团的政治诉求所决定，日本智库的市场分布与大财团地理区位和政治中心表现出高度一致。《全球智库报告2015》显示日本共有109家智库，其中54%的智库、79%的智库人员和86%的智库收入都集中在东京。服务主体的局限不容易形成充分竞争，一些有大财团作为后盾的智库规模往往较大，如野村综合研究所，拥有职工接近6000人，其中研究人员约3500人，年收入高达33亿美元[③]。

新加坡智库虽然与德国相似，主要依托大学等学术机构为载体，但在管理上却借鉴美国的开放性模式，市场整体比较活跃，智库之间互动较多[④]。《全球智库报告2015》的数据显示，新加坡现有著名智库12家，其中3家跻身全球前百强智库。

二、智库内部运营机制比较分析

智库的内部运营机制主要包括性质类别、资金来源、管理体制、人员流动以及发声平台等方面内容，既是一国政治、经济、法律、文化等

① 马丁·W. 蒂纳特．德国智库的发展与意义［J］．杨莉，译．国外社会科学，2014（3）：41－50.

② 王眉．法国智库：注重研究实际整合国内外资源［N］．中国文化报，2015－11－16（3）.

③ J. G. McGann. 2015 Global Go To Think Tank Index Report. 2016：34－45.

④ 韩锋．新加坡智库的现状、特点与经验［J］．东南亚研究，2015（6）：4－9.

外部环境影响智库微观行为的具体反映，又是构建与形成具有本国特色智库体系的关键因素。

（一）智库的性质类别比较

当前，智库在全球还未形成统一概念，由满足“公共政策研究”“思想产品”“影响政策选择”等核心要素构成了丰富的类型，国家智库的基本形态涵盖了公司、基金会、协会、学会、研究所和研究中心等[①]。其中，中国的智库从体制内的官方内部政策研究机构逐步走出来，发展为事业单位智库、民间智库、高校智库等多元并存的格局，它们和官方内部政策研究机构构成了中国特色的智库圈层体系，在国家决策过程中扮演着不同的角色，发挥着不同的功能；而智库形态最为齐全的要属美国智库，作为发明智库机制的先驱，美国智库在长期的发展中形成了立场、业务、方式各有侧重，多种形态共存的智库生态（见表5－1）[②]；英国基于威斯敏斯特模式组建决策系统，智库呈现明显的党派性，大致可划分为左派智库（如费边社）、右派智库（如亚当·斯密研究所）和中立派智库（如海外发展研究所）；德国以学术型智库为主，政党型智库虽然有一定影响力，如六大政治基金会，但所占比重较小；法国形成了政府官僚型智库为主体的智库体系；日本智库则官民并蓄，但民间特别是企业型智库表现出了更强的实力；韩国智库形态与法国类似，由政府布局并集中管理，是典型的官方型智库；新加坡智库依托知名学府，又注重实用导向，实现了学术研究与政策服务的有效结合。

① 闫志开，王延飞．智库运转机制比较分析［J］．情报理论与实践，2015（5）：5－11.

② 斯蒂芬·奥尔森．美国智库的发展或可供中国借鉴［J］．开放导报，2014（4）：17－23.

表 5－1 美国智库的主要类型与代表性智库

智库类型	主要特点	代表性智库
学术综合型	独立而客观地研究长远性问题	布鲁金斯学会 (Brookings Institution)
学术专业型	研究重点集中在某一类问题或学科	外交关系协会 (CFR, Council on Foreign Relations)
合同型	根据合同进行研究和咨询	兰德公司 (RAND Corporation)
游说型/政策型	政策观点商业包装及推销	战略与国际问题研究中心 (CSIS, Center for Strategic and International Studies)

资料来源：斯蒂芬·奥尔森，美国智库的发展或可供中国借鉴［J］. 开放导报，2014（4）：21－22.

（二）智库的资金来源比较

资金来源与运作模式对智库的生存发展至关重要，直接影响智库的规模、行为方式、研究成果与影响力。从资金渠道和筹资能力上看，中国的官方智库资金来源以政府财政拨款、政府委托研究项目经费为主，企业智库以创办企业提供资金为主，这两者经费压力最小，高校智库和社会智库则以社会捐赠、市场化运作收益为主。目前由于多样化筹资模式“还行不通”，后两者面临着较大的资金压力。

美国智库大多具有复合融资能力，社会委托、政府资助、项目外包、财团支持、会员会费，甚至外国政府等都可以成为其资金渠道，不同性质的智库收入构成有所区别，有些智库对政府资助的依赖较大，如美国和平研究所；有些则完全不接受政府资助，如卡托研究所；对于兰德公司这样的合同型智库，政府资助仅是其部分收入来源。而政府以外的收入来源也在一定程度上反映了智库试图影响的人群与事件。此外，卡内基国际和平基金会、布鲁金斯学会等老牌智库还拥有一个庞大的“金融蓄水池”，有专门的部门进行金融运作与保值增值，并有一整套由市场决定的经费分配与预算评价机制，为成就“百年老店”打下坚实基础[①]。

英国、德国、法国、韩国与新加坡相似，智库发展资金在很大程度上需要依赖政府或政党。其中，英国智库因其党派和政治倾向性使其资金得到特定政党或利益集团的支持，但即使如此，两者间并不是直接的隶属关系，而且资金的使用也有严格规定，研究项目委托方一般情况下不能向智库直接付费，也不得指定资金的使用目的，资助资金由智库全权安排和使用，并设有最高资助限额[②]。德国和新加坡两国智库发展的绝大多数资金均来自政府，并且都倾向于依托高等学府，选择采取以政府为主的资助方式是为了更有利地保持研究的自由和独立，而不受利益集团的驱使[③]；法国与韩国的主要智库是其国内官僚体系的重要组成部分，运行资金基本全部来自中央预算，独立智库的资金则主要来自企业赞助与政府委托项目[④]。

日本智库的经费来源在很大程度上受其组织形态的影响和制约，如官方或半官方智库的经费大部分源于政府，企业类智库的经费基本来源于企业财团与委托研究费用[⑤]。由于日本以企业类智库为主，缺乏必要的财政基础平台，经费受母公司经营状况和国内整体经济行情的影响较大，对资金的支配能力低，独立性差，发展十分受限。

（三）智库管理体制比较

智库作为独立实体，其运转需要合适的管理体制，其具体形态依赖于所在国家的法律，并受政治体制与相关文化因素的影响。因宗旨不同，各国著名智库具体的管理机制有所差别。

---

① 熊励，陆悦．中国智库融资模式的研究——来自国际知名智库的启示［J］．智库理论与实践，2016（1）：62－74.

② 王佩亨，李国强，等．注重提升影响力的英国智库［J］．管理观察，2013（28）：18－23.

③ 马丁·W. 蒂纳特．德国智库的发展与意义［J］．杨莉，译．国外社会科学，2014（3）：41－50.

④ 闫志开，王延飞．智库运转机制比较分析［J］．情报理论与实践，2015（5）：5－11.

⑤ 程永明．日本智库经费来源渠道研究［J］．人民论坛，2014（8）：240－243.

目前，中国智库以官方和半官方的附属型智库为主，此类智库的研究经费多数来源于政府，研究人员属公务员编制，其工资和职位由政府决定，研究课题由政府相关部门立项、指派，研究结果要由政府部门来组织审核、评议等，这种管理体制在较大程度上影响着智库研究立场的独立性和客观性，容易偏向于注重对政府政策的宣传和诠释，缺少公共性和民间性的色彩，是一种受体制内框架限制的运行模式。

英、美等发达国家著名智库多数都采用理事会（董事会）的治理机制，组织机构倾向于扁平化设置与分权管理，充分保证研究空间、质量与专业性。智库的日常管理运行由智库负责人（总裁等）负责。理事会由重要捐助者组成，成员大多是大企业家、捐助基金会负责人、前政府官员和著名学者等，他们有着非常雄厚的经济实力和人际网络①。与此同时，美、英、德、法等欧美智库重视通过发展会员扩大智库资金来源与社会影响，如美国对外关系委员会和美国传统基金会都实行了会员制。其中 CFR 以发展高端会员为主，包括前总统尼克松、克林顿都是其委员会成员，截至 2015 年共发展会员有 4500 多名；CPRA 较为大众化，只要接受其意识形态理念并缴费者均可成为会员②。

日、韩、新等国的会员组织成熟度要低于欧美国家，如日本只有一些 NPO（特定非营利活动法人）智库组织重点发展会员制，会费收入通常不是亚洲国家智库的主要经费来源。对于智库在较大程度上依赖公共资金的英、德、法等国还十分重视监督机制建设，如英国皇家国际事务研究所的主席、执委会与财务委员会共同管理行政事务，并设有高级顾问小组；法国内务部则指定专员列席官方智库董事会，并在全球遴选出 13 名学者组成科学委员会，在国内选择 24 名不同领域学者成员构成顾问委员会，以确保智库的研究活动符合公共利益。

---

① 张志强，苏娜．国际智库发展趋势特点与我国新型智库建设［J］．智库理论与实践，2016（1）：9－23.

② 褚鸣．美欧智库比较研究［M］．北京：中国社会科学出版社，2013：56－69.

（四）智库人员流动的情况比较

作为知识型机构，人是智库发展的核心因素。人员流动在抵销智库因认知偏差影响研究客观科学性的同时也是通过人际关系扩大智库影响的重要途径。“旋转门”机制就是美国智库舆论影响力渗透政策制定环节的重要原因，其所带来的政府官员与智库之间的人际关系网使智库虽然在政府之外，但却与政府内部保持密切的联系，从而实现了智库与智库服务对象双方人才的成长与互动①。中国智库人才的流动性较差，虽然部分退休高层官员已经成为智库人才队伍的重要力量，从行政体系进入智库体系，但目前只是这种单向流动，智库研究人员进入政府机构任职还很少。英国智库本身就带有较强的政治性，十分鼓励人员流动，智库研究人员平均工作时间为 5 年，人才流动率达到 20%，研究人员离岗后多进入欧盟组织或英国政府部门工作②。德国只有极少数行政岗位可以任命政策研究员的管理体制以及多数智库附属于高校或者在半学术环境下的运作模式，决定了其国内不太可能演化出类似美国与英国的“旋转门”机制，研究人员的职业道路在很大程度上独立于公务员或者政治从业者的职业道路，更多地类似于学术生涯模式智库，但是近年来越来越多地出现了智库研究人员通过政府设立的总理与内阁部长办公室特别顾问以及由外部专家组成的政策小组，间接进入国家政权中心的例外③。

法国、韩国、日本、新加坡的公务员系统较为封闭，基本不存在“旋转门”机制，已退休的高级官员任职智库高层管理的情况比较普遍，但是逆向流动很难实现。法国、新加坡的研究人员多采用国际招募方式，特别是新加坡招聘人才，不受学校、学历和职称要求的影响，并

---

① 王莉丽．美国智库的“旋转门”机制［J］．国际问题研究，2010（2）：13－18.

② 戴慧．英国智库考察报告［J］．中国发展观察，2014（1）：34－48.

③ 马丁·W．蒂纳特．德国智库的发展与意义［J］．杨莉，译．国外社会科学，2014（3）：41－50.

大量使用硕士毕业生从事专题和初级研究，人员流动较大，但成本低，效率高。如果需要某个特定领域的研究人员，通常是采用欧美国家的雇佣方式：一是以知名学者为主体的常驻研究人员；二是外部的客座研究员；三是多种类型的访问研究人员。雇佣研究人员大都以项目合同形式聘用，项目结束后这些研究人员自动流出智库，这种方式有利于建立智库专家合作网络，提升智库的研究效率①。一些日本智库在组织上采取“派出研究员”制度，即政府、大学、企业、研究所向智库派出研究员，工作2～3年，工资由原单位发，到期则回到原单位。如综合研究开发机构共有33名研究员，长期聘用的仅有3人②。韩国智库的对外交流要更弱一些，很少吸收外部研究力量参与研究，购买外部服务的比例很低③。

（五）智库发声平台体系的比较

搭建良好的发声平台推广传递建议、观点与思想是智库工作价值实现的有效做法，也是智库成功的关键④。目前，中国智库的传播平台主要有报纸、网络媒体、期刊三类，自2014年以来，中国媒体与智库呈现融合发展的新走向，并涌现出一批媒体智库传播平台、媒体智库，其中，光明日报《智库》周刊是创办最早、影响较大的平台之一，中国社会科学报、新华日报也推出了《智库》专版；网络媒体纷纷推出智库网页，如中国网推出的“智库中国”；而新华社整体纳入国家高端智库建设试点名单，凤凰国际智库等新媒体智库也呈现出百花齐放的格局，有效提升了智库的传播能力。但是，对于在国际舞台上，中国智库发声的能力仍然很弱，发声的机制和平台很少。

① 韩锋．新加坡智库的现状、特点与经验［J］．东南亚研究，2015（6）：4－9.

② 刘少东．智库建设的日本经验［J］．人民论坛，2013（35）：18－23.

③ 王佩亨，李国强，等．海外智库——世界主要国家智库考察报告［M］．北京：中国财政经济出版社，2014：40－69.

④ 闫志开，王延飞．智库运转机制比较分析［J］．情报理论与实践，2015（5）：5－11.

在国外智库中，美国智库的发声平台体系相对完善。首先，主要智库每年都会出版大量的专著、期刊、研究报告、背景分析、简报，其中美国对外关系委员会出版的《外交》、国家利益中心出版的《国家利益》、美国国际和平基金会出版的《外交政策》、美国国际战略研究中心出版的《华盛顿季刊》、布鲁金斯学会出版的《布鲁金斯评论》、兰德公司出版的《兰德评论》等出版物已经成为政府官员和政策研究人员的必读刊物；其次，知名智库研究员频频接受主流媒体采访，或发表评论；最后，举办各种讲座、报告会、培训班，提供各种长期或短期的访问学者资助等，这些项目通常重点面向国会议员、政府官员和军官，以此来搭建智库与社会政界、军界的沟通桥梁，把相关见解传播到更广的领域。英国、法国与新加坡的智库同样重视研究成果的公众宣传与自身影响的扩大，所采用的方式与美国基本相似，但由于智库市场规模与活跃度小于美国，推广宣传频率较低[①]。德国、韩国、日本的智库则更倾向于通过直接接触政府官员的方式影响政策决策，而较少借助公众或媒体。如德国智库偏好直接影响政府及议会高层的决策者，除非国际危机时期，大部分智库对积极的自我推销和产品渲染都保持着审慎态度，95%的智库成果通过图书进行传播，仅有40%智库在报纸上发表文章，为专栏写作或出版简报的比例更低至14%，但是与媒体保持着疏离关系的习惯正随着互联网技术的兴起被逐渐打破，一些智库和个别学者试图通过学术研究成果的“去专业化”来对公众产生影响，如出版简短易读的专题论文、文章与简报等[②]。日、韩的智库则更像是主办者的私人咨询机构，对外发声明显弱于欧美系智库，即使是民间智库，成果首先对本企业的主要领导人产生影响后，通过本企业主要领导人与政府官员的接触，再进一步影响政策的制定。

---

① 袁莉莉，杨国梁．英国智库概况及对我国智库建设的启示［J］．智库理论与实践，2016（2）：34－41，49.

② 马丁·W．蒂纳特．德国智库的发展与意义［J］．杨莉，译．国外社会科学，2014（3）：41－50.

表 5－2　国际著名智库机制比较

项目	北美	欧洲				亚洲			
	美国	英国	德国	法国	俄罗斯	日本	韩国	新加坡	中国
起始时期	20 世纪 20 年代	19 世纪 20 年代	20 世纪初	20 世纪 70 年代	20 世纪 50 年代	20 世纪 40 年代	20 世纪 70 年代	20 世纪 60 年代	20 世纪 50 年代
政治体制	三权分立、两党轮流执政	议会制，多党制	多党竞争制	“半总统制”的政权模式	集权制	集权制	集权制	集权制	民主集中制，共产党领导的多党合作制
智库体系	多元化智库体系，主要分为政府型、政党型、独立型智库等类型	政党型智库为主体	包括学术型智库、拥护型智库（也称宣传型智库或代言型智库）、政党型智库（政治基金会）三类，学术型智库是德国智库系统的主力	以政府和主要党派智库为主导	以官方半官方智库为主导，由政府系统、科学院系统、独立系统和海外基金会系统组成	由官方、半官方、民间智库和企业智库组成，企业特色浓厚	由官方和民间智库组成，官方主导，政府智库归属到 NRCS，民间智库以大企业设立研究院为主，大学智库以大学教授和学者建立为主	官方智库为主，民间智库为辅的体系	以官方和半官方的附属型智库为主，呈现圈层结构，按照组织形式可划分为事业单位法人型智库、企业型智库、民办非企业单位法人型智库和大学智库

续表

项目	北美	欧洲				亚洲			
	美国	英国	德国	法国	俄罗斯	日本	韩国	新加坡	中国
参与机制	直接为政府提供政策方案、通过研究成果影响政府决策、通过营造社会舆论环境影响政府决策、跟踪研究政策实施效果提供决策信息反馈影响政策、通过“旋转门”机制为政府提供人才影响决策等方式	通过直接参与政策制定、解释政策、政策辩论预警等方式参与决策	自下而上参与政府决策，政策建议后，通过媒研讨会、国会听证；研究报告	政府智库直接参与决策，独立智库提出政策建议，民间智库通过参与国家政治经济模式辩论活动，通过个体和私人渠道、集体行动（智库论坛）影响政治和经济的决策	通过政府层级管道实现，通过人才互通、互动实现影响政府决策	智库发表政策建议或研究报告引导舆论，形成民意的方式或通过担当政府顾问、参加政府组织的恳谈会及首相、官房长官的私人咨询机构的方式对政府决策施加影响	政府委托政策研究项目、提交政策建议、参加政府决策会议等	政策制定建议、解释和宣传服务	从属于党政机构的智库大多通过层级管道直接参与政策制定，承担政府委托的课题或运用内参输送观点，通过相关会议汇集政策观点，为决策者当面授课等方式影响正常制定；对于科研机构和大学类智库，多数通过接受政府委托的项目，向政府输送观点建言献策

续表

项目	北美	欧洲				亚洲			
	美国	英国	德国	法国	俄罗斯	日本	韩国	新加坡	中国
政策法律	美国税法规定满足非营利性、教育性、科学性等事业,不能用于私人受惠,不影响立法和选举三个条件的组织享受税收优惠政策		《联邦行政程序法》规定政府公共决策公开项目必须公之于众，以招标形式委托咨询机构进行预测和评估；在法律上被赋予了完全独立的地位，同时，法律规定个人和组织向智库捐赠实行税前抵扣政策	从事政策性研究，为政府提供参考的研究机构都可列为智库，对向智库捐款的公司和个人实施税收减免等政策支持		《独立行政法人通则法》《独立行政法人经济产业研究所法》《科学技术基本法》和《科学技术基本计划》等法律进行智库机构组织管理、财务、经费等方面的管理	《关于政府投资研究机构的建立、运营与培养的法律》等法律统筹管理智库类机构		

续表

项目	北美	欧洲				亚洲			
	美国	英国	德国	法国	俄罗斯	日本	韩国	新加坡	中国
行业机制倾向性	市场化	市场化	市场化，但不以营利为目的	市场化	行政化	市场化	行政化	行政化	行政化
行业管理	咨询协会	管理协会	莱布尼兹协会				国家经济人文和社会科学研究会（NRCS），韩国青瓦台首席秘书室和国务总理调整室直接联系和指导国家智库机构		国家高端智库理事会
智库功能	提供政策思想和政策方案、引导公众舆论、储备和提供人才的功能	政策建议、沟通民意	政策建议、辅助决策	影响公共政策、评估政府运作效率、引导舆论、传播社会知识	建言献策、反映民意和引导社会舆论	通过政策建议影响政策，企业管理咨询、信息咨询服务、传播思想理念、促进国际交流	政策建议		

续表

项目	北美	欧洲				亚洲			
	美国	英国	德国	法国	俄罗斯	日本	韩国	新加坡	中国
资金来源	社会捐赠、政府资助、市场化运作收益、国外捐助、个人捐助、政府和社会资本合作模式（PPP）以及委托研究项目经费等多样化的筹资渠道	经费来源主要包括会员费、个人或慈善机构捐助、企业支持、政府资助、发行出版物或举办培训论坛活动、委托研究合同等	政府资金直接支持的公共智库比例高达75%以上，其他包括基金会、个人、公司等的捐助和资助，另外，也包括商业资询、出售数据、刊物、开展培训等获得部分收入	财政拨款，独立智库的经费来源则有国家补助、委托研究费用、私人和企业赞助、出版物销售收入、会员缴纳的会费、提供培训费用等	政府、大型国有企业等机构委托项目经费，组织会议、培训与咨询等收入，政府财政拨款，基金会、企业和个人捐款	政府或企业资助资金、社会捐助和会费收入、委托研究调查收入及出版物收入、基金收益或办公楼收益	政府财政预算和委托研究收入为主，民间智库以咨询服务收入为主	政府的资助和支持	资金来源以政府财政拨款、政府委托研究项目经费为主，企业智库以创办企业提供资金为主
管理模式	理事会管理模式	理事会管理模式	公司制管理矩阵式模式	董事会治理机制	院长（所长）负责制	理事会管理 公司化管理	院长负责制	所长负责制	行政化管理 理事会管理 公司化管理

续表

项目	北美	欧洲				亚洲			
	美国	英国	德国	法国	俄罗斯	日本	韩国	新加坡	中国
人才结构	多元化，包括：高校毕业生、政府官员、大学教授或企业界精英、其他智库专家	智库研究人员与政府、企业、大学、媒体乃至国际组织有着频繁交流	以高校学者为主	重视退休高官和学者作用的发挥。大多由退休高官和知名学者组成	以国内专业学者为主	青年学者、知名专家与卸任官员	以内部研究人员为主，偶尔邀请高校教授	大量使用硕士毕业生从事专题和初级研究，同时雇佣知名学者为主体的常驻研究人员，外部的客座研究员，并接受多种类型的访问研究人员	高学历毕业生、各类研究机构人员、退休政府高官、企业家、现任高官等
科研管理	课题管理严格流程化	课题管理严格流程化	按工作时间对课题研究进度和效果进行监控	自由选题、研究周期没有硬性规定	按照智库协会制定的专业科研标准进行相应管理	分权管理，采取小组负责制	科研项目预算审批制，内部评审	课题小组负责制与独立成果评价机制	课题流程化管理
成果评审	内部评审机制 匿名评审机制	内部评审机制 匿名评审机制	内部评审机制	第三方评价机制		内部评审 宽松管理	匿名评审 双口径管理	内部评审 第三方评审	内部评审 第三方评审

续表

项目	北美	欧洲				亚洲			
	美国	英国	德国	法国	俄罗斯	日本	韩国	新加坡	中国
传播机制	政府人脉关系、出版物、演讲、研讨会、听证会、辩论会等，国际交流频繁	利用大众媒体、会议讲座、研究报告等传播观点，重视国际交流	出版物、研讨会、报告会、媒体网络、提供免费研究成果传播观点	重视对外交流，通过论坛、会议、出版研究成果进行传播	出版物、研讨会、媒体网络、研究报告等	出版物、学术研讨会、讲座报告、各类媒体平台传播观点和进行国际交流合作，发挥“二轨”作用	出版物、研究报告、网络媒体，国际交流较少	各种专题讲座、提供研究成果	出版物、学术研讨会、讲座报告、为政府讲课、各类媒体平台传播观点，国际交流合作逐步开展，“二轨”作用开始起步
著名智库	布鲁金斯学会、卡内基国际和平基金会、兰德公司、国际企业研究所、传统基金会、美国对外关系委员会、国际战略研究中心、美国企业公共政策研究所、卡托研究所、美国进步中心	英国皇家国际事务研究所、海外发展研究所、伦敦政治学院的国际事务、外交与战略研究中心(IDEAS)、费边社、经济事务学会、亚当·斯密研究所、政策研究中心、理想国、政策交流研究所	德国国际与安全事务研究所、基尔研究所、德国系统工程与技术革新研究所、贝塔斯曼基金会	法国国际关系研究所、法国计划总署下属前景研究与国际信息中心、国防部战略事务委员会、法国国际和战略关系研究所、巴黎第二大学国际发展与经济社会研究中心	盖达尔经济政策研究所、俄罗斯战略研究所、现代发展研究所、俄罗斯科学院世界经济和国际关系研究所、公共政策研究中心等	亚洲经济研究所、日本综合研究所、野村综合研究所、富士通综合研究所、三菱综合研究所、日本国际问题研究所、经济产业研究所、综合开发研究机构	国家经济·人文和社会科学研究会(NRCS)、LG研究院、韩国开发研究院、对外经济政策研究院	新加坡政策研究院、新加坡国立大学东亚研究所、国际事务研究所、东南亚研究所、隆道发展战略研究所	国务院发展研究中心、中国社科院、中国科学院、中国工程院、中央党校、国家行政学院、中国现代关系研究院、北京大学国家发展研究院、清华大学国情研究院、中国国际经济交流中心

第六章

CHAPTER SIX

国际著名智库经验及其对我国智库建设的启示

一、国际智库建设发展的经验

发达的智库体系是现代国家治理体系的重要组织部分，是国家治理能力的重要体现。美国智库作为第四种或第五种权力，在国家政治生活中发挥着不可替代的作用。当前全球化快速发展，决策环境和条件非常复杂，社会利益分化多元，政府决策面临着过去时代不曾有过的挑战。现代社会智库以其宽阔视野、高度专业化和对复杂问题的建构能力，成为政府决策质量和效能的基本保证。建设中国特色新型智库是大国崛起参与全球竞争，争夺国际话语权的需要，也是中国社会急剧转型中的内在需要。我国推进社会治理体系治理能力现代化，必须要建设体现当代社会决策发展要求的智库，应该说这方面我们才刚破题，前面还有很长的路要走。

借鉴国际著名智库实践经验，深入研究智库发展的一般规律与特殊要求。智库的特殊性体现为智库与政府间的互动关系，这是各国不同国情和政治制度决定的。中国特色新型智库其“特色”就在于我们的智库必须坚持党的领导和社会主义制度，坚持走中国特色社会主义道路，服务和服从于民族复兴大业和实现两个一百年战略目标。美国智库发展有其自身特殊政治制度的因素，当然不能照抄照搬。但是应该看到，智库作为现代社会思想产品生产的专门性机构，它显然不同于一般物质生产组织，也不同于具有行政职能的政府机构，它具有一般社会组织不具有的规律性特征。作为思想品生产的主体——人（研究人员）是智库最核心的资产和财富，而对人的管理、监督、激励和评价，必须体现思想品生产的要求和特点。美国智库之所以形成了强大的国际影响力，就在于尊重和适应了现代社会思想品生产的规律，其智库运行管理的先进经验值得我们学习借鉴。

恰如其分的功能定位。总体来说，国际智库大致有如下几方面功能：为本国政府建言献策、提供政策咨询；政策解读、沟通民意；为国家培养和储备高层次人才，积极参与国际交流和全球治理，争夺国际话语权。国际知名智库有自己的独特角色定位及服务对象，非常注重自己的研究特色，并有明确清晰的核心研究领域，它们将这些作为智库发展的生命线，贯彻落实到日常的经营管理当中。

区分决策与管理的治理机制。从智库本身来说，许多国际智库都采取区分决策层与管理层的治理机制。国外智库一般都采用理事会（或董事会）领导下的治理机制，由重要捐助者组成理事会，是智库的最高决策机构，负责任命智库负责人、确定智库发展框架和研究计划，筹集资金和拓展智库影响力。智库的日常管理运行由智库行政负责人（总裁等）负责。在组织形式上，美国智库多采用现代企业管理模式，以理事会、董事会或监事会作为智库管理机构。美国智库大多设理事会作为决策保障机构，组织机构倾向于扁平化设置，为研究留足宽松空间。如布鲁金斯学会由董事会进行领导，兰德公司则由监事会负责管理。

扁平化组织架构和矩阵式研究机制。国际智库多采用扁平化组织架构，分为研究部门和行政管理部门两部分。研究部门多以研究领域或研究主题为研究组织单元，研究组织方式为常设研究部与根据项目需求设立的课题组相结合开展的，课题组在课题任务结束后自动解散。多数著名智库采用多学科交叉的矩阵式研究机制，把学科知识与研究课题结合起来。这样做的好处是兼收了垂直线管理和横向协作的长处，有利于提高整个智库的管理效率。

丰富的成果转化渠道。各国智库通过以下主要渠道实现研究成果的转化：一是充分利用大众传播媒体，向公众宣传自己的观点，影响社会舆论，提高自身影响力，达到影响决策的目的。二是通过研究成果来影响政府决策，研究成果主要包括政策简报、专题研究报告、会议报告、期刊和学术专著等，宣传其政策主张，并收集相关反馈意见，以改进今后的研究工作。三是通过举办各种会议、讲座、培训班和答谢午宴等活动，邀请政府官员和知名学者到智库进行演讲讨论，传播自己的观点、立场，加强与各界、各领域专家的联系。四是通过国际合作研究，构筑智库参与全球事务的软实力，通过向国际社会寄送研究成果，扩大智库的国际影响力。五是通过网络免费向社会提供大量研究成果，使智库成为与学术界、新闻界、实业界、广大民众以及政府官员联系的纽带。六是通过咨询和发表声明、向政府提交报告、参加听证会，直接参与政策制定。七是采用会员制方式传播研究成果和观点。通过发展会员，邀请会员到智库听取智库报告的方式推销智库理念。

以人为本的核心价值观。研究人员是智库核心竞争力的关键因素，国际智库研究人员一般较受尊重，并享有较高社会地位。国际智库在智库人员设置中会充分考虑研究人员和辅助人员配比的合理性，实行分类管理，最大限度地为研究人员开展研究工作创造良好的条件。国际智库多采取开放竞争的选拔机制，注重人才的多样性，“以才取人”。选拔录用主要看中学术造诣和实践经验，主要选拔博中有专、专博相济的“T 型人才”。对于新招纳进来的年轻研究人员，通过资深研究人员的传帮带机制进行培养，并且鼓励人才流动，保持合理的人才流动率。通过物质激励、晋升、提升知名度等方式，健全的激励机制留住人才，促使人才长期保持工作热情。

畅通的人才流动机制。作为知识型机构，智库的核心是人。从知识生产的角度来讲，智库像一个封闭的圈子，现有研究人员即使学识渊博、认识深刻，也难免会产生认知偏差。于是很多智库鼓励人员流动以抵消这种不利影响。智库人员流动分为横向和纵向两种，横向是指智库间的人员流动，纵向是指智库与其他机构间的人员流动，这些流动都是双向的。国际智库的一个显著特点是人员的高流动性，外国智库常常鼓励人员流动，以促进智库的“吐故纳新”和人才的“充电”。人才能进能出方能为智库发展提供新的动力和新的血液。如英国海外发展研究所（ODI）的研究人员平均在 ODI 的工作时间约 5 年，人才流动率大约为 20%。国外智库还充分利用访问学者、合作研究等手段，为研究人员创造短期“外出”机会。

多种资金筹措机制。智库作为一种非营利性机构，融资能力是智库可持续发展的重要因素，拥有长期稳定的多渠道资金来源，是智库赖以生存和发展的根本保障。国外智库的融资渠道主要有政府资助、社会捐赠、市场化运作收益、政府和社会资本合作（PPP）模式及委托研究项目经费，不同经费来源采用不同管理办法。国际智库接受这些经费的前提是捐赠方不得干预智库开展研究工作的有关事项，包括选题和选人，此举是为保障智库研究的独立性和公正性。国外知名智库融资模式多样，美国智库主要资金来源于 PPP、委托研究、捐赠，英国智库主要收入来自 PPP、委托研究和出版物费用，比利时智库主要融资模式是政府拨款和社会捐赠，德国智库经费主要来自政府，但政府无权干涉智库开展的研究活动。从 20 世纪 90 年代晚期开始，一些运作性基金会、慈善基金会和少数家族基金会开始资助智库研究。另外，国外税法规定，如果企业或个人捐款数额超过应缴税收的一定比例，可以减免或全额抵扣应缴税款。

二、对我国特色新型智库建设的启示

（一）政府治理层面

国家政治体制决定智库体制机制建设。国家政治体制决定了公共权力的分配和运行模式，不同的政治制度对非政府组织接触权力的限制不同，公共权力的高度集中将会提高决策和执行效率，但是会减少智库影响公共决策的机会。我国社会政治环境与西方国家不同，因此，中国智库建设没有必要完全照搬其他国家智库发展模式，所以要创新出一种中国特色模式，在政治、经济和法律等领域为智库发展创造合法空间，使智库能够充分发挥其功能和效率①。中国特色新型智库的“特色”就在于必须坚持党的领导和社会主义制度，坚持走中国特色社会主义道路，服务和服从于民族复兴大业和实现两个一百年战略目标。

法律制度环境是智库发展的保障。从国际发达国家的智库管理体制来看，都已经出台了一些有关智库的法律制度，包括从财税政策到政府决策程序都受到法律的支持和保障。同时，法律制度决定了智库组建的形式和运营模式，如国际上大部分国家的著名智库多以政府研究机构、社团、企业形式出现，性质上有营利和非营利之分，各国也都有明确的相关法律制度进行管理；法律制度环境在一定限度内影响着智库研究领域的自由度，不宜过于禁锢，要充分发挥其创造力。

建立与我国国际地位相匹配的大国智库体系。当前我国正处于和平崛起的关键时期，崛起的中国需要建立能够代表大国软实力的智库。发达的智库体系是现代国家治理体系的重要组成部分，是国家治理能力的重要体现。现代社会智库以其宽阔视野、高度专业化和对复杂问题的分析处理能力，成为政府决策质量和效能的基本保证。建设中国特色新型智库是大国崛起参与全球竞争、争夺国际话语权的需要，也是中国社会急剧转型的内在需要。

构建规范的政府—智库—社会沟通机制。适应时代社会发展要求，明确智库在我国社会治理体系中的定位，明确服务对象，构建合适的规范的政府—智库—社会沟通机制，要处理好智库与政府的关系、智库服务与研究之间的关系、智库与社会之间的关系。

---

① ［美］詹姆斯·麦甘恩，理查德·萨巴蒂尼. 全球智库：政策网络与治理［M］. 上海：上海交通大学出版社，2015：30－45.

把握好智库建设的速度、数量和质量。把握好进度、数量和质量，防止片面追求智库机构的数量，要对智库进行明确的功能定位、分类管理、各具特色，注重实效，提高智库创新能力、分析问题和解决问题的能力。就我国目前经济社会制度环境而言，依然是政府主导型智库为政府决策或者说在国家影响方面起主要作用，维护国家利益，强调中国特色，创新发展，应大力支持；还存在维护特殊利益集团的智库，应严格规范管理；也有为市场商业机构服务的智库、社会公共服务型智库机构，应大力鼓励支持。

深刻认识智库独立性、客观性和价值取向的关系。多数发达国家智库对外都宣称保持独立性和客观性，实际上主要是在具体研究方法、研究依据、研究态度等方面保持客观，另外在研究过程中不受外界干扰，能够保持客观独立。但在服务于特定目标或利益时，尤其是国家利益时，其客观的研究成果往往会改变。因为多数顶尖智库的目的性非常强，为国家服务或者特定的利益群体服务，所以其宣称的独立性和客观性往往也是相对的，是在一定范围之内的。例如，欧美智库提倡的“独立性”，通常是指其基本立场相对于民主党或共和党的“独立”，学理逻辑与论证的客观以及它们在出台政策报告过程中保持一定的独到观点，并非独立于政府，因为智库希望其研究成果最终能够影响政府甚至改变政策。因此，我国特色新型智库建设既要防止对“独立性”的误解而出现与政府“对立化”的趋势，也要避免仅为政策出台做注脚的“迎合化”倾向，并不断提升智库对于中国特色社会主义的忠诚度。①

（二）智库行业层面

优化智库行业体系。发展多元化智库体系，促进智库产业集群式发展，形成多类型智库平等竞争的环境。激励支持智库独立性和多元化发

① 王文．对中国特色新型智库几个重大问题的思考［J］．智库理论与实践，2016（1）：24－30.

展，大力推进民间智库建设，允许民间智库平等竞争。同时改革创新官方和半官方智库发展体制机制，充分发挥各类智库差异性作用，选准各自定位，实现中国特色有影响力的新型智库的发展。明确研究领域、清晰研究方向，形成智库政策影响力的基础。加强智库专业化建设，对专业性问题开展综合性的系统研究，形成智库特色产品。同时培育一批有国际影响的智库领军人才，扩大智库影响力。

国际化、网络化成为未来智库发展环境。逐步推动中国智库构建区域性和全球性的研究网络、成员网络或合作网络①，构建中国特色的全球化智库体系。当前，国际化已经成为智库发展的重要特征和方向，发达国家的智库已逐步实现其国际化布局，增强全球影响力，智库全球化呈现出研究领域国际化、研究视角国际化、人才队伍国际化、影响力国际化和机构网络全球化等特征。②

重视体制外（社会）智库的培育和建设，鼓励独立智库发展。我国民间独立智库处于初步阶段，要鼓励独立智库发展，逐步打造一批有公信力和影响力的独立型智库，作为我国智库体系的重要组成部分，参与智库行业竞争，从而有助于提升中国智库的总体水平。

（三）智库运营管理

战略定位事关智库的发展方向。综观国际著名智库，大多都具有明确的研究定位和指向，专业性强，服务对象明确。当前，国际著名智库研究领域具有综合性、跨学科性、长期性和实效性的特点。因此，我国智库可以结合自己的人员、资源等情况，发挥自身特长，瞄准重点领域，加强对国家经济、社会和政治等方面重大问题的实用性研究，促进智库思想成果转化。

对人的管理是智库管理的核心。智库作为现代社会思想产品生产的

① ［美］詹姆斯·艾伦·史密斯．思想的掮客［M］．李刚，邹婧雅，等，译．南京：南京大学出版社，2017：45.

② 王辉耀，苗绿．大国智库［M］．北京：人民出版社，2014：45－70.

专门性机构，不同于一般物质生产组织，也不同于具有行政职能的政府机构，它具有一般社会组织不具有的规律性特征。作为思想品生产的主体——人（研究人员）是智库最核心的资产和财富，而对人的管理、监督、激励和评价，必须体现思想品生产的要求和特点。美国智库之所以形成了强大的国际影响力，就在于尊重和适应了现代社会思想品生产的规律，其智库运行管理的先进经验值得我们学习借鉴。

资金来源对智库生存至关重要。财务上的不独立是阻碍智库发展的重要因素，因此，欧美等国际智库大都积极开拓资金来源渠道，包括争取政府财政拨款，研究合同收入，个人、企业或者基金会捐赠，会员费，出版物收入等多种形式的资金来源。中国智库应借鉴这些国家智库多样化的资金筹措方式，建立稳定的资金来源渠道，不断扩大财力，保障智库的稳定运营。

优化完善规范的内部管理机制。国外著名智库大都具有规范的内部管理机制，通常智库领导层（多为理事会）主要负责智库的大政方针，如确定智库主席或所长、确定年度预算、评估和建议研究议题等内容，日常管理通常由主席或所长负责；智库组织上分为政策研究和行政管理两部分，政策研究是核心，行政管理服务于政策研究；政策研究部门大多实行项目管理制度，研究人员根据研究领域实行阶梯配置。① 这些方式都是比较成熟的方式，也是国际著名智库通用的管理方式，中国智库在建设和发展过程中可以借鉴。另外，随着智库机构和职能的不断发展，要不断地、动态地优化、调整和完善智库机构和职能，以便更好地发挥智库的功能和价值。

以开放理念推动智库建设。国际著名智库都将开放合作作为其重要任务，因此，我国智库建设应借鉴国际经验，一是加强对外交流合作，通过国际研究合作和学术交流提升智库研究人员的国际视野和政策研究

---

① 褚鸣．美欧智库比较研究［M］．北京：中国社会科学出版社，2013：56－69.

能力，提高自身国际影响力和话语权；二是建立完善的、系统的智库信息传播机制，通过政策建议、会议、成果出版和网络建设等方式扩大智库成果的影响力；三是创造良好的政策条件和环境鼓励支持智库积极参与全球治理。

三、我国特色新型智库建设应该注意和解决的几个问题

目前国家正加大力度推进中国特色新型智库建设，首批确定 25 家国家高端智库建设试点单位，各项工作正在积极推进之中。在国家治理体系和治理能力现代化总要求下，明确国际国内形势发展对中国特色新型智库在定位和功能上的基本要求，有利于把握智库发展大方向，增强做好中国特色新型智库建设的自觉性。特别是在我国智库建设起步发展时期，可以注意及时克服可能影响未来发展的苗头性、倾向性问题，真正做到蹄疾步稳、健康茁壮成长。

（一）积极借鉴学习发达国家智库建设经验，坚持开放式学习态度，同时注意国情和政治制度差异

不同国家由于政治制度和特定政治制度下治理体系不同，其智库发展路径不尽相同。美国是当今世界智库数量最多、类型最完整、影响力最大的国家，智库在其国家治理体系中发挥着重要作用，是其国家“软实力”的重要体现。作为国家治理体系的重要组成部分，建设中国特色新型智库，还有大量的理论和实践问题需要探索研究，有些问题还没破题，或者说刚要破题。

比如说，智库的独立性问题，美国智库大多依托于基金会、财团等各类组织，依存于三权分立和两党竞选制，非政府性、非营利性、非党派性是美国智库所标榜的。美国智库的发展模式更多地体现了西方思维方式和政治文化传统，体现了其政治架构设计中的竞争性特征。“所谓智库必须独立于政府和私人利益之外以保证其思想自由的观念，是一种

典型的英美思维模式的偏见，与世界上其他许多文化不符”。其实在美国，那些声称自己独立的智库很多都有深厚的党派背景。中国智库主要产生和派生于现行政府体系之内，自然不具有美国智库所标榜的独立性，中国特色新型智库就是服务于执政党所确立的国家现代化和民族复兴发展战略目标。中国智库发展模式则更多地体现了东方文化和中国现行政治制度中协作性的特点。在中国现代国家治理体系中，智库基于共同愿景的协商式参与，是参与政府决策的基本遵循。

但是，为保证多样化视角和思想品质量，在实际工作中是不是也需要智库要有一定的相对独立性呢？如果需要，通过什么样的机制来保证这种相对独立性呢？还有，中国智库主要脱胎于行政机构或事业单位，目前很多智库机构同时具有体制内单位身份，其管理基本上依现有一般体制内事业单位方式来进行，没有体现出智库作为服务于决策的思想品生产机构的特点。那么，在中国现有行政架构内，智库究竟是什么性质的单位或组织呢？目前智库的本身特点和功能性要求与现有的一般行政事业单位管理模式“错位”问题已经显现出来。按现有管理模式，智库研究人员在参加国际交流、研究报酬获得、职称评定、业绩考核等方面，都出现了很实际的困难。目前中国还没有智库社会筹资、捐赠等方面的相应制度安排。应该看到，作为思想品生产组织，人是智库中最核心的资产和财富，而对智力产品生产过程的管理、最终成果的评价和生产者的激励，是任何制度体系下智库都要面对的共通性问题，智库的运营、管理、考评、激励等方面也有其一般性要求，在这些方面我们确实应当认真地向国外智库学习。

（二）明确智库各职能间主辅关系，推动实现各职能间的有机衔接配合，坚持以高质量思想品取胜

智库存在的价值在于服务政府决策。专业化的政策问题情境分析、对策分析、方案设计甚至必要的政策效果综合评价是智库职责所在，围绕这一过程的研究和高质量智力产品生产是智库的立世之本和生命线，

是智库区别于其他一般社会组织的特质所在。

思想产品质量是智库的生命线和竞争力来源，在重大问题上就重要成果积极宣介也是其职责所在。我们不主张搞神秘主义式的“葫芦型”智库。但是，应该清醒地看到，宣介只能是智库研究工作的派生和延伸职能，没有实实在在高质量的思想品做支撑，智库的宣介就会过度媒体化，变成空洞的缺乏思想品含量的“喇叭形”智库，其发出的只能是“杂音”或“噪声”。“直到20世纪60年代，美国智库在决策过程中一般是低调的行动者，智库学者从事重要且通常为实用的研究，提出为决策者所接受的观点，但是这些学者绝少公开或高调地与其他人以及政治过程中其他有影响的行为者就这些观点进行辩论”。当前，中国智库发展不仅要鼓励研究“短时段”问题，注意跟踪关注短期内重大“新闻事件”，更要关注“中时段”和“长时段”问题，特别是对未来我国发展面临的总体国际环境和国内政治、经济、人口、资源、环境、社会等因素进行综合分析和预判。过于看重短期舆论效应，甚至有意搞些“吸引眼球”的事情应当避免。

智库研究方法同样需要创新，智库报告不是政府部门的“公文材料”，也不是宣传部门的“宣传材料”，更不同于高校的“学术论文”，简明、平实、严谨、切近应是智库研究的基本文风。研究问题应该紧密围绕“是什么”“为什么”“干什么”的基本逻辑展开，切忌连“是什么”都没有很好地搞清楚，就“药方满天飞”，提出一大堆“干什么”来，难免会大而无当无法让人信服，在实践中也注定是行不通的。

智库产品有的在一定期间内不适合公开地发表，有的研究成果没有引起决策者或政府部门及时关注（如领导批示）不等于问题不重要，智库成果不能简单地通过舆论效应做评判。智库研究不同于一般专业技术研究，智库的研究有其特殊要求，如对全球气候变化的预判和测度，这是专业技术性研究机构做的事情。但是基本了解和掌握原因之后，如何构建出切实可行的政策或行动方案，才是智库要做的事情，智库与专业研究的区别在于关键的“临门一脚”。

近年来国内一些机构学习美国宾夕法尼亚大学麦甘“全球智库评比”的做法，开始着手做国内智库评比。作为思想产品生产机构，智库成果绩效评价有其困难性。应该说，评比本身无可厚非，但是评比具有很强的导向性作用，对复杂的智力产品做指标化、简单化评价，要提防有可能对刚处于起步时期的智库发展带来永久性伤害。

（三）坚持以人才为核心的智库发展理念，最大限度地吸引、培养、激励、用好人才

对于以智力产品生产为核心的智库来说，人是最为重要和宝贵的财富。据有人研究，智库产品的成本中，90%以上是人的智力成本。智库人才不同于一般专业技术人才，既要有扎实的专业知识和开阔的视野，又要有对世情、国情的充分了解和丰富的实践经验。由于现行体制和社会认知原因，目前中国智库发展对社会一流人才还缺乏足够的吸引力，偶尔也有智库人才流失问题。要把智库人才作为特殊专门人才类别来对待，增强智库研究人员的职业荣誉感，以广阔的职业发展空间、有竞争力的经济收入和良好的职业声望，吸引社会上更多的优秀人才加入到智库工作中来。

要推进国际、国内智库间同行间的交流，坚持专业主义的智库发展路线，着力提高个体研究人员的技能和领域内的专业水平，提倡通过大量的跨学科、跨领域协作提高研究质量，鼓励将新概念、新模式或新的思维方式引入政策研究和讨论之中，不断拓宽政策视野，提高对现实问题的敏感性。要建立智库人才专门的培养渠道和机制，抓紧制定智库人才培养规划。加快打开智库“旋转门”，推动智库人员到政府部门、企业和其他社会组织任职，加快智库人才成长。特别是要建立智库与政府部门人员顺畅流动的机制，古人讲“谋者较尺寸，断者较毫厘；谋者见一方至尽，断者会八方取中。”使智库和政府决策部门双方人员通过角色转换，切实体会不同身份所赋予的要求和所承担的职责，推动人员的有序流动，增强智库人员对政府决策服务需求的认知，提高智库研究成果的适用性。同时为政府部门注入“新鲜血液”，使智库成为政府管理人才的重要“储备池”。

建立科学有效的体现思想品生产特点的智库内部激励机制，直接影响研究人员个体的研究选择和时间、精力投向。智库内部建立科学的绩效评价、激励和约束机制，首先要解决好研究人员业绩考核中“质”与“量”间的合理折算关系，这本身就是一个不小的课题。此外，对于研究人员专业研究工作与一般公务工作间的关系、研究人员与非研究人员合理分配比例关系等，都需要认真研究解决好。

（四）走多元化、多样化、多层次智库发展路线，建设类型齐全、功能完备的智库生态体系

智库应该是整个国家治理体系系统中的重要子系统，从现代系统论的角度来说，系统是由多样化元素、充分协同和动态演进来实现其功能的。从功能性要求出发，作为智库系统中的元素，每个智库以其自己明确的“生态位”相互联系，形式一个多元化、多样化、多层次的共生系统，这也是中国智库真正适应国家治理体系和治理能力现代化的必然要求。

具体地，以服务对象来分，可以分为服务于国家整体战略和公共政策制定的国家级智库、以服务于地方经济社会发展的地方性（省或市）智库；按涉及领域和行业来分，可以有涉及战略、经济、社会、环境、军事、安全等各方面智库；此外，还有偏学术型智库、偏媒体型智库、体制内智库、社会类智库等。由此划分，可清晰地看出，我国很多地方智库发展不足，如政治类、生态类专业智库发展相对滞缓，社会类智库发展有许多问题需要破解。

智库以服务政府决策为目的，作为思想品的供给方与需求方，智库与政府间的关系模式决定了其功能的发挥程度。目前要解决好连接机制、“身位”和服务内容问题。就与政府的“身位”关系来说，鼓励发展政府与智库联系紧密、服务有效的“近身型”智库，允许与政府关系稍显松散的“中远身型”智库，“中远身型”智库可能相对独立性更强，思想品可能更具有参考和应用价值。就连接机制来说，可以研究建立政府部门与智库不定期的供需对接机制，一方面，提高智库成果对现实决策的切近性；另一方面，对有些智库从自己的认识出发，自主选择跨政府部门或事关未来发展的重大战略性问题，可以及时通报政府，以便发挥参考咨询作用。

在智库服务内容上，智库建设要努力做强“工具性”，但在实践中要避免简单“工具化”，特别要澄清和处理好服务于政府决策和一般化服务政府的关系。智库应以自己的思想品和专业化知识服务于政府决策本身，而不应是常规性、一般性甚或是日常性的工作。如果智库工作中研究与服务关系处理不好，会直接影响智库思想产品的质量，同样造成宝贵智力资源的浪费。

（五）关注和借鉴国际著名智库专业化、国际化、网络化趋势

国际智库专业化程度更高。一方面，一些成立时间长、影响力大的智库，机构规模较大，研究范围较广，如美国布鲁金斯学会和卡内基国际和平基金会、英国的国际经济研究所和查塔姆社等国际著名智库；另一方面，一些规模小、特色鲜明、新成立的智库越来越注重专业化发展，如美国的全球气候变化皮尤研究中心、美国进步中心（Center for American Progress）、新美国安全中心（Center for a New American Security）等智库。

国际著名智库国际化、网络化趋势加剧。当前智库的国际化通常表现在智库具有面向全球开放的国际化的经营理念、国际化的研究视角、国际化的研究领域、国际化的研究人员组成、全球化机构网络等方面。许多国际著名智库通过国际合作、在境外设立分支机构或办事处等方式在全球范围内设立，实现国际化和网络化发展。例如，总部位于美国华盛顿的卡内基国际和平研究院在美国华盛顿、俄罗斯莫斯科、中国北

京、黎巴嫩贝鲁特、比利时布鲁塞尔、印度新德里设立 6 个具有影响力的区域研究中心，开展区域性研究工作。

智库之间国际话语权竞争加剧。智库的国际话语权实际上反映了所属国家在国际事务和全球治理上的话语权，代表了国家，是一个国家在国际上话语权的重要标志。近两年，美欧国家的多家国际顶级智库对中美俄关系、恐怖主义、南海等国际热点问题和能源、气候变化、消除贫困及可持续发展等全球性问题进行研究，并提出自己的观点和建议，在很大程度上引导了国内国际舆论。美国卡内基和平基金会 2015 年 8 月发表了《亚太地区的冲突和合作》战略评估报告，明确并强调美国在海洋争端上的立场，提出帮助美国规避冲突的建议。英国皇家国际事务研究所 2015 年 7 月发布石油和天然气行业投资前景的影响因素分析报告，这些报告对国内国际政策制定、舆论引导产生了较大影响。

第七章

CHAPTER SEVEN

加快建设中国特色新型智库的政策建议

党的十八大、十八届三中全会都明确提出要加快智库发展。习近平总书记在2012年中央经济工作会议上指出："要完善决策机制和程序，按照服务决策、适度超前的原则，建设高质量智库。"2015年1月，中央办公厅、国务院办公厅印发了《关于加强中国特色新型智库建设的意见》，提出了我国新型智库建设的指导思想、基本原则、总体目标、格局、保障举措。2015年11月，中央深改组第十八次会议审议通过了《国家高端智库建设试点工作方案》，12月国家高端智库建设试点工作启动会召开，共有25家机构入选首批国家高端智库建设试点单位，我国新型智库建设进入快速发展阶段。为进一步推进我国新型智库建设，应充分借鉴国际著名智库的体制机制，构建我国特色的智库体系，创新完善智库运行机制，更好地服务于国家战略目标。建设中国特色新型智库，要把握正确的政治方向，坚持党的领导，坚持社会主义道路，体现中国特色、提供中国思想、发出中国声音。在坚持这个大前提和总要求下，借鉴国际著名智库发展经验，从国家政策层面、智库行业层面和智库内部管理机制层面提出中国特色新型智库建设的相关建议。

一、国家政策层面

（一）建立促进新型智库发展的政策环境和制度条件

建立健全科学决策咨询机制，为智库参与决策提供制度环境。建立健全政府科学决策咨询的制度安排，将各种重大决策出台前的研究和咨询作为政府决策的常态化程序，建立智库与决策部门之间常态化沟通和成果报送机制及政府购买智库思想产品机制，从制度上保障智库良好发展。政府要进一步健全决策咨询机制，将决策咨询纳入重大决策法定程序。政府还要进一步增强决策公示和信息公开力度，实现决策信息获取方式和沟通方式的根本性转变。

建立健全智库发展的相关法律。加快智库立法工作，制定智库发展标准，对智库的定位、性质、管理、经费、运行、评估与监督等给予法律性、制度化的规定，确保各项政策法律制度的落实，使智库发展有法可依。

加大对智库建设的财政支持。通过提供财政拨款、设立基金支持、社会组织捐款资助、购买政策咨询服务等方式支持政策研究的智库，对于企业和个人捐款给予免税政策；对于国家重点支持的智库实行单位增值税减免政策；对于智库研究人员劳务费占经费比例无限制，目前可参照科研管理办法等相关政策。

（二）构建智库参与型的政府科学决策咨询框架

构建规范的政府与新型智库之间的沟通机制。加强智库在整体政治生态中的参与机制，逐步构建智库参与决策体制，将智库作为政府决策的关键组成部分，通过立法确保智库专家意见参与政策制定的合法性，打造“智政通道”。可建立国家级智库成果报送渠道平台，向经过国家高端智库理事会或相关机构认定的智库开放，便于研究成果及时报送国家决策层。

创新政府—智库之间的人才交流机制。人才交流是智库发展的源泉活水，智库人才既要有扎实的专业知识和开阔的视野，又要有对国情的充分了解和丰富的实践经验，是特殊的专门人才。要尽快建立机制化渠道，推动智库人员到政府、企业和其他社会组织任职；同时进一步畅通渠道，使社会各领域优秀人才有机会参与到智库工作中来；建立智库与决策、行政部门之间的交流机制，包括派研究人员到中央和地方行政部门挂职交流，邀请这些行政部门的高级公务员定期或不定期就重大方针政策贯彻实施情况讲座交流，以及到智库机构定期挂职参与重大课题研究。

（三）从立法和制度方面为智库发展创造良好的社会环境

我国智库主要脱胎于行政机构或事业单位，在管理理念、管理方式等方面行政化色彩浓厚，社会公信力和认可度不高，公众对智库服务的信任度低，缺少对智库捐赠优惠支持政策。要针对中国特色新型智库建设，针对多类型、多样化的智库创造平等竞争和发展的政策环境，消除法律地位、资金筹集渠道、人员招聘、政府沟通机制方面的体制性和系统性障碍，促进智库良性发展。

（四）走多元化、多样化、多层次的智库发展路线，建设类型齐全、功能完备的智库生态体系

建立与国家治理体系相匹配的智库体系，将智库体系作为国家治理体系系统中的重要子系统，形成多元化、多样化、多层次的共生系统。一是在功能上，探索建设能够发挥决策智力资源聚合功能、连接体制内外桥梁功能、联系其他各类社会群体管道功能和发挥思想产品竞争市场功能的多样化智库；二是在服务对象上，探索建设服务于国家整体战略和公共政策制定的国家级智库和以服务于地方经济社会发展的地方性（省或市）智库；三是在领域和行业上，探索建设国家战略、经济、社会、环境、军事、安全等各方面专业化智库；四是在智库类型上，建设偏学术型智库、偏媒体型智库，体制内智库、社会类智库等；五是在层次上，探索建设高端智库和一般智库多层次的智库体系。建立以政府智库为主导，其他智库为补充的国家高端智库体系，重点服务于国家重大战略决策；一般智库应以民营等社会类智库建设为重点，为各级地方政府、企业等机构提供政策咨询服务；另外，在智库服务内容上，智库建设要澄清和处理好服务于政府决策和一般化服务政府的关系。智库应强化用思想品和专业化知识服务于政府决策的功能，而不应是常规性、一

般性甚或是日常性的工作。

（五）中国特色新型智库应该注重提升智力资源聚合、连接体制内外桥梁、联系社会管道等功能

决策智力资源的聚合功能。中国现代化过程所呈现出的一般性和特殊性，都表明今天国家决策体系必须尽可能地把社会中各方优质资源汇集整合起来，这是国家治理现代化的题中应有之义。中国现代化过程不允许犯重大的战略性、方向性、颠覆性错误，也要尽可能少犯一般性、可操作性错误。现代决策涉及的知识日趋专业化，其背后的利益关系高度复杂化，各种方案体现着经济的、技术的、社会的多重理性和价值追求。一个决策如果没有清晰的问题建构和群体利益损益分析，而基于简单经验做出，难免会出偏差、犯错误。智库机制化地把决策参与者范围扩大了，智库可以是“小机构、大平台”，它可以通过有关业内专家座谈会等各种途径，获得对决策问题更为清晰的事件关系和利益结构图式，提出多种备选方案，并预判每种方案可能带来的政策效果。在这里，它使过去没有可能或很少有可能参与政府决策的一些人，通过一种机制化渠道参与到决策中来。还有如从一定岗位退下来有着丰富经验的老同志，甚至是外国的智库机构和专业人才。

连接体制内外的桥梁功能。观察我国现实决策不难发现，尽管同处体制内，中央政府和地方政府的官员对一些政策问题的看法是不同的，有时甚至差别很大，总的来说，是各有优长也各有不足。目前解决这一问题的主要办法是“上下交流挂职或任职”。实际上，处于体制内和体制外两类人，对政策问题建构和情势分析上的差别，肯定比同处体制内中央与地方间的差异更大。美国等西方国家是通过选举制下的政党轮换形成的“旋转门”机制来实现的，顺畅有序的流动和异质身份对接，是扩大决策选项、提高决策质量的重要制度性保障。目前，我国国家治理体系中还没有通过角色换位，来实现对政策问题更为全面建构的机制。智库以服务于政府决策为目的，不同于一般性大学和技术型科研院

所，智库更了解政府决策过程，同时智库通过专家系统与社会各界有广泛的联系，可以成为政府决策领域特有的连接体制内和体制外的桥梁。目前我国还没有建立制度化的政府与智库间人员流动机制，将来智库连接体制内外的功能还要通过改革逐步解决和加强。

联系其他各类社会群体的延伸性管道功能。前边讲的是智库的“资政”功能，这里强调的是“启民”。现代公共政策和政府决策中，涉及广泛的利益相关方，对于一项政策各方都有自己的解读，智库可以从更专业的角度，通过研讨等形式对国家重大政策进行宣介，以澄清公众误解误读，引导社会预期。当然，也可能有辩论和批评，以其有理有据在客观上形成了对政府的另一种监督。在今天中国政治实践中，也出现了智库为边缘利益群体代言这一积极现象。目前中国社会中边缘利益群体总体上缺乏畅通的利益表达渠道，智库可以通过调研报告向政府部门报送，或通过公开向社会表达意见引起关注，进而推动政府重视和问题解决。

思想品竞争性市场功能。现代社会中国家应该提供政策利益相关者平衡相互关系的社会空间，其功能在于不同利益方都能够有效地进入这一空间表达自己的诉求。智库对政策制定过程、政策质量、透明度以及政治文化培育非常有好处。在这里，不同的政策思想、政策主张、政策方案都可以摆出来，供讨论、对比和甄选。这一机制的社会功能在于，防范或消除政策观点垄断，政策观点垄断是比经济和资源垄断更具危害性的垄断形式，它不仅可以扭曲资源配置，为垄断者带来超额垄断租金，更重要的是它甚至有可能导致国家自主性的丧失。当然，这一功能是通过智库体系而不是单个智库来实现的，但在这一“竞优”系统中，智库个体以自己的思想产品在市场中胜出，可以获得对决策更大的影响力，这也形成了智库间公开竞争和激励淘汰机制。

国外同类机构对应性平台功能。全球性社会下人类面临的风险和挑战是共通的，风险类型的多样性、难以预见性和可能危害影响面之广，使各国必须携手合作共同应对。当今全球化条件下，一个国家的国际和国内政策很难分开，本国政策往往对他国有强大的“外溢”效应，同时也受其他国家的“外溢”效应影响，需要高层次的政策协调。特别是，在今天国际政治经济格局的深刻变化和调整下，作为国际体系中重要当事方，我国提出了“一带一路”等全球广泛关注具有更强建构性的政策主张，中国需要大量地与大国（美国、日本等）和国家集团（欧盟、东盟、海湾国家、非盟等）等进行沟通协调。中国智库需要与国外智库建立机制化或非机制化联系渠道，利用紧密联结政府、联系决策的优势，发挥正式联系之外“第二轨道”作用，为政府间的“第一轨道”提供特殊的沟通和咨询服务①。目前国际上已经形成智库网络，中国智库可以创设中国议题、提出中国方案、发出中国声音，这也是当代中国智库的一项重要职能。

二、行业管理层面

（一）推动智库思想市场发展

培育拓展智库思想需求市场。拓展政府需求、社会（公众）需求、国际需求（国际事务、国际社会、国际人士）、公共外交等需求市场的空间；同时鼓励智库拓展不同的参与决策方式和机制，包括内参和政策报告、咨询机制（会议、机制化的委员会）、承接“发包”课题、参与公共外交、公共渠道及社会影响、“第二轨道”机制（“二轨”对话）、个人渠道、人员交流及为高层领导讲课②。

对智库市场进行有效规制。在市场准入政策上，对新型特色智库的

① 中国国际经济交流中心（CCIEE）在做好服务于党中央、国务院决策咨询工作的同时，自2009年成立伊始，即创建了中美工商领袖和前高官对话会（中美“二轨”对话），为中美关系发展发挥了特殊平台作用。目前，该中心与欧盟、日本各自的“二轨”对话机制也已建立起来。

② 任晓．第五种权力——论智库［M］．北京：北京大学出版社，2015：56－78.

标准要明确定义，对特色新型智库数量、类型、服务领域和水平进行规制，在行业上把握智库市场的发展布局和规模，防止出现鱼龙混杂的局面。

构建质价对等的市场定价机制。新型特色智库建设要逐步发挥好思想资源在思想市场中的决定性作用，为智库提供的思想产品提供具有市场竞争力的研究费用，充分体现其成果的价值。

（二）构建政府智库、大学智库和社会智库互补发展机制

引导政府智库转型。加快推进政府智库由传统智库向现代新型智库转型，在组织模式、管理模式、运营机制等方面转型，推动研究方法创新，提高研究成果质量，提高智库成果转化效率，提升人员专业化水平，推动政府与智库之间的人才有序流动。

加强大学智库建设。加强大学智库建设，让大学智库成为中国思想创新的“发动机”，充分发挥高校在基础学科研究、研究机构和人才丰富等方面的优势，重点扶持一批具有创新潜力的中国特色新型大学智库，发挥其引领示范作用，带动大学智库的良性发展。

鼓励社会智库发展。一是在制度、经费、数据、税收等方面大力支持民间智库的建立和发展，通过制定法规对民间智库的发展定位、性质、管理、经费、运营与监督给予法律性、制度化的规定。二是构建社会智库思想成果向决策者提交和交流的渠道，建立它们参与政府决策和研究成果采纳的常规机制。三是打造社会智库获得政府信息、数据和研究课题的公平机会，政府研究项目可让独立型智库参与竞争，靠项目竞争获得经费。另外，对于社会智库要明确其按非营利性组织定位，不按以营利为目的的企业注册，在财税政策上给予支持。

（三）构建智库市场交流机制和平台

设立智库监管机构和交流平台，加快智库产业发展。一是设立专门的智库行业管理机构，可参照国家高端智库理事会建立国家智库协会或

智库联盟，负责智库行业标准制定、行业评价、行业的协调管理、职业规范等方面的协调和监管。二是尽快完善智库发展的行业监督机制，加强行业监管。三是建立智库的行业性平台组织，通过定期组织智库会议、合作研究等交流活动，实现智库之间的沟通交流，加快智库产业发展。

加大与国际著名智库交流合作，注重智库知名度和影响力建设。加大与国际一流智库的交流合作力度，既要“走出去”，也要“请进来”，大力开展各种长期或短期的国际课题合作、创建国际访问学者资助平台、举办各类国际公共政策讲座和论坛、加大对公共政策研究成果的传播力度等，逐步提高我国智库的国际影响力和竞争力。

（四）完善智库行业管理机制

建立分类管理的行业管理机制。包括各类智库布局和分类管理、智库思想产品市场管理。在思想产品市场上，智库是思想产品的供给方，政府、企业、媒体和大众等都是产品的需求方和消费者，完善的思想产品市场需要存在不同类型的智库，这些智库能够输出多层次、多种类的思想产品以满足不同的思想产品消费群体需求。因此，要不断构建思想产品市场供给方和需求方的沟通机制，营造良好的智库发展制度和管理环境。

建立智库评估与淘汰机制。通过规范的评审标准、评审流程、发布机制和公平竞争的环境，保证不同类型研究成果的科学性和客观性。建立行业管理机构、同行评议或第三方评估机制，尤其是高端智库的评估机制，对其思想成果的数量、质量、成效等方面进行考核评估，优秀的要奖励，落后的要淘汰；建立智库咨询绩效考核和责任追究制度，改变专家咨询无责任风险的现象，以此避免专家咨询的随意性；[①] 另外，通

① 朱瑞博，刘芸. 智库影响力的国际经验与我国智库运行机制 [J]. 重庆社会科学，2012 (3)：110 - 116.

过评估和淘汰机制，有效避免当前智库建设盲目无序的情况。

三、内部机制层面

（一）明确智库的专业化定位，保持相对独立性

一是坚持以决策问题为导向。国外著名智库都有明晰的战略定位，多数以政策实用主义为指导思想。智库不是纯粹学术性研究机构，而是政策研究、设计和建议机构，因此，中国智库要围绕全局性、战略性和前瞻性的重大问题开展研究。二是注重对专业性、客观性、前瞻性、战略性重大问题的研究。确定智库自身的专业化领域，如综合、经济、科技、军事、外交等方面，突出特色和优势，在研究当前热点、难点政策问题的同时，更要注重对前瞻性、战略性、长期性重大问题的研究。三是保持智库的独立性。研究人员要有独立思维，不能形成依附性；在西方话语权影响力非常大的情况下，要防止对西方国家形成智力依赖，保证我国国家智库体系的对外独立性。四是我国特色新型智库要具备维护国家利益和安全的责任和担当，坚持国家利益至上，智库成员需要有爱国之心，报国情怀，智库的政策研究等工作要从维护国家整体利益出发，要坚持中国特色社会主义道路和中国共产党领导，一定要坚持这个出发点。

（二）构建国际一流的战略与政策研究人才培育机制

一是建立智库人才专门的培养渠道和机制。未来 5 ~ 10 年培养出一批高水平智库人才对中国特色智库建设至关重要。要抓紧制定智库人才发展规划。要明确发展目标，制定个性化的培养方案，可从现有智库中，选拔政治素质好、研究能力强的研究人员进行重点培养。根据需要或安排到经济综合部门、驻外机构锻炼，或到国外智库机构进行交流，并根据需要辅之以外语学习和专门的交流技术训练，逐步形成梯队，促其尽快成长。二是提高研究团队的专业化、知识化、职业化、国际化研

究能力。三建立和完善适应思想品生产的人才薪酬体系、职称评审制度、激励机制等，充分认识智库中人的核心作用和价值，提高智库研究人员的待遇。

（三）拓展多种资金渠道，保障资金供给，推进经费管理改革

一是积极拓展资金来源，构建“资金蓄水池”。丰富多元的资金来源是国际著名智库可持续发展的必要条件，我国智库要积极拓展资金来源，包括基金、政府拨款及购买服务、企业组织捐赠、会员会费、委托项目收入、出版物收入、培训费收入等多种途径。二是推进智库经费管理制度创新，建立与新型智库相匹配的经费管理制度。在严格落实当前《关于进一步完善中央财政科研项目资金管理等政策的若干意见》基础上，进一步深化科研经费管理制度改革，严格落实，在严格项目过程管理和成果质量管理的基础上，把人力资本作为经费资源配置的第一要素，加快完善成果奖励机制，打破传统报销制度对科研活动的禁锢和束缚。

（四）构建对外交流传播体系，扩大影响力

一是智库通过设立与政府、社会、媒体等机构沟通的专门机构，定期或不定期地通过出版物、内部报告等形式进行传播。二是举办各类会议，邀请政府部门、国际组织、学术机构和企业等代表，通过交流研讨传播智库自身观点。三是通过智库网站和公开出版物、新闻媒体发布新的成果和政策时评，传播智库观点。另外，还可以利用智库人员的个人影响力和关系网进行人际传播，提升智库影响力。

（五）构建国际化的智库网络体系

一是在海外有重要意义的地区和国家，通过设立办事处、与国外学术和智库机构建立分支机构、聘用海外研究人员等方式，推进研究网络国际化。二是通过与国外机构开展国际重大问题的合作研究，强化国际化网络建设。另外，可以通过建立区域性、行业性、专题性、国际性智

库联盟，支持国内智库与国际同行之间深入交流，支持研究人员走出国门拓展国际视野，开展国际化的智库人才培育计划，促进国内智库建设全球化的智库网络。

（六）建立符合我国特色新型智库要求的运营管理机制

一是建立现代新型智库管理构架。依据智库的不同类型，可以探索建立董事会、理事会、学术委员会等机制，拟定管理章程。董事会、理事会、学术委员会的成员，是对智库发展起到关键作用的资助方、领域相关方、战略专家、政府高层领导等。二是建立与新型智库相匹配的考核体系。完善考核指标，使之更具有针对性，在弱化当前学术考核体系的同时，逐步建立与新型智库相匹配的考核体系，重点强调高层领导批示、政策采纳、成果转化、社会影响、论文发表、学术活动等重要指标的考核，建立完善的成果评审与控制机制，在质量标准、评审流程、发布机制等方面进一步推进规范化和科学化管理。

（七）智库应加强研究思维及方法创新

一是研究应坚持目标导向、问题导向，从问题出发，加强对国家发展全局性、战略性、前瞻性长远性问题的研究，以中国特色社会主义事业的完善和发展为目标。二是创新思维方式，学会运用系统思维、创新思维、战略思维、辩证思维研究问题的本质，提出解决实际问题的具体方案。三是注重调查研究，提高调查研究工作的质量和水平，提出的方法具有针对性和可操作性。

附　录

APPENDIX

美国全球知名智库考察报告

2016年5月12日

中国国际经济交流中心《研究报告》2016年第24期

【摘要】为借鉴先进国家智库管理与运营经验，近期中国国际经济交流中心考察团对美国七家知名智库进行了实地调研考察。美国智库管理与运营主要有五方面特点：一是形成了以社会捐赠为主的稳定经费来源；二是形成了以顶级学者为主的研究团队；三是研究人员具有高收入和良好的工作环境；四是建立了人才“旋转门”机制；五是具有健全的内部管理和分配机制。这些情况对我国新型智库建设具有重要借鉴价值。建议我国遵循智库发展的一般规律，在智库多样化设计、智库去行政化、建立人才培养和交流机制等方面有大的突破。

近日，中国国际经济交流中心（以下简称“国经中心”）以副理事长张大卫同志为团长的一行6人代表团赴美，就美国全球知名智库的内部管理机制和运营模式进行了实地考察。此行是国经中心承担的“国际著名智库机制比较研究”重要课题的调研任务。考察团在美期间先后走访了卡内基国际和平研究院、布鲁金斯学会、彼得森国际经济研究所、传统基金会、国际战略研究中心、皮尤研究中心、大西洋理事会等美国全球知名智库，就美国智库发挥作用的总体情况，特别是智库内部管理体制和运行模式进行了充分交流，代表团收获很大，感触良多。结合当前国家推进中国特色新型智库建设的新要求，代表团成员进行了深入思考，并形成了一些建议。

一、美国智库管理与运营的特点

智库作为现代社会科学化、民主化、复杂化条件下政府决策的专门参与机构，是现代社会治理体系的重要组成部分。美国是当今世界智库数量最多、类型最完整、对决策影响力最大的国家，智库以其非政府性、非营利性、非党派性等特征，在美国政府内外政策方面发挥巨大影响。美国智库管理与运营有以下几个主要特点。

（一）有相对稳定的经费来源，形成了以社会捐助为主的多样化融资机制，用大量经费支持研究工作

融资能力是智库可持续发展的根本保证。美国税法规定，企业或个人捐款数额超过应缴税收的一定比例，可以减免或全额抵扣应缴税款。美国几个主要智库形成了社会捐赠、政府资助、市场化运作收益、国外捐助、个人捐助、政府和社会资本合作模式（PPP）以及委托研究项目经费等多样化的筹资渠道。从走访的各家美国知名智库来看，其都有相对稳定的经费来源，经费筹集是智库一项重要的经常性工作，不少机构都有规模较大的工作团队。

布鲁金斯学会已拥有 3 亿美元资产，20 个研究中心和 3 家海外机构，有 400 名工作人员和 200 名不驻会的客座研究人员，还有 60 ~ 70 名访问学者。学会每年预算 9100 万 ~ 1 亿美元，其中 80% 来自捐助，10% 来自理财收入，其他则来自培训和出版收入。捐助资金中有 80% 来自私人，5% 来自基金，15% 来自政府（其中，美国政府占 1 个百分点，其他为阿联酋、丹麦、挪威等国）。使用政府资助资金常常受到社会批评，认为会影响独立性。学会预算资金中约 7500 万美元用作项目研究经费。卡内基国际和平研究院则有 45% 来自捐赠，每年研究经费占 50% 以上。美国传统基金会现有 300 余人，其中研究人员 80 人左右，年预算 7500 万美元。经费来源既有专门的基金支持，也有广泛的社会

捐款。传统基金会代表保守党政府，捐款者主要为共和党人，个人捐款者多达 60 万人，捐款额度不等，多的达 100 万美元，少的有 20 美元。国际战略研究中心每年经费在 4400 万美元，其中公司资助占 32%，基金会捐赠占 29%，政府捐赠占 19%，有相对固定的 70～80 家企业给予经费资助，劳斯莱斯和盖茨基金会是捐资最多的两家机构。国际战略研究中心有专职研究人员 300 余人，另有 250 余人为与中心有合作关系的网络化专家。此外，该机构也做一些培训项目，如培训阿联酋外交官项目，但这方面的收入不多。皮尤研究中心是一家在全球以公众观点、态度和行为调查著称的智库机构，该机构年经费 2800 万美元左右，主要来自社会捐助。皮尤中心目前有 60 余名研究人员，有 40 名负责报告数字整理、图表设计以及与读者交流的专门人员。

（二）核心研究人员是国家顶级学者或学术带头人，在智库中具有较高地位，配有完备的支撑与保障体系

美国知名智库研究人员大部分是国家顶级学者或学术带头人，布鲁金斯学会对研究人员的要求标准极高，一般要达到 3 个标准：是所在领域的“学术领头羊”、具有前瞻性视野和在公共领域里有影响力。其对录用人员的学术要求与哈佛、耶鲁大学等顶尖高校极为接近。学会现有高级研究员 100 名，研究人员助手 100 名，普通研究员 20 名。它们的研究人员均有较深厚的学术背景，大多数人有政府背景，有些人还有国外背景，如澳大利亚前女总理、土耳其前财长等。他们不但是过去的专家，更是未来的专家，具有前瞻性思维和视野，具有参与公共政策对话和影响未来政策走向的能力，能够影响未来政策走势。布鲁金斯学会非常重视自己的影响力，为此要不断地为政府提供咨询，经常参加政府的听证活动，每天都要在媒体上发声，用举办各种会议、出版图书的办法申明学会的观点。国际战略研究中心也非常重视对国家和政府的影响力，它们在选择项目课题时，一定要设立目标，明确自己的项目要对政策产什么影响，其理念是“我们的产品，是改变公共政策”。卡内基国际和平研究院在提出与政府不同的政策主张时，往往举办有政府人员参加的研讨会，并会通过网络、大型会议等发出自己的声音。在美国，智库都会利用媒体和网络平台发挥自己的影响力。

我们走访的几家智库，大多设有理事会作为决策保障机构，组织机构倾向于扁平化管理，为研究留出充足宽松的空间，研究人员在智库队伍当中具有较高的地位。这些智库的共同特点是，每家智库的研究人员都有完备的研究保障支撑体系。美国智库采取总裁负责制，布鲁金斯学会在总裁之下有学术研究和行政管理两大机构，学术机构包括外交政策、全球经济与发展、经济政策、城市政策、治理研究 5 个研究部门，行政管理则包括财务、运营、联络、发展和出版 5 个部门。

美国智库人员包括行政领导人、研究专家、助理研究员、资料员、行政秘书以及服务人员等，普遍注重研究人员与非研究人员的合理配置，认为出思想品的研究人员是核心竞争力，设置合理的非研究人员是提高研究人员工作效率和成果质量的关键。布鲁金斯学会、彼得森研究所为每位资深研究人员配备助手，布鲁金斯学会的研究助手为新毕业的年轻研究人员，一些人在智库工作一段时间后可以从这里做“旋转门”转到政府做公务员，在工作一段时间之后再回来成为智库研究人员。

（三）研究人员收入水平较高，没有繁杂的行政工作和填报各种报表的干扰，主要精力用于研究工作

通过深度访谈，我们了解到美国全球知名智库研究人员与非研究人员收入差别较大，当然各家情况不一。据卡内基、布鲁金斯学会介绍，其内部行政人员的年收入大抵为研究人员的 1/3 到 1/4，彼得森研究所研究人员与行政人员收入差别更大。行政人员大多由年轻人员担任，其工资收入虽然不高，但有转入政府部门和其他机构的可能性。布鲁金斯学会研究人员的年薪平均在 15 万美元左右，但有经济学背景的人高一些，有社会学、政治学教育背景的人低一些。卡内基认为，在吸引研究人员上，智库间是有竞争的，但其中最重要的因素不是钱，而是智库的名望。

美国很多智库研究人员自主性强，时间安排基本由自己掌握，但是其研究任务非常饱满，有的智库研究人员可以自己设定研究题目。大部分智库研究人员都在办公地点加班，工作时间往往超过“朝九晚五”。令我们印象深刻的是，研究人员没有繁杂的行政工作和与研究不相关的会议，也没有各种需要填报的表格，以保证充分的研究时间。不仅如此，研究人员大多数不陪会，可以选择参加自己的专业领域和感兴趣的专业会议或讨论，对于与自己研究无关的问题随时起身退出，不把时间浪费在一些无谓的事情上。

此外，在我们走访的几家智库中，其内部工作空间布局给我们留下了很深的印象，主要是私人工作空间和公共空间的分离。一般来说，研究人员每人都有一个属于自己的工作空间，相对封闭独立，面积不大，陈设比较简单。重要的是设有具有交流和服务功能的公共空间，这样的空间通常在办公空间的中间区，备有热水、茶和咖啡，有的备有电视（如大西洋理事会），用于研究人员随时休息、交流。

（四）形成了独特的人才“旋转门”流动机制，成为美国政要的重要“储备池”

美国政府每四年换届一次，换届时联邦政府里有 4000 多个位置需要更替，其中有 60% 以上来自智库和高校。我们走访的几家智库，都保持了独立性、公开性和非营利性，不为党派“站台”。布鲁金斯学会每年与研究人员签约，要求其承诺不为某一个党派“站台”，否则要先辞职。在参与竞选过程中，不得使用工作时间，甚至不可以使用布鲁金斯的电话和复印机。布鲁金斯与民主党关系密切，但在“非党派”这方面要求严格，如果邀请民主党希拉里演讲，一般会邀请民主党的桑德斯和共和党的特朗普。访问中，布鲁金斯告诉我们，虽然普通研究人员和作为研究助手的行政人员，工资水平比研究人员低很多，但是他们有机会旋转到政府工作，还有机会历练后回到布鲁金斯，成为高级研究人员，这是对这些人最大的吸引力。另外，如果民主党执政，会从智库选用大量对国家重大战略与政策有研究的智库研究人员，这时候剩下的和新进入的研究人员，大部分是共和党的人。当共和党执政时，大部分有共和党背景的研究人员进入政府，智库则有较多具有民主党倾向的研究人员。

（五）内部管理与分配机制健全，管理人员中一半以上的职位是筹资和运行智库，纯粹的行政人员很少

从走访的几家智库来看，布鲁金斯学会研究人员和非研究人员各占一半，其中非研究人员的一大半都在从事筹资工作，另外一部分从事国际交流工作，只有极少数人做纯粹的行政工作。行政工作为智库研究工作提供强有力的服务与保障。国际战略研究中心一年筹办 2600 个会议，搭建国际化交流平台，经费中很大一部分用于此项工作。布鲁金斯注重收支平衡，使资金状况能够适应当前及长期研究项目的经费需求，并通过高效的资金管理运作，确保各个研究项目顺利进行。其他几家智库也坚持认为，经费支持者不能干预研究题目和研究结论，智库与政府签订委托的非保密研究项目，但保留发表这些成果的权力。资助方无论是政府还是企业，理论上都不能干预智库研究的观点和结论。智库在管理方面，坚持经营与研究分开，日常运行遵循企业管理的方式，由总裁负责运营。在经费使用上，最大限度区分研究经费和行政等杂费，将主要经费用在项目研究上。在研究项目支出中，用于生产思想品的研究人员经费占一半以上，按照预算制直接拨付研究人员，课题收入计入工资收入，打入个人账户，不再进行繁杂的报销。研究课题收取 30% 的行政管理费，学者在外每次演讲达到 5000 美元，都要向主管副总裁进行申报备案。国际战略研究中心的研究课题则交 28% 的行政管理费。

二、美国智库管理体制和运营模式的启示

此次国经中心代表团近距离走进美国知名智库，详细考察其内部管理体制和运行机制，通过反复参验比对，我们得到如下启示：

（一）发达的智库体系是现代国家治理体系的重要组成部分，是国家治理能力的重要体现

美国智库作为第四种或第五种权力，在国家政治生活中发挥着不可替代的作用。当前全球化快速发展，决策环境和条件异常复杂，社会利益分化多元，政府决策面临着过去不曾有过的挑战。现代社会智库以其宽阔视野、高度专业化和对复杂问题的建构能力，成为政府决策质量和效能的基本保证。建设中国特色新型智库是大国崛起参与全球竞争、争夺国际话语权的需要，也是中国社会急剧转型的内在需要。我国推进社会治理体系治理能力现代化，必须要建设体现当代社会决策发展要求的智库，应该说这方面我们才刚破题，前面还有很长的路要走。

（二）借鉴美国国家智库实践经验，深入研究智库发展的一般规律与特殊要求

智库的特殊性体现为智库与政府间的互动关系，这是由各国不同国情和政治制度决定的。中国特色新型智库，其“特色”就在于我们的智库必须坚持党的领导和社会主义制度，坚持走中国特色社会主义道路，服务和服从于民族复兴大业和实现“两个一百年”战略目标。美国智库发展有其自身特殊的政治制度因素，不能照抄照搬。

但是应该看到，智库作为现代社会思想产品生产的专门性机构，不同于一般物质生产组织，也不同于具有行政职能的政府机构，它具有一般社会组织不具有的规律性特征。作为思想品生产的主体——人（研究人员）是智库最核心的资产和财富，而对人的管理、监督、激励和评价，必须体现思想品生产的要求和特点。美国智库之所以能够形成强大的国际影响力，原因就在于尊重和适应了现代社会思想品生产的规

律，其智库运行管理的先进经验值得我们学习借鉴。

（三）美国智库和中国智库的发展路径不同，目前已形成各自的优劣势和特色

美国智库产生于三权分立、两党竞选这一制度大环境之下，很多智库起始于基金会、财团等组织，如卡内基研究院等。还有如兰德公司始于与军方合作，具有很强的技术背景。美国的智库人员流动较大，研究的国际化程度高，专业背景深。中国智库大多还是现行体制下的行政事业单位，行政管理特点鲜明，目前研究从总体上看国际化程度有限，研究视野有限，专业性不强。

结合当前中国特色新型智库建设的实际，我们觉得以下几个关系需要特别重视。一是智库与政府的关系。智库服务于政府决策是其存在的前提，但从智库的特点与定位来说，亦应该有所区别。现有完全行政体系内的智库可以实现为政府决策“贴身”服务，而行政体系外的智库可以以“近身”服务为主。二是研究目标不同时段设定问题。立足于中华民族崛起这一伟业，中国智库不仅要研究“短时段”问题，关注短期内的“新闻事件”，还要研究“中时段”和“长时段”问题，要对未来更长时期我国面临的总体国际环境和国内政治、经济、人口、环境、社会等因素有预判。目前国内有些智库过于看重短期舆论效应，热衷于抓“眼球”，有些已成为“噪声”。三是智库工作中的服务与研究之间的关系。智库的研究在于服务于政府决策，其服务的关键在于其以思想品和专门化知识服务于决策本身，而不是陷入日常性、一般业务性质的服务。现行体制下服务与研究关系处理不好，不仅不利于智库知识产品质量的提高，其实也是不该有的浪费。四是研究的对策性、应用性与专业性之间的关系。智库不同于纯学术研究，要讲求研究的对策性和应用性，但智库研究同样要建立在专业性基础上。缺乏专业性支撑，其应用性不仅大打折扣，也失去了与国际一流智库在更高层面深入交流的基础。

三、几点建议

（一）在智库与政府关系上可以考虑智库类型的多样化设计

为更多地在国际舞台上维护国家权益，体现我国的主张，争取持不同立场和观点的国际智库、媒体、社会民众的理解、同情和支持至关重要，应形成多元化、多样化、多层次的智库体系，更多地体现智库的独立性和鲜明特色。

（二）应从立法和制度方面为智库发展创造良好的社会环境

我国智库主要脱胎于行政机构或事业单位，在管理理念、管理方式等方面行政化色彩浓厚。目前我国智库的官僚气息浓厚，社会公信力和认可度不高，公众对智库服务的信任度低，缺少对智库捐赠优惠支持政策。可以考虑研究制定与智库的社会筹资、捐赠等方面相配套的政策支持。

（三）尽快解决当前制约智库发展的突出矛盾和问题

目前我国智库在研究人员出国、经费报销、职称评定、业绩考核等方面，基本等同于现有体制下的一般事业单位，没有体现智库作为思想品生产机构的特点。建立符合智库发展规律的社会智库，更需要整体设计，分步实施。建议从 25 家试点单位开始，抓紧出台政策逐步解决这些问题。

（四）加快打通智库人才的“旋转门”

“旋转门”是智库发展的源泉活水，智库人才既要有扎实的专业知识和开阔的视野，又要有对国情的充分了解和丰富的实践经验，是特殊的专门人才。要尽快建立机制化渠道，推动智库人员到政府、企业和其他社会组织任职。同时进一步畅通渠道，使社会各领域优秀人才有机会参与到智库工作中来。

（五）建立智库人才专门的培养渠道和机制

未来 5 ~ 10 年培养出一批高水平智库人才对中国特色智库建设至关重要。要抓紧制定智库人才发展规划。要明确发展目标，制定个性化的培养方案，可从现有智库中选拔政治素质好、研究能力强的研究人员进行重点培养。根据需要或安排到经济综合部门、驻外机构锻炼，或到国外智库机构进行交流，并根据需要辅之以外语学习和专门的交流技术训练，逐步形成梯队，促其尽快成长。

全球智库发展现状及趋势

2016 年 10 月 21 日

中国国际经济交流中心《研究报告》2016 年第 55 期

【摘要】全球智库发展主要表现出以下特征：一是全球智库数量逐年增多，在全球前 100 名智库中，发达国家智库占比较大，国际影响力较强；二是全球著名智库参与重大事件决策，成为国家软实力的重要标志；三是中国特色新型智库建设迅猛发展，在国际重要政治经济舞台上发挥重要作用，国际影响力迅速提升；四是国际智库战略性、专业化、国际化、网络化趋势凸显，争夺国际话语权的博弈加剧。

一、全球智库数量逐步增长，发达国家智库占比较大

（一）全球各国智库数量普遍有所增加

根据 2016 年 1 月美国宾夕法尼亚大学发布的《全球智库报告 2015》，2015 年全球共有智库 6846 家，比 2014 年报告中的 6618 家多了 228 家。其中北美洲智库数量最多，拥有 1931 家；欧洲其次，拥有 1770 家；亚洲紧随其后，拥有 1262 家。美国依然是世界上拥有智库数量最多的国家，有 1835 家。中国排在世界第二位，拥有智库数量 435 家。英国和印度智库数量位列中国之后，分别拥有 288 家和 280 家。一些新生智库快速获得影响力，新生智库往往围绕人类面临的一些新的重大问题，如气候变化类智库（如全球气候变化皮尤研究中心）、能源类

智库等，进行研究与发布，很快获得战略与政策研究与咨询影响力。如美国进步中心（Center for American Progress）、新美国基金会（New America Foundation）、新美国安全中心（Center for a New American Security）等新近成立的智库，对美国外交政策的影响比较突出。

（二）发达国家智库国际影响力依然较强

《全球智库报告2015》的全球智库排名中，前5位国际智库中美国有3个，分别为布鲁金斯学会、卡内基国际和平基金会和战略与国际问题研究中心（CSIS），1家为英国的国际战略研究所（IISS），1家为比利时的布鲁盖尔研究所（Bruegel）；在排名前10位的智库中，有6家美国智库、3家英国智库、1家比利时智库；在排名前20位的国际智库中，有9家美国智库、3家英国智库、2家德国智库，法国、日本、加拿大和巴西各1家。中国社科院、中国国际问题研究所、中国现代国际关系研究院、国务院发展研究中心，分列第31位、第35位、第39位、第50位。根据中国社科院2015年11月发布的《全球智库评价报告》，全球排名第一的是美国卡内基国际和平基金会，比利时布鲁盖尔研究所排名全球第二；前10位智库中美国有4家、英国2家、比利时1家、瑞典1家、德国1家、中国1家。从不同的智库排名统计可以看出，发达国家智库排名比较靠前，在前100位中占比较大，反映出发达国家的智库国际影响力较高。

二、全球著名智库参与重大事件决策，成为国家软实力的重要标志

（一）智库通过多种渠道或方式参与国内重大事件决策

各国政府在国内外事务的决策上对智库的依赖程度日益加深，使各国智库通过多种渠道或方式参与政府决策。例如，在国际事务上，美国政府决策常常出现美国智库的身影。从2009年开始，美国多家智库出

席美国国会关于中国与南海问题的听证会，其中，2015 年 7 月，美国国会众议院外交事务委员会举行的以“美国在南海的安全角色”为题的听证会中，就有新美国安全中心（CNAS）、美国海军战争学院、美国国际战略研究中心（CSIS）、卡内基国际和平基金会四家智库的亚洲和中国事务智库专家出席，并提出美国南海政策建议。智库发挥政府影响力的另一重要方式就是在智库和政府间轮流任职。例如，布鲁金斯学会中现有 50 人在奥巴马政府中任职，其中一些人职位很高；目前正在进行的美国大选中，特朗普的经济顾问 Stephen Moore 就曾是美国著名智库传统基金会首席经济学家。在英国脱欧事件中，英国国家经济社会研究院（NIESR）对英国脱欧后国内生产总值（GDP）、公共财政等方面进行深入研究，并向国家提出相关建议。同样，多家中国智库参与了中国“一带一路”和亚洲基础设施投资银行等重大倡议的研究论证工作，并为国家决策层提出相关建议。

（二）智库聚焦全球性问题热点、争议点和战略博弈等重大方面

近两年来国际智库持续关注能源、气候变化、消除贫困与可持续发展问题。如 2015 年 2 月，美国战略与国际研究中心对核燃料循环的安全问题发表报告；法国国际关系研究所、德国国际与安全事务研究所、布鲁金斯学会等国际著名智库就气候变化环境保护发表报告，对气候治理的责任、路径、政策等方面提出政策建议主张。中国智库 2016 年则聚焦 G20 中国年、南海问题等发出自己的声音。

（三）智库在全球事务上的合作进一步加强

目前，各国智库在全球气候与环境、全球经济治理、核安全、能源、外交等方面的合作进一步加强。例如，2015 年 9 月，中国互联网安全大会在北京举行，来自美国、以色列、韩国和中国的 120 位世界顶级安全智库和安全专家就全球安全产业前沿议题进行研讨。2016 年 6 月，中国国际经济交流中心联合美国“气候现实项目”（CRM）共同举

办第二届绿色经济与应对气候变化国际合作会议，包括美国“气候现实项目”创办人、美国前副总统戈尔，中国气候变化事务特别代表解振华等在内的政府、智库和企业界的代表共同探讨应对全球气候变化，实现全球可持续绿色发展等相关问题。

三、中国特色新型智库迅猛发展，国际影响力快速提升

（一）国家政策推动加快智库建设步伐

2015 年 1 月，中国印发了《关于加强中国特色新型智库建设的意见》，提出加强中国特色新型智库建设，建立健全决策咨询制度，“形成定位明晰、特色鲜明、规模适度、布局合理的中国特色新型智库体系”。同年 11 月，《国家高端智库建设试点工作方案》出台，确定了包括国务院发展研究中心、中国社会科学院、中国现代关系研究院、国家发展改革委宏观经济研究院、中国石油经济技术研究院、中国国际经济交流中心等不同类型的机构为首批 25 家国家高端智库建设试点单位。

（二）中国多个智库现身国际重要政治经济舞台

为配合中美战略与经济对话，由中国国际经济交流中心和美国全国商会共同举办多轮中美工商领袖和前高官对话，也称为中美经济“二轨”对话，其中在 2015 年 9 月第七轮中美工商领袖和前高官对话发布的联合声明中，建议美国推动中国加入跨太平洋伙伴关系协定（TPP）、中国推动美国加入区域全面经济伙伴关系、中美共同推动亚太自贸区建设，并争取在 2030 年前后建成等内容。2016 年 5 月，第八轮中美工商领袖和前高官对话的主题包括中美经济形势、双边贸易投资、中国市场经济地位、宏观经济政策、产业与基础设施合作、人民币在国际经济中的作用等问题，形成了许多建设性建议，为中美战略与经济对话起到了很好的推动作用。2015 年 7 月，由中国人民大学重阳金融研究院和美国卡内基国际和平基金会共同主办的中美智库南海问题对话会，就南海

问题现身国际舞台，发挥了中国与美国就南海问题进行对话的重要平台作用。2015 年 12 月，中国社会科学院世界经济与政治研究所、中国人民大学重阳金融研究院、上海国际问题研究院牵头举办二十国集团智库峰会（Think - tank 20，T20），会上联合发布《G20：从 2016 到 2030》年度报告，为智库参与全球治理进行了顶层设计。

（三）中国智库与国际智库合作进一步加强

2015 年 6 月，由中国国际经济交流中心主办的“第四届全球智库峰会”在北京举办，会议主题为“全球可持续发展：2015 年后新路径”，会后发布《第四届全球智库峰会共同宣言》。来自世界各地智库代表、专家、学者和前政府高官等参加了本届峰会，会议就全球可持续健康发展、全球经济发展对气候和环境的影响、国际金融危机等问题进行了探讨。历届全球智库峰会的举办，极大、快速地促进了中国智库与世界各国智库的交流与合作。同年 10 月，波兰经济大会基金会和东中西部区域发展和改革研究院共同主办“中波智库 2015 北京对话”，签署多项合作协议。12 月，中国—中东欧国家合作秘书处、中国社会科学院、中国国际问题基金会联合主办的“第三届中国—中东欧国家高级别智库研讨会暨中国—中东欧国家智库交流与合作网络揭牌仪式”，就加强中东欧国家智库交流与合作签署合作协议。

（四）中国智库国际影响力迅速提升

在 2016 年《全球智库报告 2015》中，全球智库综合排名榜单 175 家世界智库中，中国有 9 家智库入选，其中排名最高的是中国社会科学院，列第 31 名。在亚洲大国智库排名 60 强榜单中，有中国国际经济交流中心、中国金融 40 人论坛、中国（海南）改革与发展研究院等 18 家中国智库上榜。在全球最值得关注智库排名 100 强榜单中，有中国国际经济交流中心、上海高级金融学院、中国与全球化智库（CCG）、人大重阳金融研究院 4 家中国智库上榜。从报告中可以看出，除了国家体制内智库外，社会智库发展迅猛，新兴智库大量涌现，国际影响力迅速提升。

四、一流智库专业化、国际化、网络化趋势凸显

（一）国际智库专业化程度更高

一方面，一些成立时间长、影响力大的智库，机构规模较大，研究范围较广，如美国布鲁金斯学会和卡耐基国际和平基金会、英国的国际经济研究所和查塔姆社等国际著名智库；另一方面，一些规模小、特色鲜明、新成立的智库越来越注重专业化发展，如美国的全球气候变化皮尤研究中心、美国进步中心、新美国安全中心等智库。

（二）国际著名智库国际化、网络化趋势加剧

当前智库的国际化通常表现在智库具有面向全球开放的国际化的经营理念、国际化的研究视角、国际化的研究领域、国际化的研究人员组成、全球化机构网络等方面。许多国际著名智库通过国际合作、在境外设立分支机构或办事处等方式在全球范围内设立，实现国际化和网络化发展。例如，总部位于美国华盛顿的卡内基国际和平研究院在美国华盛顿、俄罗斯莫斯科、中国北京、黎巴嫩贝鲁特、比利时布鲁塞尔、印度新德里设立了6个具有影响力的区域研究中心，开展区域性研究工作。

（三）智库之间国际话语权竞争加剧

智库的国际话语权实际上反映了所属国家在国际事务和全球治理上的话语权，代表了国家，是一个国家在国际上话语权的重要标志。近两年，美欧国家的多家国际顶级智库对中美俄关系、恐怖主义、南海等国际热点问题和能源、气候变化、消除贫困和可持续发展等全球性问题进行研究，并提出自己的观点和建议，在很大程度上引导了国内、国际舆论。美国卡内基和平基金会2015年8月发表的《亚太地区的冲突和合

作》战略评估报告，明确并强调美国在海洋争端上的立场，提出帮助美国规避冲突的建议。英国皇家国际事务研究所 2015 年 7 月发布了石油和天然气行业投资前景的影响因素分析报告，这些报告对国内国际政策制定、舆论引导产生了较大影响。

国家治理现代化与当前中国智库建设

张大卫　徐占忱

《全球化》2017 年第 4 期

一、问题的提出

党的十八届三中全会提出了“完善和发展中国特色社会主义制度，推进国家治理体系和治理能力现代化”这一全面深化改革总目标。国家治理体系和治理能力现代化是中国现代化进程走到今天我们必须面对的重大时代课题，可以说具有鲜明的时代性、方向性和战略性。治理体系和治理能力现代化不同于过去提出的针对具体领域的现代化（如“四个现代化”），它强调的是国家一整套制度的构建和完善，体现的是对当前及未来中国经济社会发展一系列重大问题的回应，这也是全面深化改革的旨归和要义。

自改革开放以来，中国社会处于急剧转型之中，政治、经济、社会、文化以及生态文明建设发展不平衡、不协调、不可持续问题突出，给社会生产方式、生活方式和人们的价值观念带来了巨大冲击。在这一特殊历史时间，中国经济社会发展具有更为明显的矛盾汇集、张力加大、冲突加剧、失范增多等特征，传统具有苏联模式特点、计划经济式的自上而下的社会管理方式，难免会显得左支右绌、捉襟见肘，推进和实现科学决策、民主决策、多元参与、协同治理自然提上日程。

作为快速崛起的大国，中国经济快速发展、综合国力大幅提高、人民生活显著改善，实践证明找到了一条适合自身发展的正确道路，这也是我们道路自信、理论自信、制度自信、文化自信之源。但是，在西方人看来，中国今天具有多重甚至是矛盾的身份和特征，世界第二大经济体与最大的发展中国家，走中国特色社会主义道路的市场经济国家等。中国基于自己的立场、利益所提出的主张，在西方有些人看来完全是有意在做自私的于己有利的选择。和历史上历次大国权力转移明显不同的是，在经济、军事、科技等硬实力领域竞争加剧的同时，出现了过去不曾有过的制度竞争。“中国崩溃论”“民主赤字”等言论的不时出现，反映了西方强势话语权主导下的傲慢，当然确有深深的不解。一些严肃的学者还试图从更为学理的角度来解析这一问题，近年持“历史终结论”的美国学者福山，提出真正的政治发展是“国家建构、法治与民主之间的平衡”，其背后是不同制度间优劣比较和竞争问题。

制度竞争说到底体现在制度效率、制度活力和对现实问题的回应能力上。如果制度效率低下、僵滞，对现实问题和重大变化缺乏应有的回应，这就表现出“制度衰败”的特征，因此制度变革也就自然提上了日程。美国政治学家亨廷顿认为，国家是否有效所带来的发展差异，要大于制度上属于民主还是属于专制所带来的发展差异，“各国之间最重要的政治分野，不在于它们的政府形式，而在于它们政府的有效程度。有的国家政通人和，具有合法性、组织性、有效性和稳定性，另一些国家在政治上则缺乏这些素质；这两类国家之间的差异比民主国家和独裁国家之间的差异更大。”（亨廷顿，1989）据此，也可能说，一些西方国家今天面临的困境，在某种程度上已呈现明显的“制度衰败”特征。有人说西方社会的改革任务一点也不比中国轻松。

国家治理体系和治理能力是一个国家制度和制度执行能力的集中体现，国家治理体系体现为一整套紧密衔接、有机联系的体制机制、法律法规等制度性安排，国家治理能力是国家运用制度体系管理各方面事务的能力。智库建设在现代国家政策决策体系中占有特殊的地位，是国家治理体系不可或缺的重要组成部分，强有力的智库支撑体系也是国家治理能力的体现。

近年来，国家对建设中国特色新型智库提出了明确要求，作出了一系列部署。各有关机构、部门和社会各界反响积极，也都在进行一些有益的探索。如作为当代中国智库建设的重要推动者和探索者，中国国际经济交流中心曾培炎理事长指出，“中国特色”体现于坚持中国共产党的领导和中国特色社会主义道路，采用中国视角，聚焦中国发展；“新型”则体现为发展所要求的“新定位”“新机制”“新模式”上。具体地，“新定位”表明不同于传统体制下研究机制的新定位，中国特色新型智库应是自主运营的公益型法人。“新机制”表明智库不是行政机关，要引入市场机制，营造探讨氛围，聚引高端人才，做到智力制胜。“新模式”则是要坚持问题导向的研究模式，坚持科学精神，鼓励大胆探索，提出决策层信得过、用得上、可操作的大主意、好主意（曾培炎，2014）。也有提出探索建设中国特色新型智库，推进国家治理现代化问题（李伟，2014）。特别是近一个时期，社会各界对如何办好智能库在实际政策和操作层面，进行了很多探索和讨论。

随着初始时期的热情冷却，人们越来越发现，真正达到国家提出的中国特色新型智库目标，可能并不是一件容易的事。今天，中国特色新型智库如何建设，进而整个国家智库体系如何建设，仅在实际操作层面即“术”的层面探索和尝试是不够的。中国智库建设必须放到国家治理体系和治理能力现代化的总体目标下，从基本理论层面即“道”的层面回答，即中国为什么要建设智库？中国智库在国家治理体系中处于什么样的地位？今天中国智库所应承担的职能有哪些？怎么才能建成我们设定的中国特色高端智库？可以说，对这些重大而紧迫的现实问题，能否给出清晰明确的回答直接关系我国智库建设的成败。

二、作为现代国家治理架构中功能性存在的智库

一般的国人很容易把智库和中国历史上早期的“谋士”“门客”，甚或是后来的“言官”“师爷”等联系起来。常为人所乐道的是“战国

四公子”，门下各聚有“门客”数千人，可谓一时之盛。古代“门客”和现代社会智库尽管形式相似但其实质相去甚远，古代“门客”的存在，很多是以才智满足当权者政治或权术斗争的需要，更别说有些人凭的是“鸡鸣狗盗”之类的特殊才能。其人数之多，说明其还没有清晰的人才定位和应有的人才选拔机制①（苏力，2013）。“门客”等说到底还只是那个时代的私人性帮闲，远不是制度化存在。

从现代社会治理的角度来说，“智库”其实是一个表现为“土样子”的“洋玩意”。现代社会中，智库是国家治理架构中重要的正式的功能性组织，这是和人类社会发展中的现代性特征紧密相关的。现代化是一个政体所应对的人类事务的复杂性不断增加的进程，这便是它会产生严重政治问题的原因。现代社会中，经济、技术、文化、社会心理各层面交互作用，衍生出无限多样繁复的制度体系、商业联系和互动方式，在极大地丰富人们物质和精神生活的同时，背后也蕴藏着巨大的脆弱性和不确定性。在现代社会条件下，政府已不可能通过自己的政策和行动解决所有的问题。可以说，现代性是当代社会智库的基本逻辑前提，智库内生于现代社会之中，没有这一基本认知和判断，智库的存在就会变得可有可无了。

第一，现代社会是多元化社会。现代社会结构处于不断的变化之中，基于经济收入、社会地位和职业声望等形成繁复的社会结构体系，每个人依不同的划分标准嵌套于不同等级之中。现代社会的复杂性就在于这些等级体系高度分化、交叉，又紧密联系、相互作用。一人在事件“甲”上持A立场，其对类似情形的事件“乙”可能会从自己的另一利益考量出发持态度B，而A和B常常是冲突和矛盾的。这种分化和多元的存在，使我们看到在不同的划分标准和利益切割下，所涉及的对象群

---

① “四公子”“门客”数量占了甚至超过了本国人口的千分之一。参见：苏力．精英政治与政治参与［J］．中国法学，2013（5）：85．战国时期，楚国人口约为500万，齐魏两国人口各有350万～400万，赵国人口约有300万。参见：范文澜．中国通史简编（上）［M］．石家庄：河北教育出版社，2000：71－72．

体通常是不同的。其实，这种分化和多元恰恰是现代社会特有的稳定性机制。

自改革开放以来，中国社会进入急剧变迁和快速发展时期，整个社会出现了从“封闭社会”到“开放社会”、从“凝固社会”到“流动社会”、从“乡土社会”到“城市社会”、从“匀质社会”到“多元社会”等的转变，不同群体之间社会地位结构、组织结构、权力地位结构、收入水平与教育水平结构分化十分明显，这是社会走向现代化的必然过程。进入21世纪以来，中国社会结构由总体性社会向分化性社会转变加快（渠敬东，2009），“经济体制深刻变革、社会结构深刻变动、利益格局深刻调整、思想观念深刻变化”，制度安排与政策调整给每个人都带来了强烈的冲击和影响，进而产生结构性紧张和弥漫性不满（“×二代”成为界定某些群体的身份符号）。例如，近年来国内各地频繁出现的涉及化工企业（如PX项目）、大型交通枢纽、垃圾处理设施等群体性“邻避事件”（不能建在我家附近），微博、微信等现代沟通手段在局部民间社会动员中发挥了重要作用，广场散步、同戴黑口罩、同扎黄丝带等集体行动，促使政府在刚性维稳的大环境下做出让步，但实质问题并没有解决，事实上，出现了决策科学化与民主化的冲突与困境（黄小，2013）。

第二，现代社会是全球性社会。资本、技术、市场、人员的全球性配置和流动，生产和消费跨出国界成为世界的一部分，已成为不可逆转的存在，人们不再可能回到过去各自相对封闭的小社会中去。这是一个“我们无论如何都只能共同分享的世界，一个没有‘外部’、没有‘出口’、没有‘他者’的世界”，是我们无论以多么聪明和多么尖锐的方式批评他者，都无可选择地要与这些他者共同生活的世界。

在这样的世界中，气候变化、生态风险、金融危机、重大传染病、信息安全等风险都以一种压倒性的方式存在着，这些风险因素突破了国家、民族、文化、语言、宗教和体制的自足性，其所具有的全球性、整体性和“平等性”表明无人可以独善其身。国际社会为应对多样化的现实挑战，开启全球政治议程形成新制度架构势在必行，2015 年 12 月全球应对气候变化的《巴黎协定》经有关国家议会通过已正式生效，这是国际社会特别是大国通力合作的很好例证。今天全球经济协调、网络公共空间治理等一系列问题，有待于形成协调、稳定、共赢的机制，需要国际政治议程与各国国内政治议程紧密相连。

第三，现代社会是风险社会。风险与人类社会一直相伴，但现代社会风险与传统社会有本质区别。现代风险具有更高的不确定性和不可感知性，如放射性物质、水、大气和土壤污染、生活中五花八门的各类食品添加剂等，现代社会中知识体系的复杂化弱化甚至消解了个体利用常人知识进行最基本判断的能力，现代风险背后隐藏的可能伤害往往是系统的、不可见和不可逆的。传统社会条件下经验性的防范与应对不再有效，而知识生产体系背后的利益结构和价值判断，影响了人们对专家系统的信任，也增强了人们的质疑和日常生活中不安全感。

特别地，现代风险具有更强的主观性和建构性特征，风险既非纯粹的事实主张，也非完全的价值主张，准确地说，是由实然性存在和社会性感知共同建构起来的。风险不仅在技术应用的过程中被生产出来，而且在赋予意义的过程中被生产出来，还会因对潜在危害、危险和技术敏感而被生产出来。日本福岛核泄漏后“弃核”还是“拥核”在西方社会见解各异，转基因问题在中国社会还是一时难以平息的公众话题。现代风险还突出地表现为自反性和脆弱性，本来是人类用来解决问题的手段，反而变成了需要面对的新的风险来源。科技发展和经济系统的高度复杂化（如现代金融交易系统）内生地存在脆弱性，无形中加大了“蝴蝶效应”发生的概率。

可以看出，现代社会决策所面临的利益多元化、问题复杂性，是传统社会所无法比拟的。决策科学化、民主化的要求，表明传统社会中经验式、简单化、线性化的社会管理模式已不能适应现实需要了，实现国家治理体系和治理能力现代化是必然要求。智库作为专业化决策咨询服务的提供者，必然要在国家治理体系建设和治理能力提升上发挥独特作用。

三、工具性与功能性：当代中国智库发展方位选择

前文从现代社会化的一般意义上，分析了智库存在的必要性。当前中国发展智库有更自身的历史和现实必要性。从现代化过程来看，中国是具有深厚历史文化积淀的超大型社会。从西方早期发达国家的历史发展进程来看，其有着相对清晰的沿自然历史过程演进的历时态特征。今天在中国社会呈现出明显的共时态特征，生产手段、制度形态和文化观念新旧杂陈、多元并存，有“现代的”“前现代的”，也有“后现代的”，可以说社会发展演进中的1.0版、2.0版、3.0版并存，具有晚近现代国家的典型特征。而在今天全球化的语境下，中国的东方文化、集体主义观念、共产主义意识形态、社会主义制度等，让很多西方文化背景的人一时无法看懂，带来了很多认知上的错位和混乱。中国的快速崛起带来了战略考量、发展空间、核心利益、意识形态、地缘政治乃至文化主导权上的复杂竞争和博弈。现代化运动与中华文明复兴、社会主义与资本主义、民族国家与全球化趋势是我们必须面对的三大张力（冯平，2013）。

自改革开放以来，中国发展取得的成就，体现了中国政治发展能够及时适应情势的需要不断创造政治有效性的巨大优越性（林尚立，2009）。改革无可避免地成为这一历史时期的主题。例如，提出了“建设社会主义市场经济”“‘三个代表’重要思想”“科学发展观”“五位一体”“四个全面”，反腐败“永远在路上”“一带一路”，以及根据不同时期发展需要定期更新的“五年计划”，这是中国的制度优势、创造能力和活力的源泉①。

---

① 现代一些国家和政党提出要学习中国发展经验，如最近意大利提出要研究中国特色主义和中国共产党。

但是，这种有效性不是一成不变的。过去的成功并不意味着永远成功，在今天现代化快速推进和作为大国强势崛起的过程中，中国政府面临着复杂且巨量的决策需求，这对中国政府是一个巨大的课题和挑战。这就要求我们必须把中国特色社会主义制度优势，及时转化为适合中国国情的科学有效的现代国家治理体系，以完善的现代国家治理体系来保证强大国家治理能力的实现。现代国家治理体系和治理能力是具有整合性、相对稳定性和高效运转的复杂系统，只有依托于适合中国国情的现代国家治理体系，才有可能满足当前中国发展决策所提出的各种重大需求，才有可能对现实重大问题和挑战做出更具及时性、准确性和有效性的回应①。但是，从现实情况来看，要保证这些决策及时做出且达到应有的质量要求，政府组织在能力、精力、信息和知识方面的有限性问题十分突出②。

从国家治理体系和治理能力现代化来说，中国智库作为现代国家政府决策体系不可或缺的组成部分，它要履行和实现的是其自身的功能性特征。中国智库建设首要而紧迫的任务，来源于现实中国发展的内外环境和条件的复杂性，来自于当前国家发展面临的各种内外部挑战的决策需要。因此，从发生学意义上来说，中国智库有着更为鲜明的“工具性”特点，这是自然的也是必需的。

从中国智库发展定位的角度作“工具性”和“功能性”区分，可以看出，“工具性”是中国智库建设的出发点，但“功能性”才是中国智库发展的真正落脚点。这里，“工具性”和“功能性”具有中国文化中“体”“用”关系范畴特征。“工具性”是“功能性”的实现形式，

① 目前西方国家所面临的诸多问题，从深层原因来看表现为明显的治理失效。治理失效可以分为结构性、制度性和政策性失效等不同类型，结构性、制度性失效直接表现为政治衰败，政策性失效则要求实施改革。

② 近年来一些政府部门自身感觉明显“跟不上趟”，还经常见一些政府明显的“不当作为”，被曝光后在汹汹舆论中撤销；也有一些政府部门在挑战面前选择逃避，表现为缺乏担当和不作为问题。

无“工具性”即无“功能性”可言；“功能性”存在于“工具性”之中，但仅有“工具性”而没有“功能性”认知，智库的“工具性”便没有了依归，自然也谈不上更好地发挥智库作用。

现代国家治理体系建设是通过国家、市场和社会相互赋权来实现的，从原有的国家“全能主义”走向政府、市场、社会共治，表现为国家治理体系不断制度化的过程，这也是“在各方面形成一整套更加成熟、更加定型的制度”（邓小平语）的过程。中国国家治理体系与治理能力建设是新旧体制并存、新体制逐步代替旧体制的过程，这是一个通过渐进性累积实现整体根本性转变的过程。这一过程的重要方面是推进多元主体的能力培育，逐步实现共同参与。中国国家治理体系和治理能力建设的路径，决定了中国智库发展的发展路径。作为国家治理体系的重要组成部分，中国智库的发展应该是一个从以“工具性”为主到以“功能性”为主的演进过程，中国智库从日益强大的“工具性”走向不断夯实的“功能性”，是其发展的必然过程和必由之路，以不断做强的“工具性”来逐步做实“功能性”，以“功能性”为引导来保证“工具性”任务的实现，是中国智库发展方位的现实选择。

区分中国智库发展的“工具性”和“功能性”其意义还在于，使人们切实认识到，智库作为国家治理体系和治理能力现代化的重要一环，是现代社会治理体系不可或缺的制度化的存在物，而不是可有可无的“装饰品”。它促使政府部门作为智库产品的需求方，把智库产品作为决策的必需品，尽快改变现有决策方式下可能产生的简单、粗疏、随性问题；从智库本身来说，能够更清晰地把握智库到底“主要该干什么”“不该干或少干什么”“怎么才能干好该干的事”等关系中国智库发展的基本问题。从国家层面来说，也可能会找到建设适应“功能性”发展需要的智库该有的政策、环境和条件。

四、国家治理现代化下当代中国智库的主要功能

习近平总书记高度重视智库建设，对智库建设多次提出要求、作出指示。2015 年 1 月，中央正式提出建设中国特色新型智库的总体要求。从国家治理体系和治理能力现代化的角度来说，建设中国特色新型智库是适应国家治理现代化需要的政府决策制度化开放过程，是一个面向决策的社会智力资源集合和动员过程。从目前来看，中国智库发展至少应体现以下功能：

（一）决策智力资源的聚合功能

中国现代化过程所呈现出的一般性和特殊性，都表明今天国家决策体系必须尽可能地把社会中各方优质资源汇集整合起来，这是国家治理现代化的题中应有之义。中国现代化过程不允许犯重大的战略性、方向性、颠覆性错误，也要尽可能少犯一般性、可操作性错误。现代决策涉及的知识日趋专业化，其背后利益关系高度复杂化，各种方案体现着经济的、技术的、社会的多重理性和价值追求。一个决策如果没有清晰的问题建构和群体利益损益分析，基于简单经验做出，难免会出偏差、犯错误①。智库机制化地把决策参与者范围扩大了，智库可以是“小机构、大平台”，它可以通过有关业内专家座谈会等各种途径，获得对决策问题更为清晰的事件关系和利益结构图式，提出多种备选方案，并预判每种方案可能带来的政策效果。在这里，它使过去没有可能或很少有可能参与政府决策的一些人，通过一种机制化渠道参与到决策中来。例如，有些从一定岗位退下来有着丰富经验的老同志，甚至是外国的智库机构和专业人才（朱旭峰，2008）。

① 例如，2016 年初，有关部门出台了将于 2016 年 4 月 8 日实施跨境电子商务零售进口税收新政策，政策制定仓促，政策措施背离市场客观情况，相关配套政策跟不上。政策出台当天，郑州等五个试点城市现场货物入区单量为零，区内库存的 97% 无法销售，一周后 4 月 15 日，经有关方面协调采取了临时过渡政策，但业务量及入区货物量仍比之前下降 50% 以上。参见：张大卫，陈文玲．用新思维新管理促进新经济发展［J］. 全球化，2016（9）：14－15.

（二）连接体制内外的桥梁功能

观察我国现实决策不难发现，尽管同处于体制内，但中央政府和地方政府的官员对一些政策问题的看法是不同的，有时甚至差别很大，总的说来，是各有优长也各有不足。目前解决这一问题的主要办法是“上下交流挂职或任职”。实际上，处于体制内和体制外的两类人，对政策问题建构和情势分析的差别，肯定比同一体制内中央与地方间的差异大。美国等西方国家是通过选举制下的政党轮换形成的“旋转门”机制来实现的，顺畅有序的流动和异质身份对接，是扩大决策选项、提高决策质量的重要制度性保障。目前，我国国家治理体系中还没有通过角色换位，来实现对政策问题更为全面建构的机制①。智库以服务于政府决策为目的，不同于一般性大学和技术型科研院所，它更了解政府决策过程，同时通过专家系统与社会各界有着广泛的联系，可以成为政府决策领域特有的连接体制内和体制外的桥梁。目前我国还没有建立制度化的政府与智库间人员流动机制，将来智库连接体制内外的功能还要通过改革逐步解决和加强。

（三）联系其他各类社会群体的延伸性管道功能

前边讲的是智库的“资政”功能，这里强调的是“启民”。现代公共政策和政府决策中，涉及广泛的利益相关方②，对于一项政策各方都有自己的解读，智库可以从更专业的角度，通过研讨等形式对国家重大政策进行宣介，以澄清公众误解误读，引导社会预期。当然，也可能有

---

① 实际工作中有“听证会”制度，目的是更广泛地听取意见，但由于听证参与代表具有很强的选择性，很多地方出现了价格听证“凡听必涨”的现象，其公信力大为降低，为公众所诟病。

② 以福建漳州重大石化项目为例，该项目涉及决策者（推动者），征地群众、经营户和网民（抵制者），非征地群众（支持者），权威专家和在外原籍人士（潜在影响人士），征地村居委会成员（敌对者），环保专家和环保组织人士（潜在影响人士），项目所及的非征地群众（机会主义者）等。参见：黄小勇．决策科学化民主化的冲突、困境及操作策略［J］．政治学研究，2013（4）：9.

辩论和批评，以其有理有据在客观上也形成了对政府的另一种监督。在今天中国政治实践中，也出现了智库为边缘利益群体代言这一积极现象，目前中国社会中边缘利益群体总体上缺乏畅通的利益表达渠道，智库可以通过调研报告向政府部门报送，或通过公开向社会表达意见引起关注，进而推动政府重视和问题解决①。

（四）思想品竞争性市场功能

现代社会中国家应该为政策利益相关者提供平衡相互关系的社会空间，其功能在于不同利益方都能够有效地进入这一空间表达自己的诉求。智库对政策制定过程、政策质量、透明度以及政治文化培育非常有好处。在这里，不同的政策思想、政策主张、政策方案都可以摆出来，供讨论、对比和甄选。这一机制的社会功能在于，防范或消除政策观点垄断，政策观点垄断是比经济和资源垄断更具危害性的垄断形式，它不仅可以扭曲资源配置，为垄断者带来超额垄断租金，更重要的是它甚至有可能导致国家自主性丧失。当然，这一功能是通过智库体系而非单个智库来实现的，但在这一“竞优”系统中，智库个体以自己的思想产品在市场中胜出，可以获得对决策更大的影响力，这也形成了智库间公开竞争和激励淘汰机制（薛澜等，2009）。

（五）国外同类机构对应性平台功能

全球性社会下人类面临的风险和挑战是共通的，风险类型的多样性、难以预见性和可能危害影响面之广，使各国必须携手合作共同应对。在当今全球化条件下，一个国家的国际和国内政策很难分开，本国政策往往对他国有强大的“外溢”效应，同时也受其他国家政策的“外溢”效应影响，需要高层次的政策协调。特别是，在今天国际政治经济格局深刻变化和调整下，作为国际体系中重要当事方，我国提出了

① 如前些年有关农民负担情况的调查，近年有关城市流浪乞讨人员救助与管理、医疗和社会保障等问题的调研，一些智库专家表现出了很强的为社会边缘群体代言的职能。

“一带一路”等全球广泛关注且具有更强建构性的政策主张。中国面临着大量地与大国（美国、日本等）和国家集团（欧盟、东盟、海湾国家、非盟等）等沟通协调任务。中国智库需要与国外智库建立机制化或非机制化联系渠道，利用紧密联结政府、联系决策的优势，发挥正式联系之外的“第二轨道”作用，为政府间“第一轨道”提供特殊的沟通和咨询服务[①]。目前国际上已经形成智库网络，中国智库可以创设中国议题、提出中国方案、发出中国声音，这也是当代中国智库的一项重要职能。

中国智库未来发展应警惕出现以下问题：一是智库专家技术理性与政府部门现实理性长期无法协调，政府部门觉得智库所提出的政策议题、主张、方案过于理想化，离现实太远，缺乏可操作性；智库觉得政府颟顸，缺乏对外部智力资源的应有吸纳和尊重。二是智库发展受限，由于智库发展定位、个人成长空间、社会认同度和缺乏竞争力的收入保障等，智库难以吸引和容留一流人才，无法很好地发挥其应有的工具性和功能性作用，造成实际上的自我矮化和退化。三是功能性作用发挥扭曲。个别智库由于中立性不够、自律不严或迫于生存压力，成为社会中某些利益集团的代言人或附庸。

五、国家治理体系现代化下中国特色新型智库建设应注意和解决的问题

目前国家正加大力度推进中国特色新型智库建设，首批确定25家国家高端智库建设试点单位，各项工作正在积极推进之中。在国家治理体系和治理能力现代化总要求下，明确国际国内形势发展对中国特色新型智库在定位和功能上的基本要求，有利于把握智库发展大方向，增强

---

① 中国国际经济交流中心（CCIEE）在做好服务于党中央、国务院决策咨询工作的同时，自2009年成立伊始，即创建了中美工商领袖和前高官对话会（中美“二轨”对话），为中美关系发展发挥了特殊平台作用。目前，该中心与欧盟、日本各自的“二轨”对话机制也已建立起来。

做好中国特色新型智库建设的自觉性。特别是在我国智库建设起步发展时期，可以注意及时克服可能影响未来发展的苗头性、倾向性问题，真正做到蹄疾步稳、健康茁壮成长。

（一）积极借鉴学习发达国家智库建设经验，坚持开放式学习态度，同时注意国情和政治制度差异

不同国家由于政治制度和特定政治制度下治理体系不同，其智库发展路径不尽相同。美国是当今世界智库数量最多、类型最完整、影响力最大的国家，智库在其国家治理体系中发挥着重要作用，是其国家“软实力”的重要体现。作为国家治理体系的重要组成部分，建设中国特色新型智库，对我们来说还是新生事物，有大量的理论和实践问题需要探索研究，有些问题还没破题，或者说刚要破题。

比如说，智库的独立性问题，美国智库大多依托于基金会、财团等各类组织，依存于三权分立和两党竞选制，非政府性、非营利性、非党派性是美国智库所标榜的。美国智库的发展模式更多地体现了西方思维方式和政治文化传统，体现了其政治架构设计中的竞争性特征。“所谓智库必须独立于政府和私人利益之外以保证其思想自由的观念，是一种典型的英美思维模式的偏见，与世界上其他许多文化不符”。其实在美国，那些声称自己独立的智库很多都有着深厚的党派背景。中国智库主要产生和派生于现行政府体系之内，自然不具有美国智库所标榜的独立性，中国特色新型智库就是服务于执政党所确立的国家现代化和民族复兴发展战略目标。中国智库的发展模式则更多地体现了东方文化和中国现行政治制度中协作性特点。在中国现代国家治理体系中，智库基于共同愿景的协商式参与，是参与政府决策的基本遵循。

但是，为保证多样化视角和思想品质量，在实际工作中是不是也需要智库要有一定的相对独立性呢？如果需要，通过什么样的机制来保证这种相对独立性呢？还有，中国智库主要脱胎于行政机构或事业单位，目前很多智库机构同时具有体制内单位身份，其管理基本上依照现有一般体制内事业单位的方式来管理，没有体现出智库作为服务于决策的思想品生产机构的特点。那么，在中国现有行政架构内，智库究竟是什么样性质的单位或组织呢？目前智库本身的特点和功能性要求与现有的一般行政事业单位管理模式“错位”问题已经显现出来。按现有管理模式，智库研究人员在参加国际交流、研究报酬获得、职称评定、业绩考核等方面，都出现了很实际的困难。目前中国还没有智库社会筹资、捐赠等方面的相应制度安排。应该看到，作为思想品生产组织，人是智库中最核心的资产和财富，而对智力产品生产过程的管理、最终成果的评价和生产者的激励，是任何制度体系下的智库都要面对的共通性问题，智库的运营、管理、考评、激励等方面也有其一般性要求，在这些方面我们确实应当认真地向国外智库学习。

（二）明确智库各职能间主辅关系，推动实现各职能间的有机衔接配合，坚持以高质量思想品取胜

智库存在的价值在于服务于政府决策。专业化的政策问题情境分析、对策分析、方案设计甚至必要的政策效果综合评价是智库职责所在，围绕这一过程的研究和高质量智力产品生产是智库的立世之本和生命线，是智库区别于其他一般社会组织的特质所在。

思想产品质量是智库的生命线和竞争力来源，对重大问题、就重要成果积极宣介也是其职责所在。我们不主张搞神秘主义式的“葫芦型”智库。但是，应该清醒地看到，宣介只能是智库研究工作的派生和延伸职能，没有实实在在高质量的思想品做支撑，智库的宣介就会过度媒体化，变成空洞的缺乏思想品含量的“喇叭形”智库，其发出的只能是“杂音”或“噪声”。“直到20世纪60年代，美国智库在决策过程中一般是低调的行动者，智库学者从事重要且通常为实用的研究，提出为决策者所接受的观点，但是这些学者绝少公开或高调地与其他人以及政治过程中其他有影响的行为者就这些观点进行辩论”。当前，中国智库发展不仅要鼓励研究“短时段”问题，注意跟踪关注短期内重大“新闻事件”，更要关注“中时段”和“长时段”问题，特别是对未来我国发展面临的总体国际环境和国内政治、经济、人口、资源、环境、社会等因素进行综合分析和预判。过于看重短期舆论效应，甚至有意搞些“吸引眼球”的事情应当避免。

智库研究方法同样需要创新，智库报告不是政府部门的“公文材料”，也不是宣传部门的“宣传材料”，更不同于高校的“学术论文”，简明、平实、严谨、切近应是智库研究的基本文风。研究问题应该紧密围绕“是什么”“为什么”“干什么”的基本逻辑展开，切忌连“是什么”都没有很好地搞清楚，就“药方满天飞”，提出一大堆“干什么”来，难免大而无当无法让人信服，在实践中也注定是行不通的。

智库产品有的在一定期间内不适合公开发表，有的研究成果没有引起决策者或政府部门及时关注（如领导批示）不等于问题不重要，智库成果不能简单地通过舆论效应做评判。智库研究不同于一般专业技术研究，智库的研究有其特殊要求，如对全球气候变化的预判和测度，这是专业技术性研究机构做的事情。但是基本了解和掌握原因之后，如何构建出切实可行的政策或行动方案，才是智库要做的事情，智库与专业研究的区别在于关键的“临门一脚”。

近年国内一些机构学习美国宾夕法尼亚大学麦甘“全球智库评比”做法，开始着手对国内智库进行评比。作为思想产品的生产机构，智库成果绩效评价有其困难性。应该说，评比本身无可厚非，但是评比具有很强的导向性作用，对复杂的智力产品做指标化、简单化评价，要提防有可能对刚处于起步时期的智库发展带来永久性伤害①。

（三）坚持以人才为核心的智库发展理念，最大限度地吸引、培养、激励、用好人才

对于以智力产品生产为主的智库来说，人是最为重要和宝贵的财

① 目前有些评比以智库研究人员在一定级别期刊发表文章数、一定级别媒体发声次数，或者获得领导批示次数等作为指标。

富。据有人研究，智库产品的成本中，90% 以上是人的智力成本。智库人才不同于一般专业技术人才，既要有扎实的专业知识和开阔的视野，又要有对世情、国情的充分了解和丰富的实践经验。由于现行体制和社会认知原因，目前中国智库发展对社会一流人才还缺乏足够的吸引力，偶尔也有智库人才流失问题。要把智库人才作为特殊专门人才类别来对待，增强智库研究人员的职业荣誉感，以广阔的职业发展空间、有竞争力的经济收入和良好的职业声望，吸引社会上更多的优秀人才加入到智库工作中来。

要推进国际、国内智库同行间的交流，坚持专业主义的智库发展路线，着力提高个体研究人员的技能和领域内的专业水平，提倡通过大量的跨学科、跨领域协作提高研究质量，鼓励将新概念、新模式或新的思维方式引入政策研究和讨论，不断拓宽政策视野，提高对现实问题的敏感性。要建立智库人才专门的培养渠道和机制，抓紧制订智库人才培养规划。加快打开智库“旋转门”，推动智库人员到政府部门、企业和其他社会组织任职，加快智库人才成长。特别是要建立智库与政府部门人员顺畅流动的机制，古人讲“谋者较尺寸，断者较毫厘；谋者见一方至尽，断者会八方取中。”使智库和政府决策部门双方人员通过角色转换，切实体会不同身份所赋予的要求和所承担的职责；通过人员的有序流动，增强智库人员对政府决策服务需求的认知，提高智库研究成果的适用性。同时为政府部门注入“新鲜血液”，使智库成为政府管理人才的重要“储备池”。

建立科学有效的体现思想品生产特点的智库内部激励机制，直接影响研究人员个体的研究选择和时间、精力投向。智库内部建立科学的绩效评价、激励和约束机制，首先要解决好研究人员业绩考核中“质”与“量”之间的合理折算关系，这本身就是一个不小的课题。此外，研究人员专业研究工作与一般公务工作间的关系，研究人员与非研究人员合理分配比例关系等，都需要认真研究解决好。

（四）走多元化、多样化、多层次智库发展路线，建设类型齐全、功能完备的智库生态体系

智库应该是整个国家治理体系系统中的重要子系统，从现代系统论角度来看，系统是由多样化元素、充分协同和动态演进来实现其功能的。从功能性要求出发，作为智库系统中的元素，每个智库都以其自己明确的“生态位”相互联系，形成一个多元化、多样化、多层次的共生系统，这也是中国智库真正适应国家治理体系和治理能力现代化的必然要求。

具体地，按服务对象来分，智库可以分为服务于国家整体战略和公共政策制定的国家级智库和以服务于地方经济社会发展的地方性（省或市）智库；按涉及领域和行业来分，可以有涉及战略、经济、社会、环境、军事、安全等各方面智库；此外，还有偏学术型智库、偏媒体型智库，体制内智库、社会类智库等。由此划分，可清晰地看出，我国很多地方智库发展不足，如政治类、生态类专业智库发展相对滞缓，社会类智库发展有许多问题需要破解。

智库以服务政府决策为目的，作为思想品的供给方与需求方，智库与政府间的关系模式决定了其功能的发挥程度。目前要解决好连接机制、“身位”和服务内容问题。从与政府间的“身位”关系来说，鼓励发展政府与智库联系紧密、服务有效的“近身型”智库，允许与政府关系稍显松散的“中远身型”智库，“中远身型”智库可能相对独立性更强，思想品可能更具有参考和应用价值①。从连接机制来说，可以研究建立政府部门与智库不定期的供需对接机制，一方面提高智库成果对现实决策的切近性。另一方面，对有些智库从自己的认识出发，自主选择跨政府部门或事关未来发展的重大战略性问题，可以及时通报政府，

---

① 一般来说，现有行政机构内的秘书班子（各级党委和政府内部的研究室）具有明显的“俯身型”特点，不作为智库看待。

以便发挥参考咨询作用。

在智库服务内容上，智库建设要努力做强“工具性”，但在实践中要避免简单“工具化”，特别是要澄清和处理好服务于政府决策和一般化服务政府的关系。智库应以自己的思想品和专业化知识服务于政府决策本身，而不应是常规性、一般性甚或是日常性的工作。如果智库工作中研究与服务关系处理不好，会直接影响智库思想产品的质量，同样造成宝贵智力资源的浪费。

参考文献

[1]弗朗西斯·福山．政治秩序和政治衰败——从工业革命到民主的全球化[M]．桂林:广西师范大学出版社,2015.

[2]塞缪尔·P. 亨廷顿．变化社会中的政治秩序[M]．王冠华,译．上海:三联书店,1989:1.

[3]曾培炎．探索建设中国特色新型智库[N]．光明日报,2014-12-25(15).

[4]李伟．建设中国特色新型智库,推进国家治理现代化[J]．中国发展观察,2014:4-7.

[5]苏力．精英政治与政治参与[J]．中国法学,2013(5):80.

[6]戴维·E. 阿普特．现代化的政治[M]．北京:中央编译出版社,2011.

[7]渠敬东，周飞舟，应星．从总体支配到技术治理——基于中国30年改革经验的社会学分析[J]．中国社会科学,2009(6).

[8]中共中央关于构建社会主义和谐社会若干重大问题的决定[J]．北京:人民出版社,2006.

[9]张乐,童星．“邻避”冲突中的社会学习:基于7个PX项目的案例分析[J]．学术界,2016(8):38-42.

[10]黄小勇．决策科学化民主化的冲突、困境及操作策略[J]．政治学研究,2013(4):8-9.

[11]张文霞,赵延东．风险社会：概念的提出及研究进展[J]．科技与社

会,2011(2):54 –56.

[12]芭芭拉·亚当,约斯特·房龙. 风险社会及其超越:社会理论的关键问题[M]. 北京:北京出版社,2005.

[13]冯平,汪行福."复杂现代性"框架下核心价值建构[J]. 中国社会科学,2013(7):22.

[14]朱旭峰. 政策决策转型与精英优势[J]. 社会学研究,2008(2):69.

[15]薛澜,朱旭峰. 中国思想库的社会职能——以政策过程为中心的改革之路[J]. 管理世界,2009(4):58 –60.

[16]MAGANN J G, WEAVER K R. Think tanks and civil societies: catalysts for ideas and action[M]. New Brunswick, NJ: Transaction Pulishers. 2000.

[17]马哈茂德·艾哈迈德. 美国智库与专家知识的政治学[A]. 唐磊,主编. 当代智库的知识生产[M]. 北京:中国社会科学出版社,2015:83.

[18][明]吕坤. 呻吟语.[M]//傅璇琮,主编. 菜根谭. 北京:万卷出版公司,2009:243.

[19]刘若水. 基于公共决策科学化的新型智库建设研究[J]. 人力资源开发,2015(11):11 –13.

德国国际政治与安全事务研究所对我国智库建设的启示

2016 年 12 月 23 日

中国国际经济交流中心《研究报告》2016 年第 84 期

【摘要】德国国际政治与安全事务研究所（SWP）（以下简称“研究所”）成立于 1962 年，是德国乃至欧洲最大的智库之一。作为一家独立的学术型智库，其自下而上的政策建议产生机制、以研究为核心的组织架构和内部管理模式以及全面的国际交流方式为我国智库建设和发展提供了有益经验。

一、研究所类型及其在国家治理中的作用

（一）研究所是学术型智库

德国智库主要分为三类：学术型智库、拥护型智库、政党型智库。学术型智库是德国智库的主要组成部分，占德国智库总量的 70% 以上，包括由政府直接建立但独立运作的政策研究机构、非大学的政策研究机构、附属于大学的政策研究机构等。独立性是学术型智库的基本特点。拥护型智库，也称宣传型智库或代言型智库，依附于各行业协会和大利益集团。政党型智库（政治基金会），受政党资助，为各政党提供政策支持。研究所作为学术型智库，受联邦总理办公室资助，独立地为议会和政府提供政策建议，主要研究领域包括欧洲一体化、共同外交与安全

政策、巴尔干地区事务、国际安全事务、美洲、亚洲、俄罗斯和独联体、中东和非洲、亚洲等问题。

（二）采取自下而上的政策建议产生机制

与中国智库多为政府研究长远发展战略和为战略的落实提供具体的政策措施及建议这种自上而下的机制不同，研究所采取自下而上的机制，致力于成为社会和政府之间有效的政治沟通工具，提高民众参与政治的能力，表达社会需求，凝聚共识，形成符合社会偏好的政策建议，实现政治决策的公共性，主要从三个方面为德国议会和政府提供智力支持：一是研究现实和即时问题，为议会和政府提供决策建议；二是基于全面分析，对未来形势做预测，为议会和政府提供政策和战略建议；三是为议会和政府提供新的思想。其十分重视保持研究工作的独立性，强调服务政府与独立研究不对立。另外，根据规定，议会和政府不能干预智库研究。事实上，议会和政府也不想听奉承，而想听到更多的声音以助其在制定政策时考虑更全面。

二、内部组织和管理

（一）组织架构以服务研究为核心

研究所的主要管理机构为执行委员会和学术委员会，执行委员会负责机构的日常行政运作和管理，学术委员会负责研究工作的监督指导。内部架构分为行政部门和研究部门。行政部门包括交流部、会议和差旅部、第三方资金合作部、行政部（财务和后勤）、编辑部、人事部、IT部等。研究部门根据研究领域的不同，分为欧洲、国际安全、美洲、东欧和欧亚、中东和非洲、亚洲、全球问题七个研究部。每个部由研究人员、科研助理和信息管理员三部分组成。信息管理员主要负责基础信息的搜集和整理，以支持研究人员开展研究工作。科研助理主要协助研究人员处理行政工作。目前，研究所共有 140 余名工作人员，其中研究人员 50 名左右，研究人员与行政人员的比例约为 1∶2。这样的架构设计和人员配置完全围绕研究人员的需要，充分支持研究人员专心开展研究工作。

（二）稳定的人力资源体系

一是研究人员职业性强。美国等国家流行的“旋转门”机制在德国十分罕见，德国智库研究人员的职业道路很大程度上独立于公务员或政治从业者的职业道路，类似于学术生涯。**二是招聘严格。**研究所采取公开招聘的方式，在单位官网上发布招聘信息。针对每一次招聘，会临时组织成立一个招聘委员会。委员会一般由来自不同部门的 5 人组成，其中必须有一位女性，以确保男女平等，做到无性别歧视。5 人分别是人员需求部门负责人和代表各 1 位、人事部门代表 1 位、行政部门代表 1 位、其他部门代表 1 位。5 人招聘委员会中，人员需求部门负责人有主要话语权，但是如果其他人员联合反对，可以推翻该部门负责人的意见。一般来说，经过面试会产生 1 ~ 2 名最有竞争力的应聘者，之后招聘委员会进行深入讨论，并根据多数人意见确定最终人选。研究所注重人才的多样性，如学科背景、学历、年龄结构、政治宗教信仰等，以增强智库研究的客观性和创造性。**三是以计划为导向，定性和定量相结合的考核机制。**每年年初（一般在 3 月前），部门负责人会与部门内部每一名研究人员沟通，总结上一年研究成果，讨论下一年研究计划，并给出评价意见，供人事部门参考。人事部每年底会要求每位研究人员填报考核表，总结过去一年研究员参与的课题、项目和会议等，从量化的角度进行考核。**四是薪酬稳定。**研究所给研究人员支付固定工资，工资标准高于德国平均工资水平（德国年平均工资约为 4.5 万欧元）。研究人员可以利用非工作时间到企业、大学或者其他机构进行有偿演讲、授课，无须通知研究所。

（三）资金来源稳定，用途明确

研究所资金来自政府部门、国际组织和企业的捐赠，主要资金来源于联邦总理办公室拨款，2015 年拨款金额是 1100 万欧元左右。研究所不参与课题投标，但政府部门委托课题也会单独支付给研究所费用。为保持研究的独立性，研究所不接受企业课题委托。研究所年度经费的一半以上用于支付工资。会议和交流活动预算很少，研究所鼓励研究人员自己去争取外部赞助用于开展会议和交流活动，但必须保持活动的独立性。

（四）多方式开展对外交流

一是大范围开展合作。研究所十分重视对外交流工作，同全球 50 多个国家和地区的大学及各类研究机构都有合作，主要采取联合研究和合办会议的形式，定期与美国、法国、英国等国有关智库召开年度会议，同以色列、伊朗、巴基斯坦、印度和日本等国具有相似研究领域的智库保持密切对话。**二是重视人员交流。**研究所以交流学者的身份派送研究人员去其他研究机构工作学习，同时，接受访问学者和开展青年学者培训计划以吸引国际范围内的学者参与研究所的研究项目，为研究所注入新的思想。**三是设立分支机构。**为与其他欧洲研究机构开展更加广泛和有价值的交流，研究所于 2009 年在布鲁塞尔设立办公室。

三、研究工作开展

（一）采用矩阵式研究机制

研究所采取部门研究与项目研究相结合的矩阵式研究机制（Matrix Structure）。该机制纵向是各个研究部，横向是根据项目成立的研究小组。在运作项目时，从各个研究部抽调研究人员，组成项目的研究队伍，进行跨学科综合性研究，形成一个矩阵结构。该结构兼收了直线主管部门和横向项目组的长处，既有利于整个智库的有效管理，同时又符合智库需要多学科专家共同协作、集思广益、取长补短、发挥互补优势的要求，是智库开展研究的理想形式。目前，研究所有英国—德国展望、德国—以色列对话、德国—土耳其对话、德国—西班牙对话等项目组。

（二）注重研究计划制订和评审

研究部门负责人年初会同研究人员沟通商定其个人年度研究计划，由研究人员自行确定研究题目。结题时，由研究员自行组织课题评审委员会，评审委员可以来自本单位，也可以邀请外部专家，评审工作在学术委员会的监督下开展。对于政府部门委托课题，由委托方组织评审委员会对课题成果进行评审，评审委员会不会因为智库的观点和意见与政府不一致而拒绝课题通过。

（三）研究成果网络公开化

研究所有 3 份著名出版物，分别是《研究报告》《评论》《观点》。研究所规定每个研究人员都要在 18 个月内独立完成至少一个大课题，将成果收入《研究报告》，报告主要内容围绕国际重点问题和当前国际政治挑战。《评论》主要发表关于政策制定者所关心和应该关心的问题报告，篇幅一般短于《研究报告》。《观点》供研究人员针对当前的热点问题发表自己的看法。研究所的研究报告、论文、报纸和电视评论、政策摘要、书籍和杂志等绝大多数内容都可以从其网站上免费获得。研究报告的全文一般在报送给议会和政府成员 3 个月后才会在网站公布，以确保政策建议被议会和政府优先获得。高质量的研究成果是研究所自我宣传的基础。

四、对我国智库发展的启示

一是围绕政府和社会需要开展研究。智库作为政府“外脑”，要起到沟通政府和社会的作用，应立足于社会需求为政府提供能反映和引导民意的政策建议，而不只是研究政府的决策和为落实政府决策提供政策建议。

二是确立核心研究领域。“大而全”是智库发展很难跨越的障碍。为提高影响力，智库在发展过程中往往乐于跟风热点问题，而不断扩大和调整研究领域，但同时却难以保证研究力量跟进，导致研究力量分散，研究质量下降，竞争力削弱，难以避免被超越，甚至淘汰。精细化是社会发展的必然要求，智库的发展也需顺应这种趋势，在某一个甚至某几个领域深耕细作，才能增强核心竞争力，实现自身发展的可持续。

三是完善组织架构，服务研究为主。要将智库以研究为主的理念贯彻于组织架构的设计中，行政部门的设置和划分要从根本上根据研究部门的需求，并努力打造行政部门为研究部门提供服务和支持的组织文化。同时，为资深和主要研究人员配备研究助理，协助研究人员处理事务性工作，以保证研究人员全身心投入研究工作。

四是加强对外交流，走国际化路线。我国智库要提高走出去和引进来的能力，特别是对于开展国际问题研究的智库，要加大支持研究人员走出去的力度，以便研究人员更快速、深入地了解国际形势，摆脱闭门造车的困境。非官方智库应积极制定引进来战略，吸引不同国籍和地区、不同的文化背景、不同知识储备的研究人员加入我国智库。充分国际化有助于提高研究成果的深度和广度，有助于新的思路和思想的产生。同时，积极拓展与国际不同国家和地区相关机构的联系，以共同研究、合办会议等形式开展合作，更多发出中国声音。

五是提高研究质量，做好宣传工作。智库的宣传是智力产品的传播，不能依靠噱头，必须依赖研究成果的高质量。目前，我国智库不缺宣传平台，网络、微博、微信等新媒体快速发展，为宣传提供了足够的途径。现在亟须解决的是智库如何产出能用于宣传并引起社会关注的好的智力产品。另外，加大研究成果的英文转化率以提高在国际媒体上的曝光度，扩大影响。同时，充分利用各种宣传平台，将智库打造成学术界、新闻界、企业界、广大民众以及官方政府的联系纽带。

参考文献

[1]光明日报智库研究与发布中心．新亮点、新态势、新思考——2015 中国智库年度发展报告[OL]．光明网－光明日报,2016－01－13.

[2]林坚．建设中国特色新型智库的全局思考[J]．国家治理周刊,2016(16):33－48.

[3]赖先进．新型智库建设需解决供需失衡问题[N]．学习时报,2016－04－11(5).

[4][美]詹姆斯·艾伦·史密斯．思想的掮客[M]．李刚,邹婧雅,等译．南京:南京大学出版社,2017:45.

[5]王文．对中国特色新型智库几个重大问题的思考[J]．智库理论与实践,2016(1):24－30.

[6][美]詹姆斯·麦甘恩,理查德·萨巴蒂尼．全球智库:政策网络与治理[M]．上海:上海交通大学出版社,2015:30－45.

[7]王铮．美国兰德公司的运营特点与发展态势[J]．智库理论与实践,2016(1):81－89.

[8]王佩亨,李国强,等．海外智库——世界主要国家智库考察报告[M]．北京:中国财政经济出版社,2014:40－69.

[9]褚鸣．美欧智库比较研究[M]．北京:中国社会科学出版社,2013:68－90.

[10]李文良．欧盟区智库发展特点及启示[J]．理论参考,2015(1):39－40.

[11]许共城．欧美智库比较及对中国智库发展的启示[J]．经济社会体制比较(双月刊),2010(2):77－83.

[12]袁莉莉,杨国梁．英国智库概况及对我国智库建设的启示[J]．智库理论与实践,2016(2):34－41,49.

[13]戴慧．英国智库考察报告[J]．中国发展观察,2014(1):34－48.

[14]丁宏．英国智库建设的启示[J]．理论学习,2016(5):54－55.

[15]Bramlv J. U. S. and German think tanks in comparative perspective [J]. German Policy Studies. Volum Three. Number 2, 2006:67－92.

[16]马丁·W. 蒂纳特．德国智库的发展与意义[J]．杨莉,译．国外社会科学,2014(3):41－50.

[17]朱瑞博,刘芸．智库影响力的国际经验与我国智库运行机制[J]．重庆社会科学,2012(3):110－116.

[18]山东省政府研究室．德国智库政策研究的经验和启示[J]. 机构与行政,2015(4):58－59.

[19]OSC media aid: German think tank guide[J]. Germany－OSC media aid in English,05 Mar 08;159－198.

[20]樊鹏．公共投资主导的德国智库[N]．中国社会科学报,2012－03－05(7).

[21]李国学．德国智库如何坚持基础研究[N]．中国社会科学报,2016－01－21(2).

[22]世界及中国智库的发展情况研究[OL]．百度文库, http://wenku. baidu. com/link? url = uo54gc6YmXtSXWhixW _ EdKJ1VLL8j5sFHupOLr74RIIiPcsk1KDlWP1deIG_QH0Hl8v3beow5nKyxgO5 LkDNOt9WHB6UQNhUoLsu1TsQlpK.

[23]褚鸣．美欧智库比较研究[M]．北京:中国社会科学出版社,2013:149－157.

[24]王佩亨,李国强,等．海外智库:世界主要国家智库考察报告[M]．北京:中国财政经济出版社,2014:49－100.

[25]欧阳向英．俄罗斯主要智库及其发展情况[J]．对外传播,2010(5):56－57.

[26]赵会荣．俄罗斯科学院世界经济与国际关系研究所建设高端智库的经验[J]．俄罗斯学刊,2015(3):83－88.

[27]http://www.imemo.ru/.

[28]俄罗斯科学院世界经济和国际关系研究所[OL].中俄科技合作信息网,http://www.crstinfo.com/Detail.aspx? id = 12593.

[29]刁榴,张青松.日本智库的发展现状及问题[J].国外社会科学,2013(3):79 - 88.

[30]公益財团法人综合研究开发机构.「シンクタンク情報 2014」の調査結果の概要[OL].http://www.nira.or.jp/pdf/nirareport2014.pdf.

[31]闫志开,王延飞.智库运转机制比较分析[J].情报理论与实践,2015(5):5 - 11.

[32]刘少东.智库建设的日本经验[J].人民论坛,2013(35):18 - 23.

[33]朱猛.日本智库的运作机制——以日本国际问题研究所为例[D].北京:外交学院,2015:34 - 46.

[34]程永明.日本智库经费来源渠道研究[J].人民论坛,2014(8):240 - 243.

[35]张勇.日本战略转型中的对外政策智库[J].外交评论,2015(6):139 - 164.

[36]田香兰.韩国官方智库重视聚集效应——以国家经济·人文社会研究会为例[N].中国社会科学报,2016 - 05 - 19(2).

[37]国务院发展研究中心赴韩国智库专题调研考察团.韩国智库考察报告[J].中国发展观察,2013(12):35 - 39.

[38]张尼.智库案例研究:新加坡东南亚研究所专访——访新加坡东南亚研究所副所长黄基明[N].中国社会科学报,2015 - 01 - 31.

[39]隆道发展与战略研究院.http://www.longus.asia.

[40]韩锋.新加坡智库的现状、特点与经验[J].东南亚研究,2015(6):4 - 9.

[41]上海社会科学院智库研究中心.2015 年中国智库报告——影响力排名与政策建议[OL].上海社会科学院智库研究中心,2016.http://www.sass.stc.sh.cn/cWebEditor/Upload File/ooA/ull/20160128161350250.pdf.

[42]郦菁.中国政策研究的困境——对智库建设运动之反思[J].社会科

学文摘,2016(5):5-7.

[43]王莉丽. 美国智库的“旋转门”机制[J]. 国际问题研究,2010(2):13-18.

[44]杜华. 国家构建理论与美国政治史研究的新趋势[J]. 史学理论研究,2015(1):133-143.

[45]杨尊伟, 刘宝存. 美国智库的类型、运行机制和基本特征[J]. 中国高校科技,2014(7):56-59.

[46]刘茜. 日本财界对政治的影响探析[D]. 石家庄:河北师范大学,2013:43-46.

[47]伍慧萍. 德国政党体制的变迁[J]. 德国研究,2008(1):12-19,78.

[48]吴江. 德国怎么做智库评估[N]. 学习时报,2015-08-10(5).

[49]多丽丝·菲舍尔. 智库的独立性与资金支持——以德国为例[J]. 开放导报,2014(4):29-32.

[50]赵虎吉. 政治发展模式探因——韩国政治发展模式及对中国的启示[J]. 当代亚太,2005(10): 28-40.

[51]马卿. 一党独大政党体制与有限政治竞争——新加坡政治模式分析[D]. 北京:中共中央党校,2015.

[52]谭融. 关于西方国家官僚制比较研究的理论和方法[J]. 南开学报(哲学社会科学版),2014(2):1-9.

[53]曹永福. 美国经济周期稳定化研究述评[J]. 经济研究,2007(7):152-158.

[54]余智晟. 美国基金会考察报告[J]. 特区实践与理论,2014(6):56-58.

[55]王燕. 政党竞争模式与英国共识政治[J]. 当代世界与社会主义,2005(3):119-123.

[56]马丁·W. 蒂纳特. 德国智库的发展与意义[J]. 杨莉,译. 国外社会科学,2014(3):41-50.

[57]李国强. 蓬勃发展的法国智库[J]. 秘书工作,2014(4):67-69.

[58]王佩亨. 与政府关系密切的法国智库[N]. 中国经济时报,2013-

02 - 02(010).

[59]王志章．日本智库发展经验及其对我国打造高端新型智库的启示[J]. 思想战线,2014(2):144 - 151.

[60]夏春海,王力．中美智库的外部环境因素对比研究[J]. 前沿,2013(1):7 - 9.

[61]姜琳．小政府的大奥妙——美国政府的构成特点及决策机制[J]. 当代世界,2000(4):28 - 29.

[62]MCGANN J G. 2015 Global go to think tank index report[R].2016:34 - 45.

[63]孙宏伟．英国地方自治体制研究[D]. 天津:南开大学,2014:34 - 65.

[64]宋雄伟．英国地方政府治理:中央集权主义的分析视角[J]. 北京行政学院学报,2013(5):15 - 19.

[65]王眉．法国智库:注重研究实际整合国内外资源[N]. 中国文化报,2015 - 11 - 16(3).

[66]斯蒂芬·奥尔森．美国智库的发展或可供中国借鉴[J]. 开放导报,2014(4):17 - 23.

[67]熊励,陆悦．中国智库融资模式的研究——来自国际知名智库的启示[J]. 智库理论与实践,2016(1):62 - 74.

[68]王佩亨,李国强,等．注重提升影响力的英国智库[J]. 管理观察,2013(28):18 - 23.

[69]张志强,苏娜．国际智库发展趋势特点与我国新型智库建设[J]. 智库理论与实践,2016(1):9 - 23.

[70]褚鸣．美欧智库比较研究[M]. 北京:中国社会科学出版社,2013:56 - 69.

[71]王辉耀,苗绿．大国智库[M]. 北京:人民出版社,2014:45 - 70.

[72]任晓．第五种权力:论智库[M]. 北京:北京大学出版社,2015:56 - 78.

后 记

2016年4月，中国国际经济交流中心设立重大基金研究课题，开展有关中国特色新型智库建设方面的研究工作，其中一个重要方面就是对世界发达国家的智库运行机制进行比较研究。由中国国际经济交流中心副理事长兼秘书长、执行局常务副主任张大卫同志担任课题负责人，由经济研究部元利兴博士担任课题组长，战略研究部徐占忱部长、经济研究部刘向东副部长、产业规划部詹琳博士、交流部孙葵和张景豪等同志担任课题组成员进行课题研究工作。研究期间，课题组赴美国走访调研了布鲁金斯学会、彼得森国际经济研究所、大西洋理事会等国际知名智库机构，同时，利用工作机会与欧洲、日本、韩国等国家的多家著名智库进行了座谈交流，并走访了清华—卡内基全球政策中心、清华—布鲁金斯公共政策研究中心、清华大学国情研究院、上海社会科学院等国内外著名智库机构，就这些智库的经费筹集、研究管理、组织管理、内部运营等方面进行了考察。课题组在实地调研基础上，经过近一年的收集整理资料、完善报告提纲、召开内部研讨会、撰写报告等紧张和努力的工作，完成了相关研究报告，按照要求将有关成果上报国家相关部门，有些成果发表于《全球化》《光明日报》《新华文摘》等重要报刊。在此基础上，课题组进一步补充完善，完成了《国际著名智库机制比较研究》一书的书稿。

根据课题组的分工，课题组成员完成了不同工作部分的工作：

张大卫副理事长负责全书研究构架及核心内容和观点的审稿工作；总报告由元利兴撰写；第一章，中国智库机制研究由元利兴撰写；第二章，美国智库机制研究由徐占忱、元利兴撰写；第三章，欧洲智库机制由孙葵、张景豪、元利兴撰写；第四章，亚洲智库机制研究由刘向东撰写；第五章，国际著名智库机制比较研究由詹琳、元利兴撰写；第六章，国际智库经验及对我国智库建设的启示由元利兴撰写；第七章，加快建设中国特色新型智库的政策建议由元利兴撰写；元利兴负责了全书的统稿工作。另外，附录部分分别由徐占忱、元利兴和张景豪等撰写完成。

在课题研究和书稿撰写的过程中，课题组的研究工作得到中国国际经济交流中心领导的大力支持，中心学术委员会专家对内容提出了很多宝贵的意见，各位课题组成员在国内外实地调研和撰写等工作上付出了辛苦劳动。在本书即将付梓之际，对他们的大力支持和帮助表示衷心的感谢！由于时间紧迫，研究内容较多等原因，疏漏之处在所难免，敬请各位读者批评指正。

国家出版基金项目

中国国际经济交流中心

China Center for International Economic Exchanges

CCIEE

智库丛书

全⑦册

全球网络空间治理体系与中国方案

中国国际经济交流中心课题组 著

中国方案 中国智慧

中国经济出版社
CHINA ECONOMIC PUBLISHING HOUSE
·北京·

图书在版编目（CIP）数据

中国国际经济交流中心智库丛书：全7册/中国国际经济交流中心课题组著.
—北京：中国经济出版社，2020.3
ISBN 978-7-5136-5850-8

Ⅰ.①中… Ⅱ.①中… Ⅲ.①对外贸易政策—咨询机构—研究—中国 Ⅳ.①F752.0

中国版本图书馆CIP数据核字（2019）第215488号

责任编辑 闫明明
责任印制 巢新强

出版发行 中国经济出版社
印 刷 者 北京力信诚印刷有限公司
经 销 者 各地新华书店
开 本 710mm×1000mm 1/16
印 张 13
字 数 166千字
版 次 2020年3月第1版
印 次 2020年3月第1次
定 价 628.00元（全7册）
广告经营许可证 京西工商广字第8179号

中国经济出版社 **网址** www.economyph.com **社址** 北京市东城区安定门外大街58号 **邮编** 100011

课题组成员

课题负责人

陈大卫　中国人民对外友好协会—中国欧盟协会副会长
　　　　住房和城乡建设部原副部长

组　　长

张影强　中国国际经济交流中心副研究员、博士

成　　员

宋　煜　中国社科院社会学研究所社区信息化研究中心副主任
　　　　助理研究员、信息系统监理工程师

潘斐斐　互联网实验室分析师

王德强　住房和城乡建设部办公厅主任科员

CONTENTS 目　录

总报告

GENERAL REPORT

随着互联网广泛渗透，网络空间已成为继陆地、海洋、天空、外空之外的第五空间，承载着人类越来越多的活动。网络空间安全隐患日益上升，已引起全球关注，并成为全球治理的主要议题，同时也是大国关系博弈的重要内容之一。中国是全球互联网大国，也是全球网民最多的国家，在全球网络空间治理体系中发挥着重要作用。伴随着中国互联网在全球影响力的不断提升，不断提出全球网络空间治理的“中国方案”。2014 年，在首届互联网大会上，习近平总书记提出中国愿意同世界各国携手努力，本着相互尊重、相互信任的原则，深化国际合作，尊重网络主权，维护网络安全，共同构建和平、安全、开放、合作的网络空间，建立多边、民主、透明的国际互联网治理体系。2016 年 11 月，习近平总书记在第三届世界互联网大会上重申了在 2015 年世界互联网大会上提出的全球互联网发展治理的“四项原则”“五点主张”，提出坚持网络主权理念、构建网络空间命运共同体。美国已经将网络安全问题列为中美关系核心关切之一，而且在全球网络空间治理体系中处于支配地位。我国推动建立全球网络空间治理体系，有利于保障我国网络安全，有利于提高我国在全球互联网治理体系中的话语权，也有利于推动建立新型中美大国关系，维护世界和平与稳定。

一、网络空间为什么需要建立全球治理体系

一是网络空间已成为人类生产生活的主要场所。根据国际电信联盟（ITU）的统计数据和估算，2016 年全球网民数量将达到 34.88 亿人。其中，发展中国家的网民数量达到24.65 亿人，占总数量的70%。而中

国又是网民数量最多的国家，根据2016年7月中国互联网络信息中心（CNNIC）发布的《中国互联网络发展状况统计报告》显示，中国网民规模达到7.10亿人，占全球网民的比例为20.36%，占发展中国家网民的比例为28.80%，占亚太地区网民的比例达到41.20%。互联网在经济领域已经得到相当广泛深入的应用，网络空间对经济资源、交易方式、经济组织结构等方面产生了深刻的影响，促进了经济结构调整，并引起经济增长方式的改变。根据波士顿咨询公司（BCG）发布的《被链接的世界》报告，预计到2016年互联网经济总共将为二十国集团（G20）的GDP贡献4.2万亿美元。**如果将互联网经济比作一个国家经济体，那么它将位居世界前五大国民经济之列，仅次于美国、中国、印度和日本，并排在德国之前。**信息经济对全球各国的贡献也是巨大的，根据测算，2014年美国、日本、英国的信息经济对GDP的贡献率分别为69.39%、42.21%、44.21%，2015年中国信息经济对GDP的贡献已达到68.6%，信息经济在国民经济中的地位不断提升。根据工信部电信研究院发布的《中国信息经济发展白皮书（2016）》显示，2015年中国信息经济总量达到18.6万亿元，同比名义增长超过17.5%，显著高于当年GDP增速，占GDP的比重达到27.5%，同比提升1.4个百分点。

二是网络空间关乎人类未来生存发展新空间。互联网的出现为人类带来了一个人造新空间。在这个“虚拟世界”里，人们可以从事社交、贸易、虚拟制造、公益等与现实世界一样的活动。网络空间对人们生活的影响也日益深刻，甚至开始改变国家主权的行使范围，从领土、领海、领空等有形的物理空间到无形的网络空间，也就是所谓的“第五空间”。互联网使得国家主权的行使更加复杂化，网络的出现使传统国家主权向内部和外部扩散，并加剧了主权的不平等，国家能否具有网络空间的管理权将成为主要问题突显出来。以地缘为基础的传统管辖权和对本国事务排他的管辖权将受到严重的挑战；跨国的数据信息又将会使弱国的信息主权受到侵害；通过加强网络基础建设和法制建设来维护主权。未来网络空间主权对于一个国家具有决定性意义。如果说控制了太空等于控制了通向未来之路的“咽喉”，那么控制了互联网就等同于控制了通向未来的“神经系统”。托夫勒曾预言：谁控制了信息，控制了网络，谁就控制了世界。“网络主权”正是国家主权在其虚拟的网络空间中的体现，是一个国家在其所辖的网络空间范围内，通过控制网络信息，保证国家安全，享有的对内处理事务的最高权和独立自主地参与国际信息活动的权力。

三是网络空间是一个由“私域”和“公域”共同构成的混合场域。虽然网络空间在某些层面上与全球公域具有相似的特征，但是互联网并不具有完全的全球公域属性。与陆地、海洋、天空等相似，网络空间是一个由私域和公域共同构成的混合场域。互联网为人类生活提供的是以“私”或“公”为属性的场域，其所产生的产品往往又具有“公共产品”的特征。然而，网络产品的“排他性”或“竞争性”反映在场域内，即是国家主权间的“排他性”或“竞争性”问题，也即“私域”与“公域”的关系。支持互联网发展的基础设施都是由私人企业或国家所拥有或运营，若是完全脱离国家主权的约束，也不现实。此外，互联网所有的信息和数据都需落地到服务器上，而服务器均有地属概念。

四是互联网已经成为人类赖以生存发展的公共基础设施。随着移动互联网时代的到来，互联网已经像铁路、公路、航空等交通基础设施，像水、电、气等公用基础设施等一样，成为国家、企业和社会发展最基本的基础设施。互联网的关键基础设施包括互联网根服务器系统管理、IP 地址分配和管理、域名资源分配和管理等内容。除此之外，互联网关键基础设施还包括电网等公用网络、网络协议与物理线路，以及金融、银行和商业交易的数据资产等。

五是网络空间产生的新问题已经成为全球经济增长的瓶颈。网络空间在提高效率、降低成本的同时，也带来新的问题。诸如网络垃圾邮件、数据跨境流动、网络经济犯罪等问题，已经严重制约全球经济增长，成为新的风险和瓶颈，迫切需要全球治理并加以解决。垃圾邮件的滥发、网络病毒的蔓延以及铺天盖地的网络广告这些违背效益的行为和方式与网络经济优势相伴而生，让网络空间不堪其苦。带有病毒的电子邮件还可能直接攻击或破坏邮件传输服务器或者电子邮件用户终端系统，造成整个系统的破坏和瘫痪。同时，随着云存储、云计算等技术与服务的日益普及，数据的主权归属更加复杂。利用计算机实施金融诈骗、盗窃、贪污、挪用公款、窃取秘密等网络犯罪，严重冲击了现有的全球安全体系。

六是现有网络空间秩序催生了人类新的不平等。网络空间的崛起让平等的理念更深入人心。但另一方面，网络空间也会加剧人类新的不平等。据统计，截至2016年底，有39亿人——世界上53%的人口没有使用互联网。在美国和独联体地区，大约1/3的人口是不使用互联网的。而几乎75%的不使用互联网的人口在非洲，只有21%的欧洲人不使用互联网。在亚太地区和阿拉伯国家，不使用互联网的人口比例非常相近，分别为58.1%和58.4%。不懂得使用电脑进入网络空间或者没有条件进入网络空间的群体，慢慢会成为网络空间的遗弃者。网络空间还存在着信息技术独占的不平等。据统计，网络信息70%以上是使用英语沟通，网络硬件和软件以及协议都是以美国为主导，全球80%的网民都在使用微软公司的IE浏览器，这决定了美国更容易将本国的社会价值观和意识形态通过互联网传递给其他国家，进行文化扩张和政治控制。以美国为主的世界网络强国几乎独自掌握了网络空间的控制权，包括中国在内的其他国家都处于网络“半主权”甚至无主权状态。

七是网络信息安全关乎国家经济安全。近年来，全球网络安全事件频发，引起各国恐慌。“维基解密”网站的出现与“棱镜门事件”的揭露让网络敏感信息泄露的残酷现实呈现在公众面前，也让网络空间的负面效应以一种政治性事件的方式表现出来。IDC发布的报告显示，2013年APT防御厂商Fireeye发现并识别的独立APT活动共计300余次。全球恶意代码样本数目正以每天可获取300万个的速度增长，云端恶意代码样本已从2005年的40万种增长至目前的60亿种。继“震网”和“棱镜门事件”之后，网络基础设施又遇全球性高危漏洞侵扰，Bash漏洞影响范围遍及全球约5亿台服务器及其他网络设备，基础通信网络和金融、工控等重要信息系统安全面临严峻挑战。2016年10月21日，美国网络服务供应商迪恩公司的服务器遭到了“分布式拒绝服务攻击”（DDoS），包括Twitter、Spotify、Netflix、Airbnb、Github、Reddit以及《纽约时报》等主要网站都受到黑客攻击，致使美国公共服务、社交平台、民众网络服务器服务中断，半个美国的网络几乎陷入瘫痪，给企业带来巨大损失。

二、当前全球网络空间治理的几个重要判断

未来十年，中美是全球网络空间的主角。如何求同存异，更好地发挥我国信息大国优势，争取更多的全球网络空间治理话语权，对提升我国全球竞争力和影响力具有重大战略意义。

一是美国在当前网络空间治理体系中处于核心地位。当前在全球网络空间治理体系中，美国占据显著优势。以美国为代表的欧美发达国家和这些国家公司与组织，掌握网络空间治理核心资源，包括关键技术标准、应用、基础设施、核心硬件研发、生产以及商业化能力，控制着互联网的核心产业链。以互联网域名系统（DNS）管理为例，全球DNS由互联网名称与数字地址分配机构（ICANN）把控，而ICANN实际上是由美国政府控制，即由美国商务部国家电讯与信息管理局（NTIA）与ICANN签订管理合同，ICANN受美国政府管理，向美国政府负责，ICANN的相关政策需经美国政府的最后审批。2016年10月1日，虽然NTIA将DNS管理权正式移交给ICANN，但从实际看，美国政府仍然对ICANN有较大的控制权限。美国商务部不干预ICANN的日常运作，但是美国政府通过合同保留了商务部/NTIA对DNS职能的管理权限，美

国对 ICANN 和 DNS 的影响力超过其他国家[①]。

二是当前网络空间治理主要有两大阵营体系。当前全球网络空间治理主要有两大阵营体系：第一阵营是以美国为首的西方国家，它们均出台了相应的国家网络安全战略，并提出反映西方国家价值观的合作方式和治理理念。2014 年 3 月，美国表示与欧盟加强在与网络相关事务上的双边与多边协调与合作，明确表示美欧合作建立在共有价值、共同利益，多利益攸关方（Multi - Stakeholders）治理理念，网络自由和保护网络空间人权的基础之上。2015 年初，美国和英国表示要在保护关键基础设施、加强网络防御、支持网络学术研究等方面开展务实合作。2015 年 6 月，美国和日本就提升网络威慑而加强信息和情报共享达成协议。不难发现，以美国为首的第一阵营更加强调网络空间中自由、民主的价值理念和加强自身的网络威慑能力。第二阵营是中国、俄罗斯等新兴国家。“棱镜门事件”发生后，中、俄等国十分关注维护网络国家主权问题，呼吁国际社会关注美国以网络空间开放、自由为名，实际侵犯别国主权的行径。2014 年，在巴西召开的金砖国家峰会上，俄罗斯建议加强金砖国家的网络安全合作。以俄罗斯和中国为代表的金砖国家认为，“维基解密”和“棱镜门事件”表明，美国等西方国家在网络安全问题上推行双重标准：一方面倡导所谓的网络空间绝对自由，另一方面又利用网络窃取别国信息。两大阵营中一方主张“网络自由至上”，另一方主张“网络主权至上”，双方意见分歧明显且难以消除。

三是未来十年网络空间的主角是中美两国。中国互联网已经历了 22 个年头，在我国互联网发展的头十年，中国基本是追随美国，第二个十年是中国互联网产业的崛起。未来十年，不仅对中国，对全球互联网发展也是非常关键的。2016 年，全球网民 34.88 亿人，而中国拥有

---

① “By virtue of those three contractual agreements, the U. S. government—through DOC/NTIA—exerts a legacy authority and stewardship over ICANN, and arguably has more influence over ICANN and the DNS than other national governments.” 这一观点原文出自美国国会研究室（Congressional Research Service）发布的简报“Internet Governance and the Domain Name System: Issues for Congress”.

近 7 亿网民。这一时期，美国处于全球互联网霸主地位，主导全球互联网。未来十年，下一个 30 亿的网民将来自发展中国家，未来互联网发展将是以市场驱动为主的时代。届时，美国网民数量在全球占比不到 5%，而中国网民数量将会超过 20%，未来全球前 10 名的互联网公司中，我国企业也将超过一半，与美国企业平分天下。此外，中国核心芯片、集成电路、操作系统等核心关键技术也在迎头赶上，中芯国际、华为等企业的创新能力已今非昔比，中美将会主导未来十年全球网络空间格局。全球建立一个什么样的网络空间治理体系，中美关系是关键。

四是中美网络空间存在诸多的利益冲突与分歧。中美在网络空间领域存在诸多分歧，例如经贸领域的政策和技术壁垒、政府行使网络空间管理权的限度、网络监管与审查、互联网自由与基本人权的关系等。是否承认网络主权和数据主权、是否承认网络自由和言论自由、是否允许信息审查还是坚持绝对的信息自由流动等，体现出中美在利益和价值观上的根本性分歧。美国认为互联网是全球网民资源链接形成的网络，应该采取多利益攸关方的治理模式，全球互联网是一个全球公域，反对国家机构来主导互联网管理，否定网络空间下的国家主权；而我国认为全球网络空间治理必须尊重网络主权，强调任何国家在信息领域的主权权益都不应受到侵犯。此外，美国经常以国家安全为由，对我国在美国投资的企业设置种种障碍，对中国企业投资设置双重标准。美国对我国设置技术出口限制措施，限制核心芯片、网络信息加密等技术出口。在意识形态和价值观上，美国大搞网络霸权主义，推行网络空间“全球公域”概念，散布“中国网络威胁论”；在外交上，中美网络空间冲突表现在两国人权问题、网络攻击上，并经常指责中国互联网的管制政策，对互联网干预较多。

五是网络空间已成为大国博弈新制高点。当今世界，信息技术革命日新月异，对国际经济、政治、文化、社会、军事等领域产生了深刻影响，大国博弈也因此进入一个新的阶段——争夺网络空间话语权是当前主要大国博弈新焦点。目前，世界主要国家普遍强化网络空间治理中的国家意志，建立由国家元首或政府首脑亲自挂帅的相关机构，推进网络治理的战略规划和顶层设计，努力占据网络信息发展的制高点。目前，已有50多个国家颁布网络空间的国家安全战略，仅美国就颁布了40多份与网络信息安全有关的文件。美国设立了“网络办公室”，颁布了“国家安全战略”和“网络空间国际战略”。2014年2月，美国前总统奥巴马宣布启动美国“网络安全框架”。此外，英国出台了“国家网络安全战略”，成立了网络安全办公室和网络安全运行中心。法国成立了国家信息系统安全办公室。德国出台了“国家网络安全战略”。可见，以国家意志来保障网络空间安全与发展正成为各国的国家战略与核心竞争力，网络空间已成为培育新的国家比较优势的重要领域。在国际层面，北约、欧盟、上合组织等国际组织也就网络安全展开了不同程度的合作。2014年2月，德国总理默克尔与法国时任总统奥朗德在巴黎会晤时专门提出要建设独立的欧洲互联网，取代当前由美国主导的互联网基础设施。

三、中国推动建立全球网络空间治理体系的机遇与挑战

当前，我国正处于由“网络大国”向“网络强国”迈进的关键时期。要积极利用网络大国优势，化挑战为机遇，积极推动“网络强国”战略实施。

（一）重要机遇

一是中国互联网技术和产业实力日益增强。经过23年的发展，我国已是名副其实的互联网大国。首先，互联网基础设施建设指标达到世界领先水平。中国互联网络信息中心（CNNIC）发布了第38次《中国互联网络发展状况统计报告》。报告显示，截至2016年6月，中国网民规模达7.10亿，其中手机网民规模达6.56亿，占比达92.5%。我国互

联网普及率达到51.7%，超全球平均水平3.1个百分点，超过亚洲平均水平8.1个百分点。我国域名总数增至3698万个。中国国家域名“.CN”注册量达到1950万个（占中国域名总数的52.7%），年增长率达到19.2%，持续保持国内注册量最大的顶级域名。在应用方面，截至2016年2月，我国第三方应用商店分发规模超8000亿次，我国安卓应用市场规模实际已近谷歌全球市场的近五倍。中国网络零售交易额跃居全球第一，2015年我国手机网购用户规模已达2.7亿人，我国网络零售总额达3.3万亿元，仅阿里巴巴中国零售交易市场2016财年商品交易实时总额（GMV）突破3万亿元人民币。互联网海外上市企业实力不断增强。截至2015年底，我国拥有328家互联网相关上市企业，其中61家在美国上市，市值规模合计7.85万亿元，相当于当时中国股市总市值的25.6%。

二是数字经济与美国平分秋色。在全球信息化进入全面渗透、跨界融合、加速创新、引领发展新阶段的大背景下，中国数字经济得到长足发展，正在成为创新经济增长方式的强大动能。庞大的网民和手机用户群体，使得中国数字经济快速增长。2008年，中国网民数量超越美国，成为全球网民第一大国。到2014年，形成了BAT（百度、阿里、腾讯）三大世界级巨头领衔的中国互联网产业梯队，仅次于美国，而领先于其他国家，形成了全球网络空间事实上中美两强的基本格局。埃森哲公司2016年发布的《数字颠覆：增长倍增器》报告测算，2015年美国数字经济总量已经占GDP的33%，中国数字经济总量占GDP的10.5%。该报告同时预测，数字化程度的优化将在2020年使中国GDP增加3.7%，对应增加5270亿美元；而美国增加2.1%，即4210亿美元。目前，我国有3家企业进入全球上市互联网企业市值排名前10强，有10家企业进入前30强、5家ICT制造企业进入全球500强。

三是核心关键技术上取得较大进展。我国信息产业自主创新体系不断完善，突破和掌握了一批制约产业发展的关键技术。通信设备、集成电路、高性能计算、应用软件等领域科技进步取得了较大突破，数字程控交换、移动通信、数字集群通信、光通信等技术跨入世界先进行列。万亿次大规模计算机系统、国产高性能计算机和服务器迈入国际前列，通用 CPU 等一批中、高端芯片研发成功并投入生产，集成电路设计水平取得新突破。目前，以华为海思为代表的中国芯片厂商在主要技术指标上与国际主流厂商差距较小。2015 年，华为手机芯片自给率从 30%提升到 70%。华为在 2015 年首次突破了 1 亿部手机出货量，中国第一，全球仅在三星、苹果之后，是增速最快的手机厂家。2016 年 8 月 16 日，我国发射了首颗全球量子通信卫星，标志我国开始突破传统的互联网传输协议，建立一个更加安全可靠的数据传输网络。

四是“斯诺登事件”唤起了全球网络主权意识。长期以来，互联网核心关键资源，包括根服务器、DNS 和 IP 地址资源等，均由美国主导。国际社会对此一直非常不满，ICANN 也因此一直饱受“合法性”质疑。2013 年“斯诺登事件”使得全球互联网治理“两大阵营”力量发生改变，美欧主导的全球互联网治理阵营开始出现离心倾向，各国互联网治理权意识空前高涨，各欧洲国家纷纷提出要重塑全球互联网治理格局，维护国家在网络空间的核心利益；欧委会明确提出为确保网络安全，要力争分享互联网治理权。2013 年 10 月，包括 ICANN、IETF、互联网社会、万维网协会以及五大区域性互联网地址注册机构在内的重要互联网机构，联合发布声明，共同谴责美国国家安全局（NSA），呼吁实现 ICANN 国际化。2016 年 10 月 1 日，美国商务部下属国家电讯局（NTIA）将互联网域名系统（DNS）管理权正式移交 ICANN，标志着互联网迈出走向全球共治的重要一步。

（二）面临的挑战

一是核心关键技术受制于人。当今的中国信息技术产品仍被外国的核心技术及跨国企业所支配。除华为等极少数公司外，中国信息技术公司尚处于产业链下游，并主要依赖于国内市场。智能手机的关键部件或技术，大部分都是源于国外厂商。移动终端操作系统也被谷歌安卓和苹果 iOS 控制。元器件市场几乎被外资垄断，少数国产领域陷入低端竞争。以屏幕为例，三星一家垄断，国产手机厂商在元器件上严重依赖国外的厂商，如乐视、锤子、华为、联想等受制于人，产品附加值很不高。

二是我国互联网企业“出海”面临不公待遇。2016 年开始，我国互联网企业开始积极拓展全球市场。由于海外市场政治、政策、文化、市场风险、需求等与国内存在巨大差异，中国互联网企业“出海”必然面临诸多问题，包括内容安全、信息安全、个人隐私保护、消费者权益保护等互联网发展问题。在发达国家，信息保护非常严格。比如欧盟在个人隐私、个人信息保护方面的监管比大多数国家严厉。此外，我国互联网企业“出海”遇到的最大问题是，外国政府的安全审查。比如中兴和华为就是因为国家安全等问题，被美国限制出口。小米因为个人信息安全问题，连续被中国台湾地区以及新加坡进行审查。微信也因为客观的文化因素在美国的发展遇到了阻力。还有百度和奇虎 360 公司海外 APP，也因为入口问题受到审查。此外，我国在全球互联网治理体系中，没有足够的话语权来保护我国互联网企业海外市场力量。

三是我国网络空间治理方案缺乏国际共鸣。在全球网络空间治理体系中，中国当前面临的最大问题是被“孤立”，造成这一局面的原因是中国主导的互联网治理理念被误解，认为要完全否定“多利益攸关方治理”，而采取政府主导的模式，这很难在国际上取得共识。中国应旗帜鲜明地提出“多利益攸关方治理模式”的中国模式，对互联网治理应坚持在国家网络主权的前提下，同意“多利益攸关方”的治理原则，主张政府、企业、非政府组织、社群团队等共同参与的治理方式。在这一模式下，强调数据保护、网络主权，支持我国非政府组织积极参与全球治理，通过企业力量来逐渐影响全球网络治理规则。要在全球话语体系下，更有策略地讲好“中国方案”，原则上不搞与全球大多数国家提倡的不一样方案，可以更加“灵活、务实、多元”地利用好规则，将政府的位置往后撤一撤，并更有力地支持有共同利益国家、民间团体、专业技术人才、国际组织来表达“中国方案”。

四是数据跨境传输挑战了传统的国家主权概念。随着移动互联网发展、高性能计算突破和云计算基础设施的普及，数据的产生、存储、处理和使用已经突破了传统物理空间限制，互联网数据流动已经实现了全球同步，几乎没有时间延滞。在大数据环境下，信息创造者、接收者和使用者，信息发送地、输送地及目的地，信息基础设施所在地，信息服务提供商的国籍及经营所在地等由于信息传输的同步，导致数据不同利益主体交互重叠，甚至产生冲突。比如美国谷歌、亚马逊、苹果公司、IBM 和中国阿里、百度等互联网公司产生的业务数据来自全球各地，对于公司存储数据属于哪个公司或哪个国家存在较大争议。根据信息创造者、接收者和使用者不同，数据信息将受多个不同国家法律所管辖，各国的数据权保护法律又不尽相同，这就导致数据主权纠纷频发。比如在中国使用的苹果手机，用户产生的数据已经和苹果公司在美国的服务器实现了同步，在中国设置物理服务器的限制已经失去了效用。数据传输的跨国界，挑战了传统的国家主权概念，带来了复杂的权责关系。此外，国际社会并未对各国的数据主权管控范围进行划定，数据主权在国际法的制定方面尚处空白，各国基于理性自保的需求，积极加强本国数据的管控和本国国民在他国数据的主权，这必然导致主权交叉重复的管辖状况。

五是西方国家提倡“网络自由”，对网络主权不予承认。长期以来，以美国为首的西方国家借“网络自由”之名，大肆输出意识形态，鼓吹西方政治制度模式，诋毁、攻击我国的政治制度和价值观念，对我国意识形态安全形成极大冲击。由于互联网核心技术和关键资源都掌握在美国或美国企业手里，美国对互联网拥有实际的支配权。美国主导的“网络自由”实际上就是网络霸权，利用不对等的互联网影响力对别的国家数据主权肆意侵犯。但实际上，美国所谓的“网络自由”也是执行“双重标准”，对涉及自身利益时宣誓主权神圣不可侵犯，而实际上则是通过“网络自由”的口号实现对其他国家在政治、经济、军事、文化等领域全方位渗透，谋求不正当利益。

六是全球各国网络主权保护能力差异较大。从信息通信技术实力、产业竞争力和信息基础设施角度来看，全球在互联网世界可以划分为三类，即网络殖民国家、网络主权国家和网络霸权国家。美国由于控制互联网产业的核心芯片、基础元器件、互联网关键资源，属于唯一的互联网霸权国家。而俄罗斯、日本、韩国、英国、德国等国，由于有较为完善的数据保护制度和较强的信息通信技术实力，有较强能力保护互联网主权；大部分国家受制于互联网技术薄弱、法律制度不完善、信息基础设施较大等因素，属于互联网被殖民的对象。此外，由于互联网的开放性、及时性、全球性，使得具有不同价值观念的民族文化在互联网领域存在冲突与矛盾，突出表现就是为以美国为代表的西方文化与其他民族文化之间的冲突。比如在语言上，由于网络语言是被高度技术化的数字语言，“美国信息交换标准代码”（ASCII）是当前被公认的互联网通用代码，以英语为载体的美国文化形成了事实上的互联网语言文化霸权，这就使其他国家很难在数据主权方面形成合力。在数据保护方面，各国也存在较大差异。欧盟早在20世纪90年代就是开始实施较为严格的数据保护，有较为完善的数据保护法规，包括1995年通过的《数据保护指令》、2002年的《隐私与电子通讯指令》、2009年的《欧洲Cookie指令》和2015年的《一般数据保护条例》，形成了较为完善和规范的数据保护制度。广大非洲国家，由于互联网起步较晚、基础设施较落后，互联网数据保护立法还处于空白阶段。

四、推动建立全球网络空间治理体系的建议

中国要积极参与全球网络空间治理，发出“中国声音”，提出“中国方案”，需要做好顶层设计，系统提出“网络强国”的具体方案，大力发展数字经济，加强信息和网络安全。

一是制定和实施“网络强国”战略。做好我国网络空间战略顶层设计，包括网络空间的范围、战略目标、实现路径、时间路线图。整合各类资源，制定和完善国家网络空间战略布局，包括网络空间经济战略、网络空间国防战略、网络空间外交战略、网络空间社会治理战略、网络空间文化战略、网络空间人才战略。加快建设和部署未来网络空间基础设施。建设全国一体化的国家大数据中心，积极推进国家大数据战略。积极部署全球量子通信网路，抢占未来网络空间制高点。加速推进“宽带中国”战略，建设高速、宽带与泛在的网络基础设施，彻底解决电信“最后一公里”问题，实现宽带网络全覆盖。

二是积极开展“数字外交”战略。积极开展“数字外交”，利用我国信息通信技术的优势，在国际舞台上发出“中国声音”，帮助发展中国家提升信息基础设施，发展信息产业，推广互联网应用，形成更多和更广泛的利益共同体，提升我国数字经济的全球影响力。旗帜鲜明地提出“多利益攸关方治理模式”，对互联网治理应坚持在国家网络主权的前提下，拓展政府、企业、非政府组织、社群团队等共同参与的治理路径。可考虑建立以联合国框架下的数据主权的网络空间治理体系，强调任何一个主权国家，不论大小，地位平等，反对数据霸权，强调数据治理公平与开放。强化国际电信联盟的作用，增强其在全球互联网核心资源分配、全球信息通信基础设施改善、缩小数字鸿沟、打击网络犯罪和建立全球数据流动规则等方面的作用。可考虑在现有 G20（二十国集团）的基础上，建立 D20（数字二十国）“数字经济”治理机制，加强二十国在全球数字经济领域的沟通、协作和标准体系等方面的工作，建

立定期磋商机制，共同探讨全球网络治理新体系。争取相关国家的支持，利用美国与其盟友在网络空间利益的离心力和矛盾，加强与欧盟国家的沟通与合作。

三是大力发展“数字经济”。挖掘新增用户潜力，继续扩大我国互联网用户、手机用户、电脑用户规模，保持我国全球移动互联网市场优势、提高网民素质、繁荣移动互联网应用市场、规范市场竞争行为，打造面向全球市场的互联网大产业。应加快改变外资控制我国互联网企业的局面，培育更多自主的互联网企业。加快国有资本管理体制改革，成立国有资本投资管理公司，加强对互联网行业的投资；尽早解决互联网企业可变利益实体（VIE）公司治理问题，重新建立外资进入中国互联网信息服务行业的政策壁垒，防止外资大规模间接控制中国互联网行业；引导民间资本进入互联网创新企业，并利用市场手段设立国家级互联网风险投资基金，大力扶持中国本土的互联网创业企业；促进互联网市场竞争，培育多竞争市场主体，分散市场风险；加强对境外控制的互联网企业的监管，明确国家对于本国消费者数据的主权地位。

四是构建新型中美网络空间关系。加强中美在政府层面、学术层面、产业层面、智库层面和社会层面等的交流与合作，推动中美互联网领域多层次交流与合作。应强调中美网络空间合作共赢，在共同发展中实现信息安全可控，不允许网络安全盲区的存在，共同创造中美信息安全。要对美国谷歌、微软、IBM、雅虎、思科、高通等“八大金刚”在中国的业务进行全面摸底，尤其是对影响国家关键基础设施持续运行、国家机关网络基础设施和业务系统、重要工业控制系统等领域进行信息安全评估，全面掌握美国对我国信息控制和安装系统“后门”的事实，积极采取应对措施；对涉及我国国民经济安全运行、涉及社会新闻舆论导向、涉及国家信息化安全等利害的重大并购，投资要严格把关，加强审批、加强监控。

五是建立自主可控的网络空间技术体系。在核心技术方面，应争取在集成电路芯片与光电子器件、高性能计算机与软件、下一代互联网与信息安全、第五代移动通信与无线通信、数字电视与音视频编码等技术领域实现突破，实现核心技术的自主可控。支持企业在智能终端操作系统、平台软件、大数据技术、未来互联网、平板显示等领域的研发与应用推广，着力构建更加完善的产业生态链，形成我国自主且可靠的信息产业核心技术和产品体系。建设国家网络空间战略预警和积极防御平台，精确预警、准确溯源、有效反制，提升对国家级、有组织网络攻击威胁的发现能力。在涉及国家机构安全运行及国计民生领域，国家应加大外资投资、并购审查和监管。支持中国信息通信技术企业主导国际技术标准的制定，推动我国企业更多技术标准成为国际标准，提高我国企业在信息通信技术行业的地位和影响力。组织相关国内企业与科研院所建立专利联盟，交叉授权，互相促进，并汇集相关专利形成联合专利池。积极参与国际互联网名称与数字地址分配机构（ICANN）国际化改革，着手对新的网络协议标准、互联网域名管理和运行等课题进行研究。积极参与全球根服务器的竞争，制定更完善的下一代互联网根服务器运营规则，积极部署全球下一代互联网根服务器。

六是建立全球“数字经济”治理新体系。应推动跨境电子商务成为合法的下一代主要贸易方式，出台相应的管理办法和支持措施，包括关税、配额、通关、物流等。加快制定全球跨境电子商务转向下一代贸易新规则，包括数字产品、数据流动、知识产权、隐私保护、技术保护等方面，率先制定下一代贸易方式“E 国际贸易”新规则，推动贸易自由化和便利化。创新“数字经济”统计体系和工作机制，将“数字经济”纳入国民经济核算体系，科学评估“数字经济”对经济增长、资源节约、劳动就业、收入分配、税收等的贡献。运用大数据、云计算等信息技术手段收集数据，完善形成符合“数字经济”发展模式的统计体系，建立“数字经济”价值衡量体系。

七是建立和完善“数字经济”管理新体制。制定实施各行业互联网准入负面清单，允许各类主体依法平等进入未纳入负面清单的领域。最大限度减少事前准入限制，加强事中事后监管，确立“先发展、后管理、在发展中逐步规范”的原则发展新兴服务业。逐步放开自然垄断行业竞争性业务，鼓励传统行业与互联网创新融合发展，支持传统行业服务创新，建立统一规范、透明民主的行业发展环境。积极探索混合所有制，有序开放电信市场，加快民营资本进入基础电信业务，促进通信设施共建共享，推动我国电信市场改革。建立更加扁平化的行政组织架构，继续简政放权、减少行政审批，更快地响应市场需求。推动政府治理多元化，通过政府与私人机构、社会组织和企业主体互动的方式，形成多方主体参与的密切合作机制，推动政府治理现代化。启动《劳动法》修改程序，规范临时工、钟点工、兼职、劳务派遣等多种形式的法律关系，鼓励企业采取多种形式用工。构建符合“平台 + 个人”的新型社会劳动关系，调整数字经济模式下的财税政策和社会保障政策。

八是优化“数字经济”发展环境。建立覆盖全部企业和个人的全国统一信用信息网络平台，包括金融、工商登记、税收缴纳、社保缴费、交通违章等所有信用信息类别。建立以公民身份号码和组织机构代码为基础的统一社会信用代码制度，完善信用信息征集、存储、共享与应用等环节的制度，推动地方、行业信用信息系统建设及互联互通。建立健全经营异常名录制度，对违背市场竞争原则和侵犯消费者、劳动者合法权益的市场主体建立“黑名单”制度，构建市场主体信用信息公示系统，强化对市场主体的信用监管。逐步建立企业从业人员特别是高级管理人员的信用档案，将其经营行为和个人信用有机结合。实行严格的征信企业牌照制，发展多元化的征信市场主体。建立国家机关与征信企业数据共享机制，建议公安部、人民银行、交通部、卫计委、统计局等掌握大量业务数据的部门加快与企业数据共享。

九是主动设置网络空间治理议程。继续利用“斯诺登事件”，提出网络主权的主张，主动设置网络空间治理新议程。全面动员政府与非政府主体力量，积极参与现有的互联网名称与数字地址分配机构（ICCAN）、互联网治理论坛（IGF）、万维网联盟（W3C）、国际互联网协会（ISOC）、国际互联网工程任务组（IETF）、国际标准化组织（ISO）、电气和电子工程师协会（IEEE）等国际组织，扩大我国的影响力；要积极利用好中国参与的多边机构与平台，包括二十国集团（G20）、亚太经合组织（APEC）、世界经济论坛（WEF）、博鳌亚洲论坛、上合组织、世界互联网大会等，提出中国参与全球网络空间治理的“中国方案”，并不失时机地提出中国主导的全球机制性网络空间治理平台，比如倡议成立全球数字二十国集团（D20）机制，建立一个在G20 框架下的数字经济治理平台，定期讨论全球网络空间治理，共同推动建立全球性网络空间治理体系。

第一章

CHAPTER ONE

全球网络空间治理体系的理论分析

20世纪70年代，伴随着计算机的问世，计算机技术迅猛发展，计算机与计算机相互联结形成了计算机网络，而将计算机网络互相连接在一起称为“网络互联”。这些网络以一组通用的协议串连成一个庞大网络，这个网络覆盖全世界，形成全球性的互联网络即互联网，“网络空间”也随之产生。网络空间的定义经历了一个由现象技术层面描述到现实社会层面概括的逐渐丰满的发展过程。随着网络空间对社会的影响日趋增加，它的凸现改变和重塑着人类生存方式与行为方式，对人类社会的规则制度更是产生激烈而深刻的影响。

一、网络空间概念的起源与变迁

（一）网络空间的概念

网络空间概念起源于CyberSpace（赛博空间）。20世纪80年代初，科幻小说作家威廉·吉布森在《神经浪游者》（*Neuromancer*）创造了“赛博空间”这个术语，用它来描述包含大量可带来财富和权力信息的虚拟计算机网络。他的小说中的网络空间是指客观世界和数字世界交融在一起，让使用它的人感知一个由计算机产生的而现实中并不存在的虚拟世界，并且这个充满情感的虚拟数字世界也影响着人类现实物质世界。网络空间并不是一个物质的或有形的实体，而是一个无形的虚拟空间，一个无中心的全球信息媒介，它能将全世界的人、组织、机构、政府等联结在一起。它不仅为网民们的人际互动提供全新的平台，而且为网民重新塑造自我认同提供了一种后现代的社会生态地貌的全新场域。①

“网络空间”是与“互联网”共生的一个概念。互联网是信息时代的产物，它令现代人的生活、学习和工作更便捷、更有效率，极大提高了人们的生活质量。互联网构建了信息流动新秩序，改变了个体接受和发布信息的能力以及人类社会的诸多方面，信息流动方式正在发生深刻变革。在技术进步和社会发展的大背景下，互联网得到了越来越多的关注，并被寄予了厚望。

“网络空间”一词虽然最早出现在文学作品中，但其后被美国军方和政府首先使用，并逐渐在全球各国普遍使用。但人们对网络空间的理解和定义并未达成一致。比较经典的定义有：

2003 年，美国联邦政府发布的《保护网络空间的国家安全战略》认为：网络空间是国家的中枢神经系统，它由无数相互关联的计算机、服务器、路由器、交换机和光缆组成，它们支持着关键基础设施的运转，网络空间的良性运转是国家安全和经济安全的基础。

2010 年，联合国国际电信联盟（ITU）认为：网络空间是由计算机、计算机系统、网络及其软件、计算机数据、内容数据、流量数据以及用户等要素创建或组成的物理或非物理的交互领域。

2011 年，美军参谋长联席会议发布的《美国国家军事战略报告——重新界定美国军事领导权》认为：网络空间作为一种人造空间，将传统的陆地、海洋、天空和太空四大空间智能地联系起来并产生全新活力。

我国学者对网络空间的定义是：“现代信息革命的产物，是一个由用户、信息、计算机（包括大型计算机、个人台式机、笔记本电脑、平板电脑、智能手机以及其他智能物体）、通信线路和设备、软件等基本要素交互所形成的人造空间，该空间使生物、物体和自然空间（陆

① 黄少华，翟本瑞．网络社会学——学科定位与议题［M］．北京：中国社会科学出版社，2006.

地、海洋、天空、太空）建立起智能联系，是人类社会活动和财富创造的全新领域”[①]。

总之，网络空间是人类基于信息技术而开拓的一种新型空间，作为信息技术设施和规则的集合体，它不仅为人类提供了一种先进的信息传输手段和开放式的信息交往平台，而且提供了一种独特的社会人文生活空间和全新的经济发展方式，它重塑现实社会的规则制度并把规则制度本身的演进带入一个新的阶段。[②] 人类由此获得了新型的生存方式和经济发展模式。

（二）网络空间的治理特征

网络空间与现实社会相互映射、相互影响，具有较强的联系，但是，网络空间与现实社会却存在较大差异。这些差异主要体现在网络空间与治理相关的基本特征上，主要包括虚拟性与匿名性、跨国界与无界性、开放性与无中心化，以及即时交互性。

1. 虚拟性和匿名性

网络社会具有虚拟性特征。正如本尼迪克特（M. Benedikt）所说：由计算机支持、由计算机进入和由计算机产生的全球网络化是多维度的、人造的或虚拟的真实；它是虚拟的，所看到的或听到的，既不是物质，也不是物质的表现，它们都是由纯粹的数据或信息所组成的[③]。虚拟性还表现在人际交往中。在网络空间，人们借助计算机网络系统自由地进行交流，他们可能以真实的身份进入，也可能以某个随意编造的身份进入。虚拟性可以让人隐匿现实生活中的真实身份，即匿名性。除非运用专业的网络技术认定，网络空间的人们完全可以摆脱现实社会的各种角色甚至性别的约束进行网上活动。虚拟性和匿名性所带来的网络交

---

① 王世伟，惠志斌．“挑战与变革：中国网络空间安全发展研究［M］//惠志斌，唐涛，主编．中国网络空间安全发展报告（2015）．北京：社会科学文献出版社，2015.

② 夏燕．网络空间的法理分析［D］．重庆：西南政法大学，2010.

③ 刘国建．网络社会的特性及哲学思考［J］．学术研究，2002（20）.

往表现出非身体性和非身份性相统一的状态，与之伴随而来的就是网络空间因身体的缺乏而导致的责任落空。

2. 跨国界性和无界性

现实社会总存在着国界、省界、地区界，而由互联网构成的网络则是一个没有物理边疆的空间，你可以在世界上任何一个网络的终端上了解世界各地发生的事件和信息。在网络空间中，划分区域的标准是IP地址和与之对应的域名，地域疆界不复存在，打破了地域、国家、时间的疆界。借助网络空间，人类活动在很大程度上突破了现实疆域的限制。当信息以数码方式组织并以电子作为载体传送时，时间呈压缩的形式，当各式各样的信息形式通过国际互联网传递时，国界和地理暂时消失，空间呈压缩的形式，在这里时空呈压缩化，其障碍几乎完全消失。同时，网络使整个全球经济的一体化进程大大加快，让分工在全球范围内进行，使得世界各国经济的相互依存程度空前加强。

3. 开放性和无中心

网络空间具有开放性特征。网络资源可以被各类参与者便捷地、低成本地共享和利用。网络空间作为一个信息载体，具有天然的信息共享优势，信息可以无限使用，而且使用的人越多，价值越高，并且可以在使用过程中产生新信息。开放性还表现在网络人际传播上，任何人都可以借助终端，以互联网为平台，超出了原来的物理世界，在一个由电磁空间构成的虚拟世界进行沟通交流，超出了传统社会的熟人圈子，极大地拓展了交往空间。非中心性是指网络空间是无中心的、分散的结构。互联网建立之时并没有一个中心控制机制，不会由一个主体来充当管理中心、协调中心或信息中心。网络空间有无数个中心，每一个节点都是一个中心，“多中心即无中心”。

4. 即时性和交互性

即时性是指网络空间能够瞬时获取信息，从而实现同步行动和即时互动。网络的价值在于它提供即时信息的能力①。在网络空间的环境下，人类在一定程度上克服了物质信息时空的限制，无论实际时空距离远近，一方发送信息与另一方接收信息几乎是同时的，这大大缩短了人类从事各种活动的时间。网络空间中各行为主体均不再是封闭的主体，而是处于一种交互影响的环境之中，其行为后果也在交互过程中显示出来，这有利于交流双方在信息共享中达到相互认同、相互沟通和相互理解。此外，网络空间的信息传播模式模糊了传者和受者的身份，传者和受者可以互为主体。

（三）网络空间的内容延展

网络空间的变迁是一个漫长的过程，其已经不仅仅是由硬件和软件（协议）所组成的人造空间，其内容和组成已经实现了大范围的拓展。

1. 从军用为主到民用为主

互联网络在几十年的时间里，经历了从实验性的军事网络、小规模的政府和科研应用到全面投入商业化运作的历程。1957 年，苏联发射了第一颗人造卫星，美国在迅速加强对网络通信技术的研发，着手建立实验性的电子计算机网络。最初设计是为了能提供一个通信网络，即使一些地点被核武器摧毁也能正常工作。如果大部分的直接通道不通，路由器就会指引通信信息经由中间路由器在网络中传播。1969 年，美国建立了以美国高等研究计划署网络（Advanced Research Projects Agency NETwork，ARPANET）为名的网络体系。1982 年，美国国防通讯局和国防部高级研究计划署建立了 TCP/IP 协议。20 世纪 80 年代后期，美国政府开始取消用户的限制，科研教育部门和商业机构纷纷建立广域网，网络商业化发展自此开始。此后，世界范围内掀起了建设信息高速公路的热潮，互联网日益普及到“寻常百姓家”，网络空间也从科研和

① Carl Shapiro，Hal Varian. Information Rules：A Strategic Guide to the Network Econoniy. Harvard Business School Press，1999.

商业逐渐进入人类的生产过程和日常生活之中。尽管如此，军事领域应用的需求仍然深刻地影响着互联网尖端技术的发展，如美国国防部先进研究项目局（Defense Advanced Research Projects Agency，DARPA）为国家安全研发突破性的技术，涉及了战略性无人机、未来兵器，以及生物技术、大数据分析和电子信息等领域。

2. 从个人电脑到移动终端

随着互联网的不断发展，信息爆炸式秒速更新、技术加速更迭，人们投身繁忙的生活中，越来越需要随时随地、信手拈来、简单直接的信息接触和服务。一项新技术的牵引和迎合呼之欲出，这就是移动互联网。随着移动互联网和 Web 技术的不断创新，以及新一代宽带无线移动通信技术的进一步发展，接触互联网的终端从个人电脑越来越依赖于移动设备，这为移动互联网业务的发展奠定了良好的技术基础，使之成为继宽带技术后互联网发展的又一个推动力。移动互联网以其随身性、可鉴权、可身份识别等独特优势，为传统的互联网类业务提供了新的发展空间和可持续发展的新商业模式。如同当年大型计算机被小型计算机取代，小型计算机又让位于个人电脑一样，如今传统个人电脑又逐渐被智能手机和平板电脑所取代。这也导致鱼龙混杂的信息充斥大众的视线，个体意识的表达日益简便和随性，政府在信息资源的优势地位逐渐动摇，原有的信息壁垒逐渐崩塌，导致传统行政管理面临极大的挑战。对网络空间治理而言，政府的压力也越来越大，迫切地需要提出适合的政策与办法。

3. 从信息互联到万物互联

近年来，随着以云计算、物联网、大数据和移动互联为代表的新一代信息科技的迅速发展，网络空间在数字化和网络化基础之上又产生了巨大变化。物联网“万物互联”的理想是对信息互联的深入发展。海量信息与内容能够随时随地被分享，极大降低了数据采集成本，高速增长的复杂数据广泛互联，最终获得更具深度和广度的数据基础，使得数据本身的价值被充分挖掘。新一代人工智能技术的发展以及用户个性需求的驱动都将促进大数据应用时代的到来。物联网（Internet of Things, IoT）作为一种新兴网络技术和产业模式，在业界受到广泛关注。从目前的发展形势来看，最有可能率先获得智能连接功能的物体包括家居设备、电网设备、物流设备、医疗设备以及农业设备，并基于此实现人类与自然环境的系统融合。①

4. 从西方主导到东方崛起

在网络空间领域，西方发达国家占据网络技术、科技人才与网络基础设施的优势地位，而发展中国家对网络空间治理的诉求长期得不到满足。随着经济全球化与科学技术的发展，这种不平等正在不断地被磨平，特别是在网民规模及其增长率上。中国互联网络信息中心（CNNIC）发布的第38次《中国互联网络发展状况统计报告》显示，截至2016年6月，我国网民规模达7.10亿。我国互联网普及率达到51.7%，与2015年底相比提高1.3个百分点，超过全球平均水平3.1个百分点，互联网普及率增长稳健。② 同时，美国网民规模由20世纪90年代初期占世界总量的2/3跌到了9%，十年内还将跌到5%。尽管美国想掌控全球互联网的治理权，但愈发力不从心。③ 在网络基础资源方面，截至2016年6月，我国IPv4地址数量为3.38亿个，拥有IPv6地址20781块/32位。我国域名总数为3698万个。以中国为代表的东方力量在全球网络空间的比重越来越大。

二、全球网络空间治理的理论基础

随着网络空间的不断发展，学者们已经逐渐意识到网络空间是一种新型的社会空间，里面存在着不同于现实社会的结构和行为模式。因

① 钱志鸿，王义君．物联网技术与应用研究［J］．电子学报，2012（5）．
② 中国互联网络信息中心．中国互联网络发展状况统计报告［R］．2016－07．
③ 方兴东．网络空间趋势与研究创新［N］．中国社会科学报，2015－01－21（B01）．

此，对网络空间的治理提出了诸多的观点，总体上可以归结为以下几点：

（一）网络空间是由技术主导且驱动的

网络空间是基于现代信息网络技术而架构的虚拟场所。从技术层面讲，它的表现形式为计算机交互网络，尤其是以互联网（Internet）为代表的通信网络。它将地理位置不同、具有独立功能的多台计算机及其外部设备，通过通信线路连接起来，在网络操作系统、网络管理软件及网络通信协议的管理和协调下，实现资源共享和信息传递的计算机系统。

网络空间的数据主要通过网络协议实现自由传输，这也是网络空间赖以存在的基础。1972 年，第一届国际计算机通信会议就不同计算机和网间的通信协议达成一致，并于 1974 年诞生了两个基本协议，即传输控制协议（Transmission Control Protocol，TCP）和网络层协议（Internet Protocol，IP）。传输控制协议使互联网的网络通信得以实现。网络空间的数据被拆为“包”的片断，每个包的首部包含着目的地址，经过路由器把数据包发送到目的地或者经由不同的路径到达目的地，一旦数据包到达目的地之后，依照 TCP 协议，信息或者数据将根据每个数据包首部的序数重新组合，用于预定的用途；网络层协议作为一种标记数据的手段，它给每一个联网的系统分配一个唯一的数字地址（由 0 到 255 的四个数字组成）。如果某用户通过互联网服务提供商（Internet Service Provider，ISP），该用户通常会被分配到一个临时的 IP 地址。而通过局域网联结的用户则可能拥有一个永久性的 IP 地址。TCP/IP 协议使互联网成为一个唯一统一的网络，不管用户使用何种硬件系统，只要遵照这个协议，其数据都能自由传输并完完全全地到达目的地。

（二）网络空间是国家主权的第五空间

科学技术的进步在于不断地扩展人类活动的空间，而新的空间意味着新的资源。网络空间被视为人类生存的第五空间，国家主权也延伸于此，由此也产生了谁对互联网具有控制权的问题。能否掌握对自己国家网络空间的主权直接关系到民族国家的生存与发展，决定着本国今后的命运。

在自然经济时代，人类的活动空间主要局限于陆地，人们基本上生活在彼此隔绝的地区中。一个国家的领土是最基本的生存和安全空间，它提供了人们生活、发展的最基本的条件。所以，领土成为国家主权行使的物质空间，领土主权意味着国家对其领土内的一切人和物享有排他性的管辖权，其他国家不得干涉，国家领土不能被蚕食、肢解和侵占。航海技术的发展拓宽了人类的活动空间，开始由陆地向海洋延伸，人类的历史也由此进入真正而严格意义上的全球史时期。这一时期，谁控制了海洋则谁就成为强者。到 18 世纪末 19 世纪初，西欧列强已完全控制了海洋航线，依靠海洋霸权大规模开展殖民战争，并建立了遍及全球、可谋取暴利的世界贸易体系，从世界近代史来看，对海洋的控制，奠定了西欧国家在近代史上称霸的基础。随着人类探索太空能力的日益增强，太空的重要性迅速受到高度重视。20 世纪 60 年代初，美国明确提出：争夺宇宙霸权是未来 10 年的主要内容。哪一个国家能控制宇宙，它就能够控制地球。20 世纪 50—70 年代，太空领域的竞争成为美苏两国竞争最为激烈的领域。到了 80 年代，几乎所有的发达国家都真正意识到拥有太空控制权或制天权的重要性。从陆地到海洋、天空乃至太空，可以说，科技的发展不断地拓展了人类的活动空间①。

互联网的出现为人类带来了一个人造的新空间。在这个“虚拟领域”里，国家主权的行使范围发生深刻变化：从领土、领海、领空等有形的物理空间到无形的网络空间，也就是所谓的“第五空间”。网络空间的创立以及随之引发的网络主权问题已渐趋为世人所关注。托夫勒

① 曹鹏．互联网对中国国家主权的冲击及其维护策略［D］．沈阳：东北大学，2008.

曾预言：谁控制了信息，控制了网络，谁就拥有了整个世界。如果说控制了太空等于控制了通向未来之道的咽喉的话，那么控制了互联网就等同于控制了通向未来的神经系统。控制权的竞争直接关系到一个国家在未来国际格局中的地位和影响，关系到一个国家在未来的生存与发展。“网络主权”正是国家主权在其虚拟的网络空间中的体现，是一个国家在其所辖的网络空间范围内，通过控制网络信息，保证国家安全，享有对内处理事务和独立自主地参与国际信息活动的权力。

（三）网络正不断冲击传统的国家主权

主权理论是迄今为止国际政治领域的奠基理论，是国际关系赖以进行的根据。随着互联网时代的到来，国家主权受到巨大的冲击，人们对国家主权的认识出现了新的变化与发展，主权学说和主权理论正面临极大的挑战。

主权一词源于拉丁文的 Superranus，原义是最高的意思。完整的近代意义的国家主权概念是在 17 世纪中叶以后随着威斯特伐利亚体系（Westphalian System）的产生而形成。经过几个世纪的不断发展和完善，国家主权观念已成为国际关系理论的基础和出发点，几乎所有对国际关系的理论阐释都是从主权国家出发，并以国家主权为归宿的。国家主权对内表现为一国所固有的最高权力、对外则是国家所拥有的自然、平等的权力。因此，国家主权被定义为：一国在其所辖空间范围内，所具有的处理对内事务的最高权力和独立自主地处理对外事务的权力①。

网络主权作为国家对网络空间的管理和控制的权力，对于国家的军事安全、经济增长、社会稳定繁荣以及人类未来的可持续发展已显露出其他空间所难以企及的价值。互联网使得国家主权的行使更加复杂化，但是这并不等于对主权的破坏。在互联网时代，国家主权是呈现“强

---

① 曹鹏．互联网对中国国家主权的冲击及其维护策略［D］．沈阳：东北大学，2008.

化”与“弱化”并存的趋势的，即发达国家的国家主权得到强化，而发展中国家的国家主权受到严重的冲击和弱化。网络的出现使传统国家主权向内部和外部扩散，并加剧了主权的不平等，国家能否具备网络空间的管理权将成为主要问题突显出来。[①]互联网对国家主权的冲击主要包括对政治主权、经济主权、文化主权的冲击，具体体现在：以地缘为基础的传统管辖权和对本国事务排他的管辖权将受到严重挑战；跨国的数据信息又将会使得弱国的信息主权受到侵害；通过加强网络基础建设和法制建设来维护主权。[②]

（四）网络空间治理是由多元主体构成的

在全球网络空间治理中，互联网已不仅仅是几个国家的互联网，它是一个利益共同体，网络空间治理机制也不仅限于以治理结构为基础的内部治理，而是利益相关者通过一系列的内部、外部机制来实施共同治理。利益相关者的组成复杂且责、权、利各不相同，既包括传统主权国家，也包括“私人部门”和众多的社群与个体。尽管如此，网络治理的目标最终都是要保证网络空间治理政策的科学性，在创造财富最大化的基础上保证各方面利益相关者的利益最大化。网络空间多元主体协同治理的参与规则是强调政府、网络媒体、意见领袖、社会组织和普通网民等主体均需按照一定的行为准则，自觉履行网络空间治理的相关义务，围绕网络空间治理主题构建起多元主体的依赖关系和合作秩序。参与规则应就网络空间多元主体协同治理模式的运行方式进行详细规定，由于任何主体变量均会对整个网络空间治理效果产生重要影响，因此，参与规则的制定和执行显得格外重要[③]。在全球大格局中，中国要通过网络空间世界准则的制定来提升话语权，逐步推动全球网络治理体系变革。

---

① 蔡翠红．信息网络与国际政治［M］．上海：学林出版社，2003.

② 肖永平，郭明磊．因特网对国家主权的冲击及对策［J］．法学杂志，2001（4）.

③ 周毅，吉顺权．网络空间多元主体协同治理模式构建研究［J］．电子政务，2016（7）.

（五）网络空间既有私域，也有公域

从全球网络空间治理的角度来看，在西方体系中，对互联网属性颇为时兴的说法为：互联网构成全球公域。实际上，与陆地、海洋、天空等相似，网络空间是一个由私域和公域共同构成的混合场域。① 以海洋为例，海洋被认为是“人类共有之物”，属于“全球公域”，而其中的资源可以认为是“公共产品”，其主权方既具有使用的权力，也承担了管理的责任。互联网为人类生活提供的是以“私”或“公”为属性的场域，其所产生的产品往往又具有“公共产品”的特征。然而，网络产品的“排他性”或“竞争性”反映在场域内，即是国家主权间的“排他性”或“竞争性”问题，也即是“私域”与“公域”的关系。虽然网络空间在某些层面上与全球公域具有相似的特征，但是互联网并不具有完全的全球公域属性。支持互联网发展的基础设施都是由私人企业或国家所拥有或运营，不能完全脱离国家主权的约束，因此，互联网并非居于国家管辖范围之外，所有的信息和数据都需落地到服务器上，即使是在云计算兴起的时代。在实践中，越来越多的国家开始实施互联网过滤制，实行互联网监管政策。这也从实践的角度说明网络空间的私域部分日益获得政府和公众的重视，对公共领域的监管与治理也日益急迫。

三、全球网络空间治理的含义

（一）全球网络空间治理的含义

早期的网络社会研究者将网络社会描述为绝对自由的社会，其本质是没有政府干预的空间，认为“网络空间造就了现实空间绝对不允许

① 张晓君．网络空间国际治理的困境与出路——基于全球混合场域治理机制之构建［J］．法学评论（双月刊），2015（4）．

的一种社会——自由而不混乱，有管理而无政府，有共识而无特权。”①随着实践的发展和研究的深入，逐渐形成的认识是“网络是一种社会控制工具”，这主要归因于一方面技术手段的进步使得对互联网的控制成为可能，另一方面，政府目标的强制性渗透导致了信息独裁。② 因而网络社会的发展也成为政治发展的一部分。事实上，“互联网空间与现实世界是不可分割的部分，完全是由强大的政治和经济力量所驱动。”③ **那些认为政府不能规制互联网的传统观点已被事实证明是错误的，政府正在通过其所掌握的各种资源管理网络社会。**当然，政府也认识到一味压制互联网最终是不可能的，也注意到了互联网有利的一面。④

20 世纪 90 年代起，“互联网治理”（Internet Governance）一词渐渐被人们所熟悉。在 2003 年信息社会世界峰会日内瓦阶段会议上，互联网治理成为热门话题。峰会成果文件《日内瓦行动计划》授权联合国秘书长成立互联网治理工作组（Working Group on Internet Governance，WGIG）。互联网治理工作组的工作之一便是制定关于互联网治理的工作定义，它也是迄今为止对互联网治理比较权威的定义。WGIG 对互联网治理做出的定义是：**互联网治理是政府、私营部门和民间社会组织根据各自的作用制定和实施的旨在规范互联网发展和使用的共同原则、准则、规则、决策程序和方案。**WGIG 同时指出，这一定义强化了政府、私营部门和民间社会共同参与互联网治理机制的概念，对于互联网治理的具体问题，各个群体有着不同的利益、作用和参与形式，而且在某些情况下会出现重叠。WGIG 强调，互联网治理所涵盖的不仅仅是互联网名称和地址，还包括其他重大的公共政策问题，如重要的互联网资源、

---

① 劳伦斯·莱斯格．代码［M］．北京：中信出版社，2004.

② 蔡文之．国外网络社会研究的新突破——观点评述及对中国的借鉴［J］．社会科学，2007（11）.

③ 丹·希勒．数字资本主义［M］．南昌：江西人民出版社，2001.

④ 曾润喜，徐晓林．社会变迁中的互联网治理研究［J］．政治学研究，2010（4）.

互联网安全保障以及发展方面和与互联网使用有关的问题。①

（二）全球网络空间治理的层级

根据劳伦斯·莱斯格关于互联网的经典论述，互联网自下至上分别由**物理层、规则层和内容层**所组成。最基础的是物理层，即众多提供关键服务的服务器、路由器、交换机、终端接入设备以及将这些设备连接起来的有形或者无形的线缆；然后是规则层，主要包括互联网的各项标准和协议，如互联网名称和代码分配机构（Internet Corporation for Assigned Names and Numbers，ICANN）负责创设和分配的域名设置规则，以及互联网工程任务组（Internet Engineering Task Forse，IETF）负责制定的互联网相关技术规范等；最后则是由具体的互联网用户所创造的内容层，即通过物理层以及规则层传播的由具体用户所创造的内容。② 内容层则是通过在外部制定规范体系和构建治理机制来管理网络中信息存储、流通和各主体的行为，包括对网络犯罪等的治理机制。例如，在社会领域对网络犯罪的打击、垃圾邮件的抵制和过滤；经济领域对知识产权的保护，等等。③ 网络空间的良性运作，与上述三个层次的协调与发展息息相关。基础设施架构起互联网运作的物质支持；规则层突破跨越时空通信的技术难题，并使互联网在全球实现一体化；内容层则保障了公民的权利和国家的安全。④

由 ICANN 提出的网络空间架构被划分为三个不同层次：基础架构层、逻辑层、经济社会层。来自企业、政府、学术界、技术界和民间组织的利益相关方及专家开展合作，为各个层面的问题提供解决方案，包括制定政策、最佳实践、标准规范和工具。

---

① 郭丰．国际互联网治理架构研究［D］．北京：北京邮电大学，2012.

② 沈逸．全球网络空间治理原则之争与中国的战略选择［J］．外交评论，2015（2）.

③ 刘志云，刘盛．基于国家安全的互联网全球治理［J］．厦门大学学报（哲学社会科学版），2016（2）.

④ 张晓君．网络空间国际治理的困境与出路——基于全球混合场域治理机制之构建［J］．法学评论（双月刊），2015（4）.

基础架构层涉及了互联网治理中的基础设施因素，如上文所述的物理层，包括互联网交换中心、陆地电缆和海底电缆，以及卫星和无线系统，其管理主体除了国家监管部门和网络运营商之外，还包括大量的社会组织和企业。互联网的逻辑层类似于上文的规则层，位于物理基础架构中成千上万的网络和卫星之上，通过唯一标示符（域名、号码和协议参数）为世界提供一个可互操作、开放的互联网，其参与主体可以分为主要治理参与方、政策与实施方、利益相关方和专家社群。经济和社会层则更多的是提供针对多种经济与社会问题的解决方案。由于任何一个机构都无法独自设计、制定和实施这些解决方案，因此需要分布式、创新、协作、有针对性的网络，汇集众多组织、专家以及来自政府、国际组织、私营部门、技术社群和民间组织的众多利益攸关方的参与。这些解决方案包括政策、标准、规范、最佳实践案例和工具。**需要特别说明的是，在三层次中物理层、经济和社会层都存在国家或国家间组织，而逻辑层则没有。这也表明：在互联网全球治理中，国家和国际组织在事实上处于非核心地位，需要通过代表（行业企业、社会组织等）来体现国家意志，实现国家利益。**

第二章

CHAPTER TWO

推动建立全球网络空间治理体系需求分析

21 世纪以来，随着信息成为新的生产力，网络空间焕发出新的潜力和生机。任何信息都可转化成数据，并可以通过互联网便捷地传送至世界各地，使得海量信息与内容能够随时随地被分享，成为人类生产生活的主要场所之一。网络空间的拓展既给人类经济社会发展带来新的空间，同时也带来了新的不平等和混乱，亟须构建全球网络空间治理新体系。

一、网络空间所承载的人类经济社会活动日益增加，已经成为人类生产生活的主要场所之一

（一）全球网民数量巨大，发展中国家份额日益上升

根据国际电信联盟（ITU）的统计数据和估算[①]，2016 年全球网民数量将达到 34.88 亿。其中，发展中国家的网民数量达到 24.65 亿，占到了总数量的 70%。

从增长率的角度来看，2016 年全球网民数量比 2015 年的 32.07 亿增长了 8.76%。从整体来看，网民增长的总趋势是下降的，发达国家与发展中国家的增长都逐渐趋于稳定。即便如此，发展中国家网民的增长率仍然超过两位数，达到 10.67%。

从网民的地域分布来看，ITU 预计 2016 年使用互联网的个人中的 49.83% 在亚太地区。根据中国互联网络信息中心（CNNIC）发布的第

---

① ITU. End－2016 Estimates for Key ICT Indicators. http：//www. itu. int/en/ITU－D/Statistics/Documents/statistics/2016/ITU_Key_2005－2016_ICT_data. xls.

38 次《中国互联网络发展状况统计报告》显示，中国网民规模达到7.10 亿，占全球网民的比例为 20.36%，占发展中国家网民的比例为28.80%，占亚太地区网民的比例也达到 41.20%。

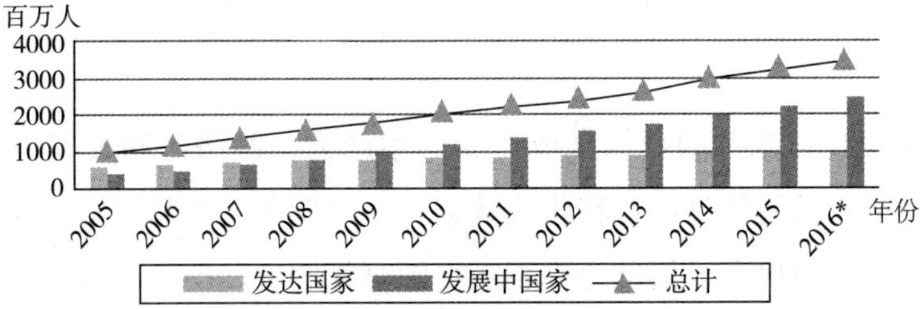

图 2 -1　2005—2016 年全球网民数

注：*表示 2016 年估算的数值。

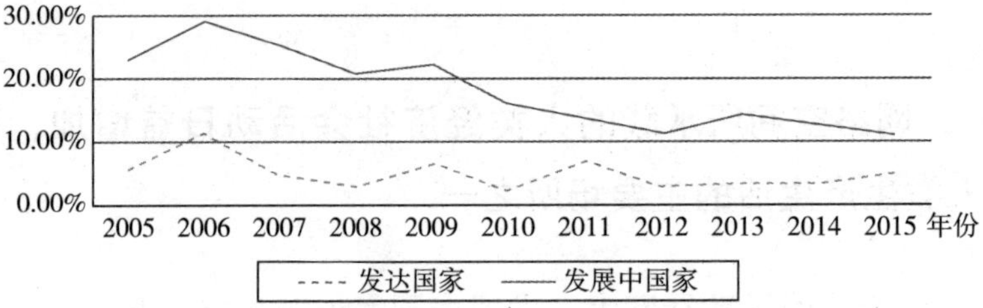

图 2 -2　2005—2015 年全球网民增长率

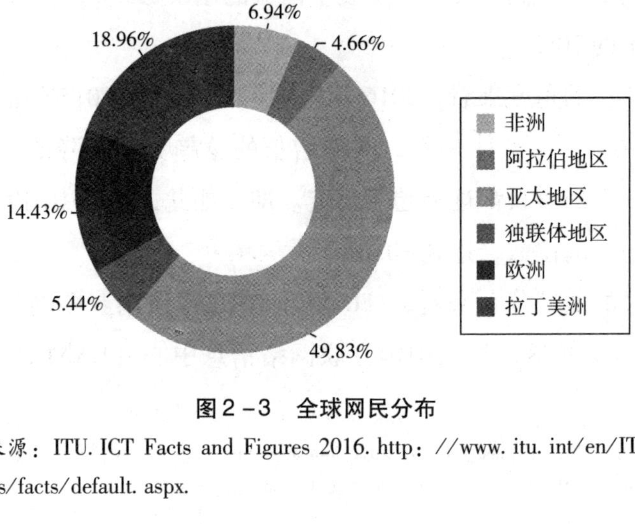

图 2 -3　全球网民分布

资料来源：ITU. ICT Facts and Figures 2016. http：//www. itu. int/en/ITU – D/Statistics/Pages/facts/default. aspx.

正如前文所说，网络空间已经逐渐向移动互联网的个人空间迁移。ITU 的数据显示，每百人使用移动上网用户达到了 49. 5，其中发达国家达到了 90. 3，而发展中国家则为 40. 9，发展空间依然很大（如图 2 –4）。

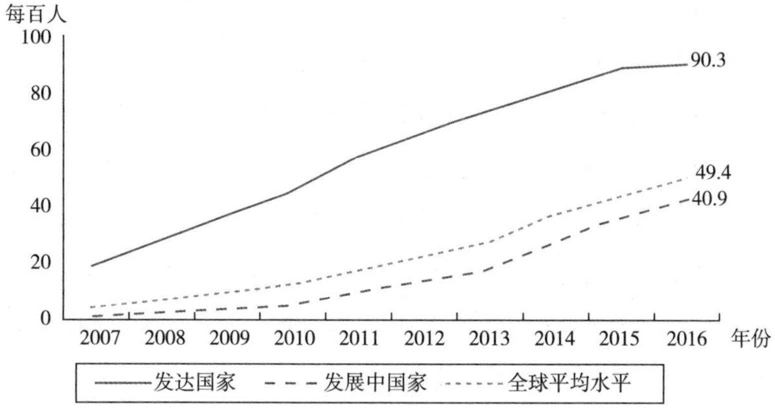

图 2 –4　全球每百人使用移动上网用户

截至 2016 年 6 月，我国手机网民规模达 6. 56 亿，网民中使用手机上网的人群占比由 2015 年底的 90. 1% 提升至 92. 5%，网民上网设备进一步向移动端集中，手机上网主导地位强化。① 与此同时，我国手机网民中通过 3G/4G 上网的比例为 91. 7%，较 2015 年底增长了 2. 9 个百分点，用户、终端、网络规模不断扩大，意味着中国在全球增长中做出的贡献突出。

（二）信息经济已成为带动经济增长的核心动力

互联网在经济领域已经得到相当广泛深入的应用，网络空间对经济资源、交易方式、经济组织结构等方面产生了深刻的影响，促进了经济结构调整，并引起经济增长方式的改变。当前，中国已经成为全球信息经济最为活跃的地区之一，信息经济的高速发展正在对中国创新体系、经济形态和社会形态产生全局性、革命性影响。根据波士顿咨询公司

① 中国互联网络信息中心．中国互联网络发展状况统计报告［R］. 2016 –07.

（BCG）发布的《被链接的世界》报告，预计到2016年，互联网经济总共将为二十国集团的GDP贡献4.2万亿美元。**如果将互联网经济比作一个国家经济体，那么它将位居世界前五大国民经济之列，仅次于美国、中国、印度和日本，并排在德国之前。**[①]

根据中国信息通信研究院（工业和信息化部电信研究院）发布的《中国信息经济发展白皮书（2016年）》，2015年中国信息经济总量达到18.6万亿元，同比名义增长超过17.5%，显著高于当年GDP增速，占GDP的比重达到27.5%，同比提升1.4个百分点。信息经济已成为近年来带动经济增长的核心动力。根据测算，2014年美国、日本、英国的信息经济对GDP贡献率分别为69.39%、42.21%、44.21%，2015年中国信息经济对GDP的贡献已达到68.6%，信息经济在国民经济中的地位不断提升。其中，互联网金融类应用在2016年上半年保持增长态势，网上支付、互联网理财用户规模增长率分别为9.3%和12.3%。电子商务应用的快速发展、网上支付厂商不断拓展和丰富线下消费支付场景，以及实施各类打通社交关系链的营销策略，带动非网络支付用户的转化；互联网理财用户规模不断扩大，理财产品的日益增多、产品用户体验的持续提升，带动大众线上理财的习惯逐步养成。平台化、场景化、智能化成为互联网理财发展新方向。

（三）信息基础设施已经成为经济社会发展和国家安全赖以生存的关键基础设施

网络空间的关键基础设施包括互联网根服务器系统管理、IP地址分配和管理、域名资源分配和管理等内容。除此之外，关键基础设施还包括电网等公用网络、网络协议与物理线路，以及金融、银行和商业交易的数据资产等。如果这些关键基础设施的功能弱化、破坏或丧失，全

---

① BCG. The Connected World: Greasing the Wheels of the Internet Economy. https://www.icann.org/news/announcement-2014-01-24-en.

球商业、工业、政府、社会将不能正常运转。关键基础设施是国家的命脉，是人类赖以生存和发展的物质条件。根据 Netcraft 调查的结果，截至 2016 年 10 月，全球网站数量（Web 服务器）达到 14.3 亿个网站和 6144093 个面向网络的计算机响应。[①]

二、网络空间产生的诸多问题已经成为全球经济增长的主要瓶颈

网络空间的发展导致时间的碎片化和无序性，技术的革命使时间无限压缩，进而“消灭”空间，地球成为一个村落。但诸如网络垃圾邮件、数据跨境流动、网络经济犯罪等问题，已经严重制约全球经济增长，成为新的风险和发展瓶颈，迫切需要全球治理并加以解决。

（一）垃圾邮件问题严重，影响了网络空间正常秩序

网络的特性既带来了创造效益的便利，也给这种便利设置了巨大的障碍。垃圾邮件的滥发、网络病毒的蔓延以及铺天盖地的网络广告这些违背效益的行为和方式与网络经济优势相伴而生，让网络空间不堪其苦。在网络空间中，由于时间和距离都可以压缩为零，因此人们之间传统的通信方式往往就被速度快、费用低、操作简单、方便实用的电子邮件取代。然而，有人利用这些特点可以未经允许大批量地发送电子邮件。这些邮件不仅侵占大量的网络空间资源，还阻塞和妨碍正常的电子邮件数据传递，带有病毒的电子邮件还可能直接攻击或破坏邮件传输服务器或者电子邮件用户终端系统，造成整个系统的破坏和瘫痪。

（二）数据跨境流动问题已成为全球面临的共同挑战

在大数据环境下，信息创造者、接收者和使用者，信息发送地、输送地及目的地，信息基础设施的所在地，信息服务提供商的国籍及经营

① Netcraft. October 2016 Web Server Survey. https：//news. netcraft. com/archives/category/web－server－survey.

所在地等由于信息传输的同步，导致数据不同利益主体交互重叠，甚至产生冲突①。随着移动互联网发展、高性能计算突破和云计算基础设施的普及，数据的产生、存储、处理和使用已经突破了传统物理空间限制，互联网数据流动已经实现了全球同步，几乎没有时间延滞。在网络空间中数据的创造者、接收者和使用者均主张对己方有利的数据主权，这将会造成主权的交互重叠甚至冲突。这就使得数据的跨境流动与现行的法律存在空白或冲突，迫切需要国际上的协调合作，共同制定数据跨境流动的相关规则，避免数据管控的无序状态。

（三）网络经济犯罪日益增多，破坏正常的经济秩序

由于网络和通信技术发展迅速，网络上的经济活动已成为发展潮流，电子商务、电子银行和网络上的营销等经济活动为人们提供了十分快捷、方便、高效的服务。然而，网络的特性也让犯罪分子通过网络匿名实施犯罪行为，成为全球网络空间治理的重要问题。网络犯罪的一种形式是袭击网站、传播病毒等非法侵入和破坏；另一种则是利用计算机网络实施的传统犯罪，如利用计算机实施金融诈骗、盗窃、贪污、挪用公款、窃取秘密等，其他诸如电子讹诈、网上走私、非法交易、色情服务及色情、虚假广告、网上洗钱、诈骗、在线侮辱诽谤、在线间谍等都是传统犯罪形式在互联网上的另一种体现，严重冲击了现有的全球安全体系。与传统犯罪相比，网络经济犯罪的破坏尤为明显，呈现出国际化、跨地域化、链条式发展的特征。犯罪主体无特定性，且低龄化问题比较严重；受害人多，造成经济损失严重；危害遍及各个领域和行业，有的还可能危及国家的经济安全和社会稳定，比如网络传销、网络非法集资案件等引起的社会动荡。

① Wolff Heintschel von Heinegg. Territorial Sovereignty and Neutrality in Cyberspace. International Law Studies，2013（89）.

三、网络空间的不平等已经让人类面临新的不平等

网络空间开放、无权威中心的特性让亿万人参与进来，每个个体摆脱了现实社会之中身份、等级、职业甚至性别的限制，在网络空间可以发出自己的声音，在网络空间感觉到自我意识的体现。网络空间的个体因褪去了现实社会中的身份的同时也褪去了现实社会衡量的标准，受到平等对待。网络空间的崛起让平等的理念更深入人心，这往往也是进入网络空间的网民微观的感受。但另一方面，网络空间也会加剧人类的不平等。

（一）“数字鸿沟”加剧了个体和社群的不平等

根据目前的统计，截至 2016 年底，有 39 亿人——世界上 53% 的人口没有使用互联网。在美国和独联体地区，大约 1/3 的人口是不使用互联网的。而几乎 75% 的不使用互联网的人口在非洲，只有 21% 的欧洲人不使用。在亚太地区和阿拉伯国家，不使用互联网的人口比例非常相近，分别为 58. 1% 和 58. 4% 。[①] 不懂得使用电脑或者没有条件进入网络空间的群体，慢慢会成为网络空间的遗弃者，处在信息社会边缘的他们将被社会抛入“数字鸿沟”的最底层。更严重的是，世界信息资源和知识资源分布严重差异的现状，将形成新一轮的人类不平等。

（二）互联网的技术导向导致国家之间的不平等

目前网络治理的“丛林法则”极为不平等。美国作为计算机和网络技术的发源地，拥有重要基础设施的所有权，控制着主要信息产品的生产，掌握着互联网地址资源和根服务器的管理，因此具有不可比拟的控制权。美国几乎独自掌握了网络空间的控制权，包括中国在内的其他

---

① ITU. ICT Facts and Figures 2016. http：//www. itu. int/en/ITU – D/Statistics/Pages/facts/default. aspx.

国家都处于网络“半主权”甚至无主权状态。美国可以随意让一个国家在网络空间消失。尤其是美国坚持“双重标准”，为恐怖分子和军国主义留下了可乘之机①。此外，网络空间还存在着信息技术独裁的不平等。据统计，网络信息 70% 以上是使用英语沟通，网络硬件和软件以及协议都是以美国为主导，全球 80% 的网民都在使用微软公司的 IE 浏览器浏览网页，这样的优势决定了美国更容易将本国的社会价值观和意识形态通过互联网传递给其他国家，进行文化扩展和政治控制。尽管新科技革命对国家主权削弱和制约的趋势对所有国家都一样，但这种削弱和制约对技术水平迥异的发达国家和发展中国家来说，是不平衡和不平等的。②

四、网络信息安全问题日益凸显，维护信息安全成为国际共识

（一）网络敏感信息频繁泄露，安全政策面临诸多困境

“维基解密”网站的出现与“棱镜门事件”的揭露让网络敏感信息泄露的残酷现实呈现在公众面前，也让网络空间的负面效应以一种政治性事件的方式表现出来。斯诺登的文件大量披露了美国机构监听国家领导人，包括德国总理默克尔，以及为搜寻恐怖分子目标而收集的海量数据，导致全球国家信息安全的恐慌。世界知名信息安全厂商塞门铁克 Symantec 发布的《互联网安全威胁报告》称，2013 年为“大规模数据泄露之年”，全球有超过 5.52 亿条身份信息被泄露，泄露数据的数量是 2012 年的 4 倍。Verizon 发布的《2015 年度数据泄露调查报告》称：2015 年，全球 61 个国家出现 79790 起数据泄露事件，其中 2122 起已经得到确认。比如，2015 年全球信息泄露的事件有：俄罗斯约会网站

① 张清俐．中国参与全球网络治理的格局、道义和力量——访《中国信息安全》杂志社副社长秦安［OL］．http：//marx. cssn. cn/zf/zf_dh/201606/t201606_3086844_2. shtml.

② 赵旭东．新技术革命对国家主权的影响［J］．欧洲研究，1997（6）．

Topface 2000 万访客的用户名和电子邮件地址被盗；英国宽带服务提供商 TalkTalk 约 400 万用户的隐私数据被泄露；Uber 公司 5 万名司机信息遭泄露；美国第二大医疗保险公司 Anthem，被黑客入侵并盗走 8000 万个人信息，包括现在和以前的保险客户和员工。

（二）网络空间冲突日益加剧，各国加强网络战部署

网络空间被军事战略学家和未来学家称为“下一个战争空间”。网络信息技术所具备的即时性、便捷性、廉价性特质，使冲突和战争变得易于操作和实施，攻击手段不断更新，冲突后果不可预知。网络信息技术使传统的冲突与战争发生了颠覆性变革，因此全球各国纷纷进行网络战部署。各国政府在网络空间中的首要目标是确保本国的核心利益不受损害，保障国民免受网络袭击的侵扰。但现实情况是绝大多数网络袭击并非由政府直接发动和实施，而是由非国家行为体直接策划操作。而发动网络袭击的成本低廉、行动隐蔽，且能引发严重后果，也就造成网络空间容易爆发冲突甚至网络战争。一旦网络空间发生冲突或战争，其规模和影响范围将难以估量。网络空间冲突也可能导致国家间在现实世界中的直接敌对与冲突。由于缺乏必要的国际法律管辖与规范，网络空间冲突治理也面临着严峻挑战。有效控制网络空间冲突的烈度，制定网络空间国家行为准则，将是国际社会探索网络空间冲突治理的新课题。①

（三）网络恐怖主义正成为世界的新威胁

网络隐秘性成为网络恐怖分子的“庇护伞”，网络恐怖犯罪的低成本也助长恐怖主义的发生，而遭受网络恐怖主义的后果是灾难性的。网络恐怖分子可以利用网络来实施网络恐怖行为，一旦得逞，可能会导致全球电子交易、金融、股市等系统的瘫痪，引起社会的混乱与恐慌，造成巨大的经济损失。现实世界对信息网络的依赖程度越高，理论上网络

---

① 从培影，黄日涵．网络空间冲突的治理困境与路径选择［J］．国际展望，2016（1）．

恐怖主义发生的可能性就越大；信息网络自身越脆弱，网络恐怖主义可能造成的破坏性就越大。从目前的情况来看，网络恐怖主义的发展将会更多地和恐怖组织、民族分离主义、极端组织、宗教组织等亚国家行为体相结合。[①] 随着现实和虚拟世界结合得越来越紧密，网络攻击也将走向集团化。由于防范技术的不断提高，仅靠单枪匹马也许会显得力不从心，网络恐怖组织也会发挥集体的力量，相互配合，联合作战，对共同的目标发动攻击。

① 朱宏胜．网络恐怖主义浅析［J］．蚌埠学院学报，2015（1）．

第三章

CHAPTER THREE

建立全球网络空间治理体系框架

全球网络空间治理体系的形成与发展是一个漫长的过程。问题已经不是要不要治理，而是治理什么和如何治理。一般认为，全球网络空间治理的主体是多元化的，包括政府（国家）、网络新媒体、意见领袖、社会组织和普通网民。网络关系的建立是网络空间多元主体协同治理的基础，它承认了政府、网络媒体、意见领袖、社会组织和普通网民等力量在网络空间治理中的合理性，强调了网络空间共同治理的可能性。网络关系通过共同目标、合作意愿和参与规则将各主体紧密联系在一起，并根据主体的特征和优势，使得各主体在网络空间治理中担任适当的角色，互为支持、互为牵制、互为导向，最终形成相互依赖关系。

一、推动建立全球网络空间治理体系的目标

网络空间治理的目标是通过政府、网络媒体、意见领袖、社会组织和普通网民的积极参与和共同治理，发挥各主体在信息资源配置、舆论引导、秩序维护上的比较优势，有效解决目前网络空间存在的信息生态失衡、舆论危机、突发事件、秩序混乱等问题，共同营造网络空间自由、平等、公正的环境，进而建立持续稳定、健康发展的网络空间。中国一直以来都积极倡导建立多边、民主、透明的全球治理体系。同时中国将在创新治理理念，弥合数字鸿沟，开展双边、多边国际合作等方面，为构建网络空间国际规则和全球网络治理机制做出积极贡献。

（一）保障关键基础设施和信息安全，维护网络空间正常秩序

“9·11”和“棱镜门事件”以后，网络安全威胁持续增长，严重

威胁到网络空间的正常运行。其中，关键基础设施的安全至关重要，它们的失效和毁坏可能威胁国家安全、国家经济安全、国家公众健康或人身安全，以及这些事项的任意其他组合。[①] 这些设施包括能源设施、线路与软性资源以及网络数据等。电力基础设施常被安全界称作信息安全保障“基础的基础”。如果电力中断，基础网络和其他保障安全的基础设施都将无法保证正常运行，网络安全则无从谈起。骨干网络及其节点和关键软性资源支撑全球网络空间，才能保障网络空间的正常运行和使用。人类越来越倚重以大数据为支柱的基础设施。数据资源既可能是涉及文化、经济、政治、军事等各领域具有应用价值的数据，也可能只是未经加工的原生态数据。[②] 如果出现问题，则将造成难以预估的影响和损失。

（二）消除数字鸿沟，实现网络空间依法治理，保障人权平等

国际社会应该增进合作交流，加快网络设施建设步伐，鼓励互联网技术和应用创新，推进云计算、大数据、互联网等领域的研发，弥合数字鸿沟，推动互联网设施互联互通，推动网络资源共用共享，努力实现互联网资源均衡、安全、可持续发展，确保互联网技术能在各国，尤其是发展中国家和欠发达地区得到更广泛的应用。依法打击网络犯罪和恐怖活动，做网络安全的坚定维护者，积极主动开展网络安全国际合作，尊重国家网络空间的国家主权，保护网络空间及关键信息基础建设免受威胁、干扰、攻击和破坏，保护个人隐私和知识产权。

（三）共建多元合作治理机制，推动网络空间造福人类

网络空间是一个多元主体共同参与的虚拟空间，已经成为人类命运共同体。因此，推进网络空间的发展治理，实现全球共治与善治是大势所趋。各国政府都在积极探索互联网发展的治理之道，并结合自身特点

---

① 卿斯汉．关键基础设施安全防护［J］．信息网络安全，2015（2）．

② 蔡翠红．云时代数据主权概念及其运用前景［J］．现代国际关系，2013（12）．

取得显著成效。各国应当积极参与国际互联网治理，分享经验，反对霸权，搭建国际交流平台。全世界应当同心协力全力维护网络安全，共同应对挑战，加强合作，尊重彼此的关系，让网络治理更加法制化。国际社会应求同存异，共同推动网络空间规则制定，维护网络空间公共秩序，让互联网成为人类社会的财富，造福世界人民。

二、全球网络空间治理应坚持的原则

（一）底线公平

保障底线公平是全球网络空间治理的道德基础。“底线公平”是指“所有公民在这条底线面前所具有的权利一致性”。网络治理视角下的“底线公平”是指根据本地区互联网的发展状况和需要，划定一条国际社会共同认可的底线，即“**全民共享、弱者优先、政府首责、社会补偿、持久效应**”。[①] 底线是确定网络控制权等相关权利的水平高、中、低的标准线，也是确定政府责任与市场作用的界线、网络权力中基础部分与非基础部分的界线、相关规则的重点和次序、无差别的公平与有差别的公平的界线。

（二）开放合作

网络空间天然具有形式上的开放性，成为一个不计国家、民族、宗教信仰甚至性别的开放场所。网络空间无权威中心化的状态，让人可以摆脱现实社会可能存在的极权主义的威胁，网络空间以其开放的形式接纳每一个参与主体。网络空间的规则更多的是建立在超越民族国家之上的国际社会的协商合作，这其中就必须坚持开放合作，营造宽松的发展环境，搭建更多沟通合作的平台，为全球治理奠定基础。此外，网络空间的开放合作也意味着让大众获得实惠，将互联网服务拓展至娱乐、生

---

① 景天魁. 底线公平福利模式［M］. 北京：中国社会科学出版社，2013.

活、教育等各个方面，推动信息经济、共享经济的创新发展，让大众享有更加便捷的服务，提升人类生产和生活质量，营造一个美好的社会环境。

（三）民主参与

互联网具有自由的特征，网民享有充分的自由。在法律和公序良俗所允许的范围内，网民可以自由地发表对任何事情的观点、看法，可以自由地进行信息共享与问题探讨。互联网为民主参与提供一个合理展现的平台，包括越来越多的网民因互联网而实现了消费权的平等。网络空间的即时性也让民众参与民主的社会成本变得低廉，能够激发人们参与民主活动的热情，促进民主的普遍性。

（四）主权平等

从网络主权的角度来看，通过强调“平等”属性，建立网络空间数据资源和关键基础设施“平等治理，平等使用”的基本理念，也是应对网络霸权的重要原则。对世界各国而言，不应将主权理解为限制和阻断数据流动的边界，而是将主权作为在全球网络空间平等管辖和治理数据资源和关键基础设施的法理基础，要实现的目标，就是杜绝某些国家事实上的“单边管辖”，实现网络治理的民主与平等。

（五）法治秩序

在网络空间崛起的初期，人们认为网络空间的秩序并不需要法律，甚至认为网络空间的开放性、无中心权威性决定了无政府状态是更适应的组织模式。网络技术能够对网络秩序自身的良性运转发挥一定的作用，但却不能仅此就足以让网络秩序变得良性运转。遭受层出不穷的网络犯罪和侵权威胁的网络秩序呼唤着原本在网络空间缺席的法律，维护网络空间的社会秩序需要法律。①

---

① 夏燕．网络空间的法理分析［D］．重庆：西南政法大学，2010.

（六）数据安全

近年来，数据资源日益成为国家战略资源，全球竞争焦点正由商品和物质的争夺向数据的控制转变，其战略价值不亚于工业社会的石油。在网络空间中，谁掌握了数据资源、数据挖掘技术，以及有效转化利用数据的应用模式，谁就将获得巨大的优势。这无疑会造成各方对数据资源的占有与控制权争夺，安全问题也日益突出。数据安全问题是数据主权的有机组成部分。一方面，国与国之间开始为获取、掌控、利用海量数据进行争夺较量。另一方面，产生数据的个人、私营部门、非政府组织和政府机构，拥有数据存取实际管理权的云服务提供商（可以分配数据存储、处理和传输的权限）和拥有数据法律和行政管辖权的各国政府，三者在大数据问题上的法律权责不明确，实际能力也有很大差异。[①] 若是不能厘清责任归属，那么国家、企业和个人的数据安全便得不到根本的保障。因此，数据安全的提出是大数据时代发展的必然要求，更是全球网络空间治理的原则之一。

三、全球网络空间治理的主要内容

网络空间无论潜在的还是现实的风险，都迫切要求对其进行全球治理。2003 年召开的信息社会世界峰会突尼斯阶段会议上推动成立的互联网治理工作组（WGIG）于 2005 年发布工作报告，明确提出了互联网治理的对象。网络治理的对象不只网络地址和域名管理，还包括更加重要的内容，如关键网络资源、互联网安全、确保使用互联网促进发展等。根据这份报告内容与互联网以及网络空间的密切程度，可以看出互联网治理的同心圆结构（见图 3－1）。

互联网治理的核心是对互联网发展的关键技术和标准进行管理；其

① 沈国麟．大数据时代的数据主权和国家数据战略［J］．南京社会科学，2014（6）．

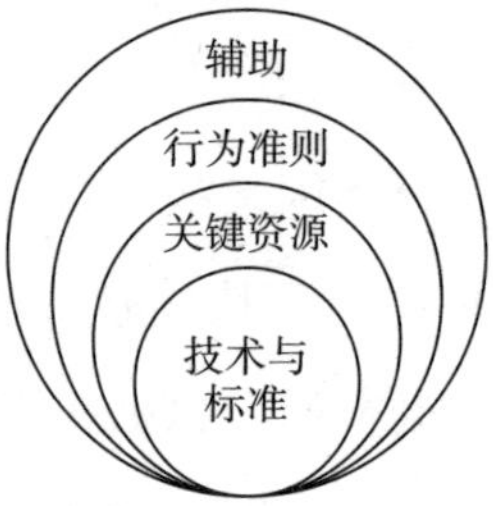

图 3－1　互联网治理的同心圆结构

次是关键资源的管理，包括域名系统及互联网地址、根服务器系统、技术标准、电信基础设施、技术创新等；再次是对行为准则的管理，包括互联网垃圾邮件、网络犯罪的治理；最后是与互联网发展不直接相关的辅助性机制安排，如互联网治理工作组列举的知识产权保护。

WGIG 确定了 13 项与互联网治理有关的公共政策问题：①根区文件和系统的管理；②互联费用；③互联网的稳定性、安全性和网络犯罪；④垃圾邮件；⑤对全球政策制定的有效参与；⑥能力建设；⑦域名分配；⑧互联网协议地址；⑨知识产权；⑩言论自由；⑪数据保护权和隐私权；⑫消费者权利；⑬语言多样性。互联网治理规则涉及上述 13 项议题，然而随着时间推移，互联网发展快速，变化巨大。这些议题当中，有的是在互联网产生之前已经存在，有的产生于互联网出现之后。因此，按照这一标准首先对议题进行划分，然后根据议题之间的相关程度进行归纳合并得出治理规则要素。

因此，国际互联网治理的主要规则**包括关键资源管理、网络信息安全、网络发展和建设、信息自由流动、知识产权保护、经济贸易六个方面**。关键资源管理、网络信息安全和网络发展和建设属于互联网特有规则；信息自由流动、知识产权保护、经济贸易是既有规则向互联网的延伸。随着互联网的演进，互联网特有的治理规则逐渐形成，既有规则向互联网的延伸不断深化。[①]

---

① 郭丰．国际互联网治理架构研究［D］．北京：北京邮电大学，2012.

（一）关键资源管理

关键资源管理包括根服务器系统管理、IP 地址分配和管理、域名资源分配和管理等。目前，全球域名资源和 IP 地址资源的分配与管理的规则是 ICANN 所制定的域名和 IP 地址政策。区域性 IP 地址资源分配与管理规则是各地区性互联网注册机构（Regional Internet Registry，RIR）制定的区域 IP 地址分配与管理政策。根服务器系统管理规则由美国商务部制定，具体管理工作由美国商务部、互联网名称与数字地址分配机构（ICANN）以及美国威瑞信（Verisign）公司共同负责。关键资源管理的规则主要通过多利益攸关方机制建立。由于美国对 ICANN 等平台具有独一无二的影响力，进而影响关键资源管理规则的制定。

（二）网络信息安全

网络信息安全包括基础设施安全、安全技术标准、网络安全事件预警和应急处理、应对网络犯罪、隐私保护等。由于互联网是全球基础设施，确保互联网的稳定性与安全性对所有利益相关方都有重要意义，需要各方加强合作、共同应对。安全技术标准制定方面，包括国际标准化组织（ISO）、国际电信联盟（ITU）、国际互联网工程任务组（IETF）、电气和电子工程师协会（IEEE）、国际电工委员会（IEC）等在内的多个技术标准组织均有所涉及，其中 IETF 制定的 Internet 协议安全性（IPSEC）、DNS 安全扩展（DNSSEC）等安全标准占据主流。网络基础设施安全方面，尚未建立全球性规则，但是联合国、经济合作与发展组织（OECD）、亚太经合组织（APEC）、北约、欧盟、八国集团（G8）、东盟等政府间平台更加重视对安全议题的讨论。网络安全事件预警和应急处理的相应规则是 FIRST、区域性应急组织（如 APCERT）等建立的协调机制。网络犯罪方面，最主要的国际规则是欧盟发起的《网络犯罪公约》。其他规则还有国际刑警组织打击网络犯罪的协调机制。网络信息安全规则制定吸引了所有利益相关方的参与。各国政府部门作为公共利益的代表应当发挥更大作用。

（三）网络建设和发展

网络建设和发展涵盖了技术标准制定、网间互联互通和结算、宽带建设发展、消除数字鸿沟、弱势群体接入等问题，其中，网络技术标准是这一规则的核心组成部分。网络技术标准是IETF出台的一系列RFC。网络应用的技术标准多为全球万维网联盟（World Wide Web Consortiam，W3C）制定的技术规范。网络设备标准方面，ISO、IEC、IETF、IEEE等标准组织均发挥作用。网络技术标准制定的参与方主要是私营部门和学术团体。网间互联互通和结算的主要规则是《国际电信规则》。关于推进网络建设、提升普遍服务水平从而消除数字鸿沟方面，《日内瓦原则宣言》《日内瓦行动计划》《突尼斯承诺》《信息社会突尼斯议程》等信息社会世界峰会的成果文件是获得全球各方公认的原则，在制定这些原则过程中政府部门发挥了主要作用。

（四）信息自由流动

信息自由流动指的是何种信息应当在互联网自由流动，如何建立制度框架使信息在互联网自由流动，还包括网络人权问题。信息自由流动涉及网络内容审查、网络封堵等。关于这一领域的规则，主要是传统规则向互联网延伸，如《联合国人权公约》。欧美国家和非政府组织在信息自由流动的规则制定方面表现积极。信息自由流动往往被西方用作攻击发展中国家互联网管理政策的工具。

（五）知识产权保护

在知识产权保护方面，国际关注聚焦在互联网版权保护上，特别是网络盗版和假冒商品的立法和执法方面。网络盗版和假冒商品的立法和执法方面的问题主要在世界知识产权保护组织（World Intellectual Property Organization，WIPO）及中美商贸联委会等双边或多边平台上进行讨论。互联网的知识产权规则是现实社会既有规则向网络的延伸，主要表现为 WIPO 相关规则在互联网的实践。由于商业利益因素，私营部门是推动知识产权保护规则向互联网延伸的主要力量，在产业界影响下各国政府为了保护本国企业在知识产权方面的权益也参与规则制定。

（六）经济贸易与市场竞争

由于互联网电子商务、网络交易结算的发展，经济贸易和市场竞争问题越来越多地在互联网上得到体现。各方关注的重点从技术标准、关键资源管理等扩展至互联网跨境贸易、电子商务等领域。从目前来看，该规则主要是 WTO 相关规则在互联网领域的延伸以及双边和多边对话中所作出的承诺和妥协。一直以来，西方发达国家政府和企业是建立互联网领域经济贸易与市场竞争规则的推动力量，通过 WTO、OECD、G8、G20 峰会等多边平台积极倡导网络贸易环境自由，力图建立互联网自由贸易的国际规则体系。但随着我国电子商务规模日益扩大，以阿里巴巴为代表的电子商务企业开始提出了新的全球电子商务贸易规则，倡议建立世界电子贸易平台倡仪（eWTP）贸易规则，引领全球贸易新规则。

四、网络空间行为主体及权利与义务

从网络空间的现实来看，网络空间的参与主体主要是利益相关者之间的关系结构。为了更为清晰地描述网络空间行为主体的多元性，本书采用了民众、企业、组织及机构、政府等四大类型的分析模式。

（一）互联网用户与网民群体

随着互联网的迅猛发展，互联网用户规模也在不断扩大，他们即是互联网的使用者，同时也是互联网的创造者，他们在互联网上制造话题、反馈信息、推动舆论、提供娱乐等，互联网用户在不同程度地支配着网络生活，改变着互联网的生态格局，而建立虚拟社会的社会规范和良好秩序是互联网治理的一个主要目标，**因此互联网用户在治理主体上**

的主要职责在于自律，信守自律公约，通过切实的行为来建立和维护互联网秩序，促进互联网健康良性发展，“网民”作为治理主体是推动互联网深入发展的重要推动力。

网民的形象在一定程度上代表国家形象。作为一个个体，网民也许很难参与到全球网络空间治理之中，但作为一个群体就有必要也有实力参与到治理的各个环节，充分运用自己的智慧为各种政策规章制度和技术标准制定以及互联网出现的新问题等贡献力量。网民群体以其巨大的规模，在国内外已经形成了不容忽视的“新意见群体”，在媒体传播上的能见度和影响力也在与日俱增。[①]

此外，网民参与互联网治理的形式不仅限于此。比较普遍的做法就是组织和参与网络社会组织的建设，在气候变化、反恐、核安全等全球公共事务上发声，或者参加各类公益服务活动，如为网络弱势群体提供培训服务促进网络平等，或者加强学习以拓展视野，以“命运共同体”意识加入全球公共领域的沟通与交流，从而在实践中倡导和维护公正的网络空间治理规则。

（二）互联网企业及市场主体

互联网企业在互联网治理主体中占据着不可忽视的重要地位，是推动互联网治理的中坚力量，它主要包括建设网络基础设施的电信运营企业、互联网接入服务提供商、互联网应用服务提供商、互联网内容提供商以及电子商务服务商等。互联网企业在互联网治理中充当着主体和客体双重的角色。作为客体，它们受政府部门的管理和社会公众的监督；作为主体，它们对网络的治理主要有两种方式：一是通过技术手段进行控制，二是通过自律方式进行约束。[②]

---

① 史安斌，刘滢．多元主体多边参与网络公共外交［OL］. http：//www. pdcec. com/bencandy. php？ fid = 72&id = 19071.

② 宋煜．推动社会力量参与全球网络空间治理［OL］. http：//www. cssn. cn/sf/bwsfgyk/yc – jjx/201704/t20170411_3481703. shtml.

随着新一代信息技术的不断发展，特别是以物联网为代表的技术逐步进入实践，传统产业与信息通信技术的相互融合已经不可阻挡，那么传统企业也将会在网络空间治理中扮演重要角色。虽然本部分内容将主要以互联网企业为主进行论述，但在未来的网络空间治理体系中，传统企业转型升级后也将会拥有相应的权力，并承担相应的义务。

超级网络跨国企业是网络空间的主导力量，为了更好地分析不同类型企业对网络治理的行为与影响，我们将这些企业粗略地分为三类：技术导向型、媒体（社交）特征型和应用导向类型。

一是技术导向型企业。技术导向型的企业是指在高新技术领域内，主要生产附加值高的产品（服务），并通过不断进行工艺革新、技术研发或者知识创造来推动集群快速成长的企业。这一类型的企业首推 Intel（英特尔）和 Microsoft（微软），及其全球大量的通信运营商。Microsoft 总部位于美国华盛顿州西雅图，目前是全球最大的电脑软件提供商。其主要产品为 Windows 操作系统、Internet Explorer 网页浏览器及 Microsoft Office 办公软件套件，目前也涉足移动互联网领域。Intel 总部位于美国加利福尼亚州圣克拉拉，是世界上最大设计和生产半导体的科技企业。受移动互联网影响，ARM、高通等企业正冲击 Intel 和微软的位置。此外，IBM（国际商用机器公司）于 1911 年创立于美国，总部设在纽约州阿蒙克市，业务遍及 170 多个国家和地区。Cisco（思科）公司已成为公认的全球网络互联解决方案的领先厂商，同时，该公司也是建立网络的中坚力量，互联网上近 80% 的信息流量经由思科的产品传递。近年来，中国的技术导向型企业，如华为、中兴、大唐、中国移动等也在迅猛发展，对这些传统跨国企业发起了挑战，同时也成了真正意义上的跨国公司，面临着如何参与网络空间治理的问题。通信运营企业所建设的网络基础设施是互联网发展的依托。网络流量的无序性会严重影响互联网用户感知和通信运营企业、软件厂商的效益，从而制约互联网的持续发展，因此通信运营企业必然担负着疏导优化互联网流量的重任，这是在互联网治理中的主体职责；对于互联网上传播的各种有害信息，无论对政府、企业、社会民众来说都产生了非常大的负面影响，通信运营企业采用技术手段去遏制有害信息在互联网上的传播，也是其在互联网治理中的客体职责。①

二是媒体导向型企业。媒体导向型企业主要是指以信息服务为中介的一类社交性新媒体。最为典型的就是 Google（谷歌）。虽然 Google 自身定位于一家技术型企业，但其产品的社交特征非常明显，它拥有世界上最大的搜索引擎，开发并提供大量基于互联网的产品与服务。同时，Facebook（脸谱）社交网站在 2004 年 2 月 4 日上线，截至 2013 年 11 月每天上传约 3.5 亿张照片，拥有约 9 亿用户。基于移动互联网的 Twitter（推特）是一家美国社交网络及微博客服务的网站，是全球互联网上访问量最大的十个网站之一。Apple（苹果）在 2014 年世界 500 强排行榜中排名第 15 名。这类企业是网络空间主要的信息来源和传播载体，发挥关键的信息枢纽作用，具有强大的传播能力。

三是应用导向型企业。应用导向型企业是指以互联网为手段，在传统社会需求的基础上充分发挥网络优势，提供便捷的专业服务公司。例如中国的阿里巴巴，为全球的电子商务提供了包括网上支付、B2B 网上交易市场及云计算业务。与之类似的还有美国的亚马逊、eBay、Uber 和 Airbnb 等，中国的京东、当当、滴滴等。这些新业态借助移动通信技术和风险投资的力量，在交通出行、空间使用、金融支付、餐饮服务、医疗健康、知识教育、任务服务甚至公共资源等领域全面开花。这些企业代表了网络治理中的新兴力量，如何参与全球网络治理仍是一个需要严肃面对的问题，因为它们的参与对现有的法律和社会规范所产生的冲击，让以传统商业过程为基础建立的政府行政管理面临前所未有的困境，也让全社会意识到解决诸如准入门槛高、服务规范难、个人征信

---

① 申志伟. 基于电信运营企业的互联网治理研究［D］. 北京：北京邮电大学，2012.

缺失等问题的迫切性和复杂性，并在一定程度上带来了新的社会问题。

总体而言，互联网企业的主要职责和作用在于协助起草国际和国家关于互联网方面的法律法规和规章制度、研发互联网相关技术以及制定技术标准规范，促进互联网创新发展，为政府和其他相关者提供政策建议、准则和工具，制定自身的业内自律规范以及在必要时进行仲裁和解决争端等。具体包括：①业内的自行规范；②确立最佳实践；③为决策人员和其他利益有关者确定政策提议、准则和工具；④技术、标准和进程的研究和发展；⑤协助起草国家法律，参加国家和国际政策发展；⑥促进创新；⑦仲裁和争端解决；⑧促进能力建设。①

基于形成决策的现实需要，在全球互联网治理中并非所有企业都能被纳入治理机构，因此代表性问题就非常棘手。美国跨国公司占据主要地位的合法性是基于其市场范围和全球触角，它们与美国政府实现了利益结盟。从美国政府的角度出发，动员这些企业驱动互联网增长是美国国家利益所在。另外，在互联网治理上企业与美国政府保持紧密的关系会使公司运转顺利，美国公司在事实上也能够获得美国政府的处处支持。在现存的互联网治理模式中，美国公司独大的现实难以改变。但人们会质疑为何在其中看不到来自其他国家的公司，尤其是作为互联网用户第一大国——中国的互联网企业。如果不能在全球范围内解决企业代表性问题，“多利益相关体”模式中的重要一极将继续为美国跨国公司所把持。②

（三）互联网相关组织及机构

由于参与互联网治理的实体较多，而且性质多种多样，因此建立“平台”非常重要，而其组织形式也往往是以“组织”的形式出现，并

---

① WGIG. Report of WG on lnternet [OL]. http: //www, on, org/chinese/events/wsis/wgig_ro port. pdt.

② 邹军. 全球互联网治理的新趋势及启示——解析“多利益攸关方”模式 [J]. 现代传播，2015 (11).

以“机构”的实体来维持运营的。平台可以是公益性的组织、团体，也可以是私营企业、公司，可以是政府间国际组织，也可以是民间团体、非政府组织，可以是全球性的机构，也可以是区域性的机构。

所有与互联网治理有关的政府间组织、民间团体等机构，都是全球网络空间治理的参与主体。这些组织与机构是互联网治理的重要组成部分，是互联网行业根据自身需要组建的代表行业利益、协调行业和维护行业声誉的组织机构。相对于互联网技术的日新月异而言，政府机构制定的法律法规显得相对滞后，因此行业组织与管理机构作为互联网治理的主体，在此时的协调和管理作用就显得尤为重要。这些机构与组织的作用和责任包括：①增强意识和能力建设（知识、培训、技能分享）；②促进实现各种公益目标；③协助建立网络；④动员公民参加民主进程；⑤兼顾受排挤群体的意见，包括受排斥社区和基层活动人员的意见参加政策进程；⑥在一系列信息和通信技术政策领域提供各种专长、技能、经验和知识；⑦协助自下而上、以人为本和包容各方的政策进程和政策；⑧研究和发展技术和标准；⑨发展和推广最佳实践；⑩协助确保政治和市场力量能够顾及社会所有成员的需求；⑪鼓励社会责任和善政实践；⑫倡导开展可能不时髦或不赢利但必不可少的社会项目和活动；⑬协助在人权、可持续发展、社会公正和赋予权能基础上，规划以人为本的信息社会远景。

虽然互联网的应用已经布满世界的各个角落，互联网也成为人类生活的重要内容，**但迄今为止还没有一个全球性的国际公认的组织机构来负责互联网的运营管理**。由于互联网技术起源于美国，所以互联网管理的机构大多数都形成在美国。美国的网络空间战略是非常完备的，这从美国奥巴马政府几次发布的国情咨文《美国网络空间国际战略》可见一斑。美国政府和民间智库以及企业之间的良性互动也是别的国家望尘莫及的，如兰德公司这种美国战略型智库在网络空间等方面长期累积的成果对美国在网络空间战略方面的软实力增强作用是不言而喻的。

（四）政府参与网络空间治理

随着网络空间生态的变化以及大数据时代的到来，各国政府有责任推动网络空间国际议程的改造，并为国际关系民主化以及全球共享的网络安全做出贡献。在网络空间中，政府所扮演的角色十分复杂。由于政府机构有着强大的控制力和强制力，能够获得最大的公众信任，同时也拥有最多的治理资源，因此政府机构作为互联网治理的主体有着不可替代的权威性和有效性。在互联网治理工作组提交的报告中，政府机构在其中的作用和责任包括：①在国家一级酌情进行公共政策的决定、协调和执行，并负责在区域和国际级别上的政策制定和协调；②为信息和通信技术发展创造有利环境；③监督职能；④制定和通过法律、条例和标准，制定条约和确立最佳实践；⑤促进信息和通信技术方面的能力建设，并通过信息和通信技术开展能力建设；⑥推动技术和标准的研究和发展；⑦推动普及信息和通信技术服务；⑧打击网络犯罪；⑨促进国际和区域合作；⑩推动基础设施及信息和通信技术应用的发展，探讨总的发展方面问题。

政府作为公共权力的执行者，有能力保障网络空间各主体的有序参与。即使网络空间各主体拥有共同的目标和合作治理的意愿，以及制定了相应的参与规则，也无法保障在主体利益和共同利益发生冲突时各主体的行为完全有序和公正。只有依靠以政府为主导制定的网络空间多元主体协同治理机制，才能保障各主体分享核心资源，保障各主体的一切行为以共同利益为准则。[①]

政府在网络空间治理中除了要发展网络技术、繁荣网络文化和维护网络安全外，还应努力参与网络空间价值观的建构、网络空间行为标准的制定以及网络空间国际议程的规划。另外，在网络空间多元主体协同治理模式中，政府应淡化其在网络空间管理中的绝对权力，以合作者身

---

① 周毅，吉顺权．网络空间多元主体协同治理模式构建研究［J］．电子政务，2016（7）．

份参与其中，但仍要扮演主导者角色，而这是由政府的公共利益代言人和公共权力执行者所决定的。

在全球网络空间治理中，互联网已不仅仅是几个国家的互联网，它是一个利益共同体，网络空间治理机制也不仅限于以治理结构为基础的内部治理，而是多元主体及其参与者通过一系列的内部、外部机制来实施共同治理。网络治理的目标是要保证网络空间治理政策的科学性，在创造财富的最大化的基础上保证各方面利益相关者的利益最大化。全球网络空间治理的核心是对关键资源的治理，而“平台”和“规则”是争夺的重点。

第四章

CHAPTER FOUR

全球网络空间治理现状及存在的主要问题

一、全球网络空间治理主要模式及演变历程

以互联网全球治理方面的重大事件为切入点对互联网发展模式进行简要梳理，追溯现治理格局中关键环节、角色、制度形成的历史。

（一）第一阶段：技术治理模式

早期的互联网治理体现了技术治理的显著特征，是技术决定论在互联网领域的反映。技术的开放性特征是互联网得以发展的必要条件①。

互联网起源，TCP/IP 协议奠定了未来开放式的网络治理基本技术架构。互联网是美军在美国国防部高级研究计划署（ARPA）制定的协定下，首先用于军事连接，后将美国西南部的加利福尼亚大学洛杉矶分校、斯坦福大学研究学院、加利福尼亚大学（UCSB）和犹他州大学的四台主要的计算机连接起来。这个协定由剑桥大学执行，在 1969 年 12 月开始联机。1983 年 1 月 1 日，ARPANET 的网络协议从网络控制协议切换为 TCP/IP 协议，TCP/IP 协议正式投入使用。TCP/IP 协议的部署标志互联网正式诞生。TCP/IP 协议被认为是奠定了未来开放式的网络治理基本技术架构。早期对互联网研究的研究学院等均与美国国防通信部存在紧密联系，受到国防部的资助。

早期基于技术专家的管理组织成立，奠定了互联网治理的多利益攸关方模式的基础。1983 年底，互联网先驱们成立了互联网活动委员会

① 王明国．全球互联网治理的模式变迁、制度逻辑与重构路径［J］．世界经济与政治，2015（3）．

(IAB，互联网架构委员会的前身)。该组织作为审查组的角色对当时互联网标准的制定进行把关。1986 年，美国国家自然科学基金介入互联网骨干网的运营，互联网进入了一个高速发展的时期，为应对随之而来的工程技术问题日趋复杂，互联网工程任务组（IETF）应运而生。其主要任务是负责互联网相关技术规范的研发和制定。IETF 采取公开参与的方式，不涉及成员与投票权问题，其主要任务是对文本进行协商，因而与一般意义上的政治协定存在很大差异。该组织与同时期互联网相关组织仅仅局限于技术圈的小群体不同，向所有人开放，举行公开会议研讨技术问题。1992 年，进一步发展壮大，会议规模突破 650 人。此种管理体系避免了互联网从一开始隶属于单一政府或者具体企业。

1989 年，IAB、IETF 重组，新成立了互联网研究任务组（IRTF）。在重组的架构中，IAB 处于指导地位，对重大技术方向进行把握。在 IAB 指导下，IETF 和 IRTF 采取分领域工作的方式，每一领域设 1 ~ 2 名负责人，管理若干下设工作组的工作。IAB、IETF 和 IRTF 等均通过各种渠道获得不同美国政府机构的资助，来维持运转。

（二）第二阶段：多利益攸关方治理模式

随着互联网技术的发展，涉及范围和用户对象不断扩大，特别是互联网开始突破科学研究的范畴运用于商业领域，在此背景下，传统的技术治理模式无法适应新的要求。对互联网协议和物质架构的设计、监督和操纵方面的治理，比文本层面上的互联网使用和科学研究更为重要。互联网治理模式进入第二阶段，即多利益攸关方治理，包括政府、松散的附属组织和个体，依靠规律性互动追求合作性目标①。

1. 关键治理机构的发展

1990 年，美国国防部与斯坦福研究所（SRI）签订的根区管理合同

---

① 王明国．全球互联网治理的模式变迁、制度逻辑与重构路径［J］．世界经济与政治，2015 (3)．

到期，一家名为GSI的承包商赢得了美国国防部的新合同，并立即转包给了一家互联网地址注册公司（NSI）。美国国家科学基金会（NSF）为互联网研发提供资金并代表美国政府与NSI签订5年合同，把顶级域名系统的注册与维护交予NSI，并实行“先申请、先注册”原则。互联网的地址资源分配则交由IANA（Internet Assigned Numbers Authority）来分配。至此，营利性公司首次介入了域名系统的管理。1995年，NSI公司开始利用域名注册收费。

1998年10月互联网名称与数字地址分配机构（The Internet Corporation for Assigned Names and Numbers，ICANN）成立。域名系统（DNS）中权力的分配方式：美国商务部于1998年从美国国防部继承了对域名根区域文件修改的权利；ICANN通过合同授权给域名登记机构管理顶级域名；域名登记机构则通过同样的契约关系与域名注册公司合作。目前DNS的中心化结构，是导致大部分问题产生的根源所在。从政治角度来看，它是一个三层结构体系。ICANN控制一切，居于中心地位。处于第二层的是那些域名登记机构，比如Verisign，它们控制着顶级域名（TLDs），比如“. com”。居于最底层的是域名注册公司，它们直接面向客户，提供域名注册的零售服务，它们其实是不同域名登记机构的终端代理。目前ICANN认可的域名注册公司大约有1000家，它们中很多都有自己的分销网络。尽管ICANN声称是一个“全球性的、不以盈利为目的、谋求协商一致”的组织，但ICANN充分体现了互联网治理的美国方案，依靠技术优势，组织其他国家获取网络空间管辖权，维系网络强国霸主地位。

2. 同期网络治理方向

1994年4月15日，作为关贸总协定乌拉圭回合谈判的21个最后文件之一，各国代表签署《与贸易有关的知识产权协议》，简称TRIPS，并于1995年1月1日起生效，由同时成立的世界贸易组织管理。该协议不仅是保护知识产权最新的一个公约，而且是将知识产权保护纳入

WTO 体制的法律根据。美国将贸易制裁作为知识产权保护工具的做法从美国推广到一个多边、近乎全球的机构。此举与美国在 TPP 协议中将数据自由流动作为统一标准，异曲同工。

1994 年 10 月，万维网联盟（World Wide Web Consortium，W3C）创建，是 Web 技术领域最具权威和影响力的国际中立性技术标准机构（W3C 视频）。最初创建的目的，是为了完成麻省理工学院（MIT）与欧洲粒子物理研究所（CERN）之间的协同工作，并得到了美国国防部高级研究计划局（DARPA）和欧洲委员会（European Commission）的支持。到目前为止，W3C 已发布了 200 多项影响深远的 Web 技术标准及实施指南，有效促进了 Web 技术的互相兼容，对互联网技术的发展和应用起到了基础性和根本性的支撑作用。

1997 年 2 月 1 日，美国政府发布了“全球电子商务框架”文件。在该文件中针对未来在互联网上进行商业交易提出了五项基本原则：①民间主导发展；②政府对电子商务应避免设立不成熟限制；③政府只在必要时介入，并应着眼于支持与加强可预见的电子商务实行环境还须顾及法令的简明与一致性；④政府须认清互联网的特性；⑤制定有关的电子商务法令，须着眼于便利全球贸易。

（三）第三阶段：政府间国际组织主导的治理模式

技术治理模式和多利益攸关方治理模式均属于自下而上的方法，但解决网络治理问题的能力有限。如 ICANN 存在合法性和透明度不足的问题，ICANN 为美国的代理人，非独立的、多利益攸关方的治理制度，凸显出美国排他性的政策特征。此环境下，发展中国家企图通过联合国主导全球互联网治理，治理模式开始向政府间国际组织主导的治理模式转变。

1. 政府间国际组织主导的治理模式

世界信息社会峰会被视为联合国试图主导互联网治理的开端。2001

年，联合国大会批准了国际电信联盟的提议，同意在国际电信联盟的领导下，召开世界信息社会峰会（WSIS）。由于瑞士和突尼斯争相主办，第一次峰会被分为两个阶段，峰会自 2002 年开始，于 2005 年 11 月结束，两阶段分别被称为“日内瓦峰会”和“突尼斯峰会”。

2002 年 1 月，联合国大会第 56/183 号决议赞同国际电信联盟通过的信息世界峰会会议框架。峰会的目标是“建设一个以人为本、具有包容性和面向发展的信息社会。在这个社会中，人人可以创造、获取、使用和分享信息和知识，使个人、社区和各国人民都能充分发挥各自的潜力，促进实现可持续发展并提高生活质量”。

2003 年 12 月 10—12 日，信息社会世界峰会日内瓦阶段会议上，互联网治理成为热门话题。峰会成果文件《日内瓦行动计划》邀请联合国秘书长成立互联网治理工作组。并对互联网治理工作进行了定义：**互联网治理是政府、私营部门和民间社会根据各自的作用制定和实施旨在规范互联网发展和使用的共同原则、准则、规则、决策程序和方案**。并确定了 13 项与互联网治理有关的公共政策问题，如根区文件和系统的管理；互联费用；互联网的稳定性、安全性和网络犯罪；垃圾邮件；对全球政策制定的有效参与；能力建设；域名分配；互联网协议地址；知识产权；言论自由；数据保护权和隐私权；消费者权利等。

2005 年 6 月 30 日，美国商务部在其网站上发布公告表示，美国政府将继续拥有对 ICANN 的全权，美国商务部将无限期保留对 13 台域名根服务器的监控权，推翻了 1998 年所作承诺，引起欧盟国家强烈不满。直至突尼斯峰会前夜，美欧双方为避免矛盾激化，导致正面冲突，互相做出“让步”。欧盟同意由 ICANN 及美国政府继续管理互联网关键资源。作为交换条件，美国同意召开联合国互联网治理论坛（IGF），各国政府可以在论坛上讨论互联网政策问题并提出相关建议。然而由于 IGF 不具有决策力，事实证明美国没有做出真正让步。

2005 年 11 月 16 日至 18 日，信息社会世界峰会第二阶段会议在突尼斯召开。在“安抚”欧盟以后，美国在突尼斯峰会上尽管面对众多国家向其施压，坚决不放弃关键资源管理权。作为妥协，各方同意请联合国秘书长召集举办互联网治理论坛进一步讨论涉及互联网治理的主要公共政策问题。然而，突尼斯峰会达成的《突尼斯议程》文件明确说明，不能进行任何决策，其建议也不具有强制力。成果文件除要求成立互联网治理论坛（IGF）外，还要求联合国秘书长在2006年第一季度末启动加强合作进程，但由于种种原因该进程并未根据峰会的要求按时启动。直到2009年，联合国层面才开始推进这一进程。

2. 政府间国际组织主导的治理模式的意义和缺陷

一方面，峰会促使世界政治领域不同类型行为体思考互联网治理的路径。另一方面，峰会也扩大了互联网治理的范畴，除技术因素外，治理对象扩展到政治、经济和公共政策领域，推动了信息、互联网、知识产权和通信等相关领域全球治理制度的变迁。

峰会最终没有确认政府间国际组织对互联网治理的主导地位。《互联网治理工作组报告》指出，“**任何一个国家的政府都不应在国际互联网管理方面享有主导地位。管理职能的组织形式应是多元、透明和民主的，并由各国政府、私营部门、民间社会和国际组织充分参加**”。峰会致力于联合国与其他组织一起共同解决全球数字鸿沟问题。但其缺乏政策的一致性和连贯性，缺少发达国家的财政支持，发达国家难以履行承诺。

（四）第四阶段：国家中心治理模式

近年来，国家主权的理念和实践开始占据互联网政治的主流话语体系①。越来越多的国家开始认同并接受主权国家对互联网的监管与

① 黄志雄．网络空间治理：国际法新疆域［M］//蔡拓，刘贞晔，主编．全球治理变革与国际法治创新．北京：中国政法大学出版社，2014：24. 刘杨钺，杨一心．网络空间“再主权化”与国际网络治理的未来［J］. 国际论坛，2013（6）：1.

治理。

1. 国家中心治理模式被广泛接受

如，2012 年 12 月，俄罗斯在迪拜举办的国际电信世界大会上提出“网络主权”倡议，强调应加强主权国家在互联网发展与监管中的作用。2013 年 1 月 21 日，俄总统普京签署命令，责成俄联邦安全局建立监测、防范和消除计算机信息隐患的国家计算机信息安全机制。

巴西成立互联网指导委员会，负责制定互联网战略，协调整合互联网资源。2014 年 4 月 23 日，巴西总统罗塞夫签署了一份名为《网络民法》的权利法案，保护巴西互联网用户的在线隐私。

2015 年 12 月 16 日，第二届世界互联网大会上，为推动全球性网络治理，习近平总书记提出以“尊重网络主权”为原则，建立“多边、民主、透明的全球互联网治理体系”。打破以美国为首的西方国家所持的“网络自由”论。习近平总书记提出的以国家为主导的“多边”网络治理体系与美国倡导的“多利益攸关方”治理模式不尽一致。

2. 国家中心治理模式为主流，政府间国际组织治理模式和多利益攸关方模式并行

2011 年 9 月 12 日，中国、俄罗斯、塔吉克斯坦、乌兹别克斯坦向联合国提交了《信息安全国际行为准则》。《信息安全国际行为准则》是目前国际上就信息和网络安全国际规则提出的首份较全面、系统的文件，旨在明确各国在信息空间的权利和责任，推动各国在信息空间采取建设性和负责任的行为，促进各国合作应对信息空间的共同威胁与挑战，确保信息通信技术包括网络仅用于促进社会和经济全面发展及人民福祉的目的，并与维护国际和平与安全的目标相一致。

2011 年 12 月，印度、南非、巴西等国在联合国层面提出建立“联合国互联网相关政策委员会”（CIRP），提议各国政府在互联网政策制定中加强合作发挥决策作用，私营部门、民间团体等相关方可组成咨询委员会提供建议。该提案建议，CIRP 由联合国大会直接管理，为所有

相关的政府机构和国际组织提出建议以供其考虑、采纳及分享。该提案还提议建立一个多边、多股东机制，意图不是控制互联网或允许各国政府在互联网管制方面拥有最后决定权，而是确保互联网不会被单边治理，使各方都参与其中，以一种开放、民主、包容、参与的方式进行。

2014 年国际电信联盟全权代表大会上，5 次圆桌会议，制定了 2020 年电信/ICT 的宏伟愿景。“连通目标 2020”提出了电信/ICT 行业的共同愿景，号召成员国、私营部门、政府机构、企业、学术界、民间团体等多利益攸关方朝着“连通目标 2020”的目标奋进。

2014 年 11 月 19 日至 21 日，首届世界互联网大会（简称“乌镇峰会”）在浙江乌镇举行，主题为“互联互通共享共治”。是中国在国际网络治理博弈中第一次采取积极主动策略。

2015 年 1 月，全球互联网治理联盟（Net Mundial 倡议）委员会成员选举完成。联盟经过投票选举，从来自全球的 46 位提名人选中选出了 20 名委员会成员，主要负责议决联盟重大事项，推动 ICANN 国际化和全球网络空间治理。本次入选的成员涵盖：亚太、非洲、欧洲、北美、南美五大区域；专家学者、技术社区及基金会，民间组织，政府部门，私营部门四大领域。全球互联网治理联盟由 ICANN、巴西互联网指导委员会和世界经济论坛联合发起。

2016 年 2 月 4 日，美国、日本、澳大利亚、文莱、加拿大、智利、马来西亚、墨西哥、新西兰、秘鲁、新加坡和越南 12 个国家在奥克兰正式签署了跨太平洋伙伴关系协定（TPP）协议。TPP 文件电子商务部分的条款不仅禁止政府强制的数据主权规定，政府亦不可以要求查看在 TPP 地区注册成立的公司的源代码。

二、全球网络空间治理现状

（一）当前全球网络空间治理体系及分工

由于网络治理的对象不限于一个国家范围内，所以这些治理工作最终由政府间国际组织、国际非政府组织、非营利性的私营公司等实际承担。由于网络本身的技术特性和历史遗留问题，网络治理的核心对象并不是掌握在常见的多边或政府间组织手中，而是掌握在通常名称以字母“I”打头的技术、标准组织手中，而网络基础资源的分配则掌握在ICANN手中。

表 4－1　网络空间国际治理主要行为体及其性质、职责与功能

主要行为体	性质	职责	位置
国际电工委员会（IEC）	政府间国际组织，由各国的国家或私营业界的委员会构成	技术标准建设	核心
国际标准化组织（ISO）	国际非政府组织	技术标准建设	核心
互联网号码与名称分配局（ICANN）	私有非营利性美国公司	协调管理	核心之核心
互联网工程任务组（IETF）	基于资源的松散跨国网络	核心技术研发、技术标准研究	核心之核心
事件响应和安全团队论坛（FIRST）	主权国家背景的跨国技术工作论坛	能力建设、问题解决与制度建设	中心
八国集团（G8）	多边政府间国际组织	能力建设、制度建设与跨国协调合作	中心
电机及电子学工程师联合会（IEEE）	专业技术人员构成的国际组织	技术标准建设	中心
互联网治理论坛（IGF）	跨国论坛	观念与信息交流	中心
国际刑警组织（INTERPOL）	政府间合作组织	聚焦打击计算机、网络犯罪	中心
Meridian 进程	政府间合作机制	聚焦关键基础设施保障的政府间合作机制，并正试图将合作范围扩展到工业控制系统	中心
北大西洋公约组织（NATO）	军事同盟、政治同盟	聚焦美国及其核心军事盟友的网络安全，网络战	中心

续表

主要行为体	性质	职责	位置
欧洲联盟（EU）	区域性国际组织，主权国家构成的一体化组织	能力建设，制度与跨国合作，强调全面的网络安全能力	中心外围之间
国际电信联盟（ITU）	联合国下属的政府间国际组织	能力建设，国际发展与跨国协调	中心与外围之间
美洲国家组织（OAS）	政治同盟	聚焦反恐、网络安全标准以及打击网络犯罪	中心—外围
经济合作与发展组织（OECD）	基于意识形态的政府间国际组织，政治联盟	内部成员的网络安全与隐私政策协调	中心与外围之间
欧洲理事会（EC）	区域性多边国际组织，政治联盟背景	制度与跨国合作，侧重打击网络犯罪方向	外围
亚太经济合作组织（APEC）	区域性多边国际组织	制度与跨国合作	边缘
东南亚国际组织（ASEAN）	区域性多边国际组织，军事联盟背景	制度与跨国合作	边缘

资料来源：United States Government Accountability Office. Cyberspace: United States Faces Challenges in Addressing Global Cybersecurity and Governance [OL]. [2014－12－13]. http://www.gao.gov/assets/310/308401.pdf.

（二）美国在当前网络空间治理体系中处于核心地位

网络空间国际治理体系的基本现状，是美国占据显著优势位置下的不均衡发展。以美国为代表的欧美发达国家及公司与组织，在全球网络空间治理中占据优势的中心位置，掌握了全球互联网关键技术标准、应用、基础设施、核心硬件研发、生产以及商业化能力；而以大量亚非拉地区为代表的发展中国家，处于全球网络空间治理中的边缘位置。以域名系统管理为例，ICANN 主要承担了互联网域名管理的职能，但美国政府仍然对 ICANN 有较大的控制权限。ICANN 管理互联网域名职能的基础是与美国政府签订的合同。目前有三个主要合同文件构成了 ICANN 日常工作权限的基础。ICANN 的建立起源于 1998 年与商务部签署的一份谅解备忘录，由此原来由美国政府部门执行的 DNS 的协调和管理职能向非营利性私营部门（ICANN）转移。虽然美国商务部不干预 ICANN 的日常运作，但是美国政府通过以下合同保留了商务部/NTIA对 DNS 职能的管理权限：

• 2009 年商务部和 ICANN 签的承诺文件；

• 商务部和 ICANN 签的技术功能合同；

• 商务部和 VeriSign 公司之间签署的管理和维护官方 DNS 根区域文件（VeriSign 公司拥有 13 台根服务器中的 2 台，其中包括代号为 A 的主根服务器）。

在日常 DNS 管理中，美国电信和信息管理局（NTIA）是 ICANN 的实际上级部门。NTIA 目前承担责任主要是根区档案变更的授权程序管理，根区当中包括所有顶层网络的网址与名称等 DNS 资料。NITA 与 ICANN 签订合同，委托 ICANN 执行 IANA 的职能，另与 VeriSign 公司签订协议，委托部分根域（“. com”和“. net”）管理工作。

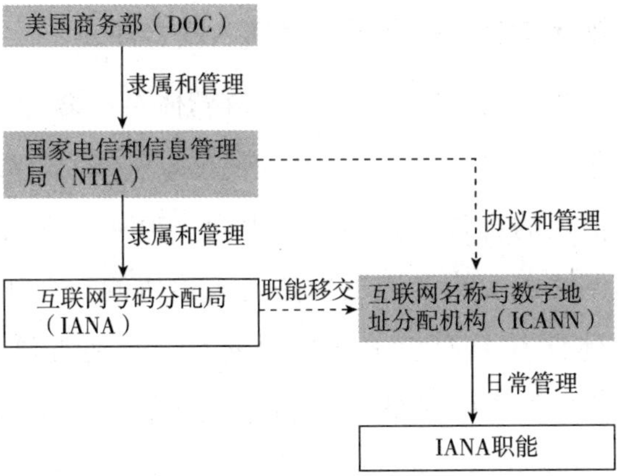

图 4－1　美国商务部/NTIA 对 ICANN 的管理权限

资料来源：互联网实验室，2015 年 8 月。

美国认为，基于这三个合同文件，美国政府通过商务部/NTIA 拥有了对 ICANN 的管理权限，可以说美国对 ICANN 和 DNS 的影响力超过其他国家[1]。美国通过 ICANN 内部"问责制"的两条工作机制来保障美国在全球互联网治理中的影响力。问责制流程将拥有对 ICANN 日常工作的监管权力，包括预算批准、董事任免、内部章程审批等方面的权利。此外美国国会提出的建立问责制工作流程，以保证新的 ICANN 机制持续保持对"多利益攸关方"负责[2]——评估当前和未来政府间电信会议在何种程度上增加了一些国家对互联网的控制，以及美国电信和信息管理局和政府其他机构（如国务院）如何有效对抗这种威胁。

2014 年 3 月美国电信和信息管理局提出移交 IANA 职能的管理权，由此开启了 ICANN 改革进程。ICANN 改革从原则到流程受美国政府控制。ICANN 改革虽然名义上是美国政府向互联网社群组织移交管理权限，但美国政府同时提出的是改革要依循"多利益攸关方"（Multi - stakeholders）原则。美国政府希望通过 ICANN 改革树立以"多利益相关模型"的成功案例，进而建立美国在全球网络治理中的新的主导地位。

（三）当前网络空间治理主要有两大阵营体系

当前全球网络空间治理主要有两大阵营体系：第一阵营是以美国为首的西方国家集团，它们都出台了相应的国家网络安全战略，并提出反映西方国家价值观的合作方式和治理理念。2014 年 3 月，美国表示与欧盟加强在与网络相关事务上的双边与多边协调与合作。美国明确表示，美欧合作建立在共有价值、共同利益，多利益攸关方（Multi - stakeholders）治理理念，网络自由和保护网络空间人权的基础之上。2015 年初，美国和英国表示要在保护关键基础设施、加强网络防御、

---

① "By virtue of those three contractual agreements, the U. S. government—through DOC/NTIA—exerts a legacy authority and stewardship over ICANN, and arguably has more influence over ICANN and the DNS than other national governments." 这一观点原文出自美国国会研究室（Congressional Research Service）发布的简报"Internet Governance and the Domain Name System: Issues for Congress".

② 关于问责制的信息来自于美国众议院 2015 年 5 月 13 日召开的聆讯会议。

支持网络学术研究等方面开展务实合作。同年6月，美国和日本就提升网络威慑而加强信息和情报共享达成协议。不难发现，以美国为首的第一阵营更加强调网络空间中自由、民主的价值理念和加强自身的网络威慑能力。第二阵营是中国、俄罗斯等新兴国家集团。“棱镜门事件”发生后，中、俄等国十分关注维护网络国家主权问题，呼吁国际社会关注美国以网络空间开放、自由为名、实际侵犯别国主权的行径。2014年在巴西召开的金砖国家峰会上，俄罗斯建议加强金砖国家的网络安全合作。以俄罗斯和中国为代表的金砖国家认为，“维基解密”和“棱镜门事件”表明，美国等西方国家在网络安全问题上推行双重标准：一方面倡导所谓的网络空间绝对自由，另一方面又利用网络窃取别国信息。两大阵营中一方主张“网络自由至上”，另一方主张“网络主权至上”，双方意见分歧明显且难以消除。

（四）中国日益参与到全球网络空间治理体系中

中国一直推崇互联网的平等、协作精神，并致力于维护互联网和谐秩序。但互联网治理应该遵循联合国宪章和公认的国际关系准则，承认和尊重各国在网络空间的主权，包括根据本国信息技术发展水平、语言文化，按照本国广大民众的意愿，制定有关法律法规和政策[①]。

表4-2　中国官方历年对互联网国际治理的意见

时间	中方机构（个人）	场合	提出的意见
2002	中国互联网络信息中心	上海ICANN大会	将ICANN改革成独立的国际组织
2012	中方代表	国际电信大会	将ICANN管理权交由联合国下属的国际电联
2013.06	中国国务院新闻办公室主任蔡名照	接受《财富》采访	充分尊重各国政府在保障网络安全方面所做的努力

① 巴西举办全球互联网治理大会　网络有望进入法治时代［EB/OL］.http://news.163.com/14/0425/13/9QM9E8MK00014JB5.html.

续表

时间	中方机构（个人）	场合	提出的意见
2013.09	国家互联网信息办公室主任	中英互联网圆桌会议	构建六个方面的秩序
2013.11	国务院新闻办公室主任蔡名照	第四届全球网络空间合作峰会	倡议制定网络空间国际行为准则，维护网络安全
2013.12	国家互联网信息办公室主任	中韩互联网圆桌会议	倡导共同维护网络空间安全
2014.02	国家主席习近平	中央网络安全和信息化领导小组第一次会议	没有网络安全就没有国家安全，没有信息化就没有现代化
2014.04	中国代表团	全球互联网治理大会（巴西会议）	监控、互联网治理不应超越国内立法以及国家主权
2014.05	外交部秦刚	例行记者会	中国将进一步加强网络信息安全
2014.06	外交部副部长李保东	信息与网络安全问题国际研讨会	四点重要原则
2014.06	国家互联网信息办公室主任	伦敦 ICANN 大会	七点共识、四项原则
2014.07	国家主席习近平	巴西国会	发表《弘扬传统友好　共谱合作新篇》
2014.07	外交部网络事务协调员傅聪	联合国信息安全政府专家组首次会议	各国对其领土内的信息通信基础设施和信息通信活动拥有管辖权
2014.11	国家主席习近平在首届世界互联网大会上致贺词	首届世界互联网大会	中国愿意同世界各国携手努力，本着相互尊重、相互信任的原则，深化国际合作，尊重网络主权，维护网络安全，共同构建和平、安全、开放、合作的网络空间，建立多边、民主、透明的国际互联网治理体系

续表

时间	中方机构（个人）	场合	提出的意见
2015. 12	国家主席习近平出席大会开幕式并发表讲话	第二届世界互联网大会	习近平主席就共同构建网络空间命运共同体提出了“四项原则”和“五点主张”。“四项原则”包括尊重网络主权、维护和平安全、促进开放合作和构建良好秩序；“五点主张”包括：一是加快全球网络基础设施建设，促进互联互通；二是打造网上文化交流共享平台，促进交流互鉴；三是推动网络经济创新发展，促进共同繁荣；四是保障网络安全，促进有序发展；五是构建互联网治理体系，促进公平正义
2016. 11	国家主席习近平在开幕式上通过视频发表讲话	第三届世界互联网大会	习近平主席重申了在 2015 年的大会上提出的全球互联网发展治理的“四项原则”“五点主张”，提出坚持网络主权理念、构建网络空间命运共同体

（五）国际社会还未建构起网络空间治理的国际合作框架和运行机制

2005 年 6 月，互联网治理工作小组提交工作报告，报告中提出互联网治理的对象：网络地址、域名管理、关键网络资源、互联网安全等。针对这些互联网治理对象，国际社会层面还没有形成统一的治理框架和合作运行机制，当前互联网治理对象及现状仍存在一些难点，情况如下：

表 4－3　互联网治理的对象及现状

名称	现状	简述
根区文件和系统管理	事实上单独处于美国政府控制之下	美国政府是唯一一个在现有的多边利益相关方里有权、有能力更改根区文件和系统的主权行为体；对根区有操作权的行为体与美国政府之外的主权行为体之间缺乏正式的法律管辖关系

续表

名称	现状	简述
互联费用	不公平分布的费用	越是距离骨干网遥远的互联网服务供应商，越是需要支付昂贵的网络接入费用；对此接入费用问题，缺乏有效的解决方案
互联网稳定性、安全性和网络犯罪	缺乏有效的机制和工具	缺乏有效的机制保障网络的稳定性和安全性；缺乏有效的机制来解决跨国犯罪问题
垃圾邮件	无一致认识	对垃圾邮件的定义缺乏共识；无一致的全球协定作为各国反垃圾邮件立法的基础
参与全球政策的发展	现有的多边利益相关方模式存在显著缺陷，阻碍了弱势方实质性地参与全球治理体系	缺乏透明度、公开性和可参与的进程；政府间组织和国际组织的参与受到限制，对发展中国家、个人、社会组织和中小企业来说进入门槛过高；全球网络空间治理的会议举办集中在发达国家；缺乏全球网络空间治理的有效参与机制
能力建设	国家层面资源分配不均	发展中国家的网络能力建设缺乏足够的资源支持
域名分配	有关顶级域名的建设需要新机制	有关通用顶级域名（generic top - level domain name，缩写为 gTLDs）的政策和（管理）流程需要进一步的完善
IP 地址分配	IP 地址分配的政策引发关注	因为历史原因，IPv4 地址分配存在不均衡；这一不均衡的现实已经在互联网地区注册机构的报告中得到了反映；在向 IPv6 地址转移的过程中，一些国家感到有关地址分配政策应该有必要保障平衡，即确保各地区都能均衡地获取这一资源
知识产权保护	如何适用于网络空间	关于如何有效地将知识产权保护原则适用于网络空间，存在不同的观点，需要在权利的拥有者和权利的使用者之间，达成某种均衡
数据保护和隐私权	不存在或者缺乏一致性	无论是国别的法律体系，还是全球标准体系，都缺乏适用于网络空间的隐私和数据权利保护。由此导致的结果是，即使法律承认用户拥有相关的权利，但用户也没有什么有效的手段来保障和实现自己的权利。比如，在某些用于查询 WHOIS 的数据库里，显然缺乏对个人信息的保护
消费者权益	缺乏全球标准	在电子商务等环节，缺乏全球标准来保障互联网上的消费者权益

续表

名称	现状	简述
语言问题	进展不显著	在推进互联网多语种运用上缺乏国际协调；在多语言顶级域名、多语言电子邮件地址和多语言关键词查询、多语言本地（网络）内容等领域没有解决技术标准问题

资料来源：http：//www.wgig.org/docs/WGIGREPORT.pdf，最近访问：2014 年 12 月 13 日。

三、“多利益攸关方”是当前全球网络空间治理争论的核心与焦点

（一）“多利益攸关方”理念的提出及演变

所谓“多利益攸关者”模式，是指政府、商业团体和公民社会等利益攸关者出于自身利益和政策优先选项考虑所进行的博弈。“多利益攸关方”最早追溯到 20 世纪 90 年代，ICANN 成立，该组织是一个互联网中技术、商业、政治派别及学术团体的联合体，其内部存在众多行为体，包括地区互联网地址登记机构、技术联络组、科学研究人员、利益集团代表等。虽背后有浓厚的政府色彩，但 ICANN 也不断与政府博弈，通过吸引跨国网络倡议的加入等方式力图体现自下而上地制定与其使命相符合的政策。ICANN 应为“多利益攸关方”最早的雏形。

2003 年 12 月 10—12 日，信息社会世界峰会日内瓦会议上，互联网治理成为热门话题。峰会取得一些成果：确定成立互联网治理工作组。首次对互联网治理作出了定义：互联网治理是政府、私营部门和民间社会根据各自的作用制定和实施旨在规范互联网发展和使用的共同原则、准则、规则、决策程序和方案。明确提出了三大利益攸关体——政府、私营部门和民间社会——以及他们各自的角色。这成为理解“多利益攸关方主义”的要义。

2005 年于里约热内卢举办的信息社会世界峰会第二阶段的准备会

议上，巴西主张建立多边、民主透明的全球互联网治理体系，坚持多利益攸关方治理机制，呼吁将政府、政府间和非政府组织、私营部门和民间团体都纳入互联网治理进程中。

（二）在全球网络空间治理背景下“多利益攸关方”的主要争议点

“多利益攸关方”的主要争议问题是政府在其中的角色和地位，以中、俄为代表的新兴国家和以美国为代表的网络强国诉求不同，对该问题持有不同的看法。

1. 中俄强调政府在“多利益攸关方”中的地位，推崇以政府为中心、联合国为主导的政府间国际组织治理模式

中国和俄罗斯坚持主权国家对互联网治理的主导，强调政府在“多利益攸关方”中的地位，致力于**全球互联网治理制度回归以联合国为主导的政府间国际组织治理模式**。中、俄等国认为网络主权是国家主权原则在网络空间的延伸，是网络空间治理制度运行的重要基石。一方面，中俄认为，网络主权和数字主权是国家主权原则在网络空间的自然延伸和体现。各国对其境内的互联网基础设施和数据信息依法进行管理、审查或屏蔽等，都是主权行使的表现。在互联网快速发展的背景下，主权原则和管辖权不仅不应该取消或削弱，反而应当坚持和加强。另一方面，中俄为代表的新兴国家坚持联合国治理模式和国家间组织模式，质疑西方国家鼓吹的“多利益攸关方”模式。新兴国家认为联合国是讨论网络空间的恰当场所，体现了公平和透明。同时，出于“国家主权”既有的权威性和排他性考虑，新兴国家赞同政府间国际组织在网络空间的权威性。

2. 美国鼓吹互联网自由，反对主权国家对网络空间治理的主导权利

美国认为，主权国家的主导不能有效反映“多利益攸关方”的主

张。一方面，主权国家间的互联网监管不可避免地纵容专制政权施行无限制的审查或内容管控等原因，政府机构的过度参与会削弱网络空间的活力。应坚持“互联网自由”原则，反对主权国家对网络空间治理的主导权利。另一方面，美国等发达国家认为如果将互联网治理、网络安全等议题授权给政府间国际组织，其治理前景将存在不确定性。随着网络范围和恐怖主义事件频发，包括美国在内的众多国家强烈呼吁加强网络主权。即便如此，为了反对国家中心治理模式，西方国家仍强调，网络空间的“国家回归”并国家主权回归①。

美国国会研究室在“Internet Governance and the Domain Name System”报告中使用美国互联网治理项目组织提出的“网络治理概念”——**互联网治理由业主、运营商、开发者和用户集体决策以建立政策、规则和争端解决程序的方式处理全球性网络互联网活动中的技术标准、资源分配和人的行为等事务**。这一概念取消了2005年互联网治理工作组发布的报告中对互联网主体描述中政府的概念。

另外，美国承诺移交ICANN管理权给“多利益攸关方”，主张政府作用完全弱化，此方案下，美国依旧会依靠自身的技术等优势，继续把控对ICANN的管理权，阻止其他国家获取网络空间的管辖权，从而继续维持互联网霸权和统治地位。

另外，在美国倡导的“多利益攸关体”互联网国际治理中，美国互联网公司独大的现实不会改变，技术优势依然被美国掌控，“多利益攸关体”模式中的私人部门将继续为美国跨国公司所把持。其他国家互联网产业发展不足，不能在全球范围内解决企业的代表性问题。美国依然在国际社会所接受的“多利益攸关体”治理模式中占据优势。

① 王明国. 全球互联网治理的模式变迁、制度逻辑与重构路径［J］. 世界经济与政治，2015(3).

3. 巴西认为互联网治理“多利益攸关方”应坚持“弱政府、强社会”理念

巴西坚持多利益攸关方治理机制以“利益和技术”作为两个基点，以“弱政府、强社会”为基本原则，以私营部门的利益为主导，着眼于标准制定与技术创新。巴西反对美国单边治理模式，针对 ICANN 垄断互联网资源的问题，巴西认为应该提高发展中国家的参与度，该机制的制定过程应该更加民主、透明。呼吁改变 ICANN 长期单方面控制域名系统的局面，提倡多利益攸关方参与的治理机制和各方平等发声的治理模式。

在互联网治理方面，巴西积极推广“弱政府、强社会”的治理理念，探索寻求与其他发展中国家在该领域的合作，积极推动信息社会世界峰会等国际会议呼吁“自上而下”的多利益攸关方的互联网治理主张。

（三）ICANN 改革——“多利益攸关方”从理论走向制度

自 1988 年 10 月 ICANN 建立以取代个别科技专家管理互联网以来，互联网治理以 ICANN 为核心的治理模式迄今未有改变。因此，有关互联网治理模式的争议和演变，基本上都围绕着 ICANN 展开。ICANN 的权力来源于美国商务部与其签署的一系列协议及谅解备忘录对它的授权。2014 年 3 月 14 日，美国商务部宣布将放弃对 ICANN 的控制权，但明确拒绝由联合国或其他政府间组织接管，只同意由 ICANN 董事会与全球“多利益攸关方”讨论接管问题。《华盛顿邮报》1 月 4 日发表社论文章指出，至少有如下不同的方案：以 ICANN 和巴西等方提出的 NET Mundial 倡议，以印度在 2014 年釜山会议前后提出的 ITU 接手方案，以美国东西方研究所倡导和德国等欧洲国家推动的网络治理与管理方案，和以中国在乌镇会议上初步阐述的以强调“互联网主权”，确保网络促进发展，以及推动“共享共治共赢”为原则来构建的网络治理

新秩序，以及作为上述各方主要针对的美国政府事实上执行和推动由美国主导全球网络空间治理秩序的霸权方案。

2015 年上半年 ICANN 改革的方向讨论中，认为美国可接受的方案有两种：一种是私有化方案，回归 1998 年全盘私有化方案，继续由美国公司运营；另一种为 NET Mundial 方案，分离“ICANN 的网络治理政策制定功能和管理配置根服务器权限”。2015 年下半年至今，改革的动态显示“多利益攸关方”模型有望从理论走向现实。2016 年 10 月 1 日，美国政府终于将互联网域名管理权移交“互联网名称与数字地址分配机构”（ICANN），从而从形式上结束了对这一互联网核心资源近 20 年的单边垄断。

四、全球网络空间治理发展新趋势

（一）未来十年网络空间的主角是中美两国

中国互联网发展已经历了 23 个年头，在我国互联网发展的头十年，中国基本上是追随美国，第二个十年是中国互联网产业的崛起。未来十年，不仅对中国，对全球互联网发展也是非常关键的。2016 年，全球网民 34.88 亿人，而中国拥有近 7 亿网民。这一时期，美国是全球互联网霸主，主导全球互联网。未来十年，下一个 30 亿的网民将来自发展中国家，未来互联网发展将是以市场驱动为主的时代。届时，美国网民数量在全球占比不到 5%，而中国网民数量将会超过 20%，未来全球前 10 名的互联网公司，我国也将超过一半，与美国企业平分天下。此外，中国核心芯片、集成电路、操作系统等核心关键技术也在迎头赶上，中芯国际、京东方、华为等企业的创新能力已今非昔比，未来中美将会主导未来十年全球网络空间格局。全球建立一个什么样的网络空间治理体系，中美关系是关键。

（二）中美网络空间存在诸多的利益冲突与分歧

中美在网络空间领域存在诸多分歧，例如经贸领域的政策和技术壁垒、政府行使网络空间管理权的限度、网络监管与审查、互联网自由与基本人权的关系等。是否承认网络主权和数据主权、是否承认网络自由和言论自由、是否允许信息审查还是坚持绝对的信息自由流动等，体现出中美在利益和价值观上的根本性分歧。美国认为互联网是全球网民资源链接形成的网络，应该采取多利益攸关方的治理模式，全球互联网是一个全球公域，反对国家机构来主导互联网管理，否定网络空间下的国家主权；而我国认为全球网络空间治理必须尊重网络主权，强调每个国家在信息领域的主权权益都不应受到侵犯。此外，美国经常以国家安全为由，对我国在美国投资的企业设置种种障碍，对中国企业投资设置双重标准。美国对我国设置技术出口限制措施，限制核心芯片、网络信息加密等技术出口。在意识形态和价值观上，美国大搞网络霸权主义，推行网络空间“全球公域”概念，散布“中国网络威胁论”；在外交上，中美网络空间冲突表现在两国人权问题、网络攻击上，并经常指责中国互联网的管制政策，对互联网干预较多。

（三）美国主导的全球网络空间格局正受到挑战

长期以来，全球互联网关键资源是由互联网名称与数字地址分配机构（ICANN）掌控，而ICANN实际上是由美国政府控制，即由美国商务部国家电讯与信息管理局（NTIA）与ICANN签订管理合同，ICANN受美国政府管理，向美国政府负责，ICANN的相关政策需经美国政府的最后审批。国际社会对此一直非常不满，ICANN也因此一直饱受“合法性”质疑。2013年美国“斯诺登事件”成为全球互联网治理改革的转折点，掀开了美国全球治理的面纱，让全球看清了美国主导的全球互联网治理体系的本质，美国利用其在互联网核心技术、关键资源、互联网规则等领域的控制力，对全球用户进行监听，肆意窃取全球用户数据。“斯诺登事件”使得全球互联网治理“两大阵营”力量正在发生改变，美欧主导的全球互联网治理阵营开始出现离心倾向，各国互联网治理权意识空前高涨，各欧洲国家纷纷提出要重塑全球互联网治理格局，维护国家在网络空间的核心利益；欧委会明确提出为确保网络安全，要力争分享互联网治理权。2013 年 10 月，包括 ICANN、IETF、互联网社会、万维网协会以及五大区域性互联网地址注册机构在内的重要互联网机构，联合发布声明，共同谴责 NSA，呼吁实现 ICANN 国际化。国际社会充分认识到“从根上”解决美垄断网络资源，实现网络资源决策与分配的民主、公正与透明的重要性与紧迫性，在此问题上，各方取得前所未有的一致，这将加速推进 ICANN 国际化，有助于开启新一轮互联网治理改革，重塑互联网治理格局。

（四）网络空间已成为大国博弈新制高点

当今世界，信息技术革命日新月异，对国际经济、政治、文化、社会、军事等领域产生了深刻影响，大国博弈也因此进入一个新的阶段——争夺网络空间话语权是当前主要大国博弈新焦点。目前，世界主要国家普遍强化网络空间治理中的国家意志，建立由国家元首或政府首脑亲自挂帅的相关机构，推进网络治理的战略规划和顶层设计，努力占据网络信息发展的制高点。目前，已有 50 多个国家颁布网络空间的国家安全战略，仅美国就颁布了 40 多份与网络信息安全有关的文件。美国设立了“网络办公室”，颁布了“国家安全战略”和“网络空间国际战略”。2014 年 2 月，美国总统奥巴马宣布启动美国“网络安全框架”。此外，英国出台了“国家网络安全战略”，成立了网络安全办公室和网络安全运行中心。法国成立了国家信息系统安全办公室。德国出台了“国家网络安全战略”。可见，以国家意志来保障网络空间安全与发展正成为各国的国家战略与核心竞争力，网络空间已成为培育新的国家比较优势的重要领域。在国际层面，北约、欧盟、上合组织等国际组织也就网络安全展开了不同程度的合作。2014 年 2 月，德国总理默克尔与法国时任总统奥朗德在巴黎会晤时专门提出要建设独立的欧洲互联网，取代当前由美国主导的互联网基础设施。

（五）网络空间治理已经成为多边协议的重要内容

TPP（跨太平洋伙伴关系协定）和TTIP（跨大西洋贸易与投资伙伴关系协定）等多边治理协议或协定中大多重要议题包括了对数据流通的限制，特别是财务数据的限制，隐私保护，消费者保护，禁止技术转移的做法，对数码产品及服务的知识产权保护，源代码保护，非歧视的签名和认证规则，禁止关税等。网络空间治理已经成为多边协议的重要组成内容。例如，跨太平洋伙伴关系协定12个成员国占世界超过1/4的交易以及全球40%的GDP。表4－4为TPP涵盖的网络空间治理的部分条款。

表4－4　TPP中网络空间治理的部分条款

主要条款	条款内容
跨国数据传输	跨太平洋伙伴关系协定（TPP）要求成员国为了商务活动允许跨国信息自由流通，包括个人信息。这个义务的唯一例外是在追求“合理的公共政策目标”时。但是这个例外在任意歧视、不平等歧视或者变相约束贸易的时候并不成立
强制本地化	任何跨太平洋伙伴关系协定（TPP）成员国都不得要求其国内企业定位计算机，包括服务器及存储设备，涉及公共利益的情形时例外
交换源代码	跨太平洋伙伴关系协定（TPP）规定政府不能以转让软件源代码在TPP成员国内开展生意或投资的条件。而涉及“关键基础设施”时除外，但协定中没有对“关键基础设施”进行定义
电子交易关税	跨太平洋伙伴关系协定（TPP）禁止成员国间征收电子交易关税。但这个规定不妨碍这些国家征收国内电子交易税或其他费用
隐私和消费者保护	电子商务章节的其他部分包括保护消费者的要求和告知消费者隐私权详情

资料来源：美国企业研究所（AEI）2016年6月发布的“An American Strategy for Cyberspace”报告。

第五章

CHAPTER FIVE

我国及主要发达国家网络空间立法现状及借鉴

一、主要发达国家网络安全立法现状

（一）英国

1. 英国网络信息政策法规的发展现状

2014 年 6 月 5 日，英国政府出台《网络安全实施纲要》（以下简称《纲要》），《纲要》是英国政府组织中小企业网络安全保障联盟（IASME）、信息安全论坛（ISF）、英国标准化协会（BSI）等共同制定，目的在于预防常见的互联网网络攻击，保护英国组织。《纲要》包括《网络安全实施纲要概要》（以下简称《纲要概要》）、《网络安全实施纲要——网络攻击基本防护要求》（以下简称《纲要要求》）、《网络安全实施纲要保障框架》（以下简称《保障框架》）三个部分。《纲要要求》提出了基本的技术控制措施，《保障框架》阐述了资质认证指引。英国政府要求，从 2014 年 10 月 1 日起，所有参与投标的含有某些敏感信息或个人信息的供应商均要通过《纲要》的资质认证[①]。

英国政府组织产业界合作开发了这份《纲要》，主要为实现以下两种功能：一是清晰描述所有组织缓解一般威胁的基本控制措施，组织应对更高级、更有针对性的攻击所需要采取的额外措施。二是通过《保障框架》提供了一种保障机制，即提供两个层次的认证：网络安全纲要认证和网络安全纲要增强版认证，使网络安全纲要成为组织整体信息

① 董贞良．《英国政府网络安全实施纲要》探析［J］．环球瞭望，2014（10）．

安全风险管理方法的有机组成部分，这也符合《网络安全的10个步骤指南》的有关要求。

作为一个组织，可被攻击者利用的典型技术渠道有两种：一是连接互联网的客户端，包括桌面终端、手提电脑、平板电脑和智能手机；二是连接互联网的服务器，包括邮件服务器、Web和应用服务器。英国政府基于对本国企业和公民遭受的常见网络攻击分析得出，缓解大部分网络安全风险可通过实施以下5个控制项：边界防火墙和互联网网关、安全配置、访问控制、恶意代码防护和补丁管理。组织需要决策技术的实施范围，并分析上述5个控制项，以具体实施每个控制点，当一个特定的控制点无法实施时，应识别并实施替代的控制措施。

2. 对我国的借鉴意义

英国《纲要》的制定与发布对我国进一步加强信息与网络安全工作具有重要的启示意义：

（1）抓住关键环节，构建国家级网络安全重点领域、重要节点安全防护实施指南和保障机制。

（2）总结、借鉴国际成熟标准的有关思想，并加以吸收运用。

（3）在各领域网络安全制度、标准、指南的制定过程中，注重与已发布的标准、指引和最佳实践的融合、衔接。

（4）注重调动产业界的积极性，以应用为驱动，总结国家级安全保障队伍攻防的实践经验，提炼更加有效的应对措施。

（5）注重以有关的测评认证机制和资质要求带动各机构信息安全水平的提升，从而提高国家整体安全防护水平。

（二）德国

1. 德国网络信息政策法规的发展现状

德国是信息化强国，其对网络安全的重视由来已久。早在2001年，为了应对日益增多的黑客威胁，德国政府组建了相应的网络应急预警系统，该系统由联邦内政部主导，旨在把社会各方的网络安全保护力量进行有效的整合，搭建一个安全的网络平台①。2005 年，德国政府出台了全国性的 IT 安全计划，建立了电脑紧急情况应对中心。2008 年，德国政府出于打击恐怖组织和恐怖活动的需要，批准了一部饱受争议的互联网监管法案，该法案允许警方在特别授权的情况下，通过向嫌疑人发送带有木马病毒的匿名电子邮件来实现对该嫌疑人电脑的监控，旨在帮助警方迅速锁定嫌疑人②。值得一提的是，为了加强网络安全的顶层设计，德国政府于 2011 年出台了首部《网络安全国家战略》（以下简称《战略》），在该《战略》中，德国政府首次对德国 IT 产业所面临的威胁进行了评估，指出网络犯罪、恐怖活动以及针对关键基础设施开展的网络攻击是影响德国网络安全的三大重要因素。在具体的保护措施方面，《战略》提出了包括加强对关键信息基础设施的保护力度，建立国家网络响应中心（Nationcyber Response Center），组建国家网络安全委员会（National Cyber Security Council）在内的多项措施。此外，该战略还进一步对德国政府维护本国网络安全的基本原则、目标以及后续的保护策略等做出了较为详细的规定。2015 年 7 月 10 日，德国议会通过了《德国网络安全法》，标志着德国网络安全立法由分散走向统一③。

《德国网络安全法》的主要内容：

（1）首次明确了“关键基础设施”运营者的责任。

虽然德国在此前出台的《战略》中对“关键基础设施”的范围进行了界定，认为关键基础设施是指对公共生活安全具有重大影响的设施或机构，这些设施或机构一旦遭受损害或破坏将会对整个社会的公共秩

---

① 各国打响网络安全“保卫战”［OL］. 新华网，http：//news. xinhuanet. com/world/2009－08/15/content_11884732_1. htm.

② 各国打响网络安全“保卫战”［OL］. 新华网，http：//news. xinhuanet. com/world/2009－08/15/content_11884732_1. htm.

③ http：//www. bmi. bund. de/SharedDocs/Downloads/DE/Themen/OED_Verwaltung/Informationsgesellschaft/cyber_eng. pdf；jsessionid＝CF44438700D4995082E75C0EFA91D11C. 2_cid373？__blob＝publicationFile.

序产生难以估计的影响。从构成来看，这些设施或机构主要涉及能源、信息技术和通信、交通运输、公共卫生、水资源、食品、金融和保险、政府部门和主要媒体。但是，由于《战略》仅仅是德国内政部发布的发展纲要，故并不具有法律效力。

而新出台的《德国网络安全法》不仅吸收了《战略》中关于“关键基础设施”的定义，认为凡是涉及水资源、能源、通信、医疗、交通、金融、保险等与德国民众日常生活紧密相关的行业或企业均属于关键基础设施的保护范围，而且还在此基础上又进一步明确规定了“关键基础设施”运营者的法律责任。该法案规定，凡是本法规定的关键基础设施保护范围的企业或实际经营者，应当在2年的时间内逐步采取并完善本法规定的相应保护措施，对于逾期未完成相关保护任务的企业或个人，政府将处以100000欧元的罚款。明确“关键基础设施”运营者的法律责任，可以说是《德国网络安全法》的一大亮点。

（2）扩大了网络监控权。

《德国网络安全法》规定，德国联邦刑事侦查局（BKA）将专门负责各种网络犯罪的侦查工作，对网络犯罪嫌疑人实施数据拦截和数据监控。这项职权的授予意味着警方可以在特别授权的情况下，对网络犯罪嫌疑人进行抓包分析和点对点的数据监控。

但是，由于内容特殊，这项规定在德国一直饱受争议，不少隐私团体和相关人士认为，受“斯诺登事件”影响，世界各国政府在网络监控的立法方面都保持审慎的态度，而《德国网络安全法》的这一条款却扩大了政府部门的监控权限，这不免让人们对自身的隐私产生新的担忧。

（3）确定了网络安全报告制度。

《德国网络安全法》对于关键基础设施的运营商规定了两项具体的报告义务，一项是最低网络安全标准报告义务，另一项是网络安全事件动态报告义务。所谓最低网络安全标准报告义务，是指《德国网络安全法》中规定的所有关键基础设施的运营商应当根据本部门实际情况，在规定的时间内向联邦信息安全办公室（BSI）上交一份网络安全方面报告，该报告主要内容是本单位为应对网络攻击而安装相关系统的情况。该报告的意义在于使联邦信息安全办公室准确掌握各个关键基础设施的网络安全状况，并有针对性地进行指导。而网络安全事件动态报告义务则要求关键基础设施的运营商应当及时向联邦信息安全办公室报告本部门发生的重大网络安全事故，以便使联邦信息安全办公室第一时间了解事故情况并采取相应措施。

（4）增设了电信运营商的义务。

《德国网络安全法》规定，电信运营商应当主动收集、储存用户的通信业务信息，且储存周期不应少于6个月，警方为了侦查犯罪的需要可以从电信运营商处依法获取这些数据。此外，为了保证用户的数据信息不被非法使用，《德国网络安全法》还规定，当电信运营商的链接或数据信息被泄漏或滥用时，电信运营商负有及时通知本单位客户的义务。

此外，《德国网络安全法》还增加了对联邦信息安全办公室和德国联邦刑事警察局的资金和人员投入，旨在进一步充实德国网络安全保卫部门的力量①。

2. 对我国的借鉴意义

我国是网络大国，也是受到各类网络攻击最为频繁的国家之一。面对来自内部和外部的各种威胁，我国应当加强网络安全领域的立法活动，将网络安全上升到国家安全的层面予以考量。《德国网络安全法》对我国网络安全立法具有较大的借鉴价值②。

---

① 张绍武．《德国网络安全法》对我国网络安全立法的启示［EB/OL］．腾讯研究院－互联网前沿，2015（31）．

② 刘山泉．德国关键信息基础设施保护制度及其对我国《网络安全法》的启示［J］．信息安全与通信保密，2015（9）．

（1）明确通信信息储存的最短时效。

通信信息储存时效的长短对电信运营商和警方都有较大影响，储存时间过长会增加运营商的维护成本，时间过短则会制约警方侦查活动的效能，因此，我国应当全面考量两者的利弊，制定出合理的储存时效。在具体时间方面，国家网络安全的主管部门可以会同公安机关和通信运营商共同协商，在维护企业利益和不妨碍公安机关侦查活动的情况下确定通信信息储存的最短时效。

（2）细化网络运营商的协助义务。

我国《网络安全法》第二十八条规定，网络运营者应当为公安机关、国家安全机关依法维护国家安全和侦查犯罪的活动提供技术支持和协助。从立法意图来看，该条款旨在使网络运营商承担协助侦查机关调查的义务。但是，侦查机关要求网络运营商实时抓取嫌疑用户的通信数据是否符合该条款的规定呢？网络运营商仅向侦查机关提交基础数据而非经提炼、分析后的专门数据是否违反协助义务呢？我们不得而知，因为“支持和协助”究竟指何种协助方式，该条款并未详述，因此，建议我国《网络安全法》今后修改时借鉴《德国网络安全法》的立法模式，将网络运营商的协助义务具体指明。例如，网络运营商只能向侦查机关提供用户通信信息的原数据，侦查机关不得要求网络运营商从事违反法律规定的行为，如窃听、数据抓包等。

（三）美国

1. 美国网络信息政策法规的发展现状

2015 年 10 月 27 日，美国参议院以 74 票赞成、21 票反对，通过了《网络安全信息共享法案》（*Cybersecurity Information Sharing Act of* 2015，CISA），该法案旨在鼓励私企与美国政府实时共享网络安全威胁信息，达到改善美国网络空间安全的目的。这是继 2014 年 4 月 26 日美国众议院通过《网络情报共享与保护法案》后，美国在网络空间安全信息共享方面提出的又一法案，但是该法案中某些加强个人隐私保护的条款在当天的投票中未获得通过，很是遗憾。

该法案旨在促进信息企业和政府之间的信息共享，但由于该类法案通常对关键词语定义较为模糊，而且会赋予信息企业较宽泛的法律豁免权，以及赋予政府积极的网络监听活动权，因此，该类法案连年失败。但是，我们也应看到，美国相关利益方一直没有停止过相关努力，自奥巴马总统 2014 年底签署第 13636 号行政命令后，该类法案被通过的几率越来越大。而且，按照美国立法程序，参众两院协商有争议的条款后，提供统一版本的法案，即可提交总统签署，成为法律。目前，仅从参议院的表决结果看，该法案很有可能正式成为法律，如果通过，该法案将对全球互联网治理与产业生态产生巨大影响。回顾美国近年在网络安全方面的立法，这应算是连续 5 年间，国会第一次试图通过此类法案①。

《网络安全信息共享法案》共分四大组成部分：①网络安全信息共享，②联邦网络安全强化措施，③联邦网络安全从业人员评估，④其他网络问题。其中，网络安全信息共享这一部分主要包括：一是对整部法案涉及的行政部门予以确认。二是对涉及的术语内涵及其外延予以界定。三是对预防、监测、分析网络安全威胁过程中的授权原则、程序和例外情况进行了详细规定。四是对联邦政府网络威胁情报和防御措施的共享机制、责任豁免情形进行确定。五是对在网络安全信息共享行政过程中，对政府行为的监督、解释和报告的相关规定。联邦网络安全强化措施这一部分主要包括，对强化联邦网络安全、加强国内网络攻击防御措施及联邦网络安全要求的目标、方法及规范性文件予以确认。联邦网络安全从业人员评估这一部分主要包括，国家网络安全从业人员评估方法、关键涉网要素及政府审计办公室评估报告规范认定。其他网络问题

① 吴同．美国《网络安全信息共享法案》的影响与应对［J］．域外观察，2016（2）．

这一部分主要包括，根据互联网的发展和应用前景，前瞻性地提出对移动设备安全、国际网络犯罪、网络空间安全应急响应、医疗行业、高风险性质的关键基础设施及公众金融信息欺诈性销售等内容的相关规定和研究要求。

综观该法案，CISA 欲赋予信息企业两项权利：一是授权信息企业可出于“网络安全目的”，出台相应对策，对抗“网络安全威胁”。由于“网络安全目的”和“网络安全威胁”的定义过于宽泛，几乎任何信息系统的保护措施都涉及“网络安全目的”，而“网络安全威胁”则把“任何可能导致未授权的方法影响信息系统可用性”的情形均包括在内，如此，信息企业即可将无意中造成网络拥塞的情况定义为“网络攻击”。由于该法案中的某些对策条款偏向军事化，将吸引某些网络安全公司发展所谓的“主动防御”技术，即“网络攻击技术”，按此趋势发展，该法案将不利于“网络军控条约”的落实。二是授权企业可以以保护公司权利和财产为名，增设一个新机构来监听各类信息系统。如此，前述对“网络安全目的”和“网络安全威胁”的宽泛定义与该授权监控条款结合，监听用户正常网络活动的行为则成为合法行为，收集到这些用户正常网络活动的数据后，信息企业可以“网络威胁指标”的形式与诸如国家安全局之类的政府机构共享。

如果该项法案立法通过，美国相关部门在网络安全管理方面的权力将有所迁移，国土安全部将不再是决定网络安全信息收集、维持或企业与政府间共享的决策机构，而是退化为给国家安全局提供安全信息的职能机构。此外，该法案有条款明确要求，国土安全部禁止以隐私保护为名，延迟或干扰安全信息共享。有评论人士认为，该规定将导致个人信息在美国情报部门中被泛滥使用，而且，就国家网络安全保卫而言，不同利益主体必然存在诸多不同的利益诉求，因此，在法律法规的设计过程中，相关各方的利益平衡是至关重要的。同时，要引入多重隐私保护机制，以防信息滥用、政府不当获取信息，以及在网络安全和公共安全有限目的之外使用敏感信息等情况。此外，严格制定责任豁免条款，防止该类条款的扩张适用，更不得在未经授权监测及出于故意或严重过失不当分享敏感数据的情形下加以援引。

2. 对我国的影响

美国颁布的《网络安全信息共享法案》虽然在性质上属于单纯的国内立法，但鉴于网络空间的开放性和美国全球性的影响力，美国这一网络安全立法运动必然对世界各国产生一定影响。

对我国信息安全状况而言，美国企业拥有的涉华信息，尤其是经济金融信息越来越多，如果美国确立网络安全信息共享机制，按照该法案要求，此类信息若对美国国防部、国土安全部、司法部、财政部和商务部等政府机构披露和共享，将对我国整体信息安全的根本利益产生巨大冲击。

此外，对于我国互联网企业而言，在开展涉美业务时，需要遵循对方的规则体系，如何平衡当地法规要求与竞争中的信息资源优势，也应该是我国相关部门重点考虑的问题。在网络空间安全上升至国家战略的新形势下，如何确保国家安全是一个迫在眉睫的重大课题。

（四）日本

1. 日本网络信息政策法规的发展现状

日本是网络信息技术、网络信息产业和网络经济发展较快的国家，也是较早制定相关政策法规的国家。

日本网络信息政策法规的发展阶段大致有三个：

（1）形成时期（20 世纪 50 年代后期至 70 年代初期）。这一时期日本信息产业的主攻方向是电子计算机，先后颁布了《日本科学技术中心法》《电子工业振兴临时措施法》《超性能计算机的开发》《10 年目标的振兴——科学技术的综合性政策》和《关于科学技术信息流通的基本政策》等文件，形成了初步的国家信息体系。

（2）全面发展时期（70—80 年代）。这一时期日本重点推进数据库和信息网络的建设，先后颁布了《信息处理振兴事业协会及有关法律》《特定机械、信息产业振兴临时措施法》《信息处理的促进及有关法律》《电子计算机联合开发指导方针》和《软件生产工业化系统》等文件。

（3）国际接轨时期（80 年代中后期）。这一时期日本采取措施加强与国外的交流协作，建立了英文数据库，积极推动信息的国际化、标准化。自进入 90 年代以来，日本加快了网络信息政策法规发展的步伐，先后颁布了《日本信息技术基础设施建设新政策》《对技术立国的建议》和《研究信息网络当前的发展方向》等报告。同时，政府开始着手建设“信息流通新基干网”，还推出了 NI 工计划和“政府各省研究信息网络推进制度”。之后更是通过了《科学技术基本法》，用法律形式来推进信息产业的发展。进入 21 世纪后，政府又相继出台了“开拓未来推进信息科学技术的战略政策”和“千禧计划”“科学技术基本计划”“电子日本战略”“电子日本优先政策计划”等政策，同时还出台了《信息公开法》《高度信息与电信网络社会形成基本法》《信息技术基本法》等法律，为推动本国信息产业技术的发展提供战略构想，力图将日本建设成为信息技术强国。

日本政府不仅重视基础设施的建设，强调计算机网络化、数据库的建立和利用、大学图书馆的数字化建设、国际信息的交流，更是很早就意识到网络信息安全的重要性，将安全问题作为发展信息技术的优先课题，还将如何对付“信息战争”等问题作为长期的课题来研究①。

2. 对我国的借鉴意义

（1）扩大 IT 及网络技术的应用，支持和完善以应用为主导的网络基础设施，构建新的网络信息社会，缩小与美国等国家的差距。

① 刘承瑞，毕杰．中日两国信息政策对比及启示［J］．农业图书情报学刊，2005（7）．

日本政府因地制宜，出台了一系列符合本国实际情况的信息政策、法规，这不仅增强了国家整体的经济实力，而且使日本信息产业的竞争力大大提高，在很多方面都占有一席之地，能够与美国相抗衡。这不仅是日本网络信息政策法规的一大特点，也是值得我国参考借鉴的。

（2）采取集中和分散并存的体制管理形式。

集中管理体现在政府要充分发挥其主导作用，在网络信息政策法规的制定过程加大支持力度，在其实施过程中更要加以正确引导。而分散管理体现在非政府方面，如信息产业审议会及其分会、行业团体组织要积极发挥其辅助作用。政府与非政府两方面的管理作用缺一不可，一定要将二者结合起来。

（3）在信息政策法规方面，考虑建立了一套完善机制，涵盖研究、咨询、决策和实施等过程。

在日本，总理府及有关省厅均设有信息政策的咨询机构，负责研究主要的信息政策法规，还根据实际情况的变化，定期对信息政策进行探讨和及时修改，必要时将其上升为法规。这些机构通常由政府机关、企业和学术界的人士所组成，具有广泛的代表性，能够充分反映各方面的意见，值得我们借鉴。

（4）要高度重视对网络信息资源的开发利用。

要想推动网络信息产业的快速发展，一方面要发挥市场的调节作用，利用市场机制进行积极引导。另一方面，同时也是很重要的一点，即政府要采取一系列措施进行支持，如出台相关鼓励政策、完善法律法规、采取经济手段进行配合协调。而日本在这方面就做得非常好，日本政府十分重视对网络信息资源的开发，把它当作一种社会资本，通过国家信息系统和网络建设，提供市场，促进信息产业的发展。

（五）澳大利亚

1. 澳大利亚网络信息政策法规的发展现状

澳大利亚是世界上最早制定互联网管理法规的国家之一。澳大利亚政府十分重视对信息基础设施的保护，建有严格的信息安全防范系统和测评系统，这不仅极大地提高了对网络隐私的保护，而且对于事后的救济恢复也具有十分重要的意义，同时还积极倡导并推动国际之间的合作。

早在2009年澳大利亚政府就出台了《网络安全战略》（*Cyber Security Strategy*），它不仅描绘了澳政府的网络安全政策愿景，还阐述了网络安全政策指导原则，提出三个网络安全政策目标，并确定七项战略优先项，以保护澳大利亚经济组织、关键基础设施、政府机构、企业和家庭用户，使之免受网络威胁①。

《网络安全战略》提出了澳大利亚政府网络安全政策的关键目标，三项关键目标是：目标一：让澳大利亚所有公民都意识到网络风险，确保其计算机安全，并采取措施保护自己的网络身份、隐私和资产。目标二：澳大利亚各个行业可以使用安全且恢复力强的信息与通信技术，来保护其运营的安全，以及用户的网络身份和隐私。目标三：澳大利亚政府确保其信息和通信技术是安全和恢复力强的，能对抗风险。

基于上述三项关键目标，战略还阐述了为实现这些目标而确定的七个优先项②：

优先项一：威胁意识与响应——提高探测、分析、消减和响应网络威胁的能力，重点关注政府、关键基础设施和关系国家系统利益的其他系统。具体措施包括：①在国防部建立网络安全运行中心（CSOC），提供24×7式网络安全情境感知能力，协调对网络安全事件的响应；②建立新的国家CERT共享信息，加强政府与私营部门间在应对网络安全威胁时的有效协调；③积极参与并推动国内、国际政府与企业内部及政府与企业之间可信、及时的信息共享，确保网络安全情境感知能力的

---

① 尹丽波，刘京娟，张慧敏．紧扎安全篱笆的袋鼠之国——澳大利亚《网络安全战略》解读［J］．中国信息安全，2012（7）．

② 王路．世界主要国家网络空间治理情况［J］．网络空间战略论坛，2013（10）．

维护和对在线威胁的全球一致响应；④更新网络安全风险管理计划，提出国家重大网络安全事件的响应部署纲要，包括各州、各区以及私营部门的协调合作；⑤指导开展网络安全演习，以测试事件响应部署的有效性，包括与美国合作开展“网络风暴”系列演习。

优先项二：文化变革——向澳大利亚全民进行在线自我保护的教育，为他们提供信息和实践工具，增强其信心。具体措施包括：①为家庭用户和小型企业建立权威的网络安全知识网站；②建立澳大利亚CERT，确保澳大利亚网络用户能够获取关于网络安全威胁、系统安全漏洞以及如何更好地保护信息技术环境等方面的信息；③提供实践工具；④在澳大利亚中小学开展网络安全的单元课程教育；⑤与企业、用户群体、社会组织等伙伴一起，继续实施“网络安全意识周”计划；⑥研究如何将各种网上风险（包括网络安全、身份安全、网上诈骗）信息有效地告知并教育互联网用户。

优先项三：政企合作——与企业伙伴共同推动提升基础设施、网络、产品与服务的安全性与恢复力。具体措施包括：①通过 CERT 加强与私营部门的互信伙伴关系，共享网络威胁、脆弱性及其潜在后果等敏感信息；②推动商务网络企业提升网络安全意识，识别网络威胁和脆弱性，采取适当的风险消减策略；③通过关键基础设施可信信息共享网（TISN）推动企业提升网络安全和关键基础设施保护的最佳实践；④通过实施关键基础设施保护建模与分析（CIPMA）计划，为企业和政府提供世界领先的计算机建模能力；⑤通过与国际政府和教育机构的协作，为企业代表创造教育和培训机会，包括在工业控制领域从事与关键系统相关工作的人员；⑥与澳大利亚标准协会（Standards Australia）和其他企业实体共同制定和推广最佳网络安全实践标准；⑦确保安全问题在澳大利亚国家宽带网络（NBN）的设计和运营阶段就进行考虑和处理。

优先项四：政府系统——树立政府 ICT 系统（包括与政府进行网上

交易的相关系统）保护的最佳实践。具体措施包括：①研究降低澳政府网络网关数量的途径，将实际数量降到最低，以便将高效性、可信性和安全性最大化；②建立更有效的跨政府部门最低安全标准，要求所有主要政府部门的 ICT 项目进行网络安全风险评估；③与各州、各地方、其他关键利益相关者共同促进政府系统的有效安全保障；④对《澳大利亚政府防护安全手册》进行评估，确保其信息安全政策和标准能够与技术发展保持同步，并能反映国际最佳实践。

优先项五：国际参与——推动形成一个安全可信、可恢复且能为澳大利亚国家利益提供支持的全球电子运行环境。具体措施包括：①与盟友或共识国家就网络安全合作达成双边或多边协议；②建立区域论坛，重点关注区域内部的能力建设计划；③通过国际组织推动国际最佳实践，发展和形成一种协调的全球路径，以对抗网络安全威胁；④制定一项国际参与战略，明确界定和描述澳大利亚在网络安全与恢复力方面的国家利益和优先任务。

优先项六：立法与执法——维护有效的立法框架和执法能力，依法治理网络犯罪。具体措施包括：①为安全和执法机构提供额外资源，增强打击网络犯罪和其他网络安全威胁的行动能力；②确保网络安全与打击网络犯罪的执法工作之间的有效联结；③与各州和地方政府合作，确保澳大利亚有关法律能够与技术和犯罪行为的发展保持同步；④向澳大利亚法律专业人士提供必要程度的技术知识和对有效执行相关法律的充分理解；⑤促进澳大利亚网络安全的法律框架与司法权限相协调，在国际上推动信息共享和跨境执法合作。

优先项七：知识、技能与创新——推动成熟网络安全人才的发展，研发创新性的安全解决方案。具体措施包括：①实施招募和保留策略，确保专业技术人员在政府机构的充分发展；②通过一些类似“国家安全项目研究支持”的项目，为网络安全研发活动提供目标明确的支持；③每年设定一套研发优先任务，并广泛向科学与创新共同体告知哪些优先工作符合政府网络安全政策要求。这些工作将通过澳政府的“国家安全科学与创新战略”来推动实施，通过本战略确定网络安全将是提升澳大利亚国家安全的12个科学与创新优先领域之一[①]。

2. 对我国的借鉴意义

澳大利亚《网络安全战略》发布之后，业界及广大互联网用户都给予了充分的肯定，对我国也具有重要的借鉴意义。根据我国目前国情、互联网应用及信息化发展情况，有必要参考澳大利亚政府的做法，制定关于信息安全的一些战略或规则，确定政府相关部门、运营商及广大用户在此过程中的相关责任，明确不同阶段的实施目标，然后统筹各方资源，分阶段、分步骤积极稳妥地推进各项措施的贯彻落实，这才是我国加强网络和信息安全的有效途径。

（六）欧盟

1. 欧盟网络信息政策法规的发展现状

欧洲联盟（European Union，以下简称“欧盟”），是一个集政治实体和经济实体于一身、在世界上具有重要影响的区域性一体化组织。欧盟网络信息政策法规可以追溯到1990年欧共体发表的开放式网络供应（ONP）计划和1993年、1994年启动的《德洛尔白皮书》和《本杰曼报告》，这两个文件最初勾勒出了欧盟网络信息建设的基本框架，具有里程碑意义。之后，欧盟启动了第一个极具战略意义的行动计划——“欧洲信息高速公路计划”，从此拉开了网络信息政策法规研究发展的序幕。

欧盟网络信息政策法规的发展主要有：

①为加强泛欧网络建设，欧盟和欧洲议会通过了《发展欧洲综合业务数字网指导方针》和《欧洲综合业务数字网指导方针》；②为加强

① 王路．世界主要国家网络空间治理情况［J］．网络空间战略论坛，2013（10）．

数字版权保护，1995 年，欧洲理事会出台了《信息社会的版权及相关权利绿皮书》，欧盟还发布了“信息社会版权和邻接权”绿皮书、“计算机软件法律保护”指令和“数据库法律保护”指令；③为保护个人数据处理中的个人权利和自由，特别是隐私权，协调国家与个人数据处理之间的法律关系，1995 年欧共体发表了《个人数据保护》；④为加强网络信息资源的开发利用，欧盟先后提出了“INFO2000 计划”和“MLIS（Multilingual Information Society）计划”；⑤在推进欧盟及全球信息社会的发展方面，欧盟相继出台了《全球信息化社会：加强国际协调的需要》《促进建立欧洲信息社会：多年统一计划》《电子欧洲：全面信息社会》《欧洲信息社会行动计划》《电子欧洲计划》《电子欧洲 2002》和《电子欧洲 2005》等；⑥为合理发展电子商务，欧洲议会和理事会出台了《电子签名的统一框架》《欧盟电子商务指令》等；⑦为提高政府为公民和企业提供高效的服务能力，加强民主进程，欧盟出台了《电子政府》《欧洲第六个研究、技术开发和示范框架计划》《eTEN》等；⑧为加强网络安全，欧洲委员会根据欧盟要求提出了“促进因特网安全使用的具体政策建议”通讯、“因特网上非法有害内容”通讯、“在视听和信息服务中保护未成年人和人的尊严”绿皮书和“促进因特网安全使用行动计划”，并建议加强成员计算机应急反应组织（CERTS）间的合作；⑨在网络教育与培训方面，欧洲委员会提出了“电子学习动议”“LenardodaVinci”计划、“共同体青年行动计划（2000—2006）”及“发展多媒体教育和培训软件”的决定等。

继欧盟理事会于 2016 年 5 月 17 日一读程序中通过《网络与信息系统安全指令》（*Directive on Security of Network and Information Systems*，以下简称“NIS 指令”）之后，2016 年 7 月 6 日，欧盟议会在二读程序中通过 NIS 指令，这意味着欧盟立法机构历经三年，最终正式采纳 NIS 指令。作为欧盟数字单一市场（DSM）一系列举措的重要组成部分，NIS 指令是欧盟第一部网络安全法，其目的在于，在欧盟范围内实现统一的、较高水平的网络与信息系统安全。NIS 指令将于 2016 年 8 月生效，之后，成员国必须于 21 个月之内将 NIS 指令转化为成员国国内法。

NIS 指令主要包括三个层面的规定：

（1）在成员国层面，要提高网络安全能力。

NIS 指令要求成员国制定网络与信息系统安全的国家战略（以下简称“NIS 国家战略”），明确战略目标、合理政策以及监管措施。NIS 国家战略应当包括：一是 NIS 国家战略的目标和优先工作，以及实现这些目标和优先工作的治理框架，包括政府机构以及其他相关参与者的角色和责任；二是明确相关的应对、防范以及恢复措施，包括政府机构与私营部门之间的合作；三是与 NIS 国家战略有关的教育以及意识增强、培养项目；四是与 NIS 国家战略有关的研究与发展计划；五是相关风险评估计划，以及实施 NIS 国家战略的多方参与者。此外，成员国应当确定至少一个主管机构，负责监督实施 NIS 指令，还应当确定至少一个联络点，以便进行网络安全相关合作事宜。最后，成员国应当确定至少一个计算机安全事故响应小组（Computer Security Incident Response Team，CSIRT），负责国家层面的网络安全事故监测，就网络安全风险和事故向相关利益方提供早期预警、警报、通知、信息传递等，应对网络安全事件，提供动态的网络安全风险和事故分析。

（2）在欧盟层面，要增进合作。

为了增进欧盟成员国之间的战略合作与信息共享，NIS 指令要求建立一个合作团体和一个国家 CSIRT 网络，合作团体由成员国代表、欧盟委员会、欧盟网络与信息安全局（ENISA）组成。合作团体主要发挥四大作用：制定工作计划，指导网络安全相关工作开展，分享网络安全风险等信息以及最佳实践，报告工作经验。

（3）在网络与信息系统安全层面，基础服务运营者、部分数字服务提供者要承担管理网络风险与报告网络安全事故的义务。

该层面的特征主要有以下几点：

第一，NIS 指令适用于基础服务运营者和部分数据服务提供者的网络与信息系统。

首先，NIS 指令适用于基础服务运营者（Operators of Essential Services）的网络与信息系统。这些基础服务包括：能源（电、油、汽），交通（空运、铁路、水运、公路），银行业，金融市场基础设施，健康产业（医疗设施，包括医院以及私人诊所），饮用水供给，数字基础设施（包括 IXP、DNS 服务提供者、顶级域名注册）。

根据 NIS 指令第 14 条，基础服务运营者需要履行三项义务：一是应当采取适当的技术和组织措施管理网络安全风险，这些措施应当确保一定程度的网络安全；二是应当采取恰当的措施防止、削弱网络安全事件的影响；三是应当将具有重大影响的网络安全事件通知主管机构。在确定网络安全事故的影响的重大程度时，应当考虑下列因素：一是受影响的用户数量；二是该事故的持续时间；三是该事故波及的区域范围。此外，为了监督基础服务运营者履行义务，主管机构可以要求基础服务运营者提供用于评估网络安全的信息，提供证据证明其已经采取了有效的安全措施。

其次，NIS 指令还适用于部分数据服务提供者（Digital Service Providers）的网络与信息系统，包括网上市场（Online Marketplace）、网络搜索引擎以及云计算。数字服务提供者亦需履行 NIS 指令第 14 条所规定的三项义务，除此以外，在确定某个网络安全事故是否具有实质影响时，与基础服务运营者有所不同，应当考虑下列因素：一是受影响的用户数量；二是事故的持续时间；三是事故波及的区域范围；四是对所提供的服务的破坏程度；五是对经济和社会活动的影响程度。此外，为了监督数字服务提供者履行义务，主管机构可以对未达到要求的数字服务提供者采取措施，要求其提供用于评估网络安全的信息并采取补救措施。

总之，对于数字服务提供者，NIS 指令遵循轻监管的思路，欧盟成员国不得对数字服务提供者施加其他更为严格的安全和通知义务，也仅仅在有证据证明数字服务提供者未履行义务时才展开监管活动。

第二，豁免小微企业以及网络交易市场、网络搜索引擎以及云计算之外的数字服务提供者。

NIS 指令不适用于小微企业以及网络交易市场、网络搜索引擎以及云计算之外的数字服务提供者，仅规定其可以在自愿的基础上，将具有重大影响的网络安全事故通知主管机构，并且该实体不因通知而负担任何义务。这与欧盟委员会对数字服务提供者采取的轻监管思路是一致的。

第三，NIS 指令不强制基础服务运营者和数字服务提供者采纳相关网络安全标准，仅鼓励使用欧盟认可的或者国际上的网络安全标准。

第四，界定网络与信息系统、网络与信息系统安全、网络安全风险以及网络安全事故的含义。

根据 NIS 指令第 4 条，网络与信息系统包括：①2002/21/EC 指令中界定的电子通信网络；②按照一个程序自动化处理数字数据的设备、一组关联设备或者一组相互连接的设备；③由①和②中所述要素进行存储、处理、检索或者传输的数字数据，目的在于运作、使用、保护以及维护这些数据。

网络与信息系统安全，是指网络与信息系统有能力抵抗，并针对经由这些网络与信息系统存储、传输、处理、提供的信息或者相关服务的可用性、真实性、完整性或保密性等采取的破坏措施。

网络安全风险，是指对网络与信息系统安全造成潜在不利影响的合理、可识别的情况或者事件。

网络安全事故，是指对网络与信息系统安全产生了现实的不利影响的事件。

2. 对我国的借鉴意义

（1）加强网络层面安全的同时，注重个人信息的保护。

日益增多的网络攻击、网络犯罪等网络安全事件使得欧盟逐渐意识到网络安全的重要性，其出台的首部网络安全法 NIS 指令确实真正关注了网络层面的安全，要求基础服务运营者和数字服务提供者采取网络风险管理措施确保网络安全，在发生网络安全事故时及时采取应对措施防止、减少损害，并向主管机构报告重大的网络安全事故，以便进行评估、分析，避免造成更多损害，以此防止网络与信息系统被非法攻击、破坏、进入等。

但是，NIS 指令并不涉及个人信息保护、违法网络内容处理等层面的事项，根据第 2 条，NIS 指令本身并不涉及个人信息保护，个人信息保护制度主要体现在欧盟《1995 年个人数据保护指令》以及将会取代该指令的《一般数据保护条例》。此外，网络平台对于恐怖主义、极端主义、仇恨言论等非法网络内容的处置亦不体现在 NIS 指令中，而是由欧盟《电子商务指令》等进行规则。

（2）明确适用主体和豁免主体。

NIS 指令规定明确，只针对基础服务运营者和重大的数字服务提供者（包括网上市场、搜索引擎以及云计算）提出义务，而豁免小微企业以及其他类型的数字服务提供者，在切实保护并提高网络安全的同时，避免给互联网产业发展带来过分负担，值得我国参考借鉴。

（3）加强网络安全技术研发与资金投入，切实维护网络安全。

在欧盟议会投票通过 NIS 指令前一天，欧盟委员会与私营部门签署了一项合作协议，按此协议，在未来 4 年，欧盟委员会将投入 18 亿欧元用于网络安全技术的研发。有了官方的大力支持和资金投入，预计未来在网络安全研究和创新方面，欧盟将会有更大动作，包括在加密技术、反病毒软件等领域的创新将会不断涌现。因此，我国更要加强网络安全技术的研发和资金的投入，才能从容应对网络攻击，增强我国在网络安全领域的竞争力。

二、现有网络空间治理的国际法律规范

（一）专门针对网络安全问题制定的国际法规则

如前文所述，网络安全问题从进入国际社会视野，到受到国际社会的关注和重视，再到被纳入一些国际造法和缔约的进程，其中最具有代表性的成果就是《网络犯罪公约》以及国际电信联盟关于网络安全的技术标准。而 2012 年世界电信大会上修订的新版《国际通信规则》，则由于签署和批准该约的国家数量不足而尚未生效。

但是我们也要看到，尽管在 1988 年针对网络安全问题的国际造法进程已经展开，但由于网络技术日新月异的发展，以及各主要网络大国之间对许多问题尚存争议，因此专门针对网络安全问题进行的国际造法活动成果有限。一些和国家安全紧密相关的问题，例如对于国家之间网络攻击行为的法律追责等，国际社会尚未专门就此类问题开展造法活动，因此只能通过适用传统国际法规则的方式加以解决。

（二）既有的国际法规则

既有的国际法规则主要包括《联合国宪章》以及涉及战争法、武装冲突法、国际人道法的规则，例如《海牙公约》和四个《日内瓦公约》等。联合国秘书长潘基文曾指出："信通技术安全的出路，在于扎根于现有的国际法律和谅解框架之内，此类国际法律和谅解，规范着各国间的关系，也为国际和平与安全奠定了基础。"但是既有的国际法规则如何适用在现代的网络冲突和网络攻击中，在学理和实践中均存在较大争议。传统法律规则在现代网络空间的实施问题是当前国际法规制网络安全问题的困境之一。

（三）联大决议

联合国大会在 1998 年俄罗斯提交相关网络安全卓案后，出台了许多相关的联大决议。关于联大决议的国际法效力，历来是学术界较有争

议的问题，联大决议本身仅属建议，对成员国没有法律约束力。一般认为，需要将联大决议分为内部决议和外部决议两类，分别讨论其效力；如果是涉及联合国内部事务的决议则构成联合国的“内部法”，对联合国本身及其成员国产生国际法的权利和义务，具有法律效力；如果是扩展到组织本身职能之外的决议，则没有法律上的约束力，成员国不负有遵守这些决议的义务①。据此分析，与网络安全有关的联大决议大多不属于内部法，其内容，例如“邀请所有会员国继续向秘书长通报它们对下列问题的看法和评估意见”就仅属于建议性质，成员国可以执行也可以不执行。

但是不可否认，“得到国际社会绝大多数国家赞同，并反映其法律意向的联大决议，即使在特定时期尚未成熟到具备法律拘束力的程度，也不失为习惯国际法之证据，并预示了特定领域国际法发展的方向”②。就这一角度而言，如果未来国际安全领域的联大决议能够获得大多数国家赞同，则该决议就具备了发展成为具有约束力的国际法的基础。

（四）其他具备“软法”性质的文件

除了联大决议外，当前国际社会针对网络安全还制定了许多类型各异的文件，例如伦敦网络空间大会结束后所发布的主席声明，又如国际电信联盟出台的网络安全建议书等。此类文件对国家不构成拘束力，但有可能对实践产生影响，一般认为属于“软法”范畴，其影响值得进一步研究。

（五）学术著述、示范条约

尽管从《国际法院规约》第 38 条的规定来看，“各国权威公法学

---

① 杨泽伟，主编. 联合国改革的国际法问题研究［M］. 武汉：武汉大学出版社，2009：141.

② 周晓林. 联合国与国际立法［J］. 国际问题研究，1985（4）.

家的学说”被规定为确定国际法律原则的“辅助资料”，进而被列为国际法的一种渊源，但是学者学说在国际法上的效力显然是有限的。因为该条款的表述中很明晰，学者不能创造国际法，其学说只能作为证明国际法规则是否存在的辅助资料。在网络安全领域，由于国际立法进程缓慢，越来越多的学者或者机构开始编著示范条约或者示范法性质的著述，其中最新的是 2013 年由北约下属智库编纂的《国际网络安全法》和《（网络）武装冲突法》，尽管该示范条例既非官方文件又非法律政策，但是其在西方世界仍具有一定影响力①。

三、中国在全球网络空间立法建设中的角色与立场

随着中国的崛起以及其作为新兴网络大国地位日益获得认同，在 2010 年以前，不止一位国际观察家对中国在网络安全国际治理中所扮演的角色感到好奇。例如有学者指出 2000—2010 年关于网络安全方面，国际立法由美国和俄罗斯主导，而崛起中的中国在该领域的立场和参与均显不足，仍有待进一步观察。研究联合国网络安全造法进程的学者同样认为中国在这一时期的表现是“不活跃”的。但是上述印象随着近年来我国积极参与网络安全国际造法和治理进程而被打破，其中典型的例子是我国在 2011 年 9 月与俄罗斯等其他三国一起向联合国大会提交的《信息安全国际行为准则》，除此之外，中国外交人员也在各种国际、区域场合积极阐述我国立场，这使得我国在网络安全国际立法领域所扮演的角色日益积极②。

（一）《信息安全国际行为准则》

尽管在联大对于该份文件的表决中，美国等西方国家投了反对票，使得围绕该份文件在联大的探讨暂时中止，但是该文件反映出有关四国

① 陈颀．网络安全、网络战争与国际法——从塔林手册切入［J］．政治与法律，2014（7）．
② 朱峰．网络安全的国际法研究［J］．网络法律评论，2015（2）．

对网络安全相关问题的关切，并在国际社会中得到了广泛探讨，其潜在影响仍然是巨大的。首先，该准则并非强加给其他国家，而是“对所有国家开放，各国自愿遵守”。其次，其中载有的 11 条准则也真实反映了当前网络安全国际治理的重要问题①。

具体到网络安全的国际立法层面，《信息安全国际行为准则》在“遵守《联合国宪章》和公认的国际关系基本准则，包括尊重各国主权，领土完整和政治独立，尊重人权和基本自由，尊重各国历史、文化、社会制度的多样性等”的基础上，提出国际社会应当“加强双边、区域和国际合作，推动联合国在促进制定信息安全国际规则、和平解决相关争端、促进各国合作等方面发挥重要作用，并加强相关国际组织之间的协调”。

（二）网络安全五项原则

在 2012 年召开的布达佩斯网络空间大会中，中国代表团团长、外交部条法司黄惠康司长在会议上阐述了我国的立场，并提出网络空间应遵守“网络主权”“国际合作”“平衡”“和平利用”和“公平发展”五项原则。该五项原则的提出，是我国在提出《信息安全国际行为准

① 包括：(a) 遵守《联合国宪章》和公认的国际关系基本准则，包括尊重各国主权，领土完整和政治独立，尊重人权和基本自由，尊重各国历史、文化、社会制度的多样性等。(b) 不利用信息通信技术包括网络实施敌对行动、侵略行径和制造对国际和平与安全的威胁。不扩散信息武器及相关技术。(c) 合作打击利用信息通信技术包括网络从事犯罪和恐怖活动，或传播宣扬恐怖主义、分裂主义、极端主义的信息，或其他破坏他国政治、经济和社会稳定以及精神文化环境信息的行为。(d) 努力确保信息技术产品和服务供应链的安全，防止他国利用自身资源、关键设施、核心技术及其他优势，削弱接受上述行为准则国家对信息技术的自主控制权，或威胁他国政治、经济和社会安全。(e) 重申各国有责任和权利依法保护本国信息空间及关键信息基础设施免受威胁、干扰和攻击破坏。(f) 充分尊重信息空间的权利和自由，包括在遵守各国法律法规的前提下寻找、获得、传播信息的权利和自由。(g) 推动建立多边、透明和民主的互联网国际管理机制，确保资源的公平分配，方便所有人的接入，并确保互联网的稳定安全运行。(h) 引导社会各方面理解他们在信息安全方面的作用和责任，包括本国信息通信私营部门，促进创建信息安全文化及保护关键信息基础设施的努力。(i) 帮助发展中国家提升信息安全能力建设水平，弥合数字鸿沟。(j) 加强双边、区域和国际合作。推动联合国在促进制定信息安全国际规则、和平解决相关争端、促进各国合作等方面发挥重要作用。加强相关国际组织之间的协调。(k) 在涉及上述准则的活动时产生的任何争端，都以和平方式解决，不得使用武力或以武力相威胁。

则》之后，在网络安全领域相关立场的进一步发展，其内涵值得进一步研究。

（三）提出一个需要“国际法治”的网络空间

在2013年召开的中美互联网论坛上，中国代表提出，我们需要一个“共同安全”“国际法治”“权利义务平衡”和“国际社会共管”的网络空间。就本研究而言，我国在网络治理中提出“国际法治”的目标值得进一步关注。但是在该次会议上，我国代表阐述了我国在网络空间中实现国际法治的立场，包括“法治应成为互联网治理的基本方式”，同时强调“以《联合国宪章》为核心的国际秩序”，国家对网络的主权和管辖权以及制定新法律规则应对当前复杂的网络安全形势之必要性。

除了在国际社会上表明我国立场外，我国还积极参与各种区域、双边的网络安全磋商。迄今为止，我国已在东盟、上海合作组织、金砖国家等国际组织框架内就网络安全进行多次磋商，签署了《中国—东盟电信监管理事会关于网络安全问题的合作框架》《上合组织成员国保障国际信息安全政府间合作协定》等文件，同时举办了新兴国家网络圆桌会议、中韩网联网圆桌会议等。以上种种措施均反映我国在网络安全国际治理进程中扮演着越来越积极的角色，为推动网络安全国际法治发展发挥了重要作用①。同时，我国在今后网络安全发展中应当重视在国际社会中寻求话语权，倡议修改现存规定，不接受霸权主义，建立普惠的、反映全球诉求的机制，并逐步建立国家法律层面的全面网络治理体系。

---

① 朱峰．网络安全的国际法研究［J］．网络法律评论，2015（2）．

第六章

CHAPTER SIX

中国参与全球网络空间治理的机遇与挑战

自1994年互联网首次接入中国，我国网络基础设施建设实现了从窄带接入到低速宽带再到高速光纤接入的快速演进，网络基础设施规模、宽带用户数、移动宽带覆盖率均位居全球第一，互联网成为国家经济社会运行的重大公共基础设施。[①] 随着我国网民快速增加，互联网应用深入发展，我国也将成为互联网数据创造第一大国。2014年，IDC发布报告《数据增长，商业机会和信息技术渗透》称，未来数据每年将保持40%的增长率，每两年数据量将翻一番。每年产生的数据流也将由2013年的4.4ZB，增长到2020年44ZB。届时，数据主要来源是新兴市场国家，到2020年60%的数据是由新兴市场国家产生的，而中国将成为数据产生的第一大国。

一、中国参与全球网络空间治理面临的重大机遇

（一）中国互联网技术和产业实力日益增强，已经成为名副其实的网络大国

1. 网络基础建设指标达到世界领先水平

中国互联网络信息中心（CNNIC）发布了第38次《中国互联网络发展状况统计报告》显示，截至2016年6月，中国网民规模达7.10亿，其中手机网民规模达6.56亿，占比达92.5%。我国互联网普及率达到51.7%，与2015年底相比提高了1.3个百分点，超过全球平均水

① 中国网络空间研究院．中国互联网20年发展报告［R］. 2015－12.

平 3.1 个百分点，超过亚洲平均水平 8.1 个百分点。我国域名总数增至 3698 万个。中国国家域名“.CN”注册量达到 1950 万个（占中国域名总数的 52.7%），年增长率达到 19.2%，持续保持国内注册量最大的顶级域名。

应用方面，到 2016 年 2 月，我们国家国内第三方应用商店的应用规模累计 621 万，远远超过谷歌应用商店的规模，谷歌是 226 万，排名前三，包括百度手机助手，下载量非常大，百万级的。我国网络零售交易额规模跃居全球第一，2015 年我国网络零售总额达 3.3 万亿元；拥有 328 家互联网相关上市企业，其中 61 家在美国上市，市值规模合计 7.85 万亿元，相当于中国股市总市值的 25.6%。

股票市场方面，全球前 10 家市值最高的互联网公司，有 4 家来自中国；海外基金方面，中国企业占新兴市场股票基金互联网资产的 83%；联贷市场方面，自从 2012 年阿里巴巴首次筹资以来，包括阿里巴巴及腾讯等顶尖中国互联网企业，已在境外联贷市场集资 186.5 亿美元。在全球估值最高的 5 家未上市公司中（优步、蚂蚁金服、小米、Airbnb 和滴滴出行），中国互联网公司已占据三席。

在网络方面，我国已建成全球最大的第四代移动通信（4G）网络，截至 2016 年第三季度，4G 用户突破 6.8 亿户，也是世界第一。终端整机方面 IDC 发布 2016 年一季度华为和 OPPO 全球出货前几名，分别是 153%、123%，同时三星和苹果出现不同程度的下滑，苹果为 16.3%。

2. 网民结构多元化，国内数字鸿沟明显缩小

网民群体间数字鸿沟明显缩小。20 年来，互联网持续向农村地区、高年龄段人群渗透，特别是向农村地区渗透。在城镇化进程加速、农村人口规模逐步减少的大背景下，中国农村人口的互联网普及率仍保持快速增长，为缩小城乡差距提供了重要帮助。截至 2015 年 12 月，中国不同性别群体之间的互联网接入鸿沟已经基本消失，二者互联网普及率的比值降至 1.10；受教育程度差异下降最为明显，普及率比值从 2002 年

的26.3降至2014年的2.1。区域间互联网普及差异呈现稳定下降趋势，通过变异系数分析可以看到，2015年12月，中国各地方互联网普及率差异降低至0.22①。

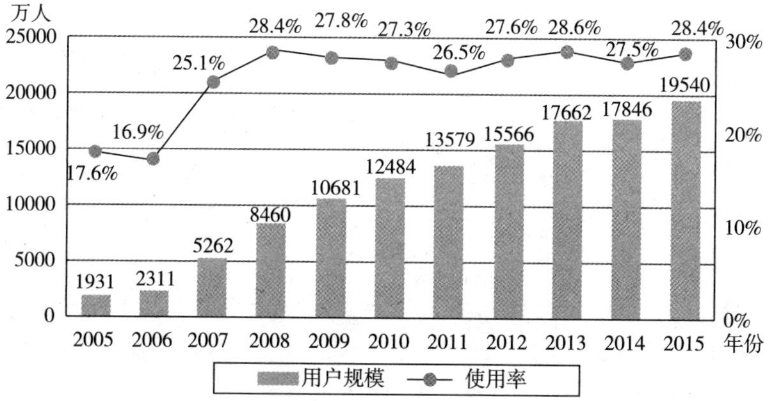

图6-1　2005—2015年中国农村网民规模及占比

资料来源：CNNIC.

截至2015年末，中国农村网民规模达到1.95亿。目前，中国实现了100%的乡镇和95%的行政村通宽带，有3万个乡镇开展了信息下乡活动，占到全部乡镇总数的85%以上。农村信息机、“点点通”、经济型电脑等价廉物美的农村信息终端得到广泛使用。2015年10月，国务院常务会议首次明确“改革创新电信普遍服务补偿机制”，提出对农村及偏远地区宽带投资采取由中央、地方和企业共同推进的多元化资金支持和市场化运作机制，这是中国普遍服务机制的一次重大政策突破，为保障实现2020年农村宽带发展战略目标提供了有力支撑。

自2010年开始，随着移动互联网设备的普及，移动网络发展迅速。因此，我国互联网在整体普及率较低的情况下在网络总数方面形成了比较优势。2012年12月，中国手机网民规模达到4.2亿，使用手机上网的网民规模超过台式电脑。截至2016年6月，我国手机网民规模达

① 中国网络空间研究院．中国互联网20年发展报告［R］．2015-12.

6.56 亿，网民中使用手机上网的人群占比由 2015 年底的 90.1% 提升至 92.5%，仅通过手机上网的网民占比达到 24.5%，网民上网设备进一步向移动端集中。

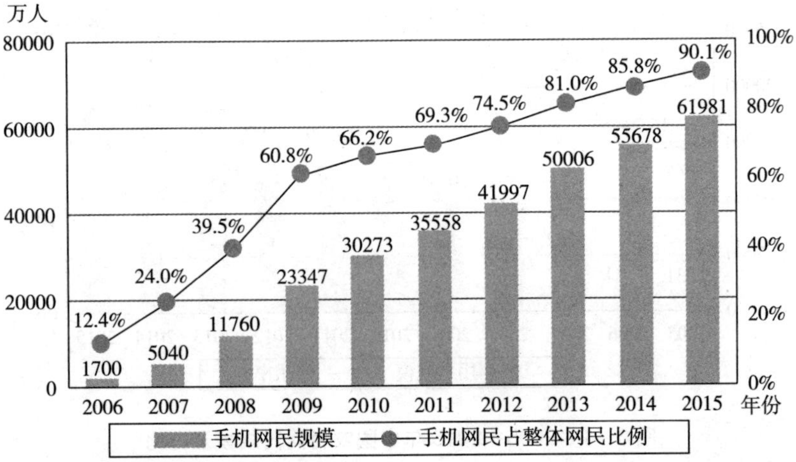

图 6-2　2006—2015 年中国手机网民规模及其占整体网民比例

资料来源：CNNIC.

3. 数字经济与美国平分秋色

在全球信息化进入全面渗透、跨界融合、加速创新、引领发展新阶段的大背景下，中国数字经济得到长足发展，正在成为创新经济增长方式的强大动能。庞大的网民和手机用户群体，使得中国数字经济快速增长。2008 年中国网民数量超越美国，成为全球网民第一大国。到 2014 年，形成了 BAT 三大世界级巨头领衔的中国互联网产业梯队，仅次于美国，而领先于其他国家，形成了全球网络空间事实上中美两强的基本格局。埃森哲公司 2016 年发布的《数字颠覆：增长倍增器》报告测算，2015 年美国数字经济总量已经占 GDP 的 33%，中国数字经济总量占 GDP 的 10.5%。该报告同时预测，数字化程度的优化将在 2020 年使中国 GDP 增加 3.7%，对应增加 5270 亿美元；而美国增加 2.1%，即 4210 亿美元。目前，我国有 3 家企业进入全球上市互联网企业市值排名前10强，有10家企业进入前30强、5家ICT制造企业进入全球500强。

4. 我国已积累了丰富的数据资源

近年来数据价值被提升到“资源”的地位，互联网借由数据向传统产业输出影响力的现象也日益被人关注。2011年IDC发布报告称：“2011年，产生与复制的信息量超过1.8ZB——在仅仅5年中增长了9倍。”2014年，IDC发布报告《数据增长，商业机会和信息技术渗透》称，未来数据每年将保持40%的增长率，每两年数据量将翻一番。每年产生的数据流也将由2013年的4.4ZB，增长到2020年44ZB。届时，数据主要来源是新兴市场国家，到2020年60%的数据是由新兴市场国家产生的，而中国将成为数据产生的第一大国。从宏观上看，整个社会、单个产业的生产、消费环节都深度互联网化，从微观上看，企业商业模式变革，以数据驱动业务成长，且越来越有互联网行业的特征。

5. 核心关键技术上取得较大进展

近些年，随着我国互联网经济快速发展和政府对核心技术突破持续不断的投入，我国信息技术领域的核心关键技术取得了较大进展。2016年11月17日，中国华为公司的Polar Code（极化码）方案，最终战胜高通、爱立信等著名公司的短码方案，成为5G控制信道eMBB场景编码最终方案，华为的企业标准从此成为全球标准。在芯片方面，华为麒麟960也达到全球最高水准，主要技术指标方面与国际主流厂商差距较小。2016年8月16日，我国发射了首颗全球量子通信卫星，标志我国开始突破传统的互联网传输协议，建立一个更加安全可靠的数据传输网络。在2016年全球第三届互联网技术大会上，从全球选出了15项全球领先的科技成果，其中中国有7项，包括阿里巴巴商业生态体系的技术应用、中国科学院广域量子通信网络、“百度大脑”、中国科学院计算技术研究所“寒武纪1A”深度神经元网络处理器、“神威·太湖之光”超级计算机及应用系统和华为麒麟960手机芯片。

（二）“斯诺登事件”唤起了全球网络主权意识

“斯诺登事件”使得全球互联网治理“两大阵营”力量发生改变，美欧主导的全球互联网治理阵营开始出现离心倾向，各国互联网治理权意识空前高涨，各欧洲国家纷纷提出要重塑全球互联网治理格局，维护国家在网络空间的核心利益；欧委会明确提出为确保网络安全，要力争分享互联网治理权。2013 年 10 月，包括 ICANN、IETF、互联网社会、万维网协会以及五大区域性互联网地址注册机构在内的重要互联网机构，联合发布声明，共同谴责美国国家安全局（NSA），呼吁实现 ICANN 国际化。国际社会充分认识到“从根上”解决美垄断网络资源，实现网络资源决策与分配的民主、公正与透明的重要性与紧迫性，在此问题上，各方取得前所未有的一致，这将加速推进 ICANN 国际化，有助于开启新一轮互联网治理改革，重塑互联网治理格局。

（三）以中国为代表的新兴市场国家，强烈要求参与全球网络空间治理

近年来，发展中国家日益成为全球互联网的重要力量，中国互联网普及率为 52.2%、印度为 34.8%、巴西为 66.4%、南非为 52%，新兴国家开始从全球治理舞台的边缘走向中心。然而，在全球互联网治理体系中，美国等发达国家掌握着核心技术和关键资源，发展中国家没有话语权。尤其是 2013 年“斯诺登事件”后，各国信息安全受到极大威胁，发展中国家强烈要求参与全球网络空间治理。从目前实践看，发展中国家总体上采取了一套不同于西方国家的治理理念和实践，坚持主张世界多极化和国际关系民主化的基本理念和价值观。新兴国家倡导自愿合作、平等协商、不干涉内政的治理观念推动了全球治理价值的多元化。中国国家主席习近平更是主张各国应该加强沟通、扩大共识、深化合作，共同构建网络空间命运共同体。他还就共同构建网络空间命运共同体提出“五点主张”：加快全球网络基础设施建设，促进互联互通；

打造网上文化交流共享平台，促进交流互鉴；推动网络经济创新发展，促进共同繁荣；保障网络安全，促进有序发展；构建互联网治理体系，促进公平正义。

二、中国参与全球网络空间治理面临的主要挑战

（一）核心关键技术受制于人

当今的中国信息技术产品仍被外国的核心技术及跨国企业所支配。除华为等极少数公司外，中国信息技术公司尚处于产业链下游，并主要依赖于国内市场。尽管国产品牌所占的份额已经稳占 50% 以上，但高端市场则被苹果、三星等国外厂商牢牢占据。芯片问题是我国核心技术方面的传统短板。元器件市场几乎被外资垄断，少数国产领域陷入低端竞争。从元器件供应链条来看，整个产业目前仍然占据主导，像射频、天线开关基本上都是外国厂商垄断，滤波器全球超过 70% 都由日本春田占据，五家厂商占了 80% 左右。开源的安卓和封闭的 iOS 仍然是市场的绝对主力，目前操作系统层面主要是基于安卓系统的二次开发，在一些智能硬件领域也有基于 Linux 的操作系统。

（二）我国信息通信技术企业“走出去”面临不公待遇

2016 年开始，中国互联网企业的全球化市场拓展已由此前的个体性试探，转变为集体性的出海淘金。然而企业进入海外市场却面临诸多风险，包括政治、政策、文化、市场风险等。中国互联网企业由于地缘政治等问题引起内容安全、信息安全、个人隐私保护等互联网发展管制问题。如消费者权益保护已经成为各国重要的议题，不少国家在个人信息保护、数据传输方面有非常严格的监管制度，比如欧盟在个人隐私、个人信息保护方面监管比大多数国家严厉。

中国企业在海外遇阻，根源多数来自于政策、文化的水土不服和政治性因素。比如中兴和华为就是因为国家安全等问题，被美国限制了出

口。小米因为个人信息安全的问题，在2014年连续被中国台湾地区以及新加坡进行了审查。还有百度和奇虎360海外的APP，也是因为入口的问题受到审查，会遭遇被下架的风险。

表6-1　中国企业海外阻力表

企业	受阻情况
阿里巴巴	2015年受中国经济放缓的大形势以及网站假货问题的影响，阿里巴巴推迟与印度智能手机企业Micromax合作事宜，放缓印度步伐
中兴	2016年3月7日，因涉嫌违反美国对伊朗的出口管制政策，中兴遭美方限制出口零部件
小米	2014年小米手机自动回传资料至北京服务器，涉嫌盗取用户隐私，中国台湾“国家通讯传播委员会”已开展调查同年个人信息未经同意亦被披露，新加坡个人信息保护委员会对此进行严查
微信	2014年据腾讯国际业务副总裁Poshu Yeung称，美国人习惯有事打电话，交流比较直接，较少发短信，因此即时通信工具在美国的发展具有客观阻力
百度	2013年日本政府发出警告称，百度日语输入法会将键入文字传输至百度的服务器上，日本的政府部门、大学和研究机构不应再使用这款软件； 2015年5月百度海外产品Du Speed被Google Play下架
华为	2013年美国多次以“国家安全”为由限制对中国信息技术产品的进口，用歧视性措施进行刁难
奇虎360	2014年联席CFO徐祚立称，360通过Middle Layer建立商业模式，而其在海外市场无法绕过Google Play和App Store，致使无法分发流量，出海受阻，会遭遇美国的网络安全审查阻力
TCL	2015年日本专利管理公司IP Bridge称，中国TCL集团的智能手机侵犯专利，已向美国特拉华州联邦地方法院提起诉讼，要求TCL停止销售智能手机并赔偿损失
金山游戏	2010年越南信息和通信部发表了一份临时法令：暂停发放新的游戏许可证

（三）我国在国际组织中的话语权比较弱

与美国相比，国内相关协会交流系统尚不完善。美国的信息协会工作很积极，在美国企业全球化中扮演着重要角色。中国的互联网协会虽然也做了很多有关企业间的交流、搭桥的工作，但仍缺乏系统性、策略性，需要进一步的改进。此外，互联网核心关键资源，包括根区文件修改、顶级域制定、IP地址分配、网络安全问题均由美国主导的国际组织控制，中国专家和组织在国际互联网组织中的话语权还比较弱。

（四）在大数据时代，数据生产、存储、使用的不同主体容易形成数据主权的交互重叠甚至冲突

随着移动互联网发展、高性能计算突破和云计算基础设施的普及，数据的产生、存储、处理和使用已经突破了传统物理空间限制，互联网数据流动已经实现了全球同步，几乎没有时间延滞。在大数据环境下，信息创造者、接收者和使用者，信息发送地、输送地及目的地，信息基础设施的所在地，信息服务提供商的国籍及经营所在地等由于信息传输的同步，导致数据不同利益主体交互重叠，甚至有冲突。比如美国谷歌、亚马逊、苹果公司、IBM 和我国阿里、百度等互联网公司产生的业务数据来自全球各地，公司存储数据属于哪个公司或具体国家存在较大争议。根据信息创造者、接收者和使用者不同，数据信息将受多个不同国家法律所管辖，各国的数据权保护法律又不尽相同，这就导致数据主权纠纷频发。比如在中国使用的苹果手机，用户产生的数据已经和苹果公司在美国的服务器实现了同步，在中国设置物理服务器的限制已经失去了效用。数据的传输的跨国界，挑战了传统的国家主权概念，带来了复杂的权责关系。此外，国际社会并未对各国的数据主权管控范围进行划定，数据主权在国际法的制定方面尚处空白，各国基于理性自保的需求，积极加强本国数据的管控和本国国民在他国数据的主权，这必然导致主权交叉重复的管辖状况。

（五）西方国家提倡“网络自由”，对“网络主权”不予承认

长期以来，以美国为首的西方国家借“网络自由”之名，大肆输出意识形态，鼓吹西方政治制度模式，诋毁、攻击我国的政治制度和价值观念，对我国意识形态安全形成极大冲击。由于互联网核心技术和关键资源都掌握在美国或美国企业手里，美国对互联网拥有实际的支配权。美国主导的“网络自由”实际上就是网络霸权，利用不对等的互联网影响力对别的国家数据主权肆意侵犯。但实际上，美国所谓的“网络自由”也是执行“双重标准”，对涉及自身利益时宣誓主权神圣不可侵犯，而实际上则是通过“网络自由”的口号实现对其他国家在政治、经济、军事、文化等领域全方位渗透，谋求不正当利益。因此，围绕数据主权，国际上还存在广泛争议，有较大一部分国家和团体认为，互联网属于“全球公域”，反对任何形式的互联网管辖，借用“网络自由”干预主权国家互联网政策，美国政府就曾对谷歌退出中国事件批评我国互联网政策。2011 年和 2015 年，西方国家两次强烈反对由中、俄、塔、乌等上合组织成员国向联合国提交共同起草的“信息安全国际行为准则”草案。核心是对“网络主权”的否定，中、俄、塔、乌等上合组织成员国认为与互联网有关的公共政策问题的决策权属于各国主权范畴，应尊重各国在网络空间的主权；而美国等西方国家认为网络空间是“全球公域”，网络空间治理应坚持“多利益攸关方”原则，国家政府应将同等重要的责任和权利分享给其他行为体。

（六）各国由于彼此的信息技术实力、文化背景以及价值观的不同，数据主权的有关保护法令也大相径庭

从信息通信技术实力、产业竞争力和信息基础设施角度看，全球在互联网世界可以划分为三类，即网络殖民国家、网络主权国家和网络霸权国家。美国由于控制互联网产业的核心芯片、基础元器件、互联网关键资源，属于唯一的互联网霸权国家。而俄罗斯、日本、韩国、英国、德国等国家，由于有较为完善的数据保护制度和较强的信息通信技术实力，有较强能力保护互联网主权；大部分国家，受制于互联网技术薄弱、法律制度不完善、信息基础设施较大等因素，属于互联网被殖民的对象。此外，由于互联网的开放性、及时性、全球性，使得具有不同价值观念的民族文化在互联网领域存在冲突与矛盾，突出表现就是以美国为代表的西方文化与其他民族文化之间的冲突。比如在语言上，由于网络语言是被高度技术化的数字语言，“美国信息交换标准代码”

（ASCII）是当前被公认的互联网通用代码，以英语为载体的美国文化形成了事实上的互联网语言文化霸权，这就形成了其他国家很难在数据主权方面形成合力。在数据保护方面，各国也存在较大差异。欧盟早在20世纪90年代就开始实施较为严格的数据保护，有较为完善的数据保护法规，包括1995年通过的《数据保护指令》、2002年的《隐私与电子通讯指令》、2009年的《欧洲Cookie指令》和2015年的《一般数据保护条例》，形成了较为完善和规范的数据保护制度。广大非洲国家，由于互联网起步较晚、基础设施较落后，互联网数据保护立法还处于空白阶段。

第七章

CHAPTER SEVEN

建立全球网络空间治理体系的中国方案

一、加快推进“网络强国”战略

（一）加快制定我国网络空间总体战略

目前，网络空间已经涉及政治、经济、军事、文化等各领域，保障我国网络空间安全和提升我国网络空间治理体系的话语权，需要从国家战略高度制定网络空间总体战略。我国要改变各自为政、散兵游勇式的发展模式，发挥政治优势与制度优势，以国家意志对网络空间治理统一谋划、统一部署、统一推进、统一实施。从顶层设计角度制定我国网络空间战略，包括网络空间的范围、战略目标、实现路径、时间路线图。要牢牢立足国家网络安全和人类命运共同体来制定我国网络空间战略。整合战略资源，在经济、国防、外交、社会治理、文化、科技、人才多领域做好战略规划，完善战略布局，抢占网络时代的国家战略制高点。一是要制定和完善网络空间经济战略，包括积极推动我国互联网企业走向国际市场，积极参与全球数字经济贸易规则的制定，在知识产权和数字保护等方面维护我国的政党利益，建立全球数字经济新秩序。二是要完善网络空间国防战略，将我国国防安全拓展到网络空间领域，加快构建攻防兼备的网络战略威慑体系，建立对等的防御摧毁能力，加强在打击网络犯罪和恐怖主义领域的合作，积极参与国际网络军事规则的制定。三是完善网络空间的外交战略，积极开展数字外交活动，利用我国信息通信技术的优势，帮助发展中国家提升信息基础设施，帮助它们发展信息产业，推广互联网应用，形成更多和更广泛的利益共同体，提升我国数字经济的全球影响力。四是要完善网络空间的社会治理战略，建立符合信息社会的社会治理体系，善于利用网络提升党和政府的执政能力，加强决策的科学化和民主化水平，完善网络监督机制，提高行政效率。五是完善网络空间文化战略，强调任何个人能够自由、平等地接入互联网，坚持互联网是先进文化传播的主渠道。打造一支代表先进网络文化的先锋队，占领网络舆论的主阵地，尤其是将互联网作为推介中国、讲好中国故事，发出中国声音的强有力平台。六是完善网络空间的科技战略，重视对网络空间基础研究的国家投入，集中国家优势资源，发挥举国体制优势，在“核高基”、网络安全、大数据、云计算、物联网等关键领域、重大项目方面实现技术攻关与重点突破，尽快缩小与发达国家的差距，为技术创新提供发展基石和根本保障。七是完善网络空间人才战略，立足全球视野，提供积极的政策支持，要加强网络空间领军人才储备，引进国际顶尖网络科技人才。要建立与未来互联网发展相适应的人才培育、激励和使用机制。

（二）建设和部署未来网络空间基础设施

一是要建设全国一体化的国家大数据中心。以推行电子政务、建设新型智慧城市等为抓手，以数据集中和共享为途径，建设全国一体化的国家大数据中心，推进技术融合、业务融合、数据融合，实现跨层级、跨地域、跨系统、跨部门、跨业务的协同管理和服务。建设全国一体化的国家大数据中心要在国际上宣誓国家数据主权，建立国际数据交换、流动与使用的国际规则。要加快推进大数据领域的立法工作，明确数据资源的产权归属，让数据采集、管理、应用有法可依，通过大数据立法促进公共数据开放、个人隐私保护、数据安全保护、数字经济发展；解决数据的部门化、利益化，克服“信息孤岛”和“数据烟囱”等问题，让各部门的数据愿意开放、能够开放、敢于开放。

二是建设高速、宽带与泛在的网络基础设施。加大宽带网络等信息基础设施投入和建设力度，彻底解决电信“最后一公里”问题，实现宽带网络全覆盖。综合利用相关各类专项资金、国有资本收益金等财政资金，加大对农村和老少边穷地区宽带接入网络建设与运行维护的补贴。利用战略性新兴产业发展基金、技术改造资金等各项政策手段，提升 4G 网络建设服务水平，降低 4G 资费。推动电信市场向国内民营资本开放，鼓励新技术、新业务创新发展。扩大城市 Wi-Fi 覆盖范围，实现公交、车站、飞机场、酒店等公共场所全覆盖。推动企业加快 5G 标准的研究与推广应用，抢占未来互联网基础设施制高点。推动互联网由 IPv4 向 IPv6 演进过渡，重点推动 IPv6 应用，全面部署 IPv6 商用。

三是建设云计算等新型互联网基础设施。分领域建设好一批云计算、大数据中心，制订数据中心能耗标准，推动传统数据中心优化升级成弹性可扩展、高效节能、分布式的云数据中心。着力推进专业领域大数据中心建设，推动大数据采集、加工、处理、整合和深加工。利用卫星遥感、物联网、视频监控等信息技术，对土地资源、海洋岛屿、河流湖泊、山林等自然环境资源开展实时监测，加大物联网部署，对城市部件广泛部署自动感知终端，并接入互联网，形成遍布全国的基础设施物联网络。

四是大力普及智能终端及应用。严厉打击芯片和智能终端操作系统市场垄断，降低芯片和操作系统许可使用费，整体上降低智能终端成本。继续推动通信运营商降低通信资费，提升网络运行速度，减少消费者智能终端连接网络的使用成本。综合使用节能和消费补贴政策，在农村普及智能终端。

（三）大力发展数字经济，从根本上增强我国网络空间的影响力

数字经济是全球经济社会创新发展的未来。美国是网络信息技术发源地，近半个世纪以来，美国的企业、政府、科研机构紧密携手，主导着全球数字经济的发展进程，包括英特尔、IBM、高通、思科、苹果、微软、甲骨文、谷歌等一批美国信息通信技术（ICT）巨头控制着全球网络信息产业链的主干，在集成电路、通信网络、操作系统、办公系

统、数据库、搜索引擎、云计算、大数据技术等信息化关键技术领域占据明显的优势，是全球数字经济的核心。要保持在信息领域或网络空间的话语权，关键是要保持信息通信技术领域的领先地位和推动数字经济创新发展。在核心技术方面，应争取在先进集成电路芯片与光电子器件、高性能计算机与软件、下一代互联网与信息安全、第五代移动通信与无线通信、数字电视与音视频编码等技术领域实现突破，实现核心技术的自主可控。

一是打造面向全球市场的互联网大产业。挖掘新增用户潜力，继续扩大我国互联网用户、手机用户、电脑用户规模，保持我国全球移动互联网市场优势，把我国打造成手机用户和网民数规模全球第一，市场应用最活跃，网民素质较高的全球移动互联网大市场。繁荣移动互联应用市场。规范市场竞争行为，促进市场良性竞争，降低 4G 信费和互联网宽带接入费，降低移动互联应用门槛，推动我国移动互联网应用市场繁荣。积极培育数字出版、数字视听、游戏动漫等新兴产业和新市场。提高网民素质和信息应用技能。通过制定、贯彻法律法规及媒体的宣传，加强我国网民道德及文化修养，以应用促进网民信息技能的提高，培养网民较好的信息应用技能。营造企业诚信经营、互联网内容健康、网民素质良好的移动互联网生态环境。国家应鼓励 ICT 企业加快拓展国际市场，通过主动加强网络安全透明度，以开放透明的行动获得国际社会对我国 ICT 科技企业的信任，倒逼美国对我国优质企业的市场开放，推动中美两国 ICT 产业链的开放竞争和融合，实现我国网络空间安全能力的全球拓展和覆盖。

二是培育互联网优势龙头企业。贯彻落实《国务院关于实施〈国家中长期科学和技术发展规划纲要〉的若干配套政策》，通过市场准入、研发投入、工程带动、政府采购、标准制定、投融资支持等综合措施，建立以企业为主体的自主创新体系，促使资金、人才、市场向优势龙头企业倾斜，形成一批拥有自主知识产权和知名品牌、国际竞争力较强的优势互联网企业。利用国内市场巨大的规模优势，加强对国内电信运营商、服务提供商的扶植力度，支持具备较好业务、用户、技术基础的企业对移动互联网数据进行深度加工、大力开展应用服务，进而确立这些企业在国内移动互联网领域的领导地位。通过打造具有行业影响力、产业控制力与技术带动力的本土服务运营主体，在移动互联网领域做到数据自主，应用可控，提升对跨国企业的话语权。鼓励终端制造商、软件提供商、网络运营商与互联网服务商之间在操作系统研发优化、通信运营推广、应用生态建设、软硬件匹配等各个环节加强合作，推动由芯片制造、终端制造、操作系统、应用软件、通信运营、内容服务的产业链垂直整合。

二、积极开展“数字外交”战略

（一）在我国外交战略中强化数据主权的目标与行动

新形势下，中国外交战略应高举数据主权大旗，中国政府对其管辖地域范围内个人、企业和相关组织所产生的数据拥有最高权力，能独立自主对本国数据进行管理和利用。应该充分尊重他国数据主权，尊重各国自主选择网络发展道路、网络管理模式、互联网公共政策和平等参与国际网络空间治理的权利，不搞网络霸权，不干涉他国内政，不从事、纵容或支持危害他国国家安全的网络活动。积极开展数字外交活动，利用我国信息通信技术的优势，帮助发展中国家提升信息基础设施，帮助它们发展信息产业，推广互联网应用，形成更多和更广泛的利益共同体，提升我国数字经济的全球影响力。积极配合国家“一带一路”倡议，加大信息基础设施投资，建立“一带一路”金融、产业、人口、交通等专业领域大数据，通过数据共享共治，提升区域内的数据治理能力，建立区域数据利益同盟。

（二）在联合国框架下推动建立新的全球网络空间治理体系

《联合国宪章》确立的主权平等原则是当代国际关系的基本准则，覆盖国与国交往各个领域，其原则和精神也应该适用于网络空间。由于当前全球缺乏统一的网络数据主权的法律法规，各国的治理水平和能力不均衡。具体而言，以美国为首的发达国家拥有数据霸权地位，窃取了数字经济领域大部分剩余；以中国为代表的广大发展中国家，处于数字经济的低端环节，不掌握核心技术和关键资源，在数据主权方面处于弱势地位。综合现有的全球网络空间治理体系，可考虑建立以联合国框架下的数据主权的网络空间治理体系，强调任何一个主权国家，不论国家大小，主张地位平等，反对数据霸权，强调数据治理公平与开放。应强化联合国下设机构国际电信联盟的作用，增强其在全球互联网核心资源分配、全球信息通信基础设施改善、缩小数字鸿沟、打击网络犯罪和建立全球数据流动规则等方面的作用。此外，也可以在现有 G20（二十国集团）的基础上，建立 D20（数字二十国集团）数字经济治理机制，加强二十国在全球数字经济领域的沟通、协作和标准体系等方面的工作，建立定期磋商机制，共同探讨全球网络治理新体系。

（三）切实加强多边合作，形成数据保护利益共同体

欧洲在数据保护方面有丰富的立法和实践经验，对数据跨境流动实行了严格的保护。早在 1995 年，欧盟就出台了《关于与个人数据处理相关的个人数据保护及此类数据自由流动的指令》，即《个人数据保护指令》，制定了一系列严格规范的个人信息保护法律框架，并要求各加盟国建立统一的个人隐私保护法律、法规体系以保证个人数据在加盟国之间自由流通。2015 年 12 月 15 日，欧盟《通用数据保护条例》（也称《一般数据保护条例》）出台，对互联网企业自由收集、分析和管理用户信息的权限进行了严格限定和监管，严格保护个人数据。在全球网络空间治理体系中，欧洲也处于弱势地位，缺乏全球性的互联网企业，核

心技术和关键资源也是受制于美国。中国与欧洲在全球网络空间治理和数据主权方面存在高度利益汇聚，数据主权和信息安全同样受美国网络霸权的威胁，我国应加强与欧盟在数据保护方面的合作，建立数据保护合作机制。

（四）提出“多利益攸关方”的中国方案，争取大多数国家支持

在全球网络空间治理体系中，中国当前面临最大的问题是被“孤立”，造成这一问题的原因是中国主导的互联网治理理念被误解，认为要完全否定“多利益攸关方治理”，而采取政府主导的模式，这很难在国际上取得共识。中国应旗帜鲜明地提出“多利益攸关方治理模式”的中国模式，对互联网治理应坚持在国家网络主权的前提下，同意“多利益攸关方”的治理原则，主张政府、企业、非政府组织、社群团队等共同参与的治理方式。在这一模式下，强调数据保护、网络主权，支持我国非政府组织积极参与全球治理，通过企业力量来逐渐影响全球网络治理规则。要在全球话语体系下，更有策略地讲好“中国方案”，原则上不搞与全球大多数国家提倡的不一样方案，可以更加“灵活、务实、多元”地利用好规则，将政府的位置往后撤一撤，并更有力地支持有共同利益的国家、民间团体、专业技术人才、国际组织来表达“中国方案”。

（五）主动提出“议程设置”，争取国际舆论的主导权

中国参与推动建立全球网络空间治理体系，应主动进行议程设置。继续利用“斯诺登事件”，揭穿美国全球网络霸权的本质，呼吁美国尽快推进 ICANN 国际化改革，解除美国政府与 ICANN 的合同，推动网络基础资源真正国际化管理；在现有国际网络空间治理框架下，全面动员政府与非政府主体力量，积极参与现有的 ICCAN、互联网治理论坛（IGF）、万维网联盟（W3C）、国际互联网协会（ISOC）、国际互联网工程任务组（IETF）、国际标准化组织（ISO）、电气和电子工程师协会

(IEEE) 等国际组织，扩大我国的影响力；要积极利用好中国参与的多边机构与平台，包括二十国集团（G20）、亚太经合组织（APEC）、世界经济论坛（WEF）、博鳌亚洲论坛、上合组织、世界互联网大会等，提出中国参与全球网络空间治理的“中国方案”，并可以不失时机地提出中国主导的全球机制性网络空间治理平台，比如倡议成立全球数字二十国集团（D20）机制，建立一个在 G20 框架下的数字经济治理平台，定期讨论全球网络空间治理，共同推动建立全球性网络空间治理体系。

三、构建新型中美网络空间关系

（一）构建中美两国网络空间利益共同体，加强中美数字经济联系

虽然中美之间存在很多分歧，但中美经贸关系具有不可替代性。中国在推动全球网络空间治理体系中，与美国的博弈也应借鉴中美经贸关系，采取更加开放与合作的理念，加强中美信息经济领域的技术合作，增强两国市场互动。只有当美国对中国市场有更多依赖，或中国企业在美国有更多投资，中国网络空间才会有更多的话语权。中美两国作为数字经济时代最有代表性的国家，跨境合作与投资日益活跃，中美双方在创新环境、人才架构、研发力量等方面优势互补。中美是全球信息技术创新的主要参与者，也是全球数字经济发展的重要推动者，美国的先进技术和理念、中国巨大的市场空间和创新活力，彰显了中美在数字经济领域强烈的互补优势，加强中美数字经济合作，是双方产业升级、经济发展的共同需要。中国应联合与中国立场相近的大多数发展中国家，重点加强与俄罗斯、巴西和印度等“金砖国家”合作，形成“利益共同体”，站在大多数国家立场与美国博弈；争取美国盟友的支持，利用美国与其盟友在网络空间利益的离心力和矛盾，加强与欧盟国家的沟通与合作，尽可能多地争取美国盟友的支持；加强中美在政府层面、学术层

面、产业层面、智库层面和社会层面等的交流与合作，利用美国不同党派、政府与社会之间的不同点，争取扩大与美国企业的利益共同点，与企业界、学术界和智库界达成更多共识。应重视与重要国际治理机构的合作。鉴于这些治理机构的“私营部门主导”的特性，应动员国内民营部门，尤其是具有国际影响力的信息技术企业，鼓励其与相关机构加强交流，积极参与国际治理事务。

（二）构建积极防御型网络空间战略体系，掌握我国网络安全的主动权

在未来一段时间，无论在技术实力、产业发展还是治理经验方面，美国都会具有优势。但从长远看，我国的网络实力在不断上升。中美之间的网络空间博弈，不宜采取正面冲突和主动进攻的策略，而应采取积极防御的策略，对自身网络安全心中有数，不允许网络安全盲区的存在。一是对美国谷歌、微软、IBM、雅虎、思科、高通等“八大金刚”在中国的业务进行全面摸底，尤其是对影响国家关键基础设施持续运行、国家机关网络基础设施和业务系统、重要工业控制系统等领域进行信息安全评估，全面掌握美国对我国信息控制和安装系统“后门”的事实，积极采取应对措施；二是尽快落实《网络安全法》，全面实施网络安全审查制度，尤其是对国家重要领域和关键部门高度依赖的广泛部署的信息技术产品和服务，国家有关部门应对其安全性和可信性进行重点评估，审查内容包括背景调查、保密审查、培训审查、位置审查、服务标准审查、独立认证审查、认证认可审查（C&A）、安全事件报告审查、质量控制审查、安全控制审查、业务连续性审查等；三是在互联网的行业管理上，要有一些明确的、细则性的规范，完善互联网新经济相关的涉外投资融资的法律法规体系和监管力度，对涉及我国国民经济安全运行、涉及社会新闻舆论导向、涉及国家信息化安全等利害关系的重大并购、投资要严格把关、加强审批、加强监控。

（三）加快改变外资控制我国互联网企业的局面，培育更多民族互联网企业

一是对互联网领域的重大并购案，在涉及国家机构安全运行及国计民生领域，国家应加大对外资投资、并购的审查和监管；二是尽快完善融资体系，鼓励国内资本参与投资互联网，对于互联网企业，要完善上市融资制度，降低融资门槛；三是加快国有资本管理体制改革，学习新加坡“淡马锡”模式，成立国有资本投资管理公司，加强对互联网行业的投资；四是尽早解决可变利益实体（VIE）问题，重新建立外资进入中国互联网信息服务行业的政策壁垒，防止外资大规模间接控制中国互联网行业；五是建议研究解决 VIE 企业回归障碍，给予它们国内资本市场上市的正常渠道，同时，引导民间资本进入互联网创新企业，并利用市场手段设立国家级互联网风险投资基金，大力扶持中国本土的互联网创业企业；六是促进互联网市场竞争，要培育多竞争市场主体，分散市场风险；七是加强对境外控制的互联网企业的监管，明确国家对于本国消费者数据的主权地位，禁止在中国运营的互联网企业向外国组织和个人提供敏感数据，逐步把互联网企业收集中国消费者数据的行为，以及对于国民数据资产的运用，纳入政府有效的监控和管理范围。

四、建立全球“数字经济”治理新体系

（一）探索建立 E 国际贸易新规则

跨境电商已成为未来国际贸易趋势，已经深刻改变了消费者消费行为，管理、生产、物流和支付等企业经营管理方式，同时也要求我国的税、检、关、商等制度进行变革。从全球范围来看，我国日益成为跨境电商的引领者，需要尽快制定继续引领全球跨境电子商务贸易新规则，引领我国经济转型升级。应将跨境电子商务作为合法的贸易方式，出台相应的管理办法，包括关税、配额、通关、物流等具体支持措施；要建

设信息共享、金融服务、智能物流、电商信用、统计监测、风险防控等体系，实现“关”“税”“汇”“检”“商”“物”“融”一体化。鼓励企业建立跨境电子商务服务平台，帮助中国企业“走出去”，让更多中国消费者实现全球购买。建立符合现代国际贸易通行规则的新型自由贸易园区，推进跨境电商贸易便利化。

（二）构建、完善社会信用体系

一是推进信用标准化建设和建设全国统一的信用信息平台。以人民银行征信体系为基础，依托全国法人和人口数据库，建立覆盖全部企业和个人的全国统一信用信息网络平台，包括金融、工商登记、税收缴纳、社保缴费、交通违章等所有信用信息类别。建立以公民身份号码和组织机构代码为基础的统一社会信用代码制度，完善信用信息征集、存储、共享与应用等环节的制度，推动地方、行业信用信息系统建设及互联互通。

二是建立失信惩戒机制。建立健全经营异常名录制度，对违背市场竞争原则和侵犯消费者、劳动者合法权益的市场主体建立“黑名单”制度，构建市场主体信用信息公示系统，强化对市场主体的信用监管。对严重违法失信主体实行市场禁入制度，并根据市场主体的信用状况在经营、投融资、取得政府供应土地、进出口、出入境、工程招投标、政府采购、安全许可、生产许可、资质审核等方面制定不同级别的惩罚措施。逐步建立企业从业人员特别是高级管理人员的信用档案，将其经营行为和个人信用有机结合。

三是大力发展第三方信用服务市场。通过政府开放公共数据、培育信用服务企业和市场，制定严格的个人信息保护条例等措施，保障征信服务企业做好信用安全审查。实行严格的征信企业牌照制，发展多元化的征信市场主体。建立国家机关加强与征信企业数据共享机制，建议公安部向我国有资质的信用服务企业提供关于个人犯罪记录接口；人民银行向相关企业提供个人信用信息查询的接口；交通部向相关企业提供有关交通违法和驾驶证等基本信息的查询接口；卫计委向相关企业提供有关个人精神病史等相关信息的查询接口。

（三）创新数字经济统计体系和工作机制

将数字经济纳入国民经济核算体系，科学评估数字经济对经济增长、资源节约、劳动就业、收入分配、税收等贡献，改变传统的基于抽样调查数据获取方式，加强与信息技术企业对接合作，运用大数据、云计算等信息技术手段收集数据，完善形成符合数字经济发展模式的统计体系，建立数字经济价值衡量体系。人力资源社会保障部门应加强与互联网企业合作，共同搭建数据共享平台，及时发布大型互联网企业就业吸纳、劳动状况、收入水平、工作时间、劳动纠纷等数据。

五、探索建立自主可控的网络空间技术体系

（一）提高我国信息通信技术领域专利的国际话语权

总体上我国与发达国家相比在核心技术方面的差距仍然很大，需要引导创新资源集聚，促进专利由数量速度型向质量效益型转变。一方面，要鼓励企业原始创新，支持中国信息通信技术企业主导国际技术标准的制定，推动中国企业更多技术标准成为国际标准，提高我国企业在信息通信技术行业中的地位和影响力；另一方面，在加大知识产权保护力度，鼓励相关企业创新的同时，组织相关国内企业与科研院所建立专利联盟，交叉授权，互相促进，并汇集相关专利形成联合专利池，从而在国内实现相关专利的共享，并提高应对专利纠纷时的谈判地位。

（二）加快下一代互联网技术研发与推广

争取由我方主导，积极推动国际互联网名称与数字地址分配机构（ICANN）、互联网域名工程中心（ZDNS）等多方机构共同参与，着

手对新的网络协议标准、互联网域名管理和运行等课题进行研究。抓紧制定我国 IPv6 商用推广的时间表、路线图和重点任务，积极部署下一代互联网。积极参与全球根服务器的竞争，制定更完善的下一代互联网根服务器运营规则，旨在打破现有国际互联网根服务器对我国互联网资源的限制和控制，为在全球部署下一代互联网根服务器做准备。

（三）加大核心关键技术研发

充分发挥市场决定性作用，通过产业基金，创新集成电路、高端通用芯片、基础软件等核心关键技术的支持方式，实现我国信息通信技术“核高基”的突破。支持企业在智能终端操作系统、平台软件、大数据技术、未来互联网、平板显示等领域的研发与应用推广，着力构建更加完善的产业生态链，形成我国自主可靠的信息产业核心技术和产品体系。重点支持我国自主可控的信息安全技术研发，着力突破基于大数据的网络攻击追踪方法、工具，保障国家信息安全。建设国家网络空间战略预警和积极防御平台，精确预警、准确溯源、有效反制，提升对国家级、有组织网络攻击威胁的发现能力。

六、推动“数字经济”体制机制创新

（一）推动互联网行政管理体制改革

制定实施各行业互联网准入负面清单，允许各类主体依法平等进入未纳入负面清单管理的领域。最大限度减少事前准入限制，加强事中事后监管，确立“先发展、后管理、在发展中逐步规范”的原则发展新兴服务业。逐步放开自然垄断行业竞争性业务，鼓励传统行业与互联网创新融合发展，支持传统行业服务创新，建立统一规范、透明民主的行业发展环境。破除信息共享和业务协同部门障碍，建立各部门联动的信息资源共享机制；随着互联网技术日益深入，修改各行业、各领域在标准、监管等方面不适应的法律法规，破除各行业创新发展的障碍。积极探索混合所有制，有序开放电信市场，加快民营资本进入基础电信业务，促进通信设施共建共享，推动我国电信市场改革。建立有利于创新驱动发展的税制、法制、体制机制，抓紧研究制约科技创新的各类制度性障碍，提出针对性制度设计和改革举措，推动制度全面创新。加快体制机制创新，建立更加扁平化的行政组织架构，更快地响应市场主体的服务需求，继续简政放权、减少行政审批。推动政府治理多元化，通过政府与私人机构、社会组织和企业主体互动的方式，形成多方主体参与的密切合作机制，推动政府治理现代化。

（二）修改相关法律法规，提高政策灵活性

现有的《劳动法》和社会保障政策等不适应分享经济的发展需要。应启动《劳动法》修改程序，平衡好灵活用工和非正规就业的劳动保护和企业生存发展之间的关系，鼓励企业采取多种形式用工，规范临时工、钟点工、兼职、劳务派遣等多种形式的法律关系；减少企业制度性用工成本，包括社会保障费用、用工和解雇成本。针对平台型企业的灵活就业人员的劳动关系、工作时间、岗位及收入不固定等特点，制定相应的个人申报登记办法、个人缴费办法和资格审核办法。构建符合“平台 + 个人”新型劳动关系，调整分享经济模式下的财税政策。可采用按小时缴纳社会保险，要求参与分享经济的个人和法人也依法纳税。加强商品和服务提供者的资质审查，涉及分享经济的民法、商法、合同法、保险法等相关法规也要考虑及时修改。

七、积极推进网络空间法制建设

2016 年 11 月 7 日，我国第十二届全国人民代表大会常务委员会第二十四次会议通过《中华人民共和国网络安全法》（以下简称《网络安全法》），自 2017 年 6 月 1 日起施行。

《网络安全法》是我国第一部全面规范网络空间安全管理方面问题的基础性法律，是我国网络空间法治建设的重要里程碑，是依法治网、化解网络风险的法律重器，是让互联网在法制轨道上健康运行的重要保障。《网络安全法》将近年来一些成熟的好做法制度化，并为将来可能的制度创新做了原则性规定，为网络安全工作提供切实法律保障。该法共 7 章 79 条，内容上有 6 方面突出亮点：一是明确了网络空间主权原则；二是明确了网络产品和服务提供者的安全义务；三是明确了网络运营者的安全义务；四是进一步完善了个人信息保护规则；五是建立了关键信息基础设施安全保护制度；六是确立了关键信息基础设施重要数据跨境传输的规则[①]。该法的出台，不仅为网民的信息安全撑起法律保护伞，也为保障网络安全、维护国家安全提供了法律保障，成为网络强国建设新征程的重要里程碑。如何贯彻落实《网络安全法》，将是我们接下来工作的重点。

一是建立与《网络安全法》实施相配套的制度。缺少制度的保障，法律将是一纸空文。为了使得《网络安全法》真正得到施行，有必要进一步制定有助于《网络安全法》实施的相关配套制度，使得《网络安全法》能够落到实处。

二是要将《网络安全法》的普及作为接下来普法工作的一个重点，使网络完全意识能够深入我国民众内心。将法律有关规定传送至广大网民心中，将网络安全宣传作为公益活动，持续广泛地通过网络、电视、广播、纸媒等在公共场所、机关单位、居民生活区域开展，让网络安全观念深入人心，让网络安全意识植根人心。

三是要继续完善网络安全立法工作。《网络安全法》还仅仅是我国网络安全立法的一个起点，总体来看这部法律原则性比较强，作为网络安全的上位法，它的法律内容难免比较原则不够具体，可操作性不够

① 网络安全法获高票通过　明确加强个人信息保护［EB/OL］. 中国政府网，http：//www.gov.cn/xinwen/2016 – 11/07/content_5129650. htm.

强，有必要进一步制定有助于《网络安全法》的实施细则及相关管理条例，特别是个人信息保护亟须出台更为具体的实施条例或者细则，乃至出台专门的《个人信息保护法》。

专题报告

SPECIAL REPORT

推动我国建立基于数据主权的网络空间治理的建议

中国国际经济交流中心内参《研究报告》第36期，2016年7月20日印发，主要内容发表于2016年10月12日《光明日报》智库版头条

【摘要】美国单方面控制着全球互联网关键核心资源，在全球网络空间治理体系中处于霸权地位。我国已成为互联网应用第一大国，也是未来数据生产第一大国，但在全球网络空间治理体系中话语权还比较弱。在我国外交战略中，应开展数字经济外交，在联合国框架下推动建立新的全球网络空间治理体系，通过信息安全立法，对内强化我国国家关键基础设施的信息安全，对外加强多边合作，推动形成数据保护利益共同体。

一、基于数据主权是我国网络空间治理的现实选择

（一）美国成为事实的网络霸权国家，很难在短期内撼动美国地位

当前，美国把持着互联网资源的分配权、国际互联网根域名的控制权、网络域名解析（DNS）等核心互联网关键资源；全球13台域名根服务器，其中1台主根服务器设在美国弗吉尼亚州的杜勒斯，12台辅根服务器中有9台设置在美国；互联网传输协议/因特网互联网协议（TCP/IP）、用于网页制作的超文本标记语言（HTML）、无线网络传输

技术（Wi-Fi）等也由互联网工程任务组（IETF）、互联网工程指导委员会（IESG）、互联网构架委员会（IAB）、互联网协会（ISOC）等美国机构控制。此外，美国思科、微软、谷歌、英特尔、高通等公司控制了全球网络硬件基础设施、通信光缆、核心软件、芯片、操作系统等网络产业的关键环节。在短期内，全球很难建立一套新的互联网技术标准、管理制度、产业体系来撼动美国在互联网领域的霸权地位。

（二）美国利用网络霸权地位，肆意窃取全球数据、实施网络攻击，严重损害他国主权

美国利用实际的网络霸权地位，通过“合法”和非法的手段，对全球数据进行监控，并对重点国家和主要国家领导人进行监听。美国中央情报局前官员斯诺登披露，美国国安局（NSA）自 2007 年就开始实施绝密电子监听计划，通过非法进入微软、谷歌、苹果、雅虎等九大网络巨头的服务器，监控美国公民和国际政要的电子邮件、聊天记录、视频及照片等秘密资料，肆意窃取全球用户数据。为了应对美国霸权威胁，各国纷纷提出数据主权战略，保护本国信息安全。德国对境内数据跨境流动进行了严格规定，美国情报部门要分享欧洲数据必须告知并获得许可，并要求严格遵守德国有关法律。2014 年 3 月，欧盟议会高票通过《欧盟个人数据保护条例（草案）》，以严格的立法来推动欧盟数字统一市场的形成。俄罗斯议会于 2014 年 7 月通过《个人数据法》，规定俄罗斯公民的个人数据必须保存在俄境内服务器上。

（三）我国已成为互联网应用第一大国，也是未来数据创造的第一大国，亟须保护数据主权

自 1995 年互联网首次接入中国以来，我国网络基础设施建设实现了从无到有，信息通信技术产业从小到大，网民数量由小众到普通民众，互联网成为国家经济社会运行的重大公共基础设施，我国日益成为互联网应用第一大国。数据显示，截至 2015 年 7 月，我国网民数量达

6.68 亿人，网民规模全球第一；我国网络零售交易额规模跃居全球第一，2015 年我国网络零售总额达 3.3 万亿元；拥有 328 家互联网相关上市企业，其中 61 家在美国上市，市值规模合计 7.85 万亿元，相当于中国股市总市值的 25.6%。阿里巴巴、腾讯、百度、京东 4 家上市公司进入全球互联网公司 10 强。随着我国网民快速增加，互联网应用深入发展，我国也将成为互联网数据第一大国。2014 年，美国国际数据集团（IDC）发布报告《数据增长、商业机会和信息技术渗透》称，未来全球数据每年将保持 40% 的增长率，每两年数据量将翻一番。每年产生的数据流也将由 2013 年的 4.4ZB，增长到 2020 年 44ZB。届时，数据主要来源是新兴市场国家，到 2020 年 60% 的数据是由新兴市场国家产生的，而中国将成为数据产生的第一大国。

（四）数据资源日益成为国家战略资源，全球竞争焦点正由商品和物质的争夺向数据的控制转变

21 世纪，数据被认为是基础生活资料与市场要素，由此产生的大数据也就成为社会经济发展的新基础“能源”，其战略价值不亚于工业社会的石油。21 世纪的大国竞争已经不是硝烟弥漫的战场，也不是物质资源的争夺，而是对整个世界的影响力和主导权，这主要体现在对数据的掌控上。2012 年 3 月，美国奥巴马政府宣布推出“大数据的研究和发展计划”，以抢占数据资源开发利用的制高点。随后，联合国“全球脉动”计划发布了《大数据开发：机遇与挑战》报告，得到了英国、德国、法国、日本、加拿大等发达国家积极响应。

二、推行数据主权网络空间治理的主要挑战

（一）在大数据时代，数据生产、存储、使用不同主体容易形成数据主权的交互重叠甚至冲突

随着移动互联网发展、高性能计算突破和云计算基础设施的普及，

数据的产生、存储、处理和使用已经突破了传统物理空间限制，互联网数据流动已经实现了全球同步，几乎没有时间延滞。在大数据环境下，信息创造者、接收者和使用者，信息发送地、输送地及目的地，信息基础设施的所在地，信息服务提供商的国籍及经营所在地等由于信息传输的同步，导致数据不同利益主体交互重叠，甚至有冲突。数据传输的跨国界，挑战了传统的国家主权概念，产生了复杂的权责关系。此外，国际社会并未对各国的数据主权管控范围进行划定，数据主权在国际法的制定方面尚处空白，各国基于理性自保的需求，积极加强本国数据的管控和本国国民在他国数据的主权，这必然导致主权交叉重复的管辖状况。

（二）西方国家提倡“网络自由”，对“网络主权”不予承认

长期以来，以美国为首的西方国家借“网络自由”之名，大肆输出意识形态，鼓吹西方政治制度模式，诋毁、攻击我国的政治制度和价值观念，对我国意识形态安全形成极大冲击。美国主导的“网络自由”实际上就是网络霸权，利用不对等的互联网影响力对别的国家数据主权肆意侵犯。美国等西方一部分国家认为，互联网属于“全球公域”，反对任何形式的互联网管辖，借用“网络自由”干预主权国家互联网政策，美国政府就曾对谷歌退出中国事件批评我国互联网政策。2011 年和 2015 年，美国等西方国家两次强烈反对由中、俄、塔、乌等上合组织成员国向联合国提交共同起草的“信息安全国际行为准则”草案，其核心是要否定“网络主权”的概念，主张网络空间治理应坚持“多利益攸关方”原则，主权国家应将同等重要的责任和权利分享给其他行为体。

（三）各国由于彼此的信息技术实力、文化背景以及价值观的不同，数据主权的有关保护法也相差较大

从信息通信技术实力、产业竞争力和信息基础设施角度看，全球在互联网世界可以划分为三类，即网络殖民国家、网络主权国家和网络霸权国家。美国由于控制互联网产业的核心芯片、基础元器件、互联网关键资源，属于唯一的互联网霸权国家；而俄罗斯、日本、韩国、英国、德国等国家，由于有较为完善的数据保护制度和较强的信息通信技术实力，有较强能力保护互联网主权；大部分国家，受制于互联网技术薄弱、法律制度不完善、信息基础设施较大等因素，属于互联网被殖民的对象。当前，“美国信息交换标准代码”（ASCII）是当前公认的互联网通用代码，以英语为载体的美国文化形成了事实上的互联网语言文化霸权，这就使其他国家很难在数据主权方面形成合力。在数据保护方面，各国也存在较大差异。欧盟早在20世纪90年代就开始实施较为严格的数据保护，有较为完善的数据保护法规；而我国数据保护仍处于部门条例阶段，而《网络安全法》也尚处于立法阶段；广大非洲国家，由于互联网起步较晚、基础设施较落后，互联网数据保护立法还处于空白阶段。

三、推动我国建立基于数据主权的网络空间治理建议

（一）在我国外交战略中强化数据主权的目标与行动

新形势下，我国外交战略应坚持数据主权，我国政府对其管辖地域范围内个人、企业和相关组织所产生的数据拥有最高权力，能独立自主对本国数据进行管理和利用。在国际交往合作时，充分尊重他国数据主权，尊重各国自主选择网络发展道路、网络管理模式、互联网公共政策和平等参与国际网络空间治理的权利，不搞网络霸权，不干涉他国内政，不从事、纵容或支持危害他国国家安全的网络活动。积极开展数字外交，利用我国信息通信技术的优势，帮助发展中国家提升信息基础设施，发展信息产业，推广互联网应用，形成更多和更广泛的利益共同体，提升我国数字经济的全球影响力。积极配合“一带一路”建设，

加大信息基础设施投资，建立“一带一路”金融、产业、人口、交通等专业领域大数据，通过数据共享共治，提升区域内的数据治理能力，建立区域数据利益同盟。

（二）在联合国框架下推动建立新的全球网络空间治理体系

《联合国宪章》确立的主权平等原则是当代国际关系的基本准则，覆盖国与国交往各个领域，其原则和精神也应该适用于网络空间。由于当前全球缺乏统一的网络数据主权的法律法规，各国的治理水平和能力不均衡。综合现有的全球网络空间治理体系，可考虑建立联合国框架下的数据主权的网络空间治理体系，强调任何一个主权国家，不论国家大小，都地位平等，反对数据霸权，强调数据治理公平与开放。应强化联合国下设机构国际电信联盟的作用，增强其在全球互联网核心资源分配、全球信息通信基础设施改善、缩小数字鸿沟、打击网络犯罪和建立全球数据流动规则等方面的作用。此外，也可以在现有二十国集团（G20）的基础上，建立数字二十国集团（D20）数字经济治理机制，加强二十国在全球数字经济领域的沟通、协作和标准体系等方面的工作，建立定期磋商机制，共同探讨全球网络治理新体系。

（三）加强国家关键基础设施信息安全和核心数据保护

应加快《中华人民共和国网络安全法》落实进程，建立完善的国家关键基础设施保护制度。主要包括：一是要建立国家关键基础设施信息安全保护制度。明确国家关键基础设施分类，制定国家关键基础设施信息安全认定标准、等级和程序；全面评估我国国家关键基础设施信息安全现状，建立国家关键基础设施信息安全测评制度；建立国家关键基础设施信息安全负责人制度、保密管理和境外数据处理禁则。二是建立国家关键基础设施信息安全事件的监测通报、预警制度和处置机制。从预警级别、预警启动、不同级别预警的应对机制以及预警解除等方面，完善国家关键基础设施信息安全事件的预警机制。成立专门的监管机构，负责国家关键基础设施信息安全风险监测工作，制定国家关键基础设施信息安全事件监测通报规划和方案。制定国家关键基础设施信息安全事件的分级处置标准、信息发布机制、数据恢复制度，责任追究机制，对于特大、重大信息安全事件要做好专项预案。三是要明确专门监管机构的信息安全监督管理职责，明确各个国家关键基础设施行业主管部门的信息安全监督管理职责；实施国家关键基础设施信息安全保护的行业主管和安全主管分离的制度。

（四）切实加强多边合作，形成数据保护利益共同体

欧洲在数据保护方面有丰富的立法和实践经验，对数据跨境流动实行了严格的保护。早在 1995 年，欧盟就出台了《关于与个人数据处理相关的个人数据保护及此类数据自由流动的指令》，即《个人数据保护指令》，制定了一系列严格规范的个人信息保护法律框架，并要求各加盟国建立统一的个人隐私保护法律、法规体系以保证个人数据在加盟国之间自由流通。2015 年 12 月 15 日，欧盟《通用数据保护条例》（也称《一般数据保护条例》）出台，对互联网企业自由收集、分析和管理用户信息的权限进行了严格限定和监管，严格保护个人数据。在全球网络空间治理体系中，欧洲也处于弱势地位，缺乏全球性的互联网企业，核心技术和关键资源也受制于美国。中国与欧洲在全球网络空间治理和数据主权方面存在利益交汇点，数据主权和信息安全同样受美国网络霸权的威胁，我国应加强与欧盟在数据保护方面的合作，建立数据保护合作机制。

中美网络空间博弈与“中国策略”

中国国际经济交流中心内参《研究报告》第51期，2016年9月8日印发，主要内容发表于2016年11月26日新华社《瞭望》

【摘要】一直以来，美国滥用互联网霸权窃取全球用户数据，严重威胁了世界各国信息安全，美国主导的全球网络空间治理体系正受到挑战。未来，中美关系将是影响未来网络空间格局的关键，我国应顺势而为，提出符合中国利益的“多利益攸关方”的网络空间治理新理念。管控好中美分歧，深化两国网络空间领域的合作，构建“你中有我、我中有你”的新型中美网络空间关系；大力发展数字经济，建立数字经济新秩序，引领全球新经济发展；构建积极防御型网络空间战略体系，掌握我国网络安全的主动权。

一、全球网络空间治理面临的新形势

（一）未来十年网络空间的主角是中美两国

中国互联网发展已经历了22个年头，在我国互联网发展的头十年，中国基本是追随美国，第二个十年是中国互联网产业的崛起。2014年，全球网民突破30亿，而中国拥有6.49亿网民。这一时期，美国是全球互联网霸主，居主导地位。未来十年，下一个30亿的网民将来自发展中国家，未来互联网发展将是以市场驱动为主的时代。届时，美国网民数量在全球占比不到5%，而中国网民数量将会超过20%，未来全球前10名的互联网公司，我国也将超过一半，与美国企业平分天下。此外，中国的下一代互联网技术、核心芯片、操作系统等关键技术也在迎头赶上，中芯国际、京东方、华为等企业的创新能力也今非昔比，未来全球网络空间格局，将会形成中美共同主导的新格局。全球建立一个什么样的网络空间治理体系，中美是关键。

（二）中美网络空间存在诸多的利益冲突与分歧

中美在网络空间领域存在诸多分歧，例如经贸领域的政策和技术壁垒、政府行使网络空间管理权的限度、网络监管与审查、互联网自由与基本人权的关系等。是否承认网络主权和数据主权、是否承认“网络自由”和“言论自由”、是否允许信息审查、是否坚持绝对的信息自由流动等，体现出中美在利益和价值观上的根本性分歧。美国认为互联网是全球网民资源链接形成的网络，应该采取“多利益攸关方”的治理模式，全球互联网是一个“全球公域”，反对国家机构来主导互联网管理，否定网络空间下的国家主权；而我国认为全球网络空间治理必须尊重网络主权，强调每个国家在信息领域的主权权益都不应受到侵犯。此外，美国经常以国家安全为由，对我国在美国投资的企业设置种种障碍，对中国企业投资设置双重标准。美国对我国设置技术出口限制措施，限制核心芯片、网络信息加密等技术出口。在意识形态和价值观上，美国大搞网络霸权主义，推行网络空间“全球公域”概念，散布“中国网络威胁论”；在外交上，中美网络空间冲突表现在两国人权问题、网络攻击上，并经常指责中国互联网的管制政策，对互联网干预较多。

（三）美国主导的全球网络空间格局止受到挑战

长期以来，全球互联网关键资源是由互联网名称与数字地址分配机构（ICANN）掌控，而ICANN实际上是由美国政府控制，即由美国商务部国家电讯与信息管理局（NTIA）与ICANN签订管理合同，ICANN受美国政府管理，向美国政府负责，ICANN的相关政策需经美国政府的最后审批。国际社会对此一直非常不满，ICANN也因此一直饱受“合法性”质疑。2013年美国“斯诺登事件”成为全球互联网治理改革的转折点，让全球看清了美国主导的全球互联网治理体系的本质，美国利用其在互联网核心技术、关键资源、互联网规则等领域的控制力，对全球用户进行监听，肆意窃取全球用户数据。“斯诺登事件”使得全球互联网治理“两大阵营”力量发生改变，美欧主导的全球互联网治理阵营开始出现离心倾向，各国互联网治理权意识空前高涨，各欧洲国家纷纷提出要重塑全球互联网治理格局，维护国家在网络空间的核心利益；欧委会明确提出为确保网络安全，要力争分享互联网治理权。2013年10月，包括ICANN、IETF、互联网社会、万维网协会以及五大区域性互联网地址注册机构在内的重要互联网机构，联合发布声明，共同谴责美国国家安全局（NSA），呼吁实现ICANN国际化。国际社会充分认识到“从根上”解决美国垄断网络资源，实现网络资源决策与分配的民主、公正与透明的重要性与紧迫性，在此问题上，各方取得前所未有的一致，这将加速推进ICANN国际化，有助于开启新一轮互联网治理改革，重塑互联网治理格局。

（四）网络空间已成为大国博弈新制高点

当今世界，信息技术革命日新月异，对国际经济、政治、文化、社会、军事等领域产生了深刻影响，大国博弈也因此进入一个新的阶段——争夺网络空间话语权是当前主要大国博弈新焦点。目前，世界主要国家普遍强化网络空间治理中的国家意志，建立由国家元首或政府首脑亲自挂帅的相关机构，推进网络治理的战略规划和顶层设计，努力占据网络信息发展的制高点。目前，已有50多个国家颁布了网络空间的国家安全战略，仅美国就颁布了40多份与网络信息安全有关的文件。

美国设立了“网络办公室”，颁布了“国家安全战略”和“网络空间国际战略”。2014 年 2 月，美国总统奥巴马宣布启动美国“网络安全框架”；此外，英国出台了“国家网络安全战略”，成立了网络安全办公室和网络安全运行中心；法国成立了国家信息系统安全办公室；德国出台了“国家网络安全战略”。可见，以国家意志来保障网络空间安全与发展正成为各国的国家战略，网络空间已成为培育新的国家比较优势的重要领域。在国际层面，北约、欧盟、上合组织等国际组织也就网络安全展开了不同程度的合作。2014 年 2 月，德国总理默克尔与法国总统奥朗德在巴黎会晤时专门提出要建设独立的欧洲互联网，取代当前由美国主导的互联网基础设施。

二、中美网络空间博弈“中国策略”建议

（一）应提出“多利益攸关方”的中国方案，争取大多数国家支持

在全球网络空间治理体系中，中国当前面临最大的问题是被“孤立”，造成这一问题的原因是中国主导的互联网治理理念被误解，认为要完全否定“多利益攸关方治理”，而采取政府主导的模式，这很难在国际上取得共识。中国应旗帜鲜明地提出“多利益攸关方治理模式”的中国模式，对互联网治理应坚持在国家网络主权的前提下，同意“多利益攸关方”的治理原则，主张政府、企业、非政府组织、社群团队等共同参与的治理方式。在这一模式下，强调数据保护、网络主权，支持我国非政府组织积极参与全球治理，通过企业力量来逐渐影响全球网络治理规则。要在全球话语体系下，更有策略地讲好“中国方案”，原则上不搞与全球大多数国家提倡的不一样方案，可以更加“灵活、务实、多元”地利用好规则，将政府的位置往后撤一撤，并更有力地支持有共同利益的国家、民间团体、专业技术人才、国际组织来表达

“中国方案”。

（二）构建中美两国网络空间利益共同体，加强中美数字经济联系

虽然中美之间存在很多分歧，但中美经贸关系具有不可替代性，使我国在外交上、在全球经济治理体系中更有话语权。中国在推动全球网络空间治理体系中，与美国的博弈也应借鉴中美经贸关系，采取更加开放与合作的理念，加强中美信息经济领域的技术合作，增强两国市场互动。只有当美国对中国市场有更多依赖，或中国企业在美国有更多投资，中国网络空间才会有更多的话语权。中美两国作为数字经济时代最有代表性的国家，跨境合作与投资日益活跃，中美双方在创新环境、人才架构、研发力量等方面优势互补。中美是全球信息技术创新的主要参与者，也是全球数字经济发展的重要推动者，美国的先进技术和理念、中国巨大的市场空间和创新活力，彰显了中美在数字经济领域强烈的互补优势，加强中美数字经济合作，是双方产业升级、经济发展的共同需要。中国应联合与中国立场相近的大多数发展中国家，重点加强与俄罗斯、巴西和印度等“金砖国家”合作，形成“利益共同体”，站在大多数国家立场与美国博弈；争取美国盟友的支持，利用美国与其盟友在网络空间利益上的离心力和矛盾，加强与欧盟国家的沟通与合作，尽可能多地争取美国盟友的支持；加强中美在政府层面、学术层面、产业层面、智库层面和社会层面等的交流与合作，利用美国不同党派、政府与社会之间的不同点，争取扩大与美国企业的利益共同点，与企业界、学术界和智库界达成更多共识。应重视与重要国际治理机构的合作。鉴于这些治理机构的“私营部门主导”的特性，应动员国内民营部门，尤其是具有国际影响力的信息技术企业，鼓励其与相关机构加强交流，积极参与国际治理事务。

（三）构建积极防御型网络空间战略体系，掌握我国网络安全的主动权

在未来一段时间，无论在技术实力、产业发展还是治理经验方面，美国都会具有优势。但从长远看，我国的网络实力在不断上升。中美之间的网络空间博弈，不宜采取正面冲突和主动进攻的策略，而应采取积极防御的策略，对自身网络安全心中有数，不允许网络安全盲区的存在。一是对美国谷歌、微软、IBM、雅虎、思科、高通等“八大金刚”在中国的业务进行全面摸底，尤其是对影响国家关键基础设施持续运行、国家机关网络基础设施和业务系统、重要工业控制系统等领域进行信息安全评估，全面掌握美国对我国信息控制和安装系统“后门”的事实，积极采取应对措施；二是全面实施网络安全审查制度，尤其是对国家重要领域和关键部门高度依赖的广泛部署的信息技术产品和服务，国家有关部门应对其安全性和可信性进行重点评估，审查内容包括背景调查、保密审查、培训审查、位置审查、服务标准审查、独立认证审查、认证认可审查（C&A）、安全事件报告审查、质量控制审查、安全控制审查、业务连续性审查等；三是在互联网的行业管理上，要有一些明确的、细则性的规范，完善互联网新经济相关的涉外投资融资的法律法规体系和监管力度，对涉及我国国民经济安全运行、涉及社会新闻舆论导向、涉及国家信息化安全等利害的重大并购、投资要严格把关、加强审批、加强监控。

（四）大力发展数字经济，增强我国网络空间的影响力

数字经济是全球经济社会创新发展的未来。美国是网络信息技术发源地，近半个世纪以来，美国的企业、政府、科研机构紧密携手，主导着全球数字经济的发展进程，包括英特尔、IBM、高通、思科、苹果、微软、甲骨文、谷歌等一批美国信息通信技术（ICT）巨头控制着全球网络信息产业链的主干，在集成电路、通信网络、操作系统、办公系

统、数据库、搜索引擎、云计算、大数据技术等信息化关键技术领域占据明显的优势，是全球数字经济的核心。要保持在信息领域或网络空间的话语权，关键是要保持信息通信技术领域的领先地位和推动数字经济创新发展。在核心技术方面，应争取在先进集成电路芯片与光电子器件、高性能计算机与软件、下一代互联网与信息安全、第五代移动通信与无线通信、数字电视与音视频编码等技术领域实现突破，实现核心技术的自主可控。在经济层面，国家应鼓励 ICT 企业加快拓展国际市场，通过主动加强网络安全透明度，以开放透明的行动获得国际社会对我国 ICT 科技企业的信任，倒逼美国对我国优质企业的市场开放，推动中美两国 ICT 产业链的开放竞争和融合，实现我国网络空间安全能力的全球拓展和覆盖。

（五）加快改变外资控制我国互联网企业的局面，培育更多民族互联网企业

一是对互联网领域的重大并购案，在涉及国家机构安全运行及国计民生领域，国家应加大对外资投资、并购的审查和监管；二是尽快完善融资体系，鼓励国内资本参与投资互联网，对于互联网企业，要完善上市融资制度，降低融资门槛；三是加快国有资本管理体制改革，学习新加坡“淡马锡”模式，成立国有资本投资管理公司，加强对互联网行业的投资；四是尽早解决可变利益实体（VIE）问题，重新建立外资进入中国互联网信息服务行业的政策壁垒，防止外资大规模间接控制中国互联网行业；五是建议研究解决 VIE 企业回归障碍，给予它们国内资本市场上市的正常渠道，同时，引导民间资本进入互联网创新企业，并利用市场手段设立国家级互联网风险投资基金，大力扶持中国本土的互联网创业企业；六是促进互联网市场竞争，要培育多竞争市场主体，分散市场风险；七是加强对境外控制的互联网企业的监管，明确国家对于本国消费者数据的主权地位，禁止在中国运营的互联网企业向外国组织和个人提供敏感数据，逐步把互联网企业收集中国消费者数据的行为，

以及对于国民数据资产的运用，纳入政府有效的监控和管理范围。

（六）主动提出“议程设置”，争取国际舆论的主导权

中国参与推动建立全球网络空间治理体系，应主动进行议程设置。继续利用“斯诺登事件”，揭穿美国全球网络霸权的本质，呼吁美国尽快推进 ICANN 国际化改革，解除美国政府与 ICANN 的合同，推动网络基础资源真正国际化管理；在现有国际网络空间治理框架下，全面动员政府与非政府主体力量，积极参与现有的 ICCAN、互联网治理论坛（IGF）、万维网联盟（W3C）、国际互联网协会（ISOC）、国际互联网工程任务组（IETF）、国际标准化组织（ISO）、电气和电子工程师协会（IEEE）等国际组织，扩大我国的影响力；要积极利用好中国参与的多边机构与平台，包括二十国集团（G20）、亚太经合组织（APEC）、世界经济论坛（WEF）、博鳌亚洲论坛、上合组织、世界互联网大会等，提出中国参与全球网络空间治理“中国方案”，并可以不失时机地提出中国主导的全球机制性网络空间治理平台，比如倡议成立全球数字二十国集团（D20）机制，建立一个在 G20 框架下的数字经济治理平台，定期讨论全球网络空间治理，共同推动建立全球性网络空间治理体系。

推动建立全球网络空间治理体系的建议

中国国际经济交流中心内参《研究报告》第 71 期，2016 年 12 月 1 日印发

【摘要】推动建立全球网络空间治理体系，建议制定和完善国家网络空间战略布局，加快实施“网络强国”战略；积极开展“数字外交”，旗帜鲜明地提出中国“多利益攸关方”治理模式；大力发展“数字经济”，增强我国网络空间影响力；构建“你中有我、我中有你”新型中美网络空间关系；建立自主可控的网络空间技术体系，加强我国信息安全；建立全球“数字经济”治理新体系，引领全球新经济发展；建立和完善“数字经济”新体制，推动行政管理体制改革；建立统一的社会信用体系，优化“数字经济”发展环境；主动设置网络空间治理“议程”，推动建立全球性网络空间治理新体系。

一、制定和实施“网络强国”战略

做好我国网络空间战略顶层设计，包括网络空间的范围、战略目标、实现路径、时间路线图。整合各类资源，制定和完善国家网络空间战略布局，包括网络空间经济战略、网络空间国防战略、网络空间外交战略、网络空间社会治理战略、网络空间文化战略、网络空间人才战略。加快建设和部署未来网络空间基础设施。建设全国一体化的国家大数据中心，积极推进国家大数据战略。积极部署全球量子通信网路，抢

占未来网络空间制高点。加速推进“宽带中国”战略，建设高速、宽带与泛在的网络基础设施，彻底解决电信“最后一公里”问题，实现宽带网络全覆盖。

二、积极开展“数字外交”战略

积极开展“数字外交”，利用我国信息通信技术的优势，在国际舞台上发出“中国声音”，帮助发展中国家提升信息基础设施，发展信息产业，推广互联网应用，形成更多和更广泛的利益共同体，提升我国数字经济的全球影响力。旗帜鲜明地提出“多利益攸关方治理模式”，对互联网治理应坚持在国家网络主权的前提下，拓展政府、企业、非政府组织、社群团队等共同参与的治理路径。可考虑建立联合国框架下的数据主权的网络空间治理体系，强调任何一个主权国家，不论大小，都地位平等，反对数据霸权，强调数据治理公平与开放。强化国际电信联盟的作用，增强其在全球互联网核心资源分配、全球信息通信基础设施改善、缩小数字鸿沟、打击网络犯罪和建立全球数据流动规则等方面的作用。可考虑在现有 G20（二十国集团）的基础上，建立 D20（数字二十国集团）“数字经济”治理机制，加强二十国在全球数字经济领域的沟通、协作和标准体系等方面的工作，建立定期磋商机制，共同探讨全球网络治理新体系。争取相关国家的支持，利用美国与其盟友在网络空间利益上的离心力和矛盾，加强与欧盟国家的沟通与合作。

三、大力发展“数字经济”

挖掘新增用户潜力，继续扩大我国互联网用户、手机用户、电脑用户规模，保持我国全球移动互联网市场优势、提高网民素质、繁荣移动互联网应用市场、规范市场竞争行为，打造面向全球市场的互联网大产业。应加快改变外资控制我国互联网企业的局面，培育更多自主的互联网企业。加快国有资本管理体制改革，成立国有资本投资管理公司，加强对互联网行业的投资；尽早解决互联网企业可变利益实体（VIE）公司治理问题，重新建立外资进入中国互联网信息服务行业的政策壁垒，防止外资大规模间接控制中国互联网行业；引导民间资本进入互联网创新企业，并利用市场手段设立国家级互联网风险投资基金，大力扶持中国本土的互联网创业企业；促进互联网市场竞争，培育多竞争市场主体，分散市场风险；加强对境外控制的互联网企业的监管，明确国家对于本国消费者数据的主权地位。

四、构建新型中美网络空间关系

加强中美在政府层面、学术层面、产业层面、智库层面和社会层面等的交流与合作，推动中美互联网领域多层次交流与合作。应强调中美网络空间合作共赢，在共同发展中实现信息安全可控，不允许网络安全盲区的存在，共同创造中美信息安全。要对美国谷歌、微软、IBM、雅虎、思科、高通等“八大金刚”在中国的业务进行全面摸底，尤其是对影响国家关键基础设施持续运行、国家机关网络基础设施和业务系统、重要工业控制系统等领域进行信息安全评估，全面掌握美国对我国信息控制和安装系统“后门”的事实，积极采取应对措施；对涉及我国国民经济安全运行、涉及社会新闻舆论导向、涉及国家信息化安全等利害的重大并购、投资要严格把关，加强审批、加强监控。

五、建立自主可控的网络空间技术体系

在核心技术方面，应争取在集成电路芯片与光电子器件、高性能计算机与软件、下一代互联网与信息安全、第五代移动通信与无线通信、数字电视与音视频编码等技术领域实现突破，实现核心技术的自主可控。支持企业在智能终端操作系统、平台软件、大数据技术、未来互联

网、平板显示等领域的研发与应用推广，着力构建更加完善的产业生态链，形成我国自主且可靠的信息产业核心技术和产品体系。建设国家网络空间战略预警和积极防御平台，精确预警、准确溯源、有效反制，提升对国家级、有组织网络攻击威胁的发现能力。在涉及国家机构安全运行及国计民生领域，国家应加大对外资投资、并购的审查和监管。支持中国信息通信技术企业主导国际技术标准的制定，推动我国企业更多技术标准成为国际标准，提高我国企业在信息通信技术行业的地位和影响力。组织相关国内企业与科研院所建立专利联盟，交叉授权，互相促进，并汇集相关专利形成联合专利池。积极参与国际互联网名称与数字地址分配机构（ICANN）国际化改革，着手对新的网络协议标准、互联网域名管理和运行等研究。积极参与全球根服务器的竞争，制定更完善的下一代互联网根服务器运营规则，积极部署全球下一代互联网根服务器。

六、建立全球“数字经济”治理新体系

应推动跨境电子商务成为合法的下一代主要贸易方式，出台相应的管理办法和支持措施，包括关税、配额、通关、物流等。加快制定全球跨境电子商务转向下一代贸易新规则，包括数字产品、数据流动、知识产权、隐私保护、技术保护等方面，率先制定下一代贸易方式“E 国际贸易”新规则，推动贸易自由化和便利化。创新“数字经济”统计体系和工作机制，将“数字经济”纳入国民经济核算体系，科学评估“数字经济”对经济增长、资源节约、劳动就业、收入分配、税收等的贡献。运用大数据、云计算等信息技术手段收集数据，完善形成符合“数字经济”发展模式的统计体系，建立“数字经济”价值衡量体系。

七、建立和完善“数字经济”管理新体制

制定实施各行业互联网准入负面清单，允许各类主体依法平等进入未纳入负面清单的领域。最大限度减少事前准入限制，加强事中事后监管，确立“先发展、后管理、在发展中逐步规范”的原则发展新兴服务业。逐步放开自然垄断行业竞争性业务，鼓励传统行业与互联网创新融合发展，支持传统行业服务创新，建立统一规范、透明民主的行业发展环境。积极探索混合所有制，有序开放电信市场，加快民营资本进入基础电信业务，促进通信设施共建共享，推动我国电信市场改革。建立更加扁平化的行政组织架构，继续简政放权、减少行政审批，更快地响应市场需求。推动政府治理多元化，通过政府与私人机构、社会组织和企业主体互动的方式，形成多方主体参与的密切合作机制，推动政府治理现代化。启动《劳动法》修改程序，规范临时工、钟点工、兼职、劳务派遣等多种形式的法律关系，鼓励企业采取多种形式用工。构建符合“平台 + 个人”的新型社会劳动关系，调整数字经济模式下的财税政策和社会保障政策。

八、优化“数字经济”发展环境

建立覆盖全部企业和个人的全国统一信用信息网络平台，包括金融、工商登记、税收缴纳、社保缴费、交通违章等所有信用信息类别。建立以公民身份号码和组织机构代码为基础的统一社会信用代码制度，完善信用信息征集、存储、共享与应用等环节的制度，推动地方、行业信用信息系统建设及互联互通。建立健全经营异常名录制度，对违背市场竞争原则和侵犯消费者、劳动者合法权益的市场主体建立“黑名单”制度，构建市场主体信用信息公示系统，强化对市场主体的信用监管。逐步建立企业从业人员特别是高级管理人员的信用档案，将其经营行为和个人信用有机结合。实行严格的征信企业牌照制，发展多元化的征信

市场主体。建立国家机关与征信企业数据共享机制，建议公安部、人民银行、交通部、卫计委、统计局等掌握大量业务数据的部门加快与企业数据共享。

九、主动设置网络空间治理议程

继续利用“斯诺登事件”，提出网络主权的主张，主动设置网络空间治理新议程。全面动员政府与非政府主体力量，积极参与现有的互联网名称与数字地址分配机构（ICCAN）、互联网治理论坛（IGF）、万维网联盟（W3C）、国际互联网协会（ISOC）、国际互联网工程任务组（IETF）、国际标准化组织（ISO）、电气和电子工程师协会（IEEE）等国际组织，扩大我国的影响力；要积极利用好中国参与的多边机构与平台，包括二十国集团（G20）、亚太经合组织（APEC）、世界经济论坛（WEF）、博鳌亚洲论坛、上合组织、世界互联网大会等，提出中国参与全球网络空间治理的“中国方案”，并不失时机地提出中国主导的全球机制性网络空间治理平台，比如倡议成立全球数字二十国集团（D20）机制，建立一个在G20框架下的数字经济治理平台，定期讨论全球网络空间治理，共同推动建立全球性网络空间治理体系。

促进我国分享经济发展的政策建议

中国国际经济交流中心内参《要情》第19期，2016年6月21日印发，主要内容发表于2016年7月31日《经济日报》

【摘要】分享经济符合我国“创新、协调、绿色、开放、共享”发展理念，有利于资源节约、供需精准配对和社会充分就业。信用和安全是分享经济的生命线，灵活的政策是分享经济发展的重要条件，共享共治是分享经济监管的重要原则。建议尽快制定分享经济发展战略，数据共享与严厉打击信息泄露并举，在试点基础上出台网约车管理办法，修改相关法律法规，提高经济社会政策的灵活性，创新分享经济统计体系和工作机制。

近日，中国互联网协会分享经济专委会组织中国国际经济交流中心等机构专家到旧金山就分享经济政策和实践进行了考察，访问了空中民宿（Airbnb）、来福车（Lyft）、联合办公（Wework）等企业，与企业负责人和斯坦福大学等研究机构进行了深入交流。总体来看，我国以滴滴、猪八戒网、陆金所等为代表的平台企业与发达国家保持在同一梯度，用户规模和创新速度保持领先地位，但现行法规和相关管理办法落后于实践。

一、影响分享经济发展的关键问题

（一）巨大的经济和社会效应是分享经济发展的驱动力

分享经济是为了解决社会经济发展痛点孕育而生的。当前人们日益增长的物质和文化需求与社会资源约束之间的矛盾突出，社会资源的拥有与消费之间存在极大不公。一方面造成了大量社会资源的闲置浪费，另一方面社会有效需求无法满足。分享经济通过信息通信技术推动社会资源更好地使用（而非拥有），提高经济社会运行效率，并创造大量就业，推动绿色消费。截至 2016 年 4 月，滴滴出行平台为社会创造了超过 1300 万个就业岗位，其中有不少下岗工人、退役军人和创业者。滴滴平台每天平均减少全国出租车空驶率 20% 以上，每年减少碳排放 970 万吨。美国机构调查显示，美国空中民宿上的公寓价格要比一般酒店便宜 21% 左右。通过技术创新，降低成本，提高资源使用效率和创造更多就业岗位，分享经济实现了政府、企业、个人、环境、资源等多方共赢。国家信息中心估算 2015 年我国分享经济市场规模已达 1.96 万亿元，预计未来 10 年将保持 40% 左右的高速增长。

（二）信用与安全是分享经济发展的生命线

分享经济是一种暂时让渡商品或服务的使用权以共享，同时保留所有权的新型经济模式。在网约出行平台上，车主通过保留车辆的所有权而暂时让渡使用权为乘客提供出行服务；在个人房屋出租平台上，房主保留房屋所有权而暂时出让使用权为社会提供居住服务。由于商品和服务的所有权和使用权暂时分离，就需要有高度的信用和安全保障，保证乘客安全出行和房屋合理使用。在分享经济时代，生产者和消费者的界限变得模糊，一些商品和服务不是针对某一个或具体的消费者，而是面向社会大众分享。供给者和消费者之间的关系具有不确定性、高频性和短暂性，这就更加需要信用安全保障。平台企业要做好注册用户的安全和信用尽职审查，建立可追溯的科学的信用安全审查体系，建立完善的安全事故处置和应对机制。同时，政府有责任和义务使企业共享数据，帮助企业高效完成用户的信用安全审查。

（三）提高社会经济政策的灵活性是分享经济发展的重要条件

当前分享经济快速发展的领域主要集中在住、行和知识技能等领域，提倡不受时间限制、不受地域限制，随时随地分享。人们可将自有资源和时间去分享，灵活性是分享经济发展的灵魂。全球最大的出行平台滴滴公司自由职业者占56%，这些司机可以自主选择工作时间，以一种更加自由和灵活的方式实现额外创收。美国拼车服务领导企业来福车公司调查了5700个乘客和2600个司机，调查结果显示86%的司机是兼职司机。现有社会保障政策、税收和劳动法主要是在全职雇佣基础上建立的，缺乏灵活性，不适应分享经济快速发展的需要。

（四）共享共治是分享经济监管的重要原则

分享经济借助互联网平台，把各类过剩的消费资源数据信息整合在一起，通过倡导人人分享，实现消费成本降低，提高资源使用效率，创造新的生产红利和消费红利。我国参与分享经济的人口规模超过5亿，美国、加拿大等发达国家参与分享经济的人口占总人口比例达35%以上。参与分享经济的广泛性要求参与者共同讨论促进分享经济创新发展和保证安全的政策。

二、发达国家促进分享经济发展的经验借鉴

（一）从国家层面制定分享经济发展战略

目前，发达国家纷纷提出分享经济发展战略。韩国首尔市2012年提出建设分享城市计划，目前在公共设施共享、城市公共空间共享、分享经济平台建设、共享企业资金援助等多方面取得了引人瞩目的进展。

英国2014年从国家层面提出要打造“分享经济全球中心”，进行了顶层设计，出台了一揽子政策，包括推行“分享城市”试点，修改房屋租赁方面的法律条例，信息共享、简化税制、建立数据收集和统计制度，开放政府身份核实系统和犯罪记录系统，建设中央和地方政府办公空间分享平台等。2015年，澳大利亚将汽车使用共享列入“悉尼2030”发展规划。2015年，美国全国城市联盟（NLC）对30个美国大型城市发展分享经济进行调查，有一半城市已经开始着手制定相应的政策和管制计划。加拿大安大略政府正拟制定一个新的框架体系和监管方法来应对持续、快速创新的分享经济。近日，欧盟也出台了“分享经济指南”，意在破除分享经济面临的法律政策壁垒。

（二）及时调整相关的法律法规适应分享经济发展

及时修改相关法律法规，是当前全球分享经济发展亟须解决的共性问题。发达国家已经开始行动，英国率先修改了税收政策，规定租金每年不超过4250英镑，就可以对分享出租的房间给予免税待遇。澳大利亚政府则确定了明确的分享经济劳动原则，规定各级政府都必须遵循分享经济劳动原则进行监管和扶持。美国旧金山市于2015年修改出台了相关法案，认可居民租房活动的合法性，业主或承租人有权在每个自然年度内将住房出租不超过90天；房主与房客合住的情况下，则可以全年出租房屋。并规定，所有网上出租的房主必须到相关部门登记，而且要收缴税金，购买责任保险。

（三）政策制定者与企业和消费者紧密合作，制定相应的监管政策

美国来福车公司通过与政府的密切合作，已有三十几个州改变了现行的交通法规，承认来福车公司在交通领域的合法运行。美国空中民宿公司通过与行业协会、法律工作者、房屋供给者和消费者一起参与政府决策，推动了个人房屋短租的合规性。

三、促进我国分享经济发展的政策建议

（一）尽快制定分享经济发展战略

分享经济有利于我国经济发展方式转变和经济效率的提高。建议从国家层面制定分享经济发展战略，包括发展目标、重点任务、试点工程、保障措施。将其作为推动“大众创业、万众创新”的重要抓手，作为解决困难群体再就业和提高低收入群体收入、防范大规模失业的稳定器，使其成为抢占国际竞争制高点的重要方向。

（二）数据共享与严厉打击信息泄露并举

英国已经向信用服务企业开放个人犯罪记录，美国政府也向有资质企业开放个人信用记录。建议公安部向我国有资质的信用服务企业提供关于个人犯罪记录接口；人民银行向相关企业提供个人信用信息查询的接口；交通部向相关企业提供有关交通违法和驾驶证等基本信息的查询接口；卫计委向相关企业提供有关个人精神病史等相关信息的查询接口。此外，要大力发展第三方信用服务市场，培育信用认证市场；同时制定严格的个人信息保护法规，严厉打击泄露个人信息行为。通过政府开放公共数据、培育信用服务企业和市场，制定严格的个人信息保护条例等措施，保障平台企业做好信用安全审查。

（三）在试点基础上出台网约车管理办法

智能出行是我国分享型经济发展的代表，滴滴出行已成为全球最大的分享出行平台，据统计已有 3 亿人参与网约车服务。主管部门应从促进行业发展、保护消费者权益、推动改革创新的角度，允许开展试点，重点探索“负面清单”和底线思维的监管模式，建立分享经济发展预警机制。可考虑选择北京、上海、深圳等超大型城市进行网约车试点，在实践的基础上总结符合我国国情的网约车管理办法，待条件成熟后再行立法。

（四）修改相关法律法规，提高政策灵活性

现有的《劳动法》和社会保障政策等不适应分享经济的发展需要。应启动《劳动法》修改程序，平衡好灵活用工和非正规就业的劳动保护和企业生存发展之间的关系，鼓励企业采取多种形式用工，规范临时工、钟点工、兼职、劳务派遣等多种形式的法律关系；减少企业制度性用工成本，包括社会保障费用、用工和解雇成本。针对平台型企业的灵活就业人员的劳动关系、工作时间、岗位及收入不固定等特点，制定相应的个人申报登记办法、个人缴费办法和资格审核办法。构建符合“平台+个人”新型劳动关系。调整分享经济模式下的财税政策。可采用按小时缴纳社会保险，要求参与分享经济的个人和法人也依法纳税。加强商品和服务提供者的资质审查。对涉及分享经济的民法、商法、合同法、保险法等相关法规也要考虑及时予以修订。

（五）创新分享经济统计体系和工作机制

将分享经济纳入国民经济核算体系，科学评估分享经济对经济增长、资源节约、劳动就业、收入分配、税收等的贡献，改变传统的基于抽样调查数据获取方式，加强与平台企业对接合作，运用大数据、云计算等信息技术手段收集数据，完善形成符合分享经济发展模式的统计体系，建立分享经济价值衡量体系。人力资源社会保障部门应加强与平台企业合作，共同搭建数据共享平台，及时发布平台型企业就业吸纳、劳动状况、收入水平、工作时间、劳动纠纷等数据。

分享经济是推动经济发展的新引擎

中国国际经济交流中心内参《研究报告》第10期，2016年2月26日印发，主要内容发表于2016年5月12日《经济日报》

【摘要】分享经济是“供给侧”和“需求侧”两端同时进行的革命，是当前我国经济转型升级的重要动力，是贯彻“创新、协调、绿色、开放、共享”等发展理念的有效途径。坚持解放思想、创新监管、趋利避害、完善法规的基本思路，通过着力推动互联网基础设施的普及，加快实施“互联网+”战略，健全互联网社会治理机制，创新政府监管理念和方式等措施来推动分享经济发展。

在经济新常态下，党和国家高度重视发展分享经济，提出要实施“互联网+”，发展分享经济。李克强总理在2015年夏季达沃斯论坛上指出，分享经济“是拉动经济增长的新路子”。党的十八届五中全会指出，要实施“互联网+”行动计划，发展分享经济。习近平总书记在第二届世界互联网大会开幕式上指出，我国将“发展分享经济，支持基于互联网的各类创新，提高发展质量和效益”。

一、分享经济是经济发展的新趋势

（一）分享经济是全球经济的新亮点

全球产出增长在2008年金融危机期间大幅下滑，自金融危机以来，许多经济体一直面临生产力增速放缓的局面。国际货币基金组织（IMF）预测，2015—2020年，发达经济体的潜在经济增长率将从金融危机后六年的1.3%回弹至1.6%，但仍远低于危机前2001—2007年期间2.25%的平均值。相比之下，新兴经济体的状况更加严峻。2015—2020年，新兴经济体的平均潜在增长率将从2008—2014年的6.5%进一步下滑到5.2%，比危机前水平下降近2个百分点。正当全球经济低迷之时，分享经济却一枝独秀。全球分享经济的领军企业美国的Uber（优步）和Airbnb（空中民宿），中国的电子商务，最近几年均呈现爆发式增长，并带动快递等行业的蓬勃发展，引发了分享经济模式在房屋租赁、交通出行、家政、酒店、餐饮等多个领域的创业潮。根据普华永道的估算，全球分享经济市场规模将由当前150亿美元左右，增加至2025年的3350亿美元。

（二）分享经济是我国经济转型升级的重要动力

从2008年全球金融危机以来，全球市场萎缩，我国面临产能过剩、老龄化凸显和资源环境约束增强等方面的问题，经济下行压力加大，投资回报率降低，也造成了社会资源闲置浪费和产业结构失调。十八届五中全会提出“创新、绿色、协调、开放、共享”成为“十三五”时期及未来更长时期内我国经济发展的基本理念，中央经济工作会议确定2016年主要任务是“去产能、去库存、去杠杆、降成本、补短板”。分享经济依托互联网技术，能有效减少供给和需求的信息不对称问题，在去产能、去库存和降成本等方面具有天然的优势。因此，分享经济尽管在中国起步较晚，但在“大众创业、万众创新”的国家战略鼓舞下，在短短几年时间内就涌现了“滴滴出行”“途家”“小猪短租”“回家吃饭”“陪爸妈”等体现分享经济理念的企业。我国将是下一阶段体量最大、最受关注的市场，分享经济给我国经济转型升级带来新动力，也必将成为中国经济新的增长极。

（三）分享经济是“供给侧”和“需求侧”两端同时进行的革命

分享经济是“供给侧”和“需求侧”两端的革命。在“供给侧”，通过互联网平台，可以实现社会大量闲置的资金、土地、技术和时间有效供给，解决当前我国资源紧张和大量闲置浪费并存的现象，将居民私有资源转化为社会的公共供给。比如，可以将赋闲的专业技术人才转化为社会的有效供给，缓解当前我国教育、医疗、养老等政府公共服务有效供给不足等问题。在“需求侧”，分享经济则能有效匹配消费者的需求，以最低的成本满足需求。消费者节省了大量的“搜寻成本”，能及时了解其他消费者对商品和服务的真实评价，提高了整个社会消费者的福利水平。

二、分享经济集中体现“五大发展理念”

坚持创新、协调、绿色、开放、共享等“五大发展理念”，发展分享经济是重要举措。

（一）创新发展是分享经济的根本动力

分享经济是伴随着物联网、云计算、大数据、移动互联网等信息通信技术的创新应用而兴起的，以生产资料和生活资源的使用而非拥有为产权基础，通过以租代买等模式创新，实现互通有无、人人参与、协同消费，充分利用知识资产与闲置资源的新型经济形态。当前分享经济的“领头羊”优步、空中民宿和滴滴等公司，无一例外都是互联网高科技公司。这些公司均搭建了互联网第三方平台，能精确地动态匹配闲置资源的供需双方，实现闲置资源使用权交易。通过互联网平台，消费者可以便捷地约车、搭车，价格明确，支付方便；可以租住私人住宅，更好地获得本地化的旅行体验。另外，资源提供者可以用私家车或家中闲置房间获取收益。这样的商业模式创造出全新的用户体验、供应源及市场，同时减少了浪费，提高了社会资源使用率，有助于节能减排、保护环境。上述模式，为住宿、出行等传统行业存在已久的供求难题提出解决方案，打破了传统规则。本质上则是源于技术创新、制度创新和商业模式创新。

（二）绿色发展是分享经济的重要特征

分享经济是一种新的生产方式，能有效减少投入和节约成本，实现消费模式从“扔掉型”转变为“再利用型”，通过社会存量资产调整实现产品和服务的合理分配和资源及商品最大程度的利用。从全社会看，分享经济增加了有效供给，节约了资源，保护了环境，将有效推动绿色发展。分享经济通过物尽其用，实现了经济增长与环境保护的统一，顺应了绿色消费、绿色生产和可持续发展的大趋势。面对住房、汽车、书籍等多类商品，变单独占用为共同分享，使物尽其用，成本低廉。我国人口众多，人均资源相对匮乏，分享经济无疑对节约资源能源、缓解资源环境压力、促进经济可持续发展具有重大的意义。

（三）协调发展是分享经济的内在要求

分享经济强调人人参与，互联网平台打破了地域、城乡、国别、性别等限制，对参与人平等开放。不管你身处富裕的沿海地区，还是在沿边落后地区，只要有条件接入互联网，分享平台对所有符合规则的人都是平等的。互联网的公平接入特性使得分享经济能有效地缩小城乡差距，就业和提供商品及服务的门槛降低了，边远和落后地区也能有同样的机会参与，减少了机会不平等，能提高弱势群体的收入水平。比如，在优步、淘宝和空中民宿等互联网平台上，所有企业和个人都能共享全球市场，消费者也能选择全球各地的商品和服务。在移动互联网时代，分享经济更是减少了区域间的不均衡现象。

（四）开放发展是分享经济的基本理念

唯有开放，分享经济才更加具有生命力。互联网、智能终端和物联网的发展使得任何人和物都具备了互联的条件。分享经济与传统经济相比，开放度大大提升，通过开放不断降低成本，持续创新，促进快速增长。比如，全球最大的移动交通平台滴滴快的仅用3年时间，移动出行平台上活跃着3亿乘客和超过1000万的注册司机，占有中国专车市场份额的80%、中国网约出租车市场99%的份额，用车次数是优步全球规模的3倍。再比如，空中民宿对所有想出租自己房产的人开放，从2008年创立仅用了7年时间，就已经在全球190个国家34000多个城市提供了6000多万个独一无二的客房，这一数字已经远远超过了包括万豪、希尔顿、喜达屋等任何一家经营多年的全球连锁酒店集团。

（五）共享发展是分享经济的落脚点

分享经济使所有参与人共享财富，实现人人参与、人人分享的目标。美国有关机构调查显示，在美国多数城市，空中民宿上的公寓价格要比一般酒店便宜21%左右，消费者乐意从海量的个人租户那里寻求房源。滴滴公司提供的顺风车服务价格是出租车价格的40%，社会也实现了绿色出行和碳排放减少，车主分摊了出行成本，乘客降低了乘车成本，所有参与方都实现了共赢。在我国，共享理念的实质是坚持以人民为中心的发展思想，体现的是逐步实现共同富裕的要求。共享应该是分享经济的落脚点和归宿，唯有多方受益，才能保证可持续发展。

三、"互联网+"是分享经济发展的引擎

（一）互联网普及是分享经济发展的基础

早在20世纪70年代，分享经济便作为"协同消费"或"合作式消费"的概念而被提出，但发展并不快。随着互联网的普及，尤其是移动互联网快速普及，分享经济在全球快速发展，创新不断涌现，企业规模呈几何倍数的增长，参与的人数迅速上升。互联网使得任何人和物可以不受时间和空间约束实现互联互通。可以说，分享经济快速发展的

基础是互联网的发展。国际电信联盟（ITU）发布的全球互联网使用情况报告显示，到2015年底，全球网民数量32亿左右，而在2000年全球仅有3.61亿网民。中国网民规模达到6.88亿，互联网普及率达到50.3%。其中，我国手机网民规模达6.20亿，有90.1%的网民通过手机上网。移动互联网迅速普及与深化应用，极大地推动了分享经济的创新发展。

（二）"互联网+"是分享经济发展的助推器

互联网是分享经济的基础，互联网与产业的深度融合、在社会生活和政务服务等领域的深度应用是分享经济发展的土壤。"互联网+"战略在2015年政府工作报告中正式提出后，得到各部委和地方的高度重视，国家密集出台文件部署推进工作。围绕"互联网+"，政府在推动电子商务、大数据、云计算、智能制造等方面出台了一系列政策，并全力推动"大众创业、万众创新"活动。政府也在协同制造、现代农业、智慧能源、普惠金融、公共服务、高效物流、电子商务、便捷交通、绿色生态、人工智能等领域，着力推动互联网与相关产业（领域）的深度融合。在"互联网+"新环境下，从互联网、物联网到人联网必将有力促进分享经济的可持续发展。

（三）健全的互联网社会治理机制是分享经济发展的保障

分享经济在全球范围内是新事物，我国也正处于发展的起步阶段。现行法律和法规既无法规范分享经济的发展，也无法有效解决发展过程中产生的新争端。以交通出行为例，互联网平台企业调动私家车参与营运，存在税收和监管方面的缺失，对传统出租车司机和公司的利益带来影响。此外，部分互联网平台企业准入门槛不高，约束不足，员工一般不具备相应运营许可或职业认证，平台企业很难确保安全保障义务和服务质量。如果没有一个与互联网社会相适应的治理机制，就无法保障分享经济健康发展。

四、创新治理方式，助推分享经济发展

（一）更新理念，创新监管

分享经济是大众参与的商业模式，政府的监管对象庞大并有一定的虚拟性，监管内容快速增长，需要及时调整监管和治理模式。市场监管部门要积极地适应新常态，解放思想，转变监管理念，塑造互联网监管思维，发挥大众评价、企业治理、行业自律等多方作用，建立多方协同治理机制。创新监管方式，利用大数据技术等加强监督检查和违规处置，建立健全以信用为基础的事中事后监管体系，加大失信惩戒力度。诚信是分享经济发展的基石，信息技术确实有助于减少信息不对称，但无法从根本上保证双方信息的真实可靠，需要各参与方恪守诚信。英国、美国等分享经济发展快，很重要的原因是建立了较完善的社会诚信体系，分享平台企业可以充分利用政府信息资源。我国政府应整合分散在各个部门的信用信息，利用已有认证系统。另外，向分享经济平台开放电子化的犯罪记录等相关信息，并降低开放的门槛和费用，使参与者能低成本获取相关信用信息。要培育专业的信用服务公司，构建用户信用评级系统，将分享经济中的诚信者和欺诈者纳入目录，并对信用极差的个人或企业进行披露。

（二）拥抱创新，趋利避害

分享经济是大势所趋。当前我国经济下行压力大，产能过剩、库存严重和杠杆过高等问题突出，分享经济能有效利用产能和降低库存，破解资源和环境双重约束。政府首先要鼓励创新，不仅要营造企业创新发展的环境，更需要创新治理方式来适应分享经济发展的要求。当然，任何新事物都有两面性，有利也有弊。分享经济的发展，导致个人信息和隐私暴露的风险加大、传统企业收入减少、一些人失业、新的法律纠纷增加，等等。这些不稳定、不安全因素也使有的部门不会管、不敢管，

导致新的风险不断聚集；有的部门对新事物“严加看管”，对任何不符合现有法规的“一棍子打死”，阻碍了创新。作为市场监管者，要科学认识新生事物，最大限度地保护创新；同时也要坚守监管的底线，在最大限度保护创新的同时，将风险降到最低。

（三）完善法规，保障发展

在分享经济模式下，现有法律和规范存在模糊边界，相关的保险、税收、劳动法等法律法规也不尽符合分享经济发展要求。应及时修改相关法律法规，这是当前全球分享经济发展亟须解决的共性问题。英国提出了要建设“全球分享经济中心”的战略目标，率先修改了税收政策。美国旧金山政府也就网上短租修改了相关法律。对我国而言，亟须制定适应分享经济的法规，并对网络平台和专业从事分享经济的中介公司加强监管。修改现有涉及分享经济的民法、商法、合同法、保险法等相关法规。加强商品和服务提供者的资质审查，调整分享经济模式下的财税政策，规范交易行为，保护交易双方和政府的合法权益，有针对性地对民办分享设施建设进行财政补贴。

参考文献

[1]张清俐．为全球网络治理贡献“中国方案”[N]．中国社会科学报，2016－06－07(1)．

[2]BENEDIKT M. Cyberspace:first step[M]. Cambridge,MA,NIT Press,1991:122－123.

[3]迈克尔·海姆．从界面到网络空间:虚拟实在的形而上学[M]．金吾伦,刘钢,译．上海:上海科技教育出版社,2000:163.

[4]STONE R. Will the real body please stand up? boundary stories about virtual cultures[M]//Cyberspace: First Steps. MIT Press Cambridge,MA(1991).

[5]黄少华,翟本瑞．网络社会学——学科定位与议题[M]．北京:中国社会科学出版社,2006.

[6]钱志鸿,王义君．物联网技术与应用研究[J]．电子学报,2012(5).

[7]中国互联网络信息中心．第38次中国互联网络发展状况统计报告[R]．2016－07.

[8]方兴东．网络空间趋势与研究创新[N]．中国社会科学报,2015－01－21(B01).

[9]劳伦斯·莱斯格．代码[M]．北京:中信出版社,2004.

[10]蔡文之．国外网络社会研究的新突破——观点评述及对中国的借鉴[J].社会科学,2007(11).

[11]丹·希勒．数字资本主义[M]．南昌:江西人民出版社,2001.

[12]蔡翠红．信息网络与国际政治[M]．上海:学林出版社,2003.

[13]肖永平,郭明磊．因特网对国家主权的冲击及对策[J]．法学杂志,

2001(4).

[14]张晓君. 网络空间国际治理的困境与出路——基于全球混合场域治理机制之构建[J]. 法学评论(双月刊),2015(4).

[15]曾润喜,徐晓林. 社会变迁中的互联网治理研究[J]. 政治学研究,2010(4).

[16]郭丰. 国际互联网治理架构研究[D]. 北京:北京邮电大学,2012.

[17]刘志云,刘盛. 基于国家安全的互联网全球治理[J]. 厦门大学学报(哲学社会科学版),2016(2).

[18]沈逸. 全球网络空间治理原则之争与中国的战略选择[J]. 外交评论,2015 (2).

[19] BCG. The connected world: greasing the wheels of the internet economy [OL]. https://www.icann.org/news/announcement - 2014 - 01 - 24 - en.

[20] NETCRAFT. October 2016 web server survey [OL]. https://news.netcraft.com/archives/category/web - server - survey.

[21]夏燕. 网络空间的法理分析[D]. 重庆:西南政法大学,2010.

[22]杜雁芸. 大数据时代国家数据主权问题研究[J]. 国际观察,2016(3).

[23] ITU. ICT facts and figures 2016 [OL]. http://www.itu.int/en/ITU - D/Statistics/Pages/facts/default.aspx.

[24]赵旭东. 新技术革命对国家主权的影响[J]. 欧洲,1997(6).

[25]张清俐. 中国参与全球网络治理的格局、道义和力量——访《中国信息安全》杂志社副社长秦安[OL]. 中国社会科学网,2016 - 06 - 26. http://sky.cssn.cn/zf/zf_dh/201606/t20160626_3086844_2.shtml.

[26]LESSIG L. Code[R]. A Member of the Perseus Books Group,NY,2006.

[27]BRIAN K,CHARLES N. Borders in cyberspace: information policy and the global information infrastructure[M]. The MIT Press,1997.

[28]陶文昭. 网络无政府主义及其治理[J]. 探索,2005(1).

[29]丛培影,黄日涵. 网络空间冲突的治理困境与路径选择[J]. 国际展望,2016(1).

[30]朱宏胜．网络恐怖主义浅析[J]．蚌埠学院学报,2015(1).

[31]卿斯汉．关键基础设施安全防护[J]．信息网络安全,2015(2).

[32]蔡翠红．云时代数据主权概念及其运用前景[J]．现代国际关系,2013(12).

[33]沈国麟．大数据时代的数据主权和国家数据战略[J]．南京社会科学,2014(6).

[34]史安斌,刘滢．多元主体多边参与网络公共外交[OL].http://www.pdcec.com/bencandy.php? fid=72&id=19071.

[35]申志伟．基于电信运营企业的互联网治理研究[D]．北京:北京邮电大学,2012.

[36]邹军．全球互联网治理的新趋势及启示——解析“多利益攸关方”模式[J]．现代传播,2015(11).

[37]周毅,吉顺权．网络空间多元主体协同治理模式构建研究[J]．电子政务,2016(7).

[38]贝丝·西蒙·诺维克．维基政府:运用互联网技术提高政府管理能力[M].北京:新华出版社,2010:37-45.

[39]曾润喜,徐晓林．社会变迁中的互联网治理研究[J]．政治学研究,2010(4):75-82.

[40]陈英杰．国外互联网新业务信息安全管理对策[J]．现代电信科技,2009,39(5):37-41.

[41]刘慧．国家安全战略思考[M]．北京:时事出版社,2012:59-61.

[42]陆首群．中国互联网口述历史:互联网在中国迈出的第一步[J]．汕头大学学报(人文社会科学版),2016(4):100-105.

[43]马丁·C.利比基．兰德报告:美国如何打赢网络战争[M]．上海:东方出版社,2013:10-12.

[44]毛晓娟．移动互联网公共信息安全保障机制研究[D]．上海:华东理工大学,2013.

[45]闵大洪．从边缘媒体到主流媒体——中国网络媒体20年发展回顾[J].新闻与写作,2014(3):5-9.

[46]沈逸．美国国家网络安全战略的演进及实践[J]. 美国研究,2013(3): 66－68.

[47]汪玉凯．互联网发展战略[M]. 海口:海南出版社, 2012:305－306.

[48]张文木．国家战略能力与大国博弈[M]. 济南:山东人民出版社, 2012:8－19.

[49]张显龙．全球视野下的中国信息安全战略[M]. 北京:清华大学出版社, 2013:82－85.

[50]董贞良．《英国政府网络安全实施纲要》探析[J]. 环球瞭望,2014(10):86－88.

[51]张绍武．《德国网络安全法》对我国网络安全立法的启示[OL]. 腾讯研究院－互联网前沿,2015(31).

[52]刘山泉．德国关键信息基础设施保护制度及其对我国《网络安全法》的启示[J]. 信息安全与通信保密,2015(9):86－90.

[53]吴同．美国《网络安全信息共享法案》的影响与应对[J]. 域外观察, 2016(2):50－51.

[54]刘承瑞,毕杰．中日两国信息政策对比及启示[J]. 农业图书情报学刊,2005,17(7):32－34.

[55]尹丽波,刘京娟,张慧敏．紧扎安全篱笆的袋鼠之国——澳大利亚《网络安全战略》解读[J]. 中国信息安全,2012(7):76－78.

[56]王路．世界主要国家网络空间治理情况[J]. 网络空间战略论坛,2013(10):44－47.

[57]陈颀．网络安全、网络战争与国际法:从塔林手册切入[J]. 政治与法律,2014(7):147－160.

[58]朱峰．网络安全的国际法研究[J]. 网络法律评论, 2015(2):68－85.

[59]杨泽伟,主编．联合国改革的国际法问题研究[M]. 武汉:武汉大学出版社,2009:141.

[60]CARL S. HAL V. Information rules: a strategic guide to the network economy[M]. Harvard Business School Press,1999.

[61]LANGEVIN J R, MCCAUL M T , CHARNEY S, ET AL. Securing cyber-

space for the 44th presidency[J]. Center for Strategic & International Studies, 2008 (5):313 -317.

[62]MCGREGOR J. One billion customers: lessons from the front lines of doing business in China[J]. Harvard Business Review, 2005, 83(12):34 -34.

[63] PAUL M. Diplomatic alternatives to cyber - warfare [J]. Rusi Journal, 2012,157(1):14 -19.

[64]PYE L W. China dawn : the story of a technology and business revolution [J]. Policy Review, 2002,127(2):112.

[65]YOUNG M D. National cyber doctrine: the missing link in the application of American cyber power[J]. Journal of National Security Law & Policy,2010.

后　记

本书是中国国际经济交流中心重点资助课题研究成果，课题是在中国人民对外友好协会—中国欧盟协会副会长、住房和城乡建设部原副部长陈大卫指导下完成的，主要分工如下：

陈大卫副会长负责报告总体框架设计、主要思路和核心观点提炼；

张影强撰写总报告、第一章至第四章部分内容、第七章、专题报告一、专题报告二、专题报告三、专题报告四和专题报告五，共计七万字，占全书内容的60%；

宋煜撰写第一章至第三章部分内容；

潘斐斐撰写课题第四章和第六章部分内容；

王德强撰写第五章。

2016年12月，中国国际经济交流中心组织了专家对报告进行了匿名评审，报告获得了专家一致好评，课题成果被评为中国国际经济交流中心优秀研究成果。课题组对课题报告进行了成果转化，撰写内参得到高层领导批示，部分内容也在主流媒体进行了发表，取得了较好的社会效果。但需要指出的是，由于课题组专业能力和水平有限，课题报告定有不少瑕疵，还请读者予以批评指正。

国家出版基金项目

中国国际经济交流中心

China Center for International Economic Exchanges

CCIEE

智库丛书

全⑦册

永续发展之路

中国生态文明体制机制研究

中国国际经济交流中心课题组 著

中 国 方 案　中 国 智 慧

中国经济出版社
CHINA ECONOMIC PUBLISHING HOUSE
·北京·

图书在版编目（CIP）数据

中国国际经济交流中心智库丛书：全7册／中国国际经济交流中心课题组著.
—北京：中国经济出版社，2020.3
ISBN 978-7-5136-5850-8
Ⅰ.①中… Ⅱ.①中… Ⅲ.①对外贸易政策—咨询机构—研究—中国 Ⅳ.①F752.0

中国版本图书馆CIP数据核字（2019）第215488号

责任编辑 闫明明
责任印制 巢新强

出版发行 中国经济出版社
印 刷 者 北京力信诚印刷有限公司
经 销 者 各地新华书店
开　　本 710mm×1000mm 1/16
印　　张 14
字　　数 180千字
版　　次 2020年3月第1版
印　　次 2020年3月第1次
定　　价 628.00元（全7册）
广告经营许可证 京西工商广字第8179号

中国经济出版社 **网址** www.economyph.com **社址** 北京市东城区安定门外大街58号 **邮编** 100011
本版图书如存在印装质量问题，请与本社销售中心联系调换（联系电话：010-57512564）

课题组成员

课题负责人

王春正　中央财经领导小组办公室原主任
　　　　国家发展改革委员会原副主任

组　　长

赵家荣　国家发展改革委副秘书长、环资司原司长
曾少军　中国国际经济交流中心战略部环资处处长

成　　员

王　毅　中国科学院科技政策和管理研究所所长
王凤春　全国人大环境与资源保护委员会法案室副主任
苏　明　财政部财政科学研究所副所长
吕文斌　国家发展改革委环资司副司长
马　骏　中国人民银行研究局局长
刘树杰　国家发展改革委经济所原所长
刘向东　中国国际经济交流中心经济研究部副研究员
张　瑾　中国国际经济交流中心经济研究部副研究员
杨　来　中国人民大学环境学院科研助理

CONTENTS 目 录

总报告

GENERAL REPORT

自改革开放以来，随着我国经济的快速发展，对生态文明的认识不断加深，主要表现在体制机制上，经历了制度建设循序渐进和政策不断深化的过程，从简单的污染治理到提出保护资源环境，再到建设资源节约型和环境友好型社会，进一步明确了生态文明建设的国家战略地位，最终将其提高到与经济、政治、文化、社会四大建设相并列的高度。

我国生态文明体制机制建设取得了举世瞩目的成绩，主要表现在以下几个方面：战略地位不断提升、法律法规体系初步形成、行政管理体制有所改善、政策措施不断完善、社会意识明显提高、评估机制渐趋科学、示范试点持续推进和监管执法逐步加强。但同时，我们也面临行政管理机制不健全、法律法规体系不完备、自然资源产权制度不明晰、有关政策机制不配套、监督评估机制不到位、公众参与机制不成熟和跨部门协调机制不完善等主要问题。根据党的十八届三中、四中、五中全会决定的指导思想，按照《中共中央、国务院关于加快推进生态文明建设的意见》和《生态文明体制改革总体方案》的总体要求，结合国外生态环境管理体制机制的经验，现提出我国生态文明体制机制建设的总体思路、主要任务和具体建议。

一、总体思路和目标

全面贯彻落实党的十八大和十八届三中、四中、五中全会精神，按照“五位一体”总体布局的战略要求，坚持生态文明的基本理念和根本方针，以止确处理人与自然关系为核心，以提高资源利用效率、改善生态环境质量为主线，以生态文明体制改革、制度体系和长效机制建设为重点，厘清政府、市场、社会的关系和边界，构建政府、企业和社会共同参与的生态文明治理体系和运行机制，最大限度地激发全社会推动生态文明建设的创造力和自觉性，加快建设美丽中国，迈向社会主义生态文明新时代。

到2020年，生态文明体制框架，以及源头预防、过程控制、损害赔偿、责任追究的制度体系基本形成；自然资源资产管理、用途管制、监督体系得到健全，关键制度建设取得决定性成果；资源环境生态价值得到充分体现，有关价格、财政、税收、金融政策更加完善，市场机制得到充分发挥；社会公众参与的渠道更加畅通、方式更加多样，群众的利益诉求得到充分的尊重。

二、主要任务

（一）加强政府管理

1. 管理体制

按照资产所有者、用途管理者、执法监督者相分离，决策、执行、监督相分开，一件事情由一个部门负责的原则，合理设置管理部门，使三者相互独立、相互配合、相互制衡，统筹协调、分工负责、运转高效。

健全国家自然资源资产管理体制。构建归属清晰、权责明确、监管有效的自然资源资产产权管理体制，代表国家统一行使全民所有矿藏、水流、森林、山岭、草原、湿地、滩涂等各类自然资源的资产权益，对其享有占有权、收益权和处置权，并在厘清中央和地方事权、财权的基础上，建立分级管理全民所有自然资源的出让及收益管理，着力解决自然资源所有者不到位、所有权边界模糊等问题。

建立覆盖全部国土空间的用途管制体制。履行自然资源开发保护、生态环境保护方面的职责，通过规划计划、总量管控等对开发利用自然资源和生态环境进行科学、必要的宏观引导和制约，研究制定有关法规、规划、政策、标准，协调好发展与保护的关系，有效解决盲目追求经济利益造成过度侵占自然生态空间，进而损害国家资源环境生态根基。

建立独立进行资源环境监管和行政执法的体制。负责监督自然资源和生态环境领域用途管制要求及相关法规、标准、规划的落实情况，查处资源和生态环境领域各种违法违规行为，加强生态环境质量性监测和监督性监测，推动建立第三方监测机制，切实解决资源环境领域执法散、弱、松等问题。

此外，研究和强化综合部门协调环境与发展的职能，以及能源与气候变化方面的相关职责问题。研究和统筹特定资源环境问题的管理，如国家公园体系、流域综合管理体系等。

2. 制度体系

按照“源头预防、过程控制、损害赔偿、责任追究”的思路，将生态文明建设要求内嵌于法制、制度制定和实施过程中，引导、规范和约束各类开发、利用、保护自然资源的行为，用制度保护生态环境。

健全自然资源资产产权和用途管制制度。在不动产登记系统基础上扩展为统一的自然资源资产产权确权登记系统，推动确权登记、权力边界划分法治化。完善用途管制制度，明确各类国土空间开发、利用、保护边界，确保用途管制要求落实到位。

落实主体功能区制度。建立健全保障形成主体功能区布局的法律法规、体制机制、规划政策及绩效考核评价体系，继续出台有利于主体功能区建设的配套政策，推动各地区严格按照主体功能定位推动发展。建立国家空间规划体系，推进市县层面落实“多规合一”，推动“一张蓝图干到底”。

强化资源环境生态红线管控。设定资源消耗上限，对关乎国计民生、长远发展的能源、水、土地等战略性资源实施管控，防止无节制消耗资源；严守环境质量底线，把大气、水、土壤等环境质量作为地方各级政府的红线管理责任，防止环境质量进一步恶化；划定生态保护红线，在重点生态功能区、生态环境敏感区和脆弱区等空间层次上划定区域型生态红线，在森林、草原、湿地、海洋等生态系统类型上划定数量型生态红线，遏制生态系统退化的趋势。各地区根据红线管控要求以及发展趋势、资源环境禀赋、主体功能定位等因素，科学合理核定能源资源消耗、环境纳污容量和生态服务功能，进一步明确红线管控“短板”，由此确定经济社会发展取向和产业准入要求。

完善资源有偿使用制度。深化自然资源及其产品价格改革，凡是能由市场形成价格的都交给市场，严格限定政府定价的资源性产品品种和范围，政府定价要体现基本需求与非基本需求、资源利用效率高低的差异，以及生态环境损害成本和修复效益。扩大土地有偿使用范围，减少用地行政性拨付，建立有效调节工业用地和居住用地合理比价机制。健全探矿权、采矿权出让方式，加快全国矿业权交易市场建设。

建立健全生态补偿机制。明确界定生态保护者与受益者的权利义务，推动形成综合补偿与分类补偿相结合，转移支付、横向补偿与市场交易互为补充的生态补偿制度。统筹现有生态补偿渠道，引导生态受益地区与保护地区之间、流域上游与下游之间，通过资金补助、产业转移、人才培训、共建园区等方式实施横向补偿。研究制定生态补偿标准测算方法，形成科学的生态补偿标准体系。

落实生态环境损害赔偿制度。在改革试点基础上，制定生态环境损害赔偿办法，对违反环境保护法律法规的行为依法严惩，大幅提高违法成本。建立独立公正的生态环境损害鉴定评估机制，根据损害程度依法确定赔偿额；造成严重后果并构成犯罪的，依法追究责任人的刑事责任。

严格生态环境监管制度。建立严格监管所有污染物排放的环境保护管理制度。完善污染物排放许可证制度，重新核发企事业单位排污许可证，禁止无证排污和超标准、超总量排污。对严重污染环境的工艺、设备和产品实行淘汰制度。建立生态保护修复和污染防治区域联动机制。

健全政绩考核制度。建立体现生态文明要求的目标体系、考核办法、奖惩机制，把资源消耗、环境损害、生态效益等指标纳入经济社会发展综合评价体系，大幅增加考核权重，强化指标约束；完善政绩考核办法，根据区域主体功能定位，实行差别化的考核制度，实施“一区一策”，废止“一张表”考核。深化试点，探索编制自然资源资产负债表，实行领导干部自然资源资产离任审计，强化审计结果运用。

严格落实生态环境损害责任追究。落实领导干部生态环境损害责任追究办法，对发生生态环境损害事件及在生态环境领域负有职责、行使权力的党政领导干部，根据情节轻重并从决策、执行、监管等环节确定追责情形，实行严格的问责。对生态环境损害事件追责，既包括发生环境污染和生态破坏的“后果追责”，也包括违背中央有关生态环境政策和法律法规的“行为追责”。对违背科学发展要求、造成生态环境和资源严重破坏的要终身问责。

3. 政策机制

完善有利于加快推进生态文明建设的价格、财政、税收、金融等经济政策。促进资源性产品价格竞争性环节市场竞争，加强自然垄断环节价格监管，建立定价成本监管体系和定期价格调整机制，完善价格决策程序和信息公开制度；统筹财政资金，建立财力事权匹配、稳定可持续的生态文明建设投入机制；加快资源税“从价计征”步伐，逐步将资源税扩展到占用各种自然资源和生态空间，加快出台环境保护税法；推广绿色信贷，支持符合条件的项目通过资本市场融资，探索排污权抵押等融资模式，深化环境污染责任保险试点。

（二）强化市场运行机制

自然资源资产产权交易。改革现行产权交易制度，扩大交易范围，建立统一的产权交易市场，完善市场定价体系，规范交易行为，加强市场监管。

资源使用和排放交易。重点是用能权、用水权、排污权、碳排放权等制度。基于能源消费总量控制，建立用能权交易机制；加快建立全国统一的碳排放权交易市场，制定全国碳排放权交易总量设定与配额分配方案；合理界定和分配水权，研究制定用水权交易管理办法，加快水权交易平台建设；扩大排污权有偿使用和交易试点，加大推广力度，制定排污权核定、交易价格等规定，建立通过交易获得减排受益的机制。

市场化管理机制。推行合同能源管理和合同节水管理，支持社会各类用能、用水单位采用合同管理方式实施节能节水改造，开展能源审计和“节能节水医生”诊断，打造“一站式”合同能源管理、合同节水管理综合服务平台。实施能效、水效、污染减排“领跑者”制度，通过树立标杆、政策激励、提高标准等方式方法，形成推动终端用能耗水设备产品、“两高”行业能效水效和污染减排水平不断提升的长效机制，适时将“领跑者”指标纳入国家强制性标准范畴。推进节能低碳和有机产品认证和标识工作。推进环境污染第三方治理及其试点，引入社会力量投入环境污染治理。

建立绿色发展基金。加快整合有关专项财政资金，建立绿色发展基金，综合运用多种金融工具和政策手段，采用多元化投融资方式，建立长期、稳定的资金来源渠道。对基金采用专业化管理、市场化运作模式，设立基金管理及执行机构，加强项目实施全过程监管。

（三）完善社会参与机制

发展第三方监测。建立生态环境第三方监测，与国家区域性监测机构实施信息共享，监测服务既可采取自愿提供方式，也可采取政府购买的方式，现阶段作为政府监督性监测的有益补充，逐步推动形成独立、全面、权威的监测机制。

推动信息公开。针对排污企业众多、生态环境信息不对称的现状，需要进一步调动社会监督力量，通过规范政府、企业等主体的信息公开，及时、准确、全面地披露各类资源环境信息，保障公众知情权的同时，逐步建立健全社会组织与公民参与生态文明治理的有效机制。

引导公众参与。健全举报、听证、舆论监督等制度，重大资源开发项目要广泛听取公众意见，在建设项目立项、实施、后评价等环节，有效拓宽群众参与途径，有序增强公众参与程度，创新参与方式和机制。通过政府购买服务等方式引导相关社会组织健康有序发展，发挥民间组织和志愿者的积极作用。

推动公益诉讼。建立环境公益诉讼制度，鼓励公众通过环境公益诉讼维护合法权益，对污染环境、破坏生态、损害社会公共利益的行为，鼓励受损公民、自然资源资产和环境产权管理单位可依法向人民法院提起诉讼，把环境纠纷解决纳入法律轨道。行政管理部门违法审批、滥用职权、不履行法定职责导致环境受到损害的，纳入环境公益诉讼范围。提升有关公益诉讼组织的专业化、科学化水平。

三、促进我国生态文明体制机制建设的具体建议

（一）促进我国生态文明建设的行政体制与监管机制建议

生态环保管理体制是国家行政体制的重要组成部分，是各级政府的重要职责，是必须提供的一项基本公共服务。生态环境保护若要做到不欠新账、多还旧账，需要进一步加强监管。目前，国家层面生态环境保护部门职能分散交叉较为突出，存在权力下放不够和监管不到位等问题，难以形成严格监管的强大合力；基层环保部门被赋予的职能和担负的任务不匹配，存在“小马拉大车”的现象。深化生态环保管理体制改革必须按照国家关于政府职能转变、行政体制改革、推进依法行政、生态文明体制改革的总要求进行。改革生态环境保护管理体制，核心是建立独立行政执法和监管的体制。

1. 健全我国生态文明管理体制的基本原则

针对当前我国生态文明行政管理与监管体制存在的主要问题，健全我国生态文明管理体制，就是要在完善现代市场体系、转变政府职能、推进法制建设、强化社会治理的大背景下，通过改革政府管理体制，建立分权制衡、相互协调、运行高效的生态环境管理体制。

在深化生态环保管理体制改革时，要提高管理效能，以更低的成本、更高的效率保护生态环境。要做到政府职能精简统一，形成多元共治格局，进一步简政放权。第一，以生态环境保护为前提，实行经济社会发展与生态环境保护相协调的战略。环境与发展的关系既是中国生态环境保护中最为关键的一对关系，也是难点所在。第二，从生态系统的整体性和多功能性出发，实现统一监督管理与专业分工管理相结合。从生态环境的系统性来看，生态环境具有跨介质、跨区域的整体性特征，生态环境治理体系应当遵循生态系统的特点进行统一监督管理和流域、区域的综合管理。第三，按照生态环境物品和服务的不同公共属性，合理划分中央与地方事权。

2. 我国生态文明管理机构调整方案建议

我国生态文明管理的中央部委职能重组的核心是将污染防治、生态保护、自然资源管理的决策、执行、监督、协调、提供公共物品等职责进行合理配置，从而减少职能交叉，降低行政协调成本，实现权力制衡上的协调一致，提高体制运行效率。目前，自然资源与生态环境保护的管理职能分散在各个部门，按照积极稳妥实施大部制的行政体制改革的总体思路，对这些部门适当合并和重组势在必行。

近年来，各方已提出了一些方案，如 2011 年中国工程院和环境保护部联合发布的中国环境宏观战略研究报告，就提出了整合环境、资源和生态保护等职能的大环境部方案，相近的也有历次行政体制改革中屡次提出的大国土资源部方案。从近期来看，污染防治职能适当集中和自然资源管理职能适当集中的方案比较可行，关键是相关的生态保护职能如何配置，是放到自然资源管理部门还是环境保护部门，需要认真研究论证。从生态系统和污染防治的整体性来看，两个方面都与生态保护密切相关，但就现有部门的职能和能力而言，自然资源管理部门可能更具专业能力来行使领土范围内国土空间用途管制职责，对山水林田湖进行统一保护、统一修复。

综合各方面的情况，我国生态文明管理机构调整方案的建议是：未来国家生态环境管理相关职能主要由“二委一部一局”负责，分别为国家发展改革委、自然资源资产管理委员会、资源与环境保护部、国家生态环境质量监测评估局。

3. 我国生态文明管理体制改革路线图

根据保护与开发相分离、一件事由一个部门管理的原则，坚持大部制的改革方向，分别组建集中统一的自然资源资产管理委员会、资源与环境保护部。

以机制创新为抓手，理顺环境保护与综合经济协调的关系，强化综合部门的统筹协调职能，提高体制运行效率。明确和强化综合经济部门协调环境与发展的职能，促使其把资源节约、环境友好、绿色发展的理念充分整合到主要职能的履行中。在“三定”方案中明确各部门的生态文明建设职责。在下一轮的国务院机构改革中，通过制定新的政府部门“三定”方案，明确各部门的生态文明建设职能。引入第三方评估机制，评估国务院相关部委履职情况，并将结果公开。

按“强化两头，精简中间”的原则，重新定位中央环境保护部门的职责，围绕制度建设与质量结果考核开展工作。建议在未来中央环保部门职责定位中，要按“强化两头，精简中间”的原则进行改革。第一，聚焦制度建设，加强生态环境的宏观管理，参与国家的综合决策，避免陷入项目审批等微观事务。第二，中央把当前以总量为主的过程管理转变为以质量为导向的结果管理，重点是监督考核省级政府的环境质量及其改善目标的实现程度，同时，健全生态环境质量监测网络与综合评估。第三，完善“国家监察、地方监管、单位负责”的执法体系，监督执法职责应主要由地方政府承担，并通过“上下夹击”的制度安排实现对地方政府的督察，“上”指中央政府要通过区域/流域督查中心、环境质量考核、财政手段对地方政府形成压力，“下”指非政府组织、公众、传媒的监督作用得以充分发挥。

将监测权与决策权分离，成立直接向国务院负责的国家生态环境质量监测评估局，构建独立统一的生态环境监测与评估体系。独立统一的生态环境监测体制将由垂直管理的生态环境质量监测网络和属地管理的污染源监测体系构成，可按如下改革路径进行：首先，在生态环境保护相关部委内部，把生态环境质量类监测与监督性监测相分离。其次，成立直接向国务院负责的国家生态环境质量监测评估局（副部级），建立统一的数据信息平台。最后，监督性监测的职能仍保留在生态环境保护主管部门，实行以地方为主的双重领导机制，以支撑生态环境监督执法。同时，结合区域派出机构加强中央对污染源监测的监督，并强化社会力量的监督。

（二）促进我国生态文明建设的法律法规与制度体系建议

有关生态文明建设的法律与制度体系，是在现行资源与环境保护法律与制度体系上深化发展起来的。其中，生态文明法律体系是指以绿色转型发展和国土空间规划、资源利用、环境保护领域的法律为核心，涉及宪法和宪法相关法、民法商法、行政法、经济法、社会法、刑法、诉讼与非诉讼程序法等七个法律部门，由法律、行政法规、地方性法规等多个层次的法律法规所构成的体系；生态文明法律制度体系是指由上述法律体系中所规定的民事、行政、刑事以及经济、社会等方面的法律制度规范所构成的体系。

第一，中央的两个《决定》[①] 对生态文明建设法律和制度体系提出了目标和要求。三中全会《决定》提出了十四个领域的改革措施，对当前资源与生态环境保护领域存在的各种问题，特别是体制改革和重大制度建设方面，首先，从深化改革的总体构架上，通过制度安排把生态文明建设融入经济建设、政治建设、文化建设、社会建设各方面和全过程；其次，对生态文明建设本身，从体制和重大制度建设两个层面，从源头严防、过程严控、后果严惩各个环节，提出一系列解决当前生态文明制度建设问题的改革措施。

第二，根据生态文明建设总体目标和要求，调整相关立法规划和计划，逐步形成比较完整的生态文明法律体系。按照改革的总体目标和任务，调整完善立法规划和计划是当前的一项重要工作。目前，全国人大常委会党组根据《贯彻落实党的十八届四中全会决定重要举措2015年工作要点》的要求，提出了调整十二届全国人大常委会立法规划的方案，已经中共中央批准。调整后的立法规划，在原有规划安排的土地管理法（修改）、环境保护法（修改，已通过）、水污染防治法（修改）、大气污染防治法（修改）、土壤污染防治法、野生动物保护法（修改）、森林法（修改）、海洋基本法、核安全法、矿产资源法（修改）、深海海底区域资源勘探开发法等涉及资源利用和环境保护方面的立法项目外，新增了环境保护税法、资源税法、耕地占用税法、原子能法、能源法、循环经济促进法（修改）、草原法（修改）等资源利用和环境保护的立法项目。

第三，把生态文明制度建设同绿色发展与空间规划、资源利用和环境保护领域的相关立法有效结合起来，逐步形成比较完整的生态文明法律制度体系。目前，生态文明制度建设的一些主要内容已经不同程度地

① 本书提到的中央的两个《决定》是指党的十八届三中全会通过的《中共中央关于全面深化改革若干重大问题的决定》，党的十八届四中全会通过的《中共中央关于全面推进依法治国若干重大问题的决定》。

体现在现行的法律规定中，新近的立法项目中也逐步把生态文明制度建设的新内容纳入法律规定中，如新修改的环境保护法已经把生态红线、生态补偿等纳入法律规定，虽然仍旧是不易操作的原则规定。从当前全国人大常委会立法规划的安排来看，有必要进一步加强有关自然资源产权和资产管理，自然资源行政监管，主体功能区规划、空间规划和用途管制，自然资源有偿使用和生态补偿，资源和环境承载力与生态红线，排污许可和排污总量控制，公众参与和社会监督，生态环境损害赔偿和责任追究等重大制度的前期理论研究和试点试验，加强各项制度理论研究和试点试验同相关立法工作的有效结合，为把生态文明制度全面纳入各项法律中奠定坚实的基础。

第四，把生态文明建设的立法、行政体制改革和公共财政预算结合起来，明确中央政府和地方政府职责，强化有关法律实施的实体和程序性规范，使生态文明制度建设真正落到实处。为有效推进改革，加强生态环境治理法律和制度体系的可实施性、目标有效性，提高相关领域的公共行政管理效率，应当研究探索把有关生态环境治理体系改革、生态环境保护立法同行政管理体制改革、公共财政预算编制结合起来的体制机制。当前，应首先研究建立行政部门“三定”方案同行政部门预算联合审定的工作机制，并研究建立法律案的预评估制度，把评估法律案的预期实施效果、社会成本（包括行政执法部门因新设立职责所需新增的人员编制和预算经费），列为立法必经程序，把法律案的起草和审议同行政部门职能设置和预算编制结合起来，为生态环境治理体系改革和相关法律的制定与实施，奠定良好的体制改革基础。

（三）促进我国生态文明建设的经济政策与市场机制建议

1. 支持生态保护的财政政策

近年来，按照建设资源节约型和环境友好型社会的要求，我国各级财政部门不断创新财税政策，加大投入力度，支持生态保护，成效明显。但由于我国仍处于工业化城市化发展阶段，人口、资源和环境的发展仍然不协调，我国现行的财税政策在鼓励和促进生态保护方面还明显落后于生态文明发展的需要。当前及今后中长期推进生态文明建设，破解资源、环境、生态及应对气候变化的难题，真正促进绿色循环低碳发展，根本途径在于创新制度，完善政策，就是要充分运用法律、行政、经济等各种政策手段，综合发力。财政是国家治理的基础性手段，在生态文明建设中无疑担负重要职责。现侧重就如何运用财政政策推进生态保护，提出一些看法和建议。

着力推进税收制度创新和税收政策完善。税制具有重要的调节功能，科学合理的税制对于产业升级、结构优化及资源节约和生态环境保护具有重要调节作用。近十多年来，我国在税收制度政策方面改革力度较大，为环保节能产业发展和生态保护创造了良好的制度环境，但离生态文明建设的要求仍有相当距离，当前存在的突出问题是：环境税制缺失，税收激励和约束功能不足，税率偏低，排污成本外溢。因此，着力推进税收制度创新和税收政策完善是促进生态文明建设需解决的重大问题。关于深化资源税改革，主要建议：一是实施煤炭资源税从价计征改革。二是清理煤炭相关收费基金。三是适度提高煤炭资源税税率。关于开征环境税（包括碳税），主要建议：一是明确环境税的征税范围，包括各类污染物和二氧化碳排放。二是在环境税的收入归属问题上，建议将环境税作为中央与地方共享税。三是确立环境税的优惠政策。对能源密集行业、节能减排成绩显著的企业以及贫困地区，可酌情给予环境税的优惠照顾。至于调整消费税政策，它是在增值税普遍征收基础上实施特殊调节的税种。关于适时调整和完善相关税收优惠政策，一是针对现行企业从事符合条件的环境保护、节能、节水项目的所得，由于不能盈利而难以享受优惠的情况，可适度调整政策的适用条件。二是在现有对企业从事符合条件的环境保护、节能、节水项目的所得免征或减征企业所得税的规定基础上，进一步调整和完善符合条件的相关项目的范围。

三是针对现行企业内部在资源综合利用项目上难以获得优惠的问题，可考虑对企业自产自用符合国家产业政策规定的资源综合利用产品，也应该给予优惠政策。四是针对现行企业所得税对于企业生产和销售有关环境保护、节能节水等相关设备缺乏优惠政策的情况，可参照资源综合利用的企业所得税优惠政策，对生产和制造节能设备和产品的企业给予一定的优惠。五是将企业在环境保护、节能、节水等方面提供的技术转让、技术培训、技术咨询等所取得的技术性服务收入，纳入企业所得税技术转让优惠的规定范围，享受企业所得税有关企业技术转让的减免税政策。

建立和完善财政对生态环境投入的新机制。生态环境的公共物品特征决定了财政支持的必要性。自“十一五”以来，为了实现国家确定的节能减排的战略目标，国家财政部门从政策、制度、财力多方面出台措施，加大扶持力度，效果非常明显，淘汰落后产能取得重大进展，主要污染物排放强度、碳排放强度趋于下降。建议加大财政支持生态环保的投入倾斜力度。一是增量调整和存量调整并重，切实加大财政投入；二是整合现有专项资金，以形成合力；三是建立专门的预算科目；四是建立中央和地方多级共同投入的机制。建议优化财政支持生态环保的投入结构。一是支持节能减排科技的研发、示范和推广；二是支持节能和环保服务产业的培育和发展；三是针对环保投资历史欠账严重和治理污染压力不断增加的现实情况，加大环境保护重点领域的投入力度。建议创新财政投入手段，包括以下几个重点：一是在补贴环节上，从以往主要补助生产环节，转向在补助生产环节的同时扩大对消费环节的补助；二是在财政投入使用方式上，更多地采用财政贴息这类间接优惠方式；三是大力扶持担保行业的发展。建议探索建立多元化投入机制：一是鼓励支持社会资本投入生态环保建设事业；二是明确企业环保投资的主体地位；三是设立生态环保投资基金，实现环保基金的良性自我发展；四是积极推进环保投资公共私营合作制（PPP 模式）；五是引导金融行业加大对生态环保领域的投资。

构建政府间生态转移支付制度。解决生态环保问题，实现生态环保宏观全局利益和地方局部利益的均衡，需要将生态环境因素纳入财政转移支付范畴，构建政府间生态转移支付制度。建议建立中央对地方的纵向生态转移支付。一是中央政府在安排生态补偿财政转移支付资金时，主要针对全局性的补偿问题；二是要改进生态转移支付的测算方法；三是要进一步明晰和提高相关领域的补偿标准。建议建立省级以下生态财政转移支付。根据地方具体情况，合理安排省级以下生态财政转移支付的规模、方向，明确转移支付重点、分配使用原则和资金的使用范围等内容。建议建立区域间横向生态转移支付。横向生态转移支付亦称为横向生态补偿，主要是指区域之间或水流域上下游地方之间生态受益方对生态的经济利益受损方的资金补偿。

2. 促进我国生态文明建设的价格政策

生态环境的日趋恶化使本届政府重视生态文明建设程度空前。而在市场经济中，价格是核心的调节机制，合理的价格政策对改变目前我国生产与消费中资源消耗过高、环境污染严重的局面，促进资源节约及循环利用，具有举足轻重的作用。

促进我国生态文明建设的价格政策的整体构建，可定位在资源节约、减少排放、支持可再生能源发展三个方面。实现上述目标的主要措施：建议进一步引入竞争机制，当前需重点解决以下三个问题：第一，竞争型市场结构的建立。第二，体制改革的整体规划。第三，“改革”领导责任的落实。建议再造基于市场经济的价格监管体系，当前需重点做以下工作：第一，建立职能完备的能源价格监管机构。第二，建立、完善监管的规则体系。第三，建立利益相关者间的制衡机制。建议强化“外部性”控制，需要重点解决以下几个方面：第一，“外部成本”内部化；第二，“外部收益”内部化。几个主要资源性产业的价格政策要点如下：

（1）关于石油价格政策的要点。我国大部分石油价格已经放开，市场平稳，这里着重探讨成品油（主要是汽油、柴油及航空煤油）价格如何向竞争性市场体制平稳过渡问题。第一，继续坚持与国际市场接轨的取向。第二，应把市场均衡作为成品油价格调整的基本出发点。第三，调整成品油价格形成中各相关主体的地位和相互关系。第四，放松成品油批发、零售的市场准入，引入竞争机制。

（2）天然气价格政策的要点。天然气如未液化，须经专门的管道运输才能流通，因此，该行业的技术、经济特性与电力行业较为相似。作为长期目标，在“井、网、售”分离的基础上，天然气井口价格和终端用户价格应该市场化，管道运输价格可继续由政府监管。这方面国外已有成功的经验，国内的政府决策层也基本形成共识，我们可朝此方向继续努力。这里，重点就当前监管所需解决的几个问题提出建议。第一，完善与替代能源联动的天然气价格调整机制。第二，统一规范配售价格监管办法。

（3）电价政策的要点。关于电价改革，国务院《电价改革方案》及其配套的部门规章中提及的内容，本报告将不再重复。这里拟从可持续发展的角度，对此前未及深入思考的促进节能与可再生能源发展问题，提出框架性的政策建议。第一，用户电价总水平及时反映电力成本和需求的变动。第二，建立与供电成本相符的用户电价结构。第三，上网电价应包含更多的减排成本。第四，逐步引入竞争机制。第五，规范、整合随电价征收的政府性基金。

（4）水价政策的要点。水价政策的核心要点是：水价完全反映资源成本、开发利用成本和环境治理成本。城市供水价格按照合理成本、合理赢利、公平负担的原则制定。对居民供水价格，推行阶梯水价制度，维持基本生存部分与非基本生存需要部分分别执行不同的价格，并建立后者的动态调整机制。水资源费应反映水资源的再生产成本。因此，水资源费的征收标准仍应继续提高。应改革水资源费的征收和使用制度，对于跨区域利用的水资源，水资源费的标准和分配应由上一级政府决定，征收标准应体现受益者负担的原则，资金分配应主要用于上游地区的水源涵养。

3. 促进我国生态文明建设的金融政策

当前，我国环境形势日益严峻，经济发展亟待向绿色、可持续模式转型。建立鼓励绿色投资、抑制污染性投资的体制机制，是推动我国经济发展模式向绿色转型的关键。过去几年，有关部门在引导绿色信贷方面已经做了一些卓有成效的工作，但距建立完整的绿色金融体系尚远，各方面努力仍呈碎片化状态。“十三五”期间，我国应该建立一个较为系统的绿色金融体系。推动建立我国绿色金融体系的 4 大类 14 条建议：

第一类建议涉及机构建设，是实现绿色投资的组织保障，需要中央、地方政府资金的参与和相关体制改革。①建立绿色银行体系，充分发挥绿色银行在绿色信贷和投资方面的专业能力、规模效益和风控优势。②推动 PPP 模式绿色产业基金发展，以有限的政府资金撬动民间资本股权投资。③丝路基金、亚洲基础设施投资银行、金砖银行等对外投资和开发性机构，应宣布加入或参照赤道原则，建立高标准（不低于世界银行和亚洲开发银行）的环境风险管理制度，充分披露环境信息，大力推动对外绿色投资，维护我负责任大国的国际形象。

第二类建议涉及财政和金融政策，需要财政部、人民银行、银监会、证监会等部门的配合与推动。①健全财政对绿色贷款的高效贴息机制，加大贴息力度，逐步放开贴息标准限制，合理划定贴息期限，简化审批流程，试点财政部门委托政策性银行、绿色银行或商业银行的生态金融事业部管理绿色贷款贴息。②由发展改革委、人民银行、银监会、证监会等部门发布绿色债券有关指引，允许和鼓励银行和企业发行绿色债券，为绿色贷款和绿色投资提供较长期限、较低成本的资金来源。③强化股票市场支持绿色企业的机制。明确绿色产业和企业的认定标准，简化绿色企业 IPO 审核或备案程序，适度放宽募集资金用于补充绿色企业流动资金或偿还银行贷款的金额和比例限制，对符合条件的新三板挂牌绿色企业优先开展转板试点。

第三类建议涉及支持绿色投资的金融基础设施建设，大部分可由金融机构和民间机构（如银行、评级公司、环交所、证券交易所、券商、基金、NGO 等）推动，政府和社会应该给予鼓励和支持。①加快排放（污）权交易市场建设。②建立绿色评级体系，为绿色企业（项目）提供更有利的评级，以降低其融资成本。③推动绿色股票指数的开发和运用，引导资本市场更多地投入绿色产业。④由环保部和金融业学会（协会）牵头建立公益性的环境成本核算体系和数据库，提高环境评估方法和数据的可获得性，降低投资者对绿色项目的评估成本。⑤建立绿色投资者网络。

第四类建议涉及支持绿色金融的法律法规体系建设，需要立法机构、相关部委和金融机构的配合和推动。①在更多领域实现强制性的绿色保险，利用保险市场机制制约污染性投资并提供环境修复资金。②明确银行的环境法律责任，允许污染受害者起诉向污染项目提供资金的、负有连带责任的贷款性金融机构。③证监会和证券交易所应建立上市公司环保信息强制性披露机制，为上市公司环境风险评估和准确估值提供基础，引导资本市场将更多的资金配置于绿色产业。

4. 生态环境治理的市场化机制建设的重点工作

一般而言，生态环境治理的市场化首先体现在污染治理集约化。只有把分散的治理方式转变为集约治理，才能适应社会化大生产的要求，避免环境保护盲目投资、到处布点和重复建设的现象发生。政府应提供良好的政策，促进生态环保市场化机制培育，加强生态环保市场化的立法和经济体制改革，为生态环保市场化集中治理提供有力保证。其次是产权的多元化。产权多元化有助于发挥其他主体的社会参与能力，减轻政府财政负担，实现社会资源的合理优化配置。因此，应充分发挥市场的作用，建立环境保护市场多元化的投资体制。生态环保市场化的设施建设，要通过吸纳商业资本、社会公众和企事业单位等社会资金，形成政府、银行、企业和个人等多元化投资局面。最后是运行、服务市场化。环境污染治理和生态环保设施运营，应由社会化服务的独立法人来承担。通过新机制的建立，逐步造就一批专业化环境治理公司，形成运营服务市场。通过市场化运营，促使投资者、经营者自觉运用资源价值、环境成本、经济效益核算机制，把生态环保治理效果与运行管理者的经济效益兼顾起来，形成环境污染治理的良性循环。当前，在落实上述市场化机制的过程中，应重点以推动 PPP 模式和第三方治理模式为抓手，引导市场力量。

一方面，应完善 PPP 模式，引导社会资本投资环境公共物品。PPP 模式在城镇环境基础设施建设和运营上可以大有作为。当前形势下推动 PPP 模式应当有明确的顶层设计，在法律支撑下理顺政府和企业的关系，并破除成本、融资等障碍。为此，建议如下：第一，应尽快制定基础设施与公用事业特许经营法，明晰政府及特许经营企业的权、责、利。第二，利用价格、税收、融资等手段确保 PPP 模式可持续推行。第三，地方政府应以诚信原则履行 PPP 项目合同，及时足额地向运营企业支付服务费用。第四，完善特许经营退出机制。

另一方面，推动企业污染第三方治理，实现工业污染专业化治理。相对于传统的“谁污染，谁治理”模式，企业环境污染第三方治理具有其明显优势，但当前我国工业污染治理设施的社会化运营比例仍相对较低，只有 5% 左右，而城镇污水处理设施的社会化运营比例已达 50% 左右。从目前来看，企业污染第三方治理需要破除以下障碍和挑战。以加快立法进程破除责任转移障碍；通过实施税收优惠政策降低企业税负；创新融资渠道，解决融资障碍；强化政府责任。发展改革部门加强指导，会同工信部门做好第三方治理试点和推广工作；生态环保部门强化对第三方治理的监管，严格执法，建立诚信档案制度，公开向社会公布第三方治理项目的治理信息，包括污染治理设施的运行情况、污染物排放达标情况，建立环境服务公司诚信档案。

第一章

CHAPTER ONE

生态文明建设的内涵和演进过程

2015年10月26日，党的十八届五中全会在北京召开，在“十三五”规划的十大任务目标中，加强生态文明建设首度写入五年规划。在我国，农业经济学家叶谦吉1984年提出了生态文明的概念，他从生态学和生态哲学的视角来界定生态文明。之后理论界开始广泛研究生态文明，尤其是党的十七大以后，生态文明成为许多学科研究的热门课题。梳理生态文明建设概念，回顾生态文明建设演进过程，对将生态文明作为社会主义核心价值体系的基本内核，增强国家软实力，建设美丽中国，具有重要的理论和实践意义。

一、生态文明的内涵

（一）生态文明概念综述

张高丽（2013）认为，生态文明是人类文明发展到一定阶段的产物，是反映人与自然和谐程度的新型文明形态，体现了人类文明发展理念的重大进步①。建设生态文明，不是要放弃工业文明，回到原始的生产生活方式，而是要以资源环境承载能力为基础，以自然规律为准则，以可持续发展、人与自然和谐为目标，建设生产发展、生活富裕、生态良好的文明社会。

马凯（2013）认为，生态是自然界的存在状态，文明是人类社会的进步状态，生态文明则是人类文明中反映人类进步与自然存在和谐程

① 张高丽．大力推进生态文明　努力建设美丽中国［J］．求是，2013（24）：3－11.

度的状态。生态文明与物质文明、精神文明、政治文明等一样，都是历史范畴，伴随人类文明的发展，经历由低级向高级不断演进的过程①。中国共产党所追求的生态文明，就是要按照科学发展观的要求，走出一条低投入、低消耗、少排放、高产出、能循环、可持续的新型工业化道路，形成节约资源和保护环境的空间格局、产业结构、生产方式和生活方式；它是人类社会与自然界和谐共处、良性互动、持续发展的一种高级形态的文明境界，其实质是要"建设以资源环境承载力为基础、以自然规律为准则、以可持续发展为目标的资源节约型、环境友好型社会"。这种高级形态的生态文明，是中国特色社会主义的本质要求和理性选择。社会主义制度和价值观的确立，摒弃了传统工业社会一切为了资本增值的观念，树立了一切为了人（当代和后代）的全面发展的观念，使高级形态的生态文明成为发展的必需，成为经过努力可以实现的选择。

姜春云（2008）认为，"生态"应从两个方面来理解。狭义的"生态"，讲的是生物与生存环境间的相互关系。广义的"生态"，不仅包括有机物和无机物，也包括人与社会的关系，即人类社会。生态系统应当是和谐的，遵从整体协调、循环自生、物质不灭、能量守恒；生态还是遵循自然法则进化的，总的趋势是协调演进、相辅相成、生生不息、永葆青春。文明是人类在处理与大自然关系的实践中所形成的理念、观点、政策、法规、道德、文化、行为等及其结果的总称。生态文明是人类遵循人、自然、社会和谐发展这一客观规律而取得的物质与精神成果的总和。生态文明是有别于任何一种文明的崭新文明形态，其产生和发展具有必然的历史演进轨迹，即人类原始文明→农耕文明→工业文明→（后工业文明）→生态文明。人们熟知的物质文明、精神文明、政治文明，都是伴随人类社会的发展而产生，唯有生态文明是现代工业

① 马凯．坚定不移推进生态文明建设［J］．求是，2013（9）：3－9.

高度发展阶段的产物[①]。

潘家华、吕文斌、陈洪波（2013）认为，生态文明是由“生态”和“文明”两个词组合而成[②]。“生态”是指生物之间以及生物与环境之间的相互关系与存在状态，亦即自然生态。“文明”一词最早见于《周易》，即“见龙在田，天下文明。”唐代孔颖达注疏《尚书》时将“文明”解释为：“经天纬地曰文，照临四方曰明。”“经天纬地”意为改造自然，属物质文明；“照临四方”意为驱走愚昧，属精神文明。可见，“文明”一词在古代已经包含了物质文明和精神文明。在西方语言体系中，“文明”一词来源于古希腊“城邦”的代称。演化至今，“文明”包含两层含义，一是文化层面的含义，指人类社会发展到较高阶段的文化状态，通常以文字的出现为标志；二是道德层面的含义，指人们具有的良好习惯和道德素质。生态文明概念通常有狭义与广义之分。狭义的生态文明指人与自然关系上的一种道德伦理与行为准则，它把人本身作为自然界的一员，在观念上，人要尊重自然，公平对待自然；在行为上，人的一切活动要充分顺应自然规律，寻求人与自然的协调发展。广义的生态文明是一种超越工业文明的社会文明形态，既包括尊重自然、与自然并存共荣的价值观，也包括在这种价值观指导下形成的生产方式、经济基础和上层建筑，是一种“人与自然和谐共进、生产力高度发达、人文全面发展、社会持续繁荣”社会的一切物质和精神成果的总和。

（二）生态文明内涵的核心

在综合汇总政界、学界关于生态文明研究成果的基础上，我们力图提炼出生态文明的概念。

---

① 姜春云．跨入生态文明新时代——关于生态文明建设若干问题的探讨［J］．求是，2008（21）：19－24.

② 潘家华，吕文斌，陈洪波．论文明的转型：生态文明的科学内涵及战略意义［J］．古今谈，2013（2）：8－12.

第一，生态文明的核心问题是人与自然的关系问题。一是在价值观上，强调人与自然平等、和谐，超越人类中心主义观念，人要理性、公正地对待自然；二是在生产和消费方式上，摒弃以往低效粗放掠夺资源的生产方式和奢华浪费的生活方式，以生态理性为前提，以低耗高效循环科技为手段，以高效资源利用和最低环境影响的方式从事生产，以绿色、节约、健康的方式进行生活，建立人与自然和谐共进的经济发展方式、生活模式、制度与文化体系；三是在发展目标上，追求人文全面发展、经济社会持续繁荣、生态环境良好，人与自然、人与人、人与社会和谐发展的理想境界。

第二，生态文明的核心要素是公正、和谐、高效和人文发展。公正，就是要尊重自然权益实现生态公正，保障人的权益实现社会公正；高效，就是要寻求自然生态系统具有平衡和生产力的生态效率、经济生产系统，具有低投入、无污染、高产出的经济效率和人类社会体系制度规范完善运行平稳的社会效率；和谐，就是要谋求人与自然、人与人、人与社会的包容互利，以及生产与消费、经济与社会、城乡和地区之间的协调发展；人文发展，就是要追求具有品质、品位、健康、尊严的崇高人格。公正是生态文明的基础，效率是生态文明的手段，和谐是生态文明的保障，人文发展是生态文明的长远目的。

第三，生态文明伴随人类社会的产生而产生。生态是人类生存发展环境的总和，文明是物质成果和精神成果的总和。生态文明并不是现代社会才有，是伴随人类社会产生、发展。原始社会，人类对自然的利用能力低下、破坏小，是人对自然被动服从的天人混沌一体的共存关系；农业社会，人类利用改进工具，对生态系统破坏有限，人与自然维持整体相对平衡的和谐关系；工业社会，传统工业化道路使人与自然的矛盾越来越尖锐，自然资源日趋匮乏，环境污染日渐严重，生态系统恶化加剧，人与自然的关系全面紧张。

综上所述，“生态文明”是由生态和文明构成的复合概念，是指人类遵循人、自然、社会和谐发展这一客观规律而取得的物质成果与精神成果的总和，是以尊重自然规律和保护自然环境为前提，以维护生态平衡和资源环境的可承受程度为基础，以建立可持续的生产方式、生活方式和产业结构为主要内容，遵循公正和谐、以人为本、可持续发展的原则，实现人与自然相互依存、相互促进、相互协调的文明发展形态。

二、生态文明建设的内涵和基本特征

（一）生态文明建设的内涵

生态文明建设就是指人们为实现生态文明而努力的社会实践过程。生态文明建设需要从生态文明的总体要求和当代中国实际出发，依靠国家政策、政府引导、公众参与、市场力量、科技支撑、体制创新等多种要素的参与，使经济社会发展与环境生态承载力相匹配、相兼容、相促进。建立按照生态系统规律运行发展的经济体系，建立保护生态环境的奖惩机制；建立提高效率、降低消耗、避免污染、有序循环的技术体系；培养健康、简约、朴实、无损生态平衡的消费观念；弘扬公正、高效、和谐、人文的生态文化。改善和优化人与自然、人与人、人与社会间的关系，建设美丽中国，实现永续发展。

（二）生态文明建设的基本特征

第一，生态文明建设意味着构建可持续发展的自然生态系统。生态文明所指的自然生态系统，应该既能够为人类社会生产生活提供基本而必要的物质资料，自身也是可持续的。唯有构建可持续发展的自然生态系统，才能实现人类社会永续发展与自然界协调与平衡。

第二，生态文明建设意味着建立健康运行的经济体系。经济运行规律要求实现利润最大化，生态文明建设在尊重经济发展规律的基础上，包含绿色经济发展理念，力争实现经济发展与资源环境承载力间的平衡。要求建立健康运行的经济体系，实现生态转型，使经济活动与社会利益和环境相协调。

第三，生态文明建设意味着健全科学的政策和机制。社会具有高水平的生态文明，必然具有科学的决策机制与政策体系，能够根据经济社会需求和自然界发展规律，实现人与自然间的和谐。因此，生态文明建设要求建立和健全科学的政策运行机制。

第四，生态文明建设意味着遵循绿色发展理念。生态文明意味着要在遵循自然规律的基础上，追求人类社会发展与自然生态系统相和谐。因此，人与自然相和谐的理念，体现在社会文化发展领域中，就是一种积极向上的发展意识和科学的发展理念。这种理念既是生态文明建设的必然要求，也是社会发展的必然走向。

第五，生态文明建设意味着应用可持续的创新型技术。技术是促进经济社会实现可持续发展的关键因素，是不断提升生态文明的主要动力。技术的生态创新，意味着一种前沿的、绿色的发展手段；与此同时，这种技术还应该是协调经济社会发展与资源环境保护的纽带。在未来的发展中，促进技术不断革新，促使其从环境破坏后补救型角色转向经济发展中的保护型角色，将是实现经济发展与环境保护双赢局面的关键所在。

三、我国生态文明建设的演进过程

（一）新中国成立后至改革开放前：单方面向自然索取的生态观存在局限性

第一，对生态建设进行初步探索。以毛泽东同志为核心的第一代中央领导集体在社会主义建设初期提出了一些保护生态环境的理论和主张，对生态理论和生态建设进行了初步探索。在毛泽东同志分流域综合治理思想的推动下，治理淮河、黄河、荆江等水域的大型水利工程先后展开。在周恩来同志的推动下，我国派代表团参加了 1972 年人类环境会议，该会议促发了一个重要的思想转折，即生态破坏和环境污染问题不仅仅是资本主义社会的产物，在中国也有，要把卫生部门“预防为主”的方针应用到环境保护上来，避免重蹈西方国家“先污染，后治理”的老路。

第二，赶超型发展战略对生态环境造成破坏。鉴于发展生产力是当时的首要任务，对生态环境的认知具有一定的局限性，赶超型发展战略导致对生态环境的认识具有较强的功利性。自 20 世纪 50 年代后期开始，社会主义建设中出现了急于求成、违背客观规律的现象。为了增加粮食产量，毁林开荒、围湖造田、破坏草原，加剧了水土流失、湖泊小气候改变和土地荒漠化。全民炼钢建起众多高炉大炼钢铁，砍掉大量树木，毁掉宝贵的森林资源，污染了环境。

第三，计委和国务院成立生态环境管理机构。1971 年，国家计委成立“三废”利用领导小组，这是我国中央政府成立的第一个环保机构。联合国人类环境大会后，1973 年 1 月，成立国务院环境保护领导小组筹备办公室。1974 年，国务院环境保护领导小组正式成立。

第四，提出环保工作 32 字方针。1973 年 8 月，国务院召开第一次全国环境保护会议，提出了“全面规划、合理布局、综合利用、化害为利、依靠群众、大家动手、保护环境、造福人民”的环境保护工作 32 字方针，颁布了第一个环境保护文件《关于保护和改善环境的若干规定》，至此，中国环境保护事业开始起步。1978 年，五届人大一次会议通过的《宪法》规定：“国家保护环境和自然资源，防治污染和其他公害”。

（二）改革开放后至十八大前：坚定不移地走生态资源可持续化发展道路

第一，实现自然观的理性回归。自改革开放以来，国家治理体系对生态文明建设进行了持续探索。邓小平提出中国要走生态资源的可持续化发展道路，认为没有良好的生态环境和长期可利用的自然资源，人们就将失去赖以生存和发展的基础和条件。国家逐步改变过去单一“向自然开战”的自然观，强调利用自然资源的同时，按照自然客观规律发展经济。自然观的变化反映了国家发展观抛弃“大跃进”的理性回归，成为实施生态文明建设的最初哲学基础。

第二，生态环境建设成为全面建设小康社会的重要目标。20 世纪 90 年代后，由于改革开放和社会主义现代化建设步伐加快，依靠高投入、高消耗的资源战略，强力推动经济建设快速发展，经济建设和生态环境出现新的矛盾。以江泽民为核心的党的第三代中央领导集体对环境、生态问题提出一系列新理论、新观点。1996 年 7 月，江泽民在第四次全国环境保护会议上指出：“经济的发展，必须与人口、环境、资源统筹考虑，不仅要安排好当前的发展，还要为子孙后代着想，为未来的发展创造更好的条件。”为此，党的十五大报告提出，强调资源开发和节约并举，改善生态环境。党的十六大报告指出全面建设小康社会的重要目标是，可持续发展能力不断增强，生态环境得到改善，资源利用效率显著提高，促进人与自然和谐，推动整个社会走上生产发展、生活富裕、生态良好的文明发展道路。

第三，党中央在新世纪提出科学发展观。进入新世纪、新阶段以来，我国经济持续高速增长，但却面临着日益严峻的资源“瓶颈”和环境污染。基于此，以胡锦涛同志为总书记的党中央提出科学发展观，将生态文明问题摆在更加突出的位置。胡锦涛提出，要科学认识和正确运用自然规律，学会按照自然规律办事，更加科学地利用自然为人们的生活和社会发展服务，坚决禁止各种掠夺自然、破坏自然的做法。

第四，党的十七大首次把建设生态文明写入党的报告。把它作为建设中国特色社会主义的战略目标和重要内容，在改革开放的历史上首次规划了生态文明建设的总体思路。党的十七大报告提出：“建设生态文明，基本形成节约能源资源和保护生态环境的产业结构、增长方式、消费模式。必须把建设资源节约型、环境友好型社会放在工业化、现代化发展战略的突出位置”。国家积极尝试用经济手段促进生态文明建设。

2006 年，提出“探索将发展过程中的资源消耗、环境损失和环境效益纳入经济发展水平的评价体系”的思路。2008 年，政府实施了绿色信贷、绿色保险、绿色贸易、绿色税收等经济政策，这标志着建设生态文明的经济手段已经贯彻于社会生产过程。

第五，生态环境保护管理机构不断完善。国家通过生态环境保护机构的设置和完善，组织和落实生态环境保护工作。1982 年，经过第一次机构改革，中央成立环境保护局，归属当时的城乡建设环境保护部。1984 年，更名为国家环保局，依属建设部管理。1988 年，国家环境保护局从城乡建设环境保护部中独立，成为国务院直属机构（副部级）。1992 年，中国政府批准成立中国环境与发展国际合作委员会，对中国环境领域重大而紧迫的关键问题提出政策建议并进行政策示范和项目示范。1998 年，国家环境保护局升格为国家环境保护总局（正部级）。2008 年，国家环保总局升格为环境保护部，变成国务院的组成部门。2010 年，国务院成立“2010 国际生物多样性年中国国家委员会”。

第六，生态文明建设有法可依。1979 年，五届人大十一次会议通过第一部环境保护基本法《中华人民共和国环境保护法（试行）》，环境保护工作开始走上法制化道路。1989 年，七届人大十一次会议通过《环境保护法》。2002 年，九届人大三十次会议通过《环境影响评价法》，要求对规划和建设项目实施后可能造成的环境影响进行分析、预测和评估，将环境评价范围从建设项目扩大到政府规划。陆续颁布了《中华人民共和国固体废物污染环境防治法》（2004 年 12 月）、《中华人民共和国可再生能源法》（2005 年 2 月）、《中华人民共和国节约能源法》（2007 年 10 月）、《中华人民共和国水污染防治法》（2008 年 2 月）和《中华人民共和国大气污染防治法》（2015 年 8 月）等一系列法律法规，生态文明建设做到了有法可依。

（三）十八大后至今：生态文明建设成为“五位一体”总布局的重要组成部分

第一，确立“五位一体”总布局。党的十八大把生态文明建设纳入中国特色社会主义事业“五位一体”总体布局，明确把社会主义生态文明建设与社会主义市场经济、社会主义民主政治、社会主义先进文化、社会主义和谐社会建设并列，确立为“五位一体”总布局的重要组成部分。明确提出大力推进生态文明建设，努力建设美丽中国，实现中华民族永续发展。第一次将生态文明建设写入党章，对生态文明的重视程度达到前所未有的高度，标志着我们对中国特色社会主义规律认识的进一步深化，表明了我们加强生态文明建设的坚定意志和坚强决心。

第二，以习近平同志为总书记的党中央高度关注生态文明建设。2013 年 5 月，中共中央政治局就大力推进生态文明建设进行第六次集体学习。习近平指出，不能把加强生态文明建设、加强生态环境保护、提倡绿色低碳生活方式仅作为经济问题，这里有很大的政治问题。同年 12 月，习近平在中央城镇化工作会议上强调，城市规划建设的每个细节都要考虑对自然的影响，更不要打破自然系统，大力建设“海绵城市”。2015 年 10 月 26 日，十八届五中全会在北京召开，在“十三五”规划的十大任务目标中，加强生态文明建设首度写入五年规划。

第三，中央全面深化改革领导小组统筹生态文明建设工作。2013 年 12 月，中国共产党第十八届中央委员会第三次全体会议公报指出，中央成立全面深化改革领导小组，习近平担任组长，由李克强、刘云山、张高丽担任副组长，负责改革总体设计、统筹协调、整体推进、督促落实。全面统筹研究确定经济体制、政治体制、文化体制、社会体制、生态文明体制等方面改革的重大原则、方针政策、总体方案。

第四，生态文明制度建设加快推进。2014 年 4 月，第十二届全国人民代表大会常务委员会第八次会议修订通过《中华人民共和国环境保护法》。强化了企业污染防治责任，加大了对环境违法行为的法律制裁，还就政府、企业公开环境信息与公众参与、监督环境保护做出了系统规定，增强了法律的可执行性和可操作性。2015 年 9 月，中共中央政治局审议通过了《生态文明体制改革总体方案》，提出到 2020 年，构建起由自然资源资产产权制度、国土空间开发保护制度、空间规划体系、资源总量管理和全面节约制度、资源有偿使用和生态补偿制度、环境治理体系、环境治理和生态保护市场体系、生态文明绩效评价考核和责任追究制度等八项制度构成的产权清晰、多元参与、激励约束并重、系统完整的生态文明制度体系。

第二章

CHAPTER TWO

生态环境保护管理体制机制的国际经验

世界各国并没有就生态文明达成共识。自1992年联合国环境与发展会议后，世界各国特别是发达国家，在原有的资源管理、生态保护、污染控制管理体制下，根据其生态环境保护任务的完成情况，以及应对气候变化等新问题的凸显，而不断调整各自的管理体制机制，希望实现各种可持续发展。

一、各国的可持续发展取向及其管理框架

世界各国的经验表明，政府及其政治领导在可持续发展进程中发挥着重要作用，有效的政府管理体制是改善环境和促进可持续发展的基本前提，而实现“良治”（Good Governance）是政府、企业与社会共同管理好公共资源的最有效途径。为了加强国家层面的协调和政策整合，世界上有超过70个国家成立了“国家可持续发展委员会”或类似的机构（Connor，Dovers，2004）。这个委员会通常由来自政府、研究机构、私营部门和社区组织的代表所组成，主要任务是关注长期的、综合的可持续发展议程和政策制定。为了应对超越管理权限的各类资源环境问题，保证生态系统的完整性和全社会的利益，公平解决不同利益冲突，以公正、平衡的方式实现政策改变，这样的制度安排是必需的。尽管在不同国家，这样的机构有各自的特点，但其充分的协调功能和保持良好的对话空间是减少政策失误、提高政策效率的根本保障。在政府管理体制上也有整合的趋向，如新一届法国政府把能源和交通部门纳入可持续发展部的管辖范围，使环境保护成为主导经济发展的重要驱动力。

综合的政策取向是实现可持续发展的重要手段。各国在过去都制定

过一系列关于经济、社会、环境领域的可持续性政策，但这些政策之间往往缺少协调，实现一个政策目标的行动常常会影响另一个政策的进展，或者为实现一个政策目标，不同部门的政策各自为政，或者是注重短期利益而牺牲了长期的双赢的效果，从而增加了政策成本，降低了政策效率。解决这些问题需要政策制定者能够更多地采取综合的政策取向。欧盟国家在这方面取得了很好的经验，一方面，通过阶段性环境行动计划把可持续性原则整合到部门政策中去，并从全球视角关注其他政策领域对环境政策的影响（Commission of the European Communities, 2004）。另一方面，在政策手段上也同样采取综合的政策取向，如在实践中，综合运用战略环境评价、产权及交易手段等。

鉴于气候变化正成为政治议程的首要议题，围绕应对气候变化所产生的一系列综合性行动与政策已经开始主导今后国家、区域和全球的可持续发展进程。欧盟无疑是这方面的积极倡导者。欧盟委员会将致力于推动欧盟国家向低碳经济转型，以实现在欧盟乃至全球的二氧化碳长期减排目标，并试图利用国际法及相关政策影响上述趋势。在联合国气候变化哥本哈根大会之后，各国除了继续围绕后京都议程讨价还价，并于2015 年在巴黎达成 2020 年以后的行动方案，更主要的是体现这种气候变化主流化的政策发展趋势，并将对各国的能源利用和社会经济发展产生深远的影响。

促进可持续的生产和消费模式将是另一个重要的政策发挥作用的领域。这个议题将涉及法规、政策、管理、技术等广泛的内容，其核心的政策目标包括：提高能源效率，加强生态设计，鼓励环境友好的技术创新，促进清洁技术的应用，利用经济激励政策降低消费等。转变生产和消费方式绝非易事，需要改善相关法规的实施效果，制定超前的产品的资源环境绩效标准和标识，加强需求管理，投资科学技术等。

为了发挥各国的全球责任，国际合作与建立伙伴关系越来越重要。2015 年，新的可持续发展目标（SDGs）将会取代千年发展目标，解决可持续发展难题需要全球的共同行动。根据“共同但有区别的责任”，发达国家理应承担重任并率先采取行动，伴随气候变化所带来的威胁，欧盟国家在全球合作中的态度越来越积极，甚至愿意充当领导者的地位。同时，中国等新兴大国和转型国家也日益受到关注，许多国际专家认为，中国有条件和能力在全球可持续发展事务中发挥更重要的甚至是领导性的作用。实际上，中国在节能减排方面提出的雄心勃勃的目标已经起到表率作用。作为负责任的大国，中国实现可持续发展对世界的意义重大，中国应该顺应国际趋势，学习治理世界的经验，建立更广泛的合作伙伴关系，为可持续地崛起与和平发展贡献自己更大的力量。

二、典型国家的生态环境保护管理体制机制安排

生态环境问题伴随经济发展而逐步出现。在西方国家，加强政府的生态环境管理职能日益成为各国政府有效地处理生态环境问题的根本手段之一。为履行其生态环境管理职能，各国均根据自己不同的国情，建立起各具特色的生态环境管理体制。

（一）美国：分散管理和部门协调相统一

1. 美国环境保护管理体制

联邦政府的生态保护职责分散在多个管理机构当中，通过有效的部门协调机制，联邦政府实现了有效的生态管理。

（1）美国环保局（EPA）

美国环保局是美国生态保护最重要的管理机构，基于美国国会的授权，EPA 可以制定一些解释决定性细节的条例来完善环境法。

1970 年，联邦环保局成立时由于受到政治阻力并没有整合所有的环境管理职能，其职能主要集中在污染控制上，其他一些环境管理职能，特别是自然资源的管理职能仍由原来的政府部门执行，如自然环境管理主要由内政部负责，噪声主要由地方管理，其中，民航局负责全国

范围内飞行器噪音控制。根据环境法律的授权，联邦环保局具有很高、很重要的权力地位，保证环境保护的协调和执法能力。

联邦环保局下设14个部门，这些内设机构分为两类：一类是负责行政机构运行的职能机构，包括负责人事、政财、检察等职能的机构；另一类是项目机构，主要负责与各类介质污染物相关法律的实施，如空气与辐射司，水司，固体废物与应急司，预防、杀虫剂与有毒物质司，它们分别主管《清洁空气法》《清洁水法》《固体废物处置法》《杀虫剂、真菌剂和灭鼠剂法》《有毒物控制法》等法律的实施。项目机构的设置具有明确的针对性，以控制和防治特定污染物（如杀虫剂、固体废物）为目标，是联邦环保局实现环境保护目标的核心机构。

由于环境监督管理的需要，美国环保局将全美50个州划分为10个大区进行管理，在每个大区设立区域环境办公室。区域办公室的主要职能就是监督地方政府执行联邦政府的环境法律和美国环境保护局的政策，同时还协调并解决跨行政边界的环境管理问题。在运作机制上，各区局长向联邦环境保护局局长负责，区域办公室领导层的任命、人员工资、工作预算完全由EPA决定。

就央地关系而言，作为联邦制国家，联邦和州各自享有主权。因此，在法律上美国各州的环保局不隶属于联邦环保局，而是依照州的法律独立履行职责。各个州的环境管理机构向州政府负责，对于部分事务根据联邦法律的规定与联邦环境保护局合作，来完成任务。但另外，州环保局也接受美国环保局区域办公室的监督检查。同时，如果各州环境保护局不能正常履行自己的职责，可以由联邦环境保护局直接接管运行。

（2）国家环境质量委员会（CEQ）及总统可持续发展委员会（PCSD）

CEQ根据《国家环境政策法》的规定于1969年设立，直属总统，主要职责为：协助总统编制环境质量报告；向总统提出改善环境质量的政策建议；至少每年一次向总统报告国家环境质量状况；根据总统的要求提出有关政策与立法等事项的研究、报告与建议。

总统可持续发展委员会成立于1993年6月，由美国前总统克林顿创建。总统可持续发展委员会是一个联邦咨询委员会，其任务包括：致力于集中鉴定和发展创新经济、环境与社会政策及措施方面的不同利益，从而与国家政策方向一致；通过与不同利益团体的合作论证培养可持续发展政策的实施；通过国民、团体和企业的水平架构评价和报告可持续发展的进步。

（3）内政部（DOI）及其所属机构

美国内政部是美国政府的主要资源保护机构，负责保护国家拥有的大部分公有土地及其自然资源，其使命包括：促进土地和水资源的合理利用；保护鱼类、野生动物和生物多样性；保护环境及国家公园和历史遗迹的文化价值；使人民通过户外娱乐享受生活。此外，内政部还负责评价国家能源和矿产资源，确保能源和矿产资源开发能给美国全体人民带来最大福祉。作为内阁组成部门，内政部的主要职权在于自然资源管理，保持经济发展与资源保护之间的平衡与协调；此外，通过其各种组织机构管理549万公顷公有土地，也负责印第安人土地、湿地、海岸的管理和保护，以及包括濒危生物在内的野生生物的保护。

其所属机构主要包括：土地管理局，负责管理其管理范围内的自然资源，包括木材、矿产、油气、地热资源、野生生物居留地、濒危动植物及景观河等；渔业和野生动物局，负责保护被列入国家野生生物保护体制中的生物种类并改善它们的栖息环境；矿产管理局，负责管理位于美国外陆架上的矿产资源，对在联邦外陆架和陆上土地及印第安人土地上开展矿产勘查与开发活动进行征税；国家公园管理局，主要负责美国境内的国家公园、国家历史遗迹、历史公园等自然及历史保护遗产；露天采矿、复垦与执法办公室。

（4）能源部（DOE）及其所属机构

美国能源部成立于1977年，是美国最重要的联邦政府机构之一，主要负责美国核能研发和核安全工作、联邦政府能源政策制定、能源行业管理、能源相关技术研发、环保能源的生产和利用以及核武器研制、生产和维护等。能源部的使命是通过科学与技术革新方案解决能源、环境和核变革的挑战，以确保美国的安全与繁荣。

其所属机构主要包括核能办公室，基本任务是通过解决装备、成本、安全、增值抑制以及借助调查、发展和酌情展示的安全壁垒；能源效率和再生能源办公室，旨在引导美国能源部努力发展并实现以市场为导向的节能民宅、建筑业、制造业、可持续发展的交通及可再生发电行业；环境管理办公室，主要进行核能相关的环境管理工作；联邦能源管制委员会；化石能源办公室。

（5）农业部（DOA）及其所属机构

农业部下的美国林业局负责自然资源和环境保护的机构有林业局和土地保护局。林业局负责管理全国的森林、野生动物、稀有植物、鱼类、放牧地、娱乐场所，指导林业研究、保护和管理，以及矿物和能源的管理；土地保护局负责土地、水和其他农业资源的保护，控制水土流失和盐碱化，改善对湿地、草原等的保护和管理。

2. 生态环境保护法律体系

美国生态环境保护法律体系包括美国国会制定的生态保护相关法律，美国环保局和其他生态保护相关部门制定的规章、总统行政命令、国际条约都是美国生态环境保护法律体系的组成部分。美国的环境法律制度分为联邦、州、地区和地方四个层次，不同的行政管辖区域还有不同的规制方案。齐全的生态环境法律体系体现了经济与环境协调、可持续发展的思想，完备的环境保护法律体系成为保护国家良好生态环境的有效有力的法制保障。

美国生态环境保护法律体系的基础是1969年底通过的《国家环境政策法》，该法的立法目的是："宣示国家政策，促进人类与环境之间的充分和谐；努力提倡防止或者减少对环境与自然生命物的伤害，增进人类的健康与福利；充分了解生态系统以及自然资源对国家的重要性；设立环境质量委员会”。该法的颁布标志着美国环境治理进入一个全新阶段，通过先进的立法技术使美国的环境得到了根本性的改善。20 世纪 70 年代后的单行立法有：《清洁空气法》《清洁水法》《环境教育法》《职业安全和健康法》《噪声控制法》《宁静社区法》和《综合环境反应、补偿和责任法》等。1990 年通过的《污染预防法》，宣布“对污染应该尽可能地实行预防或源削减是美国的国策”。1992 年颁布的《能源法》，规定开发和利用太阳能、风能、生物能及沼气等新能源将享受税收优惠，立法鼓励使用新能源、推广新技术和淘汰落后工艺等。2000 年颁布的《有机农业法》，对农业的发展做出严格规范。

（二）德国：权责体系完善，运行机制灵活

德国环境行政管理体制的构成主要包括：环境保护机构设置、环境管理的权责体系、环境管理的运行机制。根据法律规定的不同权责体系，德国在联邦、州和地方三个层次设定了相应的组织机构，同时有相应的运行机制予以保障。

1. 机构设置

从机构设置来看，最高一级的机构是德联邦政府在 2000 年设立的国家可持续发展部长委员会，为跨部门高级协调机构，其成员由来自环境部门和其他与环境相关部门的代表组成，联邦总理为该委员会主席。该委员会的任务是制定国家可持续性战略。该战略应该是：综合考虑生态、经济和社会目标（政策融合）；在实施这些目标时涉及所有社团组织（参与）。

德国在联邦层面设有德国联邦环境、自然保护与核安全部（以下简称“德联邦环境部”），该机构于 1986 年成立，是德联邦政府负责环境政策的机构。在此之前，德国的环境事务主要由内务部、农业部和卫

生部共同负责。德联邦环境部的职能包括：水与废物管理；土壤保护与受到污染的场地管理；环境与健康；污染控制；工厂安全；环境与交通；化学品安全；自然与生态保护；核设施安全、辐射防护、核材料的供给与处置；国际合作。德联邦环境部下设联邦环境局、联邦自然保护局、联邦放射保护办公室等机构。

2. 权责体系

德国的宪法、法律及其他规章对环境保护权责做出明确规定：环境行政管理权责体系分三级——联邦、州、地方（市、县、镇）。

联邦政府环境管理的主要职能，是一般环境政策的制定、核安全政策的制定与实施及跨界纠纷的处理。联邦政府环境立法范围包括：废物管理、大气质量控制、噪声、核能及其他自然保护、景观管理和水资源管理等框架立法。具体环境政策包括：水与废物管理；土壤保护与受到污染的场地管理；环境与健康；污染控制；工厂安全；环境与交通；化学品安全；自然与生态保护；核设施安全、辐射防护、核材料的供给与处置；环保领域的国际合作。

州政府环境管理的主要职能是环境政策的实施，同时也包括部分环境政策的制订。州政府环境管理的职能主要包括：州环境法规、政策、规划的制订；欧盟和国家污染控制、自然保护法规政策的具体实施；对各区环境行为的监督等。从立法方面来讲，州的职能应在联邦一级的基础上进行立法，如州可以在水资源管理、自然保护、景观管理及区域发展的基础上进行详细和完善立法。联邦在环境政策制定及立法方面有领导或统帅作用。州在环境执法方面负主要责任。在与联邦或州的规章没有冲突的情况下，地方对解决当地环境问题有自治权。除自治外，地方也接受州政府直接委派的一些任务。

3. 运行机制

联邦和州都有立法权和制订相关环境政策的权力。一般而言，基本法明晰了联邦和州的立法权责。在基本法没有对联邦权责予以明确的领域，州政府拥有相应的权责。但在一些具体领域，联邦能发布超越州法规的所谓“竞争”性法规（基本法第 74 条），如在废物管理、大气质量控制、防治噪声污染、核能等方面，如果州政府立法与联邦立法相冲突，则以联邦立法为准。而在自然保护、景观管理和水资源管理领域，联邦只有发布框架法的权力，而具体政策由州政府制定（基本法第 75 条）。

决策机制。在决策机制方面，基本法的条款保障了合作与政策协调及决策过程中公众的广泛参与。例如，《联邦污染控制法》第 51 条规定，“授权批准颁布法律条款和一般管理条例，都要规定听取参与各方意见，包括科学界代表、经济界代表、交通界代表以及州里主管侵扰防护最高部门代表的意见。”另外，“共同部级程序规则”对相关部门间合作也有具体规定：如果部门之间出现职责交叉，各个部门应该相互合作以确保联邦政府对此有统一的措施与陈述。

执行机制。在执行机制方面，德国的特征是联邦掌握宏观控制，州和地方灵活机动实施。州政府可以按照自己的权责实施联邦的法律、法令和行政规章。在有些领域，如核安全和辐射保护法，受联邦的监督，州可以代表联邦执行联邦法律。对其他一些领域，如化学品、废物越境转移、基因工程或排放贸易等，则部分或完全由联邦管理。

协调机制。联邦与州及州与州之间的协调主要通过环境部长联席会制度来实现。环境部长联席会由联邦、州的环境部长及联邦、州参议员组成。联席会议在不同的州轮流举行，每年定期举行两次。“共同部级程序规则”也规定，联邦部委在起草相关文件之前必须咨询相关州，州的利益和要求应该尽可能地在法规草案中得到反映。而且，法规草案也要交由相关州阅览。

监督机制。联邦对州环境政策法规实施情况的监督主要依靠法律和司法监督，州对环境政策法规的实施要经过上议院批准。州环境部或环保局除了是环境政策法规的主要实施机构，同时还是主要监督机构。州既可以通过审查地方环境执法的决定对地方环境政策的实施进行监督，也可以对企业直接进行监督。另外，德国环境行政管理的监督机制还表现在，通过环境信息的公开透明，实行公众、媒体和非政府组织的监督。

4. 法律法规体系

德国政府强烈意识到，实现经济与生态的协调和可持续发展需要有关可持续发展的战略方针与基本政策长期稳定不变，并能有效地贯彻执行，而法律的稳定性能满足这一稳定政策的要求。可持续发展涉及所有产业和众多的产业部门，发展战略的变革，不可避免地带来不同产业部门和产业部门资源的重新分配，涉及各行各业、个人的利益。必须依靠法制加以规范。

自 20 世纪 70 年代开始，当时的西德政府出台了一系列环境保护方面的法律和法规。《废弃物处理法》是德国的第一部环境保护法。20 世纪 90 年代初，德国议会将保护环境的内容写入修改后的《基本法》。在《基本法》第 20 条 A 款中这样写道："国家应该本着对后代负责的精神保护自然的生存基础条件。"这一条款对德国整个政治领域产生了很大影响。目前，全德国联邦和各州的环境法律、法规有 8000 多部，除此之外，还实施欧盟的约 400 个相关法规。从 1972 年通过第一部环保法至今，德国已拥有世界上最完备、最详细的环境保护法。

近年来，德国加强了对有关法规的改革和修订：一是加强政府与社会各界对话，共同制定全国性经济可持续发展战略；二是修订有关环保法规，增加采用经济手段提高国民环保意识和参与意识的条款；三是修订《自然保护法》，加强政府对土地使用规划和农业规划的宏观调控，建立起约占国土面积 10% 的大面积生态群落体系；四是修订土地保护和垃圾处理有关法规，加强土地预防性保护措施的研究；五是修订《循环经济法》，推进循环经济的发展，促进工业生产过程中材料循环利用和产品结构生态化，对"绿色"包装材料系统的运行机制和结构加以生态化和经济化重组；六是研究制定遵守环保法规的优惠政策，以鼓励厂家积极选用创新环保技术；七是制定包括提高燃油质量、降低燃料消耗、严格尾气排放标准、促进3L汽车研发等内容的新交通政策；八是加强环保法规的实施管理，保证完全按德国和欧洲的标准执行，促进德国环保标准进入世界最高水平。目前，德国参与谈判和签署的多边国际条约和协定有很多，如控制消耗臭氧层物质的《蒙特利尔议定书》、削减二氧化碳排放的《气候变化框架公约》、控制危险废物越境转移及其处置的《巴塞尔公约》、保护生物多样性的《生物多样性公约》等。

（三）日本：机构逐步升格，职责范围逐步扩大

日本的环境管理体制也经历了从无到有、从低规格到高规格的过程。日本的国家环境管理工作正式起步于1967年，1970年7月，日本成立了由首相直接领导的公害防治总部，但具体的治理任务由产业省、厚生省、建设省、交通省等负责。1971年，日本环境厅正式成立，把分散的公害防治职能集中起来，同时兼有自然环境保护的职责。这一体制在相当长时间内发挥了重要作用，但随着环境管理工作广度和深度的增加，特别是生活型环境问题、全球环境问题、废弃物再利用问题等凸显，日本的环境管理体制在协调管理上面临越来越大的挑战。最终到2001年，环境厅升格为环境省。

日本环境厅升格为环境省后，将原来厚生省和产业省中固体废弃物的管理职能集中到环境省，实现统一管理。环境省在机构设置上发生较大变化，内设机构由原来的长官官房、计划调整局、自然保护局、大气保护局、水质保护局、环境厅审议会等，调整为大臣官房（废弃物综合管理对策部）、综合环境政策局（环境保护部）、地球环境局（主要职能是全球气候保护对策）、环境管理局（水环境部）和自然环境局，将原来的6个司局级调减为5个。新增加的废弃物综合管理职能放在了大臣官房内；将原来的计划局改名为综合环境政策局，下设一个环境保

健部；将原来的大气保护局和水质保护局合并成立环境管理局（水环境部），自然环境局的职责范围增加了国家公园的管理。

从地方环保部门来看，应当说日本地方政府发挥了非常重要的作用。一方面，地方政府及其环境保护部门的工作大多都走在中央政府的前面。另一方面，地方政府所制定的环境标准都严于中央政府；并且在环境管理制度的创新上，地方政府也走到了前面。日本地方政府下设的环保部门的名称不甚统一，一般与生活保健业务合并为生活环境部，也有单设为环境部或局的。除了环境主管部门，日本还设有环境审议和咨询部门，负责收集相关领域的专家和相关利益团体的意见。

就央地关系而言，日本地方环境主管部门只对当地政府负责，环境厅与地方的业务关系往来对象是地方政府，多数情况下不直接对地方环保部门。

日本政府从环境省到地方都制定了较完善的环境保护法律法规，形成了完备的环境保护法律体系，而且日本环境保护的法律条文相当全面、细致，标准严格，措施得力，真正做到了有法能依、有法可依。日本有关环境保护的法律主要包括环境保护的基本法、环境保护的专业法律、环境保护的综合法、不直接属于环境保护但和环境保护有密切关联的法律，包括《环境基本法》《大气污染防治法》《水污染防治法》《湖沼水质保护特别措施法》《环境影响评价法》《企业负担污染防治事业费法》等保障生态环境的专门性法律文件。健全的环境保护法律法规体系为治理污染和改善环境质量奠定了良好的法律基础。

（四）韩国：机构设置完善，实施统一协调职能

韩国环境保护机构经历了从无到有、从弱到强的过程。1973 年，韩国在健康和社会事务部的卫生局下设一个污染防治处；该处于 1977 年升格为环境管理局，成为健康和社会事务部中的一个局；1980 年，韩国设立独立的环境管理局，成为健康和社会事务部代管的相对独立的副部级机构；1990 年 1 月，该局升格为环境部，成为直属机构。

环境部是总理的直属机构，掌管自然环境、生活环境及环境污染防治事务。环境部长是国务委员，受国务总理的命令，就环保政策、计划及其执行在各部门间进行统一协调。韩国环境部主要由以下部门组成：环境政策局、自然保护局、空气质量管理局、水质管理局、给水和污水处理局、废物管理和循环利用局、国际合作办公室、计划和管理办公室、公共信息办公室、总监察员办公室。各部门的职能见表 2－1。

表 2－1　韩国环境部各部门的职能

部门	职能
环境政策局	制订中长期环境保护综合计划，支持和促进环境教育和相关的私人组织，支持环境技术开发，包括污染防治技术，进行环境管理
自然保护局	保护自然生态，管理自然公园，防止土壤污染
空气质量管理局	制订大气质量保护基本计划，制定防止机动车污染和鼓励使用低污染燃料的措施，防止噪声、振动和尘污染
水质管理局	制订水质保护基本计划，工业废水、生活污水、牲畜废水等的管理，制定基于水质保护的环境设施建设综合、控制计划
给水和污水处理局	制定给水和污水处理基本政策，管理给水和污水处理设施，管理饮用水
废物管理和循环利用局	制定废物处理基本计划和综合措施，承担废物循环利用方面的管理，包括对那些进行废物循环利用的公司提供支持和激励，危险化学品的管理
国际合作办公室	国际环境合作、全球环境保护
计划和管理办公室	预算、组织和人事管理；对法律实施情况、信息和统计等的评价；改进管理体系等
公共信息办公室	着眼于环境政策措施方面的公共关系
总监察员办公室	监察环境事务和行动

资料来源：韩国环境部。

三、主要经验及对中国的启示

作为后发国家，我国日益严重的生态环境问题在大部分发达国家的历史上都曾经出现过，只是强度、范围和规模有所不同。经过努力，发达国家大都遏制了常规污染和改善了生态环境。近年来，国际上很多国家进行的生态环境行政管理体制重组、改革和创新，提供了很好的参考经验。综合来看，发达国家的经验和发展趋势具有以下特征。

（一）结合政体和管理需要，形成不同的职能配置模式，并设置跨部际协调议事机构，促进横向协调

生态环境部门的主要职能范围涉及环境、自然资源、土地、海洋、生态等诸多内容。从各国经验来看，大致有三种职能配置模式：一是以美国为代表，污染防治与资源生态分而治之，分别由国家环境保护局、内政部和农业部负责；二是以加拿大、日本为代表，污染防治与生态保护职能相结合成立一个综合监管机构，林业、农业、海洋等组成另外的综合管理机构；三是以德国为代表，把污染防治、生态保护与资源保护都集中到一个部门，并叠加其他管理职能，形成一个超级大部（见表 2－2）。这种情况说明不存在固定的职能设置方式，而是要根据一国的政体、生态环境保护需求、国家规模等因素设置，并随着时间而调整。

表 2－2　主要国家的生态环境、自然资源管理部门

国家	生态环境、自然资源管理部门
美国	国家环境保护局，内政部（土地、海洋能源、国家公园、渔业和野生动物），农业部（林业、自然资源保持）
加拿大	环境部（水、空气与土壤、水资源、气象、生物多样性），自然资源部，渔业及海洋部
日本	环境省（大气、水、环境与健康、生物多样性等），国土交通省，农林水产省
英国	环境、食物及乡郊事务部（大气、生物多样性、森林、水等事务），能源与气候变化部
德国	联邦环境、自然保护、建筑和核安全部

资料来源：中国环境与发展国际合作委员会，2008 年。

由于环境管理的综合性、复杂性，以及与社会、政治、经济的关联性，大部分国家都设置了生态环境管理综合决策协调机构或机制。例如，美国联邦政府设有环境质量委员会，职能是为总统提供环境政策方面的咨询和协调各行政部门有关环境方面的活动；日本成立中央环境审议会，作为总理府的下属机构，会长由内阁总理兼任，其主要职权是处理有关都道府县制定的公害防治计划、审议有关防治公害的基本的和综合的措施并促进这些措施的实行等；德国联邦政府于2000年成立国家可持续发展部长委员会，联邦总理为该委员会主席，其任务是制定可持续发展战略（中国环境与发展国际合作委员会，2008）。

（二）注重分级管理，明晰央地事权划分，并建立跨区域的协调督察机构，进行监督协调

分级管理在美国和德国两个国家表现突出，如美国由联邦政府制定基本政策、法规和排放标准，由州政府负责实施，在确认联邦政府在制定和实施国家环境目标、环境政策、基本管理制度和环境标准等方面占主导地位的同时，承认州与地方政府在实施环境法规方面的重要地位。美国处理联邦政府和州政府之间关系的基本原则为：州政府在环境保护方面负有主要责任，联邦政府的领导和帮助必不可少。德国联邦政府环境管理的主要职能是一般环境政策的制定、核安全政策的制定与实施及跨界纠纷的处理，州政府环境管理的职能主要是环境政策的实施，同时也包括部分环境政策的制定。联邦政府和州政府在立法权责、法律和政策的实施权责、环境规划的权责、环保投资权责等方面也进行了明确分工。

许多生态环境问题具有跨行政区特征，在流域水污染、大气污染等方面尤为明显。许多国家据此设置了区域性环境机构，作为生态环境主管部门的派出机构或直属机构，人员编制属于环境管理主管部门。其主要职责有二：一是协调作用，针对具有跨行政区域的污染防治和生态保护事务进行协调；二是监督作用，旨在督促地方政府落实中央制定的环境保护政策、标准。

（三）强化生态环境部门的权威性，主管机构及负责人的行政地位较高，并强化人力保障

为适应生态环境保护的需要，许多国家采取多种措施强化生态环境部门的权威性，其手段之一是配备高级别的首长。美国国家环境保护局虽然不是联邦行政部门（内阁部长领导的机构），而是联邦独立机构（共计 70 余个），但其地位较一般的联邦独立机构相对重要。在美国 23 个内阁成员中，除副总统和 15 个内阁部长外，环境保护局局长是除此之外的 7 位成员（如白宫幕僚长、美国驻联合国大使等）之一。韩国环境部部长是国务委员，受国务总理的命令，就环保政策、计划及其执行在各部门间进行统一协调；澳大利亚主管环境保护的部长也从 1987 年开始进入内阁。

随着环境事务的不断增多，各国的环境主管部门大都加强了人力投入，相应地进行了人员扩编（见表 2－3）。日本环境厅（现日本环境省）自成立以来，组成人员不断增加，由最初的 501 人增加到 2001 年的 1311 人，增长了近两倍。美国环保局由成立之初的 5000 多名职工，发展到现在的 18000 多人，其中 6000 人左右在华盛顿总部负责各项环境政策的制定；10000 人左右分布在全美国的 10 个区域办公室；2000 余人分散在华盛顿以及美国其他各地，美国环保局直属研究人员对政策的制定进行技术支持。

表 2－3　国外环境保护机构人员数与全国总人口数比较　　单位：人

国家	环保机构	人员数①	全国总人口数②
澳大利亚	环境与遗产部	3000 多	1875 万（1998 年）
加拿大	环境部	5000 多	3057 万（1999 年）
丹麦	环境与能源部	3000 多	531.4 万（1999 年）
法国	国土整治与环境保护部	2351	6018.6 万（1999 年）

续表

国家	环保机构	人员数①	全国总人口数②
德国	联邦环境、 自然保护与核安全部	近 3000 （其中环境部 870）	8205.7 万（1997 年）
日本	环境省	1131	1.27 亿（1999 年）
韩国	环境部	392	4685.8 万（1999 年）
新西兰	环境部	近 110	382.57 万（1999 年）
俄罗斯	自然资源部	700 多	1.455 亿（2000 年）
瑞典	环境部	150 （环保局 500 多）	885.5 万（1999 年）
美国	环保局	18000 多	2.71 亿（1998 年）

注：①数据来源于互联网及实际调研；②数据来源于《世界知识年鉴（2000—2001）》。

（四）落实法制精神，建立相对完善的生态环境法规体系法律，增加法律可操作性和权威性

立法先行，构建层次分明的法律法规体系。综观发达国家的生态环境保护，美、德、日在加强生态环境保护方面的一个鲜明特点是立法先行，通过制定完善的环境保护法律法规体系为生态环境保护管理部门实施环境执法奠定了基础。在法律体系上，许多国家都出台了生态环境保护的基本法，并与各生态环境单行法共同组成法律体系。据不完全统计，颁布环境基本法或起环境基本法作用的综合性环境保护法的国家已经达到近 100 个。相较而言，我国没有生态环境保护基本法，相关法律均由全国人大常委会通过，效力方面是平等的，互不隶属，但同时也存在各项环境法之间的许多规定不一致的情况，难免会降低法律效力。

注重生态环境保护法律法规制度的灵活性、针对性和可操作性。国外生态环境保护立法基本上注意法律条文的细致严密性，避免在条文中有更多的号召性、鼓励性、口号性的条款，对生态环境相关行为有着翔实的规定。改变法律条款相对原则、缺乏可操作性的立法模

式，明确环境违法行为等级及其对应的处罚措施，压缩自由裁量空间，规范权力。

加强生态环境监管执法。一部法律的效力关键在于是否能够得到实施落实。应明确不受其他行政机关、社会团体和个人干涉的原则。借鉴美国经验，在强制执法不断推进的同时，开始合作执法的探索，并寻求恰当契机，大力培育环境守法理念，通过培训、宣传、守法项目扶持等一系列非强制性措施，增加企业的环境守法能力，既可使环境得到保护，又可使企业获得发展机会，促进政府、企业、公众的利益融合。

（五）重视社会公众的力量，建立适当治理结构

生态环境保护的国际经验之一就是充分发挥公众的力量，包括公民、企业及环保组织等，共同参与环境问题的解决，公众的环境保护意识普遍较高。生态环境问题具有广泛性与复杂性的特征，涉及广泛的社会人群及其不同的利益诉求，环境破坏者、受益者与受害者相互混杂，利益调整涉及全局，由此决定了环境保护是一项长期的全民性事业，必须依靠政府、社会团体、社会各阶层及广大公众的广泛参与和合作，通过法制与民主予以保障与实现。

我国现行生态环境保护有过分依赖行政监管的倾向，各种民间团体在生态环境保护中的作用没有得到承认和肯定。从世界各国环境保护的历史进程来看，生态环境保护事业的最初推动力量来自公众，是公众的影响才导致政府和企业的跟进。

应进一步增强公民的环保意识及公众的环境保护参与意识，扩大公众在环境问题上的民主权利和参与范围，将一些先进的环境保护理念如预防原则、公众参与以及公民环境权益等在法律中予以体现。要采取切实有效的措施突出公众在环境保护中的主体地位。一是转变观念，明确认识到环保公众参与是群众的权利，通过法律手段保障公民的参与权。二是推进环境信息公开化，保障公众环境知情权和监督权。三是促进环境决策民主化，为公众参与制定明晰的程序和权利，特别是在影响环境的重大项目决策中的程序与权利。四是逐步扩大环境诉讼的主体范围，将公众日趋增长的环境权益要求纳入规范有序的管理之中。

（执笔人：王毅　苏利阳）

第三章

CHAPTER THREE

我国生态文明体制机制建设面临的形势

改革开放以来，伴随着我国经济的快速发展，政府与社会对生态文明的认识不断加深。表现在体制机制上，我国经历了制度建设循序渐进和政策不断深化的过程，即从简单的污染治理到提出保护资源环境，再到建设资源节约型和环境友好型社会，进一步明确了生态文明建设的国家战略地位，最终将其提高到与经济、政治、文化、社会四大建设相并列的高度。

一、我国生态文明体制机制建设取得的成绩

（一）战略地位不断提升

近年来，党中央、国务院高度重视生态文明建设，从十六大到十八届三中全会及十八届五中全会，我国生态文明建设经历了从战略提出到政策落地的三次战略升级。

第一次战略升级历时五年，从绿色发展战略的提法转向“两型社会”生态文明战略的提法。从 2002 年 11 月党的十六大到党的十七大，我国生态文明建设经历了从“绿色发展战略”到“生态文明战略”的升级。党的十六大首次提出了“新型工业化”发展战略，引导传统的高耗能、高污染的工业化转变到绿色循环的工业化道路上来。2007 年 9 月，党中央在制定“十一五”规划时首次提出建设“资源节约型、环境友好型社会”的新战略，并在 2017 年 10 月的十七大报告中将“绿色发展战略”提升到以“两型社会”为主的生态文明建设的新高度。

第二次战略升级经历五年时间，从十七大到十八大由“两型社会”

的生态文明建设的提法转向“五位一体”的生态文明建设的提法。在十七大报告中，生态文明战略的论述只有部分段落的阐释内容，但党的十八大把生态文明建设纳入中国特色社会主义事业“五位一体”的总布局，并在十八大报告中把推进生态文明建设列为独立的章节进行专门阐述，并在阐述内容上突破“两型社会”的生态文明认识，突出功能定位上的升级，即由十七大提出的“实现经济社会永续发展”的生态文明建设目标转向十八大提出的实现“建设美丽中国，实现中华民族永续发展”的建设目标。

第三次战略升级经历两年时间，从党的十八大到十八届三中全会和五中全会，实现从生态文明建设的基本国策转向以制度建设为着力点，由战略构想的提出转向建设政策落地。党的十八大提出“经济建设、政治建设、文化建设、社会建设、生态文明建设”的“五位一体”的生态文明战略构想，解决了生态文明建设的战略内涵和目标问题，而十八届三中全会发布的《中共中央关于全面深化改革若干重大问题的决定》解决的是如何使战略目标落地实施的问题，明确提出了通过系统的制度建设保障生态文明建设目标实现。2014—2015 年两年时间内，党中央和国务院有关部委密集出台了环境污染第三方治理、排污收费改革、环境保护投融资改革、生态环境监测网络、国家环保督查、环境保护党政同责、领导干部离任审计等系列的专项改革文件。在这些专项政策文件的基础上，2015 年 4 月 25 日，党中央、国务院联合颁发了指导我国全面开展生态文明建设的顶层设计文件《中共中央、国务院关于加快推进生态文明建设的意见》，旨在通过深化改革创新和模式探索，建立推进生态文明建设的长效机制。2015 年 9 月 21 日，党中央、国务院联合发布《生态文明体制改革总体方案》，提出“到 2020 年，构建产权清晰、多元参与、激励约束并重、系统完整的生态文明制度体系，推进生态文明领域国家治理体系和治理能力现代化，重点建立健全八项制度，包括健全自然资源资产产权制度、建立国土空间开发保护制度、建立空间规划体系、完善资源总量管理和全面节约、健全资源有偿使用和生态补偿制度、建立健全环境治理体系、健全环境治理和生态保护市场体系、完善生态文明绩效评价考核和责任追究制度”。目前，生态文明建设已经形成“1+6”的政策体系，除了总体方案这样的顶层设计框架外，还包括环境保护督察方案（试行）、生态环境监测网络建设方案、开展领导干部自然资源资产离任审计的试点方案、党政领导干部生态环境损害责任追究办法（试行）、编制自然资源资产负债表试点方案、生态环境损害赔偿制度改革试点方案等6项配套政策。

生态文明建设成为未来五年规划的重点内容。2015年10月30日，党的十八届五中全会提出把绿色发展理念纳入国家现代化推进战略，同创新、协调、开放和共享发展一起成为推动国家发展转型的重要驱动力。在《中共中央关于制定国民经济和社会发展第十三个五年规划的建议》中，中央进一步将生态文明建设提升到更高的高度，生态文明建设首次被写进五年规划的任务目标，尤其是把环境控制目标列为“十三五”规划的重点内容。十八届五中全会上提出的省级以下环境监测监察垂直管理，以及区域环境保护、排污许可等最严格的环境保护制度，将为环境保护和生态文明建设提供强大的改革动力。

（二）法律法规体系初步形成

自新中国成立以来，我国就实行了环境保护的基本国策。1973年8月，国务院召开第一次全国环境保护会议，提出了“全面规划、合理布局、综合利用、化害为利、依靠群众、大家动手、保护环境、造福人民”的环境保护工作32字方针，颁布了第一个环境保护文件《关于保护和改善环境的若干规定》。改革开放以来，我国又依据《宪法》确立了资源保护和合理使用的法律地位，1978年，五届人大一次会议通过的《宪法》规定：“国家保护环境和自然资源，防治污染和其他公害”。1979年，五届人大十一次会议通过第一部环境保护基本法《中华人民共和国环境保护法（试行）》，建立了环境影响评价、“三同时”和排污收费三项制度，我国环境保护工作开始走上法制化道路。1983 年，国务院召开第二次全国环境保护会议，将环境保护确立为国家的一项基本国策，明确了“预防为主、防治结合”“谁污染、谁治理”和“强化环境管理”环境保护三大政策。1989 年，国务院召开第三次环境保护会议，在原三项制度基础上，又增加了环境保护目标责任制、城市环境综合整治定量考核制、排放污染物许可证制、污染集中控制和限期治理等新的五项制度。同年，七届人大十一次会议通过《环境保护法》，确立了包括“三大政策”和“八项制度”在内的环境保护法制框架。

改革开放以后，经过二十多年的建章立制，我国先后制定了以生态环境保护法为主体的系列法律法规制度，涵盖绿色转型发展、国土空间规划、资源节约利用、环境保护和污染防治等领域。其中在宪法和民法通则、物权法、侵权责任法、刑法等基本法律里，制定了一系列有关自然资源与生态环境保护的法律规定；制定了 120 余部与生态环保相关的专项法律法规，建立了生态环境保护的各类具体制度，形成了生态环境保护的法律制度体系（见表 3 - 1）。我国生态环境保护的法律法规体系主要包括《环境保护法》（1979 年）、《海洋环境保护法》（1982 年）、《文物保护法》（1982 年）、《水土保持法》（1991 年）、《环境影响评价法》（2002 年）、《清洁生产促进法》（2002 年制定，2012 年修订）、《城乡规划法》（2007 年制定，2015 年修订）、《循环经济促进法》（2008 年）等 10 余部资源环境保护综合类法律，还包括《水污染防治法》（1996 年）、《环境噪声污染防治法》（1997 年）、《大气污染防治法》（2000 年）、《放射性污染防治法》（2003 年）、《固体废物污染环境防治法》（2005 年）等 5 部污染防治类法律，以及《森林法》（1984 年）、《草原法》（1985 年）、《土地管理法》（1986 年制定，1988 年修订）、《矿产资源法》（1986 年）、《渔业法》（1986 年）、《野生动物保护法》（1988 年）、《煤炭法》（1996 年制定，2013 年修订）、《节约能源法》（1997 年）、《海域使用管理法》（2001 年）、《防沙治沙法》

（2001 年）、《水法》（2002 年）、《排污费征收使用管理条例》（2003 年）、《退耕还林条例》（2003 年）、《可再生能源法》（2005 年）、《海岛保护法》（2009 年）、《城镇排水与污水处理条例》（2013 年）等 10 多部有关自然资源和生态保护类的专项法律法规。

近期，随着我国资源约束趋紧、环境污染严重，生态系统退化，发展与人口资源环境之间的矛盾日益突出，这些年先后对上述部分法律法规进行了修订完善，对水流、森林、山岭、荒地、湿地等自然生态空间进行统一确权登记，建立归属清晰、权责明确、监管有效的自然资源资产产权制度，进一步把生态文明建设纳入制度化、法制化轨道，同时加大生态环境保护的执法力度，制度建设取得显著的成效。例如，2014 年 4 月 24 日，全国人大常委会通过了《环境保护法》修订草案，制定了更严格的环境质量标准、监测标准和排污标准，完善了生态补偿、处罚问责等机制。

表 3 –1　现行生态环境保护的主要制度

领域	主要制度
国土保护和空间规划	主体功能区规划制度、区域规划制度、城乡规划制度等
环境保护	环境保护规划和流域污染防治规划制度、环境信息公开和公众参与制度、环境标准制度、环境监测制度、环境状况公报制度、环境影响评价制度、现场检查制度、跨行政区污染协调制度、地方人民政府环境质量责任制度、“三同时”制度、排污申报登记制度、排污总量控制制度、排污许可制度、限期淘汰制度、排污收费制度、限期治理制度、污染事故应急制度、禁止产生严重污染的设备转移制度、污染损害赔偿制度等
水资源保护	水资源国有和取水许可与有偿使用制度、水资源规划及流域规划制度、水功能区制度、饮用水源保护区制度、水供求规划及水量分配制度、用水总量控制和定额管理制度等
土地资源保护	土地利用总体规划制度、土地用途管制制度、占用耕地补偿制度、基本农田保护制度、土地复垦制度、土地有偿使用和出让转让制度等
森林资源保护	森林限额采伐制度、育林费或育林基金制度、森林生态效益补偿基金制度、采伐许可证制度

续表

领域	主要制度
矿产资源保护	探矿、采矿权及有偿转让制度、采矿许可证制度、采矿复垦制度、资源税和矿产资源补偿费
草原资源保护	限制和禁止开垦制度、以草定畜制度
海洋资源保护	海洋环境保护规划制度、海洋功能区划制度、海域使用权及有偿使用制度、排污总量控制制度、海洋自然保护区、船舶油污损害和保险、基金制度等
水土保持、防沙治沙	水土保持规划制度、建设项目水土保持方案制度、水土保持补偿费制度、防沙治沙规划制度等
生物多样性保护	野生动物国家所有制度、重点保护野生动植物名录制度、特许猎捕证和采集证制度、禁止和限制经营制度、自然保护区制度

资料来源：国家生态环境治理体系研究课题组，《国家生态环境治理体系研究（综合报告）》，2014 年 12 月。

（三）行政管理体制有所改善

20 世纪 70 年代以来，我国逐步建立和发展了一套行政管理主导、多部门分管、多层次决策实施的生态环境管理体制。1971 年，国家计委成立“三废”利用领导小组，这是我国中央政府成立的第一个环保机构。联合国人类环境大会后，1973 年 1 月，成立国务院环境保护领导小组筹备办公室。1974 年，国务院环境保护领导小组正式成立。改革开放以后，1982 年第一次机构改革时，我国成立了环境保护局，归属当时的城乡建设环境保护部。1984 年更名为国家环保局，依旧由城乡建设部管理。1988 年国务院第二次机构改革时，国家环保局从城乡建设环境保护部中独立出来，成为国务院直属机构。1998 年国家环境保护局升格为国家环境保护总局，为国务院的直属机构。2008 年在国家环境保护总局基础上组建国家环境保护部，使其成为国务院的组成部门，进入政策决策的核心层。根据第十一届全国人民代表大会第一次会议批准的国务院机构改革方案和《国务院关于机构设置的通知》（国发〔2008〕11 号），环保部的主要职责仍然停留在环境保护的层面上，主要负责拟订并实施环境保护规划、政策和标准，组织编制环境功能区划，监督管理环境污染防治，协调解决重大环境保护问题，还有环境政策的制定和落实、法律的监督与执行、跨行政地区环境事务协调等任务。而对资源生态的管理则主要由资源管理部门负责，资源管理部门仍拥有统管环境资源保护的职权职能，从而使环保部对所有领土范围内的生态、环境和资源保护未能有效发挥。于是，2013 年，国家和社会层面开始探讨环保大部制改革问题。在党的十八届三中全会上，习近平总书记就《中共中央关于全面深化改革若干重大问题的决定》向全会作说明时指出："由一个部门负责领土范围内所有国土空间用途管制职责，对山水林田湖进行统一保护、统一修复是十分必要的。"此后不久，环保部即成立全面深化改革领导小组，我国涉及生态环保领域的机构调整将在本届政府任内启动，2015—2016 年有所进展。

我国逐步建立了中央和地方两级生态文明建设行政管理制度。该制度主要是由国务院、国家环保部和各级地方环保（厅）局逐级监督管理。在中央政府层面，国务院负责制定行政法规、发布决定和命令，统一领导和管理经济社会工作、编制执行发展计划和国家预算；在部委层面，政府管理的行政管理体系方面形成综合经济部门及农林水土、环境保护等多部门管理架构（见图 3 – 1）。综合经济部门如国家发展改革委、财政部等，主要承担环境与发展综合协调、重大项目安排、经济政策制定和预算投资分配等职能；自然生态保护职能则分散在环保、国土、农业、水利、林业、海洋等部门，如国家海洋行政主管部门、港务监督、渔政、渔港监督、军队环境保护部门和公安、交通、铁路、民航等相关管理部门依法分工对有关环境污染防治实施监督管理；污染防治的行政监督管理相对集中于环保部门，由国家环境保护部对全国环境保护工作实施统一监督管理，同时工信、住建、水利、交通、海洋等部门承担各自领域的污染防治职能。在地方层面，地方政府在省、市、县三级普遍设立了环境保护机构和监察、监测机构，以及国土、农业、水利、林业、海洋、渔业等自然资源管理机构和监察、监测机构。其中，省一级主要负责法规、政策、规划的制定和监督等事项，市县一级主要负责具体执行和监管。在各级政府中，主要由地方环境保护行政主管部门对本辖区的环境保护工作实施统一监督管理，而地方政府作为环保行政主管部门的上级机关，对辖区内环境质量负有领导责任。此外，为了解决跨区域大气和水污染问题，国家建立了跨行政区域的重点区域、流域环境污染和生态破坏的联合防治机制，实行统一规划、统一标准、统一监测和统一防治措施。

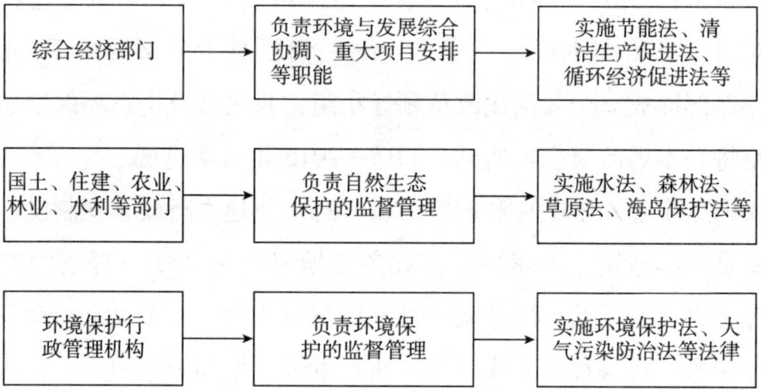

图 3－1　中央部委层级生态环境行政管理体制的多部门管理架构

（四）政策措施不断完善

当前，生态文明建设问题被提上国家战略层面议事日程。围绕生态文明建设的专项规划政策陆续发布，具体包括资源用途管理、市场准入机制、生态资源价格、财税金融等各方面的环境经济政策制度。

——自然资源用途管制规划方面。2010 年 12 月，国务院印发了《全国主体功能区规划》，将国土空间按开发方式分为优化开发区域、重点开发区域、限制开发区域和禁止开发区域；2015 年 8 月 1 日，国务院印发《全国海洋主体功能区规划》（国发〔2015〕42 号），把其作为《全国主体功能区规划》的重要组成部分，按开发内容可分为产业与城镇建设、农渔业生产、生态环境服务三种功能，并依据主体功能，将海洋空间划分为优化开发区域、重点开发区域、限制开发区域、禁止开发区域等四类区域。在环境保护方面，2011 年 10 月，国务院发布了《关于加强环境保护重点工作的意见》，针对重要生态功能区、生态敏感区和生态脆弱区划定了“生态红线”。2013 年 9 月 10 日，国务院出台《大气污染防治行动计划》，提出要坚持政府调控与市场调节相结合、全面推进与重点突破相配合、区域协作与属地管理相协调、总量减排与质量改善相同步，形成“政府统领、企业施治、市场驱动、公众参与”的大气污染防治新机制。2015 年 3 月 17 日，中共中央、国务院印发《国有林场改革方案》和《国有林区改革指导意见》后，地方加快制定具体实施方案。2015 年 4 月 2 日，国务院印发《水污染防治行动计划》，提出要坚持政府市场协同，注重改革创新；坚持全面依法推进，实行最严格环保制度；坚持落实各方责任，严格考核问责；坚持全民参与，推动节水洁水人人有责，形成“政府统领、企业施治、市场驱动、公众参与”的水污染防治新机制。2015 年 10 月 4 日，国务院批复《全国水土保持规划（2015—2030 年）》，提出到 2020 年，基本建成水土流失综合防治体系，全国新增水土流失治理面积 32 万平方公里，年均减少土壤流失量 8 亿吨；到 2030 年，建成水土流失综合防治体系，全国新增水土流失治理面积 94 万平方公里，年均减少土壤流失量 15 亿吨。国家“十三五”规划出台后，一系列推进生态文明建设的专项政策逐渐落地实施，包括“土壤十条”、国有林场改革等。

——生态和排污权有偿使用、补偿制度方面。2007 年，党的十七大报告中首次提出，“实行有利于科学发展的财税制度，建立健全资源有偿使用制度和生态环境补偿机制。”2007 年 8 月，国家开始推进生态补偿试点工作，2010 年国务院将研究制定生态补偿条例列入立法计划，目前已经形成《生态补偿条例》草案。2014 年 8 月 6 日，国务院办公厅颁布《关于进一步推进排污权有偿使用和交易试点工作的指导意见》

(国办发〔2014〕38号), 提出积极探索建立环境成本合理负担机制和污染减排激励约束机制, 到2017年, 试点地区排污权有偿使用和交易制度基本建立, 试点工作基本完成。按照十八届三中全会提出的“完善对重点生态功能区的生态补偿机制”等要求, 2014年, 中央财政又将河北环京津生态屏障、西藏珠穆朗玛峰等区域内的20个县纳入国家重点生态功能区转移支付范围, 享受转移支付的县市已达512个。与此同时, 中央稳步推进流域生态补偿政策和草原生态保护补助奖励政策, 包括拓展跨省流域生态补偿机制试点范围和明确草原禁牧补助、草畜平衡奖励补助、牧民生产资料综合补贴、牧草良种补贴等标准。

——环境污染第三方治理机制方面。2008年以来, 我国已经建立起北京环境交易所、上海环境能源交易所和天津排放权交易所三大环境交易中心以及湖北环境资源交易所、长沙环境资源交易所、昆明环境能源交易所等地方性的交易平台。2014年11月26日, 国务院发布《关于创新重点领域投融资机制鼓励社会投资的指导意见》, 明确提出推动环境污染治理市场化, 大力推行第三方治理。2014年12月27日, 国务院办公厅发布《关于推行环境污染第三方治理的意见》(国办发〔2014〕69号), 提出以市场化、专业化、产业化为导向, 营造有利的市场和政策环境, 推进环境公用设施投资运营市场化, 改进政府管理和服务, 推进审批便利化, 健全统一规范、竞争有序、监管有力的第三方治理市场, 吸引和扩大社会资本投入, 推动建立排污者付费、第三方治理的治污新机制, 不断提升我国污染治理水平。

——生态环保财税支持政策方面。在财政支出方面, 中央政府和地方政府每年分别安排环境保护支出预算, 设立或整合现有环保领域的各项专项资金, 重点支持节能减排和生态环保项目。例如, 2013年中央财政在整合各项大气污染治理资金的基础上, 形成专项大气污染防治资金; 国家将原湖泊生态保护专项资金和“三江三湖”及松花江流域水污染防治专项资金整合成为“江河湖泊专项资金”。截至2014年, 我国中央财政环保专项资金共有 8 个，包括江河湖泊专项资金（2013 年设立）、大气污染物减排专项资金（2013 年设立）、重金属污染防治专项资金（2010 年设立）、中央农村环境保护专项资金（2008 年设立）、城镇污水处理设施配套管网以奖代补资金（2007 年设立）、中央环境保护专项资金（2004 年设立）、自然保护区专项资金（2001 年设立）、主要污染物减排专项资金（2007 年设立，现已取消）。在税费调节方面，自 2012 年开始我国推动原油、天然气的资源税改革，2014 年 12 月 1 日起在全国范围内实施煤炭资源税从价计征改革，同时清理相关收费基金。2014 年 9 月 1 日，国家发展改革委印发《关于调整排污费征收标准等有关问题的通知》，按照污染治理成本法上调了收费标准，鼓励污染重点防治区域及经济发达地区，根据地方实际制定高于上述标准的征收标准以及建立差别排污收费机制。2014 年 12 月 31 日，财政部等印发《污水处理费征收使用管理办法》，推进“污染者付费 + 财政补贴”的模式保障污水处理费来源，对征收标准予以明确规定，明确了污水处理收费标准要覆盖污水处理的全成本。为了继续完善环保电价补贴政策，国家发展改革委于 2014 年 8 月印发《关于进一步疏导环保电价矛盾的通知》，决定自 2014 年 9 月 1 日起在保持销售电价总水平不变的情况下，适当降低燃煤发电企业上网电价。

——生态环保金融支持政策方面。近年来，我国出台了一系列重要的政策文件，鼓励金融机构支持环境保护，不仅包括绿色信贷政策，还包括具体的绿色金融创新。我国稳步推进绿色信贷政策，并鼓励银行开展绿色金融创新。2007 年 7 月，国家环保总局联合中国人民银行和银监会发布了《关于落实环保政策法规防范信贷风险的意见》，明确要求商业银行在进行贷款审核时，对环保部门通报的未经验收和限制淘汰类项目不得给予信贷支持，不按规定排污、在规定期限内没有完成治理任务的企业，商业银行也不能发放贷款，人民银行还将环保部门的行政执法信息纳入银行信贷征信系统，作为银行进行信贷决策时的重要评估因素。2012 年 2 月，银监会发布《绿色信贷指引》，要求银行业金融机构应至少每两年开展一次绿色信贷的评估工作，银行业金融机构要在授信流程中加强环境和社会的风险管理。2013—2014 年，银监会相继发布了《绿色信贷统计制度》以及《绿色信贷实施情况关键评价指标》，明确了 12 类节能环保项目和服务的绿色信贷统计范畴，并对其形成的年节能减排能力进行统计，将包括标准煤、二氧化碳减排当量、节水等 7 项指标考核评价结果作为银行业金融机构准入、工作人员履职评价和业务发展的重要依据。目前，中国大多数银行都在推进绿色信贷机制建设。例如，招商银行积极开展中间信贷、排污权抵押贷款、节能收益质押贷款、绿色设备卖方信贷等创新产品。新修订的《环境保护法》，首次将环境污染责任保险写进环境基本法中，为环境污染责任保险的有序推进奠定了法律制度基础。2014 年 12 月 4 日，环保部公布了一批投保环境污染责任保险企业名单，共包括全国 22 个省（自治区、直辖市）近 5000 家企业，涉及重金属、石化、危险化学品、危险废物处置、医药、电力、印染等行业。自 2014 年以来，国家财政部与国家发展改革委等部门出台多项政策推进政府与社会资本合作（PPP）项目广泛开展，并把环保项目作为 PPP 示范项目推广的重点领域。此外，人民银行等部门积极探索绿色债券、市场化碳排放机制等正向激励的绿色金融政策。

——节能标准和能效管理方面。近年来，我国加快推进节能减排力度，并在节能标准和能效管理方面做了大量工作。比如，2005 年实施《能源效率标识管理办法》（国家发展改革委、国家质检总局第 17 号令），加快推广高效节能产品、引导绿色消费、促进技术进步和产品结构调整等。2010 年 4 月，国务院办公厅转发国家发展改革委等部门《关于加快推行合同能源管理促进节能服务产业发展的意见》，提出要积极推行合同能源管理，完善促进节能服务产业发展的政策措施，如对采用合同能源管理方式实施节能改造的项目给予资金补助或奖励。2012

年，国家发展改革委和国家标准化委员会启动实施“百项能效标准推进工程”，两年内制定、修订 100 项重要节能标准，促进节能减排，推动产业结构调整。2015 年 8 月，国家发展改革委根据《中华人民共和国节约能源法》《2014—2015 年节能减排低碳发展行动方案》（国办发〔2014〕23 号），修订了《能源效率标识管理办法》，提出要进一步发挥能效标识对引导节能产品消费的作用。2015 年 3 月 24 日，国务院办公厅发布《关于加强节能标准化工作的意见》，提出要创新节能标准化管理机制，健全节能标准体系，建立节能标准更新机制，探索能效标杆转化机制，加强重点领域节能标准制修订工作，强化节能标准实施与监督，有效支撑国家节能减排和产业结构升级。

（五）社会意识有所提高

公众生态环保意识是指公众在日常的社会生活中逐渐形成的关注身心健康和生活质量相关的意识行为。自 20 世纪七八十年代开始，我国社会公众就已经开始关注环境污染问题，如“沙尘暴”“重金属污染”“白色污染”等，但受当时生活条件和经济发展水平限制，社会公众也没有把生态环保问题太当回事。近年来，随着社会环保意识的觉醒，公众参与生态文明建设的积极性明显提高，如在浙江、福建等沿海地区反对 PX 石化项目的“邻避行动”此起彼伏。2010 年上海世博会上，许多环保材料的使用对参观的公众起到较大的启蒙作用，再加上政府的积极提倡和各种媒介的宣传，生态文明理念开始深入人心，公众的环保意识、生态意识显著增强。在国际组织的支持下，各地环保民间组织蓬勃兴起，包括民办非企业单位和大量未正式注册的民间团体，诸如三江源保护促进会（青海）、“绿色康巴”（四川甘孜）等草根民间组织。从目前来看，我国环保民间组织已经达到 6000 多家（截至 2013 年底），在环境教育、环境信息公开、环境决策参与、环境监督、环境维权、野生动植物保护等领域，开展了一系列的环保活动，起到越来越重要的作用，为我国建立生态环保领域的多元利益表达提供基础。一些在华跨国企业和国内大型企业还开展了“绿色”行动计划，支持政府和民间的环境保护行动；环境保护企业广泛进入城市污水处理和工业企业的污染防治活动中，成为各地方生态环境治理的重要合作伙伴。相比较而言，我国目前生态文明建设中欠账最多的，就是公众参与的缺失，因为环境涉及公众切身利益，所以环境决策需要尊重公众的意见表达。党的十八大报告明确指出，“保障人民知情权、参与权、表达权、监督权，是权力正确运行的重要保证”。新修订的《环境保护法》在总则中明确规定了“公众参与”原则，并对“信息公开和公众参与”进行专章规定。《中共中央、国务院关于加快推进生态文明建设的意见》中提出要“鼓励公众积极参与。完善公众参与制度，及时准确披露各类环境信息，扩大公开范围，保障公众知情权，维护公众环境权益。”环境保护中的公众参与能克服市场和政府调节的缺陷，在许多方面发挥了不可替代的作用。为此，2015 年 7 月 13 日，环保部发布的《环境保护公众参与办法》提出，公众可参与重大环境污染和生态破坏事件的调查处理。2015 年 7 月 26 日，国务院办公厅发布《生态环境监测网络建设方案》，其中就提出把社会参与和公众监督纳入生态环境监测网络之中。此外，河北、山西、沈阳、昆明等省市相继出台了关于环境保护公众参与的条例或其他形式的法规，对本省（市）公众参与的范围、形式、内容、程序等方面做出详细规定，使公众参与更加规范化、制度化、理性化。

（六）评估机制渐趋科学

生态文明建设的成效需要一套科学合理的评估体系。没有生态文明的测量指标，生态环境的监督管理就无从下手，没有生态环境保护的政绩考核和问责制度，生态环境保护就得不到切实的执行。我国较早地出台了环保目标责任制、环境影响评价等基本制度。从法治基础来看，2003 年 9 月实施的《环境影响评价法》使生态环保有了可依据的法律基础，并且扩大了环境评价的范围，即从建设项目扩大到政府规划。从政策实践来看，党的十七大正式提出生态文明理念之后，学术界、行业部门、地方政府开始探索怎样把资源消耗、环境损害、生态效益纳入经济社会发展评价体系之中。2015 年 8 月 9 日，党中央、国务院联合发布施行了《党政领导干部生态环境损害责任追究办法（试行）》，明确提出对官员损害生态环境的责任“终身追究”，构成了各级党政领导者的生态环保“责任清单”。再比如，在节能减排领域，一些部门和地区建立实施目标责任评价考核制度，取得了明显的成效。

（七）示范试点持续增多

近年来，我国围绕生态环境保护的立法、制度建设、生态补偿、国土规划等，已经做了许多工作，进行了许多试点。自 2008 年开始，为促进环境保护和生态建设，国家环保部实施了生态建设示范区工程，按省、市、县、乡镇、村、园区等推进示范试点工作，截至 2013 年底先后公布了六批全国生态文明建设试点地区，其中第五批有 18 个地区，而第六批增加到 54 个地区。2011 年，国家发布了《关于开展西部地区生态文明示范工程试点意见》；2013 年 5 月，发布了《国家生态文明建设试点示范区指标（试行）》；2013 年 8 月，发布了《国务院关于加快发展节能环保产业的意见》，提出在全国范围内选择有代表性的 100 个地区开展国家生态文明先行示范区建设。2013 年 12 月，国家制定发布了《国家生态文明先行示范区建设方案（试行）》，提出未来五年在全国范围内建设 100 个生态文明先行示范区。2014 年 3 月 10 日，国务院出台《关于支持福建省深入实施生态省战略加快生态文明先行示范区建设的若干意见》（国发〔2014〕12 号）支持福建省深入实施生态省战略，加快生态文明先行示范区建设，增强引领示范效应。2014 年 4 月 14 日，国务院批复《洞庭湖生态经济区规划》，推动洞庭湖生态经济区建设，探索大湖流域以生态文明建设引领经济社会全面发展新路径。

（八）监管执法逐步加强

目前，我国已经建立起中央、省、市、县四级环境执法体系，全国各地拥有 7 万多名环境监察人员。近年来，全国各地明显加大了环境督察的频次，加大了环境问责的力度，强化了处罚措施，并创新环境监管形式，不断推动我国地方环境监管执法取得实质性的突破。一些地方开始积极探索区域交叉执法、部门联动执法、上下级联动执法，如广东与周边 5 省区签署跨界河流水污染联防联控框架协议，山东组织 6 个重点流域区域签订环境执法联动协议等。此外，我国各级环境执法部门加大了对生态环境违法案件的行政执法力度和经济处罚力度，有效遏制了环境持续恶化的态势。在生态修复方面，除了生态功能区划分工作稳步推进之外，自然保护区的建设管理也取得一定成效。如 2004 年，在全国范围内开展了矿山生态环境保护专项执法检查与自然保护区专项执法检查行动。2014 年 11 月 12 日，国务院办公厅发布《关于加强环境监管执法的通知》（国办发〔2014〕56 号）提出要加快完善环境法律法规标准，抓紧制（修）订土壤环境保护、大气污染防治、环境影响评价、排污许可、环境监测等方面的法律法规，强化生产者环境保护的法律责任，大幅度提高违法成本；同时，各级环境保护部门和公安机关要建立联动执法联席会议、常设联络员和重大案件会商督办等制度，完善案件移送、联合调查、信息共享和奖惩机制，各省、市、县级人民政府要确定重点监管对象，划分监管等级，健全监管档案，采取差别化监管措施。2015 年 3 月至 2016 年 12 月，最高人民检察院在全国范围部署开展破坏环境资源犯罪专项立案监督活动、危害食品药品安全犯罪专项立案监督活动（以下简称“两个专项监督活动”），使环境资源领域的立案监督工作取得了一定成效。仅 2015 年 3 月至 8 月，通过两个专项监督活动，全国检察机关共监督行政执法机关移送破坏环境资源类案件 1216 件 1518 人，监督公安机关立案侦查破坏环境资源类案件 1159 件 1408 人。

二、我国生态文明体制机制建设面临的主要问题

在保持经济持续健康发展的同时，各级政府也比较重视生态环境保护问题，但较为粗放的发展模式造成更为严重的环境污染和生态退化。毫无疑问，目前造成生态环境持续恶化的主要原因还是在于人们对自然资源无节制地开采利用，向生态环境无休止地索取。在中国，为什么人们的生产和生活对环境的破坏没有得到有效制止呢？其中现行政策存在较大弊端，虽然决策集中，但在管理上是分散的，污染防治、生态保护、自然资源管理等职能分散在十多个部门中，各个部门之间形成掣肘而非制衡，改革不到位，体制不完善、机制不健全，是要探究的深层次制度原因。

（一）行政管理机制不健全

我国虽然建立了多级生态环保监督管理体系，但是由于职能交叉，执法主体和监测力量分散，在监管过程中还存在缺位失位、相互扯皮、责任不明、轻视赔偿等问题。

一是监管不到位，独立执法困难。在现行的行政管理体制下，基层环保主管部门是地方政府的一个部门，服务于地方政府的需要。地方环保部门往往处于弱势地位。当地方政府与环保部门在目标上不一致时，环保部门往往听从于当地政府领导的指示，不能挺直腰杆独立执法，从而使环境监管形同虚设。虽然中央三令五申要求重视环保，但是到了地方，当经济发展与环境保护有冲突时，很多地方领导出于发展经济的需要，硬是引进财税贡献多的高耗能、高污染项目，而地方环保部门只能迫于发展压力给“开绿灯”。

二是监管职能分散，管理碎片化，存在多头管理和相互扯皮现象。长期以来，我国的资源管理和环境保护都隶属于不同的管理部门，生态保护职能也分散在不同的部门，“山水林田湖”的整体性、系统性被部门管理分割，造成“水中的上不了岸，岸上的下不了水”。以环保职能

来说，我国环保职能目前被分割为三大块：污染防治职能分散在海洋、港务监督、渔政、渔业监督、军队环保、公安、交通、铁道、民航等部门；资源保护职能分散在矿产、林业、农业、水利等部门；综合调控管理职能分散在发改委、财政、经贸（工信）、国土等部门。而各个部门职能存在交叉，造成执法主体和监测力量分散，甚至多头执法问题突出，没有建立起严密监管的制度，对各地难以起到警示和约束作用，而当出现重大环境事故问题时，不同部门又相互扯皮，造成生态环境问题不能得到及时治理。面对一些审批部门在环境项目审批过程中的强势时，环保部门往往无计可施，而在可能发生的恶性污染事件前，环保部门也很难提前介入。

三是干部生态环保考评缺失，责任追究制度不健全。当前，在各级干部业绩考核中，仍存在重视经济发展的现象，生态环保指标尚未纳入政绩考核体系之中，即便纳入了某些生态环保指标，这些指标也并没有发挥真正效力，而且各级政府在设计考核指标时具有任意性，因而没有办法直接与干部选拔晋升挂钩，即便不重视污染防治工作，很多干部却因经济建设成绩突出而得到选拔重用。近年来，虽然提出要制定生态环保责任追究终身制，但是只是停留在文件上，没有详细的细则保证怎样实施，由谁来监督。

四是环境损害赔偿制度不成熟，公共环境受害主体缺位。我国把矿山、土地、草原等都归为国有，它们遭受污染或破坏，往往没有主体提出损害赔偿问题，即便有私人主体提出赔偿，但因产权制度不健全，使其并不处于有利地位。现行的环境损害赔偿尽管定义了赔偿的原则及范围，但是赔偿责任的认定尚不明确，尤其是对不作为的政府如何界定赔偿责任或者政府本身就是公共环境的破坏者，谁来诉讼，赔偿谁，怎么赔偿，都没有明确的界定。

五是制度碎片化突出，监管财权事权不对等。对生态环境的治理是一个系统工程，需要控源头、管过程、重惩处，但现实情况是，我国制定的各种规章制度之间缺乏衔接、协调和配合，存在制度盲区；同时造成监管部门之间缺少沟通，财权与事权不对等，如很多地方环保部门编制有限，被赋予的职能和担负的任务严重与财政供养的监管人员不匹配，造成监管能力严重不足。

（二）法律法规体系不成熟

尽管我国已经出台了与生态文明相关的法律法规，但是无论是在立法、执法还是司法环节都还存在不完善的地方，需要尽快完善相关法律法规机制，使环境监管真正有法可依，执法必严，违法必究。

一是生态文明有关法律法规体系不完善。主要表现在两个方面：一方面是有些法律法规制定的标准或措施已不适应经济社会发展形势的要求，依靠项目行政审批、行政指标分配和行政指标考核来管理资源利用过程，亟须做出修订完善，如《大气污染防治法》要增补对细微颗粒物（PM2.5）联防联控等内容，再比如《排污费征收使用管理条例》中排污收费标准偏低，对超标排污行为的惩罚过轻，造成违法污染的成本较低，起不到法律严肃的惩戒作用；另一方面是有些领域还存在法律空白和冲突的情况，如土壤污染防治法、自然保护区域管理、生物多样性保护、环境损害赔偿法、有毒化学物质污染防治法等至今未出台，再比如对公众的环境权、节能减排尚未提升到法律层面，仍按照行政指令形式由上级政府主管部门向下级政府、企业下发减排任务，通过层层递进、分解指标的方式加以约束。各项法律法规之间部门化、碎片化特点突出，交叉重叠和相互冲突的情况并不少见。如自然生态保护方面，物种保护和栖息地保护分离，动物和植物分开，陆生和水生分割，从而使完整的自然系统管理被不同的管理部门和法律法规切割分离，造成管理上的混乱。

二是立法、行政管理体制和财政预算安排脱节，导致立法与实施脱节。立法部门在相关行政管理体制和预算安排上缺乏必要的宪法权限，立法、行政体制管理设置和公共财政预算安排有所脱节，导致很多立法规定没有相匹配的行政执行机构和经费预算安排，法律规定的行政管理职能和责任同拥有的行政管理权限不匹配，导致很多法律条文成为一纸空文。

三是尚未建立生态环境的公益诉讼制度，社会参与监督的机制不畅。在中国，民众的环保意识正在觉醒，各种环保组织纷纷涌现，但是这些组织尚未找到合理的渠道对破坏环境的行为提出诉讼。尽管我国《民事诉讼法》规定，对污染环境、侵害消费者合法权益等损害社会公共利益的行为，有关机关和组织可以向人民法院提起诉讼，但是到真正行使诉讼时仍面临诉讼主体确认、诉讼费用分摊、诉讼赔偿等难题，而因诉讼成本高等原因，社会民众并不愿意做“吃力不讨好”的事情，这在一定程度上纵容了破坏生态环境的行为，造成生态环境保护不是越保护越好，反而出现生态恶化的迹象。

（三）生态环保产权制度不明晰

我国自然资源资产保护不力的关键原因在于生态环保产权制度不明晰。按照法律规定，我国自然资源归国家或集体所有。我国虽在国土空间开发和保护方面做出了大量的制度建设工作，但是尚未解决全民所有自然资源资产所有者缺位、产权不清晰、未实行严格的资产管理等问题，反而被各级政府拿来作为发展经济的生产要素，而且生态环保的相关产权交易市场也不发达。一是排污权、碳排放权交易制度不健全。中国的排污权、碳排放权交易才刚刚起步，但相关交易尚缺乏法律依据，而在环境保护中居核心地位的污染物排污许可证制度和企事业单位污染物排放总量控制制度还很不健全，如总量控制标准难以确定，也就难以确定产权的价格，造成排污交易市场管理不透明、不公平。二是生态补偿机制尚不完善。由于生态环境生态产权界定不清晰，公共资源环境存在所有者缺位问题，跨区域或流域的生态补偿很难到位，尤其是补偿资金由谁来支付，补偿应参照什么标准，是补偿政府部门还是补偿项目工程，这都需要作出明确界定，但是现在无论是资金来源、补偿标准、补偿对象还是补偿主体都没有统一规划管理，往往造成目标错乱，缺少可持续性。

（四）有关配套政策不完善

在生态环保的政策体系中，现行的鼓励和支持政策尚存在碎片化和滞后性的特征，不少政策与生态文明发展的要求不相适应。

一是行政管制的手段和措施应用比较多，市场调节、社会管理的手段和措施应用比较少。比如，资源、环境领域的市场交易制度不健全，除国有土地使用权、矿业权出让转让中市场机制发挥得比较突出外，以行政规划、行政许可、行政检查和行政强制等为主的行政管理制度和措施应用较多。

二是各种财政、税费、价格、金融、产业、投资等方面的政策措施比较零散，对资源与生态环境利用行为的调节作用不大。比如，资源环境价格形成机制尚不健全，“资源低价、环境廉价”模式的价格机制无法激励环境治理和改变生产者、投资者的环境行为；排污收费、资源税费基本上只是起到筹集政府财政收入的作用，并没有对资源利用与生态环境保护发挥强有力的约束引导作用。即便开征资源税和排污费，也没有系统地从环境保护的角度设计税制，如在现行法律法规中没有对电磁污染、光污染等做收费规定，生态补偿收费的标准、范围等都不尽合理。

三是缺少法律化、常态化机制。比如，支持生态环境保护的财税体制不健全，中央、地方事权及支出责任划分不明确，尤其是中央和地方事权划分不细致，缺少横向转移支付制度，各级政府越位和缺位现象仍比较突出。由于有关生态环境的财税政策缺少法律化、常态化机制，政府和市场之间的环保责任划分不明晰，央地之间财政支出不匹配，经常出现地方事情多但资金不足的情况，往往造成生态环保监管不到位，生态环境破坏成本偏低，生态环境价值补偿不足。

四是生态补偿资金总体不足，没有建立稳定的增长机制。当前，我国生态补偿支出还没有列入一般性财政转移支付的重点范围，并不是财政支出的主要方面。由于缺乏法律上刚性的支出规定，造成生态补偿资金在来源、标准和用途等方面随意性很大，在实际操作中很难做到按市场规律办事，使生态保护者的利益受到损失，进而打击人们保护生态环境的积极性。从收入来源上来看，我国尚未建立起长期稳定的环保经费增长来源，生态补偿资金来源相对单一，过分依赖财政支持，这就造成环保支出与国内生产总值及财政收入的联动机制并不明显，财政预算环节没有确立环保支出优先的政策，造成财政环保投入波动性较大。

五是税收优惠政策存在缺陷。我国具有生态补偿的税种主要表现在对再生资源利用、清洁能源生产等领域的增值税、营业税、消费税、所得税、城市维护建设费等方面的减免，没有运用加速折旧、再投资退税、延期纳税等税收调节方式，而税收优惠的覆盖面不尽合理，如对生产资料的价格补贴将会扭曲价格传导机制，不利于节能减排和技术更新，对电池、杀虫剂等部门有害产品开征的消费税率偏低。

（五）监督评估机制不到位

在实践中，制度约束力难以充分发挥作用，除法律责任体系不完整和责任追究不严格外，一些地方监管执法不到位等问题仍然十分突出，环境违法违规案件高发频发，人民群众反映强烈。我国目前针对普遍的污染行为还主要是以罚代管的方式进行，对超标排污行为罚款数额普遍偏低。即使我国已经实施《排污费征收使用管理条例》，但执行中存在较严重的制度漏洞，使实际执行效率大打折扣，尤其是环境污染损害补偿不充分。究其原因，主要在于监督评估机制尚不到位。

一是对生态环境保护执法不严、监管不到位现象相当普遍。比如，“违法成本低，守法成本高”一直是环境治理领域广受诟病的现象。对各级地方政府来说，发展是硬道理，而出于 GDP 的考虑，往往并不真正地依法惩治污染者，有的监管主管部门屈服于地方政府领导压力，对排污企业“睁一只眼，闭一只眼”，有的甚至充当排污企业的“保护伞”，纵容企业违法耗能、违法排污。一些不法企业偷排、超排污染物，也只是象征性地交点罚款，这就会使法律的尊严和监管权威丧失。

二是生态文明的评估指标不完善，指标考核往往成为摆设。在发展考核中，经济发展指标占据了大多数，近些年生态环保类的约束指标有所增加，但仍停留在探讨研究阶段，自然资源的资产负债表难以建立，也尚未形成统一规范的评估体系，因而基于生态环保的“一票否决权”实际上并没有生效。由于缺乏合理的评估指标，中央对地方的监督就缺乏合理依据，地方政府也很难有效落实环境保护责任，从而造成监督评估不到位的情形频现，阻碍了生态文明建设工作的有效开展。

三是监督执法难以形成合力。在资源环境监督执法领域，有些部门在资源环境领域有一定执法监督权，但与其他部门存在一定的职能交叉重叠，机构相当分散，缺乏统一调度，监督合力不强，造成监督执法力度偏弱，而且有些监管机构受地方政府制约，独立性较差，监督作用没有得到有效发挥。尤其是各个部门之间形成制肘而不是制衡，从而在遇到重大生态环境灾难时，不能形成合力将损失减到最小，不能将犯罪分子绳之以法。

（六）公众参与机制未建立

从总体上来看，我国公众参与生态文明建设的积极性并不高，主要在于公众参与机制不健全，参与维权渠道受阻、参与的方式和内容缺乏可操作性等原因。由于缺乏信息透明度，公众对身边所建设的项目情况并不知情，环境维权意识相当薄弱，参与的领域并不广泛。比如，我国《环境影响评价法》中规定了公众参与建设项目和规划，而没有指出国家政策、战略方案等方面，而在这些环境法律实施阶段公众参与更显得尤为重要。再比如，我国《水污染防治法》第 13 条规定：“环境影响报告中，应当有该建设项目的所在地单位和居民的意见”，但并没有规定相应的参与途径、程序，没有明确公众的权利义务，使公众无法找到渠道参与。对于关系身心健康的生态破坏或环境污染，有些民众为生计往往需要忍耐接受，而有些民众则秉承事不关己高高挂起的心态，唯恐生态环境破坏者报复自己，有的民众认为这是政府应当做的事情，自己出头维权往往势单力薄，不愿引祸上身。由于我国对结社自由和集体抗议的限制，也缺少环境公益诉讼机制，独立的非政府组织和社会机构的监督能力有限，即便有维护公共环境之心，但本身发育不成熟，也难以找到合理的维权渠道，致使社会公众参与生态文明建设程度不高，效果不明显。由于政府缺乏对环保类社会组织的指导、扶持和服务等方面的有效政策措施，国内环保类社会组织总体能力薄弱，难以满足公众有效参与环保事业的需要。

（七）跨部门协调机制不完善

多年来，我国环境保护、生态治理分属不同的部门管理。特别是环境污染防治属于属地管理，强调当地政府的责任，而地方环保部门受地方政府任命管辖，因此中央对地方生态环保事业的直接参与度不高，造成部委与地方条块分割严重，协调难度较大。像大气、水等污染物具有流动性特点，可能会出现“东家污染、西家埋单”的情况，跨行政区划、跨流域协调难度较大，区域生态补偿机制始终难以建立，缺乏有效的议事程序和争端解决机制，长此以往将会导致相互扯皮和监管缺位问题，治理效果也不尽如人意。

第四章

CHAPTER FOUR

我国生态文明体制机制建设的总体思路、目标和主要任务

一、总体思路和目标

党中央、国务院高度重视生态文明建设，推动我国生态文明建设从实践到理论取得积极成效。但从总体上来看，我国生态文明建设仍滞后于经济社会发展。造成这一状况的原因，既有发展阶段、人口资源环境基本国情、技术水平等客观因素，但体制不健全、制度不完善、管理不到位是其根本原因。突出表现在：资源环境产权制度不健全、政府管理碎片化且职能交叉严重、资源环境监督不到位、法规制度和配套政策不完善、公众和社会组织参与不足。针对上述问题，坚持问题导向和目标导向相结合，提出我国生态文明体制机制建设的总体思路和目标。

总体思路和目标：全面贯彻落实党的十八大和十八届三中、四中、五中全会精神，按照“五位一体”总体布局的战略要求，坚持生态文明的基本理念和根本方针，以正确处理人与自然关系为核心，以提高资源利用效率、改善生态环境质量为主线，以生态文明体制改革、制度体系和长效机制建设为重点，厘清政府、市场、社会的关系和边界，构建政府、企业和社会共同参与的生态文明治理体系和运行机制，最大限度地激发全社会推动生态文明建设的创造力和自觉性，加快建设美丽中国，迈向社会主义生态文明新时代。

到 2020 年，生态文明体制框架，以及源头预防、过程控制、损害赔偿、责任追究的制度体系基本形成；自然资源资产管理、用途管制、监督体系得到健全，关键制度建设取得决定性成果；资源环境生态价值得到充分体现，有关价格、财政、税收、金融政策更加完善，市场机制得到充分发挥；社会公众参与的渠道更加畅通、方式更加多样，群众的利益诉求得到充分尊重。

二、主要任务

（一）加强政府管理

1. 管理体制

按照资产所有者、用途管理者、执法监督者相分离，决策、执行、监督相分开，一件事情由一个部门负责的原则，合理设置管理部门，使三者相互独立、相互配合、相互制衡，统筹协调、分工负责、运转高效。

健全国家自然资源资产管理体制。构建归属清晰、权责明确、监管有效的自然资源资产产权管理体制，代表国家统一行使全民所有矿藏、水流、森林、山岭、草原、湿地、滩涂等各类自然资源的资产权益，对其享有占有权、收益权和处置权，并在厘清中央和地方事权、财权的基础上，建立分级管理全民所有自然资源的出让及收益管理，着力解决自然资源所有者不到位、所有权边界模糊等问题。

建立覆盖全部国土空间的用途管制体制。履行自然资源开发保护、生态环境保护方面的职责，通过规划计划、总量管控等对开发利用自然资源和生态环境进行科学、必要的宏观引导和制约，研究制定有关法规、规划、政策、标准，协调好发展与保护的关系，有效解决盲目追求经济利益造成过度侵占自然生态空间，进而损害国家资源环境生态根基。

建立独立进行资源环境监管和行政执法的体制。负责监督自然资源和生态环境领域用途管制要求及相关法规、标准、规划的落实情况，查处资源和生态环境领域各种违法违规行为，加强生态环境质量性监测和监督性监测，推动建立第三方监测机制，切实解决资源环境领域执法散、弱、松等问题。

此外，研究和强化综合部门协调环境与发展的职能，以及能源与气候变化方面的相关职责问题。研究和统筹特定资源环境问题的管理，如国家公园体系、流域综合管理体系等。

2. 制度体系

按照“源头预防、过程控制、损害赔偿、责任追究”的思路，将生态文明建设要求内嵌于法律、制度制定和实施过程之中，引导、规范和约束各类开发、利用、保护自然资源的行为，用制度保护生态环境。

健全自然资源资产产权和用途管制制度。在不动产登记系统基础上扩展为统一的自然资源资产产权确权登记系统，推动确权登记、权力边界划分法治化。完善用途管制制度，明确各类国土空间开发、利用、保护边界，确保用途管制要求落实到位。

落实主体功能区制度。建立健全保障形成主体功能区布局的法律法规、体制机制、规划政策及绩效考核评价体系，继续出台有利于主体功能区建设的配套政策，推动各地区严格按照主体功能定位推动发展。建立国家空间规划体系，推进市县层面落实“多规合一”，推动“一张蓝图干到底”。

强化资源环境生态红线管控。设定资源消耗上限，对关乎国计民生、长远发展的能源、水、土地等战略性资源实施管控，防止无节制消耗资源；严守环境质量底线，把大气、水、土壤等环境质量作为地方各级政府的红线管理责任，防止环境质量进一步恶化；划定生态保护红线，在重点生态功能区、生态环境敏感区和脆弱区等空间层次上划定区域型生态红线，在森林、草原、湿地、海洋等生态系统类型上划定数量型生态红线，遏制生态系统退化的趋势。各地区根据红线管控要求以及发展趋势、资源环境禀赋、主体功能定位等因素，科学合理核定能源资源消耗、环境纳污容量和生态服务功能，进一步明确红线管控短板，由此确定经济社会发展取向和产业准入要求。

完善资源有偿使用制度。深化自然资源及其产品价格改革，凡是能由市场形成价格的都交给市场，严格限定政府定价的资源性产品品种和范围，政府定价要体现基本需求与非基本需求、资源利用效率高低的差异，以及生态环境损害成本和修复效益。扩大土地有偿使用范围，减少用地行政性拨付，建立有效调节工业用地和居住用地合理比价机制。健全探矿权、采矿权出让方式，加快全国矿业权交易市场建设。

建立健全生态补偿机制。明确界定生态保护者与受益者的权利义务，推动形成综合补偿与分类补偿相结合，转移支付、横向补偿与市场交易互为补充的生态补偿制度。统筹现有生态补偿渠道，引导生态受益地区与保护地区之间、流域上游与下游之间，通过资金补助、产业转移、人才培训、共建园区等方式实施横向补偿。研究制定生态补偿标准测算方法，形成科学的生态补偿标准体系。

落实生态环境损害赔偿制度。在改革试点基础上，制定生态环境损害赔偿办法，对违反环境保护法律法规的行为依法严惩，大幅提高违法成本。建立独立公正的生态环境损害鉴定评估机制，根据损害程度依法确定赔偿额；造成严重后果并构成犯罪的，依法追究责任人的刑事责任。

严格生态环境监管制度。建立严格监管所有污染物排放的环境保护管理制度。完善污染物排放许可证制度，重新核发企事业单位排污许可证，禁止无证排污和超标准、超总量排污。对严重污染环境的工艺、设备和产品实行淘汰制度。建立生态保护修复和污染防治区域联动机制。

健全政绩考核制度。建立体现生态文明要求的目标体系、考核办法、奖惩机制，把资源消耗、环境损害、生态效益等指标纳入经济社会发展综合评价体系，大幅增加考核权重，强化指标约束；完善政绩考核办法，根据区域主体功能定位，实行差别化的考核制度，实施“一区一策”，废止“一张表”考核。深化改革，国家和地方层面探索编制自然资源资产负债表，实行领导干部自然资源资产离任审计，强化审计结果运用。

严格落实生态环境损害责任追究。落实领导干部生态环境损害责任追究办法，对发生生态环境损害事件及在生态环境领域负有职责、行使权力的党政领导干部，根据情节轻重并从决策、执行、监管等环节确定追责情形，实行严格的问责。对生态环境损害事件追责，既包括发生环境污染和生态破坏的“后果追责”，也包括违背中央有关生态环境政策和法律法规的“行为追责”。对违背科学发展要求、造成生态环境和资源严重破坏的，要终身问责。

3. 政策机制

完善有利于加快推进生态文明建设的价格、财政、税收、金融等经济政策。促进资源性产品价格竞争性环节市场竞争，加强自然垄断环节价格监管，建立定价成本监管体系和定期价格调整机制，完善价格决策程序和信息公开制度；统筹财政资金，建立财力事权匹配、稳定可持续的生态文明建设投入机制；加快资源税“从价计征”步伐，逐步将资源税扩展到占用各种自然资源和生态空间，加快出台环境保护税法；推广绿色信贷，支持符合条件的项目通过资本市场融资，探索排污权抵押等融资模式，深化环境污染责任保险试点。

（二）强化市场运行机制

1. 自然资源资产产权交易

改革现行产权交易制度，扩大交易范围，建立统一产权交易市场，完善市场定价体系，规范交易行为，加强市场监管。

2. 资源使用和排放交易

重点是用能权、用水权、排污权、碳排放权等制度。基于能源消费总量控制，建立用能权交易机制；加快建立全国统一的碳排放权交易市场，制定全国碳排放权交易总量设定与配额分配方案；合理界定和分配水权，研究制定水权交易管理办法，加快水权交易平台建设；扩大排污权有偿使用和交易试点，加大推广力度，制定排污权核定、交易价格等规定，建立通过交易获得减排受益的机制。

3. 市场化管理机制

推行合同能源管理和合同节水管理，支持社会各类用能、用水单位采用合同管理方式实施节能节水改造，开展能源审计和“节能节水医生”诊断，打造“一站式”合同能源管理、合同节水管理综合服务平台。实施能效、水效、污染减排“领跑者”制度，通过树立标杆、政策激励、提高标准等方式方法，形成推动终端用能耗水设备产品、“两高”行业能效水效和污染减排水平不断提升的长效机制，适时将“领跑者”指标纳入国家强制性标准范畴。推进节能低碳和有机产品认证和标识工作。推进环境污染第三方治理及其试点，引入社会力量投入环境污染治理。

4. 建立绿色发展基金

加快整合有关专项财政资金，建立绿色发展基金，综合运用多种金融工具和政策手段，采用多元化投融资方式，建立长期、稳定的资金来源渠道。对基金采用专业化管理、市场化运作模式，设立基金管理及执行机构，加强项目实施全过程监管。

（三）完善社会参与机制

1. 发展第三方监测

建立生态环境第三方监测，与国家区域性监测机构实施信息共享，监测服务既可采取自愿提供方式，也可采取政府购买的方式提供，现阶段作为政府监督性监测的有益补充，逐步推动形成独立、全面、权威的监测机制。

2. 推动信息公开

针对排污企业众多、生态环境信息不对称的现状，需要进一步调动社会监督力量，通过规范政府、企业等主体的信息公开，及时、准确、全面地披露各类资源环境信息，保障公众知情权的同时，逐步建立健全社会组织与公民参与生态文明治理的有效机制。

3. 引导公众参与

健全举报、听证、舆论监督等制度，重大资源开发项目要广泛听取公众意见，在建设项目立项、实施、后评价等环节，有效拓宽群众参与途径，有序增强公众参与程度，创新参与方式和机制。通过政府购买服务等方式引导相关社会组织健康有序发展，发挥民间组织和志愿者的积极作用。

4. 推动公益诉讼

建立环境公益诉讼制度，鼓励公众通过环境公益诉讼维护合法权益，对污染环境、破坏生态、损害社会公共利益的行为，鼓励受损公民、自然资源资产和环境产权管理单位可依法向人民法院提起诉讼，把环境纠纷解决纳入法律轨道。行政管理部门违法审批、滥用职权、不履行法定职责导致环境受到损害的，纳入环境公益诉讼范围。提升有关公益诉讼组织专业化、科学化水平。

第五章

CHAPTER FIVE

建立健全我国生态文明建设的行政体制与监管机制

生态环保管理体制是国家行政体制的重要组成部分，是各级政府的重要职责，是必须提供的一项基本公共服务。生态环境保护若要做到不欠新账、多还旧账，还需要进一步加强监管。目前，国家层面生态环境保护部门职能分散交叉现象较为突出，存在权力下放不够和监管不到位等问题，难以形成严格监管的强大合力；基层环保部门被赋予的职能与担负的任务不匹配，存在“小马拉大车”的现象。深化生态环保管理体制改革必须按照国家关于政府职能转变、行政体制改革、推进依法行政、生态文明体制改革的总要求进行。改革生态环境保护管理体制，核心是建立独立行政执法和监管的体制。

一、健全我国生态文明管理体制的基本原则

根据十八届三中、四中、五中全会决定的指导思想，按照《中共中央、国务院关于加快推进生态文明建设的意见》和《生态文明体制改革总体方案》的总体要求，针对当前我国生态文明行政管理与监管体制存在的主要问题，健全我国生态文明管理体制，就是要在完善现代市场体系、转变政府职能、推进法制建设、强化社会治理的大背景下，通过改革政府管理体制，建立分权制衡、相互协调、运行高效的生态环境管理体制。

在深化生态环保管理体制改革时，要提高管理效能，以更低的成本、更高的效率保护生态环境。要做到政府职能精简统一，形成多元共治格局，进一步简政放权。应遵循如下基本原则：

（一）以生态环境保护为前提，实行经济社会发展与生态环境保护相协调的战略

环境与发展的关系是中国生态环境保护中最为关键的一对关系，也是难点所在。改革开放以来，“发展是第一要务”“发展是硬道理”的理念深入人心，生态环境的总体定位是服务和支撑经济增长。随着我国进入中等收入国家行列而环境退化压力有增无减，党和国家提出“五位一体”建设方针，要求尊重自然、顺应自然、保护优先，其核心是坚持经济社会发展要以生态环境保护为前提，要与生态环境保护相协调。对政府而言，需要在公共管理职能配置、财政预算安排和干部考核制度中全面考虑经济社会发展与生态环境保护的要求；对企业而言，需要在追求企业利益和保护公共环境利益方面取得平衡，遵循国家法律规范和承担企业社会责任；对公众而言，需要共担生态环境保护责任，遵循可持续的、绿色的生活和消费方式。

（二）从生态系统的整体性和多功能性出发，实现统一监督管理与专业分工管理相结合

从生态环境的系统性来看，生态环境具有跨介质、跨区域的整体性特征，生态环境治理体系应当遵循生态系统的特点进行统一监督管理和流域、区域的综合管理。从组成生态系统各要素（水、土、林、气）来看，各自具有其自然和社会属性，包括各具不同的公共性和商业性，管理目标和方式也相应不同，生态环境治理体系需要比较明确的部门专业分工。综合而言，需要把统一监督管理与部门专业分工管理相结合，合理划定生态环境综合管理部门和相关专业部门的职责和作用范围。国际上，各国日益认识到生态系统整体性，围绕环境质量和风险防控，适当合并了部门职能，但这种重组是有限度的，模式也多种多样，其中统一管理和分部门管理的模式均有比较成功的案例。

（三）按照生态环境物品和服务的不同公共属性，合理划分中央与地方事权

随着生态环境问题的凸显，逐步形成了具有全球性、区域性和地区性的生态环境问题，因此需要合理划分中央与地方政府承担的生态环境治理方面的事权，在不同层次实行相应的公共管理或者提供对应的公共物品和服务；并通过中央政府施加的政策引导、制度建设和激励措施等手段，建立一套既能维护中央权威、又能调动地方政府积极性的有效机制，合理规范和调动地方政府保护生态环境的积极性。我国是一个超大规模国家，生态环境问题地区性和跨区域性都比较强，在这方面可以借鉴联邦制国家体制，除保留全国性重大事项和跨行政区、流域的事项管辖权外，其他要归属地方管理，并建立引导和监督地方政府有效实施法律、规划和行动的行政监督、财政预算体制机制。

二、我国生态文明管理机构调整方案建议

我国生态文明管理的中央部委职能重组的核心是将污染防治、生态保护、自然资源管理的决策、执行、监督、协调、提供公共物品等职责进行合理配置，从而减少职能交叉，降低行政协调成本，实现权力制衡上的协调一致，提高体制运行效率。目前，自然资源与生态环境保护的管理职能分散在各个部门，按照积极稳妥实施大部制的行政体制改革的总体思路，对这些部门适当合并和重组势在必行。

近年来，各方已经提出了一些方案，如 2011 年中国工程院和环境保护部联合发布的《中国环境宏观战略研究报告》，提出了整合环境、资源和生态保护等职能的大环境部的方案，相近的也有历次行政体制改革中屡次提出的大国土资源部方案。目前，部分资源与生态环境领域的专家赞同污染防治和生态保护组合方案；部分专家则赞同资源保护和生态保护组合方案；也有部分专家赞同环境、资源和生态保护组合的方

案，但这一超级部门方案调整范围过大，综合管理和专业化管理的矛盾比较突出，部门合并带来的行政协调成本下降可能会被内部行政协调成本的上升所抵消。

从近期来看，污染防治职能适当集中和自然资源管理职能适当集中的方案比较可行，关键是相关的生态保护职能如何配置，是放到自然资源管理部门还是环境保护部门，还需要认真研究论证。从生态系统和污染防治的整体性来看，两个方面都与生态保护密切相关，但从现有部门职能和能力而言，自然资源管理部门可能更具专业能力来行使领土范围内国土空间用途管制职责，对山、水、林、田、湖进行统一保护、统一修复。

综合各方面的情况，我国生态文明管理机构调整方案的建议是：未来国家生态环境管理相关职能主要由“二委一部一局”负责，分别为国家发展改革委、自然资源资产管理委员会、资源与环境保护部、国家生态环境质量监测评估局（见图5－1）。

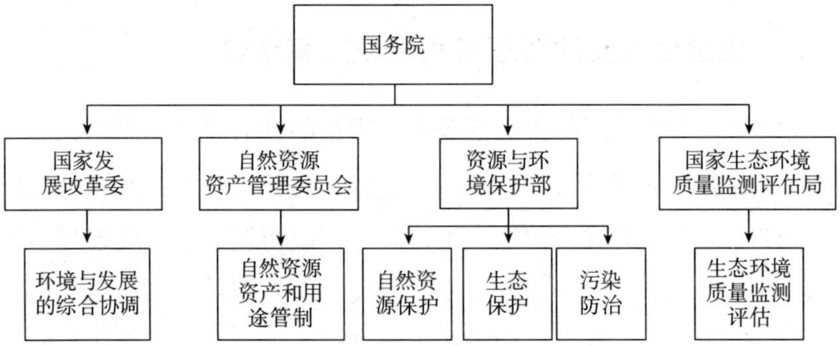

图5－1　生态环境管理职能配置

三、我国生态文明管理体制改革路线图

（一）组建集中统一的自然资源资产管理委员会、资源与环境保护部

就生态文明体制改革而言，目前研究机构已提出多种方案，其中既有整合环境、资源和生态保护等职能的资源环境大部门方案，也有污染

防治和生态保护组合在一起的环境保护部方案，也有资源保护和生态保护组合在一起的自然资源部方案，还有自然资源资产和自然资源监管分离的方案。因此，目前相关研究的争议焦点在于自然资源资产管理职能、生态保护职能如何配置。

从中央有关文件精神来看，自然资源资产管理与监管相分离的共识已经较为明确，但究竟是成立专门的自然资源资产管理委员会，还是在自然资源管理部门下设相对独立的自然资源资产管理局，尚未形成共识。前者实现了开发与保护较大程度的分离，而后者仅实现了开发与保护的相对分离。从我国政治体制和历史经验来看，在自然资源管理部门下设相对独立的自然资源资产管理局，内部平衡的难度非常大。在这个意义上，建议成立专门的自然资源资产管理委员会进行资源开发管理较为合适，同时要区分商业性资产、公共性资产，厘清中央与地方的事权、财权、收益划分。

自然资源监管、污染防治、生态保护职能的部门配置争议较大。从生态保护和污染防治的整体性来看，生态保护与污染防治和自然资源管理都密切相关。有观点认为，就现有立法规范、部门职能和管理能力而言，自然资源管理部门可能更具专业能力来行使领土范围内国土空间用途管制职责，对山、水、林、田、湖进行统一保护和修复；也有观点认为，防治污染和保护生态是维护生态系统服务功能的两个方面，二者有着必然的内在联系，因此应实现污染防治和生态保护的统筹。此外，把自然资源监管、污染防治、生态保护职能集中到一个部门也是可选方案，尽管这样一个超级部门的内部行政协调成本较高，但这种模式避免了上述争议，可形成较强的决策、监督、管理效率。

因此，可以考虑将目前分散在各个部门的自然资源管理、生态保护和污染防治职能集中起来，分别成立专门的自然资源资产管理委员会、资源与环境保护部，前者专门负责自然资源资产管理，统一行使全民所有自然资源资产所有权人的权益，并进行统一空间规划和用途管制；后者负责污染防治和资源生态保护的统筹监管，并与自然资源资产管理委员会形成相互独立、相互监督的体制安排。

（二）以机制创新为抓手，理顺环境保护与综合经济协调的关系，强化综合部门的统筹协调职能，提高体制运行效率

生态环境大部制只能解决环境内部各个要素的协调，无法解决环境与经济发展之间的关系。在现阶段中国国情下，没有宏观经济等部门的参与，单靠环保部门强化管理是难以实现环保目标的。应以机制创新为抓手，促使环境保护部门充分参与到综合经济部门的决策中来，综合经济部门在决策过程中应充分吸纳环保部门的意见。

明确和强化综合经济部门协调环境与发展的职能，促使其把资源节约、环境友好、绿色发展的理念充分整合到主要职能的履行中。应建立一套明确的法律规定、程序性制度安排，以及具体的工作机制。考虑到能源与气候变化问题渗透到社会经济发展的各个环节，建议由综合经济管理部门承担能源与气候变化方面的相关职责，拟订我国能源及应对气候变化重大战略、规划和重大政策，全面统筹经济发展与能源、气候变化的关系，促进经济结构、能源结构、消费结构、贸易结构的转型。

在“三定”方案中明确各部门的生态文明建设职责。在下一轮的国务院机构改革中，通过制定新的政府部门“三定”方案，明确各部门的生态文明建设职能。引入第三方评估机制，评估国务院相关部委履职情况，并将结果公开。

（三）按照“强化两头，精简中间”的原则，重新定位中央环境保护部门的职责，围绕制度建设与质量结果考核开展工作

从中央环境保护部门职能定位的历史演变来看，宏观管理职能越来越得到重视。1998 年设立国家环保总局时，国务院“三定”方案明确其职能定位为执法监督。2008 年，国务院机构改革方案指出，“为加大环境政策、规划和重大问题的统筹协调力度，组建环境保护部。主要职

责是，拟定并组织实施环境保护规划、政策和标准，监督管理环境污染防治，协调解决重大环境问题等。”

建议在未来中央环保部门职责定位中，要按照“强化两头，精简中间”的原则进行改革。第一，聚焦制度建设，加强生态环境的宏观管理，参与国家的综合决策，避免陷入项目审批等微观事务中。第二，中央把当前以总量为主的过程管理转变为以质量为导向的结果管理，重点是监督考核省级政府的环境质量及其改善目标的实现程度，同时健全生态环境质量监测网络与综合评估。第三，完善“国家监察、地方监管、单位负责”的执法体系，监督执法职责应主要由地方政府承担，并通过“上下夹击”的制度安排实现对地方政府的督察。“上”指中央政府要通过区域/流域督查中心、环境质量考核、财政手段对地方政府形成压力，“下”指非政府组织、公众、传媒的监督作用要得以充分发挥。

（四）将监测权与决策权分离，成立直接向国务院负责的国家生态环境质量监测评估局，构建独立统一的生态环境监测与评估体系

针对当前生态环境监测网络存在的数据不一、数据失真、造假普遍等问题，建议改革生态环境监测体制。未来的生态环境监测体制改革应重点突出“独立”和“统一”两个关键词，既要理顺中央与地方的生态环境监测事权、人事与财政关系，确保生态环境监测数据的真实性、有效性以及评估的独立性，也要理顺各部门间的职责分工，实现对所有污染物、污染源、污染介质的统一监测，消除监测网络的重复建设、资源浪费的现象。独立统一的生态环境监测体制将由垂直管理的生态环境质量监测网络和属地管理的污染源监测体系构成，可按如下改革路径进行：

首先，在生态环境保护相关部委内部，把生态环境质量类监测与监督性监测相分离。从监测的目的和属性来看，生态环境监测有环境质量类监测和污染源监测，前者服务于公众知情以及生态环境质量考核等，

后者服务于监督执法以及污染物排放量核算等。目的和属性不同，相应的生态环境监测体制安排也不同。

其次，成立直接向国务院负责的国家生态环境质量监测评估局（副部级），建立统一的数据信息平台。将现有的国土、建设、交通、水利、农业、卫生、林业、气象、海洋等领域的生态环境监测力量从各职能部门剥离，并与环保系统的环境质量类监测力量整合。

对生态环境质量监测系统实行垂直管理，形成独立高效的环境监测体系。短期来看，可以将现行以地方为主的国家—地方双重管理体制，改革为以国家为主的国家和省级双重管理体制，由中央上收环境监测事权关系、人事关系与财政关系；长期来看，要全面引入社会力量，除了保留中央机构外，具体的生态环境监测服务由中央政府直接向第三方监测机构购买，并借助区域派出机构等进行监管；在此基础上，开展我国生态环境质量及生态文明建设进展的独立评估工作，提供评估报告。

最后，监督性监测的职能仍保留在生态环境保护主管部门，实行以地方为主的双重领导机制，以支撑生态环境监督执法。同时，结合区域派出机构加强中央对污染源监测的监督，并强化社会力量的监督。

第六章

CHAPTER SIX

建立健全我国生态文明建设的法律法规与制度体系

有关生态文明建设的法律与制度体系是在现行资源与环境保护法律与制度体系上深化发展起来的。其中，生态文明法律体系是指以绿色转型发展和国土空间规划、资源利用、环境保护领域的法律为核心，涉及宪法和宪法相关法、民商法、行政法、经济法、社会法、刑法、诉讼与非诉讼程序法等七个法律部门，由法律、行政法规、地方性法规等多个层次的法律法规所构成的体系，生态文明法律制度体系是指由上述法律体系中所规定的民事、行政、刑事以及经济、社会等方面的法律制度规范所构成的体系。

一、生态文明建设法律体系

（一）现行有关生态文明建设的法律体系基本框架

改革开放 30 多年来，中国先后修改和制定了宪法和民法通则、物权法、侵权责任法、刑法等基本法律，在这些基本法律中构建了一系列有关资源利用和生态环境保护的法律规范，如民法通则和物权法对自然资源的所有权和各种用益物权作出了比较全面完整的规范，侵权责任法设专章对环境污染损害的侵权责任作出了规定，刑法设专章形式规定了“破坏环境资源保护罪”，为保障自然资源产权，保护生态环境，推进资源合理利用，制定了一系列的基本法律规范；先后制定了环境保护法、海洋环境保护法、水污染防治法、大气污染防治法、固体废物污染环境防治法、环境噪声污染防治法、放射性污染防治法、环境影响评价法、野生动物保护法、水土保持法、防沙治沙法和海岛保护法等12部环境保护与污染防治方面的法律，形成了比较完整的环境保护法律和制度体系；先后制定了土地管理法、矿产资源法、海域使用管理法、煤炭法、节能法、可再生能源法、森林法、水法、草原法、渔业法等10部资源利用和管理方面的法律，奠定了资源利用与管理的法律框架体系；先后制定了清洁生产促进法、循环经济促进法和城乡规划法等3部有关推进产业、能源绿色转型和国土空间规划的法律，为推进经济发展转型和国土空间合理规划奠定了一定的法律基础。

表6-1　生态文明建设的现行法律体系框架

相关领域	宪法和宪法相关法	民商法	经济法	行政法	社会法
绿色转型发展和国土空间规划	相关条文规定	相关条文规定	清洁生产促进法、循环经济促进法、城乡规划法	相关条文规定	相关条文规定
资源利用	相关条文规定	民法通则、物权法	土地管理法、矿产资源法、海域使用管理法、煤炭法、森林法、水法、草原法、渔业法、节能法、可再生能源法	相关条文规定	相关条文规定
环境保护	相关条文规定	民法通则、侵权责任法	水土保持法、防沙治沙法、海岛保护法	环境保护法、海洋环境保护法、水污染防治法、大气污染防治法、固体废物污染环境防治法、环境噪声污染防治法、放射性污染防治法、环境影响评价法、野生动物保护法	条文规定

注：相关条文规定指宪法和有关法律部门中有涉及绿色转型发展与国土空间规划、资源利用、环境保护的法律条文规定。

目前，我国已经初步形成了以绿色转型发展与国土空间规划、资源利用、环境保护领域的法律为核心，涉及宪法和宪法相关法、民商法、行政法、经济法、社会法、刑法、诉讼与非诉讼程序法等 7 个法律部门，由法律、行政法规、地方性法规等多个层次法律法规所构成的生态环境治理的法律和制度体系（见表6－1）。

（二）现行有关生态文明建设的法律制度体系框架

在现行的以绿色转型发展与国土空间规划、资源利用、环境保护领域的法律为核心的生态文明法律体系中，从制度分类的角度来看，已经形成以行政管制制度为主，以资源财产权制度与经济激励制度以及社会参与制度为辅的法律制度体系框架；从物质循环的过程来看，已经在产业发展规划和政策、国土和自然资源规划、自然资源开发、自然资源加工利用、废物回收利用、废物最终处置的各个环节，都基本上制定形成了一些相应的法律制度规范，其中绿色转型发展与国土空间规划方面的法律制度侧重在发展规划、产业政策、国土空间规划等经济发展的源头预防污染和生态破坏，资源利用方面的法律制度侧重在自然资源规划和生产利用的过程预防污染和生态破坏，环境保护方面特别是污染防治的法律制度，侧重在生产利用过程与末端治理环节防治污染和生态破坏。各个环节和各种手段的法律制度，可以通过下述框架加以表述（见表6－2）。

表 6－2　资源与环境保护环节和相关法律制度

<table>
<tr><th>相关环节</th><th>行政管制</th><th>财产权与经济激励</th><th>社会管理</th></tr>
<tr><td>绿色转型发展和国土空间规划</td><td rowspan="3">主要包括政府规划和行政管理监督方面的制度措施</td><td rowspan="3">主要包括资源财产权和财政税收等方面的制度措施</td><td rowspan="3">主要包括信息公开和公众参与方面的制度措施</td></tr>
<tr><td>资源利用</td></tr>
<tr><td>环境保护</td></tr>
</table>

1. 绿色转型发展和国土空间规划的主要法律制度

绿色转型发展和国土空间规划的法律制度主要是根据国家经济发展和资源利用与环境保护的综合职能，特别是根据政府综合经济部门的职能及其在协调经济发展和资源与生态环境保护方面的重要作用，在清洁生产促进法、循环经济促进法、节能法、可再生能源法等法律中加以规范的，并形成了相应的法律制度体系。主要包括清洁生产、循环经济、节能、可再生能源等方面的发展规划制度、评价指标体系和考核制度、重点企业监督管理制度、价格和税收优惠制度，专项资金和基金制度等，以及一些有利于资源与生态环境保护的财政、税收、价格、信贷、产业、贸易等方面的法律制度和政策，其中一些制度也发挥了较为明显的影响作用，如优惠上网电价制度和税收政策（见表 6－3）。

表 6－3　绿色转型发展和国土空间规划的现行主要法律制度

主要法律制度	具体内容
行政管制	循环经济发展规划制度、循环经济评价指标体系和考核制度、以生产者为主的责任延伸制度、重点企业监督管理制度
	清洁生产技术工艺设备和产品导向目录制度、产品和包装物强制回收制度、清洁生产审核制度
	城乡规划编制和审批制度、城乡规划编制单位资质制度、城乡规划公告和征求专家与公众意见的制度、建设用地规划许可制度、建设工程规划许可制度、乡村建设规划许可制度
财产权与经济激励	循环经济税收优惠政策、综合利用优惠上网电价政策、废物回收押金制度
	废物利用的减免增值税政策
社会管理	节约资源和减排污染自愿协议制度、环境管理体系认证制度

2. 资源利用和保护的主要法律制度

资源利用和保护的法律制度主要是根据国家自然资源利用和保护方面的基本职能，特别是有关政府资源管理部门的行政管理职能，在土地管理法、矿产资源管理法、水法、森林法、草原法、渔业法、海域使用管理法和海岛保护法中加以规范的，并按照不同的资源种类形成了各种资源利用和保护的法律制度体系。在上述各项法律的制定和实施过程中，逐步改变了国家对资源开发使用的计划管理和制度，在宪法、物权法和各资源法律中普遍确立了国家和集体所有及多种形式的使用权，普遍确立了国家资源所有权由国务院代理的规定，普遍确立了资源有偿使用制度，在土地、矿产等领域引入了比较完整的市场交易制度。如在物权法和土地管理法及相关法律中规定了土地所有权、使用权和相关用益物权，规定了国有土地使用权出让和转让的制度机制；在矿产资源法及其配套法规中规定了矿业权及其转让的制度；在森林法中规定了国有、集体林木所有权和使用权及其转让的制度；在海域使用管理法中规定了海域使用权管理制度和海域有偿使用制度；在水法中规定了取水许可及取水权制度和有偿使用制度。同时，调整了单纯强调资源开发的政策，实施了资源开发利用与保护增殖并重和“谁开发、谁保护，谁受益、谁补偿，谁破坏、谁恢复”的方针，逐步建立了各种资源保护的法律制度，包括资源开发与保护的统一规划、分级管理制度，资源分类管理和用途管制制度，资源开发许可制度，资源总量占补平衡制度，资源有偿使用和资源税费制度，生态补偿和复垦制度等（见表6－4）。

表6－4　资源利用和保护的现行主要法律制度

主要法律制度	具体内容
行政管制	水资源规划及流域规划制度、水功能区制度、饮用水源保护区制度、水供求规划及水量分配制度、取水许可制度、用水总量控制和定额管理制度等
	土地利用总体规划制度、土地用途管制制度、基本农田保护制度、土地复垦制度、森林限额采伐制度、采伐许可证制度
	草原限制和禁止开垦制度、以草定畜制度
	采矿许可证制度、采矿复垦制度
	海域使用许可制度
	投资项目节能评估和审查制度、产品能耗限额标准制度、重点用能单位节能管理制度
	可再生能源总量目标制度、可再生能源并网和全额收购制度

续表

主要法律制度	具体内容
财产权与经济激励	水资源国有与有偿使用制度
	占用耕地补偿制度，土地有偿使用和出让转让制度等
	育林费或育林基金制度、森林生态效益补偿基金制度
	探矿、采矿权制度及有偿转让制度、资源税
	海域使用权及有偿使用制度
	能源合同管理、节能技术、产品税收优惠政策，节能产品、设备政府优先采购制度，节能价格政策
	可再生能源优惠上网电价和全社会分摊费用制度、可再生能源发展基金制度
社会管理	能效标识制度、节能产品认证、节能自愿协议

3. 环境保护和污染防治的主要法律制度

环境保护和污染防治的法律制度主要是根据国家环境保护的基本职能，特别是根据环境保护管理部门的行政管理职能，在环境保护法、环境影响评价法等综合性环境保护法律和单项污染防治法律中加以规范的，并在污染防治方面形成了比较完整的法律制度体系。其中在环境保护和污染防治的各个主要环节，逐步建立形成了相应的行政管理制度和技术规范，在项目准入方面，建立了环境影响评价和“三同时”等制度；在监管督查方面，形成了排污许可、总量控制、现场检查、事故应急、限期治理、强制淘汰和行政强制措施等制度；在环境污染和破坏责任追究上，形成了行政、民事和刑事方面的法律责任制度。同时，逐步扩展环境经济手段的应用，排污收费征收范围扩大，标准提高，环境保险和排污权交易制度开始在各地试行；社会管理的制度开始进入环境保护管理的视野，环境信息公开和公众参与逐步制度化和程序化（见表6－5）。

表 6－5　环境保护和污染防治的现行主要法律制度

主要法律制度	具体内容
行政管制	环境保护规划和流域污染防治规划制度、环境标准制度、环境监测制度、环境影响评价制度、现场检查制度、跨行政区污染协调制度、地方人民政府环境质量责任制度、“三同时”制度、排污申报登记制度、排污总量控制制度、排污许可制度、限期淘汰制度、限期治理制度、污染事故应急制度、禁止产生严重污染的设备转移制度
	海洋环境保护规划制度、海洋功能区划制度、排污总量控制制度、海洋自然保护区
	海岛保护规划制度、无居民海岛使用许可制度
	水土保持规划制度、建设项目水土保持方案制度、防沙治沙规划制度等
	野生动物国家所有制度、重点保护野生动植物名录制度、特许猎捕证和采集证制度、禁止和限制经营制度、自然保护区制度
财产权与经济激励	环境权制度、排污收费制度、污染损害赔偿制度等
	船舶油污损害和保险、基金制度等
	无居民海岛使用金制度
	水土保持补偿费制度
社会管理	环境权和公众参与制度、环境状况公报制度、环境信息公开制度

（三）现行有关生态文明法律与制度体系存在的主要问题

目前，我国现行的有关生态文明的法律和制度体系还存在一系列问题。从总体上来看，主要有五个方面：

1. 有关资源利用和环境保护的法律规定基本上滞后于经济社会发展过程，特别是严重滞后于社会主义市场经济改革过程

资源与生态环境领域产权制度不健全，政府自然资源的公共管理职能同自然资源资产市场的运营机制尚未明确区分，各主要资源管理部门既作为资源资产的代理人参与市场运作，又作为行政管理者监管市场过程，同时仍然主要依靠集中计划经济体制的管理手段和措施来管理资源利用过程，依靠项目行政审批、行政指标分配和行政指标考核来管理资源利用过程。同时，有关资源利用和环境保护的法律规定也比较严重我

国社会发展过程，忽视公众环境权益保障的社会意义和作用，忽视社会参与生态环境治理的不可或缺的社会价值和作用，现行的一些相关规定要么过于原则，缺乏可操作性，要么附加了较为严格的限制性条件，使社会参与和监督难以落实到位。从源头严防、过程严控、后果严惩各个环节来看，远未形成有效的公共管理或者治理结构所需要的法律和制度体系。

2. 立法、行政管理体制和财政预算安排脱节，导致立法和实施脱节

在中央和地方政府行政管理的法律制度设立上，立法部门在相关行政管理体制和预算安排上缺乏必要的宪法权限，立法、行政管理体制设置和公共财政预算安排基本脱节，导致很多立法规定没有相匹配的行政执行机构和经费预算，法律规定的行政管理职能和责任同拥有的行政管理手段不匹配，很多法律条文难免成为一纸空文。即使是新近通过并广受各方赞誉的环境保护法修改草案，也充斥了不少没有明确行政管理主体和具体制度规范的内容，使相当多的法律条文中看不中用。在涉及中央和地方政府及其相关部门之间关系的法律制度设立上，缺乏中央监督地方执法的行政监督和资金引导方面的手段和措施，如在中央政府行政部门对地方政府行政部门基本保持业务指导关系的体制下，中央政府有关部门对地方政府及其有关部门实施法律、政策和规划等尚缺乏有效的行政和财政控制手段，近年来虽然通过加强对地方的规划和项目审批管理（如环境保护部实施的环境影响评价区域限批制度）和专项资金转移支付，推行区域大气污染联防联控，强化了对地方资源与生态环境保护的引导和监督，但尚没有形成配套的和规范的行政监督和财政引导的制度安排。

3. 法律体系存在比较多的法律空白和法律冲突，体系尚不完善

一些污染防治和生态保护的重要领域存在法律空白，如土壤污染防治、有毒有害化学物质管理、自然保护区域管理和生物多样性保护等，

都尚未形成法律和管理制度体系。法律之间部门化和碎片化特点突出，交叉重叠非常普遍，法律冲突并不鲜见。例如，自然生态保护方面，物种保护和栖息地保护分离，动物和植物分开，陆生和水生分割，使完整的自然收听系统管理被不同的管理部门和不同的法律法规切割分离。在污染防治方面，从环境保护法法律文本和各项污染防治法法律文本来看，随着近10年多来各项污染防治法的多次修改，法律制度规定上的不一致问题越来越突出，主要法律制度重复规定问题也十分严重。

4. 法律制度设计上尚有重大缺陷，政府和市场定位不清，行政管制的手段和措施应用多，市场调节、社会管理的手段和措施应用少

例如，在实际管理过程中，资源、环境领域产权和市场交易制度尚不健全，除国有土地使用权、矿业权出让和转让中市场机制作用相对较强外，以行政规划、行政许可、行政检查、行政强制等为主的行政管制制度和措施占有压倒性的地位和作用，各种财政、税费、价格、信贷、产业、贸易等方面的制度和措施还比较零散，对资源与生态环境利用行为的调节作用不大，如排污收费、资源费和资源税基本上只是起到了筹集政府财政收入的作用，在调节资源与生态环境利用行为方面作用微不足道，并且在一些情况下因费率税率过低，助长了污染环境和浪费资源的行为，为各方所诟病。有关公众环境权益方面法律规定普遍缺乏可操作性，信息公开和公众参与等方面的实体和程序性规定还很少，参与管道不畅通，社会监督难以落实，很多情况下借上访、群体事件和各种媒体来影响政府及其有关部门的决策。另外，法律制度设计上重规划、评价和审批，轻过程和后果的管理监督，用规划、评价和审批替代监督管理，注重实体规定，轻程序规定，很多法律制度缺乏必要的实施程序，法律制度的严格性和可操作性受到很大损害。

5. 法律责任体系不严格完整，责任追究不严格，环境违法常态化

如在环境法律责任制度以及责任追究的程序方面存在比较突出的问题：对超标排污行为罚款数额低；对某些严重违法行为的处罚过轻；对

造成严重后果的违法行为罚款过轻；对恶意违法行为缺少有针对性的处罚手段，对故意违法、恶意违法，并造成严重影响的行为缺少严厉处罚；环境污染损害的补偿不充分，环境民事赔偿制度不完善，生态环境质量的退化以及应急和修复等相关费用尚未有效纳入赔偿范围。总体上，环境违法行为的法律后果不明，法律救济途径不畅，法律功能与作用的发挥因而也受到极大的限制。

二、关于建立健全生态文明建设法律和制度体系的建议

（一）认真贯彻和落实中央两个《决定》对生态文明建设法律和制度体系提出的目标和要求

党的十八届三中全会《决定》提出了十四个领域的改革措施，对当前资源与生态环境保护领域存在的各种问题，特别是体制改革和重大制度建设方面，首先，从深化改革的总体构架上，通过制度安排把生态文明建设融入经济建设、政治建设、文化建设、社会建设各方面和全过程；其次，对生态文明建设本身，从体制和重大制度建设两个层面，从源头严防、过程严控、后果严惩各个环节，提出一系列解决当前生态文明制度建设问题的改革措施。根据三中全会的《决定》，四中全会《决定》在有关加强重点领域立法的任务中，明确提出："用严格的法律制度保护生态环境，加快建立有效约束开发行为和促进绿色发展、循环发展、低碳发展的生态文明法律制度，强化生产者环境保护的法律责任，大幅度提高违法成本。建立健全自然资源产权法律制度，完善国土空间开发保护方面的法律制度，制定完善生态补偿和土壤、水、大气污染防治及海洋生态环境保护等法律法规，促进生态文明建设。"这既是对生态环境治理的法律和制度体系建设的总体要求，也是对生态文明法律制度建设的总体要求。

（二）根据生态文明建设总体目标和要求，调整相关立法规划和计划，逐步形成比较完整的生态文明法律体系

按照改革的总体目标和任务，调整完善立法规划和计划是当前一项重要工作。目前，全国人大常委会党组根据四中全会决定重要举措2015年工作要点的要求，提出了调整十二届全国人大常委会立法规划的方案，已经中共中央批准。调整后的立法规划，在原有规划安排的土地管理法（修改）、环境保护法（修改、已通过）、水污染防治法（修改）、大气污染防治法（修改）、土壤污染防治法、野生动物保护法（修改）、森林法（修改）、海洋基本法、核安全法、矿产资源法（修改）、深海海底区域资源勘探开发法等涉及资源利用和环境保护方面的立法项目之外，新增了环境保护税法、资源税法、耕地占用税法、原子能法、能源法、循环经济促进法（修改）、草原法（修改）等资源利用和环境保护的立法项目。新调整的立法规划在近期内是基本可以满足生态文明制度建设对立法所提出的现实要求的，但从有效应对我国长期面临的资源和环境问题、完善生态文明制度建设的要求来看，还需要研究制定一些法律，如在绿色转型和国土空间规划领域，需要根据整合完善国土空间规划的要求，修改城乡规划法，研究制定有关国土空间规划的法律；在自然资源利用和保护领域，在编纂民法典，修改土地管理法、矿产资源法、森林法、草原法等法律基础上，研究制定有关国有自然资源资产管理等方面的法律法规，在制定能源法的同时，修改完善电力法、可再生能源法等法律；在环境保护领域，需要填补气候变化应对、有毒有害化学物质管理、环境损害赔偿、生物多样性保护等方面的法律空白，研究制定有毒有害化学物质管理法、环境损害赔偿法、生物多样性保护以及自然保护区保护（国家公园保护）等方面的法律。

（三）把生态文明制度建设同绿色发展与空间规划、资源利用和环境保护领域的相关立法有效结合起来，逐步形成比较完整的生态文明法律制度体系

从当前我国生态文明制度建设的总体进程来看，党的十八届三中、四中全会决定以及2015年4月发布的《中共中央、国务院关于加快推进生态文明建设的意见》中提出的一系列生态文明制度和政策措施，需要在各地试点试验基础上，逐步纳入现行和新制定的各项有关绿色发展与空间规划、资源利用和环境保护的法律中。目前，生态文明制度建设的一些主要内容已经不同程度地体现在现行的法律规定中，新近的立法项目中也逐步把生态文明制度建设的新内容纳入法律规定中，如新修改的环境保护法已经把生态红线、生态补偿等纳入法律规定，虽然仍是不易操作的原则规定。从当前全国人大常委会立法规划的安排来看，有必要进一步加强有关自然资源产权和资产管理，自然资源行政监管，主体功能区规划、空间规划和用途管制，自然资源有偿使用和生态补偿，资源和环境承载力与生态红线，排污许可和排污总量控制，公众参与和社会监督，生态环境损害赔偿和责任追究等重大制度的前期理论研究和试点试验，加强各项制度理论研究和试点试验同相关立法工作的有效结合，为把生态文明制度全面纳入各项法律中奠定坚实的基础。

1. 修改城乡规划法以及相关法律中有关国土空间规划的法律规定，建立健全有关主体功能区规划、空间规划和用途管制、生态补偿、资源和环境承载力与生态红线方面的法律制度

有关绿色转型发展和国土空间规划方面的法律，是从绿色发展、循环发展、低碳发展等发展理念出发，总体规范经济社会发展和国土空间开发布局的一种新兴法律类别，现行的循环经济促进法、清洁生产促进法和城乡规划法大致可以划入这一法律类别。现行的循环经济促进法、清洁生产促进法原则性、引导性规范多，行政管制和经济激励的制度措

施也执行不力，迄今实施效果并不明显。目前应当开展必要的法律实施评估工作，以便为修改完善有关法律，奠定必要的前期工作基础。循环经济促进法修改已经纳入全国人大常委会立法规划，当前首先应当启动法律实施的评估工作，包括第三方的评估工作，为法律条文修改打下坚实的基础。

有关国土空间规划的法律问题主要表现在各项法律法规之间有关规划的规定重叠交叉，有关国土空间及其相关的城乡、环境资源等方面规划的部门分割现象严重，规划体系层次不清，体系混乱，不按生态系统和国土空间布局的规律办事，结果造成各种规划过多过滥，重叠交叉，既浪费大量行政资源，也增加了社会负担。当前，逐步整合各种相关规划，根据主体功能区规划统一规范国土空间开发利用活动，可以说是理顺规划体系，建立健全国土空间规划法律和制度体系的首要步骤，也是完善国土空间开发保护方面法律制度的核心任务。当前，在国土空间规划领域，亟待开展三项基本工作：一是逐步清理和整合有关国土空间的各种规划及其编制体制，结合深化改革的有关任务，逐步建立统一的国家空间规划体系和综合性的规划编制机构和机制；二是修改城乡规划法以及环境保护、资源利用法律中有关规划的法律规定，研究制定专门的国土空间规划法，明确主体功能区规划的法律地位，理顺主体功能区规划同国土规划、区域规划、全国城镇体系规划以及城市规划、各行业规划的法律关系，建立完整的国土空间规划编制的法律程序及其实施的法律制度体系；三是在法定的主体功能区规划基础上，建立相应的资源和环境承载力与生态红线、用途管制、生态补偿等相互配套的法律制度。

2. 修改完善有关物权法和各项资源法的法律规定，建立健全有关自然资源产权以及相关的资产管理和行政监管、自然资源市场、价格和有偿使用的法律制度

建立健全自然资源产权法律制度是一项十分复杂和艰巨的立法任务。改革开放以来，在宪法规定的自然资源国家所有和集体所有的基本

制度规定基础上，通过改革和相应的修宪、修法过程，并通过物权法的颁布实施，有关自然资源产权法律制度基本形成，自然资源所有权与占有、使用和收益权逐步分离，形成了新的公私混合财产权体制，可以说没有这种所有权与占有、使用和收益权的逐步分离，就没有经济改革的可行基础。目前，这一改革进程仍然没有完结，法律上自然资源产权归属不清、权责不明的情况在各资源领域都不同程度地存在，统一登记体系刚刚开始设立，资产核算和监管体系没有建立，独立完整的自然资源资产管理体系尚未形成。通过完善自然资源产权制度及其配套的统一登记、资产核算、市场交易和定价制度等，改革自然资源资产管理体制，分离资源行政管理和资产管理职能，既对完善基本经济制度和现代市场体系、转变政府职能具有重要的意义和作用，也对清除资源管理领域"政资不分""政企不分"的传统计划经济体制残余，处理好资源领域政府和市场关系，具有决定性作用。从当前改革的总体方向来看，有必要进一步修改完善物权法及各项资源法中有关自然资源产权的具体规定，进一步明确自然资源产权体系，完善统一确权登记制度，建立统一规范的产权交易市场，并在此基础上，研究建立自然资源资产的分类管理体系，完善自然资源资产市场营运和监管体制，研究制定有关自然资源资产管理的法律和制度体系。

目前民法典编纂、土地管理法（修改）、森林法（修改）、草原法（修改）、矿产资源法（修改）、能源法、原子能法、资源税法、耕地占用税法等已经列入全国人大常委会立法规划。建立健全自然资源产权法律制度及其相关法律制度，是这些立法项目的重要内容之一。民法中有关物权特别是用益物权等方面的规定是自然资源产权的基本法律制度，在民法典编纂中研究修改用益物权方面的规定，补充完善"准物权"方面的规定，是建立健全自然资源产权制度的主要立法工作步骤。同时，在修改完善现行有关土地、森林、草原、矿产等方面的各项法律中，根据自然资源产权和资产管理体制改革的总体要求，修改现行各项法律中的有关规定，进一步健全有关自然资源所有权、使用权以及相关民事权利的规定，建立健全有关产权转让和交易的有关规定；研究制定有关国有自然资源资产管理的法律及其配套规定，逐步形成比较完整的资产代理、资产监管和资产市场运营以及资产核算、审计的法律制度体系。另外，修改完善现行有关土地、森林、草原、矿产等方面的各项法律中有关资源节约和资源保护的规定，修改完善资源税和耕地占用税的规定，加大资源税和耕地占用税在有效调节资源利用方面的作用，形成有效限制资源消耗和鼓励资源节约的行政的、经济的与社会的管理制度体系，使现行各项“资源利用法”和“资源管理法”，真正转化为“资源保护法”和名副其实的“资源基本法”。

3. 修改现行有关环境保护和污染防治的法律，研究和整合各种监测、评价和许可证制度，建立健全以排污许可及其监管为核心的环境保护法律制度体系

建立健全环境保护方面的法律制度体系，用严格的法律制度保护生态环境是当前生态文明制度建设的重要内容。当前大气污染防治法（修改）、水污染防治法（修改）、土壤污染防治法、环境保护税法、野生动物保护法（修改）等已经列入全国人大常委会立法规划，全国人大常委会、全国人大专门委员会和国务院有关部门正在按照规划和计划要求，开展有关法律案的起草和审议工作。从这几项立法的总体目标来看，第一，需要从生态文明建设的角度，重新思考立法目的和思路，调整现行的以环境污染排放浓度达标和总量控制为核心的法律制度体系，以环境风险评价为基础，以环境质量保护和管理为基本导向，加快建立起以保护公众身体健康和实现区域、流域环境质量达标为导向的法律制度体系。有毒有害化学物质对人体健康和生态系统的环境危害已经相当严峻，亟待加强立法前期研究论证工作，早日把该法制定纳入立法规划。第二，进一步明确和落实政府、企业和公众的环境保护权利和义务，构建包括各种社会主体的环境保护权利和义务体系。第三，强化有

关产业结构调整和资源、能源利用方面的调控措施，增补有关财税、环境权市场与交易、价格、金融等方面的经济制度措施。环境保护税是调节各种主体排污行为的重要经济调节手段，环境保护税法草案稿的制定工作，是相当重要的。第四，梳理各种不同法律、不同部门管理的监测、统计制度和相应的技术规范，根据生态整体性、系统性的要求，建立和形成相对统一、相互协调的监测、统计制度和规范，为建立形成国家统一的环境监测和信息平台提供良好的制度保障。第五，有效整合各种审批管理制度，整合环境影响评价、生态保护评价、自然资源和能源利用评价、核安全评价等管理制度，减少规划和建设项目审批、审核过程中重复评价、多头管理的局面。第六，建立健全排污许可证制度，借鉴各国污染防治许可证制度实施的成功经验，以污染防治许可证制度为核心，把环境影响评价、环境保护设施验收、排污申报、达标排放监管、排污总量控制等制度有效整合到排污许可证管理制度中，进一步明确排污许可证核发、核查的法律程序，明确违反排污许可规定的法律责任，切实发挥排污许可证作为综合行政手段的作用，形成公正、公开、统一、高效的污染防治行政管理体系。第七，探索建立以许可证及其实施为核心的环境保护行政监督制度体系，并相应完善从中央到地方的行政督察体制和机制。第八，加大环境污染的行政处罚力度，完善有关污染损害赔偿和责任追究的规定，有效解决“守法成本高、违法成本低”的问题，为扭转环境质量继续恶化的局面，创造必要的法律制度保障。

（四）把生态文明建设的立法、行政体制改革和公共财政预算结合起来，明确中央政府和地方政府职责，强化有关法律实施的实体和程序性规范，使生态文明制度建设真正落到实处

为了有效推进改革，加强生态环境治理法律和制度体系的可实施性、目标有效性，提高相关领域的公共行政管理效率，应当研究探索把有关生态环境治理体系改革、生态环境保护立法同行政管理体制改革、公共财政预算编制结合起来的体制机制。当前应当首先研究建立行政部

门“三定”方案同行政部门预算联合审定的工作机制，并研究建立法律案的预评估制度，把评估法律案的预期实施效果、社会成本（包括行政执法部门因新设立职责所需新增的人员编制和预算经费），列为立法必经程序，把法律案的起草和审议同行政部门职能设置和预算编制结合起来，为生态环境治理体系改革和相关法律的制定与实施，奠定良好的体制改革基础。

专项建议报告

以资源产权制度为核心
做好生态文明改革方案整体设计

一、当前生态文明的市场经济制度改革方案研究中存在的几个问题

中共中央三中和四中全会决定在涉及生态文明制度建设的内容中，均明确提出了建立健全自然资源产权制度的目标和任务，并从不同方面提出了严格实行资源有偿使用制度和生态补偿制度的目标和任务。这些目标和任务涵盖了自然资源产权、自然资源产权和相关环境资源产权市场、自然资源和环境资源价格、自然资源和环境税费以及有关自然资源资产负债与审计等监督考核制度，几乎涉及自然资源产权、环境资源产权及相关市场体系的所有主要制度措施。从中共中央决定的基本内容来看，建立健全自然资源产权制度和相关的环境资源产权制度，并逐步形成包括交易、价格、税费等方式的比较完整的生态文明市场经济制度体系，或者一些部门和专家所称的广义性的生态环境经济政策体系。

目前，各有关部门和单位根据中共中央决定提出的生态文明制度建设的目标和任务，分别开展了相关改革方案的研究和设计工作。从当前一些部门和单位的研究和设计工作来看，在涉及自然资源产权、自然资源有偿使用和生态补偿制度的研究论证中，几乎普遍存在以下几个比较突出的问题：

一是单纯从政府管理工具的角度看待自然资源产权、环境资源产权制度和相关的市场、价格、税费制度，从管理工具的角度去研究设计相关的改革，忽略了产权在界定社会主体权利和分配社会收益与社会成本方面的基本功能作用，忽略了按照公正、公平、公开原则和严格法律程序设立产权和分配收入的社会正义要求。特别是在涉及自然资源和环境总量指标设置，总量指标分解或者许可“配额”分配等带有产权初始分配性质的问题上，尤其容易忽略这方面的慎重考虑。在把这些指标和“配额”转化为可市场交易的产权时，一定要考虑到这也是产权配置和社会财富分配的过程，要符合公正、公平、公开的实体和程序性要件。如果容许市场交易，这些总量指标和配额实质就由行政管理指标或者行政许可转化为资源和环境利用的财产权，如取水许可转化为取水权，排污许可转化为排污权，任一这类行政管理指标要求都可能转化为财产权益，并成为可变现资产和金融工具。在这种情况下，如果任由某个行政管理部门人为规定总量指标及其分解方案或者许可“配额”，实际上就赋予其自由分配公共财富的权力，给“寻租”和腐败打开方便之门。

二是单纯就产权研究产权，就市场交易研究市场交易，就价格研究价格，就税费研究税费，忽略了自然资源产权、环境资源产权制度改革的基础性作用，忽略了作为财产权人的市场主体、作为财产权本体的市场客体（如一定面积一定期限的土地使用权）、市场交易过程及其价格形成之间的客观经济联系，忽略了产权制度改革同自然资源市场、环境资源市场、价格、税费等制度改革之间的客观经济联系，容易造成制度的碎片化，破坏市场体系的正常运行。特别是在产权界定不清、市场规则不明的情况下，人为规定有偿使用及其收费标准或者价格，不仅可能会出现侵蚀政府公共财富、损害企业和公民合法权益等社会现象，也可能会为“寻租行为”及社会腐败培植肥沃的土壤。另外，资源环境领域市场交易制度同税费制度具有一定的相互替代性，如在同一对象领域，不能既研究建立环境税或者碳税，又研究建立环境权交易或者碳权交易，各种自然资源市场交易制度同相关税费制度也存在类似的关系。

三是过多关注方案的研究和“设计”，忽略了地方经验和试点试验在改革方案形成中的基础作用，可以说具体的方案往往是各种市场主体和社会因素交互作用形成的，而不是官员和专家们依据一定理论概念研究“设计”出来的。在产权的具体形态、交易的具体方式和价格（包括租金）的具体构成上，应当尊重地方实验和市场过程，并从中逐步总结形成有关制度建设的具体实施方案和相应法律规范。综观我国农村、国企等改革过程，最初和最后的“方案”往往不是刻意设计的结果。

二、自然资源产权、环境资源产权和相关市场制度改革方案整体设计中应当考虑的几项改革任务或步骤

从我国现行的自然资源和环境管理体系来看，做好自然资源产权、环境资源产权和相关市场制度改革方案的整体设计和顶层设计，把产权改革同市场、价格和税费制度改革放到一个整体的方案中去研究“设计”，需要慎重抓好以下几项改革任务：

第一，继续做好自然资源资产产权的统一确权登记工作，建立分级的产权代理体系。在完成不动产统一登记的基础上，逐步把部门对各种自然资源资产核定产权的职能整合到登记部门，并在下一步改革中明确不动产登记部门的独立地位。环境资源资产的产权也应当在产权界定和核查条件具备时纳入不动产登记体系。逐步建立中央政府和地方政府分级代理国有资源所有权的法律制度体系，明确规定各级政府代理或者受托的自然资源资产的具体对象和权限范围，尽可能减少资产托管中存在的“代理人问题”。

第二，逐步分离自然资源行政管理和自然资源资产管理职能，建立相对独立于行政管理部门的资源资产管理体系和管理规则体系。从资产管理的角度来看，应当按照自然资源和环境资源资产的社会经济属性，研究建立自然资源公益性和经营性资产的分类管理体系，公益性资产原则上收归国有，以提高公共产品和服务为主要目的，不进入市场交易，继续由行政部门依照法定的行政规则进行管理，并由内部设立的独立机构行使资产管理监督权；经营性资产以提供市场产品和服务为主，可进入市场交易，其中政府直接控制的部分（如政府收储的建设用地或者政府直接出租的建设用地和其他自然资源权益），也应当依照市场运营规则由国有资产运营机构经营管理，并由独立的国有资产监管机构或者财政部门行使“所有权人”意义上的国有资产监督管理权。

第三，明确市场交易规则以及价格形成机制。原则上任何可交易的国有和集体自然资源资产都应当按照统一交易规则，在公开市场上进行交易。一级市场上，应当在统一的交易平台上挂牌出让，禁止协议出让；二级市场上，也应当要求在统一的交易平台上进行交易，以便于市场监管；逐步通过统一的交易平台，建立相应的市场价格形成机制，原则上能够形成市场价格的，不宜再建立政府定价机制。自然资源产权或者资产交易具有统一性，不应分行政部门设立所谓的土地交易所、林权交易所、水权交易所、环境权交易所等资产交易平台。一些具有垄断性或者政府直接提供的产品或服务，也应当按照公正公开的程序，制定或者核定价格和收费标准。

第四，逐步建立结构合理的自然资源和环境资产收入和税费体系。国有资源首次出让收入、租金收入和国有资源资产经营收入应当逐步纳入财政预算的国有资产有偿使用收入和国有资本经营收益的管理体系中；明确划分国有资源有偿使用收入和资源资产收入同资源环境税费的关系，把性质上属于有偿使用收入和资产收益的资源税费转入非税收入的相应科目，在此基础上简并整合相关的资源和环境税费，避免重复征税和收费。除去财政转移支付部分外，生态补偿理论上是公共环境资源生态功能服务的价值体现，一部分可以通过环境资源产权市场交易来实现，一部分可以通过附加在自然资源和环境资源利用活动上的税费来实现，没有必要刻意建立独立的生态补偿制度体系。

第五，根据改革进程需要，逐步修改完善物权法及各项资源法中有关自然资源产权的具体规定，进一步健全有关自然资源所有权、使用权以及相关民事权利的规定，建立健全有关产权转让和交易的有关规定，建立形成有关自然资源产权代理制度、统一确权登记制度、统一交易市场制度等基本法律制度；根据国有自然资源资产改革的要求，研究制定有关国有经营性自然资源资产管理的法律及其配套规定，逐步形成比较完整的有关资产代理、资产监管和资产市场运营以及资产核算、审计的法律制度体系。

第七章

CHAPTER SEVEN

建立健全我国生态文明建设的经济政策与市场机制

一、建立健全我国生态文明建设的经济政策

（一）支持生态保护的财政政策

1. 财政政策与生态保护的相关理论分析

（1）生态保护的理论依据

生态文明是人类历史发展的产物，生态文明理论来源于对前人思想的继承和发展，认真研究生态文明理论对生态保护及其政策制定具有重要的意义。

第一，生态环境价值论。长期以来，资源无限、环境无价的观念根深蒂固地存在于人们的思维中，也渗透在社会和经济活动的体制和政策中。随着生态环境破坏的加剧和对生态系统服务功能研究的深入，人们更为深刻地认识到生态环境的价值，并成为反映生态系统市场价值、建立生态补偿机制的重要基础。生态系统除了为人类提供直接的产品以外，所提供的其他各种效益，包括供给功能、调节功能、文化功能以及支持功能等可能更为巨大。人类在进行与生态系统管理有关的决策时，既要考虑人类福祉，也要考虑生态系统的内在价值。生态补偿是促进生态环境保护的一种经济手段，对生态环境特征与价值的科学界定，是实施生态补偿的重要理论依据。

第二，可持续发展理论。传统的发展观只注重 GDP 的增长，没有考虑到增长所耗费的社会环境成本。健康的经济发展应建立在生态可持续能力、社会公正和人民积极参与自身发展决策的基础上。这就要求将

原来被分割的经济、环境、资源、社会组合成为一个整体，运用各种政策促进经济的发展与环境和资源相协调，与社会的发展相协调。因此，需要财政介入调整私人成本，使之包含本国和国际环境成本，治理和改善生态环境，实现可持续发展。

第三，公共产品理论。生态环境是典型的公共产品，具有受益的非排他性和消费的非竞争性等特征。生态环境的非排他性特征，决定了采取收费方式来限制消费者对生态环境的消费很困难，往往出现生态消费“搭便车”现象；生态环境的非竞争性特征，决定了消费者人数的增加所引起的产品边际成本的增加几乎为零，导致公共产品过度使用即“公地悲剧”。为了避免出现“搭便车”现象和“公地悲剧”，有必要对提供生态服务的部门、企业和个人给予生态补偿，使生态服务产品的外部性内部化。生态保护的公共产品属性决定了市场机制难以对生态保护投资进行有效的调节，政府非市场机制是生态保护的主导力量，财税政策介入生态保护具有必然性和必要性。

第四，外部性理论。一方面，自然生态环境保护具有很强的正外部性，在其覆盖区域内能够产生很强的溢出效应，甚至跨区域溢出效应。但由于私人或企业从生态保护这类正外部性产品中获得的收益要远小于整个社会获得的收益，所以市场对生态保护这样的公共产品供给严重不足。另一方面，自然生态环境破坏具有很强的负外部性。私人或企业在从事经济活动过程中不可避免地会破坏、污染自然生态环境，对他人和社会造成负面影响，但由于私人或企业承担的生态成本远小于整个社会承担的生态成本，市场机制又不能促使两者成本一致，必然导致破坏自然生态环境严重，导致整个自然生态环境急剧恶化。因此，政府需要通过财政补贴或税收优惠等政策措施鼓励私人或企业从事生态保护工作，增加生态保护的有效供给。同时，通过适量征税、规范财产权等方式使私人或企业产生的负外部性内部化，减少自然生态环境破坏的行为。

第五，生态保护收益的不确定性理论。生态保护是一种外部性很强的典型公共产品，涉及经济、社会、文化等方方面面，信息复杂程度较高。同时，生态保护是一项浩大的系统性综合性工程，所需要的不仅是巨额的初始资金投入，还需要充分考虑相关科学技术利用、各部门组织协调。实现良好的自然生态环境周期比较长、见效比较慢，投资收益很难预测，私人或企业以营利为目的，生态保护的不确定性使私人或企业投资存在巨大风险，加上私人或企业筹集巨额资本存在很大的困难，对于生态保护收益的预测同样存在很大的不确定性。生态保护收益的不确定性要求政府公共部门作为生态保护的主要承担者，通过公共管理机制应对风险，减少生态保护收益的不确定性，引导社会实现生态保护目标。

（2）财政支持生态保护的职能定位

生态文明建设的核心在于绿色循环低碳发展，它关系到经济社会的长期可持续发展，也是国际社会普遍关心的重大全球性问题。它既是生态环境问题，也是发展问题。由于生态环境具有非排他性和有限的非竞争性，因而生态环境具有明显的外部性特征，属于公共产品。这是财政支持生态文明建设的基本理论依据。具体可从以下几个方面阐述：

第一，财政政策是支持生态保护的重要政策工具。财政政策作为国家实行宏观经济调控的重要政策手段，对于完善市场机制，促进社会经济的综合协调发展有着重要影响。特别是绿色循环低碳发展，由于具有一定的公共产品属性，其外部性造成的市场失灵必须依赖政策手段加以解决，实施财政政策加以引导的必要性更加显著。因此，虽然支持生态文明的经济政策包括产业政策、财政政策、信贷政策和投资政策等多种政策工具，但财政政策由于具有引导性、手段灵活多样等特点，一直是各国政府促进生态环境的重要政策工具。同时，财政政策与金融、产业等政策协调与配合，对于生态文明建设具有重要的意义。

第二，财政政策是生态保护的重要资金保障。生态文明建设需要大量的资金投入，政府的财政投入是生态文明建设的重要资金来源。具体来看，税收是国家财政收入的主要来源，是国家提供公共产品、履行公共职能的重要保证。税收的性质和特点，以及我国绿色循环低碳发展所面临的资金短缺的严峻现实，决定了税收在促进生态文明建设中除了具有激励约束功能外，还具有筹集资金的功能。通过开征碳税，完善资源税、出台环境税，进一步扩大环保税基，可以为生态文明建设扩大资金来源渠道。同时，公共财政对生态文明建设的投入，有利于拉动企业和社会的资金投入，为开展相关各项工作提供坚实的保障。因而，财政政策可以为政府支持生态文明建设活动提供资金保障，我们有必要通过完善税制、优化财政支出结构、增加财政预算中用于生态文明建设的支出，逐步建立起稳定的投入机制。

第三，财政政策对生态保护具有重要的引导作用。财政政策在生态保护中的引导作用，主要体现在对节能、能源替代与发展新能源以及生态环境等方面的激励功能和约束功能。财政政策在生态保护发展中的激励作用体现在三个方面：一是鼓励正外部性，即政府对经济体有利于资源节约和环境保护的正外部性给予相应的税收减免或财政补贴，把外部效益转化为经济主体的内部效益；二是通过财政补贴、加速折旧、投资抵免等税收支出政策，如对节能电子产品的补贴，加大对环保产业和节能等方面的支持，发挥财政资金引导、鼓励和吸引社会资本投入，形成稳定的环保资金投入渠道；三是通过财政投资、税收优惠等措施，鼓励节能技术、环保新技术的开发和推广。约束功能主要体现在通过相关税收制度政策对资源浪费、高耗能产业等的限制和惩罚方面，把产生的负外部性内部化，以提高资源、能源的有效利用，实现经济与环境的可持续发展，减缓温室气体排放的压力。在现行税制下，针对环境资源保护、温室气体排放的税费手段对生态文明建设具有积极的引导作用。与之有关的税费主要包括增值税、资源税、消费税、环境税等，这对资源利用、环境保护行为均可起到积极的引导作用。

（3）从宏观全局高度认识生态保护的重大战略意义

第一，推进生态保护是促进经济社会长期可持续发展的现实需要。

改革开放以来，我国经济发展速度很快，工业化和城镇化发生巨变，但同时也付出了沉重的资源环境代价。资源供需矛盾不断扩大，一些重要战略资源如石油、铁矿石的进口依存度已超过50%；资源过度开发和低效使用，导致一系列生态和环境问题，大气污染和水污染已远远超过环境容量；我国目前的能源消耗和碳排放已超过美国，成为世界第一。可以说，我国的资源环境和生态系统已承载不了传统的发展模式，只有推进生态文明建设，促进绿色循环低碳发展，才能破解资源环境的制约，为经济社会的长期可持续发展提供保障。

第二，推进生态保护是推动产业升级和经济转型的客观要求。产业升级和经济转型一直是我国经济发展的难题，传统的粗放型发展模式始终主导着我国的经济运行；我国的工业化比重已有了很大提升，但重化工业特色明显，过度依赖高资本投入和高资源投入，投入与产出关系失调；我国已超越美国而成为世界第一制造业大国，但制造业大而不强，技术相对落后，产品附加值低；尤为突出的是，近年来我国出现了严重的产能过剩问题，这是过去长期以来传统经济发展模式的必然结果。生态文明建设为推动我国产业转型升级提供了重要契机。大力发展环保节能、新能源、新能源汽车、生物产业、高端制造企业等战略性新兴产业，不仅可以促进节能减排，而且还能够提高我国的技术水平和产业竞争力，进而促进经济增长和产业结构转型。

第三，推进生态保护是全面建成小康社会的重要内容。党的十八大将生态文明建设与经济建设、政治建设、文化建设、社会建设并列，构成了全面建成小康社会目标“五位一体”的新要求，这是中央根据我国经济、社会形势的发展，在通盘考虑我国全面建成小康社会过程中面临的问题与挑战基础上作出的重大战略安排。生态文明既是经济协调发展的基础，也是关系民生的大事。通过加强生态文明建设，为人民群众提供清新的空气、洁净的水质、肥沃的土地、优美的环境，这是新时期解决民生问题的必然要求，也是未来全面建成小康社会过程中不可或缺的重要内容。

2. 我国现行生态保护财税政策存在的主要问题

近年来，按照建设资源节约型和环境友好型社会的要求，我国各级财政部门不断创新财税政策，加大投入力度，支持生态保护，成效明显。但由于我国仍处于工业化城市化发展阶段，人口、资源和环境的发展仍然不协调，我国现行的财税政策在鼓励和促进生态保护方面还明显落后于生态文明发展的需要。

（1）财政支出方面存在的问题

第一，事权划分不细，缺乏横向转移支付制度。目前，中央与地方在生态保护事权方面虽然已有明确的划分，中央政府主要投资于全国性和区域性的污染治理重点工程，地方政府主要投资于本行政区受益的治理工程项目，但缺少详细的分工，仍然出现了各级政府越位与缺位的问题。一些应当由中央政府负责处理或协调、具有国家公共物品性质的环境保护事务，严重缺乏环境财政的支持。同时，一些本应当由地方政府负责、具有地方公共物品性质的环境保护事务，也没有得到有效执行。关于政府与市场之间的责任划分则完全缺失，市场（企业）也应当是生态保护的投资者之一，明确政府与市场间的事权是进一步明晰中央与地方政府间事权的前提。

从目前我国生态补偿的财政转移支付方式来看，纵向转移支付即中央对地方的转移支付占绝对主导地位，而流域上下游之间、区域之间的横向转移支付几乎处于空白状态，缺少区域联防联控长效机制以及常态化的省际生态保护横向转移支付制度。目前只有少数经济发达的省份，如广东、浙江等在本省范围内进行了实施和探索。从全国情况来看，生态环境服务基本还是“免费的午餐”。这种完全由中央政府埋单的方式显然与“受益者付费”的原则不协调。只有在上级政府的协调下，让生态受益的开发区和重点开发区政府直接向提供生态保护的限制开发区和禁止开发区政府提供转移支付，以横向财政转移改变四大功能区之间既得利益格局，缩小功能区之间的经济差距。值得注意的是，给予某地生态补偿的前提是该地区必须完成生态建设和环境保护任务，达到生态保护标准。

第二，生态补偿资金总体不足，尚未建立稳定增长机制。我国目前生态补偿支出并不是财政支出的主要方面，未列入一般性财政转移支付的十个最权重范围（如经济社会发展程度、民族人口比重、城市化程度等），而且生态转移支付相关立法滞后，缺乏制度化约束，导致资金的来源、标准和用途等方面的随意性较大，未能上升到法律（法规）约束层面，直接造成生态补偿资金不足。在实际操作中，生态补偿标准并没有按照市场的价值规律制定，使生态保护者的经济利益受到损害，生活水平降低。如果生态保护者的利益不能获得相应补偿，显然就会削弱人们保护生态环境的积极性、影响补偿政策的实施成效。

另外，目前我国尚未建立长期稳定的环保经费增长机制，环保支出与 GDP 和财政收入的双联动机制并不明显，支出波动性较大。而环保工作在官员政绩考核方面的重要性也并不突出，这导致行政官员的责任意识也有所欠缺，在预算环节往往没有确立环保支出的优先和重点保障地位，缺乏具有约束力的投入目标要求。

第三，生态补偿资金来源单一，过分依赖财政支持。目前各地的生态补偿资金多以一元化的政府财政资金投入为主，市场参与度不高，尚未建立以政府财政为主导，社会捐助、市场运作为辅助的多元化资金投入渠道，难以满足生态环境保护对资金的迫切需求，直接导致污染防治的效果不佳。以排污权交易制度为例，相较于排污收费制度，排污权交易制度虽然能在更大程度上调动企业减排的积极性，但目前在执行过程中却阻碍重重。一方面，政府监管不力，造成企业偷排废物；另一方面，由于地方保护主义盛行，往往以行政干预代替市场运作。如果建立起生态保护多元化资金来源渠道，不仅可以调动社会参与的积极性，减轻政府投入的压力，而且还可以改善生态保护的效果和水平。

第四，财政资金用途单一，注重直接补偿。对生态效益输出地而言，当前生态补偿资金主要用于生态建设投资以及对当地居民的经济补助，用途较单一。直接补偿固然见效快，却也容易转化成消费支出，并不能彻底解决自然保护区居民的后续发展问题，长此以往将使当地居民面临坐吃山空的困窘局面。“授人以鱼，不如授之以渔”，生态补偿应以“造血型”间接补偿为主。事实上，生态建设并不意味着必须牺牲发展机会，即便是在限制开发区，也可以因地制宜，选择发展环境友好、附加值较高的产业，财政如果能通过优惠贷款、就业指导等形式给予支持，生态保护区就可以避免“等靠要”的现象，既达到生态保护的目的，又解决了当地居民的就业和发展问题。

（2）税收政策方面存在的问题

第一，涉及生态补偿税种调节力度有限。我国目前的税制设计中，对税目、税基和税率的选择大多没有从环境保护或可持续发展的角度来考虑。尚不存在纯粹法律意义上的环境税，也没有系统地以环境保护为目的设计税制。在资源税改革中，近年对石油、天然气等资源已由“从量计征”改为“从价计征”，但煤炭资源税改革迟迟未能启动。这在客观上鼓励了企业对资源的滥采滥用，造成了资源浪费。我国目前对矿产品和盐征收资源税，而对森林、草原、水资源等拥有重要生态功能的可再生资源并没有进行资源税的征收，许多同样面临严重短缺和浪费的资源排出了征税范围之外。资源税改革的滞后，对生态保护极为不利。

第二，税收优惠政策存在缺陷。一是优惠形式单一。目前我国具有生态补偿的税种，其税收的优惠形式主要表现在对以国家规定的废弃资源为主要原料从事生产的、在节约能源和防治环境污染方面提供专有技术、对利用清洁能源生产的企业或个人，给予增值税、营业税、消费税、所得税、城市维护建设税方面的税收减免。这些税收优惠政策大多是进行最直接的优惠与事后补偿，而在世界主要国家通常运用的加速折旧、再投资退税、延期纳税等形式几乎不存在。二是优惠措施的覆盖面不尽合理。一方面部分措施有悖于环保理念，譬如对农膜、农药等高污染高毒素产品免征增值税，其初衷是促进农业发展，但事实上却加重了对生态环境的肆意污染和破坏。此外，目前对煤炭、电力、供水等生产资料的价格补贴，扭曲了价格传导机制，降低了资源配置效率，也不利于促进节能减排和环保技术的创新。三是尚未对部分有害产品开征消费税或税率较低，如尚未将电池、杀虫剂、一次性塑料用品等纳入消费税的计征范围。

（3）收费政策方面存在的问题

第一，排污收费制度规定不完善。在征收排污费的实践过程中，《排污费征收使用管理条例》对于缴费主体、缴费范围、公众参与、法律责任等方面的内容规定得还不够完善，主要表现在：一方面，收费项目不健全。我国现行法律法规中，对电磁污染、光污染等未做收费规定；对排放废气、噪声等不超标的单位和个人还未做出收费的规定；对机动车、船舶、飞机等流动污染源暂不征收废气排污费。另一方面，实行单因子收费，即同一排污口有两种或两种以上的污染物时，按收费最高的一种污染物计算收费数额，这既不利于促使排污者削减污染物，也不利于公平竞争。

第二，生态补偿收费不尽合理。一是征收标准和范围不统一。我国生态补偿费制度规定得不尽合理，因此曾一度被废止。二是由于缺乏严格的法律依据，征收标准和概念不统一，征收方式随意性强，横向环境管理体制不健全，缺少跨省市的协调机制，区际生态补偿机制始终难以建立。三是管理不严格，资金收取和利用都存在很大的漏洞。征收方式不合理，基本上采取搭车收费的方式，在实践中主要针对资源的直接开发者和直接使用者征收，涉及范围过窄。

3. 运用财政政策推进生态保护的思路与建议

上述分析表明，我国生态文明建设非常重要，但也面临诸多压力，在很大程度上可归结为制度和政策的缺陷。因此，当前及今后中长期推进生态文明建设，破解资源、环境、生态及应对气候变化的难题，真正促进绿色循环低碳发展，根本途径在于创新制度、完善政策，就是要充分运用法律、行政、经济等各种政策手段，综合发力。财政是国家治理的基础性手段，在生态文明建设中无疑担负着重要职责。现侧重就如何运用财政政策推进生态保护，提出一些看法和建议。

（1）着力推进税收制度创新和税收政策完善

税制具有重要的调节功能，科学合理的税制对于产业升级、结构优化及资源节约和生态环境保护具有重要调节作用。近十多年来我国在税收制度政策方面改革力度较大，为环保节能产业发展和生态保护创造了良好的制度环境，但离生态文明建设的要求仍有相当长的距离，当前存在的突出问题是：环境税制缺失，税收激励和约束功能不足，税率偏低，排污成本外溢。因此，着力推进税收制度创新和税收政策完善是促进生态文明建设需解决的重大问题。

——深化资源税改革。我国从 2012 年开始已出台原油、天然气的资源税改革，当前面临的突出问题是，煤炭资源税改革滞后，计征方式不合理、税负水平偏低、税费关系混淆。鉴于当前煤价走低和电煤已经市场化，煤炭资源税改革的时机已经成熟，应尽快出台。主要建议：一是实施煤炭资源税从价计征改革。从经济发展角度考察，资源税从量计征，极易造成税负水平偏低，难以发挥促进资源节约和环境保护的作用。因此，有必要对煤炭资源税实施从价计征改革。二是清理煤炭相关收费基金。当前我国煤炭领域税低费多，除资源补偿费外，地方政府还征收可持续发展基金、价格调节基金及其他相关收费等。因此，应适时进行煤炭资源税费制度改革，在统一资源税费的基础上，进一步将资源补偿费和相关收费基金改为资源税，由税务部门统一征收。三是适度提高煤炭资源税税率。基于煤炭的原税费负担情况合理确定煤炭资源税的税率水平，建议税率幅度设为 2%～10%。考虑到各地的煤炭资源差异和原征收税费的负担水平情况，在上述幅度税率范围内由地方政府确定各自的煤炭具体资源税税率水平。考虑到我国目前矿业资源开采中浪费严重的现象，需要将回采率或者资源开采后污染的处理情况与资源税的税率水平联系起来，从而能够更好地发挥资源合理利用和环境保护的作用。此外，今后在煤炭资源税改革的同时，从保护资源和提高资源利用效率，以及支持环保和生态环境建设的角度出发，应尽可能地扩大资源税的征税范围，在现行矿产品和盐的征税范围的基础上，进一步扩大到水资源、森林资源、草场资源、滩涂资源等自然生态空间，实现对全部资源的保护。考虑到目前全面开征资源税具有一定的难度，可采取循序渐进、分步实施的办法，直至实现全面覆盖。从短期来看，可以将目前一些有条件征收但没有征收的矿产资源类产品纳入资源税征税范围，如原来不征收资源税的地热和矿泉水等资源；而从中长期来看，在未来条件完备的情况下，可以将水资源、森林资源、草场资源、耕地资源等资源也纳入征收范围。

——开征环境税（包括碳税）。我国目前没有开征与污染物排放直接相关的环境税，如硫税、氮税、污水税等。由于主要的污染物排放实际上是通过相关的排污收费制度来发挥调节作用，而排污费尚存在诸多问题，因此导致不能在国内大气污染和水污染等主要污染治理问题上发挥应有的作用。同时，在全球应对气候变化的大背景下，我国目前也缺乏直接针对二氧化碳征收的税种。环境税的缺位，导致我国环境经济政策存在制度性缺失，限制了税收对污染、破坏环境行为的调控力度，同时也难以形成专门用于环境保护的税收收入来源，弱化了税收的环境保护作用。因此，开征环境税势在必行。一是明确环境税的征税范围。首先是各类污染物排放。通过对我国重大环境问题的梳理以及未来发展趋势的预测，水污染控制、大气污染防治、固体废物污染防治等将是我国未来环境保护工作中的重点。例如，仅工业废物排放就构成我国污染源的70%。此外，噪声等污染也属于污染物排放的范围。环境税有必要将这些污染物纳入征税范围。其次是二氧化碳排放。目前，理论界对二氧化碳是否属于污染物还存在一定的争议，因此，本书不将其作为一般的污染物而独立处理。由于二氧化碳排放造成对全球气候变化的影响，因此国际上也将碳税作为生态保护的一个重要税收手段。我国作为世界上二氧化碳排放大国，为了应对全球气候变化和促进国内节能减排，适时开征碳税也应该作为未来开征环境税的一个重要内容。从较全面的和长期的角度来看，我国环境税的征收范围应设定为包括废水、废气、固体废弃物和噪声等在内的污染物排放和二氧化碳排放。针对各类污染物排放征收的环境税主要涉及目前排污收费制度的“费改税”改革，同时要提高征收标准。碳税则可在环境税开征后，作为其中的一个税目择时推出。二是在环境税的收入归属问题上，建议将环境税作为中央与地方共享税。一方面，可以由中央集中部分收入，解决治理跨地区、跨流域的污染，从整体上控制全国环境的质量；另一方面，也可以增强地方政府治理区域性污染的能力和调动地方进行环境保护的积极性。另外，环境税对西部地区的分配比例应高于一般地区。三是确立环境税的优惠政策。建议对能源密集行业、节能减排成绩显著的企业以及贫困地区，可酌情给予环境税的优惠照顾。

——调整消费税政策。消费税是在增值税普遍征收基础上实施特殊调节的税种。随着增值税扩围和逐步取消营业税，运用消费税延续原有营业税对高消费娱乐活动进行特殊调节，不仅是改革前后税制衔接的必由之举，也是正确引导社会消费、促进服务业健康发展的有效手段，有必要将消费税征收范围由特殊商品消费领域向高端服务消费领域拓展。同时，适应消费品升级换代不断加速，一些高端消费品向普通消费品转变以及节约能源资源的要求日益迫切等趋势，适当调整部分消费品的税目和税率。具体包括：将目前尚未纳入消费税征收范围、不符合节能技术标准的高能耗产品、资源消耗品纳入消费税征税范围，增强其环境保护的效果；适当提高现行成品油及其他高耗能产品的税率，如提高大排气量轿车的消费税税率；适当降低低排气量汽车、摩托车税率，对符合一定节能标准的节能产品给予一定程度的消费税优惠。

——适时调整和完善相关税收优惠政策。一是针对现行企业从事符合条件的环境保护、节能、节水项目的所得，由于不能盈利而难以享受优惠的情况，可适度调整政策的适用条件，如将自项目取得第一笔生产经营收入所属纳税年度起给予减免税调整为自项目盈利所属纳税年度起给予减免税，或者将企业从事节能环保项目的所得减免，调整为按照节能环保项目的投资额的一定比例进行税额抵免，使企业能够真正享受优惠。二是在现有对企业从事符合条件的环境保护、节能、节水项目的所得免征或减征企业所得税的规定基础上，进一步调整和完善符合条件的相关项目的范围。例如，符合条件的环境保护项目可以包括：对本企业生产过程中产生的废气、废液、废渣进行治理以达到环保要求的项目；对其他企业或居民生活中产生的废水、垃圾等废物进行治理的项目；生产环保产品的项目；环保技术研究、开发和转让项目；环境咨询、信息和技术服务等环保项目。三是针对现行企业内部在资源综合利用项目上难以获得优惠的问题，可考虑对企业自产自用符合国家产业政策规定的资源综合利用产品，也应该给予优惠政策。具体可比照对外销售，在严格资源综合利用项目管理的基础上，按照同类产品售价计算所获收入的10%给予应税所得额扣除。四是针对现行企业所得税对于企业生产和销售有关环境保护、节能节水等相关设备缺乏优惠政策的情况，可参照资源综合利用的企业所得税优惠政策，对生产和制造节能设备和产品的企业给予一定的优惠，如对于生产和制造节能设备和产品的收入给予减征10%的优惠政策。五是为了鼓励环境保护、节能、节水等涉及节能减排相关技术的发展，可将企业在环境保护、节能、节水等方面提供的技术转让、技术培训、技术咨询等所取得的技术性服务收入，纳入企业所得税技术转让优惠的规定范围，享受企业所得税有关企业技术转让的减免税政策。

（2）建立和完善财政对生态环境投入的新机制

生态环境的公共物品特征决定了财政支持的必要性。“十一五”以来，为了实现国家确定的节能减排的战略目标，国家财政部门从政策、制度、财力多方面出台措施，加大扶持力度，效果非常明显，淘汰落后产能取得重大进展，主要污染物排放强度、碳排放强度趋于下降。但必须看到，当前我国的生态环境形势仍非常严峻，各类污染物排放及碳排放仍远远超过我国的环境容量，财政支持的政策仍不适应生态文明建设的要求。因此，非常有必要建立和完善财政支持生态环境投入的新机制。

——加大财政支持生态环保的投入倾斜力度。鉴于当前我国生态环保的严峻形势，生态环保已成为我国最大的民生问题，加强政府财政投入迫在眉睫。一是增量调整和存量调整并重，切实加大财政投入。要根据中央生态文明建设目标要求，紧紧围绕生态环境功能区建设及绿色循环低碳发展等战略重点，在每年新增的财政收入中，切实增加生态环境的投入比例。同时，还要通过深化财政支出改革，压缩行政支出及一般经济建设支出，从而为增加生态环保投入创造条件。二是整合现有专项资金，以形成合力。目前，财政已经设立了节能减排专项资金、可再生能源专项资金等多种专项资金，为了提高资金使用效益，避免“撒胡椒面”，需要整合不同的专项资金，形成统一的、具有一定资金规模的节能减排发展专项资金。三是建立专门的预算科目。通过政府预算安排支出是筹集生态环保资金的重要手段，为了保证上述投入持续、稳定的资金来源，预算科目的设置必不可少。目前的科目设置已有了“环境保护”大类（211 项），但涵盖内容仍偏窄，建议以“款”的级次确定“节能”“污染物减排”“二氧化碳减排”“生态保护”等款项，以便准确及时地全面掌握和统筹国家在相关领域的资金投入。四是建立中央和地方多级共同投入的机制。支持生态环境需要中央与地方政府联动，形成各级财政、各个主管部门共同投入的机制；同时，财政投入应与各级政府在税收、金融、价格等方面的扶持政策协调一致，以求形成合力。“十二五”期间，财政部、国家发展改革委决定在部分城市开展节能减排财政政策综合示范，示范城市所在省级政府和本级政府要安排一定资金，专项用于城市节能减排综合示范。

——优化财政支持生态环保的投入结构。一是支持节能减排科技的研发、示范和推广。节能减排项目往往具有涉及面广、初始投资大、即期经济效益不确定和社会效益的长期性等特点，使节能减排技术研发投资存在一定的风险性，直接影响企业和个人对节能技术研究开发提供必要的、适当的政策优惠与扶持，更好地促进节能减排技术的改进。技术示范和推广是将节能减排技术变成生产力、推动节能减排科技进步的重要环节，政府应在组织、协调和引导方面发挥积极的作用。二是支持节能和环保服务产业的培育和发展。2010 年，中央财政推出《合同能源管理财政奖励资金管理暂行办法》，中央财政安排资金，对合同能源管理项目给予适当奖励，对实施节能效益分享型合同能源管理项目的节能服务公司给予支持。今后，应充分利用现行合同能源管理财政奖励资金，发挥其积极作用。同时，还应给予环保服务业与节能服务业同等的待遇，在政策支持上视同为节能服务产业，因为它们在性质上是一致的。“合同环境服务”即是针对环境综合服务业而设计的模式，通过合同甲方和乙方的契约关系，由乙方为甲方提供标准明确、产出清晰、环境直接能够改善的一种服务，政府同样应通过相关政策予以扶持。三是针对环保投资历史欠账严重和治理污染压力不断增加的现实情况，需要更进一步明确政府在污染防治方面的投资重点和方向，加大环境保护重点领域的投入力度，包括废气、污水、重金属等危险废物的污染防治，重点污染物（二氧化硫、氮氧化物、化学需氧量和氨氮）的污染减排，农村环境保护、生态环境保护和二氧化碳减排等项目。

——创新财政投入手段。根据各类财政政策的性质和特点，结合生态环境发展不同领域，综合运用财政预算投入，设立基金、补贴、奖励、贴息、担保等多种形式，最大限度地发挥财政投入的效益。财政投入手段的创新包括以下几个重点：一是在补贴环节上，从以往主要补助生产环节，转向在补助生产环节的同时扩大对消费环节的补助，如目前对某些节能产品、电动车的补贴直接给了消费者，使消费者、生产者和国家同时受益，更有利于在全社会推广，且这类补贴绩效明显，便于考核；二是在财政投入使用方式上，更多地采用财政贴息这类间接优惠方式，以调动银行贷款和其他社会资金投入绿色经济发展领域，从而更好地发挥财政资金“四两拨千斤”的引导调控作用，放大财政资金的支持功效；三是下一步财政还要大力扶持担保行业的发展，包括财政注资成立担保公司，同时吸引社会资本进入担保市场；财政还要设立担保风险补偿基金，在风险发生时通过评估酌情给予补偿资金。

——探索建立多元化投入机制。一是鼓励支持社会资本投入生态环保建设事业。改变社会公众环保观念，鼓励和支持民间团体等社会资本投向生态环保建设事业，努力争取和引导国外投资者投身生态环保事业。二是明确企业环保投资的主体地位，通过出台相应的优惠政策，积极发挥财政的引导作用，吸引企业投融资于环保产业；通过税收制度设计，使治污成本内化为企业成本，引导企业增加对生态环保的投入。三是建议借鉴 OECD 国家的成熟经验，设立生态环保投资基金，对发展前景良好的环保项目进行投资，弥补环保资金供求缺口，实现环保基金的良性自我发展。四是积极推进环保投资公共私营合作制（PPP 模式），一方面，通过减免税费等方式，将可盈利的、以市场为导向的环境保护产品推向企业；另一方面，在全球环境危机的大背景下，在国际范围内与其他各国开展环境保护领域和新能源领域的资金、技术合作，有效开发和利用国际资源。五是引导金融行业加大对生态环保领域的投资，解决企业和政府在运行相应环保项目时的资金需求问题。强化对循环经济的资金支持，可采用创建政策性投资开发公司、组建循环经济产业投资基金、发行绿色金融债券、生态环境补偿基金彩票等创新方式。

（3）构建政府间生态转移支付制度

我国地域广阔，自然条件千差万别，地区间发展不平衡，地方财力差异较大，这是我国区域发展的一个基本现实特征。而生态环保对宏观的影响和地方的影响具有鲜明的反差，在宏观方面，生态环保的综合经济社会效应更大；而在地方层面，生态环保往往会影响某地经济，地方的经济利益会受到损失。因此，解决生态环保问题，实现生态环保宏观全局利益和地方局部利益的均衡，需要将生态环境因素纳入财政转移支付范畴，构建政府间生态转移支付制度。

——建立中央对地方的纵向生态转移支付。一是中央政府在安排生态补偿财政转移支付资金时，主要针对全局性的补偿问题。将全国作为一盘棋，通盘考虑，切实加大对中西部地区、生态效益地区的转移支付力度。二是改进生态转移支付的测算方法。要用“因素法”取代“基数法”，在财政转移支付中增加生态环境影响因子权重，如生态补偿因素、环境基础设施和环境管理服务、污染防治等内容，增加对贫困地区、生态脆弱和生态保护重点地区的支持力度，并按照基本公共服务均等化原则，增加对中西部地区的财政转移支付，对重要的生态区域（如自然保护区）实施国家购买等，建立生态建设重点地区经济发展、农牧民生活水平提高和区域社会经济可持续发展的长效投入机制。三是进一步明晰和提高相关领域的补偿标准。特别是确保相关占地补偿、移民搬迁、环境资源损耗补偿等真正落实到相关区域、流域的农民手中，不断完善和深入推进生态补偿、移民搬迁等工作。

——建立省以下生态财政转移支付。生态环保既有全局性问题，也有区域性问题。因此，在建立中央生态转移支付制度的同时，还需要构建省以下生态转移支付，以解决地方范围内的生态环保的突出问题。应根据地方具体情况，合理安排省以下生态财政转移支付的规模、方向，明确转移支付重点、分配使用原则和资金的使用范围等内容。重点是对重要生态功能区的支持，关注本省欠发达地区的生态补偿的落实。要设立地方生态环境整治与保护专项资金，整合现有相关财政转移支付和补助资金。在资金安排使用过程中，市县政府要明确倾斜性的生态环境保护项目，结合年度环境保护和生态建设目标责任制考核结果安排项目。根据当地排污总量和国家环保部公布的污染物治理成本测算，安排补偿资金的额度，原则上应按上年度辖区内环境污染治理成本的一定比例安排补偿资金。各省、市等地方政府可以就本地区生态环境项目设立地方补偿资金，并可在补偿计划上单列出对物权受限人的补偿。设立这种多层次的补偿资金可以对地方环境保护起到刺激作用，同时形成上下多层的互动机制。

——建立区域间横向生态转移支付。横向生态转移支付亦称横向生态补偿，主要是指区域之间或水流域上下游地方之间生态受益方对生态的经济利益受损方的资金补偿。近年来我国一些地方已在这方面进行了一些探索，取得一些进展。今后需总结经验，完善制度，积极推进开展流域生态补偿、自然保护区生态补偿、重要保护区生态补偿、矿山开发生态补偿等实践活动，进而推进区域间、流域间的生态转移支付。具体考虑对跨流域、跨空间产生的事关全局的重要生态功能区、水源涵养区、生态保护区等生态补偿问题，应坚持谁受益、谁补偿原则，由中央政府推动建立科学、合理的地方政府间横向生态补偿制度，探索区域间经济合作的利益补偿机制，最大限度地保障生态保护区合理的经济利益诉求。只有这样，我国生态环保问题才能走出困局，开拓新局面。

（二）促进我国生态文明建设的价格政策

生态环境的日趋恶化使本届政府重视生态文明建设程度空前。而在市场经济中，价格是核心的调节机制，合理的价格政策，对改变目前我国生产与消费中资源消耗过高、环境污染严重的局面，促进资源节约及循环利用，具有举足轻重的作用。为此，本书拟以可持续发展为目标，以能源、水基础资源的优化配置为重点，对促进我国生态文明建设的价格政策提出建议。

1. 促进我国生态文明建设的价格政策的整体构建

促进我国生态文明建设的价格政策的具体目标，可定位在资源节约、减少排放、支持可再生能源发展三个方面。实现上述目标的主要措施，可概括为：引入竞争、再造监管、强化外部性控制。

（1）进一步引入竞争机制

众所周知，竞争是加强企业外部约束、扩大消费者选择范围进而节约资源的最有效的手段。因而在我国，传统的竞争性产业已基本上取消了国家计划，价格由市场竞争形成。煤炭和石油本质上也属于竞争性行业，因此应积极排除障碍，尽快引入竞争机制。天然气和电力虽然传统上属于自然垄断行业，但近年来国内、外的理论研究和改革实践均已证明，这两个行业的输送网络业务与输送网络之外的业务在性质上是不同的，前者仍存在不同程度的自然垄断性，而后者本质上属于竞争性业务，只要相关条件具备，完全可以建立竞争性的市场结构和由市场供求决定的价格形成机制。在我国上述领域进一步引入竞争机制，当前需重点解决以下三个问题：

第一，竞争型市场结构的建立。竞争机制的有效性取决于市场结构的可竞争性。在成熟的市场经济国家，无论是反托拉斯监管，还是对垄断性行业进行的企业重组，主要目的都是使市场结构具有可竞争性。目前，除煤炭外，我国其他几个行业的市场结构都不足以实现有效竞争，如成品油的批发和零售市场，基本上仍由中国石油等大型企业控制；电力行业虽进行了“厂、网分开”，但分拆的只是原国家电力公司的发电资产，地方政府的发电资产并未重组，原国家电力公司的重组也打了折扣，电网公司仍保有发电资产，且至今主、辅（主要指那些靠关联交易生存的“三产”）未分。因此，要真正在上述行业实现有效竞争，必须削弱现有大企业对市场的控制力，包括鼓励国内的私人资本、外资进入能源行业，并有必要对国有企业做进一步的重组。

第二，体制改革的整体规划。我国至今还没有能源各行业体制改革的整体规划。有些改革安排，如“电力体制改革方案”，虽称为“方案”，但确切地说只是个大思路，要成为规划，还有许多问题需要研究。尽管后来各有关部门也陆续出台了一些配套措施或配套办法，但相互间缺少对接，并没有完全“套”在一起。而“整体设计、分步实施”，是一切体制改革必须遵循的普遍真理，能源的市场化改革更应如此。这不仅因为能源是国民经济的血液，而且也因为能源供应是个精密的系统，特别是天然气和电力，生产、运输、消费各环节之间以及各环节内的各构成单元之间，都必须“协调”运作，整个系统才能正常运行。从而，与其他方面的体制改革相比，能源体制改革的系统性要求也非常高。正因如此，先期进行能源市场化改革的国家和地区，无不“整体设计、分步实施”。我国的能源市场化改革若要达到预期的目标，也必须尊重能源行业的经济、技术特性，遵循能源行业体制改革的客观规律，首先做好改革整体规划的周密设计。

第三，“改革”领导责任的落实。我国能源行业（特别是电力、石油、天然气）有多年垄断经营的历史，又是最重要的基础产业之一，在这样的行业实行市场化改革，利益调整大，又事关国家的经济繁荣和社会稳定，先行改革的任何一个国家和地区，执政党都视之关乎执政前途的重大政治决断，或最高领导人亲自指挥，或由其授权的重要阁僚负责。总之，是由能负相应政治责任的人领导。能源行业对我国国民经济与社会发展有多大影响，近两年“缺电”的影响已经证明，因而我国能源市场化改革成功与否，肯定将直接或间接地影响共产党的执政地位。至于由此引起的利益调整，无论是范围，还是深度，都远超过其他国家和地区。如此重大的政治责任，绝不是任何政府的部委可以承担的，如此复杂、尖锐的利益集团之间权益的调整，更绝非任何政府部委能够协调的。因此，国务院应成立专责的体制改革领导小组，要由能负相应政治责任、具有相应协调能力的国务院高层领导担任组长。

（2）再造基于市场经济的价格监管体系

我国过去实际上没有经济监管，计划经济中的直接控制或自上而下的命令与市场经济中的监管是两回事。在那些仍存在垄断经营的能源行业，经济主体利益与决策越是多元化，以平衡买、卖双方经济利益关系、基于规则和程序的监管及其现代化就越重要。特别是目前的电力行业，“厂、网”已基本分开，在电力系统内的技术联系依旧而经济关系巨变的情况下，既要提高电力企业效率，又要保电力系统安全、可靠，没有一个现代化的监管体系，绝无任何可能。再造现代化的能源价格监管体系，当前需重点做以下工作：

第一，建立职能完备的能源价格监管机构。在其他市场经济国家，能源监管机构有独立的，也有内设于相关政府部门的，但有一点是共同的，就是职能统一，即对仍垄断经营的能源、供水企业价格监管与成本、质量的监管由同一机构负责。其实道理也很简单，如前所述，能源供应是个精密的系统，因而对这个系统各构成要素及其运转各环节的监管，也必须与这种系统性相适应。我们现在的情况是，管价格的管不了成本，更管不了服务质量，这种主要监管职能分散于各部门的配置格局，必然且已经导致部门间的职责重叠，效率低下，形成监管“越位”与“缺位”并存的局面。我国价格监管机构是独立设置，还是内设在哪一相关政府部门，或由哪一相关政府部门管理，仍有继续讨论和演变的空间。但目前这种职能分散、重叠的体制，无论如何是不能再继续下去了。

第二，建立、完善监管的规则体系。规则是监管者行为的依据，是被监管者、消费者权益的保障，因此，基于市场经济的价格监管，离不开科学的监管规则的建立。我国目前已有了部分与价格监管有关的规则，但离科学监管的需要还有很大的距离：一是规则不足，连最基本的规则——监管垄断性企业成本的规则都没有；二是已有的规则不完善，亟待修改或更新。当前，建立、完善监管规则的重点是：成本约束与审核；建立投资审批与价格监管的联系；监管决策的必经程序；公众参与的作用与形式。

监管规则合理化的途径，可以考虑以下两个方面：一方面，学习国际经验，特别是要向监管历史长、效果好的国家学习；另一方面，社会的广泛参与。民主是法制的基础，只靠政府部门间的征求意见或文件会签，而没有公众的广泛参与，不可能产生公正、合理的监管规则。顺便指出，在我国政府管制价格目录中，一些与居民利益密切相关的商品或劳务价格调整前召开听证会，确有必要，但就能源价格监管的科学化而言，特别需要听证的，是监管规则的建立和修改，而我国目前恰好是监管规则的产生未经听证。

第三，建立利益相关者间的制衡机制。由于信息不对称，监管机构受被监管企业误导的可能性极高。此外，由于监管官员在行使职权的具体过程中，难免受个人情感因素的影响，有意偏向被监管企业或过多满足消费者的要求，也都是有可能的。而无论偏向被监管企业还是过多满足消费者的要求，都会降低监管的质量，不利于资源的合理配置。因此，现代管制经济学认为，没有利益当事人的参与，监管机构并不具备合理决策的能力，监管机构真正有能力做的，是充当买、卖双方间博弈的中介，或者说，是为解决被监管企业与消费者的利益纠纷提供一个裁判所。根据我国的实际，要通过利益相关者间的制衡建立起有效的监管，当前的主要任务是把消费者组织起来，使其具备与被监管企业抗衡的能力。我国目前价格听证会的效果达不到预期的目标，最主要的原因就是消费者力量太弱，出席听证会的消费者代表基本上是单兵作战，明显缺乏组织性，各方面都不是被监管企业的对手。而现在的“消协”一是官气太浓，二是不“专”，在此博弈中也难有作为。为此，必须建立新型的消费者组织，使之：成为消费者自己的组织——真正的利益共同体；具有针对性——针对具体行业而不是现在的无所不包；专家治理——聘请或雇佣自己的专家包括经济学家、律师、会计师和工程师，由专家对被监管企业成本做长期跟踪研究并出庭听证；获取政府支持——政府应给予资金补助，但不应干预内部运作。

（3）强化“外部性”控制

在能源行业，“外部性”主要表现为对资源和环境的影响。能源行业的“外部性”也有负、正之分。负的“外部性”指对资源和环境的破坏，由此导致了行业的“外部成本”；正的“外部性”有利于资源和环境的保护，由此导致了行业的“外部收益”。合理的能源价格，应使“外部成本”“外部收益”均能内部化，进而有利于对“外部性”的调控，实现经济社会的可持续发展。

第一，“外部成本”内部化。能源行业的“外部成本”包括资源和环境两个方面。

资源成本内部化的基本途径，是尽可能实行资源价格的市场化。增量国有资源使用权的分配，必须通过规范的招标进行。对存量国有资源的使用，应建立完整、科学的资源税、费体系，如资源税征收标准按产品价格水平分档设计；资源税征收基础改按产量计征为按占用资源量计征等。

环境成本内部化的基本途径，是有针对性地建立一整套科学的环境税、费体系，各项环境税、费的征收标准，应以能源企业排污所缴税、费额大于其污染治理支出为标准。如此来看，我国绝大多数排污费征收标准都需要大幅度提高。

在政府仍实行价格监管的能源行业，如企业的资源和环境支出增加，能源价格应相应提高，为资源和环境等“外部成本”内部化创造必要的条件。

第二，“外部收益”内部化。风能、生物质能、潮汐能、太阳能等可再生能源的开发和使用，可以减少化石能源的开采和消费，既实现了不可再生能源的节约，又保护了环境，这些正的“外部性”，应该促具发扬。但现阶段，以会计成本为标准做出的经济性评价，可再生能源明显低于常规能源。在这里，市场机制失灵了，必须由“看得见的手”促其“外部收益”内部化，可再生能源的真实价值才能得以完整地体现。

可再生能源“外部收益”内部化的方法，可考虑以下两种：

一是政府定额补贴。即根据可再生能源与常规能源的成本差额，按单位予以定额补贴，但其价格由市场决定。

二是政府按可再生资源的实际成本核定价格，并强制经销企业全额收购。

前者可用于已建立竞争性市场的行业，后者可用于仍垄断经营的行业。但无论采取那种方式，由于我国国土辽阔，地区间经济社会发展不平衡，都必须在常规能源终端用户价格上加收一个小额“附加”，以用于解决可再生能源与常规能源成本差额的合理分摊问题。

2. 几个主要资源性产业的价格政策要点

（1）石油价格政策的要点

我国大部分石油价格已经放开，市场平稳，这里着重探讨成品油（主要是汽油、柴油及航空煤油）价格如何向竞争性市场体制平稳过渡问题。

第一，继续坚持与国际市场接轨的取向。我国原油净进口已占国内总消费量的60%左右，且比重还会继续增大。尽管成品油国内市场尚未与国际市场直接融通，但由于原油的国内市场已形成对国际市场的高度依赖，成品油国内市场与原油国际市场也间接地形成了紧密的互动关系。因此，为保障国家的能源安全，成品油价格形成机制必须坚持与国际市场接轨的基本取向。

第二，应把市场均衡作为成品油价格调整的基本出发点。现行成品油调价机制重视对企业的成本补偿并无错误，但必须认识到：价格的基本功能是调节供求。从社会整体利益的层面来看，成本补偿本身不是目的，成本补偿是为了使价格的基本功能更好地发挥，实现资源的合理配置。目前，我国成品油供应已基本取消了计划配给，供求平衡的调节主要依靠价格机制。因此，完善的成品油调价机制，显然不能局限于企业的成本补偿，更要注重对价格变动趋势的适时反应，并使之有助于将市场主体的投机行为引向供求平衡的目标。

第三，调整成品油价格形成中各相关主体的地位和相互关系。将政府价格主管部门在成品油价格形成机制中的作用，由价格水平的审批改为制定作价办法、相关规则及其执行过程的监督。具体的调价安排，由“中石化”“中石油”及其他获准进入的石油企业根据上述作价办法及相关规则自行组织，报政府价格主管部门备案。为了提高监管的有效性，成品油作价办法及相关规则向社会公开，以充分发挥广大消费者及其他利益相关主体的监督作用。

第四，放松成品油批发、零售的市场准入，引入竞争机制。石油行业是公认的可竞争性行业，事实已经证明，“中石化”“中石油”不可能形成对国内市场的全面垄断，责其保障国内石油供应更是勉为其难。石油行业的这些大的体制环境不改变，单靠价格制度不可能解决现存的所有问题。所以，一些强化两大石油公司垄断地位的政策不宜继续坚持，保障国内供应的任务还是交给市场更加可靠。为此，应降低成品油市场准入的门槛，鼓励国内企业包括民营企业经营成品油批发与零售业务。政府有关部门也应将主要精力用在相关规则的制定上。

（2）天然气价格政策的要点

天然气如未液化，须经专门的管道运输才能流通，因而该行业的技术、经济特性与电力行业较为相似。作为长期目标，在“井、网、售”分离的基础上，天然气井口价格和终端用户价格应该市场化，管道运输价格可继续由政府监管。这方面国外已有成功的经验，国内的政府决策层也基本形成共识，我们可朝此方向继续努力。这里，重点就当前监管所需解决的几个问题提出建议。

第一，完善与替代能源联动的天然气价格调整机制。依靠管道运输的天然气因替代能源品种较多，买、卖双方都有很高的市场风险。所以，在实行天然气市场化体制的国家，买、卖双方通常要通过长期合同来避免风险，而确立与替代能源联动的天然气价格调整条款，则是这种长期合同的主要内容。政府价格管制的核心目标是资源配置效率，与竞争性市场的客观结果并无本质区别，我国已建立与替代能源联动的天然气价格调整机制。但应继续在“联动”的能源种类动态调整方面加以完善。我国能源消费的种类构成有其特殊性：一是以煤炭为主；二是品种多；三是结构演变速度快。从我国的实际出发，天然气价格与之联动的替代能源不应是单一的，目前可主要与原油、液化天然气、液化石油气、煤炭的加权平均值挂钩。

第二，统一规范配售价格监管办法。除少数大城市外，我国大部分中、小城市的管输燃气供应都刚刚起步，天然气配售价格监管缺乏统一规范不足为奇。当前，特别需要统一规范的，一是成本构成，尤其是其中争议最大的“开口费”性质的归属；二是价格结构确定的基本原则。

关于天然气配售成本构成，应在财政部发布的《企业会计准则》基础上，按照国际惯例，由价格监管机构牵头制定出更具体的、适用于监管的成本规则。关于其中争议最大的“开口费”性质归属问题，规范的称呼应是“接入费”。如用户接入共用网络时有特殊支出，可按实际发生额计费；如用户接入共用网络时无特殊支出，则可按统一标准计费。而用于共用网络的支出，应在整个经营期内，分年度摊销。

关于天然气配售价格结构确定的基本原则，应以各类用户对配售系统供气成本的影响为依据。而各类用户对配售系统供气成本的影响不同的主要原因，是用户的消费特性不同，如负荷率的差别、管网容量的差别、用气时段的差别等。基于上述因素来设计天然气配售价格的结构，可使用户的价格与系统对其供气的成本相符，从而推动合理的天然气消费结构的形成。

（3）电价政策的要点

关于电价改革，在国务院《电价改革方案》及其配套的部门规章中提及的内容，本书将不再重复。这里拟从可持续发展的角度，对此前未及深入思考的促进节能与可再生能源发展问题，提出框架性的政策建议。

第一，用户电价总水平及时反映电力成本和需求的变动。用户电价总水平决定电力消费总量的合理与否。就电价政策而言，要促进节能，首先要做到的，就是用户电价总水平与总的供电成本相符并及时对成本和需求的变动做出反应。如与燃料价格大幅度上涨和需求的剧增态势相比，前些年用户电价总水平的上调显得迟缓，不足以对电力总体需求产生预期的抑制作用。主要原因，一是国家发展改革委担心突破通胀率控制目标，对各地电价上调用户电价总水平限制偏紧；二是何时调整、调整幅度如何确定，相关规则也有欠缺。因此，要使用户电价总水平及时反映电力成本和需求的变动，需要在观念和制度两方面完成进一步的转变。一是要破除用户电价总水平必须保持相对稳定的传统理念。从降低社会交易成本的角度来看，如果电力成本或需求变动不明显，用户电价总水平不宜频繁调整，应该保持相对稳定。但对近两年这种燃料价格大幅度上涨和需求的剧增态势，则电价总水平就必须及时做出足够的反应，若此时还追求电价的相对稳定，其结果必然是短期供给的相对萎缩，市场需求更加旺盛，进而使供电可靠性进一步下降，整个电力系统更加不稳定。二是建立、完善电价总水平适时调整的监管规则和办法。2004 年国家发展改革委发布的经国务院批准的《关于建立煤电价格联动机制的意见》、2005 年 4 月国家发展改革委发布的 3 个“电价管理办法”，都已涉及电价总水平的适时调整问题。《电价改革方案》确立了上网电价市场化后用户电价与上网电价联动的制度与基本原则，“煤电价格联动方案”和 3 个“电价管理办法”，又进一步确立了上网电价市场化的有关制度与基本原则，应该说，方向是明确的，主要的原则性规定也是可行的。但从操作层面上来看，要真正做到电价总水平适时调整，一些具体的规则还需完善。目前，解决实际操作困难的主要突破口是要对确定“煤、电价格联动”幅度的规定进行修改。我们的修改建议可喻为“路、桥分开，各司其职”。

所谓“路”，是指对被监管电力企业“效率不断提高”的正常要求。这一要求的实现，国外通行的做法是在电价调整公式中设效率系数（如英国的调价公式“RPI－X”中的X，就被称作效率因子）。目前我国电价监管只有定价公式，没有调价公式，规则是不完整的。为实现电价调整的规范化、法制化，建议尽快制定电价调整的公式。在我国的电价调整公式中，也应按国外通行做法设立“效率提高系数”或“成本下降系数”，对要求企业“消化”的一般性成本增支因素（包括燃料价格的小幅上涨），可通过此“路”解决。

所谓“桥”，是指特殊性成本增支的解决方式。与调价公式中设定的“效率提高率”或“成本下降率”正、负相抵后的成本增支（对火电机组而言，主要是燃料价格较大幅度上涨），就可视为特殊性成本增支。这种特殊性成本增支，是社会为保持现有能源消费规模所必须付出的代价，应该让消费者准确地感知这种能源稀缺的程度，所以应全部通过提高电价的方式予以解决。

第二，建立与供电成本相符的用户电价结构。所谓用户电价结构，是指因用电方式、用电时间、用电电压等因素的差异所形成的用户之间单位用电价格的差别及其比例关系。用电方式、用电时间、用电电压等因素的差异，所以会形成的用户之间单位用电价格的差别及一定的比例关系，是因为上述因素导致了用户对电力系统不同的成本耗费。因此，电价结构是否合理，直接决定能否形成合理的电力消费结构，进而，不仅关系能源节约的绩效，还影响一系列相关的资源配置效率。所以，可持续发展的电价政策构架，必须包括“建立与消费者耗用供电系统成本相符的用户电价结构”。从我国现阶段的实际出发，完成此项任务应做好以下两方面的工作：一是调整用户分类及其差价。对目前的用户分类及其差价关系，各地已不同程度地进行了调整，但从总体上来看，仍与实际的供电成本不符，“交叉补贴”过多，一个突出的表现，就是大工业用户与居民用户电价基本相同。此外，商业用户电价普遍处于最高水平，且超过平均水平达70%以上，显然也不能反映用户对电力系统实际的成本耗费。所以，应尽快按电压等级、用户负荷特性调整用户分类。特别是那些缺电严重的地区，更应抓住机会调高居民电价，彻底解决居民用户与其他用户“交叉补贴”过多的问题。二是改进分时电价结构。2003年以来，我国已全面推行峰谷电价制度，现阶段继续改进的内容包括：进一步扩大峰、谷分时电价制度执行范围；“因地制宜”地调整各时段价差；负荷季节性强的地区实行“季节性电价”；鼓励设立“尖峰电价”；水电比重大的地区全部实行“丰、枯电价”。

第三，上网电价应包含更多的减排成本。在大幅度提高排污费的征收标准的同时，作为配套政策，如果企业采取了必要的防治措施如安装了脱硫装置并投入运营，相应的成本支出应允许企业通过正常的渠道予以收回，以鼓励发电企业增加环保投入。在上网电价仍由政府管制的阶段，上网电价应能够容纳减排的合理成本。近期，可考虑继续增加1分到2分的调价空间，以促进火电向零排放的目标迈进。

第四，逐步引入竞争机制。在可竞争领域，市场机制是节约资源的最有效手段。根据国外电力市场运行的实践经验，无论“单边”还是“双边”交易，竞争的压力都会促使发电企业千方百计降低燃料消耗，从而产生直接的节能效果。特别是“双边”交易制度，由于在电价的形成机制中引入需求方因素，调节对象进一步扩大到消费环节，节能效果更为明显。另外，我国电力行业已基本实现了“厂、网分开”，如不引入竞争机制，则不仅达不到优化资源配置的目的，还徒增交易成本，导致资源配置效率进一步下降。因此，电力行业引入竞争机制的步伐应该加快。近期，除继续完善华东、东北两个区域电力市场试点规则外，建议重点做好以下两项工作：一是加快推行“大用户直购”试点。根据先期进行电力体制改革国家的经验，发电企业向大用户直接供电，属电力交易中的“双边”模式，其核心内涵是发电企业同大的电力买主直接交易，而这些大的电力买主则是以配、售电公司为主。因此，我国进行电力市场的“双边交易”试点，不应仅限于发电企业同用电量大的终端用户间的直接交易，而应把发电企业向独立供电公司“直供”作为主要的发展方向。这些独立供电公司的产权结构也可有多种选择，可由现在的省电力公司与其他投资方合资，也可由民营资本独资；供电业务的运营，可考虑委托省电力公司，也可由独立供电公司自营。对于“直购”区域内用户负荷特性要求，应以高用电负荷率企业为主。至于“直购”方式，尽可能过网“直购”，但专线“直购”也不排除。二是抓紧设计与国情相适应的电力市场模式。这一轮的电力体制改革以引入竞争机制为核心，国外共同的做法是先确定电力的交易方式及相关规则，再设计相应的行业分解及企业重组方案。“厂、网分开”一旦完成，发电侧或用户侧的竞争性市场交易立即开始。我们的做法却正相反：“厂、网分开”十多年了（“分”也不到位，如电网公司仍拥有相当规模的常规发电机组，且“主、辅”至今未分），但电力市场的基本形式及电力市场布局这一改革的核心问题，相关决策部门却仍在研究和争论之中，导致改革进程一拖再拖。中国地域辽阔，电网构架及以其为依托的电力市场必然是区域性的，加之现阶段地区间经济、社会发展很不平衡，“竞价上网”（属“单边”市场模式）作为电力行业引入竞争的方式之一，不可能适用于所有地区。因此，要使电力市场建设平稳有序地向前推进，真正通过市场机制解决中国电力的可持续发展问题，一定要先做好与国情相适应的电力市场模式设计。

第五，规范、整合随电价征收的政府性基金。促进节能（如实行需求侧管理）、支持可再生能源发展，现阶段均需公共资金支持。通过电费附加筹集此类公共资金，符合公平与效率原则。在国外，已有成功经验，我国也有“电力建设基金”“三峡基金”及“库区移民扶持基金”的操作实践。只要对这些随电价征收的政府性基金进行规范、整合，就可使之成为促进能源可持续发展的政策支撑。这种“规范、整合”的主要内容包括：①更名：目前各项随电价征收的政府性基金，均以公共利益为目的，为避免消费者误解，应使之名副其实，统一称为“电力公益基金”。②扩大应用范围：增加节能、支持可再生能源发展的支出项目。③基金由目前的价内转为价外：目前的政府性基金均为价内收取，在很多地区形成各电力公司的销售收入，用于地区间的转移支付比较困难，不利于形成“全社会分摊”机制。应改为价外征收，直接形成政府性收入。④实行中央与省两级的资金分摊体制：鼓励节能，促进可再生能源发展，关乎整个社会的公共利益，是具有区域溢出效应的公共物品。《可再生能源法》规定，支持可再生能源发展是全民义务，所用资金由全社会分摊，道理也在于此。所以，该项资金支出分摊必须超出现行售电价区的范围。进而资金管理权也应适当集中，以利于地区间的转移支付，即实行中央与省两级相结合方式。

（4）水价政策的要点

水价政策的核心要点是：水价完全反映资源成本、开发利用成本和环境治理成本。城市供水价格按照合理成本、合理赢利、公平负担的原则制定。对居民供水价格，推行阶梯水价制度，维持基本生存部分的价格与非基本生存需要部分分别执行不同的价格，并建立后者的动态调整机制。

水资源费应反映水资源的再生产成本。因此，水资源费的征收标准仍应继续提高。应改革水资源费的征收和使用制度，对于跨区域利用的水资源，水资源费的标准和分配应由上一级政府决定，征收标准应体现受益者负担的原则，资金分配应主要用于上游地区的水源涵养。

（三）促进我国生态文明建设的金融政策

当前，我国环境形势日益严峻，经济发展亟待向绿色、可持续模式转型。建立鼓励绿色投资、抑制污染性投资的体制机制，是推动我国经济发展模式向绿色转型的关键。十八届三中全会作出的《中共中央关于全面深化改革若干重大问题的决定》强调，“必须建立系统完整的生态文明制度体系，用制度保护生态环境”“必须建立吸引社会资本投入生态环境保护的市场化机制”。国务院办公厅〔2014〕69 号文件也要求，“一行三会会同有关部门研究支持环境服务业发展的金融政策”。过去几年，有关部门在引导绿色信贷方面已经做了一些卓有成效的工作，但距离建立完整的绿色金融体系尚远，各方面努力仍呈碎片化状态。

“十三五”期间，我国应该建立一个较为系统的绿色金融体系。一个系统、有效的绿色金融体系可以使有限的财政资金撬动几倍乃十几倍的社会资本投入绿色产业，不仅能创造新的经济增长点，提升经济增长潜力，而且有助于加速经济结构的绿色转型，从而达到稳增长和调结构的双重目标。本书提出“十三五”期间构建我国绿色金融体系的基本框架和 14 项具体建议。

1. 建立绿色金融体系的必要性和紧迫性

2014 年的中央经济工作会议指出，我国“环境承载能力已经达到或接近上限”。在不少地方，污染的严重程度实际上已经超过了可容忍的极限。2014 年，我国 74 个主要城市中只有 8 个城市的空气质量达标。一些北方城市的 PM2. 5 水平常年在 100 微克/立方米以上，远超世界卫生组织第二阶段标准（25 微克/立方米）。我国饮用水源中水质污染超标的占 75%，19% 以上的耕种土地面积污染超标。

我国环境污染与高污染的产业结构、能源结构和交通结构密切相关。比如，重工业的单位产出能耗及导致的空气污染是服务业的 9 倍，而我国重工业产值占 GDP 比重高达 30%，在全球大国中最高。在同样当量下，燃煤所导致的空气污染为天然气的 10 倍，而我国煤炭占总能源消耗比重却高达 67%。私家车出行所导致的空气污染为地铁的 10 倍以上，而我国城市居民出行方式中地铁占比只有 7%，公路出行占比为 93%。

改善我国环境不仅要依靠强有力的末端治理措施，还必须采用财税、金融等手段改变资源配置的激励机制，让产业结构、能源结构、交通结构变得更为清洁和绿色。在资源配置中，资金（金融资源）配置的激励机制将发挥关键作用。只要资金从污染性行业逐步退出，更多地投向绿色、环保的行业，其他资源（包括土地、劳力）将随之优化配置。这就要求我国建立一套绿色金融体系，强化引导金融资源（尤其是社会资金）投向绿色项目的激励机制。

2. 发展绿色金融可同时达到稳增长和调结构的目的

所谓绿色金融体系，是指通过贷款、私募投资、债券和股票发行、保险、排放权交易等金融服务将社会资金引入环保、节能、清洁能源、清洁交通等绿色产业的一系列政策、制度安排和相关基础设施建设。在发达国家，与绿色金融相关的制度安排和绿色金融产品发展已有几十年的经验，由此推动的绿色投资对这些国家的经济结构转型和启动新经济增长点起到了积极作用。同理，我国建立绿色金融体系也将会在稳增长和调结构两方面起到重要作用，并将有助于改善我国的财政可持续性和维护我国负责任大国的国际形象：

第一，有助于启动新的增长点，提升经济增长潜力。我们估计，“十三五”期间，要达到国家规划的改善环境的目标，我国绿色产业（包括环保、节能、清洁能源和清洁交通）所需年均投资至少为 2 万亿元。如果这些潜在投资需求由于得到绿色金融的支持而形成新的产业，将提升我国经济增长潜力，缓解稳增长的压力。以治理空气污染为例，未来几年，仅脱硫脱硝设备、天然气运输设备、天然气发电设备、环境监测仪器 4 类产品就有累计 5000 多亿元的市场。在节能领域，预计“十三五”期间高效节能技术与装备市场的年均产值可达 7000 亿元，节能服务业年均产值将突破 4000 亿元。在污水处理领域，仅膜技术的应用就可能创造年均700亿元的市场规模。

第二，有助于加速产业结构、能源结构和交通运输结构的绿色转型和提升经济的技术含量。绿色金融体系通过改变不同类型项目的融资成本与可获得性，引导社会资本逐步从一些高污染、高耗能的重工业行业退出，进入环保和低污染的服务型行业，将有助于缓解我国产业结构“过重”问题。清洁能源和绿色交通（如地铁）也是绿色金融体系重点支持领域，这些资金支持将有助于提高清洁能源在能源一次消费中的比例和交通运输结构中清洁出行的比例。另外，多数清洁技术、节能技术、新能源技术和相关的设备制造与服务业属于高科技产业，通过绿色金融支持这些产业的发展将较快地提升我国经济的技术含量，符合我国以创新立国、科技立国的发展方向。

第三，有助于缓解环境问题对财政的压力。如前文所述，“十三五”期间绿色产业每年至少需投入2万亿元以上，但在过去两年，我国中央与地方财政只能拿出2千多亿元来支持环保、节能、新能源等绿色投资。根据环保部的测算，五年内我国治理大气污染的投资需求为1.7万亿元，但财政投资在未来三年估计只有500亿元。由于政府财力所受的制约，估计在全部绿色投资中，未来几年政府财政出资只能占10%~15%，社会出资比重将占85%~90%。如果没有一个有效的绿色金融体系，环境投资需求或者将对政府财政构成巨大压力，或者将无法得到足够的融资而难以完成污染治理的目标。如果能够建立一个有效的绿色金融体系，就能用有限的政府资金撬动几倍乃至十几倍的民间绿色投资。比如，绿色银行、绿色贴息、绿色债券免税等措施可使政府资金撬动十倍以上的民间资金；其他属于金融和法律制度建设的措施，无须政府出资就可达到引导社会资金投向绿色产业的目的。

第四，有助于维护中国负责任大国的国际形象。长期以来，由于我国国内环境问题严峻，碳排放规模大且增长较快，对外投资项目中时常出现污染事故，使我国在环境和气候变化领域的国际谈判和国际舆论中都处于较为被动的位置。目前，我国已成为世界第二大经济体，正在全球治理和国际组织中争取更多的话语权和影响力，并于2016年主办G20峰会。这就要求我国更加注重环境问题的外溢效应和维护国际形象。我国应考虑在G20峰会的议程中加入建立绿色金融体系、推进绿色投资的倡议；为实现2030年之前碳排放见顶的承诺，提供金融体制保障；在亚洲基础设施投资银行、金砖银行和丝路基金等机构的对外投资中采用高标准的环境风险管理。这些努力有助于提升我国的软实力和国际话语权，但同时也要求我国加快国内绿色金融体系建设。

3. 绿色金融体系的目标：提高绿色项目回报率，降低污染性项目回报率

过去几年，有关部门在引导绿色信贷方面做了许多工作，已经建立了绿色信贷的指引和统计体系，绿色信贷余额成长较快。另外，有七个地区开展了碳交易的试点。但是，这些努力距建立完整的绿色金融体系尚远，各方面的工作还呈碎片化状态，还没有建立起一个系统性的政策框架，尚未形成政策合力。我国绿色金融发展面临的另外一个问题是，现有的与环境相关的信贷政策多属于限制性措施，即限制银行对高污染、高耗能企业的贷款，但缺乏对节能、环保、清洁能源、清洁基础设施等绿色项目的鼓励性措施。过度依赖限制性政策的问题是，在抑制污染性投资的同时，难以引导资源进入新的绿色行业，对结构转型的推动力度有限。

“十三五”期间，应该以更广阔的视野，充分借鉴各国的成功经验，构建一个更为完整、高效的绿色金融体系。未来的绿色金融体系应具备三种机制来提供激励绿色投资、抑制污染性投资的经济动力。一是提高绿色项目的投资回报率。在目前价格体系无法将环境外部性完全内生化的情况下，许多绿色项目的回报率低于融资成本，项目投资的动力

不足。通过降低融资成本和改善资金的可获得性（如贴息、绿色债券、绿色 IPO、绿色评级、绿色指数、强制性披露等），绿色金融体系可以提高投资者的预期回报率。二是降低污染性项目的投资回报率。在目前无法将环境外部性完全内生化的条件下，许多污染性项目的回报率高于融资成本，污染行业的投资冲动仍然强烈。通过提高这些项目的融资成本和融资难度（如绿色保险、银行的环境法律责任、绿色评级、绿色指数、强制性披露等），绿色金融体系能降低股东的预期回报率，进而减少污染性行业的投资。三是提升投资者和企业的环境责任感和消费者对绿色消费的偏好。强化投资者和企业保护环境的社会责任，提高消费者对绿色消费的偏好，可以起到与政府补贴类似的对绿色产业的支持作用。通过强制性要求投资机构和企业披露环境信息、构建绿色投资者网络、加强绿色消费教育等，绿色金融体系可以提升投资者和消费者的社会责任意识。

基于上述目标，并借鉴有关国际经验，本书提出了未来我国绿色金融体系的基本框架和 14 条具体建议。为明确政府机构和市场主体职责，可将 14 条建议分为机构建设、政策支持、金融基础设施和法律基础设施四类（见表 7－1）。表 7－2 归纳了这些建议所能达到的主要效果。

表 7－1　建立我国绿色金融体系具体建议的分类

类别	具体内容
绿色信贷与投资的专业投资机构	中国生态发展银行
	地方层面的绿色银行
	商业银行生态金融部
	绿色投资基金
	环境友好型对外投资机构
财政金融政策支持	绿色贷款贴息
	绿色债券
	绿色 IPO

续表

类别	具体内容
金融基础设施	排放（污）权交易
	绿色评级
	绿色指数
	绿色数据库
	绿色投资者网络
法律基础设施	绿色保险
	强制披露
	银行环境责任

表 7－2　建立我国绿色金融体系具体建议的效果

政策建议	降低绿色投资成本	提高污染项目成本	强化社会责任
绿色银行	√		
绿色债券	√		
财政贴息绿色贷款	√		
绿色基金	√		
绿色 IPO 通道	√		
绿色评级	√	√	√
公益性的环境成本信息系统	√	√	√
绿色保险	√	√	√
推动碳交易市场发展	√	√	
绿色股票指数	√	√	
上市企业的环境信息披露	√	√	√
成立绿色投资者网络	√	√	√
确立金融机构环境法律责任	√	√	√

4. 推动建立我国绿色金融体系的 4 大类 14 条建议

第一类建议涉及机构建设，是实现绿色投资的组织保障，需要中央、地方政府资金的参与和相关体制改革。

（1）建立绿色银行体系，充分发挥绿色银行在绿色信贷和投资方面的专业能力、规模效益和风控优势。在国家层面以建立中国生态发展银行（由政府发起，但未必需要控股），在地方层面积极试点建立民资控股的绿色银行，推广商业银行设立生态金融事业部的经验。绿色银行可通过发行绿色债券、央行再贷款等形式进行债权融资。

（2）推动 PPP 模式绿色产业基金发展，以有限的政府资金撬动民间资本股权投资。鼓励单个 PPP 项目的支持性政策大都应该适用于 PPP 模式的产业基金。合理设定绿色产业基金的组织形式和政府参与方式（GP 或 LP），构建有效退出机制。

（3）丝路基金、亚洲基础设施投资银行、金砖银行等对外投资和开发性机构，应宣布加入或参照赤道原则，建立高标准（不低于世界银行和亚洲开发银行）的环境风险管理制度，充分披露环境信息，大力推动对外绿色投资，维护我国负责任大国的国际形象。

第二类建议涉及财政和金融政策，需要财政部、人民银行、银监会、证监会等部门的配合与推动。

（1）健全财政对绿色贷款的高效贴息机制，加大贴息力度，逐步放开贴息标准限制，合理划定贴息期限，简化审批流程，试点财政部门委托政策性银行、绿色银行或商业银行的生态金融事业部管理绿色贷款贴息。

（2）由发展改革委、人民银行、银监会、证监会等部门发布绿色债券有关指引，允许和鼓励银行和企业发行绿色债券，为绿色贷款和绿色投资提供较长期限、较低成本的资金来源。免除投资于绿色债券的机构投资者的所得税，并在贷存比和贷款风险权重等方面为绿色债券提供政策支持。简化绿色债券的审批流程。

（3）强化股票市场支持绿色企业的机制。明确绿色产业和企业的认定标准，简化绿色企业 IPO 审核或备案程序，适度放宽募集资金用于补充绿色企业流动资金或偿还银行贷款的金额和比例限制，对符合条件的新三板挂牌绿色企业优先开展转板试点。

第三类建议涉及支持绿色投资的金融基础设施建设，大部分可由金融机构和民间机构（如银行、评级公司、环交所、证券交易所、券商、基金、非政府组织等）推动，政府和社会应该给予鼓励和支持。

（1）加快排放（污）权交易市场建设。在加强立法和顶层设计的基础上，加快全国碳交易市场的建设，合理规划配额和交易机制，充分发挥价格对减排者的激励作用，提高市场流动性。在重点流域和大气污染重点区域，试点跨行政区域排污权交易，建立污染排放总量与环境容量匹配性的定期评估与调节机制。

（2）建立绿色评级体系，为绿色企业（项目）提供更有利的评级，以降低其融资成本。在合理确定评级标准与方法的基础上，评级公司可通过引入双评级启动绿色评级试点，商业银行和人民银行征信中心也应该研究和开发绿色评级。鼓励机构投资者使用绿色评级。

（3）推动绿色股票指数的开发和运用，引导资本市场更多地投入绿色产业。在吸收国际经验的基础上，推动绿色指数发展创新，强化绿色指数的表征性，积极推动机构投资者开展绿色指数的投资应用，开发更有针对性和多样化的绿色可持续投资产品。

（4）由环保部和金融业学（协）会牵头建立公益性的环境成本核算体系和数据库，提高环境评估方法和数据的可获得性，降低投资者对绿色项目的评估成本。鼓励投资机构基于环境成本核算进行投资管理。将环境成本核算引入环境影响评价、企业环境管理、排污许可证发放等环境管理机制。

（5）建立绿色投资者网络。有政府背景的金融专业学（协）会以及有较大影响力的金融机构应参与倡议、发起绿色投资者网络，监督被投资企业承担环境责任，培育机构投资者的绿色投资能力，开展绿色消费教育。

第四类建议涉及支持绿色金融的法律法规体系建设，需要立法机构、相关部委和金融机构的配合和推动。

（1）在更多领域实现强制性的绿色保险，利用保险市场机制制约污染性投资并提供环境修复资金。由国务院法制办牵头，环保部和保监会参与，制定和出台《环境污染责任强制保险条例》，细化和出台有关财税和行政许可支持政策，建立专业风险评估机制和损失确定标准，构建环境污染责任保险与绿色信贷的联动机制。

（2）明确银行的环境法律责任，允许污染受害者起诉向污染项目提供资金的、负有连带责任的贷款性金融机构。根据以民事责任为主，以行政、刑事责任为辅的原则，修改《商业银行法》，明确银行等贷款机构对所投项目环境影响的法定审查义务，确立银行等贷款人的环境影响法律责任。

（3）证监会和证券交易所应建立上市公司环保信息强制性披露机制，为上市公司环境风险评估和准确估值提供基础，引导资本市场将更多的资金配置于绿色产业。具体实施办法可以分步走，首先启动污染性行业的强制披露，此后逐步覆盖其他行业。制定具体的、可量化的披露标准，发挥中介机构对环境信息披露的评价、监督、引导和激励作用，强化环境信息披露的监管与执法，使市场价格充分反映企业环境行为的真实成本与价值。

二、建立健全我国生态文明建设的市场机制

（一）建立生态环保的市场化机制十分重要而紧迫

市场化破解我国生态环境保护面临的投入严重不足、投资效益不高和设施运营不良等难题。长期以来，我国生态环保投资主要依靠政府财政投入，投资主体和投资方式单一，投资渠道狭窄，造成生态环保资金投入不足。同时，生态环保投资由于缺乏应有的责任管理体系，投资效益不高；运行资金不足，造成污染治理设施运行不良。保护资源、治理环境污染、维护生态平衡是各级政府的重要职责，应综合运用经济手段、法律手段和必要的行政手段。引入市场机制，实行政府机制与市场

机制双重调节，目的在于发挥政府与市场各自的优势，更好地保护环境。

生态环境保护市场化是实施可持续发展战略的必然要求。近年来，在国民经济快速发展的同时，生态环境保护工作大大加强。但从总体上来看，我国环境污染仍很严重，生态破坏加剧趋势未得到有效遏制，其中重要原因就是市场配置资源的基础性作用尚未充分发挥，环境无价、环境无成本等观念长期存在。因此，运用市场经济规律，实现生态环保市场化，是解决资源和环境问题的重要出路，是实施可持续发展战略的客观要求。生态环保市场化是培育新经济增长点的需要。我国生态环保产业潜在市场巨大，是最具有潜力的新经济增长点之一，我国重点污染区域大气、水、土壤等污染治理，需要投入大量资金。目前，国家把资源和生态环境放在更加突出的位置，为生态环保产业的发展和市场化运作提供了广阔的空间。随着我国市场化机制的逐步成熟完善，生态环保产业必然会成为新的经济增长点。

（二）生态环保的市场化机制建设应具备的基本要素

市场化的生态环保企业组织。企业是市场经济体制中最基本的经济单位，是市场的竞争主体，是建立生态环保市场化新机制的基础和中心环节。

生态环保设施的集约化、专业化和市场化运营。推行生态环保市场化，不仅要使生态环保设施的投入和运营，改为由环境治理提供社会化服务的独立法人承担，而且还要通过建立新机制，逐步造就一批专业化环境治理公司，形成投资、运营、服务市场化。这样不仅可以使污染治理适度集中，减少生态环保基础设施重复建设，降低治理成本；还可以使生态环保有投入有产出，通过利益杠杆调动社会投资生态环保的积极性，减轻政府负担，加快治污进程。

生态环保产权股份化和投资主体多元化。在生态环保产业化进程中，生态环保设施的企业化投资经营，必须引入现代企业制度，由几家或数家企业合作，甚至商业银行或其他金融投资机构与企业联手进行投资，实行股份合作。这样才能增加生态环保设施投资能力，明晰投资者之间的责、权、利，使生态环保投资经营活动符合市场经济和现代产业发展的需要。

（三）生态环保的市场化机制建设要解决的主要问题

资源产权问题。长期以来，由于一些自然资源没有明确产权，价值一直被低估。要实现生态环保市场化，就必须明确资源产权所有关系，这是正确定价、使自然资源得以持续利用和保护的前提。

外部性问题。在进行环境管理时，产权明晰化是一种有效的手段，但这种手段有时也会失灵，还需要依靠外部效应内在化的手段。从目前来看，主要措施包括排污收费、使用者付费、产品押金等。在发达国家，外部性内在化手段已得到广泛应用，而在我国，目前主要采用的是排污收费，其他方面的手段使用较少，且排污收费制度也不完善。

治理责任主体问题。长期以来，环境污染治理的一条原则就是“谁污染、谁治理”，这个原则存在一定的局限性。第一，在现行价格体系下，某些资源价格偏低，不能承担环境污染治理的全部费用；第二，同一区域有若干个造成环境污染的生产单位，如何合理分担环境治理费用，在操作中存在困难；第三，目前污染较为严重的中小企业，受自身规模、经济实力和技术水平等因素制约，治污能力有限。因此，工业污染治理应逐渐向“谁污染、谁付费”过渡，以降低治理成本，发挥规模经济效益。

（四）生态环境治理的市场化机制建设的重点工作

一般而言，生态环境治理的市场化首先体现在污染治理集约化。只有把分散的治理方式转变为集约治理，才能适应社会化大生产的要求，避免环境保护盲目投资、到处布点和重复建设的现象发生。政府应提供良好的政策，促进生态环保市场化机制培育，加强生态环保市场化的立法和经济体制改革，为生态环保市场化集中治理提供有力保证。其次是产权的多元化。产权多元化有助于发挥其他主体的社会参与能力，减轻政府财政负担，实现社会资源的合理优化配置。因此，应充分发挥市场的作用，建立起环境保护市场多元化的投资体制。生态环保市场化的设施建设，要通过吸纳商业资本、社会公众和企事业单位等社会资金，形成政府、银行、企业和个人等多元化投资局面。再次是运行、服务市场化。环境污染治理和生态环保设施运营，应由社会化服务的独立法人来承担。通过新机制的建立，逐步造就一批专业化环境治理公司，形成运营服务市场。通过市场化运营，促使投资者、经营者自觉运用资源价值、环境成本、经济效益核算机制，把生态环保治理效果与运行管理者的经济效益兼顾起来，形成环境污染治理的良性循环。

2015 年 4 月 25 日，《中共中央、国务院关于加快推进生态文明建设的意见》提出了推行生态文明建设的市场化机制的基本任务：加快推行合同能源管理、节能低碳产品和有机产品认证、能效标识管理等机制。推进节能发电调度，优先调度可再生能源发电资源，按机组能耗和污染物排放水平依次调用化石类能源发电资源。建立节能量、碳排放权交易制度，深化交易试点，推动建立全国碳排放权交易市场。加快水权交易试点，培育和规范水权市场。全面推进矿业权市场建设。扩大排污权有偿使用和交易试点范围，发展排污权交易市场。积极推进环境污染第三方治理，引入社会力量投入环境污染治理。2015 年 9 月 22 日，中共中央、国务院印发的《生态文明体制改革总体方案》对健全环境治理和生态保护的市场体系提出了具体要求，即培育环境治理和生态保护的市场主体、推行用能权和碳排放交易制度、推行排污权交易制度、推行水权交易制度，以及建立统一的绿色产品体系等。

本书认为，在落实上述市场化机制的过程中，应重点以推动 PPP 和第三方治理模式为抓手，引导市场力量。

1. 完善 PPP 模式，引导社会资本投资环境公共物品

生态环境是一种公共物品，传统上一般由政府提供，如环境基础设

施建设，长期由政府财政支持，由国有企业垄断经营。但随着时间的推移，政府包揽一切的弊端越来越突出，不仅是政府投资存在浪费严重、效率低下、风险巨大等诸多问题，而且巨大的投资需求只依靠政府财政也难以满足。

PPP（Public－Private－Partnership）模式，即“公私合作”或政府和社会资本合作模式，是指政府与企业之间通过一定形式的民事合同关系，合作提供公共产品和服务。PPP 模式的特征有：政府授权、规制和监管私营部门；私营部门出资、建设和管理，提供公共产品和服务；公私双方长期合作、共担风险和收益。广义的 PPP，泛指政府与企业长期合作，提供公共产品或服务，是各种具体运营模式（如 BOT、TOT、BT、BOO、ROO 等）及其演变形式的统称。

PPP 模式在城镇环境基础设施建设和运营上可以大有作为。由于实施了 PPP 模式，培育了一批专业化的环境服务公司，促进了环境技术创新，提升了环境基础设施的建设和管理水平。当前，PPP 模式得到了国务院以及财政部等部委的支持。随着新型城镇化建设的推进，推广使用 PPP 模式有助于有效解决城镇化融资需求这一关键环节，有利于吸引社会资本，拓宽融资渠道。但从过去 10 年经验来看，PPP 模式正面临地方政府责任缺位、缺乏环境服务价格调整机制、税负较重等问题，影响了 PPP 模式的有效性和可持续性，如一些地方政府对已有的环境基础设施一卖了之，把本应由政府承担的公共服务责任完全推给运营企业，配套管网等问题迟迟得不到解决，或者不能按照协议规定及时足额支付服务费用，导致运营企业财务不可持续。

当前形势下推动 PPP 模式应当有明确的顶层设计，在法律支撑下理顺政府和企业的关系，并破除成本、融资等障碍。为此，建议如下：

第一，应尽快制定基础设施与公用事业特许经营法，明晰政府及特许经营企业的权、责、利。政府应制定城镇环境基础设施规划，在充分征求各方意见的基础上由各地方人大通过，以法律的形式固定下来，保证城镇环境基础设施建设的正常投资和运营；承担污水配套管网及垃圾收集转运系统的投资，以保障污水和垃圾处理设施的正常运行；强化监管，针对成本、价格、服务质量、环境安全等方面建立完善的监管机制，以提供优质的公共环境服务；切实履行合同责任，保障合同约定的最低处理量等指标，及时足额支付服务费用。企业应严格按照合同约定，承担环境基础设施的正常运营责任，保证处理效果达到国家及地方排放标准。

第二，利用价格、税收、融资等手段确保 PPP 模式可持续推行。一是完善环境产品和服务价格调整机制，这是市场化改革最关键的核心问题。建议定期由物价部门对成本及财务收支进行核算并调整相应价格。因国家和地方排放标准提高而带来的影响，应在价格调整中给予考虑。当务之急应将污泥处理纳入污水处理成本核算，将飞灰处理纳入垃圾焚烧处理成本核算。二是实施税收优惠政策。考虑到污水垃圾处理设施属于提供准公共物品的范畴，对于这类设施，应比照学校、医院等单位，免征房产税和土地使用税。考虑其公益性，投资运营企业所得税税率应比照高新技术企业按 15% 的税率征收。三是进一步拓宽企业融资渠道，推行环境服务收费权质押贷款，允许划拨土地及地面地下附着设施抵押融资。国家政策性银行或基金等政策性资金，应通过长期低息或无息贷款、贷款贴息等方式扶持环境基础设施 PPP 项目建设。鼓励保险基金等投资环境基础设施领域。探索债券品种创新，尝试发行项目收益债券。鼓励有条件的环境基础设施投资运营企业在境内、外上市融资。

第三，地方政府应以诚信原则履行 PPP 项目合同，及时足额地向运营企业支付服务费用。地方政府应将环境基础设施的服务费用纳入财政预算，将维持环境基础设施正常运转的财政资金打入第三方支付账户作为保证金。对于长期不能及时足额支付服务费用的地方政府，上级政府不再批准其新建污水垃圾处理项目，并予以公开曝光。同时，考虑到中西部地区人均收入低，污水垃圾处理费标准低等因素，国家财政应考虑设立专项资金，对中西部地区污水垃圾运营企业，按照实际处理量进行补贴或奖励。同时，对县及县以下乡镇尚未开征污水垃圾处理费的地区，应由中央、省、市三级财政给予补贴。

第四，完善特许经营退出机制。对于运营企业因自身管理或技术原因长期达不到合同约定要求，政府有权依照合同约定终止特许经营权。同时，对于长期不能及时足额支付环境服务费用，或无法履行合同约定的其他责任的地方政府，企业有权依照合同约定申请终止服务，并根据相关规定获得补偿。

2. 推动企业环境污染第三方治理，实现工业污染专业化治理

企业环境污染第三方治理，是指排污企业与专业环境服务公司签订合同协议，通过付费购买污染减排服务，以实现达标排放的目的，并与生态环保监管部门共同对治理效果进行监督。第三方治理有委托治理服务型、托管运营服务型两种模式。前者指排污企业以签订治理合同的方式，委托环境服务公司对新建、扩建的污染治理设施进行融资建设、运营管理、维护及升级改造，并支付污染治理费用。后者指排污企业以签订托管运营合同的方式，委托环境服务公司对已建成的污染治理设施进行运营管理、维护及升级改造等，并支付托管运营费用。两种模式的区别在于环境服务公司是否拥有治污设施的产权，前者拥有或者部分拥有；后者不拥有产权，只接受排污企业托管，负责其治污设施运营管理。

相对于传统的“谁污染、谁治理”模式，企业环境污染第三方治理具有其明显优势。但当前我国工业污染治理设施的社会化运营比例仍相对较低，只有5%左右，而城镇污水处理设施的社会化运营比例已达50%左右。“十一五”以来，国家采取一系列措施，加大环境治理力度，带动了环境服务业的快速发展，也培育了一大批规模化的生态环保公司，技术和管理水平不断提升，业务范围逐渐向工业污染治理领域扩

展，企业环境污染第三方治理条件日臻成熟。从目前来看，企业污染第三方治理需要破除以下障碍和挑战。

第一，以加快立法进程破除责任转移障碍。第三方治理是由排污企业通过签订服务合同将污染治理工作委托给环境服务公司。问题是签订服务合同，能否将排污企业的治污法律责任转移至环境服务公司。从排污企业的角度来看，作为支付治污费用的一方，实现治污责任的转移是其采用第三方治理的原始动机。如果不管排污企业是否已严格履行合同，仍需承担违法排污所涉法律责任，其对第三方治理的积极性将大为降低。

要解决这个问题，建议加快立法进程，建立健全相关法律法规，明确监管部门、排污企业和环境服务公司三者的责任和义务，明确排污企业和环境服务公司之间的法律关系。法律上可以从调整责任主体角度着手，由过去的“谁产生，谁负责”调整为“谁排放，谁负责”。需要强调的是，调整责任主体的前提是排污企业严格遵守服务合同所规定的各项条款，如果排放未达标，根源是排污企业违反合同条款，则法律责任仍属排污企业。

第二，通过实施税收优惠政策降低企业税负。排污企业如自行解决污染治理问题，则治理设施建设运营费用可计入企业生产成本，无须纳税。而一旦委托第三方的环境服务公司投资建设或运营管理，排污企业向环境服务公司支付的污染治理服务费用，环境服务公司则需要缴纳各项税负，从整体上来看，双重征税无疑增加了全社会的污染治理成本。特别是发电企业的脱硫项目，实行第三方治理后，还涉及双重征税问题，即电网企业将 1.5 分/度脱硫电价支付给电厂需纳税，电厂再将此电价支付给脱硫企业又需纳税一次。

建议对于环境服务公司承担的第三方治理项目，其应征的增值税实施即征即退政策。环境服务公司从事第三方治理所得收入单独核算，其所得税减按 15% 征收。对于环境治理设施，免征房产税和土地使用税。

第三，创新融资渠道，解决融资障碍。环境服务公司要负责治理设施的投资建设，就涉及项目融资问题。由于治理设施附着于工业企业的主体设施之中，其所占土地的使用权也属于企业，作为第三方的环境服务公司不能将设施及土地作为抵押品进行贷款。同时，企业项目能否将企业间签订服务合同中的收费权作为质押品获得银行贷款，尚不明确。

建议国家设立生态环保基金，推动第三方治理，支持环境服务公司投资运营工业污染治理设施，基金贷款项目还款期限长于银行期限，贷款利率低于银行贷款利率。对于承担第三方治理项目的环境服务公司，鼓励银行对其实行应收账款、收费权质押贷款等服务创新，并在贷款额度、贷款利率、还贷条件等方面给予优惠。支持开展第三方治理的环境服务公司上市融资，发行企业债券等。

第四，强化政府责任。发展改革部门加强指导，会同工信部门做好第三方治理试点和推广工作；生态环保部门强化对第三方治理的监管，严格执法，建立诚信档案制度，公开向社会公布第三方治理项目的治理信息，包括污染治理设施的运行情况、污染物排放达标情况，建立环境服务公司诚信档案。

专题报告

SPECIAL REPORT

专题报告一
“十三五”时期应对全球气候变化、发展低碳经济的主要任务

一、全球气候变化及其应对形势

（一）不可逆转的气候变化成为全球共同面临的最为严峻的挑战

科学家和政策制定者普遍认同，全球气温上升应以高出前工业时代气温2℃为限。按照现在的碳排放速度，预计再经过30年就可能突破这一上限，而且气候变化可能是不可逆转的。全球变暖问题将会比其他任何问题都更显得尤为紧迫，因为突破2℃的升温将会给局部地区带来灾难，对食物生产和人类健康构成威胁，深深影响全球经济的可持续增长。为应对这一挑战，世界必须共同做出改变，把温室气体减排作为经济发展的硬约束。在这种情形下，世界各国各自面临的挑战是，做到在不严重影响经济增长的前提下避免气候变化失控风险。据政府间气候变化专业委员会（IPCC）表示，要把升温幅度限制在2℃以内，将会导致全球年均消费增长率减少0.06个百分点。

（二）应对气候变化需要全球范围内实施减排配额约束机制

在全球范围内实施温室气体减排配额已经提上多边国际大会议事日程。降低温室气体排放需要世界共同努力。出于历史因素考虑，坚持“共同但有区别的责任”是体现公平的必要。发达经济体通过几个世纪

的化石燃料使用实现了繁荣，理应承担更多的减排配额和适应气候变化所需资金。而发展中国家尚处于发展之中，理应承担相对少的减排任务。1997 年，世界各国达成的《京都议定书》是全世界唯一具有法律约束的减排条约，而新一轮气候谈判需要在事实上取代这一条约，并对 2020 年以后的减排目标达成共识。

美国作为世界上最大的发达国家，而中国作为世界上最大的发展中国家，两国当前排放总量几乎相当于世界其余国家的总和，2014 年 11 月，中美两国达成的《中美气候变化联合声明》，利于全球气候协议的达成。其中，美国首次提出到 2025 年温室气体排放较 2005 年整体下降 26%~28%；而中国首次提出 2030 年中国碳排放有望达到峰值，并将于 2030 年将非化石能源在一次能源中的比重提升到 20%。各国都在积极提出自己的应对气候变化政策并做出减排承诺。比如，澳大利亚在 2008 年制定的目标是，至 2020 年其温室气体排放量至少要比 2000 年减少 5%。再比如，2014 年 10 月，欧盟通过 2030 年气候和能源的一揽子框架协议，提出到 2030 年在欧盟范围内使温室气体排放比 1990 年至少减排 40%。

围绕气候变化谈判的国际组织和沟通机制不断涌现。比如，在利马气候大会期间，由挪威政府发起成立了“十亿吨联盟”的国际组织，该组织将通过测量和报告温室气体减排，致力于实现每年节约数十亿美元的资金和减少数十亿吨的二氧化碳排放的目标。再比如，2015 年 1 月，中韩两国签署《中韩气候变化合作协定》，明确以信息与技术交流、政策对话、联合研究、合作项目等多种方式，开展减缓、适应、市场机制、能力建设等领域的合作活动。

（三）全球气候变化谈判尚存在诸多明显分歧和不确定性

从目前来看，国际气候变化框架谈判进程尚面临诸多不确定性，在气候变化上世界各国还很难按既定计划达成具有约束力的协议。一是 2015 年巴黎气候大会签署的体现“共同但有区别的责任”原则的 2020

年后强化行动协议尚存在较大不确定性，尤其是发达国家和发展中国家之间尚存在较大分歧。二是发达国家与发展中国家对提交的国家自主贡献（INDC）预案存在明显的分歧，2015 年巴黎气候大会之前能否如期提出各自 2020 年后应对气候变化行动目标存在很多困难，特别是一部分发展中国家困难较多。三是早在 2009 年哥本哈根气候大会提议的绿色气候基金，直到利马会议时其启动资金仅筹集 100 亿美元左右，仅相当于 2010 年至 2012 年快速启动资金 900 亿美元的 1/9，2013 年至 2020 年每年 1000 亿美元的长期资金落实难度更大。四是发达国家落实《京都议定书》第二承诺期减排指标的进展仍然有限，这使能否落实 2020 年前“巴厘路线图”成果存在较大不确定性。

（四）推动全球向低碳转变正成为适应气候变化的重要举措

要实现全球减排目标，世界各国需要加快向低碳经济转型发展，主要是通过改善能源利用系统，减少对化石能源的依赖，从而提高能源效率和发展可再生能源。联合国环境规划署表示，从 1990 年到 2020 年，能源效率的提高可为全球累积减少 25% 的能源需求；单就提高全球家用电器和设备的能源效率来说，每年就会节省超过 10% 的电力消耗，节约 3500 亿美元的电费，并减少 12. 5 亿吨的二氧化碳排放。改造能源系统，在保证经济稳健发展的同时，需要大规模基础设施建设投资，重塑城市发展、土地使用和消费方式，最终使全球经济逐步低碳化，达到终极脱碳目标。

（五）中国积极成为国际气候框架的重要参与者和实践者

近年来，中国积极参与践行做出的国际减排承诺。作为一个发展中国家，中国积极应对气候变化是对全世界的责任担当。在 2009 年的二十国集团（G20）匹兹堡峰会上，中国与其他国家共同作出了“逐步取消无效的化石燃料补贴”的承诺。为推动《京都议定书》第二承诺期生效作出贡献，2014 年中国政府批准了《京都议定书》多哈修正案，同时开展气候变化的“南南合作”，建立应对气候变化“南南合作”基金，并向联合国提供600万美元资金供其开展“南南合作”相关活动，同时向小岛屿发展中国家提供技术和资金支持，帮助、支持其开展应对气候变化的相关活动。自2011年以来，中国政府累计安排了2.7亿元人民币用于帮助发展中国家提高应对能力。

（六）中国达成适应气候变化做出的减排承诺将面临相当严峻的挑战

中国经济发展进入新常态，同时中国的环境治理和气候治理面对严峻形势。一是对煤炭的依赖使环境污染压力较大。几十年来，中国能源消费以煤炭为主，而且对煤炭的依赖还远未结束，其中化石燃料（主要是煤炭）仍占中国发电能力的近70%。而燃煤发电是造成空气污染的重要原因之一。据《金融时报》引述的全球“碳排放预算”报告估算，2010年，中国燃煤排放了300万吨粉尘和2000万吨二氧化硫。国际医学期刊《柳叶刀》（*Lancet*）称，中国每年有逾100万人因严重的空气污染死亡，特别是儿童和老年人受到的健康损害风险最大。二是对煤炭的依赖使中国成为全球最大的温室气体排放国家。《自然·地球科学》发表的《持续增长的二氧化碳排放总量对气候造成影响》显示指出，2013年中国向大气中排放了100亿吨二氧化碳，占全球总排放量的近1/3，人均碳排放量首次超过欧盟达到7.2吨，大致是世界平均水平的1.45倍。三是既定承诺下刚性减排压力较大。为践行对国际社会做出的减排承诺，中国坚决把绿色发展、循环发展、低碳发展作为基本途径，并将经济、社会、环境相协调的可持续发展目标纳入规划。中国政府提出了到2020年前碳强度比2005年下降40%至45%的行动目标，其中到2015年底完成17%的碳强度下降目标；并于2015年内公布应对气候变化的“国家自主决定的贡献”目标，重点包括碳排放强度、非化石能源比重、森林蓄积量以及温室气体排放峰值等目标。中国要实现这些艰巨的减排目标，并不是一件容易的事情，这意味着要消减一半以上的煤炭消费，突破既定利益集团的阻挠。

（七）中国经济实现向可持续转型发展已具备现实的可行条件

尽管达成既定目标任务艰巨，但中国已初步具备实现的可行性。

一是中国有应对气候变化的内在动机。中国高度重视气候变化问题，大范围的持续雾霾促使中国做出更重大的决定，加速转变发展和生活模式，调整产业和能源结构，并把建设美丽中国和实现可持续发展作为经济发展的内在要求。为此，2007 年，中国政府制定并实施了应对气候变化国家方案，2009 年确定了到 2020 年单位国内生产总值温室气体排放比 2005 年下降 40%～45% 的行动目标，2011 年制定了应对气候变化行动纲领、目标和计划，2013 年国务院公布了十余项措施来解决空气污染，2014 年又出台《国家应对气候变化规划（2014—2020 年）》，更是以法律约束力的形式确保实现到 2020 年单位国内生产总值二氧化碳排放比 2005 年下降 40%～45%、非化石能源占一次能源消费的比重达到 15% 左右、森林面积和蓄积量分别比 2005 年增加 4000 万公顷和 13 亿立方米的目标。在这些既定目标的导向下，中国应对气候变化的内在动力强劲，各级政府一致行动，把建设美丽中国和生态文明放在突出位置。

二是中国多年来的节能减排取得了重大成效。通过积极推进节能减排、低碳发展和生态文明建设，2013 年中国已实现单位国内生产总值二氧化碳排放比 2005 年累计下降 28.56%，相当于少排放二氧化碳 25 亿吨。出于日益严峻的现实压力，中国执行环境法规的力度逐渐加大，不仅修订了环境保护法，而且提高了环境修复赔偿额度，使污染企业付出更大的代价成为常态。中国在提高能源使用效率方面取得进步。预计到 2015 年的“十二五”期间，通过提高能源使用效率，将二氧化碳等价排放量减少 30 亿吨，这相当于美国 2010 年排放量的 60%。在发展可再生能源和运用新技术方面，中国在可再生能源领域的投资领先全球。《中美气候声明需要绿色金融支持》一文表示，自 2004 年以来，中国在清洁能源领域共投入2330亿美元。联合国环境规划署（UNEP）和彭博新能源财经的研究报告显示，2013年中国可再生能源投资达563亿美元，投资额占全球总投资额的1/4以上。2013年中国新增的9400万千瓦发电装机容量中，近60%使用可再生能源。早在2011年，中国可再生能源装机容量就已是美国的2倍。

三是中国应对气候变化制度日臻完善。中国气候变化立法工作也已进入法律条文的起草阶段，有望在未来一两年之内取得比较大的进展。中国还在进行排放交易系统的试点，有望到2020年建立全国性的碳市场。2011年，中国已在国内7个省市设立碳排放权交易试点，且已完成机制、法制建设和规则、平台建立，并开始陆续上线交易。

四是中国应对气候变化有厚实的人才储备。中国人民善于学习，很多地方已经着手向欧洲国家学习降低空气污染和能源节约的技术和措施。

五是中国政府有较强的执行力。与世界上其他国家相比，中国政府有更多的资源和更强的行政能力，能够通过计划手段短时间、大范围内引导能源转型和推进环境改善。

总之，中国已经做出的承诺必须是应能达到的，而中国应对气候变化实践意味着是可能达到的。在现有的基础条件之上，中国只要下定决心，努力解决当前面临的能源与环境问题，是有可能实现自定的减排目标和对国际做出的承诺。

二、“十三五”期间及今后十年应对气候变化和发展低碳经济的主要目标

我国“十二五”期间单位GDP能源强度下降16%、二氧化碳强度下降17%的目标，是一种提高单位能源消费和二氧化碳排放产出效益的相对减排目标。到2020年前后，我国应进一步实行化石能源特别是煤炭消费和二氧化碳排放绝对量的控制目标，实施强度目标和总量目标

的“双控”机制，加大节能和减排二氧化碳力度，并把2030年前二氧化碳排放达到峰值列入国家相应战略规划并付诸实施。因此，我国应对气候变化和发展低碳经济的总体目标是：到2020年减缓气候变化行动目标全面完成，适应气候变化能力显著提升，应对气候变化和发展低碳经济的体制机制比较完善、国际合作全面拓展、能力建设成果显著、全社会的参与意识进一步增强。为实现这一总体目标，“十三五”期间及今后十年将努力实现以下具体目标和要求：

（一）减缓气候变化行动目标全面完成

到2020年我国单位国内生产总值二氧化碳排放比2005年下降40%~45%，非化石能源占一次能源消费的比重达到15%左右，森林面积比2005年增加4000万公顷，森林蓄积量比2005年增加13亿立方米。产业结构和能源结构进一步优化，工业、建筑、交通、公共机构等重点领域节能减碳取得明显成效，工业生产过程等非能源活动温室气体排放得到有效控制，温室气体排放增速继续减缓。支持低碳发展试验试点的低碳城市和低碳城镇，建成一批具有典型示范意义的低碳城区、低碳园区和低碳社区，推广一批具有良好减排效果的低碳技术和产品，实施一批碳捕集、利用和封存示范项目。

（二）适应气候变化能力显著提升

气候变化对农业、林业、水资源和海岸带及生态脆弱地区等综合影响评估和适应能力有较大提升，在经济建设和城乡建设中高度重视气候评价和灾害风险评估，进一步完善灾害应急与风险管理机制，提高对气象灾害的综合监测和预报预警能力，陆地大范围灾害性天气气候监测率和突发性极端天气监测率显著提升。初步建立农业适应技术标准体系，农田灌溉水有效利用系数提高到0.55以上；沙化土地治理面积占可治理沙化土地治理面积的50%以上，森林生态系统稳定性增强，林业有害生物成灾率控制在3‰以下；城乡供水保证率显著提高；沿海脆弱地区和低洼地带适应能力明显改善，重点城市城区及其他重点地区防洪除涝抗旱能力显著增强，人群健康领域适应能力明显提高。

（三）应对气候变化和发展低碳经济的体制机制比较完善

应对气候变化的法规体系全面形成，气候变化相关统计、核算和考核体系基本健全，形成适应应对气候变化工作要求的财政、税收、价格、金融等方面配套政策和措施，进一步完善多灾种的监测预警应急机制、多部门参与的决策协调机制、全社会广泛参与应对气候变化的行动机制。建立碳交易制度、碳排放认证制度，全国碳排放交易市场逐步形成。

（四）应对气候变化和发展低碳经济的国际合作全面拓展

推动建立公平合理的国际气候制度，全面有效地参与各种多边、双边气候变化合作与交流活动，气候变化国际交流、对话和务实合作不断加强，“南南合作”进一步深化，为发展中国家提供力所能及的帮助。积极参与各种国际规则制定并发挥建设性作用，我国在国际谈判中的核心关切和正当权益得到切实维护，积极建设性作用得到有效发挥，利用国际社会的支持提高我国应对气候变化能力。

（五）应对气候变化和发展低碳经济的能力建设成果显著

应对气候变化领域的科研和技术创新投入明显增长。气候变化基础科学研究技术研发和示范推广取得明显进展，取得一批重要的减缓和适应气候变化领域的重大科技成果，区域气候变化科学研究、观测和影响评估水平显著提高。加强队伍建设，人才队伍不断壮大。科技支持应对气候变化决策能力进一步提高。建立健全应对气候变化管理体系，增强依法行政能力；发挥政府引导和市场调节的作用，增强投入能力。

（六）应对气候变化和发展低碳经济的全社会参与意识不断增强

深入持久地开展应对气候变化知识的宣传普及，加强教育培训和舆论引导，全社会应对气候变化意识进一步增强。鼓励低碳消费，抑制不合理消费，限制商品过度包装，减少一次性用品的使用。设立低碳产品销售专区和低碳产品超市，建立节能、低碳产品信息发布和查询平台。开展低碳生活专项行动，提倡公众在日常生活中养成节水、节电、节气、垃圾分类等低碳生活方式。倡导公众参与造林增汇活动。倡导低碳出行，鼓励公众采用公共交通出行方式，支持购买小排量汽车、节能汽车和新能源车辆。向公众提供专业信息服务，倡导低碳旅游。

三、“十三五”期间应对气候变化和发展低碳经济的主要任务

减缓温室气体排放，降低温室气体排放强度，全面提高适应气候变化能力，加大应对气候变化力度，以发展低碳经济为核心，促进经济发展方式的转变，是“十三五”时期和未来十年加快推进生态文明建设的主要任务。

（一）控制温室气体排放

温室气体的排放主要来自工业化、城镇化、农业、商业和废弃物处理领域，工业部门排放在当前排放总量中约占70%，城镇化过程将是中国未来排放的主要增长来源，城镇化主要反映在交通和建筑等部门，约占排放总量的30%，控制温室气体排放主要从工业化、城镇化、农业、商业和废弃物处理领域着手，力争到2030年左右使二氧化碳排放达到峰值。

第一，控制工业领域温室气体排放。实施工业应对气候变化行动计划，加快建立工业领域温室气体排放标准，控制二氧化碳排放水平，力争到2020年钢铁、建材、化学、有色、轻纺工业二氧化碳排放总量基本稳定在“十二五”末的水平，单位工业增加值二氧化碳排放比2005年下降50%左右。扩大非化石能源消费比重，突出强调太阳能、风能、

生物质能、地热能等新能源的利用，并提高其在生产、消费中的比重，力争到2020年我国非化石能源占一次能源消费的比重达到20%左右。

第二，控制城乡建设领域排放。一是优化城市功能布局。加强城市低碳发展规划和城市新区建设规划，优化城市组团和功能布局，降低城市远距离交通出行需求，探索碳排放评估。二是强化城市低碳化建设和管理。建设以节能低碳为特征的城市基础设施，统筹城市低碳发展和绿色转型。三是发展绿色建筑。大力推进建筑节能降耗，实现建筑节能、环保、全寿命周期价值最大化。采用先进的节能减碳技术和建筑材料，改变建筑设计过度依赖人工调节和高耗能运行的理念，大力推动太阳能、地热能、浅层地温能等可再生能源建筑一体化应用，力争到2020年城镇绿色建筑占新建建筑比重达到50%。

第三，控制交通领域排放。一是控制城市交通排放。由环保部门参与油品标准的制定，提高油品的环保标准，积极发展城市公共交通，推广纯电动汽车、天然气动力汽车等新能源汽车。2020年，大中城市公交出行分担比率达到30%。二是控制公路运输排放。对高速公路进行节能低碳改造，重点推进公路高效运输组织方式。2020年，单位客运周转量二氧化碳排放比2010年降低5%，单位货运周转量二氧化碳排放比2010年降低13%。三是控制铁路运输排放。加强机车、车站等设施低碳化改造和运营管理。2020年，铁路单位运输工作量二氧化碳排放比2010年降低15%。四是控制水路运输排放。加强船舶、港口、码头低碳化改造和运营管理。2020年，单位客货运周转量二氧化碳排放比2010年降低13%。五是控制航空运输排放。加快应用节油技术和措施，2020年，民用航空单位客货运周转量的二氧化碳排放比2010年降低11%左右。六是在交通领域制定和推动"互联网+"计划。用互联网思维连接人与交通服务，有效实现用户和交通工具的信息对接。通过互联网大数据技术的挖掘、定位、匹配和优化，打造智能交通系统，有效利用现有交通设施、减少交通负荷和环境污染、降低交通的二氧化碳排放、提高运输效率。

第四，控制农业、商业和废弃物处理领域排放。一是控制农业生产活动排放。控制甲烷排放增长速度，控制稻田甲烷和氧化亚氮排放。大力支持农村推广“猪—沼—果”等低碳循环生产方式，归口、统一解决立项、环评等审批手续，促进项目的清洁发展机制（CDM）开发。开展低碳农业发展试点。二是控制商业和公共机构排放。开展低碳机关、低碳校园、低碳医院、低碳场馆、低碳军营等建设。三是控制废弃物处理领域排放，加大生活垃圾无害化处理设施建设力度。

（二）提高适应气候变化能力

大力提高我国适应气候变化的能力，在国民经济和社会生活的各个领域，积极采取适应气候变化的有效措施，加强适应气候变化与应对极端天气、气候事件的能力建设，变挑战为机遇，最大限度地减轻气候变化对国民经济和社会发展的负面影响。

第一，提高城乡建设中开展气候变化引发的灾害风险评估和适应能力。加强区域气候变化综合影响评估，在经济建设和城乡建设中高度重视气候评价和灾害风险评估，加强城乡建设、水利设施、交通设施、能源设施等基础设施和重大工程的科学规划和设计，提升建造、运行和维护技术标准，评估气候变化对能源设施的影响，夯实应对气候变化及其风险的工程基础，保障设施在极端天气气候条件下平稳安全运行。

第二，提高农、林、牧业适应能力。在做好不同地区气候变化对农、林、牧业影响评估的基础上，推进适应性农林牧业结构和种植制度调整，使受气候变化不利影响的地区减轻灾害风险，受气候变化有利影响的地区加快农林牧业生产。要有计划地培育和选用优良动植物新品种及抗逆品种。提高森林植被在气候适应和迁移过程中的竞争和适应能力。进一步加强农田基本建设和草原保护，继续推进生态保护重点工程建设，建立重要生态功能区，提高农林牧业生产抗风险能力。

第三，提高水资源开发管理和设施建设能力。加强水资源管理，加快转变水资源开发利用方式，合理开发和优化配置水资源，实行最严格的水资源管理制度，大力推进节水型社会建设。大力发展节水农业，提高农田抗旱标准和水资源利用效率。加强水资源利用基础设施的规划和建设，继续开展工程性缺水地区重点水源建设，加快建设水资源控制工程区域性调水和蓄水工程以及大江大河防洪工程等。加大综合节水和海水利用技术的研发与推广力度。

第四，提高海洋和海岸带保护能力。加强海洋灾害防护能力、海洋和海岸生态系统监测能力、海洋灾害应急能力建设。加强海洋生态系统监测和修复，加强海洋生态系统的保护和恢复技术研发，自然保有率不低于35%，以降低海岸带生态系统的脆弱性。加强海岸带综合管理，加强沿海防护林体系和海堤工程建设，提高沿海地区抵御海洋灾害能力，保障海岛与海礁安全。

第五，提高防御极端气象灾害的能力。完善应对极端气象灾害的应急预案、启动机制以及多灾种早期预警机制，完善部门联合、上下联动、区域联防的防灾机制，提高应对极端气象灾害的综合监测预警能力、抵御能力和减灾能力。

第六，提高生态脆弱地区适应能力。推进农牧交错带与高寒草地生态建设和综合治理。加强重点地区草地退化防治、防火、病虫鼠害防治和高寒湿地保护与修复，加强防护林体系建设，推广生态畜牧业。加强黄土高原和西北荒漠区综合治理。加强黄土高原水土流失治理，开展沙荒地和盐碱地综合治理。开展石漠化地区综合治理。以林草植被恢复重建为核心，转变农业经济发展模式，减轻山地灾害和水土流失。

第七，提高人群健康领域适应能力。加强气候变化对人群健康影响的评估。完善气候变化脆弱地区公共医疗卫生设施；建立健全气候变化相关疾病，特别是相关传染性和突发性疾病流行特点及适应策略、技术研究体系，探索建立对气候变化敏感的疾病监测预警、应急处置和公众信息发布机制；建立极端天气气候灾难灾后心理干预机制。定期开展风险评估，确定季节性、区域性防治重点。加强与气候变化相关的卫生资源投入与健康教育，增强公众自我保护意识，改善人居环境，提高人群适应气候变化能力。

（三）实现低碳发展

未来中国要在不影响经济社会发展目标的前提下，逐步形成我国需采用与经济社会发展相适应的温室气体排放空间和环境，实现低碳发展，其唯一可行的途径是实行低碳发展。

第一，调整能源结构。从保证能源安全和保护环境的角度来看，发展低碳和无碳能源，促进能源供应的多样化，是减少煤炭消费、降低对进口石油依赖程度的必然选择。能源结构调整和优化的方向是：调整化石能源结构，加速发展清洁能源，充分利用国内国外两种资源、两个市场满足国内对石油、天然气的基本需求，逐步降低煤炭在一次能源消费中的比重，到 2020 年煤炭消费比重力争控制在 60% 左右，天然气消费量在一次能源消费中的比重达到 10% 以上，利用量达到 3600 亿立方米。有序发展水电，2020 年常规水电装机容量力争达到 3.5 亿千瓦，年发电量 1.2 万亿千瓦时。安全高效发展核电，2020 年总装机容量达到 5800 万千瓦。大力开发风电，2020 年并网风电装机容量达到 2 亿千瓦。推进太阳能多元化利用，2020 年太阳能发电装机容量达到 1 亿千瓦，太阳能热利用安装面积达到 8 亿平方米。发展生物质能，推动其他可再生能源利用。在未来 20 年里，初步形成多元结构格局，提高优质能源比重。2020 年，一次能源消费总量控制在 48 亿吨标准煤左右；非化石能源占一次能源消费比重由 2014 年末的 11.1% 提升到 15%，6 年内提升 3.9 个百分点，平均每年提升 0.65 个百分点；天然气比重由 2014 年末的 6.3% 提升到 10% 以上，平均每年提高 0.62 个百分点；煤炭消费比重由 2014 年末的 63.9% 降低到 62% 以内，平均每年降低超过 0.32 个百分点。2030 年，非化石能源占一次能源消费比重由 2015 年末的 15% 提升到 20%，平均每年提升 0.5 个百分点。

第二，提高能源效率。我国能源强度下降的主要动力来自各产业能源利用效率的提高，其中工业能源强度下降是总体能源强度下降的主要原因。相对于发达国家而言，我国能源强度的下降仍有很大空间。我国正处在加快工业化和城市化进程中，大规模基础设施建设的投入决定未来低碳发展的前途。今后必须坚持节能优先的战略，为了避免技术的锁定效应，现在就应采用能源效率水平高的技术。

第三，调整产业结构。发展低碳经济，首先要调整结构，抵制高碳行业增长，加快传统产业升级，大力发展低能耗的第三产业和高技术产业。坚持控制高耗能、高排放行业产能扩张，提高新建项目准入门槛，制定重点行业单位产品温室气体排放标准，鼓励高碳行业通过区域有序转移、集群发展、改造升级降低碳排放。运用高新技术和先进适用技术改造提升传统制造业，打造绿色低碳品牌，加快淘汰落后产能。实施产业创新发展工程，力争到 2020 年战略性新兴产业增加值占国内生产总值比重达到 15% 左右。提高服务业增加值占国内生产总值的比重，2020 年达到 52% 以上，把节能环保产业打造成新兴产业。

第四，改变消费模式。我国能源资源总量较为匮乏，结构不合理，基本需求尚未得到有效满足，更需要科学的消费模式。因此，从满足所有人的基本生活需要出发，必须鼓励低碳消费，抑制不合理消费和奢侈消费。倡导勤俭节约和低碳消费理念，鼓励使用节能低碳产品，加快建设高效快捷的低碳产品物流体系，拓宽低碳产品销售渠道。

第五，增加生态碳汇。通过土地利用调整和林业措施将大气温室气体贮存于生物碳库，增加森林、农田、草原和湿地碳汇是一种积极有效的减缓气候变化途径。中国森林为改善生态环境做出了巨大的贡献，强化现有森林资源保护，切实加强森林抚育经营和低效林改造，减少毁林排放。中国陆地生态系统的碳库贮存潜力很大，加强农田保育和草原保护建设，提升土壤有机碳储量，增加农业土壤碳汇。加强湿地保护，增强湿地储碳能力。

四、政策措施

气候变化会影响人们的生产和生活，寻求应对气候变化的解决方案，需要地球上的每个企业和每个人都行动起来。

（一）转变思想观念

第一，政府应转变政策引导观念。长期以来，我国的经济发展方式粗放，片面追求经济发展速度，与政府的低碳发展意识不强、“速度型政策”引导不无关系。调节人类经济活动，合理开发和利用自然资源，使社会经济活动建立在资源环境的承载力之上，全面权衡经济发展和环境保护之间的关系，既考虑近期的直接经济效果，又考虑长期社会效益和环境效果，是应对气候变化、摆脱资源环境约束的最根本、最有效的途径。

低碳发展以资源、环境、经济、社会的协调发展为目标，是兼顾经济效益、生态效益和社会效益的发展模式，本质上是发展方式的转变，需要适度的政策调节。因此，必须树立全新的政策观念，由速度型政策观念向效益型政策观念转变，在引导经济发展的同时实现生态环境良好，资源能源节约高效利用，低碳技术创新活跃、产业化顺畅，培育低碳产业为新的经济增长点，形成既要发展又要低碳发展的经济运行模式。政策的着眼点应从微观经济主体“经济人”的“趋利性”本质出发，对符合低碳发展的行为进行正向激励，减少其成本性开支，对破坏环境、浪费资源的行为进行反向激励，增加其成本性开支，促使微观主体的经济行为朝着有利于减缓气候变化的方向转变。应对气候变化是个长期性和紧迫性的问题，政策的设计既要注重现实性、针对性，同时又要兼顾前瞻性、战略性。

第二，市场主体应将低碳意识贯穿经营全过程。在当今世界，气候变化成为企业的重大议题，任何企业，无论是在本地经营还是跨国经营，无论是从事制造业还是从事服务业，如果漠视环境问题，都将无法承受其后果。研究表明，那些用低碳发展视角看问题的企业往往比竞争对手更具创新性和进取性，更擅长发现新机遇。

企业应充分认识到低碳发展是企业创新及创造持久价值并建立竞争优势的新途径，应重新思考企业的战略需求，将应对气候问题视为日常工作，致力于从低碳战略中挖掘财富，创造效益。这些效益既有有形的，包括更高的收入、更低的成本，更低的贷款利率，更低的税率和更多的优惠；也有无形的，包括更富创新性的企业文化、企业诚信度和品牌信任度的提高等。广大企业应抓住低碳发展契机，重新改造产品和服务，促进收入增长，提高客户的忠诚度。

（二）大力推进煤炭清洁高效利用

化石能源的过度使用加速了气候变化和地球表面人为升温的过程，煤炭的清洁高效利用对我国来说尤其重要。2014 年 6 月，习近平总书记在中央财经领导小组第六次会议上就推动能源生产和消费革命提出了五点要求，其中第二点要求是“推动能源供给革命，建立多元供应体系，立足国内多元供应保安全，大力推进煤炭清洁高效利用，着力发展非煤能源，形成煤、油、气、核、新能源和可再生能源多轮驱动的能源供应体系”。李克强总理在新一届国家能源委员会首次会议上要求，促进煤炭集中高效利用代替粗放利用，保护大气环境。

第一，继续实行支持和发展煤炭清洁高效综合利用的产业政策。2011 年 7 月，科技部正式发布《国家“十二五”科学和技术发展规划》，规划指出“大力发展高效节能、先进环保和循环应用等关键技术、装备及系统。实施煤炭清洁高效利用等科技产业化工程”；2012 年 10 月，国务院讨论通过了《能源发展“十二五”规划》，规划指出“加快推进燃煤发电技术进步和产业升级，探索煤炭分质转化、梯级利用的有效途径，提高能源加工转化效率和清洁化利用水平”；2013 年 2 月，国家发展改革委发布《战略性新兴产业重点产品和服务指导目录》，包含“褐煤等低阶煤的清洁高效利用技术与装备”；2014 年 5 月，国务院办公厅印发《2014—2015 年节能减排低碳发展行动方案》，方案指出“调整优化能源消费结构，加快推进煤炭清洁高效利用”。当前，采取有力措施大力支持煤炭清洁技术创新及应用至关重要。

第二，升级现有煤炭深加工示范项目。现有的煤炭直接液化、间接液化和气化等示范项目存在能源转换效率低、耗水量大、投资强度高等问题。建议把具有能源转换效率高、耗水少、成本低和设备工艺技术稳定等特点的新技术项目升级为国家煤炭分级分质利用示范项目。

第三，调整西部大开发产业目录。对于西部 25 个成长型煤炭资源型城市而言，煤炭资源深加工产业的一个重要部分是现代煤化工产业。但是国家政策把现代煤化工产业的重点放在了煤炭直接液化、间接液化和气化行业，没有重视先进的煤炭分质利用技术产业。国家发展改革委在 2013 年发布的《产业结构调整指导目录（2011 年本）》（修正版）中，煤炭清洁高效转化产业并未列入国家的鼓励产业。在 2014 年颁布的《西部地区鼓励类产业目录》中，涉及煤炭清洁高效转化的产业仅有宁夏和陕西两个省区。先进的低阶煤低温热解分级分质利用技术能突破内蒙古、陕北、宁夏和新疆等地水资源对煤制油气的限制，能以成熟技术低碳地、经济地对煤炭进行分质利用，比目前的现代煤化工示范项目有竞争优势，能更好地延伸西部地区煤炭产业链，更好地推动这些地区的经济可持续发展。建议把低阶煤低温热解分质利用技术类产业，列入《西部地区鼓励类产业目录》，成为国家西部地区的鼓励项目，享受西部地区鼓励项目中的企业所得税减按 15% 的税率。

（三）完善资源税费制度，鼓励低碳发展创新

应对气候变化、发展低碳经济，需要财税、金融等政策引导社会各界保护和补偿生态环境，实现资源节约和高效利用，鼓励低碳技术创新和产业化等，促进经济发展方式的低碳转型。

调整资源税等相关税收。在资源开采阶段，对开采者征收开采税、

资源税或矿区使用费等，对于提高资源的开采成本，减缓资源开采的速度，维护其可持续性起到一定的积极作用，其涉及面应包括不可再生资源和可再生但破坏严重的资源，如森林、水、土地、海洋、矿产资源等，建议我国资源税将土地资源、动物资源、植物资源、海洋资源等其他资源纳入征税范围，减少浪费和破坏。在近期可调整资源税的计税依据和标准，发挥其调整矿产级差收益的功能。在条件具备时，取消对矿产资源征收资源税，取而代之的是对矿产资源开采企业的超额利润征税。征收超额利润税是配合矿产资源权利金的重要政策工具，使国家调控更有力度也更有针对性。完善消费税，打造低碳产品。将目前尚未纳入消费税征收范围不符合低碳技术标准的高能耗产品、资源消耗品纳入消费税征税范围。

加大低碳技术的研究和开发（R&D）投入。通过低碳技术科研专项的形式进行研究，增加国家财政对这些低碳技术研究的支出。对于一些跨期长、耗费资金多的低碳技术研究，也可以采取发行专项国债的方式进行。建立低碳研发投资银行或开发基金，对低碳技术创新项目进行重点扶持。对于非政策性银行和金融机构，为鼓励其对低碳技术创新项目给予贷款支持，对其低息贷款给予财政贴息，对提供贷款的金融机构的资金收入免征或减征营业税和所得税。为减少企业研究开发投资风险，设立提取低碳技术准备金，可以借鉴韩国的做法，企业可按收入总额的3%~5%提留技术开发准备金，在投资发生前作为损耗计算，在提留之日起3~5年内使用。完善低碳采购政策，优先采购具有低碳标识的、通过一系列质量体系认证的、非一次性的、包装简化的、用标准化配件生产的产品。

风险投资是促进技术成果产业化的有效机制，应对风险投资机构实行税收优惠。包括对风险投资企业从业人员给予个人所得税优惠。比如，除现行个人所得税规定的费用扣除标准之外，可以允许风险企业内的就职者适用一个附加费用减除标准。允许把风险投资的损失直接用于抵减投资的资本利得。延长风险投资企业对亏损的弥补年限。

（四）协调相关各方，营造低碳发展的社会氛围

企业不仅要系统化地管理环境问题，还要探查并消除产品在整个生命周期中任何易受责难之处。企业应与监管者建立良好的合作关系，并预先考虑他们的需求以及公众的期许，与政府官员合作制定鼓励措施，并创建成功的低碳发展方案。随着互联网的崛起，企业要从发展低碳经济中获得收益，必须更加慎重管理与媒体的关系，应制订紧急事件媒体响应计划，当出现环境问题或者发生意外时，高管层不能仅临时应付公众和媒体，关键是以实际行动去减轻环境伤害。

在知识经济时代，与知识生产业者密切联系事关重大。在重视创新和新思维的市场上，与知识中心的联系为企业建立低碳发展优势提供了源泉，除了能得到源源不断的创意之外，企业还会与未来人才建立起联系机制。中介组织是一股必须重视的力量，企业若不恰当地处理与非政府组织的关系，其计划或战略遇到麻烦的风险会越来越大。企业应与低碳发展非政府组织建立全面的互动合作伙伴关系，并肩协作，探求应对气候变化的全球行动。智库是重要理念的生发者，能够提供很多创意，构架公共政策议程，为低碳发展战略设定主导理念。企业需要跟踪这些重要理念的生发者，通过与智库建立战略合作关系，跟踪来自这些团体以及其他主流研究中心的政策建议。从政策到科学层面的各种新理念，也来自高等教育机构。与大学建立联系，能帮助企业始终处于不断演变的议题前沿。

行业协会为企业提供集体行动的舒服感与安全感，避免了一家企业独自冒险的情况。由于汇集了每家企业的资源来寻找集体问题的解决方案，在这种合力之下可能会产生更前沿的科学技术、政策和分析结果。最后，集体成员之间也可以交流其最佳做法，提升每家企业的水平。

（五）深化国际经济技术交流合作

解决气候变化问题的实质是实现可持续发展，其关键是实现技术创

新、转让、推广，开展灵活务实的国际合作。在《联合国气候变化框架公约》之外的很多双边或多边协议都以技术作为合作基石，因此未来的国际气候制度必须寻求通过制度化的手段，解决好知识产权保护和技术转让的关系问题。应积极利用自身作为温室气体排放大国的地位，促进发达国家向中国的技术转让。

把能源外交摆在更加重要的位置。清醒认识国际能源形势，关注国际能源地缘政治变化，坚持互利合作、多元发展、协同保障的新能源安全观。积极开展双边、多边或是与国际组织的合作，与世界主要油气资源国和欧佩克等能源机构建立起更加密切的战略合作关系。更加重视与能源消费大国开展互利合作，共同抵御能源供应风险，维护国际能源市场稳定。本着互利共赢的原则，建立一个包括能源供应国、消费国、中转国在内的全球能源市场治理机制。从单纯重视能源供给安全转变为保障能源供给与稳定国际能源价格并重上来。统筹推进能源外交和环境外交，积极参与全球“碳政治”，坚持共同但有区别的温室气体减排责任原则。积极支持能源企业“走出去”，开展各种形式的公共外交，努力消除“中国能源威胁论”和“中国气候威胁论”等论调，为我国经济社会发展争取尽可能宽松有利的国际环境。

专题报告二
生态文明建设先行示范区专家问诊行动调研报告

为贯彻落实中共中央、国务院发布的《关于加快推进生态文明建设的意见》，受国家发展改革委委托，中国科学院专家牵头组织各领域学者，组成国家生态文明建设先行示范区专家问诊组和随队记者组，继对江西、江苏镇江、浙江湖州等中东部地区展开第一轮生态文明调研问诊后，于2014年7月8—14日对内蒙古鄂尔多斯、青海等西部地区进行第二轮问诊把脉，旨在了解生态脆弱地区的生态文明建设进展及问题。根据问诊行动情况，形成如下调研报告。

一、问诊工作基本情况介绍

问诊组由中国科学院科技政策与管理科学研究所所长王毅担任组长，成员根据西部地区的特点和问诊需要做了有针对性的调整，具体包括中国循环经济协会执行会长、国家发展改革委原副秘书长赵家荣，国家气候战略中心主任李俊峰，中科院地理资源所原副所长李秀彬研究员，清华大学清洁生产与生态工业研究中心主任陈吕军教授，清华大学环境学院张天柱教授，中科院地理资源所谢高地研究员，中科院地理资源所于秀波研究员，以及中国国际经济交流中心资源和环境处处长曾少军等。随行记者来自中国改革报社以及当地媒体。

问诊组在7月8—10日对内蒙古鄂尔多斯市开展了调研问诊行动。专家组一行对当地特色产业如中天合创煤炭深加工、中煤图克大化肥项目，以及重点生态工程如掌岗图万亩樟子松基地、东红海子湿地以及成吉思汗国家森林公园等地进行了实地考察后，并就问诊情况与内蒙古自治区发改委、鄂尔多斯市政府进行了交流反馈。

7 月 11—14 日，问诊组一行奔赴青海，与青海省相关部门领导进行了深入交流，专家组考察了海晏县克图防沙治沙工程、刚查县草原奖补机制与草原生态保护工程、大通县宝库乡张家滩与门源县浩门镇头塘村美丽乡村建设、西宁市东川工业园区节能环保企业以及西宁市北山造林绿化工程等现场。在实地考察的基础上，专家组就问诊情况与青海省政府进行了交流反馈。

二、一省一市的生态文明建设举措进展及经验

一省一市示范区地处我国西部，均是生态较脆弱地区，但两地经济条件存有极大差异，青海省面积为 69. 67 万平方公里，人口为 580 多万，2014 年 GDP 为 2300 亿元；鄂尔多斯面积为 8. 7 万平方公里，人口 200 万左右，2014 年 GDP 为 4100 多亿元。近年来，围绕生态文明建设，协调发展和保护的关系，一省一市做了大量探索。

（一）健全组织领导机制，成立统筹协调小组，并编制出台实施方案

青海省成立了由省政府主要领导担任组长，成员包括省发展改革委、三江源办、林业厅、农牧厅、环保厅等相关部门，以统筹推进先行示范区建设。为明确任务，2014 年制定《青海省生态文明先行示范区建设实施方案》《青海省生态文明制度建设总体方案》，2015 年出台《青海省生态文明建设促进条例》，进一步明确了任务分工及其责任主体。鄂尔多斯市建立了市政府主要领导任组长的生态文明先行示范区工作领导小组，统筹组织全市生态文明建设工作，将生态文明建设任务落实到各部门和旗区，形成职责明确、分工协作的工作网络。

（二）以自身资源环境禀赋为基础，以国家定位为导向，推进生态文明先行示范区建设

青海生态地位重要，既是长江、黄河、黑河等大江大河的发源地，全国淡水资源的重要补给地，被誉为“三江之源”“中华水塔”，也是珍贵的种质资源和高原基因库，因此青海生态安全直接关系我国乃至东南亚的生态安全，在全国可持续发展大局中，具有不可替代的生态地位。因此，青海地区实施了“保护优先”战略，符合基本定位。总体上，青海围绕三项工作开展生态文明建设：一是保护生态环境，强化三江源、祁连山、青海湖和草原保护，如通过实施三江源生态保护一期工程，草地面积净增加 123.7 平方公里，水体与湿地面积净增加 279.85 平方公里，荒漠生态系统面积净减少 492.61 平方公里；二是循环经济发展，主要以柴达木基地为依托发展循环经济；三是制度建设，推进先行先试。

鄂尔多斯拥有丰富的煤炭和天然气资源，定位于国家能源供给基地，在产业结构上以重化工业为主。结合自身煤炭丰富、水资源短缺的特性，推进“以水定产、以水定规模、以水定发展”的产业发展和布局思路，着力推动工业转型发展，强化节能降耗。同时，鄂尔多斯利用雄厚的财政资金，不断加大对绿色基础设施建设、生态修复、林业建设的投入，着力建立一个绿色的鄂尔多斯。

（三）结合国家下达的任务和自身需求，积极探索重要生态文明制度

青海省注重顶层设计与具体实践紧密结合，高位推动、系统谋划，总体部署、积极探索，印发了《青海省生态文明制度建设总体方案》并形成工作台账，成为全国首家出台生态领域改革“总设计图”和“总施工图”的省份，并在主体功能区制度、自然资源资产产权制度、生态补偿制度、资源有偿使用制度等各项领域推进改革工作（见表 1）。

其中特别值得一提的是，在生态补偿领域，青海省开展草原、公益林、天然林生态补偿与保护责任、保护效果挂钩等试点工作，创新性引入“生态管护员”机制。

鄂尔多斯承担了三项制度创新任务，包括水权交易制度、自然资源资产产权管理和监管制度、资源环境承载能力监测预警机制。其中取得突破的是水权交易。鄂尔多斯探索了多种形式的水权交易，一是依托自治区水权交易平台，积极参与跨盟市水权置换一期工程，通过帮助巴彦淖尔市搭建高效节水设施，获得了更多的取水权；二是跨行业交易，让工业企业给农业企业上节水措施，提高农业用水效率，把农业灌溉当中节余下来的水用于工业，目前共开展两期交易。在自然资源资产管理和监管制度方面，则是多个部门都在牵头推进，并遴选了试点地区。资源环境承载能力监测预警机制由当地市环保局牵头，委托国家环科院编制鄂尔多斯资源环境承载能力的报告。

表1　青海省生态文明制度创新任务进展

领域	政府文件	备注
主体功能区制度	《青海省主体功能区规划》《青海省生态保护红线划定和管理工作方案》	建成了1:25万空间地理信息系统，开展多规合一试点
自然资源资产产权及交易制度	《全省不动产统一登记实施方案》《青海省集体林权流转管理办法（试行）》	启动建立各级不动产统一登记机构工作，在西宁等完成调查测绘工作；开展草原承包经营权规范流转试点工作；建立省、市（州）、县三级行政区域的用水总量控制指标体系
生态补偿制度	《青海省三江源生态保护条例》《青海省国有林地管护单位考核评比奖补办法（试行）》《青海省湿地保护奖励试点管理办法》	开展草原、公益林、天然林生态补偿与保护责任、保护效果挂钩等试点工作；开展三江源区生态资产评估与价值核算以及青海省生态系统服务功能监测与价值评估
资源有偿使用制度	《青海省主要污染物排污权有偿使用和交易管理办法（试行）》《青海省主要污染物排污权有偿使用和交易试点实施方案（试行）》《青海省主要污染物总量管理排污许可证制度建设改革工作方案》	组织了3次主要污染物排污权竞买交易会、完成了第一批12家环境污染强制责任保险试点工作；出台了青海经营性建设用地及城乡建设用地增减挂钩指标有偿使用相关政策

续表

领域	政府文件	备注
国家公园体制	起草了《玛多黄河源区国家公园体制建设试点总体方案》和《治多长江源区国家公园体制建设试点总体方案》	玛多县黄河源、治多县长江源国家公园体制试点调研工作方案

（四）积极培育生态文化

青海省鼓励绿色消费，制定了《青海省促进餐饮业健康发展政策措施》，提出推进绿色消费，严格执行国家厉行节约等法规政策，提倡节约、文明、健康消费方式。鄂尔多斯市积极开展各类主题宣传实践活动，保护、挖掘具有地域特色的生态文化，推进生态文化作品创作和生态文化产业发展。培育全民生态文明理念，推动生活方式绿色化、低碳化。通过积极引导，在全社会形成崇尚生态文明的社会新风尚，为生态文明建设奠定坚实的社会基础和群众基础。

综合来看，一省一市在生态文明先行示范区建设方面均有值得借鉴的经验。

青海省的经验主要体现在以下几个方面：第一，生态文明先行示范全面推进，从领导机制、实施方案与规划，到改革方案和布局，总体思路清晰，制度设计明确。第二，重点突出，成效显著。虽然青海很大，但是重点主要是柴达木和三江源，同时也把制度建设作为重点，效果明显。第三，环境资源与自然条件大幅改善。“北山”的种植、恢复，其他地区的禁牧，防治林，植树造林，各项工程项目起到了明显效果。

鄂尔多斯的经验主要体现在以下几方面：第一，在生态文明建设方面工作全面、重点突出。虽然承担了三个制度的探索，但鄂尔多斯全面地考虑了生态文明内源化，以及其他相关制度间的关系；而且有重点，例如绿地资源，实际已树立起品牌。第二，制度建设和示范引领。从实地调研的情况来看，各地都非常重视制度建设，从实施方案到相关规划，再到制度安排，让人耳目一新。第三，经济与生态协调发展。近年来，鄂尔多斯在经济较快发展的同时，生态环境得到极大改善，具备了向生态文明转型的经济与社会基础。

三、专家问诊过程中发现的主要问题

尽管一省一市在生态文明先行示范区建设方面取得了不容忽视的成绩，但存在的问题也不容忽视，主要表现为以下三个方面：

第一，没有充分体现尊重自然、顺应自然的理念，资源环境和生态统筹权衡不足，也反映国家政策设计的不合理之处。无论是鄂尔多斯还是青海省都在进行大规模的绿化建设，而且选用的树种一般为樟子松等乔木，但这些地区水资源有限，不适合高耗水树种。因此，这些地方应考虑生态建设的水资源成本，同时尽量宜乔则乔，宜灌则灌，更多地强调大自然的自我修复能力。目前，鄂尔多斯的地下水开采已经出现过多的苗头。鄂尔多斯在生态建设中为了追求美观，种植了一些新奇的外来树种，这就需要进行美观与节水的权衡。康巴什新城的建设中，楼宇过高，这在土地资源比较丰富的西部地区没有必要，更多地需要融入节能、环保、宜居的理念。

第二，生态文明建设工作缺乏足够统筹协调和主线，成为一个"什么都往里装的大箩筐"。尽管各地区成立了领导小组，但协调仍然不足。各个部门仍然围绕各自分工和职责开展工作，在生态恢复方面从不同渠道争取的项目超过 30 个。从目前来看，这些业务仍没有超出原先业务的框架，未把生态文明建设的内容充分糅进来。

第三，政府的作用得到充分重视，但是市场和社会的作用强调得不够。目前，西部地区在推进生态文明建设时大都面临资金投入不足的问题，都期望通过中央加大财政投入、加大补贴来弥补资金差距。然而，受制于理念等各方面的因素，西部地区对市场机制的作用不够重视，没能通过制定良好的游戏规则吸引社会资本。

四、地方反映的建议和需求

第一，加大生态建设资金投入的同时，逐步减少或取消地方配套资金。内蒙古作为京津风沙源重点治理地区，青海三江源作为“中华水塔”，承担着保护区域乃至全国重要生态屏障的作用，但在实际工作中，中央投资额度与相关规划仍有较大差距，因此，要兑现规划要求，足额落实生态建设资金。此外，生态建设主要体现的是生态效益，而内蒙古与青海大多数生态环境恶劣地区基本上是贫困落后地区，地方财政十分困难，应按照《中共中央国务院关于加快四川云南甘肃青海省藏区经济社会发展的意见》中，关于“中央安排四省藏区的基础设施、生态文明建设和环境保护、社会事业、农林牧水气等公益性建设项目，取消州县两级政府投资配套，并适当降低省级政府投资配套比例”的相关支持，逐步减少或取消地方配套资金。

第二，制度改革的先行先试需要国家授权和协调。与第一轮问诊行动一样，许多生态环境问题是区域性、全国性问题，因此，一些制度性安排不能仅在试点内开展，还需要在更高层面上进行统筹协调。在水权交易方面，由于黄河提水权不在黄河流经各省，而是归属于黄河水利委员会，这使内蒙古在协调不同地区水权方面能力不足。

第三，考虑地区特殊情况，加大政策、项目和资金支持力度。如西部干旱区受特殊的气候条件限制，造林一次成林难度很大，往往是造林当年成活率高，次年成活率低，需要 1～2 次甚至 3 次以上的补植才能达到国家验收标准，而各地普遍缺少补植补栽专项费用，建议制定合理的补植补栽费用，纳入“三北”防护林工程投资费用。

第四，生态文明建设极其复杂，地方存在能力不足的问题，建议国家加强对示范区建设工作的指导。国家提出的很多制度建设任务，既具重要性，也有非常大的挑战性。比如，领导干部实行自然资源资产的离任审计，对严重损害生态环境的行为终身追责，其中自然资源资产如何界定，如何区分损耗与增益，如何界定这个行为是否严重，这些问题都需要更多的研究和支持。另外，国家第一批生态文明示范区经过一年多的探索，各地积累了丰富的经验，建议生态文明示范区之间建立长效交流机制。

五、专家的主要意见和建议

在经过访谈、座谈和实地考察后，为更好地帮助一省一市开展生态文明先行示范区建设，问诊行动的专家提出如下建议。

（一）对于青海省的建议

第一，生态文明应与过去的相关概念，如节能减排、新型城镇化、新型工业化、绿色低碳循环等进行良好衔接。对于青海省来讲，从实际出发把握重点和主线，将青海省生态文明建设的最核心的问题和底线进一步明确，从理念到制度再到行动，形成一条主线。

第二，探索制度建设不要墨守成规。生态文明先行示范区的意义在于自下而上的探索，适用于其他地区的经验，或许不适用青海；先行先试，即使探索的结果不理想，也是宝贵的经验。因此，希望通过青海省大胆的探索，找到其中的重点去突破，而不是面面俱到地考虑问题。

第三，加大激励性制度的设计。目前的制度，大多是约束型的，但是激励本地发展特别是绿色发展的制度并不多。青海下一步绿色转型当中需要什么样的制度来支撑是最有效的激励，需要更多地探索和创新。

第四，进一步完善协调机制。虽然青海有一个很好的领导协调小组，但实际工作中各个部门之间还是有不少的交集、不少的出入，如何进一步完善协调机制，需要有一些程序化、制度化的安排。

第五，积极探索青海生态文明建设的总体机制或模式。青海在全国的地位，实际上就是对一个国家提供生态方面的供给。综合统筹各部门的资源与需求，建立一个国家级的公共物品保护机制、发展机制，塑造一个青海省的生态文明建设模式。

（二）对于鄂尔多斯市的建议

第一，编制未来 10 年发展的路线图。根据中国的碳减排承诺和相关模型测算，煤炭的利润增速会在 2025 年后有所下降。鄂尔多斯未来的发展依此可以有一个明确的路径，优化调整产业结构与能源结构。

第二，大胆地开展制度探索。作为试点地区，鄂尔多斯应该破除唯上是从的误区，生态文明的相关理论尚未成熟，因此上级的文件，哪怕是中央文件，也不一定绝对正确。在这样的情况下，试点地区应该大胆地开展制度探索，即使试验的结果不是令人满意的，也是很好的，这也是探索的经验。

第三，科学地衡量治理成本。治理成本必须要跟治理目的联系在一起，而不是一味地求大求全。每一个项目都应该做成本—收益核算，只有在合理评估的基础之上，才能使绿色、低碳、循环发展能够以一个最低的成本取得最大的收益。

参考文献

[1]《中共中央关于全面深化改革若干重大问题的决定》辅导读本编写组.《中共中央关于全面深化改革若干重大问题的决定》辅导读本[M]. 北京:人民出版社,2013.

[2]迟福林. 改变竞争性地方政府的增长方式[N]. 中国经济时报,2013-08-09(1).

[3]国务院法制办公室. 法律法规全书[M]. 北京:中国法制出版社,2011.

[4]国务院法制办公室. 中华人民共和国环境保护法典[M]. 北京:中国法制出版社,2011.

[5]毛如柏,威廉·瑞利,阿兰. 劳埃德. 加强中国环境监管能力建设的建议书[OL]. 能源基金会,http://www.efchina.org.

[6]清华大学公共管理学院. 中国环境污染数据体系管理体制研究[OL]. 能源基金会,[2010-11-29]. http://www.efchina.org/Reports-zh/reports-efchina-20101130-zh/.

[7]世界银行. 1997世界发展报告:变革世界中的政府[M]. 北京:中国财政经济出版社,1997.

[8]王灿发. 论我国环境管理体制立法存在的问题及其完善途径[J]. 政法论坛,2003(4).

[9]王灿发. 中国环境行政执法手册[M]. 北京:中国人民大学出版社,2009.

[10]汪劲. 环保法治三十年:我们成功了吗[M]. 北京:北京大学出版社,2010.

[11]中国工程院,环境保护部. 中国环境宏观战略研究(战略保障卷)[M]. 北京:中国环境科学出版社,2011.

[12]中国环境与发展国际合作委员会. 环境管理体制:变革与创新[OL]. 中国环境与发展国际合作委员会,http://www. china. com. cn/tech/zhuanti/wyh/2008 -02/14/content_9736935_2. htm.

[13]中国科学院可持续发展战略研究组.2008 年中国可持续发展战略报告——政策回顾与展望[M]. 北京:科学出版社,2008.

[14]中国科学院可持续发展战略研究组.2014 年中国可持续发展战略报告——创建生态文明的制度体系[M]. 北京:科学出版社,2014.

[15]中国科学院可持续发展战略研究组.2015 年中国可持续发展报告——重塑生态环境治理体系[M]. 北京:科学出版社,2015.

后　记

——谨以此书纪念离我们而去的课题组成员苏明先生

本书是在2014年中国国际经济交流中心年度重大基金课题《生态文明建设的长效机制与体制研究》的基础之上，综合2015年2月中央财经领导小组办公室“十三五”规划《建议》前期重大课题《“十三五”时期应对全球气候变化、发展低碳经济的主要任务》和2015年9月国家发改委体改司重托重大问题研究课题《国家生态治理体系和治理能力现代化研究》的研究成果，整理而成。

课题的负责人为中央财经领导小组办公室原主任、中国国际经济交流中心咨询委员会主任王春正同志。春正主任既是德高望重的领导，也是资深专家。当我拿着课题任务去向他请教的时候，他和蔼而谦逊地接待了我。但他关于课题的主要研究框架与团队组成的指导，一下子令我眼界大开。我不禁感喟：能够在他的领导下开展课题研究，真是我一个青年学人的莫大荣幸。随着课题的展开，开题、中期、调研、专家论证和结题，以及课题管理，每一个步骤都得到了春正主任的悉心指导；每一个观点的讨论和交流，都充分感受到了他的人格魅力。古人有“一字师”的说法，那么春正主任作为我们的“一题师”，也让我们收获了除专业研究之外的沉甸甸的人生财富。

国经中心学术委员会把赵家荣同志安排为本课题的联合组长，是一个十分有眼光和高明的做法。作为国家发展改革委的原副秘书长，赵家荣同志还曾长期担任国家发改委这个宏观经济管理部门的环境与资源司的领导。正是她丰厚的环境与资源理论和政策水平，以及广泛的环境与资源研究领域的专业人脉，保障了本课题雄厚的研究团队力量。在她的推荐和力邀下，国家发展改革委环资司副司长吕文斌同志参加了课题，并与她共同负责了第四章这个总纲式的研究部分的写作；来自全国人大环资委的王凤春同志加盟团队，承担了第六章法律与制度体系的研究任务；来自中科院科管所的知名学者王毅教授，以他深厚的学术底蕴，负责了第二章国外经验与第五章行政管理的研究；来自财政部财科所的苏明副所长，贡献了本课题第七章中财政政策的智慧；来自国家发改委经济研究所的刘树杰老所长，在第七章中提出了关于价格政策的恳切建议；来自中国人民银行研究局的马骏局长，将自己关于绿色金融研究的整本著作的电子版优先提供给了本课题，并提炼出了生态文明的金融政策建议。当然，作为国家高端智库的研究人员，我的同事刘向东博士、张瑾博士义不容辞地负责了第一章基本理论和第三章我国形势的研究。我作为课题组的联合组长，则负责了研究总体框架的初步设计、整个课题的日常管理与服务，同时带领我的科研助理杨来具体负责了第五章中的监管体制、第七章中的市场化机制，以及调研报告的写作，在中期与结题阶段，负责了整个研究报告的统筹与整理工作。在本书校对过程中，曾凯超、张伟及编辑闫明明提供了大力帮助，在此一并致谢。

中国，是第一个在联合国的会议上提出“生态文明”这个概念的国家。从这个意义上讲，生态文明的研究，国际社会的认同，还有许多需要深入分析的领域与方向。本课题的研究，除就某些具体问题进行了深入的梳理与探讨，为我们国家建设生态文明，发展绿色、低碳、循环经济，提供一些决策参考外，更重要的是凝聚了一批志同道合的生态文明研究力量。课题的研究取得了丰富的成果，研究报告也获得了国经中心专家学者的好评，这是令人非常高兴和欣慰的事情。但同时，令我们课题组全体成员非常悲伤的是：我们的课题组同仁、财政部财科所的苏明同志，未能看到本书的出版而英年早逝！至今，我们常常回想起他每次参加课题组讨论时认真、专业、深刻和敬业的音容笑貌。我们无法弥补对他在课题研究中所做出的贡献表达谢忱的缺憾，那么，就让本书的出版，暂且告慰苏明老师的在天之灵。

是以为后记。

曾少军

2017 年 6 月 25 日于北京先农坛

国家出版基金项目

中国国际经济交流中心

China Center for International Economic Exchanges

CCIEE

智库丛书

全7册

《巴黎协定》—— 全球应对气候变化的里程碑

中国国际经济交流中心课题组 著

中国方案 中国智慧

中国经济出版社
CHINA ECONOMIC PUBLISHING HOUSE
·北京·

图书在版编目（CIP）数据

中国国际经济交流中心智库丛书：全7册／中国国际
经济交流中心课题组著．
—北京：中国经济出版社，2020.3
ISBN 978－7－5136－5850－8

Ⅰ.①中… Ⅱ.①中… Ⅲ.①对外贸易政策—咨询
机构—研究—中国 Ⅳ.①F752.0

中国版本图书馆 CIP 数据核字（2019）第 215488 号

责任编辑　闫明明
责任印制　巢新强

出版发行　中国经济出版社
印 刷 者　北京力信诚印刷有限公司
经 销 者　各地新华书店
开　　本　710mm×1000mm　1/16
印　　张　15.75
字　　数　206 千字
版　　次　2020 年 3 月第 1 版
印　　次　2020 年 3 月第 1 次
定　　价　628.00 元（全 7 册）
广告经营许可证　京西工商广字第 8179 号

中国经济出版社 **网址** www.economyph.com **社址** 北京市东城区安定门外大街 58 号 **邮编** 100011
本版图书如存在印装质量问题，请与本社销售中心联系调换（联系电话：010－57512564）

前　言

2015年底的巴黎气候变化大会通过了全球气候变化新协定，为2020年后全球应对气候变化行动做出安排，这是历史性的具有里程碑意义的创举。中国在碳减排目标承诺中做出了最大努力，并在气候变化谈判中发挥了建设性作用，展现了作为世界第二大经济体的发展中大国在全球气候治理中的责任和担当。巴黎气候大会后，各国将更加积极主动地在发展经济的同时改善民生，并积极应对气候变化，走一条可持续发展路径，即绿色、低碳循环发展。尽管全球应对气候变化合作取得了巨大成就，但未来的道路并不平坦。各国如何将目标在国内落地，执行强有力的减排措施，包括尽快批准《京都议定书》第二承诺期以及兑现发达国家每年1000亿美元的资金目标和技术转让的承诺，等等，都需要各方强有力的推动。

国际社会对我国应对气候变化的期望也不断提高，将来在国际上我国可能面临诸多不确定性因素的制约。《巴黎协定》是国际社会应对全球气候变化的里程碑，随着协议的签署和执行，全球应对气候变化形势发生深刻变化。我国作为《巴黎协定》的积极缔约方，将把落实相关任务作为今后经济社会发展的重要内容。

本书在国内外首次系统性地对《巴黎协定》进行评估，提出《巴黎协定》的关键性进步内容，并指出仍然存在的问题；特别是对减缓条款、适应条款、资金条款、技术条款、透明度条款和能力建设条款都做了具体评估，提出了下一步完善的建议，及我国在相关方面的差距和对策。

CONTENTS 目　录

总　论

GENERAL REPORT

《巴黎协定》是全球应对气候变化的里程碑，最大程度体现了包容性，体现了合作共赢的理念，体现了中国智慧，开辟了全球气候治理新时代。中国为促进《巴黎协定》的达成做出重大贡献，是参与全球治理的重大进步。《中美元首气候变化联合声明》和《中法元首气候变化联合声明》是《巴黎协定》达成的关键基础。《巴黎协定》涉及目标、减缓、适应、损失损害、资金、技术、能力建设等内容，要求将全球升温控制在工业化前水平2℃之内，并努力控制在1.5℃之内，首次确立了5年为周期的评审机制，要求发达国家继续带头，为发展中国家在减缓和适应两方面提供资金支持，并在2025年前每年至少提供1000亿美元。[①] 在《巴黎协定》中对应对和适应气候变化的技术也做出了相关规定，是技术转移和开发的指导纲领。《巴黎协定》为全球性地、有效地提供减排这一全球公共产品打开了希望的大门。同时，以《巴黎协定》的签署为标志的全球气候治理模式是全球治理新的尝试和实践，将引领全球治理的发展方向。

一、《巴黎协定》总体评估

2015年12月，《联合国气候变化框架公约》（UNFCCC）[②] 近200个缔约方在第21届联合国气候变化巴黎大会上达成了新的全球气候协

---

① 韩一元，姚琨，付宇.《巴黎协定》评析［J］. 国际研究参考，2016（1）.

② 《联合国气候变化框架公约》于1992年5月在纽约联合国总部通过，本书后文简称《公约》。

议。2016年4月22日，170多个国家在联合国总部签署了《巴黎协定》。2016年11月4日，《巴黎协定》达到生效所需的两个门槛，正式生效。《巴黎协定》是在《公约》下，根据《公约》的目标，并遵循其原则，由公约缔约方大会一致通过的适用于所有国家并具有法律约束力的协定。《巴黎协定》被认为是确立了2020年后以“自下而上模式、国家自主决定贡献”为特征的全球气候变化治理体系，是国际社会第一次达成共识为应对气候变化而努力，已经成为全球应对气候变化努力的里程碑和转折点。

（一）《巴黎协定》的标志性进步

与1997年签署的仅要求发达国家减排的《京都议定书》和2009年由部分国家提出的《哥本哈根协议》相比，《巴黎协定》是国际社会在全球气候治理方面迈出的重要一步，标志着国际社会又回到多边机制，这对未来全球治理改革意义非凡。

1. 创新的“协定”+“决定”形式体现了最大的包容性

《巴黎协定》采用“协定”+“决定”的形式，共32页（英文版），包括20页的“决定”和12页的“协定”。其中，“决定”包括：协定的通过、国家自主贡献、关于实施本协定的决定、2020年前的强化行动等，不需要各国立法程序批准。12页的“协定”列有29条，包括目标、减缓、适应、损失损害、资金、技术、透明度、盘点机制等内容，需要各国立法程序批准。“协定”需要缔约方立法机构批准，而“决定”不需要。原则、目标、愿景、责任等都写在“协定”中，具体怎么干、怎么实现，都写在“决定”中。比如资金问题，“协定”里写明发达国家协助发展中国家在减缓和适应两方面提供资金，但至于具体提供多少、怎么提供，则写在“决定”中。这种模式照顾了所有国家的核心利益。

2. 确立了全球长期目标，并考虑了峰值

《巴黎协定》确立了一个宏伟的目标，就是将全球平均升温控制在工业革命前的2℃以内，争取控制在1.5℃。为实现该目标，提出了要“尽快达到温室气体排放的全球峰值，”并且“在本世纪下半叶实现温室气体源的人为排放与汇清除之间的平衡”，也就是到本世纪下半叶实现全球温室气体净零排放。长期目标也考虑了峰值，要求“尽快”达到峰值，但也体现了区别，认识到要达到峰值，发展中国家需要更长时间。

3. 采用国家自主决定贡献减排模式

国家自主决定贡献（Intended Nationally Determined Contributions，INDC），就是各国根据各自经济和政治状况自愿做出的减排承诺或“行动”。并要随时间推移而逐渐增加。同时要求在核算国家自主决定贡献排放量时，“应促进环境完整性、透明、精确、完整、可比和一致性”，以增强透明度，保障国家自主决定贡献的准确性。“贡献”也是一个创新的词汇。在之前，发达国家的行动是“承诺”，发达国家也希望发展中国家用“承诺”一词。但发展中国家要求“有前提下的行动”。发达国家不接受发展中国家用“行动”一词。最后，“承诺”和“行动”都不用，而是用了“贡献”，这也是包容性的体现。

4. 处处体现了“共同但有区别的责任”原则，使《巴黎协定》成为落实《公约》的多边协定

“共同但有区别的责任”（Common But Differentiated Responsibilites，CBDR）原则也称“共区原则”。“共区原则”一直是《公约》的指导原则之一，这一原则最直接的体现就是减排责任和出资义务。“共区原则”体现在整个“协定”和“决定”的方方面面。美国等发达国家原先打算将《公约》关门，但发展中国家不同意。国际气候谈判之所以多年达不成协定，关键问题在这里。哥本哈根会议之前，美国只提出底线，不提“共区”。《中美元首气候变化联合声明》坚持了“共区原则”，有力支持了《巴黎协定》。“共区”将《公约》与《巴黎协定》连结起来，使得《巴黎协定》不是另起炉灶，而是落实《公约》的多边协定。《巴黎协定》中明确规定，“发达国家缔约方应当继续带头，

努力实现全经济绝对减排目标。发展中国家缔约方应当继续加强它们的减缓努力，应鼓励它们根据不同的国情，逐渐实现全经济绝对减排或限排目标”；在资金问题上，协定中也规定，“发达国家缔约方应为协助发展中国家缔约方减缓和适应两方面提供资金，以便继续履行《公约》下的现有义务”，并“鼓励其他缔约方自愿提供或继续提供这种支助”，明确了发达国家为发展中国家适应和减缓气候变化出资的义务。在技术、适应、能力建设、透明度方面也都是如此，考虑了公平、能力与国情。

5. 建立一套“自下而上”设定行动目标与“自上而下”的核算、透明度、遵约规则相结合的体系

《巴黎协定》在促进包容性和实现全面参与上的成功是空前的。《京都议定书》的失败在于其采取“自上而下”的减排方案，美国、加拿大、日本的先后退出，澳大利亚的反复，很大原因是此方案的约束性。“自下而上”设定行动目标有利于激发各国的积极性，根据国家的发展阶段、国家能力和历史责任，自主确定行动目标，有助于实现应对气候变化行动的全球覆盖；而“自上而下”的核算、透明度、遵约规则，则确保了各国有一个通用的对话、行动进展跟踪的平台，从而有助于各国交流行动经验，开展评估与自我评估，促进提高行动力度，综合评估全球行动力度与进展。

6. 引入“以全球盘点为核心，以5年为周期”的更新机制，并强调整体盘点

缺乏更新机制是全球气候治理体系过去面临的重要问题，《巴黎协定》的一个十分重要的成果就是为解决各国“自主贡献”力度不足、难以实现控温目标的问题专门建立了盘点机制，即自2023年开始，每5年将对全球行动总体进展进行一次“促进性”的盘点。盘点包括减缓、适应、支持，而非单纯减排。每隔5年的盘点机制又被气候专家形象地称为“齿轮”机制。“盘点”也是中国贡献的一个词汇。首次用在

《中法元首气候变化联合声明》里。发达国家希望用“审核”“审查”“评审”等词。“盘点”是一个中性词，就像商铺每天都要盘点一下库存，再来确定进货。同时，还强调“整体盘点”，即只从整体上评价各国努力与2℃目标有多远，不针对个体，避免了对个别国家的切入性。盘点以后强调最佳实践的交流，给大家互相学习的机会。对于整体差距，仍然由各缔约方自下而上自主贡献来确定，并照顾发展中国家关切。

7. 将“1.5℃温控目标”引入全球气候治理的目标中

《巴黎协定》则在《公约》和《巴厘行动计划》的基础上，进一步将“2℃温控目标”深化为“1.5℃温控目标”，表示要“把全球平均气温升幅控制在工业化前水平以上低于2℃之内，并努力将气温升幅限制在工业化前水平以上 1.5℃之内 ”。这也是“1.5℃温控目标”首次成为全球共识，展现了国际社会对全球气候治理力度的期待。1.5℃温控目标也体现了包容性。一个国际气候协定，如果经不起历史的检验，不基于科学，很可能成为笑话。根据 IPCC 建议，2℃目标是合适的，从科学上是可以接受的。因为当前已经升温 1.2℃，1.5℃目标对发展中国家经济发展有很大约束。之所以引入 1.5℃目标，在于一些发展中国家出于政治上、经济上的考虑。这也是一种平衡，并用了“努力”这个词，其可行性正在评估。

8. 强调经济发展的低碳转型

《巴黎协定》中“强调气候变化行动、应对和影响与平等获得可持续发展和消除贫困有着内在的关系”，实现“气候适宜型的发展路径”，把应对气候变化与保障粮食安全、消除贫困和可持续发展密切结合起来，实现多方共赢的目标。

9. 采用“阳光条款”，强调“强化”的概念，而不是用“统一”标准

《巴黎协定》中的一个亮点是被非政府组织（NGO）称为“阳光

条款”的有关透明度的协议，各国根据各自经济和政治状况自愿提出的“国家自主决定的贡献”减排承诺接受社会的监督，各国都得遵循“衡量、报告和核实”的强化体系（该体系会根据发展中国家的能力给予一定灵活性），定期提供温室气体清单报告等信息并接受第三方技术专家审评。增强的体系透明度及帮助发展中国家提高透明度的努力将逐步增强各国行动，为增加互信奠定基础。透明度强调的是“强化”，而不是“统一”。这体现了灵活性，考虑了发展中国家实际。尽管报告内容不统一，但核算办法可以达到可比性。

（二）《巴黎协定》的缺陷是遵约机制比较软

《巴黎协定》最后一部分有遵约机制，但不是硬性的。在资金问题、技术问题上还是有些缺陷，还比较“软”。要真正实现长期目标，在技术创新、技术转让、技术合作方面还需要更大力度，需要进一步细化和加强。资金方面也缺少明确的时间表和路线图。实际上，对于一个多边机制而言，采取惩罚的方式是非常困难的，更多是用政治上的信誉来约束。

二、《巴黎协定》的具体条款评估

（一）INDC 机制及减缓目标的评估

《巴黎协定》不仅明确了全球长期目标，为世界各国应对气候变化指明道路，还创新了全球气候治理新机制，为实现目标保驾护航，堪称全球应对气候变化的又一里程碑式文件。

1.《巴黎协定》INDC 机制及减缓目标解读分析

第一，创新“自下而上”国家自主贡献减排新机制。“自下而上”的 INDC 行动机制的确立与 INDC 自身优势以及外界因素的影响是分不开的。自身优势方面：首先，INDC 申报不具强制性，不会对一国经济发展造成压力；其次，在申报程序上，INDC 申报预案是国家依据自己的国情提出，是国家作为《公约》主体的主动行为；再次，虽是国家自主决定贡献，但仍考虑到共同目标，起到减缓的作用；最后，现阶段对各缔约方 INDC 预案或者目标的最终的法律形式不做预设，这种形式对发展中国家尤其是特别不发达国家提供了一定的灵活性，有利于保障 INDC 机制发挥作用且路径是明确的。“自上而下”的 INDC 机制建立在各缔约方承担“共同但有区别的责任”的前提框架下，原有的二分结构得以保留。

第二，明确减缓目标，树立衡量减缓进程的重要标杆。在减缓领域《巴黎协定》提出将全球温升幅度控制在 2℃以内（与工业化之前的水平相比）并努力将其限制在 1.5℃的范围内的减缓目标。同时还规定，联合国政府间气候变化专门委员会（IPCC）将在 2018 年提交报告，详细阐述升温 1.5℃对全球变暖的影响。各缔约方国家自主贡献预案的制定，是关系《巴黎协定》设定的减缓目标能否达成的关键。考虑到国情不同，发展中国家中有一小部分国家（如中国）提出了绝对量减排的目标，大部分仍然从维护经济发展的角度坚持基准线情景或排放强度控制的目标。

第三，在自愿的基础上采取多边合作，利用国际转让的减缓成果来实现《巴黎协定》下的国家自主贡献。《巴黎协定》提出有些缔约方可选择自愿合作，执行它们的国家自主贡献，以能够提高它们减缓和适应行动的力度，并促进可持续发展和环境完整。在提交国家自主贡献的国家中，有 90 多个国家在向巴黎气候变化协定提交的国家计划中提到碳排放交易体系、碳税和其他碳定价机制，由此《巴黎协定》对自愿减缓合作的实施规则、模式、程序和核算等方面做了详细说明。市场机制对于减排非常重要，但碳定价市场在短期内仍面临多重阻碍。

第四，在国家自主贡献预案中，可根据各缔约方国情对参考点的量化信息（包括基准年）、执行时限、范围、方法等酌情考虑。对上述内容的酌情考虑，导致温室气体减排承诺形式的多样性，成为目前已提交

INDC 文件的一个重要特征。从某种程度上来说，INDC 文件的多样性照顾到不同国家尤其是发展中国家的国情，使 INDC 机制不会对发展中国家产生压力，体现了自主贡献机制的公平原则。并且，共同的时间框架能够解决目前各个国家递交的 INDC 中目标年减排量无法直接比较的问题，可以更好地为进行全球总结和评估服务。而减缓目标年、基年和执行时限等的不确定会影响 INDC 文件本身的清晰、透明和可理解，也会对减缓目标的评估和 5 年一次的全球盘点产生不利影响。

第五，每 5 年一次全球盘点，为 INDC 机制有效实施保驾护航。《巴黎协定》除了在减缓、适应等领域推动 INDC 的有效实施，还有一个十分重要的成果就是为解决各国“自主贡献”力度不足、难以实现控温目标的问题专门建立了盘点机制。盘点机制将是华沙气候大会“三可”规则的全面升级。一方面，和“三可”规则相同，全球盘点的实施首先要遵循发达国家和发展中国家在应对气候变化中肩负的“共同但有区别的责任”原则，在盘点中给予发展中国家基于能力的一定灵活性。另一方面，和“三可”规则不同，全球盘点将是“一揽子”内容，其涵盖范围不再单单是减缓一方面，而是以帮助各国提高力度、加强国际合作，实现全球应对气候变化长期目标，确保各国 INDC 在减缓、适应、资金、技术开发和转让、能力建设、行动和支助透明度六个维度上的持续不断努力。

2. 中国面临的关键问题

2015 年 6 月 30 日，中国向《公约》秘书处提交了《强化应对气候变化行动——中国国家自主贡献》文件，内容包括：至 2030 年，中国碳强度，即单位国内生产总值二氧化碳排放，比 2005 年下降 60%~65%，非化石能源占一次能源比重达到 20% 左右，森林蓄积量比 2005 年增加 45 亿立方米，在 2030 年左右达到二氧化碳排放峰值，并争取尽早达峰。然而，我国若干学者和研究机构围绕能否在 2030 年达峰、达峰时我国二氧化碳排放量将达到何种规模、2030 年中国非化石能源占一次能源比重能否达到承诺的20%左右等三个问题进行了深入研究和讨论，普遍认为我国仍处在工业化、城镇化快速发展阶段，尽管在减缓气候变化、落实三个目标方面存在一些挑战，但应对气候变化与可持续发展是内在一致的，是我国提高经济发展质量，转型升级经济结构的必然要求。

（二）“适应”条款的评估

减缓和适应气候变化是应对气候变化的两个有机组成部分，应当同等重视，然而以往的国际气候机制却体现出“重减缓、轻适应”的特征。与技术先进的发达国家相比，发展中国家对气候变化的适应能力有一定差距，对气候变化更为敏感和脆弱。因此，适应战略对发展中国家更为重要。

1.《巴黎协定》相关内容制定背景及解读

从1992年联合国环境与发展世界大会通过的《公约》开始，国际气候机制经历了对适应气候变化历程的认识阶段、规划阶段、实施阶段后，IPCC第五次评估报告第二工作组报告（WGII AR5）在适应需求和选择、适应计划制订和实施、适应机遇和限制因素以及适应气候变化经济学等方面得出了一些新的评估结论，将2015年作为《公约》下适应气候变化的新阶段——强化阶段，这一阶段关注的是“如何管理气候风险”。

2015年联合国巴黎气候大会决定将适应气候变化列为《巴黎协定》要实现的三大目标之一，并且成为《巴黎协定》中的独立条款（第7条和第8条）。在“适应”方面，《巴黎协定》搭建了与其第2条所述全球温升目标相联系的、旨在提高适应能力、加强恢复力和减少对气候变化脆弱性的全球适应目标；承认减排和适应需求之间的关系，即提高减缓水平能减少对额外适应努力的需求，增加适应需求可能会增加适应成本；要求缔约方酌情开展适应计划进程并采取适应行动，包括制定或加强相关计划、政策和贡献；要求缔约方定期提交和更新适应信息通报，通过定期盘点评估适应行动及支持的充分性和有效性以及全球适应目标的总体进展；要求缔约方增强适应行动、体制安排、科学知识等各方面的合作，帮助发展中国家识别有效的适应实践、需求、优先领域，提供及接受的支持、挑战和差距。《巴黎协定》提出应承认发展中国家的适应努力，并明确发展中国家编制适应计划和采取适应行动、增强适应的国际合作、提交和更新适应信息通报应该得到持续和增强的国际支持。

从气候变化适应的国际行动来看，国际气候变化适应的协同机制正在形成，但是建立高效的气候变化适应的行动分歧和制约因素仍然存在，特别是由于气候变化适应的成本和能力存在巨大的区域差异，资金问题仍然是国际气候变化适应行动的主要障碍。

2. 中国适应气候变化现状及面临的主要问题

随着气候影响的不断凸显，气候变化对我国的负面影响也已在多个领域呈现，适应气候变化对于我国来说是一项现实而紧迫的任务。自1994年《中国21世纪议程》首次提出适应气候变化的概念以来，中国政府结合国民经济和社会发展规划，采取了一系列政策和措施，取得了积极成效。水利基础设施建设、保护性耕作、生态修复等领域取得较快进展，并逐步开展了监测预警体系建设。同时，加强与欧盟、美国、印度等发达国家及发展中国家在应对气候变化领域的双边合作，共同应对气候变化挑战，也进一步推动国际社会应对气候变化问题的进程。

尽管我国在气候变化适应政策部署方面已经取得重要进展，但与世界主要国家特别是发达国家相比，还存在一定的差距与不足。适应资金缺乏和工作保障体系尚未形成，具体体现在：适应气候变化的法律法规不够健全；应急管理体系亟须加强；适应资金机制尚未建立，政府财政投入不足，科技支撑能力不足；现有技术对于气候变化因素的针对性不强。基础设施建设不能满足适应要求，例如基础设施建设等技术标准尚未充分考虑气候变化的影响；城市生命线系统应对极端天气气候事件的保障能力不足；农业、林业基础设施建设滞后。敏感脆弱领域的适应能力有待提升，农业种植及农情监测、区域水资源战略配置、森林火灾与林业有害生物监测、湿地荒漠生态系统适应抗灾能力、行业部门防范极端天气能力、人体健康受气候变化影响防控能力都有待完善和加强。适应研究水平与发达国家差距较大，需要进一步加强气候变化预测、影响评估、脆弱性和风险评价技术研发，为开展气候适应研究提供统一的信息共享平台，缩短科学研究与决策应用的差距。对适应气候变化关注不够，对如何提高公众适应气候变化的意识与管理水平，增强适应气候变化能力做得很少。生态系统保护措施亟待加强，土地沙化、水土流失、生物多样性减少、草原退化、湿地萎缩等趋势尚未得到根本性扭转，区域生态安全风险加大。缺乏适应技术的风险评价，有关适应行动的成本和利润的定量信息目前还很缺乏。

（三）气候资金机制评估

《巴黎协定》的成功签署标志着国际社会在应对气候变化关键问题上取得了政治共识，未来气候谈判和博弈将主要集中于数据的可信性、资金路线图等技术层面，从而开启政治技术化的博弈新阶段。资金问题在《巴黎协定》中取得了重大进步，被放在了关键位置。资金目标——“使资金流动符合温室气体排放和气候适应型发展的路径”成为与减缓目标和适应目标并列的《巴黎协定》三大目标之一。

1.《巴黎协定》相关内容解读

第一，《巴黎协定》是全球气候资金机制新秩序的起点。《巴黎协定》要求发达国家提高资金支持水平，制定切实的路线图，以实现在2020年以前每年提供1000亿美元资金的目标。2020年以后，《巴黎协定》要求缔约方在考虑发展中国家需求的情况下，于2025年以前设定一个新的共同量化目标，且每年的资金支持量不少于1000亿美元。《巴黎协定》强调目标管理，任何国家、地区或者项目的减排幅度、资金捐赠，不在于“如何做到”，而在于“结果呈现”。

第二，鼓励协调公共和私人、双边和多边的资金来源。发挥公共资金引导作用至关重要。《巴黎协定》提出鼓励协调公共和私人、双边和多边的资金来源，表明支持气候资金的来源逐步扩大化。然而，在资金渠道多元化、运营规则多样化的气候资金体系中，如何避免《公约》下气候资金基础制度继续边缘化；如何通过加强对运营实体的引导，避免资源运用失衡；如何通过资金实体治理机构、设计准则和操作规则的调整，进一步提升资金渠道的总体效率等一系列问题，都需要在不断发展、变化的国际气候资金机制格局下逐步解决。

第三，绿色气候基金将成为气候资金的主要机制。《巴黎协定》设定了资金机制的实体——绿色气候基金和全球环境基金。绿色气候基金将成为发达国家向发展中国家进行资金转移的主要机制。它以积极创新的方式覆盖了更多的投资领域，拓宽了融资渠道，整合了私营部门，以提升气候融资的效率和正当性，还设定了资金流动的十大原则，最核心的是：①实现减缓和适应 50∶50 的平衡；②至少 50% 适应资金授予最脆弱的发展中国家，包括最不发达国家、小岛国联盟以及非洲国家；③直接与私营部门合作，通过私人基金（PSF）增强对气候敏感性项目投资等。可以说，绿色气候基金力图最大可能地克服以往诸多类型基金存在的缺陷。然而，在治理结构和操作细节两个层面，仍存在南北竞争性差异，如何使绿色气候基金增加发展中国家的代表性，更好地使绿色气候基金服务于发展中国家的低碳发展需求，依然有着诸多挑战。

第四，《巴黎协定》气候资金机制不具法律约束力。巴黎气候大会强烈促请发达国家制定切实的路线图，以实现在 2020 年前每年向发展中国家提供 1000 亿美元应对气候变化资金，并到 2025 年前在 1000 亿美元基础上设定新的资金目标。为了达成协定，资金数量方面的内容并未出现在具有法律约束力的“协定”中，而是出现在不具法律约束力的“决定”文本中，这既实质性地说明资金问题在气候博弈中的复杂性和全局性，也体现了《巴黎协定》的包容性。

2. 全球气候资金机制存在的问题

国际社会正日益从全生命周期的视角，即“融资—转移—使用”全周期角度看待气候资金机制，这样资金预期总量、资金来源、资金转移以及资金使用效率都成为气候资金机制应该予以关注的部分，目前这几个环节都存在不足。

气候资金总需求量悬而未决。《巴黎协定》施行国家自主减排模式和每五年一次的定期审查和全球盘点制度，由此减排成本就只能与该地区、该时间段“一切照旧”（Business as Usual）联系起来，在现实生活中难以具体化，但据诸多机构、研究人员的初步评估，发现当前气候融资低于实际需求。私营资金进入气候领域仍存在结构性障碍。发展中国家在就公共资金对发达国家做出要求的同时，还应改变自身，构建稳定的商业环境、可预期的经济框架、清晰的法律权利以及成熟的财经政策等。私人资金进入气候领域提出了资金透明性要求，这必然需要详细的测量标准和计量方法，以标记何种资金可以算作发达国家对发展中国家的“气候资金”义务，以及私人资金成为某个国家的资金承诺的判定标准。国际资金转移平台难以满足发展中国家需求。不同资本和基金有着显著不同的偏好、程序和制度配置，使得发展中国家的优先权和自主性常常受到限制。发达国家还认为，应对气候变化格局出现重大变化，气候资金转移对象应更多聚焦于那些最脆弱的发展中国家，然而最脆弱国家往往难以达到资金转移最低技术标准。这些约束性条件往往对资金流动产生限制性影响。气候资金的使用效率不高。作为国际资金主要接受方的发展中国家，基于国内政府、市场双重失灵以及人才不足等诸多原因，资金使用往往不尽如人意，表现为减缓和适应比例严重失衡、气候变化软能力建设严重滞后、气候领域的市场化未有效构建，如何提升资金使用效率考验着国际社会。“气候资金”和气候融资的概念有待明确界定。气候资金机制是《公约》和《巴黎协定》的核心工具，直接关系到人类应对气候变化的速度、成效，但“气候资金”和气候融资的概念目前仍存争议。

（四）“技术”条款评估

技术是应对气候变化的重要工作，其重要性很早就被各缔约方所认识，1992 年第一次在《公约》中提出技术的作用。2015 年巴黎气候大会做出建立技术框架以及将技术与资金挂钩，技术的转移和开发工作有了很大发展，但是技术工作进展仍旧比较缓慢，技术机构作用有限，技术转移和开发方面多是设想或建议，缺乏法律约束力。

1.《巴黎协定》中“技术”条款解读

在《巴黎协定》中，再次强调了技术的合作，就技术开发转移对各个缔约国提出了要求，相比以往对技术的规定有一些突破，但是依然存在一些问题。

第一，《巴黎协定》强调了技术转让与开发的长期性，强调缔约方尤其是发展中国家和发达国家之间的长期合作。但是只是提出了要落实技术开发和转让，并没有进一步提出具体的落实政策，也没有任何有法律约束力的条文。

第二，《巴黎协定》强化了技术机制的重要性，提出建立技术框架，“为技术机制在促进和便利技术开发和转让的强化行动方面提供总体指导”。技术框架的设立可以视为加强技术机制的一种手段。但是技术框架被分配到附属的科学技术咨询机构讨论，而没有在联合国气候变化大会中谈判，不利于技术开发和转让。

第三，《巴黎协定》在资金和技术之间建立了明确的联系。在《巴黎协定》中提到，加快、鼓励、扶持创新不仅需要技术机制的支持，同样也需要大会的资金机制提供资金支持。同时，规定“应向发展中国家缔约方提供资助，包括提供资金支柱，以执行本条，包括在技术周期不同阶段的开发和转让方面加强合作行动”，这是首次将资金和技术这两个应对气候变化的主要行动手段联系起来，这被认为是发展中国家取得的一个成功，可以加强持续性的发展和创新。虽然没有对资金在对技术的支持方面做出详细规定，但是规定了在技术转让和开发方面的资金运转模式。

第四，《巴黎协定》将创新作为一个关键点，强调创新的作用。在第10条第5款中强调“加快、鼓励和扶持创新，对有效、长期的全球应对气候变化，以及促进经济增长和可持续发展至关重要。”在此款中，同样强调了要通过资金手段对技术创新进行支持，尤其是“在技术周期的早期阶段便利发展中国家获得技术”。但是与其他条款类似的是，关于创新和让发展中国家在早期获得技术也仅仅是一种建议性条款，对于如何鼓励创新，资金如何运作，以及使发展中国家在早期获得技术的手段方法没有细化深入地进行规定，不具有法律效力，因此如何敦促发达国家落实是一个问题。

第五，在《巴黎协定》中提到要加强发展中国家和发达国家在技术方面的合作，但是没有涉及知识产权问题。相关技术的知识产权问题是气候变化大会谈判中的一个极其重要的问题，而这次《巴黎协定》中依然没有有关知识产权的相关规定，可见发展中国家和发达国家在此问题上依旧存在诸多矛盾。

2. 中国落实“技术”条款存在的问题

第一，核心技术问题。中国在应对和适应气候变化技术上的创新能力还比较低，原创性的技术比较少，掌握的核心技术比较少，前沿尖端技术比较少。新能源技术、低碳技术依旧与发达国家存在一定差距。核心技术的缺失会使中国减排成本增加，这是不利于中国落实《巴黎协定》的规定，也不利于履行自身所承担的责任。第二，技术标准规则问题。相关技术标准的缺失，没有掌握技术标准的制定权，使中国在国际气候变化技术转移方面一直处于被动状态，国际竞争能力不强。第三，资金问题。虽然中国政府在应对气候变化方面投入的资金越来越多，但是总体来看，中国在气候变化应对上的资金缺口依旧很大。第四，自身能力建设问题。最近几年中国已经在气候变化技术方面投入了大量财力、人力、物力，但是与发达国家相比，中国在气候技术研发的基础设施、高技术人才、机构能力等方面还存在一定的差距。第五，与发达国家、发展中国家的合作问题。在技术方面，中国与发展中国家和发达国家之间还没有成熟的合作机制，在技术研发上中国还处于一种"自力更生"的状态，所花费的人力、财力比较多，但是技术并没有取得明显进步。

（五）"透明度"条款评估

1.《巴黎协定》中"透明度"条款解读

为了增强缔约国间相互信任并促进《巴黎协定》的有效执行，《巴黎协定》通过第 13 条专门制定了"透明度"条款，搭建了一个关于行动和支助的强化透明度框架，并内置一种灵活机制。可从搭建行动和支助透明度框架的目的、透明度性质与安排，以及需要提供的信息内容、形式等多角度对发达国家和发展中国家关于透明度要求的异同点进行解读。

相同点方面：一是从设立行动和支助透明度框架的目的来说，发达国家和发展中国家集团搭建透明度框架有着相同的出发点。如实反映和追踪各缔约方在国家自主贡献、适应、资金援助和技术支持以及能力建设中取得的进展，为全球总结提供参考，以提升个体和整体透明度水平。二是在定期提供信息的内容上，《巴黎协定》对发达国家和发展中国家一视同仁。两集团都需要定期提供温室气体的人为源排放量和汇清除量的国家清单报告、国家自主贡献方面取得的进展，以及酌情提供对气候变化影响和适应相关的信息。发达国家缔约方提供其向发展中国家提供的资金、技术转让和能力建设支助情况，并鼓励提供支助的其他缔约方也这样做。而发展中国家应当就其需要和接受的资金、技术转让和能力建设支助情况提供信息。

不同点方面：一是在透明度安排上，出于“共同但有区别的责任”原则，分别赋予发达国家和发展中国家各自独立但又平行的报告和审查程序，对发达国家缔约方要求更高。二是关于透明度安排的性质，发达国家更多地体现了履行公约义务的性质，而发展中国家则体现了加强能力建设的性质。三是在提交信息的形式以及专家组审评上，发展中国家远不如发达国家严格。《巴黎协定》还特别指出，审评应特别注意发展中国家缔约方各自的国家能力和国情，给予其一定灵活度。另外，《巴黎协定》第 13 条第 3 款还考虑最不发达国家和小岛屿发展中国家的特殊情况，试图将其从发展中国家阵营中单独抽出来。

未来透明度建设的趋势是由发达国家和发展中国家的二元划分逐渐转向发达国家、发展中国家、最不发达国家和小岛屿发展中国家的三元划分，通过提升对提供支助的其他缔约方透明度的要求，将一些“有能力的”发展中国家拉入发达国家阵营。

2. 我国落实“透明度”条款存在的问题

近年来，我国一直严谨、负责地履行《公约》下透明度的相关要求，按规定编制国家温室气体清单，按时提交国家信息通报，并且在《公约》要求之外，自 2009 年以来每年组织编写和发布应对气候变化年度进展。从某种程度上来说，我国比发达国家更透明地向世界提供了应对气候变化的政策、行动及效果的信息，不断为提升透明度努力，但仍存在一些问题亟待解决。

一是缺乏应对气候变化中加强透明度建设的法律法规。虽然我国关于应对气候变化的政策和法律并非空白，但截至目前，没有专门针对气候变化的法律出台，且之前应对气候变化的政策和法规大多关注减缓能力的提升，忽略了对提升透明度方面的立法。二是缺乏提升透明度的数据支持。我国当前缺少温室气体强制性报告制度，公司温室气体排放信息存在严重的信息不对称现象，对我国编制国家信息通报、发展中国家双年更新报告等加强透明度建设措施实施造成障碍。三是对透明度安全问题不够重视，主要表现为缺乏对数据安全的保护。由于目前实行的自愿性碳信息披露可能会暴露公司的经营规模、资源性成本、经营计划、投资项目等商业秘密，导致公众和管理者难以获取温室气体排放的真实信息。四是透明度建设中的技术水平滞后，难以满足越来越高的透明度需求。当前，我国对温室气体排放等相关数据的收集还处于传统方式的企业层层提交、人工受理、审核的阶段，常规的温室气体清单统计核算体系也未完全建立起来，完成《巴黎协定》要求的发展中国家每两年提交一次清单的工作难度较大。五是对其他发展中国家支助透明度欠佳，缺乏对支助项目的论证、监测和评估体系。《巴黎协定》鼓励“有能力”的发展中国家加入到对落后国应对气候变化的支助队伍，并就提供的支助情况提交相应信息。我国一直致力的“南南合作”和“一带一路”体系中既没有健全的评估管理制度，也没有针对气候变化国际援助的统计、报告与核实制度，给我国应对气候变化“南南合作”的监测和评估带来困难。

（六）“能力建设”条款评估

1.《巴黎协定》中“能力建设”条款解读

第一，《巴黎协定》决定建立巴黎能力建设委员会，这样能力建设就有了专门的领导机构，有利于提高履行能力建设方面的工作效率，有助于进一步促进能力建设工作。

第二，在《巴黎协定》中强调成立能力建设委员会的“目的是处理发展中国家缔约方在执行能力建设方面现有的和新出现的差距和需要，以及进一步加强能力建设活动，包括加强《公约》之下能力建设活动的连贯性和协调”，这对于发展中国家的能力建设活动来说是有促进作用的。

第三，在成立巴黎委员会的目的中强调了能力建设的“持续性和协调性”，这是有助于能力建设活动开展的。但是在《巴黎协定》中并没有提出具体通过何种机构、何种方式继续加强能力建设的持续性和协调性，这需要在以后的工作中进一步明确。

第四，在《巴黎协定》中，决定启动2016—2020年工作计划，强调要加强“现有机构之间在合作方面的协同增效”，这在一定程度上能够促进各机构之间加强联系，避免出现过去能力建设活动几个机构各自为政的现象，能够提升能力建设的效率；强调要“促进开发和推广实施能力建设的工具和方法”，并且“查明收集《公约》下设立的机构所开展的能力建设工作中的良好做法、挑战、经验和教训”，可以很好地推广能力建设，促进全球应对气候变化的能力提升；在工作计划中同样提到了要探索发展中国家如何“逐步自主建设和保持能力”，但目前这相对来说只能是一种美好的设想。

第五，在《巴黎协定》中，提到的另一个比较重要的方面是要加强宣传培训工作以及公众参与，在《公约》的第84条中强调要在巴黎能力建设委员会“第一届会议上探讨加强开展培训、公众宣传、公众参与和公众获取信息的方式，以便加强本协议之下的行动”。在《巴黎协定》的第12条同样提到了要加强教育、培训和宣传工作。宣传和培训以及公众参与是能力建设活动的一个重要方面，民众的参与无疑将是应对和适应气候变化的最好推动力。

第六，《巴黎协定》第11条第1款强调了能力建设主要是加强“发展中国家缔约方，特别是能力最弱的国家，如最不发达国家，以及对气候变化不利影响特别脆弱的国家，如小岛屿国家，以便采取有效的气候变化行动”。自能力建设进入《公约》的讨论范围以来，发展中国家以及最不发达国家特别是小岛屿国家就成为能力建设的重点，再次强调发展中国家的能力建设，突出了发展中国家能力建设的落后性。在《巴黎协定》中也强调了“所有缔约方应当合作，以加强发展中国家缔约方执行本协议的能力。发达国家缔约方应当加强对发展中国家缔约方能力建设的支助”。但是能力建设方面最为关键的资金问题，在协定中并没有涉及。

第七，强调发展中国家要定期“通报为执行本协议而落实能力建设计划、政策、行动或措施的进展情况”，这就相当于一种检查措施，有助于国际社会督促相关国家履行协议与自身承诺。不过这种向其他各方的通报更应该要求发达国家通报对发展中国家的援助进展情况，督促发达国家履行自身责任，这对于能力建设以及其他应对和适应气候的措施都是极大的进步。

2. 中国落实“能力建设”条款存在的问题

第一，体制机制组织能力还存在问题。虽然已经建立应对气候变化的领导机制，但领导机构的完善程度与西方发达国家以及《巴黎协定》的要求还有一定的差距。

第二，相关立法需要加强。中国缺乏应对气候变化的专门法律，关于应对气候变化领导机构的法律地位不明确，公民、政府、机构在参与应对气候变化方面的责任与义务以及相应的惩罚奖赏办法不明确。关于可再生能源、新能源，以及碳减排、碳交易等立法还未形成全面的法律体系。与应对气候变化相关的技术转移与开发、资金以及涉及国际合作与交流的法律还未建立。

第三，人才短缺问题。尽管在“十二五”控制温室气体排放工作方案中明确提出了“加强应对气候变化基础研究和科技研发队伍、战略与政策专家队伍、国家谈判专业队伍和低碳发展市场服务人才队伍建设的要求”，但目前在应对气候变化能力建设方面的人才仍然大量短缺。

第四，资金问题。目前中国气候融资还处在初步发展阶段，国际援助气候资金较少，气候资金在当前以及中长期内都面临较大的资金缺口。资金不到位导致技术开发、宣传培训、公众参与等活动都受到阻碍，有的项目由于资金不足而无法启动，有的项目由于资金断链而导致中断，这与《巴黎协定》中强调的要加强能力建设的持续性是相冲突的。

第五，民间绿色组织的发展问题。中国民间组织在应对气候变化能力建设上作用仍非常有限，首先是组织的数量问题以及会员数量与西方民间组织相比都有相当大的差距；影响力都比较小，很难动员大规模的群众参与。其次是由于缺少资金支持，其活动范围、活动能力都受到很大的限制。

第六，教育、宣传、培训、公众参与方面依然存在不足。中国全社会的低碳发展和绿色发展的意识依旧淡薄，教育宣传方面还未形成系统的气候变化教育宣传体系，媒体对于气候变化的宣传、监督还不成熟，政府官员以及社会管理者的相关知识较为匮乏，全社会还未形成绿色发展的共同意识。

三、我国落实《巴黎协定》的对策建议

我国积极响应巴黎气候大会的举动获得国际社会的认可与称赞，也从以往的参与者成功转变成制定气候对策的引领者，不仅主动承担国际责任，还积极促进国际合作。巴黎气候大会是我国建设性参与全球治理的一次成功的外交实践，也为我国未来的发展方向提供了机遇。

（一）近期内要积极推进《巴黎协定》的落实

一分纲领，九分落实。我国作为负责任的大国要积极落实巴黎会议成果，为《巴黎协定》的生效实施做好准备，主动承担与自身国情、发展阶段和实际能力相符的国际义务，继续兑现2020年前应对气候变化行动目标，积极落实自主贡献，努力争取尽早达峰，并与各国一道努力，按照《公约》的各项原则，推动《巴黎协定》的实施，推动建立合作共赢的全球气候治理体系。

（二）推动全球建立统一的减排机制，强化法律约束力

一方面，我国需要认真履行自己的承诺，为全球气候治理做出表率；另一方面，我国也需要在未来的气候治理中继续推动治理的议程设定，维护并加强《巴黎协定》各种执行机构的权威，落实《巴黎协定》的各项规定，完善相关的运行机制，以全球气候治理的总目标和《巴黎协定》提出的温升目标为准绳，维护全球气候正义，促进国家间的公平，逐步缩小全球排放差距，增进人类共同利益。

（三）加大减排投资，提高减排能力，扩大减排供给

在全球绿色发展转型方面，欧、美、日等发达国家正在进行深刻的经济结构调整，打造以低碳能源技术为核心的竞争力，试图抢占未来低碳经济高地。我国也面临着巨大的国际竞争压力和严峻的挑战。当前我国经济发展的当务之急是通过结构调整和提质升级发展，拓宽经济增长与环境改善的双赢之路。《巴黎协定》的达成为私人投资指明了方向。今后我国可借《巴黎协定》这一“东风”进一步鼓励私人投资者、企业和多边金融机构扩大对清洁能源、低碳技术等领域的投资，深入探索实现低碳经济跨越式发展的可行道路。

（四）坚持“高标准、严要求”的适应能力建设

《巴黎协定》明确了“努力将气温升幅限制在工业化前水平以上1.5℃之内”的目标。迄今为止，国际社会对1.5℃的科学认知还相对有限，气候变化研究领域最为权威的政府间气候变化专门委员会（IPCC）第五次评估报告是围绕2℃目标展开的。如果未来全球适应气候变化的行动以1.5℃为目标，而未来全球的温升达到2℃或者3℃，那么按1.5℃温升建立的适应体系将导致适应能力不足。尽管我国在适应气候变化方面已有很多行动，但在适应目标方面应坚持“高标准、严要求”。

（五）建立碳市场及多层次的碳金融体系

我国计划于 2017 年启动全国碳排放交易体系，将覆盖钢铁、电力、化工、建材、造纸和有色金属等重点工业行业。碳交易市场已在我国一些城市进行试点，但由于市场机制的不完善与对配额需求的缺乏并未在全国进行推广。此次巴黎气候大会的召开对碳交易市场的完善是新的契机，我们应当抓住机会利用市场自主竞争的方式控制碳的排放。同时，碳排放交易体系的形成也是一个循序渐进的过程，其中的细节对我们来说也是一个不小的挑战。

（六）推动全球碳市场的建立完善

在现有碳排放权交易市场建设的基础上，我国应充分利用《巴黎协定》新的“国际转让的减缓成果”机制，提前探索构建多边碳排放权交易市场的可行性。比如，与发展较为成熟的欧洲碳排放权交易所（EUETS）构建“中欧联合碳排放权交易所”；也可与英国、法国、韩国等国提前探索构建双边联合碳排放权交易所的可行性。这将有利于我国在未来全球碳排放权交易市场的市场规则制定中处于主导地位。

（七）推进气候外交与气候变化南南合作

推进同美国、欧盟、俄罗斯、加拿大、日本、澳大利亚等发达国家的政策对话与务实合作，加强同“基础四国”“立场相近发展中国家”、小岛国、最不发达国家和非洲国家的沟通协调。在“一带一路”建设和国际产能合作中突出绿色低碳元素，引导海外投资更多地流向低碳领域。尽快启动实施中国气候变化南南合作基金相关项目活动，在团结帮助发展中国家的同时，带动国内节能环保低碳相关产业和装备“走出去”。我国可充分利用南南合作基金从海外大规模获取碳排放权信用，这一方面可帮助完成我国承诺的减排目标，减少过重的减排压力；另一方面可在未来全球碳排放权交易市场上出售多余部分，增加我国的投资收益。

（八）激励企业、公民参与气候治理

鼓励企业、非政府组织和公众等多元主体参与全球气候治理行动。应加大对企业气候治理行为的政策力度和资金支持，支持企业的气候投资、自主减排，提高企业在气候领域全球价值链上的竞争力；应鼓励和支持企业、非政府组织积极地参与气候变化谈判，鼓励非政府组织参与国际同行的互动，在互动中提高气候治理的话语权；增强全社会对低碳发展的共识，将“低碳”这个概念真正融入社会经济生活的各个方面。

四、美国特朗普上台后《巴黎协定》面临的挑战与应对

特朗普上台伊始就宣布退出《巴黎协定》，这为《巴黎协定》落实蒙上了一层阴影。

从程序上看，美国退出《巴黎协定》不存在障碍，只是时间的问题，要到2020年才能生效。如果以退出《公约》的方式，间接退出《巴黎协定》，时间会很快，2018年就可以完成，尽管在国会或者法院层面会有些手续要履行。

美国的退出使得《巴黎协定》面临再次失效的考验。按照规定，《巴黎协定》生效的两个条件包括：至少55个缔约方加入协定并且涵盖全球55%的温室气体排放量，在条件得到满足后的第30天，《巴黎协定》将正式生效。2016年10月5日，联合国宣布，包括中国、美国等在内的72个缔约方批准了《巴黎协定》，它们的碳排放量在全球碳排量中的比例超过56%，跨过了《巴黎协定》生效所规定的两个门槛。缔约方的数量不会受到影响，但是如果没有更多国家参与，碳排放量在全球碳排放量中的比例门槛可能受阻。因为美国站到全球排放量的约18%，退出后为38%，远低于55%的门槛。如果考虑到其他国家效仿，该门槛生效的希望会更小。需要其他各国付出更大的努力，有更多的国家参与进来。

当然，特朗普政府退出《巴黎协定》也会有较大的成本，如处理国家声誉的影响，前期积累的新能源技术优势可能会丧失，在国际碳市场特别是碳金融市场也会缺乏影响力。

中美气候领域合作已经多年，并取得了很好的成绩，应主动与美国政府沟通，继续保持过去的中美气候合作机制和相关合作领域，不在宣传上下功夫，多做些实质性工作，推动双方低碳产业发展。同时，加强与欧洲气候治理合作。在奥巴马政府上台以前，欧盟在很长时期一直是气候治理领域的领导者，在全球应对气候变化规则和制度设计上发挥了关键作用。目前，欧盟仍然希望能够继续在气候变化方面发挥领导作用，我国可加强与欧盟合作，保障《巴黎协定》得到有效贯彻落实，并共同督促特朗普政府落实《巴黎协定》。并且要加大低碳技术引进和消化。美国主动退出《巴黎协定》，使清洁能源、低碳技术领域的领先企业发展空间可能会受到限制。为此，我国可以通过市场手段积极收购、重组美国相关企业、引进其相关技术、引进低碳技术人才，提高我国掌握核心低碳技术水平。需要指出的是，特朗普政府退出《巴黎协定》更多是政治上的考虑，而不是基于对气候变化应付与经济发展的正确认知。特朗普光看到付出，没有看到回报，没有看到清洁能源对就业的正面促进作用。一旦认识到这一点，美国还会回来。

第一章

CHAPTER ONE

《巴黎协定》后全球气候治理发展新趋势

《巴黎协定》为框定和释放减排这一全球公共产品的巨大潜在需求提供了基础，将改变全球气候治理的模式和进程。《巴黎协定》后全球气候治理呈现多主体参与、多层次治理、自下而上推进、自我约束管控的多元共治全球治理特征。我国在《巴黎协定》的签署和生效过程中从参与者成功转变为制定全球性气候政策的引领者。未来我国应继续巩固和落实《巴黎协定》的积极成果，顺应全球气候治理的新趋势，提高国内气候治理能力，积极开展多元化气候合作。

一、《巴黎协定》前全球气候治理的基本特征

正如罗伯特·考克斯所描述的那样，《巴黎协定》前的全球应对气候变化治理的制度机制已形成“遍布全球的星云”，是“包括政府间规制与超政府规制的结合、公私合作体制以及私人权威与自我规制的形式”在内，“联合了公共与私人的力量”的多样性制度结构。在由应对气候变化的“制度丛结”构成的“全球舞台”上，不同的治理主体，包括国家、次国家政府、政府间国际组织、国际非政府组织、企业和科学机构等，其所具有的权力形式及大小，以及权力行使的意愿，决定全球气候治理的基本格局和发展趋势。

（一）《巴黎协定》前全球气候合作的制度安排

1992 年《公约》签署后，全球应对气候变化合作主要以主权国家为主体、以多边国际谈判为主导，在这种合作模式下，气候谈判是各国政治协商和权力博弈的主阵地。2009 年哥本哈根气候大会之后，全球

应对气候变化合作发生了根本性的变化：一方面，在《公约》下的多边气候谈判中，各国利益分化与博弈依旧激烈，联合国多边气候合作下的气候治理进展与气候变化问题的紧迫性不相匹配；另一方面，《公约》谈判外，涵盖国际、跨国、地区间、国家、次国家、非政府及其他层面的气候合作的制度安排和制度创新不断涌现。气候合作呈现一种以《公约》为核心，且超越多边主义模式的，主体上呈现多元化态势，结构上趋向多层次、多极化[1]，议题上走向分散化、碎片化[2]，更为实质性的、参与更广泛的、更具深度的全球气候合作图景。

表1-1　全球气候合作的制度安排

全球气候合作结构		具体内容
《联合国气候变化框架公约》		《京都议定书》；清洁发展机制；国际排放贸易
A	其他联合国政府间组织	政府间气候变化专门委员会（IPCC）；联合国开发计划署（UNDP）；联合国环境规划署（UNEP）；联合国全球盟约（UN Global Compact）；国际民用航空组织（ICAO）；国际海事组织（IMO）；联合国国际合作基金（UNFIP）
	非联合国政府间组织	世界银行；世界贸易组织
	其他环境协议	《蒙特利尔议定书》；联合国海洋法会议；《生物多样性公约》；《禁用改变环境技术公约》
B	投资者治理措施	碳披露项目；“气候风险投资者网络”（Investor Network on Climate Risk）
	跨国城市网络	C40城市；“保护气候城市”（Cities for Climate Protection）；“气候联盟”；“亚洲城市气候变化恢复力网络”（ACCCRN）
	伙伴关系	甲烷市场（Methane to Markets）；“可再生能源与能源效率伙伴”（REEEP）；“气候组织”（Climate Group）

① Frank Biermann. Beyond the Intergovernmental Regime: Recent Trends in Global Carbon Governance. Current Opinion in Environmental Sustainability, 2010, 2 (4): 284-288.

② Frank Biermann, Philipp Pattberg, Harro van Asselt and Fariborz Zelli. The Fragmentation of Global Governance Architectures: A Framework for Analysis. Global Enverionmental Politics, 2009, 9 (4): 14-16.

续表

全球气候合作结构		具体内容
B	认证系统	例如，黄金标准、自愿碳标准、气候和生物多样性联盟标准
	地区间倡议	区域温室气体倡议（RGGI）；“西部气候倡议”（Western Climate Initiative）；《中西部温室气体减排协议》（Midwestern Greenhouse Gas Reduction Accord）
C	其他多边机制	“主要经济体能源与气候论坛“（MEF）；G20；“亚太气候与能源合作伙伴”；REDD + Partnerships
	双边机制	例如，美国—加拿大、挪威—印度尼西亚
	NAMAs，NAPAs	
D	地方治理	
	国内城市网络	《美国市长气候保护协议》（US Mayors'Agreement）；“转型城镇”（Transition Towns）

资料来源：根据公开资料整理。

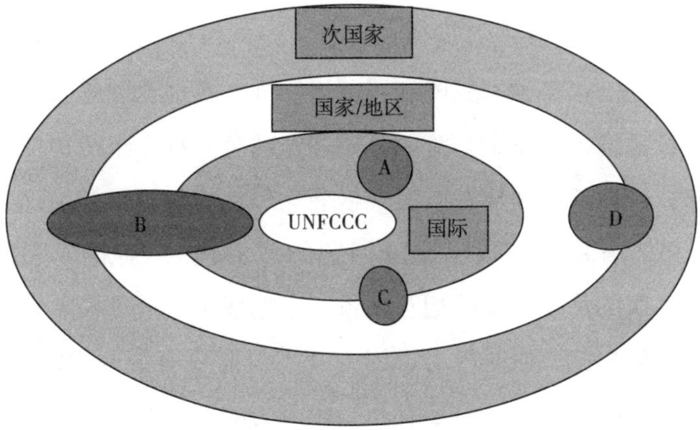

图 1－1　全球气候合作圈层结构

资料来源：根据政府间气候变化专门委员会（IPCC）第五次评估报告第三工作组第十三章图表绘制而成。

（二）全球气候治理的基本特征

结合表 1－1 可以看出，发生在全球范围内的减缓气候变化的合作和行动具有治理的特征，而全球气候治理的提法实质上是将治理的特点移植到减缓气候问题的论域中，是以多元化的治理主体、多层次的治理维度、依靠多种性质的权威，在一定的治理框架内应对减缓气候变化问题的理论与实践范式。它既包括传统意义上的国家间机制，也包括多种治理主体共同参与、合作而形成的诸多跨国安排，是诸多路径的综合。

1. 民族国家仍然是全球气候治理的主体，但超国家组织对全球气候治理的影响日益增强

一些重要的国家集团和国际组织如联合国、世界贸易组织、世界银行、主要经济体能源与气候论坛（MEF）、二十国集团（G20）、“亚太气候与能源合作伙伴”等开始深度超越各主权国家的传统边界，对全球气候治理的进程产生直接的重大影响。特别是联合国及其所属的各机构，在全球气候治理中的作用有了突破性的拓展。

2. 治理主体的多元化及其跨国网络（跨国公民社会）的结成，是全球气候治理的第二个特征

除了民族国家、国家集团和国际组织外，其他全球气候治理主体的作用正在日益增大，特别是跨国公司和全球公民社会组织这样的行为体正在激增；这些新行为体在减缓气候变化领域中共同承担治理功能、分享政治权威，并由此形成了全球问题的“治理”；而超国家层次、国家、社会层次的治理主体的相互联系，又形成了一个规模宏大的治理网络。治理强调权威，而非权力，因为其不仅需要有强制力的公共机构，同样也需要没有强制力，但拥有相当影响力的其他主体。这些主体具有稳定的组织机构，一同制定和实施全球治理安排。

3. 全球气候治理以“柔性”规则为主

以 1992 年的《公约》为起点和中心，全球气候治理的规则体系以无法律约束力或者法律约束力极为有限的公约、协定等规则为主。在这种柔性规则体系下，全球治理的效果更多地取决于主体的合作、对话和自我约束，而联合国气候谈判、区域合作、各国自我规制也因此成为全

球气候治理的重要场域。在这些重要场域，治理主体的权力主要体现在议题设定、进程控制、集团领导、话语权、国家形象等方面。

二、《巴黎协定》后全球气候治理特征

《巴黎协定》并不是国际气候谈判的终点，其标志着关于2020年后国际气候制度的谈判进入了制定细节的阶段。平行于国际气候谈判，各国按照贡献目标部署国内行动，积极开展国际合作行动则构成了后《巴黎协定》时期国际气候治理的重点。中、美、欧将成为全球气候治理的主导力量，碳金融市场将获得迅速发展，新能源技术的市场竞争将更加激烈。

（一）《巴黎协定》后续谈判将聚焦于资金、透明度和减缓问题

《巴黎协定》后的全球气候治理首先聚焦于《巴黎协定》后续谈判上。总体来看，《巴黎协定》还是一份框架性的国际协议，包括贡献目标的监督和执行机制、目标更新机制、资金机制、能力建设机制等要点和内容还有待继续细化、制度化。关于这些机制的具体设计，如目标、执行方式、措施、任务、考核等内容，都将成为巴黎会议后国际谈判中的焦点问题。前文所提到的气候谈判中的关键分歧如南北国家责任义务区分的问题、目标考核和更新中自上而下的问题、发展中国家出资等问题，仍将存在于巴黎会议后的谈判进程中。所以，《巴黎协定》并不是国际气候谈判的终点，它是一个里程碑，标志着关于2020年后国际气候制度的谈判进入了制定细节的阶段。平行于国际气候谈判，各国按照贡献目标部署国内行动，积极开展国际合作行动则构成了后《巴黎协定》时期国际气候治理的重点。各国的行动能力或有不同，国际合作的意义就是要平衡行动能力的差异，实现共同治理。发达国家在资金、技术和综合能力上远高于发展中国家，历史排放责任也更重，有义务积极探索协同全球气候治理和经济增长的合作方式，带领发展中国家共同

行动，保障气候安全并推动实现全球社会、经济、环境的可持续发展。

（二）中美仍需在全球气候治理中加强合作

美国在2015年巴黎联合国气候变化大会中的作用凸显，成为《巴黎协定》达成的主导力量之一，同时美国国内近年来在气候变化议题上的行动也为其重新主导全球气候治理提供了基础。2014年6月，美国总统奥巴马推出《总统气候变化行动计划》，该计划以能源利用方式的调整为中心，借助美国能源创新和能效革命，提升了美国减排能力和竞争力。[①] 美国政府要求电力部门在2005年基础上到2030年实现减排30%；[②] 美国电力行业中煤炭比例下降，美国交通行业中天然气大幅度上升，到2035年，这两个行业天然气替代增加接近20%。在过去五年中，美国的能源消费总量降低了5%，单位GDP能源强度降低了9%。

为了推动产业结构的新能源发展，奥巴马推出一个四年能源审查计划，目标是到2020年使当前的绿色能源的使用翻倍。奥巴马还在2015年预算中为应对气候变化的各项措施专门拨款，包括应对海平面上升和风暴，并设立了气候基金。这些使美国在能源领域和气候适应领域的结构性权力大大增加。另外，奥巴马政府一改消极态度，改变了行动的策略，在全球气候治理领域转为高调猛进和主动出击，积极谋求主导地位。美国国务院发布了气候外交指针：一是在国内外通过有力的实际行动树立榜样。二是缔结新的国际性气候变化协议。三是执行全球气候变化倡议。四是加强多边参与：与主要经济体论坛、清洁能源部长级会议、蒙特利尔协议以及气候和清净空气联盟合作以减少短期气候污染物。五是扩大双边合作：在清洁能源和环境可持续发展等领域与超过50个国家建立合作关系，包括发展中国家里最大的温室气体排放国。

---

① 于宏源．“气候行动之年”和美国气候变化政策发展［J］．当代世界，2014（9）：28－31.

② URE. Momentum Seen Building for 2015 Climate Deal. Platts Commodity News，2014－03－07.

六是把气候变化与其他领域的重大问题整合起来。[①]

中美作为当今世界温室气体的主要排放国和最主要经济体，双方自2009年以来在该领域的合作与交流无疑对2015年底巴黎气候大会的成功召开和《巴黎协定》的顺利签订做出了积极贡献。特朗普上台后，宣布退出《巴黎协定》，为全球气候治理蒙上一层阴影。但应当看到，美国地方政府及社会各届仍有应对气候变化的迫切需求和巨大动力，中美气候变化合作仍有巨大空间。尽管仍存在诸多分歧、面临诸多挑战，但中美气候合作将是推动全球气候治理进程的关键动力。并且，一旦美国政府认识到应对气候变化与可持续发展的内在一致性，仍然会回归到《巴黎协定》。

（三）欧盟仍是全球气候治理的主导力量之一

欧盟作为全球气候治理的传统领导力量，在全球气候治理中有其独特的利益诉求和影响力。虽然一度被边缘化，但现在正主动争取气候变化领导权。首先，继续保持应对气候变化的“先发优势”。作为应对气候变化的先行者和领导者，欧盟希望获取多种形式的“先发优势”：一是将气候变化新技术出口到其他承担减排目标的国家来获得经济收益。二是发展颇具竞争的新技术来实现引领国际技术研发方向，进而确立在国际经济领域的主导地位和对国际经济规则的制定权。三是维持欧盟排放贸易体系中碳价格的稳定，以推动欧盟经济尽快转型。欧盟早就提出了走实现经济发展和环境保护双赢的可持续发展道路，并希望通过应对气候变化来实现欧盟经济的可持续发展转型，然而作为欧盟气候政策的主要支柱，欧盟排放贸易体系下的碳价格持续走低，导致欧盟经济转型缺乏足够动力。因而欧盟希望国际气候协议能够激发欧盟碳市场的活力，提高碳交易的价格，推进欧盟经济的尽快转型。四是为欧盟创造新的就业机会。近年来，欧盟失业率一直居高不下，而应对气候变化将为

---

① Kerry Orders U. S. Diplomats to Press Case for Climate Action. New York Times, 2014-03-10.

欧盟创造新的绿色工作机会。英国领英咨询司和欧盟气候总司的研究也显示，40%的欧盟减排目标新增就业机会70万个，如果加上欧盟实现可再生能源和提高能效目标所创造的工作机会，欧盟新增的就业机会将达到120万个。这些利益诉求促使欧盟继续谋求在全球气候治理中的主力位置，并且由于欧盟在议题设定、规则制定以及谈判能力上具有先发优势，所以其在《巴黎协定》后全球气候治理中的作用不可小觑。

（四）全球碳市场将获得迅速发展

碳排放交易制度是由1997年《京都议定书》而诞生的，它让作为全球稀缺资源的环境公共产品获得了产权。数据显示，《京都议定书》生效以来，全球碳排放市场一度辉煌，并且实现了每年大约1000多亿美元的全球碳市场规模。对于中国而言，碳交易及其衍生的市场发展前景广阔。中国拥有巨大的碳排放资源。目前中国提供的碳减排量已占到全球市场的1/3左右，居全球第二位。清洁发展机制（CDM）是《公约》第3次缔约方大会（COP3）提出的《京都议定书》中引入的一种灵活履约机制。根据联合国开发计划署统计的数据，发达国家在2012年完成50亿吨温室气体的减排目标，其中一半是以CDM的形式实现的，而中国2010年时的CDM潜力就占到全球的35%~45%，相当于拉美、非洲和中东的潜力总和。

《巴黎协定》下各国确定资助减排贡献，为全球碳市场发展提供了巨大的机遇，各国碳市场的发展速度会进一步加快。2014年，联合国和世界银行数据显示，近200个国家和地区中，有超过50个已经拥有或正在考虑建立碳交易市场，尤其是中国、印度排放大国有望建立国内碳市场。

碳市场的连接融通也将加快，欧盟碳排放交易体系（EU - ETS）2012年1月1日正式实施，是世界上最大的碳排放交易市场，在世界碳交易市场中具有示范作用，这使欧盟拥有最多的碳交易市场权力。除了欧盟，美国加州和加拿大魁北克正在探讨打通双方的碳排放交易机制，这将是自欧盟碳排放交易市场启动以来的第一次国际连接，这一举措增加了美国和加拿大在全球碳市场建立过程中的权力。另外，澳大利亚在多哈气候大会上明确加入《京都议定书》第二期，以便顺利地进入国际碳排放交易市场，此举为澳大利亚争取碳市场权力奠定了基础。

国际能源署估计，在未来15年里，达到所有国家提出的“国家自主决定的贡献”的减排承诺将需要16.5万亿美元的公共或私人投资。需在未来25年投入约69万亿美元，若要达到控制温升在2℃之内的目标，则需投资超过70万亿美元。《巴黎协定》所确定的全球减排目标确立了相当规模的减排需求，为全球行动提供减排公共产品打下了基础。

（五）碳金融的全球格局正加快形成

围绕碳交易形成的碳金融的发展也将加快。在碳金融市场上，除了供需双方企业，还包括商业银行和投资银行等金融机构、政府部门以及国际组织，它们根据各自的业务定位和需求在其中扮演着重要的角色。可以说，随着排放交易计划和监管措施的实施，碳金融市场已成为当今实现应对气候变化、环境治理与可持续发展的重要举措。全球范围内逐渐形成了欧盟、美国、澳大利亚等多个分割的区域碳金融市场。从未来发展来看，根据彭博新能源金融的预测，2013—2020年，全球碳信用供给将达到31.30亿吨。联合国和世界银行预测，全球碳金融市场潜力巨大，有望超过石油市场成为世界第一市场。

（六）由碳关税、碳标签等碳壁垒引发的贸易争端更加激烈

国际贸易中的“低碳”问题是全球气候治理的凸显的新议题，也是引发治理主体权力消长的新领域。2012年初，欧盟不顾其他国家的强烈反对，单方面将航空业纳入其排放贸易体系。当年11月12日，欧盟又以全球碳排放问题国际协商已有进展为由，宣布在2013年秋季，即国际民航组织（ICAO）大会召开之前，暂停对非欧盟航空公司进出

欧盟的航班征收碳排放税，单边政策失效。2012 年以来，美国和欧洲多次就中国出口的光伏产品进行反倾销调查 。国际货物和知识产权贸易中“低碳”问题成为新型贸易壁垒，引发了新一轮的国际贸易争端。国际贸易已经成为气候治理权力争夺和博弈的重要战场。

（七）气候投资成为新投资增长点

虽然发达国家在联合国气候大会上做出的2020 年每年动员 1000 亿美元的长期资金承诺依然没有任何具体计划，《公约》的绿色气候基金（GCF）还只是个空壳，但在《公约》之外，一些多边的、区域的、双边的和私人主体的投资不断涌现。世界银行除了《公约》下的正式制度的努力外，还管理着其他几个不同的正式基金。它组织了一个大型基金以用于减少毁林项目的投资；它还创建了一支特别基金来帮助一些国家适应气候变化。另外，世界银行广泛支持将气候变化问题纳入其借贷和赠款项目，因此撬动更多的资金进入农业、发电厂、基础设施和其他引起气候变化或为气候变化所影响的投资项目。例如，世界银行每年投资数十亿美元来建立应对气候变化和控制资助燃煤电厂等项目。2013 年 8 月，国际货币基金组织宣布将逐步取消对化石燃料的补贴。2014 年 9 月，非洲开发银行、亚洲开发银行、欧洲复兴开发银行、欧洲投资银行、泛美开发银行以及世界银行六家开发银行承诺按照一揽子计划帮助 48 个发展中国家，从公共资金筹集 80 亿美元（约合 500 亿元人民币)，并以此为契机从其他渠道募集约 550 亿美元（约合 3400 亿元人民币）投入应对气候变化行动中。2014 年纽约气候峰会上，中国表示愿意提供 600 万美元支持推动应对气候变化的“南南合作”。

（八）围绕新能源技术和市场竞争将更加激烈

在可再生能源和新能源开发上，一方面，欧洲及美国的结构性权力仍然强大；另一方面，发展中国家，特别是基础四国急起直追，在这一领域中结构性权力明显增强。由于欧洲、美国的石油、天然气行业率先掌握了碳捕获和封存技术，这些国家便掌握了技术上的结构性权力，而且这些结构性权力多是从跨国私营大型企业行动中获得的。2014 年，彭博新能源财经（BNEF）在全球多地同步发布的《气候视野 2014》（*Climate Sope* 2014）研究报告指出，发展中国家的清洁能源投资规模迅速崛起，清洁能源发电装机容量的增长速度比发达国家更快，过去 5 年（2009—2013 年）增长了 1 倍多，总计新增 142 吉瓦，超过法国目前的装机量，增幅达到 143%。相比之下，经合组织国家（OECD）同期新增装机 213 吉瓦，增长 84%。其中，中国 2013 年在清洁能源方面投资了近 545 亿美元，居世界第一位。市场转移必然导致结构性权力的转移，在清洁能源市场上，以中国为代表的发展中国家的结构性权力迅猛增加，对传统的领先国家——欧盟（特别是德国）和美国的结构性权力优势带来了威胁。整体而言，德国、美国、欧洲一如既往，在科研方面的投资仍然明显高于发展中国家中的新兴大国，但是德国、美国、欧洲在太阳能工业方面的科研投资在下降。

第二章

CHAPTER TWO

《巴黎协定》INDC和“减缓”条款的解读与对策

《巴黎协定》中，最大的亮点即确立了“自下而上”的行动机制，在新协定下，各缔约方将以“国家自主贡献”的方式参与全球应对气候变化行动。《巴黎协定》确立了一个宏伟的目标，就是将全球平均升温控制在工业革命前的2℃以内，争取控制在1.5℃。为实现该目标，提出了要“尽快达到温室气体排放的全球峰值”，并且“在本世纪下半叶实现温室气体源的人为排放与汇清除之间的平衡”，也就是到本世纪下半叶实现全球温室气体净零排放。

一、INDC机制及减缓目标的历史沿革

在全球气候治理机制选择上，外界一直存在两种不同思路：一种是建立“自上而下”的治理模式，另一种则是“自下而上”的治理机制。《京都议定书》对发达国家采用了“自上而下”的强制减排机制以期达到长期目标。“国家自主贡献”（INDC）的概念源于2013年华沙气候变化大会上提出的一种“自下而上”的减排承诺机制，2015年的《巴黎协定》确立了这一机制。

（一）INDC机制的历史沿革

作为《公约》下第一份具有法律约束力的文件，《京都议定书》对发达国家采用了“自上而下”的强制减排机制以期达到长期目标。这种安排首先确定全球长期目标，并从该目标出发计算满足长期目标的全球碳预算，再对各国进行公平分配。具体来说，《京都议定书》对发达国家提出在2008—2012年进一步至少减排5%的要求，并在经过谈判之

后被分解形成各国目标，这也成为全球气候治理“自上而下”模式（又称“京都模式”）的典型特征。[①]

《京都议定书》这种“自上而下”的治理模式考虑了各国情况，充分体现了发达国家和发展中国家“共同但有区别的责任”原则，公平且具约束力。但由于部分发达国家不愿接受而退出，大大削弱了《京都议定书》实施的有效性。美国曾于1998年签署了《京都议定书》。但2001年3月，布什政府以“减少温室气体排放将会影响美国经济发展”和“发展中国家也应该承担减排和限排温室气体的义务”为借口，宣布拒绝批准《京都议定书》。加拿大随后也退出《京都议定书》，成为继美国之后第二个签署后又退出的国家，日本则拒绝加入《京都议定书》第二承诺期。

这些事件的积累最终导致“自上而下”强制减排的机制全面崩塌，进而倒逼全球应对气候变化行动机制改革，全球气候治理进入“自下而上”模式的新阶段，国家自主贡献就是“自下而上”行动新机制的产物。

“国家自主贡献”的概念源于2013年华沙气候变化大会上提出的一种“自下而上”的减排承诺机制。与《京都议定书》“自上而下”的强制减排模式不同，INDC是根据《公约》缔约方会议有关决议的要求，由各国自主提出应对气候变化的行动目标。为实现《公约》列明的减缓目标，会议决定启动或加强拟做出的由本国确定的承诺的国内拟订工作，并以有利于拟做出的承诺的明晰度、透明度及对此种承诺的理解的方式，在缔约方会议第21届会议（巴黎大会）之前尽早通报这些承诺。[②]

2014年的利马气候变化大会进一步明确了INDC原则，对自主贡献

① 王真，邓梁春．巴黎气候会议对全球长期目标的新发展［J］．气候变化研究进展，2016（2）．

② UNFCCC. Decision1/CP. 19. http：//unfccc. int/resource/docs/2013/cop19/chi/10a01c. pdf.

所需的基本信息提出了详细要求。例如，国家自主贡献需要包含可量化的信息（包括适当基年）、实施时间框架、实施范围和规划等。利马大会还提出各缔约方提交的国家自主贡献应考虑到适应性问题，并重申各缔约国应在巴黎气候大会前提交各自的国家自主贡献计划。[①]

而在 2015 年底一致通过的《巴黎协定》中，最大的亮点就是确立了“自下而上”的行动机制，在新协定下，各缔约方将以“国家自主贡献”的方式参与全球应对气候变化行动。大会再次重申所有尚未提交国家自主贡献的缔约方应尽快在《公约》缔约方第 22 届会议（2016 年 11 月）之前，向秘书处通报用以实现《公约》第二条所载目标的国家自主贡献，通报方式应有利于国家自主贡献清晰、透明，便于理解。[②]

（二）减缓目标的历史沿革

关于减缓目标的确立，在 1992 年最早通过的《公约》中，虽然提出了应对气候变化的最终目标，即“将大气中温室气体的浓度稳定在防止气候系统受到危险的人为干扰的水平上，这一水平应当在足以使生态系统能够自然地适应气候变化、确保粮食生产免受威胁并使经济发展能够可持续地进行的时间范围内实现”[③]，但是该公约既没有对个别缔约方规定具体需承担的义务，也未规定实施机制。从这个意义上说，该公约缺少法律上的约束力。因此，后续从属的议定书中的一项重要任务便是设定减缓目标并规定各自需承担的义务及实施机制。

1997 年，《京都议定书》的面世堪称全球应对气候变化中里程碑式的文件，其中第三条明确提出“使发达国家在 2008 年至 2012 年承诺期

① UNFCCC. Decision1/CP. 20. http：//unfccc. int/files/meetings/lima_dec_2014/application/pdf/auv_cop20_lima_call_for_climate_action. pdf.

② UNFCCC. Decision1/CP. 21. http：//unfccc. int/resource/docs/2015/cop21/chi/10c. pdf.

③ UNFCCC. United Nations Framework Convention on Climate Change. http：//unfccc. int/files/essential_background/background_publications_htmlpdf/application/pdf/conveng. pdf.

内温室气体的全部排放量从1990年水平至少减少5%”的减缓目标。①许多批评家和环保主义者质疑《京都议定书》的价值，认为其标准定得太低，根本不足以应对未来的严重危机。政府间气候变化专门委员会的评估也显示，即使《京都议定书》被彻底完全地执行，到2020年减排潜力仅能达到36亿~50.5亿吨碳/年，对控制气温升幅的影响较小。②但无疑《京都议定书》的制定是朝着应对气候变化最终目标迈进的第一步，为后续减缓目标的修改完善奠定了坚实的基础。

为取代2012年到期的《京都议定书》，在“巴厘路线图”规划下，2009年在哥本哈根召开的缔约方会议第15届会议诞生的《哥本哈根协议》作为应对气候变化的新起点，进一步提出了“将全球平均温升控制在工业革命以前2℃”的长期行动目标。③然而，由于发达国家与发展中国家在责任和义务上的巨大分歧，期望通过气候谈判来大幅度量化减排指标成果并不大。

在此背景下，《巴黎协定》在减缓问题上被外界给予更多希望。2015年12月12日，经过196个缔约方一致通过的《巴黎协定》一改《京都议定书》时代“自上而下”强制减排机制，进一步量化减排指标。《巴黎协定》指明2025年和2030年由国家自主贡献而来的温室气体排放合计总量达不到最低成本2℃设想情景范围，而是在2030年会达到预计的550亿吨水平。同时指出，需要做出的减排努力应远远大于与国家自主贡献相关的减排努力，才能将排放量减至400亿吨，才能将与工业化前水平相比的全球平均温度升幅维持在2℃以下，或使温度升幅限定在比工业化前水平高1.5℃的水平。④

---

① UNFCCC. Kyoto Protocol to the United Nations Framework Convention on Climate Change. http：//unfccc. int/resource/docs/convkp/kpeng. pdf.

② IPCC. IPCC Third Assessment Report：Climate Change 2001（TAR）. http：//www. grida. no/climate/ipcc_tar/vol4/chinese/pdf/wg3spm. pdf.

③ UNFCCC. Report of the Conference of the Parties on its Fifteenth Session. http：//unfccc. int/resource/docs/2009/cop15/chi/11a01c. pdf.

④ UNFCCC. Decision1/CP. 21http：//unfccc. int/resource/docs/2015/cop21/chi/10c. pdf.

二、INDC 内容的具体解读

作为协议中的最大亮点，《巴黎协定》确立了“国家自主贡献 + 全球盘点”的全球气候治理新机制。

（一）创新“自下而上”的国家自主贡献减排新机制

各国吸取了哥本哈根气候大会一味强调量化减排目标而在减排机制上停滞不前的教训，将“自下而上”的 INDC 行动机制在《巴黎协定》中确立下来，并且能够得到发达国家和发展中国家的一致青睐，成为推动《巴黎协定》向减缓目标努力迈进的强大保障。“自下而上”的 INDC 行动机制的确立与 INDC 自身优势以及外界因素的影响是分不开的。

首先，INDC 申报不具有强制性，不会对一国经济发展造成压力。其次，在申报程序上，INDC 申报预案是国家依据自己的国情提出，是国家作为《公约》主体的主动行为。并且从“预案”到成为具有法律效力的谈判成果还需一个谈判和审议的过程。再次，虽然是国家自主决定贡献，但仍考虑到共同目标而起到减缓的作用。

INDC 的具体内容、形式以及量化目标是各国考虑各自的国情，基于公平、共同但有区别的责任和能力的理解自主制定，而不是通过谈判先建立全球目标再进行分配。因此，在内容上仍具有一些自上而下的分配元素，可以有效起到促进减缓行动的作用。

最后，现阶段对各缔约方 INDC 预案或者目标的最终法律形式不做预设，也就是说并不一定所有国家提出的贡献都具有相同的法律约束力。有专家和学者对 INDC 机制法律约束力不强的弊端持批判意见，提出在未来气候谈判中有待强化其法律约束力，但当前这种形式为发展中国家尤其是特别不发达国家提供了一定灵活性，有利于保障 INDC 机制发挥作用。

在外界因素影响方面，伴随各缔约方国家实力的起伏变化，国际格局也发生巨大改变，尤其是近年来以中国为首的发展中国家的迅速崛起使发达国家集团认为，国家之间的区别已经从原来的两极分化转化为多元复杂的光谱形态。原有的“发达国家承担定量减排责任，发展中国家开展自愿行动”的模式已经无法适应新的国际形势。[①] 出于以上考虑，一方面，“自上而下”的INDC机制建立在各缔约方承担“共同但有区别的责任”的前提框架下，原有的二分结构得以保留。另一方面，对提交国家自主贡献的要求又不一味地拘泥于发达国家和发展中国家的区分，从一定程度上弱化了《公约》在20世纪90年代初定下的发达国家和发展中国家的分组，强调有能力的发展中国家在减缓气候变化中贡献更大力量。

（二）明确减缓目标，树立衡量减缓进程的重要标杆

在减缓领域《巴黎协定》提出将全球温升幅度控制在2℃以内（与工业化之前的水平相比）并努力将其限制在1.5℃范围内的减缓目标。同时还规定，联合国政府间气候变化专门委员会（IPCC）将在2018年提交报告，详细阐述升温1.5℃对全球变暖的影响。各缔约方国家自主贡献预案的制定，成为关系《巴黎协定》设定的减缓目标能否达成的关键。

截至2015年12月巴黎气候大会召开前，已有165个国家或经济实体按照德班平台要求提交了各自的国家自主贡献预案文本，这些国家代表的温室气体排放量超过当前世界排放总量的90%。其中作为减排“领头羊”的发达国家集团均承诺了绝对减排量，程度从26%到50%不等。发展中国家中仅有一小部分国家（如中国）提出了绝对量减排的目标，大部分仍然从维护经济发展角度坚持基准线情景或排放强度控制的目标。还有部分国家甚至未明确提出自身减排目标，给减缓目标的评估造成困难。

从各缔约方提交的INDC显示情况和具体减排目标设定来看，达到

---

① CGP. INDC Media Briefing Sept 2014. September 2014.

温控 2℃目标仍需各缔约方共同努力，实现温控 1.5℃的减缓目标前景更不容乐观。

IDDRI 的一份报告通过研究 INDC 机制对美国、中国、日本、欧盟、巴西和印度六国在能源、建筑、进出口及工业领域减缓上的影响，得出结论，认为 INDC 的实施一定程度上加速和巩固了主要经济体在应对气候变化上的行动，低碳技术、生物燃料等清洁能源和先进技术的推广应用将带动全球向温控 2℃的减缓目标迈进。虽然以现有 INDC 估计的全球 2030 年二氧化碳排放量将达到 540 亿吨二氧化碳，略高于达到 IPCC 第五次评估报告预计的温控 2℃目标（300 亿~500 亿吨二氧化碳）的最大值，但报告同时也指出，随着 2020 年后各国政策和目标加强，2030 年全球二氧化碳排放量可以达到 490 亿吨二氧化碳/年，《巴黎协定》规划的温控 2℃目标基本可以实现。[①] 也有一部分学者对温控 2℃的目标达成持悲观态度。2016 年《自然》杂志刊登的一篇文章指出，尽管和其他机制相比，INDC 机制有利于减缓温室气体排放量，但到 2100 年，预测全球平均升温幅度仍将达到 2.6℃~3.1℃。[②]

（三）在自愿的基础上利用国际转让实现国家自主贡献

《巴黎协定》提出有些缔约方可选择自愿合作，执行它们的国家自主贡献，以能够提高它们减缓和适应行动的力度，并促进可持续发展和环境完整。作为减缓气候变化的重要行动，碳定价机制得到大部分国家认可。根据 2015 年世界银行发布的《碳定价现状和趋势》，截至 2015 年全球已有 39 个国家或实体实行了碳定价机制，约 70 亿吨二氧化碳的排放量处于碳定价机制的控制下，约占全球排放量的 12%，相较 2005

① IDDRI. Beyond the Numbers: Understanding the Transformation Induced by INDCs, October 2015.

② Rogelj, J., den Elzen, M., Höhne, M., Franzen, T., Fekete, H., Winkler, H., Schaeffer, R., Sha, F., Riahi, K., Meinshausen, M. Paris Agreement Climate Proposals Need a Boost to Keep Warming Well Below 2°C. Nature, 534. 2016: 631-639.

年的4%增加了2倍，其中以市场机制控制的排放量约占8%。[①] 而在2016年5月25日，世界银行最新发布的《2016年碳定价观察》的报告指出，政府对碳排放实行定价的早期努力显示减排作为收入来源的作用日益增大。2015年，各国政府从碳定价机制中筹得资金约260亿美元，比2014年增加60%。在提交国家自主贡献的国家中有90多个国家在向巴黎气候变化协定提交的国家计划中提到碳排放交易体系、碳税和其他碳定价机制。[②] 这意味着未来将有更多的国家在INDC通报或更新中加入碳定价机制下各自行动的具体信息，由此《巴黎协定》对自愿减缓合作的实施规则、模式、程序和核算等方面做了详细说明。

另外，碳定价市场在短期内仍面临多重阻碍。当前的碳定价市场仍不完善，全球最大的排放市场——欧盟排放交易体系（EUETS），由于配额过剩，正挣扎于较低的碳价格之中。欧盟委员会正在着手研究长期的结构性改革，在2021年启动市场稳定储备（MSR），同时碳定价市场的透明度问题也是未来改革的重点。没有实现碳定价市场的国际接轨，当前各个国家或地区正在逐渐形成各自的碳价格，碳定价市场很大程度上各自运行，要在全球范围内建立统一的碳定价市场仍需时间。

（四）可根据各缔约方国情酌情考虑国家自主贡献

对各缔约方的量化信息（包括基准年）、执行时限、范围、方法等内容酌情考虑，导致温室气体减排承诺形式的多样性，成为目前已提交INDC文件的一个重要特征。

从某种程度来说，INDC文件的多样性照顾到不同国家尤其是发展中国家的国情，使INDC机制不会对发展中国家产生压力，体现了自主贡献机制的公平原则。共同的时间框架能够解决目前各个国家递交的INDC中目标年减排量无法直接比较的问题，可以更好地为进行全球总

① State and Trends of Carbon Pricing. World Bank Group and Ecofys，2015.

② Carbon Pricing Watch 2016. World Bank Group and Ecofys. May 2016.

结和评估服务。而减缓目标年、基年和执行时限等的不确定，一方面会影响 INDC 文件本身的清晰、透明和可理解，另一方面也会对减缓目标的评估和 5 年一次的全球盘点产生不利影响。

根据目前已有的 INDC 文本，各国在有关减缓贡献的目标年、基年选择上存在较大差异。在目标年的选择上，除了美国和加蓬选择 2025 年作为目标年，其他缔约方均以 2030 年作为目标年。此外，一小部分国家还制订了更为远期的规划。例如，欧盟提出 2050 年比 1990 年减排 80%~95%，美国提出 2050 年减排 80% 或者更多，瑞士提出 2050 年比 1990 年减排 70%~85%，挪威提出 2050 年实现碳中性，墨西哥提出 2050 年比 2000 年减排 50% 等。目标年的不统一无疑将对 2030 年全球 2℃ 的温控目标实现可能性评估造成一定障碍。INDC 文件本身的详尽度也存在差距，身处发达国家的能源大国俄罗斯提交的 INDC 文件不足 3 页。我国作为不被强制性约束的发展中国家，提交了长达 20 页的自主贡献预案，同时还承诺将在 2030 年左右达峰，体现出我国在世界上负责任的大国形象。此外，新加坡、墨西哥等国也在 INDC 文件中承诺了达峰目标，但是很大一部分国家对此并无具体规划。

（五）每 5 年全球盘点为 INDC 机制的有效实施保驾护航

《巴黎协定》除了在减缓、适应等领域推动 INDC 的有效实施，另一个十分重要的成果就是为解决各国“自主贡献”力度不足、难以实现控温目标的问题专门建立了盘点机制，即从 2023 年开始，每 5 年将对全球行动总体进展进行一次“促进性”的盘点。全球盘点机制是专门为实时跟踪以减缓为主的一系列应对气候变化行动的实施情况，监督“使温度升幅限定在比工业化前水平高 1.5℃ 的水平”这一富有雄心的目标完成状况而创立的强化监督行动。并且全球盘点的时间和提交、更新自主贡献的时间之间，有个很好的衔接，因此，每隔 5 年一次的盘点机制又被气候专家形象地称为“齿轮”机制。

和备受外界关注的资金及技术转移一样，盘点机制也是气候谈判中的热点问题，华沙气候大会确立的发达国家和发展中国家“共同但有区别的责任”框架下的“可测量、可报告、可核实”规则（“三可”规则，MRV）曾起到过监督减缓行动实施的重要作用，而这次通过《巴黎协定》确立的全球盘点机制将使“三可”规则全面升级。

一方面，和“三可”规则相同，全球盘点机制的实施首先要遵循发达国家和发展中国家在应对气候变化中肩负的“共同但有区别的责任”原则，在盘点中给予发展中国家一定的灵活性。

另一方面，和“三可”规则不同，全球盘点将是一揽子内容，其涵盖范围不再单单是减缓一方面，而是以帮助各国提高力度、加强国际合作，实现全球应对气候变化长期目标，确保各国 INDC 在减缓、适应、资金、技术开发和转让、能力建设、行动和支助透明度六个维度上的持续不断努力。此外，结合巴黎会议的决定，2018 年将会有一次盘点各国自主贡献整体力度方面的“促进性对话”，将是对《巴黎协定》中全球盘点机制的一次预演，并邀请政府间气候变化专门委员会在此之前提交一份关于全球升温 1.5℃的影响及其相关全球排放路径的专题评估报告。

三、《巴黎协定》后欧盟在减缓方面的气候政策

《巴黎协定》被外界誉为 21 世纪全球在应对气候变化中最重要的气候协议，而欧盟一直以来在气候协议的签署与实施中扮演着关键角色，特别是在减缓力度方面，具有引领性的目标和计划。在《京都议定书》遭遇缔约方接连退出，哥本哈根气候谈判停滞不前的困境下，欧盟第一个向《公约》提交了国家自主贡献预案，并在清洁能源使用、清洁交通、经济部门减排等多领域内采取行动，遏制人类活动造成的温室气体排放。

欧盟委员会在“气候和能源 2020 计划”基础上更新了“气候和能源 2030 计划”，其目的是使欧盟的经济和能源系统更加安全、可读、具

有竞争力。并设立三个目标：第一，2030 年温室气体排放量减少 40%，为 2050 年减排 80%～95% 的目标提供有效路径；第二，欧盟领导人同意将可再生能源的份额提高到至少 27%，以减少化石能源燃烧带来的污染；第三，提高能源效率，2030 年将能源效率至少提高 27%（以上数据均以 1990 年为基年）。为了达到减排 40% 的目标，欧盟排放交易体系（ETS）将进行改革，体系内行业将面临减少排放量 43%（相比 2005 年）的严格要求，而非 ETS 企业也被要求相较 2005 年减排 30%。

“气候和能源 2030 计划”的实施也会带来诸多益处，首先，能保证所有消费者都负担得起能源使用；其次，提高欧盟的能源供应安全；再次，减少欧盟对能源进口的依赖；最后，低碳经济的推广会带来更多的工作机遇，还能带来优化环境和有益居民健康的正效应。①

此外，配合“气候和能源 2030 计划”，欧盟委员会还制定了一个更为长远的 2050 年低碳经济路线图。在能源生产和使用领域（包括在交通领域），温室气体排放量占欧盟温室气体排放总量的 80%，是欧盟温室气体的主要来源。为了有效地应对气候变化，欧盟委员会通过减少化石燃料使用的方式实现最大程度上的“去碳”化，2050 年低碳经济路线图就是通过规划各部门未来的减排计划，为低碳经济的发展开辟道路，以完成到 2050 年温室气体排放量比 1990 年水平减少 80%～95% 的长远目标。

四、我国落实 INDC 面临的问题和建议

（一）我国落实 INDC 面临的问题

2015 年 6 月 30 日，中国向《公约》秘书处提交了《强化应对气候变化行动——中国国家自主贡献》文件，内容包括：至 2030 年，中国

① European Commission, Climate Action, EU Action. http://ec.europa.eu/clima/citizens/eu/index_en.htm.

碳强度，即单位国内生产总值二氧化碳排放，比 2005 年下降 60%～65%，非化石能源占一次能源比重达到 20% 左右，森林蓄积量比 2005 年增加 45 亿立方米，在 2030 年左右达到二氧化碳排放峰值，并争取尽早达峰。但我国作为拥有 13 多亿人口的发展中大国，仍处在工业化、城镇化快速发展阶段，在减缓气候变化、落实国家自主贡献上仍面临诸多挑战。

1. 能否在 2030 年达峰

北京理工大学能源与环境政策研究中心研究员郝宇等人利用情景分析法预测 2030 年前中国能源碳排放量情况。结果显示，在低碳情景下，中国的碳排放有望提前达到目标，将于 2025 年达到峰值。在基准情景下，中国的碳排放目标同样有可能比承诺期限提前 5 年实现，即在 2025 年达到碳排放量峰值。而在高碳情景下，中国实现在 2030 年前碳排放达峰的目标将受到较大挑战。[①]《国家科学评论》中的一篇研究通过对五类情景下[②] CO_2 排放量和 GDP 比率的分析，得出结论，中国碳排放量将在 2023 年至 2030 年达到峰值。[③]

清华—布鲁金斯公共政策研究中心主任齐晔、张焕波等人则通过研究工业化国家从城镇化率进入 70% 到达到碳排放总量高峰的时间跨度推断中国能否实现 2030 年达峰的目标。他们指出，美国从城镇化率 70% 到达到碳排放总量高峰用了 46 年，德国用了 38 年，英国更是长达 80 年以上，只有法国和荷兰用时较短，仍分别花费了 10 年、4 年的时间。因此，中国要在 2030 年实现城镇化率为 70% 的同时实现碳排放峰

① 郝宇，张宗勇，廖华．中国能源“新常态”：“十三五”及 2030 年能源经济展望［J］．北京理工大学学报，2016（2）．

② 五类情景分别为根据我国 1980—2010 年数据估算情景、根据 G8 国家 1980—2010 年数据估算情景、“十二五”规划情景、哥本哈根情景、INDC 情景。

③ Tianli Zheng，Jiangling Zhu. When will China Achieve its Carbon Emission Peak? National Science Review，2016（3）：8－15.

值任务艰巨。[①] 而由对外经济贸易大学和日本名古屋大学共同创办的国际低碳经济研究所主持编写的《中国低碳经济发展报告（2015）》也提出，如果中国早于承诺的2030年碳排放达峰（早于2030年），可能会因此影响国内经济和就业，甚至会导致全球福利的下降。[②]

表2－1 各研究报告对中国碳排放达峰时间的预测

研究/报告	预测的达峰时间
《工业化国家城镇化历史进程和碳排放之间的相关关系研究报告》	不早于2030年
《中国低碳经济发展报告》	不早于2030年
《中国能源“新常态”：“十三五”及2030年能源经济展望》	低碳情景：2025年达峰
	基准情景：2025年达峰
	高碳情景：不早于2030年
《中国碳排放量何时达峰》	2023—2030年

2. 达峰时我国二氧化碳排放量将达到何种规模

郝宇团队的研究成果显示，在能源强度的低碳情景下，预计在2025年中国 CO_2 排放总量达到峰值，约为127亿吨，到2030年则回落到124.5亿吨。在基准情景下，2025年，中国 CO_2 排放达峰时的总量约131亿吨。而在高碳情景下，2030年中国能源消费和 CO_2 排放增长率将同时放缓，2026—2030年能源消费总量和 CO_2 排放量的平均增长率均约为0.63%。2030年中国能源消费总量约为58.4亿吨标准煤，CO_2 排放量约为145.4亿吨，但二者均未达到峰值。IDDRI的一份研究报告从工业、交通运输、建筑三大领域分析了中国 CO_2 排放量达峰时的规模。报告认为，工业领域排放的 CO_2 将在2020—2025年达峰，峰值为71亿吨。交通运输和建筑领域的达峰规模则和城镇化程度相关。

---

① 齐晔，张焕波，等．工业化国家城镇化历史进程和碳排放之间的相关关系研究报告［R］．2015．

② 薛进军，赵忠秀，等．中国低碳经济发展报告［M］．北京：社会科学文献出版社，2015．

预测在2030年到2035年，两个领域的能源消费总量分别比2010年基准水平提高33%、2%，CO_2排放量分别为26.5亿吨和18.5亿吨，并达到峰值。[①]

3. 2030年中国非化石能源占一次能源比重能否达到承诺的20%左右

一方面，从统计数字来看，中国清洁能源发展任重道远。根据国家能源局统计的数据，“十二五”期间，我国核电、水电、风电、太阳能发电装机规模分别增长2.6倍、1.4倍、4倍和168倍，带动非化石能源消费比重提高了2.6个百分点。非化石能源占一次能源消费比重从2010年的8.6%提高到2015年的12%，虽然光伏、风电、水电、核电等清洁能源已经取得了跨越式的发展，但要达到2030年非化石能源占一次能源20%左右的目标，仍需要进一步降低我国煤炭消费总量在能源消耗中所占比重。

另一方面，由于非化石能源尤其是可再生能源本身存在的间歇性强、可控性、稳定性弱等特点，对电力结构、电网消纳能力要求较高，加上如今社会中存在的电力价格机制落后，火电利益根深蒂固、地方政府过度干预等问题，造成了以“弃风弃光弃水”为代表的新能源和可再生能源的浪费现象，或将影响2030年非化石能源占一次能源比重达到20%左右目标的实现。

（二）对我国落实INDC的意见建议

1. 不要过分追求二氧化碳排放达峰时间早于2030年

研究表明，CO_2排放量和城镇化率以及人均GDP间存在某种联系，在城镇化率和人均GDP未达一定水平前过早追求碳排放量达峰将会对国内经济和就业造成冲击，付出成本过于高昂。因此，一方面，应对

① IDDRI. Beyond the Numbers: Understanding the Transformation Induced by INDCs. October 2015.

2030 年 CO_2 达峰的目标制定更为详细可行的“五年规划”。通过分解总体目标，推出阶段性目标和年度计划性目标的方式，明确主要领域减排要求，使得计划更具可行性。另一方面，可以尝试运用“底线思维”，设定能源消费的最高红线，并在此基础上按“五年规划”分解长期任务。此外，将关注度从强调减排力度逐渐转移到调整能源消费结构上来，在“十三五”时期，把煤炭的减量以及清洁利用作为节能减排工作的重中之重。在 2020—2030 年，把可再生能源的发展和推广作为政策重心。

2. 在保障合理经济增长速度的前提下控制二氧化碳达峰时的规模

一是增强政策激励，制定促进绿色经济、低碳经济发展的财税、金融、价格等激励政策。二是要发展低碳经济，选择典型地区和行业，开展低碳经济发展示范试点。三是注重技术创新。随着时间的推移，减排的难度会越来越大，因此，要加大对节能、清洁能源、碳捕集利用与封存等技术的研发和产业化投入，在对经济增长不造成压力的情况下控制碳排放规模。

3. 逐步推动化石能源清洁利用，提高能源领域绿色低碳发展质量和水平

要通过合理的调控机制，努力解决“弃风弃光弃水”现象，更大比例地保障非化石能源的使用。即使在经济增长相对放缓，能源供给相对过剩的条件下，也要优先调整能源使用结构，更多淘汰化石能源。在确保绝对安全的前提下，有序推进沿海核电建设；积极推进西南水电基地建设；稳步建设风电、太阳能基地；加快清洁能源基地外送通道建设，扩大可再生能源发电消纳市场，加强储能和智能电网建设，推行节能低碳电力调度，优化电力系统运行，促进清洁能源消纳利用。

4. 科学建设全国性的碳排放交易市场，加速低碳经济发展

由于碳排放是个新鲜事物，在国内处于起步阶段，所以首先要为碳

排放市场的建立营造一个统一清晰、简单易行的政策环境。通过对企业参与积极性适量做一些引导，鼓励部分大型国企先参与进来并开展重要领域的试点工作。其次，深化碳排放权交易试点，逐步建立全国碳排放权交易市场，研究制定全国碳排放权交易总量设定与配额分配方案。碳交易体系设计要符合国情，并有一定的灵活性，碳排放权的配合发放要符合市场规律。最后，完善碳交易注册登记系统，建立碳排放权交易市场监管体系。为保证市场公平透明，政府应当减少干预，把工作重心放到维护市场秩序、提供便捷服务上来。

第三章

CHAPTER THREE

《巴黎协定》“适应”条款的解读与建议

工业革命以来，由于大量温室气体的排放，全球气候变暖趋势显著，进而对全球生态环境、水资源、经济和社会，甚至人体健康产生重大影响。全球气候变化已成为影响全球环境与可持续发展的主要问题之一。

气候变化适应的一项重要内容是增强应对极端天气、气候事件的能力。近年来，极端天气、气候事件的危害显著加剧，依靠目前的技术手段，人类还不能有效阻止极端天气、气候事件，尤其是气象巨灾的发生，只能通过不断提高适应气候变化的能力，或调整系统的布局与结构，或增强承载体的弹性与抗性，或改良生态环境在局部削弱灾害源，来减轻极端天气、气候事件的不利影响。气候变化还带来全球生态环境的巨大变化，包括海平面和高山高原的雪线上升，生态系统的演替和物候的改变，土地利用格局与生物地球化学循环的改变，生物多样性减少和有害生物入侵等，同样需要采取相应的适应措施。

一、适应制度的发展沿革及特点

适应和减缓作为减少气候灾害的两个必要反应，需要相辅相成地共同发挥作用。减缓行动需要广泛的国际参与，历经较长的时间，才能带来明显的气候变化；而适应可以以非胁迫的方式构建应对气候变化的意识和知识，并能促使利益相关者成为缓解的拥护者。然而，在以往的国际气候机制中适应相比于减缓来说，对其重要性认识较晚，重视不够。

（一）国际气候适应制度的发展进程

相较于国际减缓制度而言，国际气候适应制度的发展历程较为缓慢和曲折，大致可以分为认识、规划、实施和强化四个阶段。

1. 认识阶段（2000年以前），初步提出“适应”概念

1990年IPCC第一次报告中通过识别气候变化的影响，评估风险和脆弱性，以确切的证据表明人类需要“适应”，将“适应”列为应对气候变化的两项基本策略之一，将适应选择分为海岸带管理和资源利用管理两大类，同时提出要为发展中国家的适应措施提供合作和援助。1992年通过的《公约》虽然未能充分反映IPCC关于适应重要性的认识和观点，但在第4条“承诺”部分，规定了缔约方与适应气候变化相关的义务，被认为是国际社会对适应气候变化研究和实践的开端，初步完成了适应由基本策略到法律制度的转型。1995年在柏林召开的《公约》第1次缔约方大会（COP1）上，初步认定了适应的资金机制，并提出“适应战略三阶段”设想。1997年通过的《京都议定书》重申缔约方适应气候变化的相关义务，并设立了2.2亿美元的适应基金。

这一阶段由于《公约》很大程度上借鉴了“自上而下”的治理经验，制度建设的基本思路仍是通过减少温室气体的人为排放减缓气候变化，仅将适应作为减缓目标的判断标准，处于减缓的从属位置，因而气候适应制度发展缓慢。

2. 规划阶段（2001—2006年），逐步提升地位

2001年《公约》第7次会议通过的《马拉喀什协定》在全球环境基金之外增设气候变化特别基金、最不发达国家基金、适应基金，为国家适应行动计划及发展中国家的具体适应项目和方案提供了扩充的资金机制；建立支持发展中国家的适应行动计划；就能力建设和技术转让确定初步行动范围等。《马拉喀什协定》虽然没有明确具体的制度安排和实质保障，但所提出的举措较为全面地构建了气候适应的制度体系，在国际气候适应制度建设中具有里程碑般的意义。

2003年第9次缔约方会议要求附属科学技术咨询机构（SBSTA）从第20届会议开始研究有关气候适应的相关问题；2004年第10次缔约

方会议要求 SBSTA 制订相关气候变化影响、脆弱性和适应的五年工作计划，并就内容进行了规定；2005 年第 11 次缔约方会议对 SBSTA 正式授权。2006 年在内罗毕召开的缔约方第 12 次会议上通过了《关于气候变化影响、脆弱性和适应的内罗毕工作方案》，将适应制度逐步推向具体化进程。

3. 实施阶段（2007—2014 年），细化具体“适应”措施

2007 年第 13 次缔约方大会（COP13）通过的“巴厘路线图”将适应列为国际气候制度的四个关键要素之一，正式建立适应基金，就基金的适用性、运行主体、理事等问题做出决定。作为“巴厘路线图”核心的《巴厘行动计划》还明确阐述了未来适应行动应当包括国际合作、风险管理、减灾、经济恢复力、强化《公约》催化能力等五个方面的具体内容。

2010 年在墨西哥坎昆举行的第 16 次缔约方大会明确了适应与减缓同样重要的地位，通过了《坎昆适应框架》。《坎昆适应框架》在执行、支持、机制、原则、利益相关者的参与等五个部分框架的基础上，进一步将可着重开展的适应行动细化为九个方面，为全球气候适应工作的开展指明了方向和路径。

2011 年的“德班谈判”就《坎昆适应框架》中的执行、支持、机制等方面做了进一步规定和明确，决定正式启动绿色气候基金，对附属科学技术咨询机构提出新要求，推动国际气候适应工作向纵深方向发展。

4. 强化阶段（2015 年至今），关注“如何管理气候风险”

2015 年联合国巴黎气候大会决定将适应气候变化列为《巴黎协定》要实现的三大目标之一，并且成为《巴黎协定》中的独立条款（第 7 条和第 8 条）。具体设立了与全球温室气体升高目标相联系的全球适应目标，明确了对发展中国家的适应支持，并确定了具有一定法律约束力的全球适应信息通报和 5 年为周期的全球盘点机制。

（二）国际适应气候变化的现状

进入21世纪以来，国际上对气候变化适应的态度已经由共识开始转向行动，但是不同国家或区域的适应成本和适应能力存在很大差异。发达国家气候变化适应的能力相对较高，但与减缓相比，对适应的重视仍然不够，气候变化适应的理论仍不成熟，技术体系也不够清晰和完整。而发展中国家由于受到综合实力、资金、技术等方面的制约，在适应领域更加薄弱，亟须提高气候变化适应能力。

为了提高气候变化适应能力，不少国家尤其是发达国家从2005年开始，率先制定气候变化适应的国家战略或行动方案，推出独立的适应气候变化战略、框架和行动。国家适应气候变化战略是切实开展适应工作中的关键一步，也是其长期过程的第一步。气候变化适应对国家的综合实力和技术水平有着较高的要求，因此，从气候变化适应的实践来看，发达国家气候变化适应能力建设要远远高于发展中国家。由于大多数发展中国家处于较低纬度及其所处的发展阶段，对气候变化的影响更加敏感。

表3－1　部分国家和地区适应气候变化的国家战略

国家	年份	适应气候变化的相关战略
法国	2005	《法国气候变化适应战略》
芬兰	2005	《芬兰气候变化适应国家战略》
荷兰	2006	《荷兰气候变化适应国家战略》
西班牙	2006	《西班牙适应气候变化战略》
澳大利亚	2007	《澳大利亚国家气候变化适应框架》
印度	2008	《印度气候变化国家行动计划》
英国	2008	《英国气候变化适应》
德国	2008	《德国气候变化适应战略》
欧盟	2013	《欧盟适应气候变化战略》
中国	2013	《国家适应气候变化战略》

资料来源：根据科学技术部社会发展科技司和中国21世纪议程管理中心编著的《中国适应气候变化国家战略研究》中的相关内容整理得来。

目前，国际气候变化的适应机制已逐步形成，全球合作机制逐步深入，然而涉及具体行动的分歧和制约因素也依然存在，尤其是由于气候适应能力和成本的区域巨大差距，资金问题仍然是国际气候变化适应行动的主要障碍。从气候变化适应的实践来看，气候变化敏感领域和地区的适应方案不断确立，适应气候变化的行动往往与应对自然灾害的行动结合起来，例如在应对极度干旱、强降水、低温冷冻、高温酷暑、水资源短缺等方面，适应气候变化的对策同时也是应对自然灾害的措施。因此，从适应气候变化的角度来看，应关注气候变化带来的自然灾害新特点和新趋势，研发和采取有针对性的适应技术。又由于当今的气候危机主要是发达国家在过去数百年中大量排放温室气体的累积后果，发展中国家需要也有权要求发达国家提供资金和技术援助，以提高自身适应气候变化的能力。

同时在区域范围内，各区域的公共和私营部门以及社区都在积累适应经验。现今采用的适应方案强调立足区域特点，循序渐进地调整和共生效益，同时开始强调灵活性和学习的重要性。然而，大多数对适应工作的评估一直局限于对影响、脆弱性和适应规划的评估，而对实施过程或适应行动效果的评估较为缺乏。

表 3－2　不同区域公共和私营部门近期采取的适应行动

区域	行动示例
非洲	大多数中央政府正在启动适应管理系统。灾害风险管理、对技术和基础设施的调整、基于生态系统的方法、基本公共卫生措施以及生计多样化等举措正在减少脆弱性，但是目前的各项工作还倾向于各自为政
欧洲	各级政府均已制定了适应政策，一些适应规划已融入海岸带和水管理、环境保护和土地规划以及灾害风险管理
亚洲	一些领域的适应工作得到了促进，主要通过将气候适应行动纳入次国家发展规划、早期预警系统、水资源综合管理、农林业和海岸红树林恢复
大洋洲	针对海平面上升的适应规划以及在澳大利亚南部针对可用水量减少的适应规划已被广泛采用。虽然实施仍很零星，但针对海平面上升的规划在过去 20 年中进展迅速，并展示了多元的方法

续表

区域	行动示例
北美洲	各国政府正致力于逐步加强适应评估和规划，尤其是在市政层面。一些主动适应措施正在实施之中，目的是保护能源和公共基础设施领域的更长期投资
中南美洲	正在开展基于生态系统的适应工作，包括设立保护区、达成保护协议和对自然区进行社区管理。某些地区在农业领域采用提高农作物品种的恢复力、气候预测和水资源综合管理等措施
北极	一些社区在将传统知识与科学知识结合的基础上开始部署适应性联合管理战略和交通基础设施
小岛屿	各小岛屿之间存在多样化的自然和人类属性，那里开展的基于社区的适应措施表明在与其他发展行动相结合时显示出更大的效益
海洋	为了促进对气候变化的适应，已启动了海洋方面的国际合作和海洋空间规划，但受到了在空间尺度和管制问题方面挑战的制约

资料来源：《气候变化绿皮书：应对气候变化报告（2014)》。

二、“适应”条款的具体解读

（一）“适应”条款的主要内容

《巴黎协定》继承了《公约》共同但有区别的责任和各自能力原则，基本体现了发达国家和发展中国家的区分，较为均衡地反映了发达国家和发展中国家的立场和观点。《巴黎协定》将全球升温控制在工业化前水平2℃之内，并努力控制在1.5℃之内，为实现全球减缓与适应目标提供了努力的方向，增强了全球应对气候变化行动的目标。

《巴黎协定》搭建了与全球温升目标相联系，以提高适应能力、加强抗御力和减少对气候变化的脆弱性为目标的全球适应目标；承认减排和适应需求之间的关系，通过缔约方的适应行动获得减缓的共同收益；提出适应是所有各方面临的全球挑战，认识到必须开展适应方面的国际合作，承认发展中国家的适应努力，考虑发展中国家尤其是对气候变化不利影响特别脆弱的发展中国家的需要；从信息交流、体制安排、气候决策、如何协助发展中国家等方面明确了适应行动的合作重点，提高适应行动的有效性和持久性；各缔约方酌情制定、加强相关计划，并采取各种行动，酌情定期提交和更新适应信息通报。在相关条款中对适应资金资源、适应费用、技术开发转让进行了相关说明，明确了要求适应委员会（Adaptation Committee，AC）近期和中期开展的五方面工作，同时要求绿色气候基金加快支持最不发达国家和其他发展中国家编制和实施国家适应计划（National Adaptation Plan，NAP）。[①]

（二）“适应”条款的主要特点

1. 突出了对“脆弱性”的强调

《巴黎协定》确立了关于提高适应能力、加强抗御力和减少对气候变化的脆弱性的全球适应目标，要求评估气候变化影响及脆弱性，拟定国家制定的优先行动，并要充分考虑到处于脆弱地位的人民、地方和生态系统。在《巴黎协定》第7条适应应对、适应行动实施、国际合作、国家制定的优先行动等内容中，均对脆弱群体、特别脆弱的发展中国家进行了表述，实际上是对发展中国家进行了再次分类，认为特别脆弱的发展中国家应对气候变化不利影响的工作更迫在眉睫。

2. 改变适应支持和资金方面的对象阐述

《巴黎协定》第6条提出“机制下开展活动的收益除负担行政开支外，用于援助对气候变化不利影响特别脆弱的发展中国家支付适应费用”，将援助的范围从原来广泛的发展中国家具体到特别脆弱的发展中国家，缩小了援助范围。发达国家的出资义务也着重倾向于对气候变化不利影响特别脆弱和受到严重能力限制的发展中国家，减轻了发达国家的出资义务。发达国家的出资义务仅表述为“应为协助发展中国家减缓和适应两方面提供资金”，对于具体金额并没有做出要求，并鼓励其他发展中国家自愿提供资助。

---

① 陈敏鹏，张宇丞，李波，李玉娥．《巴黎协定》适应和损失损害内容的解读和对策[J]．气候变化研究进展，2016（3）．

3. 重视气候适应的技术共享和信息通报

鉴于技术对减缓和适应行动的重要性，《巴黎协定》要求缔约方加强技术开发和转让方面的合作，尤其是发达国家应与发展中国家加强在技术不同周期的技术合作，实现减缓和适应之间的平衡。鼓励发展中国家，尤其是能力最弱、最不发达国家和应对气候变化不利影响特别脆弱的国家，加强能力建设。开展透明、及时和准确的信息通报，为上述国家提供技术开发、推广便利。在行动透明度框架下，要求明确和追踪缔约方实现国家自主贡献方面的进展，并对适应行动通报内容进行说明，各缔约方同时还要酌情提供与气候变化影响和适应相关的其他信息。

（三）主要国家和集团对适应气候变化的观点和立场

作为多方博弈和谈判的结果，适应条款基本照顾了各缔约国家和集团的核心观点和立场。适应条款仍然基本维持了发达国家和发展中国家的区分。

表 3-3　主要国家和集团对《巴黎协定》适应要素的观点和立场

国家和集团[①]	红线问题	灵活性诉求	《巴黎协定》中的主要体现
发达国家	不能仅评估适应支持的充足性；全球适应目标不能采用"两分"[②]方式，并强调发达国家对发展中国家的支持	破坏发达国家和发展中国家的"两分"，明确发展中大国对适应支持的出资义务；评估适应行动和支持的有效性	针对所有缔约方的全球适应目标和适应的框架性安排（包括适应行动、国际合作和适应信息通报）；评估适应行动及其支持的有效性
非洲集团	没有对非洲国家适应行动及其相关履约活动的支持；没有全球适应目标；不评估适应支持的充足性	发达国家加强对发展中国家适应支持的力度；识别发展中国家的适应努力；适应信息通报的渠道	与全球温升目标挂钩的全球适应目标；识别发展中国家的适应努力；对发展中国家的适应行动及其相关履约活动持续和加强的国际支持；评估适应行动及其支持的充足性

续表

国家和集团[①]	红线问题	灵活性诉求	《巴黎协定》中的主要体现
立场相近国家集团	没有对发展中国家适应及其相关履约活动的支持；采用新的区分方式[③]将支持业务转嫁给发展中国家；增加发展中国家额外负担或者业务	发展中国家制定和实施适应规划的途径；适应信息通报的渠道和工具；建立适应和实施手段（资金、技术和能力建设等）的联系	发达国家对发展中国家适应行动的支持，没有为发展中国家引入出资业务；适应与减缓、资金等要素挂钩的综合盘点
阿拉伯集团	没有适应信息通报（国家自主贡献仅包括减缓）；没有适应的全球盘点（仅有减排要素的全球盘点）；适应与人权问题挂钩	适应信息通报的登记簿；通过经济多样化实现可持续发展	仅在前言中提及人权问题；适应与减缓、资金等要素挂钩的综合盘点；记录减缓、适应、资金等要素的公共登记簿；加强国际合作利用经济多样化增强社会经济的复原力
小拉美集团	没有适应信息通报（国家自主贡献仅包括减缓）；没有对适应行动及其相关履约活动的支持；脆弱性只提及小岛屿和最不发达国家	适应度量衡（Metrics）；依据《公约》对发达国家和发展中国家的"两分"	各缔约方定期提交适应信息通报，并对适应信息通报定期盘点
最不发达国家集团	没有对适应行动及其相关履约活动的支持；适应行动的监测和评估；增加最不发达国家的额外义务或负担	照顾最不发达国家的特殊关切；依据《公约》对发达国家和发展中国家的"两分"	对发展中国家的适应行动及其相关履约活动持续加强的国际支持；资金条款（第9条）提到考虑最不发达国家的特别需要
小岛屿国家联盟	没有对适应行动及其相关履约活动的支持适应行动的监测和评估；增加小岛屿国家的额外义务或负担	照顾小岛屿国家的特殊关切；依据《公约》对发达国家和发展中国家的"两分"	对发展中国家的适应行动及其相关履约活动持续和加强的国际支持；资金条款（第9条）提到考虑小岛屿国家的特别需要
转轨转型国家		有能力的缔约方和有需要的缔约方这一新区分方式	基本没有体现

续表

国家和集团[1]	红线问题	灵活性诉求	《巴黎协定》中的主要体现
中国	不采用新的区分方式将业务转嫁给发展中大国；没有适应信息通报（国家自主贡献仅包括减缓）；没有适应的全球盘点（仅有减排要素的全球盘点）	建立与温升目标和减缓努力相联系的全球适应目标	发达国家对发展中国家适应行动的支持，没有为发展中国家引入出资业务

注：①非洲集团共包括54个国家。立场相近国家集团，包括25个国家和集团；阿拉伯集团，包括22个阿拉伯国家。小拉美集团，包括6个国家。最不发达国家集团目前共包括48个国家。小岛屿国家联盟包括39个国家和地势低洼的沿海国家。转型转轨国家，包括俄罗斯以及中欧和东欧的经济转轨国家，不是谈判中的正式集团。②指在《公约》框架对发达国家和发展中国家的区分。③有能力的缔约方和有需要的缔约方。

三、《巴黎协定》后主要经济体适应战略与政策

（一）欧盟适应气候变化战略与政策

1. 欧盟适应气候变化战略目标

欧盟是国际社会应对气候变化的倡导者、引领者、中坚力量，其在全球气候变化大会的影响力不可小觑。自1991年就《公约》展开谈判开始，欧盟不仅在内部提出一系列应对政策，而且在国际气候谈判领域寻求扮演领导者角色。以相对较高的标准来对成员国进行要求并妥善协调成员国之间不同利益偏好，推动达成全球气候变化协议，从而推动其战略目标的实现。

欧盟适应气候变化的总体战略目标是提高地方、区域、国家和欧盟层面对气候变化影响的防范和应对能力。具体主要有以下三大战略目标：

第一，促进成员国采取行动。欧盟委员会鼓励所有成员国采取全面的适应策略，为成员国提供指导和资金，帮助它们采取适应能力行

动。委员会还将在市长倡议的基础上在城市推出自愿承诺的适应支持行动。

第二，促进更好的知情决策。通过解决在适应知识上的差距和进一步促进和发挥欧洲适应气候平台作为欧洲适应的“一站式服务”信息平台的作用。

第三，促进关键脆弱行业适应能力的提高。确保欧洲的基础设施更有弹性，并鼓励使用保险来对抗自然和人为的灾害。

2. 欧盟适应气候变化的行动计划

作为气候谈判的发起者，欧盟一直是推动国际气候变化谈判的重要政治力量。在应对气候变化问题上非常活跃，一直以最积极的态度强调自己在保护全球环境领域中的领导地位，这不仅表现在其政治言辞上，还体现在实际行动中。

具体实现欧盟的适应策略是基于如下八大行动：

行动一：鼓励所有成员国采取全面的适应策略。

欧盟委员会提供指导方针来帮助成员国制定适应策略。

委员会开发一个适应准备记分牌，识别关键指标，用以衡量成员国的准备水平。

欧盟委员会评估各成员国正在采取的行动是否足够充分。如果发展不足，委员会将考虑提出一个具有法律约束力的工具措施。

行动二：提供 LIFE 资金支持欧洲 2020 年前的能力建设和加强适应行动（2014—2020 年）。

在 2020 年前的 LIFE 环境资金项目下创建一个气候行动计划下的子项目。这将大大增加应对气候变化的 LIFE 资金。

确定优先级脆弱的地区，引导会员国对 2020 年前 LIFE 工作计划进行讨论。

行动三：介绍市长适应契约的框架。

欧盟支持城市的适应行动。推出一项特别计划，基于市长适应契约模型，通过当地政府采取当地适应策略和宣传活动来实现自愿承诺。

行动四：在成员国间搭建知识的桥梁。

欧盟委员进一步与会员国和利益相关者合作，确定适应知识缺口和相关的工具方法来解决这些问题。调查结果将输入2020年Horizon项目和欧盟的2014—2020年框架项目的研究和创新部分，并将更好地确认科学、政策制定和业务之间的接口。

支持联合研究中心估计气候变化的影响，全面审查全球气候变化对欧盟的影响。

行动五：进一步发展Climate - ADAPT作为欧洲“一站式”信息中心的作用。

通过与地区和当地政府和金融机构更紧密的互动，将特别关注成本效益评估不同的政策经验和融资创新。

继续开展始于2014年的全球环境与安全检测气候服务工作。

行动六：促进共同农业政策（CAP）、凝聚力政策和共同渔业政策（CFP）的气候防御。

作为适应战略的一部分，委员会提供了如何进一步将适应融入CAP、凝聚力政策和CFP的指导。旨在帮助管理当局和其他利益相关者参与项目设计、开发和履行在2014—2020年的预算。

成员国和地区还可以使用2014—2020年的凝聚力政策和CAP的资金来解决知识差距，并在必要的分析、风险评估和工具和适应气候变化能力建设方面进行投资。

行动七：确保更具弹性的基础设施。

适应策略包括提供指导方针来帮助项目开发人员给脆弱的基础设施和实物资产进行投资。

行动八：促进保险和其他金融产品在弹性投资和业务决策的作用。

采用适应战略计划部分中的自然和人为灾难的保险绿皮书，是鼓励保险公司提高它们帮助管理气候变化风险的方式的一步。

（二）美国适应气候变化战略与政策

奥巴马政府于2015年12月12日公布的总统行动计划，主要是为气候变化的影响做准备。奥巴马政府将帮助国家、城市和城镇建立更强的社区和基础设施，像保护自然资源一样保护经济中的关键领域，并使用合理的科学技术更好地理解和管理气候变化带来的影响。该计划认为尽管美国在适应气候变化上取得了重要成就，但仍有很多需要继续采取的适应措施。具体有以下几方面：

第一，评估气候变化的影响。

目标：提供一个评估气候变化对美国影响的评价体系，将科学见解转换为实用知识，帮助决策者应对特定的影响。

行动：2016年5月6日，政府公布的第三个美国国家气候评估（NCA），是迄今为止气候变化对美国所有区域和关键经济领域的影响的最权威、全面的科学信息来源。NCA是通知美国全境气候防备和应对决策的关键资源。

第二，支持适应气候变化的投资。

目标：消除政策障碍，使项目现代化，建立一个短期的州、地方和部落政府官员工作小组，建议联邦政府采取关键行动支持地方和国家应对气候变化的努力。

第三，重建家园和吸取超级风暴桑迪的教训。

目标：在桑迪飓风受灾区域试点创造性的策略，提高社区抵御将来的极端天气和其他气候影响，同时在桑迪飓风受灾区域建立一个新的、连续的洪灾风险减少标准，政府当局要及时更新洪灾风险减少标准，并推广至所有联邦政府资助的项目。

第四，启动创造可持续的和有弹性的医院的计划。

目标：在富有弹性的医疗保健行业建立PPP模式。

第五，保持农业生产力。

目标：为农民、牧场主和森林土地所有者提供定制的、基于科学的知识，帮助他们理解气候变化的影响并做好准备。

行动：美国农业部成立七个新“区域气候中心”，帮助农民和牧场主业务适应气候变化。

第六，为气候适应能力提供工具。

目标：提供国家、地方和私营部门领导人需要的，包括现有的和新开发的气候准备工具和信息，以做出聪明的决定。

第七，减少干旱和森林大火发生的风险。

目标：让社区更容易得到他们所需要的适应干燥条件的援助。

行动：启动国家干旱恢复伙伴关系和发布国家火灾凝聚策略。

由于气候变化已跨越国际边界，美国的总统计划也会在解决全球气候变化中做出全球领先的努力。美国将继续承担领导角色引导世界主要经济体推进关键的气候适应优先顺序和国际气候谈判的全球行动。同时，美国通过积极加强与其他国家的合作，提高适应能力。例如，2016年3月，美国就气候变化合作和行动与中国发表联合声明，推动促进世界向低碳、气候适应型转型。

（三）日本适应气候变化战略与政策

1. 日本适应气候变化的战略目标和行动策略

日本适应气候变化的战略目标是通过相关促进适应气候变化影响的措施，构建一个安全、可持续的社会，能够最大限度地减少和避免对公民的生活、财产、经济和自然环境的影响，并使损害可恢复。日本适应气候变化有以下策略：

基本策略一：通过建立弹性提高适应能力，应对气候风险涉及的不确定性，促进协同效应（效益）和适应措施，研究、发展和扩散适应技术，将适应融入主流政府政策中。

基本策略二：通过持续的观察、监控、预测、评价和研究的促进等手段的实现，增强科学发现。

基本策略三：通过共享和提供与气候相关的风险信息促进理解和合作。

基本策略四：通过与地方政府的合作，如通过对气候变化影响的评估，提高气候适应意识，制订适应计划，促进地区适应气候变化的实现，在区域推广适应政策。

基本策略五：通过支持适应计划的制订和实施措施，减少灾害风险，将人力资源开发以及利用日本科技等方法推广到发展中国家，强烈促进适应领域的国际合作和贡献。

2. 日本适应气候变化的措施

巴黎大会后，日本政府积极作为，在气候变化影响评估报告对七个部门气候变化影响评估发现的基础上，将采取促进行业适应措施。

第一，农业、森林和林业、渔业。开发和扩散各种耐高温品种的大米；转换为各种高级彩色品种的水果。

第二，水环境、水资源。采取措施减少荷载流入河流和沼泽中；加大对干旱响应时间的投入。

第三，自然生态系统。通过监测确认生态系统和物种的变化；通过提高适应气候变化能力保护和恢复健康的生态系统。

第四，自然灾害/沿海地区。稳定的设备改进和维护能力；通过考虑灾害风险促进城市发展；制订风险地图和撤离计划。

第五，人类健康。提高预防和应对气候变化适应意识。

第六，工业、经济活动。促进公共和私人部门在商业活动中的合作。

第七，公民的生活和城市生活。提高物流、港口、铁路、机场、道路、供水基础设施、垃圾处理设施和交通安全设施的灾害防护功能。

（四）英国适应气候变化战略与政策

1. 英国适应气候变化的方法

英国政府积极通过适应气候变化来解决可能面对的风险。2016 年，英国环境署在其第二份适应气候变化报告中对巴黎气候大会后英国的适应气候变化方法进行了详细阐述。

报告认为气候变化是一个跨越整个企业的系统性风险。根据已有经验，将适应措施嵌入到（主流化）现有业务流程中，而不是作为一个单独的问题考虑时，适应效果最好。适应仍然是一个相对较新的学科，需要不断地了解所面临的风险和管理的最佳方法。同时需要每年不断监控、审查和更新适应计划。

2. 英国适应气候变化的策略

巴黎气候大会后，英国政府公布了其未来四年在适应气候变化上的雄心，希望帮助人们和野生动物适应气候变化和减少其不利影响，包括洪水、干旱、海平面上升和海岸侵蚀。

策略一：更好地保护人民和企业，使其免受洪水和海岸侵蚀影响。

策略二：高度防范和应对突发事件。

策略三：气候变化恢复更具弹性。

策略四：提高应对干旱和水供应短缺的能力。

策略五：从长期视角来看气候变化，针对地方管理的不确定性来采取适应路径措施。

策略六：开发可以衡量风险是否减少的适应指标。

策略七：每年审查和更新适应计划。

四、我国在适应气候变化方面与《巴黎协定》要求的比较

（一）我国适应气候变化的历史沿革

适应和减缓是应对气候变化的两个主要措施，减缓是应对气候变化的基本途径，适应则是在短期内减弱损害的根本对策。由于气候变化的巨大惯性，即使人类能够及时采取措施将全球温室气体浓度降低到工业革命以前的水平，气候变化及其影响仍将延续一二百年，因此全球日益

重视气候适应工作。发展中国家由于处于工业化和城市化的历史阶段，对能源需求不断增长，抵御灾害能力较弱，适应更具有现实性。

近年来，气候变化的负面影响也已在我国多个领域显现，如果不采取有效的适应措施，将影响我国粮食安全、生态安全和人民生命财产安全，阻碍我国经济社会的进一步发展。面对日益严重的环境问题，1994年3月25日，国务院第十六次常务会议审议通过《中国21世纪议程》，在国内首次提出适应气候变化的概念，之后我国政府相继发布和实施了一系列与适应气候变化相关的政策。

2007年，国务院发布了中国第一部应对气候变化的全面的政策性文件《中国应对气候变化国家方案》，这也是发展中国家颁布的第一部应对气候变化的国家方案。政策明确了到2010年中国应对气候变化的具体目标、基本原则、重点领域及其政策措施，把提高适应气候变化能力和减缓温室气体排放并列作为我国应对气候变化的主要目标和任务，提出了适应气候变化的重点领域以及技术和能力建设需求，有力地推动了我国适应气候变化工作的快速发展。

从2008年开始，我国每年发布“中国应对气候变化的政策与行动”报告，及时总结适应气候变化工作和成效。地方层面在2009年完成了应对气候变化方案的编制，并从2011年开始在《地方应对气候变化规划编制指导意见》的指导下开始编制地方应对气候变化规划。

2013年底，国家发展改革委发布《国家适应气候变化战略》，从国家层面提出了具体的适应政策和实施措施，形成了我国适应政策体系的顶层设计，标志着我国首次将适应气候变化提高到国家战略高度，对提高国家适应气候变化综合能力意义重大。2014年发布的《国家应对气候变化规划（2014—2020年）》，制定了适应气候变化影响的战略部署，提出了中国2020年前应对气候变化的主要目标和重点任务等整体框架。

国家发展改革委、住建部在2016年2月制定的《城市适应气候变化行动方案》提出到2020年普遍实现将适应气候变化相关指标纳入城乡规划体系、建设标准和产业发展规划，建设30个适应气候变化试点城市，绿色建筑推广比例达到50%。到2030年，适应气候变化科学知识广泛普及，城市应对灾害能力明显增强，城市适应气候变化能力全面提升。

2016年3月发布的《中华人民共和国国民经济和社会发展第十三个五年规划纲要》明确提出要坚持减缓与适应并重，增强适应气候变化能力。

表3－4　我国主要适应气候变化政策

政策名称	发布部门	发布时间	具体内容
《中国应对气候变化国家方案》	国务院	2007年	明确了2010年前中国应对气候变化的目标、原则、重点领域和政策措施
《中国应对气候变化科技专项行动》	科技部	2007年	落实"应对气候变化国家方案"，加强科技应对气候变化工作
《海洋领域应对气候变化工作方案（2009—2015年）》	海洋局	2009年	指导海洋领域应对气候变化工作方案
《应对气候变化领域对外合作管理暂行办法》	国家发展改革委	2010年	加强应对气候变化领域对外合作管理
《林业应对气候变化"十二五"行动要点》	林业局	2011年	部署"十二五"林业应对气候变化工作
"中国气象局贯彻落实《中国应对气候变化国家方案》行动计划"	气象局	2011年	落实"应对气候变化国家方案"，对各级气象部门应对气候变化工作进行了具体部署和安排
《"十二五"国家应对气候变化科技发展专项规划》	科技部	2012年	加强和部署"十二五"国家应对气候变化科技工作
《国家适应气候变化战略》	国家发展改革委	2013年	制定适应气候变化总体战略

（二）我国适应气候变化的薄弱环节及不足

中国人口众多、气候条件复杂，同时又处于工业化、城镇化、信息化和农业现代化快速发展的发展中国家阶段，生态环境承载力负荷加重，生态环境整体较为脆弱，适应气候变化的任务十分繁重。尽管我国在适应气候变化方面做了很多的努力和探索，但全社会适应气候变化的能力和意识与发达国家相比还存在一定的差距，还不能满足我国日益加重的环境需求。

1. 农业适应气候变化能力不足

从1970年末实行包产到户后，国家对农业基础设施投入不足，严重阻碍了农业综合能力的提升。气候变化导致农作物生长环境发生变化，对农业种植结构、种植制度、农作物布局产生重大影响，农业气象灾害、病虫灾害呈现新特征。投入不足、气候压力使中国农业适应气候变化存在巨大的“适应赤字”。而目前中国农业适应气候变化的整体投入不足、认识不到位、科技支撑能力较弱，造成耕地数量减少（据统计，2015年，全国年内净减少耕地面积99万亩），水土流失，土地肥力下降，华北干旱常态化，东北和西南干旱日益加剧，病虫害严重爆发。

2. 适应资金融资方式单一，资金缺口大

适应气候变化是一个系统工程，我国的气候变化适应资金需求分布在农业领域、水资源领域、人体健康、海岸带及沿海地带，分布领域多，需求量大。同时，作为发展中国家，我国的适应基线较低，在适应行动中需要投入比发达国家更多的资金。据《公约》发布的数据，按照GDP和人口占比估算，我国2030年适应资金需求分别为79亿~194亿美元和63亿~155亿美元。[①] 而我国的适应资金主要来源于两部分，一部分是国际发达国家对发展中国家的资助资金，而《巴黎协定》中已明确规定，这部分资金将优先资助最不发达国家、小岛屿国家和气候最脆弱国家，此后我国获取资助的难度会越来越大；另外一部分是政府公共资金中用于适应性质的资金投入，而政府投入的公共资金也并非专

① 储城山，高玫．我国适应气候变化的资金机制研究［J］．甘肃社会科学，2013（4）．

用于气候适应，资金数量远低于实际需求，气候适应资金面临较大缺口。

3. 适应科技发展较为滞后

我国在气候变化领域的研究水平与发达国家相比还存在一定差距，自主知识产权的区域气候模式几乎空白。多模式预估结果的不确定分析技术尚未完全掌握，气候异常尤其是极端气候异常的预测能力较弱，精细化应用技术水平不足，气候变化预测、影响评估、脆弱性和风险评估技术研发仍需加强。主要领域适应气候变化技术的专属性较差，成果较为分散，缺乏整体设计，跨部门、跨领域协调性不足，综合适应成效不突出。

4. 适应的政策机制尚需完善

我国虽然结合社会发展和气候变化需求，从中央到地方相继出台和实施了一系列应对气候变化的适应政策和措施，但是专门针对适应气候变化的政策还较少。适应政策的目标与实际适应能力和适应资源还存在一定差距，对非气候因素及未来评估考虑不足；适应目标以定性描述为主，缺乏具体量化，可操作性不强；适应政策中责任主体较为模糊，导致工作落实难；地方政府制定气候变化适应政策的能力明显不足，对上级政策关注不够；现有政策偏重自然生态系统，对社会经济系统的研究不够；适应政策的部门协作不强，导致政策之间联系不强，缺乏统一的行动方案；公众对适应的了解和认识不够，导致政策主要依靠顶层设计和推行，公众参与度低。

5. 适应能力有待提升

城市基础设施建设未充分考虑气候变化的影响，供水供电等城市生命线系统应对极端天气的保障能力不足；农林基础设施建设滞后，现有防空能力不足以应对农业灾害复杂化和扩大化趋势；政府财政投入不足，资金保障能力较弱；现有技术对气候变化的针对性不强，科技支撑能力不足；城乡供水能力不高，主要易涝区排涝能力不足；生态敏感脆弱区（如荒漠、湿地等）的气候适应性和抵御灾害的能力需要加强；采矿、建筑、交通、旅游等行业部门防御极端天气事件的能力不足；气候变化对人体健康影响的监测、评估和预警系统尚未建立，现有的传染病预防和控制体系不能进一步满足需求。

6. 对气候适应关注不够

虽然近年来针对气候适应工作从中央到地方颁布了多项政策、条例，但迄今为止，国内仍然存在重减缓、轻适应的问题，气候变化的适应问题依旧没有得到足够重视。地方政府关于气候适应的知识水平不高，导致政策的有效落实存在一定的障碍；由于缺少适应气候变化知识的普及、推广工作，公众对气候变化影响深刻性的认识依旧不足，主动适应气候变化、积极参与适应行动的自觉性不够。

（三）落实《巴黎协定》适应气候变化条款的政策建议

1. 提高适应气候变化的战略地位

国情和发展阶段决定了适应气候变化的政策和行动的发展阶段。目前中国适应政策与行动既要解决历史欠账问题，又要面向未来整个国家的发展需求，所面临的问题与挑战已不仅仅限于气候问题，而逐步上升为国家战略高度。我们要以《巴黎协定》为指导，及时总结国内外适应气候变化工作的新形势、新特点，将适应气候变化工作与国家相关环境保护战略紧密结合，纳入经济建设和社会规划，列入政府议事日程，积极开展国际合作，加强自身气候适应能力建设，尽量消减气候变化给国民经济、社会发展和人民生活带来的不利影响。

2. 完善适应政策体系和机制

完善适应政策的顶层设计，制定适应气候变化重点部门的专项规划，健全气候变化的法律体系；加强对气候变化各环节基础体系的研究，增强适应政策的适用性；加强部门与区域适应规划间的协作及相邻区域、同一领域的区域适应政策的协同；在政策制定过程中，结合

“自上而下”和“自下而上”两种决策模式，充分发挥民众的积极性和参与意识；提高适应政策目标与适应资源的匹配度，健全政策评估体系，促进适应政策的落实。

3. 加强适应能力建设

适应政策最大的目标就是提高适应能力。注重全民创新意识和完善相关制度的软实力能力建设；要提高农业、林业、水资源等重点领域和沿海、生态脆弱地区适应气候变化水平；加强对极端气候天气和气候事件的监测、预警和预防，提高防御和减轻自然灾害的能力；要成立跨部门的适应气候变化工作机制，增强组织机构保证的能力；同时加大对适应气候变化知识的普及与理念的推广，注重适应气候变化人才的培养等。

4. 建立多元化、全方位的适应资金融资方式

积极开拓国际合作，提高国际合作资金的使用与管理能力，充分争取国际信托资金、气候变化特别基金、适应基金等可以利用的气候适应资金，吸引更多的国际资金投资。发挥公共财政资金的引导作用，采取积极的财政方式，增加国家财政的适应性预算投入，运用激励性财政手段，鼓励民间资本投资适应项目；通过专项税收的方式，在地方各级财政中设立专项适应基金，发挥国家适应基金的杠杆作用，引导民间资金流入；发行气候适应专项国债、债券等，推动气候金融市场建设，引导社会资本积极参与；借鉴发达国家的经验，在气候变化敏感地区开发保险产品和相关保险业务，完善健全风险分担机制；积极吸纳个人、企业和社会团体的自愿捐赠性适应资金。

5. 研发、推广适应气候变化技术

研发、推广符合我国国情的适应气候变化技术，构建适应技术集成体系，为落实适应政策和行动提供更广泛的途径和空间。发展气候变化预估技术，使人居环境和重要战略基础远离灾害易发区、多发区及环境

脆弱区；发展极端天气气候事件预警技术，发挥人工影响天气技术在防灾减灾、云水资源开发利用、生态建设保护等重点领域的重要作用，减少气候灾害的影响作用；发展气候变化影响评估技术，得出未来气候变化导致的损失与危害的时空分布规律，为适应气候工作明确区域；发展农业、林业、水资源、人体健康等重点领域种植技术制度调整技术、病虫害防治技术、旱涝监测技术、疾病控制技术，构建人民健康生活的保障线；针对城市群、重要粮食产区等重点区域发展基础设施服务适应技术和抗旱防涝技术，提高区域适应气候变化能力。

6. 提高农业适应气候变化能力

作为气候适应工作的三大重点区域之一，农业的稳定关系国家的稳定发展，所以提高农业适应气候变化能力是适应工作的重中之重。首先，加强农田水利设施、优质农作物种子技术生产和推广设施、农产品质量检测设施、动植物检疫检验设施、农业机械利用和保护设施的建设，提高农业监测预警和防灾减灾能力，立足区域发展的实际情况，因地制宜，采取行之有效的方法，提高耕地的综合质量，增强其抗灾和增产的能力。其次，可以充分利用气候变化特点，变害为利，例如，利用气候变化增加的热量资源，适度调整种植边界、调整农作物的品种及布局、培育高光效和耐高温作物；针对气候变化导致的气候波动性增加，加强抗逆品种的物资储备和种子库建设等。最后，国家要扩大农业灾害保险试点与险种，支持农业等领域的保险产品开发和业务推进，发行巨灾债券，应对气候变化。

7. 开展国际适应气候变化合作

加强适应气候变化国际合作，积极参与全球合作和国际规则设计，构建信息交流和国际合作平台，与各方开展多渠道、多层次、多样化的合作。增强与世界各国关于适应和气候风险问题在政府、学术界、非政府组织等不同层面的战略对话和交流，积极吸取世界各国开展适应行动和气候风险管理的经验和教训，通过国际技术开发和转让机制，推动关键适应技术的研发，在引进、消化、吸收国际上成熟先进技术的基础上鼓励自主创新，促进我国适应技术的进步。引导和支持国内外企业和民间机构间的适应合作，鼓励中方人员到国际适应气候变化相关机构任职。

同时，抓住国家“一带一路”倡议契机，充分利用亚投行、金砖银行、丝路基金和中国气候变化南南合作基金，加强与世界各国应对气候变化的低碳金融合作，提高适应气候变化的项目融资能力。

第四章

CHAPTER FOUR

《巴黎协定》“资金”条款的解读与建议

气候资金是指由国家、区域和国际实体为气候变化减缓和适应项目及方案进行的融资。狭义上是指从发达国家到发展中国家的公共资源转移，即发达国家根据《公约》的义务，向发展中国家提供“新的和额外的资金资源”。广义上是指所有有关减缓和适应气候变化的资金流动。

一、《巴黎协定》气候资金机制解读

（一）“资金”条款的主要内容

资金问题一直是联合国气候大会的一个关键难题。“使资金流动符合温室气体低排放和气候适应型发展的路径”，成为《巴黎协定》中与全球平均气温升高和适应目标具有相同重要地位的官方目标。

《巴黎协定》要求发达国家提高资金支持水平，制定切实的路线图，以实现在2020年前每年提供1000亿美元资金的目标。同时，对气候资金做出了深远的承诺，承诺发达国家“带头从多种渠道调动气候资金”，“应该代表一个超越以往努力的发展”，因此随着时间的推移，气候资金将增加。《巴黎协定》还指出，“鼓励其他缔约方自愿地提供或继续提供”，这些“其他缔约方”包括中国等国家已经提供了很大的国际气候融资数额。为了保证资金的到位，要求发达国家缔约方每两年提供公共财政资源方面可获得的预测水平。

虽然更多的关注一直放在每年1000亿美元的象征性数字上，但确保这笔钱到达贫穷国家同样重要。尽管最贫穷的最不发达国家排放水平很低，但对气候脆弱性适应有巨大的需求。据国际环境与发展学会的最新估计，这些贫穷国家将每年需要约937亿美元。重要的是，《巴黎协定》还规定，资金应“实现适应和减缓之间的平衡”，考虑到“发展中国家缔约方的优先事项和需要，尤其是那些对气候变化不利影响特别脆弱和受到严重的能力限制的发展中国家缔约方，如最不发达国家、小岛屿发展中国家”。最后，《巴黎协定》指出，而私营部门的融资更可能流向“减缓”领域（如通过能源和运输投资），重要的是要考虑“为适应提供公共资源和基于赠款的资源的需要”。

然而，由于许多资金计划和决策的细节被搁置，在未来的缔约方会议中，资金问题将更为重要。例如，财务灵活性机制，在未来的工作中他们必须要详细地阐述；关于“共同但有区别的责任”原则的财务核算方法协议已被推迟到COP24。

（二）“资金”条款的重点解读

在《巴黎协定》中，各国明确表示将通过气候资金来支持低碳经济的转型和创造，共同做好应对更严重影响的气候变化的准备。2020—2025年，发达国家将按照《哥本哈根协议》的承诺，每年继续援助1000亿美元用于支持发展中国家的低碳增长和气候适应工作。到2025年前，各国将设定一个新的量化目标，保证每年为气候融资提供的资金不少于1000亿美元。同时承认国际气候资金捐助池的扩大，鼓励发展中国家在自愿基础上提供气候援助资金。

1. 关于审查和承诺的周期问题

从2020年至2025年，每年1000亿美元的气候资金承诺和未来时间表有助于确保不断加大对最脆弱国家的气候融资帮助。要求发达国家每两年提供一次有关通过公共努力调动气候融资数量的信息，同时鼓励发展中国家也提供这样的报告。

为了保证气候融资的可预测性，发达国家将每隔两年向发展中国家提供公共气候融资的预计水平。发展中国家将报告其自愿提供的气候融资。定期更新为低碳投资以及能够用于帮助最脆弱地区适应气候变化的资源提供信息。

2. 扩大捐赠来源

捐助池的扩大是非常重要的，许多发展中国家已经开始为气候融资做出贡献。几十年前被认为是低收入的发展中国家现在已经可以为欠发达国家提供气候资金。例如，越南和智利已向绿色气候基金认捐资金，中国也已承诺31亿美元用于发展中国家之间的"南南合作"。

《巴黎协定》明确发达国家不能逃避它们的气候资金责任，这一责任是《公约》的一部分。发展中国家没有提供气候资金的义务，但是在不削弱发达国家融资义务的前提下，鼓励发展中国家的资金援助行为。

3. 为气候适应动员更多的支持

由于认识到目前大多数资金已经转向减缓活动，因此鼓励资金在适应和减缓之间实现平衡。巴黎气候大会的一个主要目标是动员世界各地的气候资金。这涉及世界范围内的投资流转移问题。双边援助和绿色气候基金是投资转移的重要方式，但它们不是完整的融资范围。如果希望得到正确的信号和保障基础设施到位，就需要动员数万亿美元来刺激低碳经济。

除了认识到气候融资需要动员《公约》缔约方之外，《巴黎协定》已承认"非缔约方利益相关者"（社会团体、非政府组织、企业和个人）在应对气候变化中发挥重要作用，他们减少排放和重建弹性的努力将使低碳增长变成现实。

《巴黎协定》的资金条款表明我们可以把控制温室气体排放与经济增长联系起来。随着国家通过清洁能源获得越来越多的能量，即使没有化石燃料，也可以改善人民的生活。世界上仍有数亿人拥有有限的电或者没有电力供应，乃至更多的人为了寻找更好的生活将移居城市，从而拥有更好的能源获取权、食品安全和生活质量。

《巴黎协定》鼓励所有经济体沿着低碳路径促进经济增长。

二、国际气候资金机制的构成

按照是否受《公约》缔约方大会的领导与管理，气候资金机制可分为《公约》框架内的气候资金机制和《公约》框架外的气候资金机制。《公约》框架外的气候资金机制主要包括双边基金机制、多边基金机制以及碳市场等。

资金主要来源于公共、私人与公共和私营部门，可以通过各种中介机构、特别措施、小额信贷机构、发展合作机构、联合国气候变化框架公约（包括全球环境基金管理的各种基金）、非政府组织和私营部门进行资金流动。资金流可以从发达国家流向发展中国家（南北），从发展中国家流向发展中国家（南南），从发达国家流向发达国家（北方）和在发达国家和发展中国家国内流动。

（一）《公约》框架内的资金机制

目前在《公约》框架内设立气候资金机制，所依据的主要是《公约》《京都议定书》《巴厘行动计划》《哥本哈根协议》以及《坎昆协议》等国际法律文件。从《公约》签署到现在，经过艰苦的谈判，《公约》框架内的气候资金体系已基本形成。《公约》框架下的气候资金筹集方式基本都是以接受捐赠为主。无论是为了减缓行动提供的资金，还是为了适应行动提供的资金，绝大部分都源于捐赠款。《公约》框架内的气候资金机制又分为：全球环境基金受托机制和《京都议定书》机制。

1. 全球环境基金受托机制

在《公约》现行的资金体制中，全球环境基金（GEF）同时管理着全球环境基金信托基金（GEF Trust Fund）、气候变化特别基金（SC-CF）、最不发达国家基金（LDCF）三个基金，并向适应基金（AF）提供秘书服务。

（1）全球环境基金

全球环境基金成立于1991年10月，当时全球环境基金是一个内设于世界银行、资金规模为10亿美元的实验计划，该计划以无偿或优惠的方式向环保项目提供资助资金，目的在于推进全球环境保护工作和促进环境的可持续发展。联合国开发计划署、联合国环境规划署以及世界银行是全球环境基金的最初三个合作伙伴。经过三年的试运行后，全球环境基金于1994年被改组，成为一家独立于世界银行的永久性机构，从此保证发展中国家能够更多地参与其决策过程和相关项目的执行过程。

目前，全球环境基金由183个国家和地区组成，同时还与众多的国际机构、非政府组织以及私人部门就应对全球环境问题建立了合作关系。作为一个独立的金融机构，全球环境基金主要为发展中国家及经济转型国家在以下领域实施的具有全球意义的环保项目提供资金资助：生物的多样性、气候变化、国际水域、土地退化、臭氧层损耗、持久性有机物污染等。

全球环境基金是当今国际上最大的环境项目资助者，已为超过165个发展中国家提供了125亿美元以上的资金，同时共同融资达580亿美元以上。中国是世界上使用国际赠款最有效率的国家，也是少数几个向国际环境基金捐赠的发展中国家之一。2016年，中国共获得全球环境基金赠款约9920万美元。

全球环境基金项目的执行（实施）机构有10家：联合国开发计划署、联合国环境规划署、世界银行、联合国粮农组织、联合国工业开发组织、非洲开发银行、亚洲开发银行、欧洲复兴开发银行、美洲开发银行、国际农业开发基金。

（2）全球环境基金信托基金

全球环境基金信托基金每4年由捐资国增资（Replenishment）一次，现已有6次增资过程。在试点时期（1990年7月1日至1994年6月30日），全球环境基金信托基金获得的捐资额为10亿美元，而在最近的一次增资，也就是第6次（GEF5）增资中，全球环境基金信托基金获得了44.33亿美元的增资承诺。

全球环境基金信托基金每次增资额的大小主要取决于全球环境基金在上一增资周期内所取得的业绩，而全球环境基金业绩的大小需要经过评估（OPS）来确定。通过业绩评估，可考察全球环境基金目标实现的程度，以及需要进一步改善的方面。为了保证评估的公正性，全球环境基金评估办公室于2004年开始独立于全球环境基金管理层，并直接向全球环境基金理事会汇报工作。同时，如果被评估的事项与全球环境基金评估办公室产生利益冲突，如遇到对全球环境基金理事会履职情况以及对全球环境基金评估办公室自身制定的全球环境基金监测与评估政策执行情况的评审时，全球环境基金评估办公室则需回避。

（3）气候变化特别基金和最不发达国家基金

气候变化特别基金设立于2004年11月，是一个由全球环境基金管理的、自愿捐赠性的信托基金，凡涉及与应对气候变化有关的活动、方案以及措施等都可以得到它的支持。气候变化特别基金与全球环境基金在气候变化重点业务领域的工作及其他双边、多边资金的援助活动是互补关系。

最不发达国家基金设立于2002年11月，是另一个由全球环境基金管理的、自愿捐赠性的信托基金。主要是向51个最不发达国家提供资金援助，以帮助它们应对气候变化的不利影响。最不发达国家信托基金是强制性用于资助国家适应行动计划的制订与实施的唯一现有基金。

目前这两个基金都还没有形成长期稳定的捐款机制，主要依靠发达国家的不定期自愿认捐。

（4）绿色气候基金

《哥本哈根协议》呼吁设立哥本哈根绿色气候基金，作为《公约》资金机制的一个受托运营实体，以资助发展中国家实施与包括"REDD +"在内的减缓、适应、能力建设、技术开发和转让有关的项目、方案、政策和其他活动。

相比其他资金，GCF 的最大特色是设立了私营部门机制，专门处理私营部门的资金运作。

2. 京都灵活机制

京都灵活机制包括清洁发展机制（CDM）、联合履行（JI）、排放交易（ET）等三大机制。联合履行机制、排放交易机制仅是在《公约》附件一缔约方或附件二缔约方之间实施的合作机制，不涉及发展中国家缔约方。

在《京都议定书》框架下，根据《马拉喀什协定》设立了专门为发展中国家实施具体的适应气候变化方案和项目提供资金支持的基金。尽管设立适应基金的决定于 2001 年就已获得《公约》缔约方大会的批准，但在关于适应基金资金来源、治理结构、优先支持对象等问题上，发达国家缔约方与发展中国家缔约方之间分歧过大，致使相关谈判工作持续了相当长的时间。

适应基金（AF）筹集资金的方式有两种：一是出售核证减排量（CERs）；二是接受主权国家、相关机构以及个人的捐款。其中，前者是适应基金筹集资金的主要方式。适应基金的规模与清洁发展机制项目实现的减排量直接相关，正是从这个角度来看，适应基金是一个与清洁发展机制相伴相生的气候资金机制，其资金筹集不仅受提取核证减排量的数量限制，还受出售核证减排量的市场价格影响。

需要指出的是，截至目前，适应基金的资金并非来自发达国家的捐资，它的建立没有体现发达国家应尽的资金义务，所以在气候变化国际合作政治意义上，它不能作为与全球环境基金、气候变化特别基金、最不发达国家基金相并列的资金机制。

（二）《公约》框架外的资金机制

所谓《公约》框架外的气候资金机制是指在《公约》之外由不同国家或国际组织设立用于应对气候变化的各类资金机制的统称，这些资金机制基本上由发达国家主导，多以双边或多边气候基金的形式存在。

表4-1 《公约》外多边及双边气候资金机制

基金名称	形式	管理者	重点领域
亚马逊基金	多边	巴西开发银行	减缓/REDD
清洁技术基金	多边	世界银行	减缓
刚果盆地基金	多边	非洲开发银行	减缓/REDD
森林碳合伙基金	多边	世界银行	减缓/REDD
森林投资计划	多边	世界银行	减缓/REDD
全球气候变化联盟	多边	欧盟委员会	减缓/REDD
全球能源效率与可再生能源基金	多边	欧盟委员会	减缓
鸠山由纪夫计划	双边	日本政府	减缓/REDD
印度尼西亚气候变化信托基金	多边	印度尼西亚开发计划署	减缓/REDD
国际气候基金	双边	英国政府	减缓/REDD
国际气候计划	双边	德国政府	减缓/REDD
国际森林碳计划	双边	澳大利亚政府	减缓
千年发展目标促进基金	多边	联合国开发计划署	减缓、适应
适应气候试点计划	多边	世界银行	适应
低收入国家可再生能源增强计划	多边	世界银行	减缓
气候战略基金	多边	世界银行	减缓、适应、REDD
联合国 REDD 计划	多边	联合国开发计划署	减缓/REDD

目前，一个很有趣的现象是，从形式上看，全球气候资金谈判的“主战场”在《公约》框架之内，但从实质上看，全球气候资金的运作重心却又在《公约》框架之外。这一点仅从《公约》框架外的资金规模远大于《公约》框架内的资金规模就可看出。

三、全球气候资金机制存在的问题

（一）《公约》框架内的资金量严重不足

根据《公约》的规定，发达国家有义务向发展中国家提供气候资金，同时，发展中国家能在多大程度上履行《公约》的义务也取决于发达国家提供资金的多少。与每年为了应对气候变化需要数百亿美元甚至上千亿美元的资金量相比，发展中国家通过各种渠道实际获得的资金额却非常小，只有 100 亿美元左右，而通过《公约》框架内途径能获得的资金更少，大约 3 亿美元。目前，《公约》框架内的资金渠道（多边基金）主要包括：全球环境基金信托基金、最不发达国家基金、气候变化特别基金、适应基金，以及"REDD +"计划等。其中，除了适应基金的资金来源于核证减排量的销售收入外，其他基金的资金规模完全取决于发达国家的捐赠意愿。在《公约》框架内的所有资金渠道中，全球环境基金信托基金的资金规模最大，在其第五增资期，捐资者（主要为发达国家）承诺共同向其提供 42.5 亿美元的资金。其中，用于应对气候变化的资金为 13 亿美元左右，年均 3 亿美元左右。另外，根据《公约》秘书处在其《应对气候变化所需投资与资金量》报告中的估计：到 2030 年，全球应对气候变化所需的额外资金总规模为 2000 亿~2100 亿美元，其中，至少有 50% 的资金为发展中国家所需要。目前，发展中国家应对气候变化所需资金规模与发达国家的捐资意愿及其实际捐资额之间形成了天壤之别。

（二）发展中国家依然缺乏话语权

作为《公约》资金机制的运营实体，全球环境基金的治理模式构成了《公约》资金机制治理结构的核心部分。因此，全球环境基金治理结构合理与否将直接决定发展中国家话语权的大小。经过多年的艰苦谈判，发达国家与发展中国家之间就全球环境基金的决策程序达成妥协，形成了所谓的“双重加权多数”原则或“双60”原则。如果一项决议需要通过正式投票来表决，则需要获得双重加权多数投票权的支持，即代表参加国总数60%和认缴资金总额60%理事的投票支持。虽然从参加国总数，以及在全球环境基金理事会的理事人数来看，发展中国家都占有相对优势，但实际上，发达国家仍掌握着否决权，因为全球环境基金信托基金的资金绝大部分都是由发达国家捐赠的，发达国家可通过召集持有认缴资金总额60%的理事共同行使否决权。另外，尽管在全球环境基金治理结构中，发达国家的理事人数不占优势，但它们可通过不满足条件、不提供资金的方式赢回权力。总之，目前全球环境基金这种混合决策制度并未能给发展中国家带来实质性的话语权。

同样在《公约》框架外的资金机制下，发展中国家的意志也难以在基金的目标和运行模式中得到体现。很多双边或多边气候基金都是由发达国家基于传统的官方发展援助模式而建立的，其中发达国家与发展中国家之间仍是捐赠人与受赠人的关系，这些基金的运行完全由发达国家控制或主导，向发展中国家提供资金援助是发达国家的权力，而非义务，因此，与《公约》“共同但有区别的责任”原则是背道而驰的。

（三）气候资金基础制度被边缘化

从拥有资金的规模和实力来看，《公约》框架外资金机制要远超过《公约》框架内资金机制。在一定时期内，全球范围内可调用的资金量是一定的，《公约》框架外资金机制的存在必然会与《公约》框架内资金机制形成资金筹集上的竞争关系。而且，强化《公约》框架外资金机制，还会妨碍《公约》框架下的多边气候资金谈判进程。除资金规模外，另一个引人注目的就是气候投资基金中的“日落条款”。根据该条款，一旦（《公约》下）新的资金机制开始生效，气候投资基金将采取必要措施终止其业务运行。相反，在多边国际气候资金谈判取得实质性进展之前，气候投资基金不仅要与现行的《公约》框架内资金机制平行运作，而且，在一定程度上，还有为设立新的国际气候资金机制提供范本之意。因此，《公约》框架下的很多资金机制诉求，在主流的气候资金运营网络中将逐渐被边缘化。

（四）全球环境基金仍存在诸多问题

全球环境基金作为气候公约的主要资金机制，虽然在保护全球环境行动中发挥了积极作用，但在运行体制、运行效率、资金规模和分配等方面仍然存在诸多问题。首先，全球环境基金与包括气候公约在内的各国际环境公约的缔约方大会的关系比较松散，运行体制复杂，缺乏强制性约束，无法体现出高效率和有效性，管理成本也高，影响业务的开展；其次，由于运行体制的原因，全球环境基金的基金项目准备周期长，用款程序复杂，发达国家拖欠捐资导致项目审批中断的情况多有发生；最后，全球环境基金实施按绩效分配资金的政策，限制了能力较弱国家的中小发展中国家使用资金，造成援助资金的地缘分配不均衡。

（五）发达国家依然缺乏拿出足够资金的政治诚意

在协定的共同远景、减缓适应、技术、能力建设等要素中都需要资金保障，资金机制的谈判与其他要素的相关谈判日益呈现出相互交织、互为因果的特点。然而，发达国家缺乏履行气候公约义务，拿出足够资金的政治诚意，想方设法模糊“共同但有区别的责任”原则。发达国家大力宣扬市场机制和私营部门作用，有推卸责任的意图。应坚持要求私营部门的参与独立于发达国家的支持行动，坚持要求发达国家切实履行气候公约义务，提供充足的、稳定的和可预测的资金援助，帮助发展中国家应对气候变化的挑战。

四、新形势下中国的行动方向和政策建议

中国不仅是全球环境基金的受援国，还是少数几个对全球环境基金捐款的发展中国家之一，一贯认真履行气候公约规定的义务，在气候变化领域与全球环境基金开展了密切和富有成效的合作，把应对气候变化

纳入国家发展主流，有效地发挥了应对气候变化国际合作资金作用。但中国气候风险在全球排名中一直位居前列，减缓和适应领域的资金缺口基数巨大。中央财经大学绿色金融国际研究院发布的《2016 中国气候融资报告》指出，到 2020 年中国气候资金需求将达 2. 56 万亿元，相当于当年度 GDP 的 1. 79%。

已正式生效的《巴黎协定》为中国气候融资带来了重大机遇。中国应制定更加符合国情需求的气候资金战略和政策，完善气候资金核查、报告和监测体系，提高气候资金运行机制的透明度、完整性，提高国际谈判能力，破解气候金融融资瓶颈。

（一）积极推动国内资金机制与国际接轨

当前，中国面临着自身需求量持续增大、资金紧张的内部压力，同时又面临着要求增加对外捐资的外部压力，气候资金压力不容小觑。随着出资方对资金流向和运用区域开始提出更加详细的要求，且资金使用机制更加多元化，因此如何完善自身的资金机制，推动国内资金机制与国际接轨，筹集更多的气候资金是中国气候资金面临的重要课题。

一是坚持不断完善国内碳价格信号建设，努力形成国内碳价的合理稳定机制。二是通过创新激励机制，有效发挥市场机制的作用，创新多元化的企业融资方案。大力推进国际公共资金和国内资金、国际私人资金和国内资金、国内公共资金和社会资金的多元合作以及充分利用民间资本，多渠道地动员各方资金，形成多元化的社会投入机制。三是建立专项气候基金，专门根据国内气候减缓、适应行动规划方案，开发吸引外资项目，确定受资对象范围和类型，积极主动地吸收各类国际气候捐资。

（二）努力提高气候资金的利用效率

应对气候变化专项设计减缓、私营、技术转让、能力建设等方面，气候资金在不同的专项之间的分配是此消彼长的关系，因此需要根据轻重缓急做出合理分配。我国要改变以往重减缓、轻适应的观念，实现减缓适应资金的均衡化。而二者由于目标不同，资金使用中侧重的目标也不同。减缓资金的分配和使用应将效益放在首位，使有限的资金发挥最大的作用。适应行动的地域性效果决定了资金的分配更应重视公平问题。

严格管理全球环境基金赠款项目的资金，开设赠款资金专项账户，严格按照赠款协议和转赠协议规定的范围和用途使用；设立气候资金检测核查体系，加强中央财政资金的监管和绩效评价；注重气候金融人才培养（包括从事碳金融交易的核心人才和从事碳中介的高端市场人才），通过舆论宣传，提升公众认识，提高气候资金运用的软实力；鼓励通过市场方式督促企业实现减排，完善价格信号形成机制，从而使企业以更低的成本实现节能减排，提高资金利用效率。

（三）提高公共资金的透明度和杠杆率

公共资金虽然供给有限，但是公共资金能够作为种子资金吸收其他的资金，这称为公共资金的杠杆率，杠杆率越大则意味着同样资金筹集的资金总量也就越多。在气候资金需求量快速增长的背景下，私人资金的大量进入是历史趋势，然而私人资金服从市场法则，其投资建立在对各种风险评估、信用和盈利率的基础上。风险评估同样最需要数据、信息和稳定的政策预期。但遗憾的是，发展中国家既缺乏温室气体排放、气象等与气候直接相关的各类统计数据信息采集能力，且行业内部、行业之间或整个资本市场数据质量、数量和强度标准也并不一致，使低碳投资者难以对投资风险做出恰当评估。既然政策环境和融资机制难以形成市场预期，那么发展中国家就不得不更多依靠外部公共资金，然而作为公共资金提供者的发达国家普遍要求发展中国家首先具备基本行动能力且保证气候行动的透明度，加之目前大多数多边开发金融机构推进的公私伙伴关系所需的私营主体也都在中高收入国家，这就对发展中国家的能力建设提出了巨大挑战。对中国来说，一方面要提升自己低碳项目的国际可信度，提升气候融资能力，另一方面要有效地帮助发展中国家提升国际融资能力，以低成本方式获取最迫切资金。

（四）积极发展绿色金融、绿色投资

《巴黎协定》之后，绿色气候基金将成为发达国家向发展中国家进行资金转移的主要机制，绿色投资也将成为今后我国投资战略调整的必然选择。把环保行业作为战略性新兴产业来发展，不仅是改善环境质量、实现长远发展的重要抉择，而且是调整结构的现实任务。然而，当前我国环保产业整体发展水平尚不能完全适应我国节能减排工作的需要，环保产业发展还有大量的工作需要开展。发展绿色金融，引领新兴产业，金融行业与环保产业的良好合作，将有利于金融机构加快调整信贷结构，有利于环保企业的创新发展，帮助我国环保企业“走出去”，推动环保产业的国际化进程。采用合同能源管理机制，培养专业化的节能服务公司，对实施节能改造提供诊断、设计、融资、改造、运行、管理等一条龙服务。

（五）加强与国际应对气候变化资金的合作

应对气候变化资金合作是国际经济合作的重要内容之一，其对应对气候变化和低碳发展的影响力，远远超越资金本身。我们积极推动资金合作，将更多的关注点应放在资金作为载体所带来的知识合作上，利用资金合作引进、消化和吸收国际先进理念和技术、发展方式和管理模式，为我国加快转变经济发展方式，实现经济又好又快发展服务。同时，在资金合作中，促进国际社会更好地理解和了解我国应对气候变化和低碳发展的政策和行动，从而营造有利于我国发展的国际环境。

第五章

CHAPTER FIVE

《巴黎协定》“技术”条款的解读与建议

技术是应对气候变化的重要工作，其重要性很早就被各缔约方所认识，自1992年在《公约》中首次提出技术的作用以来，到2015年巴黎气候大会做出建立技术框架以及将技术与资金挂钩，技术的转移和开发工作有了很大进展，但是依旧有很多不足，尤其是在发达国家向发展中国家转移技术这一方面仍存在很多问题。

一、"技术"条款的发展沿革及特点

技术问题是联合国气候变化谈判长期存在的一个问题，气候变化的技术通常会引发人们对于可再生能源、电动汽车、二氧化碳的布局和储存等问题的思考。但是，在创新研究的学者和一大批气候变化的谈判者眼里，技术同样还涉及能力、机构、联系、网络、政策文化。IPCC定义的技术转移，不仅包括设施和硬件的转移，而且也包括转移和开发当地的能力机构和其他一些实现和改善它的能力的硬件。①

（一）"技术"条款的发展沿革

"技术"出现在1992年《公约》中的第4条第5款，"发达国家应该采取一些可行的措施，便利、促进、资助、转让或获取环境友好技术和无害技术给其他缔约方，尤其是发展中国家。在这一过程中，各方应该支持发展和加强发展中国家的技术发展的能力建设……"显然在1992年的框架公约中，责成发达国家协助发展中国家技术转让，同样

① Abdel－Latif, A. Intellectual Property Rights and the Transfer of Climate Change Technologies: Issues, Challenges, and Way Forward. Climate Policy, 2015.

也提到了相关的能力建设。①

从1992年的《公约》开始，各方认识到技术在应对气候变化方面的重要性。缔约方的第一次会议在1995年的柏林召开，柏林授权要求了各种需要解决的技术问题，包括建立一个技术项目转让清单，调查技术转让资金，激励技术中心和网络，识别需要的技术需求。

1998年布宜诺斯艾利斯行动计划建立了进一步促进技术转让的缔约方第四次会议。它呼吁工业化国家提供环境友好技术，发展中国家提交它们需要的技术报告。此外，缔约方会议要求所有缔约方要激励私人部门投资，识别合作方法办法和项目，更重要的是呼吁在协商过程中要考虑19个特殊的议题和相关的问题。为了推进这一进程，秘书处在美国组织非洲、亚太地区、拉丁美洲和加勒比海地区三个区域研讨会进行了非正式磋商。②

通过这三个研讨会产生的背景文件和国家报告激励了技术框架的构建工作。2001年，在马拉喀什缔约方会议商定建立技术框架，技术框架包括5个关键的行动主题和领域，即技术需求评估、技术信息、有利环境、能力建设、技术信息和技术转让机制。技术框架督促推出一个技术转让信息交流中心，建立信息中心网络，策划能力建设项目列表。但是技术框架直到2015年巴黎气候大会才得以确定建立。《马拉喀什协定》还规定设立一个技术转让专家小组。该小组由20个专家组成，成员来自发展中国家、小岛屿发展中国家、发达国家缔约方以及其他相关国际组织。在联合国气候大会的领导下以确定的方式来推动技术转让的活动，而且专家小组和联合国发展计划署需要紧密合作准备技术评估需

① Barrett, S., M. Toman. Contrasting Future Paths for an Evolving Global Climate Regime. Global Policy, 2010.

② H. C. Coninck, D. Puig. Assessing Climate Change Mitigation Technology Interventions by International Institutions. Climatic Change, 2015.

要的方法手册。①

2007 年通过的《巴厘行动计划》，其中规定的任务是要着眼于长期合作的关键要素，包括技术转让。缔约方同意在这个计划下，着手评估提供和接收技术转让资金的差距和障碍。在 2008 年波兹南第 14 次缔约方会议上，缔约方发起设立的波兹南技术转移方案是扩大技术转让投资水平的一个步骤，它设立的目标是帮助发展中国家解决对无害环境技术的需要。这个项目的融资窗口是 5000 万美元，主要有三个目标：协助在发展中国家进行技术评估，完成一系列技术项目的试点，传播被证明是成功的技术转移项目。②

第 14 次缔约方会议波兹南技术转移方案的成功，促使缔约方在 2010 年第 16 次缔约方会议上建立了技术机制，并于 2012 年开始完全运行。技术机制是指在《公约》框架下旨在促进缔约方加强技术开发和转让，以支持缓解和适应行动的组织体系和运作规则。技术机制由技术执行委员会和技术中心网络组成，并成为《公约》的主要技术组织。③

技术执行委员会是技术机制政策决策的组成部分，为国际技术转让和开发设置总体方向。技术执行委员会还致力于进一步落实《马拉喀什协定》的技术框架，在 2015 年的巴黎气候大会上决定建立技术框架。技术执行委员会自成立以来已经举行了 11 次会议，这些会议主要在德国波恩举行。同时也着手推进一系列的工作，例如为缔约方会议提供建议，并起草系列声明。技术执行委员会在波兹南技术转移方案中，针对加强技术机制有效性的目的进行了评估。

技术中心和网络是技术机制的一个执行部门，其中一个主要的功能

---

① F. W. Geels. Technological Transitions as Evolutionary Reconfiguration Processes: a Multi – level Perspective and a Case – study. Research Policy, 2002.

② H. C. Coninck, D. Puig . Assessing Climate Change Mitigation Technology Interventions by International Institutions. Climatic Change, 2015.

③ GEF (2010) Implementation of the Poznan Strategic Program on Technology Transfer: Report of the GEF to the Sixteenth Session of the Conference of the Parties to the United Nations Framework Convention on Climate Change. Global Environment Facility. http://tinyurl.com/p58ju2x.

是对发展中国家的技术转让和开发的请求通过“国家制定实体”做出回应。旨在为政府提供实际的援助，并且建立国家、地区、部门性和国家层面的减缓和适应技术转移中心和战略。在第18次多哈会议上，联合国环境规划署被当选主持技术中心和网络，与联合国工业和发展组织以及其他合作共同体合作负责全球22个区域的技术活动。技术中心和网络由咨询机构和秘书处领导，每两年一次在哥本哈根举行会议。

（二）“技术”条款发展中呈现的特点

总体来看，“技术”条款在《公约》的发展中呈现出以下特点：

1. 技术的重要性日益被各缔约方所重视

从技术在联合国框架公约中的发展沿革来看，技术一直被强调其在气候变化中的作用，各缔约方也努力使技术在应对气候变化中发挥其应该发挥的作用。从1992年首次在联合国框架公约中提出“技术”条款之后，每一次联合国气候大会都将技术开发和转让作为一个重点议题讨论，能提出比较有建设性作用的建议，也充分考虑到发展中国家在技术开发和转移方面的困难，设立的技术中心和网络以及技术机制、技术咨询委员会在技术开发和转让方面发挥了作用。

2. 技术工作进展比较缓慢，许多设想最终没能实施

例如，在2001年马拉喀什会议上就提出要建立技术框架，但是直到2015年巴黎会议才正式决定建立技术框架，可见这一过程非常缓慢，发达国家和发展中国家之间利益矛盾比较突出。而在这一过程中，许多当时的提议却在之后夭折，或者之后提出，但是与原来的设想相比也大打折扣。[①] 例如，各方很早就认识到了资金对于技术转移的重要性，在2008年波兹南会议上提议融资5000万美元帮助发展中国家解决技术问题。但是之后再也没有将资金和技术挂钩，5000万美元也被遗忘，在

---

① Byrne, R. Climate Technology & Development Case Study: Compact Fluorescent Lamps (CFLs). London: Climate Strategies, 2013.

2015年《巴黎协定》中再次提出要将技术与资金挂钩，但是却没有具体的资金规定。

3. 所设立的技术机构作用有限

对于已经成立的机构，其作用的发挥也受到限制，与最初设想有一定的差距。技术中心和网络被期望制定一个全球的网络机构，包括私营部门、公共机构、民间团体等机构共同参与的气候技术网络。但是技术中心和网络的弱点就是在网络方面，目前技术中心和网络对于要做什么，如何建立气候网络，尤其是如何帮助发展中国家特别是最不发达国家构建能力还不是很清楚。技术机制没有实现其产生之初所设想的技术咨询和为发展中国家提供技术开发和转移信息的功能。其中的一个原因是缺乏资源，而另一个问题是技术机制的大部分成员来自发展中国家和发达国家，这就阻碍了实际的讨论，在谈判中容易产生分歧。如果技术机制的成员由有丰富的专业知识的专家组成，或许可以成为它所被设想的机构。①

4. 技术转移和开发方面缺乏法律约束和实际执行

在《公约》中对技术的规定设想了很多建议，而如果这些建议得以实施将会大大促进技术的开发和转移，但是由于没有实际的法律约束力，所以不能很好地被执行。尤其是发达国家，不仅在《公约》下的技术转让和开发的项目上并没有拿出一些实际的行动，而且变得越来越糟，很多发达国家并没有遵守相关承诺，这是因为文件的适应性和对发达国家的期待远远超出了所设想的理想程度。②

二、“技术”条款的评估

技术是应对气候变化挑战的中心工作，1992年《公约》第4条首

---

① Raymond Clémenc. On the Two Sides of the Paris Climate Agreement: Dismal Failure or Historic Breakthrough? Journal of Environment & Development, 2016, 25 (1): 3–24.

② S. Barrett, M. Toman. Contrasting Future Paths for an Evolving Global Climate Regime. Global Policy, 2010.

次出现“技术”的要求，虽然技术长时间被讨论但毫无进展，直到2007年的《巴厘行动计划》，“技术”才被承认并作为2012年气候变化协定的一个要素，后在2010年坎昆会议上设立了技术机制。在《巴黎协定》中，再次强调了技术的合作，就技术开发转移对各个缔约国提出了要求，相比以往，对技术的规定有一些突破，但是依然存在一些问题。

（一）强调了技术转让与开发的长期性

强调缔约方尤其是发展中国家和发达国家之间的长期合作。在第10条第1款中，“缔约方共有一个长期愿景，即必须充分落实技术开发和转让，以改善对气候变化的抵御力和减少温室气体排放”。温室气体的代谢需要长达百年甚至千年的时间。以对全球升温贡献超过一半的二氧化碳为例，排放到大气中的二氧化碳需要20~200年时间才能被海洋溶解，剩余部分则需要耗费数百年到数千年，通过化学风化和岩石形成等过程缓慢固化。也就是说，二氧化碳一旦被排放到大气中，就有可能在千年尺度上对地球气候产生影响。①

《巴黎协定》强调在技术开发和转让方面的长期合作，充分考虑了与气候变化斗争的长期性；指出技术转移和开发的长期性，使发达国家和发展中国家充分认识到在技术方面的合作必须是长期可持续的合作；重申了“充分落实技术转让和开发”，这也再次强调了技术转让和开发在人类应对气候变化挑战方面的作用。但是仅仅提出了要落实技术开发和转让，没有进一步提出具体的落实政策，也不是具有法律约束性的条文，因此，对发展中国家和发达国家也没有约束力。目前，技术开发和转让的主动权都掌握在发达国家手中，发达国家可以以任何借口终结与发展中国家的合作，因此需要一个法律约束性的条文约束这种长期合作，但是在《巴黎协定》的技术转移和开发方面并没有任

① 王田，李俊峰．《巴黎协定》后的全球低碳马拉松进程［J］．国际问题研究，2016（1）．

何有法律约束力的条文，长期合作也就成为一纸空文。

（二）强化了技术机制的重要性并建立技术框架

技术框架将“为技术机制在促进和便利技术开发和转让的强化行动方面的工作提供总体指导”。经过长时间的努力，2010 年的坎昆会议上设立了技术机制，但是对于技术机制的主要目标发达国家和发展中国家之间存在巨大的分歧。发达国家认为建立技术机制的主要目标是在发展中国家建立一个能够充分激发技术合作潜力和推动技术受让国利用无害环境技术的扶持型环境，而发展中国家则认为技术机制的主要目标是推动发达国家履行向发展中国家进行技术转让的国际义务①。技术机制依旧处在发展阶段并不成熟，鲜有发挥其在技术转让和开发方面应该发挥的作用。在《巴黎协定》中，提到决定加强技术机制，技术框架的设立可以视为加强技术机制的一种手段②。

技术框架在 2016 年 5 月附属科学技术咨询机构第 44 次会议上被讨论拟定，并期望在 2019 年通过，以期“为开发和转让无害社会和环境的技术增强扶持型环境和消除障碍”。设计技术框架的目的是评估需求、能力和障碍，应该在技术转让和开发方面强化合作行动，为技术机制促进技术转移和开发提供总体的指导。因此，技术框架的出现将为技术机制的工作提供更多的指导，也更能反映各方的利益，促进技术的开发和转移。技术框架的设立对于气候变化技术的转移和开发是一个机会也是一种挑战，如何让技术框架真正发挥指导作用，并且能具体细化一些技术转移机制将是技术框架谈判的重点。

但是，将为技术开发和转让提供总体指导的技术框架分配到附属的科学技术咨询机构讨论，而没有在联合国气候变化大会中谈判，这远离

① 曹炜．论 UNFCCC 框架下的技术机制：历史沿革、现状和发展方向［J］．中国政法大学学报，2016（2）．

② Raymond Cle′menc. On the Two Sides of the Paris Climate Agreement：Dismal Failure or Historic Breakthrough?, Journal of Environment & Development, 2016, 25 (1) 3 – 24.

了谈判的中心舞台①。技术机制在最近几年将处于一种比较低的姿态，这不利于技术开发和转让②。

（三）在资金和技术之间建立了明确的联系

2014 年 8 月，技术执行委员会召开专题对话会议，提出将技术及时和资金机制相联系，特别是将全球环境基金和绿色气候基金相挂钩。并且提出建议技术委员会能够受益于全球环境基金和绿色气候基金，资助发展中国家技术能力和机构的建设，以此帮助发展中国家在适应和减缓方面的技术发展。

资金和技术是发展中国家和发达国家长久争论的一个问题。《巴黎协定》要求发达国家在 2025 年前继续为发展中国家提供每年不低于 1000 亿美元的资金，这比 2009 年哥本哈根会议设定的 2020 年之前的目标延长了 5 年。《巴黎协定》第 10 条第 5 款中提到，加快、鼓励、扶持创新不仅需要技术机制的支持，同样也需要大会的资金机制提供资金支持。第 10 条第 6 款规定，“应向发展中国家缔约方提供资助，包括提供资金支助，以执行本条，包括在技术周期不同阶段的开发和转让方面加强合作行动”，这是首次将资金和技术这两个应对气候变化的主要行动手段联系起来，被认为是发展中国家取得的一个成功，可以加强持续性的发展和创新。技术的开发和创新有了资金的支持，这样在应对和适应技术方面，发展中国家才可以提供更多的自主贡献。虽然没有对资金在对技术支持方面做出详细的规定，但是《巴黎协定》规定了在技术转让和开发方面资金运转的模式。《巴黎协定》决定由附属科学技术咨询机构制定并且提交 2018 年 11 月的气候变化会议讨论，这也让发展中国家看到了一丝希望。在《巴黎协定》中没有将全球环境基金和绿色气

① http：//www. eco - business. com/opinion/keeping - the - paris - agreements - climate - technology - promise/.

② Daniel Bodansky. The Paris Climate Change Agreement a New Hope？American Journal of International Law，2016.

候基金挂钩，这意味着发展中国家不能得到这两大基金的支持，这对于发展中国家的气候适应技术和减缓技术能力的发展是不利的。

（四）通过资金手段对技术创新进行支持

《巴黎协定》在第 10 条第 5 款中强调“加快、鼓励和扶持创新，对有效、长期的全球应对气候变化，以及促进经济增长和可持续发展至关重要”。在该条款中，同样强调了要通过资金手段对技术创新进行支持，尤其是“在技术周期的早期阶段便利发展中国家获得技术”。强调在技术周期的早期阶段使发展中国家获得技术，可以鼓励发展中国家开展自主创新，主动参与国际合作，获得应对气候变化发展的技术，这样也减轻了发达国家技术转移的成本和在知识产权方面的考量。但是与其他条款类似的是，关于创新和让发展中国家在早期获得技术的条款也仅仅是一种建议性条款，对于如何鼓励创新，资金如何运作，以及使发展中国家在早期获得技术的手段方法没有细化深入的规定，不具有法律效力，如何敦促发达国家落实成为一个现实问题。

（五）没有涉及知识产权问题

2007 年，“巴厘路线图”将知识产权问题列为未来谈判的焦点问题，但在 2009 年哥本哈根会议上将知识产权问题删去，此次《巴黎协定》中也没有涉及知识产权的问题。知识产权问题一直是气候变化大会谈判的“一条红线”。在知识产权方面，《巴黎协定》中没有做出说明，但是知识产权作为技术转移和开发以及资金支助必须涉及的一个问题，是不能回避的①。由于知识产权制度对技术的保护具有垄断性，发展中国家要获得发达国家的环保技术必须付出高昂的经济代价，因此知

① Technology Transfer. Intellectual Property Rights and the Environment. Third World Network，http：//www. twnside. org. sg/title/brie4cn. htm.

识产权制度的存在又会在一定程度上阻碍气候变化相关技术的转移和利用[①]。气候变化相关技术的知识产权问题也与资金问题相联系，发展中国家由于自身研发能力弱，需要引进发达国家的先进技术，但是却往往因付不起高额的使用费而放弃。《巴黎协定》依然无有关知识产权的相关规定，这表明发展中国家和发达国家在此问题上依旧存在诸多矛盾。

三、对促进技术开发和转移的建议

在《巴黎协定》中对未来环境友好型技术的开发和转移做出了一些规定，但是有一些问题依然没有讨论，例如在当地能力和机构建设方面、在网络工作方面等还没有取得进展，这是今后技术开发和转移工作需要考虑的问题。

（一）加强当地能力和机构建设

《巴黎协定》在技术转移与开发方面，强调了扶持型环境的重要性。扶持型环境对于技术的开发转移以及其后气候技术的发展是非常重要的。但是，当地能力和机构的发展对于支持环境技术发展也是非常重要的，尤其是在最不发达国家和地区。[②]《巴黎协定》第 11 条涉及的能力建设包括“执行和减缓行动，便利技术开发、推广和部署、获得气候资金、教育、培训和公共宣传的有关方面，以及透明、及时和准确的信息通报”。能力条件主要涉及人员的能力、机构能力及基础设施配套等环境障碍条件，例如高水平的研发人员缺乏，普通技术人员缺少技术安装、调试、运行、维护能力，技术转移缺少所需的基础设施、制度环

---

① 尹锋林，罗先觉．气候变化、技术转移与国际知识产权保护［J］．科技法制研究，2011（1）．

② Heleen de Coninck，Ambuj Sagar. Technology in the 2015 Paris Climate Agreement and beyond，International Centre for Trade and Sustainable Development（ICTSD）International Environment House 2.

境配套。[①] 此外，当地能力还涉及国家的法律政策、信息条件、民众的环保意识等。然而，发展当地的能力和机构不是一件容易的事，在一些非常不发达的国家和地区，在气候变化方面的能力和机构发展比较落后，基本不能发挥任何作用，甚至像中国和印度这样比较大的发展中国家在当地能力和机构的建设上都不完善。[②] 当地能力和机构建设的落后不仅涉及当地的技术和资金的运用，而且也会影响跨国资金和技术的转移，许多发展中国家甚至对如何与国际社会的援助对接都不清楚。

因此，在发展中国家发展当地的能力和机构建设，分享经验，推动“南北合作”以及“南南合作”是未来需要做的工作，这件事情做好了可以充分利用技术转移和开发的潜力，帮助发展中国家发展环境友好型技术。建设当地能力和机构应该纳入技术机制的工作范围，而且对于技术机制从某种意义上来说，发展当地能力和机构建设也是一项关键性的工作。当地的能力和机构反映的是当地的需求和条件，技术机制和技术中心及委员会要制定一个符合所有国家要求的指导方案，指导方案应该包括在《巴黎协定》中提到的技术开发推广和部署、资金、教育、培训、公共宣传等有关方面，尤其是在环境友好技术的推广和教育培训方面应该重点加强建设[③]。对于一些发展中国家，当地能力和机构的建设极其依赖国际社会的援助，在这种情况下技术机制以及新成立的起指导作用的技术框架，应该将技术转移和开发相关的当地能力和机构的建设作为重点工作进行加强，加入当地能力建设的条款是以后技术机制、技术中心和网络谈判中的一个关键点。

---

① 辛秉清，等. 发展中国家气候变化技术需求及技术转移障碍［J］. 中国人口·资源与环境，2016（3）.

② Heleen de Coninck，Ambuj Sagar. Technology in the 2015 Paris Climate Agreement and Beyond，International Centre for Trade and Sustainable Development（ICTSD）International Environment House 2.

③ Joy Y. Xiang. Addressing Climate Change：Domestic Innovation，International Aid and Collaboration. Journal of Intellectual Property & Entertainment Law，2015，5（1）.

（二）完善气候技术网络

气候技术网络是气候技术中心和网络的一部分，但是气候技术网络功能的发挥仍然不是很健全，还缺乏一个完整的关于气候技术网络工作的未来工作的愿景。《坎昆协议》第123段规定了气候技术中心和网络的主要职能，第一项是向发展中国家提供咨询、培训和支持，第二项是促进私营部门公共机构和研究机构的合作，促进“南南合作”和“南北合作”，第三项是促进形成技术网络，加强国与国、国际机构之间的合作。[①] 而目前国际上还未形成一个比较发达的技术转移与开发的网络，技术合作和开发工作仍然不完善，没有完全发挥出技术中心和网络在促进技术开发和转让方面的作用。[②] 国际间的技术研发合作网络还没有构建起来。

在技术合作和开发方面，无论是“南北合作”还是“南南合作”，如果能够互相帮助，实行较长期的合作，那么可以在很大程度上帮助发展中国家发展急需的技术能力[③]。但是，目前这种合作在很大程度上是被限制的，国家与国家之间是割裂的。尤其是在发展中国家和发达国家，由于知识产权以及其他方面的考虑，发达国家不愿与发展中国家进行合作研发，而发展中国家的研发合作也比较落后。虽然有一些双方成功合作的典范，如美印新能源联合研发中心，但是这样的联合研发机构太少了，各国往往是在单打独斗，这是不利于技术的研发和转移的。

企业之间的合作也比较困难，企业往往不愿意进行联合研发，因为涉及研发早期的风险以及研发在商业领域的竞争，但是企业是环境友好

---

① 王克，邹骥，崔学勤，刘俊伶．国际气候谈判技术转让议题进展评述［J］．国际展望，2013（4）．

② Heleen de Coninck, Ambuj Sagar. Technology in the 2015 Paris Climate Agreement and Beyond, International Centre for Trade and Sustainable Development (ICTSD) International Environment House 2.

③ Jaime de Melo. Towards a Workable and Effective Climate Regime. Social Science Electronic Publishing, 2015.

技术研发的主力军，大部分的环境友好技术是企业研发的。[①] 如果企业能够跨国合作或者与本国其他企业合作，共享一些资源，减少研发的费用，无论对于哪一方这都是非常受益的，而发展中国家会受益更多。构建网络联合研发会减少在知识产权方面的争端，通过在气候技术网络内各国联合开发，促进知识产权共享，会大大便利技术的转移和开发。此外，构建一个网络，也有助于制定一个统一的标准。目前，关于环境友好技术还没有全球性的统一标准，这阻碍了技术的转移和传播，如果在技术网络内各方共同制定一个统一的标准，规范各类技术规格，不仅有利于技术的转让，也能节约很多资源。但是，构建一个技术转让和开发的网络是非常困难的，在这其中涉及诸多方面的利益，需要各方在技术中心和网络的领导下不断努力，求同存异才可能达成，而一旦达成将会造福全人类。

（三）构建气候友好型知识产权机制

知识产权是长期以来就非常有争议的一个问题。发展中国家认为，气候变化相关技术主要集中于发达国家，发达国家掌握着核心技术，而发展中国家技术水平低，且在气候应对和适应方面没有核心技术。发达国家掌握的应对和适应气候变化的技术转让的价格非常高，发展中国家受到资金水平的限制，不得不放弃引进一些技术。而发达国家认为，知识产权对于研发应对和适应气候变化的技术能起到激励作用，尤其是对一些研发公司和企业，如果不能很好地保护知识产权，则会打击一些企业研发创新的积极性。并且认为知识制度相关的问题已经在其他专门性的国际场所中得以讨论，无须再将其纳入气候变化的相关讨论[②]。

技术转移涉及的不仅是技术设备和机械的转移，还涉及知识的转

① Étienne Espagne. Climate Finance at COP21 and After: Lessons Learnt. https://ideas.repec.org/p/cii/cepipb/2016-09.html.

② 徐升权. 气候变化相关的知识产权问题探析［J］. 武汉大学学报（哲学社会科学版），2010（6）.

移、技能的转移以及使用新技术的能力的转移[①]。知识产权问题成为气候技术变化适应技术转移和开发的一个主要障碍。如何在气候变化大会的领导下，在技术机制或者技术中心与网络下构建一个专门涉及气候应对和适应技术的知识产权机制就显得比较重要。这个知识产权机制涉及的主要问题应该是向发展中国家进行技术转移的问题，按照“共同但有区别的责任”原则，在参考《与贸易有关的知识产权协定》（TRIPs）相关规定的基础上，将涉及气候变化技术的知识产权问题专门列入《公约》中讨论，同时考虑发达国家知识产权的保护问题，如何能更好地将应对和适应气候变化的核心技术在保护知识产权的范围内转移到发展中国家，又能以保护知识产权激励发达国家在技术开发和创新方面取得更好的成果。[②]

如何将知识产权问题同资金问题挂钩，也是一个值得考虑的问题。在《巴黎协定》中已经将资金和技术联系了起来，如果能将知识产权和资金也联系起来，对未来技术的转让将起到积极的促进作用。[③] 发展中国家和发达国家在知识产权上的一个分歧点就是发达国家转让技术的价格高昂，而发展中国家无力购买昂贵的技术。在哥本哈根会议期间，发展中国家曾提出在《公约》下设立专门的资金，促进环境友好型技术的开发和转让。在哥本哈根协议中也提及了“增加、新增或额外补充可预见和充足的资金以促进技术开发和转让”[④]，但是和其他提到的协议一样，这样的提议并没有实施，也是一纸空文。在《巴黎协定》

① K. Ravi Srinivas. Climate Change, Technology Transfer and Intellectual Property Rights. RIS Discussion Papers, RIS - DP # 153.

② K. Ravi Srinivas. Climate Change, Technology Transfer and Intellectual Property Rights. RIS Discussion Papers, RIS - DP # 153.

③ Wil Burns. Loss and Damage and the 21st Conference of the Parties to the United, Nations Framework Convention on Climate Change, Forum for Climate Engineering Assessment, American, University, Washington, DC.

④ 徐升权．气候变化相关的知识产权问题探析［J］．武汉大学学报（哲学社会科学版），2010（6）．

中提到了要将技术和资金相联系“便利获得技术”，但是没有资金的具体安排。应在技术机制之下再设立一个专门的知识产权机制，讨论知识产权问题，协调技术、资金和知识产权问题，减少知识产权对技术转让的阻碍。

四、我国落实“技术”条款存在的问题和建议

在《巴黎协定》的达成中，中国发挥了重要的作用，《巴黎协定》不仅包含了中国对全球治理的新贡献，也为中国发展模式的转变带来了新机遇。与推动《巴黎协定》相比，中国在减排行动上的坚定，是推动全球气候治理的最好保证。[①] 中国作为世界上第二大经济体和世界上最大的发展中国家，在带头减排上有着义不容辞的责任，在技术开发和转让方面中国也需要做出自己的贡献。

（一）我国落实“技术”条款存在的问题

1. 核心技术问题

由于发展中国家在应对和适应气候变化技术的转让方面面临种种壁垒，因此自主创新、自主研发对于中国来说是非常重要的。但是我国目前面临的一个问题就是应对和适应气候变化技术的创新能力比较低，原创性的技术比较少，掌握的核心技术比较少，前沿尖端技术比较少。

新能源产业是我国最近发展比较迅速的产业，国家为此也投入了大量资金补助企业，但是我国的新能源技术依旧不是世界领先的。就电动车行业而言，我国电池、电机和电控等核心技术的开发仍面临困难，尤其是在锂离子动力电池生产技术（包括材料、电池设计、工艺控制和

---

① 《巴黎协定》对中国意味着什么［OL］. 新华网，http：//news. xinhuanet. com/comments/2015 - 12/15/c_1117460425. htm.

电池管理系统）上与发达国家还有一定差距[①]。在太阳能光伏产业，尽管中国的太阳能光伏生产商占据市场主导地位，但中国并不是该行业的主要技术的专利拥有大国。中国的典型低碳技术面临许多障碍，低碳技术研发基础参差不齐，与国际先进水平的差距在 7 年到 10 年或者更长[②]。核心技术的缺失会使我国减排成本增加，这不利于我国落实《巴黎协定》的规定并履行自身所承担的责任。同时，我国作为最大的发展中国家，除了自身努力应对气候变化外，还需向其他发展中国家转移一部分技术，帮助其他发展中国家发展应对和适应气候变化的技术。

2. 技术标准规则问题

除了在顶尖技术方面我国与技术领先的发达国家有一定差距外，在应对和适应气候变化技术的标准和规则制定方面也比较被动。相关技术标准的缺失，没有掌握技术标准的制定权，使我国在国际气候变化技术转移方面一直处于被动状态。技术标准的制定是一个行业内对技术的统一规定，是行业成员共同遵守的准则和依据，行业技术标准的制定对行业的影响力极大，企业或者国家制定了技术标准，并获得其他方面的认可将会在行业竞争中取得领先地位，甚至形成垄断优势。在应对和适应气候变化方面的标准大多数是发达国家制定的，尤其是欧盟，欧盟技术法规对世界具有重大影响，即便是美国这样的世界头号强国和最大经济体，也无法躲开欧盟这台“规则制定器”。[③] 目前，针对新能源汽车、碳捕集与埋存、生物燃油技术等多项核心标准，美国、日本、欧盟等发达国家都在积极制定标准，意在抢占制定标准的先机。

3. 资金问题

我国在落实《巴黎协定》中关于技术研发和转移面临的另一个问

① 气候组织．低碳技术市场化之路——电动汽车［OL］．气候组织，［2010－05－01］．http://www.theclimategroup.org.cn/arc/201303/4003.shtml.

② 李国志．基于技术进步的中国低碳经济研究［D］．南京：南京航空航天大学，2011.

③ 唐良富，等．气候变化视角下的低碳经济——技术标准和市场准入新的战略制高点分析［J］．标准科学，2010（6）.

题是资金的问题。我国政府在应对气候变化方面投入的资金越来越多，以年均20%到30%的科技投入增速，从多方面提高应对气候变化的能力①。“十三五”期间，环保投入将增加到每年2万亿元左右，期间节能环保产业有望达到增速20%以上，社会环保总投资有望超过17万亿元②。但总体来看，我国在气候变化应对上的资金缺口依旧很大，不少机构根据2020年达到二氧化碳排放峰值来预测所需气候融资，彼此之间的数据相差很大，但所有结果均指向投资缺口是万亿级别的。③

4. 技术能力建设问题

最近几年我国已经在气候变化技术方面投入了大量财力、人力、物力，但是与发达国家相比，在气候技术研发的基础设施、高技术人才、机构能力等方面还存在一定的差距。在机构建设上，目前还没有一个专门促进气候变化技术的领导机构，存在多头领导的现象，应对和适应气候变化相关的技术究竟是由国家发改委、环保部、科技部这其中的哪一个部门领导，领导责任依旧不明确。也缺乏一批有影响力的研究机构，而且研究队伍有待优化。此外，还缺乏研究共享机制，存在重复研究、研究散乱的现象，需要重新整合资源。

5. 与发达国家、发展中国家的合作问题

我国在环境友好技术的开发和转移方面遵守相关的国际约定，已经取得了不少成就，但是相对而言，无论与发展中国家还是与发达国家在技术上的合作还不够，缺乏成熟的技术合作机制。在气候技术研发上，我国还处于一种“自力更生”的状态，与其他国家之间还没有成熟的合作机制。国家间加强研发合作可以节约资源，也有利于之后的技术转

① 中国应对气候变化科技投入年均增速近30% [OL]. 网易新闻，http：//news. 163. com/10/1205/16/6N5FLBCO00014JB5. html.

② 环保前瞻：“十三五”期间总投资或达17万亿！[OL]. 腾讯财经，http：//finance. qq. com/a/20151030/035738. htm.

③ 从“2014中国气候融资报告”看气候环境治理带来的投资机会 [OL]. 网易财经，http：//money. 163. com/15/0415/21/AN98BV3300253B0H. html.

移，这是今后需要重点考虑的问题。

（二）对我国落实“技术”条款的建议

1. 必须加强气候技术创新力度

激发企业的创新活力，扶持绿色产业的发展。应该鼓励相关科研院所、高校在应对气候变化和适应技术方面加强基础研究，鼓励高校、院所与企业合作研究，尽快将新开发的技术运用到新的产品开发方面。完善气候技术基础平台的建设，加强联合攻关和技术集成，提升原始创新能力。加强气候变化相关技术的人才队伍建设，加强青年人才的培养，培育科研创新能力强，有影响力的科研领军人才和人才队伍，鼓励参与国际研究计划。

2. 积极推动相关法律法规的制定

积极研究环境友好型技术的特点，尽快变革与完善国内的知识产权制度。如实施气候友好型专利技术快速审查制度、建立具有重大影响的气候友好型技术的国家购买机制、完善友好型技术的专利奖励制度等。①

3. 加强应对和适应气候变化相关的技术标准制定

支持相关企业、科研高校、技术协会制定中国的气候变化技术标准。企业是技术创新的主要力量，应该积极推动企业制定行业标准。企业制定标准的过程，也是一个竞争的过程；这一过程还是企业提升关键技术创新的过程。制定技术标准不能只满足于适应国内企业的普通水平，而应该紧跟国际上发达国家的技术水平，积极参与国际竞争，掌握气候变化技术标准制定的话语权。

4. 加强气候变化技术研发资金投入

除了政府的直接投入外，还应该创新融资方式，调动私人部门的投

① 徐升权．适应和应对气候变化相关的知识产权制度问题研究［J］．知识产权，2010（5）．

资积极性，如既可以通过激励机制，鼓励银行业进一步开发气候技术友好型信贷产品及产品组合，也可以参考英国设立绿色投资银行的方式，设立专门的政策性绿色银行①。

5. 积极利用各种国际多边、双边平台加强气候技术合作

在全球治理的各种多边、双边平台中，积极主动地在气候技术方面进行合作，包括设置议题，建立技术合作工作组或者建立联合研发中心。此外，在“一带一路”的建设过程中，将气候技术纳入其中，引导“一带一路”沿线国家与我国在气候技术方面加强合作。

① 王遥，刘倩．气候融资：全球形势及中国问题研究［J］．环球金融，2012（9）．

第六章

CHAPTER SIX

《巴黎协定》“透明度”条款的解读与建议

要真正落实《巴黎协定》充满雄心壮志的减排目标，强化与之配套的透明度体系是关键之举。从设立行动和支助透明度框架的目的来看，发达国家和发展中国家集团搭建透明度框架有着相同的出发点。为保证《巴黎协定》有效实施，“共同但有区别的责任”原则必须得到遵守，并且要给予发展中国家集团一定灵活度。

一、“透明度”条款内容评估

英国能源与气候变化大臣安布尔·拉德曾表示，《巴黎协定》最大的困难在于国家之间没有建立互信，而最好的解决方案是保障《巴黎协定》实施尽可能的透明①。从一定程度上来说，提升透明度是当前各缔约国亟须面临的共同任务。

（一）发达国家和发展中国家“透明度”条款的比较

为了增强缔约国间相互信任并促进《巴黎协定》的有效执行，《巴黎协定》通过第 13 条条款专门制定了“透明度”条款，搭建了一个关于行动和支助的强化透明度的框架并内置一个灵活机制。可从搭建行动和支助透明度框架的目的、透明度安排及性质以及需要提供的信息内容、形式等多角度对发达国家和发展中国家关于透明度要求的异同点加以认识。

在相同点方面，从设立行动和支助透明度框架的目的来说，发达国

① 英国能源与气候变化大臣：巴黎峰会需互信和透明［N］. 21 世纪经济报，2015－08－10.

家和发展中国家集团搭建透明度框架有着相同的出发点。发达国家和发展中国家按照《巴黎协定》设立行动和支助透明度框架，就是为了国家间建立互信并促进《巴黎协定》有效执行，通过设立一个关于行动和支助的强化透明度框架，如实反映和追踪各缔约方在国家自主贡献、适应、资金援助和技术支持以及能力建设中取得的进展，为全球总结提供参考，以提升个体和整体透明度水平。

具体来看，搭建行动透明度框架是为了按照《公约》第 2 条所列目标，明确了解各相关缔约方气候变化行动，包括明确和追踪缔约方在第 4 条下实现各自国家自主贡献方面所取得的进展，以及缔约方在第 7 条之下的适应行动，包括良好做法、优先事项、需要和差距，以便为第 14 条下的全球总结提供参考。设立支助透明度框架主要是明确各相关缔约方在第 4 条、第 7 条、第 9 条、第 10 条和第 11 条下的气候变化行动方面提供和收到的支助，并尽可能反映所提供的累计资金支助的全面概况，以便为第 14 条下的全球总结提供参考。

在定期提供信息的内容上，《巴黎协定》对发达国家和发展中国家一视同仁，两集团都需要定期提供的信息具体包括：利用政府间气候变化专门委员会接受并由作为《巴黎协定》缔约方会议的《公约》缔约方会议商定的良好做法而编写的一份温室气体的人为源排放量和汇清除量的国家清单报告；跟踪在根据第 4 条执行和实现国家自主贡献方面取得的进展所必需的信息；要求各缔约方对气候变化影响和适应相关的信息酌情提供。除此之外，还要求发达国家缔约方提供其向发展中国家提供的资金、技术转让和能力建设支助情况，并鼓励提供支助的其他缔约方也这样做。而发展中国家应当就其需要和接受的资金、技术转让和能力建设支助情况提供信息。

同时，在透明度安排及其性质，需要定期提供信息的形式及专家组审评上，对发达国家和发展中国家集团又有着不同的要求。首先，在透明度安排上，《巴黎协定》继承了现有的包括国家信息通报、两年期报告和两年期更新报告、国际评估和审评以及国际协商和分析在内的安排，并出于 CBDR 原则（认为各缔约方要承担"共同但有区别的责任"）分别赋予发达国家和发展中国家各自独立但又平行的报告和审查程序[1]（见表 6－1）。现行的透明度安排是在坎昆、德班、华沙谈判基础上拟定的，由于与发展中国家相比，发达国家拥有更加雄厚的财力和先进的技术，所以在透明度安排上对发达国家缔约方要求更高，现行透明度安排不仅要求发达国家提供更多的细节信息，而且审评程序更加严格。在发达国家方面，这些规则规定了"双年报告"的报告和审评，建立了国际评估与审评机制（IAR）。其重点是，发达国家要按照规定的"三可"要求开展报告与审评，并接受遵约委员会审核和承担不遵约后果。就发展中国家而言，这些规则规定了"双年更新报告"，建立了国际磋商与分析机制（ICA）。此外，根据谈判结果，发展中国家履行上述义务应当以获得发达国家提供的资金和技术支持为前提。

表 6－1 现行的透明度安排

<table>
<tr><th colspan="2">透明度安排</th><th colspan="2">发达国家</th><th colspan="2">发展中国家</th></tr>
<tr><td colspan="2">报告</td><td colspan="2">两年期报告</td><td colspan="2">两年期更新报告</td></tr>
<tr><td rowspan="2">审评</td><td>技术评估</td><td rowspan="2">国际评估和审评机制（IAR）（始于2014年）</td><td>技术评审</td><td rowspan="2">国际磋商和分析机制（ICA）（始于2016年）</td><td>技术评估</td></tr>
<tr><td>同行审评</td><td>多边评估</td><td>促进意见交流</td></tr>
</table>

其次，关于透明度安排的性质，两集团有显著区别。发达国家更多地体现了履行公约义务的性质，而发展中国家则体现了加强能力建设的性质。尽管《巴黎协定》没有遵约机制对发达国家进行约束，但"三可"规则对发达国家透明、严格、有力、可比地履行公约义务提供了

① IDDRI. Transparency and the Paris Agreement: Driving Ambitious Action in the New Climate Regime, Alexandra Deprez, Michel Colombier, Thomas Spencer, N°03/15 MAY 2015.

保障。[1] 而对于发展中国家而言，无论是提交两年期更新报告，还是进行国际磋商与分析，都以获得发达国家资金、技术和能力建设支持为前提，以帮助发展中国家提高信息报告能力、发现履行公约的能力需求为目的，尊重发展中国家在可持续发展框架下自己选择的应对气候变化战略，不涉及对政策措施适当与否、充分与否的评判。并以促进性、非侵入性、非处罚性和尊重国家主权的方式实施透明度安排，避免对发展中国家造成不当负担。

最后，在提交信息的形式以及专家组审评上，发展中国家远不如发达国家严格。以发达国家和发展中国家温室气体清单编制要求为例，发达国家要求以同一报表、独立报告的形式按年度提交，并组织审评专家组每五年一次到访审评，其余年度集中审评。而发展中国家仅需在国家信息通报中摘要报告即可，也无专门专家组审评。《巴黎协定》第 13 条还提出对缔约方定期提交的信息和发达国家提供的信息进行技术审评，进一步查明能力建设需要援助。审评包括适当审议缔约方提供的支助，以及执行和实现国家自主贡献情况。也应查明缔约方需要改进的领域，提交的信息是否与要求的模式、程序指南一致。[2] 除此之外，《巴黎协定》第 13 条第 12 款还特别指出，审评应特别注意发展中国家缔约方各自的国家能力和国情，给予其一定灵活度。

另外，在第 13 条第 3 款中，《巴黎协定》还考虑到最不发达国家和小岛屿发展中国家的特殊情况，试图将其从发展中国家阵营中单独抽出来。由此可见，未来透明度建设的趋势将由发达国家和发展中国家的二元划分逐渐转向发达国家、发展中国家、最不发达国家和小岛屿发展中国家的三元划分，通过提升对提供支助的其他缔约方透明度的要求，将一些“有能力的”发展中国家拉入发达国家阵营。《巴黎协定》中发达

① 高翔，滕飞. 联合国气候变化框架公约下“三可”规则现状与展望［J］. 中国能源，2014（2）.

② UNFCCC. Section I – Transparency of Action and Support.

国家与"有能力的"发展中国家所承担的区别责任已有合拢的迹象，并强调有能力的发展中大国应为此做出更大贡献。

（二）不同国家和集团对透明度问题的观点和立场

一直以来，透明度问题就是气候谈判中各方争论的焦点。发达国家和发展中国家对"共同但有区别责任和各自能力"原则仍然存在分歧，立场相近发展中国家集团（LMDC）坚持《公约》框架下"共同但有区别责任和各自能力"基本原则，而发达国家则希望弱化或者"与时俱进"地重新阐释该原则。

对"共同但有区别的责任"原则的分歧也导致不同国家和集团对资金和支助透明度问题、透明度建设中灵活度把握等热点问题持有各自观点（见表6－2）。例如，在应对气候变化面临落实资金难的问题时，一些发达国家认为，资金支助的透明度过低，支助的来源、具体金额、使用情况不够清晰明了，是导致应对气候变化基金难以充分发挥作用的主要因素。因此，发达国家集团对要求提升资金和支助透明度的诉求尤为强烈。以美国为代表的发达国家集团希望加强行动和支助透明度建设，在资金、技术、透明度、减缓等方面都不采用原有缔约方的"二分法"，鼓励有能力的发展中国家参与到对最不发达国家和小岛屿发展中国家的支助中来。而发展中国家仍认为两集团在透明度建设上要有所区别，透明度建设不应给本国带来压力，发展中国家仍以扮演接受资金和技术支助的角色为主。最不发达国家（LDCs）和小岛屿发展中国家（AOSIS）则强调，为了满足《巴黎协定》提供报告的要求，对其提供专门用于透明度建设的基金和支助尤为重要①。

各集团对《巴黎协定》第13条第2款规定的对发展中国家给予灵活性尺度也持有不同看法。2016年5月24日，在德国波恩举行的《公

① Jennifer Huang. How the Paris Agreement Will Bring Transparency to Climate. Center for Climate and Energy Solutions, 2015－12.

约》的特设工作组讨论会上，发达国家和发展中国家就《巴黎协定》框架下透明度建设中的灵活度展开辩论。美国方面认为，《巴黎协定》所搭建的透明度框架对所有国家一视同仁，并不区分发达国家和发展中国家，透明度安排提供的灵活性仅限于那些能力欠缺或存在特殊情况需要灵活对待的发展中国家。而立场相近发展中国家集团和其他发展中国家则坚持反对这一看法，印度代表认为灵活性对所有发展中国家适用。对所有发展中国家透明度建设给予一定灵活性，有利于搭建和落实共同但又带有各国特殊性的行动和支助透明度框架，发展中国家还应在提供报告内容、频率和专家审评上拥有更大灵活度。非洲集团和印度代表的观点类似，除了认为应考虑所有发展中国家的实际情况，给予一定灵活度外，南非代表还称，在透明度建设中应该根据不同缔约国的现实条件，将其分为不同层次，对不同层次的要求也要有所差异。最不发达国家和小岛屿发展中国家的观点以刚果代表的发言最具代表性，他们认为透明度建设必须考虑发展中国家的国情，尤其是最不发达国家和小岛屿发展中国家的特殊情况，并指出应对“三可”规则的应用范围有一个清晰的准则。①

表6-2　不同国家和集团对透明度问题的观点和立场

国家和集团	资金和支助透明度问题	透明度建设中的灵活度问题	《巴黎协定》中的主要体现
发达国家	取消“二分法”，鼓励有能力的发展中国家参与到对最不发达国家和小岛屿发展中国家的支助中去	透明度框架并不区分发达国家和发展中国家，灵活性仅限于那些能力欠缺或存在特殊情况的发展中国家	发达国家缔约方应当就向发展中国家缔约方提供资金、技术转让和能力建设支助的情况提供信息。应为发展中国家缔约方建立透明度相关能力提供持续支助

① Bonn News Update. APA：North - South Divide over Transparency Framework in the Paris Agreement. 2016 - 05 - 25.

续表

国家和集团	资金和支助透明度问题	透明度建设中的灵活度问题	《巴黎协定》中的主要体现
发展中国家（包括立场相近的发展中国家集团、非洲集团、小拉美集团等）	透明度建设不应为本国带来压力，发展中国家仍属于资金和技术支助的接受方	灵活性对所有发展中国家适用	透明度框架应为发展中国家缔约方提供灵活性。发展中国家缔约方应当就需要和接受的资金、技术转让和能力建设支助情况提供信息
最不发达国家和小岛屿国家	现有资源难以满足《巴黎协定》对透明度的要求，缺乏专门用于透明度建设的基金和技术	必须将最不发达国家和小岛屿发展中国家的特殊情况考虑在内	透明度框架应依托和加强在《公约》下设立的透明度安排，同时认识到最不发达国家和小岛屿发展中国家的特殊情况

发达国家和发展中国家需要承担“共同但有区别的责任”原则必须得到遵守。一方面，从历史基础的角度分析，在气候变化谈判中，该原则一直是《公约》的指导原则之一。《巴黎协定》作为《公约》框架下的重要组成部分，其规定的透明度相关条款也应该以这一原则为基础。而在《巴黎协定》中，最能体现“共同但有区别的责任”要求的就是给予发展中国家一定灵活度。因此，从历史基础来看，在透明度建设中给予发展中国家灵活度的考虑有坚实并合理的历史基础，理应得到各缔约方的支持与遵守。另一方面，从保障《巴黎协定》有效实施的角度来说，能力水平是保障透明度框架有效付诸实践的关键。具体来说，发达国家和发展中国家在各自能力上存在差距，透明度框架的贯彻实施会受到发达国家和发展中国家缔约方各自的能力限制。因此，分别考虑发达国家和发展中国家的实际国情，在透明度建设中对不同集团区别要求，这种做法既符合实际情况，同时也有力保障了《巴黎协定》“透明度”条款的顺利实施。

短期内透明度建设中的“共同但有区别的责任”原则不仅不应当被弱化，反而应当得到加强。在应对气候变化领域，以欧盟为首的发达国家一直担任着“领头羊”的角色，经过近二十年的发展，无论是在技术、资金还是透明度建设上都已经达到较为成熟的水平。虽然近年来“有能力”的发展中国家迅速崛起，可以给予最不发达国家和小岛屿国家一定技术资金支持，但是在透明度建设的软实力上，和发达国家还有差距，而提升透明度，又是一个长期的过程，并需要来自发达国家的技术、资金支持。所以，在透明度方面，应该将“有能力”的发展中国家实际情况考虑在内，对其也给予一定灵活度。

二、《巴黎协定》后西方国家在透明度方面的政策动向

《巴黎协定》签订后，透明度问题作为保障整个协定有效实施的重要举措和亟须解决的焦点问题得到了更多西方政府的关注。西方国家力图通过多种政策、渠道提高透明度水平。

（一）编制温室气体排放清单常规化

美国作为《公约》附件一缔约方国家，其国家温室气体清单编制已经实现常态化。清单报告初稿经多领域数百名专家评审完善，并在网上公开征求意见。不仅美国联邦政府对排放清单编制有严格要求，各州对温室气体排放的监管也很重视。加州温室气体清单编制不仅具有完备的法律制度，而且有专门机构负责信息发布和维护。每年 5 月，加州空气资源委员会（ARB）定期发布从 2000 年起的最新年度加州温室气体清单报告，成为量化温室气体减排的重要工具之一。同时，美国的温室气体强制报告制度作为一项与国家温室气体清单编制互补的温室气体数据管理制度，从 2010 年开始要求大排放设施（企业、供应商）核算其排放量并报告相关信息。2016 年 4 月 15 日，美国环保局（EPA）发布了 2014 年度设施层面温室气体排放报告，2014 年美国温室气体排放总量相当于 68 亿 7000 万吨二氧化碳排放量，比 2013 年增长 1 个百分点，

但较2005年下降9个百分点，减排初见成效。[①] 美国温室气体报告制度还建立了数据公开机制，已形成每年9—10月发布上年度数据，并面向不同需求搭建多种发布途径。

英国作为世界上控制气候变化最积极的倡导者和实践者，对透明度建设的关注度很高。英国实施温室气体报告指南制度，自1990年以来，每年3月发布最新的温室气体排放情况，跟进减排目标完成情况。据英国能源与气候变化部（DECC）2016年3月最新发布的数据显示，由于家庭能源消耗下降，煤炭发电减少，以及气候变化政策生效，2014年英国温室气体排放大幅削减了8%，二氧化碳排放也因此下降了近10个百分点[②]。

澳大利亚也对温室气体排放有严格的报告制度，自2008年澳大利亚《国家温室气体和能源上报法令》生效以来，经过多年经营，温室气体及能源报告制度如今已经非常稳定，编制和递交排放清单成为常规工作内容。澳大利亚还专门建立了数据库和软件系统，为数据保存、浏览、运算、检索奠定基础。除此之外，法国、加拿大等西方国家也致力于温室气体排放制度化，建立透明的温室气体排放检测机制（见表6-3）。

表6-3 主要西方国家的温室气体报告制度

国家	温室气体报告制度
美国	温室气体报告制度
英国	温室气体报告指南
澳大利亚	国家温室气体与能源报告
法国	温室气体排放评估
加拿大	温室气体排放报告制度

① U. S. Environmental Protection Agency. Inventory of U. S. Greenhouse Gas Emissions and Sinks: 1990—2014. 2016-04-15.

② Department of Energy and Climate Change. 2014 UK Greenhouse Gas Emissions. 2016-03.

（二）以高透明度碳市场促进碳排放体系改革

欧盟碳排放体系以“三可”管理机制（可测量、可报告、可核算，MRV）为核心，建立严格遵循市场化原则，即碳排放交易配额，需要在碳市场的MRV管理机制中测量、报告并经过核查确认之后才能够进行交易。在达成《巴黎协定》允许成员国之间进行合作以实现减排后，美国、日本、德国等18个国家计划共同建设更大、更透明的国际碳交易市场，通过提升市场透明度，最大限度发挥碳排放交易体系的作用，提前实现减排目标。当前，欧盟现在正在进行新一轮的碳排放交易体系（ETS）改革，主要致力于确保ETS在推动气候友好领域投资，取消碳排放补贴免费分配规定，提高数据库透明度，实现欧盟确立的减排目标等方面发挥应有作用。欧洲各国对碳交易市场高透明改革均给予高度评价，2016年1月，瑞典绿党及社民党有关议员发表评论，认为高透明度的碳排放交易体系有利于解决企业层次微观数据缺失问题，督促欧盟减少工业和能源等行业温室气体排放。

（三）运用多边力量对发展中国家透明度建设给予支持

为了满足《巴黎协定》中规定的提高发展中国家支助透明度和能力建设的迫切需要，2015年儿童投资基金会（CIFF）、德国联邦环境部、自然保护、建设和核安全组织（BMUB）发起了气候行动透明度倡议（ICAT），该计划是德国、英国等发达国家和国际组织为帮助发展中国家政府提高衡量其气候政策影响能力，统计和追踪应对气候变化相关的信息数据，从而提升全球范围内气候政策透明度而设立的。此外，该倡议还计划为各国提供一个分享应对气候变化经验教训的平台，以支持相互信任的气候行动。2016年初，意大利环保部和美国气候工作会也加入其中。[①] 2016年6月7日，全球环境基金会也正式推出了一项新的

---

① http://www.climateactiontransparency.org/about/.

透明度能力建设计划（CBIT）基金，以帮助发展中国家提升监测温室气体排放报告的能力。[①] 英国、美国、加拿大等国已经承诺，未来三年将分别拨款1000万英镑、1500万美元、500万加元支持这项计划。包括德国、意大利、新西兰在内的其他发达国家也确认会为这项基金注资，以加强发展中国家提升透明度的技术能力和机构建设，使其满足《巴黎协定》要求。[②]

（四）通过气候外交实现国家间对话交流，提升政策透明度

作为世界最主要温室气体排放国，美国十分注重气候领域上的多边合作。在2016年6月6日北京举行的第八轮中美战略与经济对话气候变化联合会议上，中美两国元首特别代表肯定了中美气候变化工作组一年以来的工作进展，核准了工作组年度进展报告，并同意双方进一步深化气候变化领域的对话合作，为应对全球气候变化做出贡献。随后在北京举办的第二届中美气候智慧型/低碳城市峰会上，美国又与中国签署了27项气候变化领域合作协议，并联合发表《中美气候领导宣言》。根据宣言，中美两国今后将在减少碳排放、提高气候适应能力和透明度建设等方面加强行动，设定富有雄心的目标，编制温室气体排放清单，建立气候共同行动方案加强双边合作。

（五）重视气候变化的教育、培训、宣传和公众参与度

广泛的民众参与度，有利于营造高透明的社会监督环境。《巴黎协定》签订后，欧盟外交与安全政策高级代表莫盖里尼和欧盟气候行动与能源委员卡涅特发表了题为《签字，为了更安全、更稳定的世界》的联合署名文章，指出应对气候变化将成为全球性的集体行动，每个人都应做出贡献。欧盟会支持国际合作伙伴为应对全球气候变化所做的工

① GEF. New Financial Initiative in Support of Paris Agreement. 2016－06－07.

② Governments Pledge Finance for Developing Country Climate Action Transparency. Nama News, 2016－05－11.

作，继续与企业、城市等非国家行为体开展合作，扩大社会参与度。在美国，无论是媒体对气候问题的宣传度，还是民众关注度和参与基础都在不断扩大，为社会监督提供了良好氛围。2016 年 3 月，一项关于美国人心中气候变化问题的调查显示，1/5 的美国人通过媒体关注气候问题，超过半数的美国人认为人类活动是造成气候问题的主要原因。并有 60% 的美国人表示，无论其他国家怎样做，美国都应为减少温室气体做出表率，只有 6% 的人对减排持否定态度。①

三、我国落实“透明度”条款存在的问题与建议

（一）我国落实《巴黎协定》“透明度”条款存在的问题

近年来，我国一直严谨、负责地履行《公约》下透明度的相关要求，按规定编制国家温室气体清单，按时提交国家信息通报，并且在公约要求外，自 2009 年以来我国每年组织编写和发布应对气候变化年度进展。从某种程度来说，我国比发达国家更透明地向世界提供了应对气候变化的政策、行动及效果的信息，不断为提升透明度努力，但仍存在一些问题亟待解决。

1. 缺少应对气候变化中关于加强透明度建设的法律法规

虽然我国关于应对气候变化的政策和法律并非空白，如 2007 年发布的《中国应对气候变化国家方案》、2014 年出台的《国家应对气候变化规划》，此外，国内现行的法律中大约有 30 部与气候变化相关，但截至目前，仍没有专门针对气候变化的法律出台，并且之前与应对气候变化相关的政策和法规大多关注于我国减缓能力的提升，而忽略了对透明度提升方面的立法。

① George Mason University . Climate Change in the American Mind. 2016 - 03.

2. 缺乏提升透明度的数据支持

在追踪减缓温室气体排放领域，美国、英国等发达国家都将提交温室气体报告作为一项国家强制性制度确立下来。温室气体排放报告可以为编制《巴黎协定》要求提交的国家信息通报、发达国家“双年报告”提供必要的数据支持，是提升透明度的重要方式之一。而我国当前缺少温室气体强制性报告制度，公司温室气体排放信息存在严重的信息不对称现象，对我国编制国家信息通报、发展中国家“双年更新报告”等加强透明度建设措施实施造成障碍。

3. 对透明度安全问题不够重视，缺乏对数据安全的保护

现阶段，我国对公司温室气体排放的信息披露要求仅限于公司基于对社会负责，自愿提交相关信息。而事实上，自愿性的碳信息披露可能会暴露公司的经营规模、资源性成本、经营计划、投资项目等商业秘密。披露内容越丰富越详细，泄露企业商业机密的风险就越大。我国公司大多出于保护企业安全的原因，一向不愿意向外界过多披露温室气体排放方面的信息，公众和管理者都难以获取温室气体排放的真实信息。因此，如何在提升数据透明度的同时注重对企业数据安全的保护，也将成为加强透明度建设中面临的巨大挑战。

4. 透明度建设中的技术水平滞后，难以满足越来越高的透明度需求

当前，我国对温室气体排放等相关数据的收集还处于传统方式的企业层层提交、人工受理、审核的阶段，常规的温室气体清单统计核算体系也未完全建立起来。而近年来，国际社会对发展中国家透明度的要求越来越高，例如，《巴黎协定》要求发展中国家每两年提交一次清单，这就要求我国在有限时间内收集全国各地企业信息，并完成大量数据和报表的核算工作，使对我国传统的统计和受理方式面临巨大的挑战。

5. 对其他发展中国家支助透明度欠佳，缺乏对支助项目的论证、监测和评估体系

《巴黎协定》中鼓励“有能力”的发展中国家加入对落后国应对气候变化的支助队伍，并就提供的支助情况提交相应信息。我国作为负责任的新兴大国，一直以来致力于利用南南合作、“一带一路”建设等平台发挥作用，对落后国给予资金和技术支持。然而，现存的南南合作和“一带一路”体系中既没有健全的评估管理制度，也没有针对气候变化国际援助的统计、报告与核实制度，给我国应对气候变化南南合作的监测和评估带来了困难。

6. 民众对加强透明度建设的意识不强，难以发挥社会监督作用

当前，我国民众对应对气候变化的关注多集中于国家减排目标的制定和减排对我国经济带来的影响，缺乏对减排目标完成情况的监测和追踪，难以通过群众发挥社会监督作用，促进国内对透明度的建设。

（二）我国落实“透明度”条款的意见与建议

尽管身处发展中国家集团，《巴黎协定》中关于透明度的要求不对我国形成严格的约束，但是我国作为负责任的发展中大国，理应在加强透明度建设上以身作则。未来我国落实《巴黎协定》“透明度”条款需重点做好以下几点工作：

1. 尽快出台专门针对应对气候变化的法律法规

透明度体系的形成和有效实施必须以法律法规为基础，只有在法律上得到保障，提升透明度的措施才能得以落实。我国从 2009 年开始研究制定《中华人民共和国应对气候变化法》，历时七年《应对气候变化法（初稿）》到了征求业界和非政府组织意见阶段，要加快推进《应对气候变化法》的进程，早日发挥其优势作用。同时，在制定气候变化法中要体现对提升透明度的要求，例如，温室气体强制性报告制度应成为该法的一项重要制度得到确认。此外，应该综合考虑当地的经济发展

水平和企业的承受能力等因素，制定合理的惩罚措施，既要确保企业参与的积极性，又要保证对信息透明度的严格要求。

2. 构建温室气体强制性报告制度，以增强对提升透明度的数据支持

我国作为温室气体排放大国，外界对提升透明度的压力与日俱增，要求国内实施温室气体强制性报告制度，对温室气体排放情况提供必要的数据信息支持以追踪减排进展。结合我国当前情况，在短期内构建完善的温室气体报告体系并不现实，未来可从短期、长期两方面入手开展温室气体强制报告工作。短期仍以提高企业意识和制定温室气体测量、报告和核查程序为主。国家主管部门和行业协会发起倡议行动，从电力、水泥、钢铁等统计基础较为完善的行业入手，通过自愿形式先将报告程序建立起来。未来则可以在总结试点行业和试点地区经验基础上，扩大温室气体排放报告、测量和核查的相关制度体系应用范围，在立法的基础上，建立完善的覆盖各行业的温室气体排放强制测量、报告和核查体系，为提升透明度提供强大的数据支持。

3. 提升信息披露透明度，注重对企业数据安全的维护

首先，从制度着手，制定相关碳信息披露规范，并制定相应的环境会计准则和制度。制定统一的碳信息披露标准和规范可以使企业在对碳信息进行核算和披露时有章可循，对企业可以形成一定的约束作用。其次，在环境会计准则中要考虑到对商业秘密的维护，对可能暴露公司的经营规模、资源性成本、经营计划、投资项目等商业秘密的数据获取设置一定权限，以保障企业的数据安全。最后，完善相关信息披露的监管体系。高透明度的信息披露制度需要有完善的监管体系支持，要组织专家设立专门的监管部门对企业提交的信息予以审核和维护，加大对非法获取数据、窃取商业秘密行为的处罚和打击力度。

4. 加大对提升透明度的技术支持，实现数据收集、发布、审核的网络信息化

一方面，加强专业技术人员的培养，建立与我国国情相适应的温室气体清单统计核算体系，改变落后的人工受理、审核方式，建立温室气体网络数据平台；另一方面，利用网络搭建数据公开平台，进一步增强民众对温室气体排放情况的了解，在温室气体项目开发、提高能效和防治污染等领域提供公众信息。

5. 加强对落后国透明度建设的重视，建立应对气候变化合作成效评估机制

首先，我国在应对气候变化南南合作以及“一带一路”建设中要重视对落后国的透明度建设，对最不发达国家编制温室气体排放清单、提交国家信息通报、追踪温室气体排放情况给予力所能及的技术和资金支持，并积极参与国际组织提升落后国透明度建设的支助行动。其次，根据发达国家经验和受援国的需求，建立完善的成效评估机制。以年度评估为基础，收集、整理、汇总我国对落后国资金、技术和能力建设方面的支助情况。从具体项目实施的微观角度和项目开展成效的宏观角度开展评估工作，提升对外援助透明度。并在此基础上开展第三方评估，以保证提供信息的客观性。最后，在管理机构方面，应当设立与应对气候变化南南合作管理机构平行的专门评估机构，负责项目实施的事前调研，监督项目的实施，并对实施结果做出独立的内部评估。

6. 增强民众对气候变化的关注度和参与度，加强对透明度建设的社会监督

通过加强提升应对气候变化透明度的教育、宣传，广泛调动民众参与透明度建设的积极性，疏通健全群众监督反映渠道，鼓励群众积极监督企业和地方政府对温室气体排放情况进行公开，为提升透明度营造良好的社会监督氛围。

第七章

CHAPTER SEVEN

《巴黎协定》“能力建设”条款的解读与建议

能力建设是一国开展应对气候变化行动的重要保障。《公约》将能力建设设置为谈判的议题，主要原因在于发展中国家的当地能力建设落后，无法落实联合国各次气候变化会议达成的协议。能力建设主要目的就是要促进发展中国家尤其是最不发达国家以及小岛屿国家的能力建设。《巴黎协定》决定建立巴黎能力建设委员会，有助于能力建设活动的开展。未来应设立专门用于能力建设的资金，设置专门的机构对能力建设经验推广情况予以监督检查，加强国家、次区域之间的合作。

一、"能力建设"条款的发展沿革与特点

任何国家都需要一定的能力应对和适应气候变化，没有相关的应对和适应气候变化的能力，这个国家面对气候变化时将会无计可施。这也就是能力建设在《公约》成立初期就成为缔约各方谈判的重要一部分的原因。从 1992 年开始，历次联合国气候变化大会都会讨论能力建设问题。

(一)"能力建设"条款的发展沿革

能力建设在 1992 年《公约》初始就被列为谈判的一部分。《巴黎协定》第 6 条强调各缔约方致力于"教育、培训和公众意识"。它强调，联合国气候变化大会框架缔约方将会从国际水平提升"发展和实施教育培训计划"，通过加强当地机构建设和派遣气候变化专家对有关国家进行培训提升应对气候变化的能力，尤其是在发展中国家加强能力

建设。①

1997 年《京都议定书》在日本获得通过，并在 2005 年正式生效。第 10 条第 2 款 e 项中强调应加强各缔约方特别是发展中国家在人才和机构能力方面的建设，并帮助发展中国家培训。《京都议定书》还试图通过项目、市场交易形式来加强应对气候变化的能力建设。相较于《公约》而言，《京都议定书》规定得更为具体，但其时限仅至 2012 年。②

2001 年的《马拉喀什协定》列出了能力建设的 15 个主要需求，建立了发展中国家在《公约》和《京都议定书》两个协议内有效参与能力建设的框架。框架为能力建设提供了一套指导原则和方法，如提出能力建设是一个国家推动的过程，适合每一个国家的国情，是持续的，在实践中学习，建立在现有活动的基础之上。框架同样包含了能力建设优先建设地区，包括小岛屿发展中国家和发达国家的特殊需求。框架再次重申，能力建设是这些国家履行公约任务目标必不可少的因素。③ 框架还设置了能力建设行动发展的方向，如加强能力和知识，为利益相关者和组织提供机会分享经验，增强认识，使他们能够更充分地参与应对气候变化的过程。该框架也为全球环境基金、双边多边机构与其他政府组织和机构实施资金和技术资源支持提供了指导。框架也呼吁发展中国家和经济转型国家提出它们的特殊需求和优先建设领域，同时也要加强和其他缔约方的合作。④

2001 年通过框架后的几年时间里，缔约方继续强调实施或者加强个人、机构和系统能力建设。达成了关于年度检测和定期审查的建议，强调要检查能力建设框架实施进展情况以及举行一系列研讨会和会议。2007 年巴厘岛气候变化大会达成了“巴厘路线图”，为能力建设的加强

---

① http：//unfccc. int/cooperation_and_support/capacity_building/items/1033. php.

② 曾文革，冯帅．巴黎协定能力建设条款：成就、不足与展望［J］．环境保护，2015（24）．

③ http：//unfccc. int/cooperation_and_support/capacity_building/items/1033. php.

④ http：//unfccc. int/cooperation_and_support/capacity_building/items/1033. php.

制定了一系列步骤和措施，并要求发达国家以可测量、可报告和可核实的方式对发展中国家的能力建设进行扶持，体现了国际社会对加强能力建设所做出的决心和努力。① 2009 年，能力建设被引入框架公约长期合作行动特别工作组（AWG－LCA）的谈判进程，并提出了一个决定草案，呼吁加强能力建设行动，这标志着能力建设德班论坛建设的开始。

2010 年，坎昆气候变化大会各缔约方决定通过了能力建设的几个行动项目，加强保罗联络点和国家协调机构和组织在内的机构建设，加强气候变化宣传、教育、培训和公众意识各个层面的建设。在 2011 年巴拿马气候变化大会期间，各方与《公约》下设的相关机构代表以及全球环境机构代表和其他参与减缓、适应、技术和资金的代表围绕能力建设进行了三小时的深入讨论。2012 年，第 17 次全体会议创建了能力建设德班论坛，这是一个多方参与的分享能力建设信息的论坛，论坛每年召开一次，交流与气候变化相关的观点和事件示例。2016 年 5 月举行了德班论坛第五次会议。在缔约方第 18 次多哈会议中，缔约方在公约的第 6 条同意多哈 8 年工作项目，该项目要求组织年度能力建设对话会议。②

在 2014 年第 20 次缔约方会议上，各缔约方通过了一个关于气候变化认识和教育的部长级对话机制，这个机制鼓励将气候变化问题纳入国家课程，同时提高政府对有关气候变化相关政策的认识。2014 年，秘书处推出了能力建设门户网站，提供全世界能力建设活动的信息。门户网站包括提供一个国家活动清单的交互式地图，一个展现根据《马拉喀什协定》规定的优先领域开展能力建设活动的图表。③

① 曾文革，冯帅．巴黎协定能力建设条款：成就、不足与展望［J］．环境保护，2015（24）．

② OECD. Climate Change Capacity Building inAnnex I EITs：Issues and Needs.

③ Elizabeth Burleson. Paris Agreement and Consensus to Address Climate Challenge.

(二)“能力建设”条款发展的特点

1. 各缔约方都认识到了能力建设的重要性

在 1992 年的联合国气候变化大会中提出能力建设的重要性之后，在各次联合国气候变化大会中都强调了能力建设在应对气候变化中的基础作用，并不断丰富能力建设的内容，强调能力建设的持续性、协调性，达成了一些比较具体的协议，为能力建设活动提供了框架指导，开展了一批能力建设的项目，诸如德班能力建设论坛等会议和研讨会为能力建设活动提供了诸多的建议。同时，各缔约方也从一开始就认识到了加强发展中国家以及最不发达国家能力建设的重要性，并且在后续的会议中注重强调的也是发展中国家的能力建设。①

2. 关于能力建设达成的协议缺乏法律约束力

与联合国气候变化大会所讨论的其他议题相同的是，各缔约方关于能力建设达成的议题并不具有法律约束力，因此没有得到很好的执行，少数国家提供了实施能力建设活动的详细情况，特别是对于发达国家对发展中国家所做出的各种承诺。发展中国家能力建设需要发达国家的资金支持，但是在各次会议中能力建设并未与资金挂钩，因此，各种建议也就很难实施。②

3. 没有专门的机构领导能力建设

相比于应对气候变化中的资金和技术以及其他各方面，联合国气候变化大会并没有一个常设的专门的机构领导能力建设活动，协调各方面在能力建设上的需求。直到 2015 年《巴黎协定》中才决定建立能力建

① Meinhard Doelle. The Paris Climate Agreement: Historic Break through in Spite of Shortcomings. 2015 - 12 - 13. https://blogs.dal.ca/melaw/2015/12/13/the/paris - - climate - agreement - historic - breakthrough - in - spite - of - shortcomings/.

② D. Waskow, P. Joffe. Forthcoming: Equity in a 2015 Climate Agreement. Working Paper. Washington, DC: Agreement for Climate Transformation 2015 (ACT 2015).

设的专门领导机构巴黎能力建设委员会，这种发展速度是相对比较缓慢的。[①] 没有专门的领导机构，不利于协调各方面的利益，也不利于落实所达成的各项协议。各方不能看到能力建设的长远前景，或者可能认为能力建设活动"不吸引人，不高端"。这些因素的综合往往导致能力建设活动被视为一个短期项目，是一个独立的活动，而不是一个综合的、全面的、长期的项目实施进行。[②]

4. "能力建设"条款没有与最关键要素相关联

在联合国气候变化大会中，谈判最关键的要素是资金要素，但是在能力建设条款上，与资金的关联并不大。各次会议关于能力建设的条款都强调了要加强对于发展中国家的支持，但并没有明确规定在资金上如何对发展中国家的能力建设进行扶持。没有具体的资金扶持计划，是能力建设缺乏持续性的重要原因。[③] 在过去 20 多年中各类双边以及多边机构已经做出了许多努力，其中的一些也取得了很大的成功。但是能够持续五年以上的很少，充其量只是随着重点而不断变化，更多的是随着资金的减少，能力建设活动也随之消失。[④]

二、"能力建设"条款的评估

（一）建立专门的能力建设领导机构"巴黎能力建设委员会"

《巴黎协定》签订之前，一直强调能力建设的统筹性，但是没有一

---

① Keen, Michael, Christos Kotsogiannis. Coordinating Climate and Trade Policies: Pare to Efficiency and the Role of Border Tax Adjustments. Journal of International Economics. 2014.

② Organisation for Economic Co – operation and Development (OECD). Climate Finance in 2013—2014 and the U. S. D 100 Billion Goal. A Report by the OECD in Collaboration with Climate Policy Initiative, Paris. 2015.

③ Coady, David, Ian Parry, Louis Sears, Baoping Shang. How Large Are Global Energy Subsidies? Working Paper 15/105, International Monetary Fund. 2015.

④ Jorgenson, W. Dale, J. Richard, Goettle, Mun S. Ho, and Peter J. Wilcoxen. Double Dividend: Environmental Taxes and Fiscal Reform in the United States. Cambridge, Massachusetts: MIT-Press. 2013.

个专门的领导机构处理能力建设问题，致使能力建设活动一直处于《公约》的边缘地位，与技术、资金等核心问题相比，能力建设的影响力较小，但是能力建设是落实所达成的资金和技术协定的基础，在一定程度上能力建设阻碍着相关资金和技术协定的履行，尤其是技术的转移和开发，没有一定的当地能力建设的支撑，技术的开发转移根本无从谈起。在之前的各次气候变化公约中，能力建设活动总是与相关的资金或者技术转移与开发，或者其他机构的工作重叠，有重复工作，因此，成立巴黎能力建设委员会将能提高履行联合国气候变化大会达成的能力建设方面建议的工作效率，有助于进一步促进能力建设工作①。

（二）强调发展中国家现有的和新出现的差距和需要

《巴黎协定》强调成立能力建设委员会的“目的是处理发展中国家缔约方在执行能力建设方面现有的和新出现的差距和需要，以及进一步加强能力建设活动，包括加强《公约》之下能力建设活动的连贯性和协调”。强调发展中国家现有的和新出现的差距和需要，这对于发展中国家的能力建设活动来说是有促进作用的。《公约》将能力建设设置为谈判议题的主要原因在于发展中国家的当地能力建设落后，无法落实联合国各次气候变化达成的协议，能力建设主要目的就是要促进发展中国家尤其是最不发达国家以及小岛屿国家的能力建设。这些国家无论在宣传教育还是设施机构等方面均与发达国家或者与所设想的适应与应对气候变化的要求存在很大的差距。一些国家甚至没有专门的机构领导气候变化工作，不知道通过何种机构与其他国家加强交流。在资金援助以及技术转移问题上，甚至没有专门的机构进行对接，这样导致的一个结果就是所达成的一些协议在发展中国家履行过程中遭到夭折，这是不利于全球应对气候变化活动展开的。因此，成立巴黎能力建设委员会处理发

① LRI. Preliminary Legal Assessment of the Paris Agreement. 2015 - 12 - 14. http://legalresponseinitiative. org/preliminary - legal - assessment - of - the - paris - agreement/.

展中国家在能力建设方面出现的问题，对于发展中国家来说，可以帮助它们找到自身与国际要求以及与发达国家在能力建设方面的差距，同时发展中国家也可以利用巴黎能力建设委员会提出自身在能力建设方面的需求，在联合国框架公约内与发展中国家谈判，利用发达国家的援助进行能力建设活动。[①] 对于发达国家来说，成立巴黎能力建设委员会也是有利的。利用巴黎能力建设委员会查找出发展中国家在能力建设方面出现的问题以及发展中国家的需求，发达国家能够比较清楚地了解发展中国家的需要以及存在的问题，这样会便利发达国家的工作，能够节省资源，高效地推进能力建设活动。

（三）强调能力建设的"持续性和协调性"

应对和适应气候变化是一个长期的过程，在不同的阶段有不同的任务，这是一个持续的综合开展的工作。能力建设活动也应该是一项持续性的、协调性的工作，不是几年就能完成的任务，也不是一两个机构单独可以完成的，因此，需要持续的各方面协调推进。《巴黎协定》强调成立巴黎能力建设委员会的目的是要促进能力建设的协调性和持续性，正是看到了以往能力建设活动缺乏协调性和持续性的缺点。之前的能力建设活动有许多是失败的，原因之一就是缺乏持续性和协调性，许多项目因为缺乏资金或者机构撤销等，进行到一半就被撤销或者中止，这不仅浪费资源，也不利于能力建设活动的开展。在过往的经验中很少能看到持续进行五年以上的能力建设项目，而且项目的标准也不是能够持续按照高标准进行，许多项目会在中后期降低标准，因此强调加强能力建设的持续性是很有必要的。[②] 但是在《巴黎协定》中并没有提出具体通

---

① The Paris Agreement Summary, Climate Focus Client Brief on the Paris Agreement Ⅲ28 December 2015.

② Meinhard Doelle. The Paris Climate Agreement: Historic Breakthrough in Spite of Shortcomings. 2015 - 12 - 13. https: //blogs. dal. ca/melaw/2015/12/13/the/paris - - climate - agreement - historic - breakthrough - in - spite - of - shortcomings/.

过何种机构、何种方式继续加强能力建设的持续性。要维持能力建设活动的持续性和协调性就需要专门的督促机构和协调机构，其中比较重要的是资金的问题以及标准的问题。许多能力建设活动在建设之中就中断的原因是资金缺乏或者资金被挪作他用，致使资金断链，项目活动中止。一些活动的标准降低的原因也与资金有关，因此，需要投入更多的资金。此外，对于如何加强能力建设的协调也需要做出说明，建设巴黎能力建设委员会的目的就是要加强协调性，但是其会通过何种机构、何种方式加强能力建设活动的协调性都是未知的，需要在以后的工作中进一步明确。

（四）促进各机构之间协同和联系

在《巴黎协定》中，决定启动2016—2020年工作计划，在确定的七项工作计划中，强调了要加强“现有机构之间在合作方面的协同增效”，这在一定程度上能够促进各机构之间加强联系，避免过去能力建设活动几个机构各自为政的现象，能够提升能力建设的效率。但是与重复工作相反的是，现在能力建设活动处于一种滞后状态，因此，需要鼓励更多的机构做更多的工作。[①] 在工作计划中提到要促进全球、区域、国家和次国家层面的合作，但是如何进行合作、资金从何而来依旧是一个问题，没有资金的投入，任何合作都只是空谈。在工作计划中也强调了要“促进开发和推广实施能力建设的工具和方法”，并且“查明收集《公约》下设立的机构所开展的能力建设工作中的良好做法、挑战、经验和教训”。能力建设活动不是一个国家可以单独完成的，特别是一些发展中国家以及最不发达国家，它们需要其他国家支援，除了资金、技术等的支持外，相关经验的支持也是非常必要的。一些国家在能力建设方面做出的成就可以在全球推广并且让其他国家相互借鉴，可以很好地

---

① Meinhard Doelle. The Paris Climate Agreement：Historic Breakthrough in Spite of Shortcomings. 2015 - 12 - 13. https：//blogs. dal. ca/melaw/2015/12/13/the/paris - - climate - agreement - historic - breakthrough - in - spite - of - shortcomings/.

推广能力建设，提升全球应对气候变化的能力。在工作计划中同样提到了要探索发展中国家如何“逐步自主建设和保持能力”，相对来说这只能是一种美好的设想，发展中国家目前在其他方面依旧面临许多问题，特别是最不发达国家，依旧面临饥荒、难民、缺水等危及生命的困难，很难独立自主进行能力建设，只有切实改变生存问题才可能谈及应对和适应气候变化，这也是全球面临的重要问题。

（五）强调宣传、培训工作以及公众参与的重要性

《公约》第 84 条中强调要在巴黎能力建设委员会“第一届会议上探讨加强开展培训、公众宣传、公众参与和公众获取信息的方式，以便加强本协议之下的行动”。《巴黎协定》第 12 条同样提到了要加强教育、培训和宣传工作。宣传和培训以及公众参与是能力建设活动的重要方面，这几项工作是应对气候变化的基础性工作，也是非常重要的工作，如果气候变化的危害性不能深入民众，民众不能投身于这项工作，那么许多工作的实际效用将会受到影响，尤其是公众的参与。[①] 许多公众由于自身文化素质等因素的影响，还没有意识到气候变化的重要性，这就需要政府以及其他机构加强宣传以及鼓励民众参与，民众的参与无疑将是应对和适应气候变化的最好推动力。

（六）强调发展中国家特别是能力最弱国家的能力建设需求

《巴黎协定》第 11 条第 1 款强调了能力建设主要是加强“发展中国家缔约方，特别是能力最弱的国家，如最不发达国家，以及对气候变化不利影响特别脆弱的国家，如小岛屿国家，以便采取有效的气候变化行动”。自能力建设进入《公约》的讨论范围后，发展中国家以及最不发达国家特别是小岛屿国家就成为能力建设的重点，再次强调发展中国

① Sewell Chan. Key Points of the Paris Climate Pact. 2015 - 12 - 12. http：//www. nytimes. com/interactive/projects/cp/climate/2015 - paris - climate - talks/key - points - of - the - final - paris - climate - draft.

家的能力建设，突出了发展中国家能力建设的落后性。《巴黎协定》也强调了“所有缔约方应当合作，以加强发展中国家缔约方执行本协议的能力。发达国家缔约方应当加强对发展中国家缔约方能力建设的支助”。发展中国家没有能力单独完成协议所规定的能力建设工作，在资金、技术等方面能力不够，这就需要发达国家的帮助。协议强调了发达国家要对发展中国家提供帮助，但是没有提到以何种方式进行帮助，也没有提到设立相关的机构进行协调。发达国家除了在能力建设经验方面对发展中国家进行帮助之外，最重要的是要在资金方面对发展中国家进行帮助，最为关键的资金问题，在协定中并没有涉及。因此，所涉及的相关活动都打折扣了。[①]

（七）重视通过援助来提高能力建设

《巴黎协定》要求其他国家要对发展中国家进行援助，尤其需要对最不发达国家和小岛屿国家进行帮助，在涉及资金、透明度规则等条款中，也强调了应对最不发达国家进行援助，这些条文将最不发达国家和小岛屿发展中国家从“两方”中单独抽出，意味着国际气候谈判格局正悄然发生变化，从之前的“发达国家缔约方+发展中国家缔约方”的“两方”逐渐走向“发达国家缔约方+发展中国家缔约方+最不发达国家和小岛屿发展中国家缔约方”的“三方”。这样，对于一些发展中国家来说，就需要自行进行能力建设，能力建设从“他助”转向“自助”，而一些发展中国家依旧需要其他发达国家的支持。[②]

除此之外，《巴黎协定》还有一些亮点，例如强调发展中国家要定期“通报为执行本协议而落实能力建设计划、政策、行动或措施的进

① Sewell Chan. Key Points of the Paris Climate Pact. 2015 - 12 - 12. http：//www.nytimes.com/interactive/projects/cp/climate/2015 - paris - climate - talks/key - points - of - the - final - paris - climate - draft.

② 曾文革，冯帅．后巴黎时代应对气候变化能力建设的中国路径［J］．江西社会科学，2016(4).

展情况"，这就相当于一种检查措施，有助于国际社会督促相关国家履行协议与自身承诺。不过这种向其他各方通报的要求更应该针对发达国家，要求发达国家通报对发展中国家的援助进展情况，督促发达国家履行自身责任，这对于能力建设以及其他应对和适应气候的措施都是极大的进步。

三、推动完善"能力建设"条款的建议

（一）建立能力建设专项资金

能力建设发展缓慢的一个最重要原因就是发展中国家缺乏进行能力建设的资金，因此如何将能力建设与资金挂钩是《公约》今后要讨论的一个问题。在《巴黎协定》的能力建设条款中，并没有将资金与能力建设挂钩，但是资金是进行能力建设最为关键的因素，如果不能将能力建设与之相联系，《巴黎协定》所达成的各项协议也将不会有执行力。能力建设活动应该满足支持发展中国家的要求，同时也应该是公平、公正和正义的，对许多国家来说现在还没有能力适应或者应对未来气候变化的挑战。① 因此，以后应该提出一个专门用于能力建设的专项资金的创意，这个资金应该完全满足《公约》的要求，并且以每一个国家独特的环境为基础，将资金作为一个联络点来领导、协调、支持和管理能力建设活动。可以考虑设立专门用于宣传、推广、培训的资金，将能力建设资金与其他议题的资金进行分类，高效地进行能力建设。

（二）设置专门的能力建设经验推广机构

能力建设是一个持续性的并具有可复制性的活动，许多成功的经验可以在全球范围内推广，在《巴黎协定》以及其他各次缔约方会议中

① J. Green, T. Sterner, G. Wagner. A Balance of "bottom - up" and "top - down" in Linking Climate Policies. Nat Clim Change, 2014.

都强调经验推广以及培训的重要性。能力建设经验推广可以帮助一些国家节省大量的资源，可以避免各个国家各自为政独自探索进行能力建设，对于发展中国家来说其他发达国家或者发展中国家的成熟经验的推广可以帮助它们更加有目的地、准确地进行能力建设。能力建设的推广至持续，应该设置专门的机构监督检查。过去在发展中国家进行的能力建设活动很多都失败了，除了资金断链这个原因之外，其他培训人的中途退场也是一个重要的原因。能力建设推广中比较重要的一个方面是不同国家的需求问题，针对每个国家不同的环境，所采取的方法或者经验的推广方式也是不同的。国家能力建设需求评估也应该是能力建设推广机构的一项工作，要关注各国需求或者相关的报告，例如两年期更新报告、温室气体清单、国家信息通报、减排政策评估、国家行动方案和适合本国国情的适应和应对气候变化的方案、低碳排放发展计划的评估，并且系统地跟踪各类气候资金的来源。

（三）加强国家间、次区域间的合作

应对气候变化可以说是一项因地制宜的活动，不同区域国家之间有不同的环境，因此在应对气候变化方面应采取不同的办法，以实地环境为依据进行能力建设。目前所倡导的国家之间的合作主要是发达国家对发展中国家的援助以及发展中国家之间的合作，而区域或者次区域国家之间的合作也是比较重要的。[①] 同一个区域内的国家在气候环境上往往有很多相似点，某一个区域之内的气候变化往往是相同的，不同国家之间的经验技术可以共享，因此在一些次区域之内可以采取联合应对气候变化的行动。在能力建设方面，区域内的国家之间也可以共同进行能力建设，利用彼此间的不同资源优势互补。例如，在东北亚，中国、俄罗

① R. Boyd, J. C. Turner, B. Ward. Tracking Intended Nationally Determined Contributions: What are the Implications for Greenhouse Gas Emissions in 2030? Policy Paper August 2015. ESRC Centre for Climate. 2015. Change Economics and Policy, Grantham Research Institute on Climate Change and the Environment.

斯、蒙古、朝鲜、韩国等国可以设立共同的应对气候变化的沟通机制，在东北亚区域内进行共同应对气候变化的行动。在同一地形、环境区域内的国家可以加强合作，如湄公河流域、巴尔干半岛地区、非洲撒哈拉以北地区的国家拥有共同的气候环境条件，可以相互交流加强彼此之间在能力建设方面的合作。应对气候变化不是一两个国家之间可以单独完成的，区域之间的能力建设合作将是应对气候变化的一种比较重要的模式。

四、我国落实“能力建设”条款面对的问题及建议

（一）我国落实《巴黎协定》“能力建设”条款存在的问题

1. 体制机制问题

早在1990年，国务院环境保护委员会就下设了国家气候变化协调小组。2007年成立了国家应对气候变化领导小组，由时任国务院总理温家宝担任组长。各省、自治区、直辖市政府也设立了相应的领导和工作机构，形成了由国家应对气候变化领导小组统一领导、发展改革委归口管理、各有关部门分工负责、各地方行业广泛参与的国家应对气候变化工作机制①。2013年，国务院总理李克强任应对气候变化领导小组组长，并增添了相关职能部门。② 虽然中国已经建立了应对气候变化的领导机制，领导机构已经完善，但是与西方发达国家的水平以及《巴黎协定》的要求还有一定的差距。美国、英国、墨西哥、菲律宾等国都设有由专家、学者、民间人士等组成的气候变化委员会或者咨询会，为政府提供政策决策支持。中国应对气候变化的机构级别比较低，职能划分不是很明确，职权比较分散，而美国在应对气候

① 解振华．加强应对气候变化能力建设［J］．中国科技投资，2009（10）．

② 曾文革，冯帅．后巴黎时代应对气候变化能力建设的中国路径［J］．江西社会科学，2016（4）．

变化的各个方面都有相关的领导机构，技术、资金、能力建设等方面都有专门的机构研究管理。除了中央建立的应对气候变化领导小组外，虽然地方同样建立了相应的气候变化领导小组，但是具体的执行机构往往在人员以及编制方面都与设想存在一定的差距，未能很好地履行相关的职能。除了政府机构之外，我国与气候变化相关的行业协会的发展也比较缓慢。相关的环保行业组织数量少，而且专业化程度低，活动影响力较小，相关政策和职能落实不到位，而且行业协会一般都有主管的政府机构，政府机构的管制也限制了行业协会职能的自由发挥。

2. 相关立法需要加强

我国很早就开始参与世界应对气候变化的工作，也一直在积极探索如何加强本国能力建设。但是中国在能力建设、相关法律法规以及相关制度的制定等方面与发达国家还存在一定的差距。首先是能力建设政策以及法律法规的制定。中国先后制定、修订了《草原法》《水土保持法》《大气污染防治法》和《大气污染防治行动计划》等专门法律，并且在 2009 年开始探索制定一部比较系统的气候变化应对法，并已经过讨论、论证形成了较全面的文本草案。① 可以看到，中国在应对气候变化立法方面已经取得了一些成绩，但是依旧存在一些问题。中国缺乏应对气候变化的专门法律，关于应对气候变化领导机构的法律地位还不明确，公民、政府、机构在参与应对气候变化方面的责任与义务以及相应的惩罚奖赏办法还不明确。我国气候变化相关立法规定的内容都比较原则性，② 约束性条款不太多，多数条款都属于引导性、促进性和鼓励性的规定。地方层面的能力建设立法发展也比较缓慢。关于可

① 曾文革，冯帅．后巴黎时代应对气候变化能力建设的中国路径［J］．江西社会科学，2016（4）．

② 张婷，曾文革．实现全球绿色气候的路线图——应对气候变化能力建设法律保障体系的构建与完善［J］．太平洋学报，2012（1）．

再生能源、新能源以及碳减排、碳交易等立法还未形成全面的法律体系，与应对气候变化相关的技术转移与开发、资金以及涉及国际合作与交流的法律还未建立。

3. 人才问题

我国加强能力建设存在的一个重要问题就是人才短缺。应对气候变化加强能力建设比较重要的一个方面就是专业人才的培养。在中国"十二五"控制温室气体排放工作方案中，明确提出了"加强应对气候变化基础研究和科技研发队伍、战略与政策专家队伍、国家谈判专业队伍和低碳发展市场服务人才队伍建设"的要求。由于历史、社会等因素的影响，应对气候变化的相关专业在中国是冷门专业，造成中国在应对气候变化能力建设方面的人才大量短缺。而且中国还未建立比较系统有效的应对气候变化的人才培养机制，各类专业人才都缺口很大，在气候技术开发与转让、节能减排、资源循环利用以及其他方面中国都缺乏专业人才，没有人才的支撑导致中国在核心技术、清洁能源等方面发展比较落后。人才的缺乏导致中国在核心技术方面与西方国家差距较大，另一个比较大的危害是，使政策以及相关技术落实的效果受到影响。同时在专业队伍建设、人才培训宣传等方面也存在专业人才短缺的问题，目前中国在应对气候变化方面的培训、推广大多数是一些非专业人士在做，公众参与水平相对落后。在国际合作以及联合国气候变化大会合作中中国也缺乏相关的专业人才，致使在谈判中常常处于不利地位。

4. 资金问题

资金问题是中国加强能力建设的一个重要问题，近年来中国在应对气候变化方面投入了大量的资金，中国政府也在逐步加大应对气候变化的资金投入力度。2016 年 4 月 22 日，中国气候变化特别事务代表解振华在纽约联合国总部表示，为实现应对气候变化的国家自主贡献方案，中国从2016年到2030年将投入30万亿元人民币。[①] 但是由于中国国家体量巨大，还是一个发展中国家，面临问题众多，而目前中国气候融资还处于初步发展阶段，国际援助气候资金较少，气候资金在当前以及中长期内都面临较大的资金缺口。资金不到位导致技术开发、宣传培训、公众参与等活动都受到阻碍，有的项目由于资金不足而无法启动，有的项目由于资金断链而中断，这与《巴黎协定》中强调的要加强能力建设的持续性是相冲突的。资金问题是应对气候变化各项问题中的核心问题，无论适应、减缓、技术开发等活动都与资金的运转有很大关系，发展中国家与发达国家在联合国气候变化大会中争论的焦点也是资金问题。因此，如何破解资金难题是中国加强应对气候变化能力建设的一个重要问题。

5. 民间绿色组织的发展问题

在能力建设方面，除了政府层面的机构组织外，中国在民间组织、非政府组织、地方组织等方面也与发达国家存在差距。在西方存在大量的绿色环保自发组织和非政府组织，它们本身就是能力建设的积极参与者，除了自身参与之外，这些组织也是能力建设的重要推广人员，在应对气候变化的宣传、培训以及公众参与方面扮演了重要的角色。中国的绿色民间组织在应对气候能力建设方面做出了自己努力，但是与西方发达国家相比，中国民间组织在应对气候变化能力建设上的作用仍非常有限。首先是组织的数量问题，截至2012年底，全国生态环境类社会团体已有6816个，生态环境类民办非企业单位1065个，环保民间组织共计7881个。从2007年到2012年增长了38.8%。[②] 在2015年新的环保法实施之后，民间环保组织又有了很大的发展。但是与西方国家的民间

---

① 未来15年中国将投入30万亿人民币应对气候变化［OL］. 网易财经，http：//money. 163. com/16/0423/08/BLAR6K7000253B0H. html.

② 我国环保民间组织近八千个［OL］. 人民网，http：//paper. people. com. cn/rmrbhwb/html/2013－12/05/content_1357312. htm.

组织相比，我国民间组织在数量及会员数量上都有相当大的差距。此外，还有影响力的问题。在中国受社会因素的影响，一般的民间组织在国内的影响力都比较小，因此产生的作用也比较小，很难动员大规模的人民群众参与。其次就是民间环保组织的资金支持问题，中国应对气候变化的挑战要比美国大得多，中国政府资助民间环保组织的资金只有美国的1/100，由于缺少资金的支持，民间环保组织的活动范围、活动能力都受到很大的限制。

6. 教育、宣传、培训、公众参与方面存在的问题

在“十三五”规划中，中国首次将生态文明建设列入五年规划，将绿色发展包含在五大发展理念中，但是我们不得不承认目前中国全社会的低碳发展和绿色发展的意识依旧淡薄，全社会还未形成绿色发展的共识，还未意识到气候变化的严重性，不知道什么是气候变化，气候变化带来的危害有哪些。对于气候变化，大部分民众并未参与其中，没有意识到自己也是气候变化的受害者和制造者，而认为应对气候变化是政府的责任，与自己没有关系。在教育宣传方面还未形成系统的气候变化教育宣传体系，气候变化科学知识教育在大、中、小学中所占比例很小，有些学校甚至缺乏相关教育。全社会系统普及气候变化知识的教育活动缺乏，应对气候变化培训工作很不完善，应对气候变化专业培训人员稀缺。电视、报纸、网络等各类媒体对于气候变化的宣传还不成熟，宣传时间较少，宣传方式单一。媒体在监督应对气候变化工作方面也表现不利。政府官员以及社会管理者的相关知识水平匮乏，未能很好地领会相关政策法律。

（二）我国落实《巴黎协定》加强能力建设的建议

1. 完善工作协调机制和机构

要健全国家应对气候变化组织机构，在国家应对气候变化领导小组的统一领导下，强化归口管理，充分发挥国家气候变化领导小组协调联

络办公室职能，加强各部门应对气候变化机构和能力建设，完善工作机制。[①] 充分发挥领导小组办事机构的组织协调作用，加强部门间的横向协作配合、中央和地方上下联动，强化宏观指导、综合协调、系统管理。进一步加强各级政府对应对气候变化工作的组织领导，建立有效的协调和决策机制，强化应对气候变化工作的实施手段和管理能力。[②] 中国也应该借鉴英国等国设立气候变化委员会的经验，召集一批学者、专家以及其他人士组成国家气候变化委员会，为中央政府和地方政府的工作提供咨询建议，同时也可以对气候变化的科学、经济和政策问题开展独立的分析与调查，监督地方政府及其各类机构应对气候变化的工作。中国需要加强应对气候变化职能部门人员的专业素质建设，建设高效的履职部门。应该大力发展应对气候变化和环境友好的行业协会，充分发挥它们作为政府和社会的中间人角色，发挥行业协会组织的专业性，让行业协会在应对气候变化行动中发挥更大的作用。建立政府、民间组织、企事业单位和公民四位一体的气候变化协同应对机制，在明确政府监管职能的同时，鼓励社会各界广泛参与能力建设的行动，具体方式包括正式参与和非正式参与两种，使企事业单位、社会团体和个人明晰自身权利和义务，以共同应对气候变化。[③]

2. 加强相关立法工作

健全应对气候变化的法律体系，做好应对气候变化相关立法起草工作，考虑并筹划制定专门应对气候变化的法律，统领中国应对气候变化的各项立法，进一步完善中国应对气候变化的法律体系。[④] 应对气候变

---

① 《国家应对气候变化规划（2014—2020年）》。

② 国家发展改革委应对气候变化司. 积极应对全球气候变化——对“十二五”规划纲要气候变化部分的解读［J］. 中国科技投资，2011（7）.

③ 曾文革，冯帅. 后巴黎时代应对气候变化能力建设的中国路径［J］. 江西社会科学，2016（4）.

④ 李艳芳. 各国应对气候变化立法比较及其对中国的启示［J］. 中国人民大学学报，2010（4）.

化立法应该坚持引导性和强制性并存，但是在一些关键方面要加强强制性。地方是应对气候变化的主体，因此地方也应该以地方环境为己任，因地制宜，围绕气候变化的关键方面尝试建立地方自主应对气候变化法规，以便更好地加强地方应对气候变化的工作。中国在立法过程中可以借鉴美国和墨西哥的经验，鼓励环保组织和其他社会主体更加充分地参与到应对气候变化立法进程之中。① 应对气候变化的相关立法可以借鉴西方发达国家以及其他发展中国家的立法经验，但主要要从自身条件出发，建立符合本国国情的应对气候变化相关法律。

3. 人才的培养

中国应加大对应对气候变化相关学科的投入，加强应对气候变化学科建设，加强高校、研究所应对气候变化学科的基础性研究，建设一批科技研发能力强、人才素质高的国际一流的应对气候变化研究的研究所和高校学科。对企业和行业组织的应对气候变化研究机构给予一定的政策、资金支持，发展一批优秀的企业和行业研发机构，培养在基础研究、科技研发、战略与政策等方面具有国际视野、多学科交叉优势的应对气候变化高层次专家梯队和科研领军人才，进一步完善温室气体统计和核算领域的职业化教育培训体系，培养和锻炼温室气体统计核算队伍，壮大职业化、市场化人才力量。② 建立和完善人才培养激励机制，鼓励国内高校院所积极与国外科研机构合作，联合培养高素质人才。同时，为了在联合国气候变化大会中争取更多的优势，我国也应该逐步依据不同的谈判论题，建立相关的谈判小组，加强谈判人员的专业能力、综合素质和实践经验。加强应对气候变化的职业教育，培养适应市场化、国际化的专业技能人才。

---

① 于文轩，田丹宇．美国和墨西哥应对气候变化立法及其借鉴意义［J］．江苏大学学报（社会科学版），2016（2）．

② 李天然．山东省应对气候变化能力建设构想［J］．山东工商大学学报，2013（3）．

4. 拓宽融资渠道，加大资金投入

为了应对和适应气候变化，加强能力建设，中国需要进行大量的气候融资。我国气候变化融资主要以政府投入为主，除了继续加大政府资金投入力度外，还需要吸引更多的民间资金和海外资金，建立多元化的气候融资机制。支持商业银行发展“绿色信贷”业务，对低碳环保行业的贷款应给予一定的优惠。支持金融机构开发新的绿色金融产品，支持具备一定规模的企业上市和公开募集资金，在市场上发行绿色债券、气候债券，并给予一定的政策、税收优惠。鼓励私人资本进入应对气候变化领域，发挥金融杠杆的作用，利用各类金融工具尽可能吸引更多的民间资本的投入。

5. 壮大绿色民间组织和非政府组织的力量

降低绿色民间组织和非政府组织的成立门槛，简化绿色民间组织的办理程序，完善民间组织和非政府组织的参与机制。加强政府成立的民间环保组织的独立性，加强骨干人才的培训。推动民间组织定期进行活动，并给予一定的资金支持。支持高校、企业、社区发展环保社团，对全国高校环保社团给予一定的指导和资金支持。邀请绿色民间组织和非政府组织参与国家重大立法、政策的制定，提高非政府组织在国家政策、法律制定过程中的积极性。鼓励民众和地方政府正确认识环保非政府组织在应对气候变化和中国环境保护事业发展中的重要地位和所发挥的积极作用，鼓励更多民众参与绿色非政府组织和民间环保组织。鼓励并支持中国绿色非政府组织和环保民间组织参与国际交流合作，利用国际交流平台借鉴发展经验，提升自身能力。健全保障绿色民间组织和非政府组织发展的法律法规，使其合法合规健康发展。

6. 加强宣传、提升公众参与度

宣传、培训以及公众参与是《巴黎协定》能力建设的要求，也是中国能力建设存在的主要问题之一。公众意识的培养不是一两天就可以完成的，是一个持久性的工作，这也是《巴黎协定》中强调加强能力建设的持续性和协调性的原因。将应对气候变化教育纳入国民教育体系，推动应对气候变化知识进学校、进课堂，普及应对气候变化科学知识。[①] 在初级教育中要加大对于应对气候变化知识的教育，从小培养学生应对气候变化的意识，在各级各类教育中，都要涉及应对气候变化教育。也应该加强全社会应对气候变化教育，加强在企业、政府以及各类组织中普及气候变化知识。此外，要加强宣传，利用微博、微信等新媒体，宣传气候变化的危害性和紧迫性，努力让公众意识到气候变化对于自己生活的切实影响以及长远的危害。在宣传教育方面，国家应该对民间绿色组织以及其他非政府组织给予一定的支持。非政府组织在气候变化宣传教育工作中可以发挥巨大的作用，中国应对气候变化主要以政府为主，但是政府的能力范围有限，而且管理成本较高，资源有限，一些民间组织有许多专业人员，它们在应对气候变化的宣传教育方面所取得的成果甚至比有些政府还要有效，如果能不断壮大中国民间绿色组织的力量，它们将是应对气候变化的重要力量。此外，应该建立鼓励公众参与应对气候变化的激励机制，拓宽公众参与渠道，创新参与形式。[②] 国家也应该重点建设一批宣传活动和宣传项目，通过“全国低碳日”“世界环境日”等活动推动公民积极参与应对气候变化行动，提升公民应对气候变化的意识。

---

① 《国家应对气候变化规划（2014—2020 年）》。

② 《国家应对气候变化规划（2014—2020 年）》。

第八章

CHAPTER EIGHT

我国应对气候变化中长期战略的政策建议

我国积极响应巴黎气候大会的举动获得国际社会的认可与称赞，也从以往的参与者成功转变成制定气候对策的引领者，不仅主动承担国际责任，还积极促进国际合作，因此，巴黎气候大会无疑是我国建设性参与全球治理的一次成功的外交实践。国际上各国为达成共识形成的《巴黎协定》条款具有约束力，如果不能有效执行，之前的一切努力将全部白费。反观国内，我国是否已经做好对接的准备？巴黎气候大会为我国未来的发展方向、目标提供了机遇。

一、近期要积极推进《巴黎协定》的落实

要在多边、双边各种平台推动《巴黎协定》的落实。美国的国内政治制度和历史上的“爽约”行为对之后的全球气候治理是一个隐患。美国曾经就退出过《京都议定书》。特朗普政府上台后宣布退出《巴黎协定》。《巴黎协定》尽管已经生效，但是如果没有像美国这样的大国参与，其落实效果将会大打折扣。近年来，中美在气候变化上紧密合作，已经发挥了显著的作用。类似 G20 这样的多边平台或将可能成为确保《巴黎协定》成功落实的关键。同时，应对气候变化不只是各国的责任，还需要社会各界的行动，包括私营部门、地方政府、非政府机构之间的广泛合作，这是实现《巴黎协定》目标的关键基石。

二、推动全球建立统一的减排机制，强化法律约束力

我国需要认真履行自己的承诺，为全球气候治理做出表率，也需要在未来的气候治理中把握治理的议程设定，强化规则意识，与《公约》

的执行机构和有关附属机构一道，促进气候治理“硬法”的完善。维护并加强《巴黎协定》各种执行机构的权威，落实《巴黎协定》的各项规定，完善相关的运行机制，以全球气候治理的总目标和《巴黎协定》提出的温升目标为准绳，维护全球气候正义，促进国家间的公平，逐步缩小全球排放差距，增进人类共同利益。正如2014年3月习近平总书记访问德国时发表的演讲所指出的：“我们将从世界和平与发展的大义出发，贡献处理当代国际关系的中国智慧，贡献完善全球治理的中国方案，为人类社会应对21世纪的各种挑战做出自己的贡献。”

三、加大减排投资，提高减排能力，扩大减排供给

在全球绿色发展转型方面，欧、美、日等发达国家正在进行深刻的经济结构调整，打造以低碳能源技术为核心的竞争力，试图抢占未来低碳经济高地。我国也面临着巨大的国际竞争压力和严峻的挑战。当前，我国经济发展的当务之急是通过结构调整和提质升级，拓宽经济增长与环境改善的双赢之路。

我国“十三五”规划内容之一便是大力发展低碳经济，调整经济结构，以此来控制温室气体的排放。今后我国将逐步减少煤炭的使用，大力发展清洁能源，目前，我国已成为世界节能和利用新能源、可再生能源的第一大国。2015年12月新修订的《大气污染防治法》也为我国低碳经济的发展建立规则机制，能源消耗产生的大气污染是中国大气污染的主要元凶，且主要是燃煤污染和燃油污染，新法规定应通过制定燃油质量标准淘汰不合格的煤炭和燃油，优化能源结构，推广清洁能源的利用。同时设立重点区域大气污染联合防治，通过对污染物总量控制达到减排目的。

而对环保企业的发展来说也是机遇与挑战并存，我国将从2016年继续推进清洁能源、防灾减灾、生态保护、气候适应型农业、低碳智慧型城市建设等领域的国际合作，作为如雨后春笋般生长的新兴环保企业可以将节能环保产业发展成为支柱产业。这不但对缓解气候变化和治理

环境污染至关重要，而且对于结构调整和产业升级也举足轻重。我国的雾霾等污染治理、环境修复、传统产业节能减排以及新能源发展等领域的潜在市场需求，完全能够支撑起这种量级的产业成长，为节能环保领域的技术、产品、设备和服务企业的发展提供了广阔空间。

《巴黎协定》的达成为私人投资指明了方向。国际能源署估计，在未来 15 年里达到所有国家提出的“国家自主决定的贡献”的减排承诺将需要 16.5 万亿美元的公共或私人投资，资金将从化石能源领域向清洁能源领域流动（Bawden，2015）。我国在污染企业的关停并转、低碳技术的研发和推广方面已采取了大量措施且成效显著。今后我国可借《巴黎协定》这一“东风”进一步鼓励私人投资者、企业和多边金融机构扩大对清洁能源、低碳技术等领域的投资，深入探索实现低碳经济的跨越式发展的可行道路。

四、坚持“高标准、严要求”的适应能力建设

《巴黎协定》明确了“努力将气温升幅限制在工业化前水平以上 1.5℃之内”的目标。迄今为止国际社会对 1.5℃的科学认知还相对有限，气候变化研究领域最为权威的 IPCC 第五次评估报告是围绕 2℃目标展开的。如果未来全球适应气候变化的行动以 1.5℃为目标，而未来全球的温升达到2℃或者3℃，那么按1.5℃温升建立的适应体系将导致适应能力不足。尽管我国在适应气候变化方面已有很多行动，但在适应目标方面还应坚持“高标准、严要求”。

五、建立碳市场及多层次的碳金融体系

我国计划于 2017 年启动全国碳排放交易体系，将覆盖钢铁、电力、化工、建材、造纸和有色金属等重点工业行业，碳交易市场已在我国一些城市进行试点，但由于市场机制的不完善及对配额需求的缺乏，并未

在全国进行推广。此次巴黎气候大会的召开对碳交易市场的完善是新的契机，我们应当抓住机会利用市场自主竞争的方式控制碳的排放，但同时碳排放交易体系的形成也是一个循序渐进的过程，其中的细节对我们来说也是一个不小的挑战。

六、推动全球碳市场的建立完善

为了帮助成员国实现各自提出的“国家自主决定的贡献”减排承诺，《巴黎协定》授权所有国家探索合作方式实现减排目标。《巴黎协定》第6条提出了一个新的、重要的合作机制，即“国际转让的减缓成果”机制（Internationally Transferred Mitigation Outcomes，ITMO），它可以是任何形式的双边、地区性、多边碳排放权交易机制，联通的碳定价网络、技术转移以及碳金融流通。“国际转让的减缓成果”机制允许“国家自主决定的贡献”（减排量）在国家间转移，但要避免重复计算减排量。当前七国集团（G7）已启动了“碳市场平台”（Carbon Market Platform），以探索“国际转让的减缓成果”机制的相关标准和管理办法。

在现有碳排放权交易市场建设的基础上，我国应充分利用《巴黎协定》新的“国际转让的减缓成果”机制，提前探索构建多边碳排放权交易市场的可行性。比如，与发展较为成熟的欧洲碳排放权交易所（EUETS）构建“中欧联合碳排放权交易所”；也可与英国、法国、韩国等国提前探索构建双边联合碳排放权交易所的可行性。这将有利于我国在未来全球碳排放权交易市场（乃至全球气候治理体系）的规则制定中处于主导地位。

七、推进气候外交

推进同美国、欧盟、俄罗斯、加拿大、日本、澳大利亚等发达国家的政策对话与务实合作，加强同“基础四国”“立场相近发展中国家”、小岛国、最不发达国家和非洲国家的沟通协调。在“一带一路”建设和国际产能合作中突出绿色低碳元素，引导海外投资更多流向低碳领域。尽快启动实施中国气候变化南南合作基金相关项目活动，在团结帮助发展中国家的同时，带动国内节能环保低碳相关产业和装备“走出去”。

类似于《京都议定书》的“清洁发展机制”，《巴黎协定》第6条还提出一个新的合作机制，即“可持续发展机制”（Sustainable Development Mechanism，SDM）。它也是一种以市场为基础的自愿机制，一方面，允许《巴黎协定》的签约国通过投资其他国家的低碳产业以获取碳排放权信用，进而实现其承诺的减排目标；另一方面，帮助接受投资国获得资金和减排技术以实现可持续发展。

我国在很多亚、非、拉发展中国家已开展了大量的低碳投资，最近我国又宣布出资200亿元人民币设立气候变化南南合作基金，以帮助发展中国家应对气候变化。我国可充分利用南南合作基金从海外大规模获取碳排放权信用，这一方面可帮助完成我国承诺的减排目标，减少过重的减排压力，另一方面可在未来全球碳排放权交易市场上出售多余部分，增加我国的投资收益。

八、激励企业、公民参与气候治理

鼓励企业、非政府组织和公众等多元主体参与全球气候治理行动。加大对企业气候治理行为的政策力度和资金支持，支持企业的气候投资、自主减排，提高企业在气候领域全球价值链上的竞争力；鼓励和支持中国的企业、非政府组织积极参与气候变化谈判，鼓励非政府组织参与国际同行的互动，在互动中提高中国气候治理的话语权；增强全社会对低碳发展的共识，将“低碳”这个概念真正融入社会经济生活的各个方面。

附 录

APPENDIX

联合国 FCCC/CP/2015/L.9/Rev.1

气候变化框架公约

Distr.: Limited
12 December 2015
Chinese
Original: English

缔约方会议
第二十一届会议
2015年11月30日至12月11日，巴黎

议程项目4(b)
德班加强行动平台(第1/CP.17号决定)
通过《公约》之下对所有缔约方适用的议定书、另一法律文书或某种有法律约束力的议定结果

通过《巴黎协定》

主席的提案

第-/CP.21号决定草案

缔约方会议，

*忆及*关于设立德班加强行动平台问题特设工作组的第1/CP.17号决定，

又忆及《公约》第二、第三和第四条，

*还忆及*缔约方会议的相关决定，包括第1/CP.16、第2/CP.18、第1/CP.19和第1/CP.20号决定，

*欢迎*联合国大会通过的题为“改变我们的世界：2030年可持续发展议程”的A/RES/70/1号决议，特别是其目标13，第三次发展筹资问题国际会议通过的《亚的斯亚贝巴行动议程》，以及在另外会议上通过的《仙台减少灾害风险框架》，

*认识到*气候变化对人类社会和地球构成紧迫的可能无法逆转的威胁，这就要求所有国家尽可能开展最广泛的合作，参与有效和适当的国际应对行动，以期更快地减少全球温室气体排放量，

又认识到，为实现《公约》最终目标就需要大幅度减少全球排放，并强调在处理气候变化问题时要有紧迫感，

承认气候变化是人类的共同关切，缔约方在采取行动处理气候变化问题时，应当尊重并促进人权、健康权、土著人民权利、当地社区权利、移民权利、儿童权利、残疾人权利、处境脆弱的人民的权利、发展权以及性别平等、妇女赋权和代际公平，以及考虑到它们各自在这些方面的义务，

又承认发展中国家缔约方因执行应对措施及在这方面执行第 5/CP.7、第 1/CP.10、第 1/CP.16 和第 8/CP.17 号决定的影响而产生的具体需要和关切，

严重关切地强调，迫切需要解决以下两者之间存在的很大差距，一是缔约方关于 2020 年之前全球温室气体年排放的减缓保证的总合效果，二是与工业化前水平相比将全球平均温度升幅控制在 2℃ 以内并继续争取与工业化前水平相比把温度升幅限定在 1.5℃ 而需要的总合排放路径，

又强调加强 2020 年之前的力度可为加强 2020 年之后的力度奠定坚实的基础，

强调迫切需要加快执行《公约》及其《京都议定书》，以加强 2020 年之前的力度，

认识到迫切需要发达国家缔约方以可预测的方式进一步提供资金、技术和能力建设支持，以增强发展中国家 2020 年前的行动，

强调有力度的早期行动带来的持久效益，包括可大量减少未来减缓和适应工作的费用，

承认有必要通过加强可再生能源的利用，促进发展中国家尤其是非洲国家普遍获得可持续的能源，

同意维护和促进区域和国际合作，以动员所有缔约方和非缔约方利害关系方，包括民间社会、私营部门、金融机构、城市和其他次国家级主管部门、地方社区和土著人民大力开展更有力度的气候行动，

一. 通过

1. 决定通过附件所载《联合国气候变化框架公约》下的《巴黎协定》(下称“本协定”)；

2. 请联合国秘书长担任本协定的保存人，并自 2016 年 4 月 22 日至 2017 年 4 月 21 日将本协定在美利坚合众国纽约开放供签署；

3. 请秘书长在 2016 年 4 月 22 日召集高级别签署仪式；

4. 又请《公约》所有缔约方在秘书长召集的仪式上签署本协定或尽早签署，并酌情尽快交存各自的批准、接受、核准或加入书；

5. 确认《公约》缔约方在本协定生效之前可暂行适用本协定的所有条款，并请缔约方将任何此种暂行适用通知保存人；

6. 注意到按照第 1/CP.17 号决定第 4 段，德班加强行动平台问题特设工作组的工作已经完成；

7. 决定设立《巴黎协定》特设工作组，并比照适用选举德班加强行动平台问题特设工作组主席团成员所用的相同安排[1]；

8. 又决定《巴黎协定》特设工作组应为本协定的生效及作为《巴黎协定》缔约方会议的《公约》缔约方会议第一届会议的召开做准备；

9. 还决定监督本决定所载相关要求所产生的工作方案的执行情况；

10. 请《巴黎协定》特设工作组定期向缔约方会议报告其工作进展，并在作为《巴黎协定》缔约方会议的《公约》缔约方会议第一届会议之前完成其工作；

11. 决定《巴黎协定》特设工作组应从 2016 年起结合《公约》附属机构届会举行其届会，还应拟订决定草案，作为通过缔约方会议向作为《巴黎协定》缔约方会议的《公约》缔约方会议提出的建议，供其第一届会议审议和通过；

二. 国家自主贡献

12. 欢迎缔约方根据第 1/CP.19 号决定第 2(b)段通报的国家自主贡献；

13. 重申请所有尚未这样做的缔约方尽快并在缔约方会议第二十二届会议(2016 年 11 月)之前，向秘书处通报用以实现《公约》第二条所载目标的国家自主贡献，通报方式应有利于国家自主贡献清晰、透明，便于理解；

14. 请秘书处继续在《气候公约》网站上公布缔约方通报的国家自主贡献；

15. 重申吁请发达国家缔约方、资金机制经营实体及其他任何有能力的组织为可能需要此种支持的缔约方提供拟定和通报国家自主贡献方面的支持；

16. 注意到 FCCC/CP/2015/7 号文件所载缔约方截至 2015 年 10 月 1 日通报的国家自主贡献总合效果的综合报告；

17. 关切地指出，估计 2025 年和 2030 年由国家自主贡献产生的温室气体排放合计总量不符合成本最低的 2°C 情景，而是在 2030 年预计会达到 550 亿吨水平，又指出，需要做出的减排努力应远远大于与国家自主贡献相关的减排努力，才能将排放量减至 400 亿吨，将与工业化前水平相比的全球平均温度升幅控制在 2°C 以内，或减至以下第 21 段提到的特别报告所指出的水平，使温度升幅限定在比工业化前水平高 1.5°C；

18. 在这方面，还注意到许多发展中国家缔约方在其国家自主贡献中表示的适应需要；

---

[1] 经第 2/CP.18 号决定第 2 段核准。

19. 请秘书处更新以上第 16 段提到的综合报告，以涵盖缔约方根据第 1/CP.20 号决定在 2016 年 4 月 4 日之前通报的国家自主贡献的所有信息，并在 2016 年 5 月 2 日之前提供更新报告；

20. 决定在 2018 年召开缔约方之间的便利性对话，以总结缔约方在争取实现本协定第四条第 1 款所述长期目标方面的进展情况，并按照本协定第四条第 8 款为拟定国家自主贡献提供资料；

21. 请政府间气候变化专门委员会在2018年就与工业化前水平相比全球升温1.5°C的影响与有关的全球温室气体排放路径提交一份技术文件；

三. 关于实施本协定的决定

减缓

22. 请缔约方最晚于提交各自《巴黎协定》批准、加入或核准文书之时通报它们的第一次国家自主贡献。如果缔约方在加入本协定之前已经通报了国家自主贡献，该缔约方应视为已经满足了本项规定，除非该缔约方另有决定；

23. 敦促那些根据第 1/CP.20 号决定提出的国家自主贡献内包含至 2025 年的时间框架的缔约方最晚在 2020 年通报一次新的国家自主贡献，并根据本协定第四条第 9 款此后每五年通报一次；

24. 请那些根据第 1/CP.20 号决定提出的国家自主贡献内包含至 2030 年的时间框架的缔约方最晚在 2020 年通报或更新它们的国家自主贡献，并根据本协定第四条第 9 款，此后每五年通报一次；

25. 决定缔约方应在作为《巴黎协定》缔约方会议的《公约》缔约方会议的有关会议之前至少提前 9 至 12 个月向秘书处提交本协定第四条所述它们的国家自主贡献，以便促进国家自主贡献清晰、透明，便于理解，包括通过秘书处编写一份综合报告达到此目的；

26. 请《巴黎协定》特设工作组就国家自主贡献的特征制定进一步的指南，供作为《巴黎协定》缔约方会议的《公约》缔约方会议第一届会议审议和通过；

27. 商定为了促进清晰、透明和理解，缔约方提供的通报本国国家自主贡献的信息除其他外，可酌情包括关于参考点的量化信息(酌情包括基准年)、执行时限和/或时期、范围和覆盖面、规划进程、假设和方法，包括人为温室气体排放量估计和核算方法，还可酌情包括清除量估计和核算方法，以及缔约方何以认为其国家自主贡献就本国国情而言公平而有力度，以及该国家自主贡献如何能为实现《公约》第二条的目标作出贡献；

28. 请《巴黎协定》特设工作组就缔约方应提供的信息拟订进一步指导，以促进国家自主贡献清晰、透明，便于理解，供作为《巴黎协定》缔约方会议的《公约》缔约方会议第一届会议审议通过；

29. 又请附属履行机构为本协定第四条第 12 款所述公共登记册的运作和使用制定模式和程序，供作为《巴黎协定》缔约方会议的《公约》缔约方会议第一届会议审议通过；

30. 还请秘书处在 2016 年上半年提供临时登记册，以便在作为《巴黎协定》缔约方会议的《公约》缔约方会议第一次会议通过以上第 29 段所述模式和程序之前，记录根据《巴黎协定》第四条提交的国家自主贡献；

31. 请《巴黎协定》特设工作组酌情借鉴《公约》及其有关法律文书下制定的各种方法，拟订本协定第四条第 13 款提及的国家自主贡献核算指导，供作为《巴黎协定》缔约方会议的《公约》缔约方会议第一届会议审议通过，确保：

(a) 缔约方根据政府间气候变化专门委员会评估并得到作为《巴黎协定》缔约方会议的《公约》缔约方会议通过的方法和通用指标对人为排放量和清除量进行核算；

(b) 缔约方确保方法的连贯一致，包括对国家自主贡献的通报和执行的基线保持方法上的连贯一致；

(c) 缔约方努力在其国家自主贡献中将人为排放或清除的所有类别包括在内，一旦已纳入一个源、汇或活动，就继续将其纳入；

(d) 缔约方应对为何不纳入任何人为排放或清除类别提供解释；

32. 决定缔约方应对第二次和其后的国家自主贡献适用以上第 31 段所述指导，缔约方也可选择将这些指导适用于其第一次国家自主贡献；

33. 又决定附属机构下的“执行应对措施的影响问题论坛”应继续运作，并应为本协定服务；

34. 还决定附属科学技术咨询机构和附属履行机构应就“执行应对措施的影响问题论坛”的模式、工作方案和职能提出建议，供作为《巴黎协定》缔约方会议的《公约》缔约方会议第一届会议审议通过，以便处理执行本协定下应对措施的影响，为此应加强缔约方在理解本协定下减缓行动的影响方面的合作，并加强缔约方之间的信息、经验和最佳做法的交流，以提高它们对这些影响的抗御力；*

36. 请缔约方根据本协定第四条第 19 款，在 2020 年之前向秘书处通报本世纪中叶长期温室气体低排放发展战略，并请秘书处在《气候公约》网站上公布缔约方所通报的温室气体低排放发展战略；

37. 请附属科学技术咨询机构拟订并作为建议提出本协定第六条第 2 款提及的指导，供作为《巴黎协定》缔约方会议的《公约》缔约方会议第一届会议通过，包括旨在确保以缔约方对其在本协定下的国家自主贡献所涵盖的人为源排放量和汇清除量两方面做出的相应调整为基础避免重复核算的指导；

---

* 删除了第 35 段，将于晚些时候修订随后的段落编号和对本文其他段落的交叉引用。

38. 建议作为《巴黎协定》缔约方会议的《公约》缔约方会议通过根据本协定第六条第 4 款设立的机制的规则、模式和程序，以下列内容为基础：

(a) 经每一有关缔约方授权自愿参加；

(b) 与减缓气候变化相关的实际、可衡量的长期效益；

(c) 活动的具体范围；

(d) 否则会出现的任何减排量以外的排放减少；

(e) 指定经营实体对减缓活动所产生的减排量的核查和认证；

(f) 从《公约》及其相关法律文书下通过的现有机制和方法中获得的经验和学到的教训；

39. 请附属科学技术咨询机构拟订并作为建议提出以上第 38 段所述机制的规则、模式和程序，供作为《巴黎协定》缔约方会议的《公约》缔约方会议第一届会议审议通过；

40. 又请附属科学技术咨询机构在本协定第六条第 8 款所述可持续发展非市场方针框架内执行一项工作方案，以便审议如何加强减缓、适应、资金、技术转让和能力建设等工作之间的联系并在它们之间创造协同作用，并审议如何便利非市场方针的执行和协调；

41. 还请附属科学技术咨询机构在考虑到缔约方观点的情况下，作为建议提出一项关于以上第 40 段所述工作方案的决定草案，供作为《巴黎协定》缔约方会议的《公约》缔约方会议第一届会议审议通过；

适应

42. 请适应委员会和最不发达国家专家组共同拟订模式，用于确认本协定第七条第 3 款所述发展中国家缔约方作出的适应努力，并提出建议，供作为《巴黎协定》缔约方会议的《公约》缔约方会议第一届会议审议通过；

43. 又请适应委员会在考虑到其任务授权和第二个三年工作计划的情况下，为拟订供作为《巴黎协定》缔约方会议的《公约》缔约方会议第一届会议审议通过的建议开展以下工作：

(a) 于 2017 年审议《公约》下与适应有关的体制安排的工作，以期确定如何酌情加强其工作的连贯性，从而充分回应缔约方的需要；

(b) 审议评估适应需要的方法，以期协助发展中国家，而不对其造成不当负担；

44. 请联合国所有相关机构以及国际、区域和国家金融机构通过秘书处向缔约方提供信息，说明它们的发展援助和气候融资方案如何纳入耐气候和气候抗御力措施；

45. 请缔约方在考虑第 1/CP.16 号决定第 13 段的情况下，酌情加强适应方面的区域合作，并在必要时设立区域中心和网络，特别是在发展中国家；

46. 又请适应委员会和最不发达国家专家组与融资问题常设委员会和其他相关机构合作，就下列问题拟订方法，并提出建议，供作为《巴黎协定》缔约方会议的《公约》缔约方会议第一届会议审议通过：

(a) 采取必要步骤，便利为发展中国家在本协定第二条所述全球平均升温极限框架内开展适应工作筹集资源；

(b) 审查本协定第七条第 14 款(c)项所述适应和支助的充足性和效力；

47. 还请绿色气候基金加快支持最不发达国家和其它发展中国家按照第 1/CP.16 和 5/CP.17 号决定编拟国家适应计划，并随后落实它们确定的政策、项目和方案；

损失和损害

48. 决定气候变化影响相关损失和损害华沙国际机制经 2016 年审查之后将继续运作；

49. 请华沙国际机制执行委员会设立一个风险转移信息交换所，作为保险和风险转移有关信息的储存点，从而便利缔约方制定和实施综合风险管理战略；

50. 又请华沙国际机制执行委员会根据其程序和任务授权设立一个工作组，以补充、借鉴《公约》之下的现有机构和专家组，包括适应委员会和最不发达国家专家组，以及《公约》之外的相关组织和专家机构的工作，并酌情吸收它们参与，以便为避免、尽量减少和处理与气候变化不利影响有关的流离失所问题的综合办法拟订建议；

51. 还请华沙国际机制执行委员会在下次会议上启动工作，落实以上第 49 段和第 50 段所述规定，并在年度报告中报告其进展情况；

52. 商定本协定第八条并不涉及任何义务或赔偿，或为任何义务或赔偿提供依据；

资金

53. 决定，为执行本协定，向发展中国家提供的资金应加强执行发展中国家减缓和适应两方面的政策、战略、规章、行动计划和气候变化行动，从而协助实现本协定第二条所规定的宗旨；

54. 又决定，根据本协定第九条第 3 款，发达国家有意在有意义的减缓行动和执行工作的透明度框架内，继续它们现有的到 2025 年的集体筹资目标；在 2025 年前，作为《巴黎协定》缔约方会议的《公约》缔约方会议将在考虑到发展中国家的需要和优先事项的情况下，设定一个新的集体量化目标，每年最低 1,000 亿美元；

55. 认识到至关重要的是充分和可预测的资金，包括酌情为基于成果的支付提供资金，以落实旨在减少毁林和森林退化所致排放量的政策办法和积极激励，森林养护、可持续森林管理和提高森林碳储量的作用；以及替代性政策办法，例如为实现综合和可持续森林管理而实施的联合减缓和适应办法；同时重申此类办法的非碳效益的重要性；鼓励除其他外，根据缔约方会议相关决定，协调公共和私人、双边和多边来源，例如绿色气候基金提供的支助，以及其他来源的支助；

56. 决定在第二十二届会议上启动一个进程，明确缔约方将根据本协定第九条第5款提供的信息，以期提出一项建议，供作为《巴黎协定》缔约方会议的《公约》缔约方会议第一届会议审议通过；

57. 又决定确保根据本协定第九条第7款提供信息的工作应按照以下第96段提到的模式、程序和指南进行；

58. 请附属科学技术咨询机构根据本协定第九条第7款，制定核算通过公共干预措施提供和调集的资金的模式，供缔约方会议第二十四届会议(2018年11月)审议，以期提出一项建议，供作为《巴黎协定》缔约方会议的《公约》缔约方会议第一届会议审议通过；

59. 决定，受托经营《公约》资金机制的实体——绿色气候基金和全球环境基金，以及全球环境基金管理的最不发达国家基金和气候变化特别基金应为本协定服务；

60. 认识到适应基金可根据作为《京都议定书》缔约方会议的《公约》缔约方会议以及作为《巴黎协定》缔约方会议的《公约》缔约方会议的相关决定，为本协定服务；

61. 请作为《京都议定书》缔约方会议的《公约》缔约方会议审议以上第60段提及的问题，向作为《巴黎协定》缔约方会议的《公约》缔约方会议第一届会议提出一项建议；

62. 建议作为《巴黎协定》缔约方会议的《公约》缔约方会议就与本协定有关的政策、方案优先事项和资格标准，向受托经营《公约》资金机制的实体提供指导，由缔约方会议转交；

63. 决定缔约方会议相关决定中对受托经营《公约》资金机制的实体所作的指导，包括本协定通过之前议定的那些指导应比照适用；

64. 又决定融资问题常设委员会应按照缔约方会议确定的该委员会的职能和责任，为本协定服务；

65. 敦促为本协定服务的机构通过简化和高效率的申请和批准程序，并酌情通过继续为发展中国家缔约方，包括最不发达国家和小岛屿发展中国家提供准备方面的支持，为支持国家驱动的战略加强协调和交付资源；

技术开发和转让

66. 注意到FCCC/SB/2015/INF.3号决定提到的技术执行委员会关于加强落实技术需求评估结果的指导意见的临时报告；

67. 决定加强技术机制，请技术执行委员会和气候技术中心与网络在为本协定的执行提供支持时，除其他外，进一步就以下问题开展工作：

(a) 技术研究、开发和示范；

(b) 开发和加强自有能力和技术；

68. 请附属科学技术咨询机构第四十四届会议(2016 年 5 月)开始详细拟订本协定第十条第 4 款建立的技术框架，并向缔约方会议报告其结果，以期缔约方会议就该框架向作为《巴黎协定》缔约方会议的《公约》缔约方会议提出建议，供其第一届会议审议通过，同时考虑到该框架除其他外，应当便利：

(a) 开展和更新技术需求评估，并通过拟定银行可接受的项目，加强落实其结果，特别是技术行动计划和项目意向；

(b) 为落实技术需求评估的结果提供更强的资金和技术支持；

(c) 对准备好转让的技术进行评估；

(d) 为开发和转让无害社会和环境的技术增强扶持型环境和消除障碍；

69. 决定技术执行委员会和气候技术中心与网络应通过附属机构，向作为《巴黎协定》缔约方会议的《公约》缔约方会议报告它们为支持本协定的执行所开展的活动；

70. 又决定定期评估就执行本协定与技术开发和转让有关的事项向技术机制提供的支持的成效和适足性；

71. 请附属履行机构结合第 2/CP.17 号决定附件七第 20 段提到的对气候技术中心与网络的审查，以及本协定第十四条所述全球总结的模式，在第四十四届会议上开始详细拟订以上第 70 段所述定期评估的范围和模式，供缔约方会议第二十五届会议(2019 年 11 月)审议通过；

能力建设

72. 决定设立巴黎能力建设委员会，目的是处理发展中国家缔约方在执行能力建设方面现有的和新出现的差距和需要，以及进一步加强能力建设工作，包括加强《公约》之下能力建设活动的连贯性和协调；

73. 又决定巴黎能力建设委员会将管理和监督以下第 74 段所述工作计划；

74. 还决定启动 2016-2020 年工作计划，包括开展下列活动：

(a) 评估如何通过合作加强《公约》下设立的开展能力建设活动的现有机构之间的协同增效，并避免重复工作，包括与《公约》下和《公约》以外的机构合作；

(b) 查明能力方面的差距和需要，并就如何填补这些差距提出建议；

(c) 促进开发和推广实施能力建设的工具和方法；

(d) 促进全球、区域、国家和次国家层面的合作；

(e) 查明并收集《公约》下设立的机构所开展的能力建设工作中的良好做法、挑战、经验和教训；

(f) 探索发展中国家缔约方如何能够随着时间和空间的推移，逐步自主建设和保持能力；

(g) 确定在国家、区域和次国家层面加强能力的机遇；

(h) 促进《公约》下相关进程和倡议之间的对话、协调、合作和连贯性，包括为此就《公约》下设立的机构的能力建设活动和战略交流信息；

(i) 就维护和进一步开发基于网络的能力建设门户网站向秘书处提供指导；

75. *决定*，巴黎能力建设委员会每年将聚焦加强能力建设技术交流的某一个领域或主题，以便了解在某一特定领域切实开展建设能力的最新成功故事和挑战；

76. *请*附属履行机构安排巴黎能力建设委员会的年度会期会议；

77. *又请*附属履行机构在对能力建设框架执行情况进行第三次全面审查时拟定巴黎能力建设委员会的职权范围，同时考虑到以上第75、76、77、78段和以下第82、83段，以期作为建议就此事项提出一份决定草案，供缔约方会议第二十二届会议审议通过；

78. *请*缔约方在2016年3月9日之前就巴黎能力建设委员会的成员问题提出意见；[2]

79. *请*秘书处将以上第78段所述提交材料汇编成一份杂项文件，供附属履行机构第四十四届会议审议；

80. *决定*，对巴黎能力建设委员会的投入除其他外将包括：提交的材料、能力建设框架执行情况第三次全面审查的结果、秘书处关于发展中国家能力建设框架执行情况的年度综合报告、秘书处关于《公约》及其《京都议定书》下设机构开展的能力建设工作的汇编和综合报告、关于德班论坛的报告以及能力建设门户网站；

81. *请*巴黎能力建设委员会就其工作编写年度技术进展报告，并向与缔约方会议届会同时举行的附属履行机构届会提供这些报告；

82. *又请*缔约方会议第二十五届会议(2019年11月)审议巴黎能力建设委员会的进展、延期需求、效力和加强问题，并采取其认为适当的任何行动，以期就按照本协定第十一条第5款加强能力建设的体制安排，向作为《巴黎协定》缔约方会议的《公约》缔约方会议第一届会议提出建议；

83. *吁请*所有缔约方确保在能力建设贡献中适当考虑《公约》第六条以及本协定第十二条所反映的教育、培训和宣传方面；

84. *请*作为《巴黎协定》缔约方会议的《公约》缔约方会议第一届会议探讨促进提供培训、开展公众宣传、公众参与和公众获取信息的方式，以便加强本协定下的行动；

---

[2] 缔约方应当通过门户网站 http://www.unfccc.int/5900 提交意见。

行动和支助的透明度

85. *决定*设立一个透明度能力建设倡议，以便在2020年之前和之后建设体制和技术能力。这一倡议将应要求，为发展中国家缔约方及时满足本协定第十三条规定的加强的透明度要求提供支持；

86. *又决定*透明度能力建设倡议将致力于：

(a) 根据国家优先事项，加强负责透明度相关活动的国家机构；

(b) 提供相关工具、培训和援助，以满足本协定第十三条规定的条款；

(c) 协助逐步提高透明度；

87. *敦请*全球环境基金作出安排，支持透明度能力建设倡议的设立和实施，将其视为与报告有关的优先需求，包括在全球环境基金第六个充资期和今后的充资周期通过自愿捐款为发展中国家提供支持，以补充全球环境基金下的现有支助；

88. *决定*在对资金机制进行第七次审查时，评估透明度能力建设倡议的执行情况；

89. *请*全球环境基金作为资金机制的经营实体，从2016年开始在其提交缔约方会议的年度报告中列入以上第85段所述透明度能力建设倡议的设计、制定和执行工作的进展情况；

90. *决定*，根据本协定第十三条第2款，应为发展中国家缔约方执行该条的规定提供灵活性，包括报告范围、频率和详细程度方面的灵活性，以及审评范围方面的灵活性，且审评范围应规定国内审评为可选，同时这种灵活性应反映在以下第92段所述模式、程序和指南的制定工作中；

91. *又决定*，除最不发达国家缔约方和小岛屿发展中国家之外的所有缔约方应酌情提交第十三条第7、第8、第9和第10款所述信息，频率不低于每两年一次，最不发达国家缔约方和小岛屿发展中国家可自行斟酌提交这一信息；

92. *请*《巴黎协定》特设工作组根据本协定第十三条第13款，拟定模式、程序和指南的建议，并确定首次和后续定期审评及酌情更新这些模式、程序和指南的年份，供缔约方会议第二十四届会议审议，以期转交作为《巴黎协定》缔约方会议的《公约》缔约方会议第一届会议通过；

93. *又请*《巴黎协定》特设工作组在拟定以上第92段所述模式、程序和指南的建议时，除其他外，考虑到：

(a) 为逐步改善报告情况和透明度提供便利的重要性；

(b) 有必要向由于其能力而需要灵活性的那些发展中国家缔约方提供灵活性；

(c) 有必要促进透明、准确、完整、一致和可比性；

(d) 有必要避免重复以及对缔约方和秘书处造成不当负担；

(e) 有必要确保缔约方按照《公约》下各自承担的义务，至少保持报告的频率和质量；

(f) 有必要确保避免双重核算；

(g) 有必要确保环境完整性；

94. 还请《巴黎协定》特设工作组在制定以上第92段所述模式、程序和指南时，借鉴《公约》下其他现有相关进程的经验并将这些进程考虑在内；

95. 请《巴黎协定》特设工作组在制定以上第92段所述模式、程序和指南时，除其他外，考虑：

(a) 由于其能力而需要灵活性的那些发展中国家可获得的灵活性的类型；

(b) 国家自主贡献中所通报的方法与缔约方各自国家自主贡献的实现进展报告方法之间的一致性；

(c) 由缔约方报告适应行动和规划的有关信息，包括酌情报告其国家适应计划，以期集体交流信息并分享经验教训；

(d) 所提供的支助，促进为适应和减缓均提供支助，除其他外，包括采用报告支助情况的通用表格格式，并考虑到附属科学技术咨询机构审议的关于财务信息报告方法的问题，并加强发展中国家对收到支助情况的报告，包括支助的使用、影响以及预计结果等情况；

(e) 融资问题常设委员会和《公约》下其他相关机构的两年期评估和其他报告中的信息；

(f) 关于应对措施的社会和经济影响的信息；

96. 又请《巴黎协定》特设工作组在拟定以上第92段所述模式、程序和指南的建议时，加强根据本协定第九条提供的支助的透明度；

97. 还请《巴黎协定》特设工作组向缔约方会议今后届会报告以上第92段所述模式、程序和指南的工作进展情况，且这一工作应不迟于2018年完成；

98. 决定应自《巴黎协定》生效之时起适用根据以上第92段制定的模式、程序和指南；

99. 又决定这一透明度框架的模式、程序和指南应立足于并最终在最后的两年期报告和两年期更新报告提交之后立即取代第1/CP.16号决定第40至47段和第60至64段及第2/CP.17号决定第12至62段设立的衡量、报告和核实制度；

全球总结

100. 请《巴黎协定》特设工作组查明本协定第十四条所述全球总结的投入来源，并向缔约方会议报告，以便缔约方会议向作为《巴黎协定》缔约方会议的《公约》缔约方会议提出一项建议，供其在第一届会议上审议通过，来源包括但不限于：

(a) 关于以下内容的信息：

(一) 缔约方通报的国家自主贡献的总体影响；

(二) 本协定第七条第 10 和第 11 款所述信息通报以及本协定第十三条第 7 款所述报告所载的适应工作、支助、经验和优先事项的现状；

(三) 支助的调集和提供情况；

(b) 政府间气候变化专门委员会的最新报告；

(c) 附属机构的报告；

101. 又请附属科学技术咨询机构提供咨询意见，说明如何利用政府间气候变化专门委员会的评估，为根据本协定第十四条对本协定执行情况进行的全球总结提供信息，并就此事项向《巴黎协定》特设工作组第二届会议报告；

102. 还请《巴黎协定》特设工作组制定本协定第十四条所述全球总结的模式，并向缔约方会议提交报告，以期向作为《巴黎协定》缔约方会议的《公约》缔约方会议提出一项建议，供其在第一届会议上审议通过；

为执行和遵守本协定提供便利

103. 决定本协定第十五条第 2 款所述委员会应由作为《巴黎协定》缔约方会议的《公约》缔约方会议根据地域公平分配原则选出的在相关科学、技术、社会经济或法律领域具备公认才能的 12 名成员组成，联合国五个区域集团各派两名成员，小岛屿发展中国家和最不发达国家各派一名成员，并兼顾性别平衡的目标；

104. 请《巴黎协定》特设工作组制定模式和程序，促进本协定第十五条第 2 款所述委员会的有效运作，以期《巴黎协定》特设工作组完成关于这些模式和程序的工作，供作为《巴黎协定》缔约方会议的《公约》缔约方会议第一届会议审议通过这些模式和程序；

最后条款

105. 又请秘书处仅出于本协定第二十一条的目的，在协定通过之日在其网站上公布《公约》缔约方在其国家信息通报、温室气体清单报告、两年期报告或两年期更新报告中通报的最新温室气体排放总量和百分比，并将这些信息列入缔约方会议第二十一届会议报告中；

四. 2020 年之前的强化行动

106. 决心在 2020 年之前时期确保尽可能作出最大的减缓努力，包括采取以下行动：

(a) 敦促所有尚未批准和执行《京都议定书》多哈修正案的《京都议定书》缔约方批准和执行该修正案；

(b) 敦促所有尚未在《坎昆协议》下作出和履行减缓承诺的缔约方作出并履行承诺；

(c) 重申如第 1/CP.19 号决定第 3 和第 4 段所述，决心加速充分执行构成根据第 1/CP.13 号决定达成的议定结果的决定，加大 2020 年之前时期的力度，以便确保所有缔约方在《公约》下作出尽可能最大的减缓努力；

(d) 请尚未提交第一份两年期更新报告的发展中国家缔约方尽快提交报告；

(e) 敦促所有缔约方及时参与《坎昆协议》下已有的衡量、报告和核实进程，以期展示它们在履行减缓承诺方面取得的进展；

107. 鼓励缔约方促进缔约方利害关系方和非缔约方利害关系方在不双重核算《京都议定书》下发放的减排量单位的前提下进行自愿注销，包括自愿注销在第二承诺期内有效的核证减排量；

108. 敦促缔约方买卖双方以透明方式报告国际转让的减缓成果，包括用于履行国际承诺的成果，以及在《京都议定书》下发放的排放量单位，以期促进环境完整性和避免重复核算；

109. 认识到自愿减缓行动的社会、经济及环境价值，以及在适应、健康和可持续发展方面的共同效益；

110. 决心在 2016 至 2020 年期间加强第 1/CP.19 号决定第 5(a)段和第 1/CP.20 号决定第 19 段界定的关于减缓的现有技术审查进程，考虑最新的科学知识，方法包括：

(a) 鼓励缔约方、《公约》各机构和国际组织参与这一进程，包括酌情与有关非缔约方利害关系方合作，分享其经验和建议，包括来自区域活动的经验和建议，并根据国家可持续发展优先事项开展合作，为执行在该进程期间查明的各项政策、做法和行动提供便利；

(b) 通过与缔约方协商，努力促进发展中国家缔约方和非缔约方专家加入和参与这一进程；

(c) 请技术执行委员会和气候技术中心与网络根据各自的授权任务：

(一) 参加技术专家会议，并加大努力促进和支持缔约方扩大执行在该进程期间查明的各项政策、做法和行动；

(二) 在技术专家会议期间定期提供有关促进执行此前在该进程期间查明的各项政策、做法和行动的最新进展；

(三) 在向缔约方会议提交的联合年度报告中列入资料，说明在此进程下开展的各项活动；

(d) 鼓励缔约方有效利用气候技术中心与网络，以便获得援助，在该进程查明的减缓潜力高的领域提出在经济、环境和社会方面可行的项目建议；

111. *鼓励*《公约》资金机制经营实体参与技术专家会议，并告知与会者他们为推动执行技术审查进程期间查明的政策、做法和行动取得进展作出的贡献；

112. *请*秘书处组织以上第110段所述进程，并传播其成果，方法包括：

(a) 与技术执行委员会及有关专家组织协商，定期举办技术专家会议，侧重于体现最佳做法并且具有扩大规模及复制潜力的具体政策、做法和行动；

(b) 在以上第112(a)段所述会议之后，每年更新一份技术文件，说明促进减缓力度的政策、做法和行动产生的减缓效益及共同效益，以及支持其执行的备选办法，作为对以下第112(c)段所述为政策制定者编写的摘要的投入及时提交，相关信息应当以方便用户使用的格式在网上提供；

(c) 与以下第122段所述倡导者协商，为政策制定者编写一份摘要，说明体现最佳做法并且具有扩大规模及复制潜力的具体政策、做法和行动，支持其执行的备选办法，以及相关合作倡议，该摘要至少在每届缔约方会议之前两个月发表，作为对以下第121段所述高级别会议的投入；

113. *决定*以上第110段所述进程应当由附属履行机构和附属科学技术咨询机构共同组织，并持续进行至2020年；

114. *又决定*在2017年对以上第110段所述进程进行一次评估，以促进其成效；

115. *决心*推动发达国家缔约方紧急提供充足的资金、技术和能力建设支持，以加强各缔约方2020年之前行动的力度，在这方面，*强烈敦促*发达国家缔约方提高其资金支持水平，制定切实的路线图，以实现在2020年之前每年共同为减缓和适应提供1,000亿美元资金的目标，同时大幅提高当前的适应融资水平，并进一步提供适当的技术和能力建设支持；

116. *决定*在举行缔约方会议第二十二届会议的同时举办一次便利性对话，以评估执行第1/CP.19号决定第3和第4段的进展，并查明促进为技术开发和转让及能力建设支助等活动提供资金的相关机遇，从而查明以哪些方式促使所有缔约方加大减缓努力的力度，包括查明促进提供和调动支助和扶持型环境的相关机遇；

117. *赞赏地承认*利马—巴黎行动议程在联合国秘书长2014年9月23日召集的气候峰会基础上取得的成果；

118. *欢迎*非缔约方利害关系方努力加强气候行动，并*鼓励*在非国家行为方气候行动区门户网站平台[3]上登记这类行动；

119. *鼓励*缔约方与非缔约方利害关系方密切合作，促进加强减缓和适应行动的努力；

[3] http://climateaction.unfccc.int/。

120. *又鼓励*非缔约方利害关系方更多地参与以上第 110 段和以下第 125 段所述进程；

121. *商定*根据第 1/CP.20 号决定第 21 段，在利马－巴黎行动议程的基础上，在 2016 年至 2020 年期间在每届缔约方会议召开的同时召集一次高级别会议，该会议将：

(a) 参考以上第 112(c)段所述为政策制定者编写的摘要，进一步加强高级别参与执行以上第 110 段和以下第 125 段所述进程中产生的政策选择和行动；

(b) 提供机会，宣布新的或强化的自愿努力、举措和联盟，包括执行以上第 110 段和以下第 125 段所述进程中产生并在以上第 112(c)段所述为政策制定者编写的摘要中介绍的政策、做法和行动；

(c) 总结有关进展，承认新的或强化的自愿努力、举措和联盟；

(d) 切实、定期为缔约方、国际组织、国际合作倡议和非缔约方利害关系方政要有效、高级别的参与提供机会；

122. *决定*任命两名高级别倡导者，代表缔约方会议主席行事，通过在 2016 至 2020 年期间强化高级别参与，为成功落实当前工作及扩大和启动新的努力或强化自愿努力、倡议和联盟提供便利，方法包括：

(a) 与缔约方会议执行秘书以及现任和继任主席合作，协调以上第 121 段所述年度高级别会议；

(b) 与相关缔约方和非缔约方利害关系方接触，包括推动利马－巴黎行动议程的自愿举措；

(c) 就举办以上第 112(a)段和以下第 130(a)段所述技术专家会议向秘书处提供指导；

123. *又决定*以上第 122 段所述高级别倡导者的任期通常为两年，为确保连续性，其任期相互重叠一整年，例如：

(a) 缔约方会议第二十一届会议主席应当任命一名倡导者，任期一年，自任命之日起，到缔约方会议第二十二届会议最后一天为止；

(b) 缔约方会议第二十二届会议主席应当任命一名倡导者，任期两年，自任命之日起，到缔约方会议第二十三届会议(2017 年 11 月)最后一天为止；

(c) 以此类推，其后每位缔约方会议主席应当任命一名倡导者，任期两年，接替此前任命的任期已结束的倡导者；

124. *请*所有有关缔约方和相关组织为以上第 122 段所述倡导者的工作提供支持；

125. *决定*在 2016 至 2020 年期间启动一项关于适应的技术审查进程；

126. *又决定*以上第 125 段所述关于适应的技术审查进程将努力查明加强抗御力、降低脆弱性和增加对适应行动的了解和执行的实际机遇；

127. 还决定以上第 125 段所述技术审查进程应当由附属履行机构和附属科学技术咨询机构共同组织，由适应委员会开展；

128. 决定通过以下行动开展以上第 125 段所述进程：

(a) 推动分享良好做法、经验和教训；

(b) 查明可大幅加强执行适应行动的行动，包括可促进经济多样化以及带来减缓共同效益的行动；

(c) 促进适应方面的合作行动；

(d) 在具体政策、做法和行动背景下查明加强扶持型环境和增强为适应提供支助的机会；

129. 又决定以上第 125 段所述关于适应的技术审查进程将考虑以上第 110 段所述关于减缓的技术审查进程的程序、模式、产出、成果和经验教训；

130. 请秘书处通过以下方式为以上第 125 段所述技术审查进程提供支助：

(a) 以具体政策、战略和行动为重点定期举行技术专家会议；

(b) 基于以上第 130(a)段所述会议，每年编写一份关于强化适应行动的机会以及为其执行提供支助的备选办法的技术文件，作为对以上第 112(c)段所述为政策制定者编写的摘要的投入及时提交，相关信息应当以方便用户使用的格式在网上提供；

131. 决定适应委员会在开展以上第 125 段所述进程时要让《公约》下的适应相关工作方案、机构和体制现有的安排介入，并探讨兼顾这些安排、与之建立协同增效和依托这些安排的途径，以确保连贯性和实现最大价值；

132. 又决定在进行以上第 120 段所述评估的同时，对以上第 125 段所述进程进行一次评估，以提高其成效；

133. 请缔约方和观察员组织在 2016 年 2 月 3 日之前提交资料，说明以上第 126 段所述机遇；

五. 非缔约方利害关系方

134. 欢迎所有非缔约方利害关系方，包括民间社会、私营部门、金融机构、城市和其他次国家级主管部门努力处理和应对气候变化；

135. 请以上第 134 段所述非缔约方利害关系方加大努力和支助行动，以减少排放和/或建设抗御力，降低对气候变化不利影响的脆弱性，并通过以上第 118 段所述非国家行为方气候行动区门户网站平台[4]展示这些努力；

[4] http://climateaction.unfccc.int/。

136. 认识到需要加强地方社区和土著人民与处理和应对气候变化相关的知识、技术、做法和努力，并设立一个平台，用于以全面和综合方式交流和分享有关减缓和适应的经验和最佳做法；

137. 又认识到为减排活动提供激励，包括国内政策和碳定价等工具的重要作用；

六. 行政和预算事务

138. 注意到秘书处执行本决定所述活动所涉经费估算，请秘书处根据资金到位情况执行本决定中提出的行动；

139. 强调迫切需要提供更多的资源，用于执行包括本决定所述行动在内的相关行动，以及用于执行以上第9段所述工作方案；

140. 敦促缔约方为及时执行本决定提供自愿捐款。

附件

巴黎协定

本协定缔约方，

作为《联合国气候变化框架公约》(下称“《公约》”)缔约方，

按照《公约》缔约方会议第十七届会议第 1/CP.17 号决定建立的德班加强行动平台，

根据《公约》目标，并遵循其原则，包括以公平为基础并体现共同但有区别的责任和各自能力的原则，同时要根据不同的国情，

认识到必须根据现有的最佳科学知识，对气候变化的紧迫威胁作出有效和逐渐的应对，

又认识到《公约》所述的发展中国家缔约方的具体需要和特殊情况，特别是那些对气候变化不利影响特别脆弱的发展中国家缔约方的具体需要和特殊情况，

充分考虑到最不发达国家在筹资和技术转让行动方面的具体需要和特殊情况，

认识到缔约方不仅可能受到气候变化的影响，而且还可能受到为应对气候变化而采取的措施的影响，

强调气候变化行动、应对和影响与平等获得可持续发展和消除贫困有着内在的关系，

认识到保障粮食安全和消除饥饿的根本性优先事项，以及粮食生产系统对气候变化不利影响的特殊脆弱性，

考虑到务必根据国家制定的发展优先事项，实现劳动力公正转型以及创造体面工作和高质量就业岗位，

承认气候变化是人类共同关注的问题，缔约方在采取行动处理气候变化时，应当尊重、促进和考虑它们各自对人权、健康权、土著人民权利、当地社区权利、移徙者权利、儿童权利、残疾人权利、弱势人权利、发展权，以及性别平等、妇女赋权和代际公平等的义务，

认识到必须酌情养护和加强《公约》所述的温室气体的汇和库，

注意到必须确保包括海洋在内的所有生态系统的完整性，保护被有些文化认作大地母亲的生物多样性，并注意到在采取行动处理气候变化时关于“气候公正”的某些概念的重要性，

申明必须就本协定处理的事项在各级开展教育、培训、宣传，公众参与和公众获得信息和合作，认识到在本协定处理的事项方面让各级参与的重要性，

认识到按照缔约方各自的国内立法使各级政府和各行为方参与处理气候变化的重要性，

又认识到在发达国家缔约方带头下的可持续生活方式以及可持续的消费和生产模式，对处理气候变化所发挥的重要作用，

协定如下：

第一条

为本协定的目的，《公约》第一条所载的定义都应适用。此外：

1. “公约”指1992年5月9日在纽约通过的《联合国气候变化框架公约》；

2. “缔约方会议”指《公约》缔约方会议；

3. “缔约方”指本协定缔约方。

第二条

1. 本协定在加强《公约》，包括其目标的执行方面，旨在联系可持续发展和消除贫困的努力，加强对气候变化威胁的全球应对，包括：

(a) 把全球平均气温升幅控制在工业化前水平以上低于2℃之内，并努力将气温升幅限制在工业化前水平以上1.5℃之内，同时认识到这将大大减少气候变化的风险和影响；

(b) 提高适应气候变化不利影响的能力并以不威胁粮食生产的方式增强气候抗御力和温室气体低排放发展；

(c) 使资金流动符合温室气体低排放和气候适应型发展的路径。

2. 本协定的执行将按照不同的国情体现平等以及共同但有区别的责任和各自能力的原则。

第三条

作为全球应对气候变化的国家自主贡献，所有缔约方将保证并通报第四条、第七条、第九条、第十条、第十一条和第十三条所界定的有力度的努力，以实现本协定第二条所述的目的。所有缔约方的努力将随着时间的推移而逐渐增加，同时认识到需要支持发展中国家缔约方，以有效执行本协定。

第四条

1. 为了实现第二条规定的长期气温目标，缔约方旨在尽快达到温室气体排放的全球峰值，同时认识到达峰对发展中国家缔约方来说需要更长的时间；此后利用现有

的最佳科学迅速减排，以联系可持续发展和消除贫困，在平等的基础上，在本世纪下半叶实现温室气体源的人为排放与汇的清除之间的平衡。

2. 各缔约方应编制、通报并保持它打算实现的下一次国家自主贡献。缔约方应采取国内减缓措施，以实现这种贡献的目标。

3. 各缔约方下一次的国家自主贡献将按不同的国情，逐步增加缔约方当前的国家自主贡献，并反映其尽可能大的力度，同时反映其共同但有区别的责任和各自能力。

4. 发达国家缔约方应当继续带头，努力实现全经济绝对减排目标。发展中国家缔约方应当继续加强它们的减缓努力，应鼓励它们根据不同的国情，逐渐实现全经济绝对减排或限排目标。

5. 应向发展中国家缔约方提供支助，以根据本协定第九条、第十条和第十一条执行本条，同时认识到增强对发展中国家缔约方的支助，将能够加大它们的行动力度。

6. 最不发达国家和小岛屿发展中国家可编制和通报反映它们特殊情况的关于温室气体低排放发展的战略、计划和行动。

7. 从缔约方的适应行动和/或经济多样化计划中获得的减缓共同收益，能促进本条下的减缓成果。

8. 在通报国家自主贡献时，所有缔约方应根据第 1/CP.21 号决定和作为《巴黎协定》缔约方会议的《公约》缔约方会议的任何有关决定，为清晰、透明和了解而提供必要的信息。

9. 各缔约方应根据第 1/CP.21 号决定和作为《巴黎协定》缔约方会议的《公约》缔约方会议的任何有关决定，并参照第十四条所述的全球总结的结果，每五年通报一次国家自主贡献。

10. 作为《巴黎协定》缔约方会议的《公约》缔约方会议应在第一届会议上审议国家自主贡献的共同时间框架。

11. 缔约方可根据作为《巴黎协定》缔约方会议的《公约》缔约方会议通过的指导，随时调整其现有的国家自主贡献，以加强其力度水平。

12. 缔约方通报的国家自主贡献应记录在秘书处保持的一个公共登记册上。

13. 缔约方应核算它们的国家自主贡献。在核算相当于它们国家自主贡献中的人为排放量和清除量时，缔约方应促进环境完整性、透明、精确、完整、可比和一致性，并确保根据作为《巴黎协定》缔约方会议的《公约》缔约方会议通过的指导避免双重核算。

14. 在国家自主贡献方面，当缔约方在承认和执行人为排放和清除方面的减缓行动时，应当按照本条第 13 款的规定，酌情考虑《公约》下的现有方法和指导。

15. 缔约方在执行本协定时，应考虑那些经济受应对措施影响最严重的缔约方，特别是发展中国家缔约方关注的问题。

16. 缔约方，包括区域经济一体化组织及其成员国，凡是达成了一项协定，根据本条第 2 款联合采取行动的，均应在它们通报国家自主贡献时，将该协定的条款通知秘书处，包括有关时期内分配给各缔约方的排放量。再应由秘书处向《公约》的缔约方和签署方通报该协定的条款。

17. 以上第 16 款提及的这种协定的各缔约方应根据本条第 13 款和第 14 款以及第十三条和第十五条对该协定为它规定的排放水平承担责任。

18. 如果缔约方在一个其本身是本协定缔约方的区域经济一体化组织的框架内并与该组织一起，采取联合行动开展这项工作，那么该区域经济一体化组织的各成员国单独并与该区域经济一体化组织一起，应根据本条第 13 款和第 14 款以及第十三条和第十五条，对根据本条第 16 款通报的协定为它规定的排放量承担责任。

19. 所有缔约方应努力拟定并通报长期温室气体低排放发展战略，同时注意第二条，根据不同国情，考虑它们共同但有区别的责任和各自能力。

第五条

1. 缔约方应当采取行动酌情养护和加强《公约》第四条第 1 款 d 项所述的温室气体的汇和库，包括森林。

2. 鼓励缔约方采取行动，包括通过基于成果的支付，执行和支持在《公约》下已确定的有关指导和决定中提出的有关以下方面的现有框架：为减少毁林和森林退化造成的排放所涉活动采取的政策方法和积极奖励措施，以及发展中国家养护、可持续管理森林和增强森林碳储量的作用；执行和支持替代政策方法，如关于综合和可持续森林管理的联合减缓和适应方法，同时重申酌情奖励与这种方法相关的非碳收益的重要性。

第六条

1. 缔约方认识到，有些缔约方选择自愿合作执行它们的国家自主贡献，以能够提高它们减缓和适应行动的力度，并促进可持续发展和环境完整。

2. 缔约方如果在自愿的基础上采取合作方法，并使用国际转让的减缓成果来实现国家自主贡献，就应促进可持续发展，确保环境完整和透明，包括在治理方面，并应运用稳健的核算，以主要依作为《巴黎协定》缔约方会议的《公约》缔约方会议通过的指导确保避免双重核算。

3. 使用国际转让的减缓成果来实现本协定下的国家自主贡献，应是自愿的，并得到参加的缔约方的允许的。

4. 兹在作为《巴黎协定》缔约方会议的《公约》缔约方会议的授权和指导下，建立一个机制，供缔约方自愿使用，以促进温室气体排放的减缓，支持可持续发展。它应受作为《巴黎协定》缔约方会议的《公约》缔约方会议指定的一个机构的监督，应旨在：

(a) 促进减缓温室气体排放，同时促进可持续发展；

(b) 奖励和便利缔约方授权下的公私实体参与减缓温室气体排放；

(c) 促进东道缔约方减少排放量，以便从减缓活动导致的减排中受益，这也可以被另一缔约方用来履行其国家自主贡献 ；

(d) 实现全球排放的全面减缓。

5. 从本条第 4 款所述的机制产生的减排，如果被另一缔约方用作表示其国家自主贡献的实现情况，则不应再被用作表示东道缔约方自主贡献的实现情况。

6. 作为《巴黎协定》缔约方会议的《公约》缔约方会议应确保本条第 4 款所述机制下开展的活动所产生的一部分收益用于负担行政开支，以及援助对气候变化不利影响特别脆弱的发展中国家缔约方支付适应费用。

7. 作为《巴黎协定》缔约方会议的《公约》缔约方会议应在第一届会议上通过本条第 4 款所述机制的规则、模式和程序。

8. 缔约方认识到，在可持续发展和消除贫困方面，必须以协调和有效的方式向缔约方提供综合、整体和平衡的非市场方法，包括酌情主要通过，减缓、适应、融资、技术转让和能力建设，以协助执行它们的国家自主贡献。这些方法应旨在：

(a) 提高减缓和适应力度；

(b) 加强公私部门参与执行国家自主贡献；

(c) 创造各种手段和有关体制安排之间协调的机会。

9. 兹确定一个本条第 8 款提及的可持续发展非市场方法的框架，以推广非市场方法。

第七条

1. 缔约方兹确立关于提高适应能力、加强抗御力和减少对气候变化的脆弱性的全球适应目标，以促进可持续发展，并确保在第二条所述气温目标方面采取适当的适应对策。

2. 缔约方认识到，适应是所有各方面临的全球挑战，具有地方、次国家、国家、区域和国际层面，它是为保护人民、生计和生态系统而采取的气候变化长期全球应对措施的关键组成部分和促进因素，同时也要考虑到对气候变化不利影响特别脆弱的发展中国家迫在眉睫的需要。

3. 应根据作为《巴黎协定》缔约方会议的《公约》缔约方会议第一届会议通过的模式承认发展中国家的适应努力。

4. 缔约方认识到，当前的适应需要很大，提高减缓水平能减少对额外适应努力的需要，增大适应需要可能会增加适应成本。

5. 缔约方承认，适应行动应当遵循一种国家驱动、注重性别问题、参与型和充分透明的方法，同时考虑到脆弱群体、社区和生态系统，并应当基于和遵循现有的最佳科学，以及适当的传统知识、土著人民的知识和地方知识系统，以期将适应酌情纳入相关的社会经济和环境政策以及行动中。

6. 缔约方认识到必须支持适应努力并开展适应努力方面的国际合作，必须考虑发展中国家缔约方的需要，特别是对气候变化不利影响特别脆弱的发展中国家的需要。

7. 缔约方应当加强它们在增强适应行动方面的合作，同时考虑到《坎昆适应框架》，包括在下列方面：

(a) 交流信息、良好做法、获得的经验和教训，酌情包括与适应行动方面的科学、规划、政策和执行等相关的信息、良好做法、获得的经验和教训；

(b) 加强体制安排，包括《公约》下服务于本协定的体制安排，以支持相关信息和知识的综合，并为缔约方提供技术支助和指导；

(c) 加强关于气候的科学知识，包括研究、对气候系统的系统观测和预警系统，以便为气候服务提供参考，并支持决策；

(d) 协助发展中国家缔约方确定有效的适应做法、适应需要、优先事项、为适应行动和努力提供和得到的支助、挑战和差距，其方式应符合鼓励良好做法；

(e) 提高适应行动的有效性和持久性。

8. 鼓励联合国专门组织和机构支持缔约方努力执行本条第 7 款所述的行动，同时考虑到本条第 5 款的规定。

9. 各缔约方应酌情开展适应规划进程并采取各种行动，包括制订或加强相关的计划、政策和/或贡献，其中可包括：

(a) 落实适应行动、任务和/或努力；

(b) 关于制订和执行国家适应计划的进程；

(c) 评估气候变化影响和脆弱性，以拟订国家制定的优先行动，同时考虑到处于脆弱地位的人民、地方和生态系统；

(d) 监测和评价适应计划、政策、方案和行动并从中学习；

(e) 建设社会经济和生态系统的抗御力，包括通过经济多样化和自然资源的可持续管理。

10. 各缔约方应当酌情定期提交和更新一项适应信息通报，其中可包括其优先事项、执行和支助需要、计划和行动，同时不对发展中国家缔约方造成额外负担。

11. 本条第 10 款所述适应信息通报应酌情定期提交和更新，纳入或结合其他信息通报或文件提交，其中包括国家适应计划、第四条第 2 款所述的一项国家自主贡献和/或一项国家信息通报。

12. 本条第 10 款所述的适应信息通报应记录在一个由秘书处保持的公共登记册上。

13. 根据本协定第九条、第十条和第十一条的规定，发展中国家缔约方在执行本条第 7 款、第 9 款、第 10 款和第 11 款时应得到持续和加强的国际支持。

14. 第十四条所述的全球总结，除其他外应：

(a) 承认发展中国家缔约方的适应努力；

(b) 加强开展适应行动，同时考虑本条第 10 款所述的适应信息通报；

(c) 审评适应的适足性和有效性以及对适应提供的支助情况；

(d) 审评在实现本条第 1 款所述的全球适应目标方面所取得的总体进展。

第八条

1. 缔约方认识到避免、尽量减轻和处理与气候变化(包括极端气候事件和缓发事件)不利影响相关的损失和损害的重要性，以及可持续发展对于减少损失和损害的作用。

2. 气候变化影响相关损失和损害华沙国际机制应受作为《巴黎协定》缔约方会议的《公约》缔约方会议的领导和指导，并由作为《巴黎协定》缔约方会议的《公约》缔约方会议决定予以加强。

3. 缔约方应当在合作和提供便利的基础上，包括酌情通过华沙国际机制，在气候变化不利影响所涉损失和损害方面加强理解、行动和支持。

4. 据此，为加强理解、行动和支持而开展合作和提供便利的领域包括以下方面：

(a) 预警系统；

(b) 应急准备；

(c) 缓发事件；

(d) 可能涉及不可逆转和永久性损失和损害的事件；

(e) 综合性风险评估和管理；

(f) 风险保险设施，气候风险分担安排和其他保险方案；

(g) 非经济损失；

(h) 社区的抗御力、生计和生态系统。

5. 华沙国际机制应与本协定下现有机构和专家小组以及本协定以外的有关组织和专家机构协作。

第九条

1. 发达国家缔约方应为协助发展中国家缔约方减缓和适应两方面提供资金，以便继续履行在《公约》下的现有义务。

2. 鼓励其他缔约方自愿提供或继续提供这种支助。

3. 作为全球努力的一部分，发达国家缔约方应继续带头，从各种大量来源、手段及渠道调动气候资金，同时注意到公共基金通过采取各种行动，包括支持国家驱动战略而发挥的重要作用，并考虑发展中国家缔约方的需要和优先事项。对气候资金的这一调动应当逐步超过先前的努力。

4. 提供规模更大的资金资源，应旨在实现适应与减缓之间的平衡，同时考虑国家驱动战略以及发展中国家缔约方的优先事项和需要，尤其是那些对气候变化不利影响特别脆弱和受到严重的能力限制的发展中国家缔约方，如最不发达国家，小岛屿发展中国家的优先事项和需要，同时也考虑为适应提供公共资源和基于赠款的资源的需要。

5. 发达国家缔约方应适当根据情况，每两年对与本条第 1 款和第 3 款相关的指示性定量定质信息进行通报，包括向发展中国家缔约方提供的公共财政资源方面可获得的预测水平。鼓励其他提供资源的缔约方也自愿每两年通报一次这种信息。

6. 第十四条所述的全球总结应考虑发达国家缔约方和/或本协定的机构提供的关于气候资金所涉努力方面的有关信息。

7. 发达国家缔约方应按照作为《巴黎协定》缔约方会议的《公约》缔约方会议第一届会议根据第十三条第 13 款的规定通过的模式、程序和指南，就通过公共干预措施向发展中国家提供和调动支助的情况，每两年提供透明一致的信息。鼓励其他缔约方也这样做。

8. 《公约》的资金机制，包括其经营实体，应作为本协定的资金机制。

9. 为本协定服务的机构，包括《公约》资金机制的经营实体，应旨在通过精简审批程序和提供进一步准备支助发展中国家缔约方，尤其是最不发达国家和小岛屿发展中国家，来确保它们在国家气候战略和计划方面有效地获得资金。

第十条

1. 缔约方共有一个长期愿景，即必须充分落实技术开发和转让，以改善对气候变化的抗御力和减少温室气体排放。

2. 注意到技术对于执行本协定下的减缓和适应行动的重要性，并认识到现有的技术部署和推广工作，缔约方应加强技术开发和转让方面的合作行动。

3. 《公约》下设立的技术机制应为本协定服务。

4. 兹建立一个技术框架，为技术机制在促进和便利技术开发和转让的强化行动方面的工作提供总体指导，以根据本条第 1 款所述的长期愿景，支持本协定的执行。

5. 加快、鼓励和扶持创新，对有效、长期的全球应对气候变化，以及促进经济增长和可持续发展至关重要。应对这种努力酌情提供支助，包括由技术机制和由《公约》资金机制通过资金手段提供支助，以便采取协作性方法开展研究和开发，以及便利获得技术，特别是在技术周期的早期阶段便利发展中国家缔约方获得技术。

6. 应向发展中国家缔约方提供支助，包括提供资金支助，以执行本条，包括在技术周期不同阶段的技术开发和转让方面加强合作行动，从而在支助减缓和适应之间实现平衡。第十四条提及的全球总结应考虑为发展中国家缔约方的技术开发和转让提供支助方面的现有信息。

第十一条

1. 本协定下的能力建设应当加强发展中国家缔约方，特别是能力最弱的国家，如最不发达国家，以及对气候变化不利影响特别脆弱的国家，如小岛屿发展中国家等的能力，以便采取有效的气候变化行动，其中主要包括执行适应和减缓行动，并应当便利技术开发、推广和部署、获得气候资金、教育、培训和公共宣传的有关方面，以及透明、及时和准确的信息通报。

2. 能力建设，尤其是针对发展中国家缔约方的能力建设，应当由国家驱动，依据并响应国家需要，并促进缔约方的本国自主，包括在国家、次国家和地方层面。能力建设应当以获得的经验教训为指导，包括从《公约》下能力建设活动中获得的经验教训，并应当是一个参与型、贯穿各领域和注重性别问题的有效和迭加的进程。

3. 所有缔约方应当合作，以加强发展中国家缔约方执行本协定的能力。发达国家缔约方应当加强对发展中国家缔约方能力建设行动的支助。

4. 所有缔约方，凡在加强发展中国家缔约方执行本协定的能力，包括采取区域、双边和多边方式的，均应定期就这些能力建设行动或措施进行通报。发展中国家缔约方应当定期通报为执行本协定而落实能力建设计划、政策、行动或措施的进展情况。

5. 应通过适当的体制安排，包括《公约》下为服务于本协定所建立的有关体制安排，加强能力建设活动，以支持对本协定的执行。作为《巴黎协定》缔约方会议的《公约》缔约方会议应在第一届会议上审议并就能力建设的初始体制安排通过一项决定。

第十二条

缔约方应酌情合作采取措施，加强气候变化教育、培训、公共宣传、公众参与和公众获取信息，同时认识到这些步骤对于加强本协定下的行动的重要性。

第十三条

1. 为建立互信并促进有效执行，兹设立一个关于行动和支助的强化透明度框架，并内置一个灵活机制，以考虑进缔约方能力的不同，并以集体经验为基础。

2. 透明度框架应为发展中国家缔约方提供灵活性，以利于由于其能力问题而需要这种灵活性的那些发展中国家缔约方执行本条规定。本条第 13 款所述的模式、程序和指南应反映这种灵活性。

3. 透明度框架应依托和加强在《公约》下设立的透明度安排，同时认识到最不发达国家和小岛屿发展中国家的特殊情况，以促进性、非侵入性、非惩罚性和尊重国家主权的方式实施，并避免对缔约方造成不当负担。

4. 《公约》下的透明度安排，包括国家信息通报、两年期报告和两年期更新报告、国际评估和审评以及国际协商和分析，应成为制定本条第 13 款下的模式、程序和指南时加以借鉴的经验的一部分。

5. 行动透明度框架的目的是按照《公约》第二条所列目标，明确了解气候变化行动，包括明确和追踪缔约方在第四条下实现各自国家自主贡献方面所取得进展；以及缔约方在第七条之下的适应行动，包括良好做法、优先事项、需要和差距，以便为第十四条下的全球总结提供参考。

6. 支助透明度框架的目的是明确各相关缔约方在第四条、第七条、第九条、第十条和第十一条下的气候变化行动方面提供和收到的支助，并尽可能反映所提供的累计资金支助的全面概况，以便为第十四条下的全球总结提供参考。

7. 各缔约方应定期提供以下信息：

(a) 利用政府间气候变化专门委员会接受并由作为《巴黎协定》缔约方会议的《公约》缔约方会议商定的良好做法而编写的一份温室气体源的人为排放量和汇的清除量的国家清单报告；

(b) 跟踪在根据第四条执行和实现国家自主贡献方面取得的进展所必需的信息。

8. 各缔约方还应当酌情提供与第七条下的气候变化影响和适应相关的信息。

9. 发达国家缔约方应，提供支助的其他缔约方应当就根据第九条、第十条和第十一条向发展中国家缔约方提供资金、技术转让和能力建设支助的情况提供信息。

10. 发展中国家缔约方应当就在第九条、第十条和第十一条下需要和接受的资金、技术转让和能力建设支助情况提供信息。

11. 应根据第 1/CP.21 号决定对各缔约方根据本条第 7 款和第 9 款提交的信息进行技术专家审评。对于那些由于能力问题而对此有需要的发展中国家缔约方，这一审评进程应包括查明能力建设需要方面的援助。此外，各缔约方应参与促进性的多方审议，以对第九条下的工作以及各自执行和实现国家自主贡献的进展情况进行审议。

12.　本款下的技术专家审评应包括适当审议缔约方提供的支助，以及执行和实现国家自主贡献的情况。审评也应查明缔约方需改进的领域，并包括审评这种信息是否与本条第 13 款提及的模式、程序和指南相一致，同时考虑在本条第 2 款下给予缔约方的灵活性。审评应特别注意发展中国家缔约方各自的国家能力和国情。

13.　作为《巴黎协定》缔约方会议的《公约》缔约方会议应在第一届会议上根据《公约》下透明度相关安排取得的经验，详细拟定本条的规定，酌情为行动和支助的透明度通过通用的模式、程序和指南。

14.　应为发展中国家执行本条提供支助。

15.　应为发展中国家缔约方建立透明度相关能力提供持续支助。

第十四条

1.　作为《巴黎协定》缔约方会议的《公约》缔约方会议应定期总结本协定的执行情况，以评估实现本协定宗旨和长期目标的集体进展情况(称为“全球总结”)。评估工作应以全面和促进性的方式开展，同时考虑减缓、适应问题以及执行和支助的方式问题，并顾及公平和利用现有的最佳科学。

2.　作为《巴黎协定》缔约方会议的《公约》缔约方会议应在 2023 年进行第一次全球总结，此后每五年进行一次，除非作为《巴黎协定》缔约方会议的《公约》缔约方会议另有决定。

3.　全球总结的结果应为缔约方提供参考，以国家自主的方式根据本协定的有关规定更新和加强它们的行动和支助，以及加强气候行动的国际合作。

第十五条

1.　兹建立一个机制，以促进执行和遵守本协定的规定。

2.　本条第 1 款所述的机制应由一个委员会组成，应以专家为主，并且是促进性的，行使职能时采取透明、非对抗的、非惩罚性的方式。委员会应特别关心缔约方各自的国家能力和情况。

3.　该委员会应在作为《巴黎协定》缔约方会议的《公约》缔约方会议第一届会议通过的模式和程序下运作，每年向作为《巴黎协定》缔约方会议的《公约》缔约方会议提交报告。

第十六条

1.　《公约》缔约方会议——《公约》的最高机构，应作为本协定缔约方会议。

2. 非本协定缔约方的《公约》缔约方，可作为观察员参加作为本协定缔约方会议的《公约》缔约方会议的任何届会的议事工作。在《公约》缔约方会议作为本协定缔约方会议时，在本协定之下的决定只应由为本协定缔约方者做出。

3. 在《公约》缔约方会议作为本协定缔约方会议时，《公约》缔约方会议主席团中代表《公约》缔约方但在当时非为本协定缔约方的任何成员，应由本协定缔约方从本协定缔约方中选出的另一成员替换。

4. 作为《巴黎协定》缔约方会议的《公约》缔约方会议应定期审评本协定的执行情况，并应在其授权范围内作出为促进本协定有效执行所必要的决定。作为《巴黎协定》缔约方会议的《公约》缔约方会议应履行本协定赋予它的职能，并应：

(a) 设立为履行本协定而被认为必要的附属机构；

(b) 行使为履行本协定所需的其他职能。

5. 《公约》缔约方会议的议事规则和依《公约》规定采用的财务规则，应在本协定下比照适用，除非作为《巴黎协定》缔约方会议的《公约》缔约方会议以协商一致方式可能另外作出决定。

6. 作为《巴黎协定》缔约方会议的《公约》缔约方会议第一届会议，应由秘书处结合本协定生效之日后预定举行的《公约》缔约方会议第一届会议召开。其后作为《巴黎协定》缔约方会议的《公约》缔约方会议常会，应与《公约》缔约方会议常会结合举行，除非作为《巴黎协定》缔约方会议的《公约》缔约方会议另有决定。

7. 作为《巴黎协定》缔约方会议的《公约》缔约方会议特别会议，将在作为《巴黎协定》缔约方会议的《公约》缔约方会议认为必要的其他任何时间举行，或应任何缔约方的书面请求而举行，但须在秘书处将该要求转达给各缔约方后六个月内得到至少三分之一缔约方的支持。

8. 联合国及其专门机构和国际原子能机构，以及它们的非为《公约》缔约方的成员国或观察员，均可派代表作为观察员出席作为《巴黎协定》缔约方会议的《公约》缔约方会议的各届会议。任何在本协定所涉事项上具备资格的团体或机构，无论是国家或国际的、政府的或非政府的，经通知秘书处其愿意派代表作为观察员出席作为《巴黎协定》缔约方会议的《公约》缔约方会议的某届会议，均可予以接纳，除非出席的缔约方至少三分之一反对。观察员的接纳和参加应遵循本条第 5 款所指的议事规则。

第十七条

1. 依《公约》第八条设立的秘书处，应作为本协定的秘书处。

2. 关于秘书处职能的《公约》第八条第 2 款和关于就秘书处行使职能作出的安排的《公约》第八条第 3 款，应比照适用于本协定。秘书处还应行使本协定和作为《巴黎协定》缔约方会议的《公约》缔约方会议所赋予它的职能。

第十八条

1. 《公约》第九条和第十条设立的附属科学技术咨询机构和附属履行机构，应分别作为本协定附属科学技术咨询机构和附属履行机构。《公约》关于这两个机构行使职能的规定应比照适用于本协定。本协定的附属科学技术咨询机构和附属履行机构的届会，应分别与《公约》的附属科学技术咨询机构和附属履行机构的会议结合举行。

2. 非为本协定缔约方的《公约》缔约方可作为观察员参加附属机构任何届会的议事工作。在附属机构作为本协定附属机构时，本协定下的决定只应由本协定缔约方作出。

3. 《公约》第九条和第十条设立的附属机构行使它们的职能处理涉及本协定的事项时，附属机构主席团中代表《公约》缔约方但当时非为本协定缔约方的任何成员，应由本协定缔约方从本协定缔约方中选出的另一成员替换。

第十九条

1. 除本协定提到的附属机构和体制安排外，根据《公约》或在《公约》下设立的附属机构或其他体制安排按照作为《巴黎协定》缔约方会议的《公约》缔约方会议的决定，应为本协定服务。作为《巴黎协定》缔约方会议的《公约》缔约方会议应明确规定此种附属机构或安排所要行使的职能。

2. 作为《巴黎协定》缔约方会议的《公约》缔约方会议可为这些附属机构和体制安排提供进一步指导。

第二十条

1. 本协定应开放供属于《公约》缔约方的各国和区域经济一体化组织签署并须经其批准、接受或核准。本协定应自2016年4月22日至2017年4月21日在纽约联合国总部开放供签署。此后，本协定应自签署截止日之次日起开放供加入。批准、接受、核准或加入的文书应交存保存人。

2. 任何成为本协定缔约方而其成员国均非缔约方的区域经济一体化组织应受本协定一切义务的约束。如果区域经济一体化组织的一个或多个成员国为本协定的缔约方，该组织及其成员国应决定各自在履行本协定义务方面的责任。在此种情况下，该组织及其成员国无权同时行使本协定规定的权利。

3. 区域经济一体化组织应在其批准、接受、核准或加入的文书中声明其在本协定所规定的事项方面的权限。此类组织还应将其权限范围的任何重大变更通知保存人，保存人应再通知各缔约方。

第二十一条

1. 本协定应在不少于55个《公约》缔约方，包括其合计共占全球温室气体总排放量的至少约55%的《公约》缔约方交存其批准、接受、核准或加入文书之日后第三十天起生效。

2. 只为本条第1款的有限目的，“全球温室气体总排放量”指在《公约》缔约方通过本协定之日或之前最新通报的数量。

3. 对于在本条第1款规定的生效条件达到之后批准、接受、核准或加入本协定的每一国家或区域经济一体化组织，本协定应自该国家或区域经济一体化组织批准、接受、核准或加入的文书交存之日后第三十天起生效。

4. 为本条第1款的目的，区域经济一体化组织交存的任何文书，不应被视为其成员国所交存文书之外的额外文书。

第二十二条

《公约》第十五条关于通过对《公约》的修正的规定应比照适用于本协定。

第二十三条

1. 《公约》第十六条关于《公约》附件的通过和修正的规定应比照适用于本协定。

2. 本协定的附件应构成本协定的组成部分，除另有明文规定外，凡提及本协定，即同时提及其任何附件。这些附件应限于清单、表格和属于科学、技术、程序或行政性质的任何其他说明性材料。

第二十四条

《公约》关于争端的解决的第十四条的规定应比照适用于本协定。

第二十五条

1. 除本条第2款所规定外，每个缔约方应有一票表决权。

2. 区域经济一体化组织在其权限内的事项上应行使票数与其作为本协定缔约方的成员国数目相同的表决权。如果一个此类组织的任一成员国行使自己的表决权，则该组织不得行使表决权，反之亦然。

第二十六条

联合国秘书长应为本协定的保存人。

第二十七条

对本协定不得作任何保留。

第二十八条

1. 自本协定对一缔约方生效之日起三年后，该缔约方可随时向保存人发出书面通知退出本协定。

2. 任何此种退出应自保存人收到退出通知之日起一年期满时生效，或在退出通知中所述明的更后日期生效。

3. 退出《公约》的任何缔约方，应被视为亦退出本协定。

第二十九条

本协定正本应交存于联合国秘书长，其阿拉伯文、中文、英文、法文、俄文和西班牙文文本同等作准。

二〇一五年十二月十二日订于巴黎。

下列签署人，经正式授权，于规定的日期在本协定书上签字，以昭信守。

United Nations

FCCC/CP/2015/L.9/Rev.1

Framework Convention on Climate Change

Distr.: Limited
12 December 2015

Original: English

Conference of the Parties
Twenty-first session
Paris, 30 November to 11 December 2015

Agenda item 4(b)
Durban Platform for Enhanced Action (decision 1/CP.17)
Adoption of a protocol, another legal instrument, or an agreed outcome with legal force under the Convention applicable to all Parties

ADOPTION OF THE PARIS AGREEMENT

Proposal by the President

Draft decision -/CP.21

The *Conference of the Parties*,

Recalling decision 1/CP.17 on the establishment of the Ad Hoc Working Group on the Durban Platform for Enhanced Action,

Also recalling Articles 2, 3 and 4 of the Convention,

Further recalling relevant decisions of the Conference of the Parties, including decisions 1/CP.16, 2/CP.18, 1/CP.19 and 1/CP.20,

Welcoming the adoption of United Nations General Assembly resolution A/RES/70/1, “Transforming our world: the 2030 Agenda for Sustainable Development,” in particular its goal 13, and the adoption of the Addis Ababa Action Agenda of the third International Conference on Financing for Development and the adoption of the Sendai Framework for Disaster Risk Reduction,

Recognizing that climate change represents an urgent and potentially irreversible threat to human societies and the planet and thus requires the widest possible cooperation by all countries, and their participation in an effective and appropriate international response, with a view to accelerating the reduction of global greenhouse gas emissions,

Also recognizing that deep reductions in global emissions will be required in order to achieve the ultimate objective of the Convention and emphasizing the need for urgency in addressing climate change,

Acknowledging that climate change is a common concern of humankind, Parties should, when taking action to address climate change, respect, promote and consider their respective obligations on human rights, the right to health, the rights of indigenous peoples, local communities, migrants, children, persons with disabilities and people in vulnerable situations and the right to development, as well as gender equality, empowerment of women and intergenerational equity,

Also acknowledging the specific needs and concerns of developing country Parties arising from the impact of the implementation of response measures and, in this regard, decisions 5/CP.7, 1/CP.10, 1/CP.16 and 8/CP.17,

Emphasizing with serious concern the urgent need to address the significant gap between the aggregate effect of Parties' mitigation pledges in terms of global annual emissions of greenhouse gases by 2020 and aggregate emission pathways consistent with holding the increase in the global average temperature to well below 2 °C above pre-industrial levels and pursuing efforts to limit the temperature increase to 1.5 °C above pre-industrial levels,

Also emphasizing that enhanced pre-2020 ambition can lay a solid foundation for enhanced post-2020 ambition,

Stressing the urgency of accelerating the implementation of the Convention and its Kyoto Protocol in order to enhance pre-2020 ambition,

Recognizing the urgent need to enhance the provision of finance, technology and capacity-building support by developed country Parties, in a predictable manner, to enable enhanced pre-2020 action by developing country Parties,

Emphasizing the enduring benefits of ambitious and early action, including major reductions in the cost of future mitigation and adaptation efforts,

Acknowledging the need to promote universal access to sustainable energy in developing countries, in particular in Africa, through the enhanced deployment of renewable energy,

Agreeing to uphold and promote regional and international cooperation in order to mobilize stronger and more ambitious climate action by all Parties and non-Party stakeholders, including civil society, the private sector, financial institutions, cities and other subnational authorities, local communities and indigenous peoples,

I. ADOPTION

1. *Decides* to adopt the Paris Agreement under the United Nations Framework Convention on Climate Change (hereinafter referred to as "the Agreement") as contained in the annex;

2. *Requests* the Secretary-General of the United Nations to be the Depositary of the Agreement and to have it open for signature in New York, United States of America, from 22 April 2016 to 21 April 2017;

3. *Invites* the Secretary-General to convene a high-level signature ceremony for the Agreement on 22 April 2016;

4. *Also invites* all Parties to the Convention to sign the Agreement at the ceremony to be convened by the Secretary-General, or at their earliest opportunity, and to deposit their respective instruments of ratification, acceptance, approval or accession, where appropriate, as soon as possible;

5. *Recognizes* that Parties to the Convention may provisionally apply all of the provisions of the Agreement pending its entry into force, and *requests* Parties to provide notification of any such provisional application to the Depositary;

6. *Notes* that the work of the Ad Hoc Working Group on the Durban Platform for Enhanced Action, in accordance with decision 1/CP.17, paragraph 4, has been completed;

7. *Decides* to establish the Ad Hoc Working Group on the Paris Agreement under the same arrangement, mutatis mutandis, as those concerning the election of officers to the Bureau of the Ad Hoc Working Group on the Durban Platform for Enhanced Action;[1]

8. *Also decides* that the Ad Hoc Working Group on the Paris Agreement shall prepare for the entry into force of the Agreement and for the convening of the first session of the Conference of the Parties serving as the meeting of the Parties to the Paris Agreement;

9. *Further decides* to oversee the implementation of the work programme resulting from the relevant requests contained in this decision;

10. *Requests* the Ad Hoc Working Group on the Paris Agreement to report regularly to the Conference of the Parties on the progress of its work and to complete its work by the first session of the Conference of the Parties serving as the meeting of the Parties to the Paris Agreement;

11. *Decides* that the Ad Hoc Working Group on the Paris Agreement shall hold its sessions starting in 2016 in conjunction with the sessions of the Convention subsidiary bodies and shall prepare draft decisions to be recommended through the Conference of the Parties to the Conference of the Parties serving as the meeting of the Parties to the Paris Agreement for consideration and adoption at its first session;

II. INTENDED NATIONALLY DETERMINED CONTRIBUTIONS

12. *Welcomes* the intended nationally determined contributions that have been communicated by Parties in accordance with decision 1/CP.19, paragraph 2(b);

13. *Reiterates* its invitation to all Parties that have not yet done so to communicate to the secretariat their intended nationally determined contributions towards achieving the objective of the Convention as set out in its Article 2 as soon as possible and well in advance of the twenty-second session of the Conference of the Parties (November 2016) and in a manner that facilitates the clarity, transparency and understanding of the intended nationally determined contributions;

14. *Requests* the secretariat to continue to publish the intended nationally determined contributions communicated by Parties on the UNFCCC website;

15. *Reiterates* its call to developed country Parties, the operating entities of the Financial Mechanism and any other organizations in a position to do so to provide support for the preparation and communication of the intended nationally determined contributions of Parties that may need such support;

16. *Takes note* of the synthesis report on the aggregate effect of intended nationally determined contributions communicated by Parties by 1 October 2015, contained in document FCCC/CP/2015/7;

17. *Notes* with concern that the estimated aggregate greenhouse gas emission levels in 2025 and 2030 resulting from the intended nationally determined contributions do not fall within least-cost 2 ˚C scenarios but rather lead to a projected level of 55 gigatonnes in 2030, and *also notes* that much greater emission reduction efforts will be required than those associated with the intended nationally determined contributions in order to hold the increase in the global average temperature to below 2 ˚C above pre-industrial levels by

---

[1] Endorsed by decision 2/CP.18, paragraph 2.

reducing emissions to 40 gigatonnes or to 1.5 °C above pre-industrial levels by reducing to a level to be identified in the special report referred to in paragraph 21 below;

18. *Also notes, in this context,* the adaptation needs expressed by many developing country Parties in their intended nationally determined contributions;

19. *Requests* the secretariat to update the synthesis report referred to in paragraph 16 above so as to cover all the information in the intended nationally determined contributions communicated by Parties pursuant to decision 1/CP.20 by 4 April 2016 and to make it available by 2 May 2016;

20. *Decides* to convene a facilitative dialogue among Parties in 2018 to take stock of the collective efforts of Parties in relation to progress towards the long-term goal referred to in Article 4, paragraph 1, of the Agreement and to inform the preparation of nationally determined contributions pursuant to Article 4, paragraph 8, of the Agreement;

21. *Invites* the Intergovernmental Panel on Climate Change to provide a special report in 2018 on the impacts of global warming of 1.5 °C above pre-industrial levels and related global greenhouse gas emission pathways;

III. DECISIONS TO GIVE EFFECT TO THE AGREEMENT

MITIGATION

22. *Invites* Parties to communicate their first nationally determined contribution no later than when the Party submits its respective instrument of ratification, accession, or approval of the Paris Agreement. If a Party has communicated an intended nationally determined contribution prior to joining the Agreement, that Party shall be considered to have satisfied this provision unless that Party decides otherwise;

23. *Urges* those Parties whose intended nationally determined contribution pursuant to decision 1/CP.20 contains a time frame up to 2025 to communicate by 2020 a new nationally determined contribution and to do so every five years thereafter pursuant to Article 4, paragraph 9, of the Agreement;

24. *Requests* those Parties whose intended nationally determined contribution pursuant to decision 1/CP.20 contains a time frame up to 2030 to communicate or update by 2020 these contributions and to do so every five years thereafter pursuant to Article 4, paragraph 9, of the Agreement;

25. *Decides* that Parties shall submit to the secretariat their nationally determined contributions referred to in Article 4 of the Agreement at least 9 to 12 months in advance of the relevant meeting of the Conference of the Parties serving as the meeting of the Parties to the Paris Agreement with a view to facilitating the clarity, transparency and understanding of these contributions, including through a synthesis report prepared by the secretariat;

26. *Requests* the Ad Hoc Working Group on the Paris Agreement to develop further guidance on features of the nationally determined contributions for consideration and adoption by the Conference of the Parties serving as the meeting of the Parties to the Paris Agreement at its first session;

27. *Agrees* that the information to be provided by Parties communicating their nationally determined contributions, in order to facilitate clarity, transparency and understanding, may include, as appropriate, inter alia, quantifiable information on the reference point (including, as appropriate, a base year), time frames and/or periods for implementation, scope and coverage, planning processes, assumptions and methodological approaches including those for estimating and accounting for anthropogenic greenhouse gas

emissions and, as appropriate, removals, and how the Party considers that its nationally determined contribution is fair and ambitious, in the light of its national circumstances, and how it contributes towards achieving the objective of the Convention as set out in its Article 2;

28. *Requests* the Ad Hoc Working Group on the Paris Agreement to develop further guidance for the information to be provided by Parties in order to facilitate clarity, transparency and understanding of nationally determined contributions for consideration and adoption by the Conference of the Parties serving as the meeting of the Parties to the Paris Agreement at its first session;

29. *Also requests* the Subsidiary Body for Implementation to develop modalities and procedures for the operation and use of the public registry referred to in Article 4, paragraph 12, of the Agreement, for consideration and adoption by the Conference of the Parties serving as the meeting of the Parties to the Paris Agreement at its first session;

30. *Further requests* the secretariat to make available an interim public registry in the first half of 2016 for the recording of nationally determined contributions submitted in accordance with Article 4 of the Agreement, pending the adoption by the Conference of the Parties serving as the meeting of the Parties to the Paris Agreement of the modalities and procedures referred to in paragraph 29 above;

31. *Requests* the Ad Hoc Working Group on the Paris Agreement to elaborate, drawing from approaches established under the Convention and its related legal instruments as appropriate, guidance for accounting for Parties' nationally determined contributions, as referred to in Article 4, paragraph 13, of the Agreement, for consideration and adoption by the Conference of the Parties serving as the meeting of the Parties to the Paris Agreement at its first session, which ensures that:

(a) Parties account for anthropogenic emissions and removals in accordance with methodologies and common metrics assessed by the Intergovernmental Panel on Climate Change and adopted by the Conference of the Parties serving as the meeting of the Parties to the Paris Agreement;

(b) Parties ensure methodological consistency, including on baselines, between the communication and implementation of nationally determined contributions;

(c) Parties strive to include all categories of anthropogenic emissions or removals in their nationally determined contributions and, once a source, sink or activity is included, continue to include it;

(d) Parties shall provide an explanation of why any categories of anthropogenic emissions or removals are excluded;

32. *Decides* that Parties shall apply the guidance mentioned in paragraph 31 above to the second and subsequent nationally determined contributions and that Parties may elect to apply such guidance to their first nationally determined contribution;

33. *Also decides* that the Forum on the Impact of the Implementation of response measures, under the subsidiary bodies, shall continue, and shall serve the Agreement;

34. *Further decides* that the Subsidiary Body for Scientific and Technological Advice and the Subsidiary Body for Implementation shall recommend, for consideration and adoption by the Conference of the Parties serving as the meeting of the Parties to the Paris Agreement at its first session, the modalities, work programme and functions of the Forum on the Impact of the Implementation of response measures to address the effects of the implementation of response measures under the Agreement by enhancing cooperation amongst Parties on understanding the impacts of mitigation actions under the Agreement

and the exchange of information, experiences, and best practices amongst Parties to raise their resilience to these impacts;*

36. *Invites* Parties to communicate, by 2020, to the secretariat mid-century, long-term low greenhouse gas emission development strategies in accordance with Article 4, paragraph 19, of the Agreement, and *requests* the secretariat to publish on the UNFCCC website Parties' low greenhouse gas emission development strategies as communicated;

37. *Requests* the Subsidiary Body for Scientific and Technological Advice to develop and recommend the guidance referred to under Article 6, paragraph 2, of the Agreement for adoption by the Conference of the Parties serving as the meeting of the Parties to the Paris Agreement at its first session, including guidance to ensure that double counting is avoided on the basis of a corresponding adjustment by Parties for both anthropogenic emissions by sources and removals by sinks covered by their nationally determined contributions under the Agreement;

38. *Recommends* that the Conference of the Parties serving as the meeting of the Parties to the Paris Agreement adopt rules, modalities and procedures for the mechanism established by Article 6, paragraph 4, of the Agreement on the basis of:

(a) Voluntary participation authorized by each Party involved;

(b) Real, measurable, and long-term benefits related to the mitigation of climate change;

(c) Specific scopes of activities;

(d) Reductions in emissions that are additional to any that would otherwise occur;

(e) Verification and certification of emission reductions resulting from mitigation activities by designated operational entities;

(f) Experience gained with and lessons learned from existing mechanisms and approaches adopted under the Convention and its related legal instruments;

39. *Requests* the Subsidiary Body for Scientific and Technological Advice to develop and recommend rules, modalities and procedures for the mechanism referred to in paragraph 38 above for consideration and adoption by the Conference of the Parties serving as the meeting of the Parties to the Paris Agreement at its first session;

40. *Also requests* the Subsidiary Body for Scientific and Technological Advice to undertake a work programme under the framework for non-market approaches to sustainable development referred to in Article 6, paragraph 8, of the Agreement, with the objective of considering how to enhance linkages and create synergy between, inter alia, mitigation, adaptation, finance, technology transfer and capacity-building, and how to facilitate the implementation and coordination of non-market approaches;

41. *Further requests* the Subsidiary Body for Scientific and Technological Advice to recommend a draft decision on the work programme referred to in paragraph 40 above, taking into account the views of Parties, for consideration and adoption by the Conference of the Parties serving as the meeting of the Parties to the Paris Agreement at its first session;

ADAPTATION

* Paragraph 35 has been deleted, and subsequent paragraph numbering and cross references to other paragraphs within the document will be amended at a later stage.

42. *Requests* the Adaptation Committee and the Least Developed Countries Expert Group to jointly develop modalities to recognize the adaptation efforts of developing country Parties, as referred to in Article 7, paragraph 3, of the Agreement, and make recommendations for consideration and adoption by the Conference of the Parties serving as the meeting of the Parties to the Paris Agreement at its first session;

43. *Also requests* the Adaptation Committee, taking into account its mandate and its second three-year workplan, and with a view to preparing recommendations for consideration and adoption by the Conference of the Parties serving as the meeting of the Parties to the Paris Agreement at its first session:

(a) To review, in 2017, the work of adaptation-related institutional arrangements under the Convention, with a view to identifying ways to enhance the coherence of their work, as appropriate, in order to respond adequately to the needs of Parties;

(b) To consider methodologies for assessing adaptation needs with a view to assisting developing countries, without placing an undue burden on them;

44. *Invites* all relevant United Nations agencies and international, regional and national financial institutions to provide information to Parties through the secretariat on how their development assistance and climate finance programmes incorporate climate-proofing and climate resilience measures;

45. *Requests* Parties to strengthen regional cooperation on adaptation where appropriate and, where necessary, establish regional centres and networks, in particular in developing countries, taking into account decision 1/CP.16, paragraph 13;

46. *Also requests* the Adaptation Committee and the Least Developed Countries Expert Group, in collaboration with the Standing Committee on Finance and other relevant institutions, to develop methodologies, and make recommendations for consideration and adoption by the Conference of the Parties serving as the meeting of the Parties to the Paris Agreement at its first session on:

(a) Taking the necessary steps to facilitate the mobilization of support for adaptation in developing countries in the context of the limit to global average temperature increase referred to in Article 2 of the Agreement;

(b) Reviewing the adequacy and effectiveness of adaptation and support referred to in Article 7, paragraph 14(c), of the Agreement;

47. *Further requests* the Green Climate Fund to expedite support for the least developed countries and other developing country Parties for the formulation of national adaptation plans, consistent with decisions 1/CP.16 and 5/CP.17, and for the subsequent implementation of policies, projects and programmes identified by them;

LOSS AND DAMAGE

48. *Decides* on the continuation of the Warsaw International Mechanism for Loss and Damage associated with Climate Change Impacts, following the review in 2016;

49. *Requests* the Executive Committee of the Warsaw International Mechanism to establish a clearinghouse for risk transfer that serves as a repository for information on insurance and risk transfer, in order to facilitate the efforts of Parties to develop and implement comprehensive risk management strategies;

50. *Also requests* the Executive Committee of the Warsaw International Mechanism to establish, according to its procedures and mandate, a task force to complement, draw upon the work of and involve, as appropriate, existing bodies and expert groups under the Convention including the Adaptation Committee and the Least Developed Countries Expert Group, as well as relevant organizations and expert bodies outside the Convention, to

develop recommendations for integrated approaches to avert, minimize and address displacement related to the adverse impacts of climate change;

51. *Further requests* the Executive Committee of the Warsaw International Mechanism to initiate its work, at its next meeting, to operationalize the provisions referred to in paragraphs 49 and 50 above, and to report on progress thereon in its annual report;

52. *Agrees* that Article 8 of the Agreement does not involve or provide a basis for any liability or compensation;

FINANCE

53. *Decides* that, in the implementation of the Agreement, financial resources provided to developing countries should enhance the implementation of their policies, strategies, regulations and action plans and their climate change actions with respect to both mitigation and adaptation to contribute to the achievement of the purpose of the Agreement as defined in Article 2;

54. *Also decides* that, in accordance with Article 9, paragraph 3, of the Agreement, developed countries intend to continue their existing collective mobilization goal through 2025 in the context of meaningful mitigation actions and transparency on implementation; prior to 2025 the Conference of the Parties serving as the meeting of the Parties to the Paris Agreement shall set a new collective quantified goal from a floor of USD 100 billion per year, taking into account the needs and priorities of developing countries;

55. *Recognizes* the importance of adequate and predictable financial resources, including for results-based payments, as appropriate, for the implementation of policy approaches and positive incentives for reducing emissions from deforestation and forest degradation, and the role of conservation, sustainable management of forests and enhancement of forest carbon stocks; as well as alternative policy approaches, such as joint mitigation and adaptation approaches for the integral and sustainable management of forests; while reaffirming the importance of non-carbon benefits associated with such approaches; encouraging the coordination of support from, inter alia, public and private, bilateral and multilateral sources, such as the Green Climate Fund, and alternative sources in accordance with relevant decisions by the Conference of the Parties;

56. *Decides* to initiate, at its twenty-second session, a process to identify the information to be provided by Parties, in accordance with Article 9, paragraph 5, of the Agreement with the view to providing a recommendation for consideration and adoption by the Conference of the Parties serving as the meeting of the Parties to the Paris Agreement at its first session;

57. *Also decides* to ensure that the provision of information in accordance with Article 9, paragraph 7 of the Agreement shall be undertaken in accordance with modalities, procedures and guidelines referred to in paragraph 96 below;

58. *Requests* Subsidiary Body for Scientific and Technological Advice to develop modalities for the accounting of financial resources provided and mobilized through public interventions in accordance with Article 9, paragraph 7, of the Agreement for consideration by the Conference of the Parties at its twenty-fourth session (November 2018), with the view to making a recommendation for consideration and adoption by the Conference of the Parties serving as the meeting of the Parties to the Paris Agreement at its first session;

59. *Decides* that the Green Climate Fund and the Global Environment Facility, the entities entrusted with the operation of the Financial Mechanism of the Convention, as well as the Least Developed Countries Fund and the Special Climate Change Fund, administered by the Global Environment Facility, shall serve the Agreement;

60. *Recognizes* that the Adaptation Fund may serve the Agreement, subject to relevant decisions by the Conference of the Parties serving as the meeting of the Parties to the Kyoto Protocol and the Conference of the Parties serving as the meeting of the Parties to the Paris Agreement;

61. *Invites* the Conference of the Parties serving as the meeting of the Parties to the Kyoto Protocol to consider the issue referred to in paragraph 60 above and make a recommendation to the Conference of the Parties serving as the meeting of the Parties to the Paris Agreement at its first session;

62. *Recommends* that the Conference of the Parties serving as the meeting of the Parties to the Paris Agreement shall provide guidance to the entities entrusted with the operation of the Financial Mechanism of the Convention on the policies, programme priorities and eligibility criteria related to the Agreement for transmission by the Conference of the Parties;

63. *Decides* that the guidance to the entities entrusted with the operations of the Financial Mechanism of the Convention in relevant decisions of the Conference of the Parties, including those agreed before adoption of the Agreement, shall apply mutatis mutandis;

64. *Also decides* that the Standing Committee on Finance shall serve the Agreement in line with its functions and responsibilities established under the Conference of the Parties;

65. *Urges* the institutions serving the Agreement to enhance the coordination and delivery of resources to support country-driven strategies through simplified and efficient application and approval procedures, and through continued readiness support to developing country Parties, including the least developed countries and small island developing States, as appropriate;

TECHNOLOGY DEVELOPMENT AND TRANSFER

66. *Takes note of* the interim report of the Technology Executive Committee on guidance on enhanced implementation of the results of technology needs assessments as referred to in document FCCC/SB/2015/INF.3;

67. *Decides* to strengthen the Technology Mechanism and requests the Technology Executive Committee and the Climate Technology Centre and Network, in supporting the implementation of the Agreement, to undertake further work relating to, inter alia:

(a) Technology research, development and demonstration;

(b) The development and enhancement of endogenous capacities and technologies;

68. *Requests* the Subsidiary Body for Scientific and Technological Advice to initiate, at its forty-fourth session (May 2016), the elaboration of the technology framework established under Article 10, paragraph 4, of the Agreement and to report on its findings to the Conference of the Parties, with a view to the Conference of the Parties making a recommendation on the framework to the Conference of the Parties serving as the meeting of the Parties to the Paris Agreement for consideration and adoption at its first session, taking into consideration that the framework should facilitate, inter alia:

(a) The undertaking and updating of technology needs assessments, as well as the *enhanced* implementation of their results, particularly technology action plans and project ideas, through the preparation of bankable projects;

(b) The provision of enhanced financial and technical support for the implementation of the results of the technology needs assessments;

(c) The assessment of technologies that are ready for transfer;

(d) The enhancement of enabling environments for and the addressing of barriers to the development and transfer of socially and environmentally sound technologies;

69. *Decides* that the Technology Executive Committee and the Climate Technology Centre and Network shall report to the Conference of the Parties serving as the meeting of the Parties to the Paris Agreement, through the subsidiary bodies, on their activities to support the implementation of the Agreement;

70. *Also decides* to undertake a periodic assessment of the effectiveness of and the adequacy of the support provided to the Technology Mechanism in supporting the implementation of the Agreement on matters relating to technology development and transfer;

71. *Requests* the Subsidiary Body for Implementation to initiate, at its forty-fourth session , the elaboration of the scope of and modalities for the periodic assessment referred to in paragraph 70 above, taking into account the review of the Climate Technology Centre and Network as referred to in decision 2/CP.17, annex VII, paragraph 20 and the modalities for the global stocktake referred to in Article 14 of the Agreement, for consideration and adoption by the Conference of the Parties at its twenty-fifth session (November 2019);

CAPACITY-BUILDING

72. *Decides* to establish the Paris Committee on Capacity-building whose aim will be to address gaps and needs, both current and emerging, in implementing capacity-building in developing country Parties and further enhancing capacity-building efforts, including with regard to coherence and coordination in capacity-building activities under the Convention;

73. *Also decides* that the Paris Committee on Capacity-building will manage and oversee the work plan mentioned in paragraph 74 below;

74. *Further decides* to launch a work plan for the period 2016-2020 with the following activities:

(a) Assessing how to increase synergies through cooperation and avoid duplication among existing bodies established under the Convention that implement capacity-building activities, including through collaborating with institutions under and outside the Convention;

(b) Identifying capacity gaps and needs and recommending ways to address them;

(c) Promoting the development and dissemination of tools and methodologies for the implementation of capacity-building;

(d) Fostering global, regional, national and subnational cooperation;

(e) Identifying and collecting good practices, challenges, experiences, and lessons learned from work on capacity-building by bodies established under the Convention;

(f) Exploring how developing country Parties can take ownership of building and maintaining capacity over time and space;

(g) Identifying opportunities to strengthen capacity at the national, regional, and subnational level;

(h) Fostering dialogue, coordination, collaboration and coherence among relevant processes and initiatives under the Convention, including through exchanging information on capacity-building activities and strategies of bodies established under the Convention;

(i) Providing guidance to the secretariat on the maintenance and further development of the web-based capacity-building portal;

75. *Decides* that the Paris Committee on Capacity-building will annually focus on an area or theme related to enhanced technical exchange on capacity-building, with the purpose of maintaining up-to-date knowledge on the successes and challenges in building capacity effectively in a particular area;

76. *Requests* the Subsidiary Body for Implementation to organize annual in-session meetings of the Paris Committee on Capacity-building;

77. *Also requests* the Subsidiary Body for Implementation to develop the terms of reference for the Paris Committee on Capacity-building, in the context of the third comprehensive review of the implementation of the capacity-building framework, also taking into account paragraphs 75, 76, 77 and 78 above and paragraphs 82 and 83 below, with a view to recommending a draft decision on this matter for consideration and adoption by the Conference of the Parties at its twenty-second session;

78. *Invites* Parties to submit their views on the membership of the Paris Committee on Capacity-building by 9 March 2016;[2]

79. *Requests* the secretariat to compile the submissions referred to in paragraph 78 above into a miscellaneous document for consideration by the Subsidiary Body for Implementation at its forty-fourth session;

80. *Decides* that the inputs to the Paris Committee on Capacity-building will include, inter alia, submissions, the outcome of the third comprehensive review of the implementation of the capacity-building framework, the secretariat's annual synthesis report on the implementation of the framework for capacity-building in developing countries, the secretariat's compilation and synthesis report on capacity-building work of bodies established under the Convention and its Kyoto Protocol, and reports on the Durban Forum and the capacity-building portal;

81. *Requests* the Paris Committee on Capacity-building to prepare annual technical progress reports on its work, and to make these reports available at the sessions of the Subsidiary Body for Implementation coinciding with the sessions of the Conference of the Parties;

82. *Also requests* the Conference of the Parties at its twenty-fifth session (November 2019), to review the progress, need for extension, the effectiveness and enhancement of the Paris Committee on Capacity-building and to take any action it considers appropriate, with a view to making recommendations to the Conference of the Parties serving as the meeting of the Parties to the Paris Agreement at its first session on enhancing institutional arrangements for capacity-building consistent with Article 11, paragraph 5, of the Agreement;

83. *Calls upon* all Parties to ensure that education, training and public awareness, as reflected in Article 6 of the Convention and in Article 12 of the Agreement are adequately considered in their contribution to capacity-building;

84. *Invites* the Conference of the Parties serving as the meeting of the Parties to the Paris Agreement at its first session to explore ways of enhancing the implementation of

[2] Parties should submit their views via the submissions portal at <http://www.unfccc.int/5900>.

training, public awareness, public participation and public access to information so as to enhance actions under the Agreement;

TRANSPARENCY OF ACTION AND SUPPORT

85. *Decides* to establish a Capacity-building Initiative for Transparency in order to build institutional and technical capacity, both pre- and post-2020. This initiative will support developing country Parties, upon request, in meeting enhanced transparency requirements as defined in Article 13 of the Agreement in a timely manner;

86. *Also decides* that the Capacity-building Initiative for Transparency will aim:

(a) To strengthen national institutions for transparency-related activities in line with national priorities;

(b) To provide relevant tools, training and assistance for meeting the provisions stipulated in Article 13 of the Agreement;

(c) To assist in the improvement of transparency over time;

87. *Urges and requests* the Global Environment Facility to make arrangements to support the establishment and operation of the Capacity-building Initiative for Transparency as a priority reporting-related need, including through voluntary contributions to support developing countries in the sixth replenishment of the Global Environment Facility and future replenishment cycles, to complement existing support under the Global Environment Facility;

88. *Decides* to assess the implementation of the Capacity-building Initiative for Transparency in the context of the seventh review of the financial mechanism;

89. *Requests* that the Global Environment Facility, as an operating entity of the financial mechanism include in its annual report to the Conference of the Parties the progress of work in the design, development and implementation of the Capacity-building Initiative for Transparency referred to in paragraph 85 above starting in 2016;

90. *Decides* that, in accordance with Article 13, paragraph 2, of the Agreement, developing countries shall be provided flexibility in the implementation of the provisions of that Article, including in the scope, frequency and level of detail of reporting, and in the scope of review, and that the scope of review could provide for in-country reviews to be optional, while such flexibilities shall be reflected in the development of modalities, procedures and guidelines referred to in paragraph 92 below;

91. *Also decides* that all Parties, except for the least developed country Parties and small island developing States, shall submit the information referred to in Article 13, paragraphs 7, 8, 9 and 10, as appropriate, no less frequently than on a biennial basis, and that the least developed country Parties and small island developing States may submit this information at their discretion;

92. *Requests* the Ad Hoc Working Group on the Paris Agreement to develop recommendations for modalities, procedures and guidelines in accordance with Article 13, paragraph 13, of the Agreement, and to define the year of their first and subsequent review and update, as appropriate, at regular intervals, for consideration by the Conference of the Parties, at its twenty-fourth session, with a view to forwarding them to the Conference of the Parties serving as the meeting of the Parties to the Paris Agreement for adoption at its first session;

93. *Also requests* the Ad Hoc Working Group on the Paris Agreement in developing the recommendations for the modalities, procedures and guidelines referred to in paragraph 92 above to take into account, inter alia:

(a) The importance of facilitating improved reporting and transparency over time;

(b) The need to provide flexibility to those developing country Parties that need it in the light of their capacities;

(c) The need to promote transparency, accuracy, completeness, consistency, and comparability;

(d) The need to avoid duplication as well as undue burden on Parties and the secretariat;

(e) The need to ensure that Parties maintain at least the frequency and quality of reporting in accordance with their respective obligations under the Convention;

(f) The need to ensure that double counting is avoided;

(g) The need to ensure environmental integrity;

94. *Further requests* the Ad Hoc Working Group on the Paris Agreement, when developing the modalities, procedures and guidelines referred to in paragraph 92 above, to draw on the experiences from and take into account other on-going relevant processes under the Convention;

95. *Requests* the Ad Hoc Working Group on the Paris Agreement, when developing modalities, procedures and guidelines referred to in paragraph 92 above, to consider, inter alia:

(a) The types of flexibility available to those developing countries that need it on the basis of their capacities;

(b) The consistency between the methodology communicated in the nationally determined contribution and the methodology for reporting on progress made towards achieving individual Parties' respective nationally determined contribution;

(c) That Parties report information on adaptation action and planning including, if appropriate, their national adaptation plans, with a view to collectively exchanging information and sharing lessons learned;

(d) Support provided, enhancing delivery of support for both adaptation and mitigation through, inter alia, the common tabular formats for reporting support, and taking into account issues considered by the Subsidiary Body for Scientific and Technological Advice on methodologies for reporting on financial information, and enhancing the reporting by developing countries on support received, including the use, impact and estimated results thereof;

(e) Information in the biennial assessments and other reports of the Standing Committee on Finance and other relevant bodies under the Convention;

(f) Information on the social and economic impact of response measures;

96. *Also requests* the Ad Hoc Working Group on the Paris Agreement, when developing recommendations for modalities, procedures and guidelines referred to in paragraph 92 above, to enhance the transparency of support provided in accordance with Article 9 of the Agreement;

97. *Further requests* the Ad Hoc Working Group on the Paris Agreement to report on the progress of work on the modalities, procedures and guidelines referred to in paragraph

92 above to future sessions of the Conference of the Parties, and that this work be concluded no later than 2018;

98. *Decides* that the modalities, procedures and guidelines developed under paragraph 92 above, shall be applied upon the entry into force of the Paris Agreement;

99. *Also decides* that the modalities, procedures and guidelines of this transparency framework shall build upon and eventually supersede the measurement, reporting and verification system established by decision 1/CP.16, paragraphs 40 to 47 and 60 to 64, and decision 2/CP.17, paragraphs 12 to 62, immediately following the submission of the final biennial reports and biennial update reports;

GLOBAL STOCKTAKE

100. *Requests* the Ad Hoc Working Group on the Paris Agreement to identify the sources of input for the global stocktake referred to in Article 14 of the Agreement and to report to the Conference of the Parties, with a view to the Conference of the Parties making a recommendation to the Conference of the Parties serving as the meeting of the Parties to the Paris Agreement for consideration and adoption at its first session, including, but not limited to:

(a) Information on:

(i) The overall effect of the nationally determined contributions communicated by Parties;

(ii) The state of adaptation efforts, support, experiences and priorities from the communications referred to in Article 7, paragraphs 10 and 11, of the Agreement, and reports referred to in Article 13, paragraph 7, of the Agreement;

(iii) The mobilization and provision of support;

(b) The latest reports of the Intergovernmental Panel on Climate Change;

(c) Reports of the subsidiary bodies;

101. *Also requests* the Subsidiary Body for Scientific and Technological Advice to provide advice on how the assessments of the Intergovernmental Panel on Climate Change can inform the global stocktake of the implementation of the Agreement pursuant to its Article 14 of the Agreement and to report on this matter to the Ad Hoc Working Group on the Paris Agreement at its second session;

102. *Further requests* the Ad Hoc Working Group on the Paris Agreement to develop modalities for the global stocktake referred to in Article 14 of the Agreement and to report to the Conference of the Parties, with a view to making a recommendation to the Conference of the Parties serving as the meeting of the Parties to the Paris Agreement for consideration and adoption at its first session;

FACILITATING IMPLEMENTATION AND COMPLIANCE

103. *Decides* that the committee referred to in Article 15, paragraph 2, of the Agreement shall consist of 12 members with recognized competence in relevant scientific, technical, socio-economic or legal fields, to be elected by the Conference of the Parties serving as the meeting of the Parties to the Paris Agreement on the basis of equitable geographical representation, with two members each from the five regional groups of the United Nations and one member each from the small island developing States and the least developed countries, while taking into account the goal of gender balance;

104. *Requests* the Ad Hoc Working Group on the Paris Agreement to develop the modalities and procedures for the effective operation of the committee referred to in Article 15, paragraph 2, of the Agreement, with a view to the Ad Hoc Working Group on the Paris

Agreement completing its work on such modalities and procedures for consideration and adoption by the Conference of the Parties serving as the meeting of the Parties to the Paris Agreement at its first session;

Final Clauses

105. *Also requests* the secretariat, solely for the purposes of Article 21 of the Agreement, to make available on its website on the date of adoption of the Agreement as well as in the report of the Conference of the Parties at its twenty-first session, information on the most up-to-date total and per cent of greenhouse gas emissions communicated by Parties to the Convention in their national communications, greenhouse gas inventory reports, biennial reports or biennial update reports;

IV. ENHANCED ACTION PRIOR TO 2020

106. *Resolves* to ensure the highest possible mitigation efforts in the pre-2020 period, including by:

(a) Urging all Parties to the Kyoto Protocol that have not already done so to ratify and implement the Doha Amendment to the Kyoto Protocol;

(b) Urging all Parties that have not already done so to make and implement a mitigation pledge under the Cancun Agreements;

(c) Reiterating its resolve, as set out in decision 1/CP.19, paragraphs 3 and 4, to accelerate the full implementation of the decisions constituting the agreed outcome pursuant to decision 1/CP.13 and enhance ambition in the pre-2020 period in order to ensure the highest possible mitigation efforts under the Convention by all Parties;

(d) Inviting developing country Parties that have not submitted their first biennial update reports to do so as soon as possible;

(e) Urging all Parties to participate in the existing measurement, reporting and verification processes under the Cancun Agreements, in a timely manner, with a view to demonstrating progress made in the implementation of their mitigation pledges;

107. *Encourages* Parties to promote the voluntary cancellation by Party and non-Party stakeholders, without double counting of units issued under the Kyoto Protocol, including certified emission reductions that are valid for the second commitment period;

108. *Urges* host and purchasing Parties to report transparently on internationally transferred mitigation outcomes, including outcomes used to meet international pledges, and emission units issued under the Kyoto Protocol with a view to promoting environmental integrity and avoiding double counting;

109. *Recognizes* the social, economic and environmental value of voluntary mitigation actions and their co-benefits for adaptation, health and sustainable development;

110. *Resolves* to strengthen, in the period 2016–2020, the existing technical examination process on mitigation as defined in decision 1/CP.19, paragraph 5(a), and decision 1/CP.20, paragraph 19, taking into account the latest scientific knowledge, including by:

(a) Encouraging Parties, Convention bodies and international organizations to engage in this process, including, as appropriate, in cooperation with relevant non-Party stakeholders, to share their experiences and suggestions, including from regional events, and to cooperate in facilitating the implementation of policies, practices and actions identified during this process in accordance with national sustainable development priorities;

(b) Striving to improve, in consultation with Parties, access to and participation in this process by developing country Party and non-Party experts;

(c) Requesting the Technology Executive Committee and the Climate Technology Centre and Network in accordance with their respective mandates:

(i) To engage in the technical expert meetings and enhance their efforts to facilitate and support Parties in scaling up the implementation of policies, practices and actions identified during this process;

(ii) To provide regular updates during the technical expert meetings on the progress made in facilitating the implementation of policies, practices and actions previously identified during this process;

(iii) To include information on their activities under this process in their joint annual report to the Conference of the Parties;

(d) Encouraging Parties to make effective use of the Climate Technology Centre and Network to obtain assistance to develop economically, environmentally and socially viable project proposals in the high mitigation potential areas identified in this process;

111. *Encourages* the operating entities of the Financial Mechanism of the Convention to engage in the technical expert meetings and to inform participants of their contribution to facilitating progress in the implementation of policies, practices and actions identified during the technical examination process;

112. *Requests* the secretariat to organize the process referred to in paragraph 110 above and disseminate its results, including by:

(a) Organizing, in consultation with the Technology Executive Committee and relevant expert organizations, regular technical expert meetings focusing on specific policies, practices and actions representing best practices and with the potential to be scalable and replicable;

(b) Updating, on an annual basis, following the meetings referred to in paragraph 112(a) above and in time to serve as input to the summary for policymakers referred to in paragraph 112(c) below, a technical paper on the mitigation benefits and co-benefits of policies, practices and actions for enhancing mitigation ambition, as well as on options for supporting their implementation, information on which should be made available in a user-friendly online format;

(c) Preparing, in consultation with the champions referred to in paragraph 122 below, a summary for policymakers, with information on specific policies, practices and actions representing best practices and with the potential to be scalable and replicable, and on options to support their implementation, as well as on relevant collaborative initiatives, and publishing the summary at least two months in advance of each session of the Conference of the Parties as input for the high-level event referred to in paragraph 121 below;

113. *Decides* that the process referred to in paragraph 110 above should be organized jointly by the Subsidiary Body for Implementation and the Subsidiary Body for Scientific and Technological Advice and should take place on an ongoing basis until 2020;

114. *Also decides* to conduct in 2017 an assessment of the process referred to in paragraph 110 above so as to improve its effectiveness;

115. *Resolves* to enhance the provision of urgent and adequate finance, technology and capacity-building support by developed country Parties in order to enhance the level of ambition of pre-2020 action by Parties, and in this regard *strongly urges* developed country Parties to scale up their level of financial support, with a concrete roadmap to achieve the

goal of jointly providing USD 100 billion annually by 2020 for mitigation and adaptation while significantly increasing adaptation finance from current levels and to further provide appropriate technology and capacity-building support;

116. *Decides* to conduct a facilitative dialogue in conjunction with the twenty-second session of the Conference of the Parties to assess the progress in implementing decision 1/CP.19, paragraphs 3 and 4, and identify relevant opportunities to enhance the provision of financial resources, including for technology development and transfer and capacity-building support, with a view to identifying ways to enhance the ambition of mitigation efforts by all Parties, including identifying relevant opportunities to enhance the provision and mobilization of support and enabling environments;

117. *Acknowledges* with appreciation the results of the Lima-Paris Action Agenda, which build on the climate summit convened on 23 September 2014 by the Secretary-General of the United Nations;

118. *Welcomes* the efforts of non-Party stakeholders to scale up their climate actions, and *encourages* the registration of those actions in the Non-State Actor Zone for Climate Action platform;[3]

119. *Encourages* Parties to work closely with non-Party stakeholders to catalyse efforts to strengthen mitigation and adaptation action;

120. *Also encourages* non-Party stakeholders to increase their engagement in the processes referred to in paragraph 110 above and paragraph 125 below;

121. *Agrees* to convene, pursuant to decision 1/CP.20, paragraph 21, building on the Lima-Paris Action Agenda and in conjunction with each session of the Conference of the Parties during the period 2016–2020, a high-level event that:

(a) Further strengthens high-level engagement on the implementation of policy options and actions arising from the processes referred to in paragraph 110 above and paragraph 125 below, drawing on the summary for policymakers referred to in paragraph 112(c) above;

(b) Provides an opportunity for announcing new or strengthened voluntary efforts, initiatives and coalitions, including the implementation of policies, practices and actions arising from the processes referred to in paragraph 110 above and paragraph 125 below and presented in the summary for policymakers referred to in paragraph 112(c) above;

(c) Takes stock of related progress and recognizes new or strengthened voluntary efforts, initiatives and coalitions;

(d) Provides meaningful and regular opportunities for the effective high-level engagement of dignitaries of Parties, international organizations, international cooperative initiatives and non-Party stakeholders;

122. *Decides* that two high-level champions shall be appointed to act on behalf of the President of the Conference of the Parties to facilitate through strengthened high-level engagement in the period 2016–2020 the successful execution of existing efforts and the scaling-up and introduction of new or strengthened voluntary efforts, initiatives and coalitions, including by:

---

[3] <http://climateaction.unfccc.int/>.

(a) Working with the Executive Secretary and the current and incoming Presidents of the Conference of the Parties to coordinate the annual high-level event referred to in paragraph 121 above;

(b) Engaging with interested Parties and non-Party stakeholders, including to further the voluntary initiatives of the Lima-Paris Action Agenda;

(c) Providing guidance to the secretariat on the organization of technical expert meetings referred to in paragraph 112(a) above and paragraph 130(a) below;

123. *Also decides* that the high-level champions referred to in paragraph 122 above should normally serve for a term of two years, with their terms overlapping for a full year to ensure continuity, such that:

(a) The President of the Conference of the Parties of the twenty-first session should appoint one champion, who should serve for one year from the date of the appointment until the last day of the Conference of the Parties at its twenty-second session;

(b) The President of the Conference of the Parties of the twenty-second session should appoint one champion who should serve for two years from the date of the appointment until the last day of the Conference of the Parties at its twenty-third session (November 2017);

(c) Thereafter, each subsequent President of the Conference of the Parties should appoint one champion who should serve for two years and succeed the previously appointed champion whose term has ended;

124. *Invites* all interested Parties and relevant organizations to provide support for the work of the champions referred to in paragraph 122 above;

125. *Decides* to launch, in the period 2016–2020, a technical examination process on adaptation;

126. *Also decides* that the technical examination process on adaptation referred to in paragraph 125 above will endeavour to identify concrete opportunities for strengthening resilience, reducing vulnerabilities and increasing the understanding and implementation of adaptation actions;

127. *Further decides* that the technical examination process referred to in paragraph 125 above should be organized jointly by the Subsidiary Body for Implementation and the Subsidiary Body for Scientific and Technological Advice, and conducted by the Adaptation Committee;

128. *Decides* that the process referred to in paragraph 125 above will be pursued by:

(a) Facilitating the sharing of good practices, experiences and lessons learned;

(b) Identifying actions that could significantly enhance the implementation of adaptation actions, including actions that could enhance economic diversification and have mitigation co-benefits;

(c) Promoting cooperative action on adaptation;

(d) Identifying opportunities to strengthen enabling environments and enhance the provision of support for adaptation in the context of specific policies, practices and actions;

129. *Also decides* that the technical examination process on adaptation referred to in paragraph 125 above will take into account the process, modalities, outputs, outcomes and lessons learned from the technical examination process on mitigation referred to in paragraph 110 above;

130. *Requests* the secretariat to support the technical examination process referred to in paragraph 125 above by:

(a) Organizing regular technical expert meetings focusing on specific policies, strategies and actions;

(b) Preparing annually, on the basis of the meetings referred to in paragraph 130(a) above and in time to serve as an input to the summary for policymakers referred to in paragraph 112(c) above, a technical paper on opportunities to enhance adaptation action, as well as options to support their implementation, information on which should be made available in a user-friendly online format;

131. *Decides* that in conducting the process referred to in paragraph 125 above, the Adaptation Committee will engage with and explore ways to take into account, synergize with and build on the existing arrangements for adaptation-related work programmes, bodies and institutions under the Convention so as to ensure coherence and maximum value;

132. *Also decides* to conduct, in conjunction with the assessment referred to in paragraph 120 above, an assessment of the process referred to in paragraph 125 above, so as to improve its effectiveness;

133. *Invites* Parties and observer organizations to submit information on the opportunities referred to in paragraph 126 above by 3 February 2016;

V. NON-PARTY STAKEHOLDERS

134. *Welcomes* the efforts of all non-Party stakeholders to address and respond to climate change, including those of civil society, the private sector, financial institutions, cities and other subnational authorities;

135. *Invites* the non-Party stakeholders referred to in paragraph 134 above to scale up their efforts and support actions to reduce emissions and/or to build resilience and decrease vulnerability to the adverse effects of climate change and demonstrate these efforts via the Non-State Actor Zone for Climate Action platform[4] referred to in paragraph 118 above;

136. *Recognizes* the need to strengthen knowledge, technologies, practices and efforts of local communities and indigenous peoples related to addressing and responding to climate change, and *establishes* a platform for the exchange of experiences and sharing of best practices on mitigation and adaptation in a holistic and integrated manner;

137. *Also recognizes* the important role of providing incentives for emission reduction activities, including tools such as domestic policies and carbon pricing;

VI. ADMINISTRATIVE AND BUDGETARY MATTERS

138. *Takes note* of the estimated budgetary implications of the activities to be undertaken by the secretariat referred to in this decision and requests that the actions of the secretariat called for in this decision be undertaken subject to the availability of financial resources;

139. *Emphasizes* the urgency of making additional resources available for the implementation of the relevant actions, including actions referred to in this decision, and the implementation of the work programme referred to in paragraph 9 above;

---

[4] <http://climateaction.unfccc.int/>.

140. *Urges* Parties to make voluntary contributions for the timely implementation of this decision.

Annex

PARIS AGREEMENT

The Parties to this Agreement,

Being Parties to the United Nations Framework Convention on Climate Change, hereinafter referred to as "the Convention",

Pursuant to the Durban Platform for Enhanced Action established by decision 1/CP.17 of the Conference of the Parties to the Convention at its seventeenth session,

In pursuit of the objective of the Convention, and being guided by its principles, including the principle of equity and common but differentiated responsibilities and respective capabilities, in the light of different national circumstances,

Recognizing the need for an effective and progressive response to the urgent threat of climate change on the basis of the best available scientific knowledge,

Also recognizing the specific needs and special circumstances of developing country Parties, especially those that are particularly vulnerable to the adverse effects of climate change, as provided for in the Convention,

Taking full account of the specific needs and special situations of the least developed countries with regard to funding and transfer of technology,

Recognizing that Parties may be affected not only by climate change, but also by the impacts of the measures taken in response to it,

Emphasizing the intrinsic relationship that climate change actions, responses and impacts have with equitable access to sustainable development and eradication of poverty,

Recognizing the fundamental priority of safeguarding food security and ending hunger, and the particular vulnerabilities of food production systems to the adverse impacts of climate change,

Taking into account the imperatives of a just transition of the workforce and the creation of decent work and quality jobs in accordance with nationally defined development priorities,

Acknowledging that climate change is a common concern of humankind, Parties should, when taking action to address climate change, respect, promote and consider their respective obligations on human rights, the right to health, the rights of indigenous peoples, local communities, migrants, children, persons with disabilities and people in vulnerable situations and the right to development, as well as gender equality, empowerment of women and intergenerational equity,

Recognizing the importance of the conservation and enhancement, as appropriate, of sinks and reservoirs of the greenhouse gases referred to in the Convention,

Noting the importance of ensuring the integrity of all ecosystems, including oceans, and the protection of biodiversity, recognized by some cultures as Mother Earth, and noting the importance for some of the concept of "climate justice", when taking action to address climate change,

Affirming the importance of education, training, public awareness, public participation, public access to information and cooperation at all levels on the matters addressed in this Agreement,

Recognizing the importance of the engagements of all levels of government and various actors, in accordance with respective national legislations of Parties, in addressing climate change,

Also recognizing that sustainable lifestyles and sustainable patterns of consumption and production, with developed country Parties taking the lead, play an important role in addressing climate change,

Have agreed as follows:

Article 1

For the purpose of this Agreement, the definitions contained in Article 1 of the Convention shall apply. In addition:

1. "Convention" means the United Nations Framework Convention on Climate Change, adopted in New York on 9 May 1992.
2. "Conference of the Parties" means the Conference of the Parties to the Convention.
3. "Party" means a Party to this Agreement.

Article 2

1. This Agreement, in enhancing the implementation of the Convention, including its objective, aims to strengthen the global response to the threat of climate change, in the context of sustainable development and efforts to eradicate poverty, including by:
   (a) Holding the increase in the global average temperature to well below 2 °C above pre-industrial levels and to pursue efforts to limit the temperature increase to 1.5 °C above pre-industrial levels, recognizing that this would significantly reduce the risks and impacts of climate change;
   (b) Increasing the ability to adapt to the adverse impacts of climate change and foster climate resilience and low greenhouse gas emissions development, in a manner that does not threaten food production;
   (c) Making finance flows consistent with a pathway towards low greenhouse gas emissions and climate-resilient development.
2. This Agreement will be implemented to reflect equity and the principle of common but differentiated responsibilities and respective capabilities, in the light of different national circumstances.

Article 3

As nationally determined contributions to the global response to climate change, all Parties are to undertake and communicate ambitious efforts as defined in Articles 4, 7, 9, 10, 11 and 13 with the view to achieving the purpose of this Agreement as set out in Article 2. The efforts of all Parties will represent a progression over time, while recognizing the need to support developing country Parties for the effective implementation of this Agreement.

Article 4

1. In order to achieve the long-term temperature goal set out in Article 2, Parties aim to reach global peaking of greenhouse gas emissions as soon as possible, recognizing that peaking will take longer for developing country Parties, and to undertake rapid reductions thereafter in accordance with best available science, so as to achieve a balance between anthropogenic emissions by sources and removals by sinks of greenhouse gases in the second half of this century, on the basis of equity, and in the context of sustainable development and efforts to eradicate poverty.
2. Each Party shall prepare, communicate and maintain successive nationally determined contributions that it intends to achieve. Parties shall pursue domestic mitigation measures, with the aim of achieving the objectives of such contributions.
3. Each Party's successive nationally determined contribution will represent a progression beyond the Party's then current nationally determined contribution and reflect its highest possible ambition, reflecting its common but differentiated responsibilities and respective capabilities, in the light of different national circumstances.
4. Developed country Parties should continue taking the lead by undertaking economy-wide absolute emission reduction targets. Developing country Parties should continue enhancing their mitigation efforts, and are encouraged to move over time towards economy-wide emission reduction or limitation targets in the light of different national circumstances.
5. Support shall be provided to developing country Parties for the implementation of this Article, in accordance with Articles 9, 10 and 11, recognizing that enhanced support for developing country Parties will allow for higher ambition in their actions.

6. The least developed countries and small island developing States may prepare and communicate strategies, plans and actions for low greenhouse gas emissions development reflecting their special circumstances.

7. Mitigation co-benefits resulting from Parties' adaptation actions and/or economic diversification plans can contribute to mitigation outcomes under this Article.

8. In communicating their nationally determined contributions, all Parties shall provide the information necessary for clarity, transparency and understanding in accordance with decision 1/CP.21 and any relevant decisions of the Conference of the Parties serving as the meeting of the Parties to the Paris Agreement.

9. Each Party shall communicate a nationally determined contribution every five years in accordance with decision 1/CP.21 and any relevant decisions of the Conference of the Parties serving as the meeting of the Parties to the Paris Agreement and be informed by the outcomes of the global stocktake referred to in Article 14.

10. The Conference of the Parties serving as the meeting of the Parties to the Paris Agreement shall consider common time frames for nationally determined contributions at its first session.

11. A Party may at any time adjust its existing nationally determined contribution with a view to enhancing its level of ambition, in accordance with guidance adopted by the Conference of the Parties serving as the meeting of the Parties to the Paris Agreement.

12. Nationally determined contributions communicated by Parties shall be recorded in a public registry maintained by the secretariat.

13. Parties shall account for their nationally determined contributions. In accounting for anthropogenic emissions and removals corresponding to their nationally determined contributions, Parties shall promote environmental integrity, transparency, accuracy, completeness, comparability and consistency, and ensure the avoidance of double counting, in accordance with guidance adopted by the Conference of the Parties serving as the meeting of the Parties to the Paris Agreement.

14. In the context of their nationally determined contributions, when recognizing and implementing mitigation actions with respect to anthropogenic emissions and removals, Parties should take into account, as appropriate, existing methods and guidance under the Convention, in the light of the provisions of paragraph 13 of this Article.

15. Parties shall take into consideration in the implementation of this Agreement the concerns of Parties with economies most affected by the impacts of response measures, particularly developing country Parties.

16. Parties, including regional economic integration organizations and their member States, that have reached an agreement to act jointly under paragraph 2 of this Article shall notify the secretariat of the terms of that agreement, including the emission level allocated to each Party within the relevant time period, when they communicate their nationally determined contributions. The secretariat shall in turn inform the Parties and signatories to the Convention of the terms of that agreement.

17. Each party to such an agreement shall be responsible for its emission level as set out in the agreement referred to in paragraph 16 above in accordance with paragraphs 13 and 14 of this Article and Articles 13 and 15.

18. If Parties acting jointly do so in the framework of, and together with, a regional economic integration organization which is itself a Party to this Agreement, each member State of that regional economic integration organization individually, and together with the regional economic integration organization, shall be responsible for its emission level as set out in the agreement communicated under paragraph 16 of this Article in accordance with paragraphs 13 and 14 of this Article and Articles 13 and 15.

19. All Parties should strive to formulate and communicate long-term low greenhouse gas emission development strategies, mindful of Article 2 taking into account their common but differentiated responsibilities and respective capabilities, in the light of different national circumstances.

Article 5

1. Parties should take action to conserve and enhance, as appropriate, sinks and reservoirs of greenhouse gases as referred to in Article 4, paragraph 1(d), of the Convention, including forests.

2. Parties are encouraged to take action to implement and support, including through results-based payments, the existing framework as set out in related guidance and decisions already agreed under the Convention for: policy approaches and positive incentives for activities relating to reducing emissions from deforestation and forest degradation, and the role of conservation, sustainable management of forests and enhancement of forest carbon

stocks in developing countries; and alternative policy approaches, such as joint mitigation and adaptation approaches for the integral and sustainable management of forests, while reaffirming the importance of incentivizing, as appropriate, non-carbon benefits associated with such approaches.

Article 6

1. Parties recognize that some Parties choose to pursue voluntary cooperation in the implementation of their nationally determined contributions to allow for higher ambition in their mitigation and adaptation actions and to promote sustainable development and environmental integrity.

2. Parties shall, where engaging on a voluntary basis in cooperative approaches that involve the use of internationally transferred mitigation outcomes towards nationally determined contributions, promote sustainable development and ensure environmental integrity and transparency, including in governance, and shall apply robust accounting to ensure, inter alia, the avoidance of double counting, consistent with guidance adopted by the Conference of the Parties serving as the meeting of the Parties to the Paris Agreement.

3. The use of internationally transferred mitigation outcomes to achieve nationally determined contributions under this Agreement shall be voluntary and authorized by participating Parties.

4. A mechanism to contribute to the mitigation of greenhouse gas emissions and support sustainable development is hereby established under the authority and guidance of the Conference of the Parties serving as the meeting of the Parties to the Paris Agreement for use by Parties on a voluntary basis. It shall be supervised by a body designated by the Conference of the Parties serving as the meeting of the Parties to the Paris Agreement, and shall aim:

    (a) To promote the mitigation of greenhouse gas emissions while fostering sustainable development;

    (b) To incentivize and facilitate participation in the mitigation of greenhouse gas emissions by public and private entities authorized by a Party;

    (c) To contribute to the reduction of emission levels in the host Party, which will benefit from mitigation activities resulting in emission reductions that can also be used by another Party to fulfil its nationally determined contribution; and

    (d) To deliver an overall mitigation in global emissions.

5. Emission reductions resulting from the mechanism referred to in paragraph 4 of this Article shall not be used to demonstrate achievement of the host Party's nationally determined contribution if used by another Party to demonstrate achievement of its nationally determined contribution.

6. The Conference of the Parties serving as the meeting of the Parties to the Paris Agreement shall ensure that a share of the proceeds from activities under the mechanism referred to in paragraph 4 of this Article is used to cover administrative expenses as well as to assist developing country Parties that are particularly vulnerable to the adverse effects of climate change to meet the costs of adaptation.

7. The Conference of the Parties serving as the meeting of the Parties to the Paris Agreement shall adopt rules, modalities and procedures for the mechanism referred to in paragraph 4 of this Article at its first session.

8. Parties recognize the importance of integrated, holistic and balanced non-market approaches being available to Parties to assist in the implementation of their nationally determined contributions, in the context of sustainable development and poverty eradication, in a coordinated and effective manner, including through, inter alia, mitigation, adaptation, finance, technology transfer and capacity-building, as appropriate. These approaches shall aim to:

    (a) Promote mitigation and adaptation ambition;

    (b) Enhance public and private sector participation in the implementation of nationally determined contributions; and

    (c) Enable opportunities for coordination across instruments and relevant institutional arrangements.

9. A framework for non-market approaches to sustainable development is hereby defined to promote the non-market approaches referred to in paragraph 8 of this Article.

Article 7

1. Parties hereby establish the global goal on adaptation of enhancing adaptive capacity, strengthening resilience and reducing vulnerability to climate change, with a view to contributing to sustainable development and ensuring an adequate adaptation response in the context of the temperature goal referred to in Article 2.

2. Parties recognize that adaptation is a global challenge faced by all with local, subnational, national, regional and international dimensions, and that it is a key component of and makes a contribution to the long-term global response to climate change to protect people, livelihoods and ecosystems, taking into account the urgent and immediate needs of those developing country Parties that are particularly vulnerable to the adverse effects of climate change.

3. The adaptation efforts of developing country Parties shall be recognized, in accordance with the modalities to be adopted by the Conference of the Parties serving as the meeting of the Parties to the Paris Agreement at its first session.

4. Parties recognize that the current need for adaptation is significant and that greater levels of mitigation can reduce the need for additional adaptation efforts, and that greater adaptation needs can involve greater adaptation costs.

5. Parties acknowledge that adaptation action should follow a country-driven, gender-responsive, participatory and fully transparent approach, taking into consideration vulnerable groups, communities and ecosystems, and should be based on and guided by the best available science and, as appropriate, traditional knowledge, knowledge of indigenous peoples and local knowledge systems, with a view to integrating adaptation into relevant socioeconomic and environmental policies and actions, where appropriate.

6. Parties recognize the importance of support for and international cooperation on adaptation efforts and the importance of taking into account the needs of developing country Parties, especially those that are particularly vulnerable to the adverse effects of climate change.

7. Parties should strengthen their cooperation on enhancing action on adaptation, taking into account the Cancun Adaptation Framework, including with regard to:

   (a) Sharing information, good practices, experiences and lessons learned, including, as appropriate, as these relate to science, planning, policies and implementation in relation to adaptation actions;

   (b) Strengthening institutional arrangements, including those under the Convention that serve this Agreement, to support the synthesis of relevant information and knowledge, and the provision of technical support and guidance to Parties;

   (c) Strengthening scientific knowledge on climate, including research, systematic observation of the climate system and early warning systems, in a manner that informs climate services and supports decision-making;

   (d) Assisting developing country Parties in identifying effective adaptation practices, adaptation needs, priorities, support provided and received for adaptation actions and efforts, and challenges and gaps, in a manner consistent with encouraging good practices;

   (e) Improving the effectiveness and durability of adaptation actions.

8. United Nations specialized organizations and agencies are encouraged to support the efforts of Parties to implement the actions referred to in paragraph 7 of this Article, taking into account the provisions of paragraph 5 of this Article.

9. Each Party shall, as appropriate, engage in adaptation planning processes and the implementation of actions, including the development or enhancement of relevant plans, policies and/or contributions, which may include:

   (a) The implementation of adaptation actions, undertakings and/or efforts;

   (b) The process to formulate and implement national adaptation plans;

   (c) The assessment of climate change impacts and vulnerability, with a view to formulating nationally determined prioritized actions, taking into account vulnerable people, places and ecosystems;

   (d) Monitoring and evaluating and learning from adaptation plans, policies, programmes and actions; and

   (e) Building the resilience of socioeconomic and ecological systems, including through economic diversification and sustainable management of natural resources.

10. Each Party should, as appropriate, submit and update periodically an adaptation communication, which may include its priorities, implementation and support needs, plans and actions, without creating any additional burden for developing country Parties.

11. The adaptation communication referred to in paragraph 10 of this Article shall be, as appropriate, submitted and updated periodically, as a component of or in conjunction with other communications or documents, including a national adaptation plan, a nationally determined contribution as referred to in Article 4, paragraph 2, and/or a national communication.

12. The adaptation communications referred to in paragraph 10 of this Article shall be recorded in a public registry maintained by the secretariat.

13. Continuous and enhanced international support shall be provided to developing country Parties for the implementation of paragraphs 7, 9, 10 and 11 of this Article, in accordance with the provisions of Articles 9, 10 and 11.

14. The global stocktake referred to in Article 14 shall, inter alia:

(a) Recognize adaptation efforts of developing country Parties;

(b) Enhance the implementation of adaptation action taking into account the adaptation communication referred to in paragraph 10 of this Article;

(c) Review the adequacy and effectiveness of adaptation and support provided for adaptation; and

(d) Review the overall progress made in achieving the global goal on adaptation referred to in paragraph 1 of this Article.

Article 8

1. Parties recognize the importance of averting, minimizing and addressing loss and damage associated with the adverse effects of climate change, including extreme weather events and slow onset events, and the role of sustainable development in reducing the risk of loss and damage.

2. The Warsaw International Mechanism for Loss and Damage associated with Climate Change Impacts shall be subject to the authority and guidance of the Conference of the Parties serving as the meeting of the Parties to the Paris Agreement and may be enhanced and strengthened, as determined by the Conference of the Parties serving as the meeting of the Parties to the Paris Agreement.

3. Parties should enhance understanding, action and support, including through the Warsaw International Mechanism, as appropriate, on a cooperative and facilitative basis with respect to loss and damage associated with the adverse effects of climate change.

4. Accordingly, areas of cooperation and facilitation to enhance understanding, action and support may include:

(a) Early warning systems;

(b) Emergency preparedness;

(c) Slow onset events;

(d) Events that may involve irreversible and permanent loss and damage;

(e) Comprehensive risk assessment and management;

(f) Risk insurance facilities, climate risk pooling and other insurance solutions;

(g) Non-economic losses;

(h) Resilience of communities, livelihoods and ecosystems.

5. The Warsaw International Mechanism shall collaborate with existing bodies and expert groups under the Agreement, as well as relevant organizations and expert bodies outside the Agreement.

Article 9

1. Developed country Parties shall provide financial resources to assist developing country Parties with respect to both mitigation and adaptation in continuation of their existing obligations under the Convention.

2. Other Parties are encouraged to provide or continue to provide such support voluntarily.

3. As part of a global effort, developed country Parties should continue to take the lead in mobilizing climate finance from a wide variety of sources, instruments and channels, noting the significant role of public funds,

through a variety of actions, including supporting country-driven strategies, and taking into account the needs and priorities of developing country Parties. Such mobilization of climate finance should represent a progression beyond previous efforts.

4. The provision of scaled-up financial resources should aim to achieve a balance between adaptation and mitigation, taking into account country-driven strategies, and the priorities and needs of developing country Parties, especially those that are particularly vulnerable to the adverse effects of climate change and have significant capacity constraints, such as the least developed countries and small island developing States, considering the need for public and grant-based resources for adaptation.

5. Developed country Parties shall biennially communicate indicative quantitative and qualitative information related to paragraphs 1 and 3 of this Article, as applicable, including, as available, projected levels of public financial resources to be provided to developing country Parties. Other Parties providing resources are encouraged to communicate biennially such information on a voluntary basis.

6. The global stocktake referred to in Article 14 shall take into account the relevant information provided by developed country Parties and/or Agreement bodies on efforts related to climate finance.

7. Developed country Parties shall provide transparent and consistent information on support for developing country Parties provided and mobilized through public interventions biennially in accordance with the modalities, procedures and guidelines to be adopted by the Conference of the Parties serving as the meeting of the Parties to the Paris Agreement, at its first session, as stipulated in Article 13, paragraph 13. Other Parties are encouraged to do so.

8. The Financial Mechanism of the Convention, including its operating entities, shall serve as the financial mechanism of this Agreement.

9. The institutions serving this Agreement, including the operating entities of the Financial Mechanism of the Convention, shall aim to ensure efficient access to financial resources through simplified approval procedures and enhanced readiness support for developing country Parties, in particular for the least developed countries and small island developing States, in the context of their national climate strategies and plans.

Article 10

1. Parties share a long-term vision on the importance of fully realizing technology development and transfer in order to improve resilience to climate change and to reduce greenhouse gas emissions.

2. Parties, noting the importance of technology for the implementation of mitigation and adaptation actions under this Agreement and recognizing existing technology deployment and dissemination efforts, shall strengthen cooperative action on technology development and transfer.

3. The Technology Mechanism established under the Convention shall serve this Agreement.

4. A technology framework is hereby established to provide overarching guidance to the work of the Technology Mechanism in promoting and facilitating enhanced action on technology development and transfer in order to support the implementation of this Agreement, in pursuit of the long-term vision referred to in paragraph 1 of this Article.

5. Accelerating, encouraging and enabling innovation is critical for an effective, long-term global response to climate change and promoting economic growth and sustainable development. Such effort shall be, as appropriate, supported, including by the Technology Mechanism and, through financial means, by the Financial Mechanism of the Convention, for collaborative approaches to research and development, and facilitating access to technology, in particular for early stages of the technology cycle, to developing country Parties.

6. Support, including financial support, shall be provided to developing country Parties for the implementation of this Article, including for strengthening cooperative action on technology development and transfer at different stages of the technology cycle, with a view to achieving a balance between support for mitigation and adaptation. The global stocktake referred to in Article 14 shall take into account available information on efforts related to support on technology development and transfer for developing country Parties.

Article 11

1. Capacity-building under this Agreement should enhance the capacity and ability of developing country Parties, in particular countries with the least capacity, such as the least developed countries, and those that are particularly vulnerable to the adverse effects of climate change, such as small island developing States, to take

effective climate change action, including, inter alia, to implement adaptation and mitigation actions, and should facilitate technology development, dissemination and deployment, access to climate finance, relevant aspects of education, training and public awareness, and the transparent, timely and accurate communication of information.

2. Capacity-building should be country-driven, based on and responsive to national needs, and foster country ownership of Parties, in particular, for developing country Parties, including at the national, subnational and local levels. Capacity-building should be guided by lessons learned, including those from capacity-building activities under the Convention, and should be an effective, iterative process that is participatory, cross-cutting and gender-responsive.

3. All Parties should cooperate to enhance the capacity of developing country Parties to implement this Agreement. Developed country Parties should enhance support for capacity-building actions in developing country Parties.

4. All Parties enhancing the capacity of developing country Parties to implement this Agreement, including through regional, bilateral and multilateral approaches, shall regularly communicate on these actions or measures on capacity-building. Developing country Parties should regularly communicate progress made on implementing capacity-building plans, policies, actions or measures to implement this Agreement.

5. Capacity-building activities shall be enhanced through appropriate institutional arrangements to support the implementation of this Agreement, including the appropriate institutional arrangements established under the Convention that serve this Agreement. The Conference of the Parties serving as the meeting of the Parties to the Paris Agreement shall, at its first session, consider and adopt a decision on the initial institutional arrangements for capacity-building.

Article 12

Parties shall cooperate in taking measures, as appropriate, to enhance climate change education, training, public awareness, public participation and public access to information, recognizing the importance of these steps with respect to enhancing actions under this Agreement.

Article 13

1. In order to build mutual trust and confidence and to promote effective implementation, an enhanced transparency framework for action and support, with built-in flexibility which takes into account Parties' different capacities and builds upon collective experience is hereby established.

2. The transparency framework shall provide flexibility in the implementation of the provisions of this Article to those developing country Parties that need it in the light of their capacities. The modalities, procedures and guidelines referred to in paragraph 13 of this Article shall reflect such flexibility.

3. The transparency framework shall build on and enhance the transparency arrangements under the Convention, recognizing the special circumstances of the least developed countries and small island developing States, and be implemented in a facilitative, non-intrusive, non-punitive manner, respectful of national sovereignty, and avoid placing undue burden on Parties.

4. The transparency arrangements under the Convention, including national communications, biennial reports and biennial update reports, international assessment and review and international consultation and analysis, shall form part of the experience drawn upon for the development of the modalities, procedures and guidelines under paragraph 13 of this Article.

5. The purpose of the framework for transparency of action is to provide a clear understanding of climate change action in the light of the objective of the Convention as set out in its Article 2, including clarity and tracking of progress towards achieving Parties' individual nationally determined contributions under Article 4, and Parties' adaptation actions under Article 7, including good practices, priorities, needs and gaps, to inform the global stocktake under Article 14.

6. The purpose of the framework for transparency of support is to provide clarity on support provided and received by relevant individual Parties in the context of climate change actions under Articles 4, 7, 9, 10 and 11, and, to the extent possible, to provide a full overview of aggregate financial support provided, to inform the global stocktake under Article 14.

7. Each Party shall regularly provide the following information:

(a) A national inventory report of anthropogenic emissions by sources and removals by sinks of greenhouse gases, prepared using good practice methodologies accepted by the Intergovernmental Panel on Climate Change and agreed upon by the Conference of the Parties serving as the meeting of the Parties to the Paris Agreement;

(b) Information necessary to track progress made in implementing and achieving its nationally determined contribution under Article 4.

8. Each Party should also provide information related to climate change impacts and adaptation under Article 7, as appropriate.

9. Developed country Parties shall, and other Parties that provide support should, provide information on financial, technology transfer and capacity-building support provided to developing country Parties under Article 9, 10 and 11.

10. Developing country Parties should provide information on financial, technology transfer and capacity-building support needed and received under Articles 9, 10 and 11.

11. Information submitted by each Party under paragraphs 7 and 9 of this Article shall undergo a technical expert review, in accordance with decision 1/CP.21. For those developing country Parties that need it in the light of their capacities, the review process shall include assistance in identifying capacity-building needs. In addition, each Party shall participate in a facilitative, multilateral consideration of progress with respect to efforts under Article 9, and its respective implementation and achievement of its nationally determined contribution.

12. The technical expert review under this paragraph shall consist of a consideration of the Party's support provided, as relevant, and its implementation and achievement of its nationally determined contribution. The review shall also identify areas of improvement for the Party, and include a review of the consistency of the information with the modalities, procedures and guidelines referred to in paragraph 13 of this Article, taking into account the flexibility accorded to the Party under paragraph 2 of this Article. The review shall pay particular attention to the respective national capabilities and circumstances of developing country Parties.

13. The Conference of the Parties serving as the meeting of the Parties to the Paris Agreement shall, at its first session, building on experience from the arrangements related to transparency under the Convention, and elaborating on the provisions in this Article, adopt common modalities, procedures and guidelines, as appropriate, for the transparency of action and support.

14. Support shall be provided to developing countries for the implementation of this Article.

15. Support shall also be provided for the building of transparency-related capacity of developing country Parties on a continuous basis.

Article 14

1. The Conference of the Parties serving as the meeting of the Parties to the Paris Agreement shall periodically take stock of the implementation of this Agreement to assess the collective progress towards achieving the purpose of this Agreement and its long-term goals (referred to as the "global stocktake"). It shall do so in a comprehensive and facilitative manner, considering mitigation, adaptation and the means of implementation and support, and in the light of equity and the best available science.

2. The Conference of the Parties serving as the meeting of the Parties to the Paris Agreement shall undertake its first global stocktake in 2023 and every five years thereafter unless otherwise decided by the Conference of the Parties serving as the meeting of the Parties to the Paris Agreement.

3. The outcome of the global stocktake shall inform Parties in updating and enhancing, in a nationally determined manner, their actions and support in accordance with the relevant provisions of this Agreement, as well as in enhancing international cooperation for climate action.

Article 15

1. A mechanism to facilitate implementation of and promote compliance with the provisions of this Agreement is hereby established.

2. The mechanism referred to in paragraph 1 of this Article shall consist of a committee that shall be expert-based and facilitative in nature and function in a manner that is transparent, non-adversarial and non-punitive. The committee shall pay particular attention to the respective national capabilities and circumstances of Parties.

3. The committee shall operate under the modalities and procedures adopted by the Conference of the Parties serving as the meeting of the Parties to the Paris Agreement at its first session and report annually to the Conference of the Parties serving as the meeting of the Parties to the Paris Agreement.

Article 16

1. The Conference of the Parties, the supreme body of the Convention, shall serve as the meeting of the Parties to this Agreement.

2. Parties to the Convention that are not Parties to this Agreement may participate as observers in the proceedings of any session of the Conference of the Parties serving as the meeting of the Parties to this Agreement. When the Conference of the Parties serves as the meeting of the Parties to this Agreement, decisions under this Agreement shall be taken only by those that are Parties to this Agreement.

3. When the Conference of the Parties serves as the meeting of the Parties to this Agreement, any member of the Bureau of the Conference of the Parties representing a Party to the Convention but, at that time, not a Party to this Agreement, shall be replaced by an additional member to be elected by and from amongst the Parties to this Agreement.

4. The Conference of the Parties serving as the meeting of the Parties to the Paris Agreement shall keep under regular review the implementation of this Agreement and shall make, within its mandate, the decisions necessary to promote its effective implementation. It shall perform the functions assigned to it by this Agreement and shall:

   (a) Establish such subsidiary bodies as deemed necessary for the implementation of this Agreement; and

   (b) Exercise such other functions as may be required for the implementation of this Agreement.

5. The rules of procedure of the Conference of the Parties and the financial procedures applied under the Convention shall be applied mutatis mutandis under this Agreement, except as may be otherwise decided by consensus by the Conference of the Parties serving as the meeting of the Parties to the Paris Agreement.

6. The first session of the Conference of the Parties serving as the meeting of the Parties to the Paris Agreement shall be convened by the secretariat in conjunction with the first session of the Conference of the Parties that is scheduled after the date of entry into force of this Agreement. Subsequent ordinary sessions of the Conference of the Parties serving as the meeting of the Parties to the Paris Agreement shall be held in conjunction with ordinary sessions of the Conference of the Parties, unless otherwise decided by the Conference of the Parties serving as the meeting of the Parties to the Paris Agreement.

7. Extraordinary sessions of the Conference of the Parties serving as the meeting of the Parties to the Paris Agreement shall be held at such other times as may be deemed necessary by the Conference of the Parties serving as the meeting of the Parties to the Paris Agreement or at the written request of any Party, provided that, within six months of the request being communicated to the Parties by the secretariat, it is supported by at least one third of the Parties.

8. The United Nations and its specialized agencies and the International Atomic Energy Agency, as well as any State member thereof or observers thereto not party to the Convention, may be represented at sessions of the Conference of the Parties serving as the meeting of the Parties to the Paris Agreement as observers. Any body or agency, whether national or international, governmental or non-governmental, which is qualified in matters covered by this Agreement and which has informed the secretariat of its wish to be represented at a session of the Conference of the Parties serving as the meeting of the Parties to the Paris Agreement as an observer, may be so admitted unless at least one third of the Parties present object. The admission and participation of observers shall be subject to the rules of procedure referred to in paragraph 5 of this Article.

Article 17

1. The secretariat established by Article 8 of the Convention shall serve as the secretariat of this Agreement.

2. Article 8, paragraph 2, of the Convention on the functions of the secretariat, and Article 8, paragraph 3, of the Convention, on the arrangements made for the functioning of the secretariat, shall apply mutatis mutandis to this Agreement. The secretariat shall, in addition, exercise the functions assigned to it under this Agreement and by the Conference of the Parties serving as the meeting of the Parties to the Paris Agreement.

Article 18

1. The Subsidiary Body for Scientific and Technological Advice and the Subsidiary Body for Implementation established by Articles 9 and 10 of the Convention shall serve, respectively, as the Subsidiary Body for Scientific and Technological Advice and the Subsidiary Body for Implementation of this Agreement. The provisions of the Convention relating to the functioning of these two bodies shall apply mutatis mutandis to this Agreement. Sessions of the meetings of the Subsidiary Body for Scientific and Technological Advice and the Subsidiary Body for Implementation of this Agreement shall be held in conjunction with the meetings of, respectively, the Subsidiary Body for Scientific and Technological Advice and the Subsidiary Body for Implementation of the Convention.
2. Parties to the Convention that are not Parties to this Agreement may participate as observers in the proceedings of any session of the subsidiary bodies. When the subsidiary bodies serve as the subsidiary bodies of this Agreement, decisions under this Agreement shall be taken only by those that are Parties to this Agreement.
3. When the subsidiary bodies established by Articles 9 and 10 of the Convention exercise their functions with regard to matters concerning this Agreement, any member of the bureaux of those subsidiary bodies representing a Party to the Convention but, at that time, not a Party to this Agreement, shall be replaced by an additional member to be elected by and from amongst the Parties to this Agreement.

Article 19

1. Subsidiary bodies or other institutional arrangements established by or under the Convention, other than those referred to in this Agreement, shall serve this Agreement upon a decision of the Conference of the Parties serving as the meeting of the Parties to the Paris Agreement. The Conference of the Parties serving as the meeting of the Parties to the Paris Agreement shall specify the functions to be exercised by such subsidiary bodies or arrangements.
2. The Conference of the Parties serving as the meeting of the Parties to the Paris Agreement may provide further guidance to such subsidiary bodies and institutional arrangements.

Article 20

1. This Agreement shall be open for signature and subject to ratification, acceptance or approval by States and regional economic integration organizations that are Parties to the Convention. It shall be open for signature at the United Nations Headquarters in New York from 22 April 2016 to 21 April 2017. Thereafter, this Agreement shall be open for accession from the day following the date on which it is closed for signature. Instruments of ratification, acceptance, approval or accession shall be deposited with the Depositary.
2. Any regional economic integration organization that becomes a Party to this Agreement without any of its member States being a Party shall be bound by all the obligations under this Agreement. In the case of regional economic integration organizations with one or more member States that are Parties to this Agreement, the organization and its member States shall decide on their respective responsibilities for the performance of their obligations under this Agreement. In such cases, the organization and the member States shall not be entitled to exercise rights under this Agreement concurrently.
3. In their instruments of ratification, acceptance, approval or accession, regional economic integration organizations shall declare the extent of their competence with respect to the matters governed by this Agreement. These organizations shall also inform the Depositary, who shall in turn inform the Parties, of any substantial modification in the extent of their competence.

Article 21

1. This Agreement shall enter into force on the thirtieth day after the date on which at least 55 Parties to the Convention accounting in total for at least an estimated 55 percent of the total global greenhouse gas emissions have deposited their instruments of ratification, acceptance, approval or accession.
2. Solely for the limited purpose of paragraph 1 of this Article, "total global greenhouse gas emissions" means the most up-to-date amount communicated on or before the date of adoption of this Agreement by the Parties to the Convention.
3. For each State or regional economic integration organization that ratifies, accepts or approves this Agreement or accedes thereto after the conditions set out in paragraph 1 of this Article for entry into force have been fulfilled,

this Agreement shall enter into force on the thirtieth day after the date of deposit by such State or regional economic integration organization of its instrument of ratification, acceptance, approval or accession.

4. For the purposes of paragraph 1 of this Article, any instrument deposited by a regional economic integration organization shall not be counted as additional to those deposited by its member States.

Article 22

The provisions of Article 15 of the Convention on the adoption of amendments to the Convention shall apply mutatis mutandis to this Agreement.

Article 23

1. The provisions of Article 16 of the Convention on the adoption and amendment of annexes to the Convention shall apply mutatis mutandis to this Agreement.
2. Annexes to this Agreement shall form an integral part thereof and, unless otherwise expressly provided for, a reference to this Agreement constitutes at the same time a reference to any annexes thereto. Such annexes shall be restricted to lists, forms and any other material of a descriptive nature that is of a scientific, technical, procedural or administrative character.

Article 24

The provisions of Article 14 of the Convention on settlement of disputes shall apply mutatis mutandis to this Agreement.

Article 25

1. Each Party shall have one vote, except as provided for paragraph 2 of this Article.
2. Regional economic integration organizations, in matters within their competence, shall exercise their right to vote with a number of votes equal to the number of their member States that are Parties to this Agreement. Such an organization shall not exercise its right to vote if any of its member States exercises its right, and vice versa.

Article 26

The Secretary-General of the United Nations shall be the Depositary of this Agreement.

Article 27

No reservations may be made to this Agreement.

Article 28

1. At any time after three years from the date on which this Agreement has entered into force for a Party, that Party may withdraw from this Agreement by giving written notification to the Depositary.
2. Any such withdrawal shall take effect upon expiry of one year from the date of receipt by the Depositary of the notification of withdrawal, or on such later date as may be specified in the notification of withdrawal.
3. Any Party that withdraws from the Convention shall be considered as also having withdrawn from this Agreement.

Article 29

The original of this Agreement, of which the Arabic, Chinese, English, French, Russian and Spanish texts are equally authentic, shall be deposited with the Secretary-General of the United Nations.

DONE at Paris this twelfth day of December two thousand and fifteen.

IN WITNESS WHEREOF, the undersigned, being duly authorized to that effect, have signed this Agreement.

后　记

2015年底，中国国际经济交流中心设立“应对气候变化新形势及对策研究”作为2015—2016年度基金课题。经与有关部门及中心学术委员会沟通，课题专门就《巴黎协定》的主要内容进行评估。最后课题定名为“《巴黎协定》评估及对策研究”，于2016年12月通过结题评审。本书正是基于该课题研究成果而成。课题组长为中国国际经济交流中心张焕波，负责全书的设计，参与各部分章节的撰写、修改和审阅。课题组成员包括国经中心、国家发展改革委国际合作中心、中国人民大学、中国社会科学院、清华大学等机构的学者和研究生。其中，国家发展改革委国际合作中心黄永富、中国社会科学院许琳等参与了《巴黎协定》总体评估研究部分的撰写，许琳还主要承担了《巴黎协定》后全球气候治理篇章的撰写，同时参与了对策研究部分的撰写，中国人民大学曹超博士参与了“适应”条款部分的撰写，中国社会科学院研究生史晨参与了“减缓”条款、“INDC”机制、“资金”条款和“透明度”条款部分的撰写；中国国际经济交流中心张瑾承担了“资金”条款部分的撰写；清华—布鲁金斯中心研究助理卢佳琪参与了“INDC”机制部分的撰写；北京外国语大学研究生谢林参与了“技术”条款和“能力建设”条款部分的撰写。

在研究和撰写过程中，我们参考和借鉴了国内外同行很多文献材料，在此表示感谢！由于能力有限，研究成果难免存在不少缺憾，欢迎读者提出批评意见。